Daniel Jonah Goldhagen

Hitlers
willige Vollstrecker

Daniel Jonah Goldhagen

Hitlers
willige Vollstrecker

Ganz gewöhnliche Deutsche
und der Holocaust

Aus dem Amerikanischen
von Klaus Kochmann

Siedler Verlag

Erich Goldhagen,
meinem Vater und Lehrer

INHALT

Vorwort zur deutschen Ausgabe   5

Einleitung
Zu einem neuen Verständnis zentraler Aspekte des Holocaust   15

TEIL I
Antisemitismus in Deutschland:
Der Drang zur Ausschaltung

Kapitel 1
Eine neue Sichtweise des Antisemitismus:
Ein Rahmen für die Analyse   45

Kapitel 2
Die Entwicklung des eliminatorischen Antisemitismus
im modernen Deutschland   71

Kapitel 3
Der eliminatorische Antisemitismus in der
deutschen Gesellschaft der NS-Zeit   107

TEIL II
Das eliminatorische Programm und seine Institutionen

Kapitel 4
Wesen und Entwicklung des nationalsozialistischen
Angriffs auf die Juden   165

Kapitel 5
Die Maschinerie der Vernichtung: Agenten und Mechanismen   201

TEIL III
Polizeibataillone: Deutsche Normalbürger
als willige Mörder

Kapitel 6
Polizeibataillone: Handlanger des Völkermords   219

Kapitel 7
Polizeibataillon 101: Die Taten der Männer   243

Kapitel 8
Polizeibataillon 101: Die Motive der Täter   285

Kapitel 9
Polizeibataillone: Leben, Morde, Motive   313

TEIL IV
Jüdische »Arbeit« bedeutet Vernichtung

Kapitel 10
Ursprünge und Muster jüdischer »Arbeit«
während der NS-Zeit   335

Kapitel 11
Das Leben in den »Arbeits«lagern   347

Kapitel 12
Arbeit und Tod   375

TEIL V
Todesmärsche: Bis zum bitteren Ende

Kapitel 13
Der tödliche Weg   385

Kapitel 14
Marschieren – wohin und wozu?   417

TEIL VI
Eliminatorischer Antisemitismus,
gewöhnliche Deutsche, willige Vollstrecker

Kapitel 15
Das Handeln der Täter:
Die konkurrierenden Erklärungsansätze 439

Kapitel 16
Der eliminatorische Antisemitismus:
Das Motiv für den Völkermord 487

Epilog
Die nationalsozialistische Revolution in Deutschland 533

Anhang 1
Bemerkung zur Methode 541

Anhang 2
Schema der in Deutschland vorherrschenden Auffassungen
von Juden, Geisteskranken und Slawen 548

Dank 551

Pseudonyme 554

Abkürzungen 555

Anmerkungen 556

Bibliographie 687

Register 709

Abbildungsverzeichnis 729

Es ist nicht vorteilhaft, gegen den Geist seines Jahrhunderts und seines Landes anzukämpfen; und möge man einen Mann für noch so mächtig halten, er wird seine Zeitgenossen schwerlich für Gefühle und Ideen gewinnen, die von all ihren Begehren und Gefühlen abgelehnt werden.

Alexis de Tocqueville,
Über die Demokratie in Amerika

Vorwort zur deutschen Ausgabe

In Anbetracht des besonderen Interesses, mit dem deutsche Leser dieses Buch und dieses Thema vielleicht verfolgen, scheint es mir hilfreich, der deutschen Ausgabe einige einleitende Worte über den Zweck des Buches, die Art seiner Beweisführung, den Blickwinkel der Untersuchung, über Fragen der Schuld und über das heutige Deutschland voranzustellen.

Mit diesem Buch möchte ich den Schwerpunkt der Erforschung des Holocaust von unpersönlichen Institutionen und abstrakten Strukturen auf die Täter selbst verlagern, auf die Menschen, die die Verbrechen verübten, und auf die Gesellschaft, aus der diese Männer und Frauen kamen. Ich vermeide dabei jedoch ahistorische und allgemeine sozialpsychologische Erklärungen – etwa daß sich Menschen der Macht beugen oder aufgrund von Gruppendruck zu allem bereit sind –, die gleichsam reflexhaft angeführt werden, sobald es um die Handlungsweisen der Täter geht. Statt dessen werden die Handelnden hier als Individuen betrachtet, als Wesen, die ihre Überzeugungen hatten und deshalb auch in der Lage waren, die Politik ihrer Regierung zu bewerten und ihre Entscheidungen danach auszurichten, und zwar Entscheidungen, die sie sowohl als einzelne als auch als Kollektive trafen. Jeder einzelne hatte immer wieder die Wahl, wie er mit Juden umgehen wollte. Dabei nehme ich auch den historischen Kontext ernst, in dem die Täter jene Auffassungen, jenes Weltbild und jene Wertvorstellungen entwickelten, die ausschlaggebend dafür waren, was als richtig und notwendig galt, wenn es um die Behandlung der Juden ging. Aus diesem Grund ist es wichtig, soviel wie möglich über die deutschen Täter, über ihr Bild von den Opfern und über ihre Beweggründe, so zu handeln, wie sie es taten, in Erfahrung zu bringen; gleichzeitig sind die Vorstellungen von »den Juden« herauszuarbeiten, die allgemein in der Gesellschaft herrschten.

Mit diesem Buch stelle ich daher Fragen, die von zentraler Bedeutung für das Verständnis des Holocaust sind, denen aber bislang die Aufmerksamkeit, die ihnen eigentlich gebührt, nicht zuteil geworden ist. Im Grunde zielen diese in zwei Richtungen. Zum einen geht es

um die Täter: Wie sahen sie die Juden? Hielten sie sie für gefährlich, für bösartige Feinde, oder betrachteten sie sie vielmehr als be-
dauernswerte menschliche Wesen, denen Unrecht widerfuhr? Glaubten sie wirklich, daß das, was sie den Juden antaten, richtig und notwendig war? Zum anderen geht es um die Deutschen in der Zeit des
Nationalsozialismus: Wie viele von ihnen waren Antisemiten? Und
welcher Art war ihr Antisemitismus? Was hielten sie von den antijüdischen Maßnahmen der dreißiger Jahre? Wieviel wußten sie von der
Judenvernichtung, und wie dachten sie darüber?

Es ist auffällig, daß die Literatur über den Holocaust, von wenigen Ausnahmen abgesehen, diese wesentlichen Fragen über die
Mentalität der Handelnden nicht ausdrücklich aufgeworfen und auch
nicht systematisch und gründlich bearbeitet hat. Wo doch der Versuch
unternommen wurde, wurden die Antworten, vor allem wenn es um
die Täter ging, sehr oberflächlich gegeben, ohne die sorgfältige Darstellung und Wertung von Quellen und Belegen, wie sie in bezug auf
andere Themen selbstverständlich sind. Doch wird keine Untersuchung erklären können, wie und warum der Holocaust tatsächlich
verübt werden konnte, solange sie sich diesen Fragen nicht wirklich
stellt. Diese Studie ist der Versuch einer Klärung: Sie präsentiert neue
Beweise und Überlegungen, die vieles an unseren bisherigen Ansichten über diese Zeit und die damals Handelnden in Zweifel ziehen.

Hitlers willige Vollstrecker befaßt sich mit der Weltsicht, den
Handlungen und den Entscheidungen des einzelnen, der Verantwortung, die jeder einzelne für seine Taten trägt, und mit der politischen
Kultur, aus der diese Individuen ihre Überzeugungen herleiten. Es
zeigt, daß ein bestimmter Komplex von Vorstellungen und Auffassungen über »die Juden« im politisch-kulturellen Leben Deutschlands
bereits weit verbreitet war, bevor die Nationalsozialisten an die
Macht kamen, und daß eben diese Vorstellungswelt darüber entschied, was gewöhnliche Deutsche, als einzelne und als Kollektive, in
der NS-Zeit hinzunehmen oder zu tun bereit waren. Der Charakter
und die Entwicklung einer politischen Kultur sind immer historisch
bedingt; ein solcher Kontext entwickelt und wandelt sich, wie wir es
auch an der politischen Kultur der Bundesrepublik beobachten konnten und können. Nichts daran ist unveränderlich. Auf keinen Fall wird
hier ein ewiger »Nationalcharakter der Deutschen« behauptet. Es
geht nicht um irgendwelche grundsätzlichen und festgelegten psychischen Dispositionen »der Deutschen«. Solche Begriffe und Vorstellungen lehne ich ausdrücklich ab; mein Buch und seine These haben
nichts damit zu tun.

So wenig eine Diskussion über die politische Kultur eines Landes
impliziert oder voraussetzt, daß die Menschen dieses Landes ein

Stamm oder Volk mit unveränderlichen Eigenschaften seien, so wenig bedeuten verallgemeinernde Aussagen über die Menschen eines Landes, daß man diese als »Rasse« oder »Ethnie« begreift. Verallgemeinerungen sind ganz wesentlich für unser Denken. Ohne sie könnten wir weder in der Welt noch in unseren Erfahrungen sinnvolle Strukturen erkennen. Wir können gar nicht anders, wir müssen verallgemeinern, wenn wir über Gruppen und Gesellschaften und über die Unterschiede zwischen diesen sprechen wollen. Wir brauchen Sätze wie: »Die meisten Deutschen sind heute im Grunde demokratisch eingestellt.« Oder: »Die meisten weißen Südstaatler waren vor dem amerikanischen Bürgerkrieg davon überzeugt, daß die Schwarzen von ihrer Konstitution her geistig und moralisch zurückgeblieben, gerade darum als Lasttiere und Sklaven geeignet seien.« Die meisten Weißen im Süden waren Rassisten, und der Rassismus dominierte und prägte das Bild von den Schwarzen, von der ihnen angemessenen gesellschaftlichen Stellung, von der richtigen Art des Umgangs mit ihnen. Beide Verallgemeinerungen repräsentieren eine Wahrheit. Und das ist der Punkt: Es geht nicht um die Wahrheit von Verallgemeinerungen *als solchen,* sondern darum, ob man sie verifizieren und belegen kann. Es hat nichts »Rassistisches« oder gar Unzulässiges, wenn man sagt, die Deutschen heute seien gute Demokraten; und ebenso zulässig ist die Behauptung, daß die überwältigende Mehrheit der weißen Südstaatler vor dem Bürgerkrieg Rassisten oder daß die meisten Deutschen in den dreißiger Jahren Antisemiten gewesen seien. Was an solchen Verallgemeinerungen allein entscheidend ist, ist die Frage, ob sie zutreffen oder nicht – ob sie sich empirisch begründen lassen und ob die Analyse, die ihnen zugrunde liegt, diese allgemeinen Schlußfolgerungen zuläßt.

Ich möchte mit meiner Beweisführung und Interpretation der Quellen deutlich machen, warum und wie der Holocaust geschah, ja warum er überhaupt möglich werden konnte. Es geht mir dabei um historische Erklärung, nicht um moralische Beurteilung. Mein Ausgangspunkt ist ein offensichtlicher: Der Holocaust hatte seinen Ursprung in Deutschland, er ist darum in erster Linie ein deutsches Phänomen. Das steht historisch fest. Wer den Holocaust verständlich machen will, muß ihn als eine Entwicklung aus der deutschen Geschichte heraus begreifen. Dennoch war er keinesfalls deren zwangsläufiges Resultat. Wären Hitler und die Nationalsozialisten nicht an die Macht gelangt, hätte es auch keinen Holocaust gegeben. Und sie wären wahrscheinlich nicht an die Macht gekommen, hätte es keine wirtschaftliche Depression gegeben. Mehrere Entwicklungen, von denen für sich genommen keine unausweichlich war, mußten zusammenkommen, damit der Holocaust verübt werden konnte.

Eine monokausale Erklärung kann dem Holocaust niemals angemessen sein. Zahlreiche Faktoren trugen dazu bei, zahlreiche Voraussetzungen mußten geschaffen werden, damit der Holocaust möglich und auch durchführbar wurde. Vieles davon ist genau erforscht: Wie die Nationalsozialisten an die Macht kamen, wie sie die innere Opposition zerschlugen, wie sie Europa unterwarfen, wie sie die Mordinstitutionen einrichteten und die Vernichtungsmaschinerie organisierten – auf diese Fragen gibt es Antworten, hier liegt deshalb nicht mein Schwerpunkt. Ich konzentriere mich vielmehr auf das Problem der Motivation, der Bereitschaft zum Holocaust. Und meine These ist, daß sich der *Wille,* die Juden zu töten, sowohl bei Hitler als auch bei denen, die seine mörderischen Pläne in die Tat umsetzten, vorrangig aus einer einzigen gemeinsamen Quelle speiste: aus einem bösartigen Antisemitismus. Daß und wie dieser mobilisiert und zum Ausdruck gebracht werden konnte, war abhängig von verschiedenen Bedingungen, von den Umständen, den materiellen Verhältnissen, von strategischen und ideologischen Konstellationen, und diese werden in diesem Buch auch diskutiert. Und zwar insbesondere dort, wo ich darstelle, wie sich die antijüdische Politik und der Charakter der jüdischen »Arbeit« in der NS-Zeit entwickelt haben. Das Regime und die Täter entwarfen komplexe und manchmal scheinbar widersprüchliche Maßnahmen und Handlungsweisen gegen die Juden, gerade weil sie zwar in Übereinstimmung mit ihren antisemitischen Haßgefühlen handelten, dies aber in politischen, gesellschaftlichen und ökonomischen Zusammenhängen tun mußten, die ihre Spielräume häufig begrenzten. Während sie ihre antijüdische Politik formulierten und verwirklichten, mußten sie gleichzeitig ihre anderen praktischen und ideologischen Ziele bedenken. Wenn man also den Holocaust in allen seinen Zügen erklären will, kann man sich nicht allein auf den Antisemitismus beschränken, sondern muß auf zahlreiche weitere Faktoren ebenfalls eingehen. Doch welchen Einfluß diese auch immer auf Entwicklung und Umsetzung der antijüdischen Konzepte der Nationalsozialisten gehabt haben mögen, der *Wille* der NS-Führung und vieler ganz gewöhnlicher Deutscher, die Juden tatsächlich zu verfolgen und zu töten, die politischen Programme also Wirklichkeit werden zu lassen – dieser Wille läßt sich aus jenen Faktoren nicht ableiten. Ausschlaggebend war der den Tätern gemeinsame Antisemitismus.

Obwohl ein bösartiger Antisemitismus vor und während der NS-Zeit das in Deutschland herrschende Bild »des Juden« prägte und das Motiv lieferte, die Juden zu verfolgen und diese, wenn es verlangt wurde, auch zu ermorden, wäre dieser Antisemitismus ohne die Machtübernahme der Nationalsozialisten latent geblieben. Der Holocaust konnte sich nur deshalb in Deutschland ereignen, weil *drei* Faktoren zusammenwirkten.

Erstens: In Deutschland haben die verbrecherischsten und bösartigsten Antisemiten der Menschheitsgeschichte die staatliche Macht übernommen, und sie waren entschlossen, ihre privaten mörderischen Wahnvorstellungen zum Zentrum der staatlichen Politik zu machen. Zweitens: Sie taten das in einer Gesellschaft, in der die Vorstellungen von den Juden, die sie leiteten, auch von vielen anderen geteilt wurden.

Nur weil diese beiden Faktoren zusammenkamen, konnte der Holocaust überhaupt geschehen, erst recht in der Form, in der er dann realisiert wurde. Der wildeste Haß, ob Antisemitismus oder eine andere Art von Rassismus oder Vorurteil, wird nur dann zum systematischen Mord führen, wenn eine politische Führung die Hassenden mobilisiert und für die Durchführung eines Mordprogramms organisiert. Noch einmal: Ohne die Nationalsozialisten und ohne Hitler wäre daher der Holocaust niemals möglich gewesen. Genauso wesentlich war aber die große Bereitschaft der meisten gewöhnlichen Deutschen, die rabiate Verfolgung der Juden in den dreißiger Jahren zunächst zu tolerieren, zu unterstützen, oft sogar tätig daran mitzuwirken und sich schließlich – das gilt zumindest für diejenigen, die dazu abkommandiert wurden – auch an der Ermordung der Juden zu beteiligen. Ohne diese Bereitschaft hätte das Regime nicht sechs Millionen Juden ermorden können. Die Machtergreifung der Nationalsozialisten und die Bereitschaft der Deutschen, dem Staatspolitik gewordenen Antisemitismus zu folgen, waren beide in gleichem Maße notwendige Voraussetzungen des Holocaust. Und nur in Deutschland waren diese zwei Prämissen erfüllt.

Aus diesem Grund sind Hinweise auf Verbreitung und Wirkungsmacht des Antisemitismus in anderen Ländern nicht von Bedeutung, wenn man die Vorgänge in Deutschland und die Taten von Deutschen erklären möchte. Natürlich gab es Antisemitismus unter den Franzosen, den Polen, den Ukrainern; in keinem dieser Länder jedoch ist ein Regime an die Macht gelangt, das auf die Vernichtung der Juden aus war. Der Antisemitismus eines Volkes allein führt nicht zum Massen- oder Völkermord, solange er nicht für eine staatliche Politik der Vernichtung nutzbar gemacht wird. Daher braucht man auch keine vergleichenden Untersuchungen des Antisemitismus, um verständlich zu machen, warum der Antisemitismus ausgerechnet in Deutschland und nirgendwo sonst derart katastrophale Folgen hatte. Weil zwei Voraussetzungen vonnöten waren – eine antisemitische Bevölkerung und ein Regime, das gewillt war, die Juden zu vernichten –, und weil in den anderen Ländern eine dieser beiden fehlte, nämlich das zum Völkermord entschlossene Regime, bestand im Rahmen dieser Studie keine Notwendigkeit, nachzuforschen, ob und in welchem Grad der andere Faktor (der bösartig-eliminatorische Antisemitismus) anderswo vorhanden war oder nicht. Betonen möchte ich jedoch, daß der verbreitete Antisemitismus in anderen Ländern zu erklären vermag, warum die Deutschen dort so viele Menschen fanden, die willig und erpicht darauf waren, den Deutschen bei der Ermordung der Juden zu helfen.

Drittens: Der Holocaust, vor allem als ein ganz Europa umfassendes Programm der Vernichtung, konnte nur von Deutschland und von keinem anderen Land ausgehen. Nur das Deutsche Reich hatte die militärische Stärke, den europäischen Kontinent zu erobern, darum konnte auch nur die deutsche Führung ungestraft und ohne Furcht vor der Reaktion anderer Länder mit der Vernichtung der Juden beginnen. Deshalb ist es unwahrscheinlich, daß ein anderes Land eine derartige Vernichtungspolitik in Gang gesetzt hätte, selbst wenn dort ein dem Nationalsozialismus ähnliches Regime an die Macht gelangt wäre. Sogar Hitler, ein Mann, der sich der Auslöschung der Juden verschrieben hatte, war in den dreißiger Jahren, solange Deutschland militärisch und diplomatisch noch verwundbar war, vorsichtig in der Abwägung seiner Schritte gegen die Juden. Damals erschien ihm eine »Lösung der Judenfrage« noch nicht praktikabel.

Das heißt nicht, daß ein Völkermord an den Juden nicht auch in einem anderen Land denkbar gewesen wäre; es bedeutet nur, daß eine solche Entwicklung in diesen Ländern wegen der genannten Bedingungen unwahrscheinlicher war. Fakt ist jedoch, daß in keinem anderen Land ein Regime an die Macht kam, das wie die Nationalsozialisten entschlossen war, die Juden des eigenen Landes zu vernichten. Der virulente Antisemitismus in anderen Völkern drängte erst dann zur Tat, als die Deutschen auf ihren Eroberungszügen begannen, die Juden dieser Länder zu verfolgen und zu ermorden.

Dieses Buch ist keine erschöpfende Geschichte des Holocaust, auch keine des nationalsozialistischen Deutschland; ebensowenig eine Geschichte der politischen Entwicklungen oder der politischen Kultur Deutschlands in jüngerer Zeit. Vieles davon mußte ausgespart werden. Da sich die Untersuchung auf die zentralen und vorherrschenden Aspekte der Fragen, die sie zu beantworten sucht, konzentriert, sind Einzelfälle oder Ausnahmen manchmal nur flüchtig oder gar nicht erwähnt worden. Mit keiner dieser Auslassungen soll behauptet werden, daß es solche Abweichungen oder Ausnahmen nicht gegeben hätte. Viele davon, wie beispielsweise nahezu alle Aspekte des Widerstands gegen Hitler, sind bereits bekannt. Die Aufgabe, die ich mir gestellt habe, war, zu erklären, warum sich der Holocaust zu dem entfalten konnte, was er wurde; darum ging es mir gerade um die allgemeinen und dominierenden Tendenzen, von denen ich glaube, daß sie bislang nicht hinreichend erläutert wurden.

Weil dieses Buch historische Erklärung, nicht moralische Beurteilung zum Ziel hat, werden Fragen nach Schuld oder Verantwortung an keiner Stelle direkt thematisiert. Ich möchte verständlich machen, warum Menschen so dachten und handelten, wie sie es taten. Ich spreche nicht davon, wie wir das bewerten sollen, und zwar vor allem deshalb, weil moralische Urteile in einem auf Erklärung gerichteten Forschungsvorhaben nichts zu suchen haben, wie immer man auch die moralische Bedeutung dieses Buches sehen mag. Meinem Empfinden nach hätte es den Zweck und die Schlußfolgerungen der Untersuchung nur verwirrt, wenn ich auch darauf eingegangen wäre. Ganz abgesehen davon, daß ich auch nicht über die notwendige fachliche Kompetenz verfüge, um mich zu solchen Fragen zu äußern. Darum möchte ich deren Beantwortung zum einen denen überlassen, die darin größere Erfahrung haben, etwa Moralphilosophen, und zum anderen jeden Leser selbst auffordern, sich ein Urteil entsprechend seiner eigenen moralischen Überzeugungen zu bilden. Dennoch weiß ich, daß ich, wenn dieses Buch nun für deutsche Leser erscheint, zumindest mit ein paar Worten auf meine Sicht der für Deutsche so befrachteten Fragen von Schuld und Verantwortung eingehen muß.

Die Vorstellung einer Kollektivschuld lehne ich kategorisch ab. Unabhängig von ihrem konkreten Handeln trifft die ganze Wucht dieses Vorwurfs eine Person allein aus dem Grund, daß er oder sie zu einem größeren Kollektiv gehört, in diesem Fall Deutscher oder Deutsche ist. Nun können aber nicht Gruppen, sondern nur Individuen als schuldig betrachtet werden, und zwar als schuldig dessen, was sie persönlich getan haben. Der Begriff der Schuld sollte nur dann benutzt werden, wenn eine Person tatsächlich ein Verbrechen begangen hat. Spricht man von der Schuld einer Person, schwingt immer die Vorstellung justiziabler Schuld mit, die Schuld an einem Verbrechen. In Deutschland wie in den USA werden Menschen nicht dafür schuldig gesprochen und entsprechend gesetzlich belangt, daß sie bestimmte Gedanken haben, daß sie andere Menschen hassen oder Verbrechen gutheißen, die andere verübt haben – sofern sie das, zumindest in der Bundesrepublik, nicht öffentlich äußern. Auch der bloße Vorsatz oder die Bereitschaft, bei passender Gelegenheit ein Verbrechen zu verüben, reichen zu einer Verurteilung nicht aus. Das sollte auch für die Deutschen gelten, die während der NS-Zeit lebten; entsprechend ist die bundesdeutsche Justiz bei der Verfolgung von NS-Verbrechen auch verfahren. In diesem Buch bringe ich Nachweise dafür, daß die Mittäterschaft weiter verbreitet war, als viele bislang angenommen haben. Berücksichtigt man außerdem alle Verbrechen gegen Nichtjuden während der NS-Zeit, dann ist die Zahl der Deutschen, die kriminelle Handlungen begangen haben, enorm hoch. Dennoch sollte man nur die Menschen als schuldig betrachten, die tatsächlich verbrecherisch gehandelt haben. Ausdrücklich möchte ich mich mit diesem Buch der in der Literatur so häufig vertretenen Auffassung entgegenstellen, daß die Deutschen als willenlose Rädchen einer Maschinerie gleichsam automatenhaft gehandelt hätten. Ich sehe sie vielmehr als verantwortlich Handelnde, die durchaus in der Lage waren, sich zu entscheiden, und die insofern auch als Urheber ihrer eigenen Taten betrachtet werden müssen. Ich gehe hier davon aus, daß jeder und jede einzelne Entscheidungen getroffen hat, wie er oder sie sich den Juden gegenüber verhalten wollte. Darum richtet sich schon die ganze Herangehensweise meiner Analyse gegen den Begriff der Kollektivschuld; sie liefert vielmehr gewichtige Argumente dagegen, diesen Begriff überhaupt zu benutzen.

Das moralische Urteil über die Deutschen – entsprechend auch über die Polen, Franzosen und Ukrainer –, die Antisemiten waren oder die den verschiedenen Phasen der Judenverfolgung zugestimmt haben; die, bei entsprechender Gelegenheit oder wären sie in einer der Mordinstitutionen gewesen, Juden vorsätzlich verletzt oder getötet hätten, aber dies *nicht* getan haben – dieses Urteil ist jedem einzelnen zu überlassen, sofern er oder sie daran ein Interesse hat. Nicht anders verfahren wir alle ja auch gegenüber den Zeitgenossen, die verwerfliche Überzeugungen oder Neigungen pflegen. Man muß nicht eigens betonen, daß Deutsche, die nach dem Krieg geboren wurden oder zur Kriegszeit noch Kinder waren, nicht wirklich schuldig und auch in keiner Hinsicht verantwortlich für die damals verübten Verbrechen sein können. Möglicherweise tragen Deutschland und die Deutschen Verantwortung dafür, daß Juden, Nichtjuden und deren Hinterbliebene für die Verbrechen, die von anderen Deutschen verübt worden sind, Wiedergutmachung erfahren. Aber das ist etwas ganz anderes, als sie direkt für die Verbrechen verantwortlich zu machen.

Die politische Kultur der Deutschen hat sich in den fünfzig Jahren seit dem Ende des Zweiten Weltkriegs offensichtlich verändert. Der Wandel betrifft vor allem zwei Aspekte, die eng miteinander verwoben sind: Die politische Kultur der Bundesrepublik und die meisten Deutschen sind inzwischen als von Grund auf demokratisch zu bezeichnen. Auch der Antisemitismus ist deutlich schwächer geworden und hat im großen und ganzen seinen Charakter verändert. Insbesondere fehlen ihm heute die zentralen, wahnhaften Elemente, die in der NS-Zeit und davor die judenfeindlichen Auffassungen in Deutschland prägten – also jene Vorstellungen, die den Juden dämonische Macht und teuflische Absichten unterstellten. Die allgemeine, stetige Abschwächung und der Wandel des Antisemitismus in der Bundesrepublik, wie sie aus Umfrageergebnissen deutlich werden, lassen sich historisch mit dem gleichen Erklärungsansatz verständlich machen, der in dieser Studie dazu dient, die weite Verbreitung und Dauerhaftigkeit des Antisemitismus in Deutschland während und vor der NS-Zeit zu erklären.

Die Niederlage im Krieg und der Aufbau eines demokratischen Systems im Nachkriegsdeutschland sorgten dafür, daß im öffentlichen Bereich an die Stelle der alten antidemokratischen und antisemitischen Vorstellungen neue demokratische Überzeugungen und Werte traten. Statt wie die politischen und gesellschaftlichen Institutionen vor 1945 antidemokratische und antisemitische Ansichten zu propagieren und zu bestärken, haben die Institutionen der Bundesrepublik Vorstellungen von Politik und Menschlichkeit gefördert, die dem Antisemitismus der NS-Zeit und der Zeit davor entgegenstehen und ihm die Legitimation entzogen haben. Die deutsche Gesellschaft vollzog einen schrittweisen Wandel. Der Jugend wurde die allgemeine Überzeugung vermittelt, daß alle Menschen gleich sind; es wurde ihnen nicht mehr beigebracht, daß die Menschheit aus einer Hierarchie von Rassen bestehe, die jeweils nach ihren Fähigkeiten zu unterscheiden, nach verschiedenen moralischen Maßstäben zu behandeln seien und sich in einem unerbittlichen Existenzkampf gegeneinander befänden. Da die Menschen Grundüberzeugungen weitgehend von ihrer Gesellschaft und Kultur übernehmen, haben die neue politische und öffentliche Kultur in Deutschland und auch der Generationswechsel zum erwarteten Ergebnis geführt: zu einer Abschwächung und auch zu einem grundsätzlichen Wandel des Antisemitismus.

Seit dieses Buch in englischer Sprache veröffentlicht worden ist, bin ich oft gefragt worden, was ich mit dieser Arbeit eigentlich erreichen möchte. Die Antwort ist eine doppelte, aber dennoch einfach: Ich möchte unsere Kenntnisse über die Vergangenheit erweitern. Deshalb habe ich den Holocaust und die Täter, die ihn verübten, so genau und so treffend, wie es mir möglich war, beschrieben und interpretiert. Und ich möchte allen Menschen, die sich darum bemühen, aus der Vergangenheit zu lernen, die Gelegenheit geben, sich diesem Wissen offen und ehrlich zu stellen.

Daniel Jonah Goldhagen
Cambridge, Massachusetts
im Juli 1996

EINLEITUNG

Zu einem neuen Verständnis
zentraler Aspekte des Holocaust

Hauptmann Wolfgang Hoffmann war ein fanatischer Judenmörder. Als Chef von drei Kompanien des Polizeibataillons 101 befehligte er mit seinen Offizierskameraden seine Leute, die keine SS-Männer, sondern ganz normale Deutsche waren, in Polen bei der Deportation und der Massentötung Zehntausender jüdischer Männer, Frauen und Kinder. Und während er sich an diesem Völkermord beteiligte, weigerte sich eben dieser Hoffmann strikt, einem Befehl zu gehorchen, den er für moralisch unannehmbar hielt.

Dieser Befehl verlangte von den Angehörigen seiner Kompanie, eine Erklärung zu unterzeichnen, die ihnen zugegangen war. Hoffmann leitete seine schriftliche Weigerung mit der Bemerkung ein, nach der Lektüre habe er geglaubt, es liege ein Irrtum vor, »denn es erscheint mir als Zumutung, daß von einem anständigen Deutschen und Soldaten verlangt wird, daß er eine Erklärung unterschreiben soll, in der er sich verpflichtet, nicht zu stehlen, zu plündern und ohne Bezahlung zu kaufen«.

Er halte eine solche Forderung für überflüssig, fuhr er fort. Seine Leute seien sich aufgrund ihrer einwandfreien weltanschaulichen Überzeugung der Tatsache vollkommen bewußt, daß derartige Handlungen strafwürdige Verbrechen darstellten. Er erläuterte seinen Vorgesetzten Charakter und Handlungsweise seiner Leute, wozu er vermutlich auch ihre Mitwirkung an Ermordungen von Juden zählte. Die Befolgung der deutschen Normen von Moral und Haltung, schrieb er weiter, beruhe »auf innerer Freiwilligkeit und [wird] nicht aus Sucht nach Vorteilen oder aus Furcht vor Strafe begründet ...«.

Dann erklärte Hoffmann herausfordernd: »Als Offizier aber bedaure ich, mich in meiner Auffassung in Gegensatz zu der des Herrn Batl.-Kommandeurs stellen zu müssen, und in diesem Fall den Befehl nicht ausführen zu können, da ich mich in meinem Ehrgefühl verletzt fühle. Ich muß es ablehnen, eine allgemeine Erklärung zu unterschreiben.«[1]

In mehrerlei Hinsicht ist Hoffmanns Brief ein erstaunliches und aufschlußreiches Dokument. Ein Offizier, unter dessen Führung seine

Leute bereits Zehntausende Juden ermordet hatten, hielt es für einen Affront, wenn irgend jemand annahm, er und seine Männer könnten den Polen Lebensmittel stehlen! Die Ehre dieses Massenmörders war verletzt, und dies in einem doppelten Sinne, nämlich als Soldat und als Deutscher. Seiner Vorstellung nach hatten die Deutschen den polnischen »Untermenschen« gegenüber weit größere Zurückhaltung zu üben als gegenüber den Juden. Außerdem war sich Hoffmann sicher, daß die ihm übergeordnete Dienststelle tolerant genug sein würde zu akzeptieren, daß er einen direkten Befehl nicht nur verweigerte, sondern seine Insubordination auch noch schriftlich niederlegte. Die Beurteilung seiner Untergebenen – die sich zweifellos auf ihre »Beteiligung«, auch am Völkermord, stützte – lief darauf hinaus, daß sie nicht aus Furcht vor Strafe handelten, sondern aufgrund freiwilliger Bereitschaft – aus innerer Überzeugung also.

Hoffmanns schriftliche Verweigerung beleuchtet schlaglichtartig wichtige und vernachlässigte Aspekte des Holocaust – so die Laxheit, die in Mordinstitutionen herrschte, die Möglichkeit der Täter, Befehle zu verweigern, selbst solche, die Mord anordneten. Nicht zuletzt belegt dieses Nein auch die moralische Autonomie der Täter und eröffnet überdies Einsichten in ihre ungewöhnliche Mentalität, einschließlich ihrer Mordbereitschaft. Diese schriftliche Befehlsverweigerung zwingt uns, uns mit Fragen zu befassen, die lange unbeachtet blieben: mit Fragen nach der Weltsicht und dem institutionellen Kontext, aus denen solch ein Brief hervorgehen konnte. Zwar behandelt er nur ein Randthema und das auf eine allem Anschein nach wunderliche Weise, und doch offenbart er eine Reihe typischer Merkmale der Art, in der die Deutschen den Holocaust vollstreckten. Es waren Zehntausende von ganz gewöhnlichen Deutschen, die wie Hauptmann Hoffmann getötet haben, um ein Volk auszurotten. Ihre Einstellungen und Motive zu verstehen ist das Thema dieses Buches.

Während des Holocaust löschten Deutsche das Leben von sechs Millionen Juden aus, und wäre Deutschland nicht besiegt worden, wären weitere Millionen vernichtet worden. Der Holocaust war darüber hinaus das entscheidende Charakteristikum der Politik und politischen Kultur in Deutschland während der NS-Zeit, das schockierendste Ereignis des zwanzigsten Jahrhunderts und das Vorkommnis in der gesamten deutschen Geschichte, das am schwierigsten zu verstehen ist. Die Verfolgung der Juden durch die Deutschen, die im Holocaust ihren Höhepunkt fand, stellt das zentrale Merkmal der NS-Zeit dar: nicht aufgrund des Entsetzens, das uns in der Rückschau befällt, sondern wegen seiner Bedeutung für die Deutschen zu jener Zeit und wegen der Gründe, aus denen so viele von ihnen zu seiner Durchführung beigetragen haben. Der Holocaust markiert die Abkehr der Deutschen von der Gemeinschaft der »zivilisierten Völker«[2], und diese Abkehr bedarf der Erläuterung.

Die intellektuelle Erklärung des Holocaust ist zentral für das Verständnis des nationalsozialistischen Deutschland. Alle anderen Fragen dagegen sind vergleichsweise unkompliziert. Wie die Nationalsozialisten an die Macht gelangten, wie sie die Linke unterdrückten, wie sie die Wirtschaft ankurbelten, wie der Staat strukturiert war und wie er funktionierte, wie sie den Krieg entfachten und führten – hier geht es um mehr oder weniger »normale« Ereignisse, die leicht zu verstehen sind. Doch der Holocaust und die Veränderung des Empfindungsvermögens, die damit verbunden war, entziehen sich der Erklärung. In der Geschichte des zwanzigsten Jahrhunderts, ja in der gesamten modernen Geschichte Europas gibt es nichts Vergleichbares. Es mag viele ungelöste Streitpunkte geben, aber Ursprünge und Genese aller anderen bedeutsamen Ereignisse und politischen Entwicklungen der deutschen Geschichte im neunzehnten und zwanzigsten Jahrhundert liegen klar zutage. Zu erklären, wie der Holocaust geschehen konnte, ist jedoch empirisch und mehr noch theoretisch eine bedrückende Aufgabe, so daß manche – in meinen Augen fälschlicherweise – argumentiert haben, dieses Geschehen sei nicht zu erklären. Die theoretische Schwierigkeit wird deutlich, wenn man sich den völlig neuen Charakter dieses Völkermords vor Augen hält, und sie zeigt sich auch an der Unfähigkeit der Gesellschaftstheorie – vom sogenannten gesunden Menschenverstand ganz zu schweigen –, im voraus auch nur einen Hinweis darauf zu geben, daß etwas Derartiges geschehen würde, ja überhaupt nur möglich sei. Selbst die im nachhinein aufgestellten Theorien haben kaum mehr geleistet und allenfalls ein mattes Licht in das Dunkel geworfen.

Das Hauptziel dieses Buches ist es, zu erklären, wie es zum Holocaust kommen konnte. Der Erfolg dieses Unterfangens hängt davon ab, ob sich eine Reihe von Fragen klären läßt, die mit einer ganz neuen Betrachtung von drei Themenbereichen verknüpft sind: gemeint sind die Vollstrecker des Holocaust, der deutsche Antisemitismus und das Wesen der deutschen Gesellschaft während der NS-Zeit.

Die Vollstrecker sind sicherlich das wichtigste der Themen, die neu überdacht werden müssen. Nur wenige Leser werden sich noch nie die Frage gestellt haben, was die Täter zum Töten veranlaßte. Die meisten werden sich auch eine Antwort darauf zurechtgelegt haben, in der Regel wohl nicht aus einer intimen Kenntnis der Täter und ihrer Handlungen, sondern in erster Linie auf der Grundlage von Vorstellungen, die sich jeder über die Natur des Menschen und das gesellschaftliche Leben macht. Nur wenige werden nicht der Ansicht sein, daß man die Täter einer näheren Betrachtung unterziehen sollte.

Aber bis heute haben die Vollstrecker, die wichtigste Gruppe, die neben der NS-Führung für die Vernichtung der europäischen Juden verantwortlich ist, in den Publikationen, die die Ereignisse beschreiben und zu erklären versuchen, kaum Beachtung gefunden. Überraschenderweise findet man in der umfangreichen Literatur über den Holocaust kaum etwas über die Menschen, die ihn durchgeführt haben. Man weiß wenig darüber, wer die Täter waren und wie sie ihre Taten im einzelnen vollbrachten, unter welchen Umständen sie handelten oder gar welche Motive sie leiteten. Eine brauchbare Schätzung, wie viele Personen sich am Genozid beteiligt haben, wie viele Täter es also gab, ist nie vorgelegt worden. Einige der Mordinstitutionen und die Menschen, die ihnen angehörten, sind kaum oder gar nicht untersucht worden. Infolge dieser weitgehenden Unkenntnis sind alle möglichen Mißverständnisse und Mythen über die Täter im Umlauf, falsche Vorstellungen, die weitreichende Konsequenzen für das Bild haben, das wir uns vom Holocaust und von Deutschland unter dem NS-Regime machen.

Wir müssen daher unsere Aufmerksamkeit und unsere intellektuelle Energie endlich den Männern und Frauen zuwenden, die wissentlich an der Ermordung der Juden mitwirkten.[3] Wir müssen ihre Taten im Detail untersuchen und ihre Handlungen erklären. Es genügt durchaus nicht, die Mordinstitutionen insgesamt oder einzeln als ihrer inneren Struktur nach unkomplizierte Instrumente zu behandeln, die den Willen der NS-Führung als gut geschmierte Maschinen durchsetzten; die das Regime gleichsam auf Knopfdruck in Gang setzen konnte, damit sie, was immer von ihnen verlangt wurde, auch taten. Die Männer und Frauen, die die schwerfälligen institutionellen Gebilde mit Leben erfüllten, müssen in den Mittelpunkt wissenschaftlicher Analysen des Holocaust rücken. Denn sie spielten eine zentrale Rolle bei der Durchführung des Völkermords. Die Forschung muß dieser Rolle Rechnung tragen.

Diese Menschen waren in ihrer überwältigenden Mehrheit Deutsche. Zwar halfen auch Angehörige anderer Nationalitäten den Deutschen bei der Vernichtung der Juden, dennoch war der Holocaust in erster Linie ein deutsches Unternehmen. Nichtdeutsche spielten keine unverzichtbare Rolle bei seiner Durchführung, der Wille und die Initiative, den Holocaust voranzutreiben, gingen nicht von ihnen aus. Gewiß: Hätten die Deutschen nicht willige Helfer, vor allem aus Osteuropa, gefunden, dann hätte der Ablauf des Holocaust ein wenig anders ausgesehen, und es wäre den Deutschen wahrscheinlich nicht gelungen, so viele Juden umzubringen. Aber es waren Deutsche, die die

Entscheidungen getroffen, die Pläne erarbeitet, die organisatorischen Ressourcen mobilisiert und die Mehrheit der Vollstrecker gestellt haben. Will man die Durchführung des Holocaust verstehen und erklären, muß man also darlegen, warum die Deutschen damals von einem derartigen Drang, Juden zu töten, beherrscht waren. Denn weil das, was über die Deutschen gesagt werden kann, für keine andere der beteiligten Nationen, auch nicht für sie alle zusammengenommen gilt – konkret: keine Deutschen, kein Holocaust –, müssen die deutschen Täter ins Zentrum der Betrachtung gestellt werden.

Die erste Aufgabe bei dieser Herangehensweise besteht darin, ihnen ihre Identität zurückzugeben, schon in der Grammatik. Man muß im Aktiv und nicht im Passiv berichten, um sicherzugehen, daß nicht die Täter bei der Schilderung ihrer Taten – »fünfhundert Juden sind in der Stadt X am Tage Y getötet worden« – ausgeblendet werden.[4] Dabei müssen wir bequeme, aber oft unangemessene und vernebelnde Etikettierungen wie »Nazis« oder »SS-Männer« vermeiden und sie als das bezeichnen, was sie waren, nämlich Deutsche. Der angemessenste, ja der einzig angemessene allgemeine Begriff für diejenigen Deutschen, die den Holocaust vollstreckten, lautet »Deutsche«. Wir zögern ja auch nicht, die Bürger der Vereinigten Staaten von Amerika, die in Vietnam kämpften, um die Ziele ihrer Regierung durchzusetzen, als »Amerikaner« zu bezeichnen – und dies aus gutem Grund. Dasselbe gilt für den Holocaust. Die Täter waren in diesem Fall Deutsche, so wie die Soldaten in Vietnam Amerikaner waren, auch wenn in beiden Fällen nicht alle Staatsbürger die Bemühungen ihres Staates unterstützten. Der in vergleichbaren Fällen übliche Wortgebrauch und die Genauigkeit der Beschreibung erlauben es nicht nur, sondern verlangen geradezu, hier von »Deutschen« zu sprechen.[5]

Die Täter waren deutscher Nationalität und handelten im Namen Deutschlands und seines höchst populären Führers Adolf Hitler. Einige unter ihnen waren Nationalsozialisten, etwa weil sie der Partei angehörten oder aus ideologischer Überzeugung, andere waren dies nicht. Einige der Vollstrecker waren SS-Angehörige, andere nicht. Nicht nur die SS, sondern auch viele andere Institutionen stellten die Täter, die entweder selbst töteten oder auf andere Weise zum Völkermord beitrugen. All diesen Menschen aber ist gemeinsam, daß sie Deutsche waren und die politischen Ziele Deutschlands verfolgten, die in diesem Fall auf einen Genozid an den Juden hinausliefen.[6] Gewiß ist es manchmal angemessen, institutionelle oder professionelle Bezeichnungen oder Rollen zu nennen und die Oberbegriffe »Täter« oder »Mörder« zu verwenden, um die Vollstrecker zu beschreiben. Allerdings darf man auch dann nicht vergessen, daß diese Leute zunächst und vor allem Deutsche und erst in zweiter Linie SS-Leute, Polizisten oder Lageraufseher waren.

Als zweites gilt es, den Hintergrund der Täter zu beleuchten, zu vermitteln, wie ihr Leben während des Genozids aussah, ihre »Lebenswelt« anschaulich zu machen. Was taten sie denn *genau*, wenn sie mordeten? Und wie verbrachten sie ihre Zeit in den Mordinstitutionen, wenn sie nicht gerade mordeten? Solange wir nicht sehr viel mehr Einzelheiten über ihr Leben und ihre Handlungsweisen wissen, können wir weder sie noch die Art, wie sie ihre Verbrechen verübten, verstehen. Die Kenntnis des facettenreichen Lebens der Vollstrecker, eine »dichte« Beschreibung ihrer Taten ist nicht nur um ihrer selbst willen wichtig und notwendig, sondern bildet auch die Grundlage für die Hauptaufgabe dieses Buches: die Erklärung ihres Handelns.[7]

Ich behaupte, daß dies nicht möglich ist, ohne die Analyse in eine Untersuchung der deutschen Gesellschaft vor und während des Nationalsozialismus einzubetten. Dabei muß es vor allem um die politische Kultur gehen, die die Täter und ihre Taten hervorbrachte. Dies ist in bemerkenswerter Weise bei allen bisherigen Studien über die Täter versäumt worden. Deshalb konnten diese Versuche lediglich situationsbezogene Erklärungen liefern, die sich fast ausschließlich auf institutionelle oder unmittelbare und kurzfristige sozialpsychologisch wirksame Einflüsse konzentrierten, die oft als Druck, dem man unmöglich widerstehen konnte, interpretiert wurden. Die Männer und Frauen, die den Holocaust vollstreckten, wurden in einem besonderen sozialen und geschichtlichen Umfeld geformt, demselben Umfeld, in dem sie dann auch operierten. Sie brachten verfestigte, in ihrer Gesellschaft allgemein verbreitete Weltbilder mit, die erforscht werden müssen, wenn man ihre Handlungsweise verstehen will. Dies schließt nicht nur ein nochmaliges Studium des deutschen Antisemitismus, seiner Besonderheiten und seiner Entwicklung während der NS-Zeit und davor ein, sondern erfordert auch eine erneute theoretische Auseinandersetzung mit dem Wesen des Antisemitismus schlechthin.

Die herkömmlichen Untersuchungen über den Holocaust leiden unter einem unzulänglichen Verständnis des Antisemitismus und dürftigen theoretischen Erklärungsansätzen. Antisemitismus ist ein viel weiterer, meist ungenau genutzter Begriff. Dies führt zwangsläufig zu enormen Schwierigkeiten bei der Erklärung des Holocaust, weil eine zentrale Aufgabe darin besteht zu beurteilen, ob der Antisemitismus die zahlreichen Ausprägungen des Vernichtungssystems hervorbrachte und beeinflußte und wie dies geschah. Meiner Ansicht nach wissen wir bislang viel zu wenig darüber, wie der Antisemitismus und die Behandlung, besser: Mißhandlung der Juden zusammenhängen. Wir müssen diese Themen neu betrachten und einen Begriffsapparat entwickeln, der eine präzise Beschreibung ermöglicht und analytisch auch da von Nutzen ist, wo die weltanschaulichen Ursachen sozialen Handelns zu klären sind. Das erste Kapitel ist solchen Überlegungen gewidmet.

Eine Studie über die Täter muß ferner unsere Vorstellungen vom Charakter der deutschen Gesellschaft vor und während der NS-Zeit einer unvoreingenommenen Prüfung unterziehen. Der Holocaust war das kennzeichnende Merkmal des Nationalsozialismus, aber nicht nur des Nationalsozialismus. Er ist gleichzeitig ein spezifischer Grundzug der gesamten deutschen Gesellschaft während der NS-Zeit: Kein wichtiger Aspekt blieb von der antijüdischen Politik unberührt; das reicht von der Wirtschaft bis hin zum sozialen, politischen und kulturellen Leben. Das haben Rinderzüchter ebenso mitgemacht wie Kaufleute, Anwälte, Ärzte, Physiker und Hochschullehrer. Das findet man in kleinstädtischen Lebensverhältnissen ebenso wie auf dem flachen Land oder in Großstädten. Wenn man die Ausrottung der Juden nicht in den Mittelpunkt seiner Überlegungen stellt, kann man die deutsche Gesellschaft weder angemessen analysieren noch verstehen, noch charakterisieren. Die ersten Schritte des antijüdischen Programms, der systematische Ausschluß der Juden vom deutschen Wirtschafts- und Gesellschaftsleben, wurden in aller Öffentlichkeit, mit Zustimmung und Mitwirkung buchstäblich aller Schichten der deutschen Gesellschaft unternommen; Juristen, Mediziner und Lehrer, die katholische und die evangelische Kirche sowie die ganze Palette der wirtschaftlichen, gesellschaftlichen und kulturellen Gruppen und Verbände beteiligten sich daran.[8] Hunderttausende von Deutschen trugen zum Genozid und dem weit umfassenderen System der Unterwerfung, dem riesigen Lagersystem, bei. Trotz der allerdings nicht sehr konsequenten Bemühungen des Regimes, den Völkermord geheimzuhalten, wußten Millionen Deutsche von der Massenvernichtung.[9] Hitler verkündete mehrmals mit aller Leidenschaft, daß der Krieg mit der Auslöschung der Juden enden würde,[10] und die Tötungen trafen auf allgemeines Verständnis, wenn nicht gar Zustimmung. Kein anderes Programm – von ähnlicher oder vergleichbarer Reichweite – wurde beharrlicher und überzeugter durchgeführt und stieß auf weniger Schwierigkeiten als der Holocaust, abgesehen vielleicht vom Krieg selber. Der Holocaust bestimmt nicht nur die Geschichte der Juden in der zweiten Hälfte des zwanzigsten Jahrhunderts, sondern auch die der Deutschen. Während der Holocaust das Judentum und die Juden unwiderruflich veränderte, war seine Durchführung meiner Ansicht nach nur möglich, weil sich die Deutschen zuvor bereits verändert hatten. Das Schicksal der Juden war eine direkte – das heißt aber nicht: unausweichliche – Konsequenz einer Weltsicht, die von der überwältigenden Mehrheit des deutschen Volkes geteilt wurde.

Ob es um die Täter, den deutschen Antisemitismus oder die deutsche Gesellschaft während des Nationalsozialismus geht, jeder Versuch, auch nur einen dieser Bereiche neu zu begreifen, ist eine komplexe Aufgabe und verlangt theoretische Anstrengungen sowie die Beherrschung eines umfangreichen empirischen Materials. Jedes dieser Themen wäre – aus theoretischen wie aus empirischen Gründen – ein eigenes Buch wert. Doch erscheint mir die Beschäftigung mit jedem dieser drei Sujets lohnender, wenn man auch die jeweils anderen nicht außer acht läßt, da sie alle miteinander zusammenhängen. Die Zusammenschau dieser drei Themenkreise führt dazu, daß wir bedeutende Aspekte der deutschen Geschichte, der deutschen Gesellschaft in der NS-Zeit und der Durchführung des Holocaust von Grund auf neu durchdenken müssen. Das heißt, bei einer Vielzahl von Einzelthemen althergebrachte Ansichten umzustoßen und Auffassungen, die im wesentlichen bereits als unstrittig galten, aufzugeben. Um zu erklären, warum der Holocaust geschehen konnte, muß man vieles, was bisher geschrieben wurde, einer radikalen Revision unterziehen. Das möchte ich mit dem vorliegenden Buch erreichen.

Wir müssen erkennen, was so lange von akademischen wie nichtakademischen Autoren generell vernebelt wurde: Die antisemitischen Auffassungen der Deutschen waren die zentrale Triebkraft für den Holocaust. Sie lieferten nicht nur den zentralen Beweggrund für Hitlers Entschluß, die europäischen Juden auszulöschen – eine These, die viele akzeptieren –, auf ihnen beruhte auch die Bereitschaft der Täter, Juden brutal zu mißhandeln und zu töten. Die Schlußfolgerung dieses Buches lautet, daß der Antisemitismus viele Tausende »gewöhnlicher« Deutscher veranlaßte, Juden grausam zu ermorden, und daß auch Millionen anderer Deutscher nicht anders gehandelt hätten, wären sie in die entsprechenden Positionen gelangt. Nicht wirtschaftliche Not, nicht die Zwangsmittel eines totalitären Staates, nicht sozialpsychologisch wirksamer Druck, nicht unveränderliche psychische Neigungen, sondern die Vorstellungen, die in Deutschland seit Jahrzehnten über Juden vorherrschten, brachten ganz normale Deutsche dazu, unbewaffnete, hilflose jüdische Männer, Frauen und Kinder zu Tausenden systematisch und ohne Erbarmen zu töten.

Welchen Entwicklungen muß eine umfassende Erklärung des Holocaust Rechnung tragen? Grundsätzlich waren vier Voraussetzungen nötig, damit es zur Vernichtung der Juden kommen konnte:

1. Die Nationalsozialisten, das heißt ihre Führung und vor allem Hitler, mußten sich für die physische Vernichtung entscheiden.[11]

2. Dazu mußten sie die Juden unter ihre Kontrolle bringen, also die Gebiete beherrschen, in denen Juden lebten.[12]

3. Sie mußten die Vernichtung organisieren und ausreichende Mittel bereitstellen.[13]

4. Sie mußten eine große Anzahl von Leuten dazu bewegen, an der Vernichtung aktiv mitzuwirken.

Die umfangreiche Literatur über den Nationalsozialismus und den Holocaust befaßt sich eingehend mit den ersten drei dieser Punkte; gleiches gilt für andere Aspekte, etwa für Quellen und Ausformung von Hitlers Ansichten, die den Völkermord von Anfang an in sich bargen, und für den Aufstieg der NSDAP zur Macht.[14] Der letzte Punkt, das eigentliche Thema dieses Buches, wird jedoch in der Literatur bislang meist nur oberflächlich und spekulativ behandelt. Darum müssen hier einige analytische und interpretatorische Fragen erörtert werden, die für eine Untersuchung der Täter von zentraler Bedeutung sind.

Da in den Arbeiten über den Holocaust die Täter vernachlässigt wurden, ist es nicht überraschend, daß die bisherigen Interpretationen in einem empirischen Leerraum geprägt wurden. Bis vor kurzem gab es, wenn man von den Führern des NS-Regimes einmal absieht, kaum Forschungsarbeiten über die Vollstrecker. In den letzten Jahren sind zwar einige Publikationen erschienen, die sich mit der einen oder anderen Tätergruppe beschäftigen, aber unser Wissen über sie bleibt dennoch höchst lückenhaft.[15] Wenig wissen wir über viele Mordinstitutionen, ebenso wenig über zahlreiche Aspekte der konkreten Durchführung des Genozids, noch weniger über die Täter selber. Und so sind im Alltagsverstand und in der Wissenschaft massenhaft Mythen und Mißverständnisse über die Vollstrecker im Umlauf. Man nimmt im allgemeinen an, daß die Deutschen die Juden in Gaskammern umbrachten,[16] denn ohne Gaskammern sowie ohne moderne Transportmittel und eine leistungsfähige Bürokratie, so heißt es, wären die Deutschen überhaupt nicht imstande gewesen, Millionen von Juden zu töten. Dieser Auffassung nach machte erst die moderne Technik Greuel dieses Ausmaßes möglich.[17] »Mord im Fließbandverfahren« lautet einer der Begriffe, die immer wieder in der Diskussion auftauchen. Man geht davon aus, daß Gaskammern wegen ihrer Leistungsfähigkeit – die allerdings stark übertrieben wird – ein notwendiges Mittel des Genozids darstellten und daß die Deutschen diese in erster Linie konstruierten, weil sie eine effiziente Tötungsmethode für die Judenvernichtung benötigten.[18] Wissenschaftler und Laien haben bis vor kurzem noch daran festgehalten, daß es sich bei den Tätern in erster Linie und in der überwältigenden Mehrheit der Fälle um SS-Leute, also um die überzeugtesten und brutalsten Nationalsozialisten gehandelt habe.[19] Ebensowenig wurde bis vor kurzem in Frage gestellt, daß ein Deutscher, der sich geweigert hätte, einen Juden zu ermorden, selbst getötet worden wäre, zumindest aber mit Konzentrationslager oder einer schweren Strafe hätte rechnen müssen.[20] All diese Ansichten, die die weitverbreiteten Auffassungen über den Holocaust prägen, sind nie hinterfragt worden. Als seien sie selbstverständliche Wahrheiten, wurden sie geradezu Glaubensgebote – Sätze, die sich nicht auf historische Forschung, sondern auf andere Quellen stützen. Sie haben Kenntnisse ersetzt und die Art und Weise, wie die NS-Zeit verstanden wird, verzerrt.

Aus einer Reihe von Gründen muß das völlige Desinteresse an den Tätern überraschen, nicht zuletzt wegen der mittlerweile ein Jahrzehnt während Diskussion über die Entschlußbildung zum Holocaust, die unter der irreführenden Bezeichnung einer Debatte zwischen »Intentionalisten« und »Funktionalisten« bekannt geworden ist.[21] Wie immer man diese Debatte beurteilen mag, sie wurde zur prägenden Auseinandersetzung in der Holocaustforschung. Obwohl wir durch sie mehr über den genauen zeitlichen Ablauf der Verfolgung und Ermordung der Juden durch die Deutschen erfahren haben, so hat sie doch gleichzeitig aufgrund der Begrifflichkeiten, in denen sie geführt wurde, die Untersuchung der Ursachen der deutschen Politik in eine falsche Richtung gelenkt (darauf gehe ich im vierten Kapitel näher ein), und sie hat fast nichts dazu beigetragen, unsere Kenntnisse über die Täter zu erweitern. Von denen, die die Debatte bestimmten und die die ersten wichtigen Beiträge dazu geleistet haben, stellte nur einer die Frage, warum, nachdem die Tötungen einmal begonnen hatten (wie auch immer es dazu kam), diejenigen, die die Befehle dazu erhielten, diese auch befolgten.[22] Aus dem einen oder anderen Grund scheinen alle Teilnehmer dieser Debatte anzunehmen, daß die Ausführung derartiger Befehle unproblematisch für die Handelnden war; dementsprechend haben sich auch Historiker und Sozialwissenschaftler nicht damit beschäftigt. Wie begrenzt unser Wissen über diese Periode und wie eingeschränkt daher auch unser Verständnis ist, zeigt sich schlaglichtartig an der simplen Tatsache, daß die Zahl der Täter – wie immer man diese Kategorie definiert – völlig unbekannt ist. Es existiert keine überzeugende Schätzung, mehr noch: Es gibt überhaupt keine Schätzung darüber, wie viele Menschen wissentlich einen Beitrag zum Völkermord leisteten. Das hat aus unerklärlichen Gründen bislang kein Wissenschaftler versucht. Und es hat auch niemand darauf hingewiesen, daß dieses Versäumnis zu einer bedeutenden Wissenslücke führte.[23] Angenommen, es wären zehntausend Deutsche zu Tätern geworden, dann könnte man die Durchführung des Holocaust als die Tat einer eingrenzbaren, nicht repräsentativen Gruppe bezeichnen. Bei fünfhunderttausend oder einer Million Deutschen hätten wir es mit etwas grundsätzlich anderem zu tun, und der Holocaust ließe sich am angemessensten als deutsches Projekt charakterisieren. Es ist abhängig von der Anzahl und der Identität der Deutschen, die zum Massenmord an den Juden beitrugen, welche Fragen, Untersuchungen und Theorien geeignet oder notwendig sind, das Geschehene zu erklären.

Der unzureichende Kenntnisstand, nicht nur über die Täter, sondern auch über die Funktionsweise der Institutionen, denen sie angehörten, konnte einige nicht davon abhalten, Aussagen über die Täter zu treffen. Die vorliegende Literatur bietet eine Reihe von Erklärungen, selbst wenn diese nicht immer klar benannt oder umfassend ausgeführt werden. (Tatsächlich werden unterschiedliche Erklärungsstränge immer wieder miteinander vermischt, ohne daß ein größerer Zusammenhang entsteht.) In einigen Fällen wurde der Versuch unternommen, das Verhalten des deutschen Volks allgemein zu erklären und dies dann auf das Handeln der Täter zu übertragen. Doch statt zu schildern, was die einzelnen Autoren über die Täter ausgeführt haben, möchte ich die wichtigsten Argumente hier analytisch darlegen, wobei ich mich auf führende Exponenten jeder Interpretationsrichtung beziehe. Fünf Deutungsmuster lassen sich unterscheiden:

Das *erste* stellt den äußeren Druck in den Mittelpunkt: Die Täter wurden gezwungen. Da ihnen Strafe drohte, blieb ihnen nichts anderes übrig, als jeden Befehl zu befolgen. Schließlich waren sie Soldaten oder gehörten polizeiähnlichen Verbänden an, in denen ein strenges System von Befehl und Gehorsam herrschte; Befehlsverweigerung wurde schwer, möglicherweise mit dem Tod bestraft. Halte jemandem ein Gewehr an den Kopf, so die Auffassung, und er wird andere töten, um sich selbst zu retten.[24]

Das *zweite* Deutungsmuster sieht in den Tätern Menschen, die von blindem Gehorsam beherrscht waren. Für diesen Gehorsam ist eine Reihe von Gründen angeführt worden: Hitlers Charisma, das die Täter völlig in seinen Bann schlug,[25] eine allgemein menschliche Tendenz zum Gehorsam,[26] eine besondere deutsche Neigung zu Autoritätshörigkeit[27] und schließlich die Zerstörung des individuellen moralischen Empfindens durch eine totalitäre Gesellschaft, verbunden mit der Abrichtung darauf, alle übertragenen Aufgaben als notwendig aufzufassen.[28] Es gibt also die allgemeine Behauptung, daß Menschen stets der Autorität gehorchen, wenn dies auch unterschiedlich erklärt wird. Es ist offensichtlich, daß die Beobachtung, Autorität, insbesondere von staatlicher Seite, veranlasse zum Gehorsam, Beachtung verdient.

Der *dritte* Ansatz argumentiert sozialpsychologisch. Die Täter hätten unter dem enormen Druck der Kameraden und/oder der Erwartungen gestanden, die mit ihrer Rolle in der jeweiligen Institution verbunden waren. Es sei, so wird behauptet, für den einzelnen außerordentlich schwierig gewesen, dem Konformitätsdruck zu widerstehen, und das könne Menschen dazu veranlassen, sich an Handlungen zu beteiligen, an denen sie sonst nicht nur nicht teilnehmen, sondern die sie sogar verabscheuen würden. Zur Rationalisierung ihres Handelns steht diesen Menschen eine Reihe psychischer Mechanismen zur Verfügung.[29]

Eine *vierte* Deutung sieht in den Vollstreckern geduckte Bürokraten oder seelenlose Technokraten, die nur ihre Haut retten wollen oder ihre technokratischen Ziele und Aufgaben verfolgen, wobei ihnen die Opfer vollkommen gleichgültig sind. Dies gilt für Deutsche, die in Berlin in der Verwaltung beschäftigt waren, genauso wie für das Personal der Konzentrationslager. Sie alle hatten ihre Karriere im Auge, und aufgrund der psychischen Neigung derer, die nur Rädchen im Getriebe sind, die Verantwortung für die Gesamtpolitik anderen zuzuschieben, konnten sie ihre Karriereinteressen oder materiellen Ziele gefühllos verfolgen.[30] Daß Menschen egoistisch sind und Institutionen das Verantwortungsbewußtsein des einzelnen abstumpfen, sind Selbstverständlichkeiten, die zu bearbeiten sich kaum lohnt.

Das *fünfte* Interpretationsmuster betont die Fragmentierung der Aufgaben, die dazu geführt habe, daß die Täter die wirkliche Natur ihres Handelns nicht erkennen konnten; ihnen sei nicht bewußt gewesen, daß ihre kleinen Beiträge tatsächlich Teil eines umfassenden Vernichtungsprogramms waren. Und wenn sie diesen Zusammenhang doch erkannten, so wird weiter argumentiert, dann habe ihnen die Arbeitsteilung ermöglicht, die Bedeutung ihrer Mitwirkung zu leugnen und die Verantwortung bei anderen zu sehen.[31] Daß Menschen dazu neigen, die Schuld anderen zuzuschieben, wenn sie mit unerfreulichen oder moralisch zweifelhaften Aufgaben betraut werden, ist uns ebenfalls vertraut.

All diese Deutungen lassen sich auch danach unterscheiden, wie sie die Fähigkeit des einzelnen darstellen, dem eigenen Willen zu folgen: Der ersten zufolge, die den Zwang in den Vordergrund stellt, konnten die Mörder nicht nein sagen. Die zweite – Gehorsam – und die dritte – Gruppendruck – gehen davon aus, daß Deutsche wegen ihrer Psyche nicht imstande waren, nein zu sagen. Die vierte Interpretation – Eigeninteresse – legt nahe, daß es für die Deutschen genügend persönliche Anreize zum Töten gab, weshalb sie gar nicht nein sagen wollten. Die fünfte – bürokratische Kurzsichtigkeit – behauptet, es sei den Tätern nie deutlich geworden, daß sie an etwas beteiligt waren, zu dem sie aus Verantwortungsbewußtsein hätten nein sagen müssen.

Jede dieser herkömmlichen Erklärungen mag plausibel klingen, und einige enthalten sicher auch einen wahren Kern. Was also ist falsch daran? Jede von ihnen ist mit je eigenen Mängeln behaftet, auf die ich im fünfzehnten Kapitel ausführlich eingehen werde. Und alle stützen sie sich auf eine Reihe zweifelhafter *gemeinsamer* Annahmen, die beachtenswert sind.

Sie alle gehen von der *Vermutung* aus, daß die Täter ihren Handlungen zumindest neutral, wenn nicht sogar ablehnend gegenüberstanden. Die Deutungen laufen also auf die Frage hinaus, wie man Menschen dazu bringen kann, Taten zu begehen, denen sie innerlich nicht zustimmen und die sie nicht für notwendig oder gerecht halten. Dabei ignorieren, leugnen oder verkleinern diese Interpretationen die nationalsozialistische oder andere von den Tätern vertretene Ideologien, die Bedeutung ihrer moralischen Werte oder die Vorstellungen über die Opfer als Quellen für die Mordbereitschaft der Täter. Darüber hinaus karikieren einige dieser herkömmlichen Erklärungen die Täter oder die Deutschen insgesamt, indem sie diese als Menschen ohne moralisches Empfinden behandeln, die nicht fähig gewesen seien, Entscheidungen zu fällen oder Standpunkte einzunehmen. Sie sehen die Akteure nicht als Menschen mit Willenskraft, sondern als Wesen, die nur von äußeren Kräften oder von übergeschichtlichen und unveränderlichen psychisch verankerten Neigungen wie etwa der sklavischen Verfolgung eines enggefaßten »Eigeninteresses« bestimmt werden. Vor allem aber leiden diese Erklärungen an zwei begrifflichen Mängeln: Sie verkennen die Außerordentlichkeit einer Tat, wie sie die Massentötung von Menschen darstellt, oder erkennen sie zumindest nicht in ausreichendem Maße. Sie gehen von der *Annahme* aus, daß es grundsätzlich das gleiche sei, ob man Menschen zum Töten anderer Menschen veranlaßt oder ob man sie dazu bringt, irgendeine andere unerwünschte oder unangenehme Aufgabe zu erfüllen. Zudem spielt bei keiner dieser herkömmlichen Interpretationen die *Identität* der Opfer eine Rolle. All diese Ansätze legen nahe, daß die Täter jedes andere Opfer in genau der gleichen Weise behandelt hätten. Daß die Opfer Juden waren, ist – folgt man dieser Logik – unerheblich.

Ich bin anderer Auffassung. Jede Erklärung, die die Auffassungsgabe und Urteilsfähigkeit der Handelnden außer acht läßt, also ihre Fähigkeit, die Bedeutung und die moralische Qualität ihrer Handlungen zu verstehen und sich darüber eine Meinung zu bilden, jede Deutung, die das Gewicht der Überzeugungen und Wertmaßstäbe der

Akteure verkennt und die eigenständige Motivation übersieht, die in der nationalsozialistischen Ideologie und vor allem in deren zentralem Element, im Antisemitismus, steckt, kann uns nicht wirklich verständlich machen, warum die Akteure so handelten, wie sie handelten.

Jeder Ansatz, der entweder den besonderen Charakter dessen, was die Vollstrecker taten – sie mordeten systematisch und mißhandelten ungeheuerlich viele Menschen –, oder die Identität der Opfer ignoriert, ist aus einer Reihe von Gründen unzulänglich. All diese Muster versagen auf eine doppelte, spiegelbildliche Weise, wenn es darum geht, den menschlichen Aspekt des Holocaust zu erkennen. Sie vernachlässigen, daß die Täter Menschen waren und als solche urteilsfähig. Sie haben sich für eine unmenschliche Handlungsweise entschieden. Genauso wird vernachlässigt, daß auch die Opfer Menschen waren. Was die Täter taten, taten sie Menschen mit ganz unverwechselbaren Eigenschaften an und nicht Tieren oder Dingen.

Meine Erklärung lautet – und dies ist neu in der wissenschaftlichen Literatur über die Täter[32] –, daß die ganz »normalen Deutschen« durch eine bestimmte Art des Antisemitismus motiviert waren, die sie zu dem Schluß kommen ließ, daß die Juden *sterben sollten*.[33] Die Überzeugungen der Täter, ihr spezifischer Antisemitismus, waren zwar offensichtlich nicht die einzige, aber doch, so behaupte ich, eine entscheidende Ursache ihres Handelns. Jene Auffassungen müssen daher in den Mittelpunkt aller Erklärungen gestellt werden. Um es ganz einfach auszudrücken: Die Täter, die sich an ihren eigenen Überzeugungen und moralischen Vorstellungen orientierten, haben die Massenvernichtung der Juden für gerechtfertigt gehalten, sie *wollten* nicht nein dazu sagen.

Die Untersuchung, wie der Holocaust verwirklicht wurde, ist interpretatorisch und methodisch eine schwierige Aufgabe. Darum muß eine Reihe von Problemen vorab offen und direkt benannt werden. Im folgenden erläutere ich daher meine Herangehensweise an das Thema und insbesondere die Palette der Täterhandlungen, die der Erklärung bedürfen. Diese Diskussion wird im Anhang 1 fortgesetzt, wo ich einige verwandte Probleme aufgreife, die den Laien vielleicht nicht interessieren: die Gründe für die Wahl der Themen und Fälle, die in dieser Studie behandelt werden, und weitere Gesichtspunkte zu Interpretation und Methode.

Wer sich mit der NS-Zeit befaßt, unterliegt einem schweren Irrtum, wenn er sich weigert zu glauben, daß Menschen imstande sind, ganze Bevölkerungen aus Überzeugung zu vernichten, selbst wenn es sich dabei um Menschen handelt, die objektiv keine Bedrohung darstellen. Warum darauf bestehen, daß »gewöhnliche« Menschen Massenmord unmöglich billigen oder gar an ihm teilnehmen können? Die historische Überlieferung vom Altertum bis zur Gegenwart gibt zahlreiche Beispiele dafür, mit welcher Leichtigkeit Menschen das Leben anderer auslöschen und an deren Tod sogar Freude empfinden können.[34]

Es gibt keine Gründe für die Annahme, daß der moderne, abendländische und sogar christliche Mensch nicht in der Lage sein sollte, lebendigen Menschen ihren Wert abzusprechen und ihre Vernichtung zu fordern. Das haben im Lauf der Geschichte Völker mit den unterschiedlichsten religiösen, kulturellen und politischen Anschauungen vertreten, etwa die Kreuzfahrer und die Inquisitoren, um nur zwei Beispiele aus der Geschichte des christlichen Europa zu erwähnen.[35] Wer zweifelt daran, daß in Argentinien und Chile die Mörder derjenigen, die den autoritären Regierungen der jüngsten Zeit Widerstand leisteten, tatsächlich glaubten, daß ihre Opfer den Tod verdienten? Wer zweifelt daran, daß die Tutsi, die in Burundi die Hutu, oder die Hutu, die in Ruanda die Tutsi niedermetzelten, daß die libanesischen Milizen, die die zivilen Anhänger der jeweils anderen Seite umbrachten, daß die Serben, die die Kroaten oder die bosnischen Moslems töteten, dies jeweils in der Überzeugung taten, ihre Opfer hätten ihr Schicksal verdient? Warum sollte das für die deutschen Täter nicht gelten?

Die mannigfachen Probleme, die sich ergeben, wenn man über den Holocaust schreiben will, beginnen mit den Annahmen über Deutschland, auf die man seine Untersuchung gründet. Darauf gehe ich im ersten Kapitel ausführlicher ein. Soll man wie die meisten Historiker davon ausgehen, daß die deutsche Gesellschaft mehr oder weniger »normal« war, im großen und ganzen nach denselben Regeln des »gesunden Menschenverstandes« funktionierte wie unsere eigene? Das scheint mir die wichtigste Frage zu sein. Die Normalität der Deutschen vorausgesetzt, müssen Menschen, die *willentlich* andere Menschen niedermetzelten, entweder durch einen zynischen Drang nach Macht oder Reichtum motiviert gewesen sein oder sich im Griff einer machtvollen Ideologie befunden haben, die so offensichtlich falsch war, daß eigentlich nur Gestörte wirklich daran hätten glauben können – einmal abgesehen von jenen, die sie in zynischer Weise für ihre Machtgelüste ausnutzten. Aber die Mehrheit der modernen Menschen, anständig und einfach, wie sie waren, mag zwar eine ganze Weile von diesen wenigen umhergestoßen worden sein – doch wären sie wohl niemals auf Dauer zu überzeugen gewesen.

Man kann an diese Zeit aber auch ohne solche Vermutungen herangehen und statt dessen mit dem kritischen Auge des Anthropologen bislang Unbekanntes entdecken – man muß nur bereit und gewärtig sein, auf eine völlig andere Kultur zu treffen und möglicherweise zu Erklärungen zu gelangen, die den eigenen, auf dem »gesunden Menschenverstand« beruhenden Auffassungen nicht entsprechen, ja sogar im Widerspruch dazu stehen. Nur so kann man diese Kultur verstehen, ihre charakteristischen Verhaltensmuster, ihre kollektiven Projekte und Produkte. Ein solcher Ansatz gibt der Erkenntnis Raum, daß durchaus die Möglichkeit besteht, daß eine große Zahl von Menschen, in diesem Fall von Deutschen, nicht nur imstande, sondern auch willens gewesen sein könnten, andere, in diesem Fall Juden, zu töten – und dies guten Gewissens. Bei dieser Herangehensweise entfällt die Aufgabe zu erklären, was Menschen gezwungen haben könnte, gegen ihren Willen oder unabhängig davon wie Automaten zu handeln. Statt dessen müßte nun dargelegt werden, wie Deutsche zu derartig willigen Massenmördern werden konnten und wie sich das NS-Regime diese zerstörerische Kraft zunutze machte. Dieser Ansatz, der die anthropologisch und sozialwissenschaftlich undurchdachte Vorstellung eines universell geltenden, »gesunden Menschenverstands« ablehnt,[36] liegt der vorliegenden Untersuchung zugrunde.[37]

Zentrale und im allgemeinen nie in Frage gestellte methodologische Grundannahmen, die so gut wie alle wissenschaftlichen Auseinandersetzungen mit dem Holocaust und seinen Tätern bestimmt haben, werden hier über Bord geworfen, weil sie theoretisch und empirisch unhaltbar sind. Im Gegensatz zur bisherigen Forschung nimmt dieses Buch Wahrnehmungen und Wertmaßstäbe der Täter ernst und untersucht deren Taten im Lichte eines Entscheidungsmodells. Dieser Ansatz wirft, insbesondere im Hinblick auf den Holocaust, eine Reihe sozialwissenschaftlicher Probleme auf, auf die, wenn auch kurz, eingegangen werden muß.

Die Täter wirkten in Institutionen, die ihnen Rollen vorschrieben und bestimmte Aufgaben zuwiesen; individuell wie kollektiv verfügten sie bei ihren Entscheidungen jedoch über einen gewissen Spielraum. Geht man davon aus, muß man diese Entscheidungen, insbesondere deren Muster identifizieren, analysieren und in eine Gesamterklärung oder -interpretation einarbeiten. Mit idealem Material könnte man folgende Fragen beantworten:

Was haben die Täter wirklich getan?
Was haben sie über das »Notwendige« hinaus getan?
Was haben sie sich geweigert zu tun?
Was hätten sie verweigern können?
Was hätten sie auf keinen Fall getan?[38]
Wie haben sie ihre Aufgaben erfüllt?
Wie reibungslos ist die Gesamtoperation verlaufen?

Untersucht man die Tatmuster im Licht der institutionellen Rollen-anforderungen und der Anreizstruktur, muß man über den einfachen Tötungsakt hinausgehen. Im Umgang mit den Juden – und den anderen Opfern – beschränkten sich die Deutschen nicht auf den tödlichen Schlag. Sie unterwarfen sie vielmehr einem weiten Spektrum von Maßnahmen. Will man den Völkermord erklären, muß man sich mit allen ihren Handlungen gegenüber den Juden auseinandersetzen. Das soll bald im einzelnen geschehen. Zweitens werfen auch jene Handlungen, die die Täter ausübten, wenn sie gerade nicht dem Genozid dienten, ein Licht auf das Töten; eine derartige Untersuchung eröffnet Einsichten in die allgemeine Charakterstruktur und die Handlungsbereitschaft der Täter sowie in das allgemeine sozialpsychologische Milieu, in dem sie lebten. Sie kann von höchster Bedeutung für das Verständnis ihrer Verhaltensmuster beim Genozid sein.

All dies führt zu einer grundlegenden Frage: Welche Täterhandlungen konstituierten die Gesamtheit der Handlungen, die erklärt werden muß? Diejenigen, die sich bislang mit den Vollstreckern befaßt haben, haben ihre Aufmerksamkeit in der Regel auf eine Facette beschränkt, auf das Töten. Diese verengte Perspektive muß erweitert werden. Man stelle sich einmal vor, die Deutschen hätten die Juden nicht umgebracht, sie aber ansonsten in Konzentrationslagern, in Ghettos und als Sklaven so behandelt, wie sie sie behandelt haben. Man stelle sich weiter vor, in unserer eigenen Gesellschaft gingen heute Menschen gegen Juden oder Christen, gegen Weiße oder Schwarze mit einem Hundertstel der Brutalität und Grausamkeit vor, die die Deutschen, von den Tötungen abgesehen, gegen die Juden gerichtet haben. Jeder fände dies erklärungsbedürftig. Hätten die Deutschen keinen Völkermord verübt, dann wäre das Ausmaß an Entbehrungen und Grausamkeiten, das sie den Juden zumuteten, ein großes Forschungsthema und gälte als historische Greueltat, Verirrung und Perversion. Doch diese Tatsachen sind im Schatten des Genozids gleichsam vergessen und bei den bisherigen Versuchen, die wichtigsten Aspekte des Holocaust zu erklären, vernachlässigt worden.[39]

Die Fixierung auf die Massentötungen unter Ausschluß aller anderen Taten der Vollstrecker hat zu einer grundsätzlich falschen Bestimmung dessen, was überhaupt zu erklären ist, geführt. Aus naheliegenden Gründen sollten die Tötungen weiterhin im Mittelpunkt der wissenschaftlichen Aufmerksamkeit stehen. Doch nicht nur das Töten selbst, sondern *wie* die Deutschen töteten, bedarf der Erläuterung, liefert doch das Wie oft tiefere Einsichten in das Warum. Ein Mörder kann versuchen, den Tod seiner Opfer so zu bewirken, daß er mit mehr oder weniger physischen und emotionalen Schmerzen verbunden ist – je nachdem, ob er den Tötungsakt für gerecht oder ungerecht hält. Daher müssen wir in diesem Zusammenhang immer berücksichtigen, wie Deutsche, kollektiv oder individuell, ihre Handlungen vollbrachten oder ob sie auch nur darüber nachdachten, die Leiden ihrer Opfer zu erleichtern oder zu verschärfen. Eine Deutung, die zwar erläutern kann, daß Deutsche Juden töteten, dabei aber die Art und Weise, in der sie dies taten, außer acht läßt, ist eine unzureichende Erklärung.

Wenn man analytische Klarheit erreichen will, muß man das, was man erklären will, deutlich benennen. In unserem Fall kann dies durch ein Klassifikationsschema erreicht werden, das vier Arten des Handelns bezeichnet und zwei Dimensionen umfaßt: Die eine zeigt an, ob eine jeweilige Handlung auf Befehl oder aus eigener Initiative erfolgte, die andere, ob ein Deutscher dabei grausam vorging oder nicht.[40]

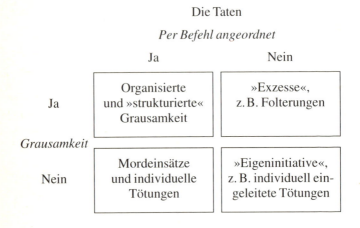

Auf Befehl durchgeführte Handlungen wie Razzien, Deportationen und Ermordung von Juden, bei denen es nicht zu »Exzessen« oder »überflüssigen Grausamkeiten« kam, sind Taten, die nach damaligem deutschem Verständnis aus Nützlichkeitserwägungen erfolgten, also Taten, die der sprichwörtlich gute Deutsche, der nur sklavisch »Befehle befolgte«, ohne weiteres begehen konnte. Bei Handlungen aus »Eigeninitiative« oder solchen, die mit »Exzessen« verbunden waren, spielt jeweils der eigene Antrieb eine Rolle. Das ist mehr als das bloße Ausführen von Befehlen. In beiden Fällen spielt der Wille des einzelnen Täters eine Rolle. Sie unterscheiden sich allerdings im Ausmaß der Grausamkeit. Handlungen aus »Eigeninitiative« sind Taten eines kalten Henkers. »Exzesse« hingegen wurden von Deutschen verübt, die vermutlich an dem von ihnen verursachten Leid ein besonderes Vergnügen empfanden. Die letzte Kategorie umfaßt die Handlungen, die Deutsche auf Befehl ausführten und deren einziges Ziel es war, die Juden zu quälen. Diese Taten – die zum Teil in den Kapiteln erörtert werden, in denen Fallbeispiele gegeben werden – sind deshalb von Interesse, weil sie Zweifel an den typischen nachträglichen Begründungen wecken, die die Täter nach dem Krieg für ihre Handlungen vorgebracht haben. Ein nationalsozialistisch verstocktes Gehirn auf der Suche nach einem Nutzen des Genozids mochte vielleicht glauben (und dies auch nach dem Krieg noch anführen), was man den Tätern an Gründen nannte, damit sie Juden umbrachten (etwa: daß die Juden Deutschland bedrohten, daß sie »Partisanen« und »Banditen« seien oder Epidemien verbreiteten). Befehle jedoch, die allein darauf hinausliefen, die Opfer zu quälen, hätten Zweifel an der »Rechtmäßigkeit« und »Vernünftigkeit« der vermeintlichen Prinzipien wecken müssen, die dem Umgang mit den Juden zugrunde lagen.

Die Behandlung der Juden durch die Täter und selbst der Tötungsakt setzten sich aus verschiedenen Teilakten zusammen oder unterlagen veränderlichen Bedingungen, die ihrerseits erklärungsbedürftig sind. Jeder Versuch, den Beitrag der Deutschen zum Genozid an den Juden allgemein zu erklären, muß sie alle berücksichtigen. Die Vielzahl der Handlungsweisen schließt jene ein, die unserer Tabelle entsprechend mit oder ohne Befehl erfolgten und grausam oder nicht grausam waren:

1. Alle Taten, die auf Befehl und ohne zusätzliche Grausamkeit durchgeführt wurden; die wichtigsten darunter waren jene, die zum Völkermord beitrugen.

2. Grausamkeiten auf Anweisung von höherer Stelle. Institutionelle, strukturierte Grausamkeiten sind dabei von größerer Bedeutung als jene, die *spontan* von einzelnen oder kleinen Gruppen verübt wurden.

3. Täterhandlungen, die eine Initiative erforderten, die über das gewöhnlich von den höheren Instanzen Verlangte hinausging, die aber nicht durch exzessive Grausamkeit gekennzeichnet waren.

4. Grausamkeiten aus Eigeninitiative.

So nützlich diese objektive Charakterisierung der Täterhandlungen auch ist – für eine adäquate Beschreibung und Klassifizierung oder gar als Erklärungsgrundlage reicht sie nicht aus. Ohne weitere Differenzierung legt dieses analytische Schema wie bereits die vorliegenden Interpretationen den Schluß nahe, daß das »Befolgen von Befehlen« an sich unproblematisch sei. Es gibt jedoch Handlungen – etwa die Verweigerung irgendwelcher Befehle, obwohl dieselben Individuen Mordbefehle befolgt haben – die in diesem spezifischen Zusammenhang die Bedeutung der Befehlsausführung in einem anderen Licht erscheinen lassen. Mit anderen Worten: Wenn Deutsche sich für oder gegen die Befolgung eines Befehls entschieden oder ihn auf diese oder jene Art ausführten, dann muß nicht nur das bloße Befolgen von Befehlen, sondern auch die Art ihrer Durchführung untersucht und erklärt werden. Die angeführte Klassifizierung von Handlungen ignoriert darüber hinaus auch die Möglichkeiten der Täter, sich aus Situationen oder Institutionen zurückzuziehen, in denen ihnen wahrscheinlich Aufgaben zugewiesen würden, die sie nicht wollten.[41] Naive Charakterisierungen dessen, was man unter »Gehorsam« oder »Handeln auf Befehl« zu verstehen habe, berauben die Handlungen der Täter ihres umfassenderen sozialen, politischen und institutionellen Kontextes. Es kommt darauf an, diesen Zusammenhang wieder begreiflich zu machen, wenn man erklären will, warum die Täter bereit waren, Befehlen zu folgen.

Folgende Punkte sind also zu beachten: Die erste Handlungskategorie, der Gehorsam gegenüber Befehlen, ist nicht per se unproblematisch. Den Tätern stand die Option offen, zumindest zu versuchen, sich Mordaufgaben zu entziehen oder das Leiden der Opfer zu mildern. Warum machten sie von dieser Option nicht in einem größeren oder einem geringeren Maße Gebrauch, sondern gerade so, wie sie es eben taten? Das Wissen über den zweiten Handlungstypus, die befohlenen Grausamkeiten, führt uns zu der Frage, warum große Institutionen in Europa in der Mitte des zwanzigsten Jahrhunderts so strukturiert werden konnten, daß sie ihren Opfern das größtmögliche Leid zufügten. All diese Institutionen waren in Wesen und Funktionsweise von den darin tätigen Personen abhängig. Der dritte Handlungstypus, Initiative oder Freiwilligkeit, bedarf, soweit er das deutsche Verhalten charakterisiert, offensichtlich einer Erklärung, denn man kann annehmen, daß jeder, der den Massenmord ablehnte, auch nicht mehr als das von ihm erwartete Minimum getan hätte. Der vierte Handlungstypus, die individuelle Grausamkeit, verlangt ganz eindeutig nach Erläuterung.[42]

Jede Erklärung muß zwei weiteren Aspekten des Täterhandelns Rechnung tragen. Erstens: Erledigen die Täter ihre Aufträge halbherzig oder mit Eifer? Selbst jene Handlungen, die Deutsche auf Befehl ausführten, konnten mit unterschiedlichen Graden an Engagement, Gründlichkeit und Vollkommenheit vollzogen werden. Wenn Deutsche beispielsweise nach versteckten Juden suchten, konnten sie ihr Äußerstes tun, sie zu finden, oder aber die Suche oberflächlich und halbherzig vornehmen. Der Eifer bei der Durchführung einer Tat liefert einen Hinweis auf die Motivation der Täter und ist ebenfalls zu hinterfragen. Zweitens: Das Ausmaß der Grausamkeit. Warum führten das Entsetzen, die Brutalität und die immer wieder auftretenden Grausamkeiten bei den Tötungsaktionen nicht dazu, daß den Tätern die Hände versagten oder sie zumindest tief erschraken? Das Grauen dieser »Operationen« entsprang nicht einer bestimmten Handlungsweise der Täter, sondern es war eine der Bedingungen ihres Handelns, von der man annehmen könnte, daß sie Widerwillen und Abscheu hervorrief. Daß die Täter sich davon nicht sonderlich berührt zeigten, bedarf daher ebenfalls einer Erklärung.[43]

Sogar derart modifiziert muß der Ansatz erweitert werden, damit er sich nicht nur auf eine objektive Kategorisierung der Handlungen beschränkt, sondern auch eine Untersuchung der Motive ermöglicht. Ganz gleich in welche Handlungskategorie die Tat einer Person einzuordnen ist: Die Haltung dieser Person zu ihrer Tat und die Bereitschaft, sie zu begehen, sind von Bedeutung, weil sie den Charakter der Tat mitbestimmen.[44] Die »objektive« Kategorisierung muß daher durch eine »subjektive« ergänzt werden, die sich auf die Handlungsbereitschaft gründet. Eine Vielzahl von Motiven ist mit dem Handeln auf Befehl, dem Ergreifen von Initiative, dem Begehen von »Exzessen«, der guten oder schlechten Ausführung eines Auftrags vereinbar. Entscheidend aber ist die Frage, ob und warum die Täter glaubten, daß ihre Art, die Juden zu behandeln, gerecht sei.[45]

Die Dimension, das Eingehen auf Motivationen, ist vor allem ausschlaggebend, wenn man erklären will, warum die Täter zum Handeln bereit waren. Motivationen sind weitgehend ein Produkt der sozialen Konstruktion von Wissen.[46] Welche Handlungen eine Person bereitwillig ausführt, ergibt sich aus ihrer Motivation, ganz gleich, ob es um Handlungen geht, die direkt befohlen worden sind, um solche, die Eigeninitiative voraussetzen, um Exzeßtaten oder um solche, die einem besonderen Eifer entspringen. Doch entspricht die Handlungsweise einer Person nicht *notwendig* ihren Motivationen, weil auch Begleitumstände und die Gelegenheit zu handeln eine Rolle spielen. Ergibt sich die rechte Gelegenheit nicht, dann wird sich die Bereitschaft einer Person zu töten und zu quälen nicht in entsprechenden Handlungen äußern. Aber nicht nur Gelegenheit allein macht Mörder und Folterer.

Die Behauptung, daß alle für eine Gesellschaft signifikanten Handlungen auf Motiven beruhen müssen, bedeutet nicht, daß alle Handlungen allein aus den Ansichten des Täters über die Erwünschtheit und Gerechtigkeit einer Tat resultieren. Vielmehr ist gemeint, daß ein Mensch sich entscheiden muß, eine Handlung zu vollziehen, und daß irgendein mentales Kalkül diese Person – möglicherweise auch unbewußt – dazu bringt, die Handlung nicht zu unterlassen. In ein solches

Kalkül kann der Wunsch eingehen, die eigene Karriere zu fördern, sich vor den Kameraden nicht lächerlich zu machen oder nicht wegen Gehorsamsverweigerung erschossen zu werden. Ein Mensch kann einen anderen töten, ohne daran zu glauben, daß dieser Tod gerechtfertigt sei. Möglicherweise betrachtet er ihn sogar als ungerecht, ist aber aus anderen Gründen, etwa aus Eigeninteresse, hinreichend motiviert, die Tat dennoch zu begehen. Der Wunsch, das eigene Leben zu schützen, ist ein Motiv. Strukturen, Anreize oder Sanktionen, seien sie nun formeller oder informeller Art, können jedoch für sich genommen niemals Motive darstellen. Sie liefern nur Anreize, zu handeln oder nicht zu handeln, die der Handelnde bei seiner Entscheidung berücksichtigen kann.[47] Nun gibt es natürlich gewisse Situationen, in denen die meisten Menschen auf die gleiche Art und Weise reagieren werden, wobei allem Anschein nach ihre früheren Anschauungen und Absichten keine Rolle spielen. Das hat viele zu dem Fehlschluß verleitet, »Strukturen« lösten Handlungen aus.[48] Strukturen werden jedoch zunächst immer von den Handelnden interpretiert, die dann ähnlich auf sie reagieren werden, wenn sie Sichtweisen und Werte teilen. So stellt beispielsweise der Wunsch, das eigene Leben zu retten, einen Wert dar. Das gilt auch für den Wunsch, in einer »rassisch reinen« Gesellschaft zu leben; mit der eigenen Karriere voranzukommen, materielle Vorteile zu erlangen; sich um jeden Preis nicht von den anderen zu unterscheiden. Aber nicht jede Person wird ihr Eigeninteresse über Prinzipien stellen, und nicht jeder wird tiefverwurzelte moralische Positionen verletzen, nur weil seine Kameraden diese nicht teilen. Wenn Menschen handeln, dann müssen die Werte, die sie zum Handeln veranlassen – die nicht universell sind und ganz gewiß keine universellen sozialpsychologisch geprägten Dispositionen –, als wesentliche Bestandteile ihres Handelns verstanden werden. Einige Menschen werden für andere ihr Leben aufs Spiel setzen; ihnen wird die eigene Karriere gleichgültig sein, und sie werden in Wort und Tat zum Ausdruck bringen, daß sie nicht mit ihren Kameraden übereinstimmen. Leblose Objekte können nicht eigenständig Wahrnehmung und Werte hervorbringen; jede neue Wahrnehmung und jeder neue Wert ist abhängig von dem bereits existierenden Netz von Wahrnehmungen und Werten, das den materiellen Lebensumständen der Menschen Bedeutung verleiht. Und allein Wahrnehmung und Werte sind es, die in letzter Instanz jemanden dazu veranlassen, seine Hand zu heben und einen anderen zu schlagen.

Wie immer die Wahrnehmungs- und Wertstrukturen von einzelnen auch aussehen mögen, eine Veränderung der Anreizstruktur, in deren Rahmen sie wirken, führt in vielen Fällen ganz sicher dazu, daß Menschen ihr Handeln ändern. Denn sie werden im Lichte dessen, was sie wissen und schätzen, den gewünschten Handlungsverlauf und die Möglichkeiten der Realisierung in verschiedenen Mischungsverhältnissen berechnen. Damit ist jedoch nicht gesagt, die Anreizstruktur selbst veranlasse die Menschen zum Handeln; vielmehr führt sie *in Verbindung mit den Wahrnehmungs- und Wertstrukturen* die Handlung herbei.

Wer die Handlungen eines Täters erklären will, muß daher dessen Weltsicht ernst nehmen, ein schwieriges Unterfangen. Denn wir müssen uns darauf einlassen, uns selbst in Gedanken an die Stelle der Täter zu setzen, zu handeln wie sie, ihre Taten nachzuvollziehen, mit ihren Augen zu sehen.[49] Wenn wir dies tun, dürfen wir nicht vergessen, was sie taten: Sie töteten wehrlose Männer, Frauen und Kinder; Menschen, die für sie ganz eindeutig keine kriegerische Bedrohung darstellten, die oft ausgemergelt und schwach waren, sich im Zustand körperlicher und emotionaler Agonie befanden und manchmal um ihr Leben und das ihrer Kinder bettelten. Zu viele, die sich mit dieser Zeit befassen, besonders wenn sie sich auf eine psychologisierende Betrachtungsweise einlassen, diskutieren die Handlungen der Deutschen, als gehe es um Alltagserscheinungen, als sei hier kaum mehr zu erklären als die Tatsache, daß ein guter Mensch gelegentlich einmal einen Ladendiebstahl begeht.[50] Dabei gerät ihnen der grundsätzlich andere, außerordentliche und unerträgliche Charakter dieser Handlungen aus dem Blick. In vielen Gesellschaften, auch den westlichen, herrscht ein starkes Tabu gegen die Tötung von wehrlosen Menschen und Kindern. Die psychischen Mechanismen, die es »guten« Menschen erlauben, kleinere moralische Übertretungen zu begehen, oder es ihnen gestatten fortzuschauen, wenn andere sich größere Delikte zuschulden kommen lassen – vor allem wenn dies weit entfernt passiert –, können nicht einfach auf jene Menschen angewandt werden, die durch ihre Taten Völkermord begingen, die sehenden Auges Hunderte von Menschen niedermetzelten. Man muß sich sehr genau überlegen, ob der Rückgriff auf solche Mechanismen angemessen ist, wenn jene Taten erhellt werden sollen.

Wer den Genozid erklären möchte, muß zwei Dinge bedenken: Wenn man über Mordeinsätze liest oder schreibt, entwickelt sich leicht eine Unempfindlichkeit gegenüber den Zahlen, die auf dem Papier stehen. Zehntausend Tote an einem Ort, vierhundert anderswo, fünfzehn an einem dritten. Hier sollte jeder innehalten und sich klar machen, was hinter den Zahlen steckt: Zehntausend bedeutet, daß Deutsche zehntausend einzelne Menschen – unbewaffnete Männer, Frauen und Kinder, Alte, Junge und Kranke – töteten, daß sie in zehntausend Fällen einem Menschen das Leben genommen haben. Jeder sollte darüber nachdenken, was dies für die Deutschen bedeutet hat, die an diesen Greueln teilnahmen. Wenn man sich den Schmerz, den Abscheu und die heftige Reaktion in Erinnerung ruft, die einen angesichts eines einzelnen Mordes bewegen, oder wenn man von einem »Massenmord« unserer Tage hört, bei dem etwa ein Serientäter zwanzig Menschen umgebracht hat, dann ahnt man etwas von der Realität, mit der diese Deutschen konfrontiert waren. Bei den jüdischen Opfern handelte es sich nicht um »Zahlen«, nicht um »Summen«, als die sie uns jetzt auf dem Papier erscheinen. Den Mördern, die ihnen entgegentraten, standen diese Juden als Menschen gegenüber, die unmittelbar vor ihnen in dem einen Augenblick noch atmeten und im nächsten tot dalagen. Und all dies spielte sich unabhängig von militärischen Operationen ab.

Als zweites muß man sich immer die Greuel vor Augen halten, die mit dem verbunden waren, was die Deutschen taten. Jeder, der an einer Tötungsaktion beteiligt war und dabei selber schoß oder beobachtete, wie seine Kameraden Juden erschossen, war in ein unsagbar grauenhaftes Geschehen verwickelt. Wenn man bloß klinisch saubere Beschreibungen der Tötungsvorgänge gibt, dann verzerrt man damit das gesamte Erscheinungsbild des Mordens, man blendet die Gefühlsanteile aus und verhindert damit jedes wirkliche Verstehen. Will man die hier zur Debatte stehenden Akte angemessen schildern, muß man die phänomenologische Realität rekonstruieren, in der die Täter sich bewegten. Deshalb vermeide ich den klinischen Ansatz und versuche die Greuel und die Grausamkeiten zu vermitteln, mit denen die Ereignisse *für die Täter* verbunden waren – was natürlich nicht heißt, daß diese den Schrecken auch immer empfanden. Blut, Knochen und Gehirnmasse flogen umher, trafen oft auch die Mörder, besudelten ihre Gesichter und verschmutzten ihre Kleider. Schreie und Wehklagen von Menschen, die auf ihren Tod warteten oder sich im Todeskampf wanden, hallten in den Ohren der Deutschen wider. Derartige Szenen – und nicht die antiseptischen Beschreibungen, die bloße Berichte über die Tötungen liefern – waren für viele der Täter die Realität. Wollen wir deren Weltsicht verstehen, dann müssen wir uns jedes grausame Bild deutlich machen, das sie erblickten, uns jeden Angst- und Schmerzensschrei ins Gedächtnis rufen, den sie zu hören bekamen.[51] Die Erörterung jedes »Einsatzes«, jedes Tötungsvorganges, jedes einzelnen Todes sollte eigentlich mit derartigen Beschreibungen verbunden sein. Daß dies nicht möglich ist, liegt auf der Hand: Damit erhielte nicht nur jede Untersuchung über den Holocaust eine nicht zu vertretende Länge, es wären auch nur wenige Leser imstande, die Lektüre solch grausamer Darstellungen durchzuhalten. Allein diese Schranken der Wahrnehmung kommentieren die außerordentlichen Lebensumstände der Täter und die starken Motive, die die Deutschen getrieben haben müssen, ihre Gefühle zum Schweigen zu bringen – anders wäre es ihnen nicht möglich gewesen, Juden, darunter auch Kinder, zu quälen und zu töten, so wie sie es getan haben.

Da das Verständnis der Anschauungen und Werte, insbesondere derjenigen, die die Haltung der Deutschen gegenüber den Juden bestimmten, grundlegend ist für jeden Versuch zu erklären, warum der Holocaust begangen werden konnte, ist diesem Thema Teil I dieses Buches gewidmet. Im ersten Kapitel wird ein Gerüst zur Analyse des Antisemitismus entwickelt. Es folgen zwei Kapitel über den deutschen Antisemitismus im neunzehnten und zwanzigsten Jahrhundert, in denen gezeigt wird, daß sich bereits lange vor dem Machtantritt der Nationalsozialisten in Deutschland eine bösartige und gewalttätige »eliminatorische«, also auf Ausgrenzung, Ausschaltung und Beseitigung gerichtete Variante des Antisemitismus durchgesetzt hatte, die den Ausschluß des jüdischen Einflusses, ja der Juden selbst aus der deutschen Gesellschaft forderte. Als die Nationalsozialisten schließlich die Macht übernommen hatten, fanden sie sich an der Spitze einer Gesellschaft wieder, in der Auffassungen über die Juden vorherrschten, die sich leicht für die extremste Form der »Beseitigung« mobilisieren ließen.

Teil II gibt einen Überblick über die Maßnahmen, die das Leid und den Tod der Juden zur Folge hatten, und über die Mordinstitutionen, die die Entscheidungen umsetzten. Im ersten Kapitel dieses Teils wird der Ablauf des deutschen Vorgehens gegen die Juden neu interpretiert; dort wird deutlich, daß trotz allem wirklichen oder vermeintlichen politischen Hin und Her die antijüdische Politik insgesamt den Vorgaben des eliminatorischen Antisemitismus der Deutschen folgte. Im zweiten Kapitel dieses Teils werden die an den Tötungen beteiligten Institutionen skizziert, der Täterkreis und das »Lager« als Sinnbild deutscher Mordinstitutionen behandelt. Gemeinsam bilden diese beiden Kapitel den Kontext, in dessen Rahmen die Kernthemen dieser Studie untersucht werden sollen: die Mordinstitutionen und die Täter.

Die Kapitel der Teile III bis V präsentieren Fallstudien zu drei dieser Mordinstitutionen, zu den Polizeibataillonen, zu den »Arbeits«lagern und zu den Todesmärschen. Die Handlungen derer, die diesen Institutionen angehörten, werden ebenso wie der institutionelle Kontext ihres Handelns jeweils im Detail erörtert. Diese Untersuchungen sollen gründliche Kenntnisse über die Handlungen der Täter vermitteln sowie die Lebensumstände und Anreizstrukturen schildern, die das Leben dieser Mörder während des Vernichtungsprozesses prägten. Ohne solche Kenntnisse ist eine stichhaltige Analyse und Interpretation des Holocaust nicht möglich.

Teil VI umfaßt wiederum zwei Kapitel. Das erste enthält eine systematische Analyse der Täterhandlungen und zeigt, wie unangemessen – sowohl in theoretischer als auch in empirischer Hinsicht – die herkömmlichen Erklärungen sind, wenn es um die Auswertung der historischen Quellen geht. Es macht auch unter vergleichender Perspektive deutlich, daß der von den Tätern vertretene eliminatorische Antisemitismus ihre Handlungsweisen erklärt. Das zweite Kapitel von Teil VI widmet sich der Frage, inwieweit der eliminatorische Antisemitismus die NS-Führung und die Täter des Holocaust motivieren sowie das deutsche Volk zur Zustimmung veranlassen konnte, so daß sie alle auf ihre Art einen Beitrag zur Durchführung des Vernichtungsprogramms leisteten. Das Nachwort schließlich geht auf die Lehren ein, die aus der Beschäftigung mit den Tätern zu ziehen sind: Man muß das Wesen der deutschen Gesellschaft in der NS-Zeit einer neuen Betrachtung unterziehen. Einige Grundzüge eines solchen neuen Verständnisses werden erörtert.

Dieses Buch handelt von den Tätern des Holocaust. Indem es ihre Handlungen erklärt, führt es mikro-, meso- und makrologische Untersuchungen zusammen, die jeweils auf Individuen, Institutionen und die Gesamtgesellschaft bezogen sind. Frühere Studien und fast alle bisherigen Erklärungen des Täterhandelns sind entweder – wie die von Milgram – im Labor zustande gekommen oder sie wurden – wie die von Arendt – aus einem philosophischen oder theoretischen System abgeleitet, oder man hat Schlußfolgerungen – die oftmals auch noch falsch waren – von der Ebene der Gesellschaft oder der Institution auf die des Individuums übertragen. Dadurch konnte es nicht gelingen, die Ursachen des Täterhandelns zu erkennen; aus denselben Gründen konnten sie die Verschiedenartigkeit und Vielgestaltigkeit dieser Handlungen weder darstellen noch spezifizieren.[52] Dies gilt insbesondere für die »strukturellen« Erklärungen, die die Wahrnehmungsebene außer Betracht lassen. Nur wenige haben sich mit der Mikrologie des Holocaust befaßt, doch gerade dort, an den Taten, mit denen er verübt wurde, muß eine Untersuchung ansetzen.[53] Dieses Buch legt die Ursprünge dieser Handlungen frei und erklärt sie aus ihren institutionellen und gesellschaftlichen Zusammenhängen sowie im Lichte ihres sozialpsychologischen und weltanschaulichen Umfelds.

Menschen müssen Motive haben, um andere Menschen zu töten, andernfalls würden sie dies nicht tun. Welche Bedingungen auf der Ebene der Wahrnehmung und der Werte machen die Motive verständlich, die unabdingbar waren, damit die Massenvernichtung vollstreckt werden konnte? Wie sah die Struktur der Anschauungen und Werte aus, die die Ausrottung der Juden als Volk für jene normalen Deutschen, die zu Tätern wurden, verständlich und sinnvoll machte? Da jede Erklärung die Handlungen Zehntausender, die in verschiedenen Institutionen tätig waren und die alle unterschiedliche Hintergründe hatten, berücksichtigen muß und es darüber hinaus um ein weites Spektrum von Handlungen – und nicht nur um das Töten selbst – geht, ist es erforderlich, nach strukturellen Gemeinsamkeiten zu suchen, die den Umfang ihrer Handlungen erklären. Diese Struktur von Wahrnehmungen und Werten wurzelt in der deutschen Kultur und war deren integraler Bestandteil. Deren Wesen und Entwicklung sind daher Thema der nächsten drei Kapitel.

TEIL I

Antisemitismus in Deutschland: Der Drang zur Ausschaltung

*Das schreckliche Schicksal der Juden kann die Ge-
meinde Jesu nicht anders vernehmen, als in Demut,
in barmherzigem Mitleiden und in heiligem Erschrek-
ken ... Es gibt also keine indifferente Haltung für den
Christen in dieser Frage.*

Pastor Walter Höchstädter in einem
verzweifelten Appell an deutsche Soldaten,
im Juni/Juli 1944 heimlich verteilt

*Wie aber ist es möglich, daß uns Christen die Ohren
nicht gellen angesichts dessen, was die Not und Bosheit
sachlich bedeutet?*

Karl Barth, *Die Kirche und die
politische Frage heute,* Vortrag in
Wipkingen am 5. Dezember 1938

*... und daß die Juden uns in der Regel nicht gerade ge-
fallen, so daß es uns gar nicht so leicht wird, die allgemeine Menschenliebe nun auch auf sie anzuwenden ...*

Karl Barth, *Verheißung und Verantwortung
der christlichen Gemeinde in heutiger Zeit,*
Vortrag in Zürich vom Juni 1944

KAPITEL 1

Eine neue Sichtweise des Antisemitismus: Ein Rahmen für die Analyse

Wenn es um den deutschen Antisemitismus geht, neigen viele Menschen dazu, von stillschweigenden Annahmen über die Deutschen vor und während der NS-Zeit auszugehen, die näherer Betrachtung und schließlich einer Revision bedürfen. Es handelt sich dabei um Vermutungen, von denen niemand ausgehen würde, wenn er sich mit beispielsweise einem schriftlosen Kulturkreis in Asien oder mit dem Deutschland des vierzehnten Jahrhunderts beschäftigen würde. Anders liegt der Fall allerdings, wenn der Gegenstand »Deutschland im neunzehnten und zwanzigsten Jahrhundert« heißt. Das, was als selbstverständlich genommen wird, läßt sich folgendermaßen zusammenfassen: Die Deutschen waren mehr oder weniger Leute wie wir. Besser gesagt, sie entsprachen dem, wie wir uns selbst gern sehen: vernünftige und nüchterne Kinder der Aufklärung, die nicht von »magischem Denken« beherrscht sind, sondern fest auf dem Boden der »objektiven Realität« stehen. Sie zählten wie wir zum Typus des pragmatischen Menschen, der sich zwar manchmal von irrationalen Motiven lenken läßt, von Haß, der wirtschaftlichem Mißerfolg entspringt, oder von einigen altbekannten menschlichen Lastern wie Machtstreben und Stolz. Aber all dies ist verständlich und uns als Quelle der Irrationalität vertraut; es widerspricht nicht dem, was wir als menschlich gelten lassen.

Es gibt indes Gründe, die Gültigkeit dieser Annahmen anzuzweifeln. Das hat bereits 1941 ein amerikanischer Erziehungswissenschaftler festgestellt, während er sich mit Schule und Jugend im Nationalsozialismus beschäftigte. Das nationalsozialistische Schulwesen, so behauptete er, »brachte in NS-Deutschland eine Generation menschlicher Wesen hervor, die sich so sehr von der normalen amerikanischen Jugend unterscheidet, daß ein bloßer akademischer Vergleich unangemessen zu sein scheint und jede Beurteilung des NS-Erziehungssystems außerordentlich schwierig ist«.[1] Was rechtfertigt also die vorherrschende Meinung, daß uns die Deutschen während und vor der NS-Zeit ähnlich waren? Sollten wir nicht eher einen neuen Anlauf unternehmen und überprüfen, ob unser Bild von uns

45

selbst wirklich auf die Deutschen der Jahre 1890, 1925 und 1941 zu übertragen ist? Wir sind bereit zu akzeptieren, daß schriftlose Völker glauben, Bäume seien von guten oder bösen Geistern beseelt, in deren Macht es stehe, die materielle Welt zu verwandeln. Wir bezweifeln ebensowenig, daß die Azteken Menschenopfer für erforderlich hielten, um die Sonne zum Aufgehen zu bewegen, und daß im Mittelalter die Juden als Abgesandte des Teufels galten;[2] warum sollen wir da nicht glauben können, daß viele Deutsche im zwanzigsten Jahrhundert Anschauungen vertraten, die uns völlig absurd vorkommen, und daß auch Deutsche, zumindest in einer Hinsicht, »magischem« Denken folgten?

Was spricht dagegen, Deutschland aus dem Blickwinkel eines Anthropologen zu betrachten, der sich mit der Welt eines Volkes beschäftigt, über das nur wenig bekannt ist? Schließlich handelt es sich doch um die Gesellschaft, die eine Katastrophe ungeheuren Ausmaßes, den Holocaust, verübt hat, ein Ereignis, das niemand voraussah und das – von wenigen Ausnahmen abgesehen – keiner auch nur für möglich hielt. Der Holocaust ist in der Menschheitsgeschichte ein radikaler Bruch mit allen früheren Formen politischer Praxis. Er rief Handlungsweisen und Orientierungen hervor, die im völligen Gegensatz zu den Grundlagen der modernen abendländischen Zivilisation standen, zur Aufklärung, zu christlichen und säkularisierten Moral- und Verhaltensnormen, die die modernen Gesellschaften des Abendlandes kennzeichneten. All das führt unweigerlich zu der Überlegung, ob das Studium einer Gesellschaft, die das bis dahin Unvorstellbare hervorbrachte, von uns nicht verlangt, die Annahme in Frage zu stellen, daß sie der unseren ähnlich war. Teilte sie wirklich unsere zweckrational-pragmatische Orientierung, die die sozialwissenschaftlichen und populären Vorstellungen von unserer Gesellschaft bestimmt? Eine solche Untersuchung würde ergeben, daß zwar vieles in Deutschland unsere Gesellschaft widerspiegelte, daß sie sich aber zugleich in wesentlichen Bereichen fundamental von der unseren unterschied. Insbesondere die deutsche antisemitische Literatur des neunzehnten und zwanzigsten Jahrhunderts – mit ihren barbarischen und wahnhaften Auffassungen über das Wesen der Juden, über ihre geradezu unbegrenzte Macht, ihre Schuld an jedem Übel, das die Welt befallen hat – ist derart wirklichkeitsfern, daß jeder, der so etwas liest, denken muß, er habe die gesammelten Schriften von Verrückten vor sich. Kein Aspekt der deutschen Realität jener Zeit bedarf einer anthropologischen Neubewertung mehr als der Antisemitismus.

Wir kennen viele Gesellschaften, in denen gewisse kosmologische und ontologische Glaubensvorstellungen als nahezu allgemeingültig galten. Es sind Gesellschaften entstanden und wieder untergegangen,

46

in denen man an Gott oder an Hexen oder an das Übernatürliche glaubte, wo man annahm, daß Fremde keine Menschen seien, daß die Rasse einer Person deren moralische und geistige Eigenschaften bestimme, daß Männer den Frauen moralisch überlegen, Schwarze minderwertig und Juden ein Übel seien. Diese Liste ließe sich fortsetzen. Zwei Punkte sind hier wichtig: Auch wenn viele dieser Vorstellungen heute absurd erscheinen, hielten Menschen an ihnen wie an Glaubensartikeln fest. Wie eine Art Landkarte, die als unfehlbar galt, halfen diese Vorstellungen den Menschen, sich in ihrer sozialen Welt zu orientieren, und dienten ihnen zudem erforderlichenfalls als Quelle und Inspiration, wenn sie ihre Umgebung verändern wollten. Zweitens, und das ist nicht weniger bedeutsam, konnten solche Vorstellungen, wie vernünftig oder abwegig sie auch immer erscheinen mögen, von der großen Mehrheit einer Gesellschaft, wenn nicht gar von all ihren Mitgliedern geteilt werden. Sie schienen so selbstverständlich wahr zu sein, daß sie einen Teil der »natürlichen Welt«, die »natürliche Ordnung« der Dinge darstellten. In der mittelalterlichen christlichen Gesellschaft beispielsweise konnten Kontroversen über theologische Fragen zu gewaltsam ausgetragenen Konflikten zwischen Nachbarn führen; aber der Glaube an den einen Gott und die Göttlichkeit Jesu, der alle diese Menschen zu Christen machte, blieb im wesentlichen unangetastet. Vorstellungen über die Existenz Gottes, die Unterlegenheit der Schwarzen, die moralische Überlegenheit des Mannes, die entscheidenden Eigenschaften der Rasse oder den schlechten Einfluß der Juden galten in vielen Gesellschaften als unbezweifelbare Wahrheiten. Als nicht hinterfragbare Normen, als Selbstverständlichkeiten waren sie eingeflochten in das Gewebe der moralischen Ordnung; sie wurden ebensowenig in Zweifel gezogen wie heute die Grundbegriffe unserer Gesellschaft, in der etwa »Freiheit« ein kostbares Gut darstellt.[3]

Obwohl es in der Geschichte zahlreiche Beispiele dafür gibt, daß absurde Annahmen durchaus im Mittelpunkt kosmologischer oder ontologischer Auffassungen vom Leben stehen konnten, ist man in Untersuchungen über Deutschland während der NS-Zeit generell davon ausgegangen, daß dort vergleichbare Verhältnisse nicht geherrscht haben können. Genauer: Man hat stillschweigend vorausgesetzt, daß die meisten Deutschen die allgemeine Charakterisierung der Juden, die Hitler nicht nur in *Mein Kampf* vorbrachte – sie seien eine teuflische, listige, parasitäre und feindselige »Rasse«, die dem deutschen Volk großen Schaden zufüge – nicht geteilt haben können. Zweitens hält man es für unmöglich, daß die Mehrheit der Deutschen derart antisemitisch eingestellt war, daß sie die Massenvernichtung der Juden hätte gutheißen können. Und weil diese *Annahmen* so weit verbreitet sind, liegt die Beweislast nun bei denjenigen, die gegenteilige Positionen vertreten. Warum eigentlich?

Wenn es aber möglich, ja sogar wahrscheinlich ist, daß der Antisemitismus zu den Axiomen der deutschen Gesellschaft während der NS-Zeit gezählt hat, zu den unbezweifelbaren Grundüberzeugungen, gibt es zwei Gründe, den vorherrschenden Interpretationsansatz zurückzuweisen: Erstens war Deutschland zu jener Zeit ein Land, in dem die Regierungspolitik, das öffentliche Leben ebenso wie die öffentliche Sprache antisemitisch geprägt waren. Selbst ein oberflächlicher Blick auf diese Gesellschaft offenbart dem unbefangenen Beobachter, der sich auf seine Sinne verläßt, daß diese Gesellschaft von Antisemitismus durchtränkt war. Schließlich gellten entsprechende Parolen von allen Dächern:»Die Juden sind unser Unglück«, wir müssen alles tun, um sie loszuwerden. Wenn wir die deutsche Gesellschaft verstehen wollen, dann sollten wir sowohl das betäubende antisemitische Trommelfeuer – das ja nicht nur von der diktatorischen Regierung, sondern zu großen Teilen auch von der Menge selbst ausging – als auch die diskriminierende und gewalttätige politische Praxis als Indikatoren für die Überzeugungen ihrer Mitglieder auffassen. Eine Gesellschaft, die sich mit Herz und Seele zum Antisemitismus bekennt, wird wohl auch antisemitisch sein.

Zweitens lohnt ein Blick auf die Entwicklung der deutschen Gesellschaft und Kultur. Im Mittelalter und in der frühen Neuzeit, jedenfalls bis zur Aufklärung, war die deutsche Gesellschaft durch und durch antisemitisch.[4] Daß die Juden grundsätzlich anders und überdies bösartig seien (ein Thema, das im nächsten Kapitel wieder aufgegriffen wird), war zu jener Zeit ein Axiom nicht allein der deutschen, sondern der christlichen Kultur überhaupt. Diese Ansichten über die Juden vertraten die Eliten und – was wichtiger ist – die einfachen Leute gleichermaßen. Warum soll man nicht annehmen, daß derart tief verwurzelte kulturelle Überzeugungen, daß solche Grundzüge der sozialen und sittlichen Weltordnung überdauern, solange nicht *bewiesen* werden kann, daß sie sich verändert haben oder verschwunden sind?

Wenn überzeugende Daten über die Natur einer bestimmten Vorstellungswelt fehlen, dann sollten es Historiker und Sozialwissenschaftler, die daran interessiert sind, ihre Verbreitung und Entstehung zu klären, vermeiden, Wesenszüge ihrer eigenen Gesellschaft auf den Untersuchungsgegenstand zu projizieren – genau das aber haben Wissenschaftler, die sich mit dem modernen deutschen Antisemitismus beschäftigten, immer wieder getan. Vielmehr sollten sie sich einen sinnvollen Ausgangspunkt suchen und sich von da aus historisch vorarbeiten, um offenzulegen, was sich wirklich ereignet hat.

Wenn wir auf diese Weise vom Mittelalter ausgehen, um herauszufinden, wo, wann und wie etwa Deutsche ihren kulturell allgegenwärtigen Antisemitismus aufgegeben haben, dann gelangen wir zu einer völlig neuen Sichtweise. Wir werden andere Fragen stellen, andere Phänomene für beweiskräftig halten und unsere Befunde anders auswerten. Dieser Ansatz würde uns zwingen, die *Annahme* fallenzulassen, daß die Deutschen im neunzehnten und zwanzigsten Jahrhundert im großen und ganzen keine Antisemiten waren; statt dessen müßten wir *aufzeigen,* wie sie sich vom Antisemitismus befreiten, falls sie es je getan haben sollten.

Würden wir nicht von der Vermutung ausgehen, daß die Deutschen uns grundsätzlich ähnlich waren, sondern von der entgegengesetzten und dennoch näherliegenden Position, daß die nationalsozialistische deutsche Gesellschaft durch und durch antisemitisch war, dann wäre es unmöglich, uns von dieser ursprünglichen Position abzubringen. Es gibt so gut wie nichts, was die Auffassung widerlegen könnte, daß der offensiv und öffentlich vertretene Antisemitismus sich nicht in den privaten Ansichten der Menschen wiederfand. Damit wir diese Sichtweise fallenließen, müßte man uns Beteuerungen von Deutschen vorlegen, in denen sie sich vom antisemitischen Credo distanzieren. Briefe und Tagebücher müßten bezeugen, daß es Vorstellungen über die Juden gab, die sich von den öffentlich vertretenen unterschieden. Wir würden verläßliche Belege dafür verlangen, daß Deutsche die Juden in ihrem Land tatsächlich als vollwertige Mitglieder der nationalen und menschlichen Gemeinschaft akzeptierten, daß sie die Vielzahl der antisemitischen Maßnahmen, Gesetze und Verfolgungen ablehnten und verabscheuten; daß sie es als ein großes Verbrechen betrachteten, Juden in Konzentrationslagern einzukerkern, sie gewaltsam aus ihren Wohnungen und Stadtvierteln zu reißen und schließlich aus dem einzigen Land, das sie je kannten, an Orte zu deportieren, wo sie ein fürchterliches Schicksal erwartete. Beispiele dafür, daß einzelne so dachten, genügen hier nicht. Wir müßten von vielen Fällen Kenntnis haben, um begründet auf signifikante Teile oder Gruppen der deutschen Gesellschaft schließen zu können und uns davon überzeugen zu lassen, daß unsere Position falsch ist. Das vorliegende Beweismaterial erfüllt diese Ansprüche nicht im entferntesten.

Welcher Ausgangspunkt ist nun der angemessene? Derjenige, der in deutlichem Widerspruch zu den Dokumenten über öffentliche und private Äußerungen und Handlungen steht? Oder derjenige, der sich in Übereinstimmung damit befindet? Derjenige, der auf der *Annahme* beruht, daß sich eine uralte kulturelle Tradition verflüchtigte, oder derjenige, der fordert, den offenen Fragen wirklich nachzugehen und ein Verschwinden des Antisemitismus nicht einfach zu verkünden, solange dieser Prozeß nicht belegt und erklärt worden ist? Warum liegt die Beweislast nicht bei jenen, die behaupten, die deutsche Gesellschaft habe einen Wandel durchgemacht und den kulturell begründeten Antisemitismus über Bord geworfen? Wenn wir uns von der Annahme leiten lassen, die Deutschen seien unserem idealen Selbstbild ähnlich, sie seien »normal« gewesen, dann wird die Beweislast *de facto* denen aufgebürdet, die behaupten, daß es in der NS-Zeit in Deutschland einen enormen Antisemitismus gegeben habe. Methodisch aber ist dieser Ansatz falsch und unhaltbar.

Meine Position dagegen lautet: Würden wir nichts weiter kennen als die öffentliche Diskussion und die Regierungspolitik in NS-Deutschland sowie die Geschichte der politischen und kulturellen Entwicklung des Landes und müßten wir auf dieser Grundlage das Ausmaß des deutschen Antisemitismus während jener Zeit beurteilen, dann kämen wir vernünftigerweise zu dem Schluß, daß der Antisemitismus in seiner nationalsozialistischen Ausprägung in dieser Gesellschaft weit verbreitet war. Glücklicherweise sind wir nicht gezwungen, auf dieser Erkenntnisstufe stehenzubleiben. Die Schlußfolgerung, daß der Antisemitismus ein integraler Bestandteil der Ansichten normaler Deutscher war – so überzeugend sie auch erscheinen mag, selbst wenn sie sich nur auf ein allgemeines historisches Verständnis und eine Analyse des Archivmaterials stützt –, läßt sich sowohl in empirischer als auch in theoretischer Hinsicht weiter untermauern. So hat beispielsweise niemand bislang aufzeigen können, auf welche Weise sich denn der deutsche Antisemitismus verringert und schließlich ganz verflüchtigt haben soll. Es gibt vielmehr, wie die nächsten beiden Kapitel deutlich machen werden, zahlreiche *positive* Hinweise darauf, daß der Antisemitismus – dem Wandel der Zeiten inhaltlich angepaßt – auch im neunzehnten und zwanzigsten Jahrhundert noch Bestand hatte; die nationalsozialistische Version stellte lediglich eine akzentuiertere, verstärkte und weiterentwickelte Form des bereits weithin akzeptierten Grundmodells dar.

Will man kulturelle Axiome und kognitive Orientierungen, Wahrnehmungsmuster von Gesellschaften, die inzwischen untergegangen sind oder sich verändert haben, freilegen, sieht man sich in der Regel dem Problem gegenüber, daß solche Grundvorstellungen oft gar nicht so klar und häufig artikuliert worden sind, wie es ihrer Bedeutung für das Leben dieser Gesellschaft eigentlich entsprochen hätte. Und wurden sie doch formuliert, wurde dies zumeist nicht für bemerkens- oder gar berichtenswert gehalten.[5] Ian Kershaw zufolge, der sich mit den Einstellungen der Deutschen während der NS-Zeit beschäftigt hat, »war es in Hitlers Deutschland so selbstverständlich, Antisemit zu sein, daß im Grunde niemand davon Notiz genommen hat«.[6]

50

Werfen wir einmal einen Blick auf unsere Gesellschaft. Wir alle glauben, daß die Demokratie – was immer man auch darunter versteht – eine gute Sache und die erstrebenswerteste Form der politischen Ordnung ist. Diese Norm wird so wenig hinterfragt und ist im gegenwärtigen politischen Reden und Handeln so unbestritten, daß wir, würden wir die Verbreitung demokratischer Überzeugungen in den USA mit Hilfe der Methode untersuchen, die bei der Erforschung des deutschen Antisemitismus meist bevorzugt wird, zu dem Schluß kommen könnten, daß kaum jemand die demokratischen Werte teilt. In öffentlichen und privaten Äußerungen, in Briefen und Tagebüchern von Amerikanern wären verhältnismäßig wenige Bekenntnisse zur Demokratie zu finden, und zwar deshalb, weil derartige Ansichten zum allgemeinen Wertekanon unserer Gesellschaft zählen und als selbstverständlich vorausgesetzt werden. Wir würden jedoch feststellen können, daß die Menschen sich in demokratischen Institutionen betätigen, so wie wir auch herausfinden würden, daß Deutsche den antisemitischen Institutionen, der judenfeindlichen Gesetzgebung und der antijüdischen Politik ihres Landes vorbehaltlos zustimmten und sie begeistert unterstützten. Die NSDAP, eine durch und durch antisemitische Institution, hatte auf dem Höhepunkt ihrer Entwicklung immerhin mehr als *acht Millionen* Mitglieder.[7] Natürlich haben sich amerikanische Politiker und Staatsbedienstete ebenso zur Demokratie geäußert wie amerikanische Autoren und Kommentatoren. Gleiches gilt für deutsche Politiker, Autoren, Redakteure et cetera im Deutschland des neunzehnten und zwanzigsten Jahrhundert, die ihrerseits ihre antisemitischen Überzeugungen bekräftigt haben. Der Vergleich ließe sich fortsetzen. Der entscheidende Punkt aber ist: Solange wir allein Qualität und Quantität privater Äußerungen einzelner über ihre Haltung zur Demokratie als Maßstab nehmen, werden wir keinen Anlaß sehen, unsere ursprüngliche – und irrige – Annahme, daß die Amerikaner auf demokratische Institutionen und Vorstellungen wenig Wert legen, zu überprüfen. Denn gerade weil die demokratischen Überzeugungen in den USA so selbstverständlich sind, gibt es nur wenige offensichtliche »Beweise«, die ihre Existenz und ihren Charakter belegen. Der Mangel an dezidierten Äußerungen zu kulturellen Axiomen in den Quellen sollte uns daher nicht zu der Annahme verleiten, solche Überzeugungen hätten nicht existiert, und auch nicht dazu, daß *unsere* kulturellen Axiome von anderen Völkern geteilt worden seien. Begeht man diesen weitverbreiteten Irrtum, wird man die Gesellschaft, die man erforschen möchte, grundsätzlich mißverstehen.[8]

Man muß sich das kognitive, kulturelle und teils sogar das politische Leben einer Gesellschaft wie ein »Gespräch« vorstellen.[9] Alles was wir über die gesellschaftliche Wirklichkeit wissen, ist dem Strom dieser ununterbrochenen »Gespräche« entnommen, die diese Realität konstituieren. Wie könnte es auch anders sein, da Menschen niemals auf andere Weise etwas hören oder erfahren? Mit Ausnahme weniger, außergewöhnlich origineller Leute sehen die einzelnen die Welt auf eine Art, die mit dem »Gespräch« ihrer Gesellschaft in Einklang steht. Viele axiomatische Themen des gesellschaftlichen »Gesprächs« sind – selbst für ein feines Ohr – kaum zu entdecken. Zu diesen Themen gehören auch die meisten der kognitiven Modelle einer Kultur, die Überzeugungen, Standpunkte und Werte, die, ob ausdrücklich artikuliert oder nicht, dazu dienen, das »Gespräch« einer Gesellschaft zu strukturieren. Kognitive Modelle bestehen »in der Regel aus einer kleinen Anzahl von begrifflich bestimmten Gegenständen und deren Beziehungen zueinander«,[10] und sie bestimmen die Sichtweise, die Menschen von allen Aspekten des Lebens und der Welt entwickeln, ebenso wie ihre Handlungsweisen. Ob es sich um Gefühle,[11] um alltägliche Handlungen wie den Kauf von Waren in einem Laden,[12] um Verhandlungen unter vier Augen,[13] um die Pflege intimster sozialer Beziehungen,[14] um die Gestaltung von »Karten«, die die Orientierung in den sozialen und politischen »Landschaften« erleichtern,[15] um Entscheidungen über öffentliche Institutionen und Politikangebote oder um Angelegenheiten handelt, bei denen es um Leben und Tod geht[16] – in all diesen Zusammenhängen lassen sich Menschen sowohl in ihren Auffassungen als auch in ihrem Handeln von den kognitiven Modellen ihrer Kultur leiten, deren sie sich oft kaum oder gar nicht bewußt sind. Ein solches Modell wäre etwa unser Konzept persönlicher Autonomie, das in Kulturen mit einem anderen Menschenbild und anderen Formen des gesellschaftlichen Lebens gar nicht vorstellbar ist.[17]

Die grundlegende Art und Weise, in der eine Kultur die Ordnung ihrer Welt begreift und repräsentiert, wird als »Gespräch« bezeichnet. Wenn dessen Formen monolithisch – geschlossen oder doch weitgehend verfestigt sind, dann werden diese Formen automatisch zu einem Bestandteil ihres Denkens und ihrer kognitiven Modelle, schließlich auch zu Axiomen, die bewußt oder unbewußt benutzt werden, wenn Mitglieder dieser Kultur Phänomene des gesellschaftlichen Lebens begreifen wollen und sich mit ihnen auseinandersetzen müssen. So spiegeln sich die Grundsätze des gesellschaftlichen »Gesprächs« im Geist jedes einzelnen wider. Jeder kann in der Entwicklung seines Bewußtseins nur auf das zurückgreifen, was verfügbar ist – das ist wie das Lernen einer Sprache. Während der NS-Zeit und schon lange davor konnten sich die meisten Deutschen ebensowenig kognitive Modelle aneignen, die ihrer Gesellschaft fremd waren –

etwa Denkmuster irgendwelcher Eingeborenenstämme –, wie sie etwa plötzlich hätten Rumänisch sprechen können, ohne je mit dieser Sprache konfrontiert worden zu sein.

Der Antisemitismus, der oftmals Eigenschaften und Festigkeit eines kognitiven Modells besitzt, wird bisher kaum verstanden. Unsere Vorstellungen von dem, was er ist und wie er zu definieren ist, wie er entsteht und funktioniert, wie er zu analysieren ist, bleiben trotz vieler Werke zu diesem Thema unterentwickelt. Dies fußt in hohem Maße auf der Schwierigkeit, Einstellungen und Haltungen, die antisemitische Grundhaltungen als kulturelle Axiome aufgenommen haben, zu ergründen. Es ist äußerst schwierig, hierfür an interpretierbares Material zu gelangen, und der Ertrag, selbst unter optimalen Bedingungen, ist unzuverlässig und trügerisch.[18] Dennoch ist es möglich, dieses Phänomen besser zu verstehen. Auf den nächsten Seiten wird ein Ansatz dargestellt, der dazu beitragen soll.

Der Antisemitismus – also negative Überzeugungen und Gefühle, die Juden *als Juden* betreffen – wird meist sehr undifferenziert behandelt. Eine Person ist entweder ein Antisemit, oder sie ist es nicht. Selbst wo man auf nuanciertere Darstellungen trifft, sind sie für analytische Zwecke gewöhnlich von begrenztem Wert, wenn nicht gar irreführend. So wird beispielsweise oft zwischen einem »abstrakten« und einem »realen« Antisemitismus unterschieden.[19] Während ersterer sich gegen die »Idee« des Juden oder die Judenheit als Körperschaft wende, beziehe sich letzterer auf lebendige jüdische Menschen. Analytisch ist diese Differenzierung jedoch untauglich.[20]

Jede Form des Antisemitismus ist grundsätzlich »abstrakt«, weil sie sich nicht aus wirklichen Eigenschaften der Juden ableitet; gleichzeitig aber hat sie überaus reale und konkrete Auswirkungen. Was könnte ein »abstrakter« Antisemitismus denn umfassen, das *nicht* konkrete Auswirkungen hat? Hat Antisemitismus nur mit Worten oder dem Begriff der Juden zu tun – und nie mit Menschen? Sollte eine derartige Behauptung richtig sein, dann müßte folgendes zutreffen: Jedesmal, wenn ein »abstrakter« Antisemit auf einen Juden trifft, betrachtet er den Juden, dessen persönliche Eigenschaften und dessen Charakter mit derselben Offenheit und ebenso vorurteilsfrei wie jeden Nichtjuden auch. Das ist offensichtlich falsch. »Abstrakter« Antisemitismus ist *konkret*, denn er ist wirksam in der Wahrnehmung, der Bewertung und der Bereitschaft zu handeln. Er wird auf lebendige Juden angewandt, und vor allem auf Juden, die der »abstrakte« Antisemit noch gar nicht kennt. Also wird er schließlich das Wesen wirklicher Juden definieren. Begriffsbildung und Quelle des Antisemitismus sind stets *abstrakt* – da sie mit tatsächlichen Juden nichts zu tun haben –, ihre Auswirkungen aber sind immer konkret und *real*. Weil aber die Konsequenzen jeder Form des Antisemitismus ausschlaggebend dafür sind, wie man ihren Charakter und ihre Bedeutung einzuschätzen hat, sind alle Antisemitismen »real«.[21]

In dem Augenblick, wo man den Wert einer solchen Unterscheidung zu erfassen versucht, wird klar, daß sie die gesellschaftliche und psychologische Realität nur grob erfaßt. Zusammengesetzte Kategorien wie »dynamischer, leidenschaftlicher Judenhaß«[22] mögen zwar bestimmte Ausprägungen des Antisemitismus beschreiben, können aber nicht Grundlage einer Analyse sein. Oft besteht ein Widerspruch zwischen Wahrnehmung und Begriffsbildung einerseits, die ihrem Wesen nach häufig idealtypisch sind, und den analytischen Erfordernissen andererseits, die dimensional sind. Die dimensionale Analyse, die ein komplexes Phänomen in seine Bestandteile zerlegt, ist nicht nur der Klarheit wegen unverzichtbar. Man ist auch auf sie angewiesen, um die verschiedenen Aspekte des Antisemitismus, einschließlich seiner Schwankungen, und die Beziehung, die zwischen den einzelnen judenfeindlichen Haltungen und Handlungen der Antisemiten besteht, erklären zu können. Die Diskussion über den Antisemitismus, auch über den deutschen, ist deshalb so konfus, weil es in der Regel versäumt wird, seine verschiedenen Dimensionen zu benennen und analytisch auseinanderzuhalten.[23]

Die erste Dimension umfaßt den Typus des Antisemitismus. Was wird für den Ursprung der schlechten Eigenschaften des Juden gehalten, wie immer diese auch aussehen mögen? Worauf gründen sich in den Augen des Antisemiten Nutzlosigkeit oder Schädlichkeit eines Juden? Ist es seine Rasse, seine Religion, seine Kultur, oder sind es die angeblichen Deformationen, die ihm durch seine Umgebung eingeprägt worden sind? Jede dieser Sichtweisen hat Auswirkungen darauf, wie der Antisemit das »jüdische Problem« auffassen wird und wie sich sein Bild der Juden möglicherweise im Zusammenhang mit anderen gesellschaftlichen und kulturellen Entwicklungen verändert. Dies ist zum Teil deshalb so, weil jeder dieser *Ursprünge* unerwünschter jüdischer Merkmale in ein Gewebe von Metaphern eingebettet ist; dieses erweitert automatisch den Bereich der Phänomene, Situationen und sprachlichen Gewohnheiten, die für den Horizont des Antisemitismus von Bedeutung sind in einer Art und Weise, die dem metaphorischen Gewebe selbst entspricht. Die Denkweisen, die den verschiedenen metaphorischen Geweben entsprechen, bestimmen letztlich, wie Situationen definiert, wie Probleme erkannt und benannt, welche Handlungsweisen als angemessen erachtet werden. Die biologische Metapher beispielsweise ist von enormer Suggestivkraft. Sie bildet den Kern des nationalsozialistischen Antisemitismus. Die

Unterstellung ist, den Juden lägen die üblen Eigenschaften im Blut, und darum sprechen die Antisemiten von Parasiten und Bazillen, um nur zwei Bilder zu nennen.[24]

Die zweite Dimension ist eine Skala von »latent« bis »manifest«, auf der gemessen wird, wie sehr sich ein Antisemit mit Juden beschäftigt. Wenn seine judenfeindlichen Ansichten seine Gedanken und sein Handeln nur in geringem Maße beherrschen, dann ist er für den Augenblick ein latenter Antisemit; anders gesagt, sein Antisemitismus befindet sich im Latenzstadium. Wenn andererseits die Juden in seinem Alltagsdenken und – möglicherweise – in seinem Handeln eine zentrale Rolle spielen, dann hat sein Antisemitismus ein manifestes Stadium erreicht. Die Variationsbreite dieser Skala reicht von dem Antisemiten, der kaum jemals über Juden nachdenkt, bis zu dem, der sich wie besessen ununterbrochen mit ihnen beschäftigt. Diese Dimension verrät, wieviel Zeit jemand aufbringt, um sich gedanklich mit Juden zu beschäftigen, und welche Umstände ein von Vorurteilen geprägtes Denken über Juden heraufbeschwören. Daraus wird deutlich, wie zentral die Juden in der Vorstellungswelt einer Person verankert sind.

Die dritte Dimension bezeichnet das Niveau oder die Intensität des Antisemitismus. Auf einer Skala wird diesmal die mutmaßliche *Bösartigkeit* der Juden dargestellt. Hält der Antisemit die Juden nur für eine Gruppe, die zusammenhält und geizig ist, oder fürchtet er von ihrer Seite eine Verschwörung und glaubt, daß sie das politische und wirtschaftliche Leben beherrschen wollen? Wer sich je mit dem Antisemitismus beschäftigt hat, der weiß, daß die Eigenschaften, die die Antisemiten den Juden zugeschrieben haben, inhaltlich sehr voneinander abweichen. Die Beschuldigungen, die Antisemiten von alters her gegen die Juden erhoben haben, waren verschiedenartig und zahlreich; sie reichen von ganz irdischen bis hin zu phantastischen Vorbehalten. Wir müssen hier nicht ausführlich darauf eingehen; festzuhalten ist nur, daß jeder Antisemit einen bestimmten Begriff davon hat, für wie gefährlich er die Juden hält. Wenn man die Anschauungen eines Antisemiten genau messen und quantifizieren könnte, ließe sich ein Index für die angebliche jüdische Bösartigkeit errechnen.[25] Zwar können die gleichen Vorurteile von Antisemiten zu ganz unterschiedlichen Reaktionen führen, das Gesamtbild jedoch, das der Antisemit von der »jüdischen Bedrohung« entwirft – und nicht ein einzelner Vorwurf –, ist ausschlaggebend, wenn man verstehen will, wie seine Überzeugungen sich möglicherweise auf sein Handeln auswirken.

Antisemiten, die in dieser Skala auf ähnlichen Plätzen rangieren, können auf der Latenzskala durchaus an verschiedenen Punkten plaziert sein. Zwei Antisemiten können die Juden beständig und lautstark für viele Übel verantwortlich machen, wobei der erste meint, Juden seien auf ihre Gruppe fixiert und vergäben daher Arbeit nur an andere Juden, während der zweite glaubt, sie seien darauf aus, seine Gesellschaft zu erobern und zu zerstören. Diese Antisemitismen haben eine gewisse Variationsbreite, aber sie sind manifest, ja zentral im Denken der Antisemiten. Beide Auffassungen könnten aber auch von latenten Antisemiten vertreten werden; sie können latent geblieben sein, weil der Träger dieser Auffassungen nur wenig Kontakt zu Juden hatte. Ein Mensch kann beispielsweise die Juden für gruppenegoistisch und andere ausschließend halten, ohne etwa in wirtschaftlich guten Zeiten viel darüber nachzudenken, weil es dann allen gut geht, auch den Antisemiten. Ein Antisemit mag sogar glauben, daß die Juden danach trachten, die Gesellschaft zu zerstören, aber mit seinen täglichen Angelegenheiten so ausgefüllt und so wenig an Politik interessiert sein, daß diese Überzeugung tief unterhalb seines Alltagsbewußtseins schlummert. Wendet man sich nun der Dimension des *Ursprungs* zu, dann können diese beiden Auffassungen von der Bösartigkeit der Juden, seien sie nun eher latent oder eher manifest, auf unterschiedliche Vorstellungen zurückgehen. Ein Antisemit mag annehmen, die Juden seien durch ihre »Rasse«, also durch biologische Anlagen programmiert; er kann aber auch glauben, daß ihre Religion, zu der ja auch die Verleugnung Jesu gehört, sie auf bestimmte Verhaltensweisen festgelegt habe.

Jede Untersuchung des Antisemitismus muß klären, wie eine seiner konkreten Erscheinungsformen in jeder dieser Dimensionen einzuordnen ist. Dabei sollte man der Versuchung widerstehen, die beiden als Kontinua gedachten Dimensionen – *Latenz* und *Bösartigkeit* – als Dichotomien, als Entweder-Oder aufzufassen. Natürlich gibt es unter den verschiedenen Komponenten des Antisemitismus einige immer wiederkehrende Muster. Ob sie jedoch als »Idealtypen« brauchbar sind, leitet sich von dieser Dimensionsanalyse ab, die größere analytische Klarheit und Genauigkeit verspricht und ihrerseits Einsicht in das Wesen und die Funktionsweise des Antisemitismus liefern sollte.

Diese Art der Analyse ermöglicht es uns, alle Spielarten des Antisemitismus zu benennen und zu beschreiben; allerdings bleibt zwischen den einzelnen Antisemitismen ein wichtiger Unterschied bestehen, der dieses allgemeine Schema überlagert und modifiziert. Dieses Unterscheidungsmerkmal kann man sich als dichotomisch vorstellen, auch wenn dies im strengen Sinne nicht immer zutreffend sein mag. Einige Antisemitismen sind nämlich in die moralische Struktur der Gesellschaft eingewoben, andere nicht. Viele Aversionen gegen Juden mögen zwar intensiv sein – etwa weiche Stereotypen, wie sie für jeden Konflikt zwischen Gruppen typisch sind oder sogar bestimmte Verschwörungsideen, wie die, daß Juden die Zeitungen eines Landes kontrollieren –, ohne daß sie mit den Vorstellungen der Menschen über die moralische Ordnung der Gesellschaft oder des Kosmos fest verknüpft sind. Jemand kann der Ansicht sein, daß Juden seinem Land schaden, so wie er ähnliches auch über Schwarze, Polen oder jede andere Gruppe sagen könnte – in diesem Fall betrachtet er die Juden als eine Gruppe unter vielen, mit der er unangenehme Eigenschaften verbindet. Hier liegt eine klassische Antipathie zwischen Gruppen vor, wie sie bei Gruppenkonflikten normalerweise auftaucht. Eine Person vertritt dann zwar negative Anschauungen über das Wesen der Juden, sieht aber nicht gleich die sittliche Ordnung der Gesellschaft durch sie bedroht. Das klassische amerikanische Vorurteil äußert sich in folgender Form: »Ich bin Italiener, Ire, Pole, und er ist ein Jude, und deshalb mag ich ihn nicht.« Es bringt Unterschiede und Abneigung zum Ausdruck, unterstellt dem anderen jedoch nicht, die moralische Ordnung zu verletzen. Juden werden manchmal nur als eine »ethnische« Gruppe unter vielen aufgefaßt, die in einer Gesellschaft zusammenleben.

Ganz anders dagegen die mittelalterlich-christliche Betrachtungsweise. Damals waren die Auffassungen über die Grundlagen des gesellschaftlichen Lebens kompromißlos, nichtpluralistisch und intolerant, und den Juden wurde vorgeworfen, die sittliche Ordnung der Welt zu verletzen. Weil sie Jesus verleugneten und angeblich getötet hatten, stellten sich die Juden in einen offenen Gegensatz zur allgemein akzeptierten Vorstellung von Gott und den Menschen. Alles, was heilig war, setzten sie durch ihre bloße Existenz herab. Schließlich standen die Juden symbolisch wie diskursiv für einen Großteil aller Übel; und sie repräsentierten das Übel in der Welt nicht nur, sondern schienen in den Augen der Christen sogar mit ihm identisch zu sein, als freiwillige Werkzeuge des Bösen.[26]

Die Begriffe und Vorstellungen, mit denen die Antisemiten Juden belegten, waren mit der moralischen Weltordnung verknüpft. Das hatte tiefgreifende Konsequenzen. Juden mit dem Bösen gleichzusetzen, sie als Frevler zu betrachten, die alles Heilige beschmutzten und die Fundamente des Guten erschütterten, nach dem Menschen streben sollten, bedeutete, sie zu dämonisieren und sie in dieser Gestalt sprachlich, metaphorisch und symbolisch in das Leben der Antisemiten zu integrieren. Juden wurden also nicht einfach nach moralischen Prinzipien und Normen einer Kultur *bewertet;* sie wurden vielmehr zu einem *konstituierenden* Faktor der sittlichen Ordnung und der kognitiven Bausteine von Gesellschaft und Moral, die, um kohärent zu bleiben, schließlich den Antisemitismus benötigten. Wenn Vorstellungen von Nichtjuden über die Juden mit der moralischen Ordnung, also mit den symbolischen und kognitiven Grundstrukturen der Gesellschaft verwoben werden, wird die Bedeutung der entsprechenden Überzeugungen immer umfassender, und sie gewinnt größere Kohärenz und Integrität. Vieles, was als gut gilt, wird in Opposition zu den Juden definiert und hängt also davon ab, daß die judenfeindlichen Vorstellungen erhalten bleiben. So wird es für Nichtjuden schwierig, diese Konzeption zu verändern, ohne gleichzeitig nicht auch eine weitreichende und zusammenhängende symbolische Struktur, einschließlich bedeutsamer kognitiver Modelle, revidieren zu müssen. Auf diesen aber beruht ihr Verständnis von Gesellschaft und Moral, so daß es ihnen nur schwer möglich ist, in den Handlungen der Juden, ja in ihrer schieren Existenz etwas anderes als Entweihung und Besudelung zu entdecken.

Gewisse Spielarten des Antisemitismus begnügen sich nicht damit, Juden als mehr oder minder schwerwiegende Bedrohung sittlicher Normen zu beurteilen – das tun schließlich alle Formen des Antisemitismus –, sondern sie charakterisieren sie als Wesen, die mit ihrer bloßen Existenz den sittlichen Zusammenhalt der Gesellschaft gefährden – ein Fundamentalismus, der nicht allen Formen der Judenfeindschaft gemeinsam ist.[27] Die fundamentalistischen Ausprägungen sind zählebiger, wecken stärkere Leidenschaften und rufen gewöhnlich ein viel weiteres Spektrum flammender Anklagen gegen die Juden hervor; sie finden in der Regel auch breitere Unterstützung. Darüber hinaus bergen sie ein größeres Potential an Gewalttätigkeit in sich, die bis zur Mordbereitschaft gehen kann. Konzeptionen, die darauf hinauslaufen, daß Juden die moralische Ordnung zerstören, und die sie dämonisieren, können religiös oder rassisch motiviert sein. Ersteres traf für das mittelalterliche Christentum zu, letzteres für das nationalsozialistische Deutschland.

Neben diesen *analytischen* Unterscheidungen basiert die folgende Untersuchung zum deutschen Antisemitismus auf drei Grundgedanken über das Wesen des Antisemitismus:

1. Die Existenz des Antisemitismus und der Inhalt der antisemitischen Vorwürfe und Beschimpfungen sind Ausdruck der nichtjüdischen Kultur und grundsätzlich keine Antwort auf objektiv bewertetes jüdisches Handeln, selbst wenn tatsächlich Eigenschaften von Juden oder Aspekte realistischer Konflikte in das antisemitische Gerede einfließen.

2. Der Antisemitismus gehörte, zumindest seit Beginn der Kreuzzüge und bis ins zwanzigste Jahrhundert hinein, zu den Grundzügen der christlichen Kultur.

3. Die Tatsache, daß der Antisemitismus innerhalb eines begrenzten historischen Zeitraums – etwa in zwanzig bis fünfzig Jahren – in einer bestimmten Gesellschaft mal mehr, mal weniger deutlich wird, ist nicht darauf zurückzuführen, daß der Antisemitismus auftaucht und verschwindet oder daß mal mehr, mal weniger Menschen Antisemiten sind oder werden. Vielmehr ist der Antisemitismus im allgemeinen konstant und wird lediglich in verschiedenen Situationen mehr oder weniger manifest, und zwar in erster Linie abhängig von politischen und sozialen Veränderungen, die Menschen mal ermutigen, dann wieder davon abhalten, ihren Antisemitismus offen zu zeigen.

Über jede dieser Behauptungen wäre eine Menge zu sagen, doch kann hier nur kurz darauf eingegangen werden. Die ersten beiden Punkte werden von der vorliegenden Literatur zum Antisemitismus bestätigt. Der dritte ist neu.

Antisemitismus verrät uns nichts über die Juden, aber eine Menge über Antisemiten und über die Kultur, die sie hervorbringt. Selbst ein oberflächlicher Blick auf die Merkmale, Vergehen und Fähigkeiten, die Antisemiten im Laufe der Geschichte den Juden zugeschrieben haben – übernatürliche Kräfte, internationale Verschwörungen, die Macht, ganze Wirtschaftssysteme zu zerstören, Ritualmorde an christlichen Kindern, Zusammenarbeit mit dem Teufel, Kontrolle sowohl des internationalen Kapitals als auch des Bolschewismus – zeigt, daß sich der Antisemitismus in erster Linie aus kulturellen Quellen speist, die *unabhängig* von Wesen und Handlungen der Juden sind. Die Juden werden definiert, indem man kulturell abgeleitete Vorstellungen auf sie projiziert. Dieser Mechanismus tritt auch bei anderen Vorurteilen zutage, obwohl die beeindruckenden Höhenflüge der Phantasie, zu denen Antisemiten sich immer wieder aufgeschwungen haben, in den umfangreichen Annalen der Vorurteile so leicht nicht ihresgleichen finden. Ein Vorurteil beruht nicht auf den Handlungsweisen oder Eigenschaften seines Objekts. Es dreht sich nicht darum, ob man die wirklichen Eigenarten des Objekts tatsächlich nicht mag. Im klassischen Fall spielt es überhaupt keine Rolle, was das Objekt tut – der Fanatiker wird stets einen Vorwurf formulieren. Die Quelle des Vorurteils ist die Person, die davon besessen ist, ihre kognitiven Modelle und ihre Kultur. Im Vorurteil manifestiert sich die – individuelle und kollektive – Suche der Menschen nach Sinn.[28] Es hat wenig Zweck, den wirklichen Charakter des Haßobjekts eines Fanatikers, in diesem Falle also die Juden, zu diskutieren, wenn man versucht zu verstehen, woher diese Überzeugungen stammen und warum Menschen an ihnen festhalten. Ein solches Vorgehen würde nicht zur Klärung, sondern lediglich zur Verwirrung beitragen.

Weil Antisemitismus der Kultur der Antisemiten und nicht dem Handeln der Juden entspringt, kann es nicht überraschen, daß der Charakter des Antisemitismus den kulturellen Modellen einzelner Gesellschaften angepaßt ist, die das jeweilige Verständnis der sozialen Welt bestimmen. In theologisch geprägten Zeiten bezieht sich der Antisemitismus eher auf die religiösen Glaubenssätze; in Zeiten, die vom Sozialdarwinismus bestimmt sind, korrespondiert er mit der Auffassung, daß Menschen biologisch determiniert, Eigenschaften also angeboren und damit unveränderlich sind, und daß Nationen sich nach dem Muster eines Nullsummenspiels bekämpfen, da die Welt überhaupt vom Kampf ums Überleben gekennzeichnet ist. Weil kognitive Modelle nicht nur der Weltsicht einer Gesellschaft, sondern auch dem Antisemitismus selbst zugrunde liegen, gleicht sich der Antisemitismus bestimmten Aspekten der herrschenden kulturellen Modelle an. Und mehr noch: In dem Maße, wie der Antisemitismus im Zentrum des Weltbildes einer Gesellschaft steht (vor allem in der christlichen Welt), steigt auch die Wahrscheinlichkeit, daß er sich mit deren kulturellen Modellen deckt. Gerieten nämlich der Antisemitismus und die kulturellen Modelle in Konflikt miteinander, wäre der psychologische und emotionale Einklang der jeweiligen Weltsicht gestört; erhebliche kognitive Unstimmigkeiten wären die Folge.

Normalerweise bringen Antisemiten ihre tiefsitzenden Haßgefühle in der Sprache ihrer Zeit zum Ausdruck. Sie fügen dabei in die antisemitische Litanei auch tatsächliche kulturelle Eigenschaften der Juden oder zumindest einiger Mitglieder der jüdischen Gemeinschaft ein. Dies ist nicht anders zu erwarten – es wäre überraschend, wenn es nicht so wäre. Wer aber den Antisemitismus wissenschaftlich untersuchen will, sollte der Versuchung widerstehen, jene wenigen Themen des antisemitischen Geredes, für die es – wenn auch nur ansatzweise – in der Realität eine Entsprechung zu geben scheint, allzu begierig aufzugreifen, sollte sich also davor hüten, die Ursache des Antisemitismus im Verhalten der Juden zu suchen und damit Ursache und Symptom zu vertauschen. So wird beispielsweise oft behauptet, der Antisemitismus gehe auf wirtschaftlichen Neid angesichts ökonomischer Erfolge von Juden zurück, statt zu erkennen, daß der Neid die Konsequenz einer bereits bestehenden Antipathie gegen Juden ist. Zwei der vielen Unzulänglichkeiten der ökonomischen Antisemitismustheorie verdienen es, hier erwähnt zu werden. Der eine Fehler ist begrifflicher, der andere empirischer Art. Die wirtschaftliche Feindseligkeit basiert notwendigerweise darauf, daß die Antisemiten die Juden bereits als andersartig gebrandmarkt haben; sie erkennen sie nicht als Persönlichkeiten, sondern bloß als Juden und machen dieses Etikett zum bestimmenden Merkmal, statt sie als Mitbürger zu

betrachten.[29] Ohne diese vorweg bestehende, von Vorurteilen bestimmte Vorstellung vom Juden würden diese Antisemiten das Jü-
dischsein ihrer Konkurrenten nicht für eine relevante wirtschaftliche
Kategorie halten. Zum anderen haben – und dies weist auf die zweite
Unzulänglichkeit jener Theorie – Minderheitsgruppen in vielen Ländern wirtschaftliche Mittlerpositionen innegehabt, etwa die Chinesen
in Südostasien und die Inder in Afrika. Und obwohl auch sie sich mit
Vorurteilen konfrontiert sahen, die sich ebenfalls in wirtschaftlichem
Neid und Feindseligkeit äußerten, zogen diese Vorurteile nicht annähernd so wahnhafte Beschuldigungen nach sich, wie sie immer und
immer wieder gegen Juden gerichtet worden sind.[30] Daher kann der
ökonomische Konflikt unmöglich die Hauptquelle des Antisemitismus bilden.

Der wohl überzeugendste Beweis dafür, daß der Antisemitismus
nichts mit dem Handeln der Juden zu tun hat und auch nichts mit
Kenntnissen über tatsächliche Charaktereigenschaften, ist der, daß
der Antisemitismus durch alle Zeiten hindurch und sogar in seinen
aggressivsten Ausprägungen auch dort auftaucht, wo es gar keine
Juden gibt, und von Menschen vertreten wird, die nie einem Juden
begegnet sind. Dieses häufig auftauchende Phänomen ist auch dann
schwer zu erklären, wenn man die Wissenssoziologie und die des
Vorurteils auf andere Weise heranzieht, als es hier geschieht, wenn
man also nicht von der Vorstellung ausgeht, daß Vorurteile jeweils sozial konstruiert sind und Aspekte der kulturellen und kognitiven Modelle sind, die von Generation zu Generation weitergegeben werden.
Menschen, die in ihrem Leben nicht einen Juden gesehen haben,
glaubten, die Juden seien Beauftragte des Teufels und Feinde alles
Guten, verantwortlich für alle Übel dieser Welt und nur darauf aus,
die Gesellschaft der Nichtjuden zu beherrschen und zu zerstören.
England zwischen 1290 und 1656 ist in dieser Hinsicht ein schlagen-
des, aber keineswegs das einzige Beispiel. In dieser Zeit war die Insel
buchstäblich »judenrein«, da die Engländer auf dem Höhepunkt der
antijüdischen Kampagne, die in der Mitte des zwölften Jahrhunderts
eingesetzt hatte, sämtliche Juden vertrieben hatten. Dennoch blieb die
englische Kultur zutiefst antisemitisch. »Beinahe vier Jahrhunderte
lang kam das englische Volk kaum, wenn überhaupt, tatsächlich mit
Juden in Berührung. Man hielt die Juden für eine verdammenswerte
Gruppe von Wucherern, die im Bündnis mit dem Teufel jedes Verbrechens schuldig waren, das sich die Phantasie des Volkes ausmalen
konnte.«[31] Daß der Antisemitismus ohne die physische Präsenz von
Juden fast vierhundert Jahre lang in der Volkskultur überleben
konnte, mag auf den ersten Blick überraschen. Doch wenn man die
Beziehung zwischen Christentum und Antisemitismus kennt und

61

weiß, wie kognitive Modelle, Überzeugungen und Glaubenssysteme in der Gesellschaft weitergegeben werden, würde man es eher überraschend finden, wenn der Antisemitismus verschwunden wäre. Als Teil des moralischen Systems der englischen Gesellschaft blieb er unerläßlich für die Stellung und den Einfluß des Christentums, unabhängig davon, ob in England Juden lebten oder ob die Menschen mit Juden in Kontakt kamen.[32]

Antisemitismus ohne Juden war im mittelalterlichen und frühneuzeitlichen Europa die Regel.[33] Und selbst wenn es Juden erlaubt war, unter Christen zu leben, so kannten doch nur wenige Christen Juden oder hatten Gelegenheit, sie aus nächster Nähe zu beobachten. Normalerweise sonderten die Christen die Juden aus, indem sie sie in Ghettos sperrten, und beschränkten deren Handlungsspielräume durch eine Vielzahl schikanöser Gesetze und Bräuche. Die Juden waren physisch und sozial derart isoliert, daß sich der christliche Antisemitismus gar nicht auf Kontakte mit realen Juden gründen konnte. Auch die aggressiven Antisemiten der Weimarer Republik und der NS-Zeit kamen kaum mit Juden in Berührung. Es gab in Deutschland ganze Regionen, in denen so gut wie keine Juden lebten, denn die Juden machten weniger als ein Prozent der deutschen Bevölkerung aus, und von diesen wohnten siebzig Prozent in den großen Städten.[34] Die antijüdischen Auffassungen und Gefühle konnten sich unter diesen Umständen nicht auf eine objektive Bewertung der Juden stützen, sondern nur auf dem beruhen, was die Menschen über Juden *gehört* hatten.[35]

Die zweite, wesentliche Auffassung über den Antisemitismus lautet: Der Antisemitismus war ein mehr oder weniger *dauerhaftes Charakteristikum* des Abendlandes. Zweifellos war er in christlichen Ländern die ganze Zeit über die wichtigste Form von Vorurteil und Haß. Dies ist auf eine Reihe von Gründen zurückzuführen, auf die ich im folgenden Kapitel eingehe. Hier nur der Hinweis, daß bis zum Beginn der Neuzeit – und in einem geringerem Ausmaß auch danach – Ansichten über Juden ein integraler Bestandteil der sittlichen Ordnung christlicher Gesellschaften waren. Die Christen definierten sich selbst auch durch die Abgrenzung von den Juden, ja mitunter sogar als deren direkter Gegenpart. Diese Auffassungen über Juden waren verflochten mit dem moralischen System des Christentums, das der christlichen Gesellschaft nicht nur zugrunde lag, sondern über weite Strecken in der abendländischen Geschichte mit der sittlichen Ordnung gleichbedeutend war. Warum sollten sich die Anschauungen über Juden leichter verändern als die christlichen Vorstellungen, die den Menschen geholfen haben, die soziale Welt zu erklären und zu bewältigen? In mancher Hinsicht hat sich der Antisemitismus sogar als dauerhafter erwiesen. Jahrhundertelang war es eigentlich unmöglich, ein Christ zu sein, ohne gleichzeitig antisemitische Überzeugungen zu vertreten, ohne schlecht von den Menschen zu denken, die Jesus verleugnet hatten und immer noch verleugneten und damit auch die sittliche Ordnung mißachteten, die sich auf seine Lehren und seine Offenbarung gründete. Vor allem aber machten die Christen die Juden für den Tod Jesu verantwortlich.

Dies erklärt nicht nur, warum der Antisemitismus so lange überlebt hat, sondern auch, warum er in diesem hohen Maße emotional aufgeladen und so erstaunlich vielgestaltig ist. Die Notwendigkeit, schlecht von Juden zu denken, sie zu hassen, ist mit dem Christentum verwoben. Diesen Gefühlen einen Sinn zu geben fördert ebenso wie die daraus abgeleitete Annahme, daß die Juden in Gegensatz zur christlich definierten Moralordnung stehen, die Bereitschaft zu glauben, daß die Juden aller Schandtaten fähig seien. Alle Vorwürfe gegen die Juden werden damit plausibel.[36] Wenn sie Jesus ermordeten und seine Lehren ablehnen, wovor sollten sie dann noch zurückschrecken? Welche Gefühle, Befürchtungen, Ängste, Frustrationen und Phantasien sollte man nicht auf die Juden projizieren können? Und weil die Antipathie gegen die Juden historisch mit der Festigung der sittlichen Ordnung verknüpft ist, finden sich schnell neue Anschuldigungen, wenn kulturelle, gesellschaftliche, wirtschaftliche oder politische Formen sich ändern und damit einigen traditionellen Vorbehalten den Boden entziehen. Dies läßt sich beispielsweise im neunzehnten Jahrhundert überall in Europa beobachten, als der Antisemitismus sein mittelalterliches, religiös bestimmtes Gewand ablegte und sich auf weltliche Art neu einkleidete. Der Antisemitismus verfügte über eine ungewöhnliche Anpassungs- und Modernisierungsfähigkeit und hielt so mit der Zeit Schritt. Wenn die Existenz des Teufels in seiner körperlich greifbaren Form immer weniger Menschen bewegt, muß der Jude nicht länger zum Werkzeug des Teufels gestempelt werden; er tritt nun in säkularer Kleidung auf, ist aber ebenso gefährlich und bösartig wie sein Vorgänger.

Zweifellos war die Bestimmung der Moralordnung als eine christliche, in die die Juden als eingeschworene Feinde eingebunden wurden, die mächtigste Einzelursache für den endemischen Antisemitismus der christlichen Welt. Verstärkend wirkten dabei erstens die sozialen und psychologischen Funktionen, die der Judenhaß für die mentale Ökonomie der Menschen hatte, denn den Antisemitismus aufzugeben hätte bedeutet, auch die gesellschaftliche Ordnung neu gestalten zu müssen. Das jedoch ist äußerst unbequem. Zweitens waren die Juden, politisch wie gesellschaftlich, im Lauf der Geschichte »sichere« Zielscheiben für den Haß, für verbale und physische Angriffe; Attacken auf andere gesellschaftliche Gruppen oder Institutionen wären mit höheren Opfern verbunden gewesen.[37] Beides hat die christliche Sache gestützt; indem ein tiefer und dauerhafter Haß hervorgebracht wurde, der keinem anderen Gruppenhaß in der abendländischen Geschichte gleichkommt, weil er jede Verhältnismäßigkeit eines tatsächlichen materiellen oder sozialen Konflikts sprengt.

Und eine dritte Grundannahme über den Antisemitismus ist für diese Untersuchung wesentlich. Sie baut jedoch auf der zweiten auf. Der mit wesentlichen Überzeugungen und kognitiven Modellen verbundene Antisemitismus wird im Lauf der Jahre in einer bestimmten Gesellschaft nicht einmal auftreten, dann verschwinden und schließlich erneut erscheinen. Er ist vielmehr stets präsent, allerdings mal mehr, mal weniger manifest. Seine kognitive Bedeutung, seine emotionale Intensität und die Art, wie er zum *Ausdruck* kommt, schwanken und verändern sich.[38] Für diese Umschwünge sind in erster Linie die Launen der Politik und gesellschaftliche Bedingungen verantwortlich. Die deutsche und europäische Geschichte hat Wellenbewegungen antisemitischer Äußerungen erlebt. Solche Wellen werden meist als eine Folge wachsenden Antisemitismus beschrieben – Menschen, die vom Antisemitismus vorher nicht bewegt waren, werden zu Antisemiten –, und auf diese oder jene Ursachen zurückgeführt. Und wenn die Flutwelle wieder verebbt, wird angenommen, das Nachlassen der antisemitischen Ausfälle sei durch eine Abnahme oder gar ein Verschwinden der antisemitischen Überzeugungen und Gefühle begründet. Diese Darstellung ist falsch. Nicht der *Antisemitismus* selber nimmt zu und ab; es sind vielmehr seine *Ausdrucksformen*.[39] Wenn also der Antisemitismus zu *irgendeinem Zeitpunkt* in einer bestimmten historischen Periode weit verbreitet ist, dann ist dies eigentlich ein Hinweis auf seine, wenn auch nur latente Existenz während der ganzen Epoche.

Dafür, daß die periodischen Ausbrüche mit einem Auf und Ab des Antisemitismus gleichzusetzen sind, kann keine theoretisch angemessene Erklärung gegeben werden. Wie will man belegen, daß die Auffassungen verschwinden, die Äußerungen und anderen Handlungen zugrunde liegen? So wie die Genese von Handlungsweisen, so kann auch deren Verschwinden vielerlei Gründe haben, die mit der Verbreitung entsprechender Auffassungen nichts zu tun haben. Ein Mensch, der weiterhin an Gott glaubt, kann aus einer Reihe von Gründen die Gottesdienstbesuche einstellen. Vielleicht gefällt ihm der neue Pfarrer nicht; vielleicht hat er sich so verhalten, daß er sich der Gemeinde nicht mehr zeigen will, vielleicht braucht er seine Zeit jetzt – etwa infolge eines wirtschaftlichen Mißgeschicks – für andere Aktivitäten. Die Annahme, daß im Falle des Antisemitismus Handeln und Überzeugungen gleichbedeutend sind, daß eine Abnahme antise-

64

mitischer Handlungen auch einen Rückgang antisemitischer Auffassungen bedeutet, ist durch nichts gerechtfertigt.

Hätten sich die antisemitischen Überzeugungen wirklich verflüchtigt, woher sollten sie dann plötzlich erneut auftauchen? Fallen sie vom Himmel? Ein erneutes Aufflackern antisemitischer Äußerungen geht gewöhnlich damit einher, daß auch Vorstellungen, Überzeugungen und Anschuldigungen, die im Mittelpunkt vorangegangener Ausbrüche standen, wiederkehren.[40] Wie aber könnte dies der Fall sein, zumal diese Auffassungen oft wahnhafte Elemente enthalten? Wie könnten solche Annahmen in fast identischer Form erneut zutage treten, wenn sie bereits wirklich verschwunden waren? In der Zeit, die zwischen den leidenschaftlichen Haßausbrüchen verstreicht – Monate, manchmal Jahre –, glauben frühere Antisemiten doch nicht, die Juden seien nun gute Nachbarn, Bürger und Menschen. Sie werden auch keine positiven Gefühle für die Juden entwickeln und sie nun tatsächlich als ihre Landsleute ansehen. Entwickeln sie jetzt, und sei es nur in Ansätzen, eine neutrale Haltung ihnen und ihrem Judentum gegenüber, das sie immer noch für den bestimmenden Faktor der Juden halten? Und wenn sich die geringe Chance wirklich einmal erfüllt, daß Antisemiten sich vollkommen wandeln: Fällt ihnen dann plötzlich und allen auf einmal auf, daß ihre zwischenzeitlich positiven Ansichten über die Juden falsch, ihre früheren Haßgefühle dagegen berechtigt waren? Derartige Pendelschläge sind weder bei Individuen noch bei Kollektiven nachzuweisen.

Alle, die den Antisemitismus als Folge ökonomischer Krisen betrachten – und dies ist immer noch die vorherrschende Ansicht –, irren im entscheidenden Punkt. Sie stützen sich auf die Ansicht, der Antisemitismus rühre daher, daß der »Jude als Sündenbock« dienen müsse. Zu den vielen empirischen und theoretischen Mängeln dieser Auffassung zählt auch die Mißachtung der Tatsache, daß sich eine Bevölkerung nicht einfach gegen jede beliebige Person oder Gruppe mobilisieren läßt. Es ist kein Zufall, daß die Juden, unabhängig von ihrer realen wirtschaftlichen Lage oder ihren Handlungen – und selbst dann, wenn die überwältigende Mehrheit der Juden eines Landes arm ist – immer wieder zum Objekt von Frustration und Aggression werden, die auf wirtschaftliche Probleme zurückzuführen sind. Denn für die meisten Menschen ist der Antisemitismus bereits vor dem Aufkommen einer Krise ein integraler Bestandteil ihres Weltbildes, allerdings im Latenzstadium. Durch Wirtschaftskrisen wird dieser Antisemitismus manifester und schließlich so weit aktiviert, daß er offen zum Ausdruck kommt. Längst vorhandene Auffassungen lassen die eine Gruppe die Ursache von Unglück, Enttäuschung und Angst bei der anderen suchen, die sie ohnehin verachtet.

Die bemerkenswerte Geschmeidigkeit des Antisemitismus, über die schon einiges gesagt worden ist, ist allein schon ein Beweis für dessen Beständigkeit. Daß der Antisemitismus kommt und geht, daß er verschiedene Ausdrucksformen findet und auch dann wiederauflebt, wenn eine Gesellschaft ihn überwunden zu haben scheint – all dies deutet sehr darauf hin, daß er stets vorhanden ist und nur darauf wartet,»geweckt« und und freigelegt zu werden. Daß er manchmal mehr und manchmal weniger manifest ist, zeigt, daß es von den sozialen und politischen Verhältnissen abhängt, wie zentral er für den einzelnen wird und ob daraus die Bereitschaft erwächst, ihm offen Ausdruck zu verleihen.

Eine andere Ideologie bietet sich für einen kurzen Vergleich an: Auch der Nationalismus scheint immer wieder zu verschwinden und erneut aufzuleben. Ähnlich dem Antisemitismus hat der Nationalismus – also die starken Überzeugungen und Gefühle, die mit der Nation verbunden sind, die man für den höchsten politischen Wert hält und auf die sich alle Loyalität richten muß – nicht immer wieder Gestalt angenommen und sich dann aufgelöst; die Idee der Nation stand für die Völker und deren Gefühle nur mal mehr, mal weniger im Mittelpunkt. Die nationalistischen Überzeugungen und Emotionen können ähnlich wie der Antisemitismus lange Zeit ruhen, doch dann leicht und rasch, häufig mit katastrophalen Konsequenzen, aktiviert werden, wenn soziale oder politische Umstände dazu Veranlassung geben. Die rasche Aktivierung[41] nationalistischer Gefühle, die es wiederholt und auch kürzlich noch in der deutschen und europäischen Geschichte gegeben hat,[42] muß man sich stets vor Augen halten, nicht nur wegen der Parallelen zum Antisemitismus. Historisch manifestierte sich der Nationalismus, insbesondere in Deutschland, stets Hand in Hand mit dem Antisemitismus, da die Nation sich nicht zuletzt durch ihren Gegensatz zu den Juden definierte. In Deutschland und anderswo waren Nationalismus und Antisemitismus ineinander verschränkte Ideologien, die sich wie Hand und Handschuh zusammenfügten.[43]

Schlußfolgerung

Eine Untersuchung über die Deutschen und ihren Antisemitismus vor und während der NS-Zeit muß sich derselben Methoden bedienen, mit denen ein Anthropologe an die Erkundung schriftloser Völker und ihrer Überzeugungen herangeht. Vor allem darf man nicht länger von der Voraussetzung ausgehen, daß die Deutschen damals in jedem weltanschaulichen Bereich unseren Idealvorstellungen von uns selbst entsprachen. Eine vorrangige Aufgabe besteht daher darin, die kognitiven Modelle herauszuarbeiten, die dem Denken der Deutschen über die soziale Welt, die Politik und insbesondere über die Juden zugrunde lagen.

Derartige Modelle sind in erster Linie gesellschaftlich konstruiert, sie leiten sich sprachlich und symbolisch aus dem gesellschaftlichen »Gespräch« her. Das »Gespräch« einer Gesellschaft definiert und formt das Weltverständnis eines Individuums weitgehend. Wenn in einer Gesellschaft gewisse Überzeugungen und Vorstellungen nicht in Frage gestellt werden oder dominieren, dann werden die einzelnen sie in der Regel als selbstverständliche Wahrheiten akzeptieren. So wie die Menschen heute glauben, daß die Erde sich um die Sonne dreht, und einstmals die Annahme teilten, die Sonne drehe sich um die Erde, so haben auch viele die kulturell allgegenwärtigen Vorstellungen über die Juden übernommen. Die Fähigkeit eines Individuums, von vorherrschenden kulturellen Modellen abzuweichen, ist stets gering, weil die kognitiven Modelle zu den Bausteinen der Verstehensfähigkeit des einzelnen gehören; sie werden genauso selbstverständlich in seine Weltauffassung eingebaut wie die Grammatik in seine Sprache. Das Individuum erlernt die kognitiven Modelle seiner Kultur auch genauso zuverlässig und mühelos wie die Grammatik. Beide bestimmen unser Verständnis und die Produktion der Formen, *die von ihnen abhängen;* es sei denn, der einzelne bemüht sich darum, die ihm übermittelten kognitiven Modelle zu verändern. Die Grammatik trägt dazu bei, Sätze und Bedeutungen zu erzeugen, die kognitiven Modelle sind ausschlaggebend für unsere Wahrnehmung der sozialen Welt und für die Art, in der wir diese Ansichten artikulieren. In einer Gesellschaft sind die sozialen Institutionen, allen voran die Familie, die wichtigsten Orte des allgemeinen »Gesprächs«. In den Institutionen und vor allem in denjenigen, die bei der Sozialisation von Kindern und Heranwachsenden eine wichtige Rolle spielen, werden die Überzeugungssysteme und kognitiven Modelle, auch solche, die die Juden betreffen, den Individuen vermittelt. Ohne institutionelle Unterstützung sind die Individuen eigentlich nicht in der Lage, sich Auffassungen anzueignen, die zu den in der Gesellschaft vorherrschenden im Widerspruch stehen, oder an Ansichten festzuhalten, die auf weitverbreitete, ja beinahe einmütige soziale, symbolische und sprachliche Mißbilligung stoßen.

Aufgrund des Beharrungsvermögens einer Gesellschaft werden die Axiome und grundlegenden kognitiven Modelle in der Regel *reproduziert.*[44] Und weil nichts darauf hindeutet, daß sich die auf die Juden bezogenen kognitiven Modelle in Deutschland geändert hätten, liegt die Annahme nahe, daß diese Modelle und die von ihnen abgeleiteten Überzeugungen ebenfalls reproduziert wurden und daher weiter wirksam waren. Damit widerspreche ich der üblichen Annahme, daß früher vorherrschende kognitive Modelle aufgegeben werden, wenn sich keine – ohnehin schwer zu erhaltende – Beweise für deren fortwährende *Präsenz* finden lassen. Schließlich geht diese Untersuchung davon aus, daß die auf Juden bezogenen kognitiven Modelle grundlegend zu jenen »Lösungen« beitrugen, die die Deutschen für die von ihnen gestellte »Judenfrage« entwickelten, und daß auch die speziellen Handlungen, die daraus folgten, auf jene Modelle zurückgehen.

Eine Soziologie des Wissens, ein analytischer Rahmen zur Untersuchung des Antisemitismus – der die drei Dimensionen Herkunft, Bösartigkeit und manifester Charakter benennt – sowie einige grundlegende inhaltliche Vorstellungen über den Antisemitismus sind hier vorgestellt worden, weil diese Elemente, ob ausgesprochen oder nicht, erst die Voraussetzungen für Schlußfolgerungen über den Antisemitismus liefern. Ein derartiger Ansatz ist so wichtig, weil die Daten, über die wir zur Interpretation des Antisemitismus verfügen, in mehrfacher Hinsicht unergiebig sind. Schlußfolgerungen lassen sich daher nicht allein auf diese Daten und den Gebrauch, den man davon macht, stützen, sondern auch durch den allgemeinen Ansatz, mit dem man Überzeugungen und Wahrnehmungen sowie den Antisemitismus zu verstehen versucht.

Allerdings muß betont werden, daß auch die hier vorgelegte Untersuchung noch keine endgültige sein kann. Das Ausgangsmaterial ist vor allem deshalb höchst unzureichend, weil es ja nicht darum geht, dem Antisemitismus allein unter den politischen und kulturellen Eliten nachzuspüren, sondern darum, seine Substanz und seine Verbreitung bis weit hinein in die deutsche Gesellschaft zu messen. Trotz all ihrer Mängel könnten hier ganz gewöhnliche Meinungsumfragen äußerst erhellend sein und die dürftigen Quellen ergänzen. Diese Untersuchung skizziert lediglich gewisse Aspekte des Antisemitismus und deutet allenfalls an, wie verbreitet er war. Sie konzentriert sich auf zentrale Tendenzen des deutschen Antisemitismus, nicht nur wegen der eingeschränkten Datenlage, sondern auch aus der Überzeugung heraus, daß man den kognitiven *Leitfaden* herausarbeiten muß, der sich durch das komplizierte, doch deutliche Gewebe der judenfeindlichen Taten hindurchzieht. Der Inhaltsanalyse des deutschen Antisemitismus wird weniger Aufmerksamkeit gewidmet als üblich, da es Arbeiten zu diesem Thema bereits gibt. Sinnvoller ist es, den begrenzten Raum dafür zu nutzen, Dimensionen, Reichweite und Stärke des Antisemitismus zu umreißen und diesen als Ursprung der Taten darzustellen.

Die nächsten beiden Kapitel gelten einem neuen Verständnis des modernen deutschen Antisemitismus. Ausgehend von den dargelegten allgemeinen theoretischen und methodischen Überlegungen und dem Bezugsrahmen der dimensionalen Analyse soll die Geschichte des Antisemitismus in Deutschland zunächst vor und dann in der NS-Zeit genauer untersucht werden. Dieser historische Abriß ist notwendig für die Klärung, warum das deutsche Volk die Grundsätze des nationalsozialistischen Antisemitismus so bereitwillig akzeptierte und die antijüdische Politik der Nationalsozialisten unterstützte. Wegen der unzuverlässigen Quellen dreht sich die Diskussion unter anderem um die »kritischen« Fälle, nämlich um jene Personen oder Personengruppen, von denen – nach anderen Kriterien – zu erwarten war, daß sie den hier gegebenen Interpretationen und Erklärungen am wenigsten entsprochen haben dürften. Wenn zu zeigen ist, daß sogar die »Freunde« der Juden mit den deutschen Antisemiten in wichtigen Aspekten übereinstimmten, und zwar weitgehend deshalb, weil ihr Denken sich aus ähnlichen kognitiven Modellen speiste, dann muß man wohl annehmen, daß der Antisemitismus in der deutschen Kultur und Gesellschaft endemisch war. Sind Charakter und Ausmaß des deutschen Antisemitismus umrissen, wird die Untersuchung um die dimensionale Analyse erweitert. So lassen sich Verbindungslinien zwischen Antisemitismus und antijüdischem Handeln aufzeigen. Die Diskussion mündet schließlich in eine Analyse der Beziehung, die zwischen dem deutschen Antisemitismus der NS-Zeit und den antijüdischen Maßnahmen der Deutschen bestand.

Als Schlußfolgerung wird sich ergeben, daß während der NS-Zeit in Deutschland fast unangefochten eine Vorstellung von den Juden herrschte, die sich als »eliminatorisch« bezeichnen läßt. Man glaubte, der seinem Wesen nach zerstörerische jüdische Einfluß müsse ein für allemal aus der Gesellschaft entfernt werden. Alle politischen Initiativen und alle wichtigen gegen Juden gerichteten Maßnahmen standen, so verschiedenartig sie in Charakter und Ausmaß waren, im Dienst der vermeintlichen Notwendigkeit, die Juden tatsächlich auszugrenzen – zumindest aber waren sie ein symbolischer Ausdruck dieses Verlangens.

KAPITEL 2

Die Entwicklung des eliminatorischen Antisemitismus im modernen Deutschland

Der europäische Antisemitismus ist eine Begleiterscheinung des Christentums. Seit die Christen ihre Herrschaft über das Römische Reich zu festigen begannen, predigten ihre Führer gegen die Juden, verdammten sie in einer deutlichen, kräftig formulierten und emotional aufgeladenen Sprache. Die psychologischen und theologischen Notwendigkeiten, die die Christen zwangen, sich von den Gläubigen abzusetzen, von deren Religion ihre eigene sich abgespalten hatte, ergaben sich in jeder Generation aufs neue; denn solange die Juden die Offenbarung Jesu ablehnten, forderten sie, ohne es zu wollen, das christliche Vertrauen in diese Offenbarung heraus. Wenn die Juden, das Volk Gottes, den Messias ablehnten, den Gott ihnen verheißen hatte, dann stimmte etwas nicht. Entweder handelte es sich bei Jesus um einen falschen Messias, oder das jüdische Volk war vom Weg abgekommen und möglicherweise der Versuchung durch den Teufel erlegen. Da ersteres für die Christen nicht vorstellbar war, entschieden sie sich mit Herz und Seele für die zweite Möglichkeit: Die Juden verhielten sich in religiöser Hinsicht widerspenstig, und dies in einer Welt, in der Religion und sittliche Ordnung identisch waren und Abweichung vom rechten Glauben als schweres Vergehen galt.[1]

Die psychologische Wirksamkeit dieses Gegensatzes wurde durch ein zweites, eng damit verknüpftes Motiv verstärkt. Nach christlichem Verständnis war das Christentum gleichbedeutend mit der Überwindung des Judentums; Juden sollten daher als *Juden* vom Erdboden verschwinden und zum Christentum übertreten. Dazu aber fanden sich die Juden nicht bereit, und so kam es, daß Christen und Juden ein gemeinsames Erbe – vor allem die jüdische Bibel, das Wort Gottes – teilten, das sie allerdings unterschiedlich auslegten. Der endlose Streit über die Bedeutung dieses gemeinsamen Erbes, über viele Texte, die dem Christentum als heilig galten, erhöhte für die Christen den Druck, die Juden herabzusetzen und ihnen das Verständnis für den umstrittenen heiligen Bereich abzusprechen. Denn wenn die Juden recht hatten, mußten die Christen im Unrecht sein. Das richtige Verständnis für die heilige Ordnung, ihre Symbole und die davon abgeleitete moralische Ordnung hing davon ab, daß die Christen einhellig glaubten, die Juden seien im Irrtum. Bernard Glassman, ein Historiker, der sich mit christlichen Einstellungen gegenüber Juden beschäftigt hat, schreibt:»Wenn das Christentum tatsächlich der wahre Glaube war und seine Gläubigen das neue Israel verkörperten, dann, so glaubten die Kleriker, mußte das Judentum in den Augen der Gläubigen in Verruf gebracht werden. In mittelalterlichen Predigten, Schauspielen und in der religiösen Literatur wurden die Juden oft als Widersacher der Kirche dargestellt, eine Gefahr für alle guten Christen seit den Tagen der Kreuzigung.«[2] Mehr und mehr repräsentierten die Juden den Widerspruch zur sittlichen Ordnung der christlichen Welt.[3]

Drittens sahen die Christen in den Juden»Christusmörder« und hielten an dieser Überzeugung wie an einem Axiom fest. Nicht nur die Juden, die zur Zeit Christi lebten, sondern die Juden aller Zeiten schienen ihnen für Jesu Tod verantwortlich, leugneten sie doch immer noch, daß Jesus der Messias und Sohn Gottes sei, ebenso wie ihre Vorfahren, die ihn, wie den Christen in Lehre und Predigt wieder und wieder vor Augen geführt wurde, getötet hatten. Daß sie die christlichen Lehren ablehnten, brachte alle Juden mit dem Verbrechen in Verbindung, das direkte Folge ihrer Leugnung der Göttlichkeit Jesu gewesen war. Die Juden wurden so symbolisch zu Christusmördern, ihnen wurde unterstellt, dem Verbrechen zugestimmt zu haben; mehr noch: hätten sie die Gelegenheit, so hieß es, würden sie es jederzeit wiederholen. Die anhaltende, tagtägliche Leugnung Jesu, wurde als gotteslästerlicher Akt der Verhöhnung betrachtet, als offene, schamlose Herausforderung und auch Geringschätzung der Christen.[4]

Diese Ansichten über die Juden, die bis in die Moderne zu den Grundlagen der christlichen Theologie und Lehre zählten, wurden bereits im vierten Jahrhundert, als die Kirche ihre Herrschaft über die römische Welt etablierte, scharf und präzise artikuliert. Johannes Chrysostomos, einer der bedeutendsten Kirchenväter, predige über die Juden mit Worten und Wendungen, die bald zum Grundstock christlicher judenfeindlicher Lehren und Rhetorik gehören sollten. Chrysostomos' Begrifflichkeit verdammte die Juden im christlichen Europa dazu, in einer Umgebung zu leben, die sie verachtete und zugleich fürchtete:»Wo sich die Christusmörder versammeln, da wird das Kreuz verspottet, wird Gott gelästert, wird der Vater nicht anerkannt, der Sohn beleidigt und der Heilige Geist zurückgewiesen … Wenn die Riten der Juden heilig und verehrungswürdig sind, dann muß unsere Lebensweise falsch sein. Aber wenn wir den rechten Weg gehen, wie es der Fall ist, dann gehen sie einen betrügerischen Weg. Ich spreche nicht von der Heiligen Schrift. Das liegt mir völlig fern, denn sie führt uns zu Christus! Ich spreche von ihrer gegenwärtigen Gottlosigkeit und Verrücktheit!«[5] Diese Haßtirade zeigt die eben erörterten Gegensätze zwischen Juden und Christen, die theologisch wie psychologisch zum Christentum gehörten. Die unverrückbare Polarität zwischen der christlichen und der jüdischen Glaubenslehre und damit zwischen Christen und Juden wird eindeutig benannt: »Wenn die Riten der Juden heilig und verehrungswürdig sind, dann muß unsere Lebensweise falsch sein.« Das Unbehagen und die Unruhe, denen ein Christ sich aussetzte, wenn er die Möglichkeit in Erwägung zog, daß die Juden recht haben könnten, machen diese Worte, macht diese Logik des Entweder-Oder nahezu greifbar. Der psychische Zwang, die Juden zu verurteilen, spricht aus diesen Sätzen und wohnt Chrysostomos' Ansichten und denen seiner Kirche über das Verhältnis zwischen Christentum und Judentum inne. Und dies ist nicht die einzige Ursache des Gegensatzes. Die Zusammenkünfte der Juden – der »Christusmörder« – zu Gebet und Gottesdienst werden als Akt der Verunglimpfung, der Blasphemie und der Spötterei empfunden. Wer eine jüdische Versammlung so charakterisiert, der betrachtet, gerade wenn Zusammenkünfte ein konstitutiver Aspekt der jüdischen Existenz sind, bereits das bloße Vorhandensein von Juden als nicht tolerierbare Herausforderung. Johannes Chrysostomos erwähnt auch die Notwendigkeit, die christliche Auffassung vom Alten Testament zu verteidigen. Richtig gelesen, führt die Schrift die Menschen nicht vom rechten Wege ab; also müssen die Juden sie falsch ausgelegt haben. Jüdische Gottlosigkeit galt dem Kirchenvater und seinen Anhängern nicht als Gottesferne, begründet in Unwissenheit oder Unfähigkeit, den richtigen Weg zu erkennen, wie er es anderen Nicht-Christen immerhin zugestand; jüdische Gottlosigkeit war eine Art Verrücktheit.

Johannes ist nur ein frühes Beispiel für das Verhältnis der christlichen Welt zu den Juden, das so bis weit in die Neuzeit hinein andauern sollte. Es kann nicht oft genug betont werden, daß die Feindschaft gegen die Juden nicht mit den Feindseligkeiten gleichzusetzen ist, die wir alle so gut kennen: mit jenen wenig schmeichelhaften Stereotypen, die eine Gruppe über eine andere entwickelt und die ihrerseits die trotzige Selbstachtung der feindselig Herabgesetzten stärken. Was die Christen über Juden dachten, hing vielmehr mit Aufbau und sittlicher Ordnung des christlichen Kosmos und der christlichen Gesellschaft eng zusammen. Die Juden waren per definitionem der Gegner, der seinen Schatten auf das Weltganze warf. Und die bloße Bestimmung, wer und was ein Christenmensch sei, schloß mit ein, daß die Feindschaft gegen die Juden so umfassend und tief empfunden wurde[6] wie gegenüber dem Bösen und dem Teufel. Nicht zufällig betrachteten die mittelalterlichen Christen die Juden als dessen Werkzeug und Abgesandte.

Seit Johannes Chrysostomos wurden nicht nur christliche Lehre und Praxis, sondern auch die Einstellung zu den Juden und ihre Behandlung durch die christliche Welt ständig korrigiert.[7] Aber sosehr sich die christliche Theologie auch wandelte, an der Auffassung von der Göttlichkeit Jesu wurde festgehalten. Also auch am Antisemitismus. Die Anpassungen betrafen nicht die wesentlichen Annahmen über die Natur der Juden; sie galten weiterhin als Mörder Jesu und Blasphemiker, und diese Vorstellungen wurden von Generation zu Generation weitergegeben. Die Beziehung zwischen Christentum und Judentum, zwischen Christen und Juden entsprach immer noch dem von Johannes Chrysostomos formulierten moralischen Gegensatz. Daß Juden die sittliche Weltordnung verletzten, blieb ein Axiom der christlichen Kultur. Der Antisemitismusforscher James Parkes stellt fest: »… es gibt eine ununterbrochene Linie von der Verunglimpfung des Judaismus in der Formationsperiode des Christentums über den Ausschluß der Juden vom städtischen Gleichheitsgrundsatz in der Zeit des ersten großen Triumphes der Kirche im vierten Jahrhundert bis hin zu den Schrecken des Mittelalters …«[8] Die Juden wurden in die kognitiven Modelle eingearbeitet, die dem christlichen Denken zugrunde liegen. Welche Veränderungen die christliche Lehre und Praxis die Juden betreffend auch immer durchlief – und es gab wesentliche und bedeutsame –, das Verhalten gegenüber den Juden blieb in jenen kognitiven Modellen begründet, auf denen bereits die Ausführungen des Kirchenvaters beruhten.[9]

Der folgende Abriß des mittelalterlichen und frühneuzeitlichen Antisemitismus und seiner Ausdrucksformen kann nur die wichtigsten Gesichtspunkte berühren, an denen sich die Natur des Antisemitismus in seiner Entwicklung und auch das Verhältnis zwischen den Überzeugungen der Christen und ihrer Behandlung der Juden zeigen läßt.

Für die christliche Welt des Mittelalters standen die Juden in völligem Gegensatz zum Christentum. Die Kirche, obwohl sie sich ihrer theologischen und praktischen Gewalt über die Reiche Europas sicher sein konnte, war dennoch totalitär in ihrem Anspruch. Auf die symbolische Herausforderung ihrer Herrschaft, die die Juden in ihren Augen darstellten, reagierte sie mit einer Heftigkeit, die, je nach der historischen Situation, mal gemildert, mal verschärft wurde. Die Sonderstellung der Juden, die nicht nur Jesu Offenbarung leugneten, sondern ihn sogar »getötet« hatten, obwohl doch gerade sie unter allen Völkern dazu bestimmt waren, ihn anzuerkennen und als ihren Messias zu empfangen, bildete den Ursprung eines dauerhaften und bitteren Judenhasses von seiten der Kirche, des christlichen Klerus und der Völker Europas. Die Intensität des kirchlichen Hasses hatte zwei Ursachen: Auf der einen Seite ging es um die Abwehr von Sektierern; beide Seiten waren eng verwandte Kombattanten, die mit aller Macht danach strebten, ihre Interpretation einer gemeinsamen Tradition durchzusetzen. Auf der anderen Seite handelte es sich um einen noch unentschiedenen, grimmigen, apokalyptischen Kampf um das Schicksal der Welt und die Seelen der Menschen. Die Kirche als Repräsentantin Jesu auf Erden trug in dieser Schlacht seinen Schild. Und obwohl die Juden selber – erniedrigt, eingeschüchtert, gering an Zahl und an Bekehrung der Christen nicht interessiert – keine reale Bedrohung darstellten, wurden sie zum Symbol dessen, der als der wirkliche Herausforderer des Christentums im Kampf um Leben und Seele des Volkes galt: des Teufels.

So sah die Logik der Kirchenväter und des christlichen Antisemitismus aus, die die Entwicklung bis zum dreizehnten Jahrhundert Schritt für Schritt zu dem Punkt führte, an dem der Jude zum Synonym für den Teufel wurde.[10] Angesichts ihrer totalitären Kontrolle von Kosmologie und sittlicher Kultur Europas verbreitete die Kirche über ihre Bischöfe und vor allem über ihre Gemeindepriester ihr Bild der Juden und schuf auf diese Weise eine europaweit nahezu identische Wahrnehmung. Juden waren Geschöpfe des Teufels und besaßen, wenn überhaupt, nur wenige menschliche Züge. So erklärte Petrus Venerabilis von Cluny:»Ich zweifle wirklich daran, ob ein Jude tatsächlich Mensch sein kann, denn er hört weder auf die menschliche Vernunft noch genügen ihm die Aussagen höchster Autoritäten, seien sie von Gott oder von den Juden selbst.«[11]

Der Judenhaß des mittelalterlichen Europa war so intensiv und so fern jeder Realität, daß jede gesellschaftliche Misere auf Vergehen von Juden zurückgeführt wurde. Die Juden standen für alles, was schiefging, so daß schließlich bei jedem Unglück, sei es natürlicher oder gesellschaftlicher Art, nach dem vermeintlichen jüdischen Auslöser gesucht wurde. Martin Luthers Antisemitismus war so heftig und einflußreich, daß ihm eigentlich ein Platz im Pantheon der Antisemiten gebühren würde. Die Kirche, die Luther bekämpfte, ließ sich davon allerdings nicht beeindrucken und denunzierte ihn und seine Anhänger dennoch als Häretiker und – Juden.[12] Die Logik der Phantasievorstellungen, die die Europäer über die Juden hegten, führt Jeremy Cohen zu der Schlußfolgerung:»Es war beinahe unvermeidlich, daß den Juden die Schuld an der Pest gegeben wurde und viele ihrer Gemeinden in Deutschland vollständig und für alle Zeit ausgelöscht wurden.«[13] Mit Angriffen und Vertreibungen mußten Juden

75

in der mittelalterlichen Gesellschaft stets rechnen; Mitte des sechzehnten Jahrhunderts hatten die Christen schließlich die Juden fast vollständig aus Westeuropa gewaltsam verjagt.[14] Das Mittelalter vererbte, so Joshua Trachtenberg, der neuzeitlichen Welt »einen Haß, der so gewaltig und abgrundtief, so intensiv ist, daß er seinesgleichen sucht«.[15] Dennoch ließ man die Juden am Leben; angesichts des gemeinsamen Erbes erkannte die Kirche das Recht der Juden auf Existenz und Ausübung ihrer Religion an, obwohl sie als Strafe für ihre Leugnung Jesu zu einem minderen gesellschaftlich-moralischen Status verdammt waren.[16] Letztlich wollte die Kirche die Juden, die ja zu erlösen waren, nicht umbringen, sondern zur Konversion veranlassen: Dies hätte die Überlegenheit des Christentums bestätigt und entsprach der *Logik* des vorneuzeitlichen christlichen Antisemitismus.

Das Auf und Ab des deutschen Antisemitismus im neunzehnten Jahrhundert war höchst kompliziert: Im Verlauf eines Dreivierteljahrhunderts, während er sich von mittelalterlich-religiöser Judenfeindlichkeit in eine moderne, rassistische Form verwandelte, befand er sich mehr oder weniger im Fluß. Es ist eine Geschichte von Kontinuität und Wandel *par excellence*. Während der kognitive Gehalt des Antisemitismus im Sinne einer »Modernisierung« neue Formen annahm, um sich der veränderten gesellschaftlichen und politischen Landschaft Deutschlands anzupassen, bewies das kulturell-kognitive Modell für die Wahrnehmung der Juden eine bemerkenswerte Beständigkeit in seinen kulturellen und ideologischen Äußerungen. Das kulturelle Modell bewahrte, nein, war selbst ein bleibender Ausdruck jener von Gefühlen bestimmten Haltung, die die überwiegende Mehrheit der Deutschen gegenüber den Juden einnahm und die sich auf den mittelalterlichen Geist stützte, der der Vorstellung der Deutschen zugrunde lag, wie Juden seien und wie man sich ihnen gegenüber zu verhalten habe. In »funktionalen« Begriffen könnte man den sich verändernden manifesten Inhalt des Antisemitismus in etwa als Gehilfen des vorherrschenden antijüdischen Geistes begreifen, der dazu diente, den Menschen in der modernen Welt, die sich stets wandelte und in der die bestehenden Muster gesellschaftlichen Daseins und kultureller Vorstellungen vielfach in Frage gestellt wurden, ein gewisses Maß an Kohärenz zu verschaffen. Jahrhundertelang hatte der Antisemitismus den Zusammenhang und das Selbstwertgefühl der christlichen Welt gewährleistet. Als im Deutschland des neunzehnten Jahrhunderts viele der alten Gewißheiten zerbrachen, nahm die Bedeutung des Antisemitismus als Modell zur Sicherung kultureller Kohärenz und schließlich auch als politische Ideologie sprunghaft zu.[17]

In Sprache und Wahrnehmungsform machte das Bild der Juden ebenso wie die zentrale Metapher, auf der es aufbaute, bereits zu Beginn des neunzehnten Jahrhunderts einen Wandel durch. Das zeigt sich, wenn man die Charakterisierung der Juden in zwei folgenreichen und einflußreichen antisemitischen Werken vergleicht: Johann Andreas Eisenmengers *Entdecktes Judentum,* das Anfang des achtzehnten Jahrhunderts erschien, und Jakob Friedrich Fries' *Über die Gefährdung des Wohlstandes und des Charakters der Deutschen durch die Juden* von 1816. Eisenmenger, der vor der Aufklärung schrieb, sah in den Juden immer noch Häretiker im traditionellen theologischen Sinne; ihr Verrat bestand in ihrer religiösen Haltung, und ihr Wesen ergab sich aus den zerstörerischen Auswirkungen ihrer Religion. Fries, der ein Jahrhundert später schrieb, verfügte bereits über das Vokabular des modernen Antisemitismus, der die religiös geprägten Auffassungen über die Juden durch eine gesellschaftlich und politisch bestimmte Betrachtungsweise ersetzt hatte und den minderwertigen sittlichen Charakter der Juden betonte. In Fries' Augen waren die Juden eine Gruppe grundsätzlich amoralischer »Asozialer«, darauf aus, die gesellschaftliche Ordnung zu untergraben und den Deutschen die Kontrolle über Deutschland zu entreißen. Er begriff die Juden nicht als religiöse Gruppe – obwohl er diese Dimension ihrer Identität anerkannte –, sondern in erster Linie als Nation und politische Gemeinschaft.[18]

Die deutsche Diskussion über die Juden beschäftigte sich im neunzehnten Jahrhundert bis in die siebziger Jahre hinein hauptsächlich, wenn auch ohne expliziten Plan, damit, zu einer allgemeinen Formulierung der jüdischen Identität zu kommen. Die religiöse Definition der Juden verlor mehr und mehr an Gewicht, obwohl sie weiterhin auf eine gewisse Resonanz und Sympathie in der Bevölkerung traf. Die Meinung, daß die Juden eine »Nation« oder eine politische Gemeinschaft darstellten, tauchte in der antisemitischen Literatur immer wieder auf, und die Definition, die sich schließlich nach einem verwirrenden Streit um Begriffe in der zweiten Jahrhunderthälfte durchsetzen sollte, daß nämlich Juden eine »Rasse« seien, war bereits in der ersten Hälfte des neunzehnten Jahrhunderts vertreten worden.[19] Welche Vorstellungen die Deutschen von den Juden entwickelten, war nicht unerheblich, weil die jeweiligen Begriffsbildungen unterschiedliche Konsequenzen für den Umgang mit Juden hatten. Obwohl die definitorischen und polemischen Auseinandersetzungen offenbarten, daß es keinen Konsens über das, was die Juden zu Juden machte, gab, machten sie doch eine grundlegende Übereinstimmung deutlich: Die Juden schadeten der deutschen Gesellschaft. Das war unumstritten, fraglich war nur, weshalb sie so handelten.[20] Nahezu alle, die sich an der Debatte über die Juden und den ihnen zukommenden Platz in der deutschen Gesellschaft beteiligten, stimmten darin überein, daß Judentum und Deutschtum unvereinbar seien. Das galt selbst für jene, die die Emanzipation der Juden und ihr Recht, sich in Deutschland niederzulassen, verteidigten. Das Jüdische galt als schädlich und verderblich, wenn nicht gar als lebensbedrohend für alles Deutsche.[21] Selbst ein liberaler »Freund« der Juden meinte: »Es erscheint der Jude nach wie vor als Zerrbild, als Schatten und Nachtseite der menschlichen Natur.«[22]

Das kulturelle Modell »des Juden« setzte sich aus drei Vorstellungen zusammen: Der Jude war erstens anders als der Deutsche, er stand zweitens in unversöhnlichem Gegensatz zum Deutschen, und er war drittens nicht einfach anders, sondern bösartig und zersetzend. Ganz gleich, ob die Juden nun eine Religionsgemeinschaft, eine Nation, eine politische Gruppe oder eine Rasse waren: Der Jude galt in Deutschland immer als Fremdkörper.[23] Diese Konzeption war von so zentraler Bedeutung und so machtvoll, daß die Antisemiten schließlich für alles, was in der Gesellschaft nicht stimmte, ob es nun gesellschaftliche Strukturen, politische Bewegungen oder wirtschaftliche Schwierigkeiten betraf, die Juden verantwortlich machten – bis sich die Ansicht durchgesetzt hatte, daß alle gesellschaftlichen Funktionsmängel auf die Juden zurückzuführen seien. So war »der Jude« schließlich die Verkörperung, das Symbol allen Übels. Und auch das noch sah man als sein willentliches Verhalten.[24] Dabei muß betont werden, daß wir hier nicht Ansichten vorpreschender antisemitischer Polemiker wiedergeben, sondern Auffassungen, die in der gesamten deutschen Gesellschaft vorherrschten.

Angesichts des allgegenwärtigen und tiefsitzenden Hasses auf die ghettoisierten Juden, der das mittelalterliche und frühneuzeitliche Deutschland prägte, war eine Neudefinition der jüdischen Gefahr eine beinahe natürliche Reaktion auf Vorschläge zur Emanzipation der Juden, die Ende des achtzehnten Jahrhunderts aufkamen. Es war ebenso eine Antwort auf die stufenweise fortschreitenden Emanzipationsmaßnahmen des neunzehnten Jahrhunderts und die Diskussion darüber – die die ganze Gesellschaft beschäftigte –, ob es richtig sei, den Juden überhaupt bürgerliche Rechte zuzugestehen und sie sogar noch zu erweitern. Als der Status quo bedroht und letztlich untergraben wurde, sammelten die Gegner einer »bürgerlichen Verbesserung« der Juden all ihre Energien, Intelligenz und beträchtlichen polemischen Talente, um ihre Landsleute dazu zu veranlassen, der Flut der angeblichen jüdischen Infiltration, die die Vertäuungen der sozialen und kulturellen Identitäten der Deutschen zu zerreißen drohte, einen Damm entgegenzusetzen. Das gesellschaftliche »Gespräch« wurde immer emotionaler und spitzte sich mehr und mehr auf die Definition, den Charakter und die Bewertung der Juden zu. Dabei wurden sie stets zu den Deutschen in Beziehung gesetzt, die, wie dieses »Gespräch« selbstverständlich voraussetzte, nicht nur anders als Juden waren, sondern im Grunde nicht mit ihnen zusammenpaßten.[25] Keine Minderheitengruppe könnte, in eine solche Situation gebracht, gut abschneiden; wo allein schon die ins »Gespräch« gebrachten Begriffe nahelegen, daß sie die Gruppe ist, die sich am meisten von der ansonsten homogenen Mehrheit der Gesellschaftsmitglieder unterscheidet und gegen die darum so viele Gefühle und Leidenschaften gerichtet sind. Die Juden waren in dieser Auseinandersetzung besonders schlecht dran, weil das kulturelle Modell der Juden, überliefert aus der christlichen Verfassung des mittelalterlichen Deutschland, der gesamten Debatte zugrunde lag. Am Leben gehalten wurde diese Diskussion vor allem durch die politische Mobilisierung antisemitischer Stimmungen in den ständigen parlamentarischen Auseinandersetzungen – von den ersten Emanzipationsedikten in deutschen Ländern im Jahre 1807[26] bis zur Durchsetzung der vollen bürgerlichen Rechtsgleichheit in den Jahren 1869 bis 1871 –, in denen immer wieder über die bürgerliche Stellung der Juden gestritten wurde. Ob in Berlin, Baden, Frankfurt oder Bayern, überall waren die Versuche, den Juden den Status deutscher Untertanen oder Staatsbürger zu verleihen, von erbitterten politischen Kämpfen begleitet.[27] Dabei ging es natürlich nicht nur um die Juden, sondern ebenso um die deutsche Identität, den Charakter der deutschen Nation und um die politische Form, in der dieser seinen Ausdruck finden sollte. Antisemitismus und Nationalismus sollten – bis nach dem Zweiten Weltkrieg – in Deutschland untrennbar miteinander verknüpft bleiben.[28]

Der Streit über die Akzeptanz der Juden als Deutsche sorgte dafür, daß das häßliche Bild »des Juden«, ein Axiom der deutschen Kultur, weiter verfeinert wurde und einen immer politischeren Charakter bekam. Es kann gar keinen Zweifel daran geben, daß die konservativen und völkischen Nationalisten in Deutschland, die die große Mehrheit der Bevölkerung stellten, von Beginn des neunzehnten Jahrhunderts an durch und durch antisemitisch waren. Die Literatur dieser Zeit liefert dafür überwältigende Belege.[29] Der schlagendste Beweis für die Allgegenwart des Antisemitismus ist, daß er selbst unter den »Freunden« der Juden, unter den »Liberalen«, »Philosemiten«, in den »fortschrittlichsten« Schichten der deutschen Gesellschaft vertreten ist. Auch das einflußreichste Buch, das die Emanzipation der Juden forderte und ganz allgemein zugunsten der Juden in Deutschland geschrieben wurde, Christian Wilhelm von Dohms *Über die bürgerliche Verbesserung der Juden,* veröffentlicht 1781,[30] ging von der Notwendigkeit aus, daß das Judentum sich nicht nur politisch, sondern auch moralisch erneuern müsse. Für Dohm war die Emanzipation ein Geschäft auf Gegenseitigkeit: Die Juden sollten die politischen Gleichheitsrechte dann erhalten, wenn sie im Gegenzug ihre Lebensart grundsätzlich änderten und insbesondere ihre moralischen Ansichten und hinterhältigen Geschäftspraktiken aufgaben. Befreit vom Gespinst ihrer gesellschaftlichen und rechtlichen Isolation, so glaubte er, würden sie unter freiheitlichen Bedingungen diesen Handel sicher akzeptieren:»Wenn ihn die Drückung, in der er Jahrhunderte gelebt, sittlich verderbter gemacht hat; so wird eine gerechtere Behandlung ihn wieder bessern.«[31]

Dohm, der beste»Freund« der Juden, stimmt also mit deren schlimmsten Feinden darin überein, daß sie moralisch korrumpiert, *als Juden* ungeeignet für die Staatsbürgerschaft, für einen Platz in der Mitte der deutschen Gesellschaft seien. Er unterschied sich jedoch von kompromißlosen Antisemiten, indem er das Potential der *Bildung* zu ihrer umfassenden»Verbesserung« einsetzen wollte, die Juden also für erziehbar hielt. Er konnte dies glauben, weil sein Verständnis der vermeintlichen jüdischen Bösartigkeit ein gleichsam»ökologisches« war; wollte man die»Judenfrage lösen«, mußte man daher die Umweltbedingungen verändern.

Dohms selbstentwickelte, von guten Absichten geleitete Verteidigung der Juden –»Der Jude[32] ist noch mehr Mensch als Jude« – verriet, daß er das kognitive Modell seiner Kultur durchaus teilte: Das »Jüdische« stand im Gegensatz zu den erwünschten, den»menschlichen« Eigenschaften; um sich Lob zu verdienen, mußte ein Jude das, was an ihm»jüdisch« war, verleugnen. Die Vorstellung von der notwendigen »Verbesserung« der Juden wurde seit Dohm zum festen Bestandteil des liberalen Denkens, ja sie ging sogar in die Sprache der Emanzipationsedikte ein. So enthielt das badische Edikt von 1809 beispielsweise folgende ominöse Formulierung über das Volk, dem »Gleichheit« gewährt werden sollte:»Diese Rechtsgleichheit kann jedoch nur alsdann in ihre volle Wirkung treten, wenn sie [die Juden] in politischer und sittlicher Bildung ihnen gleichzukommen allgemein bemüht sind; damit Wir nun dieses Bestrebens sicher werden, und inzwischen ihre Rechtlosigkeit nicht zum Nachteil der übrigen Staatsbürger gereiche; so setzen und ordnen Wir in dieser Hinsicht folgendes ...«[33]

Die Juden mußten also zunächst eine Probezeit absolvieren, und dies nicht nur in Baden und nicht nur wegen der Forderungen ihrer Feinde, sondern überall in Deutschland gemäß den Bedingungen, die sich aus dem Konzept ergaben, das ihre entschiedensten Befürworter von ihnen und ihrer möglichen Eingliederung entworfen hatten.[34] Es

80

war eine Bewährungsfrist, die, selbst in den Augen ihrer Freunde, niemals enden würde, und sie würden unvermeidlich scheitern, solange sie sich nicht völlig von allem »Jüdischen« trennten.

Das Bild, das die »Liberalen«, diese »Freunde« der Juden vom »Jüdischen« hatten, stimmte in wesentlichen Zügen mit dem der Antisemiten überein. Sie traten für die Emanzipation und schließlich für die volle bürgerliche Gleichberechtigung der Juden ein, und dennoch glaubten sie, daß die Juden anders als die Deutschen, daß sie deren Gegner seien und ihnen schadeten, also ein fremdartiges Element, das zu verschwinden habe. Sie unterschieden sich von den Antisemiten, die sich ausdrücklich als solche bezeichneten, durch die Annahme, daß die Ursache der jüdischen Andersartigkeit korrigierbar sei. Eine »Verbesserung« der Juden sei möglich, wenn sie, die Liberalen, die emanzipierten Juden dafür gewinnen könnten, sich in Aussicht auf eine volle Integration in die deutsche Gesellschaft von ihrem Judentum loszusagen, sich von ihren Ursprüngen und ihrer Identität abzuwenden, um wahre Deutsche zu werden. Dazu schreibt David Sorkin: »Den Auseinandersetzungen um die Emanzipation lag das Bild eines korrupten und minderwertigen jüdischen Volkes zugrunde. Wegen dieses Bildes wurde die Emanzipation mit der Vorstellung einer moralischen Erneuerung der Juden verknüpft. Die Emanzipationsdebatte drehte sich vor allem um die Frage, ob diese Erneuerung möglich wäre, wer die Verantwortung dafür zu tragen hätte und unter welchen Bedingungen sie stattfinden sollte.«[35] Was die liberalen Befürworter der Judenemanzipation und ihre Gegner wirklich trennte, das war die rationalistische Gesellschaftstheorie der Aufklärung, die die »Freunde« der Juden überzeugte, daß jene erzogen, verbessert, erneuert werden und so zu moralischen menschlichen Wesen werden konnten. Außerdem vertraten sie verschiedene Auffassungen über das Ausmaß der den Juden unterstellten Bösartigkeit. Die Liberalen fürchteten weniger, daß Deutschland von den Juden zersetzt werden würde, und ihre emotionale Abneigung gegenüber den Juden ging weniger tief. Daher war für sie eine Übergangsperiode denkbar, in der die Juden allmählich ihre jüdischen Eigenschaften aufgaben. Die Liberalen waren, wie auch immer sie sich selbst einschätzen mochten, antisemitische Wölfe im Schafspelz. Ende des Jahrhunderts sollten sie mehr oder weniger alle ihre schlechtsitzenden Masken fallen lassen und enthüllen, daß sie sich von ihren einstmaligen Gegnern, den konservativen, unverfrorenen Antisemiten, nicht wesentlich unterschieden.[36]

In der ersten Hälfte des neunzehnten Jahrhunderts jedoch verteidigten sie die Juden, wenn auch auf einer etwas zweifelhaften Grundlage. Da ihre Konzeption des jüdischen Charakters in wesentlichen

Punkten der antisemitischen glich,[37] bekam ihr Eintreten für die Rechte der Juden einen arglistigen Zug: »Wir werden euch verteidigen, solange ihr nicht ihr selbst seid«, so könnte man ihre Botschaft oft zusammenfassen. Ihre jüdischen Eigenschaften aber konnten die Juden nur loswerden, wenn sie sich von ihrem Judentum lossagten, denn selbst für säkular orientierte Deutsche wurzelte alles negative »Jüdische« in den Lehren der jüdischen Religion, die in deutsch-christlichen Augen der Liebe und Menschlichkeit entbehrte. Die Juden mußten also »aufhören, Juden zu sein«, und sich einer »Vernunft-religion« anschließen. Man würde sie in die deutsche Nation aufnehmen, wenn sie nach christlichen Maßstäben lebten, den »christlichen Tugenden« gemäß handelten, ihre »eingebildete und eigensüchtige Vorstellung von Gott« widerriefen.[38]

Am Ende des neunzehnten Jahrhunderts ließen die Liberalen, bis dahin die besten Freunde der Juden, diese im Stich. Die liberale Gesellschaftstheorie – die ein vorausschauender Kirchenmann 1831 dahingehend zusammengefaßt hatte, daß man »erst gerecht gegen die Juden sein wollte, wenn es keine mehr gibt«[39] – hatte sich als falsch erwiesen.[40] Sie aber hatte die Liberalen von den Antisemiten getrennt und sie veranlaßt, die Zukunft der Juden anders zu betrachten als die meisten Deutschen, mit denen sie allerdings die kulturell vermittelte Vorstellung teilten, daß Juden Fremde und für die Existenz der Deutschen gefährlich seien. Die Liberalen hatten die Juden für Vernunft-wesen gehalten, die, einmal befreit von den Einschränkungen ihres Milieus, insbesondere von gesellschaftlichen und rechtlichen Restriktionen, auch die zweite Quelle, die ihrer gesellschaftlichen Eingliederung angeblich im Wege stand, aufgeben würden – die jüdische Religion. Dazu sagt Uriel Tal, ein Historiker, der sich intensiv mit den christlich-jüdischen Beziehungen in Deutschland befaßt hat: »Das Beharren der deutschen Juden auf der Bewahrung ihrer Identität verstieß gegen liberale Auffassungen von materiellem Fortschritt, geistiger Aufklärung und den Zielen der nationalen Bestimmung; die Liberalen begannen daher, die Juden als typische Partikularisten zu betrachten, als hauptsächliches Hindernis auf dem Wege zur nationalen und geistigen Einheit.«[41] Die Juden, die nun sonst in jeder Weise den Ansprüchen der Modernität genügten, enttäuschten die Liberalen, indem sie nicht so auf ihre veränderten Umstände reagierten, wie es die »Erlösung« versprechende liberale Gesellschaftstheorie vorausgesagt hatte. Zurückgeworfen auf das kulturelle Modell von der Andersartigkeit der Juden und ihres Optimismus beraubt, verfielen die Liberalen nun mehr und mehr der einzigen sie noch überzeugenden Erklärung: Die Juden waren eine Rasse.[42] Nur darin konnte die Ursache für die Bösartigkeit der Juden, die nun als unabänderlich verstanden wurde, liegen. Aus »Philosemiten« mit »wohlwollenden« eliminatorischen Absichten wurden Antisemiten, die zu weniger wohlwollenden eliminatorischen »Lösungen« neigten. Das wichtigste jedoch war die gewandelte Auffassung vom *Ursprung* der vermuteten jüdischen Eigenschaften.

Wenn die schmale geistige und politische Elite in Deutschland, die die »positivsten« Einstellungen gegenüber den Juden hegte, zutreffend als philosemitische Antisemiten bezeichnet werden kann – und philosemitisch war diese Elite nur, solange sie an ihre »Erlösung« verheißende Gesellschaftstheorie glaubte –, wenn also selbst die besten Freunde der Juden diese für Fremdkörper in der deutschen Gesellschaft hielten, dann ist dies allein schon ein schlagender Beweis für die Existenz eines antisemitischen kulturell-kognitiven Modells in Deutschland. Und es ist kaum der einzige Beleg dafür, daß die deutsche Gesellschaft in der ersten wie in der zweiten Hälfte des neunzehnten Jahrhunderts durch und durch antisemitisch war.

Der Kreis der Institutionen und Gruppen, die dem Antisemitismus anhingen und diesen auch verbreiteten, umschloß im neunzehnten Jahrhundert nahezu jeden Bereich der Gesellschaft. Die große Mehrheit der unteren Klassen in Stadt und Land hielt am kulturell-kognitiven Modell von den Juden fest. Eine höchst optimistische Gefühlsäußerung über die Möglichkeiten des deutschen Volkes in der fortschrittlich-demokratischen *Mannheimer Abendzeitung* aus dem Jahre 1845 berührt durch ihre Naivität. Die gegenwärtige »Stimme des Volkes«, so die Zeitung, sei nicht dessen wahre Stimme; denn wären sie aufgeklärt, würden die Menschen ihrem tiefsitzenden Judenhaß und ihrer Ansicht, daß die Juden an jedem Übel schuld seien, abschwören. Sieht man vom Optimismus dieser Aussage einmal ab, dann gibt diese Einschätzung Aufschluß über die damalige kulturelle Haltung gegenüber den Juden. Auch der Regierungspräsident von Niederbayern meinte 1849, daß die Antipathie gegen die Gleichberechtigung der »Israeliten« weit verbreitet sei. In großen wie in kleinen Städten zählten antisemitische Predigten und Agitation zu alltäglichen gesellschaftlichen Vorkommnissen.

Von den Burschenschaften an den Universitäten (den Brutstätten der deutschen Elite, der Akademiker und Beamten) bis hin zu ihren Pendants in der Welt der Erwachsenen, den patriotischen Gesellschaften, den Wirtschaftsverbänden der kleinen Kaufleute und Handwerker, den Stammtischen in Kneipen und Gasthäusern – überall gehörte der Antisemitismus zum Bezugsrahmen der sozialen Wahrnehmung und Diskussion, ja mehr noch: Überall wurde er aktiv verkündet und verbreitet. Diese Propaganda stand durchaus in Einklang mit jenen judenfeindlichen Schmähreden, die besonders auf dem Lande von den Kanzeln herabdonnerten. Sie war so bösartig, daß sich um die Jahrhundertmitte Behörden und natürlich auch jüdische Gruppierungen überall in Deutschland, ob in Preußen, im Rheinland oder in Bayern, wegen dieser Hetze beunruhigt zeigten. Gewählte Staatsbeamte bis hinauf zu den Bürgermeistern bemühten sich darum, die antisemitische Agitation auf den Bereich der Diskussion zu beschränken, um die öffentliche Ordnung aufrechterhalten zu können. Dies hinderte viele von ihnen allerdings keineswegs daran, selbst gegen die Juden zu agitieren. Auf dem Lande hielten Handwerker und Mitglieder christlicher Vereinigungen den Antisemitismus lebendig.[43]

Was sollten normale Deutsche da denken? Sie waren groß geworden in einer antisemitischen Kultur, die sich immer noch stark auf das christliche Bild vom Juden stützte und die nun mit einer Schicht neuer Anschuldigungen überzogen wurde: daß sich die Juden mit den Franzosen identifizierten, deren Besatzungspolitik in Deutschland in einigen Gegenden direkt, in anderen indirekt zur Judenemanzipation geführt hatte;[44] daß sie gegen die nationalen Interessen Deutschlands arbeiteten und die gesellschaftliche Ordnung zersetzten; daß sie die Erschütterungen verursachten, die den Wandel von Wirtschaft und Gesellschaft begleiteten – um nur einige der zahlreichen Vorwürfe zu nennen. Alle gesellschaftlichen Institutionen verkündeten die antisemitische Litanei. Die Kirchen, immer noch Autorität und Leitbild, verstärkten die Feindseligkeit gegen die Juden.[45] Akademikervereinigungen und Wirtschaftsverbände waren antisemitisch geprägt.[46] Die Treffpunkte am Feierabend, die Stätten der moralischen und politischen Diskussion wie Klubs, Vereine und Gasthäuser wirkten wie Treibhäuser für antisemitische Reden und Gefühle.[47] Und wer setzte sich angesichts dieses überwältigenden verbalen Trommelfeuers für die Juden ein? Einige liberale Zeitungen. Aber auch sie, die für die Gewährung der Rechtsgleichheit eintraten, paßten sich häufig den antisemitischen Stimmungen an, die den Kern der kulturellen Aversion ausmachten. Wie also sollten die Deutschen, die in ihrer großen Mehrheit keinen näheren Kontakt zu Juden hatten, eine andere Vorstellung von Juden entwickeln können? Zumal die gebildeten Deutschen, die geistige und kulturelle Elite, was die Juden anging, ebensowenig aufgeklärt waren wie die »ungebildeten« Massen.[48] Der Druck auf jene Juden, die kulturell Bedeutung erlangt hatten, sich von ihrem Judentum loszusagen, ein Druck, der aus dem weiteren deutschen Umfeld kam, war so erheblich, daß Mitte des neunzehnten Jahrhunderts schätzungsweise zwei Drittel der im kulturellen Leben namhaften Juden zum Christentum konvertiert waren.[49] Die soziale und berufliche Akzeptanz durch ihre Kollegen und das »aufgeklärte« Publikum schien vielen unerreichbar, solange sie Juden blieben, ein Indiz dafür, wie wenig gastfreundlich Deutschland selbst zu den kultiviertesten und respektiertesten,»deutschesten« Juden war.

Dieser kurze Überblick konzentrierte sich auf den Zustand der deutschen Gesellschaft in der ersten Hälfte des neunzehnten Jahrhunderts. Verglichen mit dem Aufschwung, den der Antisemitismus in den letzten beiden Jahrzehnten des Jahrhunderts nahm, war er in dieser frühen Phase nur wie ein auf kleiner Flamme köchelnder Haß, eine kulturelle Norm, die gleichsam routinemäßig zum gesellschaftlichen Ausdruck kam, aber sich noch nicht in jene organisierte politische Kraft verwandelt hatte, die er einmal werden sollte. In den beiden Jahrzehnten, die der Revolution von 1848 folgten, waren die antisemitischen Ausbrüche sogar weniger geworden, und der Antisemitismus hatte im öffentlichen Leben an Boden verloren. Daß er in den siebziger Jahren dann so verheerend hervorbrach, überraschte viele, auch viele Juden.[50]

Zu der facettenreichen sozialen und politischen Geschichte des deutschen Antisemitismus im neunzehnten Jahrhundert gehören auch die zahlreichen Petitionskampagnen, die sich gegen die rechtliche Emanzipation der Juden richteten. Am 14. Dezember 1849 verabschiedete beispielsweise die Zweite Kammer des Bayerischen Landtags ein Gesetz, das den Juden die volle Gleichberechtigung gewährte. Die bayerische Presse und Öffentlichkeit reagierten mit heftigem Widerstand, eine»spontane, aufrichtige« Petitionskampagne mit breitem Rückhalt in der Bevölkerung entwickelte sich. Dank»einer bemerkenswerten politischen Meisterleistung« kamen trotz eines rauhen Winters in nur drei Monaten Eingaben aus über 1 700 bayerischen Gemeinden zusammen – das entspricht ungefähr einem Viertel der bayerischen Gemeinden –, nach vorsichtigen Schätzungen unterschrieben zehn bis zwanzig Prozent aller erwachsenen männlichen Bürger Bayerns.[51] Eine volkstümliche Bewegung für die Judenemanzipation dagegen gab es nicht. Eingaben für das Emanzipationsgesetz trafen lediglich aus drei Gemeinden ein, zwei davon hatten einen erheblichen jüdischen Bevölkerungsanteil.[52] James Harris gelangt daher zu dem Schluß, daß in einer bestimmten bayerischen Region die Gegner der Emanzipation deren Befürworter um das Fünf- bis Sechsfache übertrafen.[53] Dieser Ausfluß antijüdischer Stimmungen, die sich an der Auffassung entzündeten, daß Juden nicht als gefährliche Fremde, sondern als Deutsche behandelt werden sollten, trat zu einem Zeitpunkt auf, als der Antisemitismus insgesamt, vor allem im Vergleich zu späteren Phasen, eigentlich nur schwach zum Ausdruck kam. Harris zufolge verdeutlichen diese Eingaben, daß »viele christliche Bayern die Juden fürchteten. Sie mochten die jüdische Religion nicht, respektierten zwar die Begabungen und Erfolge der Juden und hielten sie dennoch für unveränderlich andersartig.« Im Einklang mit den antisemitischen Beschuldigungen, die in der deutschen Kultur jener Zeit als selbstverständlich galten, wird in vielen Petitionen behauptet, die Juden seien räuberisch, gerade wegen ihrer Talente eine Bedrohung für das Wohlergehen der Deutschen und würden sich niemals assimilieren. Viele Eingaben betonten die unabänderliche Fremdheit der Juden und bedienten sich der stets wiederkehrenden Phrase »Juden bleiben Juden«. Indem sie immer wieder unterstellten, daß jedes Gesetz, das den Juden nütze, den Christen notwendigerweise schade, brachten die Petitionen das manichäische Modell zum Ausdruck, das dem Denken der Deutschen über die Juden zugrunde lag.[54] Die Verfasser schreckten auch nicht davor zurück, die entsetzlichen Folgen auszumalen, die zu erwarten seien, wenn der schlimme jüdische Einfluß erst einmal entfesselt sei.

Glaubt man Harris, dann waren es nur wenige Eingaben, die »lediglich Zweifel hinsichtlich der positiven Auswirkungen der Judenemanzipation« hegten:

»Die meisten aber trafen entschieden pessimistische Voraussagen. Die Zustände seien bereits schlimm, hieß es in einer Petition aus Schwaben, sollte es aber zur Emanzipation kommen, würden sie noch schlimmer werden. Einige Eingaben behaupteten übereinstimmend: Sollten die Juden gleichgestellt werden, so würde Bayern den Juden zu Diensten sein; die emanzipierten Juden würden ›uns an der Gurgel packen‹; ihre Emanzipation würde uns zu Sklaven machen; nach der Emanzipation werde dieses ›gerissene‹ Volk alle Ämter und schließlich die Vorherrschaft übernehmen. Und das, so hieß es in einigen Petitionen, sei keine Angelegenheit der Zukunft. Die Bayern müßten bereits jetzt eher den Juden gleichgestellt werden als die Juden den Christen. Daß Christen durch Juden kontrolliert und beherrscht würden, und zwar im allgemeinen und nicht nur auf wirtschaftlichem Gebiet, war ein immer wiederkehrendes Motiv in den Eingaben.«[55]

Und eine erklärte das Emanzipationsgesetz insgesamt zur politischen Torheit, denn den Juden volle Gleichstellung zu gewähren, bedeute, den Fuchs zum Aufseher im Hühnerhof zu machen.[56]

Dreißig Jahre später hielten die Deutschen auch außerhalb Bayerns diese Volksbewegung für weitsichtig und politisch klug. 1880 kam es zu einer reichsweiten Kampagne mit dem Ziel, Juden ihre bürgerlichen Rechte wieder abzuerkennen; 265 000 Unterschriften wurden gesammelt, der Reichstag debattierte zwei Tage lang. Bemerkenswerterweise stammten die Unterschriften diesmal meist nicht von Angehörigen der »ungebildeten« unteren Klassen, sondern von Grundbesitzern, Priestern, Lehrern und Beamten.[57]

86

Angesichts der Tatsache, daß »Wissen« eine soziale Konstruktion ist, ist es gar nicht so erstaunlich, daß die Deutschen grundsätzlich antisemitisch empfanden. Verblüffend ist vielmehr, daß die Juden einen so zentralen Platz im Denken und Fühlen der Deutschen einnahmen. Der wohl auffallendste Zug an der deutschen Debatte um die Stellung der Juden ist die Besessenheit, mit der dieses Thema aufgegriffen wurde; wortgewaltig und leidenschaftlich wurde darum gerungen. Der Antisemitismus verschaffte sich geradezu explosionsartigen Ausdruck, und doch machten die Juden nur ungefähr ein Prozent der deutschen Bevölkerung aus. In vielen Gegenden Deutschlands lebten überhaupt keine Juden.[58] Warum also diese Aufregung?

Ludwig Börne, der, obwohl getauft, sich selbst immer noch als Juden sah und auch von anderen weiterhin als solcher betrachtet wurde, meinte dazu in einem Brief von 1859: »Es ist wie ein Wunder! Tausendmale habe ich es erfahren, und doch bleibt es mir ewig neu. Die Einen werfen mir vor, daß ich ein Jude sey, die Andern verzeihen mir es; der Dritte lobt mich gar darfür; aber Alle denken daran. Sie sind wie gebannt in diesem magischen Judenkreise, es kann keiner hinaus.«[59]

Niemand konnte sich dem magischen Bann entziehen. Börnes Unfähigkeit, diese Besessenheit angemessen zu erklären, verstärkte noch die Verwunderung, wenn er über diese deutsche Obsession nachdachte. Börnes Zeugnis spiegelt keine außergewöhnlichen Erfahrungen wider; die Diskussion über die Juden war allgegenwärtig, nicht nur in Börnes Umfeld, sondern in ganz Deutschland. Das gesamte neunzehnte Jahrhundert hindurch versuchten Gruppierungen, mit großem Rückhalt im Volk, die Fortschritte, die Juden während der Emanzipation und danach erreicht hatten, rückgängig zu machen. In anderen westlichen Ländern lassen sich ähnliche Bemühungen nicht beobachten, was nachdrücklich auf den einzigartigen Charakter und die tiefe kulturelle Verwurzelung des deutschen Antisemitismus hinweist. Die »Judenfrage« stand im Mittelpunkt des Interesses; dies galt vor allem für deutsche Theologen und Politiker, die die Bedeutung der Juden zu so phantastischem Ausmaß steigerten, daß man im Rheinland in einem Flugblatt lesen konnte, »die Welt überhaupt« werde »von dieser Frage« angerührt – gemeint war die Emanzipation.[60]

Die Juden repräsentierten für die Deutschen eine Art Riß im deutschen kulturellen Gewebe – und sie bildeten tatsächlich einen, weil die Deutschen sie entsprechend begriffen und behandelten –, einen Riß, an dem alle kulturellen Tabus zerbrachen, wenn die Deutschen sich über die Juden erregten. Der Ruf nach Vernichtung der Juden, der im neunzehnten Jahrhundert immer wieder laut wurde und auf den wir später noch eingehen, ist dafür ein offensichtliches, doch oft vernachlässigtes Beispiel. Juden wurden außerdem mit Prostitution, mit allen möglichen Formen sexueller Perversion und insbesondere mit der Schändung unschuldiger deutscher Jungfrauen in Verbindung gebracht.[61] Ritualmordbeschuldigungen, die jahrhundertealte antisemitische Horrorgeschichte, und damit zusammenhängende Prozesse verfolgten die jüdische Gemeinschaft; in Deutschland und im Habsburgerreich fanden zwischen 1867 und 1914 allein zwölf Ritualmordprozesse statt.[62] Selbst liberale Blätter berichteten über Gerüchte und Anschuldigungen, die Juden betrafen, auch über Ritualmordvorwürfe, als handele es sich um bewiesene Tatsachen.[63]

Ebenso aussagekräftig wie der Inhalt der antisemitischen Hetze war die Menge an Tinte und Druckerschwärze, die der »Judenfrage« gewidmet wurde. Eleonore Sterling, eine der bedeutendsten Forscherinnen zum deutschen Antisemitismus in der ersten Hälfte des neunzehnten Jahrhunderts, schreibt:»In unzähligen Flugschriften, Plakaten, Zeitungsartikeln wird diese Lehre des Hasses unter dem Volk verbreitet. Auf den Straßen und in Wirtshäusern halten ›Rädelsführer‹ gehässige Reden und verbreiten hetzerische Petitionen unter der Bevölkerung … Die Hetze wird weiter betrieben, und zwar nicht etwa nur von Straßen- und Wirtshausrednern, sondern selbst von den Vornehmsten und denen, die sich die ›Christlichsten‹ dünken.«[64]

Das antisemitische Trommelfeuer verdichtete sich im letzten Drittel des Jahrhunderts, als die»Judenfrage« zum herausragenden politischen und publizistischen Thema wurde. Einer Schätzung zufolge beschäftigten sich in diesem Zeitraum 1200 Publikationen, meist offen antisemitischer Provenienz, mit der»Judenfrage«. Die Zahl der Veröffentlichungen, die sich mit dem Verhältnis zwischen Nation und Minderheiten befaßten, übertraf einer anderen Berechnung zufolge sämtliche übrigen»politisch-polemischen Veröffentlichungen«.[65] Wenn man allein den Umfang und den Charakter der mündlichen und schriftlichen Äußerungen zum Maßstab nimmt, dann kommt man unvermeidlich zu dem Schluß, daß die deutsche Gesellschaft glaubte, sich hier mit einer tödlichen Bedrohung ersten Ranges beschäftigen zu müssen – auch wenn es sich objektiv um eine unbedeutende Frage handelte.

So axiomatisch konstant die emotional und kognitiv feindselige Haltung gegen die Juden auch war, der konkrete *Inhalt* des Antisemitismus befand sich in einer kontinuierlichen Entwicklung. Zu jedem einzelnen Zeitpunkt – und erst recht über Jahrzehnte betrachtet – setzte sich das antisemitische Gerede aus einer Vielzahl von Vorstellungen zusammen, die keineswegs alle miteinander harmonierten.

Dennoch lassen sich einige zentrale Tendenzen und Grundzüge herausarbeiten. Dem vorherrschenden Bild nach galten die Juden als böswillig, mächtig und gefährlich. Man sah sie als Parasiten und bestritt, daß sie zum Wohl der Gesellschaft irgend etwas beitrügen. Geradezu besessen beharrte man darauf, daß »die Juden« arbeitsscheu seien und keine produktive Arbeit verrichteten, sich dafür aber ausschließlich auf Kosten ihres Gastvolks ernährten. Doch dies hatte noch eine andere Dimension: Von gewöhnlichen Parasiten, so schädlich sie auch sein mögen, nimmt man an, daß sie nur nehmen, ohne zu geben. Den Juden hingegen wurde nachgesagt, sie unterhöhlten zudem noch willentlich die gesellschaftliche Ordnung, indem sie deren Sitten und Zusammenhalt zerstörten und in ein ansonsten wohlintegriertes Ganzes Unordnung und Mißklang hineintrügen. Sie galten als Störfaktor: Wo immer Juden zu Einfluß gelangten, mache sich Verderben breit.[66]

Und sie waren angeblich organisiert, nicht nur einzelne Keime der Zersetzung, sondern eine koordiniert handelnde Gruppierung, die einem einheitlichen Willen folgte. Die Gefahr, die man von ihnen ausgehen sah, und ihre Fähigkeit, Schaden anzurichten, galten bei den Deutschen als ungeheuer, vor allem, weil man den Juden eine Begabung zur Infiltration des Wirtschaftslebens unterstellte, die sie schließlich zur ökonomischen Vorherrschaft und damit zur Macht bringen würde. Die Folgen wären fürchterlich. In den Worten eines Liberalen des frühen neunzehnten Jahrhunderts, eines »Freundes« der Juden, der sich einer an naturalistischen und organischen Metaphern reichen Sprache bediente, die den Antisemiten aller Richtungen so lieb war, liest sich das so: Die Juden seien wie eine »›schnell wachsende parasitäre Pflanze‹, die sich um den noch gesunden Stamm schlingt, um daraus ihren Lebenssaft zu saugen, bis der Stamm – von innen zerfressen – verfault und zerfällt«.[67]

Daß man über die Juden in derart organischen Begriffen sprach und sie sich als Teile eines einzigen fremdartigen Körpers vorstellte, der sich Deutschland einzuverleiben drohte, machte es den Deutschen leicht, Juden nicht als Einzelpersönlichkeiten wahrzunehmen. Außerdem hielt er viele davon ab, einzelnen Juden zuzugestehen, daß sie den – wie auch immer gerechtfertigten – Erwartungen genügten, die die Deutschen an die volle Akzeptanz und Eingliederung in ihre Gesellschaft knüpften. Je mehr die Deutschen die Juden als gleichsam körperliches Kollektiv betrachteten, desto unwahrscheinlicher war es, daß sie einzelne Juden in den Verband der Deutschen aufnehmen würden, selbst wenn diese zum Christentum konvertierten, um ihre Ergebenheit und Zugehörigkeit zur deutschen Nation unter Beweis zu stellen.

Im weiteren Verlauf des neunzehnten Jahrhunderts ließ sich in dieser antisemitischen Gemengelage eine Reihe von Veränderungen feststellen, die alle miteinander verknüpft waren.[68] Die deutschen Antisemiten bedienten sich in wachsendem Maße der gerade vorgestellten naturalistischen Metaphern. Hatte es zu Anfang des Jahrhunderts noch geheißen, die Juden wollten in das Haus der Deutschen eindringen, so meinte man jetzt, sie hätten es bereits besetzt. Die voremanzipatorische Empfindung:»Haltet sie draußen« wurde zu:»Schmeißt sie raus«.[69] Juden galten jetzt eher als Nation denn als Religionsgemeinschaft,[70] eine Entwicklung, die Hand in Hand ging mit einer gedanklichen Verschmelzung von Deutschtum und Christentum, wobei allein schon der Begriff»deutsch« ein christliches Element beinhaltete.[71]

So kam es zu einer gleichzeitigen, in Wechselbeziehung stehenden Verschmelzung des Judentums mit der neu entstandenen Auffassung von der»jüdischen Nation« einerseits und des Christentums mit dem Deutschtum andererseits. Dies schuf eine schlechthin unüberwindbare soziale Hürde. Aber die Juden hätten sie überwinden müssen, wenn sie als Deutsche anerkannt werden wollten. Und als sei diese kognitive Barriere nicht schon hoch genug, verband sich der deutsche Antisemitismus zum Ausklang des Jahrhunderts mit einem neuen Konzept: dem der Rasse. Rassenzugehörigkeit, also eine unveränderliche Eigenschaft, sollte nun verhindern, daß ein Jude jemals Deutscher werden konnte.[72]

Im Begriff der Rasse fanden die verschiedenen Strömungen des Antisemitismus zusammen, die den Juden in der sich verändernden gesellschaftlichen und politischen Landschaft Deutschlands im neunzehnten Jahrhundert eine bestimmte Stellung zuweisen wollten. Der Rassebegriff kann daher als der ideologische Höhepunkt einer antisemitischen, gegen die Emanzipation gerichteten Argumentationslinie angesehen werden. Die Antisemiten unterliefen die liberale Auffassung, daß die Juden verbesserungsfähig und zu»erlösen« seien, durch die Behauptung, die Juden seien von Natur aus unfähig zur Veränderung. Hatte man zuvor auf *Bildung* vertraut, so gab es nun ein mächtiges Gegenargument. Selbst wenn man einräumte, daß die rationalistischen, humanistischen und universalistischen Positionen der Aufklärung Gültigkeit hätten, so ließen sich diese Prinzipien doch auf die Juden wegen ihrer besonderen Natur nicht anwenden.[73] Soweit die Antisemiten. Bereits vor der Emanzipation waren als Reaktion auf Dohm Ansichten vorgebracht worden, die sich auf einen»angeborenen« Charakter der Juden gründeten.[74] Wer bis dahin von einem besonderen Wesen der Juden ausgegangen war, der begann sich bereits in den vierziger Jahren des neunzehnten Jahrhunderts mit einem Vokabular und einer Begrifflichkeit anzufreunden, in deren Zentrum das Konzept der »Rasse« stand.[75]

Die völkische Ideologie, die als eine Art nationales Ersatz-Bindemittel, als ein armseliges, aber mächtiges Surrogat für eine politische Einheit und Ordnung herhielt, gewann im neunzehnten Jahrhundert wachsenden Einfluß. Mit der »Entdeckung« der germanischen und der jüdischen »Rasse« Mitte des Jahrhunderts wandelte sich der bislang über Sprache und Herkunft begründete Begriff des Volkes; er wurde nun mit dem auf das Wesen zielenden und vermeintlich wissenschaftlichen Begriff der Rasse verknüpft. 1847 machte sich einer der populärsten und einflußreichsten völkisch-antisemitischen Polemiker diese Transformation zueigen, als er erklärte, »Kraftgefühl« und »Vaterlandsliebe« stützten sich auf »deutsche Christlichkeit« und »germanische Blutseinheit«. Die Juden hingegen galten als das »ewige Vollblut der Fremdheit«.[76]

Der Rassebegriff verlieh dem modernen deutschen Antisemitismus eine bislang unerreichte Kohärenz. Seit die »Judenfrage« im Zusammenhang mit der Judenemanzipation zu einem zentralen politischen Thema geworden war, hatten die verschiedensten Anschuldigungen und Anschauungen über die Wurzel der jüdischen Schlechtigkeit die antisemitische Meinungsbildung bestimmt. Nun endlich schien ein einigendes, leicht verständliches und metaphorisch eindringliches Konzept gefunden, das die einzelnen und widersprüchlichen Stränge zu einer umfassenden, konsequenten Erklärung des Judentums und seiner Beziehung zu Deutschland zusammenführte.[77] Das kognitive Modell, das dem Begriff der Rasse zugrunde lag, hatte eine Reihe von Eigenarten, die es für die Antisemiten besonders geeignet und für die Juden besonders gefährlich machte und die es außerdem ermöglichten, es dem alten antisemitischen Unterbau aufzupfropfen.[78] Die – nun rassisch begründete – feindliche Gegenüberstellung von Deutschtum und Judentum faßte den Antagonismus, den traditionelle Antisemiten immer schon zwischen Christentum und Judentum gesehen hatten, neu. Wie der mittelalterliche christliche Antisemitismus verwandelte auch diese neue manichäische Aufteilung Menschen, nämlich die Juden, in ein zentrales kulturelles Symbol für alle Übel dieser Welt. In beiden Vorstellungswelten waren die Juden jedoch nicht bloß leblose Symbole, sondern Handelnde, die willentlich die natürliche, geheiligte Weltordnung bedrohten. In ihren bösartigen und übelwollenden Unterstellungen machten die deutschen Antisemiten »den Juden« zum Teufel der säkularen Welt, allerdings nicht so ausdrücklich wie im christlichen Mittelalter, als man die Juden mit Teufel, Magie und Hexerei in Verbindung brachte. Der rassisch begründete Antisemitismus verwendete und reproduzierte die

Form des kognitiven Modells des christlichen Antisemitismus und füllte sie mit einem neuen *Inhalt*. Deshalb verlief diese Transformation so bemerkenswert reibungslos und wurde von dem breiten deutschen antisemitischen Publikum akzeptiert. Der neue Antisemitismus trat gleichsam die »natürliche« Nachfolge einer alten Feindseligkeit an, deren kognitive Ausarbeitung durch das Christentum in der neuen, immer weltlicheren Ära, wenn auch mit geringerer Kraft, fortexistierte. Die neue Zeit erforderte moderne Rechtfertigungen, wenn die Feindseligkeit gegenüber den Juden weiterhin zentral bleiben sollte,[79] das kognitive Modell mußte »aufpoliert« werden, damit es nicht in Widerspruch zu anderen Grundauffassungen der Gesellschaft geriet. Die Weiterentwicklung der alten Feindseligkeit unterstützte deren Umwandlung; der neue Inhalt des Antisemitismus – vor allem das Verständnis, das die Deutschen nun vom *Ursprung* der jüdischen Bösartigkeit und der jüdischen Unfähigkeit zu gutnachbarlichen Beziehungen entwickelten – brachte eine neue begriffliche Fassung der »Judenfrage« mit sich, die wiederum verschiedene »Lösungen« in sich barg.[80]

Sprache und Anschuldigungen des rassistischen Antisemitismus lassen keinen Zweifel daran, daß die Juden als Ursache und Verkörperung mehr oder weniger aller gesellschaftlichen Übel betrachtet, daß ihnen wie im Mittelalter fast alle sozialen, politischen und wirtschaftlichen Mißstände in Deutschland angelastet wurden.[81] Doch jetzt schrieb der deutsche Antisemitismus den Juden in der Weltordnung eine zentralere Stellung zu. Im Mittelalter wurden die Juden gewiß für viele Fehlentwicklungen verantwortlich gemacht, räumlich und theologisch aber standen sie stets eher am Rand der christlichen Welt. Auch für die Erklärung der Welt und ihrer Probleme hatten sie keine besondere Bedeutung. Die modernen deutschen Antisemiten hielten die Juden dagegen für die vorrangige Ursache von Unordnung und Niedergang, und darum konnte in ihren Augen die Welt erst Frieden finden, wenn die Juden verschwunden waren. So hatten sich die Dinge für die mittelalterlichen Christen nicht dargestellt, denn selbst wenn die Juden verschwanden, blieb als eigentlicher Ursprung allen Übels der Teufel übrig. Nun jedoch war der Jude nicht länger Abgesandter des Teufels, er war zum Teufel selbst gemacht worden. Die schriftlichen und bildlichen Beschreibungen der Juden und des Schadens, den sie angeblich anrichteten, waren fürchterlich. Die Schilderungen, in denen es von organischen Metaphern der Zersetzung nur so wimmelte, ließen kaum erkennen, daß hier von menschlichen Wesen die Rede war. Einfach ausgedrückt: Die Juden waren Gift. Diese Anschuldigungen wurden in der gesamten deutschen Gesellschaft mit einer wahren Besessenheit verbreitet und in wachsendem Maße auch von denen akzeptiert, die den Juden einst als Verbündete zur Seite gestanden hatten. In der zweiten Hälfte des neunzehnten Jahrhunderts war es unmöglich geworden, über das deutsche *Volk* zu diskutieren, ohne den Rassebegriff zu benutzen und damit den Ausschluß der Juden aus Deutschland heraufzubeschwören. Die Begriffe »Volk« und »Rasse« überlappten sich, wurden miteinander verflochten, so daß es schwierig ist, genau zu definieren, worin der Unterschied im zeitgenössischen Gebrauch dieser Worte lag. Zum religiösen Antisemitismus gehörte das Angebot der Taufe. Mit der begrifflichen Verschmelzung von Deutschtum und Christentum stand dieses Mittel, mit dessen Hilfe Juden sich von all ihren angeblichen Sünden hätten reinwaschen und ihrer vermeintlichen Natur entsagen können, nicht mehr zur Verfügung. Die christlich begründete Feindseligkeit gegen die »Christusmörder« blieb bestehen, die alten Greuelmärchen waren weiterhin geeignet, den Haß gegen die Juden zu schüren. Aber weil die Deutschen die Ursache für den üblen Charakter der Juden nun nicht länger im Gottesmord sahen, konnten die Juden auch nicht mehr erlöst werden. Die symbolische Kraft und die metaphorischen Implikationen des neuen Schlüsselbegriffs der Rasse verliehen dem Antisemitismus neue Sprengkraft.

Die völkisch begründete Konzeption des Deutschtums war so wirkungsvoll und so beherrschend, daß sie ein Sakrament des Christentums außer Kraft setzte. Das ontologische kognitive Modell, das der in ihrem Rassismus fundamentalistischen Weltsicht zugrunde lag, stand im Gegensatz zu der jahrhundertealten christlichen Überzeugung, daß alle Seelen durch die Taufe gerettet werden können und daß die Differenz zwischen jüdischen Deutschen und christlichen Deutschen durch Konversion zu überwinden war. Johannes Nordmann, ein volkstümlicher und einflußreicher antisemitischer Pamphletist brachte 1881, auf dem Höhepunkt der antisemitischen Welle, die »physiologische« Schranke, die einen Übertritt der Juden zum Christentum sinnlos mache, unmißverständlich auf den Punkt: Die Bekehrung könne die Juden genausowenig zu Deutschen machen, wie sie die Haut der Schwarzen weiß färben könne.[82] In den Augen der Deutschen wurde die Konversion allmählich zum jüdischen Täuschungsmanöver und zu einer Schande: das konnte, angesichts der Charaktereigenschaften der Juden, gar nicht anders sein. Die Konversion wurde bedeutungslos, wenn es darum ging, wer als Jude zu gelten hatte und wie eine Person moralisch einzuschätzen sei. Selbst einige christliche Theologen begannen die Wirksamkeit der Taufe mit Vorbehalten zu betrachten, da auch sie anerkannten, daß ein *völkisches Bewußtsein,* das den Juden per definitionem fremd bleiben mußte, erforderlich sei, um Deutscher zu sein.[83]

93

Daß der Konflikt zwischen Juden und Deutschen unausweichlich sei und die Juden unaufhörlich danach trachteten, Deutschland zu beherrschen und zu zerstören, diese Vorstellungen lagen dem rassisch-völkischen Konzept von den Juden nahe und verschmolzen schließlich zum Ende des neunzehnten Jahrhunderts mit ihm. Zur Niederwerfung der Juden gab es gar keine Alternative, wie die folgende archetypische Beschreibung dieser antisemitischen Ideologie aus dem Jahr 1877 deutlich macht. Die Deutschen müßten erkennen, warnt ein anonymer Autor,»dass auch der ehrlichste Jude unter dem unentrinnbaren Einfluss seines Blutes, dem Träger seiner, der Deinigen völlig entgegengesetzten Semitenmoral, überall nur an der Untergrabung und Vernichtung deutschen Wesens, deutscher Moral, deutscher Gesittung arbeiten muss«.[84] Dem hätten in seiner Stoßrichtung wohl alle deutschen Antisemiten des späten neunzehnten und des zwanzigsten Jahrhunderts zugestimmt, ob sie sich nun als rassisch-völkische Antisemiten, (mit einigen Ausnahmen) als christliche Antisemiten verstanden oder ob sie wie die Mehrheit einfach nur unbegründeten Haß und Furcht vor den Juden empfanden, wobei sich ihr Haß aus der Überzeugung nährte, daß die Juden genau das taten, wovon in diesem Zitat die Rede ist. Die Dringlichkeit der»jüdischen Gefahr« sahen alle gleich. Wie man ihr begegnen sollte, war allerdings weniger klar.

Die eliminatorischen Einstellungen, die fast alle teilten, die sich seit dem späten achtzehnten Jahrhundert zur»Judenfrage« äußerten, waren eine weitere Konstante im Denken der Deutschen.[85] Wenn man Deutschland richtig ordnen, lenken, und, wie viele dachten, schützen wollte, dann mußte man alles Jüdische aus der deutschen Gesellschaft aussondern. Was diese Ausgrenzung, also eine erfolgreiche Säuberung Deutschlands von allem Jüdischen, jedoch konkret bedeuten würde und wie diese durchgeführt werden sollte, blieb vielen schleierhaft. Auch im Zeitalter des modernen deutschen Antisemitismus kam es darüber nie zu einem ausdrücklichen Konsens.[86] Die unbezweifelte Notwendigkeit der»Säuberung« ergab sich aus der Vorstellung, daß die Juden als Fremde in den deutschen Volkskörper eingedrungen seien. Wenn man zwei Völker als gleichsam binäre Gegensätze begreift, wobei das eine nur das Gute und das andere alles Böse verkörpert, dann muß die Austreibung des Übels aus dem gesellschaftlichen und zeitlichen Raum, mit welchen Mitteln sie auch immer zu geschehen hat, dringend, ja mehr noch: zwingend erscheinen.»Das deutsche *Volk*«, behauptete ein Antisemit schon vor der Jahrhundertmitte,»brauchte nur die Juden zu stürzen«, um»einig und frei« zu werden.[87]

Die Antworten, mit denen die Antisemiten im neunzehnten Jahrhundert der »jüdischen Gefahr« begegnen wollten, sind in mehr-

94

facher Hinsicht interessant. Wenn die Antisemiten tatsächlich glaubten, daß die »Judenfrage« das dringlichste Problem Deutschlands sei, dann kann es nicht überraschen, daß Aufrufe zum Handeln oft mit solcher Vehemenz vorgebracht wurden. Erstaunlich ist jedoch, daß ein großer Teil der Antisemiten keinerlei Handlungsvorschläge machte, obwohl sie die Juden für verabscheuungswürdige und mächtige Gegner hielten. In etwa der Hälfte aller Streitschriften und Reden aus der zweiten Jahrhunderthälfte findet man keine Antwort darauf, wie die »Judenfrage« zu »lösen« sei.[88] Gegen Ende des neunzehnten Jahrhunderts, als sich Juden schon in das ökonomische und berufliche Leben Deutschlands integriert hatten, muß ein Mann wie Wilhelm Marr, der den Begriff »Antisemitismus« geprägt hatte und zu den prominentesten antisemitischen Autoren zählte, offenbar geglaubt haben, daß die Aufgabe, Deutschland zu »säubern«, längst gescheitert sei: »Wir Deutsche haben mit dem Jahre 1848 unsere offizielle Abdankung zugunsten des Judentums vollzogen ... Das ist das Resultat des dreißigjährigen Krieges, den das Judentum seit 1848 offiziell mit uns geführt hat und der nicht einmal mehr die Hoffnung auf einen faulen westfälischen Frieden übrig läßt.«[89] Die Juden hätten sich bereits fest niedergelassen, und die Deutschen wären nicht mehr imstande, die Eindringlinge wieder vor die Tür zu setzen. Die Juden hätten das Spiel schon gewonnen. So sahen einige Antisemiten keinen Sinn mehr darin, »Lösungen« zu propagieren, die ohnehin nicht mehr realisierbar schienen. Doch in der Zeit vor dem Holocaust gab es auch andere, die zwar wußten, was sie für die einzig denkbare Lösung der »Judenfrage« hielten, es aber nicht auszusprechen wagten. Die zuweilen milden Vorschläge jener, die überhaupt »Lösungen« anboten, standen in so deutlichem Kontrast zu der tödlichen Gefahr, die die Juden angeblich darstellten, daß es durchaus möglich sein kann, daß einige Antisemiten die Juden zwar fanatisch haßten, aber entweder den imaginativen und moralischen Sprung nicht vollziehen konnten, zu Gewaltmaßnahmen großen Ausmaßes aufzurufen, oder aber in einer Zeit, in der noch nicht alle Schranken gefallen waren, noch durch ethische Überlegungen gehemmt waren. Vielleicht auch entschieden sie sich angesichts der staatlich begrenzten Handlungsmöglichkeiten für einen gewissen Pragmatismus und äußerten Ideen, die weit weniger radikal waren als das, was ihnen tatsächlich vorschwebte. Auch Hitler sollte sich in den ersten Jahren seiner Herrschaft nicht anders verhalten.

Das, was die Antisemiten damals vorschlugen, reichte von der alten Hoffnung, die Juden veranlassen zu können, sich durch totale Assimilation unsichtbar zu machen, über die Schaffung neuer rechtlicher Einschränkungen, die Rücknahme der Emanzipation einge-

95

schlossen, bis zur zwangsweisen und gewaltsamen Ausweisung und schließlich sogar totalen Vernichtung. All diese »Lösungen«, so unterschiedlich sie auch sein mögen, sind nur Varianten der eliminatorischen Einstellung, denn aus der Perspektive der Antisemiten hatten sie alle die gleiche Funktion. Sie beruhten auf der gemeinsamen Überzeugung, daß Deutschland auf die eine oder andere Weise »judenrein« gemacht werden müsse, und die Ausschaltungsmentalität war das logische Produkt dieser Anschauung. Die konkreten Vorstellungen hingen von der spezifischen Form des Antisemitismus ab, die die Agitatoren gesellschaftlicher Umstrukturierung bewegte; die umfassenden sozialen und ethischen »Theorien«, denen der einzelne folgte, spielten ebenfalls eine Rolle. Als sich im späten neunzehnten Jahrhundert der Antisemitismus mit dem Rassedenken verband, akzeptierten die prominentesten antisemitischen Autoren mehr und mehr auch die entsprechenden Konsequenzen und plädierten für nichts anderes als für die Ausrottung der Juden.

»Weit in der Mehrzahl und ihre Anziehungskraft von Jahrzehnt zu Jahrzehnt steigernd, waren indes die Stimmen, welche dem absolut negativen Urteil über die Juden entsprechend einer gnadenlosen Verfolgung und Vernichtung das Wort redeten. In ihren Augen waren die Juden Schmarotzer und Ungeziefer, das ausgerottet werden muß. Der angeblich zusammengestohlene und ergaunerte Reichtum sollte ihnen entrissen, sie selbst gegen einen guten Gewinn in einen fernen Winkel der Erde, etwa nach Guinea, verfrachtet werden. Manche befürworteten die einfachste Lösung, die Juden zu töten; denn die Pflicht zur Verteidigung ... von ›Sitte, Humanität und Kultur‹ fordere den schonungslosen Kampf gegen das Böse ... Die Vernichtung des Judentums bedeutete für die meisten Antisemiten die Rettung Deutschlands. Sie waren anscheinend überzeugt, daß die Ausschaltung einer Minderheit das Ende aller Nöte bringen und das deutsche Volk wieder zum Herrn im eigenen Haus machen würde.«[90]

Zu diesem Ergebnis kam Klemens Felden nach einer Inhaltsanalyse von 55 Schriften prominenter Autoren, die zwischen 1861 und 1895 in Deutschland erschienen sind. Die Ergebnisse sind erschreckend.[91] In 28 Fällen wurden »Lösungen« der »Judenfrage« vorgeschlagen, davon neunzehnmal die *physische Vernichtung der Juden.* Diese Vorschläge wurden in einer Ära der europäischen Zivilisation unterbreitet, als man von den Massenschlachten des Ersten und Zweiten Weltkriegs und erst recht vom Genozid als Mittel nationaler Politik noch nichts wußte. Und damals bereits führten zwei Drittel dieser Antisemiten ihre Auffassungen bis zur extremsten Konsequenz und forderten den Völkermord. Von den vierzig, die die Ansicht vertraten, daß die Juden eine Gemeinschaft bildeten, war nur einer der Mei-

96

nung, diese sei rein religiös; sechs weitere zählten die Religion zu den Faktoren, die die Einheit des Judentums ausmachten. 32 Autoren dagegen hielten den Charakter der Juden für *unveränderlich,* 23 bezeichneten sie als Rasse. Die Affinität zwischen dem Gedanken, daß die Juden von einer unveränderten und unveränderlichen Natur beherrscht seien – eine Idee, die in erster Linie in explizit rassischen Begriffen erfaßt und entwickelt wurde –, und der Tendenz, sich die »Lösung« der »Judenfrage« als physische Auslöschung vorzustellen, ist unübersehbar. *Die Ausschaltungsmentalität verwandelte sich in eine Auslöschungsmentalität*[92] – und dies bereits im neunzehnten Jahrhundert, noch bevor Adolf Hitler als Politiker die Bühne betrat. Tatsächlich hatte bereits Dohm im ausgehenden achtzehnten Jahrhundert erkannt, worauf die Art und Weise, in der die Antisemiten die Juden charakterisierten, hinauslief: Um Schaden vom Menschengeschlecht abzuwenden, »muß man die Juden von der Erde vertilgen«.[93]

Nur zwei von denen, die für die Ausrottung der Juden eintraten – weil sie nämlich die »Natur des Juden« erkannt hätten –, begriffen die Juden nicht explizit als Rasse, bezeichneten sie aber als Nation. Wie Felden feststellt, waren rassistische Antisemiten in der Tat davon überzeugt, daß die Ausrottung der Juden Deutschland die Rettung bringen werde, und es überrascht nicht, daß derartige Forderungen zur Jahrhundertwende hin häufiger und lauter wurden. Die Hamburger Beschlüsse der Deutsch-Sozialen Reformpartei, in der zeitweise einige antisemitische Gruppen zusammengeschlossen waren, verdeutlichten dies 1899 in prophetischen und mahnenden Worten: »Dank der Entwicklung unserer modernen Verkehrsmittel dürfte die Judenfrage im Laufe des zwanzigsten Jahrhunderts zur Weltfrage werden und als solche von den anderen Völkern gemeinsam und endgültig durch völlige Absonderung und (wenn die Notwehr es gebietet) schließlich Vernichtung des Judenvolkes gelöst werden.«[94] Die Vorschläge der Rassen-Antisemiten des neunzehnten und frühen zwanzigsten Jahrhunderts ergaben sich aus ihrem Begriff »des Juden«.

Ende des neunzehnten Jahrhunderts war die Ansicht, die Juden seien eine Gefahr für Deutschland und ihre Bösartigkeit liege in ihrer Rasse begründet, ebenso weit verbreitet wie die daraus folgende Überzeugung, daß die Juden *ausgeschaltet* werden müßten. Die Tendenz, die Vernichtung als radikalste Form der Ausschaltung in Erwägung zu ziehen und zu propagieren, war bereits ausgeprägt, und entsprechende Vorschläge wurden vielfach artikuliert. Die deutsche Gesellschaft war weiterhin, wie schon zu Anfang des Jahrhunderts, antisemitisch, doch der nunmehr transformierte, rassistisch modernisierte Antisemitismus legte umfassende, radikale und sogar tödliche »Lösungen« der sogenannten Judenfrage nahe. Zu Beginn des zwanzigsten Jahrhunderts war der Samen für den spezifischen Antisemitismus der Nationalsozialisten und ihre antijüdische Politik schon aufgegangen. Der Antisemitismus kam hauptsächlich durch Gespräche und diskriminierende Handlungen einzelner zum Ausdruck, aber auch durch intensive politische Tätigkeit. Doch so machtvoll und potentiell gewalttätig die antisemitischen Auffassungen auch waren, ein konzentriertes und anhaltend gewalttätiges Vorgehen gegen die Juden war damals noch nicht möglich. Noch fehlten die Bedingungen für die Umsetzung des Antisemitismus in ein Programm physischer Angriffe, und die staatliche Ordnung ließ es noch nicht zu, daß der Antisemitismus zur Basis gesellschaftlich-kollektiven Handelns wurde. Das Wilhelminische Deutschland war nicht bereit, die Art von organisierter Gewalttätigkeit zu dulden, für die sich die Antisemiten einsetzten.[95] Aber auch ohne politische Mobilisierung blieb der Antisemitismus für die Juden ein äußerst unerfreulicher Wesenszug deutscher Kultur und Politik, der Beschimpfungen, soziale Diskriminierung und unaufhörlich seelische Verletzungen mit sich brachte; die physische Sicherheit der deutschen Juden war indes im allgemeinen noch nicht gefährdet.

Im gesamten neunzehnten Jahrhundert, insbesondere in seiner zweiten Hälfte, fand kein Gegenbild zum Antisemitismus *institutionelle* Unterstützung – allenfalls in der Sozialdemokratischen Partei gab es da Ausnahmen. Nicht nur die politischen Institutionen, sondern auch der gesellschaftliche Unterbau im Sinne Tocquevilles, also die Vereine, die der politischen Erziehung und Tätigkeit des Volkes eine Bühne boten, versäumten es, den Antisemitismus abzuwehren. Der Historiker Werner Jochmann bemerkt dazu: »An einer Fülle von Beispielen läßt sich zeigen, wie der Antisemitismus auf diesem Weg in den neunziger Jahren bis in die *letzten* [Hervorhebung des Autors] Bürgervereine vordrang, in Heimatvereinen und Kulturbünden Einzug hielt.« Zu diesem Zeitpunkt war er zur herrschenden Ideologie der meisten Mittelstands-Organisationen geworden, wirtschaftliche eingeschlossen. Beim ersten Verbandstag des Deutschnationalen Handlungsgehilfenverbandes im Jahr 1893 bezeichnete sich dieser als »... aus dem Antisemitismus heraus geboren ...«, und der Vorstand erklärte, »von dieser Flutwelle kommen wir nicht los ... und tun gut, uns von ihr forttragen zu lassen«.[96]

Dieser und andere wirtschaftliche und nichtwirtschaftliche Verbände erklärten sich für »judenrein«. Unabhängig von ihrer wirtschaftlichen Position wurde Juden hier die Mitgliedschaft verweigert.[97] Der Antisemitismus war so weit verbreitet und eine so potente und motivierende Kraft, daß ganz unterschiedliche Gruppen und Verbände damit um Mitglieder warben. Als in den neunziger Jahren der

Bund der Landwirte versuchte, die divergierenden Interessen von Großgrundbesitzern, Kleinbauern und von der Landwirtschaft abhängigen Handwerkern zusammenzufassen, schien der Antisemitismus das »nahezu einzige Mittel, sie zu gewinnen und bei der Stange zu halten«. Katholiken, die mit der antikatholischen Zentralregierung im Streit lagen, kritisierten diese als »verpreußt« und »verjudet«.[98] Die Juden zu Gegnern zu erklären oder seinen Widersachern zu unterstellen, sie seien den Juden verpflichtet, um dadurch Anhänger zu finden, war so wirkungsvoll, daß es im späten neunzehnten Jahrhundert rasch zum gesellschaftlichen und politischen Repertoire gehörte.

Eine unterschwellige antijüdische Einstellung prägte bereits während der industriellen Revolution und der Reichseinigung, die ja auf einem exklusiven Volksbegriff beruhte, das kulturell-kognitive Modell der Wahrnehmung von Juden. So wie Juden Gegenstand des öffentlichen »Gesprächs« der Gesellschaft waren, so schilderten deutsche Autoren und Redner sie vor allem in düsteren, wenn nicht dämonischen Farben, im rassistischen, entmenschlichenden Idiom jener Zeit. Dazu schrieb 1882 Ludwig Bamberger, der Führer der Nationalliberalen: »Die eigentlichen Lebensorgane der Nation: Armee, Schule, Gelehrtenwelt sind bis zum Rand damit gesättigt ... Es ist eine Obsession geworden, die einen nicht losläßt.«[99]

Trotz ihrer »Emanzipation« mußten Juden in Deutschland alle möglichen auffälligen und höchst bedeutsamen Benachteiligungen in der Öffentlichkeit hinnehmen, so daß jedem ins Auge springen mußte, daß Juden keine echten Deutschen waren, nicht vertrauenswürdig genug für eine volle gesellschaftliche Anerkennung, zumal sie von der Institution ausgeschlossen blieben, die am stärksten mit deutschem Patriotismus verbunden wurde: dem Offizierskorps der Armee. Gleiches galt für jene Einrichtungen, die sich um das Wohl des Volkes kümmerten und es regierten, für die öffentliche Verwaltung ebenso wie für den Justizdienst – obwohl Juden hierzu formell sogar zugelassen waren.[100] Als Außenseiter wurden die Juden also für alle sichtbar von der Macht ausgeschlossen. Tatsächlich waren die Benachteiligungen derart umfassend und wurden von Beamten, Richtern und Lehrern so nachdrücklich durchgesetzt, daß ein führender Jurist diese faktische Zurücknahme der Emanzipation als »Umkehrung der Verfassung durch die Verwaltung«[101] bezeichnen konnte.

Der bereits in der ersten Jahrhunderthälfte allgegenwärtige Antisemitismus wurde zum Ausgang des Jahrhunderts hin eher noch intensiver und gewiß unversöhnlicher; gleichzeitig entwickelte sich Deutschland wirtschaftlich und technisch weiter. Antisemitismus und Modernität waren durchaus miteinander vereinbar, da dem modernen Deutschland das politische Konzept des *Volkes* zugrunde lag, pseudowissenschaftlich gestützt auf die rassistischen und sozialdarwinistischen Theorien, die in der europäischen Kultur des späten neunzehnten Jahrhunderts so geläufig waren. [102] Wie bereits erwähnt, hatten bis zum Ende des Jahrhunderts die Liberalen, die vor der Jahrhundertmitte die »besten Freunde« der Juden gewesen waren, nach und nach ihren philosemitischen Antisemitismus, ihre Assimilationsvariante der eliminatorischen Geisteshaltung aufgegeben und statt dessen das antisemitische Modell, die Sprache und die Anschauungen des modernen deutschen Antisemitismus mit ihren weit weniger milden eliminatorischen Vorstellungen übernommen. Dies galt allerdings nicht für einen immer kleiner werdenden Kreis von Linksliberalen, die den Prinzipien der Aufklärung treu blieben und an ihren anti-antisemitischen Grundsätzen festhielten, so daß sie schließlich politisch bedeutungslos wurden und die einstmals liberalen Wähler verloren. In einigen Gegenden Deutschlands votierte das Bürgertum, ehemals traditionelle Wählerschicht der Liberalen, mehrheitlich für antisemitische Parteien. [103] Die deutschen Konservativen – die von denjenigen zu unterscheiden sind, die sich fast ausschließlich durch ihren Antisemitismus definierten – waren immer schon antisemitisch eingestellt gewesen. Im Reichstagswahlkampf von 1884 erklärte die Konservative Partei offen, die Juden stünden in unversöhnlichem Gegensatz zu den Deutschen. Sie folgten »internationalen und undeutschen Mächten«, und man müsse »endlich jeden wahrhaft deutschen Mann zur Einsicht bringen«, daß die Juden »nimmermehr das Interesse des Deutschen Vaterlandes voranstellen«. [104]

In protestantischen Kreisen gehörte der Antisemitismus bereits zum guten Ton, aber auch unter Katholiken fand er allmählich Verbreitung. [105] Allein der Kern der sozialistischen Bewegung, deren Theoretiker und Kader sowie die politisch eher unbedeutende linksliberale Elite lehnten antisemitische Auffassungen ab und blieben ihnen gegenüber verhältnismäßig immun. Diese kleinen Gruppen vertraten eine Gegenideologie, die die Prämissen, auf denen der Antisemitismus beruhte, zurückwies. [106]

Unbestreitbar waren die Grundideen des nationalsozialistischen Antisemitismus in Deutschland als Komponente des kulturell-kognitiven Modells der deutschen Gesellschaft und als integraler Bestandteil ihrer politischen Kultur tief verwurzelt. Es ist ebenfalls unstrittig, daß der rassische Antisemitismus die herausragende Form des deutschen Antisemitismus darstellte und einen bedeutenden Anteil am öffentlichen »Gespräch« hatte. Drittens fand der Antisemitismus in Deutschland zu verschiedenen Zeiten breite und verläßliche institutionelle und politische Unterstützung, wie sich an Wahlen, Petitionen und im Verbandsleben zeigt. [107] Und schließlich bleibt festzuhalten, daß dieser rassische Antisemitismus, in dessen Betrachtungsweise die Juden eine tödliche Bedrohung für Deutschland darstellten, den Mord in sich trug. Allerdings läßt sich nicht mehr klären, wie viele Deutsche in den Jahren 1900, 1920, 1933 oder 1941 diese Ansichten geteilt haben.

Die »Judenfrage« war in Deutschland seit dem Ende des achtzehnten Jahrhunderts ein Punkt politischer Auseinandersetzungen, insofern sich die Agitation für diese oder jene »Lösung« des Problems letztlich stets an die politischen Autoritäten richtete, die am Ende die gesetzlichen Entscheidungen fällten. Als politische Frage verlangte die »Judenfrage« auch eine politische Antwort, selbst wenn sie sich für die Antisemiten an ökonomischen und gesellschaftlichen Problemen stellte. Ob gesetzliche Rücknahme der Emanzipation, Ausweisung der Juden oder Vernichtung, in jedem Fall sollte der Staat den Wandel bewirken. Vor dem Hintergrund der politischen Mobilisierung der Massen, die die Parlamentarisierung des Wilhelminischen Deutschland begleitete, kann es daher nicht überraschen, daß der Antisemitismus bei Wahlen und in der parlamentarischen Politik zum zentralen Faktor wurde.

Der Aufstieg und sogar – wie gleich erörtert werden wird – der Niedergang antisemitischer Parteien in Deutschland und Österreich unterstreicht, daß der Antisemitismus für die deutsche und österreichische Gesellschaft zu Beginn des zwanzigsten Jahrhunderts konstitutiv war, und bestätigt, daß er eine machtvolle politische Kraft darstellte, die für die politische Zukunft von Parteien und Regierungen entscheidend Bedeutung gewann. In den achtziger Jahren gründete man antisemitische Parteien, um an den Parlamentswahlen teilnehmen zu können. In diesen Organisationen spielte der Antisemitismus nicht bloß eine Gastrolle, er prägte vielmehr ihr politisches Selbstverständnis.[108] Noch bedeutsamer aber als diese Gründungen und deren spätere Wahlerfolge war die *formale Erklärung* der Konservativen – der wichtigsten parlamentarischen Stütze Bismarcks und des Wilhelminischen Reichs – in ihrem sogenannten Tivoli-Programm vom Dezember 1892: »Wir bekämpfen den vielfach sich vordrängenden und zersetzenden jüdischen Einfluß auf unser Volksleben. Wir verlangen für das christliche Volk eine christliche Obrigkeit und christliche Lehrer für christliche Schüler.«[109] Die *Preußischen Jahrbücher* erläuterten: »Dem Inhalt nach sind ja die Konservativen immer schon antisemitisch gewesen ... Indem unsere konservative Partei antisemitisch geworden ist, ist sie also inhaltlich nichts Neues, aber sie ist demagogisch geworden ...«[110]

Die Wahlerfolge der antisemitischen Parteien zwangen die Konservativen, sich offiziell und programmatisch zum Antisemitismus zu bekennen, wenn sie nicht die Unterstützung ihrer Wählerschaft riskieren wollten. Bei den Reichstagswahlen von 1893 errangen die Parteien die *Mehrheit*, die sich offen als antisemitisch bekannten; die große Mehrheit der Stimmen ging dabei an die Konservativen. In Sachsen, wo der jüdische Bevölkerungsanteil 1880 ein winziges Viertelprozent betrug, eroberten Konservative und Antisemiten zusammen 42,6 Prozent der Stimmen, wobei die antisemitischen Parteien 19,6 Prozent der abgegebenen Stimmen direkt für sich verbuchen konnten.[111]

Mit der Jahrhundertwende kam auch das Ende der Wahlerfolge für die antisemitischen Parteien, sieht man von den Konservativen einmal ab. Zwei Gründe waren dafür ausschlaggebend: Einerseits übernahmen die Konservativen die politische Botschaft der Antisemiten, andererseits wandte sich die öffentliche Aufmerksamkeit vorübergehend der Außenpolitik zu. Der Antisemitismus war mittlerweile in den nichtsozialistischen Parteien programmatisch so etabliert, daß den antisemitischen Parteien das Wasser abgegraben wurde, zumal sie ansonsten programmatisch wenig zu bieten hatten. Außerdem konzentrierte sich in jenen Jahren die Öffentlichkeit vor allem auf die Abenteuer und Konflikte der deutschen Außenpolitik; das politische Augenmerk wurde von antisemitischen Interessen und Hoffnungen abgelenkt, der Antisemitismus ging zurück, trat also weniger manifest auf und konnte deshalb auch nur noch in geringerem Maße zur politischen Mobilisierung genutzt werden.[112]

Der Aufstieg antisemitischer Parteien und der Weg der etablierten Parteien zum offenen Antisemitismus oder dessen stillschweigender Übernahme zeigen, wie bedeutsam der Antisemitismus als politische Kraft in der deutschen Gesellschaft geworden war. Der Niedergang der antisemitischen Parteien ist daher kein Symptom für einen generellen Niedergang des Antisemitismus. Diese besonderen Parteien hatten ihre historische Aufgabe erfüllt, indem sie den Antisemitismus von der Straße und den Stammtischen weg in die Wahlkabinen und in den Reichstag trugen, und sich damit selber überflüssig gemacht.[113] Nun konnten sie sich auflösen und das politische Terrain potenteren Nachfolgern überlassen, die bereitstanden, als es zum nächsten Ausbruch antisemitischer Äußerungen und Handlungen kam. Das Ende dieser Parteien fiel mit einem vorübergehenden kognitiven und politischen Untertauchen des Antisemitismus zusammen, als andere spektakuläre Themen wie die Außenpolitik dringlicher zu sein schienen. Doch dies hieß nicht, daß der Antisemitismus vertrieben worden wäre, er wurde nur weniger artikuliert und verschwand daher teilweise aus dem öffentlichen Sichtfeld. Wenige Jahre später sollte er mit Wucht wieder zum Ausbruch kommen.

Diese kurze Geschichte der Entwicklung und der Eigenschaften des Antisemitismus strebt keine Endgültigkeit im Sinne vollständiger Belege für jede Behauptung an, sie kann auch nicht auf die Modifikationen und Nuancen eingehen, die eine längere Abhandlung enthalten müßte. An dieser Stelle war allein wichtig, unser Verständnis der Entwicklung des modernen deutschen Antisemitismus neu zu konzipieren, indem wir bekannte Entwicklungen aus verschiedenen Perioden, die im allgemeinen getrennt behandelt werden, zusammenfaßten und sie im Lichte des analytischen und interpretatorischen Gerüsts, das im vorigen Kapitel erläutert wurde, neu zu begreifen suchten. Dieser Ansatz führt zu einer neuen Sichtweise des Antisemitismus, einer Sichtweise, die ihm eine größere Kontinuität und Verbreitung in der modernen deutschen Gesellschaft zuschreibt, als das bislang üblich war.

Dieser kurze Abriß hat sich darauf konzentriert, Existenz, Ausmaß und Inhalt des deutschen Antisemitismus aufzuzeigen, weil und sofern das für die folgende Analyse von Bedeutung und notwendig ist. Eine vollständige historische Soziologie unter Berücksichtigung der verschiedenen politischen, gesellschaftlichen und wirtschaftlichen Entwicklungen in Deutschland war nicht beabsichtigt. Auch können wir das Thema nicht aus *vergleichend* historisch-soziologischer Sicht behandeln, weil Ausmaß und Wesen des Antisemitismus in anderen Ländern hier nicht Gegenstand der Betrachtung sind.[114] Das Ziel war es, die *Grundzüge* des deutschen Antisemitismus im neunzehnten Jahrhundert – nicht die Ausnahmen und Abweichungen von der Norm – herauszuarbeiten, die die Geschichte Deutschlands im zwanzigsten Jahrhundert entscheidend prägen sollten:

1. Seit Beginn des neunzehnten Jahrhunderts war der Antisemitismus in Deutschland allgegenwärtig und gehörte zum allgemeinen Wertekanon.

2. Die Beschäftigung mit den Juden hatte Züge von Besessenheit.

3. Die Juden galten zunehmend als Verkörperung und Symbol für alles, was die deutsche Gesellschaft für schlecht hielt.

4. Juden wurden für böswillig, mächtig, ja sogar für die Hauptursache all der Übel gehalten, die Deutschland bedrohten, und daher sah man in ihnen eine Gefahr für das Wohlergehen der Deutschen. Moderne deutsche Antisemiten glaubten im Unterschied zu ihren mittelalterlichen Vorläufern, daß ohne die Vernichtung der Juden auf der Welt kein Frieden möglich sei.

5. Dieses kulturelle Modell der zweiten Hälfte des neunzehnten Jahrhunderts verband sich mit dem Konzept der »Rasse«.

6. Die rassistische Variante des Antisemitismus war nicht nur in ihrer Vorstellungswelt ungewöhnlich gewalttätig, sie tendierte auch zur Anwendung von Gewalt.

7. Es entsprach ihrer Logik, für die Ausschaltung der Juden mit allen notwendigen und im Rahmen der herrschenden sittlichen Schranken möglichen Mitteln einzutreten.

Zweierlei sollte gezeigt werden: Erstens hat das dem NS-Antisemitismus zugrundeliegende kognitive Modell schon lange vor der Machtübernahme durch die Nationalsozialisten existiert. Zweitens war es im neunzehnten und frühen zwanzigsten Jahrhundert in allen sozialen Klassen und Sektoren der deutschen Gesellschaft weit verbreitet, eingebettet in das deutsche kulturelle und politische Leben, in das öffentliche »Gespräch«, in die moralische und politische Struktur der Gesellschaft.[115] Der dem populären politischen Denken in Deutschland zugrundeliegende Begriff des »Volkes« war gedanklich verbunden mit der Definition der Juden als Antithese. Die Ablehnung der Juden war konstitutiv für den Begriff »Volk«, denn jene verkörperten all das Negative, das dem »Volk« nicht zukam. In die konzeptionelle und moralische Begründung der deutschen politischen Existenz ging die Bösartigkeit der Juden ein, und dies verlieh dem antisemitischen kulturellen und kognitiven Modell eine größere Festigkeit und politische Potenz.

Die Erörterung illustriert das bereits im vorigen Kapitel entwickelte Argument, daß der in Deutschland stets gegenwärtige Antisemitismus im Zug seiner Umformung im neunzehnten Jahrhundert mehr oder weniger *manifest* wurde, als Reaktion auf verschiedene, insbesondere wirtschaftliche Entwicklungen in der deutschen Gesellschaft.[116] Im Licht dieses Prozesses, der trotz zyklischer Wechselfälle von antisemitischer Agitation und Phasen relativer Ruhe die Kontinuität der Auffassungen und antisemitischen Anschuldigungen deutlich macht, wäre es falsch zu behaupten, die Deutschen hätten im gleichen Rhythmus ihren Antisemitismus abgelegt und wiederaufgenommen. Die durch und durch antisemitisch geprägte öffentliche Diskussion und das negative Bild von den Juden, das die Deutschen aktiv mitgestalteten und das die Juden als zersetzend, schlecht, auf ewig fremd, als subversive Eindringlinge, Zerstörer, beherrscht von dämonischen Zielen und Kräften, beschrieb, läßt wenig Zweifel daran, daß die in der Gesellschaft vorherrschenden antisemitischen Auffassungen und Gefühle sich im neunzehnten Jahrhundert nicht einfach aufgelöst hatten. Da die große Mehrheit der Deutschen kaum Kontakt zu Juden hatte und noch weniger Juden näher kannte, begegneten diesen Menschen Juden vielfach nur in den antisemitischen Reden, Schriften, Karikaturen und Diskussionen, mit denen sie vollgestopft wurden. Volksmärchen, Literatur, die Massenpresse, politische Pamphlete und Bilderserien verbreiteten machtvolle antisemitische Klischees und schufen so eine vergiftete »Bildung«, die jedoch zum Kernbestand der deutschen Kultur zählte.[117]

Im neunzehnten Jahrhundert hatten diejenigen, die für die Emanzipation der Juden eintraten, kaum die Mehrheit der Deutschen hinter sich. Sie gewannen die Schlacht, aber knapp.[118] Zur Emanzipation – einer Gleichstellung, die sich auf ein kulturelles Modell von Juden berief, das aus dem feindseligen Christentum stammte – gehörte die Annahme, daß die Juden durch sie verschwinden würden. Da die Juden sich weigerten, dies zu tun, schufen die falschen Versprechungen der Emanzipation gleichsam eine strukturelle Garantie dafür, daß der Antisemitismus zu einem neuen Grad der Bösartigkeit finden würde, drangen doch die Juden dank der Emanzipation »ins Deutsche Heim« ein und zogen angesichts ihres kometenhaften Aufstiegs vom Status eines Paria den Neid der Nachbarn auf sich. Der Antisemitismus durchlief eine Metamorphose, die sich an den neuen gesellschaftlichen Verhältnissen und der neuen Stellung der Juden orientierte; so gewann er in dem Maße an Intensität und politischer Bedeutung, wie es zu wirtschaftlichen Schwierigkeiten und gesellschaftlichen Erschütterungen kam. Das war das antisemitische Erbe des neunzehnten Jahrhunderts, das die deutsche Gesellschaft und Politik im zwanzigsten Jahrhundert beeinflussen sollte.

Angesichts dieser Tatsachen kann es nicht verwundern, daß es noch niemandem gelungen ist *nachzuweisen,* daß die große Mehrheit der Deutschen oder auch nur wichtige Minderheiten – wenn man von kleinen Elitegruppen absieht – zu irgendeinem Zeitpunkt imstande waren, ihr kulturelles antijüdisches Erbe zu überwinden und sich von dem herrschenden kognitiven Modell zu befreien. Es reicht nicht aus, dies zu behaupten oder den Schriften einiger weniger liberaler Intellektueller nachzuspüren, wie es andere, die sich mit dem deutschen Antisemitismus befaßten, getan haben. Vielmehr sollte der *Nachweis,* daß Umfang und Intensität des Antisemitismus abgenommen haben, zu den analytischen Aufgaben gehören, denen man sich stellen muß, wenn das Ausmaß, in dem die Deutschen antisemitisch waren, zur Diskussion steht. Diese Aufgabe ist ungelöst. Tatsache bleibt aber: Als sich seit den zwanziger Jahren dieses Jahrhunderts die Machtübernahme durch die Nationalsozialisten vorbereitete, orientierte sich das deutsche Volk an einem Bild der Juden, wie es seit Beginn der Neuzeit kein unheilvolleres gegeben hatte.

KAPITEL 3

Der eliminatorische Antisemitismus
in der deutschen Gesellschaft während
der NS-Zeit

Bereits mehr als dreißig Jahre vor Ausbruch des Ersten Weltkriegs war in Deutschland ein Diskurs über die Juden im Gange – ein »Gespräch«, das strukturiert war durch einen festen Bezugsrahmen mit weithin akzeptierten Orientierungen, Bildern und ausgeprägten Vorstellungen. Die Verfestigung und Ausprägung einer Reihe kollektiver Annahmen und Auffassungen über die Juden, die Verankerung »des Juden« als politisches und kulturelles Symbol für Zersetzung, Bösartigkeit und üble Absichten – all dies bewirkte, daß man über die Juden kaum anders als in solchen Kategorien sprechen konnte. Wenn in antisemitischen Publikationen des ausgehenden neunzehnten Jahrhunderts eine neue Anschuldigung oder ein neuer Topos oder ein neues Argument gegen die Juden auftauchte, dann wurde dies auch in die Folgeauflagen schon erschienener antisemitischer Werke übernommen und dem Korpus des antijüdischen Denkens hinzugefügt.[1] In einem gewissen Sinne gründete sich der deutsche Diskurs auf die außerordentlich weit verbreitete, geradezu selbstverständliche Auffassung, daß eine »Judenfrage« existierte.[2] Diese feststehende Formulierung setzte eine Reihe miteinander verknüpfter Annahmen voraus: den wesentlichen Unterschied zwischen jüdischen und nichtjüdischen Deutschen; die Anwesenheit der Juden in Deutschland als Ursache eines ernsten Problems, für das die Juden selbst und nicht die Deutschen die Verantwortung trügen. Aus diesen »Tatsachen« folgte, daß sich entweder die Natur der Juden oder aber ihre Stellung in Deutschland grundsätzlich verändern müsse, und zwar dringend. Jeder, der davon ausging, daß es eine »Judenfrage« gebe, teilte – selbst wenn er nicht zu den leidenschaftlichen Judenfeinden zählte – die genannten Auffassungen, da auf ihnen das kognitive Modell beruhte. Wenn das Wort »Judenfrage« – oder irgendeine Phrase, die damit zusammenhing – fiel, aktivierten sämtliche Teilnehmer des »Gesprächs« das kognitive Modell, das zu seinem Verständnis nötig war.[3]

Es mußte sich etwas ändern, unbedingt. Das Wesen der Juden galt den Deutschen jedoch als unveränderlich, da in ihrer »Rasse« begründet, und nach vorherrschender deutscher Auffassung waren die Juden

107

eine Rasse, die der germanischen Rasse in unüberwindlicher Fremdheit gegenüberstand. Hinzu kam, daß der »Augenschein« den Deutschen zeigte, daß die Mehrheit der Juden sich bereits assimiliert hatte, zumindest in dem Sinne, daß sie Manieren, Kleidung und Sprache des modernen Deutschland übernommen hatten. Also hatten die Juden jede erdenkliche Möglichkeit gehabt, zu guten Deutschen zu werden – und diese ausgeschlagen.[4] Der unumstößliche Glaube an die Existenz einer »Judenfrage« führte mehr oder weniger selbstverständlich zu der Annahme, die einzige »Lösung« bestehe darin, alles »Jüdische« in Deutschland zu »eliminieren«: auszugrenzen und zu beseitigen.

Den Tribut für diesen jahrzehntelangen verbalen, literarischen, institutionell und politisch organisierten Antisemitismus zahlten auch jene, die, den Prinzipien der Aufklärung verpflichtet, der Dämonisierung der Juden widerstanden hatten. Die Ausgrenzungsmentalität war so verbreitet, daß der unverbesserliche Antisemit und Vorsitzende des Alldeutschen Verbandes Friedrich Lange lediglich eine Wahrheit aussprach, als er behauptete, der Glaube an die Existenz einer »Judenfrage« sei allgemein. Mit Recht konnte er hinzufügen, Differenzen gebe es nur hinsichtlich der »Lösung«, nicht aber im Hinblick auf die Existenz des Problems: »Ich behaupte, daß das Verhältnis der gebildeten Deutschen zum Judentum ein völlig anderes geworden ist, als es noch vor wenigen Jahren war … Die Judenfrage ist heute keine Frage mehr in dem Sinne Ob?, sondern nur noch in dem Wie?«[5] Die als selbstverständlich geltende Annahme, daß die Juden schädlich seien und aus Deutschland verschwinden müßten, verschaffte sich erneut Gehör in einer Situation, in der man es eigentlich nicht erwartet hätte, nämlich in einer Zeit, in der sich normalerweise die nationale Solidarität festigt und soziale Konflikte zurückgestellt werden – mitten im Krieg, im nationalen Notstand.

Während des Ersten Weltkriegs bezichtigten zahlreiche Deutsche die Juden, sich dem Militärdienst zu entziehen und das Vaterland nicht zu verteidigen. Es hieß, die Juden blieben im Hinterland in Sicherheit und nutzten die Umstände des Krieges, um aus Profitgier die Deutschen auf dem schwarzen Markt auszubeuten und in die Armut zu treiben. Die antisemitische Stimmung nahm so extreme Formen an, daß die preußischen Behörden 1916 eine sogenannte Judenzählung in den Streitkräften durchführten, um nachzuweisen, welchen Beitrag die Juden zu den Kriegsanstrengungen leisteten – eine demütigende Maßnahme, die den unsicheren sozialen Status der Juden ebenso unterstreicht wie die anhaltend zentrale Bedeutung der »Judenfrage«.[6] Weil die Juden schon so lange als bedrohliche Fremde betrachtet wurden, führte der Zusammenschluß der Deutschen aus gesellschaftlicher Solidarität gerade nicht zu einer Abnahme der gesellschaftlichen Feindseligkeit gegenüber den Juden, sondern im Gegenteil zu einer Welle des Antisemitismus in Wort und Tat. Je riskanter die Zeiten, so die antisemitische Logik, desto gefährlicher und schädlicher mußten auch die Juden sein. Daran konnte auch die Tatsache nichts ändern, daß sich die Juden mit Eifer für die deutsche Sache aufopferten, was Franz Oppenheimer zu der Bemerkung veranlaßte: »Macht euch keine Hoffnung, ihr seid und bleibt die Parias Deutschlands.«[7] Deutsche Antisemiten hatten immer schon eine etwas autistische Konzeption von den Juden vertreten. Dieser Autismus sollte noch schlimmer werden.

Die Weimarer Republik ist 1919 im Gefolge der militärischen Niederlage, der Abdankung des Kaisers und des Zerfalls des zweiten deutschen Kaiserreichs gegründet worden. Von einigen wenigen prominenten Persönlichkeiten abgesehen, spielten Juden bei der Gründung und in den Regierungsämtern der ersten deutschen Republik keine zentrale Rolle. Doch wie alles, was ihnen verhaßt war, identifizierten die zahlreichen Feinde der Weimarer Republik wie selbstverständlich die ungeliebte Ordnung mit den Juden und trugen damit zur Entwertung der Demokratie bei.

Die wirtschaftliche Not in den ersten Jahren der Weimarer Republik, vor allem Nahrungsmittelknappheit und Inflation waren enorm. Keine Frage, daß die Deutschen wie schon so oft, die Juden für ihr individuelles und kollektives Leid verantwortlich machten. Zahlreiche amtliche Berichte aus allen Teilen Deutschlands belegen dies und zeichnen das Bild eines lebendigen Hasses, den die berichtenden Beamten für explosiv hielten. So berichtete der Regierungspräsident von Schwaben am 9. März 1920: »Ich darf nicht unterlassen, wieder und wieder auf die außerordentliche Erregung und Mißstimmung nachdrücklich hinzuweisen, die sich der Bevölkerung in Stadt und Land wegen der stets wachsenden Teuerung bemächtigt hat ... Man kann überall sagen hören: ›Wir werden von unserer Regierung den Juden ausgeliefert.‹«

Ein Münchener Bericht über die politische Stimmung vom Oktober 1919 warnte, Pogrome gegen Juden lägen durchaus im Bereich des Möglichen. Zwei Jahre später, am 20. August 1921, hieß es in einem zusammenfassenden Lagebericht der Polizei, die Haltung der Deutschen gegenüber den Juden habe sich verschärft: »Die Stimmung zu Judenpogromen greift nach übereinstimmenden Berichten aus *allen Teilen* des Landes systematisch um sich.«[8]

Ein Überblick über das politische und soziale Leben der Weimarer Republik ergibt, daß tatsächlich alle wichtigen Institutionen und Gruppierungen in Deutschland – Schulen und Universitäten, Militär,

Bürokratie und Justiz, Berufsverbände, Kirchen und politische Parteien – vom Antisemitismus durchdrungen waren. Einige gingen dabei soweit, dies auch ganz stolz und offen zu erklären. Am aufschlußreichsten ist wohl ein Blick auf die Institutionen des Bildungswesens, da die Jugendlichen und jungen Erwachsenen der Weimarer Republik so zahlreich das willfährige Personal für das kommende NS-System stellten. An den Schulen grassierten Parolen und Symbole des Antisemitismus in einem Maße, daß die Kultusministerien einiger deutscher Länder zwischen 1919 und 1922 die Verbreitung antisemitischer Literatur und das Tragen des Hakenkreuzes und anderer antisemitischer Symbole verboten. Doch viele Lehrer predigten weiterhin die antisemitische Litanei, vor allem die Auffassung, daß in Deutschland eine »Judenfrage« existiere; daraus aber ergaben sich wie von selbst – direkte oder indirekte – Warnungen vor der angeblichen »jüdischen« Gefahr.[9]

Die Universitäten wurden noch stärker von der antisemitischen Welle mitgerissen, die Deutschland überflutete. In der Weimarer Republik zeigten sich Studentenorganisationen und studentische Körperschaften überall im Reich für den Antisemitismus anfällig. In einer Universität nach der anderen eroberten schon in den ersten Jahren der Weimarer Republik nationalistische, völkische und antisemitische Kräfte die Allgemeinen Studentenausschüsse, häufig mit Zweidrittel- oder Dreiviertelmehrheiten. Viele von ihnen konnten gegen geringen Widerstand sogar »Arierparagraphen« durchsetzen, die den Ausschluß von Juden oder zumindest Zugangsbeschränkungen für Studentenorganisationen und Hochschulen vorsahen. So verlangte beispielsweise die Studentenversammlung der Technischen Universität Hannover 1920 mit Zweidrittelmehrheit den Ausschluß aller »Studierenden jüdischer Abstammung«. Die Feindseligkeit gegen Juden, sowohl von seiten der Studenten als auch von seiten der Professoren, und die vielen damit verbundenen diskriminierenden Handlungen veranlaßten den preußischen Minister für Wissenschaft, Kunst und Volksbildung, voller Besorgnis auf »das gewaltige Anschwellen der antisemitischen Strömung auf unseren Hochschulen hinzuweisen«. Einige Monate zuvor hatte Max Weber bereits in einem Brief bemerkt: »Die akademische Stimmung ... ist extrem reaktionär und außerdem radikal antisemitisch geworden.«[10]

All diese Tendenzen verschlimmerten sich zehn Jahre später, als die gleichen Organisationen sich größtenteils von ganzem Herzen dem Nationalsozialistischen Deutschen Studentenbund anschlossen, der dann die Mehrheit der Studenten in Deutschland und Österreich für sich gewinnen konnte. Die Professoren, keineswegs immun gegen das kulturell-kognitive Modell »des Juden«, kritisierten den rassistischen Antisemitismus, der zur weitverbreiteten Norm an den Universitäten geworden war, kaum. Selbst der große Historiker Friedrich Meinecke, politisch ein Liberaler und ein Demokrat, war Antisemit.[11]

Der Antisemitismus war in der Weimarer Republik so allgemein, daß beinahe jede politische Gruppe die Juden ablehnte. Und jene fanden, obwohl sie derart heftig angegriffen wurden, in Deutschland kaum Verteidiger. Das öffentliche »Gespräch« über die Juden zeichnete ein so negatives Bild, daß Albert Einstein, überzeugt von der Hoffnungslosigkeit der Lage der Juden in Deutschland, schon 1921 meinte, er werde innerhalb der nächsten zehn Jahre zum Verlassen des Landes gezwungen sein. Dabei war sich Einstein bis zu seinem Eintreffen in Deutschland einige Jahre zuvor seines Judentums nicht allzu bewußt gewesen und hatte auf den Antisemitismus auch nicht besonders empfindlich reagiert.[12] Ein polizeilicher Lagebericht vom darauffolgenden Jahr sagte der NSDAP eine glänzende Zukunft voraus, da die »jüdische Bedrohung«, die sie in den Mittelpunkt ihrer Politik gestellt habe, überall auf Interesse stoße: »Es ist eine nicht zu leugnende Tatsache, daß die Idee des Antisemitismus bereits in die breitesten Schichten des Mittelstandes bis weit hinein in die Arbeiterschaft gedrungen ist.«[13] Am Ende seines Überblicks über die Jahre 1914 bis 1924 gelangt Werner Jochmann zu dem Schluß, »daß schon in den ersten Jahren der Republik die antisemitische Sturmflut alle Dämme der Rechtsstaatlichkeit überflutet hatte. Noch größer war die Verwüstung im geistigen Bereich. Sogar die demokratischen Parteien und die Regierungen der Republik glaubten, dem auf sie ausgeübten Druck zu entrinnen, wenn sie den Juden Zurückhaltung im politischen und gesellschaftlichen Leben empfahlen und die Ostjuden auswiesen oder internierten.«[14]

Schon in der frühen Weimarer Republik gingen Deutsche nicht nur verbal, sondern auch handgreiflich gegen Juden vor; bereits 1918, während der Revolution, wurden in München und Berlin Juden tätlich angegriffen. Eine weitere Angriffswelle des Pöbels, die 1923/24 über Deutschland hinwegfegte, führte zum Tod einiger Juden.[15] Angesichts der Präsenz und Intensität antijüdischer Ressentiments verhinderten vor allem die gesetzlichen Schranken, die die Regierungen der Weimarer Republik setzten, daß die verbalen Angriffe häufiger in physische umschlugen. Vom NS-Regime wurden diese Gefühle schließlich aktiviert und in gewalttätige und mörderische Angriffe umgeleitet.

In einer Gesellschaft, die ständig und lautstark Juden und Deutsche als antagonistische Wesen bezeichnete und die Stellung der Juden zu einer hochwichtigen *politischen* Frage machte – und das Thema nicht einfach der »Zivilgesellschaft« überließ –, war es unmöglich, in dieser Auseinandersetzung über die »Lösung« der »Judenfrage« nicht Partei zu ergreifen oder dies nicht in der typischen manichäischen Sprache zu tun, die in Deutschland vorherrschte. Weil die Parteiführer wußten, daß ihre Wähler, auch in der Arbeiterklasse, antisemitisch waren, griffen die Parteien in der Endphase der Weimarer Republik Hitler nicht wegen seines Antisemitismus an, sondern attackierten ihn aus anderen Gründen.[16] Ein Zeitzeuge faßte die Situation so zusammen: »Für den Antisemitismus waren Hunderttausende bereit, auf die Barrikaden zu steigen, Saalschlachten auszufechten, auf den Straßen zu demonstrieren; gegen den Antisemitismus rührte sich kaum eine Hand; soweit damals Parolen gegen Hitler aufgestellt wurden, rückten sie andere Dinge in den Vordergrund, aber nicht den Abscheu gegen den Antisemitismus.«[17]

Die Gruppen, von denen am ehesten zu erwarten gewesen wäre, daß sie wohlwollendere oder wenigstens andere Vorstellungen vertreten hätten, taten dies entweder nicht oder fühlten sich angesichts des tiefverwurzelten Antisemitismus in Gesellschaft, Institutionen und Politik zum Stillschweigen veranlaßt. Die Juden standen allein und verlassen da, als Deutschland 1933 unzweideutig klarmachte, was bereits seit einiger Zeit zutraf, daß nämlich – in den Worten Max Warburgs – das Land »sich selbst aus der Reihe der Kulturvölker ausschloß und sich in die Reihe der Pogromländer einordnete«.[18]

Die NSDAP war die radikalste politische Partei, die je in der europäischen Geschichte eine Regierung übernommen hat – bemerkenswerterweise aufgrund von Wahlerfolgen und trotz ihrer offen mörderischen Radikalität. Die Nationalsozialistische Deutsche Arbeiterpartei, wie sich die Nazi-Partei offiziell nannte, war am 5. Januar 1919 in München als Deutsche Arbeiterpartei gegründet worden, in den Turbulenzen von Niederlage, Revolution und Neubeginn nach dem Ersten Weltkrieg. Der damals 29jährige Adolf Hitler, der während des Krieges als Gefreiter gedient hatte und 1919 in München lebte, fand den Weg zu der neugegründeten Partei und wurde im September ihr siebentes Mitglied. Bald schon war er für die Propaganda der Partei zuständig und wurde 1921 schließlich Chefideologe und mit seinen beachtlichen rhetorischen Fähigkeiten auch der wirksamste Massenredner der Partei.

Wie Hitler verschrieb sich auch die Partei von Anfang an der Zerstörung der Weimarer Demokratie, der Revision des Versailler Vertrages. Sie propagierte Revanchismus, Antibolschewismus, Militarismus und vor allem und unermüdlich den Antisemitismus. Die Juden seien, wie Hitler und seine Anhänger wieder und wieder wie besessen verkündeten, verantwortlich für alle Heimsuchungen Deutschlands, ob für die Niederlage im Ersten Weltkrieg, die Auszehrung der Stärke Deutschlands durch die Einführung der Demokratie, ob für die Bedrohung durch den Bolschewismus oder die Brüche und verwirrenden Aspekte der Modernität. Das im Februar 1920 verabschiedete – und nie geänderte – 25-Punkte-Programm der Partei enthielt an zahlreichen Stellen Angriffe auf die Juden und forderte, sie und ihren Einfluß aus der deutschen Gesellschaft und den staatlichen Institutionen auszuschalten. In Punkt 4 heißt es: »Staatsbürger kann nur sein, wer Volksgenosse ist. Volksgenosse kann nur sein, wer deutschen Blutes ist, ohne Rücksichtnahme auf Konfession. Kein Jude kann daher Volksgenosse sein.« Das von Parteigründer Anton Drexler und Hitler verfaßte Programm behandelte die Juden in explizit rassistischer Weise. Es verpflichtete die Mitglieder auf die Bekämpfung des »jüdisch materialistischen Geistes«, das heißt auf ein eliminatorisches Projekt.[19] Die NSDAP wurde schließlich zur Hitler-Partei, vom Antisemitismus besessen und apokalyptisch in ihrer Rhetorik. Sie spiegelte und verstärkte drastisch und unverhohlen gewalttätig die antijüdischen Stimmungen der deutschen Kultur. Ende der zwanziger Jahre erlebte die Partei einen kometenhaften Aufstieg.

In ihren ersten Jahren war die NS-Partei nur eine kleine, basisnahe Organisation, deren wichtigster Auftritt auf der nationalen Bühne der Putschversuch vom 8. und 9. November 1923 in München war. Hitler wollte damals mit zwei- bis dreitausend Anhängern die Weimarer Republik stürzen. Der Versuch wurde jedoch schnell niedergeschlagen, und hätten die Nationalsozialisten nicht schließlich doch gesiegt, so wäre jener operettenhafte »Putsch« längst vergessen. Der folgende Prozeß verhalf Hitler zu weiterer Popularität; das Gericht, das mit seiner Sache sympathisierte, erlaubte ihm, die Anklagebank als Rednertribüne zu nutzen. Und in den neun Monaten Festungshaft hatte er Zeit genug, seine »Erinnerungen« zu schreiben, in denen er seine Ansichten über Politik, Deutschland und die Juden, die er so unermüdlich in seinen öffentlichen Reden vertreten hatte, systematisch ausführte. In *Mein Kampf* unterbreitete Hitler den Entwurf für seine späteren Unternehmungen als »Führer« Deutschlands, präsentierte sich in einer erschreckenden und mörderischen Sprache als visionäre Führungspersönlichkeit, die den Deutschen eine Zukunft in einer rassisch harmonischen Gesellschaft eröffnet, frei von Klassenkonflikten und insbesondere von Juden. Ohne Scham propagierte Hitler den rassistischen Antisemitismus als sein Grundprinzip. Hier eine typische Passage, in der er erklärt, warum nach seinem Verständnis der Geschichte und der modernen Welt nationale Rettung nur durch todbringende Maßnahmen zu erreichen sei: »*Nicht Fürsten und fürstliche*

113

Mätressen schachern und feilschen um Staatsgrenzen, sondern der unerbittliche Weltjude kämpft für seine Herrschaft über die Völker. Kein Volk entfernt diese Faust anders von seiner Gurgel als durch das Schwert. Nur die gesammelte, konzentrierte Stärke einer kraftvoll sich aufbäumenden nationalen Leidenschaft vermag der internationalen Völkerversklavung zu trotzen. Ein solcher Vorgang ist und bleibt aber ein blutiger.«[20]

Rückblickend räsoniert er an anderer Stelle über die Rolle der deutschen Juden im Ersten Weltkrieg:»Hätte man zu Kriegsbeginn und während des Krieges einmal zwölf- oder fünfzehntausend dieser hebräischen Volksverderber so unter Giftgas gehalten … [hätte man] … einer Million ordentlicher, für die Zukunft wertvoller Deutscher das Leben gerettet.«[21]

In seinen Schriften, Reden und Gesprächen äußerte sich Hitler unverblümt und eindeutig. Deutschlands Feinde im In- und Ausland mußten entweder zerstört oder unwirksam gemacht werden – keinem seiner Leser oder Zuhörer konnte diese Botschaft entgehen.

Wenige Jahre nach Hitlers Entlassung aus der Festungshaft und der Wiederbelebung der Partei wurde die NSDAP zur führenden politischen Kraft in der Weimarer Republik. Sie begann ihren Aufstieg zunächst mit kleinen Erfolgen bei Reichstags- und Landtagswahlen im Jahre 1925; bei den Reichstagswahlen vom 14. September 1930 erhielt sie bereits 6,4 Millionen Wählerstimmen – 18,3 Prozent – und gewann 107 der 577 Reichstagsmandate. Plötzlich war die NSDAP die zweitstärkste politische Partei in Deutschland. Die Weimarer Republik, deren Legitimität von einem großen Teil des deutschen Volkes nie anerkannt worden war, geriet bald heftig unter Druck, vor allem durch die Wirtschaftskrise, die eine Arbeitslosenquote von 30,8 Prozent hervorbrachte. In diesen schwierigen Zeiten übten Hitlers Charisma und die gegen Weimar gerichtete, antibolschewistische, antiinternationale und antisemitische Botschaft der Nationalsozialisten eine wachsende Faszination aus. Bei der Reichstagswahl vom 31. Juli 1932 stimmten fast *vierzehn Millionen* Deutsche, das waren 37,4 Prozent der Wähler, für Hitler und machten die NSDAP mit 230 Sitzen im Reichstag zur stärksten politischen Partei. Anfang 1933, nach einer weiteren Reichstagswahl im November 1932, bei der die NSDAP vier Prozentpunkte verloren hatte, forderte Reichspräsident Paul von Hindenburg Hitler zur Übernahme des Reichskanzleramts und zur Regierungsbildung auf.

Die Nationalsozialisten gelangten an die Macht, weil mehrere Faktoren zusammenkamen: die Wirtschaftskrise; die Sehnsucht nach einem Ende der Unordnung und der organisierten Gewalt auf den Straßen, unter denen die Weimarer Republik zu leiden hatte; die angeblich drohende Machtübernahme der Linken; die visionäre Ideologie der Nationalsozialisten und schließlich Hitlers Persönlichkeit. Sein flammender, offen gezeigter Haß zog viele unwiderstehlich an, zumal in einer Zeit des politischen und wirtschaftlichen Chaos, das zweifellos die unmittelbare Ursache für den letztlichen Sieg der NSDAP war. Viele Deutsche stimmten für die Partei, weil sie in ihr die einzige Kraft sahen, die fähig schien, Ordnung und sozialen Frieden wiederherzustellen, Deutschlands innenpolitische Feinde zu bezwingen und seine außenpolitische Großmachtstellung zurückzuerringen.[22]

Nachdem er bereits zum Reichskanzler ernannt worden war, ließ Hitler am 5. März 1933 eine letzte Reichstagswahl stattfinden. Von einer freien und fairen Wahl konnte allerdings nicht mehr die Rede sein, da die Kommunisten bereits verboten waren und die übrige Opposition sich massiven Einschüchterungsversuchen ausgesetzt sah. Die undemokratische Vorgehensweise schreckte die Wähler jedoch ebensowenig ab wie die Gewalt, die die Nationalsozialisten gegen Juden und Linke bereits entfesselt hatten; die NSDAP konnte über siebzehn Millionen Stimmen für sich verbuchen, 43,9 Prozent.[23] Zu diesem Zeitpunkt hatte Hitler die bürgerlichen Freiheiten bereits außer Kraft gesetzt, die Weimarer Republik beseitigt und jede Möglichkeit ausgeräumt, ihn ohne Gewaltanwendung seines Amtes zu entheben. Die Nationalsozialisten hatten nun die Macht und konnten mit der Durchführung von Hitlers »revolutionärem« Programm beginnen, gegen das die Deutschen mitunter opponieren, das sie sich zu großen Teilen jedoch zu eigen machen sollten.

Als Hitler am 30. Januar 1933 das Reichskanzleramt übernahm, konnten er und seine Anhänger feststellen, daß zumindest in bezug auf eines ihrer zentralen Themen – in ihren Augen des wichtigsten – die Deutschen vorbereitet waren. Was immer die Deutschen über Hitler und seine Bewegung denken, wie sehr ihnen auch bestimmte Aspekte des Nationalsozialismus mißfallen mochten, die große Mehrheit teilte die grundlegenden Vorstellungen, die die NSDAP von den Juden entwickelt hatte, und war in diesem Sinne – wie den Nationalsozialisten selbst bewußt war – in ihren Ansichten über die Juden »nazifiziert«. Es kann daher nicht überraschen, daß die meisten Deutschen unter dem NS-Regime antisemitisch waren, daß ihr Antisemitismus virulent blieb und rassistisch begründet war und daß sie sich auch künftig darin einig waren, daß die »Lösung« der »Judenfrage« auf Ausgrenzung und Ausschaltung gerichtet sein müsse. Im nationalsozialistischen Deutschland ereignete sich *nichts,* was das kulturell-kognitive Modell von den Juden hätte erschüttern können. Seit Jahrzehnten lag es den Einstellungen und Gefühlen zugrunde, die die Deutschen der unter ihnen lebenden, verachteten Minderheit entgegenbrachten. Alles, was öffentlich gesagt oder getan wurde, verstärkte dieses Modell noch.[24]

Im NS-Deutschland war der vermeintlich schlechte Einfluß der Juden in aller Munde; darüber wurde unaufhörlich gesprochen und jeder Mißerfolg, jedes Unglück, das Deutschland zu erleiden hatte, jede Bedrohung, mit der es sich konfrontiert sah, wurde darauf zurückgeführt.»Der Jude« war als metaphysische und existentielle Gefahr für die Deutschen genauso real wie eine starke feindliche Armee, die an den Grenzen zum Angriff bereitgestanden hätte. Charakter, Allgegenwart und Handlungslogik des deutschen Antisemitismus während der NS-Zeit werden in den bekenntnishaften Erinnerungen von Melita Maschmann brillant erfaßt, die in Form eines Briefes an eine verlorene jüdische Freundin aus Kindertagen geschrieben sind. Frau Maschmann, ein begeistertes Mitglied des BDM (Bund Deutscher Mädel), war kein ahnungsloses Kind vom Land. Ihr Vater war Akademiker, und ihre Mutter war in einem blühenden Familienunternehmen aufgewachsen. Frau Maschmann beginnt ihren Bericht darüber, wie sie als junger Mensch über Juden dachte, mit der Feststellung, daß die damals herrschende Vorstellung von den Juden jeder empirischen Basis entbehrt habe.

»Die Juden waren und blieben etwas geheimnisvoll Drohendes, Anonymes. Sie waren nicht die Gesamtheit aller jüdischen Individuen … Sie waren eine böse Macht, etwas, das gespenstische Züge trug. Man konnte es nicht sehen, und es war doch da und richtete Schaden an.

In unserer Kindheit hatten wir Märchen gehört, die uns den Glauben an Hexen und Zauberer einreden wollten. Jetzt waren wir zu erwachsen, um diesen Spuk noch ernst zu nehmen, aber an die ›bösen Juden‹ glaubten wir nach wie vor. Sie waren uns in keinem Exemplar leibhaftig erschienen, aber wir erlebten es tagtäglich, daß die Erwachsenen an sie glaubten. Man konnte schließlich auch nicht nachprüfen, ob die Erde eine Kugel und keine Scheibe war, oder genauer: man hielt es nicht für nötig, eine solche Behauptung nachzuprüfen. Die Erwachsenen ›wußten‹ es, und man übernahm dieses Wissen ohne Mißtrauen. Sie ›wußten‹ auch, daß die Juden ›böse‹ waren. Diese Bosheit richtete sich gegen den Wohlstand, die Einigkeit und das Ansehen des Deutschen Volkes, das man von früh an zu lieben gelernt hatte. Der Antisemitismus meiner Eltern war ein für uns Kinder selbstverständlicher Bestandteil ihrer Gesinnung …

Solange wir zurückdenken konnten, wurde uns dieser Widerspruch mit aller Unbefangenheit von den Erwachsenen vorgelebt. Man war freundlich zu den einzelnen Juden, die man angenehm fand, wie man als Protestant freundlich zu einzelnen Katholiken war. Aber während man nicht auf die Idee kam, den Katholiken feindlich gesonnen zu sein, war man es den Juden durchaus. Dabei ließ man sich nicht durch die Tatsache beunruhigen, daß man keine klare Vorstellung davon hatte, wer das überhaupt waren: *die* Juden. Es gab unter ihnen getaufte und orthodoxe, jiddisch sprechende Trödler und Professoren für deutsche Literatur, kommunistische Agenten und Weltkriegsoffiziere, die hohe Orden trugen, zionistische Eiferer und deutsch-nationale Chauvinisten ... Am Beispiel meiner Eltern hatte ich gelernt, daß man antisemitisch gesonnen sein konnte, ohne sich dadurch in seiner persönlichen Beziehung zu jüdischen Menschen stören zu lassen. In dieser Haltung scheint ein Rest von Toleranz zu liegen, tatsächlich verdanke ich es aber gerade ihrer Verwaschenheit, daß ich es mir später ›leisten konnte‹, mit Leib und Seele einem antihumanen politischen System zu dienen, ohne deshalb Zweifel an meiner eigenen menschlichen Anständigkeit aufkommen zu lassen. Wenn ich verkündete, daß alles Unglück der Völker von den Juden herrühre oder daß der jüdische Geist zersetzend und das jüdische Blut verunreinigend wirke, war ich nicht genötigt, an Dich oder an den alten Herrn Lewy oder an Rosel Cohn zu denken, sondern ich dachte an das Gespenst ›*der* Jude‹. Und wenn ich hörte, daß die Juden aus ihren Berufen und Wohnungen vertrieben und in Ghettos eingesperrt wurden, schaltete sich automatisch eine Weichenstellung ein, die den Gedanken umging, ein solches Schicksal könne auch Dich oder den alten Lewy ereilen. Verfolgt und ›unschädlich gemacht‹ wurde ja nur *der* Jude!«[25]

Maschmanns Darstellung macht die zentralen Eigenschaften des deutschen Antisemitismus besser als jede mir bekannte wissenschaftliche Studie deutlich: das wahnhafte Bild von *den* Juden; den unheilvollen Schatten, den sie angeblich auf Deutschland warfen; den »abstrakten« Charakter der Überzeugungen, die der Behandlung *realer* Juden zugrunde lagen; die Selbstverständlichkeit dieser Überzeugungen; schließlich die Ausschaltungsmentalität, die die Deutschen veranlaßte, der Verfolgung, Ghettoisierung und Ausrottung der Juden zuzustimmen – was sich sämtlich hinter dem Euphemismus »Unschädlichmachen« verbarg. Maschmann läßt keinen Zweifel daran, daß der Antisemitismus für viele in Deutschland gleichsam wie Muttermilch war – ein Teil des kollektiven Bewußtseins im Sinne Durkheims. Es war, wie diese Frau scharfsinnig feststellt, »ein selbstverständlicher Bestandteil ihrer Gesinnung«. Die Konsequenzen dieser ideologischen Orientierung lassen sich an der erfolgreichen Verfolgung des Juden ablesen, die mit der nationalsozialistischen Machtübernahme begann.

117

Während der NS-Zeit nahm der deutsche Antisemitismus eine vorhersehbare Wendung. Er trat gewissermaßen in den Dienst des Staates, in dem die aggressivsten und entschiedensten Antisemiten, die jemals in einer modernen Nation zur Herrschaft gelangt sind, die Macht an sich gerissen hatten.[26] Antijüdische Haßgefühle und Sehnsüchte, die von den Regierungen zuvor auf den zivilen, den nichtstaatlichen Bereich begrenzt wurden, erhoben die Nationalsozialisten zu Leitprinzipien der staatlichen Politik. Deren Folgen können nicht überraschen:

1. Erlaß umfassender, strenger gesetzlicher Beschränkungen des jüdischen Lebens in Deutschland.
2. Physische und schärfere verbale Angriffe auf Juden, teils spontan von gewöhnlichen Deutschen verübt, teils von Regierungs- und Parteiinstitutionen angeleitet.
3. Weitere Verstärkung des gesellschaftlichen Antisemitismus.
4. Verwandlung der Juden in »sozial Tote«.
5. Ein gesamtgesellschaftlicher Konsens über die Notwendigkeit, den jüdischen Einfluß in Deutschland auszuschalten.

Die antijüdische Politik und die daraus folgenden gesetzlichen Maßnahmen setzten beinahe unverzüglich ein; zunächst mit sporadischen Angriffen auf Juden, ihr Eigentum, ihre Grabstätten, ihre Synagogen sowie mit der Errichtung »wilder« Konzentrationslager für sie und die politische Linke.[28] Von den beleidigenden verbalen Attacken des Regimes und der Öffentlichkeit einmal abgesehen, kam es nur zwei Monate nach der Machtübernahme zum ersten, großangelegten, organisierten Angriff auf die deutschen Juden, der auch Symbolkraft entwickeln sollte. Der landesweite Boykott jüdischer Geschäfte am 1. April 1933 signalisierte allen Deutschen die Entschlossenheit der Nationalsozialisten.[29] Nun wurden die Juden so behandelt, wie es der oft formulierten Auffassung über sie entsprach, nämlich als fremde Eindringlinge im deutschen Gesellschaftskörper, die dessen Wohlergehen gefährdeten. Den Reden folgten jetzt Taten. Und wie reagierten die Deutschen auf den Boykott? Ein Jude erinnert sich, daß einige ihre Solidarität mit den umzingelten Juden entschieden zum Ausdruck brachten. Doch »solche Proteste waren nicht sehr verbreitet. Die allgemeine Einstellung des Publikums zeigte sich bei einem Zwischenfall in einer Drogerie. Eine Dame, begleitet von zwei Nazis in Uniform, trat ein. Sie hatte einige Artikel bei sich, die sie ein paar Tage zuvor gekauft hatte, und verlangte von dem Drogisten ihr Geld zurück. ›Ich wußte nicht, daß Sie ein Jude sind‹, erklärte sie, ›ich wünsche nämlich nichts bei Juden einzukaufen.‹«[30] Das war die Sicht des deutschen Volkes, das, organisiert durch den deutschen Staat, kollektiv eine Gruppe deutscher Staatsbürger boykottierte, weil diese angeblich – im Verbund mit ihren Rassebrüdern im Ausland – Deutschland Schaden zufügten.[31] Wiederholt und in aller Deutlichkeit machte das NS-Regime klar, daß die Zeit der Juden in Deutschland sich dem Ende zuneigte.

Auf diesen Boykott, der sich auf die gesellschaftliche Stellung der Juden, die nun offiziell als Parias galten und auch entsprechend behandelt wurden, verheerend auswirkte, folgte eine Reihe antijüdischer Maßnahmen, die die systematische Ausgrenzung der Juden aus dem wirtschaftlichen, gesellschaftlichen und kulturellen Leben und damit die Zerstörung ihrer öffentlichen und sozialen Existenz in Deutschland einleiteten.[32] Wenige Tage nach dem Boykott verabschiedeten die Nationalsozialisten das »Gesetz zur Wiederherstellung des Berufsbeamtentums«, das zur sofortigen Entlassung Tausender Juden aus dem öffentlichen Dienst führte, weil es die Zugehörigkeit zur arischen »Rasse« zur entscheidenden Voraussetzung für den Beamtenstatus erklärte.[33] Wieder war die Symbolik eindeutig. Das Gesetz, das zu den ersten zählte, das die Nationalsozialisten überhaupt verabschiedeten, war gegen die Juden gerichtet, bewirkte eine »Säuberung« des Staates und die Ausschaltung der jüdischen Präsenz aus eben den Institutionen, die wohl am stärksten mit der allgemeinen und kollektiven Wohlfahrt, mit dem Dienst am Volke identifiziert wurden. Definitionsgemäß konnten die Juden dem deutschen Volk nicht dienen, denn dienen beinhaltet auch helfen. Obwohl es Deutsche gab, die offene Gewalt gegen Juden und den Aprilboykott kritisierten – die dem Ansehen Deutschlands im Ausland zu schaden drohten und mit erheblicher Brutalität verbunden waren –, verriet die Kritik im allgemeinen weder eine Abweichung von der antisemitischen Konzeption, die diesen Maßnahmen zugrunde lag, noch Solidarität mit den Bedrängten.[34] So stieß denn auch das »Gesetz zur Wiederherstellung des Berufsbeamtentums«, das keine öffentlichen Gewaltakte nach sich zog, in Deutschland auf breite Zustimmung.[35]

Ganz besonderer Beliebtheit erfreute es sich bei den Kollegen der jüdischen Beamten. Ihre langjährige Zusammenarbeit rief bei diesen Deutschen keineswegs, wie man vielleicht erwarten würde, Gefühle der Solidarität oder Sympathie hervor.[36] Selbst Thomas Mann, der schon lange ein ausgesprochener Gegner des Nationalsozialismus war, entdeckte plötzlich Gemeinsamkeiten mit dem Regime, als es darum ging, den jüdischen Einfluß in Deutschland zu beseitigen: Dies, so meinte er, »... ist am Ende kein Unglück; auch die Entjudung der Justiz am Ende nicht«.[37] Das kulturell-kognitive Modell von den Juden und die Ausschaltungsmentalität, die daraus hervorging, beherrschte ganz Deutschland.

In den folgenden Jahren gelang es den Deutschen, durch Regierungspolitik und im Alltag, den Juden in Deutschland das Leben nahezu unerträglich zu machen.[38] Sie hatten mit einer Fülle von Gesetzen, Maßnahmen und Angriffen zu kämpfen, die ihr Auskommen, ihre gesellschaftliche Stellung und ihre persönliche Sicherheit bedrohten. Die Attacken erfolgten unkoordiniert. Manches wurde von oben angeordnet, anderes geschah auf Initiative von unten, die meist, aber nicht immer von überzeugten Nationalsozialisten ausging, in der überwiegenden Zahl von SA-Männern, dem braunen Stoßtrupp des Regimes. Mitte 1933 überzogen sie Deutschland mit tätlichen wie symbolischen Angriffen gegen Juden, die bereits die ganze Bandbreite dessen umfaßten, was zum deutschen »Standardrepertoire« werden sollte. Verbale Beleidigungen waren dabei mittlerweile so verbreitet, so »normal«, daß sie gar nicht mehr besonders erwähnt wurden. Um die Pariastellung der Juden unmißverständlich öffentlich zu machen, stellte man in Franken beispielsweise überall vor Dorfeinfahrten, Restaurants und Hotels Schilder mit der Aufschrift »Juden unerwünscht« oder »Eintritt für Juden verboten« auf.[39] Am Stadtrand von München fanden sich solche Tafeln schon im Mai 1933.[40]

»Warnhinweis« am Stadtrand von Braunschweig, photographiert 1935.

In den dreißiger Jahren tauchten in vielen deutschen Städten diese offiziellen »Hinweise« auf, sie gehörten bald zur deutschen Landschaft. Ein Zeitzeuge berichtete im Jahre 1939:

»Wo es keine offiziellen Verfügungen gab, hatten Schilder auf den Zufahrtsstraßen die erhoffte Wirkung. Sehr beliebt waren folgende Formulierungen: ›Juden betreten diesen Ort auf eigene Gefahr‹, ›Juden sind in dieser Stadt unerwünscht‹, ›Vor Taschendieben und Juden wird gewarnt‹. Es fanden sich auch ›Dichter‹, die sich ermutigt fühlten, Verse zu verfassen, die sich auf die Worte ›Sau‹, ›Knoblauch‹ und ›Gestank‹ reimten. Bildende Künstler erhielten Gelegenheit, auf Schildern illustrative Hinweise auf das Schicksal von Juden zu geben, die diese Warnungen unvorsichtigerweise in den Wind schlagen sollten. Derlei Schilder fanden sich allerorts in Hessen, Ostpreußen, Pommern und Mecklenburg, anderswo gab es sie wohl in der Hälfte aller Städte. (Sie fehlten allerdings in Fremdenverkehrsorten wie Baden-Baden, Bad Kissingen oder Bad Nauheim.) In Bahnhöfen, Verwaltungsgebäuden und an wichtigen Hauptverkehrsstraßen fand man das Echo. In der Nähe von Ludwigshafen stand an einer gefährlichen Straßenkurve der Ratschlag zu lesen: ›Vorsicht, scharfe Kurve – Juden, Vollgas voraus!‹«[41]

Öffentliche Diffamierungen[42] wie diese waren Ausdruck der eliminatorischen Absichten der Deutschen. Ergänzt wurden diese Beleidigungen durch tätliche Angriffe mit einer erschreckenden Symbolik; dazu zählen beispielsweise jene Überfälle, bei denen Juden Bart und Haare abgeschnitten wurden, eine Praxis, die sich seit Beginn der nationalsozialistischen Herrschaft bei den Deutschen großer Beliebtheit erfreute.

Ein jüdischer Flüchtling erinnert sich, Anfang 1933 in einem Berliner Krankenhaus einen alten Juden mit ungewöhnlichen Gesichtswunden gesehen zu haben: »Er war ein armer Rabbi aus Galizien, der auf der Straße von zwei Uniformierten angehalten worden war. Einer von ihnen packte ihn an den Schultern, der andere ergriff seinen langen Bart. Der zweite Mann zog dann ein Messer aus der Tasche und schnitt damit den Bart des alten Mannes ab. Um ihn völlig zu entfernen, hatte er einige Hautstücke mit abgeschnitten.« Auf die Frage des Arztes, ob der Täter irgend etwas gesagt habe, antwortete der alte Mann: »Ich weiß es nicht! Er schrie mich an ›Tod den Juden!‹«[43] Anschläge auf jüdische Geschäfte, Synagogen und Friedhöfe wurden von einzelnen wie von organisierten Gruppen verübt. So provozierte beispielsweise 1934 in München ein Mann, der keiner nationalsozialistischen Organisation angehörte, eine Menschenmenge, gegen jüdische Ladenbesitzer zu demonstrieren. Schließlich ging die Menge sogar mit Gewalt gegen die Kaufleute vor. Daß Juden geschlagen, verstümmelt und getötet wurden, wurde in jenen Jahren mehr und mehr zu einem »normalen« Ereignis.[44] Von einer bezeichnenden Episode berichtet die Tochter eines arglosen Viehhändlers aus einer kleinen

Stadt in Ostpreußen, der im März 1933 mitten in der Nacht von fünf schwerbewaffneten SA-Männern angegriffen wurde. Der »SA-Mann prügelte erst meinen Vater, dann meine Mutter und schließlich auch mich mit einem Gummiknüppel. Meine Mutter erlitt eine tiefe Platzwunde am Kopf, meine Stirn wurde ebenfalls aufgerissen ... Draußen vor der Vordertür hatten sich alle Konkurrenten meines Vaters versammelt, und sie verhielten sich auf eine derart unanständige Weise, daß ich als junges Mädchen das gar nicht wiedergeben kann.«[45]

Warschau 1939: Ein Deutscher schneidet einem Juden den Bart ab, während andere Deutsche lachend zuschauen.

Die Attacken gegen Juden beschränkten sich in jener Phase keineswegs auf die Städte. Juden, die auf dem Land und in Kleinstädten lebten, wurden von ihren nichtjüdischen Nachbarn in den ersten Jahren des Regimes in einem Maße und derart gewalttätig verfolgt, daß sie ihre Heimat verließen und in die Anonymität größerer Städte oder gar ins Ausland flohen.[46] Es waren Nachbarn, die so vehement vorgingen, also Menschen, mit denen Juden Seite an Seite gelebt und gearbeitet,

Kinder geboren und Eltern begraben hatten. Was sich in zwei benachbarten Orten in Hessen zutrug, war keineswegs außergewöhnlich.[47] In Gedern lebten vierzig jüdische Familien, als die Nationalsozialisten die Macht übernahmen. Nicht einmal zwei Monate später, am 12. März 1933, brachen Deutsche in die Häuser von Juden ein und terrorisierten diese. Einen knüppelten sie so brutal nieder, daß er ein ganzes Jahr im Krankenhaus verbringen mußte. Als anläßlich einer Reichstagswahl Parolen entdeckt wurden, die dazu aufforderten, einen Führer der verbotenen kommunistischen Partei zu wählen, zwangen die Deutschen der Stadt einige Juden, im Exerzierschritt auf die Brücke zu marschieren und dort die Parolen abzuwaschen. Danach wurden die Juden geschlagen. Ein jüdischer Junge, der auf der Straße angegriffen wurde, verlor ein Auge. Wenig später zwangen die Deutschen zwei jüdische Männer, durch die Stadt zu paradieren, während sie sie mit Peitschen schlugen, die sie sich bei einem wohlhabenden Bauern besorgt hatten. Ihren Wunsch, die Juden loszuwerden, brachten die Deutschen unter anderem auch dadurch zum Ausdruck, daß sie auf dem jüdischen Friedhof Grabsteine umwarfen, eine unmißverständliche »Geste«, die sich nicht auf Gedern beschränkte. Die Lebensbedingungen wurden so unerträglich, daß bereits vor der *Reichspogromnacht* alle Juden die Stadt verlassen hatten, der letzte am 19. April 1937. Als er abreiste, verweigerten seine ehemaligen Nachbarn diesem offenbar völlig mittellosen Mann sogar ein letztes Stück Brot.[48]

Auch in Bindsachsen, einem nahe gelegenen Ort, wurden Juden schon früh bedroht. Am Abend des ersten Angriffs, dem 27. März 1933, versammelte sich ein großer Teil der Bevölkerung auf dem Marktplatz, um mitzuerleben, wie ein SA-Mann ein ausgewähltes jüdisches Opfer niederknüppelte, einen Mann, den die ganze Stadt kannte. Begeistert vom Anblick, den das Leiden ihres Nachbarn ihnen bot, feuerte die Menge den SA-Mann bei seinem Tun an.[49]

Eine Chronik solcher Übergriffe von Deutschen auf Juden würde viele Bände füllen. Die hier aufgeführten Beispiele sind keineswegs untypisch. Attacken wie diese gehörten zum deutschen Alltag, nachdem der Nationalsozialismus einmal in der Lage war, die aufgestauten antisemitischen Gefühle zu entfesseln.[50] Die einfachen SA-Leute, die ihren Haß gegen die Juden nun ungestraft zum Ausdruck bringen konnten, verübten viele Gewaltakte auf eigene Faust. Der Staat hatte die Juden indirekt zu »Freiwild« erklärt, zu Wesen, die aus der deutschen Gesellschaft ausgeschaltet werden mußten, mit welchen Mitteln auch immer, Gewalt eingeschlossen.

Die SA ist immer wieder als Pöbel in Uniform bezeichnet worden, als Organisation brutaler Männer aus den Unterschichten, voller Vorurteile und Gewalttätigkeit.[51] Das ist weitgehend richtig. Zutreffend ist aber auch, daß der SA etwa *zwei Millionen* Männer angehörten, also etwa jeder zehnte deutsche Mann aus den Altersgruppen, in denen die SA rekrutierte.[52] Die SA repräsentierte also einen bedeutenden Teil der deutschen Bevölkerung. Wie jede andere radikale Kampforganisation dieser Art konnte sie darüber hinaus damit rechnen, daß viele Deutsche, die nicht zur Organisation zählten, mit ihren Mitgliedern sympathisierten, wenn sie über Juden herfielen. Das Beispiel des schwer geschlagenen und gequälten Juden von Bindsachsen illustriert dieses allgemeine Phänomen. Die SA-Männer waren es, die die Initiative ergriffen, aber sie wurden angefeuert und unterstützt von Bewohnern ihrer Stadt, die vermutlich der SA nicht angehörten.

Tätliche Angriffe gegen Juden waren in den ersten Jahren der NS-Herrschaft in Deutschland so allgemein verbreitet und fanden soviel Rückhalt, daß es falsch wäre, die Schuld an ihnen einzig den »Schlägern« der SA zuzuschreiben, als hätte das breitere deutsche Publikum keinen Einfluß darauf gehabt oder sich nicht daran beteiligt. Ein Gestapobericht vom August 1935 aus Osnabrück widerlegt die Auffassung, daß die deutsche Öffentlichkeit keine Schuld treffe. Robert Gellately schreibt dazu:

»In dieser Stadt und ihrer Umgebung gab es ›massive Demonstrationen‹ gegen jüdische Geschäfte, die öffentlich gebrandmarkt und von Pöbelhaufen umstellt wurden: Leute, die jüdische Geschäfte betraten, wurden fotografiert, die Fotos öffentlich ausgestellt. Auf den Straßen wimmelte es von Aktionen, Paraden usw. ... Der ›Höhepunkt des Kampfes gegen die Juden‹, so der Bericht, war eine Massenkundgebung am 20. August, zu der 25 000 Menschen zusammenströmten, um eine Rede des Kreisleiters Münzer über ›Osnabrück und die Judenfrage‹ zu hören. Die Situation hatte sich jedoch so aufgeheizt, daß die Gestapo und andere Staatsbehörden Münzer auffordern mußten, den ›Ausschreitungen‹ ein Ende zu machen. Er tat das, indem er in allen Lokalzeitungen einen Aufruf veröffentlichte; am 27. August wurden diese Aktionen offiziell für gesetzwidrig erklärt.«[53]

Die antisemitischen Attacken, die Versuche, das eliminatorische Programm zu beschleunigen, gingen auf keinen Fall nur vom »Abschaum« der deutschen Gesellschaft aus, von den zehn Prozent am unteren Ende der Einkommenspyramide, die oft allzu leicht als unmoralische Menschen abgetan werden, von denen ein anderes Verhalten gar nicht zu erwarten wäre. Die Initiative, gesellschaftliche Kontakte zwischen Juden und Deutschen zu unterbinden, ging auf Gemeinde- und Stadtverwaltungen zurück, auf Deutsche aus allen Schichten, und zwar bevor der Staat dies vorschrieb. So begannen viele Gemeinden bereits 1933 damit, Juden die Benutzung von öffentlichen Bädern zu verbieten.[54] Kleine Geschäftsleute regten in dieser Frühzeit so viele Maßnahmen und Angriffe gegen Juden an, daß aus dieser sozialen Schicht allem Anschein nach die meisten »privaten« Übergriffe hervorgingen.[55] Die Initiative zur Ausschaltung des jüdischen Einflusses wurde jedoch auch von höchst angesehenen und bestausgebildeten Berufsgruppen vorangetrieben. Medizinische Einrichtungen und Fachverbände beispielsweise begannen schon mit dem Ausschluß ihrer jüdischen Kollegen, als die Regierung derartige Schritte noch gar nicht angeordnet hatte.[56] Universitätsleitungen, Professoren und Studenten spendeten überall in Deutschland Beifall, wenn jüdische Kommilitonen verjagt wurden, oder trugen gar dazu bei.[57]

Berlin, 15. August 1935: Tausende von Deutschen nehmen an einer antisemitischen Kundgebung teil.

Richter und Angehörige anderer juristischer Berufe waren so eifrig bei der »Säuberung« ihrer Institutionen und ihres Landes, daß sie bereits in den ersten Monaten nach der Machtübernahme oft die gesetzlichen Bestimmungen übertraten, die das Regime verkündet hatte. Ein Berliner Gericht bestätigte im Oktober 1933 die Entlassung eines jüdischen Grundstücksverwalters mit der Begründung, angesichts des

Judenhasses der Bevölkerung sei es »nicht ratsam«, einen Juden im Amt zu behalten, selbst wenn noch kein besonderes Gesetz vorliege, das seine Entlassung fordere. Bereits im Juli dieses Jahres hatte ein anderes Berliner Gericht jenen Richtern, die im »Kampf gegen das Judentum« die Initiative ergreifen wollten, eine noch umfassendere Rechtfertigung geliefert. Der *Juristischen Wochenschrift,* dem wichtigsten Fachorgan zufolge, das hier mit offensichtlicher Zustimmung berichtete, führte das Gericht aus: »Eine Revolutionsgesetzgebung vermag nicht alle Einzelverhältnisse zu regeln und muß es bei vorhandenen Lücken den Gerichten und den maßgeblichen Stellen überlassen, Entscheidungen zu treffen, die ihren Grundlinien gerecht werden.«[58]

Unter den deutschen Richtern – die mehrheitlich schon während der Weimarer Republik im Amt waren und daher, zumindest formal, nicht als »NS-Richter« bezeichnet werden können, gab es derart fanatische Rassenantisemiten, daß selbst führende Nationalsozialisten ihnen vorwarfen, in ihrem zügellosen Eifer das Recht gebeugt zu haben. Schließlich sollte das eliminatorische Programm in gesetzlichen Bahnen ablaufen. Reichsinnenminister Frick versuchte ebenfalls, seine Untergebenen, darunter viele aus der Weimarer Zeit übernommene Kräfte, davon abzuhalten, über den gesetzlichen Rahmen hinauszugehen.[59] Der große Beitrag der Richterschaft zur Verfolgung der Juden in der NS-Zeit macht deutlich, daß Richter fanatische Aktivisten waren, die selbst den Anstoß zu Ausschaltungsmaßnahmen gaben, voller Haß gegen Juden bereits während der Weimarer Republik und nun, nach der Machtübernahme, endlich frei, ihren Überzeugungen gemäß zu handeln.[60] In diesem Sinne unterschieden sich die Richter, trotz ihrer juristischen Ausbildung, nicht von anderen Gruppen in Deutschland; der Transformationsprozeß war bei ihnen lediglich eklatanter.

Die in den ersten Jahren des Nationalsozialismus unsystematischen gesetzlichen Maßnahmen gegen die Juden und insbesondere die unkoordinierten und oftmals wilden Attacken, zu denen es NS-Lage- und Stimmungsberichten zufolge überall im Reich kam,[61] beunruhigten viele Deutsche. Einige wandten sich gegen die willkürliche Gewalt, und viele, inner- wie außerhalb von Regierung und Partei, waren sich nicht sicher, welche Handlungen gegen Juden zu tolerieren seien. Die Nürnberger Gesetze vom September 1935 und die nachfolgende Gesetzgebung brachten »Ordnung« in den unkoordinierten Stand der Dinge, da in ihnen präzise festgelegt wurde, wer als »Jude« und wer als »jüdischer Mischling« zu gelten habe, und sie überdies eine Reihe von Verboten enthielten. Das eliminatorische

Programm erhielt dadurch ein beträchtliches Maß an Kohärenz. Vor allem aber kodifizierten die Nürnberger Gesetze den Ausschluß der Juden von einer bürgerlich-gesellschaftlichen Existenz in Deutschland und vollzogen einen großen Schritt hin zu einer unüberwindlichen Trennung zwischen Juden und dem »deutschen Volk«. Die beiden Einzelgesetze, das »Reichsbürgergesetz« und das »Gesetz zum Schutz des deutschen Blutes und der deutschen Ehre«, entzogen den Juden die Bürgerrechte, untersagten Eheschließungen und nichteheliche sexuelle Beziehungen zwischen Juden und Deutschen.[62] Bei den Deutschen erfreuten sich diese Gesetze erheblicher Popularität, weil sie in einem als dringlich empfundenen Bereich für größere Klarheit sorgten und mehr noch wegen ihres Inhalts. Ein Gestapobericht aus Magdeburg faßte zusammen: »Die Bevölkerung empfindet die Regelung der Verhältnisse der Juden als befreiende Tat, die nunmehr absolute Klarheit bringe und gleichwohl bei aller Festigkeit in der Wahrung der rassemäßigen Interessen des deutschen Volkes sich frei von einer haßerfüllten Verfolgung der Juden halte.«[63]

Das Ausgrenzungsprogramm hatte nun eine zusammenhängende Darstellung gefunden. Die Nürnberger Gesetze versprachen, das zu erfüllen, was jahrzehntelang nur diskutiert und gefordert worden war. In dem Augenblick, in dem die nationalsozialistische deutsche »Religion« kodifiziert wurde, zeigte die Regierung dem Volk gleichsam die Gesetzestafeln mit der eliminatorischen Offenbarung. Jeder konnte sie lesen, die Sprache war jedem verständlich. Viele wünschten sogar die Ausschaltung zu beschleunigen. So hieß es in einem Gestapobericht aus Hildesheim im Februar 1936: »Vielfach wird gesagt, daß man die Juden in Deutschland noch viel zu human behandele.«[64]

Nach der Verabschiedung der Nürnberger Gesetze nahm die Zahl der Ausschreitungen gegen Juden zunächst ab und blieb bis 1937 auf einem niedrigen Niveau. Zwar griffen Deutsche Juden auch in dieser Zeit verbal und tätlich an, der Ausschluß der Juden aus dem rechtlichen, wirtschaftlichen, gesellschaftlichen und beruflichen Leben wurde weiter vorangetrieben, die Gewalttätigkeiten gingen jedoch insgesamt zurück. Die relative Ruhe wurde jedoch 1938 von einer neuen antisemitischen Welle abgelöst. Staat und Partei arbeiteten wieder mit vollem Einsatz an der »Lösung« der »Judenfrage«. In nur zwei Wochen wurden beispielsweise im Rahmen einer Kampagne der Partei unter dem Motto »Ein Volk bricht Ketten« allein in Sachsen 1350 antisemitische Veranstaltungen abgehalten.[65] Eine wachsende Zahl von Übergriffen gegen Juden, Zerstörungen jüdischen Eigentums, öffentlichen Erniedrigungen und Verhaftungen mit anschließender KZ-Haft kennzeichneten dieses Jahr. Die Feindseligkeit der gewöhnlichen Deutschen war inzwischen so groß, daß jüdisches

Leben außerhalb der großen Städte, wo die Juden noch auf ein gewisses Maß an Anonymität hoffen konnten, unerträglich wurde. So heißt es in einem zusammenfassenden Bericht der Sozialdemokratischen Partei über den Juli 1938: »Das ständige antisemitische Trommelfeuer hat zur Folge, daß deutsche Juden sich in kleineren Provinzorten kaum mehr halten können. Immer mehr Orte melden sich als ›judenrein‹.«[66]

Doch nicht nur aus den ländlichen Gebieten flohen die Juden, die jüdische Auswanderung nahm generell zu, eine dem Regime willkommene Folge der unerträglichen Lebensbedingungen für Juden.

Deutsche beobachten die brennende Synagoge am Frankfurter Börneplatz während der »Reichskristallnacht«.

Die Bevölkerung reagierte im allgemeinen zustimmend auf die eliminatorischen Ziele und Maßnahmen, mißbilligte allerdings brutale Ausschreitungen. Dennoch: Die Deutschen zeigten wenig Mitgefühl, es sei denn vielleicht, die Maßnahmen trafen jemanden aus dem Bekanntenkreis.[67]

Schon die Zunahme der Gewalt im Jahr 1938 hatte jedermann signalisiert, daß der relative Friede der vergangenen beiden Jahre trügerisch gewesen und beendet war; die landesweiten Ausschreitungen während der Reichspogromnacht, die beispiellos in der modernen deutschen Geschichte waren, zerstörten endgültig jeden Gedanken an die Möglichkeit einer dauerhaften jüdischen Existenz in Deutschland. Die Verfolgungen und Gewalttätigkeiten der Reichspogromnacht markierten den Höhepunkt des ungezügelten Terrors, den – vor allem in ländlichen Gebieten – Deutsche gegen Juden ausübten. Reichspropagandaminister Joseph Goebbels zog die Fäden bei diesem »Racheakt« anläßlich der Ermordung des deutschen Legationsrats Ernst vom Rath durch einen verzweifelten Juden, dessen Eltern die Deutschen Anfang des Jahres gemeinsam mit 15 000 anderen polnischen Juden nach Polen deportiert hatten.[68] In der Nacht vom 9. auf den 10. November wurden die Deutschen, ob in Städten oder Dörfern, vom Geräusch splitternden Glases, dem Flammenschein und Geruch brennender Synagogen und von den Verzweiflungsschreien der Juden geweckt, die von ihren Landsleuten zusammengeschlagen wurden.

Das Ausmaß der Gewalt und der Zerstörungen spiegelt sich in den Statistiken wider. In dieser Nacht wurde eine Grenze überschritten. Die Täter, hauptsächlich SA-Leute, töteten annähernd hundert Juden und verschleppten weitere dreißigtausend in Konzentrationslager. Hunderte von Synagogen wurden niedergebrannt und demoliert, fast alle, die von den Deutschen bis dahin noch nicht zerstört worden waren. Schaufensterscheiben von etwa 7 500 »jüdischen« Geschäften wurden zertrümmert, daher die von den Nationalsozialisten benutzte Bezeichnung »Reichskristallnacht«.[69]

Und wie reagierte das deutsche Volk auf die Ereignisse? In zahlreichen Kleinstädten wurden die SA-Leute von bereitwilligen Ortsansässigen begrüßt, die die Gelegenheit ergriffen mitzumachen. »Die Erkenntnis, daß die Juden an diesem Tag ›vogelfrei‹ seien, teilte sich auch Bürgern mit, die gar nicht zu den Einsatztrupps gehörten und auch nicht einmal Parteigenossen waren. Und mancher ließ sich auf Grund der Situation hinreißen, auf die bedrängten und wehrlosen Juden einzuschlagen.«[70]

Ganz normale Deutsche beteiligten sich, ohne daß es einer Provokation oder einer Ermutigung bedurft hätte, an dem brutalen Vorgehen – selbst Kinder und Jugendliche, in vielen Fällen gewiß mit dem Einverständnis der Eltern. Weitere Hunderttausende schauten zu, auch am nächsten Tag, als die Täter die Juden feierlich in Richtung Konzentrationslager marschieren ließen.[71]

Die SA-Männer, ob von Freiwilligen unterstützt oder nicht, boten mit ihrer Mutwilligkeit und Brutalität einen furchterregenden Anblick, der für die Juden lähmend war und auch viele Deutsche erschütterte. Kritik an der von oben gelenkten, aber doch ganz ungezü-

Zuschauer auf den Straßen von Regensburg beobachten am Morgen nach der »Reichskristallnacht« die Deportation jüdischer Männer nach Dachau.

gelten Gewalttätigkeit wurde aus allen gesellschaftlichen Schichten laut, selbst aus den Reihen der Partei. Gewiß empfanden manche Deutsche Mitleid angesichts der geschlagenen und gequälten Opfer. Doch die Quellen weisen darauf hin, daß die Kritik in der überwältigenden Mehrzahl der Fälle nicht aus einer prinzipiellen Mißbilligung dessen, was den Juden angetan worden war, und nicht aus der Auffassung resultierte, diesen Menschen sei ein Unrecht geschehen.

Im wesentlichen gingen die Beschwerden auf drei Ursachen zurück. Viele verabscheuten die brutalen Ausschreitungen aus ihrer Mitte heraus. Der Anblick der SA-Männer und anderer, die ihrer Grausamkeit freien Lauf ließen und in den Straßen der eigenen Gemeinde Tod und Zerstörung verbreiteten, war so erschreckend, daß sich erstmals einige Deutsche, die keine Juden waren und nicht zur politischen Linken zählten, die Frage stellten, ob sich diese radikale Bewegung nicht eines Tages auch gegen sie wenden werde.[72] Viele, die sich die Ereignisse zu erklären suchten und der Wahnvorstellung von der Allmacht der Juden verhaftet waren, ängstigte auch die Aussicht, die Juden könnten sich schließlich an Deutschland rächen.[73] Ein deutscher Autor erinnert sich, wie ihn seine Tante nach der Reichspogromnacht mit den Worten empfing: »Was heute nacht den Juden angetan worden ist, werden wir Deutschen schwer büßen müssen …

Dann werden unsere Kirchen, unsere Wohnungen, unsere Geschäfte verwüstet werden. Da kannst du ganz sicher sein ...«[74]

Und schließlich war es die sinnlose Vernichtung so vieler Sachwerte, die zahlreiche Deutsche abstieß.[75] Selbst wenn sie es richtig fanden, daß die Juden ernteten, was sie ihrer Ansicht nach gesät hatten, so schien ihnen diese Zerstörungswut doch überflüssig.[76] Schätzungen zufolge belief sich die Gesamthöhe des Schadens auf einige hundert Millionen Reichsmark.[77]

Die Konzentration auf die enorme Verschwendung von Sachwerten war selbst in der Arbeiterklasse so beherrschend – von deren Angehörigen man allgemein annimmt, daß sie am wenigsten vom Antisemitismus infiziert waren –, daß nach der »Reichskristallnacht« der kommunistische Untergrund ihre Sympathien zu gewinnen suchte, indem er in erster Linie auf die materiellen Kosten des Pogroms einging. In einem Aufruf unterschieden die Kommunisten vielsagend zwischen dem »deutschen Volk« und den Tätern und betonten, Gewalt und Zerstörung seien keinesfalls auf den »Volkszorn« zurückzuführen. Wie konnten die Kommunisten sich dessen so sicher sein? Nicht weil sie glaubten, daß die Menschen Sympathie und Solidarität für ihre jüdischen Mitbürger empfanden, sondern weil sie meinten, daß die Arbeiter für den angerichteten Schaden am »deutschen Volksvermögen« aufzukommen hätten und Arbeiterfrauen die Vernichtung so vieler Werte daher »mit Empörung« betrachteten.[78]

Die Kritik an der Reichspogromnacht, die überall in Deutschland zu hören war, muß daher als begrenzte Kritik an einem eliminatorischen Weg verstanden werden, den die überwältigende Mehrheit der Deutschen grundsätzlich für richtig hielt, der in ihren Augen jedoch zu diesem Zeitpunkt eine falsche Wendung genommen hatte. Gegen diese Einwände standen die Begeisterung der Deutschen für das eliminatorische Unternehmen, das nach der Reichspogromnacht unvermindert weiterging, ebenso wie die enorme Befriedigung, mit der viele die »Reichskristallnacht« offen begrüßten. In Nürnberg fand zum Beispiel am Tag nach der Pogromnacht eine öffentliche Kundgebung statt, zu der sich annähernd 100 000 Menschen freiwillig einfanden, um die antisemitische Hetzrede von Julius Streicher, dem Herausgeber des *Stürmers,* zu hören, der als Deutschlands fanatischster Antisemit galt. Photos von dieser Veranstaltung zeigen relativ wenige Uniformierte. Statt dessen sieht man hier in den Gesichtern ganz gewöhnlicher Deutscher – dem »kollektiven Gesicht« von Nürnberg und Deutschland – glühende Zustimmung zum eliminatorischen Programm ihrer Regierung. Ein Autor, der sich nach dem Krieg an dieses Ereignis erinnerte, schrieb:»Die überwältigende Mehrheit der Nürnbergerinnen und Nürnberger hätte, ohne Gefahr von Repressionen, fernbleiben können; statt dessen bejubelte man die Staatsverbrecher.«[79]

Nicht nur Deutschland, sondern die gesamte westliche Welt war Zeuge der Reichspogromnacht, und sie reagierte mit moralischem Abscheu und Zorn. Das deutsche Volk dagegen nicht. Es setzte sich nicht grundsätzlich von dem antisemitischen Wahrnehmungsmodell ab, das den Verheerungen jener Nacht zugrunde lag, obwohl all dies im Namen des deutschen Volkes geschah, mitten in Deutschland an hilflosen Menschen, an Mitbürgern. In diesem Augenblick wurde jedem deutlich, daß die Regierung vor der Anwendung auch radikalster Mittel nicht zurückschrecken würde, wenn es darum ging, die Ausschaltung der Juden und des jüdischen Einflusses in Deutschland sicherzustellen. Alfons Heck, ein ehemaliges Mitglied der Hitler-Jugend, hat dies so formuliert: »Nach der ›Kristallnacht‹ konnte kein Deutscher, der alt genug war, auf seinen eigenen zwei Beinen zu gehen, für sich in Anspruch nehmen, von der Judenverfolgung nicht gewußt zu haben, und kein Jude konnte sich mehr vormachen, daß Hitler etwas anderes wollte als ein ›judenreines‹ Deutschland.«[80]

Kritik an der Reichspogromnacht war möglich, und die Empörung über die offene Brutalität und die Zerstörungen machte sich offen und wortreich Luft. Zu hören – und dies ist von großer Bedeutung – war kein moralischer Aufschrei über das begangene Unrecht. Das hat die Menschen anscheinend nicht bewegt. Im Gegenteil: 84 Prozent der protestantischen und 75 Prozent der katholischen Religionslehrer in Mittel- und Oberfranken protestierten gegen die Ermordung des deutschen Diplomaten vom Rath, indem sie ihren Religionsunterricht ausfallen ließen. Gegen das ungeheure Leid, das unschuldigen Juden zugefügt wurde, unternahmen sie nichts.[81]

Die Pogromnacht war wohl das aufschlußreichste Ereignis der gesamten NS-Zeit. In diesen Stunden hätte das deutsche Volk Gelegenheit gehabt, Solidarität mit seinen jüdischen Mitbürgern zu bekunden. Statt dessen besiegelte es das Schicksal der Juden, indem es die Herrschenden wissen ließ, daß es mit dem eliminatorischen Unternehmen einverstanden war, selbst wenn einige Menschen lautstark gegen einzelne Maßnahmen opponierten. Noch einmal macht Melita Maschmann deutlich, mit welcher Einstellung die Deutschen dem Schrecken begegneten, der sich in dieser Nacht offenbarte: »Eine Sekunde lang empfand ich deutlich, daß hier etwas Schreckliches geschehen war. Etwas angsteinflößend Brutales. Aber fast gleichzeitig schaltete ich darauf um, das Geschehene als vollendete Tatsache zu akzeptieren und nicht mehr kritisch zu bedenken. Ich sagte mir: Die Juden sind die Feinde des neuen Deutschland. Sie haben diese Feindschaft heute Nacht zu spüren bekommen. Das Weltjudentum, das es darauf abgesehen hat, Deutschland an seinem ›Aufbruch in die Größe‹ zu hindern, wird die Ereignisse dieser Nacht hoffentlich als ein Warnsignal verstehen. Wenn von den Juden in aller Welt Haß gegen uns gesät wird, so sollten sie wissen, daß sich Geiseln ihres Volkes in unserer Hand befinden.«[82] Wie sehr die Deutschen dieses Verdikt gegen die Juden und seine Durchführung durch die Täter auch ablehnen mochten, so stimmten sie doch, von wenigen Ausnahmen abgesehen, dahingehend überein, daß die Juden kollektiv schuldig waren.

Die Ausschaltung der Juden aus der deutschen Gesellschaft, die seit der nationalsozialistischen Machtübernahme im Gange war, beschleunigte sich nach der Reichspogromnacht. Die Deutschen verwandelten jetzt die Juden, die noch nicht geflohen waren, um ihr Leben zu retten, in eine »Gemeinschaft von Aussätzigen«,[83] die man wie Aussätzige im Mittelalter mied und verunglimpfte.

Der Kontakt mit Juden, den nahezu alle Deutschen ohnehin bereits auf ein Minimum reduziert hatten, galt in der öffentlichen Ideologie, die sich im persönlichen Handeln niederschlug, als verunreinigend, als Gefahr für das Wohl der Deutschen. Warum sonst gab es ein »Gesetz zum Schutz des deutschen Blutes und der deutschen Ehre«, das auf den Wunsch breiter Kreise der Bevölkerung hin verkündet worden war und sich nun großer Popularität erfreute – und dies nicht nur, weil es endgültig kodifizierte, welche Beziehungen zu Juden erlaubt waren? Es überrascht nicht, daß häufig Anschuldigungen wegen »Rassenschande«, also wegen außerehelicher Geschlechtsbeziehungen zwischen Juden und Deutschen, die absolut verboten waren, von gewöhnlichen Deutschen gegen Juden erhoben wurden.[84]

Die Geschichte der Emma Becker, die David Bankier wiedergibt, beleuchtet schlaglichtartig die unerbittliche Feindseligkeit gegenüber Juden. Frau Becker war eine »Jüdin«, und ihre Lebensumstände hätten eigentlich eine anständige Behandlung von seiten ihrer deutschen Mitbürger erwarten lassen. Verheiratet mit einem Katholiken und zum Glauben ihres Mannes konvertiert, hatte sie sich von ihrer jüdischen Identität losgesagt und die formalen Bindungen an das Judentum aufgegeben. Im Jahr 1940 machten ihre Nachbarn allerdings deutlich, daß sie nicht mehr länger in ihrer Nähe leben wollten, da nach ihren rassistischen Kategorien Frau Becker weiterhin Jüdin sei. Der einzige Mensch, der sie überhaupt noch besuchte, war der für sie zuständige Priester, der wegen seiner Freundlichkeit und der Erfüllung seiner geistlichen Pflichten von den Nachbarn der Frau Becker beschimpft wurde. Sie berichtet von offenen Haßausbrüchen und von ihrer vollständigen Ächtung durch die »christliche« Gemeinschaft; schließlich wurde sie in ihrer eigenen Kirche zur Aussätzigen. Sie mußte aus dem Kirchenchor austreten, weil man nicht mit einer »Jüdin« zusammen zum Lobpreis Gottes singen wollte, und ihre »Mitchristen« weigerten sich schließlich, neben ihr zu knien oder mit ihr gemeinsam die Kommunion zu empfangen. Selbst Priester, die doch vorgaben, an die Kraft der Taufe zu glauben, gingen ihr in der Kirche aus dem Weg. Diese normalen Deutschen, darunter hochgebildete Beamte, gingen weit über das hinaus, was das Regime verlangte; als mit einem Katholiken verheiratete Konvertitin war Frau Becker vor der Judenverfolgung rechtlich geschützt.[85] Dem Gesetz nach durfte Frau Becker also dort leben, wo sie lebte, durfte normalen gesellschaftlichen Umgang pflegen und zweifellos am Gottesdienst teilnehmen. Die Reaktionen ihrer Umgebung aber resultierten aus einem Haß gegen die Juden, der sich auf rassische Vorstellungen gründete, wonach eine Person unabhängig von ihrem religiösen Bekenntnis, ihrer Identität und ihrem Verzicht auf alle Verbindungen zum Judentum als Jude galt. Dabei gehörten Katholiken eigentlich zu jenen Deutschen, die, verwurzelt in einer religiös motivierten Judenfeindschaft, dem rassisch orientierten kognitiven Modell von den Juden eher als andere hätten widerstehen müssen. Die Tatsache, daß Katholiken in ihren Reihen überall konvertierte Juden verfolgten, zeigt indes, daß auch sie die Grundsätze des Rassenantisemitismus übernommen hatten.[86] Die Behandlung der Frau Becker ist keineswegs ein Einzelfall; in ganz Deutschland suchten die katholische und die evangelische Kirche nach Wegen, Konvertiten aus den Gemeinden auszuschließen. Im allgemeinen reagierten sie damit auf Proteste deutscher Normalbürger, denen es nicht paßte, wenn »Juden« Seite an Seite mit ihnen zu Gott beteten oder am Abendmahl teilnahmen.[87] Wie weit das deutsche Volk sich von den christlichen Geboten entfernt hatte, zeigt ein Flugblatt der Bekennenden Kirche in Breslau, das reichsweit verteilt wurde und die Deutschen aufforderte, konvertierte Juden nicht zu diskriminieren, und auch Maßnahmen vorschlug, Angriffe von »Mitchristen« auf Konvertiten in der Kirche zu verhindern![88] Der Teil der Kirchenoberen, der immer noch der christlichen Lehre vom Heil durch die Taufe anhing, wußte also, in welchem Maße seine Herde dem eliminatorischen Rassenantisemitismus erlegen war.

Die letzte Stufe der »Endlösung«, die sich im Reich selbst abspielte, war die Deportation der deutschen Juden in den Osten, die im Oktober 1941 begann und sich bis zum Beginn des Jahres 1943 hinzog.[89] Diese Deportationen, die sichtbarste endgültige Maßnahme der Ausgrenzung, zu der es bis jetzt in Deutschland selbst gekommen war, erfreuten sich bei der Bevölkerung – von einigen Ausnahmen abgesehen – großer Beliebtheit. Als die Deutschen bereits die Mehrheit der deutschen Juden aus dem Land gejagt oder deportiert hatten, ereignete sich eine bezeichnende Episode, die eine nichtjüdische Frau in ihrem Tagebuch festgehalten hat. Es geschah im Oktober 1942 in Stuttgart: »Ich fuhr in der Straßenbahn. Sie war überfüllt. Eine alte Dame stieg ein. Ihre Beine waren so geschwollen, daß sie über den Rand der Schuhe quollen. Sie trug den Davidstern am Kleid. Ich stand auf, damit die betagte Frau sitzen konnte. Dadurch entfachte ich – wie konnte es anders sein? – die so erfolgreich geübte ›Volkswut‹. ›Hinaus!‹ schrie jemand. ›Hinaus‹, schrie bald der ganze Chor. Aus der Vielfalt der Stimmen hörte ich die empörten Worte ›Judenknecht!‹, ›Würdelose Person!‹ Die Straßenbahn hielt auf offener Strecke. Der Schaffner befahl: ›Aussteigen, ihr beide!‹«[90]

So sah also der spontane Haß auf ein hilfloses Mitglied jenes Volkes aus, das damals schon vernichtet wurde. Die Intensität der antisemitischen Gefühle gewöhnlicher Deutscher offenbart sich in solchen Szenen. In Berlin schwelgte mancher in Enthusiasmus, wenn er mit ansah, wie die Juden vor ihrer Deportation zu den Sammelplätzen gebracht wurden. Eine Deutsche bezeugt: »Leider muß ich auch berichten, daß viele Menschen in den Haustüren standen und angesichts dieses Elendszuges ihrer Freude Ausdruck gaben. ›Guck mal, die frechen Juden!‹ rief einer. ›Jetzt lachen sie noch, aber ihr letztes Stündlein hat geschlagen.‹«[91]

Wie schon nach der »Reichskristallnacht« und anderen gewalttätigen Ausschreitungen wandten sich einige wenige Deutsche gegen die offensichtlich überflüssige Brutalität ihrer Landsleute, die die Deportationen durchführten. Der Herausgeber des offiziellen SS-Organs *Das Schwarze Korps,* kein Freund der Juden, schrieb an den Reichsführer SS Heinrich Himmler: Trotz der Bedeutung dieses Unternehmens und seiner Ziele sei es zu bedauern, daß es vor den Augen von Zivilisten, Frauen und sogar Ausländern zu derartigen Gewaltszenen gekommen sei, denn »wir wollen ja nicht den Anschein blindwütiger Sadisten erwecken«.[92]

Während die Deportationen der deutschen Juden durchgeführt wurden, hätten sich eigentlich nur noch wenige Illusionen über das Schicksal dieser Menschen machen können, denn überall in Deutschland war von der Massenvernichtung im Osten zu hören. Am 15. Dezember 1944 hielt ein Lehrer die offensichtliche Bedeutung dieser Deportationen in seinem Tagebuch fest: »Es ist sonnenklar, daß dies die Vernichtung bedeutet. Man wird sie in menschenleeres, verwüstetes Gebiet in Rußland schaffen und dort verhungern und erfrieren lassen. Wer tot ist, sagt nichts mehr.«[93] Eine Frau, die sich in Berlin für die Rettung von Juden einsetzte, notierte am 2. Dezember 1942: »In Scharen tauchen die Juden unter. Furchtbare Gerüchte gehen um über das Schicksal der Evakuierten. Von Massenerschießungen und Hungertod, von Folterungen und Vergasung.«[94]

Alle wußten, daß diesen jüdischen Männern und Frauen, Kindern und Alten, die die deutsche Regierung mitten im Krieg zwangsweise und häufig mit offener Brutalität in den Osten schickte, Schreckliches bevorstand. Der Grad an Begeisterung, den Deutsche zum Ausdruck brachten, ihr Mangel an Sympathie für diese gequälten Menschen, die doch einst in ihrer Mitte gelebt hatten, das Fehlen einer weitverbreiteten Ablehnung und Opposition angesichts dieser Deportationen deuten daraufhin, daß ihnen diese Maßnahmen, Deutschland »judenrein« zu machen, zusagten, auch wenn das hieß, daß diese letzten Juden ermordet wurden.[95]

Nach dem Januar 1933 gab es in Deutschland keinerlei institutionalisierte öffentliche Unterstützung für eine Sicht der Juden, die von der vorherrschenden abwich, die nun ins Extrem getrieben von den Nationalsozialisten obsessiv vertreten wurde. Jede wichtige nationale Institution und jedes öffentliche Forum propagierten die Auffassung, daß die Juden Deutschland auf ewig als Feind und Bedrohung gegenüberstünden. Daß Juden eine besondere »Rasse« und Unterschiede zwischen den Menschen ebenso wie die Geschichte von der Rasse her zu interpretieren seien, gehörte zum Wertekanon der politischen Kultur; nur die katholische Kirche schloß sich dem nicht gleich an. Doch auch viele Katholiken kapitulierten – trotz des kohärenten katholischen Weltbildes, das mit dem Rassismus NS-Deutschlands nicht zu vereinbaren war – vor den rassistischen Auffassungen und der Sprache jener Zeit, wie der Umgang mit den Konvertiten deutlich macht.[96] Das kognitive Modell des Rassismus war so wirkungsmächtig, daß die deutsche katholische Kirche es nach und nach übernahm und schließlich selbst verbreitete. So hieß es beispielsweise in den offiziellen Richtlinien des deutschen Episkopats für den Religionsunterricht vom Februar 1936: »Rasse, Boden, Blut und Volk sind kostbare natürliche Werte, die Gott der Herr geschaffen und deren Pflege er uns deutschen Menschen anvertraut hat.«[97]

Die Überlagerung des älteren, vor der NS-Zeit bestimmenden Antisemitismus durch den offiziell und öffentlich obsessiv vertretenen rassistischen verfestigte die Hegemonie der rassistisch-antisemitischen Ideologie, der nur wenige widerstanden.

Dies läßt sich leicht zeigen, wenn man sich die beiden Gruppen anschaut, von denen eigentlich am wenigsten zu erwarten war, daß sie mit dieser Vorstellung von den Juden übereinstimmten. Wie bereits erwähnt, hingen nahezu alle Berufsgruppen mit hohem gesellschaftlichem Status dem Antisemitismus an, gut ausgebildete Menschen, die selbständig zu denken gelernt hatten und den ganzen Schwindel also hätten durchschauen können. Auch die Arbeiter, die großenteils

Marxisten und daher ideologische Gegner der Nationalsozialisten gewesen waren, stimmten, was die Juden anging, im allgemeinen mit dem Regime überein, wie selbst viele Informanten der Sozialdemokratischen Partei, die nicht nur die Hoffnungslosigkeit ihrer Sache bestätigt sehen wollten, verzweifelt feststellen mußten. Am Ende eines Berichts aus Sachsen, einer stark antisemitisch geprägten Region, hieß es 1936: »Der Antisemitismus hat zweifellos in breiten Kreisen des Volkes Wurzeln gefaßt. Wenn die Leute trotzdem beim Juden kaufen, dann tun sie es nicht, um den Juden zu helfen, sondern um die Nazis zu ärgern. Die allgemeine antisemitische Psychose wirkt auch auf denkende Menschen, auch auf unsere Genossen. Alle sind entschiedene Gegner der Ausschreitungen, man ist aber dafür, daß die jüdische Vormachtstellung ein und für alle Mal gebrochen und den Juden ein gewisses Betätigungsfeld zugewiesen wird, Streicher wird überall abgelehnt, aber im Grunde gibt man doch Hitler zum großen Teil recht, daß er die Juden aus den wichtigsten Positionen herausdrängt. Die Arbeiter sagen: in der [Weimarer] Republik und auch in der [Sozialdemokratischen] Partei sind die Juden zu groß geworden.«[98] Auch wenn einige Berichte ein nicht ganz so trübes Bild zeichnen, gelangten die Herausgeber dieser Stimmungsberichte doch zu der Einschätzung: »Daß es eine ›Judenfrage‹ gibt, ist allgemeine Auffassung.«[99] An der nahezu universellen Verbreitung dieser Überzeugungen und des zugrundeliegenden kognitiven Modells läßt sich kaum zweifeln.[100]

Der moralische Bankrott der deutschen Kirchen, der protestantischen wie der katholischen, war so umfassend und erbärmlich, daß er weit größere Aufmerksamkeit verdiente, als ihm hier zuteil werden kann. Schon in der Weimarer Republik waren die kirchlichen Institutionen, der Klerus auf allen Ebenen und die jeweiligen Gläubigen zu großen Teilen verhängnisvoll antisemitisch geprägt. Damals bereits hatten sich siebzig bis achtzig Prozent der Geistlichen mit der antisemitischen Deutschnationalen Volkspartei verbündet, und noch ehe die Nationalsozialisten an die Macht kamen, war die protestantische Presse stark antisemitisch.[101] Auf die Leserschaft, die in die Millionen ging, übte sie großen Einfluß aus und gibt daher einen Einblick in die Denkweise und Stimmung der Kirchenfunktionäre. Auch läßt sie die geistige Kost ihrer Herde erkennen. Im Laufe der zwanziger Jahre steigerte sich die antisemitische Agitation aus protestantischen Quellen erheblich. Dieser Anstieg entsprach der wachsenden Bedeutung des Antisemitismus in der politisch stürmischen Weimarer Republik. Die bekanntesten Presseorgane der protestantischen Welt, die sogenannten Sonntagsblätter, die insgesamt eine Auflage von 1,8 Millionen Exemplaren hatten und, vorsichtig beziffert, eine dreimal so hohe Leserzahl erreichten, verbreiteten und schürten antisemitische Gefühle.[102] Ihr Einfluß auf die Ansichten der protestantischen Laien, die 1933 fast 63 Prozent der deutschen Bevölkerung ausmachten, ist nicht zu unterschätzen.[103] Eine Untersuchung von 68 »Sonntagsblättern«, die zwischen 1918 und 1933 erschienen, hat ergeben, daß Juden und Judentum, Themen »von großer Aktualität«, fast ausschließlich auf eine feindselige Art und Weise behandelt wurden. Diese religiösen Wochenschriften, die der Erbauung ihrer Leser und der Pflege christlicher Frömmigkeit dienten, sahen »im Judentum den natürlichen Feind der christlich-nationalen Tradition« und machten »es für den Zusammenbruch der christlichen und monarchischen Ordnung verantwortlich«. Ino Arndt, der Autor dieser Untersuchung, gelangt daher zu der Schlußfolgerung, die unaufhörliche Diffamierung der Juden in den protestantischen Sonntagsblättern habe bei vielen ihrer Leser »das natürliche, menschliche und letztlich auch christliche Empfinden« abgestumpft.[104] Es kann also kaum verwundern, daß diese christlichen Leser mitleidlos zuschauten, als Juden während der NS-Zeit angegriffen, gepeinigt, herabgesetzt und zu sozial Aussätzigen gestempelt wurden.

Seit Ende 1930 verschärfte sich die judenfeindliche Diktion fast aller »Sonntagsblätter«. Ermutigt und beeinflußt von der zunehmend antisemitischen Atmosphäre, wetteiferten diese Blätter mit der antisemitischen Rhetorik der Nationalsozialisten, deren Sieg in Aussicht stand. Im Zuge der Gleichschaltung nach der nationalsozialistischen Machtübernahme allerdings erfüllten die christlichen Kirchen und Körperschaften diese Forderung nach Anpassung durchaus nicht mit soldatischem Gehorsam. Ganz im Gegenteil: In allen wichtigen Angelegenheiten widersetzten sie sich einer »Gleichschaltung« dort, wo ihre Wertmaßstäbe mit denen des Regimes kollidierten. Nur wenn es um Überzeugungen und Einstellungen ging, die die Juden betrafen, waren die Nationalsozialisten und die protestantischen Sonntagsblätter nicht weit voneinander entfernt, sondern vertraten vielmehr verwandte Auffassungen, so daß die Gleichschaltung in diesem Bereich problemlos vor sich ging. Selbst als Hitler die Macht noch nicht übernommen hatte, sein Aufstieg jedoch immer wahrscheinlicher wurde, paßten die Redakteure dieser frommen christlichen Blätter ihre virulente antisemitische Rhetorik bereits der der Nazis an, und zwar freiwillig, unaufgefordert und mit einer unverkennbaren Leidenschaft und Bereitwilligkeit.

Die protestantische Presse hätte natürlich nicht so unermüdlich niederträchtig antisemitisch agitieren können, wäre nicht die Kirchenführung damit einverstanden gewesen. Doch bereits bevor Hitler an die Macht gelangte, sah die protestantische Führung in den Juden die schlimmsten Feinde der Christenheit und Deutschlands.[105] Einer der

Moralwächter der Nation, Bischof Otto Dibelius, Generalsuperinten-
dent der kurmärkischen Diözese der Evangelisch-Lutherischen Kirche Preußens, hatte schon im April 1928 in einem Brief erklärt, er
habe sich »immer als Antisemiten gewußt. Man kann nicht verkennen, daß bei allen zersetzenden Erscheinungen der modernen Zivilisation das Judentum eine führende Rolle spielt«.[106] Bereits fünf Jahre
vor der Machtübernahme durch Hitler hatte Dibelius die Logik des
herrschenden eliminatorischen Antisemitismus zum Ausdruck gebracht, als er zur »Lösung« der »Judenfrage« vorschlug: Man solle
die jüdische Einwanderung aus Osteuropa unterbinden. Sobald dieses
Verbot in Kraft sei, werde die Zahl der Juden abnehmen. »Die Kin-
derzahl der jüdischen Familien ist klein. Der Prozeß des Aussterbens
geht überraschend schnell vor sich.«[107]

Im Unterschied zu Hitler, der die Juden umbringen wollte,
wünschte der lutherische Bischof, sie friedlich und ohne Blutver-
gießen aussterben zu lassen. Wolfgang Gerlach, ein evangelischer Pastor und Historiker, der sich mit den christlichen Kirchen während der
NS-Zeit beschäftigt hat, meint, daß die »antijüdische Einstellung von
Dibelius als nahezu repräsentativ für die deutsche Christenheit zu Beginn des Jahres 1933 gelten kann«.[108] Dieses nachträgliche Urteil
wird durch die zeitgenössische Ansicht des bedeutenden protestantischen Theologen Dietrich Bonhoeffer gestützt, der am Antisemitismus, der seine Kollegen wie eine Flutwelle erfaßte, verzweifelte.
Kurz nachdem Hitler Reichskanzler geworden war, schrieb Bonhoeffer einem befreundeten Theologen, was die Juden angehe, so »haben
die verständigsten Leute ihren Kopf und ihre ganze Bibel verloren«.[109]

Obwohl es an der Spitze der katholischen Kirche mehr privaten
Dissens über einige Aspekte der antisemitischen NS-Doktrin und die
tödlichen Perspektiven des eliminatorischen Programms gab – die allerdings eher den umfassenderen Konflikt mit einem Regime widerspiegelten, das die Macht der Kirche zu brechen beabsichtigte –, blieb
die katholische Kirche als Institution und auch in ihrem öffentlichen
Verhalten antisemitisch. Die kirchliche Judenfeindschaft bestätigte
der Münchener Kardinal Michael Faulhaber in seinen Adventspredig-
ten von 1933, mit denen er wahrscheinlich die allgemeine Auffassung
der Katholiken zum Ausdruck brachte. Zwar verteidigte Faulhaber
die jüdische Religion und die Juden in alttestamentarischer Zeit,
machte jedoch deutlich, daß diese von jenen zu unterscheiden seien,
die seit Jesu Geburt lebten, wozu natürlich auch die zeitgenössischen
Juden zählten. Als im folgenden Jahr einige Ausländer die Worte
Faulhabers dahingehend interpretierten, er sei für die deutschen Juden eingetreten, stellte der Kardinal dies nachdrücklich in Abrede.[110]
Vor wie während der NS-Zeit verbreiteten katholische Publikationen,

ob sie nun für Laien, Kleriker oder Theologen bestimmt waren, den antisemitischen Sermon in einer Art und Weise, die sich von der der Nationalsozialisten kaum unterschied; den Wunsch nach Ausschaltung des jüdischen »Fremdkörpers« hielten sie für verständlich. Dem Grundtenor dieser Publikationen zufolge waren Maßnahmen gegen die Juden »gerechtfertigte Notwehr, [um] schädliche Eigenarten und Einflüsse der jüdischen Rasse zu verhindern«.[111]

Im Herbst 1941, als die Nationalsozialisten den Juden in Deutschland und Europa bereits ungeheures Leid zugefügt hatten, veröffentlichte Erzbischof Konrad Gröber einen stark antisemitisch gefärbten Hirtenbrief. Darin warf er den Juden vor, am Tod Jesu schuld zu sein, so daß das Tun der Deutschen gegen die Juden gerechtfertigt sei; er sprach in diesem Zusammenhang vom »wahre[n] Selbstfluch der Juden« und zitierte das Bibelwort: »Sein Blut komme über uns und unsere Kinder!«[112] Gröber war in der katholischen Kirche keineswegs ein Einzelfall. Auch wenn die Führung der katholischen Kirche zahlreiche Aspekte der nationalsozialistischen Politik öffentlich ablehnte, hat sie die eliminatorische Verfolgung der Juden oder die herausragenden Ereignisse dieses Programms niemals offiziell verurteilt – nicht den Boykott vom April 1933, nicht die Nürnberger Gesetze, nicht die Ausschreitungen der Reichspogromnacht und auch nicht die Deportation der deutschen Juden zu den Vernichtungsstätten.[113]

Obwohl die katholischen Bischöfe einige öffentliche Stellungnahmen verbreiteten, in denen sie sich kritisch mit der Behandlung und der Ermordung von Ausländern befaßten, nimmt es daher nicht wunder, daß ähnliche Erklärungen gegen die Ausrottung der Juden – über die sie genau Bescheid wußten – fehlten; sie beschränkten sich vielmehr auf vage Formulierungen, die sich auf viele Menschen beziehen konnten, auch auf christliche Slawen im vom Krieg zerrissenen und von Deutschland barbarisierten Europa. Was das Schicksal der Juden anging, so war die protestantische Führung noch schweigsamer.[114] Nie fand sich ein deutscher Bischof, der sich, ob Katholik oder Protestant, öffentlich zugunsten der Juden aussprach, wie es Jules-Gérard Saliège, der katholische Erzbischof von Toulouse, getan hat: »Daß man Kinder, daß man Frauen, Väter und Mütter wie eine Herde niedrigen Viehs behandelt, daß man Angehörige ein und derselben Familie auseinanderreißt und mit unbekanntem Ziel verlädt, dieses traurige Schauspiel blieb unserer Zeit vorbehalten ... Die Juden sind Männer. Die Jüdinnen sind Frauen ... Nicht alles darf man ihnen antun ... Sie gehören zum menschlichen Geschlecht. Sie sind unsere Brüder wie so viele andere auch. Das darf ein Christ nicht vergessen.«[115]

In vielfacher Hinsicht übten die deutschen Kirchen nachdrücklich Kritik am Regime, die deutschen Juden jedoch ließen sie im Stich. In

diesem Sinne waren die deutschen Kirchenführer Deutschland und
erst in zweiter Linie Gott verpflichtet. Das antisemitische Modell war
so mächtig, daß diese deutschen Gottesmänner sich nicht dazu durch-
ringen konnten auszusprechen, daß die Juden zum menschlichen Geschlecht gehören, und ihren Gläubigen zu erklären, daß die Moralge-
setze auch im Umgang mit Juden gelten. Aufgrund ihres Antisemitismus versäumten es die deutschen Geistlichen nicht nur, sich vor die
Juden zu stellen, als diese von den Mitgliedern ihrer Kirchen gejagt,
geschlagen, aus ihrem Heim und ihrem Land verdrängt und schließlich ermordet wurden, sie trugen auch aktiv zur Verwirklichung des
eliminatorischen Programms bei. Und dies nicht allein durch die
zahlreichen antisemitischen Predigten, mit denen sie – die eigentlich
Hüter der Moral hätten sein müssen – die Haßgefühle der normalen
Deutschen verstärkten und absegneten. Eine Kernvoraussetzung
dafür, daß die Nürnberger Gesetze angewendet werden konnten, war
die Möglichkeit für das Regime festzustellen, ob eine Person jüdische
Vorfahren hatte. Nur so konnte entschieden werden, wer als »Jude«
zu gelten hatte. Dazu aber brauchte man die Taufregister der Kirchen-
gemeinden. Guenther Lewy, der sich intensiv mit der Geschichte der
katholischen Kirche im Nationalsozialismus beschäftigt hat, kommentiert:
»Die Frage, ob die [katholische] Kirche dem nationalsozialistischen Staat helfen solle, Menschen jüdischer Herkunft auszusortie-
ren, wurde nie diskutiert. Im Gegenteil: Ein Priester schrieb im September 1934 im *Klerusblatt:* ›Wir haben von jeher uneigennützige
Arbeit getan am Volk ohne Rücksicht auf Dank oder Undank ... Wir
werden auch bei diesem Dienst am Volk wie bisher nach Kräften mit-
helfen.‹ Die Kirche verrichtete diese Dienstleistung auch noch in den
Kriegsjahren, als man für die jüdische Herkunft nicht mehr mit der
Entlassung aus dem Staatsdienst und dem Verlust des Lebensunter-
haltes bezahlen mußte, sondern mit der Deportation und dem
Leben.«[116]
Die deutschen Kirchen kooperierten aufrichtig und überzeugt bei
der Durchsetzung dieser eindeutig eliminatorischen und oft todbringenden Maßnahme. Wenn schon die moralischen Instanzen Deutschlands sich bereitwillig in den Dienst der antisemitischen Politik stellten, wie konnte man da von ihren Gefolgsleuten anderes erwarten?
Die gleichen Kirchenführer kämpften ernsthaft und offen gegen das
sogenannte Euthanasieprogramm und andere Maßnahmen der Regierung, etwa gegen die Duldung von Duellen und Einäscherungen.[117]
Gegen die Krematorien von Auschwitz aber, von denen sie wußten,
unternahmen sie nichts. Während überall in Europa, auch in von
Deutschland besetzten Ländern wie Dänemark, den Niederlanden

und Norwegen oder im besetzten und im unbesetzten Frankreich, die kirchlichen Oberhäupter die Verfolgung und die Vernichtung der Juden verdammten und ihre Landsleute – allerdings manchmal vergeblich – aufforderten, sich nicht daran zu beteiligen,[118] überließen die deutschen Kirchen die Juden ihrem Schicksal oder beteiligten sich sogar an der Verfolgung. Selbst Konvertiten wurden nur selten geschützt.[119]

Bischof Dibelius' hoffnungsvolle Träumereien von 1928 über eine unblutige Auslöschung der Juden waren nur ein Vorspiel zu der offenen Unterstützung, die einige deutsche Kirchenführer den radikalsten und gewalttätigsten Maßnahmen des NS-Regimes gewährten. So veröffentlichte ein führender protestantischer Kirchenmann, Bischof Martin Sasse aus Thüringen, nach der Reichspogromnacht ein Kompendium der giftigen antisemitischen Äußerungen Martin Luthers. Im Vorwort begrüßte er das Anzünden der Synagogen wie folgt: »Am 10. November 1938, an Luthers Geburtstag, brennen in Deutschland die Synagogen«, und empfahl die Lektüre »des größten Antisemiten seiner Zeit, [des] Warner[s] seines Volkes wider die Juden«.[120] Angesichts des in der protestantischen Kirche verbreiteten eliminatorischen Antisemitismus kann es kaum überraschen, daß viele bekannte Kleriker ihr moralisches Gewicht zugunsten solcher Maßnahmen in die Waagschale warfen, die an Radikalität die Reichspogromnacht weit übertrafen.

Die systematische Ausrottung der europäischen Juden durch die Deutschen begann im Juni 1941 in der Sowjetunion. Ende des Jahres war der bestialische Völkermord bereits voll im Gange und den Millionen Deutschen, Soldaten oder Siedlern im Osten weitgehend bekannt. Wie Stewart Herman, ein Pfarrer der American Church in Berlin, der sich bis Dezember 1941 in Berlin aufhielt, bezeugt hat, wußten auch die Deutschen in der Heimat Bescheid: »Durch Soldaten, die von der Front im besetzten Rußland zurückkamen, wurde zweifellos bekannt, daß insbesondere in Kiew [wo sich Ende September das Massaker von Babi Yar mit mehr als 33 000 jüdischen Todesopfern ereignete] jüdische Zivilisten – Männer, Frauen und Kinder – zusammengetrieben und zu Tausenden mit Maschinengewehren erschossen wurden.«[121] Das Wissen um diese Morde verbreitete sich nicht zuletzt unter den Kirchenoberen, wie der protestantische Bischof Theophil Wurm unter Beweis stellte, als er im Dezember 1941 dem Reichsminister für kirchliche Angelegenheiten, Hanns Kerrl, von »Gerüchten über massenhafte Tötungen im Osten« schrieb, die die Bevölkerung erreicht hätten.[122] Aber selbst diese Kenntnisse trugen nicht dazu bei, die Feindseligkeit der Kirchenführung gegenüber den Juden zu mildern und dem Regime die Unterstützung zu versagen. Noch im selben

Monat, am 17. Dezember 1941, veröffentlichten die protestantischen Kirchenoberen von Mecklenburg, Thüringen, Sachsen, Hessen-Nassau, Schleswig-Holstein, Anhalt und Lübeck eine gemeinsame Erklärung, in der es hieß, die Juden könnten aufgrund der Eigenheiten ihrer Rasse durch die Taufe nicht erlöst werden, sie seien für den Krieg verantwortlich und »geborene Welt- und Reichsfeinde«. Daher seien »schärfste Maßnahmen gegen die Juden zu ergreifen und sie aus deutschen Landen auszuweisen«.[123] Der Superlativ »schärfste Maßnahmen« beinhaltet logischerweise, daß die Juden jede Strafe verdienten – auch den Tod. Vor dem Hintergrund des apokalyptischen Krieges gegen die Sowjetunion und der Ausrottung der sowjetischen Juden, mit der die Deutschen begonnen hatten, konnte dies nur eine Bedeutung haben: Diese Männer, die einen großen Teil des deutschen Protestantismus repräsentierten, billigten offiziell und aus eigener Initiative den Massenmord an den Juden.[124]

Selbst der bekannteste der Kirchenmänner im Widerstand stimmte mit gewissen Zügen des nationalsozialistischen Bildes von den Juden überein. Dies geht aus der folgenden Rede hervor: »Wir sprechen vom ›ewigen Juden‹ und schauen das Bild eines ruhelosen Wanderers, der keine Heimat hat und keinen Frieden findet; und wir schauen das Bild eines hochbegabten Volkes, das Ideen über Ideen hervorbringt, um die Welt damit zu beglücken; aber was es auch beginnt, verwandelt sich in Gift; und was es erntet, ist immer wieder Verachtung und Haß, weil je und dann die betrogene Welt den Betrug merkt und sich auf ihre Weise rächt.«[125]

Dies waren nicht die Worte eines NS-Ideologen, sondern die eines prominenten Gegners des Nationalsozialismus – von Pastor Martin Niemöller. Sie stammen aus einer Predigt, die er in den ersten Jahren der NS-Herrschaft hielt. Wie viele andere NS-Gegner stimmte er, trotz seines Hasses auf das Regime, mit der nationalsozialistischen Weltsicht in einem wesentlichen Punkt überein: Die Juden waren das ewige Übel.[126]

Zu Recht wird Pastor Heinrich Grüber bewundert und verehrt, ein zutiefst menschlicher, mitleidender und mildtätiger Geistlicher und Leiter einer Dienststelle, die die evangelische Kirche geschaffen hatte, um den zum Christentum konvertierten Juden zu helfen. 1940 wurde Grüber verhaftet. Doch selbst dieser Mann vertrat Ansichten über die Juden, die denen der Nationalsozialisten sehr ähnlich waren. In einem Interview mit einer holländischen Zeitung kritisierte er am 1. Februar 1939 die Holländer, weil sie den Begriff des »wurzellosen Judentums« nicht akzeptierten, den man im nationalsozialistischen Deutschland aus guten Gründen verwende: »Die meisten Juden, die in Deutschland gewohnt haben, waren ›wurzellos‹. Sie verrichteten

meistens keine produktive Arbeit, aber sie machten ›Geschäfte‹.«
Aber die Schädlichkeit der Juden bestehe nicht nur in ihrer »Wurzel-
losigkeit«: »Diese Juden waren es, die in der Zeit von 1919 bis 1932
Deutschland in finanzieller, ökonomischer, politischer, kultureller
und journalistischer Hinsicht beherrschten. Dies war in der Tat eine
jüdische Vorherrschaft.« Zwar glaubte Grüber: »Es gab auch zahlreiche bessere Israeliten, die den Gesetzen Moses treu blieben!« Dennoch müßten die Niederländer anerkennen, daß es eine »Judenfrage«
gebe, und davon Abstand nehmen, Deutschland zu kritisieren, das ein
»Beispiel« gegeben habe, wie mit diesem »Problem« umzugehen sei:
»Wer an dieser Lösung [der ›Judenfrage‹] mitwirken will, muß sich
nicht beherrschen lassen durch Gefühle von Sympathie oder Antipathie«, sondern vielmehr mit anderen Menschen guten Willens zusammenarbeiten, um die Emigration der Juden in jene Länder zu fördern,
»in denen man diese Menschen benötigt«.[127]

Auch Grüber war insoweit ein typischer Deutscher, als er die antisemitischen Überzeugungen seiner Landsleute teilte; was ihn allerdings auszeichnete, war seine Bindung an eine authentische christliche Ethik, die es ihm gebot, die Last der Juden zu erleichtern, auch
wenn er glaubte, daß sie Deutschland enormen Schaden zugefügt hätten. Der Antisemitismus war in Deutschland so selbstverständlich,
daß selbst dieser große, selbstlose deutsche Helfer der Juden NS-ähn-
liche Ansichten über sie hegte und vertrat.

Karl Barth, der bedeutende Theologe, führendes Mitglied der Bekennenden Kirche und entschiedener Gegner des Nationalsozialismus, war ebenfalls Antisemit. Im Laufe der dreißiger Jahre entwik-
kelte er sich dann allerdings aus theologischen Gründen mehr und
mehr zum Verteidiger der Juden – und zwar trotz seines tiefsitzenden
Antisemitismus, der ihn veranlaßt hatte, in seiner Adventspredigt
1933 von den Juden als von »einem halsstarrigen und bösen Volke« zu
sprechen.[128]

Es waren also keineswegs die Antisemiten, die im Kreise der deutschen Kirchenoberen die Ausnahme darstellten. Die Ausnahme waren jene, die vom Antisemitismus unberührt blieben. Wer sich der Sache der Juden annahm, fand auch in den Kirchen nur sehr wenige
Mitstreiter. Grüber, der den Juden half, erinnert sich: »In ein paar Versammlungen der Bekennenden Kirche rief man zum Protest auf. Aber
was waren die wenigen, die protestierten, im Vergleich zu den Millionen, die mitmachten oder schwiegen, die bestenfalls den Kopf in den
Sand steckten oder nur die Faust in der Tasche ballten?«[129]

Im Hinblick auf die Juden gab es kaum einen Unterschied zwischen der Mehrheitsrichtung der protestantischen Kirche und den
offen rassistischen und antisemitischen »Deutschen Christen«, die

144

versuchten, die christliche Theologie mit dem Rassismus und anderen Lehren des Nationalsozialismus zu verbinden. In zahlreichen Briefen haben evangelische Pastoren die Gründe für ihre Ablehnung der »Deutschen Christen« benannt. Immer wieder wird in diesen Zeugnissen betont, daß die »Deutschen Christen« Religion und Politik unzulässig vermischten; die fortwährende Verfolgung der Juden indes, die in den politischen und theologischen Überzeugungen der »Deutschen Christen« einen zentralen Raum einnahm, wird kein einziges Mal kritisiert.[130] Julius H. Schoeps resümiert daher: »Die unerschrockenen Stellungnahmen und Taten einzelner dürfen nicht darüber hinwegtäuschen, daß die Kirche zu einem willfährigen Helfer der NS-Judenpolitik geworden war.«[131]

Martin Niemöller, der inzwischen erkannt hatte, welch ein Übel der deutsche Antisemitismus darstellte, kam zu einem ähnlich vernichtenden Urteil. In einem Züricher Vortrag vom März 1946 bekannte er: »Es könnte wohl sein, daß die Christenheit in Deutschland eine größere Verantwortung vor Gott trägt als die Nationalsozialisten, die SS und die Gestapo. Wir hätten den Herrn Jesus Christus erkennen müssen in dem Bruder, der litt und verfolgt wurde, ob er nun ein Kommunist war oder eine Jude … Sind wir nicht viel schuldiger, wir Christen, bin ich nicht viel schuldiger als mancher, der seine Hände in Blut gebadet hat?«

Von der Übertreibung einmal abgesehen, sprach Niemöller hier eine bittere Wahrheit aus: Die »Christen in Deutschland« haben die radikale, auf Ausschaltung zielende Verfolgung nicht als moralisches Vergehen betrachtet. Dem lag ein kognitives Problem zugrunde: Die Geistlichen hatten wie die Deutschen insgesamt nicht erkennen können, daß die Juden von Natur aus kein böser Volksstamm waren.[132]

Auch von den Mitgliedern des vielgerühmten Widerstandes gegen Hitler, die nachdrücklich ihre Einwände gegen den Nationalsozialismus vorbrachten, hätte man erwarten können, daß sie das kognitive Modell von den Juden und das eliminatorische Programm ablehnten. Doch wie Niemöller und Barth teilten auch sie im großen und ganzen die üblichen antisemitischen Überzeugungen. Die eliminatorischen Maßnahmen der dreißiger Jahre – die Entrechtung der Juden und ihr Ausschluß aus der deutschen Staatsbürgerschaft, die Entwürdigungen, die gewalttätigen Ausschreitungen, die Deportationen in Konzentrationslager, ihre Vertreibung aus Deutschland – scheinen, so radikal sie waren, in ihrer Gesamtheit keine nennenswerte Opposition derjenigen hervorgerufen zu haben, die schließlich die wichtigsten Widerstandsgruppen bilden sollten. Nach Ansicht von Christof Dipper, des führenden Fachmanns in dieser Frage, ist die Einschätzung der Gestapo über die verhafteten Verschwörer des 20. Juli, die sich aus den Verhörprotokollen ergab, zutreffend; dort heißt es, daß die Verschwörer »bei grundsätzlicher Bejahung des Antisemitismus die Methode seiner Durchsetzung ablehnten. Zum Teil werden dabei humanitäre Motive herausgestellt, etwa derart, daß das Vorgehen nicht menschlich genug gewesen sei und deutschem Wesen nicht entsprochen habe, zum Teil werden Fragen der politischen Zweckmäßigkeit erhoben, daß die kurzfristige rigorose Ausschaltung des Judentums starke Spannungen mit der übrigen Welt hervorgerufen habe.«[133]

Zur Opposition gegen die Nationalsozialisten motivierte in der Regel nicht eine grundsätzliche Gegnerschaft gegen die Ausschaltung der Juden aus der deutschen Gesellschaft. Selbst Berthold von Stauffenberg, der Bruder jenes Claus von Stauffenberg, der am 20. Juli 1944 die Bombe zündete, die Hitler töten sollte, sagte aus: »Auf innenpolitischem Gebiet hatten wir die Grundideen des Nationalsozialismus zum größten Teil bejaht … Der Rassegedanke … erschien uns gesund und zukunftsträchtig«; sie hätten nur die Durchsetzung »für überspitzt und übersteigert gehalten«.[134]

Im Namen der meisten Mitglieder des nichtkommunistischen und nichtsozialistischen Widerstandes faßte der Onkel Stauffenbergs, Graf Üxküll, die Absichten der größten und einflußreichsten Widerstandsgruppierung, der konservativen und militärischen Opposition um Stauffenberg und Carl Goerdeler, so zusammen: »Am Rassegedanken sollte festgehalten werden, soweit dies möglich war.«[135] Wer im nationalsozialistischen Deutschland den Begriff der »Rasse« als Organisationsprinzip des gesellschaftlichen und politischen Lebens akzeptierte, übernahm die Grundlage des herrschenden kognitiven Modells von den Juden. Eines der zentralen Dokumente des Widerstandes gegen Hitler wurde Anfang 1943 auf Initiative Dietrich Bonhoeffers und mit Wissen Goerdelers vom »Freiburger Kreis« erstellt, zu dem führende evangelische Theologen und Universitätsprofessoren zählten. Die Denkschrift enthält einen Anhang mit dem Titel »Vorschläge für eine Lösung der Judenfrage in Deutschland«.

Darin wird behauptet, auch ein nachnationalsozialistischer Staat sei berechtigt, Schritte zu unternehmen, »um dem unheilvollen Einfluß einer Rasse auf die Volksgemeinschaft zu wehren«.

Obwohl der Genozid hier ausdrücklich verdammt wird, halten die Verfasser am eliminatorischen Antisemitismus fest. Wo immer sie sich niederließen, brächten Juden die Gastnation in Schwierigkeiten. Die Existenz einer »Judenfrage« wird nicht angezweifelt, auch nicht, daß die Juden Deutschland Schaden zugefügt hätten und man eine »Lösung« finden müsse, um künftigen Schaden von den Deutschen abzuwenden. Daß man Juden dennoch erlauben könnte, mit allen Rechten nach Deutschland zurückzukehren, wurde allerdings nicht

146

ausgeschlossen. Warum? *Weil* die Nationalsozialisten bereits so viele Juden umgebracht hatten: »... die Zahl der überlebenden und nach Deutschland zurückkehrenden Juden [wird] nicht so groß sein ..., daß sie noch als Gefahr für das deutsche Volkstum angesehen werden können.«[136]

Die oftmals antisemitischen Erklärungen und Programme der Widerstandsgruppen gingen auch für die Zukunft davon aus, daß in Deutschland in der Regel keine Juden leben würden, und wenn, allenfalls mit eingeschränkten staatsbürgerlichen Rechten.[137] Ihre Mißbilligung der mörderischen Praxis des Regimes gründete sich auf moralische Hemmungen und pragmatische Überlegungen, nicht aber auf ein abweichendes, freundlicheres Bild von den Juden. Die Ausgrenzung, Ausschaltung, Verfolgung und im großen und ganzen selbst die Ausrottung der Juden provozierten nicht nur unter den konservativen und religiösen Verschwörern gegen Hitler, sondern auch im Arbeiterwiderstand erstaunlich wenig Reaktionen.[138]

Das merkwürdige Phänomen, daß das größte Verbrechen des NS-Regimes nicht einmal jene erregte, die sich ihm ansonsten widersetzten, wird vor dem Hintergrund der Geschichte und Allgegenwart des Antisemitismus in Deutschland verständlich. Es gibt überzeugende Beweise für eine Trennung der Bereiche, die es erbitterten Gegnern des Nationalsozialismus ermöglichte, der Ausschaltung, ja sogar der Ausrottung der Juden Beifall zu zollen.[139] Wenn aber positive oder wenigstens neutrale Ansichten über die Juden nicht einmal von den moralischen Instanzen der christlichen Kirchen oder von den Todfeinden Hitlers zu hören waren, wo sollte man sie dann finden? Das kulturell-kognitive Modell von den Juden bestimmte die Wahrnehmungen von Nationalsozialisten und von ihren Gegnern.

Daß es offenkundig keinen bedeutenden Protest oder privat geäußerten – insbesondere prinzipiellen – Dissens über die Behandlung und schließlich Ermordung der Juden gab, sollte weder als Ergebnis erfolgreicher »Gehirnwäsche« durch den Staat gewertet werden noch als Unfähigkeit der Deutschen, ihre Unzufriedenheit mit dem Regime oder seiner Politik zu äußern. Die Quellen stützen keine dieser Thesen, denn es gelang den Nationalsozialisten in vielen Bereichen und zu zahlreichen Themen nicht, das deutsche Volk zu »indoktrinieren«. Und die Deutschen brachten das auch zum Ausdruck. Die unterschiedlichen Reaktionen – Zustimmung und Unterstützung für das eliminatorische Programm einerseits, Widerspruch, teilweise gar Widerstand gegen andere Aspekte der NS-Politik andererseits – machen deutlich, daß die Deutschen keine passiven Schachfiguren oder terrorisierte Opfer ihrer eigenen Regierung waren; vielmehr besaß dieses Volk einen Willen, fällte bewußt Entscheidungen im Kontext seiner hergebrachten, wenn auch sich verändernden Werte und Überzeugungen. Natürlich handelten die Deutschen im Rahmen der Grenzen, die das Regime ihnen setzte, doch ähnliche Schranken gab es auch im Hinblick auf jene Bereiche und Fragen, die nicht die Juden betrafen, ohne daß sie sich davon in ähnlicher Weise hätten beeinflussen lassen.

Am aufschlußreichsten ist in diesem Zusammenhang der Umgang mit den nichtjüdischen Ausländern; Völker wie beispielsweise die Polen, die die Nationalsozialisten und auch die meisten Deutschen als unterlegen, gar als »Untermenschen« betrachteten, behandelten die Deutschen ganz anders und weit besser als die Juden.[140] Daß dies selbst für die Täter – ob in Konzentrationslagern oder in anderen Mordinstitutionen – zutraf, kann nicht überraschen, da es sich mit dem Verhalten der deutschen Zivilbevölkerung deckt. Darauf werde ich in späteren Kapiteln ausführlicher eingehen. Die Durchsetzung der »Rasse«gesetze und damit zusammenhängender Regelungen in der deutschen Gesellschaft hing großenteils davon ab, ob Freiwillige die Gestapo über eventuelle Verstöße informierten, da diese Behörde – im Gegensatz zu ihrem sagenumwobenen Ruf – personell stark unterbesetzt und gar nicht in der Lage war, die deutsche Bevölkerung aus eigener Kraft zu kontrollieren. Die unterschiedliche Hilfsbereitschaft der Deutschen bei der Verfolgung verschiedener Opfergruppen weist darauf hin, daß ihr Handeln in diesem Bereich auf Freiwilligkeit beruht und durch unterschiedliche Vorstellungen von den jeweiligen Opfern beeinflußt wurde. Deutsche halfen der Gestapo bei der Überwachung der Juden – die seit langem unter ihnen lebten – mit mehr Bereitwilligkeit und Eifer als bei der Kontrolle von Ausländern, selbst wenn es sich um slawische »Untermenschen« handelte.[141] Das deutsche Volk, das die eliminatorischen Maßnahmen gegen die Juden in so hohem Maße unterstützt hat, zögerte, wenn es darum ging, die Behörden bei der Durchsetzung der Rassenpolitik beispielsweise gegenüber den polnischen »Untermenschen« zu unterstützen.[142] Das betraf nicht nur die Zusammenarbeit mit der Polizei; sie behandelten nichtjüdische Ausländer auch ganz anders, nämlich anständig, und verstießen dabei sogar oft gegen die Gesetze. Sexuelle Kontakte zu den Millionen von sogenannten Fremdarbeitern, meist Slawen, die als Zwangsarbeiter während des Krieges nach Deutschland verschleppt wurden, waren ebenso strikt verboten wie intime Beziehungen zu Juden. Doch während die Deutschen sich die »aussätzigen« Juden spätestens seit den Nürnberger Gesetzen buchstäblich vom Leib hielten, verhielten sie sich den Fremdarbeitern gegenüber in einer Art und Weise, die die Gestapo immer wieder veranlaßte, einzugreifen. Zwischen Mai und August 1942 beispielsweise beschäftigte sich die Gestapo mit 4 960 Fällen von verbotenen Beziehungen zwischen Deutschen und Fremdarbeitern; im Jahr darauf wurden von Juli bis September 4 637 Deutsche wegen dieses Vergehens verhaftet.[143] Solche Zahlen waren im Verkehr zwischen Deutschen und Juden völlig undenkbar, und doch spiegeln sie nur die von der Gestapo entdeckten Fälle; die Dunkelziffer wird um ein Vielfaches höher gelegen haben.

Deutsche setzten sich für Polen ein, wie sie es für Juden nie getan hätten. Priester nahmen oft zugunsten von Polen, aber nicht von Juden Stellung.[144] Gewiß, die Polen waren Katholiken, aber das Schicksal der Juden, das weit schlimmer war, hätte viel mehr Hilfe erfordert. Ende 1944 waren die Justizbehörden in Bamberg so überwältigt von der Unmöglichkeit, eine »Blutsvermischung« mit nichtjüdischen Ausländern zu verhindern, daß sie mehr oder weniger resignierten. Ihre bizarre Charakterisierung der Deutschen hätte kein Jude auf sich beziehen können: »Der Fremdvölkische wohnt mit dem deutschen Volksgenossen in vielen Fällen – insbesondere auf dem Land – unter einem Dache; der Volksgenosse sieht in ihm nicht den Angehörigen eines fremden oder feindlichen Staates, sondern den wertvollen Mitarbeiter im Zeitpunkt der Leutenot, dem ungünstige Umstände die Heimkehr verbieten. Mitleid und Fürsorge sind die Produkte dieser falschen Einstellung und deutschen Gefühlsduselei.«[145]

»Das sind doch auch Menschen«, lautete eine oft gehörte regimekritische Bemerkung, die bezeugt, daß Polen in den Augen von Deutschen zu Unrecht für Vergehen hingerichtet wurden, die eine derartige Strafe nicht rechtfertigten.[146] Hinweise, daß auch Juden menschliche Wesen seien, oder Bekundungen wirklicher Sympathie für Juden waren im nationalsozialistischen Deutschland hingegen so selten, daß sie auffielen. Diese Unterschiede machen erneut deutlich, daß die Deutschen keiner »Gehirnwäsche« unterzogen worden waren, daß sie durchaus Ansichten vertraten, die im Gegensatz zu denen des Regimes standen, und daß sie es sich häufig nicht nehmen ließen, diese abweichenden Auffassungen auch auszusprechen. In diesem Zusammenhang kann es nicht verwundern, wenn etwa der Gauleiter von Würzburg im Dezember 1939 hinsichtlich der Behandlung polnischer Fremdarbeiter und Kriegsgefangener zu dem Schluß kam, daß »die Haltung der Bevölkerung vielfach zu wünschen übrig«lasse.[147] Beim deutschen Antisemitismus handelte es sich eben nicht bloß um ein Vorurteil gegen eine erniedrigte Minderheit. Wären die Deutschen so fügsam und willenlos gewesen, daß sie alles konsumiert hätten, was die ideologische Speisekarte des Regimes ihnen bot, dann hätten sie den Polen gegenüber eine ähnlich kompromißlose Haltung eingenommen. Eine vereinfachende sozialpsychologische Erklärung, die die hochentwickelte, seit langem bestehende, wahnhafte und besondere deutsche Vorstellung von den *Juden* ignoriert, kann die Einstellungen und Handlungen der Deutschen nicht erklären.

Daß die Deutschen fähig waren, gegen eine Politik zu opponieren, die ihnen nicht zusagte, zeigte sich auch in anderen Teilbereichen des gesellschaftlichen und politischen Lebens. Die öffentlichen Angriffe der NSDAP auf das Christentum beispielsweise erregten erheblichen Unmut, vor allem in katholischen Regionen. Wenn örtlich etwa versucht wurde, religiöse Bräuche einzuschränken oder die Kruzifixe aus bayerischen Schulen zu entfernen, löste dies einen Aufschrei des Protests aus, der den Rückzug der Partei zur Folge hatte.[148] Besonders bemerkenswert ist, daß sich dies in einer Zeit ereignete, in der es überall in der Region zu Ausschreitungen gegen Juden kam, die von den Bayern ohne ein Wort des Widerspruchs hingenommen wurden. Schon 1934 waren die wiederholten Versuche der Partei, die Bevölkerung für politische Versammlungen und Umzüge zu mobilisieren, auf breite Kritik und Widerstand gestoßen. Selbst wenn sie im allgemeinen mit der Richtung einverstanden waren, in die Deutschland sich bewegte, widersetzten sich viele Deutsche doch lautstark den Anforderungen des Regimes. Das macht ein Bericht des Regierungspräsidenten von Koblenz aus dem Jahr 1934 deutlich, der warnt, daß die verbreitete »Apathie« und Interesselosigkeit in Opposition umzuschlagen drohe.[149]

Die Unzufriedenheit mit vielen Maßnahmen und auch mit Aspekten der Propaganda des Regimes beschränkte sich keineswegs auf die ländliche Bevölkerung. Auch die Industriearbeiter brachten immer wieder ihr Mißfallen über die Indoktrinationsversuche und insbesondere den nationalsozialistischen Wirtschaftskurs zum Ausdruck.[150] Oftmals auch in Form von Streiks. So kam es beispielsweise allein zwischen Februar 1936 und Juli 1937 einer unvollständigen Aufstellung zufolge zu 192 Ausständen.[151] Dabei handelte es sich um offene Proteste gegen eine Politik des Regimes, die die Arbeiter für unfair hielten – und in vielen Fällen erfüllte das Regime daraufhin ihre Forderungen. Darüber hinaus weist der stete Wunsch der deutschen Bevölkerung, Informationen aus ausländischen Quellen zu erhalten, auf einen gewissen Grad an Reserviertheit, ja Mißtrauen dem Regime gegenüber hin.[152]

Das Maß an Unzufriedenheit zeigt sich auch daran, daß das Regime Tausende von Spitzeln einsetzte, die über die Volksstimmung zu berichten – und keineswegs Verhaftungen zu bewirken – hatten. Das Regime war sich des Unbehagens also bewußt, zumal die Berichte detailliert nachwiesen, wie berechtigt das Mißtrauen der Machthaber war.[153] Ian Kershaw bemerkt mit Erstaunen, »wie viele Menschen bereit waren, sich trotz des einschüchternden Klimas offen kritisch zu äußern und wie häufig die Berichte derartige kritische Bemerkungen in offensichtlich glaubwürdiger Weise wiedergeben«.[154]

Der bekannteste Protest ist der gegen das sogenannte Euthanasieprogramm der NS-Regierung (auch als »T4« bekannt, nach dem Sitz seiner Zentrale in der Berliner Tiergartenstraße 4), in dessen Verlauf deutsche Ärzte mehr als 70 000 Menschen umbrachten, Menschen, die man als »lebensunwertes Leben« betrachtete, weil ihnen Geistes- oder Erbkrankheiten attestiert wurden. Die Empörung, die zunächst von den Angehörigen der Ermordeten ausging, verbreitete sich bald im ganzen Land, und Priester und Bischöfe stellten sich an die Spitze des Protests. Die Deutschen hielten diese Morde erstens für falsch, brachten zweitens ihre Ansichten darüber zum Ausdruck, forderten drittens offen ein Ende der Tötungen, hatten viertens deshalb keine Nachteile zu erleiden und hatten fünftens zumindest teilweise Erfolg, denn sie erreichten einen offiziellen Abbruch des Mordprogramms. Das Regime setzte die Tötung »lebensunwerten Lebens« jedoch schon bald als Aktion 14f13 fort, nun allerdings heimlich, aus Angst vor erneutem Protest. Obwohl dadurch über die 70 000 Opfer der ersten Phase hinaus weitere Zehntausende dem Morden zum Opfer fielen, rettete der öffentliche Aufschrei zweifellos einige deutsche Menschenleben.[155] Hier haben die gleichen Deutschen, die abseits standen, als das eliminatorische Programm seinen Lauf nahm, modellhaft gezeigt, wie eine Reaktion auf die Verfolgung und Ermordung der Juden hätte aussehen können: moralische Bewertung und Erkenntnis, Ausdruck, Protest und, möglicherweise, Erfolg. Diese Schritte, die ihnen im Falle der Geistes- und Erbkranken offensichtlich leichtfielen, wären mindestens so leicht zu gehen gewesen – wenn man das größere Ausmaß und die längere Dauer des Holocaust bedenkt –, hätte man im Falle der jüdischen Deutschen eingreifen wollen. Aber von seltenen Ausnahmen abgesehen, wurde hier der Versuch gar nicht unternommen.[156] Nur einmal kam es zu einer größeren Protestbewegung von Deutschen zugunsten von Juden, als sich nämlich in der Berliner Rosenstraße deutsche Frauen zusammenfanden und drei Tage für die Freilassung ihrer festgenommenen jüdischen Ehemänner demonstrierten. Wie reagierte das Regime angesichts dieser Opposition aus dem Volk? Es machte einen Rückzieher. Die sechstausend jüdischen Männer wurden freigelassen, die Frauen blieben unbehelligt.[157] Hätte das Wohl der deutschen Juden die Deutschen wirklich gekümmert, dann wüßten wir nicht nur davon, sondern dann wäre auch der Handlungsspielraum des Regimes bei der Durchführung des eliminatorischen Programms erheblich eingeschränkt gewesen.[158]

Die lange und eindrucksvolle Liste der Widerstandshandlungen von Deutschen gegen *bestimmte* Aspekte der NS-Politik läßt sich jedoch keineswegs als generelle Opposition gegen das Regime selbst auslegen,[159] gegen das NS-System als solches und sein Hauptziel gerichtet, ein rassisch »gesäubertes« und militarisiertes, wiedererstarktes Deutschland in Europa zu erreichen. Im Gegenteil: In seinen ersten Jahren war das Regime sehr populär, und gegen Ende der dreißiger Jahre nahm die Begeisterung angesichts von Hitlers erfolgreicher Außenpolitik und der anfänglichen militärischen Erfolge noch zu.[160] Wie Ian Kershaw beobachtet hat, waren sogar die bayerischen Katholiken, die von den Angriffen auf ihre Kirche empört waren, meist überzeugte Befürworter, wenn es um die zentralen Ziele der Nationalsozialisten ging:

»Dieselbe Gegend, in der volkstümliche Opposition gegen die nationalsozialistische Kirchenpolitik so energisch war, erwies sich gleichzeitig als Brutstätte eines bösartigen, volkstümlichen Antisemitismus, und alles deutet darauf hin, daß die chauvinistische und aggressive Außenpolitik des Regimes uneingeschränkte Unterstützung fand. Bayern blieb eine Bastion starker Sympathie für Hitler. Die Opposition im Kirchenkampf richtete sich ganz überwiegend nicht gegen das Regime als solches, sondern nur gegen einen unattraktiven und – wie man meinte – völlig überflüssigen Aspekt seiner Politik.«[161] Selbst die erbittertsten Konflikte, die zu lang anhaltenden und entschiedenen Protesten führten, erschütterten die solide Unterstützung der Deutschen für den Nationalsozialismus und insbesondere für seine eliminatorischen Ziele nicht.

Auch gelegentliche Unruhen, die sich an bestimmten Aspekten der antijüdischen Politik festmachten, sind nicht als Anzeichen für eine weitverbreitete, allgemeine Ablehnung des eliminatorischen Programms zu deuten. Es überrascht nicht, daß im Deutschland der dreißiger Jahre zwar Kritik und Unbehagen an den beispiellosen eliminatorischen Verfahrensweisen geäußert wurde, kaum jedoch an deren weltanschaulichen Grundlagen. Viele haben in dieser Kritik einen Beleg dafür gesehen, daß ein erheblicher Teil der Deutschen nicht antisemitisch gewesen sei oder daß viele Deutsche die Verfolgung der Juden grundsätzlich mißbilligt hätten. Diese Ansicht ist falsch.[162] Und dies nicht nur, weil die Art und die Fülle der Gegenbeweise – von denen hier nur ein Ausschnitt präsentiert wird –, so viel überzeugender ist. Prüft man die ohnehin relativ seltenen Unmutsäußerungen auf ihren Inhalt, zeigt sich bezeichnenderweise, daß sie meist nicht auf eine Ablehnung des Antisemitismus zurückzuführen sind; die Annahme, die Juden hätten Deutschland in Vergangenheit und Gegenwart schwer geschadet, weshalb deren Ausschaltung für die Deutschen mit großen Vorteilen verbunden wäre, wird nicht in Frage gestellt. Was die Deutschen störte, war meist etwas ganz anderes.

So zögerten die Deutschen beispielsweise, finanzielle Nachteile in Kauf zu nehmen, wenn sie ihre geschäftlichen Beziehungen zu Juden lösen sollten, wie der Mißerfolg der Boykottaufrufe der dreißiger Jahre deutlich macht. Viele jüdische Unternehmen boten Waren und Dienstleistungen zu günstigeren Preisen, vor allem in einigen ländlichen Gegenden, wo deutsche Bauern oftmals von ihren Handelsbeziehungen zu Juden abhängig waren.[163] Auch die pogromartige, willkürliche Brutalität auf der Straße, die viele Deutsche instinktiv als etwas Widergesetzliches, Unangemessenes und Überflüssiges empfanden, als einer zivilisierten Gesellschaft nicht würdig, rief Unzufriedenheit hervor. In einem Gestapobericht vom August 1935 aus Hannover heißt es dazu: »Durch die Ereignisse der letzten Wochen hat die antisemitische Stimmung in den breiten Massen der Bevölkerung erheblich zugenommen. Die scharfe Zurückweisung der Übergriffe des Judentums wird überall, abgesehen von einigen unbelehrbaren Ausnahmen, allgemein begrüßt. Der weit größte Teil der Bevölkerung versteht aber nicht die, leider gerade hier in Hannover, in den letzten Tagen zu beobachtenden sinnlosen Einzelaktionen und Terrorakte.«[164]

Der Bericht schildert weiter, wie die Polizei im Namen von Gesetz und Ordnung eingegriffen habe und sich dabei von den antisemitischen Schlägern als »Judenhörige« und »Judenfreunde« beschimpfen lassen mußte. Und zwar vor den Ohren der Umstehenden, was den Verfasser beunruhigte. Wieder einmal wird deutlich, daß sich Antisemiten durchaus gegen »sinnlose Terrorakte« wenden konnten. Der Gestapomann selbst ist ein Beispiel dafür, daß diese beiden Positionen sich nicht widersprechen mußten. Als Antisemit und Kenner der antisemitischen Einstellung der Bevölkerung fürchtete er, der bloße Eindruck, die Polizei helfe den Juden, könne die Ordnungshüter verdächtig machen und ihre Autorität untergraben. Doch wie die Menschen, die er beschrieb, lehnte auch er »sinnlose Terrorakte« eindeutig ab.[165]

Andere betrachteten den eliminatorischen Angriff ihres Landes auf die Juden auch deshalb mit gemischten Gefühlen, weil sie in ihrer antisemitischen Benommenheit Racheakte der Juden befürchteten. Dies wurde schon in den dreißiger Jahren wiederholt zum Ausdruck gebracht, steigerte sich aber nach Kriegsbeginn, vor allem im Zusammenhang mit der Bombardierung Deutschlands. So berichtete der Vorsitzende des Oberlandesgerichts Braunschweig im November 1943, daß viele Deutsche der NSDAP vorwürfen, den Bombenterror durch ihre Behandlung der Juden provoziert zu haben.[166] Die Angst vor der Vergeltung der allmächtigen Juden schon in den dreißiger Jahren und dann die Wirkung der Zerstörung Deutschlands im Krieg, für

153

den manche Deutsche die Juden verantwortlich machten, waren groß genug, daß selbst überzeugte Antisemiten zu zweifeln begannen, ob der nationale Angriff auf die Juden so klug war. Daß sie indes glaubten, die – objektiv ohnmächtigen – Juden seien schuld daran, daß deutsche Städte in Schutt und Asche gelegt wurden, zeigt, daß auch sie der nationalsozialistischen Sichtweise über Juden anhingen.[167]

Wieder andere wünschten, man möge doch persönliche Bekannte von der Verfolgung ausnehmen – ein nicht ungewöhnliches Phänomen bei Menschen, die sich von Vorurteilen leiten lassen. Aber es schließt wie im Falle Deutschlands einen tiefen Haß auf die Gruppe der Verfolgten als solche nicht aus. Ein Bericht aus Sachsen aus dem Jahr 1938 illustriert diese Haltung überzeugend und offenbart zugleich, wie wenig derartige Einwände die nahezu selbstverständliche Unterstützung des eliminatorischen Unternehmens und der ihm zugrundeliegenden Prinzipien beeinflußten: »In unserem Bezirk gibt es nur wenig Juden. Lesen die Leute von Maßnahmen gegen die Juden in den Großstädten, dann stimmen sie zu. Wird aber ein Jude aus dem näheren Bekanntenkreis betroffen, dann jammern dieselben Leute über den Terror des Regimes. Da rührt sich wieder das Mitgefühl.«[168] Entscheidend ist die Einstellung der Deutschen zu Juden in den großen Städten, das heißt zu den Juden im allgemeinen. Wenn es gegen diese ging, dann zollten die Deutschen den eliminatorischen Maßnahmen Beifall. So beweisen Zeugnisse wie das zitierte nicht, daß die Deutschen von Auffassungen und Praxis des Regimes im Kern abwichen, sondern vielmehr, daß sie diese bejahten.

Und schließlich gab es pragmatische oder ethische Einwände gegen den radikalsten Aspekt des eliminatorischen Programms, gegen die Vollstreckung eines Todesurteils gegen eine ganze Gruppe, gegen den Genozid als Staatspolitik. Wie bereits erwähnt, finden sich pragmatische Vorbehalte in der konservativen Opposition gegen Hitler, ethische vor allem unter den geistlichen Oberhäuptern.[169] Im Juli 1943, als die Deutschen die meisten ihrer jüdischen Opfer bereits ermordet hatten, schrieb Bischof Wurm schließlich einen persönlichen Brief an Hitler, in dem er gegen die Ausrottung protestierte, auch wenn er die Juden nicht ausdrücklich erwähnte. Doch Wurm machte selbst in vielen seiner Stellungnahmen deutlich, daß er mit der nationalsozialistischen Auffassung von den Juden im wesentlichen übereinstimmte. Wurms Einwände richteten sich nicht gegen das Ziel der NS-Politik, sondern gegen die inhumane Art und Weise, in der diese Politik umgesetzt wurde. Nur drei Monate zuvor hatte er Reichsinnenminister Frick erklärt, seine und die Kritik anderer Christen erfolge natürlich »nicht aus Vorliebe für das Judentum, dessen übergroßer Einfluß auf das kulturelle, wirtschaftliche und politische Leben in der [Weimarer] Zeit ... fast nur von christlicher Seite als verhängnisvoll erkannt wurde«.[170] Und Ende 1943 brachte Wurm in einem Brief an Hans Lammers, den Chef der Reichskanzlei, unmißverständlich zum Ausdruck, daß ethische Vorbehalte gegen den Völkermord nicht als Abweichung von der herrschenden, die Juden dämonisierenden Auffassung mißverstanden werden dürften, die, wie Wurm betonte, von den Christen geteilt werde. Er und gleichgesinnte Christen erhöben ihre Einwände »nicht aus irgendwelchen philosemitischen Neigungen, sondern lediglich aus religiösem und ethischem Empfinden«.[171]

Die verschiedenen Bedenken waren verständliche Reaktionen auf Teilaspekte des radikalen eliminatorischen Programms, die selbst von »Praktikern« der Verfolgung vorgebracht wurden. So kritisierte etwa Hermann Göring, der von Hitler mit der Koordination der wirtschaftlichen Ausschaltung der Juden beauftragt worden war, bei einer Sitzung am 12. November 1938, zwei Tage nach der Reichspogromnacht, einige der Anwesenden wegen der enormen materiellen Schäden, die sie mit verursacht hatten, nicht aber wegen des Pogroms an sich: »Mir wäre lieber gewesen, ihr hättet 200 Juden erschlagen und hättet nicht solche Werte vernichtet.«[172]

Solche Vorwürfe aus dem Mund jener, die selbst Juden verfolgten und sogar umbrachten, bedeuteten nicht, daß sie keine Antisemiten oder gar Gegner des Holocaust gewesen wären. Daß Menschen, die ein Regierungsprogramm grundsätzlich begrüßen, der Art seiner Umsetzung oft kritisch gegenüberstehen, ist nichts Ungewöhnliches und beschränkt sich nicht auf NS-Deutschland. Noch einmal: Das Unbehagen, das einige Deutsche angesichts gewisser eliminatorischer Maßnahmen befiel, ist also nicht als prinzipielle Ablehnung des eliminatorischen Projekts und der ihm zugrundeliegenden Überzeugungen zu verstehen.[173] Die große Ausnahme in dieser Hinsicht waren die Deutschen, die aus den verschiedensten Gründen etwa zehntausend deutschen Juden halfen, der Deportation zu entgehen und unterzutauchen. Die Isolation, in der sich diese Deutschen ebenso wie jene Landsleute befanden, die ihren jüdischen Ehepartnern beistanden, zeigt, wie außergewöhnlich ihre Einstellung im nationalsozialistischen Deutschland war.[174] Von diesen Menschen abgesehen, galt alle Kritik der Deutschen an der Verfolgung Nebensächlichkeiten; an den zentralen Auffassungen, dem eliminatorischen Antisemitismus und seiner praktischen Konsequenz, dem Programm zur Ausschaltung jeglichen jüdischen Einflusses in Deutschland wurde nicht gerüttelt. Die Einwände demonstrieren vielmehr in der Regel, daß ihre Vertreter die nationalsozialistische Sichtweise der Juden teilten. Wenn tatsächlich viele Deutsche das kognitive Modell von den Juden abgelehnt hätten, wüßten wir ohne Zweifel davon, so wie wir auch von ihrer Kritik an der Behandlung anderer Gruppen wissen. Während des Krieges berichtete der NS-Sicherheitsdienst von beträchtlicher öffentlicher Sympathie für ausländische Zwangsarbeiter und Kriegsgefangene, obwohl jeder Umgang mit ihnen schwer bestraft wurde. Von ähnlichen Sympathien für Juden ist dagegen nicht die Rede, obwohl die Vernichtung weitgehend bekannt war.[175] Die Quellen sind eindeutig: Die Deutschen waren sowohl mit der antisemitischen Grundhaltung als auch mit dem eliminatorischen Programm prinzipiell einverstanden; diejenigen, die davon abwichen, waren gleichsam einsame Rufer in dunkler Nacht.

Mai 1933: Schmierereien an der Mauer eines jüdischen Friedhofs in Saarbrücken.

Auch wenn man die physischen Angriffe einmal beiseite läßt und allein die verbalen Attacken betrachtet, denen die deutschen Juden in den dreißiger Jahren ausgesetzt waren, hatten sie mehr Gewalt zu ertragen als jede andere gesellschaftliche Gruppe je zuvor. Angesichts der Schrecken, die noch folgen sollten, wird diese verbale Gewalttätigkeit – zu Unrecht – leicht vernachlässigt. Doch ihre Wirkung, der Tribut, den sie von Juden wie auch von Deutschen forderte, war enorm.[176]

Die Häufigkeit und Intensität der verbalen Gewalt – die die weitverbreiteten Schmierereien einschließt, die den Juden das Recht auf individuelle wie gesellschaftliche Existenz absprachen und dies Deutschen wie Juden täglich vor Augen führten – rechtfertigt es, hierin einen Angriff besonderer Art zu sehen, der der Würde und Ehre der Juden schweren emotionalen, psychischen und sozialen Schaden zugefügt hat. Die Wunden, die dadurch geschlagen werden, daß man vor aller Augen – insbesondere in Anwesenheit der eigenen Kinder – antisemitische Beschimpfungen mit anhören muß und nicht darauf antworten kann, können genauso demütigend sein wie öffentlich erlittene Schläge.[177] Die Deutschen hatten damals ebenso ein Gespür dafür wie die Deutschen oder die Amerikaner von heute, wenn sie nur ein Bruchteil dessen miterleben. Alle, die sich an solchen Angriffen beteiligten oder zuschauten, fanden sich, sofern sie nicht erschreckt waren, in der Ansicht bestätigt, daß die schlimmsten Erniedrigungen für Juden angemessen seien. In einer wichtigen Hinsicht – die im nächsten Kapitel aufgegriffen wird – waren Deportation und physische Gewalt kein Bruch, sondern eine Ergänzung zu dem enormen Leid, das Deutsche den Juden durch das Medium der Sprache mutwillig und *ständig* zugefügt hatten.[178]

In diesem Trommelfeuer verbaler Gewalt und in den Ansichten über die Juden, die dadurch zum Ausdruck kamen, steckte ein tödliches Potential. Einige aufmerksame Beobachter sagten schon in den dreißiger Jahren voraus, daß die Deutschen schließlich danach trachten würden, die Juden auszurotten. 1932 – bevor also die Nationalsozialisten die Macht übernahmen und als es noch keineswegs sicher war, daß ihnen dies je gelingen würde – formulierte der deutsch-jüdische Schriftsteller Theodor Lessing die Logik der Ausgrenzungsmentalität. Die Deutschen, so prophezeite er, würden die »Judenfrage« mit Gewalt »lösen«: »Wir suchen immer den leichtesten Weg. Am leichtesten ist, daß man das Unbequeme verleumdet oder beseitigt. Am einfachsten also wäre es, die 12 oder 14 Millionen Juden totzuschlagen.«[179] Vielleicht nicht in jedem Sinne des Wortes die »einfachste« Lösung, aber eine endgültige, und das hatte Lessing wohl auch zum Ausdruck bringen wollen. 1932 konnte er schon erkennen, daß die Deutschen die Juden in einer Form ablehnten, die einen Völkermord nach sich ziehen konnte.

Der amerikanisch-jüdische Literaturkritiker Ludwig Lewisohn erfaßte das Wesen der nationalsozialistischen Absichten bereits anhand der ersten Maßnahmen des Regimes. Er nannte den Nationalsozialismus »Die Revolte gegen die Zivilisation«, so der Titel seines tiefsinnigen, vorausschauenden Artikels von 1934. Unter anderem wies er auf die »Dolchstoßlegende« hin, die den Juden die Schuld an der Niederlage im Ersten Weltkrieg zuschrieb: »So unglaublich dies auch vernünftigen Menschen anderswo in der Welt vorkommen mag: Man *glaubt* an diesen Mythos.« Angesichts dieser und anderer Wahnvorstellungen fragte er, wie es die Deutschen denn ertragen könnten, solche Menschen unter sich zu dulden. Und er gelangte zu dem Schluß: »Die ganze Angelegenheit wäre nicht mehr als eine gespenstische Farce, wenn sie nicht eine so große Gefahr für die menschliche Zivilisation darstellen würde, wenn sie nicht die Seelen und den Verstand einer ganzen Generation von Deutschen verdürbe. Denn heute ist es offensichtlich, daß sie diesen Mythen entsprechend handeln werden. Sie haben bereits damit begonnen. Das schwarze Schaf soll geschlachtet, der Jude gekreuzigt werden.«[180] Die Journalistin Dorothy Thompson, die den eliminatorischen Zusammenhang ebenfalls verstanden hatte, äußerte in ihrem Beitrag zu derselben Publikation die Vermutung, daß nur pragmatische Zwänge die Nationalsozialisten daran hindern würden, die Juden auszurotten.[181] Sie prophezeite, daß aus der Sicht der Deutschen unter den in den dreißiger Jahren gegebenen Umständen die erzwungene Auswanderung der Juden das realistischste Programm zu deren Ausschaltung sein würde. Sie und Lewisohn nahmen im Gegensatz zu anderen, die nicht glauben wollten, was sich vor ihren Augen abspielte, die Erklärungen der Nationalsozialisten ernst und erkannten, daß im rassistischen Antisemitismus der Deutschen eine eliminatorische Triebkraft steckte, die bis zum Völkermord gehen konnte. Theodor Lessing hat dieses Potential ebenfalls wahrgenommen, das in Deutschland wirksam war, bevor Hitler an die Macht kam und es kanalisieren konnte.

Die Möglichkeit des Völkermords, die der eliminatorische Antisemitismus der Deutschen und damit die Deutschen selbst in sich trugen, wird nicht nur in den Einschätzungen von Menschen wie Lessing, Lewisohn, Thompson und dem amerikanischen Journalisten Quentin Reynolds deutlich, der Mitte 1939 vor einem Kongreßausschuß die »Auslöschung« der Juden in einem »perfekten Pogrom« voraussagte.[182] Auch andere Quellen weisen auf die tödliche Konsequenz der antisemitischen Weltanschauung hin. Am 1. Juni 1933 hielt der führende evangelische Theologe und Bibelwissenschaftler Gerhard Kittel in Tübingen einen Vortrag über »Die Judenfrage«, der auch veröffentlicht wurde. Darin arbeitete er die Grundzüge des kognitiven Modells von den Juden heraus, das sich im Laufe des neunzehnten Jahrhunderts in Deutschland entwickelt hatte und mit der nationalsozialistischen Machtübernahme offizielle Staatspolitik geworden war. Die Juden, so stellte Kittel wie selbstverständlich fest, seien durch ihre »Rasse« ein Fremdkörper in Deutschland. Emanzipation und Assimilation hätten keineswegs eine Anpassung der Juden an die deutsche Gesellschaft erreicht, sondern es ihnen vielmehr ermöglicht, das deutsche Volk in Blut und Geist zu vergiften – mit katastrophalen Folgen. Wie solle man dieses »Problem« nun »lösen«? Kittel erörterte vier Möglichkeiten. Den Zionismus, die Schaffung eines jüdischen Staates in Palästina, lehnte er als nicht praktikabel ab, ebenso – aus bekannten Gründen – die Assimilation. Dann kam ein höchst bemerkenswerter Vorschlag: »Man kann den Juden auszurotten versuchen (Pogrom).«

Da für Kittel eine systematische, staatlich organisierte Vernichtung noch nicht vorstellbar war, orientierte er sich am Modell des Pogroms, was ihn dazu veranlaßte, die Ausrottung gleichfalls abzulehnen, weil sie praktisch wie politisch nicht durchführbar sei. Er plädierte schließlich für die eliminatorische »Lösung« einer »Fremdlingschaft«, also der Trennung der Juden von ihren Gastvölkern.[183] Daß dieser bedeutende Theologe bereits im Juni 1933 öffentlich die Ausrottung der Juden in Betracht ziehen konnte und dies auch noch fast beiläufig, zeigt die mörderische Bedrohung, die vom herrschenden eliminatorischen Antisemitismus ausging. Wenn schon der Theologe sich nicht zu umständlichen Rechtfertigungen genötigt sah, wie alltäglich mußten dann den gewöhnlichen Deutschen in den frühen dreißiger Jahren solche Erörterungen erscheinen!

Doch Kittel war nicht der einzige, der bereits in der Frühzeit der NS-Herrschaft die Möglichkeit eines Genozids erwog. Ein Protestbrief des amerikanischen Vorsitzenden der amerikanischen Sektion des »Universal Christian Council for Life and Work« an einen hochrangigen Mitarbeiter des Kirchlichen Außenamts der deutschen Protestanten offenbarte, daß »einige meiner Kollegen in diesem Sommer in Berlin von offiziellen Kirchenvertretern versichert bekamen, daß man die [deutsche] Politik in dieser Hinsicht als ›menschliche Extermination‹ bezeichnen könne ... Offen gesagt, können sich die Christen Amerikas keine ›humane‹ Ausrottung von Menschen vorstellen. Noch schwieriger ist es für sie zu verstehen, wie sich irgendwo und irgendwann Kirchenmänner bereit finden können, durch ihren Einfluß die Durchführung einer derartigen Politik zu unterstützen ... Doch haben wir bereits vor der Revolution, als die Freiheit der Rede in Deutschland noch gegeben war, beobachten müssen, daß uns keine Proteste gegen den gewalttätigen Antisemitismus der Nationalsozialisten von Kirchenleuten in Deutschland erreichten. Seitdem haben wir in dieser Hinsicht zahllose Rechtfertigungen für die bestehende Lage vernommen, es gab aber keinerlei offizielle und nur wenige persönliche Stellungnahmen, die die damit verbundenen ethischen Probleme zu berücksichtigen schienen.«[184]

Diese hier nicht namentlich genannten »offiziellen Kirchenvertreter« zögerten also nicht, den exterminatorischen Impuls ihrer Gesellschaft den zu Besuch weilenden amerikanischen Christen zu enthüllen. Sie scheinen angenommen zu haben, ihre amerikanischen Amtsbrüder würden Verständnis zeigen und einer »menschlichen Extermination« als »Lösung der Judenfrage« zustimmen, also einer Politik, die sich zumindest in ihrer exterminatorischen Dimension, wie sie genau wußten, aus dem eliminatorischen Kern des NS-Programms ergab. All dies kann keineswegs nur metaphorisch gemeint gewesen oder von den Amerikanern mißverstanden worden sein. Der Protestbrief läßt keinen Zweifel offen, um was es ging, und die Reaktion auf den Brief der Amerikaner tut dies nicht minder. Wäre die Darstellung der Amerikaner falsch gewesen, dann hätten die verantwortlichen deutschen Kirchenstellen zweifellos versucht, ihre Haltung klarzustellen und ihre amerikanischen Kollegen davon zu überzeugen, daß sie als deutsche Gottesmänner eine Politik der »menschlichen Extermination« nicht billigten. Für jeden Gegner eines solchen Vorgehens wäre es schandbar, alarmierend und schmerzlich gewesen, wenn seine Anschauungen und Absichten dermaßen falsch dargestellt worden wären. Aber so reagierte das deutsche Vorstandsmitglied des internationalen Kirchengremiums nicht. Der Mann, der diesen Brief der Amerikaner zu beantworten hatte, hielt mit offensichtlicher Verachtung für die unbelehrbaren Amerikaner fest, daß eine weitere Korrespondenz mit dem amerikanischen Ratsvorsitzenden »nicht mehr tunlich« sei. Die in dem Brief des Amerikaners enthaltene Einsicht und die Antwort darauf beleuchten schlaglichtartig das tödliche Potential des eliminatorischen Antisemitismus der Deutschen, der, lange bevor das Regime sein Vernichtungsprogramm einleitete, virulent war. Die antijüdische Politik der dreißiger Jahre, die auf breite Unterstützung im Volk zählen konnte, wurzelte in der eliminatorischen Ideologie, die sich aus dem für die deutsche Kultur typischen kognitiven Modell von den Juden ableitete. Das Vernichtungsprogramm der Kriegsjahre gründete sich auf die gleiche Ideologie und das gleiche System von Überzeugungen, war die extremere »Lösung« eines Problems, über dessen Diagnose in Deutschland längst Einvernehmen bestand. Vor diesem Hintergrund war der Sprung von der Unterstützung der eliminatorischen Politik der dreißiger Jahre zur Unterstützung einer »Lösung«, die Völkermord bedeutete, gar nicht so gewaltig, wie im allgemeinen angenommen wird.[185] Die ethischen Hemmungen gegenüber einem solchen Massenmord zu überwinden war für manche schwierig. Aber die grundlegenden Motive für eine radikale »Lösung« waren schon vorhanden; von den Deutschen wurde nur verlangt, mutig zu ihren Überzeugungen zu stehen und ihrem »Führer« Hitler zu vertrauen, daß er das »Problem« lösen und damit das Wohlergehen der Deutschen langfristig sichern werde. Angesichts dessen kann es nicht überraschen, daß es bei den Deutschen lediglich ein gewisses Unbehagen auslöste, als sie von dem systematischen Massenmord an den Juden erfuhren. Und dies resultierte aus einem Rest an Furcht, die eine solch schreckliche Maßnahme bei einem Volk hervorrufen mußte, das mit dem Gebot: »Du sollst nicht töten« aufgewachsen war und das sich mit der beunruhigenden Überlegung beschäftigte, was die so mächtigen Juden ihm antun würden, sollte es am Ende doch scheitern.[186] Die Alternative zu einem Sieg auf den Schlachtfeldern bestand – so das wahnhafte Weltbild, das der ehemalige Hitlerjunge Heck mit seinen Landsleuten teilte – in »der endlosen Nacht der bolschewistisch-jüdischen Sklaverei, [über die] nachzudenken zu schrecklich war«.[187] Ebenso furchterregend war der Gedanke, daß die Juden das Vernichtungsprogramm überleben würden.

Von diesen nicht überraschenden, doch relativ nebensächlichen Bedenken abgesehen, nahmen es die Deutschen 1939 mit Gelassenheit hin, daß ihr rassistischer Antisemitismus in Richtung Völkermord gelenkt und für die Durchführung des Genozids *aktiviert* wurde. Waren sie vorbereitet, den Antisemitismus und die eliminatorische Ideologie, ihre Überzeugungen bis zum Äußersten zu treiben? Würden sie, wenn sie schließlich direkt mit dem »Übel« konfrontiert sein sollten, das die meisten von ihnen nur aus der Ferne kannten, willens sein, es in der einzigen Weise auszutreiben, die wirklich »endgültig« war? Der hier entwickelte theoretische Rahmen zum Verständnis des Antisemitismus legt dies nahe, denn der Völkermord beruhte auf den gleichen weltanschaulichen Grundlagen wie die dämonisierende Sichtweise von den Juden, die den höchst populären Maßnahmen der dreißiger Jahre zugrunde lag, die das Regime und normale Deutsche aus allen Lebensbereichen bereits ergriffen hatten, um die Juden zu erniedrigen, ins Elend zu stoßen und aus der deutschen Gesellschaft auszuschließen. Doch die theoretische Einschätzung allein reicht nicht aus. Eine empirische Untersuchung ist ebenfalls notwendig. Der Darstellung, auf welche Weise der eliminatorische Antisemitismus die Entwicklung der antijüdischen Politik der Nationalsozialisten bestimmte, muß deshalb eine detaillierte Überprüfung der Taten von deutschen Normalbürgern folgen, die in die Vernichtungspolitik verwickelt waren. Daß diese gewöhnlichen Deutschen einem dämonisierenden Rassenantisemitismus anhingen, steht außer Zweifel. Doch in welchem Maße konnte diese gemeinsame Einstellung sie motivieren? Wie konnte sie diese Menschen zum Handeln veranlassen? Warum folgten sie der Aufforderung, sich als willige Mörder am Genozid zu beteiligen?

TEIL II

Das eliminatorische Programm und seine Institutionen

Es mußte der schwere Entschluß gefaßt werden, dieses Volk von der Erde verschwinden zu lassen.

Heinrich Himmler,
Geheimrede in Posen
am 6. Oktober 1943

KAPITEL 4

Wesen und Entwicklung des national-
sozialistischen Angriffs auf die Juden

Obwohl die Bestrebungen Hitlers und seiner Partei, die Juden zu beseitigen, schon vor der Machtübernahme eindeutig feststanden, entwickelten sich ihre unmittelbaren Absichten und ihre jeweils aktuelle
antijüdische Politik keineswegs linear und unzweideutig. Dies überrascht nicht. Hier war ein Regime an die Macht gelangt, das sich eine
außerordentlich komplexe und schwierige Aufgabe gestellt hatte,
für die es in der modernen Geschichte kein Vorbild gab: Es ging nicht
nur um die Ausschaltung der Juden aus allen Bereichen des gesellschaftlichen Lebens; es sollte auch ausgeschlossen werden, daß diese
Deutschland in Zukunft »schaden« konnten. Auch gab es viele Zwänge
und konkurrierende, wenn nicht gar widerstreitende Zielsetzungen,
die die Durchführung des eliminatorischen Projekts behinderten. Die
NSDAP hatte unter schwierigen Umständen die Macht übernommen:
Das Land steckte mitten in der wirtschaftlichen Depression, umgeben
von feindlichen Mächten, und die neuen Machthaber waren mit einer
Reihe revanchistischer und revolutionärer Versprechungen angetreten. Angesichts dieser Bedingungen wäre es unrealistisch anzunehmen, daß ein Regime die Ausschaltung der Juden aus Deutschland,
Europa und der Welt betreiben konnte, ohne aus pragmatischen Erwägungen politische und taktische Kompromisse einzugehen, ohne
langfristige Absichten zugunsten kurz- oder mittelfristiger Ziele in
anderen Bereichen zurückzustellen. Damit würde man den Nationalsozialisten eine außergewöhnliche Fähigkeit unterstellen, Ideale in
die Praxis und politische Vorhaben in konkrete Schritte umzusetzen.

Die antijüdische Politik war vielmehr von offenkundigen Unver-
einbarkeiten und Konflikten zwischen konkurrierenden Entschei-
dungs- und Machtzentren bestimmt. Weil sich viele Forscher aber nur
auf die politischen Maßnahmen des NS-Regimes konzentriert haben,
sind sie zu der Ansicht gelangt, diese hätten sich unzusammenhängend und unkontrolliert entwickelt; selbst die Entscheidung zur Vernichtung der Juden sei eher zufälligen Problemstellungen entsprungen, sie habe sich nicht unbedingt aus den Absichten Hitlers oder der
NS-Führung oder organisch aus deren Weltsicht ergeben. Diese An-

sichten sind falsch: Die nationalsozialistische Judenpolitik war außerordentlich kohärent und zielorientiert.

Die Absichten und Maßnahmen der Nationalsozialisten beruhten auf einer deutlich formulierten, gemeinsamen Auffassung von den Juden, dem eliminatorischen Rassenantisemitismus. Wenn man erkennt, daß diese auf Beseitigung der Juden gerichtete Ideologie – die das angebliche Problem »diagnostizierte« und gleichzeitig eine Vielzahl praktischer »Lösungen« in sich barg – ihrem Denken und Handeln zugrunde lag, dann wirken die Konturen ihrer Politik gegen die Juden weitaus überlegter und konsistenter als oft angenommen: *Sie war ein bewußter, konzertierter, dennoch flexibler und notwendigerweise experimentell orientierter Versuch, den vermeintlichen Einfluß der Juden möglichst gründlich und endgültig auszuschalten.* Bewußt, weil sie offen und unaufhörlich artikuliert wurde; konzertiert, weil sie zusammenhängend und eifrig von so vielen Menschen betrieben wurde; sie mußte experimentell und flexibel sein, weil die Deutschen unbekanntes Gelände betraten und die praktischen Zwänge berücksichtigen mußten, die ihrer Politik und deren Durchführung entgegenstanden. Gemessen daran verhielten sich die Nationalsozialisten *erstaunlich konsequent,* weit konsequenter jedenfalls, als von der Forschung heute im allgemeinen angenommen wird, und weit konsequenter auch, als vernünftigerweise zu erwarten war.

Wenn man dies zeigen und gleichzeitig die antijüdische Politik verständlich machen will, dann muß man einige Fragen neu überdenken und der Interpretation auch einen neuen Bezugsrahmen schaffen.[1] Darum muß zunächst auf einige begriffliche und analytische Probleme eingegangen werden. Der Begriff der »Intentionalität«, das Verhältnis zwischen Hitler und seinen Gefolgsleuten, die Art und Weise festzustellen, ob Handlungen folgerichtig zusammenhängen – all dies sind wichtige Fragen, um die offen oder verdeckt bis heute gestritten wird. Daher lohnt es sich, an dieser Stelle innezuhalten.

Das politische System im nationalsozialistischen Deutschland war diktatorisch und gleichzeitig auf Konsens aufgebaut. Diktatorisch war es in dem Sinne, daß es keine formalen Mechanismen – wie etwa Wahlen – gab, mit denen Hitlers Macht begrenzt oder er aus dem Amt hätte entfernt werden können. Auf Konsens beruhte es insofern, als die Menschen, die in den politischen Institutionen arbeiteten, und im großen und ganzen auch die deutsche Öffentlichkeit Hitlers Macht und Regierung für wünschenswert und legitim hielten.[2] Auf der Grundlage dieses breiten Konsenses kam es jedoch durchaus zu Differenzen und Konflikten innerhalb des politischen Systems, auch über die Judenpolitik. Drei Gründe waren dafür ausschlaggebend: Erstens gab es reale Zwänge, die Kompromisse verlangten und es notwendig

166

machten, die Verwirklichung politischer Ziele auf einen Zeitpunkt zu verschieben, an dem günstigere Umstände herrschten oder geschaffen werden konnten. Hitlers häufig indirekter Führungsstil ließ zweitens Untergebenen, die in verschiedenen Institutionen tätig waren und unterschiedliche politische Konzepte vertraten, große Spielräume.[3] Und drittens waren da die natürlichen Spannungen und Unverträglichkeiten, die immer dann auftauchen, wenn ein neues und schwieriges Unternehmen durchgeführt wird, das den Einsatz der ganzen Nation erfordert und an dem konkurrierende Institutionen beteiligt sind – vor allem, wenn wie in diesem Fall unklare und sich überschneidende Zuständigkeiten innerhalb des politischen Systems bestehen, ohne daß ein zentrales oder mächtiges Kontrollorgan gegensteuert.[4]

Diese drei Grundzüge des politischen Systems sorgten an sich schon für Widersprüche. Im Hinblick auf die antijüdische Politik kam indes hinzu, daß die eliminatorische Ideologie mit einem ganzen Spektrum von »Lösungen« vereinbar war, die im Grunde alle beispiellos und schwierig durchzuführen waren. Die Folge war, daß diejenigen, die für die Planung und Durchführung dieser Politik verantwortlich waren, bei aller Einigkeit über die zentralen Ziele, unterschiedliche Herangehensweisen befürworteten. Wie sollten die entsprechenden Maßnahmen mit den Erfordernissen anderer Politikbereiche in Einklang gebracht werden? Wie war zwischen kurz-, mittel- und langfristigen Gesichtspunkten abzuwägen, und mit welchem Tempo sollten diese angegangen werden? Angesichts all dieser Probleme wird verständlich, daß sich die Nationalsozialisten an ihre »Lösung« der »Judenfrage« gleichsam herantasten mußten.

Die Eigenarten des NS-Systems behindern jeden Versuch, sich eine Vorstellung davon zu machen, welche Pläne die Nationalsozialisten zur Beseitigung der deutschen und europäischen Juden verfolgten und aus welchen Gründen sie sich schließlich für bestimmte politische Maßnahmen entschieden. Bislang ging die Forschung in der Regel an diese Fragen heran, indem sie eine plausible Abfolge nicht nur von politischen Schritten, sondern auch von Absichten konstruierte, gestützt auf die einzelnen Maßnahmen und auf den vermuteten Wissensstand der verschiedenen Protagonisten über die Absichten, die hinter diesen Maßnahmen standen. Jede Stufe dieser Abfolge wird dann aus den politischen, institutionellen, territorialen und militärischen Umständen des Augenblicks erklärt, von denen man annimmt, daß sie die Handlungen der relevanten Akteure bestimmten. Mit dieser Methode läßt sich viel über die Vorstellungen und Taten der Handelnden auf unterer und mittlerer Ebene sagen. Solange sie aber nicht durch einen breiteren Deutungsrahmen ergänzt wird, führt sie zwangsläufig zu Schußfolgerungen, die den situationsbedingten und materiellen Faktoren eine zu große Bedeutung einräumen; zudem neigt man leicht dazu, auch drittrangige Abweichungen von der allgemeinen politischen Stoßrichtung überzubewerten und damit den Gesamtcharakter des Nationalsozialismus und der eliminatorischen Judenpolitik aus den Augen zu verlieren. Beobachtungen aus der »Froschperspektive« sind höchst aufschlußreich und notwendig, die Gesamtschau aus der »Vogelperspektive« können sie aber nur ergänzen, nicht ersetzen.

Eingedenk dieser Deutungs- und Erklärungsprobleme gehe ich von folgendem Ansatz aus:

Jede Beurteilung der Ereignisse muß von der Person Hitlers ausgehen. Wenn wir auch gern mehr über Hitlers Überlegungen und seine Rolle wüßten, so ist doch immerhin klar, daß er die wichtigen Entscheidungen selbst traf und die Haupttriebkraft der Verfolgung war, die im Völkermord gipfelte.[5] Denn zweierlei kann mit Sicherheit festgestellt werden: Erstens wich Hitler niemals auch nur im geringsten von seinen eliminatorischen Vorstellungen und Absichten ab, die er bereits am 13. August 1920 in seiner »grundlegenden« Rede »Warum sind wir Antisemiten?« öffentlich und unmißverständlich zum Ausdruck gebracht hatte. Wie er seinen Zuhörern damals darlegte, müsse man zuerst das Wesen der Juden erkennen und dann eine Organisation gründen, »die einst zur Tat übergeht und die Tat bleibt uns unverrückbar fest, sie heißt: Entfernung der Juden aus unserem Volke«.[6] Zweitens war es Hitlers »unverrückbare« Beständigkeit, die das Rückgrat der deutschen Judenpolitik bildete. Schließlich hat er niemals im Ernst erwogen oder vorgeschlagen, daß Deutsche harmonisch und in Frieden mit Juden zusammenleben könnten. Diese Entschlossenheit kann vor dem Hintergrund seiner frühen und seitdem unveränderten Einschätzung über die Schwere der jüdischen Bedrohung nicht überraschen. Die Gefahr – so erklärte er bereits 1920 vor 1200 Zuhörern bei einer öffentlichen Versammlung – sei so groß, daß er vor keinem Mittel zurückschrecken würde, um die Juden loszuwerden. Unheildrohend setzte er hinzu: »Wir wollen keine Gefühlsantisemiten sein, die Pogromstimmung erzeugen wollen, sondern es beseelt uns die unerbittliche Entschlossenheit, das Übel an der Wurzel zu packen und es mit Stumpf und Stiel auszurotten. Um unser Ziel zu erreichen, muß uns jedes Mittel recht sein, selbst wenn wir uns mit dem Teufel verbinden müßten.«[7] Er jedenfalls werde alles Notwendige tun und auch höchst unkonventionelle und verpönte Mittel anwenden, um die Juden zu beseitigen. Die Sprache der totalen Vernichtung war dabei keineswegs ein sprachlicher Ausrutscher. Die zentrale Frage lautet daher: Wie hat Hitler seine eliminatorischen Absichten angesichts wechselnder Möglichkeiten und Zwänge in konkrete

168

Handlungsanweisungen umgesetzt, zumal auch seine eigenen Werte und Ziele nicht widerspruchsfrei waren?

Um dieses Thema zu vertiefen, ist zunächst eine Reihe von Unterscheidungen vorzunehmen. »Ideale« nennt man die Vorstellungen einer Person von dem, was optimal und wünschenswert wäre in einer Welt, in der die gewohnten Zwänge des sozialen und physischen Daseins überwunden sind. »Intentionen« sind Pläne, die mit Rücksicht auf die Realität und tatsächliche oder mögliche Bedingungen und Zwänge formuliert werden. »Politische Konzepte« zielen auf Handlungsweisen, für die sich jemand in einem bestimmten Moment angesichts bestimmter Bedingungen und Zwänge entscheidet. Keiner dieser Begriffe deckt sich genau mit einem der anderen. Solange es keine Hindernisse gibt, folgen die Intentionen den Idealen, und das Handeln, insbesondere das politische Konzept, für das man sich entscheidet, wird auf die Verwirklichung der Intentionen gerichtet sein. Ideale können allerdings oft nicht im mindesten zu realisieren sein. Intentionen kommen daher häufig nur in unvollkommener Weise den Idealen, auf die sie sich gründen, nahe, da die Realität verlangt, vernünftige Konzessionen zu machen. Und politische Konzepte lassen oft kaum noch Intentionen, geschweige denn Ideale erkennen, weil die Planung von Handlungsverläufen sich noch weitergehend auf Kompromisse mit der Wirklichkeit einlassen muß als selbst die umsichtigste Formulierung von Intentionen. Oder politische Konzepte werden auf der Grundlage von konkurrierenden Idealen und Intentionen entworfen, so daß es so *scheint,* als würden Intentionen, die eigentlich vorhanden und mit großer Entschlossenheit gefaßt worden sind, gar nicht mehr aufrechterhalten. Daher ist es vorstellbar, daß jemand das Ideal von einer Welt vertritt, die frei von jüdischem Einfuß ist, daß ihn die glühende Intention beherrscht, einen solchen Zustand herbeizuführen, wenn die Bedingungen sich dafür eignen, und daß er dennoch – möglicherweise sogar wechselnde – politische Konzepte vertritt, die einen solchen Wandel kaum herbeiführen werden, weil er zu der Auffassung gelangt ist, daß zum gegebenen Zeitpunkt weder das Ideal noch die Intention umzusetzen sind. In einer solchen Situation zunächst einmal abzuwarten und in der Zwischenzeit vorläufige und nicht völlig befriedigende politische Konzepte zu verfolgen ist eine vernünftige und kluge Reaktion auf unüberwindliche Schwierigkeiten. Trotzdem kann man an seinen Idealen und eigentlichen Intentionen festhalten. Wenn konkrete politische Schritte von verkündeten Idealen und Intentionen abweichen, muß das also keineswegs heißen, daß diese aufgegeben wurden.

Vor diesem Hintergrund läßt sich über den Gesamtverlauf der Verfolgung und Vernichtung der Juden durch die Deutschen folgendes festhalten: Hitler war die treibende Kraft hinter der judenfeindlichen

Politik. In den ersten Jahren seiner Herrschaft setzte er auf kompro-mißhafte »Lösungen« für die »Judenfrage«, weil weder kurz- noch langfristig eine seinen Vorstellungen entsprechende nicht möglich schien. Doch all die »Lösungen«, die er und seine Untergebenen ver-folgten, ergaben sich direkt und unmittelbar aus der gleichen Ein-schätzung des Problems, das sie alle mit dem gleichen Ziel aus der Welt schaffen wollten. Nicht umsonst war folgende Parole in der NS-Zeit wieder und wieder zu hören: »Juda verrecke!« Die politischen Konzepte, die die Deutschen gegen die Juden entwickelten, waren nur Variationen des allgemeinen antisemitischen Themas. Obwohl sie höchst unterschiedliche Konsequenzen für die Opfer hatten, dienten sie aus dem Blickwinkel der Täter in etwa demselben Zweck. Sie gin-gen aus den gleichen Motiven hervor, und hier zeigt sich der entschei-dende Anhaltspunkt, den Verlauf der Verfolgung zu erklären. Ihnen allen lag ein und dasselbe kulturell-kognitive Modell des Juden zu-grunde, und diesem Muster entsprangen das Prinzip, die erschrek-kende Energie und die Stoßrichtung aller Maßnahmen.

Die zahlreichen politischen Konzepte, die den deutschen und euro-päischen Juden galten, lassen zwei wesentliche Grundzüge und Ziele erkennen:

1. Die Juden sollten zu »sozial Toten« gemacht – gewaltsam be-herrscht, durch Geburt entfremdet, allgemein ehrlos – und entspre-chend behandelt werden.[8]

2. Den Juden sollte vollständig und dauerhaft der soziale und, so-weit möglich, auch der physische Kontakt zu Deutschen unmöglich gemacht werden, damit sie im Leben der Deutschen keine Rolle mehr spielten.

Diese beiden Grundzüge waren in der deutschen Judenpolitik fest verankert, wie auch immer die aktuellen politischen Maßnahmen aus-sehen mochten. Die Überzeugung, daß diese Ziele wünschenswert seien, hielt die einzelnen Konzepte der antijüdischen Politik zusam-men, sie war das allem zugrundeliegende kognitive Modell. Um seine Ziele zu erreichen, bediente man sich wechselnder politischer Vorge-hensweisen und Maßnahmen wie:

1. Verbale Angriffe.
2. Physische Angriffe.
3. Gesetzliche und administrative Maßnahmen zur Isolierung der Juden von Nichtjuden.
4. Abdrängen der Juden in die Emigration.
5. Zwangsdeportation und »Umsiedlung«.
6. Physische Ausgrenzung in Ghettos.
7. Ermordung durch Hunger, Entkräftung und Krankheiten (vor dem Beginn des systematischen Genozids).

8. Zwangsarbeit und Vernichtung durch Arbeit.
9. Völkermord durch Massenerschießungen, systematischen Hungertod und Vergasungen.
10. Todesmärsche.

Keine dieser zentralen politischen Strategien läßt sich von den beiden Hauptzielen der antijüdischen Politik trennen – dem »sozialen Tod« der Juden und ihrer völligen Beseitigung aus dem deutschen Herrschaftsgebiet. Dennoch sind drei dieser Konzepte von besonderer Bedeutung, da sie beiden Zielen dienten: die verbalen Angriffe, die physischen Attacken und die gesetzlichen wie administrativen Einschränkungen der jüdischen Existenz in Deutschland. Spätestens 1939 war es den Deutschen gelungen, die Juden in der deutschen Gesellschaft zu sozial Toten zu machen.

Die politische Taktik, die von seiten des NS-Regimes am konsequentesten und häufigsten angewandt wurde, hat man zwar erkannt und erörtert, doch nie als integralen Bestandteil der antijüdischen Politik untersucht. Alle öffentlichen deutschen Organe verbreiteten ständig und überall antisemitische Beleidigungen. Das begann mit Hitlers Reden und reichte über endlose Beiträge im Rundfunk, in Zeitungen und Zeitschriften, über Filme, öffentliche Anschläge und verbale Trommelfeuer bis hin zu den Schulbüchern. Auf die Wirkungen, die dieses unaufhörliche »Bombardement« auf die Auffassungen der Deutschen von den Juden hatte, bin ich bereits im vorigen Kapitel eingegangen. An dieser Stelle soll besonders auf seinen politischen und gesellschaftlichen Zweck hingewiesen werden. Es handelte sich in erster Linie darum, die innersten Überzeugungen Hitlers und seiner Gefolgsleute zu bekunden, die auch die erklärte Absicht einschlossen, Deutschland vom vermeintlich zerstörerischen Joch der Juden zu befreien. Diese verbale Gewalt war nicht nur für die Ohren der Deutschen, sondern auch für die der Juden bestimmt. Der Terror diente sowohl dem emotional befriedigenden Zweck, die Juden in Angst und Schrecken zu versetzen, als auch dem programmatischen Ziel, sie zur endgültigen Auswanderung aus Deutschland zu veranlassen. Auch diese verbalen Attacken trugen dazu bei, die Juden zu sozial Toten zu machen, so daß die Deutschen ihnen, die sie nun als durch und durch ehrlos, ja als zur Ehre unfähig wahrnahmen, moralisch kaum noch verpflichtet waren. Ein jüdischer Überlebender berichtet aus der Zeit nach dem Boykott vom 1. April 1933: »Mit unverminderter Heftigkeit und Stärke richtete sich das Trommelfeuer der Propaganda gegen die Juden. In unendlichen Wiederholungen wurde den Lesern und Hörern eingetrichtert, daß die Juden Untermenschen und die Urheber aller Übel seien.«[9] Die ständigen Beschimpfungen läuteten nicht nur den sozialen Tod der Juden ein und verstärkten den Auswanderungsdruck, sie bereiteten die Deutschen auch auf drastischere eliminatorische Maßnahmen vor. Aus all diesen Gründen muß man sie als wesentlichen Bestandteil der antijüdischen Politik betrachten.

Physische Angriffe auf Juden wurden vom NS-Regime geduldet, ermutigt oder sogar selbst verübt. Wenn solche Ausschreitungen in den dreißiger Jahren auch nur gelegentlich vorkamen, so gehörten sie doch spätestens in den vierziger Jahren zum jüdischen Alltag. Mal waren es improvisierte körperliche Attacken und ritualisierte Entwürdigungen durch lokale Amtsträger, mal zentral organisierte Terrorkampagnen, die für die Juden oft mit KZ-Haft endeten. Wie die verbalen so sollten auch diese physischen Attacken jedem deutlich machen, daß die Juden moralisch außerhalb der Gemeinschaft standen und in Deutschland unerwünscht waren. Und sie deuteten das schreckliche Schicksal an, das den Juden noch bevorstehen sollte.

Die zunehmende gesetzlich und administrativ durchgesetzte soziale Trennung der Juden von den Deutschen entsprach, verglichen mit den anderen Strategien, am ehesten der verbalen Gewalt. Im Unterschied zu den meisten antijüdischen Maßnahmen, zu denen sich die Deutschen letztlich entschließen sollten, praktizierten sie diese bereits kurz nach der nationalsozialistischen Machtergreifung und wichen niemals davon ab. Im Gegenteil: Die entsprechenden Maßnahmen wurden im Laufe der dreißiger und vierziger Jahre konsequent erweitert und verschärft. Der allmähliche, systematisch fortschreitende Ausschluß der Juden aus allen Bereichen der Gesellschaft – aus der Politik, dem gesellschaftlichen Leben, aus Wirtschaft und Kultur – war so zermürbend, wie das Elend, in das die Juden dadurch gerieten, eine Qual war.[10] Am 7. April 1933, eine Woche nach dem Aprilboykott, erließen die Deutschen das »Gesetz zur Wiederherstellung des Berufsbeamtentums«, das den Ausschluß der Juden aus dem öffentlichen Dienst einleitete. In den folgenden Wochen setzte sich dieser Prozeß in vielen akademischen und freien Berufen fort.[11] Soweit es die wirtschaftlichen Interessen des Landes gestatteten, wurden die Juden in wachsendem Maße aus dem Wirtschaftsleben verdrängt, mit besonderem Nachdruck im Jahr 1938.[12] Vom 22. September 1933 an hatten Juden schon nicht mehr im kulturellen Bereich und in der Presse arbeiten dürfen, da diese Bereiche angeblich von ihnen besonders »vergiftet« waren. In den folgenden Jahren untersagten die Deutschen nach und nach buchstäblich jede Begegnung zwischen Deutschen und Juden. Gleiches galt für wichtige religiöse Praktiken des Judentums. Eine Flut von Gesetzen und Maßnahmen ergoß sich über die jüdische Gemeinschaft, die jeden Bereich der jüdischen Existenz regelten. Bereits am 21. April 1933 wurde das Schächten, das Schlachten nach jüdischem Ritus, verboten. Da es sich dabei um einen

Brauch handelte, der charakteristisch für das Judentum war, konnte das Verbot nur dahingehend verstanden werden, daß alles Jüdische die Ordnung und die sittlichen Normen der Gesellschaft verletze. Insgesamt erlebten die Deutschen die Bekanntgabe von annähernd zweitausend Gesetzen und Verordnungen, die für die deutschen Juden Erniedrigung und Verelendung in einem Maße mit sich brachten, das seit Jahrhunderten in Europa im Umgang mit Minderheiten unbekannt war.[13]

Den Höhepunkt der Gesetzgebung, mit der diese Schlinge der Restriktionen immer enger gezogen wurde, bildeten die Nürnberger Gesetze vom September 1935, die, ergänzt durch spätere Rechtsverordnungen, erstmals gesetzlich festlegten, wer als Jude zu gelten habe, so daß nun eindeutig geklärt war, auf wen die antijüdischen Gesetze und Verordnungen anzuwenden waren. Entsprechend der rassischen Grundlage der herrschenden Weltsicht und der daraus resultierenden Auffassung von den Juden stützten sich die Bestimmungskriterien ausschließlich auf die Abstammung und nicht auf die religiöse Identität. Danach galten auch diejenigen als Juden, die selbst oder deren Eltern zum Christentum konvertiert waren; wann jemand als »jüdischer Mischling« zu betrachten war, ergab sich aus der Anzahl der jüdischen Vorfahren. Dabei spielte es überhaupt keine Rolle, ob sich diese Menschen selbst in Überzeugung und Lebensweise mit dem Judentum identifizierten.[14] Außerdem entzogen die Nürnberger Gesetze den Juden – mit allen symbolischen und praktischen Konsequenzen – die Staatsbürgerschaft und untersagten Eheschließungen sowie außereheliche sexuelle Beziehungen zwischen Juden und Nichtjuden. Alle Gesetze, Verordnungen und Maßnahmen der dreißiger Jahre dienten dazu, die Juden ihres Lebensunterhalts zu berauben, ihnen jede Hoffnung zu nehmen und sie von der Gesellschaft zu isolieren, in der sie sich wenige Jahre zuvor noch frei bewegt hatten. Sie machten die Juden zu sozial Toten.

Am 1. September 1941 wurde die Ausgrenzung der deutschen Juden weiter verschärft und durch jene regierungsamtliche Verordnung symbolisch hervorgehoben, die die Juden dazu zwang, in der Öffentlichkeit sichtbar einen gelben »Davidstern« zu tragen, auf dem in schwarzen Buchstaben das Wort »Jude« geschrieben stand. Die Folgen waren augenfällig. Die öffentliche Kennzeichnung steigerte die Erniedrigung; daß sie sich nun als auffällige »Zielscheibe« inmitten einer feindseligen Bevölkerung bewegen mußten, gab den Juden ein ständiges Gefühl der Unsicherheit. Weil deutsche Passanten sie nun leicht als Juden erkennen konnten, sahen sich vor allem die jüdischen Kinder in wachsendem Maße verbalen und physischen Angriffen ausgesetzt. Eine Stuttgarter Jüdin erinnert sich:

»Das Tragen des gelben Sterns, mit dem man uns von 1941 an wie Verbrecher brandmarkte, war eine Qual. Ich mußte täglich, wenn ich auf die Straße trat, um Ruhe und Gleichmut kämpfen.«[15]

Die Einführung des gelben Sterns bedeutete, daß alle Deutschen nun all jene besser identifizieren, überwachen und meiden konnten, die das Stigma des sozialen Todes trugen. Es kann daher nicht überraschen, daß die entwürdigende Kennzeichnungspflicht in allen von den Deutschen besetzten Gebieten in Europa galt.[16]

Gesellschaftliche Ausgrenzung, verbale und physische Gewalt ergänzten und verstärkten einander. Während der verbale Terror Deutschen wie Juden immer wieder den vermeintlichen moralischen Abgrund deutlich machte, der zwischen beiden klaffte, bestätigten und vertieften die Gesetze und Verordnungen die physische und soziale Kluft. Gemeinsam stempelten sie die Juden zu sozial Toten, de facto zu Angehörigen einer Aussätzigenkolonie, gegen die man ungestraft vorgehen konnte. Das Leben der Juden in Deutschland wurde so unerträglich, schwierig und erniedrigend, daß sie in Scharen aus dem Land flohen. Im Januar 1933 hatten in Deutschland 525 000 Juden gelebt; in den folgenden fünf Jahren emigrierten 130 000. Schließlich mußten 1938 selbst die Juden, die sich bislang an Illusionen geklammert hatten, erkennen, daß ein Leben in Deutschland für sie nicht länger möglich war. Das Tempo der Auswanderung nahm zu. 1938 und 1939 emigrierten weitere 118 000 Juden, und zwar in jedes Land, das bereit war, sie aufzunehmen. Nach Kriegsbeginn konnten weitere 30 000 Juden aus Deutschland fliehen.[17] So gelang es den Deutschen, mehr als die Hälfte der deutschen Juden zur Auswanderung aus dem Land zu zwingen, das bis dahin ihre geliebte Heimat gewesen war. Und sie nahmen den Flüchtlingen fast ihre gesamte Habe.

Während die Ausschaltung des angeblichen jüdischen Einflusses auch in den dreißiger Jahren Hitlers *Ideal* blieb, beschränkten sich seine unmittelbaren *Intentionen,* die sich an den Konzepten der deutschen Politik zeigten, auf das bescheidenere Ziel, Deutschland »judenrein« zu machen. Dies war die effektivste, wenn auch letztlich nicht befriedigende Politik, die angesichts der damaligen internationalen Lage möglich war. Eingekreist und geschwächt, konnte sich Deutschland keine radikaleren Maßnahmen erlauben, ohne einen Krieg zu riskieren. Den aber konnte es zu der Zeit noch nicht zu gewinnen hoffen. Zunächst waren die Folgen der Wirtschaftskrise zu bewältigen, die Wiederbewaffnung wurde in Angriff genommen, und in der zweiten Hälfte des Jahrzehnts bemühte man sich, durch Diplomatie und Waffengewalt territoriale Gewinne und außenpolitische Erfolge zu erzielen: die taktische Aufhebung der im Versailler Vertrag festgelegten Restriktionen, die Remilitarisierung des Rheinlandes

1936, den Anschluß Österreichs im März 1938 und die Zerschlagung der Tschechoslowakei in den Jahren 1938 und 1939. Ein systematischer Angriff auf die Existenz der deutschen Juden drohte die Wiedererstarkung des Landes zu behindern; die aber war für Hitler die unabdingbare Voraussetzung zur Verwirklichung seiner apokalyptischen Ziele, zu denen auch die Vernichtung des »Weltjudentums« zählte. Selbst wenn Hitler und seine Landsleute sich entschlossen hätten, diese massiven Zwänge zu ignorieren und die Vernichtung der deutschen Juden durchzuführen, hätten sie lediglich einen Pyrrhussieg erzielen können: Das »Weltjudentum« wäre kaum geschwächt worden, die beabsichtigte »Endlösung« also weiter offengeblieben. Paul Zapp, der spätere Kommandeur des Sonderkommandos 11a, das in der Südukraine und auf der Krim Juden ermorden sollte, brachte dies wie eine selbstverständliche »Wahrheit« zum Ausdruck, als er bemerkte, man könne erst dann daran denken, die »Judenfrage« endgültig zu »lösen«, wenn man einen entscheidenden Schlag gegen das »Weltjudentum« führe. Adolf Hitler habe die Grundlage für die europäische »Lösung« gelegt und damit den Ausgangspunkt für diesen entscheidenden Schlag geschaffen.[18]

Das »internationale Judentum« manipulierte angeblich die Sowjetunion ebenso wie die westlichen Demokratien, insbesondere die Vereinigten Staaten, und man glaubte, es werde die ganze Welt mobilisieren, um Deutschland zu besiegen und zu zerstören.[19] Hitler erwartete eine endgültige Abrechnung mit den Juden; der Zeitpunkt und die Bedingungen jedoch sollten von Deutschland bestimmt werden.

Selbst wenn es möglich gewesen wäre, die deutschen Juden bereits in den dreißiger Jahren umzubringen, hätte dies Hitlers Endzielen letztlich geschadet. Hitler und die Nationalsozialisten waren zwar von einer wahnhaften Ideologie besessen, aber sie waren nicht verrückt. Sie gingen in der Verwirklichung ihrer Ziele – die deutsche Gesellschaft und Europa ihren Idealen entsprechend zu verändern – außerordentlich geschickt vor. Hitler und seine Landsleute mochten bereits zum Zeitpunkt der Machtübernahme den Wunsch gehegt haben, alle Juden zu vernichten, ihr berechnendes Verhalten in den dreißiger Jahren und selbst während des Krieges – sofern es nicht die Juden betraf –, deutet darauf hin, daß sie abwarteten, bis die Zeit reif war.

So entschied sich die deutsche Regierung kühl kalkulierend zunächst für ergänzende Konzepte, um die deutschen Juden mit rechtlichen und administrativen Mitteln zu isolieren und gleichzeitig den Auswanderungsdruck zu erhöhen. Diese Politik war von oben koordiniert und wurde Schritt für Schritt durchgeführt, eingeschränkt nur durch innenpolitische Überlegungen. Es ging darum, den Anschein von Legalität zu wahren und dafür zu sorgen, daß der Ausschluß der

Juden aus dem Wirtschaftsleben dieses sowenig wie möglich beeinträchtigte. Auch der Druck der internationalen Öffentlichkeit spielte eine Rolle.[20]

Die Reichspogromnacht vom 9. auf den 10. November 1938 war ein Ereignis von enormer Tragweite. Bis dahin hatten die von den Deutschen getroffenen Maßnahmen noch nicht dazu geführt, die Juden vollständig aus dem Land zu entfernen. Nun schien ein schärferes Vorgehen angebracht: »Verschwindet – oder ...« In diesem Sinne war der landesweite Angriff auf die Juden als Personen, auf ihre Lebensgrundlagen, auf ihre zentralen Symbole und auf die Strukturen ihrer Gemeinschaft zu verstehen, ein folgerichtiger weiterer Schritt des NS-Regimes[21] und ein böses Vorzeichen für die Zukunft. Mit dem Pogrom machten die Deutschen zweierlei unmißverständlich deutlich: Für Juden war kein Platz in Deutschland, und die Nationalsozialisten wollten »jüdisches Blut« fließen sehen. Die Zerstörung der Institutionen einer Gemeinschaft kann psychisch beinahe ebenso befriedigend sein wie die Vernichtung von Menschen. Die umfassende »Säuberung« Deutschlands von jüdischen Synagogen während der »Kristallnacht« war eine Art Vorspiel für den Genozid.

Nach der Reichspogromnacht wurde das eliminatorische Unternehmen in seinen Intentionen immer umfassender und todbringender, und entsprechend entwickelten sich die politischen Konzepte. Allerdings waren Hitler und seine Landsleute oft unsicher, wie sie ihre Absichten in politisches Vorgehen umsetzen sollten. Die wechselnde strategische Lage auf den beiden unterschiedlichen Schlachtfeldern, dem militärischen und dem des Krieges gegen die Juden, erschwerten die Planung ebenso wie Unwägbarkeiten und Probleme, die bei einem beispiellosen Vernichtungsprogramm, das auf einen ganzen Kontinent angewendet werden sollte, zwangsläufig auftauchen mußten. Wie ist vor diesem Hintergrund die deutsche antijüdische Politik nach dem reichsweiten Pogrom zu verstehen?

Die politische Strategie, die die Deutschen nach und nach umsetzten, wurde bereits zwei Wochen nach der landesweiten Gewaltorgie, die in psychischer Hinsicht einem Völkermord gleichkam, im *Schwarzen Korps* formuliert.[22] Das offizielle Organ der SS, der Institution also, die mehr als jede andere die Ausgrenzung, Ausschaltung, Verfolgung, Vertreibung und schließlich Vernichtung der deutschen und europäischen Juden organisierte und durchführte, drohte in einem Leitartikel: »Die Juden müssen daher aus unseren Wohnhäusern und Wohnvierteln verjagt und in Straßenzügen oder Häuserblocks untergebracht werden, wo sie unter sich sind und mit Deutschen sowenig wie möglich in Berührung kommen ... Das in jeder Beziehung auf sich beschränkte Parasitenvolk wird aber in dieser Isolierung ... verarmen.« Doch das genügte nicht. Eine weitere Stufe würde folgen müssen:

»Dann möge aber niemand glauben, daß wir dieser Entwicklung ruhig zusehen können. Das deutsche Volk hat nicht die geringste Lust, in seinem Bereich Hunderttausende von Verbrechern zu dulden, die durch Verbrechen nicht nur ihr Dasein sichern, sondern auch noch Rache üben wollen! … Am wenigsten haben wir Lust, in diesen Hunderttausenden verelendeten Juden eine Brutstätte des Bolschewismus und eine Auffangorganisation für das politisch-kriminelle Untermenschentum zu sehen … Im Stadium einer solchen Entwicklung ständen wir daher vor der harten Notwendigkeit, die jüdische Unterwelt genauso auszurotten, wie wir in unserem Ordnungsstaat Verbrecher eben auszurotten pflegen: mit Feuer und Schwert. Das Ergebnis wäre das tatsächliche und endgültige Ende des Judentums in Deutschland, seine restlose Vernichtung.«[23]

Es ist nicht bekannt, ob das zu diesem Zeitpunkt bereits die offizielle politische Linie war, obwohl der erste Teil des Leitartikels eindeutig den Tenor einer Sitzung wiedergab, die am 12. November 1938 auf höchster Ebene stattgefunden hatte. Damals war erörtert worden, wie man sich der deutschen Juden entledigen könne. Göring, der auf Veranlassung Hitlers zu diesem Treffen, bei dem Reinhard Heydrich eine wichtige Rolle spielen sollte, eingeladen hatte, hatte selbst zu erkennen gegeben, wie katastrophal sich ein Krieg auf die Juden auswirken würde: »Wenn das Deutsche Reich in irgendeiner absehbaren Zeit in außenpolitischen Konflikt kommt, so ist es selbstverständlich, daß auch wir in Deutschland in aller erster Linie daran denken werden, eine große Abrechnung an den Juden zu vollziehen.«[24]

Das *Schwarze Korps* erläuterte, ausgehend von den bekannten Intentionen und laufenden Maßnahmen, einen Rahmen für deren plausible und wünschenswerte Weiterführung. Hier wurde eine vorstellbare, wohlüberlegte, schrittweise Eskalation des als selbstverständlich unterstellten eliminatorischen Programms skizziert, wobei jeder Schritt sich in Einklang mit dem herrschenden Antisemitismus befand.[25] Daß dieser Artikel die grundlegenden Absichten der Nationalsozialisten zum Ausdruck brachte, wurde vom britischen Konsul in Deutschland bestätigt. Einige Tage vor dem Erscheinen des Leitartikels hatte ein führender Mitarbeiter der Reichskanzlei im Gespräch mit ihm »›deutlich gemacht, daß Deutschland seine Juden loswerden wolle, wenn möglich durch Emigration, wenn notwendig aber auch durch Verhungern oder Ermordung, da es nicht riskieren wolle, im Falle eines Krieges eine derart feindselige Minderheit im Lande zu haben‹. Der Beamte hatte hinzugefügt, Deutschland ›beabsichtige, die polnischen, ungarischen und ukrainischen Juden zu vertreiben oder zu töten, wenn es sich dieser Länder bemächtigt habe‹.«[26] Hitler selbst erklärte ebenfalls am 21. November 1938 dem südafrikanischen Wirtschafts- und Verteidigungsminister, im Falle eines Krieges werde man die Juden töten.[27] Kaum drei Monate später schickte er diesen Ankündigungen eine weitere markige Prophezeiung hinterher. Am 30. Januar 1939 erklärte er anläßlich des sechsten Jahrestags der nationalsozialistischen Machtübernahme in einer Reichstagsrede, die im offiziellen Parteiorgan *Völkischer Beobachter* erschien und auch als Sonderdruck verteilt wurde, einst hätten die Juden über seine Vorhersagen gelacht, nun aber müßten sie feststellen, daß sie verwirklicht würden. Und er fuhr fort: »Ich will heute wieder ein Prophet sein: Wenn es dem internationalen Finanzjudentum in und außerhalb Europas gelingen sollte, die Völker noch einmal in einen Weltkrieg zu stürzen, dann wird das Ergebnis nicht die Bolschewisierung der Erde und damit der Sieg des Judentums sein, sondern die Vernichtung der jüdischen Rasse in Europa.«[28]

Es muß noch einmal hervorgehoben werden, daß es sich hier wie auch bei dem Leitartikel im *Schwarzen Korps* nicht um die Ankündigung eines Programms handelte, das kurzfristig in die Tat umgesetzt werden sollte. Hier legte Hitler vielmehr seine Idealvorstellungen dar, die bei passender Gelegenheit zu politischen Absichten konkretisiert werden sollten, und er tat dies nicht nur im engsten Kreis seiner Vertrauten, sondern auch gegenüber ausländischen Staatsgästen und in einer Rede an das deutsche Volk. Der Zusammenhang zwischen einem allgemeinen Krieg und der Vernichtung der Juden war in Hitlers Denken fest verankert.[29] Dennoch mußten nach Ausbruch des Krieges andere Entwicklungen hinzukommen, damit seine Absicht zu verwirklichen war. Es war jedoch offensichtlich, daß ein militärischer Konflikt Hitler veranlassen würde, die Politik gegen die Juden zu verschärfen. Daß er und andere Nationalsozialisten damals schon zumindest den Gedanken an eine »Endlösung« in Form eines Völkermords hegten, geht aus ihren Äußerungen unmißverständlich hervor. Und spätestens seit dem Beginn des sogenannten Euthanasieprogramms im Oktober 1939 konnte niemand mehr leugnen, daß Massenmord an denjenigen, die man als ungeeignet für das menschliche Zusammenleben betrachtete, zum politischen Programm der Nationalsozialisten gehörte.[30]

Es ist höchst unwahrscheinlich, daß Hitler und jene, die das »Euthanasieprogramm« in Gang setzten, durch das Zehntausende nichtjüdische deutsche »Erb- und Geisteskranke« ermordet wurden, nicht erwogen, ja gleichsam mit religiöser Gewißheit geglaubt haben sollen, daß die Juden – die als viel bösartiger und gefährlicher galten – dasselbe Schicksal verdienten. Die Opfer des »Euthanasieprogramms« waren zwar in ihren Augen »lebensunwertes Leben«, im

Vergleich zu den Juden jedoch eine weit geringere Bedrohung für Deutschland. Auch wenn die »Erb- und Geisteskranken« in national-sozialistischer Sicht die »Volksgesundheit« gefährdeten, indem sie Krankheiten vererbten und Nahrungsmittel und andere Ressourcen verbrauchten,[31] waren dies doch Kleinigkeiten angesichts der angeblichen Bedrohung durch die Juden. Im Unterschied zu den Opfern des »Euthanasieprogramms« unterstellte man ihnen schließlich, in bösartiger Manier ihre vermeintliche Macht voller Niedertracht zu nutzen, um das deutsche Volk als Ganzes zu vernichten – ihre Existenz und die des deutschen Volkes schlossen sich demnach gegenseitig aus. Hitler drückte es so aus: »Zahllose Erkrankungen haben die Ursache in einem Bazillus: dem Juden!« Und er fügte hinzu: »Wir werden gesunden, wenn wir den Juden eliminieren.«[32]

Zu glauben, Hitler und andere NS-Führer würden das »Euthanasieprogramm« durchführen, die Juden aber aus der Vernichtung ausnehmen, ist ähnlich realistisch wie die Annahme, daß ein Mensch, der bekanntermaßen eine Wanze töten würde, eine Giftspinne in seinem Haus am Leben ließe – oder in seiner näheren Umgebung.[33]

Im September 1939 indes war trotz der dreisten Warnungen und Prophezeiungen Hitlers und anderer Deutscher die Zeit noch nicht reif für ein Programm zur Vernichtung der Juden. Unter ständig wechselnden geostrategischen Bedingungen hielt das Regime nach möglichen Zwischen»lösungen« Ausschau. Bis zum Beginn des systematischen Vernichtungsprogramms im Sommer 1941 war es allerdings eine unbestimmte Suche, die unkoordiniert und oft von konkurrierenden Institutionen gleichzeitig betrieben wurde.[34] Dabei ging es in erster Linie um verschiedene Überlegungen und Maßnahmen: Ausgrenzung, Ghettoisierung, »Umsiedlung«, Verminderung der jüdischen Bevölkerung durch Hunger und Krankheiten. All dies entsprach im wesentlichen der ersten der beiden Phasen, die das *Schwarze Korps* nach der Sitzung vom 12. November 1938 skizziert hatte.

Waren in den dreißiger Jahren die gesetzliche Ausschaltung der deutschen Juden und deren Vertreibung ins Ausland die äußersten eliminatorischen Strategien, die man verwirklichen konnte, ergaben sich durch die Eroberung Polens umfassendere Möglichkeiten. Hitler und seine Gefolgsleute machten gern davon Gebrauch. Aus zwei Gründen konnten nun »endgültigere« Lösungen entwickelt werden: Die Nationalsozialisten kontrollierten bereits einige Gebiete und erwarteten, bald weitere in die Hand zu bekommen, die man als »Abladeplatz« für Juden nutzen konnte. Und sie hatten nun nicht mehr nur Hunderttausende, sondern Millionen von Juden in ihrer Gewalt.

Darin sah allerdings nicht jeder in der deutschen Führung nur eine »Gelegenheit«, denn die Verfügungsgewalt über so viele Juden brachte erhebliche praktische Probleme und Schwierigkeiten für diejenigen mit sich, die mit den »jüdischen Angelegenheiten« befaßt waren.[35] Dennoch war die Aussicht, unter deutscher Herrschaft Millionen europäischer Juden »beseitigen« zu können, nicht eine unerwünschte Last, sondern eine einmalige Chance zur »Erlösung«, die man ergreifen mußte. Angesichts dieser Möglichkeit ließen sich diejenigen, die an »Lösungen« zur »Judenfrage« arbeiteten, zu Allmachtsphantasien hinreißen, zu immer extremeren und in wachsendem Maße endgültigen politischen Maßnahmen, die sich mehr und mehr mit ihren antisemitischen Wunschträumen deckten. Es wurden Vorschläge entwickelt, wie man große Populationen über die europäische Landmasse verschieben, ganze Völker zu Heloten machen sowie angeblich gefährliche oder unerwünschte Völker verringern könnte.[36] Die Juden aber hatten als zentrale Teufelsgestalten der NS-Eschatologie zweifellos nichts Gutes zu erwarten, wenn die Deutschen ihren eliminatorischen Gefühlen, ihren Träumen von einer Neugestaltung der sozialen Landschaft oder des »menschlichen Erbguts« Europas sowie ihrem Einfallsreichtum bei der »Lösung« von »Problemen« erst einmal freien Lauf ließen.

Aber wie sollten die Deutschen die zwei Millionen Juden, die im besetzten Teil Polens, und die mehr als eine Million, die in anderen deutschen Besatzungsgebieten lebten, beseitigen?[37] Es gab nur zwei mögliche Lösungen: Entweder man deportierte sie irgendwohin oder man brachte sie um. Doch auch 1939 und 1940 war der Genozid noch nicht durchführbar, zumal die Ermordung der deutschen und polnischen Juden das »Problem«, wie die Nationalsozialisten es sahen, nicht gelöst hätte. Selbst wenn Hitler sich für eine derart riskante »Teillösung« hätte entscheiden wollen, sprachen doch gewichtige Gründe dagegen. Hitler hatte einen unsicheren Nichtangriffspakt mit der Sowjetunion geschlossen. Mitten in Polen waren daher sowjetische Truppen stationiert, und ein Völkermord an den polnischen Juden wäre ihnen nicht entgangen. Da er die Juden in der Sowjetunion für allmächtig hielt und ohnehin glaubte, der Bolschewismus müsse eigentlich »jüdischer Bolschewismus« heißen, weil er, in seiner Diktion, »eine Ausgeburt des Juden«[38] und ein Werkzeug in dessen Händen sei, fürchtete Hitler, mit einem Genozid an den polnischen Juden vorzeitig einen Krieg mit der Sowjetunion auszulösen. Hinzu kam, daß Hitler immer noch auf die Möglichkeit eines Separatfriedens mit Großbritannien hoffte. Dazu würde es nie kommen, wenn Deutschland die Massenvernichtung der jüdischen Zivilbevölkerung einleitete.[39] Solange Deutschland auf mächtige Nachbarn Rücksicht nehmen mußte, war der Völkermord nicht praktikabel.

Am 21. September 1939, unmittelbar nach der Kapitulation Polens, erließ Heydrich die berüchtigte Anordnung zur Ghettoisierung der polnischen Juden. Zunächst trennte er langfristige Ziele von vorläufigen Maßnahmen: »Es ist eine Unterscheidung zu machen zwischen 1) dem Endziel (welches längere Fristen beansprucht) und 2) den Abschnitten der Erfüllung dieses Endzieles (welche kurzfristig durchgeführt werden). Die geplanten Maßnahmen erfordern gründlichste Vorbereitung sowohl in technischer als auch in wirtschaftlicher Hinsicht.« Dann erklärte er: »Als erste Voraussetzung für das Endziel gilt zunächst die Konzentrierung der Juden vom Land in die größeren Städte. Sie ist mit Beschleunigung durchzuführen.«[40]

So schleunigst wurde sie nicht durchgeführt; im Laufe des Jahres 1940 und im Frühjahr 1941 wurden jedoch überall in Polen Ghettos geschaffen.[41] Und wenn das »Endziel« noch unklar war, so ging aus dieser Anordnung mit ihrem endlosen Maßnahmenkatalog der deutschen Besatzungsbehörden gegen die Juden doch die nachdrückliche Absicht hervor, Juden im von den Deutschen besetzten Polen nicht länger zu dulden.[42] Was immer das »Endziel« sein sollte – und es konnte sich dabei eigentlich nur um Massendeportation oder Vernichtung handeln –, die Konzentration der Juden war auf jeden Fall ein erster Schritt, der jede weitere Maßnahme, die darauf zielte, die Juden zu beseitigen, erleichterte. Friedrich Uebelhoer, Regierungspräsident in Kalisch, erläuterte bei einer Besprechung über das geplante Ghetto in Lodz im Dezember 1939, wie das Verhältnis zwischen kurz- und langfristigen Zielen zu verstehen war. Daß die Anordnung Heydrichs einen Völkermord vorbereiten sollte, war nicht zu überhören: »Die Erstellung des Ghettos ist selbstverständlich nur eine Übergangsmaßnahme. Zu welchem Zeitpunkt und mit welchen Mitteln das Ghetto und damit die Stadt Lodz von Juden gesäubert wird, behalte ich mir vor. Endziel muß jedenfalls sein, daß wir diese Pestbeule restlos ausbrennen.«[43]
Da 1939 und 1940 ein Genozid aufgrund der geostrategischen Lage nicht durchführbar und es noch fraglich war, wann sich dies ändern würde, wandten sich Hitler und seine Untergebenen der nächstbesten Lösung zu: der Massendeportation. Es gab Pläne, die Juden aus diesen Gebieten, insbesondere aus dem ins Reich eingegliederten Warthegau auszusiedeln. Die Deutschen begannen auch damit, ließen das Projekt dann aber fallen. Zu den umfassendsten Vorschlägen, die ernsthaft erwogen wurden, zählten erstens die Schaffung eines »Reservats« im Lubliner Gebiet und zweitens die Verschiffung der Juden nach Madagaskar. Wie diese so waren auch alle anderen Vorschläge zur Massendeportation nichts anderes als, um einen Ausdruck Leni Yahils zu gebrauchen, das »Phantom einer Lösung«, Zwischenschritte auf dem Weg zum Genozid oder – anders gesagt – eine Art unblutiger Genozid. Es war keineswegs daran gedacht, diese in Aussicht genom-

181

menen »Abladeplätze« als bewohnbare Stätten einzurichten, wo Juden sich ein neues Leben hätten aufbauen können. Was mit ihnen beabsichtigt war, geht aus einer Äußerung des damaligen Distriktgouverneurs von Lublin vom November 1939 hervor: »Dieses Gebiet mit seinem stark sumpfigen Charakter könnte … als Judenreservat dienen, welche Maßnahme womöglich eine starke Dezimierung der Juden herbeiführen könnte.«[44]

Die Reservate hat man sich bestenfalls als riesige Gefängnisse vorzustellen – wie die von Mauern umgebenen Ghettos, die die Deutschen für die polnischen Juden errichteten; Gebiete, die für eine wirtschaftliche Entwicklung nicht geeignet waren, kaum über Ressourcen verfügten und in denen die Juden, abgeschnitten von der Welt, langsam dem Tod entgegensiechten wären. Die Planer waren sich dessen bewußt. Besonders im Falle Lublins deutet alles darauf hin, daß die Deutschen nichts anderes im Sinn hatten als eine Durchgangsstation für Juden, bis ihre endgültige »Beseitigung« möglich geworden war.

Die Zeit von September 1939 bis Anfang 1942 war daher kein Zwischenspiel im eliminatorischen Programm,[45] sondern vielmehr eine Periode des Experimentierens, in der die Deutschen eine Reihe von Maßnahmen entwickelten, die sich schließlich als unbefriedigend herausstellten. Als »endgültige« Lösungen taugten sie nicht. Zu den wichtigsten Strategien zählten in dieser Phase die ersten systematischen Erschießungen von Juden im Herbst 1939, die Einrichtung von Ghettos, vor allem der beiden größten im April 1940 in Lodz und im darauffolgenden November in Warschau, der kalkulierte Hungertod[46] und schließlich die Umsiedlung der Juden in ein entlegenes Gebiet, das letzten Endes ein Massengrab werden würde.

Bereits in den Jahren 1939 bis 1941 hatten die Deutschen langfristig nicht die Absicht, die Juden in ihrem Herrschaftsbereich, ganz gleich wo, am Leben zu lassen. Sie behandelten vielmehr die sozial toten Juden so, als wäre das kollektive Todesurteil bereits gefällt. Mehr noch: Sie besiegelten ihr Schicksal, denn nun begannen Hitlers Mitarbeiter, konkrete Pläne für eine »Endlösung« zu entwerfen, und zwar für eine »Lösung«, die Juden weder im Deutschen Reich noch im deutschen Herrschaftsbereich einen Platz einräumte. Zuvor war die Beseitigung der Juden aus Europa ein Ideal, das in programmatischen, von Wunschdenken geleiteten Begriffen diskutiert worden war. Doch kaum boten sich neue Möglichkeiten, wurden sogleich konkretere Vorstellungen entwickelt: Das mildeste Schicksal, das nun die Juden erwartete, war die hermetische Abriegelung in ökonomisch nicht lebensfähigen Aussätzigenkolonien, in denen der Hunger programmiert war – und dies war psychologisch und ideologisch das funktionale, ja eigentlich das reale Äquivalent für den Völkermord.

Im Zusammenhang mit den Kriegsplänen gegen die Sowjetunion in der ersten Hälfte des Jahres 1941 änderten sich Hitlers Absichten. Die einfallsreiche Suche der vorangegangenen zwölf oder fünfzehn Monate, die zu verschiedenen Vorschlägen zur »Lösung« der »Judenfrage« geführt hatte, fand Anfang 1941 ein Ende. Alle Überlegungen zu »Teillösungen« wurden nun hinfällig, da Hitler sich für die endgültige entschied.[47] Was Großbritannien anging, mußte Hitler alle Pläne für eine Invasion oder einen Separatfrieden aufgeben. Jetzt richtete er seinen Blick nach Osten, um mit der Sowjetunion wie mit »den Juden« abzurechnen. Hier war die Gelegenheit, seine Prophezeiung zu erfüllen und sein Versprechen einzulösen, daß ein Krieg die Auslöschung der europäischen Juden nach sich ziehen würde. Irgendwann Ende 1940 oder Anfang 1941 beschloß Hitler, sein Ideal zu realisieren, und fällte die *Entscheidung,* alle Juden Europas zu ermorden.[48] Die Beweislage deutet darauf hin, daß Heydrich, der von Hitler mit der Entwicklung eines geeigneten Plans beauftragt worden war, schon Ende Januar 1941 einen Vorschlag für ein europaweites »Endlösungsprojekt« unterbreitete.[49]

Es ist kein Zufall, daß Hitler gerade in diesen Tagen öffentlich auf seine Prophezeiung vom 30. Januar 1939 zurückgriff, und zwar erstmals nicht in vager Form, sondern als feste Absicht, die er bald zu realisieren gedachte. Am 30. Januar 1941, am achten Jahrestag seiner Machtübernahme und zwei Jahre nach seiner apokalyptischen »Vorhersage«, erinnerte er die Nation daran, »daß, wenn die andere [sic] Welt von dem Judentum in einen allgemeinen Krieg gestürzt würde, das gesamte Judentum seine Rolle in Europa ausgespielt haben wird! Sie [die Juden] mögen auch heute noch lachen darüber, genau so wie sie früher über meine Prophezeiungen lachten. *Die kommenden Monate und Jahre* [Hervorhebung durch den Autor] werden erweisen, daß ich auch hier richtig gesehen habe.«[50]

Kaum drei Monate zuvor, am 8. November 1940, hatte Hitler die Verwirklichung seiner »Prophezeiung« noch in die ferne Zukunft gelegt.[51] Am 30. Januar 1941 hingegen kündigte er die Umsetzung seiner Absichten für die »kommenden Monate« an. Außerdem legte er jetzt erstmals jenen besonderen Hohn an den Tag, den er später mit Beginn des Vernichtungsprogramms wiederholt zeigen sollte; nun, da er sich zum Völkermord entschlossen hatte, war er sich des Ergebnisses sicher: Laßt die Juden lachen, erklärte er öffentlich, schließlich hätten sie ja auch über seine früheren Vorhersagen gelacht. Jetzt zweifelte er nicht mehr daran, daß er zuletzt lachen würde.[52]

Nachdem sich Hitler für die Politik entschieden hatte, die seinem eliminatorischen Ideal entsprach, begannen neue Institutionen eine wichtige Rolle zu spielen. Während verbale Angriffe, gesetzliche

Restriktionen und Ghettos – zentral in der antijüdischen Politik bis 1941 – weiterhin zum politischen Programm der Deutschen gehörten, verloren sie nun gegenüber Hinrichtungskommandos, Konzentrations- und »Arbeits«lagern sowie Gaskammern an Bedeutung.

Im Frühjahr 1941 bereiteten die Deutschen einen doppelten Schlag gegen die Sowjetunion vor. Der riesige militärische und der kleinere Vernichtungsfeldzug unterschieden sich zwar in Umfang, Komplexität und Aufwand an Personal und Ressourcen, doch sie waren in Hitlers Planung miteinander verflochten und verliefen parallel. Die mit der Durchführung beauftragten Institutionen – die Wehrmacht, die in erster Linie für die Kriegführung, und die SS, die vorrangig für das Vernichtungsprogramm zuständig war – unterzeichneten kurz vor dem Überfall auf die Sowjetunion eine Vereinbarung, die die Zuständigkeiten und operativen Fragen regelte, und arbeiteten dann an der Front eng zusammen.[53] Einheiten beider Seiten wurden jenen vier Einsatzgebieten zugewiesen, in die die Deutschen das eroberte Sowjetterritorium von Nord nach Süd aufteilten. Den Streitkräften, den Einsatzgruppen wie den anderen Sicherheitskräften war klar, daß es sich diesmal nicht um einen Krieg im herkömmlichen Sinne handeln würde. Hier ging es nicht bloß um militärische Eroberungen, sondern darum, den Gegner vollständig zu vernichten und vom Erdboden zu vertilgen. Für die Wehrmacht waren die Rote Armee und der sowjetische Staat dieser Feind, für die Einsatzgruppen war es das jüdische Volk.

Himmler, der für die Durchführung des Völkermords verantwortlich war, stellte vier hochmobile Einsatzgruppen auf, die die Speerspitze des Genozids bilden sollten, jede von ihnen unterteilt in kleinere Einheiten, die sogenannten Einsatzkommandos oder Sonderkommandos. Jene begannen schon in den ersten Tagen des »Unternehmens Barbarossa«, wie das deutsche Kodewort für den Angriff auf die Sowjetunion lautete, mit organisierten Massenerschießungen von Juden, unterstützt von Einheiten der Polizei und der Sicherheitsdienste. Wenn auch unklar ist, wie die ersten Befehle an die Einsatzgruppen aussahen und wie sie sich im weiteren Verlauf änderten, so lassen sich dennoch folgende Grundzüge der Entwicklung herausarbeiten:

In den Tagen vor dem Angriff sprachen Heydrich und seine unmittelbaren Untergebenen zweimal zu den Offizieren der Einsatzgruppen: zunächst in Berlin und dann unmittelbar vor dem Beginn des Vernichtungsfeldzugs in Pretzsch, wo die Einsatzgruppen zusammengezogen worden waren.[54] Die Offiziere wurden in ihre Pflichten eingewiesen, die im großen und ganzen darin bestanden, die Gebiete hinter der vorrückenden Wehrmacht zu sichern. Der sogenannte »Kommissarbefehl« ordnete die Identifizierung und Erschießung der führenden Vertreter des kommunistischen Regimes an, ja aller, die Widerstand gegen das deutsche Besatzungsregime schüren und organisieren könnten.[55] Die Offiziere wurden ebenfalls über Hitlers Entscheidung, die sowjetischen Juden auszurotten, informiert.[56] Walter Blume, Befehlshaber des Sonderkommandos 7a, beschreibt diese folgenschwere Szene: »Heydrich persönlich erklärt, daß der Rußlandfeldzug bevorstehe, daß Partisanenkrieg zu erwarten sei und daß in diesem Gebiet viele Juden lebten, die durch Liquidierung ausgerottet werden müßten. Als einer der Versammelten ihm zurief: ›Wie sollen wir das machen?‹, sagte er: ›Das werden Sie schon sehen.‹ Er erklärte weiter, das Ostjudentum sei als Keimzelle des Weltjudentums zu vernichten. Es war nicht anders zu verstehen, als daß alle Juden ausgerottet werden sollten, ohne Rücksicht auf Alter und Geschlecht.«[57] Die Entscheidung war eine strategische, der eigentliche Schlachtplan noch offen und nicht ausformuliert; die taktischen Einzelheiten sollten den Einsatzkommandos in dem Maße mitgeteilt werden, wie die Ereignisse dies erforderten.[58] Wie die Vorbehalte von Otto Ohlendorf, dem Befehlshaber der Einsatzgruppe D, wegen der geplanten Massenerschießungen zeigen, argwöhnten er und andere Offiziere, daß ihre Leute zur Ausführung dieser grauenhaften Befehle nicht fähig sein würden. Und wenn doch, würden ihre Taten sie dermaßen brutalisieren, daß sie anschließend nicht mehr in die menschliche Gemeinschaft einzufügen wären.[59]

Daher erschien es sinnvoll, den Befehlshabern der Einsatzkommandos in der ersten Phase des Genozids einen erheblichen Ermessensspielraum einzuräumen. So konnten sie etwa versuchen, ortsansässige Litauer, Letten oder Ukrainer zu rekrutieren, um diese die »schmutzigsten« Aufgaben erledigen zu lassen. Die Deutschen ersparten sich dadurch die entsetzlichen Aufträge. Außerdem vermutete man, es würde ihre Entschlossenheit zum Massenmord an unbewaffneten Zivilisten stärken, wenn sie Zeugen der »gerechten« Rache der Einheimischen würden, denen die Juden offenbar viel Leid zugefügt hatten. Den Einsatz von örtlichen Handlangern hatte Heydrich in seinen schriftlichen Befehlen an die Einsatzgruppen durchaus befürwortet,[60] denn, wie die Täter selbst formulierten: »Man wollte mit dieser Maßnahme das seelische Gleichgewicht unserer eigenen Leute erhalten.«[61]

Außerdem konnten die Offiziere der Einsatzgruppen ihre Leute allmählich an ihre neue Berufung als Vollstrecker eines Völkermords heranführen: Wenn sie zunächst ältere männliche Jugendliche und erwachsene Männer erschossen, würden sie sich an die Massenhinrichtungen gewöhnen, ohne gleich mit dem Schock konfrontiert zu sein, der mit dem Mord an Frauen, Kindern, Alten und Schwachen verbunden ist. Alfred Filbert zufolge, dem Kommandeur des Einsatzkommandos 9, war es »ganz eindeutig, daß sich der von Heydrich bekanntgegebene Führerbefehl, alle Juden zu erschießen, auch auf Frauen und Kinder erstrecken sollte. Allerdings ist zunächst wohl allgemein die Erschießung auf die männlichen Juden beschränkt worden.«[62]

Die anfangs in der Regel – nach deutschen Maßstäben – noch kleinen Massaker an wenigen hundert oder vielleicht einmal tausend Juden dienten der Vorbereitung, damit die Männer sich später vom Ausmaß der ungeheuren Blutbäder, die noch folgen sollten, nicht überfordert fühlten. Überdies wurde ihnen mit diesem Vorgehen der Gedanke nahegelegt, daß sie nur die gefährlichsten Juden umbrachten, eine Maßnahmc, die sie in diesem apokalyptischen Krieg noch für angemessen halten konnten. Hatten sie sich einmal daran gewöhnt, in kleinerem Umfang jüdische Männer niederzumetzeln, würde es ihren Offizieren leichter fallen, die Mordeinsätze auszuweiten.[63]

Zwei weitere Überlegungen spielten bei der Entscheidung, den Befehl zum Völkermord schrittweise umzusetzen, eine Rolle. Sie hingen eng miteinander zusammen. Die Deutschen erwarteten einen schnellen Sieg über die Sowjetunion und sahen daher keine Notwendigkeit, die Vernichtung der Juden in aller Eile zu betreiben. Deshalb war Himmler damit einverstanden, die Realisierung der langsamen ersten Stufe einer Truppe zu überlassen, die für diese Aufgabe gerade groß genug, für das ganze Unternehmen aber zu schwach ausgestattet war. Die Einsatzgruppen umfaßten ursprünglich nur etwa dreitausend Mann, zuwenig, wie Himmler, Heydrich und die Befehlshaber sehr wohl wußten, um alle sowjetischen Juden in kürzester Zeit umzubringen.[64] So erklärte Otto Bradfisch, der Befehlshaber des Einsatzkommandos 8 anläßlich des ersten Mordeinsatzes in Białystok Anfang Juli 1941 einem seiner Untergebenen, das Kommando habe zwar die Aufgabe, »das rückwärtige Heeresgebiet zu befrieden«, fügte aber hinzu, »daß das Kommando es jedoch nicht so genau machen müsse, da hinterher größere Einheiten kommen würden, die das übrige machen würden«.[65]

Zweitens war das Programm der völligen Vernichtung so beispiellos, daß die Deutschen selbst erst einmal durch praktische Erfahrungen herausfinden mußten, wie die Mordeinsätze logistisch zu bewerkstelligen und welche Techniken am geeignetsten waren. Daher kann es nicht überraschen, daß sie zunächst mit einer kleinen Truppe anfingen, die den Weg für die zukünftigen, größeren »Völkermordkohorten« aus zusätzlichen SS- und Polizeieinheiten bahnen sollte. In diesen ersten Wochen waren die Einsatzkommandos gleichsam Spähtrupps des Völkermords, die die Mordmethoden entwickelten, die Täter an ihre Aufgaben gewöhnten und, allgemeiner gesprochen, die Durchführbarkeit des Gesamtunternehmens prüften.[66]

Der erste Mordeinsatz ereignete sich bereits am dritten Tag des »Unternehmens Barbarossa«, als ein Kommando der Einsatzgruppe A in der litauischen Grenzstadt Garsden 201 Menschen, die meisten davon Juden, erschoß. In den nächsten Tagen und Wochen führten die Einsatzkommandos eine Vielzahl von Massenhinrichtungen an Juden durch, teils allein, teils in Zusammenarbeit mit örtlichen Hilfskräften. Manchmal erlaubten sie auch den Einheimischen, besonders in Litauen und der Ukraine, die Juden zu Hunderten und Tausenden niederzumetzeln.[67]

Unter den Augen deutscher Soldaten prügeln Litauer in Kowno (Kaunas) Ende Juni 1941 Juden zu Tode.

Ende Juni und Anfang Juli 1941 ermordeten die Deutschen gemeinsam mit ihren litauischen Helfershelfern in Kowno (Kaunas) Tausende von Juden. In Lwow (Lemberg) brachten sie mit Hilfe von Ukrainern einige tausend Juden um.[68] Zur ersten großen Massenerschießung, die die Einsatzkommandos selbst durchführten, kam es wahrscheinlich am 2. Juli in der ukrainischen Stadt Luzk, wo Angehörige des Sonderkommandos 4a mehr als 1100 Juden hinrichteten; dem war am 27. Juni in Białystok eine wahre Orgie aus Schrecken und Vernichtung vorausgegangen, angerichtet vom deutschen Polizeibataillon 309.[69] »Technisch« variierten diese ersten Mordeinsätze erheblich, denn die Deutschen experimentierten noch auf der Suche nach der besten Vernichtungsmethode. Wie ein guter bcfehlshabender General reiste Himmler zu den einzelnen Vernichtungsstätten, um seine Truppen zu inspizieren. Er beriet sich mit seinen Offizieren und wohnte persönlich einem Mordeinsatz in Minsk bei.[70] Die Berichte, die Himmler von den Einsatzgruppen erhielt, sowie seine eigenen Inspektionsreisen an die Brennpunkte des Geschehens belegten, daß die ersten »Aktionen« erfolgreich verlaufen waren: Es hatte sich gezeigt, daß seine Leute sich dazu überwinden konnten, Juden in Massen umzubringen, und daß die angewandten Techniken ihren Zweck erfüllten. Daraufhin ordnete er den Übergang vom rudimentären Völkermord zum uneingeschränkten Genozid an.[71]

Bemerkenswert daran ist, wie »normal« dieser Vorgang den Angehörigen der Einsatzkommandos und der übrigen beteiligten Einheiten zu sein schien. In den Verhören nach dem Krieg äußerten sich die Mörder kaum zur Ausdehnung der Morde auf Frauen, Kinder und alte Leute, auch nicht dazu, daß sie nun immer mehr Menschen in immer kürzerer Zeit hinrichteten. Den Tätern waren wohl beide Aspekte nicht so bewußt, daß sie darin eine fundamentale Änderung ihrer Aufgabenstellung oder gar einen qualitativ anderen Auftrag gesehen hätten. Diese Deutschen sagten keineswegs: »Zuerst haben wir nur ›jüdische Bolschewiken‹, ›Saboteure‹ oder ›Partisanen‹ getötet, und dann forderte man uns plötzlich auf, ganze Gemeinden, einschließlich der Frauen und Kinder, umzubringen.« Zwar berichteten einige vom Unbehagen, das sie empfanden, als sie ihre ersten Mordbefehle erhielten und ihnen klar wurde, was man da von ihnen verlangte; einige sprachen auch von dem Schock, den die ersten Mordeinsätze bei ihnen auslösten, die Eskalation und Expansion jedoch schildern sie – wenn überhaupt – nur in neutralem Ton, als habe es sich nur um eine neue, kaum veränderte Aufgabe gehandelt; ihre Einstellung zu dem, was sie taten, hat dies offensichtlich nicht beeinflußt. So ist es nur folgerichtig, daß die Täter den angesprochenen Wandel nicht einmal erwähnten.[72] Der bewährte Pragmatiker Himmler hatte zunächst die

Einsatzkommandos angewiesen, gelegentlich Attacken, gleichsam als Vorspiel zur »heißen Phase«, vorzunehmen, um ihren Schneid auf die Probe zu stellen und damit sie ihre Taktik gegenüber dem Feind verfeinerten. Nach dieser Eröffnungsphase gab er den Befehl zum uneingeschränkten, frontalen Angriff, einem Angriff, dessen Stoßrichtung und Zweck, das wußten sie, sich bald herausstellen würde. Dieser Übergang wurde damals sowenig wahrgenommen und kommentiert wie die Entgegennahme eines neuen Angriffsbefehls in einem Krieg, der bereits im Gange ist.

Einer der wenigen, die die Ausweitung der Hinrichtungen erwähnten, war der Leiter des Referats I (Personal) des Einsatzkommandos 9. Er berichtete, zunächst habe das Kommando nur erwachsene jüdische Männer umgebracht; in der zweiten Oktoberhälfte sei der Mordbefehl dann auf Frauen und Kinder ausgedehnt worden. Er ist sich sicher, daß Filbert, der Kommandeur der Einheit, sie *vor* dem Angriff auf die Sowjetunion über die Mordbefehle informiert habe; »ob er von ›allen Juden‹ oder nur von den ›männlichen Juden‹ gesprochen hat«, wußte er allerdings nicht mehr zu sagen.[73]

Daß Frauen und Kinder in den Kreis der Opfer einbezogen wurden, war offensichtlich eine Weiterentwicklung des *Einsatzes;* es bedeutete nicht, daß die Angehörigen des Einsatzkommandos 9 ihre Aufgabe nun grundsätzlich anders verstanden hätten. Andernfalls hätten sie und andere sich sicher daran erinnert, ob der ursprüngliche Befehl von ihnen verlangt hatte, an der Vernichtung aller sowjetischen Juden mitzuwirken oder ob es nur um die jüdischen Männer gegangen war. Daß der genannte Zeuge ebenso wie andere Angehörige von Einsatzkommandos und Polizeibataillonen angegeben haben, ihre Kommandeure hätten sie *entweder vor dem Angriff auf die Sowjetunion oder während der ersten Tage des Feldzugs* über den Befehl informiert, beweist zudem, daß es einen solchen allgemeinen Befehl gegeben hat und daß Hitler sich für den Völkermord entschieden hatte, ehe das »Unternehmen Barbarossa« begann.[74]

Selbst wenn meine Interpretation des ursprünglichen Befehls an die Einsatzgruppen falsch sein sollte, ist unbestreitbar, daß er auf einen Genozid zielte und von seinen Empfängern auch so verstanden wurde. Dies gilt auch dann, wenn jene recht haben, die glauben, daß jener Befehl lediglich anordnete, männliche Jugendliche und Männer zu ermorden. Das Polizeibataillon 307 beispielsweise erhielt bereits in der ersten Julihälfte 1941 den Befehl, die sechzehn- bis zwanzigjährigen jüdischen Männer aus Brest-Litowsk zusammenzutreiben. Sie spürten sechs- bis zehntausend Juden auf, die sie dann ihrer »Rasse« wegen erschossen.[75] Wenn man die erwachsenen Männer einer Gemeinde tötet, zerstört man letztlich auch die Gemeinde selbst, vor allem wenn man den Frauen verbietet, Kinder zu bekommen (wenn die Deutschen sie nicht ohnehin kurz darauf umgebracht hätten). Mit der Vorbereitung des militärischen Angriffs auf die Sowjetunion hatten Hitler und seine Anhänger in psychischer wie in moralischer Hinsicht den Rubikon auf dem Weg zum Völkermord überschritten – die Würfel für die europäischen Juden waren gefallen. Nun blieb den Deutschen nur noch, die Einsatzpläne zu erstellen, die Ressourcen zu organisieren und die totale Vernichtung durchzuführen.[76]

Die zweite Stufe des Völkermordprogramms erforderte zusätzliches Personal. Himmler teilte die Männer den einzelnen Höheren SS- und Polizeiführern (HSSPF) in der Sowjetunion zu, die für die Einsatzgruppen zuständig waren. Nach der Änderung der Einsatzbefehle durch Himmler verübten die Einsatzkommandos zusammen mit Einheiten der SS, der Polizei und sogar der Wehrmacht Massaker ungeheuren Ausmaßes. Sie löschten systematisch ganze jüdische Gemeinden aus. Die folgenden Photos zeigen Szenen, die sich bei der Auflösung des Ghettos Mizoč durch die Deutschen am 14. Oktober 1942 ereigneten. Zunächst mußten die jüdischen Frauen und Kinder nackt auf ihre Hinrichtung warten. Anschließend suchten zwei Deutsche inmitten der Leichen nach Überlebenden und erschossen sie. So auch die Frau, die auf dem Bild noch ihren Kopf und Oberkörper hebt.

Angehörige der Einsatzkommandos zwingen jüdische Frauen aus dem Ghetto von Mizoč, sich vor der Hinrichtung auszuziehen.

Die Leichen der Frauen. Zwei der Deutschen ermorden die Überlebenden durch gezielte Kopfschüsse.

Beispielhaft für deutsche Massaker sind das vom 27./28. August 1941 in Kamenez-Podolsk, dem 23 600 Juden zum Opfer fielen; die beiden Massenhinrichtungen im November 1941 in Minsk, als 19 000 ermordet wurden; am 7./8. November 1941 in Rowno waren es 21 000; insgesamt 25 000 Juden wurden am 30. November und am 8./9. Dezember 1941 in der Nähe von Riga erschossen; zwischen 10 000 und 20 000 im Januar 1942 in Charkow; dem zweitägigen Massaker von Babi Yar, außerhalb von Kiew, fielen Ende September 1941 mehr als 33 000 Juden zum Opfer.

Den Übergang zur Politik des Völkermords, der Variante seiner eliminatorischen Ideologie, die ihn schon lange beschäftigte, vollzog Hitler entweder während der Planung oder im Laufe der konkreten Vorbereitung des Überfalls auf die Sowjetunion. Als der Überfall dann wirklich erfolgte, wurde den beteiligten Deutschen, Offizieren wie Mannschaften, rasch klar, daß die eliminatorische Ideologie schließlich in ihrer kompromißlosesten, ins logische Extrem getriebenen Form durchgesetzt werden sollte. Dies ist zwar nicht zweifelsfrei zu belegen, doch scheint es unwahrscheinlich, daß Hitler sich für die Auslöschung der sowjetischen Juden entschieden haben soll, ohne gleichzeitig den Augenblick für gekommen zu halten, alle europäi-

Die Schlucht von Babi Yar, in der die Massenhinrichtung stattfand.

schen Juden »auszurotten«. So, wie er die »Judenfrage« verstand, wäre eine »Teillösung« sinnlos gewesen. Die Zeit war gekommen, seine Prophezeiung und sein Versprechen zu erfüllen, alle Juden in Europa zu vernichten. Der Übergang zu einer exterminatorischen »Lösung«, bezogen auf die sowjetischen Juden, bedeutete für alle Juden auf dem europäischen Kontinent die »Endlösung«.[77]

Die *operative* Planung für eine europaweite Ausdehnung des Vernichtungsprogramms setzte etwa Mitte bis Ende Juli 1941 ein, zur selben Zeit also, als Himmler die Einsatzbefehle an die Einsatzgruppen änderte, um den Massenmord an den sowjetischen Juden voranzutreiben.[78] Seit die Deutschen bereits einige Wochen zuvor mit dem Völkermord begonnen hatten; als die Einsatzgruppen bewiesen hatten, daß sie zu systematischen Massenhinrichtungen imstande waren; als die *Planung* für den Angriff auf die sowjetischen Juden abgeschlossen war – an diesem Punkt konnten Himmler, die NS-Führung und die SS sich der europaweiten »Endlösung« zuwenden, um die Wirklichkeit den nationalsozialistischen Idealen näherzubringen. Bisher hatten sie ihre Energien und ihre Aufmerksamkeit ausschließlich der Planung, Organisation und Durchführung des Genozids in seinem wichtigsten und ersten Operationsgebiet gewidmet; nun nahmen sie den ganzen Kontinent in den Blick. Die Ausdehnung war hauptsächlich ein Problem operativer Einzelheiten, der Logistik und Zeitplanung. Die Deutschen mußten sich jetzt nurmehr mit der praktischen Seite des Genozids befassen und dies so regeln, daß er mit ihren übrigen strategischen und wirtschaftlichen Zielen ebenso vereinbar war wie mit ihren Plänen zur Neuordnung Europas, auch wenn das nicht immer einfach war. Die Erfahrungen in der Sowjetunion hatten bereits gezeigt, daß sie ihre Vorgehensweise zumindest in Teilen ändern mußten.

Himmlers Einschätzung, daß die beteiligten Institutionen und ihre Angehörigen den Anforderungen des Völkermords gewachsen seien, sollte sich als zutreffend erweisen: Die Einsatzgruppen löschten mit atemberaubender Geschwindigkeit ganze jüdische Gemeinden aus. Doch bei den Offizieren vor Ort und auch auf höherer Ebene wuchs die Unzufriedenheit mit der angewandten Tötungsmethode. Sosehr sich die Deutschen in den Mordkommandos ihrer »Aufgabe« auch verschrieben, die offenbar endlosen Massenhinrichtungen von unbewaffneten Männern, Frauen und Kindern forderte von einigen doch psychisch einen hohen Preis. Ohlendorfs bereits erwähnte Befürchtung, daß die Beteiligung an einem derartigen Gemetzel bei den Tätern Spuren hinterlassen würde, sollte sich teilweise bestätigen.[79] Himmler, dem das Wohl der Männer, die seine und Hitlers apokalyptische Visionen in die Tat umsetzten, immer am Herzen lag, suchte daher nach einer Mordmethode, die eine geringere Belastung für die Henker versprach. Wie bei ihren ursprünglichen, dann fallengelassenen Versuchen, die sowjetischen Juden durch die Herbeiführung von »Pogromen« umzubringen, und der schrittweisen Steigerung der Mordeinsätze bewies die NS-Führung auch jetzt taktische Flexibilität, wenn es um die Durchsetzung ihrer strategischen Ziele ging. Nach Erprobung verschiedener Vorgehensweisen, darunter mobile Gaswagen, in denen die Einsatzkommandos und die anderen beteiligten Einheiten Zehntausende Juden ermordeten, gingen die Deutschen dazu über, stationäre Vergasungsanlagen zu bauen.[80] Der Übergang zu Vergasungen, ob in mobilen oder gemauerten Anlagen, erfolgte – anders als weithin angenommen – nicht aus Gründen der Effizienz, sondern weil man den Vollstreckern den Völkermord psychisch erleichtern wollte.[81] Dabei waren fest installierte Vergasungsanlagen von Vorteil, weil sie über größere Tötungskapazitäten verfügten. Außerdem konnte man mit ihrer Hilfe die Morde dorthin verlagern, wo es keine ungebetenen Zuschauer gab, ein Problem, mit dem sich die Einsatzkommandos bis dahin häufiger konfrontiert gesehen hatten. Feste Anlagen erleichterten auch die Beseitigung der Leichen, bei der die beiden mobilen Mordinstitutionen, die Erschießungskommandos und die Vergasungswagen, immer wieder auf Schwierigkeiten gestoßen waren.

Die Vorbereitungen für diese Phase des Völkermordprogramms fanden zwischen Sommer 1941 und den ersten Monaten des Jahres

1942 statt.[82] Die wichtigsten Entwicklungen betrafen die Errichtung von Todeslagern. Versuchsweise töteten die Deutschen am 3. September 1941 in der ersten »kleinen« Gaskammer von Auschwitz 850 Menschen mit Zyklon B (Cyanwasserstoff), darunter 600 sowjetische Kriegsgefangene. Im März 1942 setzten dann die systematischen Vergasungen in Auschwitz-Birkenau ein. Zuvor hatte bereits Chelmno damit begonnen, allerdings noch in Gaswagen. Am 8. Dezember 1941 nahmen die Deutschen hier deren »Betrieb« auf; die ersten Opfer waren Juden aus Lodz. Die im Zuge der »Aktion Reinhard« im Generalgouvernement errichteten Vernichtungslager begannen in der ersten Jahreshälfte 1942 mit Vergasungen: Belzec am 17. März, Sobibor Anfang Mai und Treblinka am 23. Juli. Die Vernichtungslager wurden nicht zufällig hauptsächlich in Polen gebaut; hier war das demographische Zentrum der europäischen Juden, und es lag in der logistischen Logik, den Völkermord vor Ort zu vollstrecken.[83] Außerdem wurde jedes der Lager strategisch so positioniert, daß es die Juden bestimmter Regionen aufnehmen konnte. Die Juden aus dem Warthegau wurden in Chelmno umgebracht; die zwei Millionen Juden aus dem Generalgouvernement in den drei Lagern der »Aktion Reinhard«, Belzec, Sobibor und Treblinka; die Juden aus West-, Süd- und Südosteuropa in Auschwitz.

Der Bau der Anlagen und die Vorbereitungen waren bereits weit fortgeschritten, als Heydrich schließlich Vertreter der relevanten Regierungsstellen am 20. Januar 1942 zur Wannseekonferenz in Berlin versammelte. Die Behördenvertreter wurden über ihre Pflichten bei der Vernichtung der insgesamt elf Millionen europäischen Juden informiert. Aus denselben Gründen, die Hitler veranlaßt hatten, sich nicht mit einem Genozid an den sowjetischen Juden zufriedenzugeben, beschränkten sich auch die von Heydrich verkündeten Vernichtungsabsichten nicht auf die Juden, die im damaligen deutschen Herrschaftsgebiet oder unter deutscher Besatzung lebten. Die Liste der möglichen Opfer umfaßte auch die Juden in der Türkei, der Schweiz, Großbritannien und Irland. Nun, da das apokalyptische Unternehmen realisierbar schien, kamen halbherzige Maßnahmen nicht mehr in Frage.[84]

Nur ein Jahr nach Beginn der »Aktion Reinhard« hatten die Deutschen 75 bis 80 Prozent ihrer designierten Opfer im Generalgouvernement ermordet. Etwa zwei Millionen polnische Juden fielen der »Aktion Reinhard« zum Opfer, teils durch Massenerschießungen im Stil der Einsatzgruppen, zum größten Teil aber in den Gaskammern von Belzec, Sobibor und Treblinka, wohin die Bewohner des Warschauer Ghettos deportiert wurden. In Auschwitz waren bereits Hunderttausende aus dem besetzten Europa umgekommen. In den eroberten sowjetischen Gebieten ermordeten die Deutschen insgesamt über zwei

Vernichtungsplan

Millionen Juden, hauptsächlich durch Erschießungen und Gaswagen.
Während dieser Zeit hatte das Programm der totalen Vernichtung
Priorität vor allen anderen Zielen der Deutschen. Die deutsche
Führung und deren Planungsbeauftragte setzten die Vernichtung der
Juden mit einer Zielstrebigkeit durch, die in der Regel alle anderen
Ziele beiseite schob. Als das Hauptziel, die Befreiung »Germanias«
von der angeblich ewigen jüdischen Bedrohung, in Sicht war, schienen taktische Kompromisse zugunsten anderer Politikbereiche mehr
und mehr an Bedeutung zu verlieren. Zusammen mit dem Krieg, und
zeitweise sogar vorrangig vor diesem, wurde die Vernichtung der europäischen Juden zur zentralen Mission des deutschen Molochs.

Mit der immer rascheren Vernichtung ging der Ausbau des Lagersystems einher, mit dessen Schrecken immer mehr Juden und Nichtjuden konfrontiert wurden. Die Deutschen begannen mit der Ausbeutung von – meist nichtjüdischen – Zwangsarbeitern, die in wachsendem Maße den Arbeitskräftemangel in der Kriegswirtschaft ausglei-
chen mußten. Doch selbst jetzt spielte der Einsatz von Juden in der
Produktion, der nie eine große Bedeutung gehabt hatte, für die Deutschen kaum eine Rolle, obwohl er *wirtschaftlich* äußerst sinnvoll gewesen wäre. Dies ist deshalb bemerkenswert, weil es eindeutig zeigt,
daß sowohl Hitler und die NS-Führung als auch die Befehlshaber und
das Personal der Konzentrations- und Arbeitslager der Ausrottung der
Juden absolute Priorität einräumten: Sie verzichteten ganz bewußt
auf die Nutzung unersetzlicher und verzweifelt benötigter Arbeitskräfte und schmälerten damit ihre Aussichten auf einen militärischen
Sieg. Die Vernichtung der Juden erhielt Vorrang selbst vor der Sicherung der nackten Existenz.[85]

Noch in seinen letzten Zuckungen hielt das Regime am Vernichtungsprogramm fest. Daß dies die einzig angemessene und vor allem
notwendige »Lösung« der »Judenfrage« sei, hatten die Deutschen,
die an der Durchführung des Völkermords beteiligt waren, auf allen
Ebenen so verinnerlicht, daß sie dieses Ziel selbst dann noch weiter
verfolgten, als ihre Welt in Scherben fiel. Als letzte nationale jüdische
Gemeinschaft fielen den Deutschen die ungarischen Juden zum Opfer. Im Sommer 1944 wurde ein großer Teil von ihnen nach Auschwitz
deportiert. Obwohl der Krieg militärisch schon verloren war, pferchten die Deutschen zwischen dem 15. Mai und dem 19. Juli 1944 noch
437 000 ungarische Juden in 147 Eisenbahnzüge, die man eigentlich
dringend für die Erfordernisse des Krieges benötigt hätte. In einer
beispiellosen Mordorgie wurden die meisten ungarischen Juden von
den Deutschen in Auschwitz vergast. Die übrigen kamen später in anderen Lagern oder auf den Todesmärschen um.[86] Die Todesmärsche,
auf die ich in späteren Kapiteln eingehen werde, bekundeten mehr als

196

alles andere den unbedingten Vernichtungswillen der Deutschen. Noch während der Flucht vor den vorrückenden sowjetischen Truppen räumten die Deutschen in den letzten Monaten des Jahres 1944 die Lager in den besetzten Gebieten und schließlich auch in Deutschland selbst. Juden und Nichtjuden wurden zu Märschen gezwungen, unter brutalen Bedingungen und ohne Verpflegung. Tausende von Juden starben, teils durch Schüsse und Schläge, teils durch Hunger, Erschöpfung und Mangelerscheinungen. Die Todesmärsche sind vielleicht der eklatanteste Ausdruck für die fanatische Entschlossenheit Hitlers und aller anderen am Vernichtungsprogramm Beteiligten, die »Endlösung der Judenfrage« zu vollenden.[87]

Hitler hatte seine Herrschaft mit Beschimpfungen und einem symbolischen eliminatorischen Anschlag auf die jüdische Gemeinschaft in Deutschland begonnen, mit dem Boykottaufruf vom 1. April 1933; am Ende seines Lebens und seiner Herrschaft versuchte sein Gefolge noch bis zum letzten Augenblick, Juden umzubringen. Am 29. April 1945 verfaßte er sein Testament an das deutsche Volk, das in die Sorge mündete, die stets im Mittelpunkt seiner Weltsicht und seiner Politik gestanden hatte:

»Der eigentlich Schuldige an diesem mörderischen Ringen ist: Das Judentum! Ich habe weiter keinen darüber im unklaren gelassen, daß dieses Mal nicht nur Millionen Kinder von Europäern der arischen Völker verhungern werden, nicht nur Millionen erwachsener Männer den Tod erleiden und nicht nur Hunderttausende an Frauen und Kindern in den Städten verbrannt und zu Tode bombardiert werden dürften, ohne daß der eigentlich Schuldige, wenn auch durch humanere Mittel, seine Schuld zu büßen hat. Vor allem verpflichte ich die Führung der Nation und die Gefolgschaft zur peinlichen Einhaltung der Rassegesetze und zum unbarmherzigen Widerstand gegen den Weltvergifter aller Völker, das internationale Judentum.«[88]

Wie immer diese Sätze auch in unseren Ohren klingen mögen, es wäre ein Fehler, sie als die Worte eines verzweifelten Verrückten im Angesicht des Todes abzutun. Sie offenbaren vielmehr Hitlers Ideale, seine hoffnungsvollen Intentionen und die Grundfeste seines eliminatorischen Programms, wie immer die einzelnen politischen Maßnahmen ausgesehen haben mögen. Diese Worte brachten die Überzeugungen zum Ausdruck, die einem Land und seiner Bevölkerung die Energie eingeflößt und die Richtschnur geliefert hatten, zwölf Jahre lang das Ziel zu verfolgen, dem jüdischen Volk jeglichen Einfluß auf Deutschland zu nehmen. Dies waren die bedeutendsten Worte, die Hitler dem deutschen Volk hinterlassen zu können glaubte: Wie in der Vergangenheit, sollten sie auch in Zukunft Deutsche in ihrem Handeln leiten und beflügeln.

Schlußfolgerung

Kaum bot sich die Möglichkeit zur Durchführung der »endgültigen« Form der »Endlösung«, versuchte Hitler, sein *Ideal* einer für immer von den Juden befreiten Welt zu realisieren, und vollzog den entscheidenden Schritt zum Genozid. Die Gelegenheit ergab sich mit der Aussicht auf die Eroberung der Sowjetunion, die den Deutschen zusammen mit Polen als Hort des Judentums galt. Wenn man sich die Beziehungen zwischen den antijüdischen Maßnahmen und den daraus abgeleiteten oder vermuteten Intentionen der Deutschen, zwischen Hitlers angenommenen psychischen Zuständen und Stimmungen und den militärischen Erfolgen der Deutschen klarmacht, wird vor allem eines deutlich: daß Hitler sich für den Völkermord entschied, sobald dieser durchführbar schien. Daß die Nationalsozialisten bis zu diesem Zeitpunkt andere politische Konzepte in Betracht gezogen und umgesetzt hatten, beweist keineswegs, daß sie diese vorgezogen oder für besser gehalten hätten. Für diese Optionen hatten sie sich unter Voraussetzungen entschieden, die eine letzte, endgültige Abrechnung mit dem »Weltjudentum« behinderten. Dennoch hatten Hitler und die NS-Führung auch schon vor 1941 stets nach extremen, äußerst radikalen eliminatorischen Maßnahmen gesucht und jede Gelegenheit genutzt, um weiterreichende und im wachsenden Maße endgültige Pläne zu entwerfen. Die Entwicklung der antijüdischen Politik Hitlers kann man am besten erklären, wenn man seine Ideale und langfristigen Absichten, wie er sie selbst formuliert hat, ernst nimmt. Damit kommt man dem Kern der Dinge näher, als wenn man sich nur auf die Struktur des Systems konzentriert oder sich hauptsächlich auf die mutmaßliche Stimmungslage Hitlers und anderer Nationalsozialisten stützt, die sich – ebenfalls vermutlich – aus den Erfolgen und Niederlagen bei der Eroberung und Neugestaltung Europas ergeben haben soll.[89] Das Vorhaben der Deutschen, die Juden zu beseitigen – bei dem jede wichtige Maßnahme mit den Voraussetzungen und Zielen dieses Vorhabens in Einklang stand –, läßt sich überzeugend als das Produkt der tiefsitzenden, auf Ausschaltung und Beseitigung gerichteten antisemitischen Überzeugungen und Ideale erklären, die Hitler und die deutsche Gesellschaft miteinander teilten und die je nach Möglichkeiten unter strategischen Gesichtspunkten in die Tat umgesetzt wurden. Der Kern des eliminatorischen Programms und seiner Entwicklung läßt sich in vier kausal miteinander verknüpften Aspekten der antijüdischen Politik Hitlers und damit auch Deutschlands zusammenfassen:

1. Hitler brachte seinen fanatischen, eliminatorischen Rassenantisemitismus zum Ausdruck, seit er im öffentlichen Leben stand. Seine

erste schriftliche politische Äußerung galt diesem Thema ebenso[90] wie seine letzte, sein ans deutsche Volk gerichtetes politisches Testament. Der eliminatorische Antisemitismus war Dreh- und Angelpunkt seiner Weltsicht, die er nicht nur in *Mein Kampf* immer wieder vertreten hat. Er war der Aspekt eines politischen Denkens und Handelns, den er am konsequentesten und leidenschaftlichsten verfolgt hat.

2. Nach der Machtübernahme hielten sich Hitler und sein Regime an seine früheren Verlautbarungen. Sie setzten den eliminatorischen Antisemitismus in beispiellos radikale Maßnahmen um und führten sie mit unermüdlichem Eifer durch.

3. Vor Kriegsausbruch verkündete Hitler seine Prophezeiung, ja sein Versprechen, das er im Laufe des Krieges mehrfach wiederholen sollte: Der Krieg würde ihm die Gelegenheit verschaffen, die europäischen Juden zu vernichten.[91]

4. Als der Augenblick gekommen und die Gelegenheit günstig war, verwirklichte Hitler seine Intention und ließ etwa sechs Millionen Juden ermorden.

Noch einmal: Der Genozid ging also nicht aus Hitlers Stimmungen, nicht aus örtlichen Initiativen oder aus unpersönlichen Strukturen hervor; er entsprang vielmehr Hitlers Ideal, den vermeintlichen jüdischen Einfluß zu beseitigen, ein Ideal, das in Deutschland weit verbreitet war. Selten hat ein Staatschef seine apokalyptischen Absichten so offen, so beständig und so emphatisch verkündet und sein Versprechen so buchstabengetreu erfüllt. Es ist bemerkenswert und beinahe unerklärlich, daß Hitlers Prophezeiung heute oft metaphorisch oder als leeres Gerede gedeutet wird. Hitler selbst betrachtete seine »Prophezeiung« vom 30. Januar 1939 als feste Absichtserklärung und hat dies wiederholt betont, als wollte er sicher gehen, daß niemand ihn mißverstand. Statt sich über Hitlers Worte hinwegzusetzen, spricht alles dafür, Hitlers Verständnis seiner Intentionen und die Übereinstimmung zwischen den klar geäußerten Vernichtungsabsichten und der »vollbrachten« Tat ernst zu nehmen.[92]

Vor Ausbruch des Krieges hatte Hitler zwei Gruppen benannt, die er im Kriegsfall vernichten würde: die Juden und die Erbkranken. Bereits 1935 teilte er dem Reichsärzteführer mit, daß er im Falle eines Krieges die »Euthanasiefragen aufgreifen und durchführen werde«.[93] Dieser Gleichklang zwischen erklärter Absicht und späterem Handeln belegt – in beiden Fällen – nicht nur Hitlers Vernichtungswillen, sondern auch seine Geduld, den geeigneten Augenblick abzupassen, um ihn in die Tat umzusetzen. Wie ließe sich ein Vorsatz überzeugender beweisen?

Der Entschluß, die Juden auszulöschen, wurde Hitler und seinen Anhängern nicht durch äußere Umstände aufgedrängt; er war vielmehr eingebettet in ihre Auffassungen von »den Juden«. Ein dämonisierender, rassistisch begründeter Antisemitismus war die Triebkraft des eliminatorischen Programms bis hin zum Völkermord, seiner logischen Konsequenz. Wenn wir den Verlauf der deutschen antijüdischen Politik untersuchen, sollten wir eine fundamentale Wahrheit nicht aus den Augen verlieren: Für die Nationalsozialisten war es selbstverständlich, daß die Juden verschwinden mußten, bevor das »tausendjährige Reich« anbrechen konnte – und genau hierin wurzelte der Impuls zum Genozid. Aus dieser Grundüberzeugung speiste sich die Energie für den zwölf Jahre währenden Versuch, die fiebrige Vision, Deutschland und die Welt vom »jüdischen Einfluß« zu befreien, in die Tat umzusetzen. Und sie führte auch dazu, den Genozid allen anderen Optionen vorzuziehen.

KAPITEL 5

Die Maschinerie der Vernichtung:
Agenten und Mechanismen

Wie definiert man eine Mordinstitution, eine Institution des Völkermords? Wie einen Täter? Zu den Mordinstitutionen zählt jede Einrichtung, die am System der Vernichtung beteiligt war. Täter ist jeder, der wissentlich zum Massenmord an den Juden beitrug,[1] in der Regel also jeder, der in einer Mordinstitution tätig war. Dies schließt alle, die Juden das Leben nahmen, ebenso ein wie jene, die die Umstände herbeiführten, um die Morde zu ermöglichen. Wer als Mitglied eines Erschießungskommandos Juden tötete, ist ein Täter. Wer die Juden zusammentrieb, sie – in Kenntnis ihres Schicksals – zu einer Vernichtungsstätte deportierte oder das Gebiet absperrte, in dem seine Landsleute Juden ermordeten, ist ebenfalls ein Täter, auch wenn er oder sie persönlich niemanden umgebracht hat. Lokführer und Verwaltungsbeamte, die wußten, daß sie Juden in den Tod transportierten; kirchliche Mitarbeiter, die wußten, daß ihre Mithilfe bei der Identifizierung von ehemals jüdischen Konvertiten für diese den Tod bedeuten konnten; der inzwischen sprichwörtliche »Schreibtischtäter«, der die Opfer möglicherweise nie zu Gesicht bekam, dessen Bürokratenarbeit aber das Räderwerk der Deportation und Vernichtung in Gang setzte und hielt – sie alle zählen zum Kreis der Täter.

Meist ist es leicht zu entscheiden, ob bestimmte Personen oder Gruppen als Täter zu betrachten sind. Jeder, der in einem Vernichtungslager arbeitete, einem Einsatzkommando, einem Polizeibataillon oder einer anderen polizeilichen oder zivilen Institution angehörte, die Erschießungen oder Deportationen durchführte; jeder Soldat einer Wehrmachtseinheit, die sich direkt am Genozid beteiligte, jeder, der aus eigenem Antrieb einen Juden tötete, weil er wußte, daß sich Deutschland für eine Politik des Völkermords entschieden hatte, war ein Täter. Wie aber steht es um die deutschen Zivilisten oder Polizisten, die ein Ghetto bewachten oder verwalteten? In vielen Ghettos herrschten mörderische Lebensbedingungen, doch waren sie formal keine Mordinstitutionen. Wie sind die Deutschen zu beurteilen, die jüdische Zwangsarbeiter ausnutzten (einige mit äußerster Brutalität) und dies spätestens seit 1941 in dem Wissen, daß die Arbeit der Juden ihren Tod nur aufschob? Sogar die Aufseher in manchen deutschen Lagern, darunter einige »Arbeits«lager, müssen, bei aller Brutalität, nicht direkt zum Tod von Juden beigetragen haben. Wie soll man sie einordnen? Darüber kann man offensichtlich unterschiedlicher Ansicht sein. Der hier vertretenen Definition zufolge ist jeder ein Täter, der in einer Institution arbeitete, die Teil des brutalen, mörderischen Herrschaftssystems war, eines Systems, an dessen Spitze die Institutionen der direkten Massenvernichtung standen, denn er wußte, daß er durch sein Handeln die Institutionen des Völkermords in Gang hielt.[2] Ob es um Herrscher oder kleine Tyrannen in den Ghettos oder um jemanden geht, der beispielsweise in Treblinka gearbeitet hat; zwei Fragen muß man beiden stellen: Warum war er willens, an Handlungen teilzunehmen, die ein Teil dieses Vernichtungsprogramms waren, und in einer Art und Weise zu handeln, die den Tod dieser Juden nur beschleunigen konnte? Wie konnte er tun, was er tat, wo er doch wissen mußte, daß er damit Deutschland dem Ziel näher brachte, das jüdische Volk zu vernichten? Selbst wenn es im Hinblick auf die Rollen dieser beiden – den Tyrannen im Ghetto und den Vollstrecker im Vernichtungslager – große psychologische Unterschiede gegeben haben mag, so machen diese nicht den einen zum Mörder und den anderen nicht. Diese Differenzen muß man nur dann berücksichtigen, wenn man die Handlungen der jeweiligen Person erklären möchte.[3]

Die Täter arbeiteten in einer stattlichen Reihe von Institutionen und trugen auf verschiedene Weise zum Genozid bei. Im Mittelpunkt der allgemeinen Aufmerksamkeit und auch der Forschung stehen die Gaskammern in den Todeslagern.[4] So schrecklich diese Schlachthäuser, in denen »im Fließbandverfahren« gemordet wurde, auch waren, so hat sich doch die Fixierung auf diese Einrichtung in zweierlei Hinsicht als nachteilig erwiesen. Zum einen gerieten die anderen Mordinstitutionen mehr und mehr aus dem Blick; deren Untersuchung aber wäre aufschlußreicher für die zentralen Fragen dieser Zeit. Zum anderen hat dies dazu beigetragen, die Bedeutung der Täter herunterzuspielen. Die monströsen Gaskammern, die Krematorien, die »Monster« Hitler, Himmler, Eichmann und andere wurden zu den Oberschurken in diesem größten Horrorstück aus der Mitte des zwanzigsten Jahrhunderts. Dadurch sind alle, die im riesigen Netzwerk jener Lager, die keine Vernichtungslager waren, oder in weniger berüchtigten Mordinstitutionen tätig waren, weitgehend ausgeblendet worden.

Dieses Buch stellt nicht die Deutschen in den Mittelpunkt der Betrachtung, die in den Vernichtungslagern arbeiteten, auch nicht die »Schreibtischtäter« oder jene, die die Kategorie der Täter nur am Rande berühren. Die folgende Untersuchung wird deutlich machen, daß solche Menschen trotz ihrer enormen historischen Bedeutung für die Forschung nicht von brennendem Interesse sind. Die Konzentrationslager, wenn auch kaum ihr Personal, sind bereits Gegenstand zahlreicher Studien geworden.[5] Leider sind die übrigen Mordinstitutionen nur selten beachtet worden.[6] Erst 1981 erschien eine gute Monographie über die Einsatzgruppen,[7] auch wenn sie nur wenig über die Männer, die dort Dienst taten, enthüllt. Die systematische Untersuchung über die Deutschen, die die Ghettos kontrollierten, steht noch aus; dieses Thema blieb bislang Memoirenschreibern und jenen, die sich mit dem Leben der jüdischen Bewohner befassen, vorbehalten.[8] Bis vor kurzem ist auch die Ordnungspolizei in der Literatur kaum erwähnt worden, obwohl sie zum Tod von Millionen Juden beigetragen hat. Die erste Monographie über einen Zweig der Ordnungspolizei, die Polizeibataillone, ist kürzlich erschienen, konzentriert sich aber überwiegend auf ein Bataillon.[9] Über einen anderen Zweig der Ordnungspolizei, die Gendarmerie, die stark in den Holocaust verwickelt war, erfahren wir aus der Literatur fast nichts. Männer und Frauen, die in deutschen Zivilverwaltungen und zivilen Institutionen in einer Reihe von Ländern, insbesondere in Polen tätig waren, erfüllten wesentliche Aufgaben für den Völkermord. Aber auch sie sind übersehen worden. Über deutsche Wirtschaftskonzerne und ihre Mitarbeiter wären ebenfalls weitere und gründlichere Untersuchungen notwendig.[10] Erst seit wenigen Jahren wissen wir etwas mehr über die Verstrickung der Wehrmacht in den Völkermord, allerdings auf einer zu allgemeinen Ebene.[11] Die Männer und Frauen, die in den »Arbeits«lagern über die Juden herrschten, sind bis heute nahezu gesichtslos geblieben. Selbst die Angehörigen der SS und ihrer verschiedenen Sicherheitskräfte müssen noch genauer untersucht werden.[12]

Diese kurze Aufzählung zeigt nicht nur, wie wenig wir über die Täter des Holocaust wissen. Sie macht auch deutlich, wie viele Institutionen und Menschen in den Völkermord verwickelt waren. Überspitzt kann man sagen, daß nahezu jede deutsche Institution im besetzten Osteuropa und vor allem in Polen zumindest Beihilfe zum Völkermord leistete. Die Zahl der in diesen Institutionen tätigen Menschen geht, wenn man die Wehrmachtsangehörigen einbezieht, die sich der Komplizenschaft schuldig gemacht haben, in die Millionen, obwohl sich nicht alle direkt am Massenmord beteiligt haben. Es war eine Operation von gewaltigen Ausmaßen.

Die Zahl derer, die wirklich zu Tätern wurden, war ebenfalls enorm.[13] Viele hunderttausend Deutsche gehörten zu dem riesigen System der Gewaltherrschaft, unter dem Juden und Nichtjuden lebten und starben. Zählt man die Männer und Frauen dazu, die Zwangsarbeiter (über 7,6 Millionen im August 1944) beschäftigten und ausnutzten,[14] muß man davon ausgehen, daß es Millionen von Deutschen waren, die schwere Verbrechen begingen. Von diesen waren sicherlich mehr als hunderttausend Vollstrecker des Holocaust, wie sie in unserem Zusammenhang verstanden werden. Es wäre auch nicht überraschend, wenn es sich um mehr als eine halbe Million Menschen handelte.

Einige Zahlen über die Mordinstitutionen und ihr Personal geben, so unvollständig sie auch sein mögen, einen Hinweis auf den Umfang des deutschen Vernichtungssystems. Eine neuere Untersuchung über die verschiedenen deutschen »Lager« – einschließlich der Ghettos – hat eine Gesamtzahl von 10 005 nachgewiesen, allerdings eingeräumt, daß weit mehr bestanden, deren Existenz jedoch noch nicht aufgedeckt worden ist.[15] Diese Lager waren nicht alle für Juden bestimmt. Doch gab es allein innerhalb der heutigen polnischen Grenzen 941 Zwangsarbeitslager speziell für Juden. An der österreichischen Grenze wurden für ungarische Juden 230 Sonderlager gebaut. In Polen richteten die Deutschen 399 Ghettos ein, in Ostgalizien 34 und im kleinen Litauen sechzehn. Demnach wissen wir also von mehr als 1600 Zwangsarbeitslagern und Ghettos nur für Juden. Dazu kommen 52 Hauptkonzentrationslager mit über insgesamt 1202 Außenlagern.[16] Wir wissen nicht, wie viele Deutsche zum Personal dieser Lager und Ghettos zählten. In Auschwitz selbst mit seinen fünfzig Außenlagern waren mitunter siebentausend Aufseher beschäftigt, vom übrigen Lagerpersonal einmal abgesehen.[17] Im April 1945 waren in Dachau 4 100 Aufseher und Verwaltungsmitarbeiter, in Mauthausen und seinen Außenlagern mehr als 5 700 Menschen tätig.[18] Einer Schätzung zufolge wurden für jeweils fünfhundert Häftlinge in einem Außenlager fünfzig Aufseher benötigt, das Verhältnis betrug also eins zu zehn.[19] Überträgt man dieses Verhältnis auf die mehr als zehntausend deutschen Lager mit ihren Millionen von Häftlingen oder auch nur auf die kleinere Zahl der Lager, in denen sich Juden befanden, dann wird deutlich, daß enorm viele Menschen im Vernichtungssystem Dienst taten.

Wenden wir uns nun den mobilen Mordinstitutionen zu. Die Einsatzgruppen begannen mit dreitausend[20] Mann, und die Fluktuation war erheblich. Die »Einheitskartei« in der Zentralen Stelle der Landesjustizverwaltungen zur Aufklärung nationalsozialistischer Verbrechen in Ludwigsburg (ZStL) hat 6 000 Mitglieder von Einsatzgruppen verzeichnet. Den 38 Polizeibataillonen, die meines Wissens am Völkermord beteiligt waren, gehörten mindestens 19 000 Mann an, wahrscheinlich aber mehr, weil es auch hier einen gewissen Personalwechsel gab.[21] Drei SS-Brigaden mit insgesamt 25 000 Mann, die Himmler direkt unterstanden, ermordeten in den Jahren 1941 bis 1943 ebenfalls in der Sowjetunion Juden.[22] Tausende unbekannte Deutsche trugen durch ihre Tätigkeit in den verschiedenen Bereichen der Verwaltung zum Genozid bei: Bahnbeamte, Wehrmachtssoldaten, Angehörige der Polizei und anderer Sicherheitskräfte, die die Juden aus Deutschland und Westeuropa deportierten. Hinzu kommen viele, die den Tod jüdischer Zwangsarbeiter zu verantworten haben, die unter ihrer Aufsicht in der Produktion tätig waren. In der Einheitskartei der Zentralstelle sind mehr als 330 000 Personen aus verschiedenen Mordinstitutionen aufgeführt. Außerdem enthält sie Informationen über 4 105 Institutionen, die sicher oder vermutlich mit NS-Verbrechen – nicht nur gegen Juden – in Verbindung gebracht werden müssen.

Zieht man all jene in Betracht, die zum Genozid beitrugen, weil sie in den entsprechenden Institutionen arbeiteten und die ihnen zukommenden Rollen erfüllten, und berücksichtigt man dann noch die viel größere Zahl derer, die im Gesamtsystem der Unterdrückung tätig waren – dessen Umfang mit über 10 000 bisher identifizierten Lagern nur angedeutet wird –, dann gelangt man unweigerlich zu dem Schluß, daß die Zahl derer, die das verbrecherische Regime unterstützten oder davon wußten, schwindelerregend hoch ist. Und dennoch ist über diese Leute so wenig bekannt.

Die Mordinstitutionen waren unterschiedlich organisiert; die Täter arbeiteten in verschiedenartigen Umgebungen; der Kontakt zu den Opfern war mal enger, mal weiter, und auch die Verfahren sahen von Fall zu Fall anders aus. Das erschwert eine allgemeine Charakterisierung der Mordinstitutionen. Sie unterschieden sich zwar in vielerlei Hinsicht voneinander, hatten jedoch eine entscheidende Gemeinsamkeit: Es waren Institutionen, die mit Menschen umgingen (oder in denen Menschen untergebracht waren), die sozial tot waren und von den Deutschen als bösartig, mächtig und gefährlich betrachtet wurden. Diese beiden Sachverhalte, die für die Juden galten – erstens ein formaler Status und zweitens eine Gesellschaftstheorie, die nahelegte, was mit ihnen zu geschehen habe –, bestimmten den Charakter der Mordinstitutionen mindestens ebenso stark wie die Baupläne der Architekten die konkreten Anlagen der Vernichtung.

Der soziale Tod stellt einen formalen Status dar. Nach Orlando Patterson ist er das Produkt der Gewaltherrschaft über Menschen, die aufgrund ihrer Geburt entfremdet und allgemein entehrt sind. Der Begriff beschreibt sowohl die Einstellung einer Kultur gegenüber denen, die als sozial tot wahrgenommen werden, als auch ein System von Handlungsweisen, die speziell auf sie gerichtet waren. Beide Aspekte sind miteinander verknüpft und hängen voneinander ab. Sozial Tote werden gesellschaftlich als Wesen betrachtet, denen wesentliche Attribute des Menschseins fehlen und die daher sozialen, bürgerlichen und gesetzlichen Schutz nicht verdienen. Sie gelten als grundsätzlich ehrlos und werden deshalb in einer Weise behandelt, die von vornherein *ausschließt,* daß sie je gesellschaftliche Anerkennung erlangen. Eben diese aber ist Voraussetzung dafür, als vollwertiges Mitglied einer sozialen Gemeinschaft wahrgenommen zu werden. Als Ehrlosen stehen ihnen in den Augen ihrer Unterdrücker kaum die elementaren Gruppenrechte zu, vor allem nicht das Recht auf Achtung ihrer Abstammung und ihrer verwandtschaftlichen Bindungen. Das ist mit Entfremdung von Geburt an gemeint. In den Augen ihrer Unterdrücker haben sie dieses Recht verwirkt, und als praktische Konsequenz können diese daher, wann immer es ihnen paßt, Familien auseinanderreißen, so wie sie es auch mit Arbeitssuchenden tun würden, die zufällig an derselben Straßenecke herumstehen. Damit die sozial Toten solche bleiben, müssen sie gewaltsam unterdrückt oder zumindest mit Gewalt bedroht werden. Der soziale Tod ist also ein formaler Status, der all jene Menschen kennzeichnet, die unter diesen drei extremen sozialen Benachteiligungen zu leiden haben: Ehrlosigkeit, Entfremdung durch Geburt, gewaltsame Unterdrückung. Die bekannteste Gruppe von sozial Toten sind die Sklaven. Für sie wurde dieser Begriff geprägt, obwohl die Welt der sozial Toten auch andere teilten.[23]

Sklaven allerdings wurden in den meisten Sklavenhaltergesellschaften als menschliche Wesen von hohem Nützlichkeitswert aufgefaßt. Im Deutschland der NS-Zeit hingegen galten Juden als sozial Tote, die nicht einmal mehr zum menschlichen Geschlecht gehörten und daher eigentlich nutzlos waren. Sklaven wurden nicht notwendigerweise als Übel oder moralisch schlecht betrachtet, im Gegenteil. Für die Mehrheit der Deutschen aber traf auf die Juden beides zu. Von Sklaven wurde erwartet, daß sie gehorchten und arbeiteten. Da die Deutschen von den Juden annahmen, daß sie die moralische und gesellschaftliche Ordnung bedrohten, sollten sie leiden und sterben. Sklaven pflegte man ausreichend zu ernähren und gesund zu erhalten, damit sie arbeiten konnten. Die Juden ließ man verhungern, damit sie an Schwäche und Erschöpfung starben. Beide Gruppen waren sozial tot, die Einstellungen ihrer Unterdrücker zu ihnen waren jedoch sehr verschieden. Und dies schlug sich auch auf den Umgang mit ihnen nieder.

Grundsätzlich waren Sklaven nicht vollständig »sozial tot« (auch wenn der Begriff sich ursprünglich auf die Sklaverei bezog). Sklavenhaltergesellschaften brauchten die Sklaven – für die Produktion und für die Mehrung ihres Ansehens. Sklaven haben oft innerhalb der Gesellschaft gelebt, und einige von ihnen, wenn auch nicht viele, waren mit ihren Unterdrückern durch dauerhafte soziale Beziehungen verbunden, auch intime und sogar liebevolle Beziehungen hat es gegeben. Der soziale Tod der Juden dagegen war total. Die Deutschen wollten nichts weiter, als daß sie litten und starben. Sie wollten nicht wirtschaftlich von ihnen abhängig sein; sie wollten nicht, daß Juden unter ihnen lebten; und sie bemühten sich, alle sozialen Verbindungen zwischen Deutschen und Juden zu unterbinden. Selbst so »minderwertige« Völker wie die Polen sollten keine Kontakte zu Juden unterhalten. Was die Sklaven von den Juden unterscheidet, ist nicht der formale Status; beide litten unter dem sozialen Tod. Was sich unterscheidet, sind die Auffassungen ihrer Unterdrücker. Und diese waren ausschlaggebend für das Dasein der sozial Toten.

Daß Menschen von anderen als sozial tot betrachtet werden, sagt also kaum etwas darüber aus, wie sie behandelt werden. Es ist das jeweilige kulturell-kognitive Modell, das darüber entscheidet. Das Modell, das in NS-Deutschland die Wahrnehmung der Juden bestimmte, war gleichsam eine Garantie dafür, daß die Institutionen, die mit Juden zu tun hatten, ihnen unablässig Leid zufügten und sie, sobald die Zeit gekommen war, in den Tod schicken würden.

Wie bereits erwähnt, gab es ein breites Spektrum solcher Institutionen, die hier nicht alle im einzelnen untersucht werden können. Eine jedoch soll hier herausgegriffen werden, da sie in vielfacher Hinsicht die paradigmatische Institution der Vernichtung und des Völkermords darstellte und nicht zufällig zum Wahrzeichen des nationalsozialistischen Deutschland geworden ist: das »Lager«. Diesen Rang konnte ihm nichts und niemand ernsthaft streitig machen. Das »Lager«, im allgemeinen auch etwas ungenau »Konzentrationslager« genannt, war emblematisch, weil es zentrale Charakteristika NS-Deutschlands versinnbildlichte. In den Lagern wurden wesentliche Aspekte der nationalsozialistischen Revolution realisiert, und an ihnen ließ sich der künftige Charakter eines vom Nationalsozialismus beherrschten Europa am ehesten erkennen.

Was war ein »Lager«, und was konstituierte die Welt der Lager? Ein »Lager« war – im Unterschied zum Gefängnis – jede Institution, in der Tausende von Juden oder Nichtjuden auf Dauer oder nahezu auf Dauer gefangengehalten wurden und in der gesetzliche Einschränkungen grundsätzlich nicht galten. Wie der normale Deutsche wußte, waren die Lager spezielle Einrichtungen des Regimes, die besonderen Zwecken dienten und die sich von Gefängnissen unterschieden wie die SS von der Armee des Kaiserreichs. Dieses wesentliche Merkmal war allen Lagern gemeinsam, ganz gleich welchem Zweck sie dienten und für welche Häftlinge sie gedacht waren. Es gab Vernichtungslager, Konzentrationslager, Arbeitslager, Übergangslager und Ghettos, um nur einige Lagertypen zu nennen.[24]

Das Lager war eine originär nationalsozialistische Institution, die erste, die Hitler einrichten ließ, und zwar gleich nach der Machtübernahme – ein symbolischer Schöpfungsakt und zugleich das erste Beispiel für das zerstörerische Potential des neuen Regimes. Kaum war der Reichstagsbrand erloschen, wurden im März 1933 zunächst »wilde« Lager gebaut, in denen die 25 000 Menschen, hauptsächlich Kommunisten, Sozialdemokraten und Gewerkschafter, die nach dem Brand festgenommen worden waren, eingesperrt wurden. Am 20. März 1933 gab Himmler auf einer Pressekonferenz die Errichtung des ersten offiziellen Konzentrationslagers in Dachau bekannt, angelegt für fünftausend Gefangene. Das Regime, das seine brutalen Maßnahmen keineswegs schamhaft verbarg, machte aus der Gründung dieser neuartigen Institution kein Geheimnis.[25]

Das Lager war nicht nur die erste institutionelle Neuschöpfung des Nationalsozialismus, es sollte auch die wichtigste bleiben. Mehr als zehntausend haben die Deutschen gebaut, unterhalten und personell ausgestattet. Sie waren über den gesamten europäischen Kontinent verstreut, mit Schwerpunkt in Osteuropa. Allein in Polen, dem Hauptschauplatz des Völkermords an den Juden, das die Deutschen in eine Art Sklavenplantage ungeheuren Ausmaßes verwandeln wollten, gab es über 5 800 Lager.

In der Fachliteratur wird oft behauptet, das Regime hätte versucht, den Deutschen den Anblick der Lager, in denen Gewalt, Unterdrückung und Tod herrschten, zu ersparen. Dem widerspricht, daß auch innerhalb der deutschen Reichsgrenzen ein engmaschiges Netz von Lagern aufgebaut wurde, das für jeden sichtbar und als kriminelle Infrastruktur des Leidens für Deutschland in den vierziger Jahren ebenso konstitutiv und wesentlich war wie jeder andere infrastrukturelle Aspekt. Ein Legitimationsverlust des Regimes war nicht die Folge. Die Gesamtzahl der Lager in Deutschland ist bis heute nicht erforscht worden. Allein in Hessen weiß man von mindestens 606 Lagern (eines auf etwa achtzig Quadratkilometern, ein apokalyptisches Muster der materiellen und sozialen Landschaft).[26] In Berlin, der Hauptstadt und dem Schaufenster des Reiches, gab es 645 Lager nur für Zwangsarbeiter.[27] Es wäre interessant, einmal die durchschnittliche Entfernung zwischen deutschen Ortschaften und Städten und dem nächsten Lager auszurechnen oder herauszufinden, wie nahe selbst der entlegenste Punkt in Deutschland einem Lager war.

Das überwältigende Netzwerk der Lager – in dem Millionen unschuldige Menschen, die in keinerlei Hinsicht eine Bedrohung darstellten, gefangengehalten, schikaniert, entwürdigt, ausgebeutet und getötet wurden – war die größte institutionelle Schöpfung des nationalsozialistischen Deutschland; nicht nur wegen der Masse dieser

Einrichtungen, der Millionen Opfer oder der enormen Zahl von Deutschen und ihren Helfershelfern, die in und für diese Lager arbeiteten. Sie bildeten vielmehr ein neues System der Gesellschaft.

Moderne Industriegesellschaften kann man als Kombination verschiedener »Systeme« verstehen.[28] Im allgemeinen wird angenommen, daß eine Gesellschaft sich aus einem politischen, einem sozialen, einem wirtschaftlichen und einem kulturellen System zusammensetzt. Die Grenzen zwischen ihnen sind manchmal schwer zu bestimmen, da sie alle in Wechselbeziehungen zueinander stehen und jeweils über eigene Institutionen, Organisationsstrukturen sowie formelle und informelle Regeln und Handlungsmuster verfügen. Bei jedem dieser Systeme ist es sinnvoll, von der Existenz eigener Subsysteme auszugehen. Während der NS-Zeit entstand zum ersten Mal in Westeuropa – die Sowjetunion hatte den Gulag – ein eigenständiges neues System: das »Lagersystem«. Es unterschied sich von den anderen Systemen der Gesellschaft durch eigene Institutionen, eine eigene und einzigartige Organisationsform, durch eigene Regeln und Handlungsmuster.

Das Lagersystem war keinem der anderen Systeme untergeordnet. Es war in den vierziger Jahren integraler Bestandteil des deutschen Gesamtgefüges und dennoch grundsätzlich von den anderen Systemen getrennt; vor allem, weil seine der absoluten Willkür und Gewalt unterworfenen Insassen, von Zwangsarbeitern einmal abgesehen, in den anderen Systemen keinen Platz hatten. Das Lagersystem unterschied sich so sehr von den Institutionen aller anderen Bereiche der deutschen Gesellschaft, seine Voraussetzungen, die seine Praxis bestimmten, standen so sehr im Gegensatz zu dem, was in Deutschland als »normal« galt, daß es zwar ein wesentlicher Bestandteil der Funktionsweise des nationalsozialistischen Deutschland war, aber dennoch eine Welt für sich. Die Lager waren eine vollkommen eigene »Welt«, und ihre Bewohner konnten den Eindruck haben, sie lebten auf einem anderen Planeten.

Das Lagersystem dehnte sich ständig weiter aus, war aus der Funktionsweise des neuen Deutschland immer weniger wegzudenken und wurde schließlich sogar sein bestimmender Zug. So wie eine Demokratie in der Regel durch das politische System mit seinen repräsentativen Institutionen und seinen Grundrechtsgarantien bestimmt wird und nicht etwa durch das kulturelle System, so wurde das nationalsozialistische Deutschland in wachsendem Maße durch das Lagersystem definiert. Hier kamen viele der Praktiken zur Anwendung, die NS-Deutschland einzigartig machen sollten; hier nahm der wahre Charakter des Regimes und der Gesellschaft Gestalt an; hier konnte man ihn beobachten.

Die wissenschaftliche Literatur ist an die Lager meist mit zu engen Begriffen herangegangen, sie konzentrierte sich vor allem auf instrumentelle Aspekte, insbesondere auf die Rolle der Lager als Instrument der Gewalt und als Produktionsstätte.[29] Wenn man dagegen die »Lagerwelt« als ein System der deutschen Gesellschaft versteht, ist ein vielseitigeres Konzept vonnöten. Der allgemeine Charakter der Lager muß ebenso untersucht werden wie die Bandbreite der Funktionen, die sie erfüllten, und die spezifischen Handlungen, die das Lagerleben kennzeichneten. Vier Merkmale sind wesentlich für das Lagersystem:

1. Es war eine Welt, in der Deutsche eine bestimmte Praxis der Gewalt ausübten und eine Reihe konkreter Ziele verfolgten.

2. Es war eine Welt, in der Deutsche uneingeschränkt zu Herren werden konnten, unbelastet durch bürgerliche Hemmungen, die der Nationalsozialismus zügig durch eine neue antichristliche Moral ersetzte.

3. Es war eine Welt, in der Deutsche ihre Opfer neu »formten«, damit sie dem Bild entsprachen, das sie sich von ihnen gemacht hatten. Das wiederum bestätigte ihre Weltsicht.

4. Es war eine revolutionäre Welt, in der die soziale Transformation und die Umwandlung der Werte, beides Kernstücke des NS-Programms, am beharrlichsten umgesetzt wurden.

Auf die ersten drei Wesenszüge werde ich sofort eingehen, auf den vierten im Epilog. Zunächst zur Instrumentalisierung der Lager für bestimmte Zwecke. Diese wurden von allen Deutschen verstanden, die am Lagersystem beteiligt waren (und von Millionen anderen ebenfalls), und sie sind es auch, die in der Literatur am häufigsten erörtert werden: die systematische Tötung von angeblichen Feinden, hauptsächlich von Juden, die Unterjochung von Menschen, in erster Linie von »Untermenschen«, um des wirtschaftlichen Nutzens willen und schließlich die Inhaftierung und Bestrafung der Feinde des »neuen« Deutschland.

Das Lagersystem gipfelte in den Vernichtungslagern Auschwitz, Belzec, Chelmno, Sobibor und Treblinka. Hier errichteten die Deutschen die Massenvernichtungsanlagen zur Ausrottung der europäischen Juden, die die überwältigende Mehrheit der Opfer stellten und zu Hunderttausenden vergast wurden. Die Arbeitsweise der Gaskammern und Krematorien ist hinreichend bekannt, so daß ich hier nicht darauf eingehen muß.[30] Doch nicht nur in den »Todeslagern« spielte sich der Massenmord ab. Seit Anfang 1942 bedeutete das gesamte Lagersystem für die Juden den Tod. Ob die Deutschen sie nun sofort ins Gas schickten oder sie in Konzentrations- und »Arbeits«lagern an Hunger und Erschöpfung sterben ließen – in allen Lagern entsprach die Sterberate von Juden dem Ausmaß eines Genozids, und sie übertraf bei weitem die anderer Gruppen, die Seite an Seite mit ihnen gefangenhalten wurden. Sobald das deutsche Völkermordprogamm einmal in Gang gesetzt war, war die Unterscheidung zwischen Vernichtungslagern, die die Deutschen eigens für die Massentötung von *Juden* errichtet hatten, und anderen Lagern für Juden aufgehoben. Das galt allerdings nicht für Angehörige anderer Völker. So überlebte in Mauthausen von Ende 1942 bis Ende 1943 kein Jude länger als einen Monat, obwohl Mauthausen formal nicht zu den Vernichtungslagern zählte. Für die nichtjüdischen Häftlinge war es das auch nicht, denn deren Sterberate betrug Ende 1943 unter zwei Prozent.[31] Die Lager nahmen Juden nur *vorübergehend* auf, da sie alle zum Tod bestimmt waren. Die Vernichtungsrate mochte schwanken, das Endziel jedoch stand fest.

Die Ermordung bestimmter Gruppen ist zwar die Aufgabe des Lagers, der die größte Aufmerksamkeit zuteil geworden ist, doch sie war längst nicht der einzige, ja nicht einmal der zentrale Zweck des Lagersystems. In der von Arbeitskräftemangel gekennzeichneten Kriegswirtschaft wurde das Lagersystem vor allem zu einer Welt der wirtschaftlichen Ausbeutung von Millionen Zwangsarbeitern. Menschen zu unterjochen entsprach dem in Deutschland vorherrschenden Welt- und Menschenbild, das zwischen den Völkern erhebliche Unterschiede im Hinblick auf ihren moralischen »Wert« und ihre Fähigkeiten proklamierte. Die meisten der Zwangsarbeiter waren Slawen, »Untermenschen« der NS-Ideologie zufolge und damit zur Ausbeutung geeignet. Die meisten wurden im Lagersystem versklavt – viele lebten auch auf deutschen Bauernhöfen –, jedoch nur ein kleiner Prozentsatz in den eigentlichen »Konzentrationslagern«. Auf dem Höhepunkt der Entwicklung betrug ihre Zahl etwa 750 000. Entführt, gefangengenommen und zur Arbeit gezwungen (und dies unter bestenfalls schwierigen und im schlimmsten Fall mörderischen Bedingungen) hatten die Deutschen jedoch Millionen.[32]

Massenvernichtung und Unterjochung zur wirtschaftlichen Ausbeutung waren die primären Ziele des Lagersystems, daneben gab es andere. Die Deutschen benutzten das Lagersystem zur Inhaftierung von Personen, die ihnen in Deutschland selbst oder in den besetzten Gebieten Widerstand entgegensetzten. Jedermann wußte, welch schreckliches Schicksal denen bevorstand, die ihrer Taten oder ihrer Identität wegen in ein Lager kamen. Das Schreckgespenst der »Konzentrationslager« löste bei vielen unter den wenigen Deutschen, die zum aktiven Widerstand gegen den Nationalsozialismus bereit gewesen wären, eine lähmende Furcht aus. Unabhängig von den Aspekten Völkermord und Ausbeutung war das Lagersystem eine Institution des Terrors zur Aufrechterhaltung der deutschen Herrschaft über die unterworfenen Völker und zur Abschreckung und Unterdrückung der *kleinen Minderheit* von Deutschen, die nach den ersten Jahren des Regimes seinen Sturz herbeiwünschten.

Das Lagersystem war zweitens – und dies ist kaum offen beschrieben und vielleicht auch nicht richtig verstanden worden – eine Welt ohne Schranken, in der die »Herren« ihren barbarischen Wünschen in Wort und Tat freien Lauf lassen konnten; in der sie sich jede Befriedigung und jedes Vergnügen verschaffen konnten, die Macht über andere gewähren mögen. Die deutschen Aufseher waren unbestritten die absoluten Herren über die Lagerinsassen. Er oder sie konnte jedem Bedürfnis nachgeben, andere Menschen zu erniedrigen, konnte Lagerinsassen quälen und sogar töten, ohne irgendwelche nachteiligen Auswirkungen befürchten zu müssen. Er oder sie konnte sich zügellosen Grausamkeiten hingeben und jeden aggressiven und sadistischen Impuls ausleben. Die Lager wurden zu Institutionen, in denen Deutsche jeder von der offiziellen Ideologie nahegelegten Handlungsweise, jeder Regung Ausdruck verleihen konnten. Ihr Werkzeug und ihr Objekt für jede Art von Befriedigung waren Geist und Körper der Häftlinge. Es war eine Welt ohne Schranken, in der den »neuen Deutschen« alles erlaubt war: Hier konnte sich die nationalsozialistische »Moral« der Gnadenlosigkeit in der Anwendung von Gewalt gegen »Untermenschen« und Feinde frei entfalten.

Aber die schrankenlose Freiheit und die Befriedigung, die diese Freiheit den Deutschen verschaffte, resultierten nicht nur aus den niederträchtigsten Impulsen, die Menschen in sich tragen können. Gewiß, das Lagersystem erlaubte nicht nur, es förderte auch das Ausleben solcher Neigungen. Wie aber die Deutschen mit den Lagerinsassen umgingen, in welchen Formen sich solche aggressiven und sadistischen Triebregungen äußerten, hing von den unterschiedlichen Auffassungen ab, die sie von der jeweiligen Opfergruppe hegten. Die Behandlung der Häftlinge entsprach mehr oder weniger den offiziellen und inoffiziellen Ansichten über den relativen Wert der verschiedenen »Rassen«. Am besten erging es den Westeuropäern, weniger gut den Südeuropäern, den Polen viel schlechter, schlimmer noch den Russen und anderen Ostslawen und am mörderischsten unter den Nichtjuden den Sinti und Roma.[33] Die Juden jedoch – angeblich die Verkörperung des Teufels auf Erden – wurden so entsetzlich behandelt, daß ein Vergleich mit anderen Völkern kaum möglich ist. Gleichgültig, welchen Zweck ein Lager hatte oder wie es organisiert war, immer wurde den Juden, die sich strukturell in der gleichen Lage wie alle Häftlinge befanden, das größte Leid zugefügt – eine Tatsache, die von Überlebenden der Lagerwelt, ob Juden oder Nichtjuden, regelmäßig bemerkt wurde.[34]

Das Lagersystem war eine Welt, in der die moralischen Regeln und Verhaltensgebote der »normalen« deutschen Gesellschaft nicht galten. In dieser neuen Welt – von der nationalsozialistischen Moral der erbarmungslosen Anwendung von Gewalt gegen »Untermenschen« beherrscht – konnten Nazimänner und Nazifrauen mit Nichtdeutschen umgehen, wie es ihnen beliebte, in Übereinstimmung mit ihren ideologisch geprägten Auffassungen über ihre Opfer. Im Lagersystem gewährte der Nationalsozialismus ihnen volle Freiheit.

Der dritte Wesenszug des Lagersystems zielt auf die Umformung der Opfer, so daß sie schließlich dem Bild entsprachen, das die Nationalsozialisten von ihnen hatten. Die Nationalsozialisten wollten die Lagerinsassen zu Heloten machen; also taten sie alles, um sie zu entmenschlichen. Sie beraubten die Gefangenen ihrer Individualität: Zum einen fiel es ihnen dann leichter, sie brutal zu behandeln, zum anderen schien dies ihrer Weltordnung angemessen – denn in den Augen der Deutschen verdienten die Gefangenen nicht den grundlegenden Respekt, der jedem zukommt, den man als Person anerkennt. Sie rasierten den Lagerinsassen die Haare ab, damit sie zu einer ununterscheidbaren Masse wurden. Ohne Haare und im Zustand schwerer Unterernährung sind Männer und Frauen in der Tat kaum auseinanderzuhalten. Auch bemühten sich die Deutschen fast nie darum, sich die Namen der Lagerinsassen zu merken. In Auschwitz leugneten sie sogar die Existenz der Namen – dieses Kennzeichens des Menschseins –, indem sie jedem Häftling eine Nummer eintätowierten, die dann, von einigen privilegierten Gefangenen abgesehen, für das Lagerpersonal das einzige Mittel zur Identifizierung war. In Auschwitz lebte kein Moses, Iwan oder Lech; hier gab es nur Häftlinge mit Nummern wie 10 431 oder 69 771.

Die Entmenschlichung einer Person, die Formung einer undifferenzierten Masse durch Entzug ihrer Individualität und durch Angleichung aller Körper war nur der erste Schritt. Die Deutschen trieben die Bewohner der Lagerwelt in einen Zustand schlimmster körperlicher, geistiger und emotionaler Entbehrungen und größter Verzweiflung. Die Häftlinge lebten unter Bedingungen, die in Europa seit Jahrhunderten beispiellos waren. Sie wurden unzureichend ernährt, viele ließen die Deutschen sogar verhungern; sie wurden bei schwerster Arbeit zu unerträglich langer Arbeitszeit gezwungen; die Deutschen gewährten ihnen weder ausreichend Bekleidung noch angemessene Unterkünfte, von medizinischer Versorgung ganz zu schweigen. Dadurch und durch die ständigen Schikanen und Folterungen der Häftlinge an Geist und Körper gelang es den Deutschen, vielen der Lagerinsassen das Erscheinungsbild – vereiterte, offene Wunden, von Seuchen und Krankheiten gezeichnet – und Verhaltensmerkmale aufzuprägen, die sie als die »Untermenschen« erscheinen ließen, als die die Deutschen sie sehen wollten.[35]

Die uneingeschränkte Gewalt in der Lagerwelt diente hauptsächlich zwei Zwecken. Der erste, bereits erörterte, bestand darin, den »neuen Deutschen« ein Ventil für die Befriedigung ihrer Wünsche und Bedürfnisse zu verschaffen. Der zweite bestand in ihrer Funktion, die Häftlinge gleichsam neu zu schaffen. Mit ihren sichtbaren Verletzungen, in ihrer körperlichen Schwäche durch Hunger, Entkräftung und Überarbeitung erinnerten die Körper der Gefangenen ständig an deren niedrigen Status. Hinzu kamen die verheerenden psychischen Folgen der Gewalt. In Angst und Schrecken duckten sich die Häftlinge in Gegenwart ihrer deutschen Herren, wie es niemand vor seinesgleichen tun würde. Der in den Lagern so häufige Anblick von Menschen, die brutal geschlagen wurden, ohne auch nur eine Hand zur Abwehr zu erheben (was den Gefangenen ausdrücklich verboten war), bestätigte den Deutschen stets aufs neue, daß dies würdelose Kreaturen sein mußten, alles andere als menschliche Wesen, die Respekt und moralische Erwägungen verdienten.

So formten Deutsche die Namen, die Körper, den Geist, das soziale Verhalten und die gesamten Lebensumstände der Insassen der Lagerwelt. Sie machten sie zu Wesen, die vor allem arbeiteten, litten und – je nach Gruppenzugehörigkeit in unterschiedlichem Umfang – starben. Zu ihrer permanenten Selbstbestätigung schufen die Deutschen Wesen, denen wesentliche menschliche Eigenschaften fehlten, nicht zuletzt ein einigermaßen gesundes Erscheinungsbild. In der Lagerwelt waren also nicht nur die »neuen Deutschen« zu sehen, sondern auch die zukünftigen »Untermenschen«, in die die Deutschen die meisten Völker Osteuropas im Falle eines Sieges verwandelt hätten.

Schlußfolgerung

Die Transformation des Lagersystems von seinen bescheidenen, doch unheilvollen Anfängen zu einem neuen System der deutschen Gesellschaft spiegelte die Entwicklung zentraler ideologischer Rezepte der Nationalsozialisten wider, insbesondere was ihren eliminatorischen Antisemitismus betraf. Zunächst wurde in den Lagern gefoltert und gelegentlich getötet, ganz nach Belieben der Aufseher. Ihrer Größe (1939 gab es weniger als 25 000 Lagerinsassen) und ihrer Wirkung nach waren sie unbedeutend, abgesehen von der Angst und dem Schrecken, den sie Regimegegnern und Juden einjagten. Die Verwirklichung des eliminatorischen Programms lief langsam an. Die

Maßnahmen zielten zunächst nicht auf Mord, waren aber begleitet von Ausbrüchen der Gewalt, die der Befriedigung der Täter dienten und den Tod der Opfer zur Folge haben konnten. Ihr Hauptzweck war es, den Juden das Leben so schwer zu machen und sie derart zu verängstigen, daß sie Deutschland verließen. Im Rahmen dieses eliminatorischen Projekts waren die Lager ein wichtiges Werkzeug.

Wie bei den eliminatorischen Maßnahmen wurde auch in den Lagern anfangs nur gelegentlich getötet. Doch ähnlich wie die eliminatorische Ideologie wurde auch das Lagersystem auf Mord umgestellt, als die Zeit reif war. Es wurde in dem Maße ausgebaut, wie die apokalyptischen Überzeugungen der Nationalsozialisten in die Tat umgesetzt wurden. Die Entwicklung der eliminatorischen Politik und die der Lager verlief parallel, und beide unterlagen derselben Logik. Auch in diesem Sinne war das Lager eine für NS-Deutschland symbolische Institution, so wie die Vernichtung der Juden das charakteristisch nationale Projekt darstellte.

Als Sinnbild des nationalsozialistischen Deutschland und als paradigmatische Institution des Holocaust kann das Lager als Folie für die Untersuchung anderer Mordinstitutionen dienen. Die Polizeibataillone, die »Arbeits«lager und die Todesmärsche beleuchten schlaglichtartig *Grundzüge* des Holocaust, die auch in der Lagerwelt zu finden sind.

Die große Zahl der Lager machte es beispielsweise erforderlich, immer mehr Deutsche als Personal heranzuziehen. Dies gilt vor allem für die Lager im Reich. Eine enorme Zahl gewöhnlicher Deutscher, ohne besondere Zugehörigkeiten zu nationalsozialistischen Organisationen wie Partei und SS, wurden Mitarbeiter im Lagersystem. Zusammen mit anderen ganz gewöhnlichen Deutschen aus SS und Partei ließen sie die unfreiwilligen »Bewohner« der Lager verelenden, folterten und töteten sie. Aber so aufschlußreich die Lager in dieser Hinsicht auch sein mögen, welche Rolle die normalen Deutschen im Holocaust spielten und ihre Beteiligung daran lassen sich am besten verstehen, wenn man andere Institutionen des Völkermords untersucht, die sich – wie die Polizeibataillone – oft überwiegend aus ganz gewöhnlichen Deutschen zusammensetzten.

TEIL III

Polizeibataillone:
Deutsche Normalbürger als
willige Mörder

>>*Ich will damit sagen, daß ich gar nicht daran gedacht habe, daß diese Befehle Unrecht sein könnten. Ich weiß zwar, daß die Polizei auch die Aufgabe hat, Unschuldige zu schützen, doch war ich damals der Überzeugung, daß die jüdischen Menschen nicht unschuldig, sondern schuldig seien. Ich habe der Propaganda, daß alle Juden Verbrecher und Untermenschen seien und daß sie die Ursache für den Niedergang Deutschlands nach dem Ersten Weltkrieg seien, geglaubt. Mir ist also der Gedanke, daß man sich dem Befehl zur Mitwirkung an der Vernichtung der Juden widersetzen oder entziehen sollte, gar nicht gekommen. Ich habe diese Befehle befolgt, weil sie von der obersten Staatsführung kamen und nicht deshalb, weil ich etwa Angst hatte.*<<*

Kurt Möbius, ehemaliger Angehöriger
eines Polizeibataillons, das in Chelmno Dienst tat,
in seiner Aussage vom 8. November 1961

KAPITEL 6

Polizeibataillone:
Handlanger des Völkermords

Bei der Durchführung des Holocaust spielte die Ordnungspolizei eine
ebenso wesentliche Rolle wie die Einsatzgruppen und die SS. Zur
Ordnungspolizei gehörten die Schutzpolizei samt den Polizeibataillonen und die Gendarmerie;[1] die Polizeibataillone aber waren, als mo-
bilste und äußerst flexibel einsetzbare Gliederung der Ordnungspolizei, am stärksten in den Holocaust verwickelt. Der Charakter dieser
Einheiten und die von ihnen begangenen Taten beleuchten schlaglichtartig einige wichtige Aspekte des Holocaust.

Untersucht man Rolle und Bedeutung der Polizeibataillone für den
Völkermord an den Juden, muß man nicht unbedingt die Entwicklung
der Ordnungspolizei oder der Polizeibataillone während der NS-Zeit
einbeziehen. In diesem Zusammenhang geht es vor allem um drei
Hauptmerkmale der Polizeibataillone:

1. Diese Einheiten bestanden zu einem hohen Prozentsatz aus
ganz gewöhnlichen Deutschen, die man nicht wegen ihrer militärischen oder ideologischen Tauglichkeit ausgewählt hatte. Für den
Dienst in dieser Truppe wurden die Männer oft in einer eher zufälligen Weise rekrutiert; zum Teil nahmen die Bataillone sogar Männer
auf, die als militärisch untauglich gemustert waren. Auch was ihre
ideologische Ausrichtung betrifft, wurden sie keiner besonderen Prüfung unterzogen.

2. Einmal in den Polizeibataillonen, erhielten diese in militärischer Hinsicht nicht gerade vielversprechenden Männer eine qualitativ unterdurchschnittliche Ausbildung an den Waffen, in militärischer
Logistik und Führung. Auch die ideologische Schulung und Indoktrination, der sie ausgesetzt wurden, war gering, ja fast lächerlich oberflächlich und ineffektiv.

3. Die Polizeibataillone stellten keine »nationalsozialistische« Organisation im eigentlichen Sinne dar. Sie waren nicht ideologisierter
als die deutsche Bevölkerung und insofern repräsentativ für die nazifizierte Gesellschaft.

Zu Kriegsbeginn umfaßte die Ordnungspolizei 131000 Mann, Offiziere eingeschlossen,[2] Anfang 1943 betrug die Personalstärke dann

310 000, darunter 132 000 Reservisten (42 Prozent).[3] Es handelte sich um eine Sicherheitstruppe von beträchtlicher Größe und Bedeutung. Im Zuge ihrer personellen Erweiterung und der zunehmenden Kontrolle der besetzten Gebiete, die von Angehörigen »minderwertiger Rassen« bewohnt waren, erwuchsen den Bataillonen neue Aufgaben: Bekämpfung von Partisanen, Umsiedlung der einheimischen Bevölkerung und Ermordung von Zivilisten, das hieß insbesondere und überwiegend von Juden. Die Ordnungspolizei des Jahres 1942 war daher mit der vor dem Krieg nicht mehr zu vergleichen. Obwohl ihre Organisationsstruktur weitgehend unverändert blieb, hatte sich ihre Größe seit 1938 vervierfacht. Aus der ursprünglich relativ dezentralisierten Berufspolizei, deren Angehörige meist in der Nähe ihrer Heimatorte stationiert waren, hatte sich nun in allen besetzten Gebieten eine auf koloniale Herrschaft Europas ausgerichtete Truppe entwickelt. Und deren Angehörige waren ohne polizeiliche Ausbildung mit feindlichen Völkern konfrontiert, die ihre jeweils eigenen Sprachen, Gebräuche und Hoffnungen hatten.

Die Polizei- und Reservepolizeibataillone boten einer großen Zahl von Deutschen eine organisatorische Heimat.[4] Die Einheiten umfaßten im Durchschnitt sechshundert Mann und erfüllten in Deutschland wie in den besetzten Gebieten eine Vielzahl von Aufgaben. Zunächst bestand jede Einheit aus vier Kompanien und einem Bataillonsstab, an der Spitze stand ein Hauptmann oder ein Major. Später wurde die Zahl der Kompanien auf drei reduziert. Jede Kompanie war in drei Züge unterteilt, die wiederum aus Gruppen von zehn bis fünfzehn Mann bestanden. Sie übernahmen 1939 noch die ihnen ursprünglich zugedachten Aufgaben einer herkömmlichen kasernierten Polizei, etwa Verkehrsregelung und Gebäudesicherung; auch an den Umsiedlungen in besetzten Gebieten waren sie beteiligt, beispielsweise 1940 in Polen.[5] Gemäß einer Vereinbarung mit der Wehrmacht sollten sie ebenfalls, wenn notwendig, bei Militäroperationen mitwirken und Partisanen hinter der Front bekämpfen. So nahmen die Polizeibataillone 1939 am Angriff auf Polen und 1940 am Krieg gegen Frankreich teil, später am Überfall auf die Sowjetunion. Von den Kampfeinsätzen einmal abgesehen, handelte es sich dabei um Aufgaben, wie sie für Polizisten in besetzten Gebieten in Kriegszeiten durchaus üblich waren. Die niedrigen Erwartungen an eine gewöhnliche Polizeitruppe spiegeln sich in der Personalauswahl, der leichten Bewaffnung und der oft unzureichenden Ausbildung wider. Kein Bericht, keine Aussage oder Verordnung deutet darauf hin, daß 1939 irgendwelche Vorbereitungen für die Mitwirkung der Polizeibataillone am Völkermord getroffen wurden.

Die Polizeibataillone wurden eher wahllos rekrutiert und ausgebildet. Dies entsprach dem geringen Status der Ordnungspolizei innerhalb der deutschen Sicherheits- und Militärstreitkräfte,[6] eine Stellung, die sich auch in den fortwährenden Personalproblemen während der Kriegszeit ausdrückte. Die Ordnungspolizei selbst schätzte, daß ihr im November 1941 nahezu 100 000 Mann fehlten – ihre Gesamtstärke lag zu dieser Zeit unter 300 000 – und sie dringend zusätzlich 43 000 Mann benötigte.[7] Um ihren wachsenden Personalbedarf zu befriedigen,[8] mußte die Ordnungspolizei für den Polizei- oder Militärdienst eigentlich ungeeignete Männer aufnehmen und dabei auch auf jene zurückgreifen, die entweder das normale Dienstalter überschritten hatten oder die erforderlichen körperlichen Voraussetzungen für den Polizeidienst nicht erfüllten. Erklärt wurden solche Kompromisse mit der »derzeitigen schwierigen Personallage in der Ordnungspolizei«.[9]

So verwundert es kaum, daß die Ordnungspolizei die letzten zur Verfügung stehenden Reserven mobilisierte. Das Polizeibataillon 83 rekrutierte an seinem Standort, der oberschlesischen Stadt Gleiwitz, den letzten Mann und konnte dennoch eine seiner Einheiten nicht vollständig auffüllen.[10] Es fehlten nicht nur Versuche des NS-Regimes, die Ordnungspolizei und ihre Polizeibataillone mit gesunden, fähigen Männern oder besonders ergebenen Nationalsozialisten aufzustocken; auch die Ausbildung dieser Leute zeigte, daß die Führung recht geringe Erwartungen an sie stellte.

Dem entsprachen die zur Ordnungspolizei eingezogenen Männer. Die meisten hatten keinerlei militärische Ausbildung durchlaufen, körperlich waren sie in keinem besonders guten Zustand. Ihr Alter, ihr Status als Familienvater und ihre beruflichen Positionen machten sie schwerer lenkbar als junge Männer, die von militärischen und polizeilichen Organisationen generell bevorzugt werden – und zwar aus gutem Grund. Denn jahrtausendealte Erfahrungen lehren, daß junge Männer leichter formbar sind und die Ziele und Methoden einer militärischen Organisation viel eher verinnerlichen. So war die Ordnungspolizei trotz ihrer einfachen operativen Aufgaben doch mit erheblichen Problemen in der Ausbildung konfrontiert. Erschwerend kam hinzu, daß die Zeit knapp war, weil man die Männer schnell einsetzen mußte.

Die Eingezogenen wurden nur äußerst oberflächlich und nachlässig auf ihre Aufgaben vorbereitet. Selbst wenn die Männer der Reservebataillone eine vollständige, reguläre Ausbildung erhielten – was bei vielen nicht der Fall war –, dauerte diese nur etwa drei Monate; vor dem Krieg war ein Jahr üblich gewesen.[11] Die Beobachtung eines Inspekteurs, daß fast sechs Monate nach Aufstellung dieser Einheiten ein Drittel der Reservisten der Polizeibataillone 65 und 67 unzureichend ausgebildet seien,[12] bestätigten auch Angehörige der Polizeibataillone selbst.

Während der Ausbildungszeit wurden gewöhnlich nur zwei Stunden wöchentlich der ideologischen Schulung gewidmet. Dabei wurde jede Woche eine andere, in einem weltanschaulichen Rahmenplan festgelegte Frage behandelt, darunter viele der nationalsozialistischen Standardthemen – der Friedensvertrag von Versailles, der Blut- und Rachegedanke, die Führerideologie –, allerdings reichte die Zeit nicht dafür aus, in die Tiefe zu gehen.[13] Diese oberflächliche ideologische Erziehung, die die neu Eingezogenen gerade einmal mit den weltanschaulichen Grundlagen des Nationalsozialismus vertraut machte, konnte wohl kaum mehr bewirken als ein paar Reden Hitlers – und die hatten diese Männer sicherlich schon gehört. Während der intensiven und ermüdenden Ausbildungswochen waren die wenigen Schulungsstunden eher Ruhepausen denn wirksame Indoktrinationsveranstaltungen.[14]

Während des Krieges sollte die ideologische Schulung fortgesetzt werden, täglich, wöchentlich und monatlich waren dafür Stunden vorgesehen. Die »tägliche Schulung«, die wenigstens jeden zweiten Tag stattfinden sollte, informierte die Männer über politische und militärische Entwicklungen. Wöchentlich sollte die Parteiarbeit und die Charakterbildung, einmal im Monat ein besonderes, in Himmlers Behörde festgelegtes Thema eingehender behandelt werden, meist eine Frage von aktueller weltanschaulicher Bedeutung. Dies alles mag zunächst auf eine beträchtliche ideologische Beeinflussung schließen lassen, dennoch blieb – selbst wenn die Anweisungen vollständig durchgeführt wurden – allwöchentlich nur wenig Zeit übrig, so daß die Wirkung auf die Männer begrenzt war. Die Tagesschulungen sollten lediglich die aktuellen Nachrichten vermitteln und interpretieren, die sich vornehmlich auf militärische Ereignisse beschränkten. Die Wochenschulungen sollten so durchgeführt werden, daß die »erzieherischen Ziele« des Nationalsozialismus klar dargestellt wurden. Drei Arten der Präsentation galten dabei als angemessen:

1. ein kurzer Vortrag über Kriegserfahrungen oder die Taten von Männern der Ordnungspolizei;

2. Lesung aus einem geeigneten Buch, etwa aus dem Werk *Pflichten des deutschen Soldaten;*

3. Verwendung von Ausbildungsmaterial der SS.

Der Eindruck der Beiläufigkeit, den diese Art des Unterrichts erweckt, und daher auch der Zweifel an seiner Wirkung verstärkt sich angesichts des in den Anweisungen ausgesprochenen Hinweises, die Ausbildungsstunden benötigten keinerlei besondere Vorbereitung. Darüber hinaus wurden all diese Stunden von pädagogisch inkompetenten Offizieren der Polizeibataillone selbst und nicht von speziell ausgebildeten Schulungsoffizieren erteilt. Die wöchentlichen Schulungen, das wichtigste Instrument der ständigen ideologischen Indoktrination, sollten nicht länger als dreißig bis fünfundvierzig Minuten dauern; dabei sei alles zu unterlassen, »was die Konzentration oder seelische Aufnahmefähigkeit stört oder erschwert«.[15]

Die Ordnungspolizei insgesamt und insbesondere die Reservepolizei waren also keine Eliteeinheiten. Ihre Angehörigen waren meist zu alt für den regulären Militärdienst; die Ausbildung war unzureichend. Ein großer Teil dieser Polizeiangehörigen hatte den eindeutig militärischen Dienst – ob in der SS oder der Wehrmacht – umgangen. Dies weist sicherlich nicht auf eine besondere Neigung zu militärischer Disziplin und zu solidarischem Tun, einschließlich des Tötens, hin. Unter ihnen befanden sich mit hoher Wahrscheinlichkeit viele Familienväter, also ganz andere Männer als die achtzehnjährigen Jugendlichen ohne Lebenserfahrung, die sich leicht den Forderungen einer Armee unterordnen. Ihnen fehlte die jugendliche Unbekümmertheit, sie waren erwachsene und selbständig denkende Menschen. In Anbetracht ihres Alters, der Familiensituation und ihrer geistigen Voraussetzungen war die Ordnungspolizei und insbesondere die Polizeireserve eher aus Männern zusammengesetzt, die persönlich relativ unabhängig von den Normvorstellungen im nationalsozialistischen Deutschland waren.

Die Ordnungspolizei war also keine nationalsozialistische, von den Vorstellungen des Regimes geprägte Institution. Ihre Offiziere waren nach den deutschen Maßstäben jener Zeit nicht besonders nazifiziert, und die regulären Mannschaften waren es noch viel weniger. Die Führung bemühte sich kaum darum, ihre Reihen mit überzeugten Nationalsozialisten aufzufüllen. Nur bei der Beförderung von Offizieren wurde auf »Parteitreue« geachtet, doch im täglichen Dienst spielte die weltanschauliche Haltung fast keine Rolle.[16] Die Truppe überprüfte ihre neuen Angehörigen nicht auf ihre ideologische Einstellung hin; die dürftige weltanschauliche Schulung wird bei niemandem eine nationalsozialistische Einstellung merklich verstärkt, geschweige denn Zweifler überzeugt haben. Verglichen mit der täglichen ideologischen Indoktrination der deutschen Bevölkerung war diese in den Polizeibataillonen eher gering. Die in die Bataillone Aufgenommenen waren keineswegs ideale Polizisten, und sie waren als Gruppe, wenn überhaupt, weniger stark ideologisiert als der Durchschnitt der deutschen Gesellschaft. Die Ordnungspolizei bestand also weder aus kriegslüsternen Soldaten noch aus nationalsozialistischen Übermenschen; hier wurden keine Vollstrecker für einen Völkermord herangezüchtet. Und doch sollte das NS-Regime gerade diese Einheiten bald mit Mordeinsätzen beauftragen und dann bestätigt sehen, daß gewöhnliche Deutsche, die kaum mehr als die in Deutschland kulturell gängigen Auffassungen als ideologisches Rüstzeug erhalten hatten, sich leicht zu Handlangern des Völkermords machen ließen.

Unsere Kenntnis von den Handlungen der Polizeibataillone im Krieg ist bruchstückhaft und einseitig. Dennoch ist ein Überblick über die Tätigkeit der Polizeibataillone in den besetzten Gebieten unverzichtbar.[17] Administrativ unterstanden sie dem Höheren SS- und Polizeiführer (HSSPF) der Region, in der sie operierten. Der HSSPF war für alle SS-, Polizei- und Sicherheitskräfte – mit Ausnahme der Wehrmachteinheiten – zuständig, die innerhalb seines Gebietes tätig waren.[18] Befehle zur Anordnung von *Mordeinsätzen* wurden fast immer mündlich – persönlich oder telefonisch – weitergegeben. Je nach Art der »Aktion« und je nachdem, welche Institutionen noch daran beteiligt waren, waren die Offiziere und Mannschaften der Polizeibataillone bei der Durchführung ihrer Befehle mal mehr, mal weniger autonom. Grundsätzlich führte ein Polizeibataillon Operationen aller Art durch, manchmal in Bataillons-, ein anderes Mal nur in Kompaniestärke; gelegentlich wurden auch nur wenige Männer eingesetzt. Da ein Bataillon in erster Linie polizeiliche Aufgaben zu erfüllen hatte und die Ordnung in einem zugewiesenen – oft feindlichen – Gebiet aufrechterhalten mußte, war es normalerweise in einer Stadt kaserniert. Die Kompanien konnten auch getrennt voneinander in verschiedenen Städten einer Region stationiert sein, die dann als Ausgangspunkt für Vorstöße in die Umgebung dienten. Die Männer der Polizeibataillone gingen entweder selbständig oder in Verbindung mit Kräften anderer Einheiten vor, darunter Wehrmacht, Einsatzkommandos, SD, KZ-Wachpersonal, Gendarmerie und deutsche Zivilverwaltung – kurz, mit fast allen Teilen des deutschen Verwaltungs- und Sicherheitsapparates in den besetzten Gebieten. Wenngleich Polizeibataillone für längere Zeit an einem Standort verbleiben konnten, so waren sie doch vor allem in Osteuropa ständig in Bewegung, da die deutsche Polizeitruppe generell unter Personalmangel litt. Wurden an einem bestimmten Ort zusätzliche Kräfte benötigt, schickte man Angehörige eines in der Nähe stationierten Bataillons zur Verstärkung dorthin.

Die Bataillone wurden dabei mit den unterschiedlichsten Aufgaben betraut; den größten Teil ihrer Zeit waren dies Tätigkeiten, die mit dem Völkermord nichts zu tun hatten: gewöhnliche Polizeiaufgaben, Sicherung von Anlagen und Gebäuden, die sogenannte Partisanenbekämpfung. Einige waren sogar Seite an Seite mit der Wehrmacht im Fronteinsatz. Doch sie trieben auch Menschen zusammen, deportierten sie zur Zwangsumsiedlung, zur Zwangsarbeit nach Deutsch-

224

land oder zu irgendeinem Lager, oftmals einem Vernichtungslager. Und immer wieder töteten sie kaltblütig – häufig massenhaft.

Welche Aufträge auch immer zu erfüllen waren – die Angehörigen der Polizeibataillone verfügten über viel Freizeit. Obwohl wenig darüber bekannt ist, darf dieser Aspekt ihres Lebens nicht ignoriert werden. Denn wenn wir sie und ihre Verbrechen verstehen wollen, müssen wir die ganze Lebenswelt dieser Menschen kennenlernen und dürfen sie nicht losgelöst von ihren sozialen Beziehungen betrachten, weil wir sie so zu Zerrbildern ihrer selbst machen. Diese Männer handelten weder isoliert noch waren es unterdrückte Individuen. Auch im Feld gingen sie in die Kirche und ins Kino, veranstalteten Sportwettkämpfe, sie genossen ihren Urlaub und schrieben Briefe in die Heimat. Sie amüsierten sich in Bars und Kneipen, tranken, sangen, hatten ein Liebesleben und unterhielten sich miteinander. Wie alle anderen Menschen werden auch sie sich über ihr Leben und ihr Tun Gedanken gemacht haben. Wie alle Angehörigen von Militär- oder Polizeieinheiten sprachen sie miteinander – in Gruppen, im kleinen Kreis und von Mann zu Mann. Dabei werden sie aktuelle Themen ebenso berührt haben wie den Krieg und ihre mörderische »Arbeit«. Es war ihnen bewußt, daß ihre Taten diese historische Epoche, ihr Land, ihr Regime und ihr Leben prägen sollten – gleichgültig, ob sie den Krieg gewinnen oder verlieren würden. Sie töteten im Dienst des Völkermords und führten zugleich in den Polizeibataillonen ein relativ zwangloses und oft unbekümmertes Leben.

Die Beteiligung der Polizeibataillone an den großangelegten Mordeinsätzen im Rahmen des Völkermords begann mit dem deutschen Überfall auf die Sowjetunion am 22. Juni 1941. Die in Polen von einigen Polizeibataillonen bereits früher durchgeführten Massenhinrichtungen waren noch unsystematisch und nicht Teil eines geplanten Genozids gewesen. Nun füllten die Männer des Polizeibataillons 9 drei der vier Einsatzgruppen auf, jener deutschen Mordinstitutionen, die die Massenvernichtung der Juden in der Sowjetunion hauptsächlich vorantrieben. Jeder dieser Einsatzgruppen wurde jeweils eine Kompanie des Polizeibataillons 9 zugeordnet, die dann weiter auf die verschiedenen Einsatz- und Sonderkommandos verteilt wurde, so daß die Polizeitruppe in einem hundert bis hundertfünfzig Mann starken Kommando jeweils dreißig bis vierzig Mann stellte. Im Dezember 1941 wurde das Polizeibataillon 9 abgezogen und durch das Polizeibataillon 3 ersetzt. Die Männer beider Bataillone unterstanden bei ihren Operationen den Einsatzgruppen, von denen sie sich in ihren Aufgaben und Handlungsweisen kaum unterschieden.[19] Die Einsatzgruppen ermordeten in den eroberten sowjetischen Gebieten mehr als eine

Million Juden. Die Polizeibataillone, die größtenteils aus Reservisten bestanden, trugen maßgeblich dazu bei.

Nicht nur die beiden den Einsatzgruppen zugeteilten Bataillone brachten Juden in der Sowjetunion um. Auch andere Polizeibataillone töteten Zehntausende von Juden, teilweise in Zusammenarbeit mit Einheiten der Einsatzgruppen, teilweise allein. Die drei Bataillone des Polizeiregiments 10 (die Polizeibataillone 45, 303 und 314) und des Polizeiregiments 11 (die Polizeibataillone 304, 315 und 320) operierten alle unter dem Befehl des HSSPF Rußland-Süd und waren an der Vernichtung der ukrainischen Juden beteiligt.[20] Die drei Bataillone des Polizeiregiments Rußland-Mitte (die Polizeibataillone 307, 316 und 322) zogen eine breite blutige Spur der Zerstörung durch Weißrußland.[21]

Einer der ersten grausamen Mordeinsätze gegen die sowjetischen Juden wurde jedoch von einem anderen Polizeibataillon, dem Bataillon 309, durchgeführt. Es richtete wenige Tage nach Beginn des »Unternehmens Barbarossa« in der Stadt Białystok ein ungeheures Blutbad an, das hohe symbolische Bedeutung gewinnen sollte.

Die Offiziere und Mannschaften wenigstens einer Kompanie des Bataillons 309 wußten bereits von dem Augenblick an, da sie die sowjetische Grenze überschritten, welche Rolle sie bei der geplanten Vernichtung der sowjetischen Juden spielen sollten.[22] Nach dem Einmarsch in Białystok am 27. Juni 1941, das die Deutschen wie viele andere Städte kampflos erobert hatten, befahl der Bataillonskommandeur, Major Ernst Weis, seinen Männern, das jüdische Viertel zu »durchkämmen« und alle männlichen Bewohner zusammenzutreiben. Obwohl diese Operation letztlich dazu diente, die Juden umzubringen, gab es zu diesem Zeitpunkt über die Art, in der dies zu geschehen habe, noch keinerlei Anweisungen. Das gesamte Bataillon nahm an der Razzia teil, die mit großer Brutalität durchgeführt wurde. Diese Deutschen konnten endlich ohne jede Zurückhaltung über die Juden herfallen. Ein Jude erinnert sich: »Die Einheit war kaum in die Stadt motorisiert eingerückt, als die Soldaten ausschwärmten und überall in der Stadt ohne jeden vernünftigen Anlaß eine große Schießerei veranstalteten, offensichtlich auch, um die Leute zu ängstigen. Es war eine ganz furchtbare Schießerei. Man schoß sogar in die Häuser und Fenster blindlings hinein, ohne Rücksicht darauf, ob dort jemand stand. Die Schießerei ging den ganzen Tag über.«[23]

Die Männer des Bataillons brachen in die Wohnungen von Menschen ein, die sich nicht einmal ansatzweise gewehrt hatten, schleppten sie hinaus, traten sie, schlugen sie mit ihren Gewehrkolben und schossen sie nieder. Die Straßen waren anschließend mit Leichen übersät.[24] Diese individuell aus eigenem Antrieb begangenen Grausamkeiten und Morde waren unverhältnismäßig und unnötig. Warum kam es also dazu? Die Deutschen selbst schweigen in ihren Aussagen nach dem Krieg zu diesem Punkt. Doch einige Ereignisse sind hier erhellend. Während der Razzia öffnete ein namentlich nicht bekannter Jude seine Tür nur einen Spalt weit, um die sich entwickelnde gefährliche Szene zu beobachten. Ein Leutnant des Bataillons bemerkte den Türschlitz, ergriff die Gelegenheit und erschoß den Juden durch die schmale Öffnung.[25] Um seine Pflicht zu erfüllen, hätte es genügt, den Juden zum Sammelplatz zu bringen. Und dennoch erschoß er ihn. Man kann sich kaum vorstellen, daß dieser Deutsche moralische Bedenken verspürte, als sein Opfer nach dem gezielten Schuß zusammenbrach.

Eine andere Szene: Einige Bataillonsangehörige zwangen alte jüdische Männer dazu, vor ihnen zu tanzen. Dieser Anblick bereitete ihnen offenbar Vergnügen, zusätzlich machten sie sich auch noch über die Juden lustig, verunglimpften sie und versicherten sich so ihrer Herrenrolle. Das galt um so mehr, als die ausgewählten Opfer älter waren als die deutschen Männer und ihnen eigentlich Respekt und Achtung zugestanden hätten. Zu ihrem Unglück tanzten die Juden nicht flott genug, so daß die Deutschen ihnen die Bärte anzündeten.[26]

An anderer Stelle, in der Nähe des Judenviertels, fielen zwei verzweifelte Juden vor einem deutschen General auf die Knie und baten um seinen Schutz. Ein Mitglied des Polizeibataillons 309, das diese flehentliche Bitte beobachtete, hielt es für nötig, dies auf seine Weise zu kommentieren: Der Mann öffnete seine Hose und urinierte auf die Knienden. Unter den Deutschen herrschte eine antisemitische Atmosphäre und Praxis, die es ihm erlaubte, sich auf schamlose Weise vor einem General zu entblößen, um auf diese unübertreffliche Art in aller Öffentlichkeit seine Verachtung zu zeigen. Er hatte für seine Verletzung militärischer Disziplin und Etikette keineswegs Bestrafung zu befürchten; weder der General noch sonst jemand versuchte, ihn von seinem Tun abzuhalten.[27]

Und da sind andere aufschlußreiche Einzelheiten: So durchsuchten die Deutschen ein Krankenhaus nach jüdischen Patienten, um diese zu töten. Damit bewiesen sie Begeisterung und Hingabe an ihre Aufgabe, denn sie versuchten Menschen niederzumetzeln, die ganz offensichtlich keine Gefahr darstellten. Es ging ihnen nicht darum, alle Gegner Deutschlands zu töten, sondern ausschließlich um die Ausrottung des in ihrer Einbildung existierenden jüdischen Erzfeindes. Für die verwundeten usbekischen Sowjetsoldaten, die im selben Krankenhaus lagen, interessierten sie sich nicht. Sie wollten allein jüdisches Blut vergießen.[28]

227

Auf dem Marktplatz in der Nähe der jüdischen Wohnviertel trieben die Männer des Polizeibataillons 309 die Juden zusammen. Im Laufe des Nachmittags erschien ein Wehrmachtsoffizier, der sich über das unkontrollierte Töten von unbewaffneten Zivilisten empörte und sich heftig mit dem Hauptmann stritt, der die erste Kompanie befehligte. Dieser weigerte sich, dem Befehl des Offiziers, die Juden freizulassen, Folge zu leisten, da der Wehrmachtsoffizier über ihn und seine Männer keine Befehlsgewalt besitze. Der Hauptmann hatte seine Befehle und war entschlossen, sie auszuführen.[29] Auf nahe gelegenen Grundstücken begannen die Deutschen mit der Erschießung Hunderter von Juden.[30] Doch das Töten ging ihnen zu langsam vonstatten. Die Angehörigen des Bataillons hatten die Juden schneller zu den Sammelpunkten auf dem Marktplatz und vor der Hauptsynagoge der Stadt geschleppt, als sie die Menschen erschießen konnten. Die Sammelplätze waren rasch überfüllt; auf der Stelle mußte eine andere »Lösung« improvisiert werden.

Die Deutschen, die ja keine präzisen Anweisungen besaßen, handelten nun – wie so oft während des Holocaust – auf eigene Initiative. Die Hauptsynagoge von Białystok, die größte in Polen, war ein beeindruckender, von einer Kuppel bekrönter quadratischer Steinbau, ein hochaufragendes Symbol jüdischen Lebens. Die Deutschen kamen auf die Idee, die Juden gemeinsam mit ihrer spirituellen und symbolischen Heimat zu vernichten, eine »Lösung«, die ihrem antisemitisch geprägten Denken naheliegend erschien.[31] Das Niederbrennen von Synagogen war bereits, besonders während der Reichspogromnacht, zum Leitmotiv antisemitischen Handelns geworden, und da es sich einmal durchgesetzt hatte, diente es nun erneut als Handlungsanweisung. Die Umwandlung eines Gotteshauses in ein Leichenhaus markierte den symbolischen Beginn eines Feldzugs, von dem diese Männer wußten, daß er mit der Vernichtung der Juden enden sollte.

Die Angehörigen der ersten und der dritten Kompanie des Polizeibataillons 309 trieben ihre Opfer in die Synagoge, wobei die weniger folgsamen von den Deutschen zur »Ermunterung« ausgeteilte Knüppelschläge ertragen mußten. Die Deutschen drängten die Menschen in die riesige Synagoge, bis niemand mehr hineinpaßte. Die verängstigten Juden begannen, religiöse Lieder zu singen und laut zu beten. Die Deutschen verteilten Benzin rund um das Gebäude, und einer warf einen Sprengkörper durch ein Fenster, um das Feuer des Holocaust zu entzünden. Die Gebete der Juden gingen in Schreie über. Ein Mitglied des Bataillons beschrieb später, was er dann beobachtete: »Ich habe … Qualm gesehen, der aus der Synagoge herauskam, und hörte, wie dort eingesperrte Menschen laut um Hilfe riefen. Ich war etwa 70 Meter von der Synagoge entfernt. Ich konnte das Gebäude sehen und bemerkte, daß Menschen versuchten, aus dem Inneren durch die Fenster zu entkommen. Man hat darauf geschossen. Um die Synagoge herum standen Polizeiangehörige, die dort offensichtlich absperren sollten, damit keiner herauskam.«[32]

Hundert bis hundertfünfzig Männer des Bataillons riegelten die brennende Synagoge ab, so daß keiner der eingeschlossenen Juden dem Inferno entkommen konnte. Sie schauten zu und hörten die Verzweiflungsschreie von mehr als siebenhundert Menschen, die einen schrecklichen und qualvollen Tod starben. Die meisten der Opfer waren Männer, aber auch Frauen und Kinder befanden sich darunter.[33] Einige der Juden im Inneren des Gebäudes entgingen dem Feuertod, indem sie sich die Pulsadern aufschnitten oder sich erhängten. Mindestens sechs Juden rannten aus der Synagoge, ihre Körper und Kleidung in Flammen. Die Deutschen schossen jeden einzelnen nieder, um dann zu beobachten, wie diese menschlichen Fackeln ausbrannten.[34] Mit welchen Gefühlen betrachteten die Männer des Polizeibataillons 309 diesen Scheiterhaufen, der im Namen des exterminatorischen Credos entzündet worden war? Einer von ihnen rief: »Laß mal brennen, das ist ein schönes Feuerlein, das macht Spaß.« Ein anderer meinte: »Herrlich, die ganze Stadt müßte abbrennen!«[35]

Die Angehörigen dieses Polizeibataillons, von denen viele nicht einmal Berufspolizisten waren, hatten sich für diese Truppe entschieden, um dem regulären Militärdienst zu entgehen.[36] Nun aber wurden sie plötzlich zu »Weltanschauungskriegern«, die an jenem Tag zwischen 2 000 und 2 200 jüdische Männer, Frauen und Kinder umbrachten.[37] Die Art, wie sie die Juden zusammentrieben, die willkürlichen Schläge und Tötungen, die Verwandlung der Straßen von Białystok in blut- und leichenbedeckte Wege, und die von ihnen improvisierte »Lösung« ihrer Aufgabe in Form einer reinigenden Feuersbrunst sind in der Tat Handlungen von Weltanschauungskriegern oder genauer: von antisemitischen Kriegern. Sie führten einen Befehl aus, gingen sogar schärfer vor als verlangt, handelten ohne Abscheu und Zögern, vielmehr mit offen zur Schau gestelltem Genuß und im Exzeß. Der Major hatte befohlen, die jüdischen Männer zusammenzutreiben, doch wohl wissend, daß Hitler alle sowjetischen Juden zur totalen Vernichtung bestimmt hatte, erweiterten die Bataillonsangehörigen den Befehl eigenmächtig und töteten auch Frauen und Kinder. Diese Deutschen begingen ihre Morde und Brutalitäten vorsätzlich, sie gingen über ihre ausdrücklichen Befehle hinaus. Dabei handelten sie im Sinne des allgemeineren Befehls und dem Geist ihrer Zeit entsprechend. Was die Männer des Polizeibataillons 309 in Białystok taten, kann als symbolischer Auftakt des befohlenen Völkermords betrachtet werden. Sie waren »gewöhnliche« Deutsche, und als sie Deutschlands »Todfeind« gegenüberstanden, als es in ihrer Hand lag, wie sie mit den Juden umgingen, da schickten sie, mit staatlicher Billigung, viele ihrer Opfer in einen unnötig grausamen Tod durch Verbrennen bei lebendigem Leibe.

Das in Recklinghausen größtenteils aus Reservisten zusammengestellte Polizeibataillon 65 war als mobile Einheit ebenfalls in die Anfänge des Völkermords verwickelt.[38] Diese Formation hatte im Westen Dienst getan, bevor sie am 26. Mai 1941 in Heilsberg, Ostpreußen, stationiert wurde, das die Truppe als Basis für den Einsatz im Rußlandfeldzug nutzte. Am 22. Juni marschierte das Bataillon gemeinsam mit der 285. Sicherungsdivision über Tilsit ins Baltikum. Seine Aufgabe bestand darin, versprengte Sowjetsoldaten aufzugreifen und die Gebiete im Rücken der vorstoßenden deutschen Truppen zu sichern. Am 26. Juni bezogen die erste und die zweite Kompanie des Bataillons in Kowno Quartier, während die dritte Kompanie in Šiauliai stationiert wurde. Noch bevor es tiefer in sowjetisches Gebiet eindrang, bestand das Bataillon seine »Feuerprobe« im Genozid.

Kowno wurde zum Schauplatz eines unglaublichen Massakers an den Juden, das sich offen vor den Augen der Deutschen und Litauer abspielte. Der erste Überfall auf die nichtsahnende, unbewaffnete und offensichtlich ungefährliche jüdische Gemeinschaft geschah unmittelbar nach dem Einmarsch der Wehrmacht in Kowno, die der fliehenden Roten Armee nachsetzte. Von den Deutschen unterstützt und ermutigt, metzelten die Litauer in den Straßen der Stadt in einer rasenden Orgie 3 800 Juden nieder – mit Knüppeln, Messern und Gewehren. Neben vielen anderen Deutschen zählten auch zwei Kompanien des Polizeibataillons 65 zu den Zuschauern. In der ersten Juliwoche erschossen litauische Einheiten, die unter deutschem Befehl standen, in dieser Stadt weitere 3 000 Juden. Die Morde, gleichgültig ob unkontrolliert oder systematisch, boten ein Schauspiel, das die Zuschauer mit einem ähnlichen »Spaß« verfolgten wie einst das Publikum die antiken Gladiatorenkämpfe.[39] Angehörige des Polizeibataillons 65 haben über die Massaker von Kowno berichtet, darunter über litauische »Handarbeit« an einem Sonntag, »als wir auf einer Anhöhe standen und auf einem tiefer gelegenen Platz in der Nähe der Zitadelle etwa hundert Menschen (Männer und Frauen) durch MG- und Karabiner-Feuer getötet wurden. Die Durchführung erfolgte durch Litauer, die zum Teil sehr stark angetrunken waren.«[40] Während einige Männer der ersten und zweiten Kompanie noch eine Zeitlang warten mußten, bis sie selbst in die Tat umsetzten, was sie bis dahin nur beobachteten, waren andere bereits an diesen Ermordungen beteiligt, indem sie das Gebiet rund um die Zitadelle, wo die Litauer die

Juden erschossen, absperrten.[41] Die dritte Kompanie wurde nicht so allmählich an die Realität des Genozids herangeführt.

In Šiauliai, einer mittelgroßen litauischen Stadt, etwa hundertzwanzig Kilometer nördlich von Kowno und Umgebung, verübte die dritte Kompanie wiederholt Massaker. Schon Ende Juni 1941, in der Anfangsphase des deutschen Vernichtungsfeldzuges gegen die sowjetischen Juden, begannen die Polizisten dort mit Massenhinrichtungen, denen wahrscheinlich auch Frauen zum Opfer fielen. Die Details dieser Tötungen sind bis heute ungeklärt, die Grundzüge jedoch sind deutlich.[42] Die Männer der dritten Kompanie oder zumindest einige von ihnen trieben die Juden aus ihren Häusern.[43] Dann transportierten sie sie auf Lastwagen in nahe gelegene Wälder und erschossen sie.

Bereits in diesem Anfangsstadium des Genozids zeigte sich ein Impuls, der zur – wenn auch nicht eisernen – Regel werden sollte: Die Ausrottung der »Todfeinde Deutschlands«, obgleich sie als zwingend notwendig galt, wurde von jenen Deutschen durchgeführt, die daran teilnehmen *wollten,* wie ein Reservist bestätigt: »Ich kann mich noch mit Sicherheit daran erinnern, daß unser Spieß S. zwei- oder dreimal (2mal mit Sicherheit) Erschießungskommandos zusammenstellte. Ich möchte von mir aus sagen, ... daß diese Art von Kommandos nur [Hervorhebung im Original] aus Freiwilligen bestanden.«[44] Die Massenerschießungen auf kurze Distanz waren so entsetzlich, daß selbst einige der freiwilligen Mörder sie zunächst als physisch abstoßend empfanden. So soll ein Reservist nach der Rückkehr von einem Mordeinsatz erschüttert bemerkt haben: »Das habe ich einmal mitgemacht, nie wieder, ich kann jetzt drei Tage nichts essen.«[45]

Wie auch immer die Eingeweide der Täter auf diese Schlächtereien reagiert haben mögen, die Tötungen gingen weiter. Wenige Tage nach Ankunft der dritten Kompanie in Šiauliai verkündeten dort Plakate: »Diese Stadt ist judenfrei!«[46] Ähnlich triumphierende Erklärungen tauchten nach dem Einmarsch der Deutschen in vielen sowjetischen Städten auf.

Im Sommer und Herbst 1941 wirkten die drei Kompanien des Polizeibataillons 65 überall im Baltikum an der Ausrottung der Juden mit; teils brachten sie die Juden selber um, teils überließen sie dies anderen Einheiten, während sie die Razzien, die Bewachung oder den Transport der Opfer übernahmen. Dabei setzten sich die Mordkommandos nicht ausschließlich aus Freiwilligen zusammen. Es deutet allerdings nichts darauf hin, daß jemand gegen seinen Willen töten oder daß der Befehlsgehorsam zwangsweise durchgesetzt werden mußte.[47] Bei ihrem Vorstoß in nordöstlicher Richtung in die Sowjetunion mordete das Bataillon in Raseiniai, in Pskow und an vielen anderen Orten, über die keine detaillierten Berichte existieren.[48] Zusammenfassend bemerkte ein Reservist über die Tätigkeit des Bataillons in jenem Herbst: »Ähnliche Erschießungsaktionen haben sich laufend auf unserem ganzen Vormarsch bis Luga wiederholt.«[49] Der Umfang der Tötungen verwischte die Erinnerung der Deutschen an einzelne Massaker.

Im September bezog das Polizeibataillon 65 in Luga, hundertzwanzig Kilometer südlich von Leningrad, Winterquartier. Vier Monate lang beschäftigte es sich mit der Sicherung von Anlagen und der Partisanenbekämpfung in Luga und Umgebung. Es beteiligte sich auch an der Bewachung eines Kriegsgefangenenlagers mit sowjetischen Soldaten. Dennoch blieben die Männer ihrem neuen Leben treu und nahmen an mindestens einem Massaker an jüdischen Männern, Frauen und Kindern sowie an der Ermordung all derjenigen sowjetischen Gefangenen teil, die man als Juden identifiziert hatte.[50]

Die Deutschen setzten sowjetische Gefangene auch für ihre eigenen Zwecke ein und ließen sie in ihren Unterkünften niedere Arbeiten in Werkstätten und Küchen verrichten.[51] Regelmäßig mißhandelten sie jüdische Gefangene; wenn sie entdeckten, daß ein Hausbursche Jude oder »Sowjetkommissar« war, erschossen sie ihn. Bis zum Einmarsch in Luga hatten die Männer des Polizeibataillons 65 oder wenigstens einige von ihnen die vermeintliche Notwendigkeit, Juden zu töten, regelrecht verinnerlicht. Es erschien ihnen selbstverständlich, daß sich Juden grundsätzlich von anderen Sowjetbürgern unterschieden, daß sich dieser Gegensatz nicht nur in Handlungen oder Charakterzügen zeigte, sondern auf ihrer »Rasse« beruhte, auf der simplen Tatsache also, daß jemand jüdische Eltern und jüdisches Blut hatte. Während ihrer Einquartierung in Luga töteten die Männer des Bataillons auch Juden, die sie durchaus hätten verschonen können. Einer der Mörder berichtet sogar, daß man ihn allein mit einem Juden in den Wald schickte. Er war dabei vollkommen unbeaufsichtigt und hätte sein Opfer ohne weiteres entfliehen lassen können, wäre er gegen den rassistischen Vernichtungskrieg gewesen. Er aber erschoß den Juden.[52] Genauso wäre es für die Deutschen ein leichtes gewesen, die Tatsache, daß ein Bursche jüdisch war, einfach zu übersehen. In der Privatsphäre ihrer Quartiere zwang sie nichts und niemand dazu, dies festzustellen. Doch sie bemerkten es regelmäßig. Einer der Juden wurde von den Männern des Bataillons 65 nicht nur mißhandelt, man machte sich auch über ihn lustig und entwürdigte ihn, indem sie ihn zwangen, mit einem ausgestopften Bären zu tanzen, den sie in ihrem Quartier gefunden hatten. Erst danach erschossen sie den Mann.[53]

Diese Deutschen behandelten die Juden so, wie es ihren inneren Maßstäben entsprach, die sie so oder so anwenden konnten: Man hatte ihnen das Recht eingeräumt, eigenmächtig über Leben und Tod zu entscheiden. Für die Angehörigen des Polizeibataillons 65 war die Ausrottung aller Juden (und Sowjetkommissare) zur Selbstverständlichkeit geworden. Sie brauchten weder eine Aufforderung noch eine Erlaubnis, jeden Juden zu töten, dessen sie habhaft werden konnten.[54] Das Maß an Autonomie ist bemerkenswert, da militärische und politische Hierarchien es normalerweise vermeiden, solche Entscheidungen, die gewöhnlich Offizieren vorbehalten sind, einfachen Untergebenen zu überlassen. Doch in bezug auf Juden waren die üblichen Regeln außer Kraft gesetzt. Jeder Deutsche war Ankläger, Richter und Henker in einer Person.

Wichtiger noch als ihre Beteiligung an der Vernichtung der sowjetischen Juden war der Beitrag der Polizeibataillone zum Erfolg der »Aktion Reinhard«, der Ausrottung der Juden im von den Deutschen besetzten Teil Polens, dem sogenannten Generalgouvernement.[55] In weniger als zwei Jahren, zwischen März 1942 und November 1943, ermordeten deutsche Einheiten dort etwa zwei Millionen polnische Juden; die meisten von ihnen in den Gaskammern von Treblinka, Belzec und Sobibor – eigens gebaut, um diese Menschenmassen umzubringen. Doch viele Tausende erreichten diese Lager nie, weil man auf ihren Transport dorthin verzichtete und sie gleich in der Nähe ihrer Wohnorte tötete. Und gleichgültig, ob die Juden nun mit der Eisenbahn in die Todeslager deportiert oder am Rande der Städte erschossen wurden – in jedem Fall mußten die Deutschen umfangreiche Personalreserven mobilisieren, um die Juden zu sammeln und sie dem ihnen bestimmten Ende zuzuführen: dem Boden eines Erdlochs oder dem Ofen eines Krematoriums. Verschiedene Einheiten der Ordnungspolizei, an der Spitze die Polizeibataillone, stellten dafür Männer zur Verfügung.[56]

Betrachtet man die Tätigkeit der Ordnungspolizei in einem der fünf Distrikte des Generalgouvernements in Lublin und insbesondere die der Polizeibataillone, so sieht man, wie die verschiedenen Institutionen zusammenwirkend am Genozid beteiligt waren.

Die Einheiten der Ordnungspolizei im Distrikt Lublin standen unter dem Befehl des Kommandeurs der Ordnungspolizei in Lublin (KdO Lublin). Sie lassen sich in drei Kategorien unterteilen: erstens den Regimentsstab und die ihm direkt zugeordneten Polizeieinheiten, zweitens die drei Bataillone 65, 67 und 101, die das Polizeiregiment 25 bildeten, dann das Polizeibataillon 41 und das Polizeibataillon 316, sowie zwei weitere mobile Einheiten in Bataillonsstärke, die Polizeireiterabteilung III und das motorisierte Gendarmeriebataillon.

Die beiden Letztgenannten erledigten ähnliche Aufgaben wie die Polizeibataillone und waren in Mitgliedschaft, Zusammensetzung und Funktion mit diesen vergleichbar. Auch sie trugen zum Tod von Zehntausenden von Juden bei. Daher sollen sie in der folgenden Untersuchung als Polizeibataillone betrachtet werden. Überdies gab es mobile Hilfsverbände, sogenannte Schutzmannschaftsbataillone, die aus Freiwilligen der besetzten Länder – in diesem Falle aus Osteuropa – zusammengestellt waren. Auch sie unterstanden dem KdO Lublin. Die dritte Kategorie bildeten die Gendarmerie und die uniformierte Polizei, wobei es sich um stationierte Polizeieinheiten handelte, die bestimmten Städten und Einrichtungen als Garnison und für Bewachungsaufgaben zugeteilt waren.[57]

Wie für manche deutschen Institutionen während der NS-Zeit typisch, gab es auch in den Einheiten der Ordnungspolizei im Distrikt Lublin keine einheitliche Kommandostruktur.[58] Dies und die Tatsache, daß Mordbefehle mündlich und nicht schriftlich erfolgten, erschwert die Feststellung, wie und von wem die Einheiten der Ordnungspolizei die Befehle für die verschiedenen Mordeinsätze erhielten. In den Einheiten der Ordnungspolizei und insbesondere in den Polizeibataillonen gab es zwei Befehle im Zusammenhang des Völkermords: diejenigen Anweisungen, die Deportationen oder Massenerschießungen in einer bestimmten Stadt und an einem festgelegten Tag anordneten, hatten die höchste Zahl an Opfern zur Folge. So erinnert sich eine frühere Schreibkraft aus dem Stab des KdO Lublin: »Es wurde ein Tag bezeichnet, an dem die jüdische Bevölkerung eines bestimmten Ortes ausgesiedelt werden sollte. Mit der Durchführung wurde ein bestimmtes Btl. beauftragt … Ferner stand in den Befehlen, daß bei Flucht oder Widerstand sofort von der Waffe Gebrauch zu machen ist.«[59] Daneben verlangte ein allgemein gehaltener Schießbefehl, alle Juden, die außerhalb von Ghettos und Lagern, etwa auf Landstraßen, in Wäldern sowie in Verstecken in Häusern und Bauernhöfen angetroffen wurden, zu erschießen – eine Anordnung, die die Juden, Erwachsene und Kinder, vogelfrei machte. Dieser Befehl vermittelte den Männern der Ordnungspolizei unmißverständlich, daß kein Jude in Freiheit leben dürfe, daß auf jeden Versuch eines Juden, in die Freiheit zu fliehen, die Todesstrafe stand und daß die soziale Landschaft noch von den geringsten Spuren jüdischer Anwesenheit zu »säubern« war. Dieser Befehl hatte nicht nur eine wesentliche symbolische Bedeutung; alle dem KdO unterstehenden Einheiten leisteten ihm Folge.[60] Tatsächlich führten ihn die Mitglieder der Ordnungspolizei und insbesondere der Polizeibataillone derart konsequent aus, daß die Erschießung frei umherlaufender Juden bald alltäglich war.

Der KdO erhielt regelmäßig Berichte über die Tätigkeit dieser Einheiten, auch soweit sie den Völkermord betraf. Bei bestimmten Ereignissen konnten die Wochen- und Monatsberichte durch aktuelle Sonderberichte ergänzt werden. Diese Meldungen der einzelnen Einheiten wurden dann vom Chef der Abteilung Ia, die für alle Einsätze und deren Planung verantwortlich war, in einem Monatsbericht an die Vorgesetzten des KdO zusammengefaßt.[61] Die Berichte erfolgten in unterschiedlichen Formen und sind höchst aufschlußreich. Schriftliche Berichte enthielten Listen der Ermordeten: darunter Juden, die dem Schießbefehl zum Opfer gefallen waren, Nichtjuden, die im Zuge der Bekämpfung von Partisanen und anderen Formen des Widerstands sterben mußten. In der Regel wurde klar zwischen getöteten Juden und Nichtjuden unterschieden. Dabei verschleierten die Deutschen sprachlich die Wahrheit immer wieder, wenn es zum Beispiel hieß, Juden seien »befehlsgemäß behandelt« worden. Massenhinrichtungen und Deportationen wurden in den schriftlichen Berichten in der Regel nicht erwähnt; sie wurden dem KdO mündlich oder in so versteckter Form mitgeteilt, daß schwer zu erkennen ist, ob die Deutschen die Juden an Ort und Stelle erschossen oder in ein Todeslager deportiert hatten.[62] Doch wußte jeder, daß beide Vorgehensweisen ein und demselben Zweck dienten.

Die Wochenberichte der ersten Kompanie des Polizeibataillons 133 vom 25. Juli bis zum 12. Dezember 1942 sind erhalten geblieben. Danach operierte die erste Kompanie zunächst in Ostgalizien in der Gegend um Kolomyja, wo sie Berge von Leichen hinterließ. Ihre Berichte gleichen jenen, die der KdO Lublin von den ihm unterstellten Einheiten erhielt[63] und machen einige Punkte deutlich. Die erste Kompanie des Polizeibataillons 133 tötete während ihrer Aufspür- und Vernichtungsmissionen auf der Grundlage des Schießbefehls eine große Zahl von Juden. In den Meldungen steht, daß die Angehörigen der Kompanie 780 Juden verfolgten, ergriffen und erschossen – jeder Polizist hätte demnach sechs Juden ermordet. Allein zwischen dem 1. November und dem 12. Dezember brachten die Männer 481 Juden um, im Durchschnitt achtzig Juden in der Woche oder elf am Tag. Zudem wurden die Juden vor der Erschießung separiert. Die Berichte nennen Juden immer gesondert von den anderen Opfern, zu denen »Banditen«, »Kollaborateure«, »Bettler«, »Diebe«, »Vagabunden«, »Geisteskranke« und »Asoziale« gezählt wurden. Die für die Tötung der Juden angegebenen Gründe hatten etwa den gleichen Wahrheitsgehalt wie Hitlers Beteuerung seiner friedlichen Absichten kurz vor der Zerschlagung der Tschechoslowakei. Die »Begründungen« der ersten Kompanie reichten von »arbeitsscheu« über »Seuchengefahr«, »ohne Armbinde«, »Bestechung«, »Transportzug entsprungen«, »Landstreicherei«, »Umsiedlungsort unerlaubt verlassen«, »nach erfolgter Umsiedlung festgenommen« bis hin zu »nach der Umsiedlung versteckt«.

In vielen Fällen wurde überhaupt kein Anlaß genannt; das Wort »Jude« war Legitimation genug.[64] Daher erscheinen alle zuvor genannten »Gründe« als überflüssige Scheinargumente, denn ob ein Jude etwa eine »Seuchengefahr« darstellte oder nicht, war irrelevant, da er ohnehin getötet werden konnte. »Jude zu sein« war ein ausreichender Grund.

Die zunächst so wenig martialisch erscheinende Institution Ordnungspolizei hat sich also tief in den Völkermord und seine Begleitumstände verstrickt. Wiederholt wurden Befehle zur Vernichtung von jüdischen Gemeinden erteilt, wobei die einzelnen »Aktionen« schließlich zur Ausrottung der Juden ganzer Regionen führten. Die Vollzugsberichte über den »erfolgreichen« Abschluß der »Einsätze« gingen auf dem umgekehrten Befehlsweg zurück. Die Beziehungen und die Zusammenarbeit zwischen der Ordnungspolizei und den anderen Institutionen des Sicherheitsapparates, der Sicherheitspolizei und den SS- und Polizeiführern (SSPF), waren eng. Alle diese Einheiten arbeiteten als Erfüllungsgehilfen dieses nationalen Vorhabens Hand in Hand. Der Völkermord und die damit verbundenen Handlungen – das Ausfüllen von Berichten, die Munitions- und Fahrzeugbeschaffung – wurden für die Ordnungspolizei zu einem festen Bestandteil ihrer Arbeit und bestimmten den Alltag ihrer Angehörigen.

Die Bataillone des Polizeiregiments 25 waren intensiv am Genozid beteiligt. Diese drei Bataillone hatten sich bis zu ihrer Verlegung in das Generalgouvernement unterschiedlich entwickelt. Zwei von ihnen sollen hier ausführlicher diskutiert werden; das Polizeibataillon 65 und das Polizeibataillon 101.[65]

Das Polizeibataillon 65 verband zwei Hauptschauplätze des Holocaust, die Sowjetunion und das Generalgouvernement. Nach seinem mörderischen Vormarsch durch den Norden der Sowjetunion 1941 wartete im folgenden Jahr eine gefährlichere Aufgabe als die Ermordung von Zivilisten auf das Polizeibataillon 65: Im Januar 1942 stießen die meisten seiner Mitglieder zur Wehrmachtsgruppe »Scheerer«, die in erbitterte Kämpfe bei Chełm (Cholm) an der nördlichen Rußlandfront verwickelt war. Chełm lag fast zweihundert Kilometer südöstlich des Bataillonshauptquartiers in Luga. Das Bataillon nahm über drei Monate an diesen Kämpfen, an heftigen Gefechten mit der Sowjetarmee teil. Eine Zeitlang war das ganze Bataillon von den Sowjets vollständig eingekreist. Die Truppe erlitt äußerst schwere Verluste und wurde hinter die Frontlinie zurückgezogen, nachdem sie von anderen deutschen Kräften Anfang Mai aus dem sowjetischen Kessel befreit worden war.[66] In Anerkennung seiner Leistungen bei dieser Schlacht hieß das Bataillon fortan Polizeibataillon 65

»Cholm«, die überlebenden Frontkämpfer erhielten den »Cholm-Schild«.

Derart intensive Kampferfahrungen waren für die am Holocaust beteiligten Polizeibataillone nicht die Regel. Anfang Juni wurde das erschöpfte Bataillon von Luga nach Brunowice in der Nähe von Krakau verlegt. Die Schlachtteilnehmer erhielten Heimaturlaub, anschließend reiste diese Gruppe zur Erholung und Skiausbildung nach Zakopane an der Südgrenze Polens. Insgesamt dauerte dieser Fronturlaub etwa acht Wochen.[67] Während sich die kampferprobten Männer erholten, wurden die neuen Rekruten, mit denen das Bataillon annähernd auf Sollstärke gebracht wurde, in Brunowice ausgebildet.

Zwischen Juni 1942 und Mai 1943 unternahm das Bataillon seinen zweiten und umfangreicheren Einsatz im Auftrag des Völkermords. Diesmal trug es zunächst in der Region Krakau und dann in der Umgebung von Lublin zur Ermordung polnischer Juden bei. In dieser Zeit sorgte das Polizeibataillon 65 dafür, daß die Verbrennungsöfen von Auschwitz und Belzec Tag und Nacht brannten.

Kurz nach der Ankunft der Fronturlauber in Brunowice richtete der Bataillonskommandeur eine Rede an das Bataillon. Nach Aussage eines Angehörigen der ersten Kompanie sagte er: »Wir haben hier in Krakau eine besondere Aufgabe zu erfüllen. Aber die Verantwortung liegt bei Höheren.« Obwohl diese Botschaft verschlüsselt war, dürften die erfahrenen Mörder des Bataillons ihren Sinn gewiß erfaßt haben. Der Zeuge gab zu, ihm sei sofort klar geworden, daß die Ermordung von Juden gemeint war.[68] Die Männer des Polizeibataillons wußten, daß sie nun – nach fünfmonatiger Unterbrechung – mit dem Völkermord fortfahren sollten.

Das Polizeibataillon 65 in der Region Krakau war an verschiedenen Mordeinsätzen beteiligt. Zu vielen dieser »Aktionen« liegen keine oder nur spärliche Beweise vor. Dennoch reicht das vorhandene Material aus, die Tätigkeit des Bataillons in Polen zu beschreiben. Der erste Beitrag des Bataillons zur Umsetzung der »Aktion Reinhard« bestand darin, die »Ghettos« zu räumen, die Juden auf Lastwagen zu verladen und zu den Toren einer Todesfabrik zu schaffen, wie wiederholt geschehen. Abwechselnd schafften die drei Kompanien die Krakauer Juden zum Güterbahnhof der Stadt und die Juden der Umgebung zu den jeweiligen örtlichen Bahnhöfen. Wie es die Praxis der deutschen Einheiten war, drängten sie so viele Juden in die Güterwaggons, daß diese stehen mußten. Eine kleine Bewachertruppe, etwa dreißig Mann, begleitete den Transport zu seinem Bestimmungsort, der entweder Auschwitz oder Belzec hieß, normalerweise eine fünfstündige Fahrt.[69] Ein damals 34 Jahre alter Reservist skizziert eine derartige Deportation aus Krakau:

»Es war im Nov. 1942, als alle erreichbaren Kp.-Angeh. [Kompanieangehörigen] zu einem Judentransport eingeteilt wurden. Wir hatten uns am Ghetto zu melden, und dort übernahmen wir eine Kolonne jüdischer Menschen, die aus dem Ghetto herausgeführt wurden. Diese Menschen hatten wir zu begleiten zum Güterbahnhof Krakau. Dort stand schon ein Güterzug bereit, in dem sich auch schon eine Anzahl Menschen befanden. Diese Juden (Männer, Frauen und Kinder) wurden auf die unmenschlichste Weise in die vorhandenen Waggons gepfercht. Diesen Zug hatten wir dann zu begleiten. An den Ort des Zieles kann ich mich nicht so genau erinnern. Mit Sicherheit hat es sich nicht um Auschwitz gehandelt. Mir wird der Name Belzec genannt. Dieser Name trifft schon eher zu. Zumindest ist mir dieser Name irgendwie geläufig. Wir mußten den Zug am Zielort verlassen, und er wurde durch die SS übernommen. An einem Zaun oder Gatter blieb der Zug stehen, und die SS leitete mit der Lokomotive die Waggons in das Innere. Wir bemerkten in der Umgebung einen richtigen Leichengeruch. Wir konnten uns daher vorstellen, was diese Menschen erwartete und vor allem, daß es sich um ein Vernichtungslager handelte. Uns sagte man zuvor, daß diese Menschen umgesiedelt würden. Weitere Einzelheiten hierüber kann ich nicht berichten.«[70]

Mörder wie Zuschauer, die bis an den Rand eines Vernichtungslagers vorstießen, berichteten von dem eigentümlichen Gestank des Todes, der in kilometerweitem Umkreis in der Luft lag. Die Polizisten wußten alle, schon lange bevor sie die Tore dieses Infernos erreichten, welches Schicksal die Juden hier erwartete. Die verschiedenen Euphemismen, mit denen die Deutschen das Töten umschrieben, waren den Beteiligten bekannt: Die Männer des Polizeibataillons 65 wußten genau, was unter der »Umsiedlung« der Juden zu verstehen war, hatten sie doch zu den ersten gehört, die mehr als ein Jahr zuvor an den Massakern in der Sowjetunion mitgewirkt hatten.[71]

Nach der Übergabe eines anderen Transports an das Lagerpersonal legten die Bewacher aus dem Polizeibataillon 65 vor den Toren von Auschwitz eine Pause ein. Sie fanden Ruhe im Angesicht einer Todesfabrik, die in der menschlichen Geschichte einzigartig war – die man allein zu dem Zweck gebaut, ständig ausgebaut und modernisiert hatte, menschliches Leben zu vernichten. Diese Rast hätte den Deutschen doch eine Gelegenheit zum Nachdenken geben müssen. Sie hatten sich gerade ihrer menschlichen Fracht entledigt, einer »Fracht«, die für die Öfen im Inneren des Lagers bestimmt war. In dem Moment, da sie Auschwitz hinter sich ließen, vollendeten sie ein weiteres Kapitel in der mit Blut geschriebenen Chronik ihrer Nation. Diese Männer hatten gerade einen kleinen, aber konkreten Beitrag zur Veränderung der Welt geleistet; sie hatten eine Tat von ungeheurer moralischer Tragweite begangen. Es wird wohl keinen unter ihnen gegeben haben, besonders unter denen, die zum erstem Mal vor diesen Toren standen, der sich dessen nicht bewußt gewesen sein wird. Wie schätzten diese Männer die moralische Dimension dessen ein, was sie soeben getan hatten? Mit welchen Gefühlen sahen sie den Judentransport im Todeslager verschwinden? Worüber sprachen sie miteinander, als sie den Rauch aufsteigen sahen, als sie den Gestank des brennenden Fleisches ihrer Opfer rochen?

Ein 34jähriger Angehöriger des Bataillons, der am Sonnabend vor Pfingsten 1940 eingezogen worden war, erinnert sich an diesen Augenblick:

»In der Gegend roch es fürchterlich. Als wir eine Pause in einer Gaststätte in der Nähe machten, kam ein betrunkener SS-Mann (er sprach gebrochen deutsch) und erzählte uns, daß die Juden sich ausziehen müßten, und ihnen würde dann erzählt, sie kämen zur Entlausung. In Wirklichkeit würde man die Menschen allerdings vergasen und später verbrennen. Die Menschen, die nicht wollten, würden laufend mit den Peitschen angetrieben. Dieses Gespräch habe ich noch ganz deutlich in Erinnerung. Von diesem Zeitpunkt weiß ich, daß es Judenvernichtungslager gab.«[72]

Dieser Reservist hatte bereits gewußt, daß hier Juden massenweise umgebracht wurden; vor den Toren von Auschwitz lernte er nun die Arbeitsweise der Vernichtungslager kennen – bis hin zu den Tricks, mit deren Hilfe man die Gaskammern füllte. Durch direkte Erfahrungen und Gespräche wuchs die Erkenntnis der Täter über den Umfang und die Methoden der Vernichtung der europäischen Juden, auch über ihre eigene Rolle in diesem nationalen Unternehmen. Die Mörder unterhielten sich selbst im Restaurant offen über die Techniken ihres Berufs. Fachsimpeleien über den Völkermord gehörten zu ihrem Alltag.

Es kann daher nicht überraschen, daß dieser Mann wie auch andere Auschwitz als »Judenvernichtungslager« bezeichneten, obwohl in Auschwitz auch Nichtjuden ermordet wurden. Die Mörder hatten erfaßt, daß ihr Land dabei war, alle Juden zu töten, um damit die Welt von der angeblichen jüdischen Pest zu reinigen. Sie waren sich bewußt, daß die Todesfabriken zur Vernichtung des jüdischen Volkes errichtet worden waren. Daß hier auch Nichtjuden umgebracht wurden, betrachteten sie als nebensächlich, und es hatte in ihren Augen eher taktische Gründe. Ihre Vorstellung von diesem Lager war zutreffend: Auschwitz war ein »Judenvernichtungslager« – nicht nur, weil die meisten der Opfer Juden waren, sondern auch, weil seine Anlagen ohne den Völkermord an den Juden nicht errichtet, ständig erweitert und ausgebaut worden wären.

Nicht alle Juden, die das Polizeibataillon 65 im Herbst 1942 aus den Ghettos verschleppte, kamen in Vernichtungslagern zu Tode. Häufig übernahmen die Bataillonsangehörigen das Töten auch selbst. Über die meisten ihrer Massaker liegen nur wenige Informationen vor, doch vermutlich entsprachen sie einer jener Massenhinrichtungen, über die Zeugenaussagen existieren, denn die beteiligten Einheiten gingen zumindest nach den ersten Exekutionen zu einem standardisierten Verfahren über. An einem Morgen in jenem Herbst räumte das Polizeibataillon 65 ein Ghetto in der Nähe von Krakau, nachdem es das Ghetto so abgeriegelt hatte, daß niemand fliehen konnte. Sie schafften die Juden in die Wälder außerhalb der Stadt. Die jüdischen Männer, Frauen und Kinder mußten sich am Rand der Grube ausziehen, die ihr Massengrab werden sollte. Ein zehnköpfiges Hinrichtungskommando erschoß die Juden gruppenweise, bis alle getötet waren. Immer wenn eine Reihe in die Grube gestürzt war, schoß einer der Anhörigen des Bataillons jedem, der noch zu leben schien, in den Kopf. An diesem Tag wurden achthundert Menschen umgebracht.[73]

Diesen Mordeinsatz scheinen SS- und SD-Angehörige organisiert zu haben. Wie in diesem Fall erledigten die Polizeibataillone ihre Aufgaben häufig unter der Aufsicht örtlicher Befehlshaber der SS und des SD; so auch während einer Serie von Massenerschießungen im Herbst 1942, bei der die Männer des Polizeibataillons 65 die Patienten eines jüdischen Krankenhauses umbrachten. Einer der Beteiligten, der damals 39 Jahre alt war, berichtet, daß fünf oder sechs Erschießungen stattfanden. In einem dieser Fälle fuhren 25 Polizisten der ersten Kompanie in die Wälder an der Stadtgrenze von Krakau und teilten sich dort in zwei Gruppen auf: Die eine sollte die Umgebung sichern, während die andere die jüdischen Patienten erschoß, die von zehn SS- und SD-Männern an die Hinrichtungsstätte geschafft wurden. Bei jedem einzelnen »Einsatz« ermordeten sie jeweils bis zu 150 alte oder kranke Juden, darunter auch Kinder. Der Mörder, der diese Darstellung lieferte, war bei jedem dieser Kommandos dabei, behauptete allerdings, jedesmal zu der Gruppe gehört zu haben, die nicht tötete. Dennoch war dieser Mann mindestens fünfmal anwesend, als seine Kameraden die Patienten eines Krankenhauses hinrichteten, also Menschen, die für die Deutschen ganz offensichtlich keine Gefahr darstellten. Bei jedem anderen hätten diese Opfer Mitgefühl geweckt, doch nicht bei diesen Männern.[74]

Die Angehörigen des Polizeibataillons 65 erfuhren von diesen und anderen »Aufträgen« im Rahmen des Völkermords durch Mitteilungen am Schwarzen Brett ihrer Unterkunft, was darauf hindeutet, wie sehr die Ermordung von Juden den Tätern zur Routine, zum selbstverständlichen Bestandteil ihrer »natürlichen« Welt geworden war.

Freunde und Kameraden gingen zweifellos gemeinsam zu der Ankündigungstafel, um sich über die bevorstehenden Einsätze zu informieren. Worüber werden sie wohl miteinander gesprochen haben, wenn sie von einem weiteren geplanten Mordeinsatz lasen, wenn sie die Liste derjenigen durchgingen, die diesmal dazu abkommandiert waren? Fluchten sie? Beklagten sie ihr Schicksal, das sie zu Massenmördern machte? Bedauerten sie die Juden? Sie haben uns keine Zeugnisse darüber hinterlassen; es gibt keinerlei Berichte darüber, daß den Männern die Ankündigungen auf dem Schwarzen Brett des Völkermords verhaßt waren. Sicherlich hätten sich derartige Gedanken und Gefühle fest in ihre Erinnerungen eingegraben, wenn sie denn solche gehabt und empfunden hätten.[75]

Zu den Ghetto räumungen, Massenerschießungen und Transporten in die Vernichtungslager kamen Suchaktionen hinzu. Die Angehörigen des Polizeibataillons 65 durchkämmten in der Umgebung von Krakau und in den ersten Monaten des Jahres 1943 auch in der Gegend um Lublin wiederholt die Wälder nach versteckten Juden. Alle, die sie fanden, erschossen sie auf der Stelle.[76] Da viele Juden aus den Ghettos im Generalgouvernement geflohen waren, verbrachten etliche Polizeibataillone, aber auch Einheiten von SS und Polizei, einen großen Teil ihrer Zeit mit solchen »Jagden« – und zwar mit großem Erfolg.[77] Die ungeheuren Blutbäder, die die erste Kompanie des Polizeibataillons 133 bei diesen Gelegenheiten anrichtete, sind bereits erwähnt worden. Daß die Deutschen so viele Juden aufspürten, ging auf den Eifer zurück, mit dem sie ihre Aufgabe erfüllten. Denn wenn jemand eine Nadel, die er gar nicht finden *will,* in einem Heuhaufen suchen soll, dann wäre es für ihn das einfachste, diesen Gegenstand zu übersehen.

Im Mai 1943 wurde das Polizeibataillon 65 nach Kopenhagen verlegt, damit es auch dort Juden zusammenzutreibe, deportiere und ihre Flucht verhindere.[78] Im Februar 1944 zog das Bataillon nach Jugoslawien weiter, wo es für den Rest des Jahres mit der Bekämpfung von Partisanen und der Erschießung sogenannter Geiseln betraut war. Dabei erlitt es schwere Verluste. Im Frühjahr 1945 trat das Bataillon schließlich den Rückzug in Richtung Deutschland an, gegen Ende des Krieges geriet es in der Nähe von Klagenfurt in britische Gefangenschaft.[79]

Die Polizeibataillone und andere Einheiten der Ordnungspolizei verübten seit dem Angriff auf die Sowjetunion und deren jüdischen Bevölkerungsteil massenhaft Morde an Juden. Sie fuhren damit fort, solange die Deutschen systematisch Juden umbrachten. Es läßt sich kaum genau feststellen, wie viele Tote das Bataillon zu verantworten hat. Sicher haben die Männer mehr als eine Million Menschen umgebracht, möglicherweise sogar die dreifache Zahl.[80]

KAPITEL 7

Polizeibataillon 101:
Die Taten der Männer

Wie das Polizeibataillon 65 und die anderen Einheiten des Polizeiregiments 25 beteiligte sich auch das Polizeibataillon 101 vorbehaltlos an der Vernichtung der europäischen Juden.[1] Das Bataillon durchlief zwei Phasen. Die erste dauerte bis Mai 1941, als man das Bataillon personell vollkommen erneuerte. Ursprünglich hatte es aus Berufspolizisten bestanden, die jetzt fast vollständig durch Rekruten ersetzt wurden. Schon vor dem Abschluß dieser ersten Phase beteiligte sich das Bataillon an Morden im Rahmen des Genozids – verglichen mit der späteren Entwicklung allerdings nur sporadisch. Die zweite Phase reichte vom Mai 1941 bis zur Auflösung des Bataillons und war vor allem durch Mordeinsätze geprägt. Da der Personalwechsel den Übergang zwischen beiden Phasen markiert, hatte die erste wenig Bedeutung für die Taten der zweiten, als das Bataillon eine »Völkermordkohorte« wurde.

Bevor das Polizeibataillon 101 am Völkermord teilnahm, verlief seine Tätigkeit im wesentlichen ereignislos.[2] Bei seiner Gründung im September 1939 setzte es sich noch ausschließlich aus aktiven Polizeibeamten zusammen. Es wurde sofort nach Polen geschickt, wo es bei der Sicherung der eroberten Gebiete sowie der Bewachung von Kriegsgefangenen und militärischen Anlagen helfen sollte. Zurückgekehrt nach Hamburg, übernahm es allgemeine Polizeiaufgaben. Doch schon im Mai 1940 wurde das Bataillon erneut nach Polen verlegt, diesmal zwecks »Befriedung« und Neugestaltung des unterjochten Gebiets. Das bedeutete vor allem Zwangsevakuierung von Polen aus der Gegend um Posen, damit Volksdeutsche aus dem Baltikum und der Sowjetunion hier angesiedelt werden konnten, und Bewachung des Ghettos Lodz, wo sich die Männer des Polizeibataillons 101 an der Erniedrigung, brutalen Behandlung und sogar Ermordung von Juden beteiligten. Während dieses Aufenthalts in Polen, der bis April 1941 dauerte, erschossen Angehörige des Bataillons gelegentlich auch polnische »Geiseln«.[3]

Als die Einheit erneut nach Hamburg zurückgeschickt wurde, verteilte man die Männer auf die drei neugebildeten Hamburger Poli-

243

zeibataillone 102, 103 und 104. Reservisten füllten die Reihen auf, und wie die drei anderen erwähnten Bataillone trug es nun die Bezeichnung Reservepolizeibataillon, »Reservepolizeibataillon 101«. In Hamburg nahm es wieder normale, nicht weiter bemerkenswerte polizeiliche Tätigkeiten auf, abgesehen allerdings von drei Deportationen von Hamburger Juden in die eroberten sowjetischen Gebiete, die Angehörige des Bataillons begleiteten. Dort wurden die Juden hingerichtet, und in wenigstens einem Fall beteiligten sich daran auch Mitglieder des Bataillons. Es gab offensichtlich nicht viele, die etwas dagegen einzuwenden hatten, denn die Deportationen waren, wie einige der Männer berichten, begehrte Einsätze. Ein Zeuge gibt an, daß nur »bevorzugte Kameraden« daran teilnehmen durften.[4]

Im Juni 1942 wurde das Bataillon zum dritten Mal nach Polen in die Gegend um Lublin geschickt, diesmal dauerte der Einsatz bis Anfang 1944. Das Bataillonshauptquartier wurde im Juni 1942 in Biłgoraj eingerichtet; im Juli wurde es nach Radzyń verlegt, im Oktober nach Łuków und im April 1943 wieder nach Radzyń, bis es Anfang 1944 nach Międzyrzec verlagert wurde. Die Kompanien und ihre Züge waren manchmal in derselben Stadt wie das Bataillonshauptquartier stationiert, meist aber in Orten in der Umgebung untergebracht.[5] Im Februar 1943 wurden wie bei den anderen Polizeibataillonen die älteren Bataillonsangehörigen – soweit vor 1900 geboren – in die Heimat zurückbeordert und durch jüngere Männer ersetzt. Während dieser Zeit beteiligten sich die Offiziere und Mannschaften des Polzeibataillons 101 in vollem Umfang an der »Aktion Reinhard«. Sie unternahmen zahllose Mordeinsätze gegen Juden: Manchmal erschossen sie die Juden selbst, oft zu Tausenden, manchmal deportierten sie sie zu den Gaskammern und auch dies zu Tausenden.

Das Reservepolizeibataillon 101 setzte sich aus einem Stab und drei Kompanien zusammen, deren stets schwankende Gesamtstärke rund fünfhundert Mann betrug. An der Spitze des Bataillons stand Major Wilhelm Trapp. Zwei der Kompanien wurden von Hauptleuten, die dritte von einem Leutnant befehligt. Jede Kompanie umfaßte neben den kleinen Kompaniestäben jeweils drei Züge. Zwei der drei Züge wurden in der Regel von jeweils einem Leutnant geführt, die dritte von einem Unteroffizier. Die Züge wiederum zerfielen in Gruppen von etwa zehn Mann unter dem Kommando eines Unteroffiziers. Das Bataillon war nur leicht bewaffnet und verfügte neben Karabinern über vier Maschinengewehre pro Kompanie. Es besaß außerdem eigene Transportmittel, darunter Lastkraftwagen und Fahrräder speziell für Patrouillen.[6]

244

Lubliner Raum 1942

Wer waren nun die Männer des Bataillons 101? Da es nur dürftige biographische Angaben über sie gibt, läßt sich nur ein unvollständiges Bild zeichnen.[7] Dies ist jedoch kein schwerwiegendes Problem, weil das Material dennoch ausreicht, die wesentlichen Züge dieses Portraits herauszuarbeiten. Da sich diese Männer nicht freiwillig einer Institution anschlossen, die dem Massenmord diente, geht

245

es hier nicht darum, aus den Details ihres persönlichen Hintergrundes ihre Teilnahme zu erklären. Statt dessen wollen wir die Herkunft dieser Leute untersuchen, um festzustellen, wie repräsentativ die Angehörigen des Polizeibataillons 101 für die Deutschen insgesamt waren, und ob die Schlußfolgerungen, die man daraus ziehen kann, nicht auch auf die Mehrheit ihrer Landsleute zutreffen.

Das Polizeibataillon 101 bestand fast ausschließlich aus Reservisten, die zwischen 1939 und 1941 eingezogen worden waren. Da diese Männer zuvor noch keiner anderen militärischen oder polizeilichen Institution angehört hatten, waren sie wohl kaum besonders kriegerisch. Von 550 Männern wissen wir, daß sie zur Zeit des Völkermords beim Polizeibataillon 101 in Polen dienten, von 519 sind die Geburtsdaten bekannt.[8] Für die Verhältnisse einer Militär- oder Polizeiinstitution waren diese Leute bereits sehr alt. Nur 42 von ihnen waren jünger als dreißig Jahre, bescheidene 8,1 Prozent. 153, fast dreißig Prozent, waren älter als vierzig. Insgesamt 382, also fast zwei Drittel oder 73,6 Prozent, gehörten den Geburtsjahrgängen 1900 bis 1909 an, die im allgemeinen als zu alt für den Militärdienst galten; gerade aus dieser Altersgruppe aber rekrutierte das Bataillon die meisten seiner Reservisten. Die Tatsache, daß es sich hier bereits um ältere Männer handelte, ist von Bedeutung, denn ältere Männer waren, wie bereits erwähnt, nicht mehr so leicht zu beeinflussen und zu formen wie Achtzehnjährige, die das Militär vorzieht, um sie seinen besonderen Erfordernissen anzupassen. Hier jedoch waren reife Männer mit Lebenserfahrung, die bereits Familien und Kinder hatten. Die meisten dieser Männer waren schon erwachsen, als die Nationalsozialisten an die Macht gelangten und hatten andere politische Umstände, ein anderes ideologisches Klima erlebt. Sie waren keine blauäugigen Jugendlichen mehr, die bereitwillig glaubten, was immer man ihnen erzählte.

Bei 291 Angehörigen des Polizeibataillons 101 kann die soziale Schichtzugehörigkeit anhand der beruflichen Stellung festgestellt werden.[9] Sie verteilten sich auf fast alle in Deutschland vorkommenden Berufsgruppen mit Ausnahme der Elite. Nimmt man eine Variante eines üblichen Klassifikationsschemas zur Berufsschichtung im damaligen Deutschland als Grundlage, dann zerfiel die deutsche Gesellschaft in eine Unter-, eine Mittel- und eine Oberschicht. Die Elite bildete eine winzige Oberschicht von knapp drei Prozent der Bevölkerung, die überwiegende Mehrheit aber zählte zur Unter- und zur unteren Mittelschicht. Jede Schicht ist nochmals in Beschäftigungsgruppen unterteilt. In der folgenden Tabelle wird die Berufsschichtung für ganz Deutschland mit der der Angehörigen des Polizeibataillons 101 verglichen.[10]

Schicht	Anteil		
Berufsgruppe	Deutschland %	Polizeibat. 101 (absolut)	%

Unterschicht			
1. ungelernte Arbeiter	37,3	(64)	22,0
2. Facharbeiter	17,3	(38)	13,1
Zwischensumme	54,6	(102)	35,1
untere Mittelschicht			
3. Handwerksmeister (selbst.)	9,6	(22)	7,6
4. Freiberufler (nichtakad.)	1,8	(9)	3,1
5. Untere und mittlere Angestellte	12,4	(66)	22,7
6. Untere und mittlere Beamte	5,2	(59)	20,3
7. Kaufleute (selbst.)	6,0	(22)	7,6
8. Landwirte (selbst.)	7,7	(2)	0,7
Zwischensumme	42,6	(180)	61,9
Elite			
9. Manager	0,5	(1)	0,3
10. Höhere Beamte	0,5	(1)	0,3
11. Freiberufler (akad.)	1,0	(1)	0,3
12. Studenten/Oberschüler	0,5	(0)	0
13. Unternehmer	0,3	(6)	2,1
Zwischensumme	2,8	(9)	3,1
Gesamtsumme	100,0	(281)	100,0

Gemessen an der deutschen Bevölkerung insgesamt stammte ein überproportional großer Anteil der Angehörigen des Polizeibataillons 101 aus der unteren Mittelschicht, die Unterschicht war unterrepräsentiert. Während vergleichsweise wenig ungelernte Arbeiter dem Bataillon angehörten, waren andererseits viele untere und mittlere Angestellte sowie Beamte vertreten. Innerhalb der unteren Mittelschicht fehlten insbesondere Landwirte, was nicht überrascht, da die Einheit in einer Großstadt aufgestellt wurde. Der Anteil der Elite im Bataillon entsprach prozentual (3,1 Prozent) dem der Gesamtbevölkerung. Insgesamt unterschied sich das Beschäftigungsprofil des Polizeibataillons 101 nicht wesentlich von dem der Gesamtbevölkerung.[11] Ein etwas kleinerer Prozentsatz an Arbeitern und Landwirten wurde durch einen höheren Prozentsatz an unteren und mittleren Angestellten und Beamten ausgeglichen, doch waren auch die beiden erstgenannten Gruppen signifikant vertreten.

Das wichtigste Kriterium, festzustellen, inwieweit die Bataillonsangehörigen und ihre Handlungen die deutsche Gesellschaft, also den durchschnittlichen Deutschen, repräsentierten, ist die Beziehung dieser Männer zum Nationalsozialismus. Dazu sollte man einen Blick auf ihre Zugehörigkeit zu politischen Organisationen werfen. Wenngleich unpräzise, so ist dies doch der beste Indikator einer nationalsozialistischen Überzeugung, die über die allgemeine gesellschaftliche Zustimmung zum NS-Regime hinausgeht (vor allem bei der unabhängigen Dimension des Antisemitismus). Kurz gesagt, wie viele Männer des Polizeibataillons 101 waren Mitglieder der NSDAP oder der SS? Unter den 550 Polizisten befanden sich 179 Parteimitglieder; das entsprach 32,5 Prozent des Bataillons und lag damit nicht weit über dem nationalen Durchschnitt. Siebzehn der Parteimitglieder gehörten außerdem der SS an. Daneben gab es noch vier SS-Angehörige, die keine Parteigenossen waren. Somit waren also nur 21 Männer oder 3,8 Prozent in der SS. Ein derart kleiner Prozentsatz ist – obwohl er über dem nationalen Durchschnitt lag – nicht weiter wichtig, will man das Handeln des Bataillons verstehen.

Wesentlich ist in diesem Zusammenhang ohnehin nicht der Prozentsatz derjenigen, die im Vergleich zum nationalen Durchschnitt aufgrund ihrer NS-Zugehörigkeit zu Organisationen als nazifiziert zu gelten haben, und wie *repräsentativ* daher jene Männer in dieser Hinsicht sind. Von entscheidender Bedeutung für die Untersuchung sind jene, die weder der NSDAP noch der SS angehörten, weil sie – wie Tausende ihresgleichen in den anderen Polizeibataillonen – Einsichten in das wahrscheinliche Verhalten der anderen gewöhnlichen Deutschen vermitteln, wenn man diese ebenfalls aufgefordert hätte, beim Genozid als Täter mitzuwirken. In diesem Bataillon gab es *379 Männer, die nicht einer der wichtigen NS-Organisationen angehörten.* Möglicherweise ist nicht einmal der Schluß gerechtfertigt, daß die Parteimitgliedschaft einen höheren Grad an ideologischer Überzeugung bedeuten muß, denn die Menschen traten ja auch aus Gründen in die NSDAP ein, die oft nichts mit Ideologie zu tun hatten. Offensichtlich machte es für die Deutschen selbst einen Unterschied, ob jemand NSDAP-Mitglied war oder nicht. Dennoch bildeten diejenigen, die über das in Deutschland allgemein übliche Maß hinaus nazifiziert waren, nur eine Teilgruppe der Parteimitglieder. Als das Polizeibataillon 101 seine größten Verbrechen beging, konnten sich etwa sieben Millionen Deutsche ihrer Mitgliedschaft in der NSDAP rühmen – das entsprach zwanzig Prozent der erwachsenen männlichen Bevölkerung. Parteimitglied zu sein bedeutete in Deutschland nichts Außergewöhnliches. Ein Nationalsozialist zu sein war in Deutschland »normal«. Die bemerkenswerteste Tatsache im Hinblick auf die Angehörigen des Polizeibataillons 101 ist daher die, daß 96 Prozent von ihnen nicht zur SS, der Organisation der Fanatiker, gehörten; die Bataillonsmitglieder waren also keine auffällig nazifizierte Gruppe. In ihrer überwältigenden Mehrheit waren sie vielmehr ganz gewöhnliche Deutsche, ob sie nun in der Partei waren oder nicht – dann sogar erst recht.

Ein Vergleich des Alters- und Beschäftigungsprofils zwischen den Partei- und den Nicht-Parteimitgliedern im Bataillon zeigt, daß zwischen ihnen keine wesentlichen Unterschiede bestanden. Die Parteimitglieder waren im Schnitt ein Jahr älter als die Nicht-Parteimitglieder – mit 37,1 gegenüber 36,2 Jahren. Auch die Berufsstruktur weist bemerkenswerte Parallelen auf.

| Schicht | Prozentsatz | |
Berufsgruppe	Parteimitglied	Nicht-Parteimitglied
Unterschicht		
1. ungelernte Arbeiter	23,3	20,6
2. Facharbeiter	10,2	16,3
Zwischensumme	33,5	36,9
untere Mittelschicht		
3. Handwerksmeister (selbst.)	5,8	9,2
4. Freiberufler (nichtakad.)	4,7	1,4
5. Untere und mittlere Angestellte	19,3	26,2
6. Untere und mittlere Beamte	22,7	17,7
7. Kaufleute (selbst.)	8,7	6,4
8. Landwirte (selbst.)	0,7	0,7
Zwischensumme	61,8	61,7
Elite		
9. Manager	0,7	0
10. Höhere Beamte	0,7	0
11. Freiberufler (akad.)	0,7	0
12. Studenten/Oberschüler	0	0
13. Unternehmer	2,7	1,4
Zwischensumme	4,7	1,4
Gesamtsumme	(150) 100,0	(141) 100,0

Die Männer des Polizeibataillons 101 kamen vornehmlich aus Hamburg und Umgebung, rund ein Dutzend stammte aus Luxemburg.[12] Da die Hamburger Gegend überwiegend protestantisch ist, kann man davon ausgehen, daß die meisten der evangelischen Kirche angehörten. Die geringen Informationen über ihre Konfessionszugehörigkeit deuten darauf hin, daß ein gewisser Prozentsatz von ihnen aus der Kirche ausgetreten war und sich für »gottgläubig« erklärt hatte. Dieser NS-Begriff brachte zum Ausdruck, daß jemand im vagen Sinne religiös war, sich von den traditionellen Kirchen jedoch abgewandt hatte. Es kann als nahezu sicher gelten, daß geographische Herkunft und Religionszugehörigkeit sich nicht auf die Beteiligung am Völkermord auswirkten, denn die Polizeibataillone wurden wie auch andere Einheiten in allen Gegenden Deutschlands rekrutiert und setzten sich in gleicher Weise aus Protestanten, Katholiken und »Gottgläubigen« zusammen.

Von Bedeutung ist dagegen das relativ fortgeschrittene Alter dieser Männer. Viele von ihnen waren Familienoberhäupter und Väter. Unglücklicherweise sind die Daten über ihren Familienstand unvollständig und schwer zu interpretieren. Nur in 69 Fällen liegen überhaupt Daten dazu vor. Bis auf einen waren alle diese Männer verheiratet. Fast drei Viertel, nämlich 72 von 89, zu denen es entsprechende Angaben gibt, hatten zur Zeit der Mordeinsätze Kinder. Man kann mit Sicherheit annehmen, daß diese Prozentsätze über den Durchschnittswerten für das gesamte Bataillon lagen. Verheiratete und insbesondere Väter dürften in ihren uneinheitlichen biographischen Selbstdarstellungen wohl eher dazu geneigt haben, diese Details mitzuteilen. Es ist unmöglich festzustellen, inwieweit die vorliegende Datensammlung den Anteil der Ehemänner und Väter überrepräsentiert. Man kann jedoch davon ausgehen, daß viele der Bataillonsangehörigen ähnlich wie die große Mehrheit der Deutschen ihrer Altersgruppe verheiratet waren und Kinder hatten. Nichts in ihren Lebensläufen deutet auf Abweichungen in dieser Hinsicht hin.

Die politischen Einstellungen und früheren politischen Zugehörigkeiten dieser Leute lassen sich wegen der lückenhaften Datenlage ebenfalls nicht feststellen. Da sie hauptsächlich aus Hamburg stammten, einer Großstadt, die die NSDAP mit weniger Begeisterung unterstützte als die Nation insgesamt und die überdies als traditionelle Hochburg der politischen Linken galt, ist anzunehmen, daß sich unter ihnen überdurchschnittlich viele frühere Sozialdemokraten und Kommunisten befanden. Auch die Tatsache, daß sich diese Männer nicht zum Eintritt in eine der anderen militärischen Institutionen entschlossen hatten, mag darauf hindeuten, daß sie dem Nationalsozialismus eher reserviert gegenüberstanden; allerdings hätten sie sich dann auch aus familiären Gründen freistellen lassen können. Doch als sich das Bataillon am Genozid beteiligte, war die nationalsozialistische Großmachtpolitik – wie bereits erörtert – in der deutschen Bevölkerung höchst populär, wo immer der einzelne vormals politisch auch gestanden haben mochte. Die Tatsache, daß im Bataillon Angehörige der – traditionell linken – Unterschicht etwas unterrepräsentiert waren, mag die angenommene Distanz zum Nationalsozialismus, die sich aus der Herkunft der Einheit aus Hamburg schließen läßt, etwas relativiert haben. Doch das alles sind mehr oder weniger akademische Vermutungen. Mit Sicherheit ist nur davon auszugehen, daß sich in dem Bataillon Männer befanden, die – wie die meisten Deutschen – Anhänger des Regimes waren, und einige, die es nicht waren. Viel mehr kann dazu nicht gesagt werden.

Bei der Aufstellung dieses Bataillons rekrutierte die Ordnungspolizei also Männer aus der Normalbevölkerung, die nur durch ihr fortgeschrittenes Alter und ihre fehlende militärische Erfahrung gekennzeichnet waren. Einige unter ihnen waren zuvor aufgrund ihres Alters und körperlicher Mängel ausgemustert worden.[13] Nun aber zog das Regime auch jene ein, die körperlich am wenigsten geeignet waren, um mit ihnen die mobilen Polizeibataillone aufzustellen. Da die Männer älter waren, war ihnen die Unabhängigkeit des Erwachsenenlebens bereits vertraut; sie waren reife Familienväter und hatten auch andere politische Zustände kennengelernt. Der Anteil von NSDAP- und SS-Mitgliedern im Bataillon lag etwas über dem nationalen Durchschnitt, überwiegend jedoch hatten sie keine Bindungen an NS-Organisationen. Bei diesen Männern handelte es sich keineswegs um handverlesene »Weltanschauungskrieger«, sorgfältig ausgesucht für die apokalyptische Aufgabe, einen umfassenden Massenmord an Zivilisten zu begehen. Eine solche Suche nach den »richtigen Männern« hat es offensichtlich nie gegeben.

Obwohl die Ordnungspolizei das Polizeibataillon 101 mit unauffälligen Männern auffüllte, unternahm man nur wenig, um ihnen durch körperliche oder ideologische Schulung eine stärker militärische oder nationalsozialistische Haltung anzuerziehen. Übereinstimmend bezeugen die Männer den oberflächlichen Charakter ihrer Ausbildung. Einige wurden erst Tage oder Wochen vor Mordeinsätzen des Bataillons eingezogen und dann sofort im Genozid eingesetzt. Einer von ihnen war bis April 1942 als Milchbauer tätig; er wurde einberufen, erhielt eine kurze Ausbildung und wurde dann zum Polizeibataillon 101 geschickt – und ehe er sich's versah, fand er sich im mörderischen Treiben der Massenvernichtung wieder.[14] Nichts deutet darauf hin, daß irgendwelche Versuche unternommen wurden, die »Eignung« der Männer für ihre Aufgaben beim Genozid zu untersuchen, etwa indem man ihre Ansichten zu entscheidenden ideologischen Themen, insbesondere zur »Judenfrage«, überprüfte. Zwar besteht kein Grund zu der Annahme, daß sich die Ordnungspolizei dessen bewußt war, und doch war es eine Tatsache, daß einige der Bataillonsangehörigen zuvor ihre Feindseligkeit gegenüber dem Regime zum Ausdruck gebracht hatten. Einer war von der Gestapo als nicht vertrauenswürdig eingestuft worden, andere hatten in der SPD oder den Gewerkschaften aktiv Widerstand gegen die NS-Herrschaft geleistet.[15] Doch das spielte einfach keine Rolle. Unter dem Druck des Personalmangels nahm die Ordnungspolizei jeden, den sie bekommen konnte – und sie konnte nur jene rekrutieren, die überhaupt noch zur Verfügung standen.

Am 20. Juni 1942 wurde das Polizeibataillon 101 zum dritten Mal nach Polen beordert: elf Offiziere, fünf Verwaltungsmitarbeiter und 486 sonstige Bataillonsangehörige.[16] Mit Lastkraftwagen fuhren sie in ein paar Tagen die achthundert Kilometer bis Biłgoraj, eine Stadt südlich von Lublin. Zu diesem Zeitpunkt hatte man die Männer noch nicht darüber in Kenntnis gesetzt, daß sie sehr bald Massaker mit dem Ziel des Völkermords durchführen würden. Doch einige von ihnen, insbesondere die Offiziere, vermuteten vielleicht, was sie erwartete. Immerhin hatte die Einheit bereits Hamburger Juden zu den Vernichtungsstätten deportiert. Die Bataillonsoffiziere hatten schon anläßlich der zweiten längeren Stationierung in Polen direkt an der Durchführung antijüdischer Maßnahmen teilgenommen. Und viele von ihnen, wenn nicht die meisten, wußten zweifellos von den Massenmorden ihrer Landsleute an den Juden in der Sowjetunion und in Polen.

Der Bataillonschef, Major Trapp, erhielt den ersten Befehl zur Ermordung von Juden erst kurz vor dem für die Operation festgelegten Tag. 24 Stunden vor dem Einsatz versammelte er seine Offiziere zu einer Besprechung und eröffnete ihnen ihre Befehle.[17] Es ist anzunehmen, daß die Kompanieführer ihre Männer nicht über die bevorstehende Aktion unterrichten sollten. Einiges deutet jedoch darauf hin, daß nicht alle schwiegen: Hauptmann Julius Wohlauf, Chef der ersten Kompanie, der sich zu einem begeisterten Massenmörder entwickeln sollte, konnte allem Anschein nach seine freudige Erwartung nicht für sich behalten. Einer seiner Untergebenen erinnert sich, daß er die bevorstehende Aktion in Józefów als »hochinteressante Aufgabe« bezeichnete.[18] Ohne genau zu sagen, ob er bei dieser Gelegenheit von dem anstehenden Massaker erfuhr, erzählte ein anderer, daß er bei diesem Anlaß einen Aspekt der Vorbereitungen kennenlernte, der wie ein Vorzeichen den Charakter ihres gesamten Aufenthalts verriet:

»Ich kann mich noch gut dran erinnern, daß am Abend vor der Aktion
in Józefów Peitschen ausgegeben wurden. Ich persönlich habe das
nicht miterlebt, weil ich mich zu einem Einkauf in der Stadt befand;
ich erfuhr es aber nach meiner Rückkehr in die Unterkunft von meinen Kameraden. Es war inzwischen durchgesickert (sic), welcher
Einsatz uns am nächsten Tage bevorstand. Die Peitschen sollten
beim Heraustreiben der Juden aus den Häusern Verwendung finden. Bei den Peitschen handelte es sich um regelrechte Ochsenzie-
mer.«[19]

Die derart für das bevorstehende Massaker ausgerüsteten Männer
wurden beauftragt, die Juden aus ihren Häusern zum Sammelpunkt
zu treiben. Der Zeuge konnte nicht mehr sagen, aus welchen Kompanien diese Männer stammten.

Die Kompanien des Bataillons fuhren auf Lastkraftwagen in das
etwa dreißig Kilometer entfernte Józefów. Sie brachen nach Mitter-
nacht auf; diejenigen, die über die Art des bevorstehenden Unternehmens Bescheid wußten, hatten während der zweistündigen Fahrt über
die holprige Straße Zeit, über die Bedeutung ihrer Aufgabe nachzudenken. Die anderen erkannten erst wenige Augenblicke bevor die
infernalische Inszenierung begann, daß sie auserwählt waren, die Vision ihres Führers zu verwirklichen, die er und seine nächsten Gefolgsleute immer wieder artikuliert hatten – den Traum von der Ausrottung der Juden.

Major Trapp ließ das Bataillon antreten. Die Männer stellten sich
im Halbkreis um Trapp herum auf:

»Er gab bekannt, daß wir in dem vor uns liegenden Ort eine Erschießungsaktion durchzuführen hätten und brachte dabei auch ganz
klar zum Ausdruck, daß es Juden seien, die wir erschießen sollten.
Während seiner Ansprache erinnerte er uns daran, an unsere Frauen
und Kinder in der Heimat zu denken, die dort Bombenangriffe zu er-
dulden hätten. Insbesondere sollten wir daran denken, daß viele
Frauen und Kinder bei diesen Bombenangriffen ihr Leben lassen
müssen. Mit dem Gedanken an diese Tatsachen würde es uns leichter
fallen, die Befehle während der bevorstehenden Aktion auszuführen.
Major Trapp erwähnte, daß diese Aktion ganz und gar nicht in seinem
Sinne sei, sondern daß er diesen Befehl von höherer Stelle bekommen
hätte.«[20]

Die unmißverständliche Mitteilung an diese gewöhnlichen Deutschen, daß man ihre Mitwirkung an Massenmorden im Dienste eines
Genozids verlangte, erfolgte an diesem Morgen, als sie in der Nähe
einer schlafenden polnischen Stadt standen, die nach ihrem Aufwa-
chen unvorstellbare alptraumhafte Szenen erleben sollte. Einige der
Bataillonsangehörigen geben an, Trapp habe die Ermordungen mit

dem durchsichtigen Argument gerechtfertigt, die Juden unterstützten die Partisanen.[21] Doch Partisanen gab es an diesem Ort und zu dieser Zeit kaum oder gar nicht. Was deren Schicksal mit ihrer Aufgabe zu tun hatte, Kinder, alte und behinderte Menschen zu töten, erklärte niemand. Die Berufung auf die angebliche Widerstandstätigkeit der Juden sollte dem großangelegten Massaker den äußeren Anschein militärischer Normalität verleihen, denn es stand zu erwarten, daß die Hinrichtung einer ganzen Gemeinde, die friedlich in ihren Betten schlief, den Deutschen beim ersten Mal zu denken geben würde. Daß Trapp sich auf höhere Befehle berief, hatte wahrscheinlich zwei Gründe. Man mußte den Männern klarmachen, daß ein so bedeutungsschwerer Befehl von den höchsten Instanzen ausging, also vom Staat und von Hitler abgesegnet war. Trapp schien aber auch echte Gefühle zum Ausdruck zu bringen. Der Befehl hatte ihn erschüttert. Trapp soll später bei einer Begegnung mit dem Bataillonsarzt hervorgestoßen haben: »Mein Gott, weshalb muß ich das machen.«[22]

Gleichwohl scheinen sich Trapps Bedenken nicht auf eine Sichtweise der Juden gestützt zu haben, die von dem vorherrschenden antisemitischen Muster abwich. Indem er seinen Männern erklärte, die Ermordung der Juden, einschließlich der Frauen und Kinder, sei eine Antwort auf die Bombardierung der deutschen Städte, offenbarte er seine nationalsozialistisch geprägte Auffassung von den Juden. Wie konnte eine derartige Behauptung ihm und seinen Zuhörern in irgendeiner Weise sinnvoll erscheinen?[23] Die genaue Logik dieses Vergleichs bleibt unklar; jedenfalls wurde suggeriert, der Massenmord an den Juden sei eine gerechte Strafe für die Fliegerangriffe auf deutsche Städte oder ein Vergeltungsakt, der sich günstig auf die Bombardierungen auswirken würde, vielleicht sogar beides. Für die Deutschen, die im Begriff waren, die schwache und entkräftete jüdische Gemeinde buchstäblich auszulöschen, scheint die Verbindung zwischen den Juden in diesem verschlafenen Städtchen in Polen und den alliierten Bomben auf Deutschland real gewesen zu sein. Tatsächlich kommentierten die Männer des Polizeibataillons die Lächerlichkeit von Trapps grundlegender Rechtfertigung, die er ihnen im Augenblick ihrer Feuertaufe als Massenmörder vortrug, nicht. Im pervertierten nationalsozialistisch infizierten Denken der Deutschen schloß der Gedanke an die eigenen Kinder offenbar Mitleid mit anderen Kindern, die zufällig jüdisch waren, aus. Im Gegenteil: Die Erinnerung an die eigenen Kinder spornte diese Deutschen an, jüdische Kinder umzubringen.[24]

Trapps Ansprache enthielt auch allgemeine Anweisungen für die Durchführung der Aktion. Ob sie nun erst an jenem Morgen oder am

Abend zuvor von dieser neuen Phase ihres Lebens erfahren hatten: Auf jeden Fall verstanden die hier Versammelten, daß sie sich auf eine folgenschwere Unternehmung und nicht auf eine bloße polizeiliche Routineaufgabe einließen. Sie erhielten den ausdrücklichen Befehl, die hilflosesten unter den Juden zu erschießen – die Alten, die Jungen, die Kranken, die Frauen und die Kinder –, nicht aber die arbeitsfähigen Männer. Sie sollten verschont werden.[25] Wollten diese ganz gewöhnlichen Deutschen das tun? Äußerten sie ihren Unmut und wünschten sie sich weit fort, wie Männer – auch solche in Uniform – es eben gern tun, wenn sie lästige, unerfreuliche oder widerwärtige Befehle erhalten? Wenn dem so war, dann war die Fortsetzung von Trapps Ansprache für sie gleichsam ein Segen. Ihr geliebter Kommandeur, ihr »Papa Trapp«, eröffnete ihnen einen Ausweg, der anfangs zumindest für die älteren Angehörigen des Bataillons galt. Er machte ihnen ein bemerkenswertes Angebot: »Als Abschluß seiner Ansprache richtete der Major an die Älteren des Bataillons die Frage, ob welche darunter seien, die sich dieser Aufgabe nicht gewachsen fühlten. Zunächst hatte niemand den Mut, sich zu melden. Ich bin dann als einziger vorgetreten und habe damit bekundet, daß ich einer von denjenigen sei, der dieser Aufgabe nicht gewachsen sei. Erst dann meldeten sich weitere Kameraden. Wir waren dann etwa 10–12 Mann, die sich zur Verfügung des Majors halten mußten.«[26] Wer diese Szene miterlebt hat, muß eine gewisse Verunsicherung empfunden haben.

Dort, wo diese Deutschen standen, sollte nur wenig später eine ganze Gemeinde ausradiert werden. Diese Männer betraten eine neue Welt, in der eine ganz andere Moral galt. Wer von ihnen hätte sich etwa drei Jahre zuvor vorstellen können, irgendwo im Osten Polens den Auftrag zu erhalten, all die Frauen und Kinder umzubringen, deren er habhaft werden konnte? Doch der Führer hatte befohlen, diese Juden umzubringen. Und nun eröffnete ihr Kommandeur zumindest einigen von ihnen die Möglichkeit, an diesem Blutbad nicht teilzunehmen. Er galt als aufrichtiger und um seine Untergebenen besorgter Offizier.[27] Einige der Männer machten nun einen Schritt nach vorn. Falls sie zögerten, muß ihre Unsicherheit durch Hauptmann Hoffmanns Reaktion noch verstärkt worden sein, denn der Mann, der als erster Major Trapps Angebot annahm, fährt fort: »In diesem Zusammenhange erinnere ich, daß sich über meine Meldung mein Kompaniechef Hoffmann sehr erregte. Ich erinnere, daß er dem Sinne nach sagte: ›Am besten gleich mit umlegen, den Kerl!‹ Major Trapp schnitt ihm aber das Wort ab.«[28]

Hoffmann, der sich als fanatischer, doch nervenschwacher Mörder erweisen sollte, wurde von Trapp vor versammelter Truppe zum

Schweigen gebracht und in seine Schranken verwiesen. In diesem Bataillon hatte Trapp das Sagen. Das war eindeutig. Alle vorgetretenen Männer wurden von dem Mordeinsatz entbunden. Doch noch etwas anderes war auffällig, und das werden auch die versammelten Männer zweifelsohne erkannt haben: Hoffmanns Bereitschaft, so offen und lautstark dagegen zu protestieren, daß jemand Trapps Angebot akzeptierte, bedeutete, daß er den Befehl eines Vorgesetzten in aller Öffentlichkeit in Frage stellte. Damit bot er keineswegs ein Vorbild an Gehorsam.

Ein weiterer Bataillonsangehöriger, Alois Weber, bestätigte, daß Trapp denen einen Freibrief erteilte, die nicht töten wollten, doch behauptete er, daß dieses Angebot nicht nur für die älteren Männer galt: »Trapps Aufforderung kann keine Fangfrage gewesen sein. Besonderer Mut gehörte nicht dazu, wenn man hervortrat. Ein Mann meiner Kompanie trat hervor. Es entstand ein Wortwechsel zwischen Hoffmann und Papen … Es ist möglich, daß 12 hervorgetreten sind. Ich habe nicht vernommen, daß nur ältere Männer hervortreten konnten. Es sind auch jüngere hervorgetreten. Jeder muß gehört haben, daß man hervortreten darf, denn ich habe es auch gehört.«[29]

Es ist schwer zu sagen, welcher Bericht nun den Tatsachen entspricht. Meiner Ansicht nach ist die Darstellung des umfassenderen Angebots plausibler. Die Version klingt nicht nur glaubhafter, sie wird auch durch die drei folgenden Beobachtungen gestützt: Erstens konnten an jenem Tag Männer jeden Alters und nicht nur die älteren ohne Schwierigkeiten vom Einsatz zurücktreten, selbst als dieser schon im Gang war. Zweitens bezeugt Weber, daß auch jüngere Männer vortraten, als Trapp sein Angebot gemacht hatte. Wäre es nicht auch an sie gerichtet gewesen, hätten sie dies wohl kaum gewagt. Drittens beschuldigt Weber sich schließlich selbst, indem er zugibt, die Chance, der Teilnahme am Genozid zu entgehen, nicht wahrgenommen zu haben, obwohl er wußte, daß ihm die Weigerung offenstand, und andere sah, die sich dazu entschlossen.[30] In gewissem Sinne ist es jedoch nicht ausschlaggebend, welche Darstellung zutrifft. Selbst wenn Trapps Angebot zunächst tatsächlich nur den älteren Männern gegolten haben sollte, so mußte den anderen doch bald deutlich werden, daß nicht nur ältere Männer die Option hatten, sich dem Morden zu entziehen. Und obwohl nach Beginn der Hinrichtungen der ganze Schrecken dieses Unternehmens den Männern offenbar wurde, der emotionale Impuls, sich zurückzuziehen, also wuchs, wirkte sich das auf die Entscheidungen dieser Männer kaum aus.

Dem Bataillonsappell folgte eine Reihe kleinerer Besprechungen. Trapp gab den Kompaniechefs Anweisungen, die informierten dann ihre Leute – in der ersten Kompanie übernahm das ein Wachtmeister. Unter anderem wurde befohlen, jene Juden, die man nur unter großen Schwierigkeiten zum Sammelpunkt bringen konnte – die Alten, die Jungen und die Kranken –, auf der Stelle in ihren Wohnungen und sogar in ihren Betten zu erschießen.[31] Die erste Kompanie sollte zunächst an der »Säuberung« des Ghettos teilnehmen und anschließend das Hinrichtungskommando stellen. Der zweiten Kompanie war die Hauptlast bei der Ghettoräumung zugedacht; ihre Männer waren beauftragt, von Tür zu Tür zu ziehen und die Bewohner zu zwingen, sich am festgelegten Sammelplatz, dem Marktplatz von Józefów, einzufinden. Der größte Teil der dritten Kompanie sollte die Stadt durch Abriegelung sichern, einer ihrer Züge hatte zusätzlich die zweite Kompanie zu unterstützen.[32] Während des Einsatzes wurden die Pläne allerdings geändert, so daß sich schließlich Polizisten verschiedener Kompanien an Aufgaben beteiligten, die ursprünglich anderen zugedacht waren.

Als der Morgen heraufdämmerte, begannen die Deutschen, das jüdische Ghetto von Józefów zu räumen. Sie durchkämmten das Viertel in kleinen Gruppen von meist zwei oder drei Mann und trieben die Juden aus ihren Wohnungen. Die dritte Kompanie hatte wie alle anderen von ihrem Kommandeur die Anweisung erhalten, »daß bei der Räumung Kranke und Gebrechliche sowie Säuglinge und Kleinstkinder und Juden, die sich widersetzen, an Ort und Stelle zu erschießen sind«.[33]

Diesen Befehl führten die Deutschen erbarmungslos und unglaublich brutal aus; wer nicht selber zum Sammelplatz laufen konnte, den erschossen sie. »Ich habe aber etwa 6 jüdische Leichen gesehen, die von meinen Gruppenkameraden an Ort und Stelle befehlsgemäß erschossen worden waren. U. a. sah ich eine Greisin, die in ihrem Bett tot lag.«[34] Nachdem die Deutschen ihre Aufgabe »erledigt« hatten, lagen, wie einer von ihnen berichtet, überall im Ghetto, in »Vorgärten, Hauseingängen und auf der Straße bis zum Marktplatz«[35] Leichen von Juden. Ein Angehöriger der dritten Kompanie beschreibt das Vorgehen so: »Ich weiß auch, daß nach diesem Befehl gehandelt wurde, denn als ich während der Räumung durch das Judenviertel ging, habe ich überall erschossene Greise und Säuglinge gesehen. Ich weiß auch, daß während der Räumung sämtliche Insassen eines jüdischen Krankenhauses von den Durchsuchungstrupps erschossen wurden.«[36]

Es ist leicht, diese beiden Sätze zu lesen, einen Augenblick zu erschaudern und dann weiterzulesen. Statt dessen lohnt es sich innezuhalten und sich vorzustellen, wie groß der psychische Druck, sich an diesem Massaker nicht zu beteiligen, gewesen wäre, hätten die Männer diese Tötungen wirklich abgelehnt; hätten sie tatsächlich nicht angenommen, daß die Juden ein derartiges Schicksal verdienten. Gerade hatten sie von ihrem Kommandeur erfahren, daß er jene entschuldigen wollte, die zögerten. Statt nun sein Angebot anzunehmen, entschieden sie sich dafür, in ein Krankenhaus – einen Ort des Heilens also – einzudringen, um die Kranken zu erschießen, die sich sicherlich krümmten, bettelten und um Gnade flehten. Sie töteten selbst Babys.[37] Doch keiner der Deutschen berichtet von diesen Details. Aller Wahrscheinlichkeit nach erschoß einer der Mörder ein Baby in den Armen seiner Mutter und die Mutter obendrein, oder aber er hielt das Kleine, wie es damals mitunter die Gewohnheit der Täter war, am Bein auf Armeslänge von sich, um es dann zu erschießen. Vielleicht mußte die Mutter dies voller Entsetzen mitansehen. Der kleine Körper wurde dann wie Abfall fallen gelassen, und man ließ ihn verrotten. So wurde ein Leben ausgelöscht. Der Schrecken, den die Tötung dieses einen Babys oder die Teilnahme am Massaker an den jüdischen Patienten eines Krankenhauses, geschweige denn all die anderen Morde auslösten, die sich im Laufe eines einzigen Tages ereigneten, mußte jeden, der Juden als Mitglieder der menschlichen Gemeinschaft betrachtete, zu der Überlegung veranlassen, ob auch er jetzt noch von Trapps Angebot Gebrauch machen sollte. Soviel wir wissen, tat das niemand.

Als die Razzia vorerst beendet war, durchsuchten die Deutschen das Ghetto nochmals, um sicherzustellen, daß kein Jude seinem Schicksal entging. Mitte 1942 war allen Juden in Polen entweder aus eigener Beobachtung oder aus der kollektiven jüdischen Erfahrung bewußt, was die Deutschen mit ihnen vorhatten. Viele von ihnen hatten sich daher, oft mit großem Geschick, Verstecke eingerichtet, in denen sie der Entdeckung zu entgehen hofften. Die Deutschen wußten, daß viele Juden auf diese Weise den Schlingen ihrer Henker zu entkommen suchten, und sie bemühten sich eifrig, diese Verstecke aufzuspüren. Unterstützt wurden sie dabei von polnischen Spitzeln. Die Deutschen klopften buchstäblich jede Wand ab, drehten jeden Stein um: »Es wurde daher nochmals das Wohnviertel abgesucht, wobei noch in vielen Fällen in zugebauten Räumen oder Abseiten unter Zuhilfenahme der Polen zahlreiche Juden gefunden wurden. So erinnere ich mich auch, daß ich selbst von einem Polen auf einen sog. toten Raum aufmerksam gemacht wurde, der durch zwei Zwischenwände zwischen zwei Wohnräumen entstanden war. In einem anderen Falle wurde gleichfalls durch einen Polen auf eine Erdhöhle im Garten aufmerksam gemacht. Die in beiden Verstecken aufgefundenen Juden sind aber nicht befehlsgemäß erschossen worden, sondern sind auf meine Anweisung zum Marktplatz gebracht worden.«[38]

Wenn diesem Mann zu glauben ist, dann zog er es vor, andere die Drecksarbeit machen zu lassen. Er mißachtete den Befehl, jeden, der Widerstand leistete, zu töten, und entschloß sich statt dessen, dasselbe Ergebnis auf eine angenehmere Weise zu erreichen – indem er das Töten anderen überließ. Hätte er die Tötung von Juden abgelehnt und nicht nur Abscheu davor empfunden, es selbst zu tun, dann wäre es ein leichtes für ihn gewesen, die Juden, die alles versucht hatten, um unentdeckt zu bleiben, bewußt zu übersehen. Doch in seiner umfangreichen Zeugenaussage liefert er keinerlei Hinweis darauf, daß er und andere sich bemühten, die versteckten Juden nicht zu bemerken.[39]

Die Deutschen sammelten die Juden auf dem Marktplatz. Es hatte lange gedauert, sie aus ihren Wohnungen zu treiben. Da es sich hier um den ersten Mordeinsatz des Polizeibataillons 101 handelte, hatten die Männer noch keine effiziente Routine entwickelt. Einige der Offiziere waren mit dem Verlauf der Operation unzufrieden; sie gingen umher und spornten ihre Leute an: »Das geht nicht voran!« »Das geht nicht schnelle genug!«[40]

Gegen zehn Uhr vormittags hatten die Deutschen schließlich die »Arbeitsfähigen« aussortiert, etwa vierhundert Männer, die sie in ein »Arbeits«lager in der Nähe von Lublin schickten.[41] Die Männer des Polizeibataillons 101 näherten sich jetzt dem Höhepunkt ihres ersten Einsatzes. Sie erhielten neue Anweisungen und begannen daraufhin mit den systematischen Hinrichtungen. Über die empfohlene Schußtechnik hatte man sie bereits während des ersten Appells unterrichtet. »An Dr. Schönfelder habe ich aber eine ganz sichere Erinnerung … Wir standen – wie bereits gesagt – im Halbkreis um Dr. Schönfelder und die anderen Offiziere herum. Dr. Schönfelder zeichnete auf den Erdboden, damit wir es alle sehen konnten, den Umriß eines menschlichen Oberkörpers und bezeichnete am Genick den Punkt, auf den wir schießen sollten. Das Bild steht mir noch genau vor Augen. Ich weiß nur nicht mehr sicher, ob er einen Stock oder etwas anderes benutzt hat, um auf den Erdboden zu zeichnen.«[42]

Der Bataillonsarzt, ein Heilkundiger also, unterwies die Männer nun in der besten Art des Tötens – offensichtlich galt sein hippokratischer Eid nicht für Juden.[43] Dann wurde die Debatte über die Verfeinerung der Schußtechnik fortgesetzt. »Es wurde darüber diskutiert, wie die Erschießung erfolgen sollte. Die Frage war, ob mit oder ohne aufgepflanztes Seitengewehr geschossen werden sollte … Durch das aufgepflanzte Bajonett sollten Fehlschüsse vermieden werden und die Männer brauchten nicht zu nahe an die Opfer herantreten.«[44]

Vom Marktplatz aus brachten die Deutschen die Juden gruppenweise auf Lastwagen in die Wälder außerhalb von Józefów. »Die Juden wurden von den begleitenden Polizisten veranlaßt, vom Lkw herunterzuspringen, wobei natürlich zur Beschleunigung des Vorganges u. U. ›nachgeholfen‹ wurde.«[45]

Obgleich dies ihr erster Mordeinsatz war, erschien es den Männern des Polizeibataillons 101 bereits als »natürlich«, Juden zu schlagen – darin liegt die eigentliche Bedeutung des beschönigenden Ausdrucks »Nachhelfen« im obigen Zitat. Das alles war so »natürlich«, daß es der Mörder beiläufig erwähnt und es nicht für nötig hält, näher darauf einzugehen.

Den Männern der ersten Kompanie, die ursprünglich dazu bestimmt worden waren, die Juden zu erschießen, wurden gegen Mittag auch Angehörige der zweiten Kompanie zugeteilt, weil Major Trapp annahm, den Mordeinsatz sonst nicht vor Einbruch der Dunkelheit abschließen zu können.[46] So beteiligte sich ein größerer Teil des Bataillons, als Trapp eigentlich geplant hatte, direkt an den Tötungen. Die genaue Transportmethode und das Verfahren der Tötungen variierten nicht nur von Einheit zu Einheit, sondern änderten sich auch im Laufe des Tages. Die Züge der ersten Kompanie bildeten Erschießungskommandos von jeweils etwa acht Mann. Die anfängliche Vorgehensweise sah mehr oder weniger so aus: Ein Kommando ging auf die Gruppe von Juden, die gerade eingetroffen war, zu, und jeder suchte sich ein Opfer – Mann, Frau oder Kind – aus.[47] Die Juden und die Deutschen marschierten dann in parallelen Einzelreihen, so daß der Täter sich im Gleichschritt mit seinem Opfer bewegte, bis sie schließlich eine Lichtung erreicht hatten, wo die Hinrichtung stattfinden sollte; dort nahmen die Deutschen ihre Schußposition ein und warteten auf den Feuerbefehl des Kommandoführers.[48]

Der Weg in den Wald bot jedem Täter die Gelegenheit zum Nachdenken. Er schritt Seite an Seite mit seinem Opfer, konnte das menschliche Wesen neben sich mit den Vorstellungen in seinem Kopf vergleichen. Neben einigen der Deutschen gingen gewiß Kinder. Höchstwahrscheinlich waren sie daheim in Deutschland fröhlich und neugierig mit ihren eigenen Kindern durch den Wald gestreift. Welche Gedanken und Gefühle bewegten diese Männer jetzt, da sie Seite an Seite mit einem vielleicht acht- oder zwölfjährigen Mädchen marschierten, das für einen nicht-ideologisierten Geist wie jedes andere Mädchen aussah? In diesen Augenblicken hatte jeder der Mörder eine persönliche, direkte Beziehung zu seinem Opfer, zu seinem kleinen Mädchen. Nahm er überhaupt ein kleines Mädchen wahr, und fragte er sich, warum er kurz davor war, dieses kleine, zarte menschliche Wesen zu töten? Hätte er in ihm wirklich ein kleines Mädchen gesehen, wäre dann sein Mitleid, sein Beschützerinstinkt und seine Fürsorglichkeit geweckt worden? Oder betrachtete er das kleine Mädchen nur als Jüdin, die zwar jung, aber eben doch eine Jüdin war? Fragte er sich ungläubig, womit es zu rechtfertigen war, daß er dem verletzbaren kleinen Mädchen das Hirn aus dem Kopf schoß? Oder sah er den Befehl als vernünftig, als notwendig an, damit die angebliche jüdische Gefahr im Keim erstickt würde? Das »Judenkind« konnte schließlich eine jüdische Mutter werden.

Das Töten selbst war eine grausame Angelegenheit. Nach dem gemeinsamen Gang durch den Wald mußte jeder Deutsche seine Schußwaffe auf den Hinterkopf des Opfers richten, das nun mit gesenktem Kopf dastand. Er bediente den Abzug, sah wie die Person, manchmal ein kleines Mädchen, zuckte und sich dann nicht mehr rührte. Die Deutschen mußten gefühllos bleiben angesichts der Angst und Verzweiflung der Opfer, ob nun eine Frau jammerte oder ein Kind wimmerte.[49] Bei so geringer Distanz zu ihren Opfern bespritzten sich die Täter häufig mit menschlichem Blut. Einer von ihnen berichtet: »Durch den dadurch bedingten Nahschuß traf das Geschoß mit derartiger Rasanz den Schädel, daß zumindest die ganze hintere Schädeldecke abgerissen wurde und nun Blut, Knochensplitter und Gehirnmasse durch die Gegend spritzten und die Schützen beschmutzten.«[50] Wachtmeister Anton Bentheim verdeutlicht, daß dies nicht die Ausnahme, sondern der Regelfall war: »Die Schützen waren grauenvoll mit Blut, Gehirnteilen und Knochensplittern besudelt. Das hing an ihrer Kleidung.«[51]

Obwohl all dies die Täter bis ins Mark erschüttern mußte und selbst die abgehärtetsten Henker nicht ungerührt lassen konnte, holten sich die nunmehr ins Töten eingeführten Männer gleich darauf neue Opfer, neue kleine Mädchen, und schafften auch sie in den Wald. Für jede neue Gruppe von Juden suchten sie noch nicht besudelte Stellen aus.[52]

Bei dieser personalisierten, individuellen Vorgehensweise tötete jeder Mann, der an dieser Erschießung teilnahm, fünf bis zehn Juden, und zwar meist Alte, Frauen und Kinder. Die etwa dreißig Angehörigen der zweiten Kompanie aus dem Zug unter Leutnant Kurt Drucker beispielsweise richteten in drei bis vier Stunden zwischen zwei- und dreihundert Juden hin.[53] Zwischendurch machten sie Pausen, um sich auszuruhen, zu erholen und eine Zigarette zu rauchen.[54] Es war untypisch für die Mordeinsätze, daß die Männer des Polizeibataillons 101 die Juden weder zwangen, sich auszuziehen, noch ihnen die Wertsachen abnahmen. An diesem Tag hatte ihre Operation nur ein Ziel. Insgesamt töteten die Deutschen bei dem wilden Gemetzel im Ghetto und den systematischen Exekutionen im Wald mehr als 1200 Juden, möglicherweise einige hundert mehr. Sie ließen die Leichen, ob in der Stadt selbst oder im Wald, einfach da liegen, wo sie sie getötet hatten. Mit der Bestattung beauftragten sie den polnischen Bürgermeister.[55]

Unter den Opfern befand sich eine beträchtliche Anzahl von deportierten Juden aus Norddeutschland, die im selben Dialekt wie die Männer des Polizeibataillons 101 sprachen. Die sprachliche Fremdheit der polnischen Juden, die die Mehrheit der Opfer stellten, und ihre ungewohnten polnisch-jüdischen Gebräuche konnten die enorme kognitive und psychische Barriere, die die Deutschen aufgebaut hatten, um die Juden nicht als Menschen wahrnehmen zu müssen, noch stützen. Die Juden aus ihrer Heimatregion indes, die die Täter in einem ihnen vertrauten Tonfall ansprachen, dürften diesen Schutzwall erschüttert haben. Dachten sie vielleicht doch über das Menschsein dieser Juden nach? Zwei Angehörige der zweiten Kompanie erinnern sich an einen Juden aus Bremen, einen Kriegsteilnehmer des Ersten Weltkrieges, der um sein Leben flehte. Auch das sollte dem Juden allerdings nichts nützen,[56] sowenig wie ihre deutsche Herkunft den anderen Juden etwas anderes einbrachte als eine ganz gewöhnliche deutsche Kugel, die in den Augen der Täter wie auch in der Wirklichkeit alle Juden, ob deutsch oder polnisch, ob männlich oder weiblich, ob jung oder alt, egalisierte.

Doch welche Auswirkungen hatten die Hinrichtungen auf die Mörder? An ihrer Beharrlichkeit kann es keinen Zweifel geben. Sie erfüllten ihre Aufgabe mit Sorgfalt, und das Resultat sprach für sich. Die Grausamkeit ihres Tuns weckte in einigen von ihnen Widerwillen, aber keineswegs in allen. Einer der Täter erinnert sich lebhaft an jenen Tag: »Neben mir war der Wachtmeister Koch. Er hatte einen kleinen Jungen von vielleicht 12 Jahren zu erschießen. Uns war ausdrücklich gesagt worden, daß wir den Gewehrlauf 20 cm vom Kopf entfernt halten sollten. Das hat Koch offensichtlich nicht getan, denn beim Verlassen der Exekutionsstelle lachten die anderen Kameraden über mich, weil von dem Gehirn des Kindes Teile an den Griff meines Seitengewehrs geschleudert worden waren und haftenblieben. Ich habe erst noch gefragt, warum lacht Ihr denn, daraufhin sagte Koch, unter Hinweis auf das Gehirn an meinem Seitengewehr, das ist von mir, der zuckt nicht mehr. Er sagte das offensichtlich in einem sich brüstenden Ton.«[57] Diese Heiterkeit, ja fast kindische, offene Freude angesichts des Massenmords war kein Einzelfall. Dieser Zeuge bezeichnete den Ton des Spötters im weiteren als überheblich und bemerkte: »Ich hab' noch mehr solche Schweinereien erlebt ...«

Das Ekelhafte an diesen Tötungsszenen störte einige der Täter. Daran kann es keinen Zweifel geben. Sie waren tief erschüttert. Einen ganz gewöhnlichen Schlachthof zu betreten ist selbst für manche überzeugte Fleischesser eine unangenehme Erfahrung. Da kann es

262

nicht überraschen, daß auch einige der Mörder sich während des Einsatzes einmal zurückziehen oder eine Atempause einlegen mußten. Ein Zugführer, Wachtmeister Ernst Hergert, berichtet, in seinem Zug hätten zwei bis fünf Männer gebeten, an den Tötungen nicht weiter teilnehmen zu müssen, nachdem sie bereits eine Weile mitgemacht hatten. Sie empfanden es als zu belastend, Frauen und Kinder zu erschießen. Diese Männer wurden vom Zugführer oder von ihrem Leutnant freigestellt; im weiteren Verlauf des Mordeinsatzes wurden ihnen nur noch Bewachungs- oder Transportaufgaben zugewiesen.[58] Zwei andere Wachtmeister, Bentheim und Arthur Kammer, stellten ebenfalls einige Männer, die unter ihrem Kommando standen, frei.[59] Ein vierter, Heinrich Steinmetz, sagte seinen Männern sogar ausdrücklich, sie müßten nicht töten. »Erwähnen möchte ich noch, daß vor dem Beginn der Erschießungen der Hauptwachtmeister Steinmetz vor den Angehörigen des Zuges sagte, daß diejenigen, die sich der bevorstehenden Tätigkeit nicht (sic) gewachsen fühlten, melden könnten. Es hat sich allerdings niemand ausgeschlossen.«[60]

Das ist aufschlußreich: Diese Polizisten hatten schon an der brutalen Räumung des Ghettos teilgenommen, so daß sie zum Zeitpunkt dieses Angebotes bereits einen Einblick in die grausame Wirklichkeit des Völkermords gewonnen hatten. Doch nicht einer unter ihnen machte von der Möglichkeit Gebrauch, sich nicht an weiteren Erschießungen zu beteiligen. Einer dieser Männer berichtet, Steinmetz habe sein Angebot wiederholt, als die Hinrichtungen schon im Gang waren. Der Mann gab auch zu, er hätte bereits sechs oder acht Juden getötet, ehe er den Wachtmeister um Freistellung bat. Seiner Bitte wurde entsprochen.[61] Wachtmeister Steinmetz war ein Vorgesetzter, dem das Wohl seiner Untergebenen durchaus am Herzen lag.

Ein besonders bemerkenswerter Fall war Leutnant Heinz Buchmann, einer der Bataillonsoffiziere. Auch er weigerte sich, an diesen Tötungen teilzunehmen. Bei den Erschießungen in Józefów und bei den folgenden Aktionen vermied er es, direkt an den Exekutionen mitzuwirken. Es war ihm gelungen, sich andere Aufgaben zuweisen zu lassen, so leitete er bei den Ereignissen von Józefów beispielsweise den Abtransport der sogenannten arbeitsfähigen Juden in ein »Arbeits«lager in der Nähe von Lublin. Jedem im Bataillon war bekannt, daß dieser Leutnant die Teilnahme an Tötungen verweigerte. Sein Wunsch, daran nicht mitzuwirken, wurde sogar in der Kommandokette berücksichtigt; sein Kompaniechef überging ihn bei anstehenden Mordeinsätzen und erteilte seine Befehle direkt dessen Untergebenen.[62]

Offensichtlich zögerten wenigstens einige Männer nicht, um Freistellung zu bitten. Tatsächlich war dies leicht; und auch die anderen sahen mit an, daß man sich der grausamen Aufgabe entziehen konnte. Trapps Angebot war ja vor dem vollzählig versammelten Bataillon erfolgt; mindestens ein Wachtmeister, der ein Erschießungskommando befehligte, wiederholte es sogar vor seinen Leuten. Ein Leutnant und ein Wachtmeister, die einem anderen Kommando vorstanden, stimmten den Bitten ihrer Männer um Freistellung ebenfalls zu. Und sowohl vor dem versammelten Bataillon als auch im vertrauteren Kreis der Züge und Kommandos scheuten sich zumindest einige der Männer nicht, die Angebote wahrzunehmen. Selbst ein widerstrebender Offizier diente den unteren Rängen des Bataillons als Beispiel, daß eine Verweigerung möglich und nicht unehrenhaft war. Auf allen Ebenen der Kommandostruktur des Polizeibataillons 101 scheint ein teils offizielles, teils inoffizielles Einvernehmen darüber geherrscht zu haben, daß Männer, die nicht töten wollten, nicht dazu gezwungen werden sollten.[63] Daß nicht nur der Bataillonskommandeur, sondern auch Wachtmeister berechtigt waren, jemanden von Mordeinsätzen freizustellen, zeigt, wie sehr man akzeptierte, daß Bataillonsangehörige von dieser Möglichkeit Gebrauch machten. Daß jene, die Juden und auch jüdische Kinder umbrachten, dies freiwillig taten, geht aus alldem unmißverständlich hervor.[64]

Nach vollbrachtem Tagwerk konnten die Männer innerlich verarbeiten, was sie getan hatten, und miteinander reden. So wurde etwa der in Biłgoraj zurückgebliebene Kompanieschreiber von den anderen bei deren Rückkehr über ihre Taten informiert.[65] Natürlich unterhielten sich die Männer. Und es ist kaum vorstellbar, daß diese ganz gewöhnlichen Deutschen sich wertneutraler Begriffe bedienten, wenn sie über ihre mörderischen Taten sprachen. Viele von ihnen zeigten sich von den Hinrichtungen erschüttert: »Diese Dinge hat kein Kamerad aus Freude mitgemacht. Sie waren hinterher alle sehr deprimiert.«[66]

Für diesen Tag war ihnen der Appetit vergangen: »Ich erinnere mich noch, daß keinem meiner Kameraden das Essen nach der Rückkehr schmeckte, daß aber dafür reichlich Alkohol genossen wurde, den es als Sonderration gab.«[67]

Offensichtlich reagierten viele auf ihr eigenes Tun nicht mit Gleichgültigkeit. In den Zeugenaussagen nach dem Kriege sprachen einige von ihnen ausführlich über das Unbehagen, das das erste Massaker bei ihnen und ihren Kameraden ausgelöst habe. Natürlich waren einige zunächst unglücklich, verstört und vielleicht sogar wütend darüber, daß man ihnen eine so grausame Aufgabe aufgebürdet hatte.[68] Doch sollte man die Nachkriegsberichte der Männer über ihre innere Bedrängnis mit einiger Vorsicht zur Kenntnis nehmen und der Versuchung widerstehen, hier zuviel hineinzuinterpretieren.[69] Diese

264

Männer waren von den geplatzten Schädeln, dem Blut, den umherfliegenden Knochen und dem Anblick so vieler frischer Leichen an-
gewidert – doch all das hatten sie selbst angerichtet.[70] Gewährte man
ihnen eine Pause, waren sie erschüttert, weil sie in den Massenmord
verwickelt waren und Taten begangen hatten, die ihr Leben gesellschaftlich und moralisch auf alle Zeit bestimmen würden. Ihre Reaktion ähnelte der von Soldaten, die gerade die gräßlichen ersten Kampferfahrungen hinter sich haben. Häufig fühlten sie sich krank, mußten
sich übergeben, verloren den Appetit. Diese Reaktionen sind verständlich, nachdem die Männer unter derart grausamen Umständen
mit den Tötungen begonnen hatten. Sie entsprangen allerdings nur
dem Schock und dem Grauen des Augenblicks. Schon bald sollten sie
ihre Mordeinsätze wiederaufnehmen, so eifrig wie zuvor. Trotz ihres
Ekels und des Schocks litt nach dem Massaker an der jüdischen Gemeinde von Józefów niemand an ernsthaften emotionalen Störungen,
wie der Sanitäter des Bataillons bezeugt. Ihm war keiner bekannt,
»dem aufgrund der Erlebnisse übel geworden war oder [der] gar
einen Nervenzusammenbruch hatte«.[71]

Typisch für dieses Bataillon waren lebhafte Unterhaltungen über
Ansichten, über Gefühle, auch Meinungsverschiedenheiten wurden
offen ausgetragen – in gewissem Maße sogar zwischen Männern verschiedener Hierarchieebenen. Mitten während der Exekutionen kam
es an jenem Nachmittag zu einer heftigen Auseinandersetzung zwischen Leutnant Hartwig Gnade, dem Befehlshaber der ersten Kompanie, und einem ihm unterstellten, jüngeren Leutnant. Es ging dabei
um die Frage, wo man eine neu eingetroffene Gruppe von Juden erschießen sollte. Gnade schrie den widersprechenden Untergebenen
an, er könne nicht mit ihm zusammenarbeiten, wenn er Befehle nicht
befolge.[72] Dieser Fall von Befehlsverweigerung macht deutlich, daß
zumindest in diesem Polizeibataillon nicht Strenge herrschte, sondern
ein eher laxes Klima; schließlich stritt sich hier ein Offizier mit seinem Kommandeur vor den Augen der Truppe über eine recht unwich-
tige operative Frage, und der Vorgesetzte zeigte sich außerstande oder
wenigstens nicht willens, seine absolute Autorität durchzusetzen. In
dieser Einheit hielt man nicht unterwürfig den Mund, wenn ein Vorgesetzter einen Befehl erteilte, und man pflegte erst recht nicht einen
blinden Gehorsam.

Obwohl einige der Deutschen mit ihrem ersten Massenmord offensichtlich Schwierigkeiten hatten; obwohl sie die Abfallprodukte abstoßend fanden, die Kopfschüsse aus naher Distanz nach sich zogen;
obwohl sie Gelegenheit hatten, sich von den Erschießungen – dieser
grauenhaften und ekelerregenden Pflicht – freistellen zu lassen, entschieden sie sich fast alle dafür, ihre tödlichen Aufgaben zu erledigen.

Hätte irgend jemand den Mord an Juden, den Mord an Kindern und Kleinkindern mißbilligt, insbesondere angesichts der erwähnten Begleitumstände, die selbst den unempfindlichsten Magen auf eine harte Probe stellten, dann ist es nicht nur schwer verständlich, weshalb er tötete, sondern auch, wie er sich selbst dazu bringen konnte, damit fortzufahren. Es gab ja einen Ausweg. Selbst einige, die prinzipiell damit einverstanden waren, die Juden auszulöschen, ließen sich zeitweise freistellen, weil sie die damit verbundenen Greuel nicht ertragen konnten.[73]

Für die Männer des Polizeibataillons 101 dauerte die Ruhepause, in der sie nicht zur »Lösung« der »Judenfrage« beitragen mußten, nur wenige Tage. Dann nahmen sie erneut an einer Reihe begrenzter Einsätze in der Gegend um Biłgoraj und Zamość teil. Diesmal schafften sie Juden aus kleinen Dörfern und Orten zu zentralen Sammelplätzen. Obwohl sich diese Operationen anscheinend häufig wiederholten, ist kaum etwas bekannt, da die Täter nur wenig darüber berichteten.[74]

Kurz nach dem Massaker von Józefów vernichtete das Polizeibataillon 101 wieder eine ganze Gemeinde, diesmal im nahegelegenen Łomazy. Anders als in Józefów, wo sich das ganze Bataillon an dem Massenmord beteiligt hatte, wurden die Erschießungen von Łomazy der zweiten Kompanie allein überlassen. Am Tag vor der Aktion rief der Kompaniechef seine Zugführer in Biała Podlaska, dem Hauptquartier des Kompaniestabs, zusammen. Die Züge der Kompanie waren zu der Zeit auf verschiedene umliegende Ortschaften verteilt, ein Zug unter Wachtmeister Heinrich Bekemeier seit dem 9. August zu Teilen in Łomazy stationiert. Der Kompaniechef, Leutnant Gnade, informierte seine Leute nun über den geplanten Mord und ordnete an, daß sich die Männer am nächsten Morgen, dem 19. August 1942, zwischen vier und fünf Uhr früh in Łomazy einzufinden hatten.

In Łomazy lebten weniger als dreitausend Einwohner, mehr als die Hälfte davon waren Juden. Von den 1600 bis 1700 Juden, die die Deutschen damals in Łomazy vorfanden, stammten die meisten nicht aus Polen; manche kamen aus Deutschland, einige sogar aus Hamburg.[75] Die Deutschen hatten diese Juden während der vergangenen Monate nach Łomazy deportiert – die erste Phase eines zweistufigen Prozesses, der mit dem Tod der Juden enden sollte. Zwar gab es hier kein ummauertes Ghetto, doch waren die Juden in einem bestimmten Teil der Stadt konzentriert worden. Die Männer der zweiten Kompanie benötigten etwa zwei Stunden, um ihre Opfer zusammenzutreiben und zu der vorgesehenen Sammelstelle, einem Sportplatz neben der örtlichen Schule, zu bringen. Die Razzia ging erbarmungslos vonstatten. Wie Gnade vor der Operation befohlen hatte, töteten die Deutschen all jene auf der Stelle, die aus eigener Kraft nicht zum Sammelpunkt laufen konnten. Mit welchem Eifer die Männer ihre Aufgaben erfüllten, wird aus der folgenden gerichtlichen Urteilsbegründung deutlich:

»Die Durchsuchung der Häuser wurde mit außerordentlicher Genauigkeit durchgeführt. Die verfügbaren Kräfte waren in Durchsuchungstrupps von 2–3 Schutzpolizisten aufgeteilt. Der Zeuge H. hat berichtet, daß es zu ihren Aufgaben gehörte, auch die Kellerräume und die Dachböden der Häuser mit zu durchsuchen. Die Juden waren nicht mehr arglos. Sie hatten in Erfahrung gebracht, was im gesamten Generalgouvernement mit den Angehörigen ihrer Rasse geschah. Sie versuchten deshalb, sich zu verstecken und sich so der Vernichtung zu entziehen. Überall im Judenviertel wurde geschossen. Der Zeuge H. hat allein in seinem Abschnitt, in einer Häuserzeile, etwa 15 erschossene Juden gezählt. Nach etwa 2 Stunden war das sehr übersichtliche Judenviertel geräumt.«[76]

Die Deutschen erschossen die Alten, Kranken und Jungen auf den Straßen, in ihren Wohnungen, in ihren Betten.[77]

Daß sich die Deutschen gerade bei dieser Razzia in Łomazy so mörderisch aufführten, ist bemerkenswert, denn dem Einsatzplan zufolge sollten sie ihre Opfer gar nicht selbst erschießen. Gnade hatte in der Besprechung vor Beginn der Aktion angekündigt, daß eine Einheit von »Trawnikis« – auch als »Hiwis«[78] bezeichnete Osteuropäer, meist Ukrainer, die die Deutschen bei der Massenvernichtung unterstützten – die eigentlichen Tötungen unter deutscher Aufsicht durchführen würde. Ein Deutscher würde also nicht persönlich jeden Juden, den er zum Sammelpunkt schaffen konnte, aus kurzer Distanz hinrichten müssen. Er konnte sich die Qual, falls es denn für ihn eine war, ersparen, auf einen Juden, der sich vor ihm zu verstecken suchte, oder auf einen bettlägerigen alten Mann oder ein kleines Kind schießen zu müssen. Doch die Deutschen, die diese Razzia durchführten, ließen die Gelegenheit, sich diesem personalisierten Töten aus nächster Nähe zu entziehen, ungenutzt.[79]

Auf dem Sportplatz trennten sie Männer und Frauen. Die Juden warteten stundenlang auf diesem Sportplatz, bis die letzten Vorbereitungen des Mordeinsatzes abgeschlossen waren. Die folgenden Photos zeigen Szenen aus diesen Stunden.

Auf dem ersten Photo sieht man in der Mitte des Bildes einen Deutschen, der eine Peitsche in der Hand hält. Daß er vorübergehenden Juden, die er eigentlich bewachen soll, den Rücken zuwendet, um den Photographen direkt anschauen zu können, läßt vermuten, daß er stolz auf sein Handeln war. Er wollte gar nicht verbergen, daß er an

Männer des Polizeibataillons 101 bewachen Juden auf dem Sportplatz von Łomazy vor ihrer Hinrichtung.

diesem Mordeinsatz beteiligt war, sondern sich vielmehr für die Nachwelt verewigen lassen. Auf der Rückseite des dritten Photos notierte der Photograph die im folgenden Faksimile wiedergegebenen Worte: »Verurteilte Juden/Lomartzie 18. Aug. 42/1600«.

Die zusammengetriebenen Juden von Łomazy, vom Rande des Städtchens aus gesehen.

Dieser Mann notierte die nötigen Informationen, damit die Leistungen dieses Tages auch Jahre später nicht in Vergessenheit gerieten oder verwechselt wurden. Seiner Zählung nach waren 1600 Juden umgebracht worden.[80]

Vom Sportplatz aus brachten Männer des ersten Zuges eine Gruppe von fünfzig bis sechzig mit Spaten und Schaufeln ausgerüstete Juden zu einem etwa einen Kilometer entfernten Waldstück, wo die Hinrichtung stattfinden sollte. Sie zwangen die Juden, eine tiefe Grube für die Erschießungen auszuheben. Auch das ist photographisch dokumentiert.[81]

Die Aufschrift auf der Rückseite dieses letzten Photos hält ebenfalls die Geschehnisse für die Nachwelt fest: »Verurteilte Juden/Lomartzie 18. August 42/1600«.

Schließlich trafen auch die Hiwis ein, auf die man bereits gewartet hatte, und ließen sich erst einmal zum Frühstück nieder. In Sichtweite ihrer Opfer stillten diese vierzig bis fünfzig Hiwis[82] ihren Hunger und Durst, letzteres vor allem mit Wodka, was ihre Brutalität noch steigern sollte. Gnade und der deutsche Befehlshaber der Hilfswilligen tranken mit.[83] Die Juden, die dem Kommenden nur mit schlimmsten Befürchtungen entgegensehen konnten, waren Zeugen, wie ihre Mörder in ihrer Gegenwart ein Festessen veranstalteten. Trotz der brüten-

Angehörige des Polizeibataillons 101 zwingen außerhalb von Łomazy Juden dazu, ihr eigenes Massengrab auszuheben.

den Hitze versorgten die Deutschen die Juden weder mit Nahrung noch mit Wasser.

Dann begann der Marsch zur Hinrichtungsstätte. Zunächst jedoch mußten polnische Bauern ein langes, eigens zusammengeknotetes Seil herbeischaffen. Aus irgendeinem unerklärlichen Grund, vielleicht einer bizarren nationalsozialistischen Logik folgend, umschlossen die Deutschen die versammelten Juden mit dem Seil, offenbar in der Hoffnung, die Juden würden sich dadurch in geordneten Sechser- oder Achterreihen auf ihrem Todesmarsch bewegen.[84] Jeden, der vom Weg abkam, meist weil er zurückfiel und deshalb aus der Begrenzung durch das Seil herausrutschte, erschossen die Deutschen. Da die Deutschen ein schnelles Tempo vorgaben, hatten die körperlich Schwächeren Probleme mitzuhalten; am Ende des Zuges kam es daher, bedingt durch das Seil, zu heftigen Rempeleien. Die Juden fürchteten die Erschießung der Strauchelnden so sehr, daß sie einmal nach vorn drängten und dabei einige ihrer Leidensgenossen überrannten. Die Gestürzten wurden von anderen weiter niedergetrampelt und Wachtmeister Bentheim, einem der Täter, zufolge von den Deutschen »rücksichtslos vorangetrieben und auch erschossen«.[85] Erst als der Schauplatz der Massenhinrichtung erreicht war, entfernten die Deutschen schließlich das völlig ungeeignete und überflüssige Seil, trennten Männer und Frauen und schafften sie zu verschiedenen Stellen, jeweils etwa fünfzig Meter von dem vorbereiteten Massengrab entfernt. Die Deutschen zwangen alle Juden, ihre Oberbekleidung abzulegen, die Männer mußten ihren Oberkörper vollständig entblößen. Einige waren schließlich völlig nackt. Dann nahmen die Deutschen ihren Opfern sämtliche Wertsachen ab.[86] Daß sich die Juden öffentlich entkleiden mußten, war eine Schmach, wenn auch nichts im Vergleich zu dem, was ihnen noch bevorstand – dennoch war es eine Demütigung. Da sich all das Mitte August abspielte, hatte es auch andere Folgen: »Ich entsinne mich noch genau des Bildes, wie diese Juden, größtenteils mit entblößtem Oberkörper, mehrere Stunden in der prallen Sonne lagen und fast alle einen starken Sonnenbrand bekamen. Die Juden mußten nämlich nach dem Entkleiden auf einem verhältnismäßig begrenzten Raum sich auf den Bauch niederlegen und durften sich nicht bewegen.«[87]

Als die Erschießungen schließlich beginnen sollten, bildeten die Männer des zweiten Zuges eine Gasse zwischen dem Warteplatz und dem eigentlichen Hinrichtungsort – jeweils fünfzehn bis zwanzig Juden mußten in einem regelrechten Spießrutenlauf durch diese Gasse rennen, geschlagen und angebrüllt von den Deutschen.[88] Als genüge es nicht, die Opfer während der letzten Augenblicke ihres Lebens so zu quälen und zu foltern, wählte Gnade Juden von besonderer symbolischer Bedeutung für eine Spezialbehandlung aus. Die Erinnerung daran hat sich, was kaum überrascht, unauslöschlich in das Gedächtnis eines seiner Männer eingeprägt:

»Während dieser Erschießungsaktion habe ich noch eine Beobachtung gemacht, die ich nie vergessen werde. Noch bevor die Erschießungen begannen, hatte sich Oberleutnant Gnade etwa 20 bis 25 ältere Juden herausgesucht. Es waren ausschließlich Männer mit Vollbärten. Diese alten Männer ließ Gnade auf dem Platz vor der Grube robben. Bevor er ihnen Befehl zum Robben gegeben hatte, mußten sie sich entkleiden. Während die Juden nun völlig nackt robbten, schrie Oberleutnant Gnade in die Gegend: ›Wo sind denn meine Unterführer, habt ihr noch keinen Knüppel‹. Daraufhin sind dann die Unterführer an den Waldrand gegangen, haben sich Knüppel geholt und schlugen nun kräftig mit diesen Knüppeln auf die Juden ein … Ich möchte aber meinen, daß sämtliche Unterführer unserer Kompanie dem Befehl des Oberleutnant Gnade nachgekommen sind und auf die Juden eingeschlagen haben.«[89]

Nachdem sie diese alten jüdischen Männer zusammengeschlagen, aber nicht getötet hatten, erschossen die Deutschen jene ihrem nationalsozialistischen Verständnis nach archetypischen Juden. Warum entwürdigten und quälten sie die Juden, insbesondere diese alten Männer? Waren sie mit den Massenhinrichtungen an sich noch nicht zufrieden? Kaltblütig und mechanisch arbeitende Henker hätten ihre Opfer einfach nur getötet. Und wer das Mordprogramm ablehnte, hätte diese alten, ohnehin leidenden Juden nicht noch gequält, bevor er dem Leiden ein Ende setzte. Diese Deutschen aber waren keine gefühllosen oder zögerlichen Vollstrecker.

Die Hinrichtungsstätte selbst bot ein unbeschreibliches Bild. Die Grube war etwa anderthalb bis zwei Meter tief, knapp dreißig Meter breit, etwa fünfzig Meter lang[90] und zu einem Ende hin abschüssig. Die Juden wurden gezwungen, die Böschung hinunterzuklettern und sich dann mit dem Gesicht nach unten hinzulegen. Die Hiwis standen mit ihren Gewehren in der Grube selbst. Jedes ihrer Opfer töteten sie durch einen Schuß in den Hinterkopf. Gruppe für Gruppe mußte sich auf die blutenden Vorgänger mit ihren geborstenen Schädeln legen. Auf diese Weise füllte sich die Grube allmählich. Die Hiwis waren inzwischen völlig betrunken – der Alkohol floß auch während des Mordeinsatzes – und konnten daher, selbst auf kurze Distanz, nicht mehr richtig zielen. Dies führte zu haarsträubenden Szenen, deren Grauen man sich kaum vorstellen und noch weniger verstehen kann. Viele Juden starben nicht durch die Kugeln. Da die Deutschen aber an jenem Tag die Gnadenschüsse selbst jenen verweigerten, die nach der ersten Salve noch lebten, mußten sich die nachfolgenden Juden nicht

»nur« auf blutige Körper legen; die Menschen wanden sich mitunter noch in Todeskrämpfen, ihre Schreie zeugten von ihrem unvorstellbaren Schmerz. Doch als sei das alles noch nicht grausam genug, hatte man die Grube bis unter den Grundwasserspiegel ausgehoben, so daß sich das aufsteigende Wasser mit dem Blut vermischte und die Körper leicht im Wasser trieben. Die Hiwis, die die Erschießungen durchführten, standen knietief im blutigen Wasser.[91]

Viele der Deutschen beobachteten diese grauenvollen Szenen, da sie im Abstand von etwa dreißig Metern einen Kordon um die Grube gebildet hatten. Die Hiwis waren schließlich so betrunken, daß man sie unmöglich weitermachen lassen konnte. »Ich hatte Angst, daß sie uns auch noch erschießen«,[92] erinnert sich einer der Deutschen. Als Gnade dann seinen beiden Leutnants befahl, ihre Leute sollten die Hiwis ersetzen,[93] wußten die Männer bereits, was von ihnen erwartet wurde. Einer von ihnen berichtet:

»Sie teilten uns mit, daß Gnade jetzt den Einsatz der Kompanie als Schützen befohlen habe. Weiter sagten sie, daß wir die Exekutionen in gleicher Weise wie die Hiwis ausführen sollten. Dagegen haben wir uns aufgelehnt, zumal das Grundwasser in der Grube bereits über 50 cm hoch stand. Außerdem lagen bereits im ganzen Grubenbereich bzw. schwammen im ganzen Grubenbereich Leichen umher. Als besonders schrecklich habe ich in Erinnerung, daß auch ein großer Teil der erschossenen Juden bei der Exekution gar nicht tödlich getroffen waren und trotzdem ohne Abgabe von Gnadenschüssen von nachfolgenden Opfern zugedeckt wurden.«

Wie dieser Mann sich ins Gedächtnis ruft, entschieden sich seine Kameraden und er für eine andere Tötungsmethode: »Bei dieser Besprechung wurden wir uns einig, die Exekutionen durch zwei Gruppen à 8 bis 10 Mann durchführen zu lassen. Entgegen der Verfahrensweise der Hiwis sollten diese beiden Exekutionskommandos auf zwei gegenüberliegenden Seiten auf den ausgeworfenen Wällen der Grube Aufstellung nehmen und von dort aus die Erschießungen über Kreuz vornehmen.« Die Männer erschossen jeweils die Juden, die sich am Boden der ihnen gegenüberliegenden Seite der Grube befanden. Die Exekutionskommandos schossen jeweils eine halbe Stunde lang, bevor sie durch Kameraden abgelöst wurden. Der erste Zug hielt sich auf der einen Seite der Grube auf, der zweite und der dritte feuerten von der gegenüberliegenden Seite aus.

»Im übrigen wurde bei dieser Aktion auch innerhalb des Zuges recht häufig gewechselt. Ich meine, daß die jeweiligen 10 oder 12 Schützen bereits nach 5 bis 6 Exekutionen wechselten. Als der Zug durch war, wurde dann nochmals von vorne begonnen, so daß jede Gruppe ein zweites Mal 5 bis 6 Exekutionen durchführen mußte ...

Ich bin weiter der Meinung, daß abgesehen von einigen wenigen unabkömmlichen Bewachungskräften keiner von der Teilnahme an den Exekutionen verschont geblieben ist, es sei denn, der Betreffende hätte sich im Gelände ›verdrückt‹. Dieses war durchaus möglich, da die Züge innerhalb der Gruppen zum Teil verschiedene Aufgaben hatten.«

Soweit sich der Täter erinnert, schossen die Deutschen noch etwa zwei Stunden lang. Die inzwischen ausgenüchterten Hiwis – einige von ihnen hatten auf dem Rasen geschlafen – lösten die Deutschen ab und töteten mindestens eine Stunde lang weiter. Diesmal schossen auch sie von oben her; einige jedoch kletterten erneut in die mit Blut und Leichen gefüllte Grube hinab.[94] Schließlich konnte das Grab all die Leichen nicht mehr fassen. »Ich habe das Bild noch vor Augen und habe damals schon gedacht, daß man die Leichen doch gar nicht mehr mit Erde bedecken könnte.«[95]

Etwa 1700 jüdische Männer, Frauen und Kinder starben auf diese schreckliche Weise, darunter viele, die zufällig aus Deutschland stammten, unter anderem aus Hamburg, der Heimat des Bataillons.[96] Einige mußten zwölf Stunden lang seelische und körperliche Qualen erleiden, bevor sie einen Kopfschuß erhielten: Zunächst den Schock, als sie aus dem Schlaf gerissen und von den marodierenden Deutschen aus ihren Häusern getrieben wurden; dann die stundenlange Wartezeit auf dem Sammelplatz; den mörderischen Marsch zur Hinrichtungsstätte; schließlich, mit Ausnahme der ersten Gruppe von Opfern, die Schmerzensschreie ihrer jüdischen Brüder, als diese mit Schlägen von den Deutschen zu der Grube getrieben und gezwungen wurden, in diese Hölle hinabzusteigen. Nachdem sie die Schreie und Schußsalven mit angehört hatten – einige der Opfer mußten das vier Stunden lang ertragen –, hatte jeder von ihnen denselben letzten Weg anzutreten. Am Spätnachmittag beendeten die Deutschen und ihre Hiwis dieses grausame Massaker. Nur eine Kleinigkeit war noch zu erledigen. Eine Gruppe von etwa zwanzig Juden hatte man verschont, die nun die Hinrichtungsgrube, die zum Massengrab geworden war, mit Erde bedecken mußten. Einige der Juden bewegten sich noch immer. Sie wurden lebendig begraben. Die Deutschen störten sich nicht daran, sondern töteten umgehend auch die bis dahin mit dem Leben davongekommenen Juden, die das Grab zugeschaufelt hatten.

Aus dem Massaker der zweiten Kompanie in Łomazy läßt sich einiges lernen. Was die Logistik und die Methode anging, so unterschied es sich erheblich von dem ersten Mordeinsatz in Józefów. Diesmal orientierte man sich stärker an der Vorgehensweise der Einsatzkommandos.[97] Die Deutschen hatten die Hinrichtungen so geplant, daß sie unpersönlicher verliefen und dadurch die Täter psychologisch weniger belasteten. Sie überließen den Hiwis die Schmutzarbeit und bedienten sich im Gegensatz zu den Einzeltötungen in Józefów eher eines Fließbandverfahrens. Rückblickend scheint das damals noch unerfahrene und unausgebildete Polizeibataillon in Józefów einfach improvisiert zu haben. Erst später sollte es sich eine zweckmäßigere Technik aneignen, die eine größere Distanz zwischen den Mördern und dem Blut ihrer Opfer versprach. Die schlechte Vorbereitung der Ermordungen von Józefów zeigt, wie ungeniert die deutsche Führung mit diesen Dingen umging. Wenn man sich nun wieder den Ereignissen in Łomazy zuwendet, so wird deutlich, daß die Praktiken, die den Männern das Töten erleichtern sollten, im Grunde nicht notwendig waren; im Laufe des Tages verstießen sie immer häufiger gegen sie. Die Angehörigen dieser Kompanie hatten sich schon an ihre Berufung gewöhnt.[98]

Doch auch unabhängig von dem Vergleich mit Józefów ist die Massenhinrichtung von Łomazy aufschlußreich. Erstens sonderten die Deutschen hier die sogenannten Arbeitsfähigen nicht aus, um ihre Arbeitskraft auszunutzen. Hier ging es einzig und allein darum, Juden zu töten. Andere Absichten spielten keine Rolle. Zweitens macht die Grausamkeit, die die Deutschen von Beginn des Einsatzes an offenbarten, ihre Einstellung zu ihren Opfern und zu ihrer Aufgabe deutlich. Und die Grausamkeit, die sie ihren Häschern gestatteten, war grenzenlos. Einer der Deutschen drückte es so aus: »Die Grausamkeiten geschahen vom Abladeplatz bis zur Grube.«[99]

Als Gnade, drittens, den Deutschen befahl, die Hiwis abzulösen, umgingen sie zwar seinen Befehl, selbst in die blutige Grube zu steigen. Gegen die Anordnung als solche hatten sie jedoch nichts einzuwenden. Sie verweigerten sich nur dem Teil seines Befehls, den sie als widerwärtig empfanden. In dieser Hinsicht konnten sie sich auch durchsetzen. Viertens ist es äußerst seltsam, daß die Deutschen ein derart unkontrolliertes, »unprofessionelles« und sogar gefährliches Verhalten der Hiwis duldeten, die keinesfalls unwillig schienen, ihren Anteil an Juden umzubringen – im Gegenteil. Fünftens wurde von niemandem auch nur ansatzweise versucht, diesen Morden irgendeinen militärischen Sinn zu verleihen. Die Deutschen wußten, daß die Politik ihres Landes in Polen auf einen Völkermord hinauslief und daß der Genozid, der Wille, die angebliche jüdische Gefahr von der Erde zu vertilgen, Zweck und Begründung genug war. Daher konnte an jenem Tag jeder auf seine Weise seinen »Spaß« mit den Juden treiben, selbst wenn dies für den Geschmack einiger zu weit ging.

Als die Deutschen Łomazy »judenrein« gemacht hatten, kehrten die Männer der zweiten Kompanie an ihre verschiedenen Standorte zurück. Nur Wachtmeister Bekemeier und seine Gruppe blieben in Łomazy, wo sie bereits eine Woche vor den Hinrichtungen eingetroffen waren. Ihr Aufenthalt in Łomazy scheint ihnen, wie Photos zeigen, durchaus gefallen zu haben. Sie machten Gruppenaufnahmen vor der Schule neben dem Sportplatz, der schließlich als Sammelplatz für die Juden dienen sollte.[100] Es entstanden aber auch ungestellte Photos; auf einem ließen sich die Männer gemeinsam ablichten, locker gruppiert und offensichtlich guter Stimmung. Auf einigen Schnappschüssen sind sie im freundlichen Umgang mit vermutlich polnischen Einwohnern von Łomazy, darunter auch Kindern, zu sehen. Zwar wissen wir nicht, ob diese unbemerkt aufgenommenen Photos vor oder nach dem Massaker entstanden sind, das die Einwohnerzahl von Łomazy um mehr als die Hälfte reduzierte. Auf jeden Fall aber posierten Bekemeiers Leute unmittelbar vor ihrer endgültigen Abreise aus Łomazy, Tage nach der Massenhinrichtung, für eine weitere Aufnahme. Sie wollten die Erinnerung an ihren Aufenthalt in Łomazy photographisch festhalten und präsentierten sich der Kamera gutgelaunt – gleichsam als abschließenden Kommentar zu ihrer Zeit in diesem Städtchen, die vor allem dadurch gekennzeichnet war, daß sie den Ort, der ursprünglich zur Hälfte von Juden bewohnt war, von Juden »gesäubert« hatten. Das war nichts weniger als eine soziale Revolution, und kaum ein Sozialrevolutionär schaut mit Unbehagen auf jene, die er beraubt hat. In diesem Falle hatten die Beraubten ihr Leben hergeben müssen.

Diese beiden ersten großen Vernichtungsaktionen des Polizeibataillons 101 habe ich so ausführlich beschrieben, um zu verdeutlichen, wie sie sich *für die Täter* darstellten. Die Fragen, wie die Deutschen sich dazu hinreißen lassen konnten, so zu handeln, und weshalb sie nicht versuchten, die Teilnahme an den Massenmorden zu vermeiden, erscheinen in einem anderen Licht, wenn man ihre Handlungen und Entscheidungen im einzelnen betrachtet. Die Angehörigen des Polizeibataillons 101 sollten Juden noch oft zusammentreiben, deportieren und ermorden. Auch diese Mordeinsätze ließen sich bis in die schrecklichsten Details hinein schildern, wobei man sich meist sogar auf die Angaben der Täter selbst stützen kann; aus Platzgründen werde ich jedoch nur einige kurz streifen. Trotz einiger Abweichungen kamen sie alle an Grausamkeit den Massenhinrichtungen von Józefów und Łomazy gleich, so daß sie das Bild des Bataillons nicht verändern, sondern nur schärfen.

Im Herbst 1942 führte das Polizeibataillon 101 zahlreiche größere Mordeinsätze und auch andere Maßnahmen gegen Juden aus der Region Lublin durch. In einigen Fällen töteten sie die Juden selbst, in anderen deportierten sie sie in Vernichtungslager. Ob es sich nun um Massenerschießungen oder Deportationen zu den Gaskammern handelte, stets verliefen die Einsätze nach einem bestimmten Muster: Es

begann mit Razzien, bei denen die Deutschen die Alten, Kranken sowie die Säuglinge und Kleinkinder noch in ihren Wohnungen und auf
der Straße erschossen. Die anderen Juden schafften sie zu einem zentralen Sammelplatz, etwa einem Marktplatz, wo sie meist, aber nicht
immer, die sogenannten Arbeitsfähigen aussonderten und in ein »Arbeits«lager schickten. Häufig mußten die Juden auf den Sammelplätzen einige Zeit warten, bis alles für ihren endgültigen Abtransport
eingerichtet war, eine Wartezeit, die von den Deutschen üblicherweise
dazu genutzt wurde, ihre Opfer zu erniedrigen und zu foltern. An diesen Quälereien beteiligten sich nicht nur Bataillonsangehörige, sondern auch Männer aus anderen deutschen Sicherheitseinheiten, die
manchmal mit dem Polizeibataillon 101 zusammenarbeiteten, oder Hiwis. War endlich alles bereit, ließen die Deutschen die Juden schließlich zu den wartenden Eisenbahnwagen marschieren und zwängten
sie unter Tritten, Schlägen und Peitschenhieben hinein, oder sie brachten sie zu der Hinrichtungsstätte, die sie ausgesucht hatten, um die
Juden gruppenweise nacheinander zu erschießen. Die wichtigsten
Mordeinsätze gegen die Juden in diesem Herbst waren folgende:[101]

Ort	Zeit	Opfer	Einsatz
Józefów	Juli 42	1 500 Juden	Erschießung
Distrikt Lublin	ab Juli 42	Hunderte Juden	mehrere kleinere Razzien
Łomazy	Aug. 42	1 700 Juden	Erschießung
Parczew	Aug. 42	5 000 Juden	Deportation ins Vernichtungslager
Międzyrzecz	Aug. 42	11 000 Juden	Deportation ins Vernichtungslager[102]
Serokomla	Sept. 42	200 Juden	Erschießung
Talcyn/Kock	Sept. 42	200 Juden, 79 Polen	Erschießung
Radzyń	Okt. 42	2 000 Juden	Deportation ins Vernichtungslager
Łuków	Okt. 42	7 000 Juden	Deportation ins Vernichtungslager
Parczew	Okt. 42	100 Juden	Erschießung
Końskowola	Okt. 42	1 100 Juden	Erschießung
Międzyrzecz	Okt./Nov. 42		
Biała		4 800 Juden	Deportation ins Vernichtungslager
Kreis Biała Podlaska		6 000 Juden	Deportation ins Vernichtungslager

Ort	Zeit	Opfer	Einsatz
Komarówka Podlaska	Okt./Nov. 42	600 Juden	Deportation ins Vernichtungslager
Wohyń		800 Juden	Vernichtungslager
Czermierniki		1 000 Juden	Deportation ins Vernichtungslager
Radzyń		2 000 Juden	Vernichtungslager
Region Lublin	ab Okt. 42	viele hundert Juden	»Judenjagden«
Łuków	Nov. 43	3 000 Juden	Deportation ins Vernichtungslager

Da es den Deutschen gelang, die meisten Juden aus dieser Region bis zum Jahreswechsel umzubringen, war das Polizeibataillon 101 im Jahr 1943 kaum mehr an großangelegten Mordoperationen gegen Juden beteiligt; es konzentrierte sich jetzt auf kleinere Einsätze. Die großen waren:

Ort	Zeit	Opfer	Einsatz
Międzyrzecz	Mai 43	3 000 Juden	Deportation ins Vernichtungslager
Majdanek	Nov. 43	16 500 Juden	Erschießung
Poniatowa	Nov. 43	14 000 Juden	Erschießung

Die Massenmorde jenes Jahres kulminierten in den ungeheuren Blutbädern von Majdanek und Poniatowa im November 1943, die Teil der sogenannten Operation Erntefest waren. Nimmt man alle Mordeinsätze zusammen, dann haben die Angehörigen des Polizeibataillons 101 allein oder gemeinsam mit anderen über achtzigtausend Juden erschossen oder in Vernichtungslager deportiert.

Die großen Massaker und Deportationen sind zwar die herausragenden, jedoch keineswegs die einzigen Beiträge des Bataillons zur Durchführung von Hitlers Völkermordplänen, während die Einheit sich in Polen aufhielt. Wo immer diese Männer stationiert waren, beteiligten sie sich an der Ermordung kleinerer Gruppen von Juden der jeweiligen Gegend.

»Unsere Hauptaufgabe bestand aber weiterhin in der Vernichtung von Juden. Bei diesen Aktionen wurden die Juden liquidiert, die in kleineren Ortschaften, Dörfern oder auf Gütern lebten. Jeweils unter Führung des Hauptwachtmeisters Steinmetz fuhr der Zug auf unserem Lkw los ... In den Ortschaften wurden die Häuser nun nach Juden abgesucht, wobei wieder Kranke und Gebrechliche in den Häusern erschossen wurden und die restlichen Juden am Ortsrand. Je nach Größe der Ortschaften wurden bei diesen einzelnen Einsätzen jeweils zwischen 10 und 40 Personen liquidiert. Zum Erschießen mußten sich die Juden niederlegen und wurden durch Genickschuß getötet. Gruben wurden in keinem Fall vorbereitet. Das Kommando kümmerte sich auch nicht um die Bestattung. Es fanden sich auch immer Draufgänger und Freiwillige, die sich zusammen mit Hauptwachtmeister Starke diese Gebäude vornahmen und die Juden erschossen.«[103]

Die Ermordung der Juden in den kleineren Orten oder Siedlungen folgte dem Muster der großen Operationen – einmal abgesehen von ihrem Ausmaß. Doch während die großen Massaker den tiefsten Eindruck auf die Täter machten und ihnen die historische Bedeutung ihres Tuns vor Augen führten, ließen die ständigen kleinen Morde die Vernichtung von Juden für sie zu einer ganz normalen Alltagstätigkeit werden. Daß diese und andere Männer die Vernichtung der Juden als ihre wichtigste Tätigkeit ansahen, ist nicht zuletzt darauf zurückzuführen, daß sie so viel Zeit damit verbrachten. Die regelmäßigen Patrouillen, die sie durchführten, um Juden, die sich auf dem Land versteckt hatten, aufzuspüren und zu töten, trugen dazu bei, daß sie sich selbst in erster Linie als Vollstrecker des Völkermords betrachteten. Diese »Aufspür- und Vernichtungsmissionen« (wie ich diese Einsätze bezeichne) unterschieden sich grundlegend von den bereits beschriebenen Massenhinrichtungen. Die Zahl der Opfer war in der Regel kleiner – manchmal nur ein oder zwei – und auch die der Täter war mit denen der Erschießungskommandos nicht zu vergleichen. Außerdem aber wurde bei diesen Missionen von jedem Beteiligten ein Maß an individueller Initiative erwartet, das bei der Zerstörung der Ghettos nur jene – oft allerdings zahlreichen – Bataillonsangehörigen hatten aufbringen müssen, die die Wohnungen nach versteckten Juden durchsuchten. »Ich erinnere mich noch ganz genau, daß wir schon unmittelbar vor den Bunkern waren, als aus einem der Bunker ein ca. 5 Jahre alter Junge gekrochen kam. Dieser wurde von einem Polizisten gleich gegriffen und etwas abseits entführt. Dieser Polizist hat ihm dann die Pistole ins Genick gesetzt und erschossen. Es war ein Beamter, der bei uns als Sanitäter eingesetzt war. Es war der einzige Sanitäter des Zuges.«[104]

Das Polizeibataillon 101 hatte wie andere deutsche Einheiten einen Schießbefehl erhalten,[105] der sie dazu berechtigte, alle Juden, die in Polen außerhalb der Ghettos oder der ihnen zugewiesenen Gebiete angetroffen wurden, zu erschießen. Damit hatte jeder Bataillonsangehörige, mochte sein Rang auch noch so niedrig sein, die Entscheidungsgewalt über Leben oder Tod eines Juden, war Richter und Henker in einer Person. Die Männer des Polizeibataillons 101 haben das in sie gesetzte Vertrauen in jeder Hinsicht gerechtfertigt.

Wann immer sie – oft durch polnische Informanten – erfuhren oder vermuteten, daß in einem bestimmten Gebiet Juden lebten oder sich versteckten, bildeten sie eine Suchabteilung in angemessener Größe, die die Gegend durchkämmte und die Juden ermordete, wenn sie sie fanden.[106] Manchmal erhielten die Deutschen sehr genaue Informationen über die Verstecke der Juden, manchmal äußerst vage. Die bei derartigen Aktionen eingesetzten Kommandos variierten zwischen Kompaniestärke und einigen wenigen Männern; doch war das nicht wesentlich für die systematische Durchsuchung der ländlichen Gebiete, die man für notwendig hielt, wollte man Polen »judenrein« machen.

Die Aufspür- und Vernichtungsmissionen setzten im Herbst 1942 ein und wurden während des gesamten Jahres 1943 fortgesetzt. Neben der Ermordung kleinerer Gruppen von Juden, die in Städten und Siedlungen lebten, wurden diese Suchaktionen zur Hauptbeschäftigung des Polizeibataillons 101. Viele seiner Angehörigen haben dies bestätigt. Tatsächlich nahmen viele von ihnen so oft daran teil, daß sie nach dem Krieg Schwierigkeiten hatten, sich an Einzelheiten zu erinnern. Die verschiedenen Missionen verwischen sich in der Erinnerung.[107] Ein Angehöriger der zweiten Kompanie berichtet: »Von den jeweiligen Standorten unseres Zuges sind wöchentlich mehrere Einsätze gestartet worden. Sie galten der sog. Befriedung des uns anvertrauten Gebietes ... Selbstverständlich wurde im Zuge der allgemeinen Streifentätigkeit auf Juden geachtet, und diese, falls man sie traf, sind dann auch an Ort und Stelle erschossen worden.«[108] Ein Mitglied der dritten Kompanie erinnert sich: »Richtig ist allerdings, daß nach Abschluß der Großaktion sehr häufig Einsätze gegen versteckte Juden durchgeführt wurden ... Es mag auch für mich zutreffen, daß ich etwa 10 bis 20 derartige Einsätze habe mitmachen müssen. Die Zahl der Opfer schwankte zwischen 2 und 20. Diese Zahl über die Beteiligung von Herrn Nehring und mir gilt nach meiner Überzeugung selbstverständlich auch für alle anderen Angehörigen des Zuges.«[109] Einem anderen Angehörigen der dritten Kompanie zufolge waren diese Unternehmungen so häufig und so erfolgreich, daß zwischen August 1942 und August 1943 »fast täglich von irgendwelchen eingesetzten

Gruppen vereinzelt angetroffene Juden am Ort ihres Antreffens erschossen worden sind«.[110]

Daneben unternahmen die Männer des Polizeibataillons 101 Säuberungsoperationen nach großen Massakern, so etwa die Gruppe unter Wachtmeister Bekemeier, die nach der Vernichtung der Juden von Łomazy am 19. August in der Stadt blieb. Einige Tage nach dem Massaker – der Rest der Kompanie war bereits in die Garnisonsunterkünfte zurückgekehrt – durchsuchten Bekemeiers Leute das Ghetto, das Tage zuvor noch voller Leben gewesen war, erneut. Bei dieser Aktion spürten sie etwa zwanzig Juden auf – Männer, Frauen und Kinder. Sie schafften auch diese Menschen in den Wald, zwangen sie dazu, sich angekleidet auf den Boden zu legen und erschossen jeden einzelnen durch Genickschüsse.[111] Das kleine Kommando von etwa zwanzig Männern unter Bekemeiers Führung wurde dabei nicht von höheren Instanzen kontrolliert. Der Bataillonsführung war es gleichgültig, ob sie ein paar Juden mehr oder weniger aufspürten. Das Kommando konnte unmöglich feststellen, wie viele Juden sich noch in Freiheit befanden. Selbst wenn dies bekannt gewesen wäre, hätten die vor Ort stationierten Männer ohne weiteres nach Belieben falsche Zahlen in Umlauf setzen können, denn sie mußten keinerlei Nachweise über ihre Ermordungen vorlegen. Derartige Mordeinsätze waren so üblich und entsprachen so sehr ihren Erwartungen, daß die Deutschen sie als Teil ihres Alltags betrachteten, nicht weiter bemerkenswert. Wenn Bekemeiers Männer Juden fanden, dann töteten sie sie nicht nur; vorher trieben sie oder trieb zumindest Bekemeier noch seinen »Spaß« mit ihnen, wie das folgende Beispiel zeigt:

»Ein Fall ist mir noch heute in Erinnerung. Wir hatten einen Transport von Juden irgendwo hinzubringen unter dem Befehl von Zugwachtmeister Bekemeier. Er ließ die Juden durch ein Wasserloch robben und dabei singen, und als ein alter Mann nicht mehr laufen konnte, das war, als die Sache mit dem Robben schon vorbei war, hat er ihn aus nächster Nähe in den Mund geschossen ...«[112] »Nachdem Bekemeier auf den Juden geschossen hatte, hob dieser noch die Hand hoch, als wenn er Gott anrufen wollte, und brach dann zusammen. Die Leiche des Juden blieb einfach liegen, und wir kümmerten uns nicht weiter darum.«[113]

Ein Photo aus dem Album dieser Henker zeigt Bekemeier und seine Leute, wie sie ihre Fahrräder festhalten und mit offensichtlicher Freude posieren, gerüstet zum Aufbruch einer der Patrouillen, die so häufig zur Ermordung von Juden führten. Das folgende Photo zeigt Leutnant Gnade und seine Männer bei einer Aufspür- und Vernichtungsaktion:

Leutnant Gnade und seine Leute durchstöbern die Landschaft nach versteckten Juden.

Diese photographischen Erinnerungen, die auf den Nichteingeweihten einen so unschuldigen Eindruck machen, waren für die Deutschen des Polizeibataillons 101 von größter Bedeutung.

Eine der Aufspür- und Vernichtungsaktionen, die die meisten jüdischen Opfer forderte, ereignete sich in der Nähe von Końskowola. Hoffmann hatte Angehörige der dritten Kompanie in eine Gegend geschickt, in der sich Berichten zufolge Juden versteckt hielten. Die Männer stießen zunächst auf eine Reihe unterirdischer Bunker. Sie forderten die Juden auf herauszukommen. Die Antwort war Schweigen. Daraufhin warfen die Deutschen Tränengasgranaten in das Innere des Bunkers. Die Folge war, »daß aus den Bunkern von Frauen und Kindern Geschrei und Gewimmer ertönte«. Die Deutschen befahlen ihnen erneut, ins Freie zu kommen. Auch das blieb ohne Wirkung. »Erst als jetzt auch noch niemand kam, wurden die scharfen Handgranaten in die Erdhöhlen hineingeworfen. Ich entsinne mich, daß dabei so lange Handgranaten nachgeworfen wurden, bis es in der betreffenden Erdhöhle völlig still geworden war ... Genaue Angaben über die Anzahl der Opfer kann ich aber nicht machen, da von uns nach Beendigung der Aktion die Bunker bzw. Erdhöhlen nicht freigelegt wurden. Man überzeugte sich auch nicht von toten Insassen.«[114]

Bei Ghettoräumungen gingen die Deutschen in großen Verbänden vor, gemäß den Plänen ihres Befehlshabers. Dadurch waren ihre Handlungsmöglichkeiten zwar eingeschränkt, doch fanden die Männer stets Gelegenheiten, sich persönlich in Form willkürlicher Brutalitäten auszudrücken. Ganz anders die Aufspür- und Vernichtungsmissionen: Hier streifte eine kleine Gruppe von Kameraden fast unbeaufsichtigt gemächlich durch ein ländliches Gebiet. Sie konnten ihrer Aufgabe mit Eifer oder Gleichgültigkeit, mit Schärfe oder Nachlässigkeit nachgehen. Entdeckten sie einen Juden, so stand es ihnen frei, wie sie ihn behandelten; sie konnten ihren eigenen Wünschen entsprechend handeln, ihn töten oder am Leben lassen. Ob sie ihr Opfer vor seiner Hinrichtung erniedrigten und quälten oder es gleich töteten; ob sie dem Juden beim Tötungsakt selbst möglichst viel oder möglichst wenig Leid zufügten; ob sie sich zu unnötigen Demütigungen oder Brutalitäten hinreißen ließen – all das lag in ihrem Ermessen. Die Darstellungen der Täter von ihren Aufspür- und Vernichtungsaktionen machen deutlich, daß sie mit Eifer handelten und zumindest gleichgültig das Leid ihrer jüdischen Opfer, häufig Frauen und Kinder, betrachteten. Diese Deutschen behaupten nie, daß sie es darauf angelegt hätten, Juden nicht zu entdecken, oder daß sie – so gut es ging – ihnen möglichst wenig Leid zufügten. Tatsächlich berichten sie ganz sachlich von ihren routinemäßigen Erfolgen beim Aufspüren und Töten von Juden und von der rücksichtslosen Art und Weise, in der sich dies abspielte. Es überrascht daher nicht, daß sie keinen einzigen Juden verschonten. Sie führten Patrouillen durch, die eingestandenermaßen den Zielen des Völkermords dienten – und zwar so häufig, daß ein Mann lakonisch bemerkte, es sei »mehr oder weniger unser täglich Brot« gewesen.[115]

Die Täter geben zu, daß sie sich in der Regel für derartige Aufgaben freiwillig meldeten. Sie erzählen auch, daß sich meist mehr Freiwillige gemeldet hätten, als für die jeweilige Aktion benötigt worden seien.[116] Diese ganz gewöhnlichen Deutschen, soviel ist sicher, wollten Juden umbringen.

Der einzige Zweck dieser Aufspür- und Vernichtungsmissionen bestand im Völkermord und wurde auch so verstanden. Bei keinem dieser Aufspür- und Vernichtungseinsätze stieß das Bataillon auf bewaffneten Widerstand von seiten der Juden.[117] Viele der Männer nahmen an zahlreichen Patrouillen dieser Art teil. Für sie handelte es sich dabei schlicht und einfach um eine Jagd, um nichts anderes. In ihren Augen ging es darum, die Landschaft von störenden Tieren zu säu-

283

bern. Die Deutschen selbst äußerten sich genauso über diese Einsätze, die sie bezeichnenderweise »Judenjagd« nannten.[118]

Und das nicht ohne Grund: Der Begriff drückt exakt die Einstellung der Täter zu diesen Einsätzen und ihre Gefühle aus. Es ging ihnen um die exterminatorische Verfolgung versprengter Reste einer besonders gefährlichen Spezies, die in ihrer Gesamtheit vernichtet werden mußte. Schließlich besaß das Wort »Jagd« einen positiven Gefühlswert: Die Jagd ist ein vergnügliches, aufregendes Unternehmen, gefahrlos für den Jäger, und als Belohnung erhält man die Liste der erlegten Tiere – übertragen auf die Männer dieses Polizeibataillons und andere deutsche »Judenjäger« entsprach dem die Zahl der aufgespürten und ermordeten Juden.

Nimmt man die Handlungen und die Aussagen der Angehörigen des Polizeibataillons 101 zur Grundlage, dann ist es angemessen und zutreffend, sie als Mitglieder einer »Völkermordkohorte« zu bezeichnen. So haben sie sich zweifellos auch selbst gesehen: »Unsere Hauptaufgabe bestand aber weiterhin in der Vernichtung von Juden.«[119]

Der Pflichteifer, mit dem sie Juden umbrachten, ging so weit, daß sie Einsätze gegen militärisch tatsächlich bedrohliche Partisanen verschoben, um zunächst ihre Aufspür- und Vernichtungsmissionen gegen Juden durchzuführen.[120] Die Untersuchung ihrer Handlungen legt nahe, daß diese Deutschen die Morde zum Zweck des Genozids als ihre wichtigste Aufgabe in Polen betrachteten und sich selbst dabei positiv sahen. Immer wieder ergriffen sie bei den Einsätzen selbst die Initiative, drückten sich nicht vor ihnen zugeteilten Aufträgen, obwohl sie dies ungestraft hätten tun können. Für sie hatte das Töten von Juden höchste Priorität, und sie handelten mit grausamer Hingabe. Ihr Eifer war so ausgeprägt, daß sie mit den Massakern trotz aller Grausamkeit, die damit verbunden war und die hier nur gelegentlich im Detail geschildert wurde, unbeirrt fortfuhren. Die Täter erlebten Szenen, die man sich kaum vorstellen kann. Die Mordeinsätze spielten sich oft auf einer sehr persönlichen Ebene ab, Täter und Opfer schauten einander direkt in die Augen. Und oft sahen die Männer in die Augen von Kindern.

284

KAPITEL 8

Polizeibataillon 101:
Die Motive der Täter

Wie sollten wir die Deutschen des Polizeibataillons 101 verstehen, deren Taten sich nicht auf die Tötungen und Deportationen selbst beschränken, sondern auch die Art und Weise umfassen, in der sie diese durchführten? In Anbetracht dessen scheinen ihre Handlungen kaum mit einer prinzipiellen Mißbilligung des Völkermords an den Juden vereinbar zu sein. Handlungen bringen manchmal die ihnen zugrundeliegenden Motive wenigstens annähernd zum Ausdruck. Wie die Täter ihre Handlungen begriffen und was sie zu diesen Handlungsweisen bewogen hat, wird noch deutlicher, wenn man bestimmte Aspekte ihrer Tätigkeit und ihre Lebensumstände in Polen näher untersucht.

Ein vergleichender Blick auf eine andere nationale Gruppe, deren Angehörige von Mitgliedern des Polizeibataillons 101 ermordet wurden, ist in diesem Zusammenhang höchst lehrreich: Die Männer des Polizeibataillons 101 spielten nicht nur eine wichtige Rolle bei der Vernichtung der polnischen Juden, sie hatten darüber hinaus auch den Auftrag, die ihnen zugewiesene Region zu »befrieden«. Infolgedessen richteten sie manchmal auch Polen hin. Damals waren Partisanen aktiv, wenngleich sie zu jener Zeit bei weitem nicht so viele Schwierigkeiten bereiteten, wie manche behauptet haben. Dennoch gelang es ihnen, den deutschen Streitkräften und ihren Anlagen, schließlich auch dem Polizeibataillon 101 Schaden zuzufügen. In Polen wie anderenorts praktizierten die Deutschen eine drakonische Besatzungspolitik. Kam es zu Verlusten an deutschen Menschenleben, dann übten sie Vergeltung, die das Fünfzig- bis Hundertfache an Opfern kostete.

Am 25. September 1942 wurde in Talcyn eine Abteilung der dritten Kompanie aus dem Hinterhalt beschossen, als sie versuchte, zwei Widerstandskämpfern eine Falle zu stellen. Ein deutscher Wachtmeister wurde getötet. Obwohl sich das Polizeibataillon 101 zu diesem Zeitpunkt bereits am Tod von mehr als 20 000 Juden mitschuldig gemacht hatte, war dies offenbar der erste Todesfall in den eigenen Reihen, seit die Einheit mehr als drei Monate zuvor in Polen angekommen war. Das mag die heftige, brutale Reaktion des Bataillons auf dieses Ereignis erklären. Major Trapp verfaßte einen Bericht von mehr als zwei-

285

einhalb eng beschriebenen Seiten, in dem er detailliert die Ereignisse
während und nach dem Überfall darstellte – das alles, weil ein einziger Unteroffizier in besetztem feindlichem Gebiet umgekommen war.
Wichtiger ist, daß die Deutschen für diese, wie Trapp in seinem Bericht schrieb, »feige Mordtat« – eine Formulierung, die von selekti-
vem Empfinden und einem erstaunlichen Selbstverständnis zeugt –
Vergeltung übten. Erfolglos durchkämmte Trapp zunächst mit vier
Zügen die Gegend um Talcyn nach Partisanen. Sie hatten den Befehl
erhalten, als Vergeltungsakt für den Tod des einen Deutschen zweihundert Polen umzubringen. Also trieben sie die dreihundert polnischen Einwohner des Dorfes zusammen, suchten sich jedoch nur
78 Personen aus (darunter vielleicht auch einige Frauen und Kinder)
und erschossen sie auf dem Friedhof.[1] Wie verhielt sich Trapp zu der
Ermordung von Polen? Auf einen seiner Leute hinterließ er großen
Eindruck: »Ich kann mich nur noch genau daran erinnern, daß unser
Btl.-Kommandeur nach dieser Aktion sehr erschüttert war und sogar
weinte. Er war das, was man einen feinen Menschen nennt, und ich
halte es daher für ausgeschlossen, daß er selbst die Erschießung der
Geiseln befohlen hat.«[2]

Trapp – der noch Jahre später als »feiner Mensch« in Erinnerung
ist, obwohl er seine Leute beim Massenmord befehligte – war indes
nicht willens, dem Dorf, in dem einer seiner Männer aus dem Hinterhalt überfallen und getötet worden war, den vollen Tribut von 200 Toten abzuverlangen, einem Dorf, das er selbst als »ein berüchtigtes
Helfershelfer-Nest« bezeichnete, das als solches »seit längerer Zeit
bekannt ist«.[3] Daraufhin reisten seine Leute ein paar Kilometer weiter, um sich an einigen Juden aus dem Judenviertel von Kock zu ver-
greifen, und brachten 180 Juden als »weitere Sühnemaßnahme« um.[4]
Der Zeuge berichtet nichts darüber, daß Trapp nach dem Mord an diesen Juden ebenfalls unruhig und aufgeregt gewesen sei.

Diese bezeichnende Episode macht die unterschiedlichen Einstellungen der Deutschen gegenüber Polen und Juden deutlich. Zwar töteten sie Polen, wie es ihren militärischen Abschreckungsprinzipien
entsprach, und verübten damit ein Verbrechen an ihnen, auch wenn
diese Reaktion für die deutsche Besatzungsmacht normal war. Trotzdem verschonten sie 122 Polen, die laut Befehl eigentlich gleichfalls
hätten ermordet werden müssen. Trapp, der in den letzten zweieinhalb Monaten seine Einheit bei Mordeinsätzen geleitet hatte, die etwa
20 000 Juden das Leben gekostet haben sollen, war »erschüttert«, weil
er den Mord an nicht einmal hundert Polen befehligt hatte! Er weinte.
Und nicht nur Trapp hatte der Mord an diesen Polen völlig verstört;
einige seiner Männer äußerten danach den Wunsch, in Zukunft nie
wieder an solchen Einsätzen teilnehmen zu müssen.[5] Außerdem ent-

schloß sich Trapp zu einer Handlungsweise, die ihm gegenüber den Angehörigen jüdischer Opfer niemals eingefallen wäre: Er beauftragte einen seiner Männer, die in ein Klassenzimmer der Schule eingeschlossenen Frauen, deren Männer von den Deutschen gerade erschossen wurden, zu trösten.[6] An jenem Tag handelten die Deutschen so, als befolgten sie irgendeine nationalsozialistische Grundregel, der zufolge ein Massenmord an einer bestimmten Bevölkerungsgruppe nur dann verübt werden durfte, wenn gleichzeitig auch Juden ihr Leben lassen mußten – in diesem Fall mehr als doppelt soviel Juden wie Polen. Die Angehörigen des Polizeibataillons 101 drangen in eine Stadt ein, die nicht einmal in der Nähe des ursprünglichen Hinterhalts lag, um hier ihre Gier nach »jüdischem Blut« zu befriedigen, und sie töteten eine weit größere Zahl, als es der vorgegebenen Quote entsprach. Trapp, durch die Hinrichtung der Polen zu Tränen gerührt, gab sich einen Ruck *und initiierte aus eigenem Antrieb* das Blutbad unter den Juden, die mit dem Auslöser dieser Vergeltungsaktion überhaupt nichts zu tun hatten, wenn man davon absieht, daß sie im nationalsozialistisch infizierten Denken der Deutschen als der metaphysische Feind galten.[7]

Nach diesem tödlichen »Racheakt« nahm das Polizeibataillon an einer weiteren, diesmal umfassenden und großangelegten Vergeltungsaktion gegen Polen teil, die auf die Ermordung eines NSDAP-Funktionärs in Biała Podlaska folgte. Das Polizeibataillon 101 kam dabei gemeinsam mit Einheiten der Wehrmacht und osteuropäischen Hilfstruppen der SS zum Einsatz. Trapp versuchte jedoch, seine Männer aus dem Schlimmsten herauszuhalten, und hatte insofern Erfolg, als seine Leute nur die Wälder durchkämmen mußten, während es den Hiwis überlassen blieb, die Dörfer niederzubrennen und die Menschen zu töten.[8]

Das eifrige und entschlossene Vorgehen des Polizeibataillons 101 bei den Mordeinsätzen gegen Juden steht in scharfem Kontrast zum offensichtlichen Widerwillen und Zögern der Männer bei diesen vergleichsweise begrenzten Vergeltungsaktionen gegen Polen. Polen zu töten galt als bedauerliche Notwendigkeit. Wenn es aber gegen die Juden ging, dann gab es keinerlei Hemmungen. Doch nicht nur der Grad an »Begeisterung« hebt die Morde an Juden heraus: Daß sie vorbehaltlos zu ihren Taten als Vollstrecker des Völkermords standen, wird auch an ihrer Bereitschaft deutlich, sich dabei von anderen, selbst von denen, die sie liebten, zusehen zu lassen. Wenigstens zwei der Offiziere des Bataillons, Leutnant Paul Brand und Hauptmann Julius Wohlauf, Kommandeur der ersten Kompanie, lebten mit ihren Frauen zusammen, während sie sich in Polen am Massenmord beteiligten. Kurz nachdem das Polizeibataillon in Polen angekommen war, reiste Wohlauf noch einmal nach Hamburg, um dort am 29. Juni 1942 wie geplant seine Hochzeit zu feiern. Dann kehrte er zu seinen Kameraden zurück; seine Frau reiste ihm wenig später nach und schloß sich ihm und dem Bataillon kurz nach dem ersten großen Mordeinsatz von Józefów an. Sie blieb mindestens einige Wochen beim Bataillon. In dieser Zeit führte die Einheit mehre Massenhinrichtungen durch. An einer, wenn nicht zwei der größeren Aktionen nahm Frau Wohlauf teil.[9]

So beobachtete Frau Wohlauf den ganztägigen Mordeinsatz, den das gesamte Bataillon am 25. August in Międzyrzecz verübte. Die Razzia, bei der die Juden aus ihren Wohnungen zum Marktplatz getrieben wurden, war wohl die brutalste und zügelloseste, die das Polizeibataillon 101 je durchführte. Hunderte von toten Juden lagen danach auf den Straßen. Eine der grausamsten Szenen spielte sich auf dem Marktplatz ab: Die Deutschen zwangen die Juden, stundenlang in der brennenden Sonne zu sitzen, so daß viele das Bewußtsein verloren. Jeden, der auch nur aufstand, erschossen sie sofort. Der Marktplatz war bald mit Leichen übersät, darunter viele Kinder, denen es naturgemäß schwerfiel, unter solchen Umständen stundenlang stillzuhalten.[10] Die Hiwis und einige Deutsche von der Gendarmerie in Międzyrzecz nutzten die Gelegenheit, ihre Lust an Grausamkeiten zu befriedigen. Sie amüsierten sich, indem sie Juden mit Peitschen traktierten.[11] Nicht nur Frau Wohlauf war bei all dem dabei, anwesend waren auch die Ehefrauen einiger anderer am Ort stationierter Deutscher und eine Gruppe von deutschen Rotkreuzschwestern.[12] Frau Wohlauf trug wahrscheinlich, falls sie sich an ihre Gewohnheit hielt, eine Reitpeitsche als Symbol der Macht bei sich.[13] An jenem Tag konnten sie und die anderen deutschen Frauen aus erster Hand erfahren, wie ihre Männer die Welt von der jüdischen Gefahr »erlösten«: Sie ermordeten etwa tausend Juden und deportierten weitere zehntausend in Vernichtungslager. So verbrachte die schwangere Frau Wohlauf ihre Flitterwochen.

Wenn es Wohlauf und die anderen Offiziere auch nicht störte, daß ihre Taten von Frau Wohlauf, von anderen deutschen Frauen und sogar von Rotkreuzschwestern mit angesehen wurden, so hielten doch einige Angehörige des Polizeibataillons 101 zumindest die Anwesenheit von Frau Wohlauf für unangemessen. Ein Mann berichtet von seinen Gefühlen: »Ich habe aber Frau Wohlauf am Tage der Aktion selbst am Marktplatz von Międzyrzecz in normaler Kleidung gesehen. Dies nicht nur einmal, sondern auch häufiger über einen längeren Zeitraum hin. Sie ist regelrecht auf dem Marktplatz umhergegangen. Auch ich habe mich über dieses Verhalten meines Kompaniechefs und das seiner Ehefrau sehr gewundert und war darüber empört, um

Hauptmann Julius Wohlauf

Vera Wohlauf

so mehr weil zumindest unser Kompaniechef vor Einsatzbeginn ganz genau gewußt haben muß, was passiert.«[14] Ein anderer schildert die allgemeine Reaktion im Bataillon: »Weiter erzählten sich die Kameraden empört, daß sich sogar die Ehefrau unseres Kompaniechefs, obwohl sie schwanger war, die Räumung angesehen hat.«[15]

Aus diesen Einwänden spricht nicht Scham über das, was sie taten, nicht der Wunsch, ihren Beitrag zur Folter vor anderen zu verbergen, sondern eher ein Sinn für Ritterlichkeit und Anstand, der durch die Anwesenheit von Frau Wohlauf verletzt wurde; vor allem, weil die Räumung dieses Ghettos selbst nach den Maßstäben dieser Leute ungewöhnlich brutal und grausam verlief.[16] Daß es gerade Frau Wohlauf war, die ihrer Ansicht nach derartiges nicht zu sehen bekommen sollte, wird daraus deutlich, daß sie gegen die Anwesenheit anderer Frauen, einschließlich der Frau von Leutnant Brand, die sie anscheinend ebenfalls einmal bei einer Aktion beobachtet hatte, nichts einzuwenden hatten. Obwohl sie wahrscheinlich im allgemeinen der Meinung waren, daß Frauen solche Schreckensszenen erspart werden sollten, war es die Anwesenheit der Schwangeren, die sie besonders empörte. Die Männer befürchteten, die Empfindungsfähigkeit und die Physis dieser Frau könnten Schaden nehmen. Da sie mit dem Bataillon zusammenlebte, wußte Frau Wohlauf vom Völkermord. Als sie den Ereignissen von Międzyrzecz beiwohnte, erfuhr sie nichts wesentlich Neues, außer vielleicht über die Einzelheiten eines solchen Einsatzes. Es waren ihre »Umstände« und ihr Wohlergehen, die die Männer beunruhigten, wie die Frau von Leutnant Brand bestätigt: »Ich entsinne mich genau, daß Major Trapp kurze Zeit später den Vorfall öffentlich anprangerte und in etwa erklärte, er fände es unerhört, daß Frauen im schwangeren Zustande sich so etwas ansehen.«

Trapp beschloß, den Frauen seinen Ärger im Beisein vieler seiner Männer mitzuteilen, wie Frau Brand weiter berichtet: »Mit öffentlich anprangern meine ich, daß Major Trapp seine Äußerungen vor einem größeren Kreis von Offizieren und Unteroffizieren abgab und bei dem auch verschiedene zu Besuch weilende Ehefrauen, darunter auch ich, anwesend waren.«[17] Die Männer hatten keine prinzipiellen Einwände dagegen, daß Frau Wohlauf, Frau Brand und andere Frauen, die sich mit dem Bataillon in Polen aufhielten, genau wußten, daß der Völkermord an den Juden das »täglich Brot«[18] der Einheit darstellte, wie zwei Männer es ausdrückten. Tatsächlich fühlte sich Trapp so wohl dabei, daß er ganz offen vor vielen seiner Männer mit den Frauen darüber sprechen konnte. Er wollte einzig und allein deutlich machen, daß Mordeinsätze in Zukunft ohne die direkte Anwesenheit von Frauen im allgemeinen und der schwangeren Frau Wohlauf im besonderen stattfinden sollten. Schließlich verliefen diese Razzien und Erschießungen in der Regel gewalttätig und grausam.

Im allgemeinen hatten die Täter im gesamten deutschen Einsatzgebiet nichts dagegen, daß ihr Tun außerhalb des Kreises bekannt wurde, der unmittelbar am Völkermord beteiligt war. Das galt auch für ihre Frauen und die Menschen, die ihnen am nächsten standen. Deutsche Frauen – die Ehefrauen und Freundinnen der Täter, aber auch Sekretärinnen, Krankenschwestern, Angestellte in Wirtschaftsbetrieben und Künstlerinnen – hielten sich überall in Polen auf, und das bedeutete, daß sie von den Massenmorden erfuhren. Die Tatsache, daß die Deutschen die polnischen Juden, die etwa zehn Prozent der polnischen Bevölkerung ausmachten, ausrotteten, war allgemein bekannt. In den Berichten der deutschen Sicherheitspolizei über die Stimmung der Bevölkerung im Bezirk Lublin heißt es immer wieder, Deutsche und Polen seien über die Massenvernichtung der Juden genau informiert. Einem Angehörigen der Sicherheitspolizei zufolge wurde über das Schicksal der Juden in allen deutschen Büros sowie in

Postämtern und Eisenbahnzügen gesprochen. Daß die Deutschen die Juden vergasten, war dieser Quelle zufolge ein offenes Geheimnis.[19] Wie offen und verbreitet man die systematische Vernichtung der Juden diskutierte, deutete ein anderer in Lublin stationierter Deutscher mit einem Sprichwort an: »Die Spatzen haben es von den Dächern gepfiffen.«[20]

Leutnant Brands Frau erinnert sich an einen Zwischenfall, bei dem ein Deutscher seine Gier nach jüdischem Blut offen zum Ausdruck brachte, und sie weist auch darauf hin, wie frei und unverhohlen man über den Genozid sprach: »Ich saß eines morgens mit meinem Manne im Garten seiner Unterkunft beim Frühstück, als ein einfacher Mann seines Zuges auf uns zukam, stramme Haltung einnahm und erklärte: ›Herr Leutnant, ich habe noch kein Frühstück gehabt!‹ Als mein Mann ihn fragend ansah, erklärte er weiter: ›Ich habe noch keinen Juden umgelegt.‹ Dieses Ganze klang so zynisch, daß ich empört den Mann mit harten Worten zurechtgewiesen und ihn glaublich auch als Lumpen bezeichnet habe. Mein Mann hat diesen Polizisten wieder weggeschickt und mir dann noch Vorwürfe gemacht und mir erklärt, ich würde mich mit meinen Äußerungen noch um Kopf und Kragen bringen.«[21]

Für die Täter im allgemeinen und die Angehörigen des Polizeibataillons 101 im besonderen war es in Ordnung, wenn Frauen von ihren Völkermordeinsätzen wußten. Anderenfalls hätten sie es nicht so vielen Frauen, wenn auch nur als Augenzeugen, gestattet, die brutale Verfolgung und Ermordung der Juden mitzuerleben. Einigen jedoch schien es unangemessen, wenn Frauen die Grausamkeiten und die sichtbaren Schrecken des Vernichtungsfeldzugs direkt mit ansahen. Wie die Soldaten vieler Zeitalter, die es aufgebracht hätte, wenn sich im Kampf Frauen an ihrer Seite befunden hätten, hielten die Angehörigen des Polizeibataillons 101 die Mordeinsätze für Männersache – zumindest waren sie nichts für Schwangere. Wie Soldaten konnten sie gegen die Anwesenheit von Frauen protestieren, ohne sich gleichzeitig ihrer eigenen Handlungen als Krieger im Dienst ihrer Nation zu schämen.

Die Offenheit, mit der die Deutschen zum Völkermord standen, zeigt, wie sehr die Täter mit ihren »historischen« Taten *offensichtlich* einverstanden waren. Die Tatsache, daß sie viele andere deutsche Männer und Frauen, die zufällig in Polen Dienst taten, zu Zeugen machten, weist darauf hin. Doch nichts entlarvt die Verlogenheit ihres routinemäßigen Leugnens nach dem Krieg, sogar ihren Stolz auf ihre Taten besser als die Photos, die die Männer des Polizeibataillons 101 zur Erinnerung an ihre Zeit in Polen aufnahmen und von denen nur wenige ans Licht gekommen sind. Ihre Bereitschaft, die eigenen

Handlungen, einschließlich der Mordeinsätze, umfassend photographisch zu dokumentieren, beweist zwingend, daß sie sich nicht als Leute betrachteten, die in ein Verbrechen, ja in eines der größten Verbrechen des Jahrhunderts verwickelt waren. Auf den Bildern offenbaren sie sich in fröhlicher und stolzer Pose, als Männer, die sich in ihrer Umgebung, mit ihrer Aufgabe vollkommen in Einklang fühlen. Das folgende Photo illustriert, wie die Deutschen die Würde von Juden bewußt mißachteten, ja mehr noch: daß sie ihnen jegliche Würde von vornherein absprachen und die sozial Toten als Spielzeug zu ihrer eigenen Befriedigung benutzten.[22]

Ein Angehöriger des Polizeibataillons 101 bereitet sich und seinen strahlenden deutschen Zuschauern mit ihrem jüdischen »Spielzeug« eine Freude.

Bilder beweisen, so heißt es einem Gemeinplatz zufolge, oft mehr als viele Worte. Aber wenige Worte können die bildliche Ausdruckskraft eines Photos mitunter verstärken, so auch jene, die der stolze Deutsche auf der Rückseite seiner aufschlußreichen Aufnahme notiert hat: »Arbeiten soll er, aber Rasirt [sic!] muß er sein.« Er hielt nicht nur ein Ereignis fest, sondern gab auch noch seinen spöttischen Kommentar dazu ab.[23] Juden durch das Abschneiden des Bartes zu erniedrigen war damals allgemeine Praxis. Dahinter steckte eine doppelte Symbolik: Die Tat versinnbildlichte zum einen die absolute Macht des

Deutschen über den Juden. Der Jude, ein erwachsener Mann, hatte keine andere Wahl, als stillzuhalten, während ihm ein anderer die Kontrolle über seinen eigenen Körper nahm, indem er ihm den Bart, das Symbol seiner Männlichkeit, abschnitt. Außerdem spielte sich diese persönliche Entwürdigung vor dem Auge einer Kamera ab, so daß die Schmach des Opfers auf Jahre hinaus gezeigt werden konnte. Diese einfache Handlung vermittelte – dem Deutschen, dem Juden und jedem zeitgenössischen oder künftigen Betrachter – die buchstäblich grenzenlose Macht des Bartabschneiders über sein Opfer. Der Akt selbst offenbart ebenso wie die Freude, die andere dabei empfanden, die Einstellung von »Herren«, die es mit sozial Toten zu tun haben, vor allem dann, wenn sie ihre Opfer brandmarken, um deutlich zu machen, daß jene keine Ehre besitzen.[24] Welches Vermächtnis konnte aussagekräftiger für einen Mann sein, der seinen Kindern und Enkeln seine Heldentaten im Krieg für das Überleben des deutschen Volkes darstellen will? Zum anderen drehte sich die Tat nicht zufällig um den Bart. So wie Gnade bärtige, alte jüdische Männer ausgewählt hatte, um sie bei dem Gemetzel von Łomazy zu prügeln; so wie die Angehörigen des Polizeibataillons 309 in Białystok die Bärte von Juden anzündeten und so wie Deutsche während des Holocaust häufig spontan Juden den Bart in Brand setzten, so hielt auch dieser Mann fest, wie er einem Juden das üppige Gewächs raubte, das in den Augen der Deutschen das Judentum symbolisierte.

Die Photos, die Angehörige des Polizeibataillons 101 zur Erinnerung an ihre Tätigkeit in Polen machten, wurden großzügig im gesamten Bataillon verteilt. Hier handelt es sich nicht um private Erinnerungen, die von einzelnen heimlich aufgenommen und dann sorgfältig gehütet wurden. Die zustimmende Atmosphäre, die im ganzen Bataillon im Hinblick auf die Mordeinsätze herrschte, erhielt dadurch, daß man diese Photos öffentlich zeigte und miteinander teilte, eine fast feierliche, fröhliche Qualität: »Bemerken möchte ich noch zu diesen Bildern, daß sie in Form von Bildmappen auf unserer Schreibstube ausgehängt wurden und sich jeder nach Belieben Abzüge bestellen konnte. Durch solche Bestellungen bin auch ich in den Besitz dieser Bilder gelangt, ohne immer selbst an dem dargestellten Geschehen beteiligt gewesen zu sein. Soweit ich mich erinnere, dürfte einer unserer Angehörigen der Kompanieschreibstube die meisten Aufnahmen gefertigt haben.«[25] So als ob sie sagen würden: »Es ist ein großes Ereignis. Jeder, der sich Erinnerungen an diese heroischen Leistungen bewahren will, kann Abzüge bestellen« – wie Touristen, die Postkarten kaufen oder um Abzüge von Schnappschüssen ihrer Freunde bitten, um die schönsten Orte und Szenen einer vergnüglichen Reise im Gedächtnis zu behalten.

Diese Photos beweisen zweierlei. Die Männer wollten nicht nur ihre Alben mit Erinnerungen an ihre Mordeinsätze schmücken. Die Bilder selbst sind aufschlußreich. Photos wie jene aus Łomazy und anderen Orten veranlassen uns dazu, die herrschende Auffassung in Frage zu stellen, wonach die Deutschen verängstigte, gezwungene, unwillige, ablehnende oder entsetzte Mörder von Menschen gewesen seien, die sie eigentlich für unschuldig hielten. Vielmehr treten dem Betrachter auf einigen dieser Bilder anscheinend gelassene und glückliche Männer entgegen; andere wirken stolz und froh, während sie sich mit ihren jüdischen Opfern abgeben. Die Männer erwecken ganz und gar nicht den Eindruck, als hielten sie die Morde für ein Verbrechen.

Doch aussagekräftiger noch als diese Aufnahmen sind zwei andere, die leider nicht zur Veröffentlichung freigegeben sind und daher nur beschrieben werden können. Die erste entstand in Radzyń, wahrscheinlich zwischen Ende August und Oktober 1942, also in einer Phase, da das Bataillon einige seiner großen Mordeinsätze und brutalen Deportationen durchführte. Das Photo zeigt eine Gruppe von Offizieren des Bataillonsstabes und der ersten Kompanie, die an einem langen Tisch im Freien sitzen. Auch die Offiziersfrauen Brand und Wohlauf sind dabei. Alle trinken und sind offensichtlich angeregter Stimmung. Frau Wohlauf zeigt ein strahlendes Lächeln, sie ist bester Laune. Das andere Photo entstand in der zweiten Jahreshälfte 1942 in Czermierniki. Mehr als fünfzehn Angehörige von Leutnant Oscar Peters dritter Kompanie haben sich zu einer Feier versammelt. Die Deutschen halten Gläser in den Händen, grinsen breit und scheinen, begleitet von einer Geige, zu singen. An der Wand hinter ihnen hängt ein handgeschriebenes Liedchen, das sie offenbar selbst verfaßt haben:

Parole für heute
Jetzt geht's los im Trapp
Und alles fühlt sich Wohlauf.

Diese Deutschen verfluchten nicht etwa ihre Befehlshaber, die sie wiederholt ausschickten, Juden umzubringen; nein, sie feierten sie vielmehr mit einem Wortspiel. Die Männer fühlten sich großartig. Daß sie ihr Leben zu jener Zeit in erster Linie dem Massenmord widmeten, großangelegten Mordeinsätzen in Kompanie- und Bataillonsstärke ebenso wie Aufspür- und Vernichtungsaktionen in ihrer unmittelbaren Umgebung, tat dem keinen Abbruch.[26]

Wo die Täter zusammenkamen, wurden nicht nur Photos aufgenommen und ausgetauscht, sondern auch zahlreiche Gespräche über die Massenmorde geführt. Über die persönlichen Unterhaltungen geben die Angehörigen des Polizeibataillons 101 allerdings wenig preis. Ein Blick auf ihre Kameraden vom Polizeiregiment 25, die am selben Unternehmen beteiligt waren und ihre Mordeinsätze ähnlich durchführten wie das Polizeibataillon 101, ist daher hilfreich. Die Offiziere dieses Regiments sprachen häufig und zustimmend über die Morde: »Ich weiß aber, daß die Kompaniechefs und auch andere Offiziere des Polizei-Reg. 25, welches damals in Lublin stationiert war, im Offizierskasino von durchgeführten Erschießungen gesprochen haben ... die jüngeren Offiziere haben damals sehr viel über solche Dinge gesprochen. Sie glaubten offenbar, sich in Polen im Kriege zu befinden und durch Erschießungen, wie sie vorgekommen sind, Heldentaten vollbracht zu haben.«[27]

Diese Deutschen waren so sehr von antisemitischen Wahnvorstellungen beherrscht, daß sie die offensichtlich ausgelaugte, unbewaffnete jüdische Bevölkerung der Region Lublin, die im Elend lebte, völlig erschöpft war und sich deutschen Forderungen gegenüber fügsam zeigte, für einen Kriegsgegner hielten. Indem sie Juden ermordeten, glaubten diese Weltanschauungskrieger heroische Taten zu vollbringen. Die Zeugenaussagen nach dem Krieg beziehen sich zwar nicht konkret auf die Männer des Polizeibataillons 101, sondern auf die Offiziere des Regiments, dem es zusammen mit dem Polizeibataillon 65 angehörte. Dennoch beleuchten sie die Atmosphäre der Zustimmung, die das Polizeiregiment und seine Bataillone durchdrang. Dem KdO Lublin zufolge, der von Juli 1940 bis Juli 1944 im Amt war, haben sich die Offiziere »immer über Erschießungen unterhalten und sich auch darüber etwas eingebildet«.[28]

Zweifellos haben die Männer des Polizeibataillons 101 miteinander über die Massenmorde gesprochen. Der Schreiber der ersten Kompanie erinnert sich beispielsweise, daß ihm die Männer, wenn sie von ihren Einsätzen zurückkehrten, in allen Einzelheiten von ihrem Tun berichteten.[29] Viele haben ausgesagt, daß sie sich untereinander lautstark über die Anwesenheit von Frau Wohlauf bei dem Massaker von Międzyrzecz beklagt hätten, was darauf hinweist, daß sie sich erstens über die Einsätze unterhielten, zweitens moralische Urteile fällten und drittens scharfe Kritik an ihren Vorgesetzten übten.[30] Auch wenn in den Aussagen der Männer nach dem Krieg nicht explizit zu lesen ist, daß sie prinzipiell mit dem Völkermord und den damit verbundenen Grausamkeiten einverstanden waren (was allerdings nicht überrascht, da sie sich nicht selbst belasten wollten), deutet doch auch nichts in den vielen tausend Protokollseiten darauf hin, daß sie es nicht waren. Im Gegenteil: Wenn die Reservepolizisten von Gesprächen an den Schauplätzen der Vernichtung berichten, legen die Darstellungen nahe, daß sie den Völkermord und ihre Taten grundsätzlich billigten.[31] So schildert etwa einer der Männer die gute Stimmung und die Fröhlichkeit, die bei einer Mahlzeit unmittelbar nach einem Mordeinsatz geherrscht habe:»Am Mittagstisch machten sich einige Kameraden über die Erlebnisse, die sie während der Aktion gehabt hatten, lustig. Aus ihren Erzählungen konnte ich entnehmen, daß sie eine Erschießungsaktion hinter sich gebracht hatten. So erinnere ich als besonders krassen Fall, daß einer der Männer zum besten gab, daß wir nun ›Judenbrägen‹ essen. Diese Bemerkung war mir so zuwider, daß ich den Mann zurechtwies und er dann auch verstummte. Die anderen Kameraden, die über diesen für meine Begriffe ›grausen Witz‹ gelacht hatten, verstummten ebenfalls.«[32]

Die Aussage eines ehemaligen Angehörigen der zweiten Kompanie des Polizeibataillons 101 macht deutlich, daß solche Gespräche zum Alltag gehörten:»Nur wurde abends in der Unterkunft oft von furchtbaren Übergriffen gegen Juden erzählt, wobei sich angeblich die 1. Kp. besonders ›hervorgetan‹ haben soll. In dieser Kp. soll der große Raeder gewesen sein, den man als Schläger bezeichnete und der gegen Juden und Polen sehr rücksichtslos war.«[33]

Es bleibt natürlich zu fragen, in welchem Ton und mit welchen Gefühlen solche Geschichten erzählt wurden. Nach dem vorliegenden Material zu urteilen, dienten solche Geschichten zur allgemeinen Unterhaltung, und zwar in einem Klima des generellen Einverständnisses. Selbst wenn die erste Kompanie als besonders grausam galt, so heißt es hier nur, die erwähnten Männer hätten sich bei diesen Grausamkeiten »hervorgetan«, an denen jedoch auch andere teilnahmen. Also gab es auch in der zweiten Kompanie Täter, die an diesen »Exzessen« mitgewirkt hatten und die wahrscheinlich ebenfalls gern mit ihren Taten prahlten und anderen davon erzählten. Darüber hinaus müssen die Männer der zweiten Kompanie viele der hier beschriebenen Taten selbst begangen haben, da die drei Kompanien meist so weit voneinander stationiert waren, daß jede auf ihre eigenen Handlungen als Gesprächsmaterial angewiesen war. Offensichtlich haben viele Angehörige des Polizeibataillons 101 zahlreiche Brutalitäten begangen. Hätte nicht der Geist allgemeiner Zustimmung solche Abende angeregt, hätten vielmehr einige der Männer deutlich gemacht, daß sie es prinzipiell ablehnten, Juden zu quälen und zu töten, dann hätten sie ganz sicher nach dem Krieg davon berichtet. Das Schweigen der Männer zu diesem Punkt ist genauso vielsagend, wie Selbstbezichtigungen es sein würden.[34]

Was aber sagen die Männer über ihre Einstellungen gegenüber dem Völkermord? Leutnant Buchmann, der sich weigerte zu töten, erläutert, warum er im Gegensatz zu anderen Offizieren Bedenken hatte:»Ich war damals etwas älter und außerdem Reserveoffizier, mir kam es insbesondere nicht darauf an, befördert zu werden oder sonstwie weiterzukommen, denn ich hatte ja zu Hause mein gutgehendes Geschäft. Die Kompaniechefs Wohlauf und Hoffmann dagegen waren junge Leute vom aktiven Dienst, die noch etwas werden wollten. Ich hatte durch meine kaufmännische Tätigkeit, die sich insbesondere auch auf das Ausland erstreckte, einen besseren Überblick über die Dinge. Außerdem kannte ich schon durch meine geschäftliche Tätigkeit von früher viele Juden.«[35]

Obwohl der Leutnant erwähnt, wie wichtig die Karrierewünsche der anderen Offiziere waren, verrät er unbewußt – trotz seiner aufrichtigen Absicht, andere nicht anzuklagen[36] – ihre Motivation und den entscheidenden Unterschied zwischen sich selbst und ihnen, wenn er in aller Kürze beschreibt, warum er die Mordeinsätze anders als der Rest beurteilte. Sein »besserer Überblick über die Dinge« resultierte aus der Erkenntnis, daß sie hier Verbrechen begingen. Seine Ansicht, von der er selbst sagt, daß sie in jener Zeit eine Ausnahme darstellte, gründete sich auf die besonderen Erfahrungen im Ausland und auf seinen Umgang mit Juden. Einfach gesagt: Er hatte ein anderes Bild von den Juden. Mit diesem Vergleich brachte er indirekt zum Ausdruck, daß seine Offizierskameraden dem herrschenden deutschen Antisemitismus verpflichtet waren, der die Basis und die Ursache der Politik der totalen Vernichtung war.

Die Selbstdarstellung des Leutnants, der zufolge er sich in seiner Einstellung zum Massenmord grundsätzlich von den anderen Bataillonsangehörigen unterschied, wird von seinen Kameraden bestätigt. Der Schreiber der ersten Kompanie, ein Reservist, meinte, der Leutnant sei eine Ausnahmeerscheinung innerhalb der Kompanie gewesen; weder er noch seine Kameraden hätten den Eindruck gehabt, daß die anderen Offiziere und insbesondere der Kompaniechef Wohlauf ungern Juden töteten. Während der Leutnant Einwände gegen die Morde erhoben und sich offen und wiederholt dagegen ausgesprochen habe, hätten die übrigen Offiziere seinen Ansichten nicht zugestimmt, seine Passivität jedoch toleriert und akzeptiert.[37] Einmal allerdings, als Leutnant Buchmann nicht der Befehlsgewalt Trapps, sondern der Sicherheitspolizei von Łuków unterstand, fühlte er sich offensichtlich so sehr unter Druck gesetzt, daß er trotz seiner Opposition seine Untergebenen bei einem Mordeinsatz kommandierte: Er ließ die Juden zu einer Hinrichtungsstätte marschieren und sie dann dort erschießen.[38] Doch zu seinem Glück waren dies ungewöhnliche Umstände. Unter dem nachsichtigen Trapp wurden er und andere nicht gezwungen zu töten. Leutnant Buchmann tötete nicht, weil kein Druck ausgeübt wurde; die anderen töteten ohnehin, bei ihnen war Druck nicht erforderlich.

Die Männer des Polizeibataillons 101 meldeten sich einerseits immer wieder freiwillig zu Mordeinsätzen und ergriffen andererseits in aller Regel nicht die Gelegenheit, die Tötungen zu umgehen. Beides ist bezeichnend und aufschlußreich. Einer der Deutschen aus der zweiten Kompanie stellt lediglich eine einfache Wahrheit fest, wenn er sagt: »Es ist auch durchaus möglich, daß man sich von den Exekutionen fernhalten konnte, wenn man es wollte.«[39] Und das war keineswegs nur eine Mutmaßung. Leutnant Buchmann erklärt: »Ich kann mich daran erinnern, daß vor Einsätzen hin und wieder einmal gefragt worden ist, wer sich der bevorstehenden Aufgabe nicht gewachsen fühle. Soweit sich jemand meldete, wurde er mit anderen Aufgaben betraut.«[40] Auch Erwin Grafmann, ebenfalls aus der zweiten Kompanie, stellte im Hinblick auf die Greuel von Józefów fest: »Auf jeden Fall ist es aber so gewesen, daß man sich entweder freiwillig melden konnte oder aber, daß einem die Gelegenheit gegeben wurde, von der Teilnahme zurückzutreten, wenn man sich der Sache nicht gewachsen fühlte.«[41]

Wenn Deutsche mitunter nicht töten wollten und es manchmal auch nicht taten, so geschah dies aus Ekel, nicht aus ethischen Gründen. Manchmal fühlten sich einige der unangenehmen Pflicht einfach »nicht gewachsen«. Die Entscheidung zu morden war also eine Frage des Geschmacks und nicht des Prinzips.

Die Aussage eines weiteren Mörders bestätigt, daß weder er noch die anderen einem Kameraden, der sich freistellen ließ, ideologische oder moralische Ablehnung des Völkermords unterstellten: »Wenn mir die Frage gestellt wird, weshalb ich überhaupt zuerst mitgeschossen habe, so muß ich dazu sagen, daß man nicht gern als Feigling gelten wollte.«[42] Die Furcht, als Feigling zu gelten, mag also einige Männer gehindert haben, sich an den Morden nicht zu beteiligen. Das aber kann nur bedeuten, daß es einen im wesentlichen nicht in Frage gestellten Konsens über die Legitimität der Judenvernichtung gab. Denn um jemanden für einen Feigling, einen psychischen Schwächling mit minderwertiger Konstitution halten zu können, muß man stillschweigend voraussetzen, daß die geforderte Tat nicht nur auf allgemeine Zustimmung, sondern eigentlich auch auf die Zustimmung des Betroffenen stößt. Nicht umsonst appellierte Gnade an seine Kompanie unmittelbar vor ihrem ersten Mordeinsatz in Józefów: »Werdet daher nicht weich.«[43]

Ein Mensch kann ein Feigling sein, er kann eine Handlung unterlassen, weil er »weich« ist, weil es ihm an Mut fehlt oder weil er zu wenig Eifer besitzt, um eine Aufgabe zu erfüllen, die er erledigt sehen möchte. Wenn aber eine Person eine bestimmte Tat ablehnt, dann ist ihre Weigerung, sie durchzuführen, Ausdruck ihres Widerstandes und nicht ihrer Feigheit oder Schwäche.[44] Pazifisten, die Krieg aus grundsätzlichen Erwägungen ablehnen, sind keine Feiglinge. Es ist bemerkenswert, daß die Männer nichts darüber berichten, daß etwa jene, die die Teilnahme an den Tötungen vermieden, das Risiko eingingen, als »Judenbegünstiger« zu gelten, also als erklärte Gegner der Mordeinsätze. Diese Kritik kam ihnen offensichtlich weder damals noch nach dem Krieg in den Sinn. Hätte es jedoch echte Regungen der Solidarität mit den Juden gegeben und hätten diese innerhalb des Bataillons als Motivation eine Rolle gespielt oder wäre es auch nur im entferntesten denkbar gewesen, daß jemand aus grundsätzlicher Opposition die Tötung von Juden ablehnte, wären solche Vermutungen sicher aufgekommen. Die Grundstimmung innerhalb des Bataillons aber schloß den Vorwurf, ein »Judenbegünstiger« zu sein, von vornherein aus.

Es ist ebenfalls aufschlußreich, daß die »ermunternden Worte« vor dem Massaker von Józefów eine so offenkundig fadenscheinige Rechtfertigung für den Massenmord an jüdischen Zivilisten boten. Daß deutsche Frauen und Kinder bei Luftangriffen umkamen, sollte die *totale* Vernichtung der notleidenden jüdischen Gemeinden in Polen rechtfertigen; dabei lebten diese gebrochenen, unbewaffneten Gemeinden Hunderte von Kilometern entfernt in einem besiegten Land. Eine derartige Begründung ergab keinen Sinn und mußte jedem wie die »Logik« eines Wahnsinnigen vorkommen, der nicht der eliminatorischen antisemitischen Überzeugung der Nationalsozialisten anhing (zu deren Glaubensartikeln es gehörte, daß die teuflischen Fähigkeiten und die zerstörerische Kraft der Juden weit reichten). Die Anspielung auf die zivilen Verluste in der Heimat sollte das kulturell-kognitive Modell der Deutschen über Juden aktivieren und nicht jene für diese Vorstellung von »den Juden« gewinnen, die sie nicht ohnehin schon teilten. Daß die Männer in dieser Rechtfertigung einen Sinn erkannten, wird auch durch ihr Schweigen dazu gestützt. Nicht ein einziger von ihnen hat ausgesagt, daß er diesen Gedanken für verrückt hielt, daß er zu jener Zeit nicht eine kausale Verknüpfung zwischen dem Tod von Deutschen und der Notwendigkeit, Juden umzubringen, gesehen habe, gleichsam eine natürliche Beziehung zwischen den Bombardierungen und dem Völkermord.

Auch die Regeln, nach denen die Aufspür- und Vernichtungsmissionen zusammengesetzt und die Erschießungskommandos gebildet wurden, waren merkwürdig für eine Sicherheitstruppe dieser Art. Diese Unternehmungen waren von Freiwilligen durchzuführen. Die Offiziere wußten, daß es sich hier um unangenehme Aufgaben handelte, also schien es sinnvoll, jeden Mann selbst entscheiden zu lassen, ob er sich zur Teilnahme imstande fühlte. Die Offiziere konnten aus zwei Gründen so verfahren: Erstens verstanden sie jedes Zögern, an Exekutionen mitzuwirken, als Reaktion auf die damit verbundene Grausamkeit, die nichts mit moralischen Einwänden zu tun hatte. Die Offiziere waren um ihre Männer besorgt. Es gibt keinen Beweis dafür, daß im Polizeibataillon 101 der Wunsch eines Mannes, von einem Mordeinsatz freigestellt zu werden, als Herausforderung der deutschen Ordnung, als prinzipielle Ablehnung des Regimes oder aber des zentralen nationalsozialistischen Projekts aufgefaßt wurde. Wäre dem so gewesen, hätten es die Offiziere wohl weniger bereitwillig ihren Männern selbst überlassen, ob sie an der wichtigsten Aufgabe des Bataillons während seiner Stationierung in Polen teilnahmen oder nicht.

Zweitens konnten sich die Offiziere darauf verlassen, daß auch auf freiwilliger Basis der Auftrag problemlos erledigt werden würde. So bezeugt ein Angehöriger der zweiten Kompanie: »Es ist im übrigen richtig, daß es immer genügend Freiwillige gab, die sich zu Exekutionen meldeten. Auch ich habe mich ein- oder zweimal freiwillig zu Exekutionen gemeldet, und zwar bei Zugeinsätzen kleineren Umfangs.«[45] Viele seiner Kameraden bestätigen das Freiwilligkeitsprinzip. Einer erinnert sich: »Ich muß vor allen Dingen mit aller Entschiedenheit sagen, daß sich für die Exekutionskommandos auf eine entsprechende Anfrage der Vorgesetzten grundsätzlich genug Freiwillige gemeldet haben. So ist es auch in Józefów gewesen. Ich muß noch hinzufügen, daß sich sogar zu viele Freiwillige gemeldet haben, so daß einige zurückgestellt werden mußten.«[46]

Der erste der beiden Zeugen, Grafmann, zählte zu den wenigen Männern, die mitten während des Mordeinsatzes von Józefów, der »Feuertaufe« des Bataillons, um Freistellung baten, weil sie die Greuel der Erschießungen von Angesicht zu Angesicht nicht mehr ertragen konnten. Grafmanns Aussage und seine spätere freiwillige Tätigkeit als Vollstrecker zeigen deutlich, daß seine Bitte nicht einer moralischen Abneigung gegen den Mord an Juden entsprang.[47] Grafmann mag der Prototyp des Mörders gewesen sein, dem die Grausamkeit zunächst Schwierigkeiten bereitete, der sich dann aber freiwillig entschloß zu töten – obwohl er davon entbunden worden war. Die freiwillige Teilnahme an den Tötungen war in diesem wie in vielen anderen Polizeibataillonen die Norm.[48]

Die Gelegenheiten der Männer, das Töten zu vermeiden, wurden bereits angesprochen. Nicht nur in den unteren Rängen gab es welche, die sich entschlossen hatten, nicht daran teilzunehmen; der widerspenstige Leutnant diente dem ganzen Bataillon als eindrückliches Beispiel dafür, daß die Weigerung keine spürbaren Nachteile zur Folge hatte. Darüber hinaus zeigten die Vorgesetzten vom Bataillonskommandeur bis hinunter zu den Unteroffizieren Verständnis für die mögliche Abneigung ihrer Untergebenen, derart widerwärtige Aufgaben zu übernehmen. Wie es einer von ihnen in bezug auf Trapps ursprüngliches Angebot ausdrückt: »Besonderer Mut gehörte nicht dazu, wenn man hervortrat.«[49]

Doch stellen wir uns einmal vor, daß trotz der Möglichkeiten, die Morde zu umgehen, trotz der freiwilligen Teilnahme an Massenerschießungen einige Männer zögerten, diese Optionen offen wahrzunehmen. Stellen wir uns weiter vor, sie seien so willensschwach gewesen, daß sie, obwohl sie den Völkermord als ungeheures Verbrechen empfanden, es dennoch vorzogen, als Henker daran mitzuwirken, als Zeugen und Täter zugleich die Greuel der Razzien und Hinrichtungen mitzuerleben. Selbst dann hätten sie nur das tun müssen, was der erwähnte Leutnant ihnen vorgemacht hatte: Sie hätten um Versetzung bitten können. Der Leutnant hatte an den Polizeipräsidenten von Hamburg geschrieben, darin betont, daß er gegen diese Mordeinsätze sei, und um dienstliche Verwendung in Hamburg gebeten. Der Bitte war entsprochen worden.[50] Und tatsächlich schadete die Weigerung seiner weiteren Karriere nicht; er wurde schließlich sogar befördert und erhielt die Vertrauensstellung eines Adjutanten des Polizeipräsidenten von Hamburg.[51]

Wie in polizeilichen und militärischen Institutionen allgemein üblich, gab es auch bei der Ordnungspolizei bestimmte Versetzungsprozeduren, und die Männer machten Gebrauch davon. So ersuchten beispielsweise im Februar 1940 zwei Männer aus dem Polizeibataillon 102, das ebenfalls aus Hamburg kam, um Rückversetzung in ihre Heimatgarnison. Dem Anliegen wurde stattgegeben. Im Falle des einen war der Vater gestorben, so daß die Mutter plötzlich mit einem zweieinhalb Morgen großen Hof allein dastand. Bei dem zweiten galt die schwere Herzkrankheit der Ehefrau als hinreichender Grund. Im August desselben Jahres wurde einem weiteren Mann die Versetzung gewährt, weil ihm ein stark angeschwollenes Bein bei langen Märschen Schmerzen bereitete.[52] Bei der Ordnungspolizei gab es also allgemeinverbindliche Versetzungsregelungen, und sie wurden von vielen genutzt. Die Institution scheint damit überdies recht großzügig umgegangen zu sein. Wenn man die Möglichkeiten der Bataillonsangehörigen einschätzen will, Mordeinsätze zu umgehen, muß man daher auch die Angebote zur Versetzung in Betracht ziehen. Eine dieser Gelegenheiten, die sich dokumentarisch erhalten hat, war ein Gesuch, das allen drei Bataillonen des Polizeiregiments 25 und des Polizeibataillons 53 übermittelt wurde. Jüngere aktive Polizisten aus den »Batl.-Nachr.-Zügen« wurden aufgefordert, sich freiwillig zur Ausbildung in einer »Nachr.-Ersatz-Kompanie« in Krakau zu melden.

301

Das Gesuch erreichte die Einheiten im Dezember 1942, als sie alle bereits in die Massenmorde verwickelt waren. Zwei Männer aus dem Polizeibataillon 101 bewarben sich und wurden daraufhin versetzt.[53] Weshalb bewarben sich nicht alle, die dafür qualifiziert waren? Von den Genannten abgesehen, gibt es keine Hinweise darauf, daß auch andere sich zur Zeit der Massenmorde entweder selbst oder aufgrund offiziell bekanntgemachter Versetzungschancen um einen anderen Posten bemüht hätten. Trotz all ihrer bequemen Beteuerungen, sie hätten den Ermordungen ablehnend gegenüber gestanden und sie sogar wenn möglich gern vermieden, hat tatsächlich keiner dieser Zeugen aus dem Polizeibataillon 101 auch nur *behauptet,* sich um eine Versetzung beworben zu haben.[54]

Doch noch ein anderer Aspekt im Leben dieser Männer verdient Beachtung. Während sie sich als Mörder am Genozid beteiligten, reisten sie oft wochenlang auf Urlaub in die Heimat.[55] Einige von ihnen berichten, sie hätten die Anweisung erhalten, nichts über ihre Taten zu erzählen; andere leugnen die Existenz solcher Befehle. So gibt etwa Leutnant Kurt Drucker zu: »Ich habe anläßlich eines Urlaubs mit Freunden über das Geschehene gesprochen.«[56]

Wie immer die entsprechenden Instruktionen auch gelautet haben mögen – sie unterschieden sich möglicherweise von Kompanie zu Kompanie –, die Angehörigen des Bataillons bewahrten praktisch Stillschweigen darüber, wie sie sich verhielten oder worüber sie sprachen, wenn sie sich daheim bei ihren Freunden und Angehörigen aufhielten. Hätten aber die Täter den Völkermord wirklich als Verbrechen gesehen, hätten sie die Aussicht auf Rückkehr zu den Brutalitäten und den blutigen Mordeinsätzen als wenig einladend betrachtet, wie man es von einem grundsätzlichen Gegner der Vernichtung erwarten würde – wie konnten sie sich dann überwinden, nach Polen zurückzukehren? Wieder daheim in Hamburg oder Bremen, hätten Gegner der Massenmorde sich doch krümmen müssen vor Abscheu im Gedanken daran, sich erneut an den Greueln beteiligen zu müssen. Es geht nicht darum, ob man von ihnen Desertion hätte erwarten können, obwohl es bemerkenswerterweise keine Belege gibt, daß auch nur einer den Versuch unternahm, mit all den realen Gefahren, die damit verbunden waren.

Doch die Atempause vom Völkermord hätte jenen, die in ihren Taten wirklich einen Massenmord und nicht eine legitime Form der Auslöschung sahen, die Gelegenheit und die Zeit geben müssen, eingehender über ihre Situation und ihre Möglichkeiten nachzudenken. Sie befanden sich im Schoße ihrer Familien, waren von jedem sozialen und psychischen Druck, den eine Mordinstitution dem einzelnen auferlegen konnte, befreit. Und sie kannten das Grauen, das in Polen auf sie wartete. Weshalb entschlossen sie sich nicht, um eine Versetzung zu bitten? Warum setzten sie nicht alle verfügbaren Hebel in Bewegung – Familie, Freunde oder Bekannte, die über Kontakte verfügten oder in Behörden tätig waren –, um ihrer fürchterlichen Arbeit zu entgehen? Hätten die Männer des Polizeibataillons 101 alles Erdenkliche unternommen, um sich aus dem Völkermord herauszuhalten, hätten sie dies nach dem Krieg sicherlich deutlich gemacht. Reflexartig sagen sie jedoch, sie hätten gewünscht, nicht töten zu müssen – kaum eine überzeugende Aussage bei Männern, die wegen ihrer Beteiligung am Massenmord verhört werden. Doch trotz ihres starken Wunsches, sich selbst von jeder Schuld zu entlasten, gibt es im ganzen Bataillon außer Leutnant Buchmann nur einen Mann, der aussagt, genau das getan zu haben, was von Gegnern des Massenmordes zu erwarten gewesen wäre – nämlich zu versuchen, die Mordinstitution zu verlassen. Dieser Mann veranlaßte seine Frau, den Hamburger Polizeibehörden zu schreiben, daß sie nicht in der Lage sei, ohne seine Hilfe ihre – zu dieser Zeit – acht Kinder großzuziehen. Seine Rückversetzung nach Hamburg erfolgte wenige Monate später.[57] Die übrigen Bataillonsangehörigen behaupten gar nicht erst, entweder während ihres Heimaturlaubs ihren Freunden und ihrer Familie gegenüber geäußert zu haben, daß sie sich den Hinrichtungen entziehen wollten oder gar wirklich versucht zu haben, sich von der Teilnahme am Massenmord freistellen zu lassen. Auch das bestätigt die Auffassung, daß sie den Völkermord nicht grundsätzlich ablehnten.

Die deutsche Grausamkeit gegen Juden kann für dieses Bataillon nicht in dem Ausmaß dokumentiert werden, wie dies für andere Mordinstitutionen möglich ist. Es haben nur allzu wenige überlebt, so daß es meist Sache der Deutschen selbst ist, über die von ihnen begangenen Brutalitäten zu berichten und sich dabei selbst anzuklagen. Das tun sie naturgemäß nur widerwillig. Hinzu kommt, daß die Strafverfolgungsbehörden der Bundesrepublik im allgemeinen nicht daran interessiert waren, etwas über diese Grausamkeit zu erfahren, da zum Zeitpunkt ihrer Untersuchungen alle Verbrechen mit Ausnahme von Mord bereits verjährt waren. Wie sehr ein Deutscher einen Juden auch geschlagen, gequält oder verkrüppelt haben mochte; für seine Handlungen konnte er nicht verfolgt werden, wenn er sein Opfer nicht getötet hatte. Dennoch existieren genügend Beweise dafür, daß die Grausamkeit gleichsam konstitutiv zur Praxis des Polizeibataillons 101 gehörte.

Diese Deutschen verschwendeten keinerlei Mühen darauf, ihren Opfern unnötiges Leid zu ersparen. Mehr noch: In den Quellen deutet nichts darauf hin, daß sie sich darüber auch nur Gedanken machten.

Der gesamte Ablauf der Mordeinsätze – von den brutalen Razzien über den erbarmungslosen Umgang mit den Juden auf den Sammelplätzen bis hin zur Art der Exekution von Łomazy beispielsweise – beweist im besten Falle Gleichgültigkeit gegenüber den Leiden der Opfer, im schlimmsten Falle Mutwilligkeit; die Razzien hätten nicht so zügellos vonstatten gehen müssen. Die Deutschen mußten die Opfer weder terrorisieren noch Dutzende, ja manchmal Hunderte von Toten auf den Straßen zurücklassen. Während die Juden darauf warteten, von den Deutschen zum Ortsrand in Marsch gesetzt oder auf Lastwagen verladen zu werden, wäre es für die Deutschen ein leichtes gewesen, ihnen etwas Wasser zu geben oder ihnen Bewegung zu erlauben; statt dessen erschossen sie jeden, der auch nur aufstand. Wie zahlreiche Bataillonsangehörige bezeugt haben, wußten sie genau, daß die Juden während des Wartens schwer und unnötig litten. Letztlich spricht die Grausamkeit der Deutschen für sich selbst – die Art, wie sie Juden erschossen, wie sie Knüppel und Peitschen einsetzten, um sie aus ihren Häusern und auf die Lastwagen zu treiben. Da derart brutale und grausame Handlungsweisen schließlich zu den Ghettosäuberungen und -auflösungen dazugehörten und weil das Ziel der Massenvernichtung selbst so entsetzlich ist, ist man verführt, die Betrachtung »kleinerer« Verbrechen zu vernachlässigen, wenn man die Chronik deutscher Brutalitäten und Grausamkeiten schreibt. Es kann passieren, daß man diese Praktiken, so entsetzlich sie auch waren, einfach übersieht. Weshalb begnügten sie sich nicht mit »ordentlichen« Mordeinsätzen? Wozu die öffentlichen Morde an Kindern, die Schläge und die symbolischen Erniedrigungen?

Die Deutschen und ihre Helfer handelten bei der Auflösung der Ghettos nicht nur vorsätzlich brutal – insbesondere was ihre routinemäßigen Vorgehensweisen betrifft –, sondern sie taten den Juden überflüssige Gewalt an und quälten sie in unnötigem Maße. Manchmal waren die Handlanger, die die Juden leiden ließen, osteuropäische Hiwis der Deutschen, so etwa bei den Deportationen von Międzyrzecz, als die Hiwis, offensichtlich durch die Gewalttätigkeit der Deutschen beeinflußt, die Juden mit Peitschen prügelten. Jede öffentlich begangene Brutalität der Hiwis an den Juden war erlaubt, wenn nicht sogar von den Deutschen gefördert. Sie hatten die Hiwis völlig unter Kontrolle, so daß auch diese Exzesse mitgezählt werden sollten, bewertet man die Behandlung der Juden durch die Deutschen. Die Ereignisse auf dem Marktplatz während der letzten großen Deportation aus Międzyrzecz sind dafür beispielhaft: Die Deutschen zwangen die Juden, auf dem Boden zu sitzen oder eng aneinandergekauert da zu hocken. Das folgende Photo zeigt eine ähnliche Szene, aufgenommen während einer anderen Deportation aus Międzyrzecz.

Männer des Polizeibataillons 101 bewachen am 26. Mai 1943 Juden aus Międzyrzecz, um sie anschließend nach Majdanek zu deportieren. Dort brachten Angehörige des Polizeibataillons 101 und andere sie im November 1943 im Rahmen der »Operation Erntefest« um.

Die Juden beteten und weinten und verursachten daher einen ziemlichen Lärm. Das störte ihre deutschen Herren: »Zwischendurch schlugen die Hiwis mit Gewehrkolben auf die Menschen ein, damit Ruhe herrsche. Die SD-Leute hatten geflochtene Peitschen, von der Art, wie Reitpeitschen sind. Sie gingen durch die Reihen der am Boden sitzenden Menschen und schlugen manchmal mit Wucht zu.«[58]

Die Männer des Polizeibataillons 101 ließen sich von ihren osteuropäischen Helfern nicht übertreffen. Obwohl sie die Juden in Międzyrzecz auf so überflüssige und willkürliche Weise erniedrigten und quälten, werden diese Taten in ihren Zeugenaussagen nicht erwähnt. Die Darstellungen der überlebenden Opfer ergeben dagegen ein anderes, genaueres und aufschlußreicheres Bild. Die Überlebenden stimmen überein, daß die Deutschen tatsächlich unglaublich brutal waren, daß ihre Grausamkeit an diesem Tag böswillig war und zeitweise in Sadismus umschlug. Auf dem Marktplatz, wo sie sich stundenlang niederlassen mußten, wurden die Juden »verspottet« und »getreten«. Einige der Deutschen veranstalteten ein »Spiel, indem sie mit Äpfeln warfen; wer von einem Apfel getroffen wurde, wurde ermordet«. Dieses »Vergnügen« wurde am Bahnhof fortgesetzt, diesmal mit leeren Schnapsflaschen. »Über die Köpfe der Juden hinweg wurden Flaschen geworfen, wer immer von einer Flasche getroffen wurde, wurde aus der Menge herausgezerrt und unter stürmischem Gelächter mörderisch verprügelt.« Anschließend luden sie die Toten zusammen mit den Lebenden in Güterwaggons, die nach Treblinka fahren sollten. Es gibt ein Photo, das möglicherweise die letzte Phase dieser Deportation dokumentiert.

Deutsche zwängen jüdische Frauen und Kinder aus Międzyrzecz in Güterwaggons.

Verängstigte jüdische Frauen, die von den Deutschen vorwärts gedrängt werden – auf welche Weise, kann man sich vorstellen –, laufen mit ihren Kindern in ein dunkles Wageninneres, aus dem man sie nur herauslassen wird, um sie sofort zu vergasen. Der Deutsche, der ihnen am nächsten steht und dessen Identität unbekannt ist, stolziert bedrohlich umher und hält eine Peitsche in seiner Hand.

Es kann daher nicht verwundern, daß diese ganz gewöhnlichen Deutschen in den Augen der Opfer nicht als einfache Mörder und schon gar nicht als zögerliche Täter erscheinen, gegen ihren inneren Widerstand zu ihrer Aufgabe gezwungen, sondern als »zweibeinige Raubtiere« voller »Blutdurst«.[59]

Die Deutschen selbst berichten nur wenig über die Folterungen ihrer Opfer, über jeden einzelnen unnötigen Kolbenschlag auf einen jüdischen Kopf; doch die Beweislage legt die Vermutung nahe, daß die Quälereien von Międzyrzecz und Łomazy – wo sie die bärtigen jüdischen Männer verprügelten und sie zwangen, zu ihrer Exekution zu kriechen – keine Ausnahmen darstellten. Obwohl die Männer des Polizeibataillons 101 nichts über ihre Grausamkeiten bei der Massendeportation von Juden aus Łuków berichten, erinnert sich ein Gendarm, der dort tätig war, an einen Blick aus seinem Amtszimmer: »Sie wurden von deutschen Polizeibeamten angetrieben. Ich konnte sehen, wie die Polizisten mit Knüppeln auf Juden schlugen, die zusammengebrochen waren. Es war für mich ein erschütternder Anblick. Menschen, die nicht mehr allein aufstehen konnten, wurden von den Polizisten wieder hochgerissen. Es wurde ständig geschlagen und lautstark angetrieben.«[60]

Die Angehörigen des Polizeibataillons 101 berichten zwar von den Grausamkeiten anderer, so von denen des SD und der Hiwis in Międzyrzecz, über ihre eigenen Verbrechen indes schweigen sie. Die Knüppel beispielsweise, die sie bei jener Deportation mit so vernichtender Wirkung einsetzten, versäumen sie zu erwähnen, obwohl viele von ihnen sich an der Vertreibung der Juden aus dem Ghetto beteiligten. Vermutlich benutzten sie diese bei all ihren Ghettoräumungen und auch bei anderen Mordeinsätzen, obwohl in den Aussagen nur spärliche Berichte über den Gebrauch von Knüppeln zu finden sind. Wir erfahren jeweils nur durch ein oder zwei Männer von Peitschen in Józefów, Knüppeln in Łomazy (weil sich einer erinnerte, wie sie damit bärtige Juden schlugen) und Peitschen in Międzyrzecz. Keiner erwähnt, daß sie in Łomazy Peitschen benutzt hätten. Auf einem der erhaltenen Photos über diesen Einsatz ist jedoch zumindest eine zu sehen. Genausowenig haben Bataillonsangehörige aus eigenem Antrieb die Szene geschildert, die auf den folgenden beiden Photos festgehalten ist.

Es waren Angehörige des Polizeibataillons 101, die diese Juden aus Łuków verhöhnten, bevor sie sie und siebentausend weitere in die Gaskammern von Treblinka deportierten. Sie zwangen sie, ihre Gebetsschals anzulegen, wie beim Gebet niederzuknien und möglicherweise auch Gebete zu singen. Der Anblick jüdischer Kultgegenstände und Rituale veranlaßte die »Endlöser der Judenfrage« zu Hohngelächter und regte sie zu grausamen Handlungen an: In ihren Augen handelte es sich um bizarre Verkleidungen, groteske Zeremonien, um rätselhafte und seltsame Gerätschaften einer Teufelsbrut. Der Holocaust zählt zu den seltenen Massenmorden, bei denen Täter wie diese und andere Angehörige des Polizeibataillons 101 ihre Opfer immer wieder verhöhnten und sie dazu zwangen, Possen zu treiben, bevor sie sie in den Tod schickten. Die stolzen, fröhlichen Posen der deut-

Kurz bevor die Łuków er Juden ins Todeslager Treblinka deportiert werden, nehmen sich Angehörige des Polizeibataillons 101 die Zeit, eine Gruppe von Juden zu zwingen, für Erinnerungsphotos zu posieren.

schen Herrenmenschen (man achte auf das strahlende Gesicht auf dem oberen Photo), die Menschen degradieren, die ihnen als archetypische Juden galten (man achte auf den fehlenden Hut auf dem unteren Photo, der vermutlich heruntergeschlagen worden ist), sind wahrscheinlich repräsentativ, auch wenn die Männer des Polizeibataillons 101 dazu schweigen und die jüdischen Zeugen darüber nicht berichten können, weil sie nicht überlebt haben. Wenn wir uns auf die Darstellungen der Bataillonsangehörigen verlassen müßten, erhielten wir ein verfälschtes Bild ihrer Handlungen, bei dem die schrecklichen Leiden, die sie den Juden zufügten, nur sehr abgeschwächt zum Ausdruck kämen; nicht zu reden von dem offensichtlichen Vergnügen, mit dem sie häufig grausam gegen ihre wehrlosen Opfer vorgingen. Major Trapp, der seinem Mordhandwerk mit gemischten Gefühlen nachging, tadelte seine Männer wenigstens einmal wegen ihrer Grausamkeit. Einer seiner Leute berichtet, daß Trapp vor dem versammelten Bataillon nach dem zügellosen ersten Mordeinsatz von Józefów seine Mißbilligung zum Ausdruck brachte: »Meiner Erinnerung nach erwähnte er aber sinngemäß etwa, daß er mit den *beobachteten Mißhandlungen* [meine Hervorhebung] der Juden nicht einverstanden sei. Wir hätten die Aufgabe, die Juden zu erschießen, nicht aber sie zu quälen und zu schlagen.«[61]

Wichtig ist, daß dieser Bataillonsangehörige sich nicht an ein kategorisches Verbot erinnert, sondern daran, daß Trapp »nicht einverstanden« war. Hier macht ein untypischer befehlshabender deutscher Offizier seine Autorität geltend und versucht die Grausamkeit einzudämmen, die bereits unaufgefordert in seinen Männern aufgestiegen ist. Unbewußt bezieht sich Trapp hier auf eine Zeile Shakespeares – »›Reiniger‹, nicht ›Mörder‹«[62] –, als er seinen Männern zu verstehen geben wollte: Wir wollen Henker sein, aber keine Folterknechte. Doch all das war umsonst; seine Männer setzten ihre Grausamkeiten fort, wie jene bezeugen, die in Międzyrzecz und anderswo ihre Opfer waren. Auch die Prahlereien der Männer untereinander über die »furchtbaren Übergriffe gegen Juden« lassen keinen Zweifel daran.[63]

Im Polizeibataillon 101 waren die verschiedensten Einstellungen gegenüber dem Völkermord vertreten. Selbst wenn im allgemeinen grundsätzlich Zustimmung herrschte, so gingen die Männer ihrer zerstörerischen Aufgabe doch mit unterschiedlichen Ansichten und Gefühlen nach. Es gab die ausgelassenen, sadistischen Mörder wie Gnade und Bekemeier; es gab fanatische, aber zögerliche Mörder wie Hoffmann;[64] da war ein pflichtbewußter, nüchterner Henker wie Grafmann, und da waren zustimmende, aber ängstliche und widersprüchliche Mörder wie Trapp. Diesen »Typen« bereitete das Töten in unterschiedlichem Ausmaß Vergnügen, doch alle waren sich darin einig, daß es sich hier um ein gerechtes Unternehmen handelte. Angesichts der Quellen ist kaum festzustellen, wie sich die einzelnen Typen auf das Bataillon verteilten. Die vorhandenen Informationen über die Männer reichen dafür nicht aus. Aus demselben Grund ist es unmöglich zu sagen, wie viele der Männer töteten und mit welcher Häufigkeit. Auch ist nicht zu erfahren, wie viele Männer welche unverlangten Grausamkeiten begingen und wie oft sie dies taten; es ist gleichfalls nicht möglich, die Gefühle zu rekonstruieren, mit denen sie das Ergebnis ihrer »Arbeit« (eine Grube voller Leichen oder eine mit toten Juden übersäte Straße, darunter auch Babies und Greise) betrachteten. Es wäre überraschend gewesen, hätte einer dieser Mörder in den sechziger Jahren den Justizbehörden oder der ganzen Welt gegenüber kundgetan, daß er angesichts dieser Szenen Freude und Triumph empfand. Ebensowenig ist anzunehmen, daß die Männer den Juden, die sie mit Freude oder Gleichgültigkeit ermordeten, mitmenschliche Sympathie entgegenbrachten.

Eindeutig bewiesen ist jedoch, daß die überwältigende Mehrheit der Angehörigen des Polizeibataillons 101 an Razzien, an Erschießungen, an Deportationen in die Vernichtungslager teilnahm – und zwar nicht nur einmal, sondern wiederholt. Weiterhin fällt auf, daß nur beim ersten Massaker in Józefów viele Männer unter ihrem Tun so sehr litten, daß sie um Freistellung baten, daß sie nur bei diesem Einsatz Anzeichen emotionaler Probleme mit ihren Taten zeigten. Wäre diese Reaktion die Folge einer grundsätzlichen Opposition und nicht bloßen Ekels gewesen, dann hätten sich die psychischen und emotionalen Spannungen im Verlauf der folgenden Mordeinsätze wahrscheinlich gesteigert. Das gilt um so mehr, als es für diese Männer ja einen Ausweg aus ihrer Lage gab. Aber wie Medizinstudenten, die anfangs den Anblick von Blut und Eingeweiden nicht vertragen, ihre Arbeit aber dennoch als ethisch wertvoll betrachten, gewöhnten auch diese Männer sich leicht an die unangenehmen Aspekte ihres Gewerbes. Die moralische Billigung ihres Tuns erklärt, warum nur eine kleine Minderheit der Bataillonsangehörigen sich von den Tötungen freistellen ließ und warum die Offiziere sich darauf verlassen konnten, daß sie genügend Freiwillige finden würden, um die Kommandos personell auszustatten.[65] In diesem Bataillon war die Ermordung von Juden im doppelten Sinne des Wortes die Norm. Selbst das Sanitätspersonal tötete. In der ersten Kompanie untersuchten die beiden Sanitäter – in Übereinstimmung mit der wohlbekannten Perversion der Medizin im nationalsozialistischen Deutschland – Juden, nachdem sie von Schüssen getroffen waren, um ihren Tod festzustellen. »Es kam mehrfach vor, daß die beiden Gnadenschüsse gegeben haben, weil die Opfer noch lebten.«[66] Nicht nur töteten buchstäblich alle

Männer dieses Bataillons; sie mordeten auch mit Leidenschaft und Begeisterung, was nicht überrascht, da einer von ihnen bezeugt: »Es stimmt, daß es unter den Kameraden viele Fanatiker gab.«[67] Ihr unermüdlicher Beitrag zur Vernichtung des »internationalen Judentums«, das als Deutschlands schlimmster Feind galt, war erheblich und der Anerkennung durch höchste Autoritäten wert. Conrad Mehler, ein Angehöriger der ersten Kompanie, erhielt das Kriegsverdienstkreuz zweiter Klasse. Wie es in der Anerkennungsurkunde hieß, »hat [er] sich bei Einsätzen, Evakuierungen und Aussiedlung von Juden durch hartes und unerschrockenes Verhalten hervorgetan«.[68] Eine letzte Würdigung ihrer gemeinsamen Arbeit wurde den Männern des Polizeibataillons 101 und der anderen Bataillone im Polizeiregiment 25 durch ihren Befehlshaber zuteil, der der deutschen Sprachregelung entsprechend den Völkermord nicht ausdrücklich erwähnte, doch ganz genau wußte, daß ihre Hauptaufgabe während ihrer Stationierung in Lublin im Massenmord an Juden bestanden hatte:

»Anläßlich meines damit verbundenen Ausscheidens aus dem Verbande des SS-Polizei-Regiments 25 ist es mir ein Bedürfnis, Ihnen allen, Offiziere, Unterführer und Männer, für Ihren rastlosen Einsatz sowie die mir erwiesene Treue und Opferbereitschaft aufrichtig zu danken. Sie alle haben in hartnäckigen, entsagungsvollen und verlustreichen Bandenkämpfen Ihr Bestes für Führer, Volk und Vaterland hergegeben. In diesem Sinne weiter und vorwärts, dem Siege entgegen!«[69]

Obwohl die Männer des Polizeibataillons 101 nach dem Krieg ihren Stolz über ihre allgemeinen und persönlichen Belobigungen nicht öffentlich zum Ausdruck gebracht haben – immerhin erhielten zwanzig von ihnen ein offizielles Lob –, waren diese ehrenvollen Erwähnungen doch voll und ganz »verdient«.[70]

KAPITEL 9

Polizeibataillone:
Leben, Morde, Motive

Betrachtet man die Beiträge des Polizeibataillons 101 und anderer Bataillone zum Völkermord, sieht man die Mörder allzu leicht nur unter dem Blickwinkel ihrer mörderischen Taten. Dies verzerrt jedoch das Gesamtbild: Die Außerordentlichkeit der Mordeinsätze veranlaßt viele dazu, die Täter und ihre Handlungen isoliert, von ihrer übrigen sozialen Betätigung getrennt zu sehen, als etwas außerhalb der »normalen« gesellschaftlichen Abläufe Stehendes. Dies liegt teilweise daran, daß die mit dem Völkermord verbundenen Taten nicht unserer moralischen Welt anzugehören scheinen, sondern der Realität einer besonderen Gegenwelt; man ist daher versucht, die Täter und ihr Leben als Karikatur zu zeichnen. Doch über den Völkermord hinaus nehmen diese Deutschen auch an anderen Handlungen und Unternehmungen teil. Sie hatten eine soziale Existenz. Wenn man sie und ihre Taten verstehen will, muß man sich auch mit den Aspekten ihres Lebens beschäftigen, die nicht mit dem Töten zusammenhingen.

Die Polizeibataillone töteten nicht in einem gesellschaftlichen oder kulturellen Vakuum. Die Deutschen hatten in Polen sehr schnell ein institutionelles Geflecht und eine kulturelle Lebenswelt aufgebaut, die im Kern von denen der Polen – von den Juden ganz zu schweigen – autonom waren, ganz so, wie es selbsternannten »Herrenmenschen« gebührte, die gekommen waren, die »Untermenschen« zu verdrängen und das eroberte Land nach ihrem Ebenbild neu zu gestalten. Tatsächlich bildete das reichhaltige deutsche Kulturleben in Polen den Dreh- und Angelpunkt für das Dasein der Polizeibataillone. Nachdem sie wehrlose Juden zu Tausenden ermordet hatten, wandten sich die Männer konventionelleren Spielarten der deutschen Kultur zu: Das, was sich in den polizeieigenen »Kasinos, Kameradschaftsheimen und Kantinen«,[1] bei Sportereignissen, Kino- und Theatervorstellungen, religiösen Veranstaltungen abspielte, die emotionalen Bindungen und die Diskussionen über Moral standen in krassem Kontrast zu ihren apokalyptischen Taten.

Schon die Routinebefehle der verschiedenen Befehlshaber zeigen, so lückenhaft und schematisch sie auch waren, daß diese Vollstrecker des Völkermords nicht die klischeehaften Einzeltäter waren, als die sie oft dargestellt werden – und als die sie heute wohl fast jeder wahrnimmt. Der »Regiments-Befehl Nr. 25« des Polizeiregiments 25, der an die untergeordneten Einheiten, darunter auch an die Polizeibataillone 65 und 101, erging, vermittelt einen Eindruck vom Alltagsleben der Männer. Der Befehl war zwei Seiten lang und sprach sechs Punkte an. Zunächst ging es um die Ergebnisse eines Rennens: »Am Sonntag, dem 18. 10. 42, und am 25. 10. 42 beteiligte sich eine Mannschaft des Gend.-Btl. (mot.) am Herbstgeländelauf in Radom.«

Die vier Mannschaftsmitglieder, die »in der Allgemeinen-Klasse über 4 000 m in beiden Fällen den Mannschaftslauf in Tagesbestzeit vor der Luftwaffe Radom« gewannen, werden namentlich aufgeführt. Ein Angehöriger des Motorisierten Gendarmeriebataillons belegte bei einem anderen Rennen den zweiten Platz, und der Regimentschef fügte hinzu: »Für diese Leistungen spreche ich den Siegern meine Anerkennung aus.«

Es folgte der Dienstplan für die nächste Woche, eine Routineangelegenheit. Dann wurde die Wiederaufnahme der Bahnverbindung zwischen Krakau und Krynica »zur Förderung des Staatsbades Krynica« bekanntgegeben und der entsprechende Winterfahrplan mitgeteilt. Unter der Überschrift »Spiel für Kameraden« kündigte der Befehl viertens ein anderes Freizeitereignis an:

»Am 3. und 4. November 1942, 20.00 Uhr, erfolgt im Hause der NSDAP in Lublin der Einsatz der polizeieigenen Spieltruppe ›Ostermänn‹ – genannt ›Berliner Jungs‹ – für die Angehörigen der Ordnungspolizei und deren Angehörige. Eintritt frei.« Die Punkte fünf und sechs betrafen Maßnahmen des Gesundheitsschutzes. Infektionskrankheiten sollten sofort gemeldet werden, und die Einheiten wurden auf kommende Informationen über Typhus hingewiesen, die sofort auszuhängen seien.

Der »Regiments-Befehl Nr. 25« – ein ganz gewöhnliches Beispiel der wöchentlichen Anordnungen, die an alle Einheiten des Regiments ergingen – läßt ein Bild entstehen, das nicht mit der eindimensionalen Vorstellung übereinstimmt, die sich von den Tätern und den Institutionen, in denen sie dienten, so leicht entwerfen läßt. Der Regimentschef ist natürlich stolz auf die sportlichen Erfolge seiner Leute gegen die Luftwaffe, die sie im fernen Radom erzielten. Er informiert seine Männer über die Erholungsmöglichkeiten in Krynica, einem bekannten südpolnischen Kurort, der für seine Mineralbäder berühmt ist, und lädt sie mit ihren Familien zu einem kostenlosen unterhaltenden Abend der polizeieigenen Theatertruppe ein. Der »Regiments-Befehl Nr. 25« stammt vom 30. Oktober 1942 und wurde von Lublin aus an alle Einheiten des Regiments weitergeleitet, die über den Bezirk verstreut waren.[2] Was unternahmen diese Einheiten gerade in ihrem »Krieg« gegen die Juden, als sie diese Bekanntmachung über Freizeitmöglichkeiten erhielten?

Das Polizeibataillon 101 vernichtete damals methodisch die Juden jener Gegend und hatte drei Tage zuvor eine der Deportationen aus Międzyrzecz in ein Vernichtungslager abgeschlossen. Das Polizeibataillon 65 war damit beschäftigt, die Juden aus Krakau und Umgebung zu erschießen oder nach Auschwitz zu deportieren. Das Polizeibataillon 67 löschte die jüdischen Gemeinden um Biłgoraj und Zamość aus, und das Polizeibataillon 316 ermordete etwa zu dieser Zeit die zweitausend Juden von Bobruisk.

Der Regimentsbefehl vom 30. Oktober 1942 war in keinerlei Hinsicht ungewöhnlich. Es war völlig normal, daß die Mörder im Dienste des Genozids Nachrichten über Sportereignisse,[3] kulturelle Angebote[4] und andere Freizeitaktivitäten erhielten. Ende Juni 1942 wurden ihnen beispielsweise die Öffnungszeiten des Schwimmbades in Lublin ebenso wie die Möglichkeit, Tennis zu spielen, bekanntgegeben. Zwar mußten sie ihre eigenen Schläger mitbringen, aber »Tennisbälle sind in geringer Zahl bei der SS- und Polizei-SG. [Sportgemeinschaft], Ostlandstr. 8c, Zimmer 2, vorhanden und können von Fall zu Fall gegen eine Leihgebühr ausgeliehen werden. Eine ordnungsgemäße Tennisbekleidung wird wegen der Beschaffungsschwierigkeiten nicht vorgeschrieben. Es darf jedoch der Platz nur in Tennisschuhen bzw. Sportschuhen mit Gummisohle betreten werden.«[5]

Die Rundschreiben an die Angehörigen der Polizeieinheiten informierten über alle möglichen Routineangelegenheiten, so etwa über die Kohleverteilung für die winterliche Heizperiode,[6] aber auch über neue Verwaltungsvorschriften. Sie enthielten ebenfalls aktuelle Anweisungen, die die Behandlung, einschließlich der Ermordung, von »Geiseln« und die Einsätze gegen Juden betrafen. Diese Tatsache ist an sich bemerkenswert, wurden doch solche »normalen« tödlichen Angelegenheiten gleich neben den Freizeitangeboten erörtert. Die Befehle enthielten ebenfalls Instruktionen aller Art zum Verhalten der Männer, ob während des Dienstes oder in ihrer Freizeit; oft wurden ihnen Vorhaltungen gemacht, weil sie Regeln verletzt oder Erwartungen nicht erfüllt hatten. In einem Befehl teilte der Kommandeur seinen Leuten mit, es sei ihm zu Ohren gekommen, daß »größere Mengen Verpackungsmaterial, Mineralwasser- und andere Flaschen herumliegen«. Diese Verschwendungssucht seiner Leute erboste ihn: »Es ist unverantwortlich, wenn bei der derzeitigen Rohstoff- und Beschaffungslage die Verantwortlichen nicht bestrebt sind, das wertvolle Leergut und Verpackungsmaterial umgehend der Wiederverwendung zuzuführen.« Er kündigte an, all jene zur Verantwortung zu

315

ziehen, die weiterhin eine derartige Verschwendung betrieben.[7] Aus diesen und anderen Verweisen, die auf Verstöße gegen Anordnungen oder die Etikette reagierten, wird deutlich, daß es sich bei diesen Deutschen wohl kaum um automatenhafte, vollkommen gehorsame Untergebene handelte. Wie andere Menschen auch benahmen sie sich nicht immer gleich und befolgten Pflichten, Regeln und soziale Normen in wechselndem Maße.

Die in Lublin stationierten Polizeieinheiten konnten nicht nur an kulturellen Veranstaltungen der Polizei, sondern des öfteren auch an denen der Wehrmacht teilnehmen. Allerdings hinterließen die Männer des Polizeiregiments 25 dabei nicht immer einen zufriedenstellenden Eindruck, wie die folgende Rüge des Regimentschefs zeigt: »Durch die Ausgabe von Freikarten für Theatervorstellungen, Konzerte und Filmvorführungen kommen auch solche Schutzpolizei-Angehörige zu Wehrmachts-Veranstaltungen, die daran wenig Gefallen finden und dann durch laute Bemerkungen, Lachen und Unruhe ihr Mißfallen kundgeben. Ein solches Benehmen bedeutet eine Rücksichtslosigkeit sowohl den anderen Besuchern als auch den Künstlern gegenüber und ist geeignet, das Ansehen der Schutzpolizei herabzusetzen. Von den Einheitsführern und Dienststellenleitern ist erzieherisch darauf hinzuweisen, daß sich jeder korrekt benimmt und mit Ruhe das Ende oder die nächste Pause der betr. Veranstaltung abwartet.«[8]

Obwohl sie Einrichtungen angehörten, in denen sich Menschen normalerweise ordentlich benahmen und wo es keiner Autorität von außen bedurfte, um die gängigen Regeln des menschlichen Zusammenlebens durchzusetzen, verletzten die Männer des Polizeiregiments 25 (die überdies vermutlich den strikten Normen einer Polizeiinstitution unterlagen) die sozialen Regeln des Alltagslebens immer wieder erheblich. Was verrät das über diese Männer, über ihren Gehorsam gegenüber Regeln und über den Charakter ihrer übergeordneten Institution, die sie offensichtlich nicht fürchteten? Der Regimentsbefehl enthält einen weiteren Tadel, diesmal jedoch nicht wegen unsozialen Verhaltens, sondern wegen illegaler Vorkommnisse: »Von Angehörigen der Ordnungspolizei, die zum Ernteschutz eingesetzt waren, ist widerrechtlich Schwarzwild gejagt worden. Ich weise darauf hin, daß jede unberechtigte Jagdausübung als Wilddieberei geahndet wird. Im Wiederholungsfalle werde ich die Schuldigen zur Verantwortung ziehen.«[9]

Diese Anordnungen genügen, trotz aller Knappheit der enthaltenen Information, einige Schlüsse nahezulegen, so dürftig sie in Umfang und Bandbreite, gemessen an der Fülle von Alltagshandlungen der Deutschen im Dienst und in der Freizeit auch sind: Die vorherrschenden Stereotypen über die Täter sind weitgehend aus der Luft gegriffen, entstanden zum großen Teil in einem empirischen Leerraum. Die Schöpfer oder Befürworter solcher falschen Klischees haben kaum versucht, sich mit dem institutionellen und sozialen Kontext der Täterhandlungen oder mit der Gesamtheit ihres Lebens auseinanderzusetzen.[10]

Die Täter waren keine roboterhaften Mordmaschinen, sondern menschliche Wesen, die ein »reiches« Leben und nicht jene eindimensionale Existenz führten, die die Literatur über den Holocaust im allgemeinen suggeriert. Sie verfügten über zahlreiche und vielgestaltige soziale Beziehungen und erfüllten Tag für Tag eine relativ breite Palette an Aufgaben. Daheim hatten sie eine Familie, in ihren Einheiten Freunde, darunter einige, die man zweifellos als Kumpel bezeichnen konnte. Dort, wo sie stationiert waren, knüpften sie Kontakte zu Deutschen aus anderen Institutionen ebenso wie zu Nichtdeutschen. Obwohl sie im Schatten des Völkermords lebten, müssen sehr viele der Täter Familienmitglieder bei sich gehabt haben; darauf weist beispielsweise die Einladung zu dem Theaterabend hin, in der es ausdrücklich heißt, Familien seien willkommen. Wohlauf und Leutnant Brand, die von ihren Frauen besucht wurden, waren also keineswegs Ausnahmen. Auch Liebesgeschichten kamen vor: Ein Mann aus dem Polizeiregiment 25 begann eine Beziehung zu einer Frau, die er schließlich auch heiraten sollte, während er als Regimentsschreiber Tag für Tag unter anderem die Fortschritte festhielt, die sein Regiment im Völkermord machte. Seine Freundin arbeitete im Büro des KdO in Lublin, zunächst als Telefonistin und dann als »Schreiberin« in der Abteilung Ia, die die Mordeinsätze plante.[11] Es handelte sich also hier nicht um eine Gesellschaft ohne Frauen.

Auch »gesellige Abende« waren keine Seltenheit. Einer der Männer aus dem Polizeiregiment 101 bespielsweise, ein Violinist, erinnert sich daran, daß Dr. Schoenfelder, der deutsche Arzt, der die Männer in der wirkungsvollsten Tötungstechnik unterwiesen hatte, »wunderbar Akkordeon [spielte] und [er] hat mit uns häufiger gespielt«.[12] Sie veranstalteten Konzertnachmittage, wie etwa den, den die dritte Kompanie in Międzyrzecz genoß, dem Ort, an dem sie am häufigsten Mordeinsätze durchführte, darunter auch ihre größten. Vier erhalten gebliebene Photos zeigen eine kleine Gruppe von Musikern auf einer Veranda im zweiten Stock, während die Männer der Kompanie im Hof sitzend oder promenierend zuhören. Zu ihrer Erholung verfügten die Männer des Polizeibataillons 101 sogar über eine selbst gebaute Kegelbahn. Und Kegeln ist nun wirklich das Gesellschaftsspiel schlechthin.[13]

Die Täter hatten also Freizeit, die sie je nach dem, wo sie stationiert waren, für die verschiedenartigsten Aktivitäten nutzen konnten und die es ihnen auch gestattete, so etwas wie moralisches Empfinden und eine individuelle, persönliche Haltung zu entwickeln. Ob sie in der Kirche oder im Theater waren oder als kleine Gruppe in einer Kneipe saßen, tranken und ihr Umfeld betrachteten – die Täter lebten in einer Welt, in der Nachdenklichkeit, Diskussion und Auseinandersetzung möglich waren. Sie mußten auf die kleinen und großen Ereignisse, die sich Tag für Tag abspielten, einfach reagieren, Meinungen dazu entwickeln und Urteile äußern. Einige von ihnen besuchten die Kirche, beteten zu Gott, beschäftigten sich mit ewigen Fragen, sprachen Gebete, die sie an ihre Verpflichtungen gegenüber anderen menschlichen Wesen erinnerten; die Katholiken unter ihnen gingen zum Abendmahl und zur Beichte.[14] Und wenn sie dann die Nächte mit ihren Frauen und Freundinnen verbrachten – wie viele der Henker mögen dabei über ihre Mordeinsätze gesprochen haben?

Die Bataillonsangehörigen ordneten sich ebensowenig sklavisch Befehlen unter, wie die ständigen Rügen ihrer Vorgesetzten wegen Unaufmerksamkeit und offenen Vergehen zeigen. Ihrer Vorliebe, ihre »Heldentaten« gegen die Juden photographisch zu dokumentieren, stand ein Strom von Befehlen entgegen, die derartiges – allerdings erfolglos – untersagten.[15] Sie waren also keine Automaten, sondern hatten vielmehr ihre eigenen Ansichten über die Regeln, denen sie unterworfen waren, und diese Ansichten spielten offensichtlich eine große Rolle, wenn es darum ging, ob und wie sie diesen Regeln folgen sollten.

In ihren Aussagen nach dem Krieg erzählen die Täter fast nichts über ihre Freizeit; den Untersuchungsbeamten ging es um ihre Verbrechen, nicht um ihre Theaterbesuche, nicht um die Tore, die sie bei Fußballspielen erzielten, nicht um ihre Kneipengespräche. Daher bleiben die Täter relativ schweigsam hinsichtlich einer Vielzahl von Aspekten und Handlungen, die jedoch untersucht werden müßten, will man die Gesamtheit ihres Lebens als »Weltanschauungskrieger« rekonstruieren.

Von besonderem Interesse wären dabei ihre Reaktionen auf bestimmte Befehle, die den Umgang mit Tieren betrafen. Diese Anordnungen müssen jedem, der nicht der antisemitischen Weltanschauung der Nationalsozialisten anhing, zutiefst ironisch und beunruhigend vorgekommen sein. Ein Regimentsbefehl vom August 1942 informierte die Männer, daß das Generalgouvernement zum »Tierseuchengebiet« erklärt worden sei. Vorsichtsmaßnahmen zum Schutz der Polizeihunde schrieben unter anderem vor, die Hunde nur unter strenger tierärztlicher Kontrolle die einzelnen Gebiete wechseln zu lassen: »Während der ganzen Zeit hat der Hundeführer seinen Hund strengstens zu beobachten und ihn beim Auftreten der geringsten Krankheitserscheinungen oder Veränderungen im Benehmen des Tieres sofort dem zuständigen Pol.-Veterinär vorzuführen.«[16]

Die Sorge um die Gesundheit der Polizeihunde und Bemühungen um Seuchenschutz sind verständlich, schließlich waren die Hunde für verschiedene Aufgaben von Nutzen, auch dafür, Juden zu quälen. Dachten die Vollstrecker bei der Lektüre solcher Anweisungen nicht darüber nach, wie unterschiedlich sie Hunde und Juden behandelten? Beim kleinsten Anzeichen einer Krankheit oder eines ungewöhnlichen Verhaltens sollten sie ihre Hunde der Fürsorge von Tierärzten anvertrauen. Kranke Juden jedoch, insbesondere schwerkranke oder jene, bei denen es Hinweise auf ansteckende Krankheiten wie Typhus gab, durften keinen Arzt aufsuchen: In der Regel bekämpften die Deutschen die Krankheiten der Juden mit einer Bleikugel oder einem sozialbiologischen »Sterilisations«ausflug in die Gaskammer. Sie reagierten nicht nur grundsätzlich anders, wenn es um kranke Hunde oder um kranke Juden ging, sie töteten auch gesunde Juden unter dem Vorwand, sie seien krank. »Krankheit« wurde zur formalen Rechtfertigung, zur verbalen Umschreibung für den Völkermord, ja mehr noch: zum Synonym für Juden. Wie ein gefährlicher Krebs mußten sie daher in den Augen der Deutschen mit dem Skalpell aus dem Gesellschaftskörper herausgeschnitten werden. Diese Umwertung wurde von einem in Auschwitz tätigen Arzt voller Stolz formuliert: »Natürlich bin ich ein Arzt und möchte Leben erhalten. Und aus Respekt vor dem menschlichen Leben würde ich einen entzündeten Blinddarm aus einem kranken Körper entfernen. Der Jude ist ein entzündeter Blinddarm im Körper der Menschheit.«[17]

Der Wunsch, Polizeihunde vor Krankheit zu schützen, kann als rein praktische Maßnahme betrachtet werden. Doch auch die Gefühlsbindung eines SS-Generals an seinen Hund konnte dazu führen, daß die Vollstrecker des Völkermords in Aktion traten. Im Oktober 1942 erfuhren die Angehörigen des Polizeiregiments 25 aus dem Nachsatz eines Regimentsbefehls, daß »ein etwa 14 Monate alter gelber Schäferhund, auf den Namen Harry hörend«, vor Wochen in der Nähe von Lublin aus einem Zug gesprungen und nicht wieder gefunden worden sei. Weiter hieß es: »Alle Dienststellen werden ersucht, nach dem Schäferhund zu forschen, damit er seinem Herrn übergeben werden kann.«[18]

Sollte der Hund auftauchen, war das Regimentshauptquartier sofort zu benachrichtigen. Zu diesem Zeitpunkt führten die Männer bereits Aufspür- und Vernichtungsmissionen durch, um versteckte Juden zu finden. Das war für sie nichts Neues mehr. Konnte da vielleicht nicht jeder noch mit einem Auge nach dem Hund Ausschau halten, während er das Land nach dem letzten Juden durchkämmte? Das

Schicksal des Hundes, wenn er denn jemals gefunden worden ist, war dem der Juden durchaus vorzuziehen. Dem hätten wahrscheinlich die Deutschen in jeder Hinsicht zugestimmt.

Diese Anweisungen – ob nun zum Tierschutz oder zu entlaufenen Hunden – hätten die Deutschen veranlassen können, über ihr Tun nachzudenken, wenn ihr Empfinden auch nur annähernd dem unseren entsprochen hätte. Gemessen an dem ihnen empfohlenen Umgang mit Hunden hätte ihre tatsächliche Behandlung der Juden die Täter zur Selbstprüfung und -erkenntnis führen können. Schon die Lektüre der die Hunde betreffenden Befehle hätte bei nicht-nazifizierten Menschen beunruhigende Vergleiche wachgerufen; die zahlreichen Befehle aber, die sich mit »Tierquälerei« befaßten, mußten einen beklemmenden, wenn nicht verheerenden Eindruck hinterlassen.

Am 11. Juni 1943 rügte der Befehlshaber des Polizeiregiments 25 die Einheit, weil die Anbringung von Informationsplakaten über den Tierschutz nicht vorschriftsmäßig erfolgt sei. Aus diesem Versäumnis zog er den Schluß, daß »dem Tierschutz keine Beachtung geschenkt wird«, und er fuhr fort: »Es wird erneut darauf hingewiesen, daß gegen Tierquälereien einzuschreiten, Anzeige zu erstatten und dem Regiment hierüber zu berichten ist. Besonderes Augenmerk ist den Schlachtviehtransporten zu widmen, da durch Überladung der Eisenbahnwaggons erhebliche Verluste unter den Schlachttieren eintreten und somit die Ernährungslage aufs schwerste gefährdet wird. Die z. Zt. übersandten Merkblätter sind zum Gegenstand des Unterrichts zu machen.«[19]

Die Vollstrecker des Völkermordprojekts verbreiteten und erhielten Order, auf Tiere Rücksicht zu nehmen, Befehle, die offensichtlich aufrichtig gemeint waren. Man muß sich das vor Augen halten: Der oben zitierte Befehl beklagt die Überladung von Viehwaggons. Im Gegensatz dazu steht die Darstellung eines Angehörigen des Polizeibataillons 101 über die Deportation der Juden aus Międzyrzecz: »Als besonders grausam habe ich in Erinnerung, daß die Juden in diese Waggons hineingezerrt wurden. Die Waggons wurden so vollgestopft, daß man Mühe hatte, die Schiebetüren zu schließen. Man mußte nicht selten mit Füßen nachhelfen.«[20] Das war die bizarre Realität des nationalsozialistischen Deutschland: Sorge um Tiere auf der einen, Gnadenlosigkeit und Grausamkeit gegenüber Juden auf der anderen Seite.[21] Den Deutschen, die in Polen so viele Juden wie möglich mit Tritten und Schlägen in die Viehwaggons trieben, um sie in den Tod zu deportieren, wurde nie befohlen, Juden nicht zu eng zusammenzupferchen. Die Güterwaggons beförderten Vieh und Juden gleichermaßen. Wer anständiger und menschlicher zu behandeln war, war allen Beteiligten klar. Die Kühe sollten schließlich noch als Nahrungsmittel verwendet werden. Doch das war nicht der einzige Grund dafür, pfleglich mit ihnen umzugehen. Die Deutschen legten damals stets größten Wert darauf, daß Tiere anständig behandelt wurden. In ihren Augen war das ein Gebot der Moral.[22]

Wie spannend dieser Kontrast, so interessant der Befehlsstrom über eine anständige,»menschliche« Behandlung von Tieren für uns auch sein mag, den Deutschen dürfte all das kaum bemerkenswert vorgekommen sein. Die unverhohlene, grausame Ironie, die wir heute zu sehen vermeinen, hätte eigentlich jeden Beteiligten erschüttern müssen. Den Tätern entging sie zweifellos. Sie hatten bereits eine Grenze überschritten; ihr kognitives Instrumentarium erlaubte es ihnen nicht, dieses Nebeneinander überhaupt wahrzunehmen. Im Hinblick auf Juden war jeder Angehörige dieser Einheiten ein »Mann ohne Herz«, um den Titel eines Stücks aufzugreifen, das zu ihrer Unterhaltung aufgeführt wurde.[23] Man wird kaum fehlgehen in der Annahme, daß ihnen auch hier die Ironie verborgen blieb.

Die hier geschilderten Geschichten bestimmter Polizeibataillone – jener mobilen Völkermordkohorten, die als Weltanschauungskrieger von einer jüdischen Gemeinde zur nächsten zogen, um sie alle auszulöschen – sind weder einzigartig noch Einzelfälle. Ähnliche Berichte über vorsätzliche Greueltaten könnten im wesentlichen auch für eine Unmenge anderer Polizeibataillone verfaßt werden. Die, auf die hier näher eingegangen wird – die Polizeibataillone 309, 133, 65 und 101 –, waren nicht einmal die mörderischsten (siehe die folgende Tabelle); ihre Angehörigen handelten nicht brutaler oder mörderischer als die gesamte deutsche Polizei während des Holocaust. Was läßt sich vor diesem Hintergrund über die allgemeine Mittäterschaft der Polizeibataillone beim Holocaust sagen?

Offensichtlich waren nicht alle Polizeibataillone am Genozid beteiligt. Viele von ihnen erhielten einfach nie den Befehl, bei den Mordeinsätzen mitzuwirken. Deshalb ist der Prozentsatz der Polizeibataillone, die zu Tätern wurden, wenig aussagekräftig, denn derartige Aufgaben waren nicht in dem Sinne freiwillig, daß das Regime etwa unter besonders blutrünstigen Bataillonen und Männern seine Vollstrecker auf Meldung hin rekrutiert hätte. Es hing weitgehend vom Zufall ab, ob ein Bataillon an Mordeinsätzen teilnahm oder nicht. Die Beweise deuten allerdings nicht darauf hin, daß das Regime zögerte, Polizeibataillone bei Massenmorden an Juden einzusetzen, oder zwischen den einzelnen Unterschiede machte. Die Bataillone wurden vorab weder anhand irgendwelcher Kriterien auf Befähigung oder Bereitschaft überprüft noch wurde auf andere Art die Struktur der Bataillone oder der Charakter der Männer ins Kalkül gezogen.[24] Untersucht man die Rolle der Polizeibataillone im Genozid, sind daher nur die Handlungen derjenigen von Belang, die den Befehl erhielten, Juden an die Vernichtungsstätten zu deportieren oder sie selbst umzubringen.

An dieser Stelle lassen sich einige allgemeine Bemerkungen machen. In den Holocaust waren so viele Polizeibataillone verwickelt, daß deren Mitwirkung am Vernichtungsprogramm als vollkommen üblich betrachtet wurde und es auch war. Das Regime bediente sich *routinemäßig* der Polizeibataillone zur Durchsetzung seines Vernichtungswillens. Meinen umfangreichen, aber nicht vollständigen Erhebungen zufolge haben sich mindestens 38 Polizeibataillone an den Massentötungen oder Deportationen in die Vernichtungslager beteiligt, und zwar oft in einer ähnlichen Größenordnung wie die Bataillone 65 und 101. (Und zweifellos werden noch mehr entdeckt werden.) Über einige der Polizeibataillone liegt so wenig Material vor, daß man kaum mehr sagen kann, als daß sie an der Massenvernichtung der Juden beteiligt waren. Mindestens dreißig der 38 hier erfaßten Bataillone begingen Mordeinsätze oder Deportationen *großen Ausmaßes*. Die folgende Tabelle enthält jeweils nur die wichtigsten Mordeinsätze dieser dreißig. Daneben steht eine enorme Zahl großer und kleiner Mordeinsätze, durchgeführt von diesen und anderen Polizeibataillonen, die hier nicht aufgelistet sind.[25]

Pol.-bat.	Ort/Gegend	Zeit	Zahl der Opfer
3	Sowjetunion	ab Dez. 41	mehrere 100 000
9	Sowjetunion	Juni–Dez. 41	mehrere 100 000
11	Sluzk	Herbst 41	mehrere 1 000
13	Gebiet Mława	Nov./Dez. 42	12 000
	Plöhnen	Ende 42	5 000
22	Riga	Nov.-Dez. 41	25 000
	Sluzk	8.–9. Feb.43	3 000
32	Lwow	Sept. 41	mehrere 1 000
41	Warschauer Ghetto	Anfang 43	mehrere 10 000
	Majdanek	3. Nov. 43	16 000
	Poniatowa	3. Nov. 43	14 000
45	Berditschew	12. Sept. 41	1 000
	Babi Yar	29.–30. Sept. 41	30 000
53	Warschauer Ghetto	Anfang 43	mehrere 10 000
64	Sajmište	26. Sept. 41	6 000
65	Šiauliai	Sommer 41	3 000
	Krakau	Sommer/Herbst 42	mehrere 1 000

Pol.-bat.	Ort/Gegend	Zeit	Zahl der Opfer
67	Szczebrzeszyn	Herbst 41	1000
	bei Zamość	Sommer oder	
		Herbst 42	2000
	Biłgoraj	Herbst 42	1200
96	Rowno	7.–8. Nov. 41	21000
101	Parczew	Aug. 42	5000
	Międzyrzecz	25. Aug. 42	10000
	Majdanek	3. Nov. 43	16000
	Poniatowa	3. Nov. 43	14000
133	Stanislawow	12. Okt. 41	12000
	Nadwornaja	16. Okt. 41	2000
	Deljatin	Aktionen Herbst 41	2000
251	Białystok	16.–20. Aug. 43	25–30000
255	Białystok	16.–20. Aug. 43	25–30000
256	Białystok	16.–20. Aug. 43	25–30000
303	Babi Yar	29.–30. Sept. 41	33000
	Shitomir	Sept. 41	18000
306	Luninez	4. Sept. 42	2800
	Wyssozk	9. Sept. 42	1400
	Dawid-Gorodok	10. Sept. 42	1100
	Stolin	11. Sept. 42	6500
	Janów Podlaski	25. Sept. 42	2500
	Pinsk	29. Okt.–1. Nov. 42	16200
307	Brest-Litowsk	Anfang Juli 41	6–10000
	Tarnów	Juni 42	16000
	Novy Sącz	Aug. 42	18000
309	Białystok	27. Juni 41	2000
314	Dnepropetrowsk	Nov. 41	mehrere 1000
	Charkow	Jan. 42	10–20000
316	Białystok	12.–13. Juli 41	3000
	Mogiljow	Nov. 41	3000
	Bobruisk	Ende 41	2000
320	Kamenez-Podolsk	27.–28. Aug. 41	23600
	Rowno	7.–8. Nov. 41	21000
	Kostopol	14. Juli 42	5000
	Pinsk	29. Okt–1. Nov. 42	16200
322	Białystok	12.–13. Juli 41	3000
	Mogiljow	19. Okt. 41	3700
	Minsk	Nov. 41	19000
	Minsk	28.–30. Juli 42	9000

Polizeibataillon	Ort/Gegend	Zeit	Zahl der Opfer
Polizeireiter-abteilung III	Majdanek	3. Nov. 43	16 000
	Poniatowa	3. Nov. 43	14 000
	Trawniki	3. Nov. 43	12 000
Gendarmerie-Bataillon (mot.)	Majdanek	3. Nov. 43	16 000
	Poniatowa	3. Nov. 43	14 000
Polizeiwach-bataillon I (Posen)	Stry	Sommer 43	1 000
	Drogobytsch	43	1 000
	Rogatin	43	Ghetto gesäubert
	Ternopol	Sommer 43	Ghetto gesäubert
Polizeireserve-kompanie Köln	Kielce	20.–24. Aug. 42	20 000
	Ghetto Warschau	Mai 43	mehrere 1 000

Die Angehörigen dieser Polizeibataillone hatten eindeutige Beweise dafür, daß sie nicht nur gebeten wurden, an irgendeiner mehr oder weniger gerechtfertigten, harten militärischen Maßnahme teilzunehmen, beispielsweise an der Ermordung von hundert »Geiseln« als Vergeltungsakt an der örtlichen Bevölkerung, die angeblich Partisanen unterstützt hatte. Als sie Tausende von Menschen umbrachten oder ganze Gemeinden in Güterwaggons zu den Todesfabriken schickten, konnten sie sich nicht länger der Illusion darüber hingeben, daß sie zu etwas anderem als zu einer Völkermordkohorte gehörten, selbst wenn sie dies nicht wortreich zum Ausdruck gebracht haben mögen.

Es ist schwer zu sagen, wie viele Deutsche an den Morden allein dieser Polizeibataillone beteiligt waren. Die genaue Größe der einzelnen Bataillone ist unbekannt, und es ist nicht immer feststellbar, wie viele Männer jeweils direkt an den Deportationen und Massentötungen mitwirkten. Außerdem fluktuierte die Personalstärke aufgrund von Versetzungen und Verlusten. Ungefähre Mindestschätzungen führen zu folgenden Ergebnissen: Wenn man, niedrig gegriffen, von einer durchschnittlichen Personalstärke von je fünfhundert Mann pro Bataillon ausgeht, dann gehörten den 38 Polizeibataillonen, deren Beteiligung am Holocaust erwiesen ist, 19 000 Männer an. Die dreißig Bataillone, die wirkliche Massenhinrichtungen durchführten, umfaßten nach dieser Berechnungsgrundlage 15 000 Mann. Man kann nicht mit Sicherheit sagen, wie viele Bataillonsangehörige jeweils an den Morden mitwirkten; wir wissen jedoch, daß die Bataillone bei großangelegten Operationen einen hohen Prozentsatz ihrer Männer einsetzten. Von zahlreichen Bataillonen ist sogar bekannt, daß alle daran beteiligt waren.[26] Selbst wenn die Zahl der Deutschen, die als Täter zu betrachten sind, niedriger ist als die Gesamtstärke der genannten Bataillone, ist sie immer noch hoch. Viele von ihnen waren »gewöhnliche« Deutsche.

Die personelle Zusammensetzung der einzelnen Polizeibataillone spielte für deren Arbeitsweise keine Rolle. Ob ein Bataillon nun überwiegend aus Reservisten oder aus Berufspolizisten bestand oder in welchem Mischungsverhältnis beide Gruppen auftraten, war unwesentlich; sie alle erledigten nahezu unterschiedslos ihre »Aufgaben« mit tödlichem Resultat. Wie groß der Anteil der Partei- oder SS-Mitglieder war, ist ebensowenig von Belang. Insgesamt führten die Bataillone ihre Einsätze in einer Art und Weise aus, die Hitler mit Stolz erfüllt hätte. In den Zeugenaussagen nach dem Krieg finden sich kaum Hinweise darauf, daß Partei- oder SS-Mitglieder sich durch besondere Einstellungen oder Handlungsweisen in bezug auf den Genozid von den anderen abgehoben hätten. Die Männer scheinen das nicht thematisiert zu haben, sehr wahrscheinlich, weil sie sich, sofern es um ihre wichtigste Tätigkeit ging, nicht wesentlich voneinander unterschieden. Juden zu ermorden, war im Deutschland der NS-Zeit ein großer Gleichmacher, der soziale Differenzierungen – durch Herkunft, Beruf und Ansichten – aufhob.

Auch die Geschichte der einzelnen Polizeibataillone hatte keinen Einfluß auf die Effektivität und Einsatzbereitschaft ihrer Angehörigen. Ob sie Fronterfahrung besaßen oder die Schrecken des Krieges selbst nicht kennengelernt hatten und um ihr Leben fürchteten, läßt sich an ihrem Verhalten als Vollstrecker nicht ablesen. Das Polizeibataillon 65 tötete schon Juden, bevor es an die Front geschickt wurde und im Norden der Sowjetunion eingekreist und unter schweren Verlusten um sein Überleben kämpfen mußte. Nach dieser »Feuertaufe« beteiligte es sich im Generalgouvernement erneut am Völkermord. Die »Brutalisierung«, die die Männer an der Front erlebten, hatte keine erkennbaren Auswirkungen auf ihre Art, Juden zu behandeln. Es deutet ebenfalls nichts darauf hin, daß sich ihr Umgang mit Juden änderte, je länger sie am Vernichtungsprogramm teilnahmen. Von den gelegentlichen Ausnahmen bei ihren ersten Massenhinrichtungen abgesehen, die bei ihnen Schock und Ekel auslösten, blieben ihr Verhalten, ihr Eifer und die Qualität ihrer mörderischen »Leistungen« anscheinend konstant. Die Quellen lassen nicht den Schluß zu, daß diese Männer sich zunehmend gnadenloser Juden gegenüber verhielten oder aufgrund ihrer ständigen Mordeinsätze immer brutaler wurden. Hierin lag *nicht* die *Ursache* für ihre spezielle Praxis ihren jüdi-

325

schen Opfern gegenüber. Solche Auffassungen sind vielmehr nachweislich falsch.[27] Ob unschuldig oder erfahren, ob bislang verschont oder an Entbehrungen und Gefahren gewöhnt – alle Bataillone töteten Juden mit so großer Effizienz, daß selbst die bösartigsten und pathologischsten Antisemiten mit ihren Leistungen zufrieden gewesen wären. Hitler und Himmler waren es.

Die Polizeibataillone mordeten in wechselnden Formationen und unter verschiedenen Umständen. Sie führten Mordeinsätze in Bataillons- und Kompaniestärke, manchmal auch nur als einzelner Zug durch. Bei großangelegten Massakern arbeiteten sie mit anderen Polizeieinheiten und außerpolizeilichen Gliederungen zusammen, mit Deutschen wie mit nichtdeutschen Hilfswilligen. Bei den kleinen Aktionen töteten sie in Gruppen. Manchmal wurden sie von Offizieren überwacht, manchmal nicht. Nichts deutet darauf hin, daß bei Entscheidungen über den Umfang eines Mordeinsatzes und den Grad an Kontrolle andere als rein praktische Erwägungen eine Rolle spielten. Ausschlaggebend war allein, wie viele Männer für die Erledigung einer bestimmten Aufgabe erforderlich waren. Die deutschen Polizeibataillone erfüllten ihren Auftrag also mit gleichbleibender Qualität, ganz gleich ob sie in Großformationen, in mittelgroßen Gruppen oder in Trupps von zwei, drei oder fünf Männern vorgingen, egal ob es sich um Ghettoräumungen, Deportationen, Massenerschießungen oder Aufspür- und Vernichtungsmissionen handelte. Diese Deutschen waren flexibel, gewandt und perfekt.

Ebensowenig unterschieden sich die Bataillonsangehörigen in ihren Handlungen wesentlich von denen der Einsatzkommandos und anderer SS-Einheiten, und das, obwohl die Einsatzkommandos personell ganz anders zusammengesetzt und als Gliederung ganz anders definiert waren. Polizeibataillonen oblagen formal und hauptsächlich polizeiliche Ordnungsaufgaben. Zwar sollten sie wie die Einsatzgruppen die Sicherheit ihnen zugewiesener Gebiete gewährleisten, das heißt die Gegner des Regimes bekämpfen; ihrer gesamten – wenn auch oft oberflächlichen – Ausbildung und ihrer Grundhaltung nach aber waren sie Polizisten, allerdings ähnlich einer Kolonialpolizei. Die Einsatzkommandos waren dagegen Weltanschauungskrieger aus Berufung, deren Sinn und Zweck einzig und allein in der Judenvernichtung lag. Sie hatten auch andere Aufgaben, doch ihr Hauptziel bestand darin, die Feinde des Regimes zu töten. Trotz ihrer verschiedenen Identitäten und Orientierungen kamen sich Polizeibataillone und Einsatzkommandos in ihrer »Arbeitsweise« und in ihrem Umgang mit Juden jedoch sehr nahe.

In zwei wichtigen Punkten indes unterschieden sie sich. Die Einsatzkommandos hatten in der Regel mit der Ermordung jüdischer

Männer begonnen, so daß ihnen zunächst die psychologisch schwierige Aufgabe, auch Frauen und Kinder umzubringen, erspart blieb. Dadurch konnten sie sich an ihre neue »Tätigkeit« gewöhnen. Den wenigen Polizeibataillonen, die schon zu Beginn des deutschen Angriffs auf die sowjetischen Juden am Völkermord teilgenommen hatten, wurde eine solche Phase ebenfalls gewährt. Doch in vielen anderen Bataillonen wurden die Männer nicht schrittweise an den Genozid herangeführt. Eine beträchtliche Anzahl an Frauen und Kindern zählte zu ihren ersten Opfern; ihre Hingabe und ihre Nerven waren daher auf eine härtere Probe gestellt. Die Deutschen scheinen gelernt zu haben, daß es im Gegensatz zu ihren ursprünglichen Erwartungen nicht notwendig war, die Männer langsam in den Völkermord einzuführen. Selbst wenn einige zunächst schockiert waren, so gewöhnten sich die meisten doch schnell und leicht an die Tötungen. Das Polizeibataillon 101 dagegen ging sogar den entgegengesetzten Weg. Zunächst töteten sie vor allem Frauen und Kinder, Alte und Kranke, da sie viele der gesünderen Männer für den Transport in die »Arbeits«lager aussonderten. Außerdem war der Völkermord zu jener Zeit bereits voll im Gange und galt als eine derart normale Angelegenheit, daß selektive Morde gegen den Geist und gegen das Verfahren der »Aktion Reinhard« verstoßen hätten.

Zweitens löschten die Polizeibataillone in der Regel von Beginn ihrer Mitwirkung am Genozid an jüdische Ghettos – die dem Empfinden der Deutschen nach wie ein Pesthauch die soziale Landschaft vergifteten – im doppelten Sinne aus. Sie ermordeten deren Bewohner und vernichteten die gesellschaftliche Einrichtung. Sie spürten versteckte Juden auf, töteten die Alten und Kranken auf der Stelle, manchmal sogar in ihren Betten. Die oben beschriebenen Ghet토räumungen entwickelten sich zu exzessiven Vorgängen, die mit militärischen Handlungen keinerlei Ähnlichkeit mehr hatten. Jeder der Beteiligten wußte von Anfang an, daß sich hinter diesen fürchterlichen, dantesken Szenen kein militärischer Zweck verbarg. Die Ghettoräumungen setzten eine Vorsätzlichkeit und einen Grad an Initiative voraus, die bei den »ordentlicheren« und dem Anschein nach militärischeren Mordeinsätzen der Einsatzkommandos anfangs nicht erforderlich waren.[28]

Das heißt auch, daß die Angehörigen einiger Polizeibataillone einen psychisch schwierigeren Weg zurücklegen mußten. Die totale Vernichtung allen Lebens in den Ghettos mit den damit verbundenen Brutalitäten war von Anfang an ein integraler Bestandteil ihres Handelns. Allerdings trifft dies durchaus nicht in allen Fällen zu, so daß es sich letztlich eher um nebensächliche, wenn auch bedeutsame graduelle Divergenzen handelt. Über ihre Tragweite und ihre psychischen Auswirkungen auf die Täter läßt sich streiten. Angesichts des Genozids jedoch, der wichtigsten Tätigkeit der Deutschen, stellen die Ähnlichkeiten die Unterschiede weit in den Schatten; insgesamt betrachtet war die Übereinstimmung zwischen den Handlungen der Polizeibataillone und denen der Einsatzkommandos bemerkenswert.

Beschäftigt man sich mit den Polizeibataillonen, werden zwei grundlegende Tatsachen deutlich: Erstens waren es ganz gewöhnliche Deutsche, die zu Vollstreckern des Völkermords wurden. Zweitens töteten sie, obwohl sie es nicht mußten.

Da das Regime viele Polizeibataillone willkürlich rekrutierte, setzten sich die Einheiten aus Deutschen zusammen, die mehr oder weniger repräsentativ für die deutsche Gesellschaft insgesamt waren. Das wird nicht allein durch die biographischen Angaben über die Männer des Polizeibataillons 101 bestätigt, sondern auch durch Stichproben in zwei anderen Polizeibataillonen, die ebenfalls in großem Umfang an den Massenmorden teilnahmen. Gemeint sind die Polizeibataillone 65 und 67. Eine kombinierte Erhebung über 220 Angehörige dieser Bataillone ergab, daß 49 der NSDAP angehörten, also 22,3 Prozent; dreizehn waren Mitglieder der SS (6,0 Prozent). Damit lag der Anteil der Parteimitglieder in den Polizeibataillonen 65 und 67 etwas niedriger als im Polizeibataillon 101, während der der SS-Männer etwas höher war. Von den 770 Männern der Gesamterhebung waren 228 (29,6 Prozent) Parteimitglieder, und nur 34 (4,4 Prozent) gehörten der SS an. Daraus folgt, daß das Polizeibataillon 101 im Vergleich zu den beiden anderen Einheiten für ein Polizeibataillon nicht besonders nationalsozialistisch war. Gemessen an ihren vormaligen institutionellen Zugehörigkeiten, ihrem sozialen Hintergrund und im großen ganzen selbst an ihrer ideologischen Vorbereitung, waren die Männer in den Polizeibataillonen ganz gewöhnliche Mitglieder der deutschen Gesellschaft. In wenigstens siebzehn der 38 Polizeibataillone, die erwiesenermaßen am Genozid beteiligt waren, und in vierzehn der dreißig Bataillone, die Massaker großen Ausmaßes verübten, taten in beträchtlicher Zahl Männer Dienst, die keine Berufspolizisten waren und deren Profile daher mit größter Wahrscheinlichkeit denen unserer Stichprobe ähneln, weil die gleichen Rekrutierungsmethoden angewendet wurden.[29] Die meisten hatten, wie ein Blick auf die Lehrpläne zeigt, nur eine höchst oberflächliche Ausbildung erhalten, da weder das NS-Regime noch die Ordnungspolizei eine tiefergehende ideologische Schulung für notwendig erachteten, um die Männer dafür zu gewinnen, mit Zustimmung und Bereitwilligkeit die Vernichtung der Juden zu vollstrecken.

Schließlich stand den Bataillonsangehörigen die Möglichkeit offen, persönlich überhaupt nicht zu töten oder sich zumindest versetzen zu lassen, um nicht weiter am Völkermord teilnehmen zu müssen.

Dies ist für viele Polizeibataillone nachweisbar, und es ist wahrscheinlich, wenn auch nicht sicher, daß sogar die überwiegende Mehrheit die Gelegenheit dazu hatte. Für wenigstens acht Polizeibataillone und für das Motorisierte Gendarmeriebataillon, das den Polizeibataillonen ähnlich war, belegen Quellen, daß die Männer wußten, sie würden nicht bestraft werden, falls sie sich weigerten zu töten.[30] Im Hinblick auf das Polizeibataillon 101 gibt es dazu sogar eindeutige und eindrucksvolle Zeugenaussagen. Die allgemeine Sorge um ihre Männer, die viele Befehlshaber zum Ausdruck brachten, indem sie ihnen die Möglichkeit der Freistellung anboten, erhielt wahrscheinlich von anderer Seite Unterstützung. Die Zeugenaussagen deuten darauf hin, daß Himmler eine allgemeine Anordnung erließ, die Angehörigen der Polizei und der Sicherheitskräfte die Entbindung von den Tötungen gestattete.[31] Höchstwahrscheinlich wurden mehr als die neun genannten Polizeibataillone über diese Möglichkeit informiert, obwohl die Männer in ihren Aussagen nach dem Krieg dazu schweigen. Allerdings wären solche Bekenntnisse auch Selbstbezichtigungen gleichgekommen. Der Major, der als Leitender Sachbearbeiter die Abteilung Ia des Polizeiregiments 25 kommandierte, berichtet von einem Oberst, der sich in Lemberg aus Gewissensgründen von den Tötungen freistellen ließ. Der Oberst sei daraufhin auf einen wichtigen Posten nach Berlin zurückbeordert worden. Diesem Major war kein Fall bekannt, daß ein Angehöriger der Ordnungspolizei bestraft worden wäre, weil er die Mitwirkung am Völkermord verweigerte. Und aufgrund seiner Position hätte er mit Sicherheit davon erfahren.[32]

Aber selbst wenn sie nichts von der erlaubten Freistellung gewußt haben sollten, hätten die Angehörigen der Polizeibataillone Mittel und Wege finden können, sich von diesen belastenden Aufgaben zu befreien, wenn sie es wirklich gewollt hätten. Sie hätten um Versetzung bitten können. Sie hätten zum Ausdruck bringen können, daß sie für diese Aufträge nicht geeignet seien, zumal die Männer zahlreicher Polizeibataillone ihre Vorgesetzten als väterlich, verständnisvoll oder freundlich beschreiben.[33] Sicherlich hätten sie einen solchen Kommandeur aufsuchen und ihm erklären können, daß sie zum Mord an Kindern einfach nicht imstande seien. Im schlimmsten Fall hätten sie einen Nervenzusammenbruch simulieren können. Natürlich gab es einzelne Versuche, sich an den Morden nicht zu beteiligen – doch den Quellen nach zu urteilen waren es nur wenige.[34]

Die Deutschen in den Polizeibataillonen waren denkende Menschen, fähig zu moralischen Urteilen, die sich auf jeden Fall eine Meinung zu den von ihnen begangenen Massenmorden bildeten. An den Aussagen der Nachkriegszeit, die ganze Aktenbände füllen, fällt auf, daß die Täter Teilnahme an den Massakern oder Zustimmung zu den

Tötungen nur dann leugnen, wenn es ihre eigene Person betrifft. Wenn dieses starre Leugnen den Tatsachen entspräche, dann hieße dies, daß es eine weitverbreitete Opposition gegen die Massenvernichtung gab und daß die Männer sich darüber unterhielten. Das ließe erwarten, daß ganze Heerscharen von Tätern darüber Zeugnis ablegten, wie sie und ihre Kameraden über den verbrecherischen Charakter des Massenmords diskutierten, wie sie einander klagten, daß man sie in dieses Verbrechen hineingezogen habe – hätte es solche Gespräche wirklich gegeben. Doch aus den Zeugenaussagen geht so gut wie nie hervor, daß die Kameraden dieser Männer eine prinzipielle Ablehnung der Tötungen offenbart hätten. Dies gilt sowohl für Bataillone, deren Angehörige nachweislich wußten, daß sie nicht töten mußten, als auch für jene Einheiten, für die derartige Belege fehlen.

Letztlich ist es nicht wirklich relevant, ob die Männer in allen Polizeibataillonen wußten, daß sie eine direkte Mitwirkung an den Morden ohne ernsthafte Nachteile verweigern konnten; denn auch die Deutschen, die es wußten, töteten wie die mindestens 4 500 Mann aus den genannten neun Polizeibataillonen. Es ist auffallend, daß acht dieser Bataillone überwiegend oder doch zu einem sehr erheblichen Teil aus Reservisten bestanden. Deshalb liegt die Vermutung nahe, daß auch die Angehörigen anderer Polizeibataillone unabhängig davon, ob sie von der möglichen Freistellung Kenntnis hatten, gemordet hätten. Es gibt keinen Beweis für das Gegenteil. Die Stichprobe reicht aus, um auch über die anderen Polizeibataillone sagen zu können: Indem sie sich dafür entschieden, sich nicht vom Völkermord an den Juden freistellen zu lassen, machten die Deutschen selbst deutlich, daß sie Vollstrecker des Völkermords sein wollten.

Warum hätten sie sich auch anders verhalten sollen, betrachteten sie die Juden doch als mächtig und von Übel? Erwin Grafmann, in mancher Hinsicht der offenste und ehrlichste Zeuge des Polizeibataillons 101,[35] wurde gefragt, weshalb er und die anderen nicht auf die Offerte ihres Wachtmeisters eingegangen seien, der ihnen vor ihrem ersten Mordeinsatz angeboten hatte, sich von der Beteiligung am Hinrichtungskommando freistellen zu lassen. Seine Antwort lautete, daß »wir uns damals überhaupt keine Überlegungen gemacht haben«.[36] Er und seine Kameraden kamen also nie auf den Gedanken, diese Möglichkeit wahrzunehmen – warum nicht? Weil sie teilnehmen wollten. Zu den Morden von Józefów stellt Grafmann unzweideutig fest: »Ich habe nicht erlebt, daß einer meiner Kameraden sagte, daß er nicht mitmachen wollte.«[37] Grafmann geht auch auf das Ausmaß der Zustimmung zu diesen Handlungen ein und bestätigt, daß er und seine Kameraden sich alle im Bann einer Ideologie befunden hätten, die mächtig genug gewesen sei, sie zum freiwilligen Mord an Juden zu veranlassen: »Erst in späteren Jahren ist einem eigentlich richtig bewußt geworden, was damals geschehen ist.«

Der Nationalsozialismus hatte ihn so stark beeinflußt, daß ihm erst Jahre später – vermutlich inzwischen ernüchtert durch eine nicht-nationalsozialistische Sicht der Welt – dämmerte, was er und seine Kameraden da verbrochen hatten: ein ungeheuerliches Verbrechen. Daß Grafmann hier zum Ausdruck bringen wollte, er und seine Kameraden wären nicht aus sittlichen Erwägungen gegen die Morde gewesen, machen die folgenden Sätze deutlich, in denen er erklärt, warum er an einem Tag, nachdem er bereits »vielleicht etwa 10 bis 20 Personen erschossen hatte, den Zugwachtmeister bat, mich von der weiteren Mitwirkung zu entbinden. Das wurde mir dann auch gestattet, d. h., ich brauchte weiterhin nicht mehr an der Exekution teilzunehmen. Wenn ich in meiner früheren Vernehmung gesagt habe, mir sei das ›vorübergehend‹ gestattet worden, so ist das mißverständlich zu Protokoll genommen worden. Ich bin zu diesem Zeitpunkt endgültig abgelöst worden und brauchte auch später nicht wieder mitzuschießen. Meine Ablösung erbat ich insbesondere deshalb, weil mein Nebenmann so unmöglich schoß. Scheinbar hielt er den Lauf des Gewehres immer zu hoch, denn es entstanden gräßliche Wunden bei den Opfern. In manchen Fällen wurde dem Opfer die ganze Gehirnschale hinten aufgerissen, so daß die Gehirnmasse umherspritzte. Ich konnte das einfach nicht mehr mit ansehen.«[38]

Grafmann hebt ausdrücklich hervor, daß nur der Ekel den Wunsch nach einer Atempause in ihm auslöste; er verliert kein Wort darüber, daß er und die übrigen Mörder ihre Taten für unmoralisch gehalten hätten. In seinem Prozeß führte Grafmann später aus, erst lange danach sei ihm der Gedanke gekommen, »daß das nicht richtig war«.[39]

Ein anderer Angehöriger des Bataillons erklärte im Zusammenhang mit »Banditen«, warum er und seine Kameraden – also vermutlich auch Grafmann – keine moralischen Probleme mit ihrem Tun hatten. Wie er selbst sagt – und dies gilt nicht nur für die Männer dieses Polizeibataillons, sondern für alle in Osteuropa stationierten Deutschen –, brachten sie die Juden selbstverständlich mit »Banditen« und deren antideutschen Aktivitäten in Verbindung. Wie nahmen dieser Deutsche und seine Kameraden Juden wahr? »Maßgeblich war nicht die Kategorie Mensch.«[40]

Ein anderer Vollstrecker, ein Mitglied der mobilen Polizeieinheiten, die dem KdO Lublin unterstanden, bestätigt dies. Freimütig bekennt er, was eigentlich die Deutschen dazu getrieben habe, ohne Zwang, willentlich, fanatisch und mit außerordentlicher Brutalität an der Vernichtung der europäischen Judenheit mitzuwirken. Einfach gesagt: »Der Jude wurde von uns nicht als Mensch anerkannt.«[41]

TEIL IV

Jüdische »Arbeit« bedeutet Vernichtung

Wir wissen, daß diese Arbeit [der Juden] einst bestand im Ausplündern wandernder Karawanen und daß sie heute besteht im planmäßigen Ausplündern verschulde-ter Bauern, Industrieller, Bürger usw. Und daß sich die Form wohl geändert hat, daß aber das Prinzip das glei-che ist. Wir nennen das nicht Arbeit, sondern Raub.

Adolf Hitler, Rede in München,
13. August 1920

KAPITEL 10

Ursprünge und Muster jüdischer »Arbeit« während der NS-Zeit

Warum zwangen die Deutschen die Juden zur Arbeit? Warum brachten sie sie nicht einfach um? Warum entstanden in Deutschland so eigentümliche Muster und Gewohnheiten bei der Beschäftigung von Juden? Die komplizierten Antworten auf diese Fragen widersprechen so sehr dem, was man gemeinhin den gesunden Menschenverstand nennt, daß sich selbst einflußreiche Wissenschaftler, die über jüdische Zwangsarbeit geforscht haben, in die Irre haben führen lassen. So schreiben beispielsweise Götz Aly und Susanne Heim, daß die Fachleute, die die Vernichtung der Juden mitplanten, »nicht in Mythen [schwelgten], sondern in Kategorien von Großwirtschaftsräumen, struktureller Bereinigung, Überbevölkerungs- und Ernährungsproblemen [dachten]«.[1] Anhänger dieser These erklären in der Regel die Ausbeutung jüdischer Arbeit durch die Deutschen mit der Anwendung rationaler, wenn auch brutaler wirtschaftlicher Prinzipien. Einige haben sogar behauptet, Mobilisierung von Arbeitskräften oder, allgemeiner gesprochen, die wirtschaftliche Ausbeutung sei das Kernstück der deutschen Judenpolitik gewesen; der Tod der Juden sei dabei ein Nebeneffekt und nicht das eigentliche Ziel gewesen.[2]

Der Mord der Deutschen an den Juden war keine Begleiterscheinung irgendeiner anderen Zielsetzung. Jedem, der nicht im Banne einer Ausrottungsideologie steht, ist klar, daß die Deutschen mit der Arbeitskraft der Juden völlig irrational umgingen. Die Zerstörung eines großen und unersetzlichen Potentials an begabten Arbeitskräften war zu ihrem eigenen Nachteil. Jedenfalls konnte dieses Vorgehen während eines »totalen« Krieges in keiner Weise dazu beitragen, »rationalere Produktionsmethoden« durchzusetzen. Nur *angesichts der Ziele der Nationalsozialisten* war das Modell der Ausbeutung jüdischer Arbeit durch die Deutschen, so überraschend das klingen mag, als Ergebnis einer Reihe von Kompromissen zwischen unvereinbaren Zielen weitgehend rational.

Die Entscheidung, jüdische Arbeitskraft zu nutzen oder zu verwerfen, wurde von drei zentralen Überlegungen beeinflußt. Erstens ging es darum, die Juden zunächst auszuschalten, um sie dann, spätestens

335

ab Juni 1941, völlig zu vernichten. Zweitens bestand die Notwendigkeit, aus den Juden den größtmöglichen wirtschaftlichen Beitrag zum Sieg der deutschen Waffen herauszupressen. Dabei standen rein pragmatische Erwägungen im Vordergrund, die mit den Vernichtungsabsichten in Konflikt gerieten und deshalb häufig übergangen wurden. Der dritte Gedankengang ist weniger offensichtlich, doch ebenso wichtig. Die Deutschen verfolgten verschiedentlich den Zweck, aus ihrer Behandlung der Juden emotionale Befriedigung zu erzielen. Das Bedürfnis, die Juden zum »Arbeiten« zu bringen, zählt dazu.[3]

Seit der industriellen Revolution wurde Arbeit immer seltener als eine dem Wesen nach sittliche Betätigung angesehen.[4] Meistens verstand man darunter eine zweckgebundene Tätigkeit mit dem Ziel, nützliche Güter und Dienstleistungen zu produzieren. Ihre Bedeutung wurde und wird jenseits aller Sentimentalitäten durch die zentrale Frage bestimmt: Wieviel kostet ein bestimmtes Produkt von bestimmter Qualität? Diese Richtlinie war auch in der nationalsozialistischen deutschen Gesellschaft allgemein gültig. Aber es gab eine wichtige Ausnahme, und die betraf die jüdische Arbeit.

Eine weitverbreitete, tiefverwurzelte, doch kaum beachtete Auffassung in der deutschen und auch in der europäischen antisemitischen Tradition,[5] die für das nationalsozialistisch geprägte deutsche Denken von wesentlicher Bedeutung war, lief darauf hinaus, daß Juden körperliche Arbeit scheuen, ja daß sie keiner *ehrlichen* Arbeit nachgehen. Bereits vierhundert Jahre vor Hitler formulierte Luther dieses kulturelle Axiom: »Sie halten uns Christen in unserem eigen Lande gefangen, Sie lassen uns erbeiten in nasen schweis, gelt und gut gewinnen, Sitzen sie die weil hinter dem Ofen, faulentzen, pompen und braten birn, fressen, sauffen, leben sanfft und wol von unserm ererbeitem gut, ... spotten dazu und speien uns an, das wir erbeiten und sie faule juncker lassen sein, von dem unsern und in dem unserm.«[6]

In den Petitionen der bayerischen Kampagne gegen die Judenemanzipation von 1849/50, die von großen Teilen der Bevölkerung ausging, hieß es immer wieder, daß die Juden keine nützliche Arbeit verrichten würden.[7] Das angebliche Parasitentum der Juden war in der zweiten Hälfte des neunzehnten Jahrhunderts ein so weit verbreitetes Thema, daß beinahe jeder Antisemit diesen Vorwurf erhob. »Die Ausbeutung als der Gegensatz zur produktiven Arbeit wird ein Begriff, der identisch ist mit der Tätigkeit der Juden schlechthin.«[8] Friedrich Rühs, ein geistiger Wegbereiter des nationalsozialistischen Einsatzes von Arbeit als Strafmaßnahme für Juden, behauptete bereits 1816: »Alle Arbeit erscheint den Juden als eine Strafe.«[9]

Das jüdische Parasitentum blieb ein zentrales Thema des gesellschaftlichen »Gesprächs« über die Juden, auch in der Weimarer Republik und der NS-Zeit. Aussagen wie »Juden arbeiten nicht« oder »Der Jude ist ein Mensch, der mit der Arbeit und dem Fleiß anderer handelt«, waren, besonders im nationalsozialistischen Deutschland, überall zu hören.[10] Auch Hitler griff das Thema wiederholt auf. In *Mein Kampf* erklärte er, die Juden seien zwar ein Nomadenstamm, unterschieden sich aber von anderen Nomaden, denn diese »hatte[n] schon eine bestimmte [positive] Stellung zum Begriffe ›Arbeit‹ … Bei dem Juden hingegen ist diese Einstellung überhaupt nicht vorhanden; er war deshalb auch nie Nomade, sondern immer nur Parasit im Körper anderer Völker.« Ehrliche, produktive Arbeit sei gleichsam antithetisch zum Lebenswerk »des Juden …, [der] auch immer gründlicher die Grundlagen einer wahrhaft volksnützlichen Wirtschaft [zerstört].«[11]

Das Hakenkreuz als zentrales und allgegenwärtiges Symbol des neuen Deutschland brachte diese Sichtweise zum Ausdruck. Es schmückte unter anderem die NS-Flagge, die Hitler zufolge folgende Bedeutung hatte: »Als nationale Sozialisten sehen wir in unserer Flagge unser Programm. Im Rot sehen wir den sozialen Gedanken der Bewegung, im Weiß den nationalistischen, im *Hakenkreuz* die Mission des Kampfes für den Sieg des arischen Menschen und zugleich mit ihm auch den Sieg des Gedankens der schaffenden Arbeit, die selbst ewig antisemitisch war und antisemitisch sein wird.«[12] Der Glaube an den Gegensatz zwischen Juden und »schaffender Arbeit« war so grundlegend, daß Hitler, der den zentralen Symbolen seiner Bewegung und des neuen Deutschland alle möglichen Bedeutungen hätte unterlegen können, sich dazu entschloß, gerade diesen Aspekt hervorzuheben.

Dieselbe Überzeugung, daß Juden zu wirklich produktiver Arbeit unfähig seien, prägte auch die Rede von Hans Frank, die der deutsche Gouverneur des Generalgouvernements im November 1941 an der Berliner Universität hielt. Frank hatte hier ein ganz normales deutsches Auditorium vor sich, und er war sich nicht sicher, ob es ihm gelingen würde, seine Zuhörer hinsichtlich eines kulturellen Axioms eines Besseren zu belehren. Frank führte aus:

»Diese Juden [im Generalgouvernement] sind aber für uns nicht nur die schmarotzenden Burschen, sondern es gibt *merkwürdigerweise,* was wir erst drüben gemerkt haben, auch noch eine eigene Kategorie von Juden, *etwas, was man gar nicht für möglich hält* – es gibt drüben arbeitende Juden, solche, die als Transportarbeiter, Bauarbeiter in einem Betriebe arbeiten, solche, die sich auch als Facharbeiter wie Schneider, Schuster usw. betätigen [Hervorhebungen des Autors].«[13]

Die in Deutschland allgemein verbreitete Ansicht deckte sich mit Hitlers Urteil: Juden galten als Parasiten, deren Tätigkeit eben darin bestand, das fleißige deutsche Volk auszusaugen.[14] Aufgrund dieses kulturell-kognitiven Modells von »den Juden« bekamen alle deutschen Erörterungen über Juden und Arbeit eine symbolische und eine moralische Dimension. Einen Juden zum Arbeiten zu veranlassen war für jene, die der vorherrschenden deutschen Auffassung über die Juden anhingen, ein Akt der inneren Genugtuung; war, um einen Ausdruck Max Webers zu gebrauchen, wertrational;[15] eine Errungenschaft, unabhängig vom Wert des Produkts und unabhängig auch davon, ob diese Arbeit überhaupt produktiv war. Die jüdische Arbeit hatte um ihrer selbst willen stattzufinden.

Dafür gab es zwei Motive jenseits aller materiellen Erwägungen. Beiden lag zugrunde, daß ein Jude angeblich dazu neige, jeder Arbeit aus dem Weg zu gehen. Also mußte erstens jede ehrliche Betätigung für ihn eine schreckliche Last darstellen. Arbeit »bestrafte« daher den Juden körperlich, und sie war die Rache für Jahrhunderte, wenn nicht Jahrtausende der Ausbeutung. Ein Gedicht, das einem Schulbuch der NS-Zeit entnommen ist, offenbart diesen Grundzug des kulturell-kognitiven Modells von den Juden, vor allem den Strafcharakter der Arbeit. Unter dem Titel »Der Vater des Juden ist der Teufel« wird erzählt, daß »der Jude« gleich nach der Erschaffung der Welt in den Streik trat: »Der Jude tat da gleich nicht mit!/Ihn anfangs schon der Teufel ritt./Er wollt' nicht schaffen, nur betrügen,/Mit Note 1 lernt er das Lügen.« Und schon der altägyptische Pharao entschied: »»Die faulen Burschen werd' ich zwicken!/Die müssen mir jetzt Ziegel rücken!‹«[16]

Der Pharao als Held dieses Gedichts von 1936 transportiert nicht nur unmißverständlich die Vorstellung, daß Arbeit für Juden eine »Qual« bedeute; diese Figur nimmt auch die kommende Versklavung der Juden durch die Deutschen und den zielgerichteten Einsatz von »Arbeit« als Mittel, die Juden zu peinigen, vorweg. Das zweite Motiv lag in der Befriedigung, die sich die deutschen »Herren« durch die Strafmaßnahmen verschafften. Wie herrlich war es doch, einem Juden beim Arbeiten zuzusehen und damit die eigene Fähigkeit unter Beweis zu stellen, den Juden so unter Druck zu setzen, daß er wider seine Natur handelte und sich wie ein ehrlicher Mensch verhielt – als könne er je ein solcher werden. Damit wurde ein Bedürfnis befriedigt, das bei der Behandlung der Juden durch die Deutschen immer wieder zum Ausdruck kam: das Bedürfnis nach unumschränkter Macht über die Juden.

Der ideologische und psychische Drang, Juden zum Arbeiten zu veranlassen, war so stark, daß Deutsche Juden oft zu sinnlosen Arbeiten zwangen, und zwar so häufig, daß dieser Umstand im Mittelpunkt jeder Untersuchung über jüdische Arbeit stehen muß. Eugen Kogon, der hier allerdings seine Quelle nicht nennt, beschreibt, daß Arbeit ohne jeden produktiven Zweck in der Lagerwelt von Buchenwald

338

nicht durchgängig vorgekommen sei. Nur für die jüdischen Häftlinge sei sie die Regel gewesen: »Es gab in den Lagern *sinnvolle Arbeiten*, und es gab völlig *sinnlose*, die keinen andern Zweck hatten als den, zu quälen. Die zweitgenannten waren die Ausnahme, sie bildeten mehr die ›Abwechslung‹, die sich die Kommandoführer ›spaßeshalber‹ schufen, so wenn sie besonders die Juden oft und oft zwangen, Mauern aufzuschichten, die am nächsten Tag wieder abgetragen werden mußten, um dann neuerdings aufgebaut zu werden und so fort.«[17]

Der im Antisemitismus verwurzelte ideologische Impuls, Juden zu sinnlosen Arbeiten zu zwingen, kam im deutschen Herrschaftsbereich überall zum Tragen. Nirgends aber trat er deutlicher hervor als im März 1938 in Österreich, wo es während der Begeisterung über den »Anschluß« zu einem spontanen Ausbruch dieser Neigung kam. Zu den festlichen Vergnügungen der Österreicher zählten einige symbolische Racheakte an den Juden, von denen man auch in Österreich annahm, daß sie die Gesellschaft zum großen Teil ausgebeutet und ihr Schaden zugefügt hätten. Auf der folgenden Abbildung ist eine zirkusähnliche Vorstellung zu sehen, bei der jüdische Männer, Frauen und Kinder unter den Hurrarufen und Sticheleien österreichischer Gaffer in ihren besten Kleidern die Straßen, Bürgersteige und Häuser Wiens abwaschen mußten.

Bei den Feiern zum Anschluß Österreichs an das Deutsche Reich schaut eine feixende Menge einigen Juden zu, die eine Wiener Straße mit kleinen Bürsten schrubben.

»In Währing, einem der wohlhabenderen Stadtteile Wiens, zwangen die Nationalsozialisten zunächst jüdische Frauen, in ihren Pelzmänteln Straßen aufzuwischen; dann stellten sie sich über sie und urinierten auf ihre Köpfe.«[18] Dies war die reinste Form »nicht-instrumenteller« Arbeit und gleichzeitig der unverfälschte Ausdruck ihrer weltanschaulichen und psychischen Ursprünge.

Die deutschen Konzepte, wie mit jüdischer Arbeit zu verfahren sei, bildeten ein Dickicht inkonsistenter und letztlich den eigenen Zielen zuwiderlaufender Maßnahmen, weil sie sich an widersprüchlichen Zielsetzungen orientierten: Vernichtung, wirtschaftliche Ausbeutung und Bestrafung durch sinnlose Arbeit. Es war nicht *von Anfang an* deutlich, wie jedes einzelne Motiv sich auf die Formulierung und Durchsetzung der politischen Strategie auswirken würde. In welchem Ausmaß würde sich angesichts des akuten Arbeitskräftemangels der Zwang, im totalen Krieg die jüdische Arbeitsproduktivität auszunutzen, gegen die exterminatorischen und andere »expressive« Impulse (bei denen die innere Genugtuung im Vordergrund stand) durchsetzen, die darauf hinausliefen, die Juden zu vernichten oder zu schwächen? Würden die Deutschen die jüdische Arbeitskraft doch benötigen? Und würde dieser Umstand das Schicksal der europäischen Juden beeinflussen?

Das hervorstechendste Merkmal an dem Einsatz »jüdischer Arbeit« ist, daß er *nichts* mit der Entwicklung eines deutschen Gesamtplans für die europäischen Juden zu tun hatte. Die umfassende Mobilisierung von Juden für *produktive* Arbeiten war ein nachträglicher Einfall, der erst im späteren Verlauf des Krieges eine Rolle spielte, als Hitler über das Schicksal der Juden längst entschieden hatte. Entsprechend war das Lagersystem zunächst als Strafsystem aufgebaut. Erst später, während des Krieges, nachdem die Deutschen die meisten ihrer jüdischen Opfer bereits umgebracht hatten, erlangte es große industrielle Bedeutung.[19]

In der zweiten Hälfte der dreißiger Jahre wurden in Deutschland Arbeitskräfte knapper; dennoch vertrieben die Deutschen die Juden aus dem Wirtschaftsleben und aus dem Land. Zu dieser Zeit richteten sich die eliminatorischen Vorstöße hauptsächlich darauf, die Juden zu sozial Toten zu machen, unter anderem dadurch, daß man alle gesellschaftlichen Bande zwischen Deutschen und Juden löste und letztere in die Emigration drängte. Das vorrangige politische Ziel war damals, Juden am Arbeiten zu hindern. Selbst als die deutsche Wirtschaft 1936 das Ziel der Vollbeschäftigung erreichte und es keine Reservearmee an Arbeitskräften mehr gab, sondern sich im Gegenteil Arbeitskräftemangel abzeichnete, blieb das eliminatorische Ziel unangetastet. Die

Nationalsozialisten begannen, die »Entjudung der deutschen Wirtschaft« zu planen, ein Prozeß, der im folgenden Jahr in Gang gesetzt wurde und sich 1938 beschleunigte.[20] Hier zeigte sich zum ersten Mal ein Muster, das sich später durchsetzen sollte: Trotz belastender wirtschaftlicher Engpässe setzten die Deutschen keine Juden ein, um den Bedarf zu stillen. Unbeeindruckt schlossen sie verschiedene Unternehmen oder ersetzten Juden durch Angehörige anderer »minderwertiger« Völker, die oft weit weniger qualifiziert waren.[21] Was aus deutscher Sicht im Umgang mit anderen Völkern »rational« zu sein schien, galt keineswegs als »rational«, wenn es um die Formulierung der Politik gegenüber den Juden ging. Die Juden blieben im Abseits – selbst in der Wirtschaft, selbst wenn sie mit anderen an den gleichen Maschinen arbeiteten oder als stummes Anhängsel an den deutschen Kriegsanstrengungen mitwirkten.

Im Zuge der Eroberung erst Polens und dann Frankreichs mobilisierten die Deutschen polnische sowie französische Zivilisten und Kriegsgefangene, um dem wachsenden Mangel an Arbeitskräften in der deutschen Kriegswirtschaft einigermaßen entgegensteuern zu können. Im Herbst 1940 leisteten mehr als zwei Millionen ausländische Zivilisten und Kriegsgefangene Zwangsarbeit im Deutschen Reich – das waren beinahe zehn Prozent aller Beschäftigten.[22] Ein großes Potential an Arbeitskräften in ihrem Herrschaftsbereich nutzten die Deutschen jedoch nicht: Gemeint sind die polnischen Juden. Zwar erließ Hans Frank am 26. Oktober 1939 eine Verordnung zur Bildung jüdischer »Zwangsarbeitertrupps« im Generalgouvernement,[23] doch handelte es sich hier eher um einen ideologischen Reflex als um eine rationale wirtschaftliche Maßnahme. Denn obwohl sie wußten, daß sie unbedingt weitere Arbeitskräfte für die Produktion benötigten, zerstörten die Deutschen von Anfang an schrittweise die Wirtschaftskraft der polnischen Juden. Sie verzichteten nicht nur darauf, jüdische Arbeit effizient zu organisieren – in ihrer ideologischen Verblendung erkannten sie erst Mitte 1940, daß die jüdischen Arbeiter tatsächlich einen wirtschaftlichen Beitrag leisten konnten, und selbst dann setzten sie deren Arbeitskraft nur halbherzig ein.[24] Sie ergriffen auch verschiedene Maßnahmen, die die jüdischen Arbeiter so sehr schwächten, daß bereits Tausende von ihnen starben, ehe die Politik der totalen Vernichtung eigentlich einsetzte.

Das Warschauer Ghetto ist hierfür das wichtigste Beispiel. Zur Zeit seiner dichtesten Belegung hausten dort 445000 Juden; nirgend wo anders in Polen waren so viele Juden konzentriert. Hätten die Deutschen die polnischen Juden für irgendeine produktive Arbeit vorgesehen, wäre es widersinnig gewesen, sie solchen Lebensbedingungen auszusetzen. Die politischen Vorgaben zielten in geradezu klassischer

Weise darauf, gesunde und fähige Arbeiter so schnell wie möglich in Schatten ihrer selbst zu verwandeln, in abgemagerte Gerippe, in Skelette. Im Warschauer Ghetto lebten dreißig Prozent der Bevölkerung der polnischen Hauptstadt auf 2,4 Prozent ihrer Fläche; das entspricht einer Bevölkerungsdichte von 80 000 Menschen pro Quadratkilometer. In jedem einzelnen *Raum* einer Wohnung lebten im Schnitt mehr als neun Menschen. Wasserversorgung, Heizung und Abwasserentsorgung waren vollkommen unzureichend. Die unerträgliche Übervölkerung des Ghettos mußte in Verbindung mit den katastrophalen hygienischen Bedingungen zu Krankheiten und Epidemien führen. Aber die bedrohliche Unterernährung, eine Folge des planmäßigen Aushungerns, ließ die übrigen unmenschlichen Verhältnisse noch vergleichsweise erträglich erscheinen.[25] Die offizielle Tagesration für Juden im Warschauer Ghetto betrug dreihundert Kalorien. Polen erhielten 634 und Deutsche 2 310 Kalorien.[26] Die Juden erhielten aber nicht einmal diese jämmerliche offizielle Zuteilung.[27] Die voraussehbaren Konsequenzen dieser Politik traten bald ein: Die Ghettobewohner waren rasch halb verhungert und in diesem geschwächten Zustand zu regelmäßiger Arbeit nicht mehr imstande, von körperlich anstrengenden Leistungen ganz zu schweigen. Die Zahl der Todesfälle im Ghetto, die meist auf Hunger und damit zusammenhängende Krankheiten zurückzuführen waren, schwankte. Zwischen Mai 1941 und Mai 1942 starben im Monatsdurchschnitt 4 650 Juden, das entsprach einer monatlichen Sterberate von einem Prozent, zwölf Prozent im Jahr.[28]

Die deutsche Politik gegenüber den Juden von Warschau, die typisch für die Behandlung aller polnischen Juden war, zielte auf die Vernichtung der Juden, nicht auf Ausbeutung ihrer Arbeitskraft.[29] Die Deutschen versäumten es absichtlich, den Gesundheitszustand der Juden so zu erhalten, daß deren Arbeitsfähigkeit gesichert war – *und zwar bereits 1940,* also einige Zeit bevor sie sich endgültig für das konkurrierende Ziel der Ausrottung entschieden hatten, dessen Realisierung sie dann einige Monate später im Juni 1941 einleiteten. Das beweist, daß wirtschaftliche Überlegungen bei der Gestaltung der antijüdischen Politik nebensächlich waren; es belegt auch, daß die exterminatorische Tendenz im deutschen Rassenantisemitismus angelegt war.[30]

In den Jahren 1940/41 verschleuderten die Deutschen in Polen weiterhin die Wirtschaftskraft der Juden, während sie gleichzeitig Angehörige »minderwertiger« Völker zur Bekämpfung des zunehmenden Arbeitskräftemangels heranzogen. Im September 1941 wurde ein Minusbestand von 2,6 Millionen Arbeitern verzeichnet.[31] 1942 gab es deutschen Statistiken zufolge über 1,4 Millionen jüdische Arbeiter im Generalgouvernement. Davon arbeiteten etwa 450 000 als vollwertige

342

Arbeitskräfte, während »rund 980 000 kurzfristig eingestellt waren«. In dieser schwierigen Situation ließen die Deutschen also die Fähigkeiten von *einer Million* arbeitsfähiger Juden brachliegen.[32]

Im Herbst 1941 und während des Jahres 1942 begannen die Deutschen, die nichtjüdischen besiegten Völker stärker zur Arbeit heranzuziehen, was mit einigen wichtigen Veränderungen in ihrer Arbeitskräftepolitik verbunden war. Dabei wurde der Unterschied in der deutschen »Rationalität« im Umgang mit Nichtjuden und Juden besonders augenfällig. Trotz des heftigen und bis dahin erfolgreichen Widerstands gegen die Beschäftigung russischer »Untermenschen« in Deutschland – eine rein ideologische Haltung, die die Deutschen dazu veranlaßte, 2,8 Millionen junge, gesunde sowjetische Kriegsgefangene innerhalb von acht Monaten, hauptsächlich durch Aushungern, zu töten[33] – wurde diese Politik nun revidiert. Aufgrund der wirtschaftlichen Zwangslage stellten die Deutschen 1942 die Dezimierung der sowjetischen Kriegsgefangen durch Hunger ein und zwangen sie statt dessen zur Arbeit. 1944 waren mehr als 2,7 Millionen Sowjetbürger, von denen viele keine Kriegsgefangenen waren, für die deutsche Wirtschaft tätig.[34] Gleichzeitig errichteten die Deutschen die Vernichtungslager und begannen mit der systematischen Ausrottung der europäischen Juden. Der Verlust dieses riesigen Reservoirs an nützlichen und häufig unersetzlichen Arbeitern hatte sogar die Schließung kriegswirtschaftlich wichtiger Unternehmen zur Folge.[35] Als die Deutschen schließlich ihre wirtschaftlichen Pläne für das Lagersystem umsetzten und große Konzentrationslager mit Industrieunternehmen koppelten – unter anderem in Auschwitz, Groß-Rosen und Majdanek in Polen, Mauthausen in Österreich sowie Buchenwald und Dachau in Deutschland[36] –, hatten sie die Mehrheit ihrer jüdischen Opfer bereits ermordet.

An dem Umfang, in dem die Deutschen seit 1942 Juden für wirtschaftliche Zwecke einsetzten, wird deutlich, daß deren Arbeit nur eine vorübergehende Form der Ausbeutung vor ihrem Tod sein sollte – oder gleich ein Mittel, sie umzubringen. Die Sterberaten waren so schwindelerregend hoch, daß man die übliche Unterscheidung zwischen Konzentrations- und Vernichtungslagern im Fall der Juden neu überdenken muß.[37] Dennoch bemühten sich die Deutschen seit Ende 1942, aus den Juden ein gewisses Maß an produktiver Arbeit herauszupressen, obwohl die Strategien zur Ausrottung der Juden – einige sprunghaft, einige allmählich – weiterbetrieben wurden. In dieser späteren Phase, als die Arbeitskraft *teilweise* genutzt wurde, ließen die Deutschen die Juden nur so lange leben und »arbeiten«, bis die örtliche militärische Lage prekär wurde oder bis sich ihr Vernichtungstrieb nicht länger unterdrücken ließ. Ersteres ereignete sich im Ghetto von Lodz in Westpolen. Bei seiner Gründung nahm dieses Ghetto 164 000 Menschen auf. In den Jahren 1941 und 1942 kamen jeweils 40 000 hinzu, wodurch die Gesamtzahl der Ghettobewohner auf mehr als 200 000 anstieg. In der ersten Hälfte des Jahres 1942 deportierten die Deutschen 55 000 von ihnen zu den Gaswagen von Chelmno, so daß etwas mehr als 100 000 Juden übrigblieben. Durch weitere Deportationen und planmäßig eingesetzten, zermürbenden Hunger – 43 500 Menschen, das sind 21 Prozent aller, die je im Ghetto lebten, starben an Unterernährung und Krankheiten – reduzierten die Deutschen bis Mai 1944 die Ghettobevölkerung auf 77 000. Die meisten dieser Überlebenden waren in produktiven Unternehmen beschäftigt. Als die Sowjetarmee sich im August 1944 näherte, lösten die Deutschen das Ghetto auf und deportierten bis auf wenige Ausnahmen alle Insassen nach Auschwitz.[38] Die produktive Arbeit bedeutete für die Juden lediglich einen Aufschub ihrer Hinrichtung; die Weltanschauung der Nationalsozialisten sorgte dafür, daß diese Zeitspanne begrenzt blieb.

Denn selbst während dieser Periode emsiger Ausbeutung jüdischer Arbeitskraft konnten die Arbeiter jederzeit *massenhaft* getötet werden, ohne daß darauf Rücksicht genommen wurde, was sie eigentlich herstellten. Die entsprechenden Industrieunternehmen wurden dann eben von einem Tag auf den anderen geschlossen. Nachdem die »Aktion Reinhard« offiziell beendet war, durften Juden im Generalgouvernement nur noch in den von der SS unterhaltenen »Arbeits«lagern leben.[39] Wer dorthin gelangte, war als »arbeitsfähig« »selektiert« worden und in Industrieunternehmen von kriegswirtschaftlicher Bedeutung beschäftigt. Doch dann – selbst die Lagerkommandanten waren nicht vorgewarnt worden – erschossen die Deutschen am 3. und 4. November 1943 im Rahmen der »Aktion Erntefest«, der größten Massenhinrichtung dieses Krieges, 43 000 Juden aus den »Arbeits«lagern.[40] Der Kodename für dieses Massaker entsprach dem deutschen Sinn für Ironie, wurde doch hier die jüdische Arbeit feierlich »geerntet«.

Erst 1944, als sich die wirtschaftliche und militärische Krise immer mehr zuspitzte, kam es zu einer wichtigen Wende. Das Ziel der antijüdischen deutschen Politik war es stets gewesen, den deutschen Boden von der vermeintlich vergiftenden Anwesenheit der Juden freizuhalten. Trotz dringenden Bedarfs an Arbeitskräften hatte Hitler sich, um das Land »judenrein« zu halten, geweigert, es Himmler und Albert Speer im September 1942 zu gestatten, jüdische Arbeitskräfte nach Deutschland zu bringen.[41] Im April 1944, anderthalb Jahre nachdem Hitler angeordnet hatte, daß Deutschland durch die Deportation der letzten jüdischen Rüstungsarbeiter aus Berlin endgültig »judenrein« gemacht werden solle, stimmte der Diktator zu, 100 000 ungarische

Juden, die zur unmittelbaren Vernichtung vorgesehen waren, nach Deutschland zu deportieren, damit sie bei der Ausschachtung riesiger unterirdischer Bunker halfen und in der Kriegswirtschaft mitarbeiteten. Trotz der fürchterlichen Behandlung, die diese Juden erfuhren, und trotz der hohen Sterberate, die insbesondere auf den Baustellen unter Tage vorherrschte, rettete diese Entscheidung der Deutschen vielen Juden das Leben. Die übrigen 350 000 ungarischen Juden, die ebenfalls im Laufe des Jahres 1944 aus Ungarn deportiert worden waren, wurden in Auschwitz vergast.[42] Bezeichnenderweise hatte es allerdings auch unter ihnen viele körperlich leistungsfähige Menschen gegeben, die allen wirtschaftlichen Bedürfnissen zum Trotz dennoch umgebracht wurden.[43]

Die Grundzüge der deutschen Arbeitspolitik legen nahe, daß Arbeit für Juden nur eine Zwischenstation auf dem Weg zur Vernichtung darstellte. Der eklatante Mangel an Arbeitskräften zwang die Deutschen schließlich, nichtjüdische Ausländer in großer Zahl einzusetzen. 1942 waren mehr als vier Millionen, 1943 mehr als sechs Millionen und 1944 mehr als 7,5 Millionen ausländische Zivilisten und Kriegsgefangene in geradezu jedem Bereich der deutschen Wirtschaft eingesetzt.[44] Doch trotz des akuten Bedarfs, der nie ganz befriedigt wurde, behandelten die Deutschen die jüdischen Arbeiter auffallend anders.

Arbeitskraft und wirtschaftliche Logik waren bei der Herausbildung der deutschen Judenpolitik ohne jede Bedeutung. Die maßgeblichen Behörden brachten dies in Wort und Tat auch stets aufs neue zum Ausdruck, am prägnantesten wohl im folgenden Meinungsaustausch: Auf eine Anfrage des Reichskommissars für das Ostland vom 15. November 1941, ob »alle Juden im Ostland liquidiert werden sollen … ohne Rücksicht auf Alter und Geschlecht und wirtschaftliche Interessen (z. B. der Wehrmacht an Facharbeitern in Rüstungsbetrieben)«, antwortete das Ostministerium: »Wirtschaftliche Belange sollen bei der Regelung des Problems grundsätzlich unberücksichtigt bleiben.«[45] Die toten Juden wurden, wenn überhaupt, durch andere »Untermenschen« ersetzt. Der Unterschied, den die deutsche Politik zwischen Juden und anderen Völkern machte, die am meisten verachteten »slawischen Untermenschen« eingeschlossen, war selbst in der Frage der Arbeit so gewaltig, daß man feststellen muß: Die Deutschen gingen an beide Gruppen mit völlig verschiedenen Maßstäben heran.[46]

Wirtschaftlichkeit spielte im Umgang mit den Juden keine Rolle. Davon wurde nicht nur die deutsche Gesamtpolitik bestimmt, sondern auch die »Arbeit« und das Leben in den Arbeits«lagern. Die prinzipielle Bedeutungslosigkeit wirtschaftlicher Gesichtspunkte springt besonders dann ins Auge, wenn man die alltägliche »Arbeit« und das Leben der Juden in den »Arbeits«lagern betrachtet.

KAPITEL 11

Das Leben in den »Arbeits«lagern

Die Vernichtungskampagne »Aktion Reinhard« hatte zu Anfang des Jahres 1943 bereits die meisten der im Generalgouvernement lebenden Juden das Leben gekostet, hauptsächlich in den Todeslagern Treblinka, Belzec und Sobibor. Die einzigen Juden, deren Leben die Deutschen im Generalgouvernement nun noch verschonten, waren jene, die in den von der SS geleiteten Lagern kriegswichtige Arbeit leisteten. In diesen Lagern galten während jener Phase der reinen Verwertung jüdischer Arbeitskraft alle Juden als arbeitsfähig. Die »Arbeits«lager, die vorgeblich nur der Produktion dienten, können gerade deshalb über das Wesen der jüdischen »Arbeit« im nationalsozialistischen Deutschland in vielerlei Hinsicht Aufschluß geben.

Die meisten »Arbeits«lager befanden sich im Bezirk Lublin,[1] darunter auch Majdanek, das größte und weitaus bekannteste. Himmler hatte am 21. Juli 1941 den Befehl erteilt, das Lager am südöstlichen Stadtrand von Lublin zu errichten. Es war kleiner als das Lager in Auschwitz und umfaßte sowohl Produktionsanlagen als auch Gaskammern. Die Häftlinge stammten aus den verschiedensten Nationen und Völkern, meist waren es Polen, Juden und Sowjetbürger. Von den 500 000 Menschen, die im Laufe der Zeit in Majdanek inhaftiert waren, starben 360 000, die übrigen wurden größtenteils in andere Lager überstellt. Hier jedoch spielte sich das Sterben anders ab als in den klassischen Vernichtungslagern. In Auschwitz, Chelmno und den drei Todeslagern der »Aktion Reinhard« vergasten die Deutschen die überwältigende Mehrheit ihrer fast ausschließlich jüdischen Opfer gleich bei ihrer Ankunft. In Majdanek dagegen vergasten oder erschossen sie »nur« vierzig Prozent, die anderen sechzig Prozent fielen den Lagerbedingungen zum Opfer, den schweren körperlichen Mißhandlungen, dem Hunger, der Erschöpfung und Seuchen.[2]

Obwohl offiziell ein »Arbeits«lager, verzeichnete Majdanek – von Auschwitz und den anderen vier Massenvernichtungslagern abgesehen – verglichen mit allen anderen Lagern die höchste Sterberate.[3] Und obwohl es als »Arbeits«lager ausgewiesen war, gab es für viele seiner Insassen keine Möglichkeit zu produktiver Arbeit; daher ent-

347

schlossen sich die deutschen Herren, die Juden auf eine Art und Weise zur Arbeit zu zwingen, die in erster Linie darauf angelegt war, sie zu quälen und zu töten. Viele ehemalige Häftlinge haben die Sinnlosigkeit ihrer Plackerei beschrieben. Ein jüdischer Überlebender, der im April 1943 nach Majdanek kam, also auf dem Höhepunkt der Ausbeutung jüdischer Arbeit im Bezirk Lublin, bezeichnet Majdanek als »ein reines Vernichtungslager, allein zum Quälen und Töten bestimmt«.

Die Häftlinge hatten keinerlei sinnvolle Arbeit zu verrichten. Jeder Tag begann mit einem stundenlangen Appell, bei dem viele »halb totgeschlagen« wurden.

»Danach ging es zur ›Arbeit‹.[4] In unseren Holzschuhen wurden wir mit Stockschlägen in eine Ecke des Feldes gejagt und mußten einmal unsere Mützen, ein andermal unsere Jacken mit Steinen, nassem Sand oder Matsch füllen, mit beiden Händen festhalten und im Laufschritt unter einem Hagel von Schlägen zur gegenüber liegenden Ecke bringen, und so weiter und so weiter. Ein Spalier von brüllender SS- und Häftlingsprominenz, bewaffnet mit Stöcken und Peitschen, ließ die Schläge auf uns herunterhageln. Es war die Hölle.«[5]

Die Folgen einer solchen Behandlung sind offensichtlich und werden von einem anderen Überlebenden so beschrieben: »Auf dem Weg zurück ins Lager zogen die Kommandos eine Menge Leichen auf Schlitten mit sich; die Lebenden wurden an den Armen geführt; überließ man sie dann hinter den Toren sich selbst, so krochen sie auf Händen und Füßen über den vereisten Versammlungsplatz; wenn es ihnen gelang, die Baracken zu erreichen, versuchten sie, sich mit Hilfe der Wand aufzurichten, aber lange stehen bleiben konnten sie nicht.«[6] Gelang es ihnen doch, stand ihnen noch der brutale Abendappell bevor. Es gibt viele Zeugenaussagen, die den exterminatorischen Charakter der »Arbeit« in einem der größten deutschen »Arbeits«lager belegen.[7]

Obwohl viele der Häftlinge in jenen Lagern keine Juden waren, überrascht es nicht, daß wie in den Gaskammern auch hier fast ausschließlich Juden umgebracht wurden. Die Deutschen behandelten die Juden in Majdanek ganz anders und weitaus schlechter als die nichtjüdischen Häftlinge. Auf dem Höhepunkt seiner Geschichte lebten in Majdanek 35 000 bis 40 000 Menschen; das lag weit unter den geplanten 150 000, da es an Ausrüstung und Material mangelte. Die 18 000 Juden, die im November 1943 noch dort lebten, fielen alle der »Aktion Erntefest« zum Opfer. Wie andernorts auch, zeigten sich die Deutschen hier nicht als wahllose Mörder: Die Nichtjuden ließen sie am Leben. Das Lager war weiterhin in Betrieb, bis sowjetische Truppen es am 22. Juli 1944 befreiten.[8]

Majdanek war eine große Anlage, die verschiedenen Zwecken diente und deren Insassen gemischt waren. Die kleineren Außenlager der »Aktion Reinhard« in dieser Region hingegen waren wirkliche »Arbeits«lager, die fast ausschließlich mit Juden belegt waren. In ihnen tritt daher der Charakter der jüdischen »Arbeit« schärfer hervor als in Majdanek. Beispielhaft sind hier das »Lager Lipowa« und das »Flughafenlager«.[9]

Das Lager Lipowa wurde im Dezember 1939 in einer ehemaligen Reitanlage an der Lipowastraße in Lublin eingerichtet und fungierte vorwiegend als Sammellager, entwickelte sich jedoch später zu einem typischen Konzentrationslager.[10] Diese Umwandlung ging im wesentlichen auf zwei Ursachen zurück: Zum einen entdeckten die deutschen Behörden in den Jahren 1940/41, daß viele Juden aus Lublin der Einberufung in Arbeitstrupps nicht nachkamen; daher inhaftierten sie die Widerspenstigen in Lipowa. Zum anderen erwartete man inzwischen große Transporte von Juden aus dem Reich und polnisch-jüdische Kriegsgefangene, für die man das Lager zumindest als Zwischenstation benötigte. Im Winter 1940/41 trafen mindestens zweitausend Kriegsgefangene ein, die damit zur zahlenmäßig stärksten Häftlingsgruppe im Lager wurden.[11] Die Zahl der Insassen erhöhte sich ferner durch regelmäßige Razzien im Ghetto Lublin. Im April 1942 wurde Lipowa vollständig dem SS- und Polizeiführer (SSPF) Lublin unterstellt, die Produktion im Lager für Wirtschaftsunternehmen der SS genutzt. Die Häftlinge sortierten auch den Besitz von Juden, die die Deutschen bei der »Aktion Reinhard« umgebracht hatten – Lipowa war auf Schuhe spezialisiert.[12] Die kurze Lebensspanne, die die Deutschen den dreitausend oder mehr Juden dieses Lagers noch gewährten, endete im November 1943.[13] Dann fielen sie den Massenerschießungen des deutschen »Erntefestes« zum Opfer.

In den ersten beiden Jahren waren die Produktions- und Arbeitsleistung der jüdischen Arbeiter in Lipowa gering. Das ist besonders auffallend, da das Lager von Anfang an die Lubliner Juden angeblich der Arbeit zuführen sollte. Ab Dezember 1939 mußte der Judenrat der Stadt jeden Tag achthundert bis tausend Arbeiter zur Verfügung stellen, darunter viele qualifizierte Handwerker. Doch bevor die Produktionsleitung in Lipowa im Herbst 1941 von den Deutschen Ausrüstungs-Werken (DAW) der SS übernommen wurde, waren die Werkstätten des Lagers unvollständig ausgestattet und wurden schlecht geführt.[14] Die Qualifikationen von Facharbeitern blieben größtenteils ungenutzt; die Deutschen verschwendeten also einen großen Teil dieser unter normalen Umständen gutbezahlten und äußerst produktiven Arbeitskraft.

Als schließlich die DAW die Fertigung beaufsichtigten und im Dezember Hermann Moering eintraf, der nun das Lager führen sollte, begann eine energische Bauaktivität. Es entstanden neue Baracken und Werkstätten, Maschinen der DAW trafen ein. In dem Maße, wie man die Kapazitäten erhöhte, um die Fähigkeiten der Juden auszunutzen, beschäftigten die Deutschen immer mehr von ihnen in den Lagerwerkstätten. Die Zahl der außerhalb des Lagers arbeitenden Juden – zuvor ein Drittel der Häftlinge – sank bis zum Frühjahr 1943 auf ein Kommando von fünfzig Mann.[15] Moering zufolge stieg die Zahl der im Lager beschäftigten jüdischen Fachkräfte von 280 bei seiner Ankunft auf 1590 im Herbst 1943. Auf dem Höhepunkt der Produktivität, zwischen Sommer 1942 und der Zerstörung Lipowas im November 1943, entwickelte sich das Lager zum wichtigsten DAW-Unternehmen außerhalb des Reichsgebietes.[16] Es versorgte den SSPF Lublin, aber auch die Wehrmacht, die SS, die Polizei und die Zivilverwaltung mit Schuhen und Bekleidung. Nach der Buchhaltung der DAW zu urteilen, scheint das Lager ein profitables Unternehmen gewesen zu sein.[17]

Nach zwei Jahren beträchtlicher ökonomischer Verschwendung wurde in Lipowa endlich wirklich gearbeitet, so daß es sich hier – zumindest auf dem Papier – vermeintlich um ein vernünftig geführtes Wirtschaftsunternehmen handelte. Stellt man aber all dies in den größeren Kontext der außerordentlich kontraproduktiven Art, in der die Deutschen die Arbeitskraft der Juden nutzten, widerspricht der lächerliche Ertrag dieser letzten kurzen Phase des Lagers dem Eindruck der Profitabilität ebensosehr wie die kaum nennenswerten Ergebnisse der beiden ersten Jahre, die durch allgemeine wirtschaftliche Inaktivität gekennzeichnet waren. Der Einsatz von weniger als 16 000 jüdischen Häftlingen in allen DAW-Unternehmungen im Jahr 1943 und weiterer 16 000 in der SS-eigenen Ostindustrie GmbH (Osti) kann keineswegs als ökonomisch rational betrachtet werden, wenn man weiß, daß die Deutschen zu diesem Zeitpunkt gleichzeitig bereits etwa zwei Millionen polnische Juden umgebracht hatten.[18] Als sie im November 1943 auch noch die Arbeitskräfte töteten, für die es keinen Ersatz gab, verurteilten sie die Produktionsanlagen des Lagers für den Rest des Krieges zu fast vollständigem Stillstand.[19]

Außerdem leiteten die Deutschen das Lager in einer Art und Weise, die unter Gesichtspunkten der Produktivität völlig irrational war. Ihre brutale Behandlung der Juden in Lipowa untergrub jede wirtschaftliche Produktion, die doch vorgeblich der Zweck des Lagers war. Die gesamte Lagerordnung – die allgemeinen Regeln und Strafen – wie auch das zügellose Verhalten der einzelnen Aufseher ließen den Alltag für die Juden höchst bedrohlich werden. Sie schwebten ständig in Todesgefahr und mußten immer damit rechnen, gefoltert zu werden. Wie in den anderen Lagern schien es für die Deutschen keine Grenze des Erlaubten im Umgang mit Juden zu geben.

Seit Anfang des Jahres 1941 wurden Fluchtversuche aus Lipowa mit dem Tode bestraft. Diese gängige, geradezu reflexhafte Reaktion der Deutschen auf alle jüdischen Handlungen, die als Übertretungen galten oder Mißfallen hervorriefen, wurde auch in Lipowa von den Deutschen mit Leichtigkeit praktiziert. Auf Diebstahl stand ebenfalls die Todesstrafe. Aufseher, die ein Interesse daran gehabt hätten, die Gesundheit und die Arbeitsfähigkeit ihrer Arbeiter zu erhalten, hätten wohl jeden Versuch ihrer Häftlinge hingenommen, sich auf dem Schwarzmarkt eine Extrascheibe Brot zu beschaffen, um ihre unzulängliche Hungerration aufzubessern oder sich zum Schutz gegen die durchdringende Kälte etwas zusätzliche Kleidung zu besorgen. Doch die Deutschen taten alles in ihrer Macht Stehende, um zu verhindern, daß Juden Erschöpfung und Krankheit widerstanden.

Die deutsche Brutalität in Lipowa diente nicht als Abschreckungsmittel zum Schutz wertvoller Güter. Alle noch so unbedeutenden Verstöße von Juden gegen die Lagerordnung, so kontraproduktiv oder wirtschaftlich irrational diese auch sein mochte, wurden massiv geahndet. So erschossen die Deutschen beispielsweise im Jahre 1941 einfach einen Juden, weil er Wollhandschuhe entwendet hatte.[20] Der Wert gestohlener Gegenstände spielte dabei keine Rolle; die Schwere der Bestrafung stand in keinem Verhältnis dazu. In Lipowa wurde die Todesstrafe von den Deutschen sogar an Juden vollstreckt, die wertlose Industrieabfälle an sich genommen hatten.[21] Sie reagierten nicht auf greifbare Beschädigungen an Ausrüstung und Produkten, sondern auf den Akt der Regelverletzung selbst; daher wurden Juden für geringfügige Überschreitungen nicht anders bestraft als für wirklich schwerwiegende.

Obwohl Juden für viele Handlungen, die ihr Überlebenskampf erforderte, mit der Todesstrafe oder anderen brutalen »Bestrafungen«, die man nur als Folter bezeichnen kann, zu rechnen hatten, wuchs für sie mit jedem Schlag, den sie von Deutschen einstecken mußten, die Notwendigkeit, solche Handlungen zu begehen. Fast das gesamte Wachpersonal von Lipowa war mit Peitschen oder ähnlichem ausgestattet und nutzte sie regelmäßig und energisch. Oft wurden Juden willkürlich und ohne erkennbaren Grund geschlagen, selbst wenn man die großzügigen Maßstäbe zugrunde legt, nach denen die Deutschen Kausalität beurteilten. Über den alltäglichen Einsatz von Peitschen hinaus wandten die Deutschen vor allem folgende grausame Praktiken an:

1. Brutale Schläge mit Peitschen, in die Eisenkügelchen eingearbeitet waren.

2. Einkerkerung im Bunker für unbestimmte Zeit.

351

3. Schläge im Bunker auf einem speziellen »Auspeitschtisch«, den einer der Deutschen eigens für diese Gelegenheiten gebaut hatte.

4. Spießrutenlaufen.

5. Folterungen mit Elektroschocks.

6. Stundenlanges Stehen im Schnee, nachdem man die Juden zuvor wachgeprügelt hatte.

7. Öffentliche Strangulationen, die die Juden mehr einschüchterten als heimliche Exekutionen.

Einige Juden starben an dieser Selbstverwirklichung ihrer Peiniger; die »glücklicheren« erlitten schwere körperliche Schäden.[22]

In Lipowa wie im gesamten Lager- und Vernichtungsbereich war die grausame Behandlung der Juden kein Geheimnis. Es geschah in aller Öffentlichkeit, und die Aufseher nahmen ständig und routinemäßig daran teil. Juden zu foltern war halb-offizielle Politik im Lager und wurde für dessen Personal zur ungeschriebenen Norm. Obwohl die alltäglichen brutalen Quälereien, die in diesem Lager üblich waren, nach deutschen Maßstäben nichts Besonderes waren (auch nicht für »Arbeits«lager), gab es zwei Vorfälle, die selbst in diesem Rahmen ungewöhnlich und bezeichnend waren.[23]

Die deutsche Wehrmacht behandelte polnisch-jüdische Kriegsgefangene als Kriegsgefangene,[24] wenn auch als solche zweiter Klasse; die SS hingegen weigerte sich, deren Status anzuerkennen. Für sie waren sie schlichtweg Juden. Die polnisch-jüdischen Kriegsgefangenen, die nach Lipowa kamen, hatten zuvor der Wehrmacht unterstanden und waren relativ anständig behandelt worden. Das wußten die Deutschen in Lipowa; doch um ihnen nun deutlich zu machen, daß für sie ein Jude nichts als ein Jude war, führten sie, kurz nachdem diese Kriegsgefangenen im Lager eingetroffen waren, unangekündigt eine nächtliche Veranstaltung durch, die den Neuankömmlingen ihren neuen Status, ihre soziale Transformation von Kriegsgefangenen in Juden deutlich machen sollte. Ein Überlebender erinnert sich: »Wir wurden in der Nacht aus den Baracken auf den Hof getrieben, halbnackt und barfuß. Wir mußten uns längere Zeit im Schnee aufhalten, uns hinlegen und dann auf dem mit Schnee bedeckten Erdboden liegen. Man sagte uns, daß wir keine Kriegsgefangenen, sondern nur internierte Juden seien. Bei dieser Gelegenheit wurden wir geschlagen … Uns wurde dann befohlen, in die Baracken zurückzulaufen, wobei wir geschlagen und mit Hunden gehetzt wurden.«[25] Andere überlebende Kriegsgefangene erzählen ähnliches über die zähen Stunden dieser unvergeßlichen Winternacht. Viele seien überdies aufgrund der Kälte – und der Schläge – erkrankt und gestorben. »Viele andere« Deutsche, darunter die höheren Offiziere des Lagers, hätten sich daran beteiligt.[26]

Die symbolische Komponente dieser »Umbenennungszeremonie« erinnert an die Rituale, die man freien Menschen auferlegte, wenn man sie zu Sklaven, zu sozial Toten machte. Die Verkündigung des neuen sozialen Status ist typischerweise von Akten begleitet, die seine Bedeutung klarstellen und jedermann einprägen, wie die Stellung des nunmehr transformierten Individuums sozial zu bewerten ist.[27] Die Deutschen vermittelten den Kriegsgefangenen nicht nur verbal, daß sie in ihren Augen von nun an lediglich jüdische Häftlinge seien, die nicht länger den Schutz internationaler Konventionen über die Behandlung von Kriegsgefangenen genössen – das wäre bei weitem zu wenig gewesen. Vielmehr übernahmen und wiederholten sie mit sicherem Instinkt und ohne daß es ihnen bewußt gewesen wäre ein immer wiederkehrendes Charakteristikum bei der Verwandlung von Menschen in Sklaven: Sie übertrugen ihre Ankündigung in das Idiom, das am ehesten geeignet war, deutlich zu machen, was es in ihrer Welt hieß, Jude zu sein – die Sprache des Schmerzes. Mittels dieser ritualähnlichen Umbenennung der Juden äußerten sie sich in ihrer besonderen Sprache mit ihrem ganz eigenen Gespür für »Diktion«: Juden waren demnach Kreaturen, die keinerlei Schonung verdienten, die zu leiden hatten, die geschlagen und gequält werden mußten, auf die man Hunde hetzte und die zu sterben hatten, wenn es dem deutschen *Herrenmenschen* gefiel. Die Deutschen mußten den Juden vermittelt durch den Körper unwiderruflich das Bewußtsein einflößen, daß sie für Deutsche lediglich Spielzeuge waren, daß sie nur lebten, weil und solange die Deutschen es duldeten. Die Deutschen handelten nach ihrem speziellen Kommunikationsprinzip: Ein Peitschenhieb sagt mehr als tausend Worte. Und die jüdischen Häftlinge lernten die Sprache der neuen Ordnung rasch.[28]

Der zweite Vorfall, ebenfalls eine Art feierlicher Zeremonie, war im Grunde eine reine Festlichkeit. Dennoch verrät auch dieses Ereignis die Einstellung der Deutschen zu ihrem Gesamtunternehmen ebenso unmißverständlich, wie die erniedrigenden, unnötigen Grausamkeiten es taten, die den jüdischen Kriegsgefangenen angetan wurden. Das erwähnte Fest wurde von Odilo Globocnik, dem Leiter der »Aktion Reinhard«, für eine besonders brutale Gestalt dieses Lagers ausgerichtet, den Kommandanten von Lipowa, Alfred Dressler. Ein jüdischer Überlebender erinnert sich, daß, »als ich bei Globocnik arbeitete, dort eine Feier stattfand, und zwar zu Ehren des Dressler, weil er den 50-tausendsten Juden ermordet hatte. Im Hause des Globocnik wurde allgemein über den Anlaß dieser Feier gesprochen. Während dieser Feier rief mich Globocnik in den Saal und zwang mich unter Bedrohung mit einer Pistole, eine Flasche Wodka auszutrinken.«[29]

So also sah der Meilenstein des »Produktions«erfolges aus, den die Deutschen in der Welt dieses »Arbeits«lagers feierten.

Das deutsche Lagerpersonal wurde im Lauf der Zeit zunehmend durch Kontingente von »volksdeutschen« paramilitärischen Einheiten, »volksdeutschen« Angehörigen der Waffen-SS, durch Mitglieder des »Kommandos Dirlewanger« und schließlich Ukrainer ergänzt, die im allgemeinen außerhalb des Lagers lebten und in erster Linie die Umgebung des Lagers bewachten und jene jüdischen Kommandos beaufsichtigten, die außerhalb des Lagerzauns arbeiteten.[30] Diese Kontingente waren jeweils zwischen dreißig und vierzig Mann stark. Die Deutschen selbst waren meist SS-Leute und unterstanden dem SSPF Lublin. Aus den spärlichen Informationen über 64 dieser Deutschen, die das Lager betrieben und in den Untersuchungen nach dem Krieg identifiziert wurden, geht hervor, daß es sich nach den deutschen Maßstäben jener Zeit um ganz gewöhnliche Leute handelte.[31] Unter ihnen befanden sich auch einige Männer, die nicht der SS angehörten und technische Aufgaben im Lager erfüllten, sowie einige weibliche Bürokräfte.

Wie in allen deutschen Lagern gab es auch hier einige, die das grundsätzliche Maß der gängigen Gewalttätigkeit überschritten, meist indem sie eine bereits inhumane Norm noch verschärften. Andere fielen durch ihr weniger brutales Verhalten gegenüber den Juden auf. Natürlich beeinflußte die Persönlichkeit des einzelnen Art und Stil der Grausamkeiten, obwohl man davon ausgehen kann, daß fast alle den Juden ständig und in erheblichem Ausmaß Leid zufügten. So scheint in Lipowa fast das gesamte Personal von seinen Peitschen regen Gebrauch gemacht zu haben. Wie der tonangebende Kommandant selbst waren auch sie alle heftige Schläger. Die Häftlinge veränderten den Namen des Kommandanten in Gesprächen untereinander so, daß nun das Wort »Mord« darin enthalten war. Die Grausamkeit war so allgegenwärtig, daß die Deutschen in dieser Hinsicht einem starken Konformitätsdruck unterworfen waren. Einen Wächter bezeichnen Überlebende beispielsweise als besonders anständig, obwohl auch er sie unter den wachsamen Augen seiner Vorgesetzten prügelte.[32] Hier wird zweierlei deutlich über die Normen, nach denen das Lagerpersonal Juden behandelte: Erstens erwarteten die Juden, daß dieser Deutsche sie schlug, und sie hielten ihn für den aufrechtesten Deutschen im Lager, obwohl er es tat – die anderen waren eben schlimmer als er. Hätten zweitens die Deutschen den Juden nicht wirklich Schmerz zufügen wollen, dann hätten sie nur dann zu prügeln brauchen, wenn sie beobachtet wurden; sie hätten überdies so zuschlagen können, daß sie ihren Opfern möglichst wenig Schmerz und Verletzungen zufügten. Doch die Aussagen der Überlebenden machen deutlich, daß die Aufseher die Leiden der Juden bewußt nicht gering halten wollten. Von den 46 Angehörigen des deutschen Lagerpersonals, deren Verhalten in den gerichtlichen Untersuchungen zur Sprache kam, wurden nur dieser Mann und zwei weitere von den Überlebenden positiv beurteilt.[33]

Berichte über deutsche Greueltaten und mörderisches, unwirtschaftliches Verhalten aus einem anderen »Arbeits«lager in der Nähe von Lublin wecken noch größere Zweifel an der Auffassung, daß die Art, wie die Deutschen die Juden behandelten, mehr als nur nebensächlich und drittrangig von Produktivitätskriterien bestimmt war. Der Lagerkomplex taucht in den deutschen Dokumenten unter verschiedenen Bezeichnungen auf wie »Arbeitslager Lublin«, »Flughafen Lublin« und »Flughafenlager«.[34] Die wirtschaftliche Tätigkeit dort drehte sich vor allem um das Sortieren der Beute, die man den Juden abgenommen hatte, die der »Aktion Reinhard« zum Opfer gefallen waren; gegen Ende wurden außerdem Bürsten produziert. Die für dieses Lager geplante Waffenproduktion hingegen kam nie zustande. Der Ertrag des Lagers war daher zwar von einer gewissen ökonomischen Bedeutung, allerdings nicht mehr als ein Nebenprodukt. Denn die gewaltigste und hauptsächliche Leistung dieses Lagers bestand darin, aus seinen »Arbeitern« Leichen zu »produzieren«.

Das im Herbst 1941 gegründete Flughafenlager lag an der Ausfallstraße von Lublin nach Zamość, ungefähr auf halbem Wege nach Majdanek. Im Gegensatz zu den anderen »Arbeits«lagern, die rund um Lublin angeblich der wirtschaftlichen Produktion dienten, gab es im Flughafenlager fast von Anfang an Arbeit für die inhaftierten Juden. Jede größere Abteilung des Lagers war eine geschlossene Einheit, im Grunde ein Lager für sich, mit eigenen Aufgaben, eigenen Häftlingen, eigenem Personal und einer eigenen, von Grausamkeit und Tod geprägten Geschichte. Das relativ kleine »Hauptnachschublager Rußland-Süd«, das zentrale »Bekleidungswerk« der SS, ein Werk der DAW und die erst spät entstandenen Osti-Unternehmen bildeten die wichtigsten Teillager.[35] Das Hauptunternehmen war jedoch das Bekleidungswerk; es unterstand dem Wirtschafts- und Verwaltungshauptamt der SS und diente vor allem als Instrument des SSPF Lublin im Rahmen der »Aktion Reinhard«.[36]

Zehntausende von Juden, Männer und Frauen jeden Alters, wurden durch das Flughafenlager geschleust. Große Transporte von Juden aus Warschau, Białystok und Bełżyce machten hier halt, damit die Deutschen entscheiden konnten, ob sie die Deportierten den Feueröfen von Treblinka oder einem der nahe gelegenen Lager Majdanek, Budzyń, Poniatowa, Trawniki oder Lipowa überantworteten. Im Flughafenlager schwankte die Zahl der jüdischen Insassen zwischen 7 500 und 8 000 Männern und Frauen; die Toten wurden immer wieder durch Neuankömmlinge ersetzt.[37] Von den vielen Tausenden, die einen Teil ihres Lebens als Gefangene im Flughafenlager verbrachten, hat nur eine Handvoll, vielleicht vierzig bis fünfzig Häftlinge, überlebt.[38]

Das Hauptnachschublager blieb bis zu seiner Auflösung ein sehr kleines Unternehmen. Eine Kernmannschaft von etwa 25 Juden und Arbeitstrupps von hundert Leuten oder mehr, die täglich aus einem anderen Lager hergeschafft wurden,[39] be- und entluden Güterwaggons und bauten Kasernen.

Über das Leben der Juden dort und im ganzen Flughafenlager vor dem Herbst 1942 sind nur wenige Einzelheiten bekannt, denn soweit wir wissen, überlebte diese Phase des »Arbeits«lagers lediglich eine einzige Person, und zwar eine Frau, die nur kurz im Bekleidungswerk tätig war. Daher müssen wir uns, was die Lebensumstände im Hauptnachschublager betrifft, auf die Aussagen von Albert Fischer stützen, der zur deutschen Wachmannschaft gehörte. Im Gegensatz zu seinen Kameraden spricht er offen über die Behandlung der Juden.[40] Allerdings schildert er nur die Greueltaten, die er während der drei Monate ab März 1942 im Lager beobachten konnte, so daß sein Blickwinkel sehr eingeschränkt ist. Was er mitteilt, muß nicht unbedingt all dem entsprechen, was er wirklich sah. Will man das Ausmaß des Leidens erfassen, das die Deutschen den Juden im Hauptnachschublager vorsätzlich zufügten, muß man wahrscheinlich die Taten, von denen Fischer berichtet, um ein Vielfaches multiplizieren.

Selbst wenn über das Hauptnachschublager nur wenig bekannt ist,[41] so ist doch eines ganz sicher: Die Luft, die die Juden hier atmen mußten, war erfüllt von Brutalität und Grausamkeit. Fischer faßt das Leben im Lager bündig zusammen, wenn er sagt: »Schlägereien waren immer an der Tagesordnung.« Trotz dieser allgemeinen Charakterisierung konzentriert er sich in seiner Aussage fast ausschließlich auf einen besonders grausamen und brutalen Unteroffizier namens Max Dietrich. Ihn kann man zweifellos als Ausbund an Brutalität betrachten; gleichzeitig aber ist er beispielhaft dafür, wie sich »der« ganz gewöhnliche Deutsche in diesem Lager verhielt. Dietrich gehörte der SS seit dem 1. Februar 1933 an. Er war 29 Jahre alt, als Fischer ihn kennenlernte, und hatte bereits große Erfahrungen im Umgang mit Häftlingen: Schon mit 21 Jahren war er Aufseher in Dachau geworden, wo er die Jahre 1934 bis 1938 verbrachte. 1941 kommandierte er im Auftrag des SSPF Lublin jüdische Arbeitstrupps, darunter auch polnisch-jüdische Kriegsgefangene aus Lipowa. Im Hauptnachschublager war er ebenfalls ab Mai 1942 bis ins Jahr 1943 hinein für jüdische Arbeitstrupps zuständig.[42]

Fischer war erst zwei oder drei Tage im Lager, als er Dietrichs Verfahrensweise kennenlernte und mit ansah, »wie Dietrich Juden mit einer Lederpeitsche fürchterlich verprügelte«. Ein oder zwei Tage später kam es zu einem anderen Vorfall. Diesmal benutzte Dietrich eine Eisenstange, um seine Vorstellung vom Wert eines jüdischen »Arbeiters« in dem unmißverständlichen deutschen Idiom der »Ermunterung« auszudrücken: »Ich kam darüber zu, als Dietrich den Juden schlug, so wie man etwa einem Hasen ins Genick schlägt, wenn man ihn betäuben will. Es handelte sich um eine Eisenstange etwa in der Länge und Dicke der Achse eines Kinderwagens. Der Jude stürzte nieder und lag wie leblos da.«[43]

Dietrich beschränkte sich indes nicht auf altmodische Prügeleien, so brutal und folgenschwer diese auch sein mochten. Eines Tages ging Fischer mit einem anderen Deutschen fürchterlichen Schreien nach und beobachtete eine Szene, die das Werk dieses »Arbeits«aufsehers war und die in einer Einrichtung, die angeblich wirtschaftliche Zwecke verfolgt, eigentlich kaum vorstellbar ist: »Dort stellte ich fest, daß Dietrich einen Juden so lange mit der Peitsche schlug, bis dieser besinnungslos am Boden lag. Dann ließ Dietrich durch andere Juden diesen Juden völlig entkleiden und Wasser über ihn gießen. Als der Jude wieder zu sich kam, ergriff Dietrich die Hände des Juden, der sich eingekotet hatte, fuhr mit den Händen des Juden in den Kot und zwang den Juden, den Kot zu essen. Ich entfernte mich, da mir bei dem Anblick übel wurde.« Noch am selben Abend erfuhr Fischer, daß der jüdische Arbeiter, der seinen eigenen Kot hatte essen müssen, gestorben war.[44]

Dietrich verrät trotz seines besonderen Sadismus einiges über den Charakter seiner Kameraden. Er war der radikalste unter den Lageraufsehern, und zwar insofern, als er durch seine Heftigkeit und seinen Genuß, wenn er die Peitsche schwang oder sich anders Genugtuung verschaffte, aus dem Kreis seiner Kameraden herausstach. Fischer faßt Dietrichs Handlungen und Charakter im Verhältnis zu den im Lager herrschenden Normen treffend zusammen, wenn er sagt: »Schlägereien waren im Lager an der Tagesordnung. Insbesondere hat Dietrich sich immer als Schläger betätigt. Das ging schon morgens los, wenn die Juden kamen. Dietrich hat dann einige Juden geschlagen und war dann zufrieden. Dann erst hat dem Dietrich der Kaffee geschmeckt. Wenn wir mit ihm über diese Vorfälle sprachen, wurde er sofort aufgeregt und drohte sogar mit der Pistole.« Zu prügeln war ein ethisches Gebot im Lager, und es wurde umgesetzt. Prügel waren gleichsam das Grundmuster jeglicher Ausdrucksform und Kommunikation. Dietrichs zwanghafter Drang, den Juden Schmerz und Erniedrigung zuzufügen, gab den anderen, die zwar pflichtbewußte, aber nicht besessene Schläger waren, zu denken. Es war Dietrichs psychische Abhängigkeit davon, auf den Körpern der Juden seine Spuren zu hinterlassen, die seine Kameraden störte,[45] denn zügellose Gewalt erschüttert tendenziell sogar äußerst gewalttätige Menschen, die sich selbst jedoch unter Kontrolle halten können. Mit Sicherheit aber stießen sich Dietrichs Kameraden nicht an der gewalttätigen Lagerroutine, denn auch sie erhoben sich Tag für Tag mit der aufgehenden Sonne, um willentlich daran teilzunehmen. Jeden einzelnen Tag teilten sie ihre Portion Grausamkeit aus.

Fischer selbst gibt fast zu, daß er in der generellen Behandlung der Juden im Lager nichts Falsches entdecken konnte. 1940 trat er als eifriger, vom Nationalsozialismus berauschter Sechzehnjähriger in die Waffen-SS ein, »weil ich damals Feuer und Flamme für die Sache war«. In dieser Hinsicht sprach er wohl für seine Generation. Er kämpfte an der Ostfront, wurde im November 1941 verwundet und diente nach seiner Genesungszeit auf verschiedenen Posten. Im März 1942 kam er in das Hauptnachschublager, wo seine nationalsozialistische Begeisterung mit ihrer logischen Konsequenz, der brutalsten nationalsozialistischen Realität, konfrontiert wurde. Mit einem flüchtigen Hinweis auf den langsamen Prozeß, der in ihm ein wenig Mitmenschlichkeit geweckt und ihn zu dieser bekenntnishaften Aussage gedrängt habe, erklärt er: »In den späteren Jahren habe ich nach und nach erst erkannt, daß vieles faul war. Mir sind dann später die Augen aufgegangen.« Er habe sich zu dieser Zeugenaussage entschlossen, »weil ich reinen Tisch mit mir selber machen will und alles loswerden will, was irgendwie gewesen ist«. Das ist die Sprache eines Menschen, der viel auf dem Gewissen hat.

Im Gegensatz zum kleinen Hauptnachschublager war der Lagerbereich des Bekleidungswerkes recht groß. Solange das Flughafenlager existierte, wurde vor allem hier gearbeitet. Im Bekleidungswerk waren *ausschließlich* jüdische Häftlinge beschäftigt, zwischen 3500 und 5500 Menschen, darunter waren zwei- bis dreitausend Frauen.[46] Die weiblichen Häftlinge kamen vor allem aus Polen, der Tschechoslowakei und den Niederlanden, in nicht unbeträchtlicher Zahl auch aus Deutschland, insbesondere aus Aachen und Koblenz.[47]

Über die Frühzeit des Bekleidungswerkes sind nur allgemeine Grundzüge bekannt, was seine Entwicklung, die Art der Häftlingsarbeit und die Behandlung der Gefangenen angeht. Obwohl die SS bereits im Juli 1940 die ersten Juden zu Bauarbeiten auf das Gelände des Flughafenlagers gebracht hatte, entstand das eigentliche Lager erst ab Herbst 1941. Mit dem Bau des Bekleidungswerkes wurde im Winter 1941/42 begonnen;[48] danach wurde es sukzessive ausgeweitet. Zwei Gründe waren dafür ausschlaggebend: Zum einen war es der Wunsch Globocniks, des SSPF in Lublin, für die SS in Lublin ein Wirtschaftsimperium unter seiner Kontrolle zu errichten. 1942 begann er damit, seine Idee in die Tat umzusetzen.[49] Zum anderen ergab sich mit Beginn der »Aktion Reinhard« die Notwendigkeit, die Habseligkeiten der ermordeten Juden zu sortieren.[50]

Das Bekleidungswerk war ein »Arbeits«lager, in dem jüdische Arbeitskräfte erklärtermaßen um der wirtschaftlichen Produktion und der Profite willen ausgebeutet und zur » Arbeit« gezwungen werden sollten. Bis schließlich die Kleidung der Juden und deren sonstige Besitztümer eintrafen, die bei der »Aktion Reinhard« anfielen – eine günstige Entwicklung, die bei der Lagergründung noch nicht absehbar gewesen war –, fehlte es im Bekleidungswerk an ausreichend Arbeit, um mehr als nur einen Bruchteil der jüdischen Insassen produktiv einzusetzen.[51] Wie in der Lagerwelt üblich, hatte man auch diese Juden gewaltsam aus verschiedenen Wirtschaftsunternehmen herausgeholt, in denen sie bis dahin tätig gewesen waren. Gründung und Frühphase des Bekleidungswerkes hatten daher wenig mit ökonomischer Rationalität oder gar mit dem Wunsch zu tun, jüdische Arbeitskraft sinnvoll zu nutzen.

Die Deutschen gestatteten den Juden dennoch keine Untätigkeit. Wie im nächsten Kapitel näher erörtert werden wird, waren sie vielmehr bestrebt, die Juden in einen Zustand ständigen Leidens zu versetzen. Sie ließen sie arbeiten, allerdings nicht im herkömmlichen ökonomischen Sinn: Kein gängiges Lexikon würde das Geschehen hier als »Arbeit« und die hier tätigen Menschen als »Arbeiter« bezeichnen. Die Deutschen zwangen sie nicht nur zu erschöpfender, sinnloser Schufterei, die selbst die Stärksten überfordern und zerstören mußte,[52] sie unterwarfen sie auch noch drastischer Mangelernährung. Eine jüdische Frau beschreibt die Verpflegung: »Das Brot war hart und kaum noch zu genießen. Mittags gab es eine Suppe, die wir als ›Sandsuppe‹ bezeichneten. Man kochte Kartoffeln und Rüben, ohne sie vorher zu reinigen. In diese Suppe warf man einen oder zwei Kuhköpfe mit Zähnen, Augen und Haaren hinein.«[53]

Die hygienischen Bedingungen waren miserabel. Für die Häftlinge im Lager gab es nur in der Krankenstube fließendes Wasser,[54] zu den Baracken mußte es eimerweise geschleppt werden. Bald trat ein, was zu erwarten war: Die ehemals gesunden und leistungsstarken Juden dieses »Arbeits«lagers stellten kaum etwas her; die Todesfälle nahmen rapide zu, beschleunigt unter anderem durch den wiederholten Ausbruch von Seuchen wie Typhus und Ruhr, die wiederum auf die schwere Unterernährung und die unhygienischen sänitären Bedingungen zurückzuführen waren.[55]

Da die erwähnte jüdische Frau als einzige die Frühphase des Bekleidungswerkes (bis Herbst 1942) überlebte – sie war im April 1942 drei Wochen lang in diesem Lager –, sind keine weiteren Einzelheiten über die sinnlose »Arbeit« der Häftlinge überliefert. Ein zeitgenössisches, typisches Beispiel für unproduktive Arbeit in einer gleichartigen Einrichtung, dem »Hauptnachschublager«, vermittelt eine Ahnung davon, was »Arbeit« im Bekleidungswerk und im Flughafenlager insgesamt bedeutete. Wieder einmal war Dietrich die treibende Kraft. An einem Sonntag, dem einzigen Tag, an dem die Deutschen ihren Gefangenen normalerweise Ruhe gönnten, stellte er ein jüdisches »Arbeits«kommando zusammen: »Eine der Baracken am Anschlußgleis war mit Strohsäcken angefüllt. Auf der anderen Seite des Gleises befand sich eine Baracke, die damals leer war. Dietrich ließ sodann die Juden im Laufschritt die Strohsäcke von der einen Baracke in die leere Baracke tragen und, als diese angefüllt war, wieder zurück in die Baracke, wo sie zuerst gelegen hatten. Die Juden mußten diese Arbeit im Laufschritt verrichten, und Dietrich schlug mit der Peitsche dazwischen, so lange bis ein Teil der Juden zusammengebrochen ist und nicht mehr weiterkonnte. Dann hatte Dietrich Ruhe, setzte sich in seine Unterkunft und betrank sich.«[56]

Das Bekleidungswerk war in seiner Anfangsphase ein Vernichtungslager – wie immer die Deutschen es auch nennen mochten. Die dort angewandten Methoden – erschöpfende Arbeit bei schwerer Unterernährung und brutalen Strafen – unterschieden es von den anderen Vernichtungslagern nur insofern, als die hier eingesetzten exterminatorischen Verfahren etwas langsamer wirkten.

Mit dem Eintreffen großer Mengen von Kleidungsstücken und sonstigen Besitztümern, die Juden gehört hatten, die im Flammenmeer der »Aktion Reinhard« vernichtet worden waren, trat das Bekleidungswerk im Herbst 1942 in seine zweite Phase ein. Jetzt verfügten die Deutschen über ausreichend Arbeit, um die »Arbeits«kräfte dieses »Arbeits«lagers, für die es bisher kaum etwas zu tun gegeben hatte, sinnvoll zu beschäftigen. Die Zahl der ursprünglich zweitausend Häftlinge stieg Ende 1942 rasch an, so daß die Fabrik im Lager zügig erweitert wurde.[57]

Die Häftlinge sortierten eine enorme Beute: Nach Globocniks Angaben wurden 1901 Güterwagen voll mit Kleidung, Bettwäsche, Bettfedern und Lumpen, die man Juden abgenommen hatte, an die deutsche Industrie geliefert. Die Deutschen sammelten außerdem 103 614 reparaturbedürftige Uhren, 29 391 Brillen, zahllose Schmuckstücke und große Geldmengen ein. Der Gesamterlös soll sich auf 178 Millionen Reichsmark belaufen haben.[58] Ein großer Teil davon – allerdings ist nicht bekannt wieviel – wurde in den Bekleidungswerken durchgesehen.

Der Kommandant des Bekleidungswerkes, Christian Wirth, erhöhte jetzt die Verpflegungsrationen und sorgte für eine etwas weniger brutale Behandlung. Er wußte, daß die Lebensumstände, die er und seine Untergebenen bislang den Juden auferlegt hatten, deren Leistungsfähigkeit sogar bei einer so leichten Arbeit wie dem Sortieren von Kleidern erheblich einschränkten. Anfang 1943 erhielt das Lager zudem eine Abwasserentsorgung und eine bessere Ausstattung mit fließendem Wasser.[59] Die Verbesserungen, so bedeutend und zugleich geringfügig sie auch waren, unterstreichen lediglich, daß das bisherige Vorgehen der Deutschen im Bekleidungswerk zuvor auf »Vernichtung durch Arbeit« hinauslaufen sollte.

Der allgemeine Gesundheitszustand der Gefangenen war inzwischen durch die Bedingungen in diesem »Arbeits«lager derart beeinträchtigt, daß sie tatsächlich nicht mehr arbeitsfähig waren. Als die Osti im Frühjahr 1943 Produktionsanlagen im Flughafenlager errichtete, suchte sie sich ihre »Arbeiter« zunächst unter den Häftlingen des Bekleidungswerkes. Im Gegensatz zu den anderen Herrschern im Reich der Lager war die Osti als Wirtschaftsunternehmen wirklich an produktiver Arbeit interessiert. Der Betriebsleiter einer der Osti-Fabriken zeigte sich erschüttert, als er sah, in welchem Zustand seine künftigen Arbeiter waren – bedrohlich unterernährt und körperlich zerstört. Vor ihrem Arbeitseinsatz mußte er ihnen zwei Wochen Ruhe und Erholung gewähren, damit sie wenigstens wieder eine minimale Leistungsfähigkeit erreichten.[60] Doch ebenso wie die anderen Werke der Osti, die auf die Arbeit geschwächter Juden angewiesen waren, erwiesen sich die Bürstenfabrik und die Eisengießerei im Flughafenlager als wirtschaftliche Fehlschläge.[61]

Wirth erhöhte damals nicht nur die Rationen, um die Häftlinge wieder zu Kräften kommen zu lassen. Er ließ auch eine stillgelegte Krankenstation wieder einrichten[62] und verminderte bei den Selektionen sogar die Zahl derer, die sofort getötet wurden. Dennoch war die Krankenstation auch weiterhin ein Ort, an dem Deutsche sich »bedienten«, wenn sie in der Stimmung waren, einen Juden zu ermorden, und das Leben der Juden im Lager blieb ein Kampf um zeitweiliges Überleben. Unterernährung war ihr ständiger Begleiter und schwächte ihre Widerstandsfähigkeit. Die Deutschen trieben die Juden bei der Arbeit an und brachten jeden, der zu schwach oder zu krank war, das vorgegebene gnadenlose Arbeitstempo einzuhalten, entweder an Ort und Stelle selber um oder schickten ihn nach Majdanek.[63]

Die deutsche Behandlung der jüdischen Gefangenen ergänzte und verschärfte die Folgen der allgemeinen Lebensbedingungen im Bekleidungswerk. Zusammengenommen verdeutlichen beide Faktoren den wahren Zweck dieser Einrichtung – den Völkermord. Wie in Lipowa töteten Deutsche auch hier Juden unter den fadenscheinigsten Vorwänden. Jeder Jude, der auch nur einen völlig wertlosen Gegenstand stahl, etwa Kartoffelschalen oder alte Unterwäsche, wurde von den Deutschen als »Saboteur« angesehen und umgebracht. Selbst wenn ein Jude unerlaubt Brot annahm, das ihm deutsches Lagerpersonal oder Polen, mit denen er zufällig in Kontakt kam, *freiwillig* gaben, wurde dies als »Sabotage« bewertet. Dabei war es völlig unerheblich, ob es sich bei den Gegenständen, die die Juden sich unerlaubt angeeignet hatten, möglicherweise um das zum bloßen Überleben Notwendige handelte, um Mindestvoraussetzungen zur Aufrechterhaltung der Arbeitsfähigkeit. Für all diese Regelverstöße hatte der Jude mit dem Todesurteil zu rechnen. Das aber wurde auf unterschiedliche Weise vollstreckt. Wenn die Deutschen in der Stimmung für den emotionalen Kitzel einer Erschießung waren, töteten sie die Juden auf der Stelle durch Kugeln. Wollten sie dagegen lieber das Geräusch platzenden Fleisches und brechender Knochen hören, wollten sie Blut fließen sehen und das Winseln und die Todesschreie ihrer Opfer mit anhören, prügelten sie die Juden mit Peitschen und Knüppeln zu Tode. War ihnen nach Feierlichkeit zumute, wählten sie den Tod durch Erhängen. Derartige Hinrichtungen am Galgen waren nach Fluchtversuchen ohnehin üblich und wurden als öffentliches Schauspiel inszeniert;[64] wie all solche Spektakel waren sie dazu gedacht, die Zuschauer zu beeindrucken – neben den Deutschen, die wie zu einer Zirkusvorstellung dorthin gingen, zwangsweise auch alle jüdischen Gefangenen im Lager. Die Deutschen achteten peinlichst darauf, daß die Juden dabei nicht nur anwesend waren, sondern das Geschehen auch mit uneingeschränkter Aufmerksamkeit verfolgten. Eine Überlebende berichtet, sie sei geschlagen worden, weil sie bei einer Strangulation ihre Augen abgewendet habe.[65] Erhängten die Deutschen im Bekleidungswerk einen Juden, zwangen sie das Opfer sogar, an seinem eigenen Tod mitzuwirken – damals eine bevorzugte deutsche Methode, durch die man die Opfer demütigen und ihnen ihre elende untergeordnete Stellung verdeutlichen wollte. Die Deutschen zwangen die Opfer, die für sie bestimmten Galgen selbst zu errichten und sich die Schlingen selbst um den Hals zu legen.[66] Für die Deutschen lag die köstliche Ironie darin, einem Mitglied der »jüdischen Weltverschwörung« zuzusehen, wie es teilweise von eigener Hand zu Tode kam. Und es war besonders unterhaltsam, wenn dies von zusätzlicher symbolischer Erniedrigung begleitet wurde.[67]

Arbeitete ein Jude zu langsam oder zeigte er sich nicht fähig genug, wurde das anders als die »Sabotage« nur mit »leichten« Peitschenhieben oder der Versetzung in eine Strafabteilung geahndet; wenn dem SS-Mann oder der SS-Frau nach körperlicher Ertüchtigung zumute war, konnte es auch einmal fünfzig Peitschenhiebe auf den entkleideten Körper des Juden geben. Manchmal töteten die Deutschen den Gefangenen auch gleich an Ort und Stelle. Darüber hinaus schwebte über den Juden die ständige Bedrohung, zur Vergasung ins nahe gelegene Majdanek geschickt zu werden, sobald sie das Mißfallen eines Deutschen erregten – und dazu reichte es schon aus, einem Deutschen aufzufallen.[68] Angesichts des schlechten körperlichen Zustands der meisten Gefangenen war von ihnen kaum eine besondere Arbeitsleistung zu erwarten, so daß man es als integralen Bestandteil des Arbeitsalltags im Bekleidungswerk ansehen muß, daß die Deutschen ihre »Arbeiter« quälten und auch töteten: Grausamkeit war gleichsam eingebettet in die Struktur der »Arbeit«.

Die Tatsache, daß das deutsche Lagerpersonal die Häftlinge prügelte, war derart selbstverständlich, daß eine Überlebende, als sie einen der auffallendsten Folterer im Lager schilderte, die alltägliche Grausamkeit im Werk lediglich ganz nebenbei erwähnte: »Wagner war ein Sadist. Er pflegte die Frauen nicht nur zu schlagen, das taten alle SS-Männer.«[69] An anderer Stelle beschreibt sie ausführlich, weshalb Wagner einzigartig war: »Er hat sich nicht mit einer Waffe, sondern mit der Peitsche betätigt und Frauen oft so fürchterlich geschlagen, daß sie an den Folgen starben … Wagner erschien uns in seinem Sadismus Frauen gegenüber absolut unnormal, wogegen die anderen SS-Männer, denen wir ausgeliefert waren, zwar auch sehr grausam, aber nicht in dieser Weise sadistisch waren wie Wagner.«[70]

Die »normale« Brutalität umfaßte nicht den offensichtlichen sexuellen Lustgewinn, den Karl Wagner empfand, wenn er Frauen sadistisch schlug und sie manchmal auch zwang, sich auszuziehen.[71] Wagner fiel auf und galt als »vollkommen unnormal«, nicht etwa weil er brutal zu Frauen war und sie schlug (das taten andere Aufseher auch), sondern wegen der ungewöhnlichen, eindeutig sadistisch-sexuellen Komponente seiner Gewalttätigkeit. Vor dem Hintergrund der allgemein herrschenden Brutalität und Gewalttätigkeit im Bekleidungswerk verdienten bloße Prügel kaum eine Erwähnung. Sie gehörten zur Handlungsweise gewöhnlicher Deutscher im Lager.

Es überrascht kaum, daß die Freiheit der Deutschen, Juden nach Belieben zu quälen, und die Erfindungsgabe, mit der sie diese berufsbezogene Nebenbeschäftigung durchführten, in der günstigen Atmosphäre des Bekleidungswerkes der Fülle deutscher Grausamkeiten einige bemerkenswerte Beiträge hinzufügten: Dazu gehörte etwa Wirth auf seinem Pferd, wenn er zu seinem Vergnügen mitten in eine große Gruppe von Juden hineinritt, so daß die Juden vor den Pferdehufen davonlaufen mußten. Dabei wurden einige schwer verletzt, andere getötet. Die Deutschen in diesem Lager machten sich ebenfalls einen Spaß daraus, in einer Baracke Vergasungsversuche durchzuführen,[72] obwohl es nur einen Steinwurf entfernt in Majdanek funktionierende Vergasungsanlagen gab. Allerdings hatten Wirth und einige seiner Verwaltungsmitarbeiter vor ihrem Dienst im Bekleidungswerk persönliche Erfahrungen mit der Vergasung von Juden gemacht.[73] Wirth war sowohl beim sogenannten Euthanasieprogramm als auch in den Vernichtungslagern der »Aktion Reinhard« für die Vergasungen zuständig gewesen. Er und seine Untergebenen waren gleichzeitig professionelle und nebenberufliche Henker, die alte Gewohnheiten in ihre neue Stellung (die ebenfalls dem Mord gewidmet war) übertrugen. Sie ergriffen die Initiative und verwendeten ihre Kraft darauf, ihre Erfahrung mit aller Konsequenz ihres Könnens umzusetzen. Diese Männer waren keine simplen Vollstrecker. Sie waren überzeugte, begeisterte Mörder mit Erfindungsgeist.

Im Bekleidungswerk hängten die Deutschen manchmal Juden am Lagertor auf, eine in der Lagerwelt eigentlich unübliche Praxis, da jeder die Leichen auch von außen sehen konnte.[74] Allem Anschein nach beachtete Wirth die Einhaltung der gängigen Vertuschung von Lagergeheimnissen nicht, weil in Lublin und Umgebung ohnehin jeder wußte, daß die Deutschen die Juden vernichteten. In Wehrmacht, Polizei, Zivilverwaltung und Wirtschaft war das auch vielen Deutschen bekannt. Juden am Lagertor aufzuhängen vermittelte mehrere symbolische Botschaften. Türen und Tore machen oft schon den Charakter der Einrichtung deutlich, deren Zugang durch die Außenwelt sie regulieren. Der Leichnam am Tor signalisierte jedem, worum es im Bekleidungswerk wirklich ging. Und mit einer Klarheit, die für solche Zeichen selten ist, ließ er ebensowenig Zweifel daran, wie die jüdischen Insassen diese Institution verlassen würden – Tore führen ja auch zurück in die Außenwelt.[75] Er war gleichsam eine Weiterentwicklung der berüchtigten Aufschrift am Lagertor von Auschwitz, »Arbeit macht frei«, die zwar sowohl ironisch als auch irreführend gemeint war, aber dennoch mehr subjektive Wahrheit zum Ausdruck brachte, als den Deutschen häufig selbst bewußt war. Denn für die Juden repräsentierte der aufgehängte Leichnam die Art von Freiheit, die auch die »Arbeit« verkörperte. Er definierte eine wichtige Verwendung und Bedeutung des Wortes »Arbeit« in dem Speziallexikon, das die Deutschen für die Juden zusammengestellt hatten.

Das enorme und vielfältige Repertoire der Grausamkeit, die umfangreiche, blutbefleckte Geschichte der deutschen Behandlung von Juden ist in ihrer Ungeheuerlichkeit so niederschmetternd, daß es schwerfällt, besondere Ereignisse als herausragend zu begreifen. Allerdings gibt es kaum etwas, das in seiner pathologischen, schockierenden und deprimierenden Eigenart einem unvergeßlichen Vorfall im Bekleidungswerk gleichkommt; er berührte sogar die bereits abgestumpften jüdischen Opfer und offenbart die Geistesverfassung der Deutschen: Hier geht es um die sadistische Verwandlung eines jüdischen Jungen in einen Handlanger der Deutschen.

In der Regel durften in deutschen Lagern, abgesehen von den Ghettos, keine Kinder leben, weil sie die Reproduktionsfähigkeit und das Weiterleben des jüdischen Volkes symbolisierten, eine Zukunft, die die Deutschen seelisch wie tatsächlich auslöschen wollten. Dieses Verbot galt auch im Bekleidungswerk und sorgte dafür, daß hier ebenfalls das Element fehlte, das die Zukunft einer Gemeinschaft am ehesten ausdrückt und über ihr eigenes Wohlergehen entscheiden kann. Die Unfruchtbarkeit des Bekleidungswerkes wurde allerdings von einer bemerkenswerten Ausnahme durchbrochen, von einem etwa zehn Jahre alten jüdischen Knaben nämlich, den Wirth mit Fürsorglichkeit behandelte, mit Süßigkeiten verwöhnte und dem er den Traum eines jeden Jungen erfüllte: Er bekam ein Pony. Doch Wirths Freundlichkeit diente seiner Grausamkeit. Ein Überlebender erinnert sich: »Ich habe persönlich gesehen, daß dieser SS-Führer einen etwa 10-jähr. jüdischen Jungen, den er sich hielt und den er mit Schokolade und anderen guten Dingen fütterte, veranlaßte, mit einer Maschinenpistole mal hier und mal dort 2–3 Juden zu erschießen. Ich stand selbst etwa 10 m daneben, als dieser Junge solche Erschießungen vornahm. Auch der SS-Führer, der einen Schimmel ritt und dem Jungen ein Pferd gegeben hatte, schoß persönlich mit. Diese zwei Menschen haben zusammen – was ich persönlich beobachtet habe – bei mehreren Gelegenheiten etwa 50–60 Juden getötet. Unter den Opfern befanden sich auch Frauen.«[76]

Der deutschen Betonung symbolischer Ausdrucksformen im Umgang mit Juden entsprechend, erhielt dieser Junge die angemessene Ausstattung für seine Verwandlung in einen Schlächter seines Volkes. Die Deutschen kleideten ihn in eine eigens geschneiderte kleine SS-Uniform, die er trug, wenn er vom herrschaftlichen Sattel seines Ponys aus Kugeln versprühte. Und wenn die überlebenden Häftlinge des Bekleidungswerkes sich richtig erinnern, dann tötete er nicht nur ihm unbekannte Juden, sondern sogar seine eigene Mutter.[77]

Das einzige jüdische Kind im Lager,[78] das andernfalls einen Hoffnungsschimmer, etwas Freude in das finstere Leben der mutlosen Juden hätte bringen können, machte Wirth zu einer Negation aller Hoffnung, zu einem Symbol der Hoffnungslosigkeit: zu einem kleinen SS-Mann. Die Erwachsenen im Bekleidungswerk mußten sich vor diesem Kind ducken – eine an sich schon bizarre, infantilisierende und entmenschlichende Situation –, und zwar vor einem jüdischen Kind, das kaum alt genug war, sein eigenes Tun zu verstehen;

365

das von Wirth so deformiert worden war, daß es seine symbolischen und leiblichen Eltern ermordete, während es munter auf seinem Pony auf und nieder hüpfte. Nichts hätte den wirklich entscheidenden Punkt deutlicher machen können: Die Welt stand kopf. Für die Juden war sie ein unwirklicher Ort des Schmerzes und des Leids, den sie aller Wahrscheinlichkeit nach niemals lebend verlassen würden, wie Wirth und seine Kameraden zweifellos wußten. Die Deutschen hatten eine neue Weltordnung durchgesetzt, eine Umwertung aller Werte, sie hatten die »zersetzenden« Juden aller Machtmittel beraubt: Sie brachten einen zehnjährigen jüdischen Jungen dazu, seine eigene Mutter zu töten.

In der zweiten Phase des Bekleidungswerkes gab es noch eine andere einschneidende Veränderung im Lagerleben. Die jüdische Lagerbevölkerung wurde jetzt etwas besser behandelt und wuchs zahlenmäßig an. Daher setzte Wirth nun Juden ein, damit sie unter ihren jüdischen Mithäftlingen für Ordnung sorgten und den Deutschen einen Teil der »Drecksarbeit« abnahmen. Damit errichtete er unter den Juden, die bis dahin nur eine unterschiedslose Masse waren, eine Hierarchie. Er bediente sich des klassischen Lagermodells, das er nur zu gut kannte, ernannte jüdische Kapos und schuf weitere privilegierte Stellungen für ausgewählte Juden. Er konnte sie zur Kollaboration verleiten, indem er ihnen die Freiheit und Aussichten auf Teilhabe an der Beute der »Aktion Reinhard« versprach. Und schließlich veranstaltete Wirth ein Ereignis, das in der Geschichte der deutschen Lager wohl einmalig sein dürfte: Die Deutschen organisierten eine jüdische Hochzeit, an der die im Lager beschäftigten Deutschen sowie eine Anzahl geladener Gäste teilnahmen – zusammen mit den jüdischen »Mitarbeitern« schätzungsweise 1100 Hochzeitsgäste. Dieser außerordentliche Vorgang sollte die privilegierten Juden wider ihr besseres Wissen zu dem Glauben verleiten, die Deutschen handelten in guter Absicht. All diese Maßnahmen waren von Wirth dazu gedacht, die Juden »mit Zuckerbrot und Peitsche« für die Zusammenarbeit zu gewinnen.[79] Er und die übrigen Deutschen ergötzen sich an diesem jüdischen Fest, doch in Wahrheit feierten sie dabei nicht die Hochzeit, sondern ihre eigene List. Sie begingen eine symbolische letzte jüdische Hochzeit, zielt doch eine Hochzeit eigentlich auf die Schaffung neuen Lebens. Diese war dazu bestimmt, unfruchtbar zu bleiben. Die Deutschen werden daher wohl ihren Spaß an dieser Farce gehabt haben. Wirths Sinn für grausame Ironie, der Kitzel, den er empfand, wenn er die gesegneten Bande jüdischer Familienbeziehungen verhöhnte und zerstörte – was in seiner Beziehung zu dem jüdischen Jungen einen so sinnfälligen Ausdruck gefunden hatte –, genügten ihm als Motivation für diese Hochzeit, welche doppelzüngigen Erwägungen der Nützlichkeit auch sonst noch dahinter gesteckt haben mögen.[80]

Während dieser zweiten Phase wurde das Bekleidungswerk vor allem in die »Aktion Reinhard« mit einbezogen. Juden sollten hier zeitweise »arbeiten«, bis man sie nicht länger zum Sortieren der Besitztümer ihrer ermordeten Leidensgenossen benötigte. Sie waren nur vorübergehend selektiert worden, während die Deutschen die anderen Juden im Rahmen der »Aktion Reinhard« sofort töteten. Nach Ablauf ihrer Aufgabe waren auch sie zur Vernichtung bestimmt. Selbst während dieser Periode praktischer Beschäftigung – manchmal gab es so viel Arbeit, daß die Frauen Tag und Nacht sortieren mußten[81] – und der verbesserten Lebensumstände (eine Zeit, die nach Wirths Formulierung »Vernichtung von Juden mit Hilfe von Juden« war) offenbart das Bekleidungswerk den zweiten Aspekt der vorherrschenden deutschen Vorstellung von jüdischer »Arbeit«: Arbeit bedeutete vorübergehende Ausbeutung, ein kurzes Abweichen vom unabwendbaren Weg in die Krematorien oder die Gruben. Im Bekleidungswerk zeigte sich der wahre und nicht zu leugnende Zusammenhang zwischen »Arbeit« und Tod.

Die Bedingungen und die Art der »Arbeit«, wie sie für Lipowa und das Flughafenlager beschrieben wurden, galten für alle Juden im Lagersystem, ob in Auschwitz, Buchenwald, Mauthausen, Plaszow, Budzyń, Krasnik, Poniatowa, Trawniki oder einem der vielen anderen Lager.[82] Lipowa und und das Flughafenlager fallen weder als ungewöhnlich brutal oder mild noch als besonders rational oder irrational auf. Sie waren typisch und illustrieren den allgemeinen Charakter jüdischer »Arbeit« und jüdischen Lebens in der Endphase des Holocaust.

Die Destruktivität in Lipowa, im Flughafenlager und anderen Lagern, in denen Juden »arbeiteten« – das ihnen gemeinsame Muster der Zerstörung, die bewußt in Kauf genommene Entkräftung und die weitverbreiteten, persönlich motivierten Akte von Grausamkeit –, entspricht der allgemeinen Gleichgültigkeit gegenüber produktiver Rationalität im deutschen *Gesamtentwurf* jüdischer Arbeit. Wie über sie zu verfügen sei, darüber herrschte eine ungewöhnliche Übereinstimmung zwischen den oberen, mittleren und unteren Ebenen: Ob man die von Hitler und der NS-Führung praktizierte ständige Unterordnung wirtschaftlicher Notwendigkeiten unter den ideologisch vorrangigen Wunsch, Deutschland und die Welt »judenrein« zu machen, betrachtet oder die todbringenden Umstände und Bedingungen in den »Arbeits«lagern, in denen die deutschen Aufseher die jüdischen Arbeiter grundlos schlugen, zu Krüppeln machten oder töteten; überall wird deutlich, daß sie alle unverbrüchlich an einem unausgesprochenen Prinzip festhielten, das da lautete: Niemals sollten ökonomische Erwägungen ausschlaggebend dafür sein, wie »rational« die Deutschen Juden behandelten. Wirtschaftliche Selbstschädigung interessierte oder beunruhigte im allgemeinen weder Hitler noch den kleinsten Lageraufseher.

Jüdische »Arbeit« in vergleichender Perspektive

Betrachtet man die Art und Weise der *Beschäftigung* von Juden und Nichtjuden anhand der einfachen Entscheidung darüber, ob und wo man vom jeweiligen Arbeitspotential der beiden Gruppen Gebrauch machte, so zeigt sich, daß die Deutschen nicht bereit waren, Juden in den Unternehmen einzusetzen, für die sie aufgrund ihrer Qualifikationen eigentlich besonders geeignet gewesen wären. Statt dessen verwendeten sie weniger kompetente Arbeitskräfte anderer besiegter Nationen oder ließen Stellen sogar unbesetzt, was zur Aufgabe ganzer Produktionsbereiche führte. Die Politik hatte Vorrang vor der Wirtschaft. Fanden diese ideologisch bestimmten und die eigenen Interessen verletzenden Muster der Diskriminierung ihre Entsprechung in den Arbeits*bedingungen* für Juden? Behandelten die Deutschen jüdische Arbeiter gewöhnlich anders als jene anderer unterworfener Völker? Und legten sie beim Einsatz von Juden und Nichtjuden unterschiedliche Maßstäbe der Rationalität an?

Ein Vergleich der Sterberaten ist das erste und wohl auch beste Mittel, will man die jeweils unterschiedliche Behandlung erfassen. Auf allen institutionellen Ebenen lagen die Sterberaten der Juden weit höher als die von Angehörigen anderer Völker. In Polen, den baltischen Ländern, den besetzten Teilen der Sowjetunion, der Tschechoslowakei, Jugoslawien und Griechenland ermordeten die Deutschen zwischen achtzig und neunzig Prozent der jüdischen Bevölkerung – in den eroberten Gebieten der Sowjetunion mögen es sogar noch mehr gewesen sein. Kein anderes Volk erlitt Verluste dieser Größenordnung.[83]

Ein weiterer bezeichnender Unterschied ist der, daß Juden als einzige von den Arbeitern, die die Deutschen unter Zwang ausbeuteten, von den Deutschen *massenhaft* getötet wurden, so daß letztlich sogar Produktionsanlagen geschlossen werden mußten. Die »Operation Erntefest« ist nur ein Beispiel für eine derartige wirtschaftliche Selbstschädigung der Deutschen. Sie kostete 43 000 jüdischen Arbeitern das Leben, für die es keinen Ersatz gab. Selbst in Auschwitz waren Arbeitskräfte Ende 1942 knapp. Diese Situation wäre leicht zu vermeiden gewesen, hätte nicht der eliminatorische Grundsatz das

Lagerleben beherrscht, hätten die Deutschen nicht die Mehrheit der Juden im arbeitsfähigen Alter sofort nach ihrer Ankunft ermordet.[84] Insgesamt sank die Zahl der von den Deutschen in Polen beschäftigten Juden von 700 000 im Jahr 1940 auf 500 000 im Jahr 1942 und auf etwas mehr als 100 000 Mitte 1943. Dieser steile Rückgang war eine Folge der Vernichtungspolitik und scheint den wirtschaftlichen Interessen Deutschlands um so mehr geschadet zu haben, als die Gesamtzahl der *zur Verfügung stehenden* jüdischen Arbeitskräfte allein im Generalgouvernement 1,4 Millionen betrug.[85] Niemals aber in der Geschichte deutscher Herrschaft leisteten sich die Deutschen die Irrationalität, Fabriken zu schließen, damit sie ihre *nichtjüdischen* Arbeitskräfte umbringen konnten: die Polen, Russen, Serben, Griechen, Franzosen, Dänen oder Deutschen.

Schließlich war der Verschleiß jüdischer Arbeitskräfte *während* der »normalen« Arbeit – durch Hunger, Seuchen, Morde an einzelnen – weitaus höher als der nichtjüdischer Arbeiter. Wäre die Produktivität ein entscheidendes oder auch nur relevantes Kriterium für die deutsche Behandlung von Juden gewesen, hätten sich die Sterberaten der Juden nicht wesentlich von denen der anderen unterworfenen Völker, wie etwa der Polen, unterschieden. Daß diese Diskrepanz bestand,[86] machen die monatlichen Sterberaten der verschiedenen Häftlingsgruppen im Lager Mauthausen deutlich:[87]

	November und Dezember 1942	Januar und Februar 1943	November und Dezember 1943
Juden	100 Prozent	100 Prozent	100 Prozent
politische Gefangene	3 Prozent	1 Prozent	2 Prozent
Kriminelle	1 Prozent	0 Prozent	1 Prozent
Schutzhäftlinge	35 Prozent	29 Prozent	2 Prozent
»Asoziale«	0 Prozent	0 Prozent	0 Prozent
Polen	4 Prozent	3 Prozent	1 Prozent
sowjetische Zivilarbeiter	–	–	2 Prozent

Die *monatliche* Sterberate der Juden betrug also hundert Prozent, die der Polen lag dagegen unter fünf Prozent. Die Zahlen für November und Dezember 1943 sind besonders interessant, weil im Herbst 1943 alle Häftlinge von Mauthausen für die Waffenproduktion mobilisiert wurden, was einen steilen Rückgang der Sterberate unter »Schutzhäftlingen« zur Folge hatte: von 35 Prozent auf zwei Prozent. Doch die neue Priorität, die wirtschaftliche Verwendung von Lagerinsassen im Dienste der Kriegsanstrengungen, wirkte sich nicht auf die Sterberate der jüdischen Häftlinge aus. Sie betrug weiterhin hundert Prozent.[88] Die deutschen Wirtschaftsinteressen beeinflußten das generelle Tempo der Vernichtung der europäischen Juden nur marginal.[89]

Doch nicht nur die Sterberaten, auch die Arbeits*bedingungen* unterschieden sich für Juden und Nichtjuden erheblich. Die allgemeine Behandlung, die Menge und den Nährwert der Verpflegung sowie die Art der Arbeit legten die Deutschen in der Regel nach rassischen Kriterien fest. Insgesamt schnitten die Juden dabei am schlechtesten ab. In jedem Lager oder jeder beliebigen Institution behandelten die Deutschen Juden weitaus härter als andere, verpflegten sie schlechter, wiesen ihnen die anstrengendste und erniedrigendste Arbeit zu.[90] Diese systematische und todbringende Diskriminierung beschränkte sich nicht auf die Lager, sondern läßt sich beispielsweise auch bei den großen Bauprojekten in Deutschland selbst beobachten, bei denen Juden gegen Ende des Krieges eingesetzt wurden;[91] sie spiegelt die systematische Diskriminierung, der Juden sich im gesamten deutschen Lagersystem ausgesetzt sahen (siehe Kapitel 5).

Darüber hinaus vergaben die Deutschen völlig sinnlose Arbeiten fast ausschließlich an Juden. Der ideologische Drang, Juden zur Arbeit zu zwingen, entfiel bei anderen Völkern, selbst bei den Sinti und Roma, die die Deutschen ebenfalls völlig entmenschlichten und massenweise vernichteten. Dieser Aspekt jüdischer »Arbeit« wich erheblich von den Kriterien ab, die die Deutschen bei anderen Nationen anlegten, und zeigt bereits, daß Deutsche Juden mit einem grundsätzlich anderen Empfindungsvermögen und einer völlig anderen »Rationalität« begegneten.

Nicht nur die Lageraufseher machten Unterschiede zwischen jüdischen und nichtjüdischen ausländischen Arbeitern. Auch die Millionen gewöhnlicher Deutscher, die ausländische Arbeiter überwachten oder mit ihnen zusammenarbeiteten und die – ebensosehr wie das Regime selbst – durch ihr persönliches Handeln das Leben der »Fremdarbeiter« bestimmten, bewiesen durch ihren Umgang mit ausländischen Arbeitern, wie sehr sie von der nationalsozialistischen Rassenlehre durchdrungen waren. Dies galt in besonderem Maße, wenn es sich bei den »Fremdarbeitern« um slawische »Untermenschen« handelte.[92] Zunächst ließ die nahezu allgemein schlechte Behandlung der »Fremdarbeiter« sogar die Produktivität unter das erwartete Niveau sinken. Dieser spontane Ausdruck innerster Überzeugungen der Deutschen war volkswirtschaftlich so kontraproduktiv, daß das NS-Regime Anfang 1943 mittels einer Kampagne versuchte, die Deutschen zu einer besseren Behandlung der ausländischen Arbeiter zu veranlassen.[93] Das Ausmaß an Unmenschlichkeit und Grausamkeit, das die Deutschen bei den verschiedenen Gruppen ausländischer Arbeiter an den Tag legten, entsprach der »rassischen« Hierarchie, die der nationalsozialistischen Ordnung, der deutschen Gesellschaft und dem deutschen Denken während der NS-Zeit zugrunde lag: Die Franzosen wurden weit besser behandelt als die Polen, während diese wiederum den Russen vorgezogen wurden,[94] die gerade zu Beginn der Zwangsarbeit in Deutschland fürchterlich zu leiden hatten und zu einem erschütternd hohen Prozentsatz starben.[95] Dennoch zeigten sich Risse im ideologischen Panzer der Deutschen, als sie zunehmend mit nichtjüdischen »Untermenschen«, darunter sogar Russen und Angehörigen anderer sowjetischer Völker, in Berührung kamen.

Die Komponente der NS-Ideologie und des deutschen kulturellen Kodes, die beispielsweise Slawen zu »Untermenschen« erklärte, war bei weitem nicht so allgemein akzeptiert und hielt sich längst nicht so zählebig im Denken der Deutschen wie der Antisemitismus. Überdies löste der *Gehalt* dieser Auffassungen bei den Deutschen längst nicht so große Ängste aus (siehe Anhang 2). Die Deutschen bauten auch nicht ähnliche psychologische und kognitive Schranken gegen die Slawen auf, wie der wahnhafte Antisemitismus sie im Falle der Juden hervorbrachte. Viele Deutsche waren noch immer imstande, die ausländischen Arbeiter mit einem Sinn für die Realitäten zu betrachten. Deutsche, die Kontakt zu Polen und Russen hatten, konnten ihr Wahrnehmungssystem so anpassen, daß es den offensichtlichen menschlichen Zügen dieser »Untermenschen« Rechnung trug. Ihre Auffassungen über Slawen und die, verglichen mit denen über »die Juden«, relative Oberflächlichkeit dieser Überzeugungen, ließen ein kognitives Gerüst entstehen, das ein gewisses Maß an Flexibilität bewahrte.

Deutsche Arbeiter und Bauern sahen, daß Polen und Russen gut arbeiteten, und werteten dies als Beweis ihres Menschseins. So meinte beispielsweise ein Arbeiter aus Bayreuth: »Unsere Propaganda stellt die Russen immer als so stur und dumm hin. Ich habe hier aber das Gegenteil festgestellt. Die Russen denken bei der Arbeit und stellen sich gar nicht so dumm an.«[96] Die Russen und Polen hatten familiäre Bindungen, die anerkannt und von den Deutschen grundsätzlich respektiert wurden. Ein Bericht des Sicherheitsdienstes aus Liegnitz faßt nach Aufzählung einiger Beispiele zusammen: »Die Bevölkerung denkt über Familiensinn der Bolschewisten das Gegenteil von dem, was unsere Propaganda berichtete. Die Russen sind sehr besorgt um ihre Angehörigen, und es gibt dort ein geordnetes Familienleben. Sie besuchen sich bei jeder Gelegenheit. Es bestehen enge Verbindungen zwischen Eltern, Kindern und Großeltern.«[97]

Derartige »Entdeckungen« führten dazu, daß Deutsche sich allmählich abweichend von ihren bisherigen kulturell bedingten Auffassungen über *diese* »Untermenschen« äußerten und verhielten. Sie nahmen nun selbst eine Neubewertung vor.[98] Viele Deutsche sahen in Russen und erst recht in Polen und anderen »Fremdarbeitern« wertvolle und würdige Arbeiter. Immer wieder kam es sogar zu intimen Beziehungen. In den Jahren 1942 und 1943 wurden monatlich annähernd fünftausend Deutsche wegen verbotener Beziehungen zu Ausländern verhaftet. Die Rassengesetze wurden vorsätzlich und massiv verletzt, obwohl das Regime das Fraternisierungsverbot mit Hilfe drakonischer Strafen beharrlich durchzusetzen versuchte.[99] Die Deutschen erlaubten ausländischen Arbeitern, Briefe in die Heimat zu schreiben, und gewährten vielen von ihnen Urlaub. Oft nahmen sie auf deren Beschwerden Rücksicht, und deutsche Industrielle setzten sich bei staatlichen Stellen für eine bessere Versorgung der »Fremdarbeiter« ein – mit einem Eifer und mit Argumenten, die sie zugunsten von Juden niemals aufgebracht hätten.[100] Polnische Arbeiterinnen, die schwanger waren, wurden von den Deutschen nicht wie die Jüdinnen erschossen, sondern im sechsten Monat nach Hause geschickt; ähnlich verfuhr man mit körperlich und geistig Kranken.[101] Entscheidend aber ist, daß sich auf breiter Ebene Beziehungen zwischen Deutschen und ihren nichtdeutschen Arbeitern herausbildeten, die zwar weiterhin auf Herrschaft basierten, sich aber dennoch darauf stützten, daß viele Deutsche ihre menschliche Gemeinsamkeit anerkannten und sich manchmal sogar freundlich verhielten.[102] Zwischen Deutschen und Juden gab es so etwas fast nie.

Obwohl die Behandlung der Fremdarbeiter durch die Deutschen schlecht war und zeigt, wie zutiefst rassistisch ein Teil des deutschen Volkes gesinnt war,[103] ging man mit den ausländischen Arbeitern unvergleichlich besser um als mit Juden. Während das Regime deutsche Bauern beschwor, »Fremdarbeiter« nicht an ihrem Tisch mitessen und an ihren Festen teilnehmen zu lassen, machte es Deutschland unter dem Beifall der »gesäuberten« Gemeinden »judenrein« und sperrte Juden als »immune Bazillenträger von Seuchen« in Ghettos. In jedem dieser Fälle stimmten Handeln und Überzeugung überein.[104]

Deutsche verhielten sich mörderisch und grausam gegen jüdische Arbeiter, und zwar in einer ausschließlich den Juden vorbehaltenen Weise. Höhere Sterberaten, geringere Verpflegungsrationen, ein höheres Maß an Brutalität und symbolischer Degradierung, die einmalige Unfähigkeit, Auffassungen zu ändern, die Unterschiede, die es in den Lagern gab – all das bestimmte das Los der *jüdischen* Arbeiter. Obwohl die Deutschen sich, wenn sie Angehörige anderer Völker ausbeuteten, im allgemeinen brutal und mörderisch zeigten – das Niveau der Grausamkeit und der Gewalttätigkeit sowie die Zahl der Morde lagen weit über dem vieler Sklavenhaltergesellschaften –, ließen sie sich in ihrer Politik gegen Nichtjuden doch stärker von Erwägungen materieller Rationalität leiten. Spätestens seit Anfang 1943 war der Einsatz der nichtjüdischen ausländischen Arbeiter nach einigermaßen vernünftigen wirtschaftlichen Prinzipien organisiert.[105] Die Deutschen behandelten die Nichtjuden zumindest so »gut«, daß respektable Produktivitätszahlen erreicht wurden, vor allem seit der Propagandakampagne, die den Haß der Bevölkerung mildern sollte. Die folgende Statistik, die sich auf das Rheinland und Westfalen bezieht, vergleicht die unterschiedlichen Produktivitätsraten von »Fremdarbeitern« mit denen deutscher Arbeiter in ähnlichen Positionen:[106]

»Ostvölker«	80–100 Prozent
Frauen der »Ostvölker«	50–75 Prozent
im Vergleich zu deutschen Frauen	90–100 Prozent
Polen	60–80 Prozent
Belgier	80–100 Prozent
Niederländer	60–80 Prozent
Italiener, Jugoslawen, Kroaten	70–80 Prozent
Kriegsgefangene im Bergbau	50 Prozent
Kriegsgefangene in der Montanindustrie	70 Prozent

Die rationale Nutzung von Arbeitskraft, die zu dieser Wirtschaftsleistung führte, wurde in bezug auf Juden – abgesehen von örtlich begrenzten Ausnahmefällen – nicht angewandt. Die unterschiedliche Behandlung von Juden und Nichtjuden durchzog die gesamte deutsche Gesellschaft: von der politischen Spitze über die Funktionäre auf der mittleren Ebene bis hin zu jenen gewöhnlichen Deutschen, die in ihrem Arbeitsalltag mit Menschen aus verschiedenen besiegten Nationen in Berührung kamen und deren Handlungen zusammengenommen die Lebensumstände der Fremdarbeiter weitgehend prägten. Hätten sich die Deutschen in irgendeiner Weise von wirtschaftlichen Erwägungen leiten lassen, dann wären sie bei der Ausbeutung jüdischer Arbeitskräfte – in der Gesamtpolitik wie im Umgang mit den einzelnen – zumindest ebenso rational vorgegangen wie bei der Ausbeutung von Polen,[107] Franzosen, Niederländern oder gar Deutschen. Die diskriminierenden Handlungen von Deutschen aus allen Lebensbereichen unterstreichen die bereits vorgelegten, zahlreichen Beweise, die darauf hindeuten, daß die Deutschen Juden auf besondere Weise behandelten, nämlich als ausgegrenzte Wesen, die letztlich – was auch immer vorher mit ihnen geschah – nur dazu bestimmt waren, zu leiden und zu sterben.

KAPITEL 12

Arbeit und Tod

Warum waren die Deutschen in wirtschaftlicher Hinsicht so erstaunlich irrational, daß sie an der Vernichtung talentierter und ungewöhnlich produktiver Arbeitskräfte festhielten? Warum gestalteten sie die Lebensbedingungen der Juden bewußt so, daß sie zur Entkräftung führen mußten? Und warum behandelten sie die Juden derart grausam, wenn sie sie arbeiten ließen? In welchem politischen und sozialen Kontext, aufgrund welcher kognitiven Voraussetzungen konnten die Deutschen es *sinnvoll finden,* wie sie mit den jüdischen Arbeitskräften umgingen?

Das erwiesene Unvermögen der Deutschen, sich das brachliegende jüdische Arbeitskräftepotential in ganz Europa zunutze zu machen, liefert zusammen mit der Situation in den »Arbeits«lagern wie Majdanek, Lipowa, dem Flughafenlager und vielen anderen einen empirischen Ausgangspunkt für die Beantwortung dieser Fragen. Zusammengenommen machen sie deutlich, daß die Grundzüge der jüdischen »Arbeit« pathologisch waren und stark vom normalen Verständnis von Arbeit abwichen:

1. Den möglichen Nutzen jüdischer Arbeit ließen die Deutschen in ihrer Behandlung der Juden im wesentlichen unberücksichtigt. Durch ihre Bereitschaft, alle Juden in einem Gebiet oder einer Produktionsanlage zu töten und damit wichtige, unersetzliche Arbeitsprozesse plötzlich zu beenden, stellten die Deutschen dies immer wieder unter Beweis.

2. Selbst wenn Juden »arbeiteten«, wurden Ausbildung und Berufserfahrung systematisch vernachlässigt: Die Deutschen zogen die Juden von allen hochentwickelten Industrieanlagen ab und schickten sie an andere Orte, wo sie in der Regel mit primitiver oder veralteter Ausrüstung arbeiten mußten. Häufig erhielten die Juden auch Aufgaben, die nicht ihren Fähigkeiten entsprachen. Dies führte dazu, daß

3. die jüdische »Arbeit« durch außerordentlich geringe Produktivität gekennzeichnet war, und dies galt sowohl für die Gesamtproduktivität der Juden in Europa als auch für die Produktivität einzelner Arbeitskommandos vor Ort.

375

4. Die jüdische »Arbeit« sollte nicht nur schwächen – sie war auch als »Vergeltung« gedacht, wie sich am Phänomen der sinnlosen Arbeit zeigt.

5. Vor allem aber war die jüdische »Arbeit« dadurch geprägt, daß die Deutschen die Juden auszehrten. Sie trieben sie zu einem unmenschlichen, die Kräfte übersteigenden Arbeitstempo an. In Verbindung mit der völlig unzureichenden Ernährung und den absichtlich unhygienisch gestalteten Lebensumständen verfiel der Gesundheitszustand der Juden drastisch.

6. Die fatalen Konsequenzen waren ein weiteres Merkmal jüdischer »Arbeit«. Der einzige Grund, warum nicht mehr Juden an Hunger, Schwäche und Krankheiten zugrunde gingen, lag darin, daß die Deutschen sie töteten, bevor sie endgültig zusammenbrachen. Körperliche Auszehrung trieb die jüdischen Arbeiter dem Tod in die Arme. Währenddessen beuteten die Deutschen sie aus, teils um Gewinn aus ihrer »Arbeit« zu ziehen, teils um sich persönliche Befriedigung zu verschaffen. Jeder angebliche oder tatsächliche Verstoß gegen die unmenschliche Lagerordnung war den Deutschen Grund genug, einen Juden umzubringen.

7. Typisch für jüdische »Arbeit« war die ungebrochene Grausamkeit des deutschen Aufsichtspersonals.

8. Jüdische »Arbeit« unterschied sich grundsätzlich und qualitativ von der Arbeit der nichtjüdischen unterdrückten Völker, wenn auch nicht zu jeder Zeit und in jeder Hinsicht.

In keiner Hinsicht jedoch behandelten die Deutschen Juden so, wie man normalerweise mit »Arbeitern« umgeht. Sie hielten nicht einmal die Richtlinien ein, die im allgemeinen für »Sklaven« gelten. Die Deutschen setzten die Juden weder rational in der Produktion ein, noch wußten sie deren produktive Fähigkeiten zu schätzen und zu erhalten: Zudem war es verboten, sich fortzupflanzen.[1] Innerhalb einer Gesellschaft werden Arbeiter und auch Sklaven danach bewertet, was sie leisten. Für das Schicksal der Juden indessen war dies bestenfalls sehr kurzfristig von Bedeutung. Die Deutschen behandelten die Juden wie zum Tode verurteilte Kriminelle, die man noch ein paar Steine schleppen ließ, bevor man sie unter den Galgen führte. Für Arbeiter und für Sklaven ist Arbeit notwendig, damit sie leben und sich fortzupflanzen können – für Arbeiter ist sie sogar eine Quelle ihrer Würde. Bei den Juden führte »Arbeit« zum Tod. Ihr Schicksal war besiegelt, verurteilten Verbrechern gleich. Tatsächlich waren sie noch schlechter dran als Kriminelle, denn ihre Aufseher verspürten den Drang, sich gegen sie grausam zu verhalten.

Objektiv betrachtet verstieß die jüdische »Arbeit« während der NS-Zeit derart gegen jedes rationale Verständnis von Arbeit und entsprechende Arbeitsweisen, daß es dafür in der Geschichte der modernen Industriegesellschaft überhaupt keine und selbst in der Geschichte der Sklavenhaltergesellschaften kaum Parallelen gibt. Sie war ein integraler Bestandteil des Vernichtungsprozesses. Im Prinzip bedeutete jüdische »Arbeit« Vernichtung.

Wie aber war es möglich, daß Arbeit den Charakter von Zerstörung annahm? Welcher kognitive Rahmen, welche Annahmen, welcher allgemeine und politische Kontext waren vonnöten, damit sich die verschiedenen abartigen Grundzüge entwickeln konnten, die jüdische Arbeit kennzeichneten? Oder anders ausgedrückt: Wie sah die *subjektive* Vorstellung der Deutschen von den Juden und ihrem Schicksal aus, die sie dazu veranlaßte, Arbeit – also eine instrumentelle Tätigkeit, die normalerweise der effizienten und rationalen Produktion dient – in ein Mittel der Zerstörung zu verwandeln? Was veranlaßte sie, selbst am Arbeitsplatz Juden nicht wie Arbeiter zu behandeln, sondern schlimmer als zum Tode verurteilte Verbrecher?

Dieser Wandel in Bedeutung und Praxis von Arbeit hing mit dem antisemitischen kognitiven Gerüst der Deutschen zusammen, zu dem wesentlich die Auffassung gehörte, daß jüdisches Leben »lebensunwertes Leben« sei. Die Juden waren sozial Tote; man konnte sie mit Recht umbringen, und zwar im doppelten Sinne von moralischer Korrektheit und *de facto* gegebener Legalität. Wegen der angeblich teuflischen Natur der Juden standen diesen nicht nur die minimalen Schutzrechte menschlichen Lebens nicht zu, ihr Tod galt sogar als moralisches Gebot der Stunde. Noch bevor die *Politik des Genozids offen in Angriff genommen wurde,* beherrschte diese Überzeugung die Aufseher im Lagersystem, einschließlich der jüdischen Ghettos. Als die deutsche Führung dann den Völkermord beschloß und die verschiedenen beteiligten Institutionen und deren Mitglieder mit der Durchführung begannen, verzahnte sich die bereits bestehende, auf Auslöschung hinauslaufende kulturelle Orientierung, die grob den unterschwelligen, noch unbestimmten Implikationen der offiziellen Politik entsprochen hatte, perfekt mit der neuen Politik der totalen Vernichtung. Durch die neue Politik wandelte sich auch ein moralisches Grundmuster: Juden durch »Arbeit« in den Tod zu treiben war kein mögliches, mit Genugtuung quittiertes Vorkommnis mehr, sondern die moralische Norm. Juden umzubringen war nicht mehr nur eine gute Tat, sondern ein dringendes Erfordernis.

Ohne das Wissen, daß das Töten von Juden moralisch gebilligt würde, hätte ein so großes Potential an Arbeitskräften nicht derart geschwächt werden können. Die willkürliche Ermordung einzelner Juden durch Deutsche und die astronomischen Sterberaten innerhalb der Arbeitslager wären so nicht vorgekommen und von den administrativen Kontrollinstanzen aller Ebenen auch nicht geduldet worden. Ohne diese moralische Leitlinie hätten die Vernichtung von dringend benötigten Arbeitern und der Verzicht auf von ihnen hergestellte Erzeugnisse, die verzweifelt gebraucht wurden, für die Täter einfach keinen Sinn ergeben.

Ein zweites Element im Gewebe subjektiver Motivationen war die Überzeugung, daß Juden leiden müßten. Nicht allein, daß Juden ein »lebensunwertes Leben« führten und daher zum Tode bestimmt waren; solange sie lebten, mußten sie gequält und beleidigt werden, weshalb die Gewohnheit, Juden herabzusetzen und zu peinigen, normative Kraft erlangte. In dem ungeschriebenen Gebot, Juden zu schlagen, zu verhöhnen, ihnen das Leben unerträglich zu machen, wurzelte die allgegenwärtige Grausamkeit in den »Arbeits«lagern. Hohn und Schmerz sollten die Juden nicht nur körperlich zugrunde richten, sondern auch permanent in Angst und Schrecken versetzen. Es geht dabei nicht nur um die Grausamkeiten einzelner Deutscher oder um die kollektive Grausamkeit all dieser Individuen. Jüdisches Leiden gehörte zur Struktur des Lagerlebens – von den unzulänglichen hygienischen Zuständen und dem Mangel an Wasser über die strategisch eingesetzten Schläge wegen der unvermeidlich geringen Arbeitsleistung bis zur ständigen Angst vor »Selektionen«.

Die Vorgabe, daß Juden leiden müßten, zählte zu den kognitiven Voraussetzungen der ständigen, ökonomisch völlig unsinnigen Grausamkeit, der die jüdischen Arbeiter sowohl im täglichen Lagerleben als auch durch die gezielten Angriffe einzelner Deutscher ausgesetzt waren. Wenn man über das kognitive System nachdenkt, auf das sich die Handlungen der Deutschen stützten, sollte ständig präsent sein, daß die Täter immer *aus freiem Willen* handelten, wenn sie Juden töteten oder sich ihnen gegenüber grausam verhielten. Da das gesamte deutsche Lagerpersonal, von einigen Ausnahmen abgesehen, die Juden mißhandelte (das zügellose, ständige Prügeln ist nur ein Indiz), herrschte unter diesen Deutschen offenbar ein allgemeines, wenn auch nicht kodifiziertes Einverständnis darüber, daß es zu den wichtigsten Aufgaben ihres Gewerbes zählte, Ursache jüdischen Leids zu sein. Ohne diese subjektive Einstellung, die auf das Leiden besonderen Wert legte, hätten die Täter solches Elend, das ihnen in wirtschaftlicher Hinsicht selbst schadete, nicht verursacht, weil es auch in ihren Augen sinnlos gewesen wäre. Ein derartiges Vorgehen wäre in diesem Fall auch nie geduldet, geschweige denn institutionell gefördert worden. Die offensichtliche Freude und der anhaltende Erfindungsgeist, mit denen die Deutschen Juden psychische und physische Qualen auferlegten, waren eine weitere ideologisch bestimmte Perversion der Aufseherrolle.

Das dritte Element des kognitiven Rahmens, eng verbunden mit dem zweiten, war die Überzeugung, daß Juden arbeitsscheue Parasiten seien. Im Verständnis der Deutschen fügte man den Juden bereits Leid zu, wenn man sie zu körperlicher oder überhaupt zu »ehrlicher« Arbeit zwang, da dies gegen ihre Natur gerichtet sei. Dieses Element beeinflußte zwar das *generelle* Verhalten der Deutschen gegen die Juden weniger als die anderen. Es bestimmte jedoch in vielen Einzelsituationen das Handeln der Deutschen. Aus zwei Gründen sollte es deshalb besonders erwähnt werden: Die Deutschen ließen die Juden häufig sinnlose »Arbeit« tun. Dieses vielsagende Phänomen ist im Unterschied zu anderen Formen der Grausamkeit nicht angemessen mit der Auffassung der Deutschen zu erklären, daß die Juden eben zu leiden hätten. Will man ferner verstehen, wie die Deutschen über die jüdische »Arbeit« sprachen, was wiederum den Umgang mit den Arbeitern beeinflußte, so muß man die in der deutschen Kultur verwurzelte Auffassung von der Arbeitsscheu der Juden in den Mittelpunkt der Analyse stellen.

Das letzte relevante Element des kognitiven Systems bestand darin, daß ökonomisch rationale Methoden bei der Behandlung jüdischer Arbeiter nur im örtlichen Kontext eines bestimmten Lagers oder Betriebs auftauchten, und selbst dann durch die anderen Elemente verdrängt werden konnten. Es mag im Rahmen der Parameter einer ökonomisch außerordentlich irrationalen Politik gegenüber den jüdischen Arbeitskräften in Europa – Erniedrigung, Schwächung und allgemeine Entwürdigung – einzelne Einrichtungen gegeben haben, die bei all ihren Vernunftwidrigkeiten Juden offensichtlich doch nach ökonomischen Kriterien beschäftigten. Diese wirtschaftlich geführten Unternehmen erreichten aber nie eine Vorrangstellung vor dem exterminatorischen Trieb oder dem allgemeinen Bedürfnis, Juden ins Elend zu treiben. Die Bürstenfabrik im Osti-Betrieb des Flughafenlagers ist ein gutes Beispiel für diese Art produktiver Rationalität auf lokaler Ebene. Die Deutschen rissen die Juden aus einem normalen Arbeitsumfeld. Die Maschinen, die sie benutzen sollten, waren zerstört worden oder unzugänglich. Werkzeuge standen nun kaum zur Verfügung. Deshalb ließen die Deutschen die Juden in brutalem Tempo »arbeiten«. Da sie wußten, daß die Juden zum Sterben bestimmt waren und es außerdem an entsprechenden Anlagen und Maschinen fehlte, um normale Produktionsmethoden einzuführen, schien es in diesem Fall »rational«, daß die »Arbeiter« sich buchstäblich zu Tode »arbeiteten«.

Die Deutschen schufen aus wirtschaftlicher Sicht völlig ungeeignete Arbeitsbedingungen und versuchten dann, Produktion und Gewinne noch zu steigern. Doch diese Rationalität auf unterer Ebene konnte die Politik der Ausrottung und planmäßigen Mißhandlung weder überwinden noch langfristig zurückdrängen.[2] Oswald Pohl, der als Chef des SS-Wirtschafts- und Verwaltungshauptamtes verantwortlich für die Arbeit in den Konzentrationslagern war, brachte dies Himmler gegenüber in einem für jene Zeit geradezu klassischen Euphemismus zum Ausdruck: »Die für die Ostwanderung bestimmten arbeitsfähigen Juden werden also ihre Reise unterbrechen und Rüstungsarbeiten leisten müssen.«[3]

Die Reise würde danach weitergehen. Dieses Wissen – daß nämlich ein Vernichtungsprogramm den politischen und sozialen Kontext für die Beschäftigung von Juden darstellte – bildete die wichtigste Voraussetzung dafür, daß den deutschen Behörden vor Ort eine derart brutale, abartige Behandlung von »Arbeitern« wirtschaftlich sinnvoll erscheinen konnte und sie sich deshalb genau so verhielten. Da die Deutschen die Juden auch dann »arbeiten« ließen, wenn sie sie nicht in gewinnbringender Produktion einsetzen konnten, überrascht es nicht, daß sie dasselbe taten, wenn sie sich von der »Arbeit« der Juden Profit erhofften.

Das Modell, das es den *Deutschen* verständlich machte, warum sie die jüdischen Arbeitskräfte umfassend ausnutzen und derart mißhandeln durften, war strukturiert durch die eisernen Prinzipien der Ausrottung und Verelendung. Dazu kam die Auffassung, daß Juden ohnehin auf irgendeine Weise arbeiten müßten und die Deutschen sie daher ebenso gut wirtschaftlich ausbeuten könnten, bevor sie sie ermordeten.[4] Nur dieses kognitive Gerüst, dieses Modell der jüdischen »Arbeit« erklärt das Handlungsmuster der Deutschen. Nur entlang den vorgegebenen Leitlinien für die Behandlung der Juden, die sich aus den Prinzipien »Vernichtung« und »Verelendung« ergaben, konnten einige von ökonomischer Rationalität geprägte Überlegungen – allerdings nur für eine begrenzte Zeit – eine Rolle spielen. Diese Politik, die innerhalb des ökonomisch vollkommen irrationalen Gesamtrahmens vor Ort angemessen erscheinen mochte, förderte in ihrer konkreten Umsetzung – ein Beispiel ist der leichtfertige Verschleiß todgeweihter Arbeitskräfte durch ein irrsinniges »Arbeits«tempo unter primitivsten Produktionsbedingungen – im Kern das exterminatorische Programm. Durch die Übernahme der Maxime »Ausrottung und Verelendung« wurde die wirtschaftliche Produktion selbst zum Handlanger beim Völkermord an den jüdischen Arbeitern. Selbst die Bilanzen einzelner Unternehmen zeugen nicht von ökonomischer Rationalität; sie verschleiern vielmehr die ungeheuren ökonomischen Kosten der exterminatorischen Politik. Wenn man einen jungen, gesunden, gutausgebildeten Arbeiter dazu veranlaßt, mit blutigen, geschwollenen, steifen Händen und primitivem Werkzeug ein Seil zu flechten und den Galgen zu bauen, an dem er hängen wird, dann kann dies nur von jenen als ökonomisch sinnvolle Nutzung seiner Arbeitskraft aufgefaßt werden, die ihn aufhängen wollen und denen der Verlust seiner wertvollen produktiven Fähigkeiten daher gleichgültig ist. Wie viele Stellungnahmen der Deutschen deutlich machen, waren sie sich bewußt, daß ihre Politik wirtschaftlich gesehen auf katastrophale Art und Weise den eigenen Interessen zuwiderlief und besonders die Leistungsfähigkeit im Krieg beeinträchtigte. Wenn überhaupt einmal gegen die Vernichtung der Juden argumentiert wurde, dann aus utilitaristischen, nicht aus moralischen Erwägungen. So fragte etwa ein Rüstungsinspektor in einem Bericht aus der Ukraine vom Dezember 1941, wer in aller Welt eigentlich dort ökonomische Gewinne erarbeiten solle. Aber eine derartige Betrachtungsweise konnte, selbst wenn sie einmal geäußert wurde, jene nicht beeinflussen, die vom eliminatorischen Antisemitismus besessen waren. Denn wie der Bericht selbst feststellte, als er auf die »150 000 bis 200 000 Juden« zu sprechen kam, die die Deutschen in jener Region bereits umgebracht hatten, gründete sich die Judenpolitik offensichtlich auf ideologische Anschauungen, die eine Sache des Prinzips seien.[5] Angesichts der vorherrschenden Wertmaßstäbe, die für alle Ebenen der deutschen Institutionen gültig waren, die mit jüdischen »Arbeits«kräften zu tun hatten, waren alle Überlegungen zu wirtschaftlicher Effektivität letztlich untergeordnet.

Die wahre Bedeutung der jüdischen »Arbeit« wurde bei der Wannseekonferenz am 20. Januar 1942 von Reinhard Heydrich umrissen, als er die versammelten Vertreter der verschiedenen Ministerien und Verwaltungen über ihre Aufgaben bei der bereits angelaufenen »Endlösung der Judenfrage« informierte: »Unter entsprechender Leitung sollen im Zuge der Endlösung die Juden in geeigneter Weise … zum Arbeitseinsatz kommen …, wobei zweifellos ein Großteil durch natürliche Verminderung ausfallen wird.« Der Rest würde getötet werden.[6] Bei dieser Zusammenkunft vermittelte Heydrich die grundsätzlichste Änderung im kognitiven Modell, die den Begriff »Arbeit« entscheidend umwertete, wenn er in bezug auf Juden benutzt wurde. Auf dieser Konferenz wurde in gewissem Sinne offiziell festgelegt, daß jüdische »Arbeit« innerhalb des NS-Herrschaftsbereichs Vernichtung bedeutete; der Begriff wurde zumindest teilweise zum Synonym für Mord. Bei dieser Zusammenkunft wurden die Vertreter der wichtigsten Einrichtungen, die sich mit Juden und jüdischer »Arbeit« befaßten, über das eigentliche Ziel dieser »Arbeit« belehrt. So konnte Himmler am Ende seiner Anordnung vom Oktober 1942, mit der er die zeitlich befristete Zusammenfassung aller Juden aus den Regionen Warschau und Lublin in »einige geschlossene Konzentrations-lager-Betriebe« verfügte, im Brustton der Überzeugung feststellen: »Jedoch auch dort sollen eines Tages dem Wunsche des Führers entsprechend die Juden verschwinden.«[7]

Das Phänomen der jüdischen »Arbeit« war nicht nur deshalb ein derartiger Sieg von Politik und Ideologie über das ökonomische Eigeninteresse, weil die Deutschen unersetzliche Arbeiter umbrachten. Der Triumph war so vollkommen, daß die Deutschen aufgrund ihres besonderen Rassenantisemitismus sogar große Schwierigkeit hatten, die Juden, die sie leben ließen, in der Wirtschaft rational einzusetzen. Die Worte und Taten von Heydrich, Himmler und zahllosen anderen offenbaren die wahre Beziehung zwischen »Arbeit« und Tod von Juden in Deutschland. Juden zu töten war wichtiger, als sie arbeiten zu lassen. Diese Arbeit setzte Wesen in Bewegung, die die Deutschen ohnehin bereits zum Tode verurteilt hatten, sozial Tote, denen man zeitweise noch einen befristeten Rest »Leben« gewährte. Im Grunde hatte dies überhaupt nichts mit »Arbeit« im gewöhnlichen Sinne zu tun. Die Arbeit der Juden war der Tod auf Raten.

TEIL V

Todesmärsche:
Bis zum bitteren Ende

Hätt' nicht Gott, der weiß warum – der Menschen
Herzen zu Erz gemacht – sie alle hätten
Hinschmelzen müssen; selbst die Barbarei
Müßt' ihn bedauern.

William Shakespeare,
Das Trauerspiel von König Richard II.

KAPITEL 13

Der tödliche Weg

Die langen Märsche von Juden und anderen Opfern begannen schon Ende 1939 und dauerten bis ein, zwei Tage nach Kriegsende. Aus gutem Grund wurden sie von den Opfern als »Todesmärsche« bezeichnet.[1] Die meisten dieser Märsche fanden im letzten Jahr, insbesondere in den letzten sechs Monaten der nationalsozialistischen Herrschaft über Deutschland statt. Die Schlußphase dieser Märsche steht nicht zuletzt deshalb im Mittelpunkt dieses Kapitels.

Die Entwicklung der Märsche läßt sich in drei verschiedene Phasen einteilen: In der ersten, die sich vom Kriegsausbruch bis zum Beginn der systematischen Ausrottung der europäischen Juden durch die Deutschen im Juni 1941 erstreckt, fanden nur wenige solcher Märsche statt. Die zweite umfaßt die Jahre der Massenvernichtung bis zum Sommer 1944. Die dritte fällt mit dem Ende des Reiches zusammen, als der bevorstehende Untergang allen deutlich war und die Deutschen nichts mehr tun konnten als durchzuhalten und das Ende ein wenig hinauszuzögern, während das Vernichtungsprogramm allmählich auslief.[2]

Die Logik dieser Periodisierung ist leicht nachvollziehbar. Die erste Phase ging der offiziellen Vernichtungspolitik voraus, so daß es damals weniger Tote unter den marschierenden Juden hätte geben sollen – zumindest dann, wenn die Deutschen, die sie beaufsichtigten, nicht selbst aufgrund verschiedener Überzeugungen den Tod der Juden wünschten. Die zweite stimmt zeitlich mit der Massenvernichtung überein, als die Ermordung von Juden während eines Marsches nur ein selbstverständlicher Teil des Völkermords war. Angesichts der vorherrschenden Normen und der üblichen Behandlung von Juden in einer Zeit fieberhafter Vernichtung waren die Märsche wahrscheinlich ebenso wie die Lager im Übermaß durch Greuel und Tod gekennzeichnet. Die dritte Phase hingegen war historisch etwas völlig anderes, denn um die Aussichten der Deutschen stand es nun schlecht, ihre Anstrengungen waren gescheitert. Deutschland und die Deutschen mußten sich jetzt mit vollkommen neuen und anderen Rahmenbedingungen auseinandersetzen; das NS-Regime selbst verfolgte nun an-

385

dere politische Strategien. Darüber hinaus machten die Institutionen und Stätten der Vernichtung einen tiefgreifenden Wandel durch. Die Todeslager waren entweder schon aufgelöst, oder aber ihre Schließung stand unmittelbar bevor. In den deutsch besetzten Gebieten hatten die europäischen Juden lediglich zu einem Bruchteil überlebt – und diese Menschen waren nur noch Haut und Knochen. Es war durchaus nicht voraussehbar, wie die Zeitumstände sich auf die Opfer der Deutschen auswirken würden. Die deutsche Wirtschaft litt unter akutem Arbeitskräftemangel, und die örtlichen deutschen Befehlshaber und ihre Untergebenen mußten über ihre eigene Zukunft in der kommenden, noch völlig offenen neuen Ordnung nachdenken, in der ein Beweis für ihre anständige Behandlung der Gefangenen ihnen einigen Schutz erkaufen und ihre Haut retten konnte. Die Vernichtungslager waren inzwischen geräumt. Das NS-Regime neigte sich seinem Ende zu. Würden die Märsche eine Fortsetzung des Völkermords in den Lagern mit anderen Mitteln bedeuten oder würde eine humanere Politik, wenn nicht von oben, so doch von unten durchgesetzt werden?

Durch alle drei Phasen hindurch haben sich die Todesmärsche als Institution nicht bedeutend verändert. Die Struktur blieb mehr oder weniger dieselbe: Juden und andere Menschen marschierten über Land von einem Ort zum anderen, beaufsichtigt von einem Trupp Deutscher, der manchmal durch nichtdeutsche Hilfskräfte verstärkt wurde. Ungeachtet der verschiedenen Konzepte, die die Nationalsozialisten gegenüber den Juden verfolgten, lassen sich seit Kriegsbeginn auch weder im Hinblick auf die Behandlung der Juden noch hinsichtlich des Charakters dieser Fußmärsche wesentliche Unterschiede feststellen: Sie waren von den ersten bis zu den letzten Kriegstagen vor allem eines – tödlich.[3]

Die Todesmärsche sind die wandernde Analogie zu den Viehwaggons. Oder, um es umgekehrt auszudrücken: Der Viehwaggon war das rollende Äquivalent des Todesmarsches und ein Menetekel der letzten Todesmärsche. Die Deutschen interessierten sich nicht für die Würde der Juden und noch nicht einmal für ihr Überleben. Sie ließen die Waggons manchmal tagelang irgendwo stehen, ohne die Juden herauszulassen, obwohl dies ohne weiteres möglich gewesen wäre. Die Juden erhielten weder Nahrung noch Wasser. Es gab keine Latrinen. Es fehlte an Luftlöchern. Es war nicht einmal genug Platz zum Hinsetzen. Während der gesamten NS-Zeit gestalteten die Deutschen verschiedene Formen »normaler« Massentransporte für Juden auf eine immer gleiche Art und Weise.

Während der letzten und wichtigsten Phase der Todesmärsche konnten die Deutschen – anders als in den beiden vorangegangenen

Die Evakuierung von Auschwitz am 18. Januar 1945

······· Französische Streitkräfte
▱▱▱▱▱ Amerikanische und Britische Streitkräfte
▬▬▬▬▬ Sowjetische Streitkräfte (Rote Armee)
           am 15. Januar 1945
----------- am 23. Januar 1945

◆ Konzentrationslager

Phasen – nicht mehr autonom entscheiden, wann sie Juden und Nichtjuden transportieren und töten wollten: Die Märsche setzten vielmehr ein und weiteten sich aus, weil die vordringenden feindlichen Armeen die Lager für Juden und andere Häftlinge zu überrennen drohten. Die Deutschen standen vor der Wahl, ihre Gefangenen entweder zu verlagern oder sie zu verlieren. Sie waren – logistisch gesehen – nicht mehr Herr der Lage. Diese letzte Phase sollte man wiederum in drei

387

unterschiedliche Zeitabschnitte einteilen. Der erste begann im Sommer 1944, als sich die sowjetische Armee den Lagern im westlichen Teil der Sowjetunion und im Osten Polens näherte. Der zweite dauerte von Januar bis März 1945, als die Lagerinsassen und ihre deutschen Aufseher westwärts nach Deutschland zurückströmten, dorthin, wo ihr jeweiliges Schicksal seinen Anfang genommen hatte. Auschwitz, Groß-Rosen und andere große Lagerkomplexe in Westpolen sowie in Ostdeutschland wurden von überlebenden Häftlingen geräumt, die sich mühsam durch eiskalte Landstriche schleppten, manchmal auch fuhren: in neue, höllische Lager außer Reichweite der Alliierten.

Der dritte Teilabschnitt begann im März 1945 und währte bis Kriegsende. In dieser Zeit – da wirklich niemand mehr glauben konnte, daß der Krieg für die deutsche Seite zu gewinnen sei – verschoben die Deutschen die Gefangenen ziellos innerhalb Deutschlands von einem Ort zum anderen. Das Wachpersonal war nicht länger auf dem Heimweg nach Deutschland wie noch zu Beginn des Jahres und hatte daher auch keinen Anreiz mehr, an der Reise teilzunehmen. Sie können nicht wirklich geglaubt haben, daß es irgendeinem sinnvollen Zweck diente, die Häftlinge immer auf einen Schritt Abstand zu den Alliierten zu halten.

Die verschiedenen Schätzungen der Sterberaten und die Gesamtzahl derjenigen, die der dritten Phase zum Opfer fielen, lassen vermuten, daß zwischen dreißig und fünfzig Prozent der 750 000 Häftlinge aus den offiziellen Konzentrationslagern, die die Märsche antreten mußten, umkamen. Das sind zwischen 250 000 und 375 000 Menschen,[4] darunter auch viele Nichtjuden, die ja ebenfalls im System der Konzentrationslager inhaftiert waren.[5] Dennoch deuten die Beweise darauf hin, daß die Sterberate unter den Juden auch diesmal, wie schon in den Lagern, bedeutend höher lag. Im allgemeinen befanden sich die Juden bereits in einem schlechteren Gesundheitszustand, ehe die Märsche überhaupt begannen, so daß sie schon deshalb schneller an Unterernährung, Wunden, Erschöpfung, Entkräftung und Krankheiten zugrunde gehen mußten als andere Häftlinge. Außerdem behandelten die Deutschen Juden schlechter als Nichtjuden und verübten weit häufiger Massaker an ihnen. Vieles davon erfuhr die Welt erst in den letzten Kriegstagen, als einer dieser Todesmärsche im Grenzgebiet zwischen Süddeutschland und der Tschechoslowakei sein Ende fand.

Ein Captain des 5th Medical Battalion der 5th Infantry Division der US-Armee erhielt am 7. Mai 1945 den Befehl, sich mit sechs seiner Leute um die Entlausung einer Gruppe von sogenannten Displaced People zu kümmern, von denen man annahm, daß sie auch medizinischer Hilfe bedurften. Zwei Tage später berichtete der Captain einem amerikanischen Offizier, der den Fall untersuchte, was er nach seiner Ankunft in Volary (Wallern) in der Tschechoslowakei entdeckt hatte: »Ich nahm zu Captain Wi. in Lahora Kontakt auf und fuhr nach Volary, wo ich hörte, daß man eine Gruppe von ausgemergelten ... und entkräfteten Frauen von einem nahe gelegenen alten Stall in ein Schulgebäude schaffe, das als Lazarett diene ... Bei dem Stall traf ich Captain Wi. an, den ich fragte, was denn hier los sei. Er erwiderte, er habe hier eine Gruppe von 118 jüdischen Frauen, und etwas Schrecklicheres habe er nie gesehen. Er bat mich, in den Stall zu gehen und mir die Lage anzusehen, und das habe ich getan. Bei dem Stall handelte es sich um eine einstöckige Holzbaracke. Das Innere war außerordentlich dunkel und mit Unrat aller Art angefüllt. Ein erster Blick auf diese Menschen löste in mir einen tiefen Schock aus, ich konnte einfach nicht glauben, daß man ein menschliches Wesen derart erniedrigen könne, daß es so ausgehungert sein kann, so bis auf die Haut abgemagert und daß es unter derartigen Umständen gar noch leben kann. Bei dieser Gelegenheit konnte ich auf all das nur einen sehr flüchtigen Blick werfen. Was ich schließlich in diesem kleinen Raum sah, erinnerte an aufeinander liegende Mäuse, die zu schwach waren, auch nur einen Arm zu heben. Nicht nur ihre Kleider waren schmutzig, zerschlissen, schlechtsitzend, zerfetzt und zerrissen, sie waren auch über und über mit menschlichen Exkrementen beschmiert, die auch den größten Teil des Bodens verunreinigten. Der Grund dafür war, daß diese Frauen schwer an Ruhr litten, was alle zwei bis fünf Minuten zu einer Entleerung führte. Sie waren zu schwach hinauszugehen, um ihre Därme zu entleeren. Als ich diesen Stall betrat, hatte ich den Eindruck, daß hier eine Gruppe alter Männer herumlag, ich hätte sie zunächst für zwischen fünfzig und siebzig Jahre alt geschätzt. Ich war überrascht und schockiert, als ich eines dieser Mädchen fragte, wie alt sie denn sei, und sie mir antwortete, sie sei siebzehn. Meinem Eindruck nach mußte sie älter als fünfzig sein. Dann kehrte ich ins ›Ortslazarett‹ von Volary zurück. Dort übertrug man mir die Verantwortung für die Evakuierung, Unterbringung, Verpflegung und Behandlung dieser Menschen, die von ihrem alten Stall ins Ortslazarett gebracht und dort gepflegt werden sollten. Das Lazarett wurde noch für die Aufnahme dieser Patienten vorbereitet, als diese bereits dort eintrafen, die meisten von ihnen auf Tragen. Ich schätze, daß 75 Prozent von ihnen getragen werden mußten. Die restlichen 25 Prozent waren imstande, den anderen zu helfen, sich vom Stall zum Krankenhaus zu schleppen. Unsere erste Aufgabe bestand darin, diese Frauen in etwas hineinzulegen, das Ähnlichkeit mit einem Bett aufwies, und dann sofort lebensrettende Maßnahmen einzuleiten. Das bedeutete bei den meisten, zunächst ihr Blut intravenös auszutauschen und ihnen neues Plasma zu verabreichen; einigen wenigen, denen es gesundheitlich besserging, mußte man nur intravenös Flüssigkeiten zuführen. Während dieser Anfangsphase der Behandlung war der Zustand der Patienten sehr kritisch, und heute, zwei Tage später, ist das immer noch nicht anders. Als Sanitätsoffizier der Armee der Vereinigten Staaten vertrete ich die Ansicht, daß mindestens fünfzig Prozent dieser 118 Frauen innerhalb von 24 Stunden gestorben wären, hätte man sie nicht ausfindig gemacht und bestens gepflegt. Aufgrund meiner Untersuchungen habe ich bei diesen Patienten die folgenden Symptome und Krankheiten festgestellt: 1. extreme Unterernährung, 2. Vitaminmangelerkrankungen bei neunzig Prozent dieser 118 Frauen, 3. bei den meisten von ihnen offene Füße mit einem Lochfraßödem der Kategorie vier plus, 4. schwere Frostbeulen an den Zehen mit trockenem Brand; insbesondere bei einer Patientin erstreckt sich dieser Brand beidseitig über beide Beine, was zweifellos in nächster Zukunft eine Amputation jeweils des unteren Drittels beider Beine notwendig machen wird. Ein großer Teil dieser Frauen leidet an schweren Eiterbeulen durch Wundliegen. Etwa fünfzig Prozent leiden an schwerem und andauerndem Auswurfhusten, verursacht durch Lungenleiden. Etwa zehn Prozent dieser Frauen sind hier in der Nähe vor ein oder zwei Wochen durch Granatsplitter verletzt worden. Ihre dabei erlittenen Wunden sind nie behandelt worden. Diese Wunden sehen zur Zeit sehr böse aus, in vielen Fällen wird wohl örtlich Wundbrand festzustellen sein. Im Lazarett wurde festgestellt, daß viele der an Ruhr Erkrankten an Blutbrechen und Fieber litten. Während der ersten Stunden im Krankenhaus starben zwei der Patientinnen. Innerhalb der nächsten 48 Stunden starb eine weitere. Gegenwärtig sind viele in einem kritischen Zustand und die Prognose ist schlecht.«[6]

Diese jüdischen Frauen waren Überlebende eines Todesmarsches, der nur drei Wochen zuvor das Lager Helmbrechts verlassen und ursprünglich im Lager Schlesiersee begonnen hatte.[7] Dabei konnten sich diese Frauen noch glücklich schätzen, falls man hier überhaupt von Glück sprechen kann; viele andere Juden sollten ihre Befreiung nicht mehr erleben. Die Ereignisse und die Behandlung, die diese Frauen in einen so unvorstellbaren Zustand versetzt hatten, daß ein Arzt kaum glauben konnte, daß die körperlichen Organe noch funktionierten, waren das logische Ergebnis des Krieges, den die Deutschen gegen die Juden geführt hatten.

Auch die Todesmärsche aus den Nebenlagern von Groß-Rosen führten im Januar 1945 nach Westen. In Schlesiersee, einem der vier Frauenlager von Groß-Rosen, die im Oktober und November 1944 an der Nordgrenze Niederschlesiens errichtet worden waren, befanden sich etwa tausend jüdische Frauen, die wie die Häftlinge der drei anderen Lager ursprünglich aus Auschwitz gekommen waren. Die größte Gruppe stammte aus Ungarn und den ungarischsprachigen Grenzregionen der Tschechoslowakei, die zweitgrößte aus Polen. All diese Frauen waren noch jung.[8] In Schlesiersee waren sie hauptsächlich damit beschäftigt, Panzergräben auszuheben, und zwar unter grausamen Umständen: »Während des Aufenthalts in diesem Lager mußten wir im tiefsten Schnee und bei Frost Panzerabwehrgräben errichten. Viele der Mädchen erfroren sich dabei die Füße, da wir keine Schuhe erhielten und viele barfuß waren.«[9]

Die Grausamkeiten in Schlesiersee beschränkten sich nicht darauf, die Frauen bei der Arbeit schutzlos dem Wetter auszusetzen. Die Aufseher peitschten sie aus, sobald sie auch nur versuchten, sich zu wärmen. »Es war in Schlesiersee bitter kalt, und wir waren nur ärmlich gekleidet; einige der Frauen nahmen die einzige Decke, die sie besaßen, und trugen sie draußen zur Arbeit. Drei- oder viermal wurden alle Frauen, die von der Arbeit zurückkamen, kontrolliert, allen denen, die ihre Decken umgewickelt hatten, wurden als Strafe 25 Peitschenhiebe versetzt. Ich selbst sah diese Bestrafung. Die Mädchen, mit denen ich zusammen arbeitete, erhielten auf einmal 30 diese Art der Bestrafung. Wir wurden in der Regel auch geschlagen, wenn unsere Kleider etwas feucht oder schmutzig waren. Es war aber bei unserer Arbeit praktisch unmöglich, dies zu vermeiden; wir mußten nämlich im Schnee Panzergräben ausheben.«[10]

Dieses klassische Beispiel zeigt zum einen, daß es den Deutschen auf allen Ebenen vor allem darauf ankam, den Juden Leid zuzufügen; die Arbeit war demgegenüber Nebensache. Zum anderen dokumentiert es die Brutalität, die zum jüdischen Alltag gehörte. Wie diese Überlebende berichtet, stellten die Deutschen den Juden eine Aufgabe, bei der sie sich unvermeidlich beschmutzen mußten, wofür sie in der Regel ausgepeitscht wurden, was ihre Arbeitsleistung sicherlich nicht steigerte. Wenn also Juden eine ihnen aufgetragene Arbeit erledigten, wurden sie dafür nach der seltsamen Logik der Deutschen auch noch geschlagen.

Als die Ostfront näher rückte, evakuierten die Deutschen das Lager, wahrscheinlich am 20. Januar.[11] Für die Frauen war es nicht der erste Todesmarsch. Sie hatten bereits den von Auschwitz nach Groß-Rosen überstanden. Von den rund 970 jüdischen Frauen, die in Schlesiersee aufbrachen, starben unterwegs 150. Der Marsch dauerte acht oder neun Tage und führte nur etwa hundert Kilometer weit auf einer umständlichen Route nach Grünberg. Etwa zwanzig Häftlinge gingen an Hunger und Erschöpfung zugrunde, was angesichts der Entkräf-

tung, die sie in Auschwitz und Schlesiersee bereits erlitten hatten,
nicht verwundert. Die übrigen 130 Frauen wurden während des Marsches von den Deutschen erschossen. Die Deutschen töteten jede, die
zu erschöpft war, weiterzumarschieren.[12] Ein polnischer Arbeiter, der
seit 1940 für einen deutschen Bauern arbeitete, wurde zum Zeugen einer Massenhinrichtung. Die Bewacher waren seiner Aussage nach ältere deutsche Soldaten, also keine SS-Männer oder begeisterte junge
Nationalsozialisten. Sie befahlen den Dorfbewohnern, ihnen einige
Pferdekarren zur Verfügung zu stellen, und dieser polnische Augenzeuge lenkte einen davon: »Vor der Schule saßen total erschöpfte
Frauen. Sie steckten in Lumpen, die meisten ohne Schuhe, mit
Decken über dem Kopf … [Die Soldaten] zerrten sie meistenteils an
den Haaren vom Wagen, wobei sie unentwegt schossen.«[13]

Das Lager Grünberg war 1941 oder 1942 als Zwangsarbeitslager
für jüdische Frauen gegründet worden. Es lag südwestlich von Breslau auf heute polnischem Gebiet in der Nähe der Stadt Grünberg.
Mitte 1944 wurde es ein Nebenlager von Groß-Rosen – viel mehr ist
darüber nicht bekannt. Im Sommer 1944 hielten sich dort etwa 900 jüdische Frauen im Alter zwischen sechzehn und dreißig Jahren auf,
von denen viele aus dem östlichen Teil Oberschlesiens stammten. Sie
arbeiteten vor allem in einer privaten deutschen Textilfabrik in der
Nähe des Lagers. Mit der Ankunft des Todesmarsches aus Schlesiersee verdoppelte sich die Zahl der Insassen des Lagers Grünberg mit
einem Schlag auf 1 800. Als sich die Rote Armee näherte, mußte es sofort geräumt werden;[14] die aus Schlesiersee hier eingetroffenen
Frauen hatten also kaum eine Chance sich auszuruhen, bevor sie nach
ein, zwei Tagen am 29. Januar 1945 – nun gemeinsam mit ihren Lei-
densgenossinnen aus Grünberg – erneut aufbrechen mußten. Die
Deutschen teilten die Häftlinge in zwei Gruppen mit unterschiedlichen Zielen auf: Eine Einheit des Wachpersonals setzte sich mit 1 000
bis 1 100 Gefangenen nach Helmbrechts, einem Nebenlager von Flossenbürg im bayerischen Oberfranken, in Bewegung; ein anderer
Trupp machte sich mit den übrigen Häftlingen in Richtung Bergen-
Belsen, nördlich von Hannover, auf den Weg.[15] Eine Gefangene erinnert sich an einen besonderen Aspekt des zweiten Marsches: »Unterwegs sind sehr viele erschöpft zusammengebrochen oder konnten
früh nicht mehr aufstehen. Diese Häftlinge wurden von den Begleit-
mannschaften an Ort und Stelle erschossen … In unserer Gruppe fuhr
außerdem ein Pferdewagen mit. Schwache Häftlinge wurden unterwegs auf diesen Pferdewagen gesetzt. Diese Halbtoten wurden später
in den Wald gefahren und dort erschossen. Jedes Mal wenn der Wagen voll war, fuhr er in den Wald. Nach meiner Schätzung kamen nur
etwa 30 % unserer Gruppe in Bergen-Belsen an.«[16]

Der Marsch nach Bergen-Belsen führte über eine Strecke von mehr als vierhundert Kilometern Luftlinie und dauerte einen Monat. Die Gefangenen legten fast die gesamte Entfernung zu Fuß zurück und schliefen meist in ungeheizten Scheunen. Unterwegs starben viele an den Folgen der Erschöpfung und der Kälte oder wurden von den Deutschen erschossen.[17]

Als die Deutschen in Grünberg aufbrachen, luden sie die schwerkranken Juden auf einen Pferdewagen und teilten sie der Gruppe zu, die nach Helmbrechts wandern sollte. Die anderen gingen zu Fuß, wobei die Häftlinge aus Grünberg sich in einem besseren Zustand befanden als die, deren Odyssee schon in Schlesiersee begonnen hatte. Die Frauen aus Schlesiersee waren nicht nur körperlich sehr geschwächt, es fehlte ihnen auch an der nötigsten Kleidung: »Wir hatten fast alle kein ordentliches Schuhzeug; ein großer Teil mußte barfuß laufen oder hatte die Füße mit Lumpen umwickelt. Während der Zeit des Marsches war stets Schnee gelegen.«[18] Einige von ihnen gingen sogar barfuß.[19] Der Weg nach Helmbrechts war annähernd fünfhundert Kilometer lang. Es war tiefer Winter.

Von den 1000 bis 1100 Frauen, die diesen Marsch angetreten hatten, kamen fünf Wochen später nur 621 in Helmbrechts an. Die Deutschen hatten 230 von ihnen, darunter die Kranken, unterwegs in anderen Lagern zurückgelassen, einige wenige waren auch geflohen. Etwa 150 bis 200 Frauen überlebten diese Reise nicht,[20] teilweise aufgrund der brutalen Umstände: »Nach einigen Tagen ohne Essen und Trinken – wir übernachteten draußen auf dem Schnee, die Bedingungen waren äußerst schlecht – starben viele wegen Entkräftung. Jeden Morgen, als wir aufstehen mußten, blieben viele ohne Lebenszeichen auf der Erde liegen.«[21]

Doch die meisten scheinen von den Deutschen erschossen worden zu sein, oft, weil sie zurückfielen. Bei einem einzigen Massaker ermordeten die Deutschen fünfzig Frauen.[22] Außer diesen Tötungen gab es auch auf diesem Todesmarsch die üblichen Gewalttätigkeiten und Folterungen: brutale Schläge, unzureichende Ernährung, schockierende Verhältnisse, was Kleidung und Unterkünfte betraf, allgemeinen Terror.

Bei der Ankunft in Helmbrechts am 6. März, nur zwei Monate vor dem totalen militärischen Zusammenbruch und der bedingungslosen Kapitulation Deutschlands, befanden sich die 621 jüdischen Frauen in einem fürchterlichen Gesundheitszustand. Viele von ihnen litten an Ruhr und an Erfrierungen. Einige waren an Gesichtsbrand erkrankt, einem Fäulniszustand, der zu einem elenden Befinden und äußerlichem Verfall führt. Die Mundschleimhäute und das Fleisch der Wangen fallen so stark ein, daß die Kieferknochen deutlich hervortreten.[23]

In den fünf Wochen, die sich diese jüdischen Frauen in Helmbrechts aufhielten, bevor sie zu einem weiteren Todesmarsch aufbrechen mußten, kamen weitere Entbehrungen und Leiden hinzu. Und in allen Aspekten, die für ihr Überleben wichtig waren, behandelten ihre deutschen Aufseher sie anders als die nichtjüdischen Häftlinge, die schon vor ihnen im Lager angekommen waren.

Das Lager Helmbrechts, ein Außenlager von Flossenbürg, war im Sommer 1944 entstanden. Die Stadt liegt etwa fünfzehn Kilometer südwestlich von Hof in Oberfranken, in der Nähe des späteren Dreiländerecks zwischen Bundesrepublik, DDR und Tschechoslowakei. Das Lager selbst war nicht sehr groß und lag an der Hauptstraße am Ortsrand, so daß die Einheimischen – wie so oft in Deutschland – mit ansehen konnten, was dort geschah. Im Lager gab es elf einstöckige Holzgebäude; vier davon dienten als Unterkünfte für die Häftlinge und waren mit Stacheldraht umgeben, der allerdings nicht elektrisch geladen war.[24]

Im Lager waren nur wenige Aufseher tätig. 54 von ihnen sind namentlich bekannt. Sie kamen zu verschiedenen Zeitpunkten hierher, oft zusammen mit neuen Gefangenen. Im großen und ganzen scheinen sie auch bis zur Auflösung des Lagers dort geblieben und erst mit dem Todesmarsch abgerückt zu sein. Unter dem Wachpersonal waren mit 27 Männern und 27 Frauen beide Geschlechter gleich stark vertreten. Die Männer hatten jedoch so gut wie keinen Kontakt zu den inhaftierten Jüdinnen, da sie in der Regel den Bereich, in dem die Häftlinge lebten, nicht betraten, und im Unterschied zu den nichtjüdischen Häftlingen verließen die Jüdinnen diesen Bereich niemals. Die Hauptaufgabe des männlichen Wachpersonals bestand darin, die nichtjüdischen Gefangenen zur Arbeit zu begleiten, während die Aufseherinnen im eigentlichen Gefangenenlager die Herrinnen waren. Sie entschieden über die Lebensbedingungen im Lager, vor allem die der jüdischen Insassen, die 24 Stunden am Tag unter ihrer Kontrolle standen. Der Lagerkommandant war ein Mann, Alois Dörr. Das weibliche Personal hatte eine eigene Aufseherin, die ihrerseits Dörr unterstand.

Über die Lebensläufe der Aufseher ist nur wenig bekannt. Personalakten sind lediglich über zwei der Lagermitarbeiter erhalten, und in den Verhören nach dem Krieg haben diese Leute nur sehr wenig zu ihrer Biographie mitgeteilt. Doch nach allem, was wir über sie wissen, scheint es sich bei ihnen – nach deutschen Maßstäben – nicht um eine besonders bedrohliche Gruppe gehandelt zu haben. Die 27 männlichen Aufseher waren größtenteils ältere Deutsche, die für den Militärdienst ausgemustert waren und im allgemeinen weder der SS noch der NSDAP angehörten. Dazu kamen etwa acht bis zehn »Volksdeutsche« aus Osteuropa, von denen wenigstens drei – freiwillig oder nicht – kämpfenden SS-Einheiten angehört hatten. Einige dieser Aufseher waren offensichtlich schon Veteranen des Lagersystems. Von zwanzig Aufsehern kennen wir die Geburtsdaten: Ihr Durchschnittsalter lag im Dezember 1944 bei 42,5 Jahren, der älteste Wachmann war fast 55. Sieben von zwanzig, also ganze 35 Prozent, waren in den Fünfzigern, und zwölf von ihnen – sechzig Prozent – waren älter als vierzig Jahre. Nur drei der Männer waren unter dreißig, der jüngste zwanzig Jahre alt. Sie alle waren auf unterschiedliche und zufällige Weise nach Helmbrechts gekommen; in keinem Fall jedoch durch einen Ausleseprozeß, der sich auf Kriterien gegründet hätte, die für das Bewachen, Quälen und Morden von Deutschlands angeblichen Feinden, insbesondere den jüdischen, relevant gewesen wären. Von den 27 uns bekannten Lageraufsehern gehörten lediglich zwei – der Kommandeur und ein weiterer Mann – der SS an. Außer diesen beiden war nur noch einer NSDAP-Mitglied.[25] Gemessen an ihren Zugehörigkeiten zu Organisationen waren diese Männer also fast ausschließlich keine Nationalsozialisten.

Ein Beispiel dafür ist Hartmut Reich, 1900 geboren und Veteran des Ersten Weltkriegs. Er schildert, wie er und ein Kamerad nach Helmbrechts gelangten: Als kinderreicher Vater war er bis 1944 vom Militärdienst freigestellt, bis die Lage Deutschlands so verzweifelt wurde, daß man auch ihn in eine Landesschützeneinheit einzog und nach Paris zu einer kurzen militärischen Ausbildung schickte. Er und seine Frau meinten, er sei nun viel zu weit von seiner Familie entfernt: »Auf verschiedene Gesuche meiner Frau hin wurde ich etwa im August 1944 nach Würzburg zurückbeordert und blieb dann bis kurz vor Weihnachten dort.« Es lohnt sich, hier festzuhalten, daß seine Frau versuchte, seine Versetzung zu erreichen und schließlich Erfolg hatte: »In Würzburg hatte ich auch meinen Hofer Landsmann Eberhard Vogel kennengelernt. Auch er war kinderreicher Vater.« Gemeinsam beorderte man sie anschließend ins Lager Sachsenhausen. Im Januar 1945 wurde eine Gruppe von hundert Angehörigen der Landesschützentruppe – Männer, die wahrscheinlich eine ähnliche Haltung zum Militär hatten wie er – nach Flossenbürg versetzt, wo sie, wie Reich sagt, Häftlinge bei der Arbeit außerhalb des Lagers beaufsichtigen sollten. Sie blieben dort bis irgendwann Ende Februar. »Um näher bei unseren Familien zu sein, meldeten Vogel und ich uns zu dem Nebenlager Helmbrechts.« Reich gehörte weder der SS noch der NSDAP an.[26]

Ein anderer Lebensweg, der nach Helmbrechts führte, begann in Rumänien, der Heimat von Martin Wirth. Mit zwanzig Jahren war er der jüngste männliche Aufseher in diesem Lager. Nach einer kurzen militärischen Ausbildung zog man ihn zur Waffen-SS, Division »Prinz Eugen«, ein. Wegen eines Herzfehlers wurde er jedoch für kampfuntauglich erklärt und mit Wachaufgaben beschäftigt. Im Sommer 1944 kam er nach Flossenbürg, wenig später folgte die Versetzung nach Helmbrechts. Obwohl er also ursprünglich als kämpfender Soldat eingesetzt werden sollte – in einer SS-Division, die sich kaum von irgendeiner Wehrmachtsdivision unterschied –, wurde dieser »Volksdeutsche« aufgrund einer zufälligen körperlichen Schwäche in eine Richtung gedrängt, die einzuschlagen er sich niemals vorgestellt hatte, die er aber schließlich doch bereitwillig akzeptierte.[27]

Die Laufbahn eines weiteren Aufsehers in Helmbrechts läßt ebenfalls kaum vermuten, daß er an der heikelsten ideologischen Unternehmung des Nationalsozialismus mitwirken wollte oder sich gar zum Weltanschauungskrieger eignete: Gerhard Hauer, geboren 1905 in Köln, wurde 1940 zur Wehrmacht eingezogen, doch schon nach acht Wochen wegen eines Herzfehlers wieder entlassen. Er gehörte weder der Partei noch der SS an und arbeitete nach seiner Rückkehr ins Zivilleben als Lebensmittelgroßhändler. Später, als das Unternehmen durch einen Luftangriff zerstört worden war, war er zunächst bei einer Landwirtschaftsgenossenschaft und dann in einer Fabrik tätig. Im Februar 1944 wurde er erneut zur Wehrmacht einberufen, absolvierte einen achtwöchigen Ausbildungskurs in den Niederlanden und war kurze Zeit in Münster stationiert. Schließlich wurde Hauer nach Lublin versetzt, wo er eine weitere militärische Ausbildung erhielt. Als sich die Rote Armee näherte, war er an der Räumung eines nahe gelegenen Frauenlagers beteiligt. Gemeinsam mit dreißig bis vierzig anderen Soldaten brachte er einige der Frauen nach Flossenbürg, wo er drei oder vier Wochen lang Arbeitskommandos beaufsichtigte. Schließlich wurde Hauer mit einigen anderen Soldaten nach Helmbrechts geschickt. Sie waren die ersten männlichen Aufseher im Lager.[28]

Die Lebensläufe dieser Männer waren nicht nur für die männlichen Aufseher in Helmbrechts repräsentativ, sondern auch für einen großen Teil des Lagerpersonals insgesamt. Im Gegensatz zum vorherrschenden und weitgehend unrealistischen Bild handelte es sich bei den Aufsehern nicht um speziell ausgesuchte und ausgebildete, ungewöhnlich glühende Nationalsozialisten. Zwei Punkte fallen in den Biographien dieser drei Männer besonders auf, und diese sind auch für einen großen Teil ihrer Kameraden charakteristisch: Sie waren ursprünglich als für den Militärdienst untauglich befunden worden und landeten schließlich in Helmbrechts nicht etwa aufgrund einer durchdachten administrativen Personalplanung, die sie für diese

Posten als geeignet ausgewählt hatte, sondern weil Ort und Zeit es zufällig so gewollt hatten. Mit Ausnahme des SS-Mannes Michael Ritter und des Kommandanten Dörr deutet nichts darauf hin, daß irgendeiner der männlichen Aufseher in Helmbrechts für seine ideologisch bestimmten Aufgaben besonders prädestiniert gewesen wäre. Abgesehen von Dörr befand sich wohl keiner unter ihnen aufgrund irgendwelcher Eigenschaften in diesem Lager, die vorgesetzte Stellen eine besondere Befähigung vermuten ließen, Juden zu quälen und umzubringen. Nein, im allgemeinen handelte es sich hier um gewöhnliche Deutsche aus der Arbeiterklasse.

Die 27 Aufseherinnen blickten auf einen anderen biographischen Hintergrund zurück als ihre Kameraden. Die Unterschiede lassen sich leicht zusammenfassen: Sie waren weit jünger und stammten alle aus Deutschland. Im Alter zwischen zwanzig und 45 Jahren, lag das Durchschnittsalter bei knapp 28 Jahren, also vierzehn Jahre unter dem der Männer. Zwölf von ihnen (45 Prozent) waren jünger als 23 Jahre, und nur eine war über vierzig. Obwohl sie offiziell alle SS-Mitglieder waren, geht aus den Lebensläufen, die einsehbar sind, hervor, daß sie erst spät im Krieg, nämlich zwischen Juni und Dezember 1944, in die SS eingetreten sind; daher beschränkte sich ihre Zugehörigkeit in dieser Organisation auf wenig mehr als das Tragen der Uniform. Die Hälfte von ihnen gibt an, sie seien dienstverpflichtet worden, die anderen berichten, sich freiwillig gemeldet zu haben. Die Gründe, die sie für den freiwilligen Eintritt nennen, deuten darauf hin, daß sie lieber »Ausländer« bewachen als in einer Fabrik arbeiten wollten, was die meisten von ihnen bis dahin getan hatten.[29] Mit wirklichen SS-Leuten hatten sie also fast nichts gemein. Die oberste weibliche Aufseherin bezeichnet sie in ihrer Zeugenaussage ironisch als »SS«-Aufseherinnen in Anführungszeichen. Sie alle waren Frauen aus der Arbeiterklasse, die nicht der NSDAP angehörten und erst gegen Ende des Krieges Lageraufseherinnen wurden. Das Gefühl, einem Eliteorden anzugehören, sowie die intensive militärische Ausbildung und weltanschauliche Schulung, die für die SS charakteristisch waren, spielte bei ihnen keine Rolle.[30]

Die Beziehungen innerhalb des Wachpersonals waren hervorragend. Obwohl die Frauen erheblich jünger als die Männer waren und in der deutschen Gesellschaft generell einen untergeordneten Status hatten, betrachteten Männer und Frauen einander im allgemeinen als gleichrangig. Eine von ihnen erinnert sich: »Zwischen den Aufseherinnen und den männlichen Angehörigen des Lagerpersonals bestand keinerlei Untergeordneten- oder Übergeordneten-Verhältnis. Unberührt davon blieben allerdings die näheren Freundschaften zwischen einzelnen Frauen und Männern; allgemein bekannt war das Verhältnis zwischen Dörr und Haase, zwischen Hohn und Marta, zwischen Rastel und Erna Schmidt, zwischen Kowaliv und der Inge, zwischen Weingärtner und der Schulz und zwischen Kraschansky und Irmgard.«[31]

Unter den Aufsehern entwickelten sich auffallend viele und dauerhafte Liebesromanzen, obwohl sie im Schatten der von ihnen selbst verursachten Grausamkeiten und Leiden lebten. Ebenso bemerkenswert ist, daß wenigstens drei der »Volksdeutschen« – die wohl von den anderen als Deutsche akzeptiert wurden – an derartigen Liebeleien beteiligt waren. Offensichtlich unterhielten sich die Deutschen viel, und zwar über all die Themen, die unter Arbeitskollegen, Freunden und Paaren gang und gäbe sind. Und natürlich gab es auch bei ihnen die üblichen privaten und beruflichen Intrigen, vor allem zwischen der ursprünglichen Oberaufseherin und ihrer Nachfolgerin, die interessanterweise auch Dörrs Geliebte war. Dennoch waren ihre Beziehungen untereinander, vor allem im Kreise der Frauen, offenbar harmonisch: »Das Verhältnis unter uns Aufseherinnen war gut gewesen.« Sie scheinen ihre Arbeit und den Umgang mit Kollegen mit einer gewissen Ungezwungenheit gestaltet zu haben. Die männlichen Aufseher wurden von ihren Ehefrauen und ihren Kindern im Lager besucht;[32] dabei wurden einige Familienmitglieder, darunter auch ein Kind, zu Zeugen einer der brutalsten Folterungen, die sich in diesem Lager je ereignete.[33] Die Offenherzigkeit des Wachpersonals, was ihre Behandlung der Häftlinge anging, ihr augenscheinlicher Mangel an Scham über ihre Lebensweise und die harmonischen Beziehungen zwischen ihnen trotz ihrer Brutalität im Umgang mit jüdischen Gefangenen (die unten noch beschrieben wird) lassen vermuten, daß es zwischen ihnen keine Meinungsverschiedenheiten über die grausamen und mörderischen Bedingungen gab, die sie selber schufen und durchsetzten. Sie müssen übereinstimmend der Auffassung gewesen sein, daß ihre Gemeinschaft, eine Gemeinschaft der Grausamkeit, gerechtfertigt und angemessen war. In ihren Zeugenaussagen nach dem Krieg äußern sie praktisch keinerlei Mitgefühl für die Opfer, selbst dann nicht, wenn einer von ihnen das brutale Tun eines anderen schildert.

Es läßt sich nur schwer einschätzen, welchen Einfluß Dörr auf das Lagerleben ausübte. Es lag in der Macht der Lagerkommandanten, die Bedingungen zu verbessern, was einige von ihnen auch taten.[34] Doch Dörr gehörte nicht dazu. Er war ein alter Nationalsozialist, der im Dezember 1932 in die Partei eingetreten und kurz vor der Machtübernahme am 28. Januar 1933 in die SS aufgenommen worden war. Dörr galt als strenger Vorgesetzter und verhielt sich grausam gegenüber den Gefangenen. Seine Einstellung zu seinem Beruf wird von

seinen Untergebenen und den Gefangenen unterschiedlich dargestellt; einige beschreiben ihn als leidenschaftlichen Judenhasser. So
erinnert sich eine Gefangene, daß er eine Jüdin, ehe er sie schlug, ver-
spottete: »›Wo willst du denn hin, du Jüdle?‹«[35]
Dörr war der einzige männliche Angehörige des Personals, der das
eigentliche Gefangenenlager betrat. Selbst er wurde dabei stets von
einer Aufseherin begleitet. Seine Grausamkeit mag das weibliche Lagerpersonal angespornt haben, eine direkte Kontrolle übte er jedoch
nicht aus. Vor allem fürchteten sie ihn nicht: »Dörr verhielt sich uns
gegenüber sehr anständig.«[36] Die Aufseherinnen – Produkte der deutschen Nation – durchstreiften ungehindert das Lager und hatten einen
enormen Spielraum, die Gefangenen so zu behandeln, wie es ihnen
beliebte. Und sie waren brutal.

Deutsche hatten miteinander Geschlechtsverkehr in Baracken, die
unmittelbar von ungeheurer Not und ständigem Grauen umgeben waren. Worüber unterhielten sie sich, wenn sie sich danach auf ihren
Betten ausruhten, wenn sie sich in jenen entspannten Momenten, die
auf ihre körperliche Befriedigung folgten, eine Zigarette anzündeten?
Erzählten sie einander dann von einer besonders amüsanten Tracht
Prügel, die er oder sie ausgeteilt oder beobachtet hatte? Sprachen sie
über den Machtrausch, der sie ergriff, wenn der verdiente Adrenalin-
stoß ihren Körper vor Energie erzittern ließ, sobald sie einen Juden
verprügelten? Es ist höchst unwahrscheinlich, daß sie über ihre bösartigen Angriffe auf jüdische Gefangene klagten, daß sie in mitleids-
vollem Ton über das Elend, den Schmerz und die Krankheiten sprachen, die sie über die Juden gebracht hatten, nur um dann am nächsten Tag aufzustehen und freiwillig ihren Teil an Leid auszuteilen. Für
eine solche Haltung haben sie selbst weder damals noch später Beweise geliefert. Diese Gemeinschaft von Deutschen, in der sich viele
Paare in intimen Beziehungen gefunden hatten, gedieh in nächster
Nähe zur Hölle, einer Hölle, die diese Deutschen für Juden geschaffen hatten und mit Begeisterung kontrollierten. Die Deutschen besaßen absolute Macht über die Juden; doch die Position der Herrschaft, diese strukturelle Beziehung allein kann ihre Behandlung der
jüdischen Frauen nicht erklären.

Die in Helmbrechts inhaftierten Frauen arbeiteten für die Rüstungsfirma Neumeyer. Die ersten 179 dieser Häftlinge waren am 19. Juli
1944 eingetroffen. Da die Anlagen des Lagers, einschließlich der
Holzbaracken, in den ersten fünf Monaten erst einmal gebaut werden
mußten, schliefen die Frauen zunächst in der Fabrik. Durch vier weitere Transporte erhöhte sich die Gesamtzahl der Lagerinsassen auf
670 bis 680 Frauen, von denen die meisten nichtjüdische polnische

und russische »Schutzhäftlinge« waren. Auch 24 deutsche Frauen wurden hier eingesperrt, meist wegen »Umgangs« mit Kriegsgefangenen oder »Fremdarbeitern«, wegen »Beleidigung« Hitlers oder »Judenbegünstigung«.[37]

Die Lebensbedingungen der nichtjüdischen Häftlinge von Helmbrechts waren zwar hart und brutal, doch nach den Maßstäben der Lager relativ gut: Die Frauen arbeiteten in Zwölfstundenschichten, wurden schlecht, doch etwas großzügiger als sonst in den Lagern üblich verpflegt. Zum Frühstück erhielten sie Kaffee und Brot und zum Mittagessen Kartoffel- oder Rübensuppe, gelegentlich auch kleine Stückchen Fleisch; am Abend gab es etwas Brot sowie Margarine und Wurst oder Käse. Wer gerade in der Fabrik Schicht hatte, bekam in der Pause zusätzlich ein belegtes Brot. Wie hungrig sie nach diesen Mahlzeiten und wie unzureichend ihre Portionen auch immer gewesen sein mögen – die Verpflegung reichte aus, um die Gesundheit der Häftlinge in einem akzeptablen Zustand zu halten.[38] Ehemalige deutsche Gefangene dieses Lagers bestätigen das: »Das Essen bestand großenteils aus Steckrüben, Kartoffeln und manchmal auch Fleischstücken. Für uns in der Fabrik war das Essen meines Erachtens ausreichend.«[39]

Mit Ausnahme von drei Frauen, die die Deutschen nach einem gescheiterten Fluchtversuch töteten, scheinen in Helmbrechts *keine nichtjüdischen Frauen* umgekommen zu sein;[40] und zwar trotz schwerer Strafen für den Diebstahl von Nahrungsmitteln oder Gegenständen, der unter anderem mit völligem Nahrungsentzug für zwei Tage geahndet wurde, und trotz der Schläge für wirkliche oder vermeintliche Regelverletzungen. Nach jüdischen Maßstäben war diese Langlebigkeit erstaunlich. Die nichtjüdischen Häftlinge wurden außerdem medizinisch versorgt, ein Umstand, der kennzeichnend für ihre bessere Lebensqualität in diesem Lager war: Bis Ende Februar kümmerte sich eine Ärztin, die selber Häftling war, mit zwei Helferinnen in der Krankenstation um die medizinische Grundversorgung der Häftlinge. Ein Arzt aus der Stadt Helmbrechts behandelte die Schwerkranken; auf seine Rezepte hin wurden aus der Ortsapotheke sogar Medikamente beschafft. Selbst um die Zahnschmerzen ihrer nichtjüdischen Häftlinge sorgten sich die Deutschen und brachten sie zu einem ortsansässigen Zahnarzt.[41]

Die jüdischen Gefangenen hingegen sahen bis auf eine Ausnahme niemals einen Arzt, obwohl ihr Gesundheitszustand viel schlechter war. Lediglich kurz nach ihrer Ankunft im Lager wurden sie von einem Arzt flüchtig untersucht, weil die Lagerleitung den Ausbruch von Epidemien fürchtete. Nachdem er festgestellt hatte, daß keine Seuchen drohten, verschwand er, ohne auch nur eine der Schwerkranken zu behandeln. Nicht ein Medikament gewährten die Deutschen den Jüdinnen. Für sie gab es eine eigene »Krankenstube«, die diese Bezeichnung allerdings nicht verdiente; es war nicht mehr als eine Barackenhälfte, in der einfach alle Schwerkranken zusammengelegt wurden. Die andere Hälfte wurde von anderen, »gesunden« Jüdinnen bewohnt.[42]

Nach ihrer Ankunft in Helmbrechts wurden die geschwächten jüdischen Frauen entlaust und auf die beiden ausschließlich jüdischen Baracken verteilt. Dort blieben sie auch weiterhin von den übrigen Häftlingen getrennt. Vor der Entlausung mußten die Jüdinnen sich vollständig ausziehen und stundenlang nackt, den kalten Temperaturen des Frühmärz ausgesetzt, vor ihren Baracken stehen. Schließlich schleppte sich jede von ihnen mühsam zur Entlausungsstation, wo eine Aufseherin alle Kleidungsstücke in ein Desinfektionsmittel tauchte und sie der Gefangenen triefend naß zurückgab: »Es war nicht gestattet, die tropfende Kleidung auszuwringen. Wir mußten dann jeder das Stück, das er gerade in die Hand bekam, sofort tropfnaß anziehen und uns in die Baracke begeben. Dort war nicht geheizt. Die Kleider mußten am Körper trocken werden.«[43]

So wie der Arzt die jüdischen Gefangenen nicht um ihrer Gesundheit willen untersucht hatte (ihre Wunden ließ er weiter eitern und ihre Krankheiten unbehandelt), sondern nur, um die Nichtjuden zu schützen, so wurden die Jüdinnen auch nicht aus Sorge um ihre körperliche Verfassung entlaust. Die Desinfektion war vielmehr als vorbeugende Maßnahme im Interesse aller Nichtjuden im Lager und der Umgebung gedacht. Eine Überlebende, die sich an die Einzelheiten der Entlausung erinnert, faßt die wahren Folgen denn auch so zusammen: »Infolge dieser Aktion sind dann mehrere der Häftlingsfrauen gestorben.« Die jüdischen Häftlinge wurden auf jede erdenkliche Weise diskriminiert. Ihre räumliche Abgrenzung in separaten Baracken verstärkte die vollständige soziale und symbolische Trennung zwischen jüdischen und nichtjüdischen Gefangenen in diesem kleinen Lager. Während die Deutschen den Jüdinnen nicht einmal genügend Bretter und Stroh für Betten zur Verfügung stellten, erhielten die Nichtjuden vor Feiertagen sogar frisches Stroh. Einige der Jüdinnen hingegen mußten auf dem kalten Boden der Baracke schlafen.[44] Der Mangel und das allgemeine Elend ihrer Lebensbedingungen benachteiligte und schwächte sie insbesondere in jener Baracke, in der zusätzlich die Schwerkranken untergebracht waren. Nachts schlossen die Deutschen alle Baracken von außen ab, die jüdischen wie die nichtjüdischen, so daß niemand zu den Latrinen gehen konnte. Eimer in den Baracken dienten als Ersatz. Doch in den jüdischen Unterkünften waren die Eimer zu klein, so daß sie überschwappten und den Boden und das Stroh verunreinigten. Außerdem litten viele jüdische Gefangene so schwer an Ruhr, daß sie die Eimer oft nicht rechtzeitig erreichen konnten. In den Baracken der Jüdinnen roch es daher fürchterlich, und als sei der permanente Gestank noch nicht Strafe genug, prügelten die Aufseherinnen die jüdischen Frauen, einschließlich der Schwerkranken, täglich, weil sie ihre Baracken verschmutzt hatten.[45] Zusätzliche Eimer, die die Ursachen dieser »Bestrafungen« hätten beseitigen können, teilten sie jedoch nicht aus. Eine andere Form der »Bestrafung« war es, die Jüdinnen stundenlang draußen in der Eiseskälte stehen zu lassen: »Strafappell gab es in der Regel dann, wenn über Nacht die Baracke unsauber wurde; das ließ sich aber einfach deshalb nicht vermeiden, weil die Gefäße, die über Nacht aufgestellt waren, einfach nicht für alle Häftlinge ausreichten.« Wie sich diese ehemalige Gefangene erinnert, sind bei derartigen Zählappellen »häufig Häftlingsfrauen ohnmächtig zusammengebrochen. Die einen sind dabei sogar verstorben.«[46] Dieser Bericht erfaßt das Wesentliche an den Lebensbedingungen, die Deutsche hier und anderswo für die Juden schufen: Sie »bestraften« die Juden für etwas, was diese nicht vermeiden konnten, weil die Deutschen selbst dafür sorgten, daß sich an den Umständen nichts änderte.

Im Gegensatz zu den Nichtjuden trugen die Juden nur Lumpen und besaßen vielfach keine Schuhe. Der Lagerkommandant enthielt ihnen angemessene Kleidung und Schuhe bewußt vor, obwohl beides ungenutzt in den Vorratsräumen des Lagers aufbewahrt wurde. Die Nahrung, die die Deutschen den Juden zuteilten, war ein Bruchteil der normalen Rationen: einmal am Tag, nämlich mittags, eine derart schlechte Suppe, daß sie bei den Nichtjuden im Lager schlicht »Judensuppe« hieß. Das war alles. Da die Deutschen oft genug nicht einmal alle Juden versorgten, erhielten einige mitunter gar nichts.[47] Die Juden litten also unter einem ständigen, quälenden Hunger und wußten, daß die Deutschen ihnen gewöhnlich nur eine unzureichende Mahlzeit gaben. Daher warteten sie oft voller Unruhe auf ihre tägliche »Judensuppe«. Die frühere Oberaufseherin des Lagers berichtet von einem Zwischenfall in der Essensschlange und von ihrer brutalen Reaktion auf das verständliche Verhalten der Juden: »Kurz nachdem der Transport aus Grünberg in Helmbrecht[s] angekommen war, stürzten sich die Mädchen ein wenig voreilig auf das vorbereitete Essen. Bei der Essensausgabe ging es immer recht rauh zu, weil diese Frauen einen unmenschlichen Hunger hatten. Diesmal griffen wir acht von ihnen heraus, und ich befahl, sie zur Strafe ohne Essen drei Tage lang im Hof stehen zu lassen (nur nachts sollten sie hereinkommen dürfen). Es war damals außerordentlich kalt und ich glaube, es schneite sogar.«[48] Die Auseinandersetzungen während der Suppenverteilung lieferten den deutschen Aufseherinnen einen weiteren Vorwand, um selbst einen Moment, der eigentlich körperliches Wohlbefinden verhieß, in eine Quelle neuen Elends zu verwandeln: »Beim Essen gab es häufig Krach. Wir hatten jedesmal Angst, das Essen zu holen, weil immer Schläge ausgeteilt wurden.«[49] Selbst die Aussicht auf eine Mahlzeit – ein Gedanke, von dem sie besessen waren, weil unter deutscher Herrschaft Nahrung für Juden das stärkste tägliche Bedürfnis und die wichtigste Voraussetzung für den gleichwohl entmutigenden Überlebenskampf war – erfüllte die Jüdinnen von Helmbrechts mit gemischten Gefühlen.

Obwohl die Jüdinnen angeblich nach Helmbrechts hatten marschieren müssen, um dort zu arbeiten, blieb ihre Arbeitskraft – anders als bei den nichtjüdischen Häftlingen – ungenutzt. In der Waffenfabrik gab es keine Beschäftigung für sie. Allerdings war das auch nicht mehr von Belang, da die Deutschen die meisten dieser Frauen bereits so sehr geschwächt hatten, daß sie ohnehin nicht mehr produktiv hätten arbeiten können.[50]

Die Lageraufseher waren zu allen Gefangenen brutal. Auch die nichtjüdischen Häftlinge berichten, daß sie unter Prügeln zu leiden hatten;[51] verletzten sie die Lagerregeln, so konnten sie den ganzen Zorn eines Aufsehers zu spüren bekommen. Gleichwohl erkannten sie selbst und berichteten dies auch nach dem Krieg, daß die jüdischen Frauen aufgrund ihrer Lebensbedingungen im Lager und den Grausamkeiten des Lagerpersonals weit Schlimmeres zu ertragen hatten. Eine ehemalige russische Gefangene erinnert sich: »Die jüdische Bevölkerung des Lagers wurde noch mehr wie wir mißhandelt, und sie bekamen sehr, sehr wenig zum Essen. Von den Russinnen ist keiner vor Hunger gestorben. Als wir uns nicht an die Lagerreglemente hielten, wurde uns das wenige Essen, das wir kriegten, entsagt. Die Jüdinnen im Lager wurden so viel geschlagen, bis sie bewußtlos waren. Wenn sie wieder bewußt waren, wurden die Kleider abgerissen und mußten sie nackt ins freie stehen bis 7 Uhr.«[52]

Ähnlich schildert eine deutsche ehemalige Gefangene die Situation der jüdischen Häftlinge, wobei sie in diesem Zusammenhang gleichzeitig die völlig andere und bessere Lage der Nichtjuden deutlich macht. Die Juden »wurden in ganz kleine Baracken eingepfercht, auf eisigem Boden mußten sie schlafen. Man nahm ihnen alles ab, oft nur mit dem Hemd bekleidet mußten sie die kalten Wintermonate überstehen. Wir lagen neben den Baracken und konnten nicht schlafen vor lauter Wehklagen, Heulen und Stöhnen, es wa[r] ein furchtbares Martyrium. Das Essen für die Juden war noch schlechter, nichts als Wasserrüben einmal im Tag. Hatten diese Armen nur eine Kleinigkeit von ihrer Habe versteckt, wie liebe Andenken, Photographien usw., wurden sie von den SS-Frauen mit dem Gummischlauch blutig geschlagen und entkleidet und mußten bei dieser brechenden Kälte barfuß tagelang auf dickem Kies stehen. Die Beine waren wie Butterfässer angeschwollen, bis die Ärmsten ohnmächtig vor Schmerzen umfielen. Nach einer kurzen Zeit kamen noch mehr Juden.«[53]

Die Aufseherinnen versuchten, den Jüdinnen auch die letzte menschliche Würde zu nehmen. Sie ignorierten deren lebenswichtige Grundbedürfnisse; sie schlugen sie aus einer bloßen Laune heraus blutig und besinnungslos; sie verboten ihnen auch nur den geringsten persönlichen Besitz, das kleinste Anzeichen einer persönlichen Identität.[54] Die nichtjüdischen Gefangenen behandelten die Deutschen in jeder Hinsicht anders. Wenn auch widerwillig, erkannten sie damit die menschlichen Gemeinsamkeiten an, die sie mit den Nichtjuden verbanden. Juden und Nichtjuden waren strikt getrennt, sogar jedes Gespräch zwischen ihnen war untersagt.[55] Nichtjuden gestatteten die Deutschen den Besitz bestimmter persönlicher Gegenstände, und sie verpflegten sie ausreichend, damit sie stark genug blieben, um produktive Arbeit leisten zu können. Wenn die deutschen Aufseherinnen Nichtjuden prügelten, schlugen sie längst nicht so grausam und brutal zu, wie sie es taten, wenn jüdische Frauen ihre Opfer waren. Im Vergleich zu jenen lebten selbst die russischen Häftlinge, die als die niedrigsten nichtjüdischen »Untermenschen« galten, vergleichsweise angenehm. Messen kann man dies verläßlich wie stets in der NS-Zeit an der Sterberate: Innerhalb mehrerer Monate starb in Helmbrechts nicht eine russische Gefangene an Hunger oder an damit verbundenen Krankheiten.[56] Doch von den Jüdinnen starben in den nur fünf Wochen, die sie dort verbrachten, 44. Wäre diese Rate konstant geblieben – sie wäre wohl eher gestiegen –, ergäbe sich hochgerechnet eine jährliche Sterberate von siebzig Prozent.[57] Diese unterschiedliche Behandlung ging nicht auf einen höheren Befehl zurück. Dafür war das Lagerpersonal selbst verantwortlich. Das folgende Photo zeigt die Leichen ausgezehrter jüdischer Frauen, die die Amerikaner am 18. April 1945, fünf Tage nach Räumung des Lagers, ausgegraben haben.

Der Zwischenaufenthalt der Jüdinnen in Helmbrechts mit der symbolischen wie realen Trennung zwischen ihnen und den Nichtjüdinnen sowie der fortlaufenden Zerstörung der Jüdinnen an Körper und Geist war nur ein Vorspiel zum Todesmarsch von Helmbrechts. Er begann am 13. April 1945, weniger als vier Wochen vor Kriegsende, als die militärische Lage für Deutschland längst hoffnungslos war. Dörr scheint das Lager auf eigene Verantwortung geräumt zu haben, allerdings sind die Einzelheiten dieser Entscheidung ebenso unklar wie der zeitliche Ablauf der Räumung selbst oder der genaue Wortlaut

Die Leichen von 22 jüdischen Frauen, die die Deutschen in Helmbrechts töteten.

von Dörrs Befehlen an die Wachmannschaften. Vor dem Abmarsch sprach er mit einigen Angehörigen des Lagerpersonals: Die Häftlinge seien in drei Gruppen aufzuteilen, die jeweils von einigen männlichen und weiblichen Aufsehern begleitet werden sollten. Das genaue Ziel des Marsches verschwieg er. Die Schwerkranken sollten transportiert werden. Zwar sind seine Anweisungen hinsichtlich der Gefangenen, die zum Weitermarschieren zu schwach waren, nicht eindeutig, allerdings ordnete er an, daß man sie nicht lebend zurücklassen sollte, und ganz sicher hat er den Aufsehern nicht untersagt, sie zu erschießen.[58]

Die Deutschen konnten angesichts des vor ihnen liegenden Weges kaum in guter Stimmung sein. Sie hatten eine Reise vor sich, bei der sie stets einen Schritt vor einer siegreichen Armee, die sie verfolgte, marschieren würden. Die Welt, in der sie während der letzten zwölf Jahre gelebt hatten, eine Welt, in der sie die berauschende Eroberung eines ganzen Kontinents miterlebt hatten und die ihnen auf tausend Jahre versprochen war, zerfiel nun mit jedem ihrer Schritte ein wenig mehr. Ihnen würde ein neues unbekanntes System aufgezwungen werden. Sie standen kurz davor, als ein machtloses und der Gnade ihrer Feinde ausgeliefertes Volk zu enden, und diese Gegner hatten durch deutsche Hand teilweise ein bislang unvorstellbares Maß an

Verwüstung, Elend und Grausamkeit erlitten. Würden sie nun, angesichts des nahenden Kriegsendes und ihrer eigenen bevorstehenden Gefangennahme, erkennen, daß ihre politisch-kulturellen Normen nicht länger angemessen waren? Würden nun alle Häftlinge in ihren Augen letztlich gleich werden? All dies wäre möglich gewesen, doch es geschah nicht. Das ist einer der bemerkenswerten Aspekte der Todesmärsche, und er gilt nicht nur für Helmbrechts.

Vor der Räumung ließ Dörr die Kleidervorräte des Lagers austeilen, und zwar ausschließlich an die nichtjüdischen Gefangenen. Schon vor dieser diskriminierenden Anordnung waren die in Lumpen gehüllten Jüdinnen weit schlechter vor den Unbilden der Witterung geschützt gewesen als die nichtjüdischen Häftlinge. Jetzt waren sie im Vergleich zu den anderen noch verletzlicher. Da ihr Gesundheitszustand ohnehin relativ schlecht war und ihre Entkräftung im allgemeinen weiter fortgeschritten als bei ihren Mithäftlingen, bedeutete die Bevorzugung der anderen, daß ihre Überlebenschancen weiter sinken würden. Und als wäre diese Benachteiligung nicht schon todbringend genug, verschärften die Deutschen die Benachteiligung noch, indem sie den Nichtjuden eine Portion Brot mit etwas Wurst und Margarine zuteilten. Den Jüdinnen aber scheinen sie gar nichts gegeben zu haben.[59]

Unter diesen Bedingungen und ohne präzise Befehle setzten sich die Deutschen mit etwa 580 jüdischen und ungefähr 590 nichtjüdischen Gefangenen in Marsch. Juden und Nichtjuden waren zahlenmäßig fast gleich stark vertreten, doch auf ihrem Weg sollten sie nur Ungleichheit erfahren. Schätzungsweise 47 Deutsche – 22 Männer und 25 Frauen – begleiteten die Häftlinge. Die männlichen Aufseher waren mit Gewehren ausgerüstet und hatten zusätzliche Munition erhalten, ihre Kolleginnen waren mit Stöcken ausgestattet.[60]

Wie in so vielen anderen Phasen deutschen Terrors und deutscher Destruktivität während der NS-Zeit behandelten die Aufseher ihre jüdischen Gefangenen auf diesem – und anderen – Todesmärschen grundsätzlich schlechter als deren nichtjüdische Leidensgenossen, und zwar obwohl sich alle Häftlinge in demselben strukturellen Verhältnis zu den Deutschen befanden; sie waren macht- und hilflos, ohne Rechte und Schutz, den deutschen Herren und ihren Launen vollkommen ausgeliefert.[61] Wie in Helmbrechts, so setzten sich auch auf dem Todesmarsch die nichtjüdischen Häftlinge aus zwei Gruppen zusammen. Die überwältigende Mehrheit waren nichtdeutsche Gefangene, meist russische und polnische Frauen, die die Deutschen nach sieben Tagen im Lager Zwotau in Svatava zurückließen, bevor sie sich von dort aus wieder auf den Weg machten. Von diesen Frauen starb wahrscheinlich nicht eine einzige während des Marsches; gewiß wurden die meisten von ihnen in einem – den Maßstäben der NS-Zeit entsprechend – annehmbaren Gesundheitszustand in ein bei Zwotau gelegenes Lager gebracht. Die zweite Gruppe der Nichtjüdinnen umfaßte die 25 deutschen Häftlinge. Sie nahmen bis zum Ende an dem Marsch teil, allerdings nicht nur als Gefangene, sondern auch als Bewacherinnen: Die Aufseher von Helmbrechts griffen sie aus den Reihen der Häftlinge heraus, ließen sie an der Seite marschieren und machten sie damit zumindest zeitweise von Gefangenen zu Aufsehern. In dieser neuen »Stellvertreter«funktion sorgten sie, wenigstens zeitweise, dafür, daß keine Jüdin entfloh: »Es ist richtig, daß wir deutschen Häftlinge selbst an den Seiten der marschierenden Kolonne zu gehen hatten, um auf die anderen Häftlinge mit aufzupassen.«[62]

Deutsche Häftlinge, die man ihrer Taten wegen eingesperrt hatte, die persönlich gegen die Regeln des Regimes verstoßen hatten, blieben in den Augen ihrer Aufseher trotz allem deutsche »Volksgenossen« und Blutsverwandte. Als solche standen sie so hoch über den Juden, deren einziges Verbrechen ihre Geburt war, daß man ihnen Aufgaben im Rahmen der zunehmenden mobilen Vernichtung der Juden übertragen konnte. Die Deutschen ließen die Nichtjüdinnen – nachdem sie weit weniger als die Jüdinnen hatten leiden müssen – entweder bald zurück oder machten aus ihnen Aufseherinnen. Für die Jüdinnen und nur für sie wurde der Marsch von Helmbrechts zu einem *Todes*marsch.

Der Marsch selbst verlief in drei Kolonnen, die jede über ihr eigenes Kontingent an Bewachern verfügten. Es gab auch »Krankentransporte«, Pferdewagen, auf denen die schwächsten Jüdinnen transportiert wurden. Ihre Zahl wird von einer jüdischen Überlebenden auf 180 bis 200 beziffert, wobei man sie wie Sardinen in einer Dose zusammengepfercht hatte.[63] Im Durchschnitt legten sie etwa fünfzehn Kilometer am Tag zurück; die üblichen täglichen Marschleistungen konnten zwischen acht und mehr als zwanzig Kilometern schwanken.[64] Die Route verlief relativ direkt.

Wie in den Lagern so setzten die Deutschen auch auf den Märschen alles daran, den Juden jeden Moment ihres Lebens qualvoll und todbringend zu gestalten. Wie in den Lagern war das Leiden auch hier fast immer überflüssig. Die allgemeinen Bedingungen auf dem Weg – das Marschieren, die Kleidung, das Essen und das Schlafen – lassen vermuten, daß die Aufseher den Zweck des Marsches, was immer die vorgesetzten Stellen im Sinn gehabt haben mochten, darin sahen, Juden zu entwürdigen, sie zu verletzen, ins Elend zu stürzen und zu töten. Die Deutschen, die den Marsch begleiteten, fällten bewußt und wiederholt Entscheidungen, die ausschließlich diese Ziele verfolgten.

Von Helmbrechts nach Prachatice

Deutsches Reich in den Grenzen von 1937

Sudetenland, am 1. Oktober 1938 eingegliedert

Protektorat Böhmen und Mähren, am 16. März 1939 angegliedert

Todesmarsch von Helmbrechts, 293 Kilometer

Die Jüdinnen hatten Helmbrechts in einem erbärmlichen Zustand verlassen: krank, unzulänglich bekleidet und ohne Verpflegung. Auch während des Marsches verhinderten die Deutschen systematisch, daß die jüdischen Frauen Kleidung und Nahrung in ausreichendem Maße bekamen. Normalerweise erhielten die Jüdinnen nur einmal täglich, mal zu Mittag, mal am Abend nach Erreichen des Tagesziels ein wenig zu essen. Es gab auch Tage, an denen man ihnen sogar das wenige vorenthielt. Die Verpflegung war vollkommen unzureichend, an manchen Tagen bestand sie aus ein wenig Brot oder Suppe oder einer winzigen Portion Kartoffeln. Die Aussagen, ob von jüdischen Überlebenden, besser verpflegten deutschen Gefangenen, Zuschauern oder selbst Aufsehern, über die Qualität der Ernährung und den körperlichen Zustand dieser Frauen sind umfassend, erschütternd und stimmen weitestgehend überein: Die Deutschen gaben den jüdischen Frauen im Grunde genommen nichts zu essen, so daß der Hunger sie förmlich aufzehrte – bis zum Hungertod. Als sie einmal an einem Haufen Tierfutter vorbeikamen, stürzten sich die verzweifelten Frauen darauf, obwohl es bereits angefault und sogar als Tiernahrung nicht mehr zu verwenden war.[65] Ihre Entbehrungen waren so groß, daß sie dazu übergingen, regelmäßig Gras zu essen.[66] An den letzten beiden Tagen des Todesmarsches, als die Frauen, denen es gelungen war, so lange durchzuhalten, gerade noch am Leben waren, zwang man sie nahezu ohne Verpflegung zu einem vollen Tagesmarsch. Am Donnerstag, dem 3. Mai, dem vorletzten Tag, erhielten sie nach Aussage der deutschen Oberaufseherin »ein Glas wässriger Suppe, danach bekamen sie bis Freitagmittag nichts mehr, und dann gab es auch nur drei kleine Kartoffeln und ein halbes Glas Milch«.[67] Diese »Henkersmahlzeiten« – und das gilt für die Rationen während des ganzen Marsches – waren offensichtlich nicht geeignet, die Gesundheit der Frauen aufrechtzuerhalten, geschweige denn auch nur eine größere Zahl von ihnen am Leben zu lassen.

Weshalb gaben die Deutschen den jüdischen Frauen nicht mehr als Hungerrationen? Mit dem Chaos und der allgemeinen Nahrungsmittelknappheit jener Zeit hat das ebensowenig zu tun wie mit dem weitverbreiteten Unwillen ortsansässiger deutscher Bürger, Lebensmittel an jüdische »Untermenschen« abzugeben. Selbst wenn es Essen im Überfluß gegeben hätte, selbst wenn die Jüdinnen durch ein Paradies marschiert wären, hätten die deutschen Aufseher ihnen dennoch nicht gestattet, ihren Hunger zu stillen und sich vor den verheerenden Auswirkungen von Hunger und Krankheit zu schützen. Wie es aussieht, hinderten sie die Jüdinnen aktiv und energisch daran, *vorhandene* Nahrung, die ihnen sogar großzügig angeboten wurde, anzunehmen – und zwar während des gesamten Marsches.

Schon am ersten Tag des Marsches bewiesen die Deutschen ihre Entschlossenheit, die Jüdinnen erst in wandelnde Gerippe und dann in Leichen zu verwandeln. Die Frauen waren bereits so schwach, daß sie wankten und von anderen gestützt werden mußten, damit sie überhaupt vorankamen. Einige Kilometer außerhalb von Helmbrechts, in Ahornberg, reagierten deutsche Zivilisten auf die flehentlichen Bitten der jüdischen Frauen um Essen und Wasser. Sofort traten die Aufseher dazwischen. Am achten Tag des Marsches legte die Kolonne eine kurze Pause in Sangerberg ein. Die Jüdinnen machten den umstehenden Einwohnern deutlich, daß sie an Hunger litten: »Einige Frauen aus Sangerberg versuchten hierauf, Häftlingen etwas Brot zukommen zu lassen. Die in der Nähe befindlichen SS-Aufseherinnen unterbanden dies aber sofort. Ein männlicher Wachtposten drohte einer der Frauen, die Brot verteilen wollte, sie zu erschießen, falls sie nochmals den Häftlingen Verpflegung zukommen lasse. Ein Wachtposten schlug in 2 Fällen mit dem Gewehrkolben auf Gefangene ein, die Nahrungsmittel nehmen wollten. Eine Aufseherin warf Brot, das für die Häftlinge bestimmt war, Hühnern vor.«[68] Am Vortag hatten die Deutschen den jüdischen Frauen nach einem vollen Tagesmarsch überhaupt nichts zu essen gegeben. In der darauffolgenden Nacht war ein Dutzend Frauen an Hunger und Kälte (die Frauen schliefen im Freien) gestorben. Das war der Hintergrund, vor dem die deutschen Aufseher sich dafür entschieden, das Brot nicht an die hungernden Frauen, sondern an die Hühner zu verteilen.

Die Aufseher versuchten während des gesamten Marsches, die Ernährung der Jüdinnen auf ein Mindestmaß zu reduzieren – mit Erfolg. Am sechzehnten Tag, nach einem Marsch von fast zwanzig Kilometern, gestatteten sie den jüdischen Frauen zwar ein wenig Suppe, die Einwohner von Althütten für sie vorbereitet hatten, untersagten ihnen aber, irgendwelche anderen Speisen anzunehmen. Am 21. Tag des Marsches, als die Amerikaner sie bereits einholten und das Ende unmittelbar bevorstand, erlaubten die Aufseher den Ortsansässigen, diesmal in Volary, wieder nicht, den Jüdinnen etwas zu essen zu geben. Das Wachpersonal prügelte jede, die versuchte, etwas zu erhaschen.[69]

Die Jüdinnen litten nicht nur ständig Hunger, sondern auch unter Durst und Austrocknung. Die Deutschen ließen sie kaum etwas trinken, obwohl Wasser leicht zu bekommen war: »Wenn wir an Flüssen vorbeikamen, trieben uns die Aufseher weiter, ohne uns zu erlauben zu trinken.«[70] Sogar die Bewacher gaben zu, daß die jüdischen Frauen dem Hungertod nahe waren und sie selbst den Marsch mit so wenig Nahrung nicht hätten durchhalten können. Sie räumten auch ein, daß sie gleichwohl nicht versucht hätten, den Frauen Nahrung und Wasser zu besorgen. Eine der Aufseherinnen, Frau Hegel, erinnert sich: »Ich habe niemals zusätzliche Mahlzeiten für die Frauen besorgt, obwohl dies in meiner Macht gelegen hätte.«[71]

Nach einem langen Tagesmarsch, bei dem die Deutschen den erschöpften Frauen keine ausreichenden Ruhepausen gestattet hatten, erreichten sie das Tagesziel, den Rastplatz für die Nacht. Doch selbst die Nacht – normalerweise die Gelegenheit zu einem erholsamen Schlaf – war eine zweischneidige Angelegenheit, die für die Jüdinnen

410

ganz eigene Gefahren barg: Ungeheizte Ställe waren noch die beste Übernachtungsmöglichkeit, jedenfalls ungleich besser als die Alternative, für die die Deutschen sich so häufig entschieden, wenn sie die Frauen unter dem frostigen Aprilhimmel im Freien schlafen ließen. Zu dem körperlichen Leid, die eine Nacht unter diesen Umständen mit sich brachte, kamen die Schreie und das Wehklagen ihrer hungernden, kranken, verwundeten und frierenden Leidensgefährtinnen hinzu. Nach einer solchen Nacht standen einige Frauen am Morgen oft nicht mehr auf, gestorben an der Kälte und den Entbehrungen.[72]

Die Deutschen weigerten sich nicht nur konsequent, den Jüdinnen zu gestatten, verfügbares Wasser und Essen entgegenzunehmen; Dörr zwang sie außerdem des öfteren, die Nacht im Freien zu verbringen, obwohl Unterkünfte vorhanden gewesen wären. Nach der Ankunft in Čistá (Lauterbach) am Ende des siebenten Marschtages schlug der Bürgermeister vor, die jüdischen Frauen in einem Saal unterzubringen, der als Quartier für eine größere Gruppe weiblicher Hilfskräfte der Wehrmacht vorbereitet worden war, auf die man aber vergeblich gewartet hatte. Dörr wies dieses Angebot zurück und zwang die jüdischen Frauen, die Nacht ungeschützt auf einem Sportplatz zu verbringen. Einige Bewohner des Ortes erinnern sich daran, daß es in jener Nacht sehr kalt war, am Morgen habe Rauhreif gelegen. Die Frauen waren vollkommen übermüdet, erschöpft und jammerten die ganze Zeit. Am nächsten Morgen waren zwölf von ihnen erfroren.[73] Mindestens dreimal während dieses Todesmarsches verweigerte es Dörr den jüdischen Frauen, in geschlossenen Räumen zu übernachten, obwohl sie ihnen angeboten worden waren.[74]

Sich das Elend dieser Frauen vorzustellen, wie sie sich oft barfuß über frostkalte Straßen schleppten, ist kaum möglich. Jeder qualvolle Schritt verhieß nur den nächsten, jeder Tag war so schmerzerfüllt wie der vorausgegangene. Für die Frauen war weder ein Ziel noch ein Ende dieses Marsches in Sicht. Jeder Schritt forderte von ihnen, all ihre Kraft zusammenzunehmen, denn sie waren bestenfalls apathisch in ihrem abgezehrten und kranken Zustand. Jeden Morgen erwachten sie mit nagendem Hunger, mit geschwollenen und vereiterten Füßen, mit steifen Gliedern und offenen Wunden, die nicht mehr heilen wollten. Sie wußten, daß ein ganzer Tagesmarsch vor ihnen lag und daß ihre Peiniger ihnen kaum Gelegenheit zum Ausruhen geben würden. Wenn es schließlich Abend würde, bekämen sie vielleicht einige Bissen Nahrung und würden dann in einen fiebrigen, schmerzerfüllten Halbschlaf fallen, nur um am nächsten Tag diesen Kreislauf des Schreckens zu wiederholen. So sah ein »normaler« Tag aus. Natürlich waren manche besonders hart, wenn beispielsweise Steigungen von einigen hundert Metern Höhenunterschied zu überwinden waren oder die Frauen mit unzureichend geschützten Füßen oder barfuß über schneebedeckten Boden laufen mußten. Mitunter waren sie auch alliierten Luftangriffen ausgesetzt oder mußten neue Wunden hinnehmen.

Die Zustände auf diesem Marsch hätten in die Vorstellungswelt eines Dante gepaßt; es war eine Reise hinab durch alle Kreise der Hölle. Doch als sei das Leben der Jüdinnen durch unzureichende Verpflegung, Erschöpfung und Naturgewalten nicht schon mehr als bedroht, als sei diese Reise zur Hölle auf Erden noch nicht alptraumhaft genug, fügten die Deutschen den Frauen noch zusätzliche Qualen zu. Sie steigerten den Schrecken, indem sie ihre erprobtesten Ausdrucksmittel anwandten: Stöcke und Gewehre.

Die Aufseherinnen waren nicht ohne Grund mit langen Stöcken ausgestattet, und ihre männlichen Kollegen hatten Gewehre mit handlichen Kolben nicht nur für Notfälle dabei. Sie folgten einem ungeschriebenen Gesetz – ein Stock in der Hand muß auch eingesetzt werden – und prügelten die jüdischen Frauen oft und gnadenlos. Aussagen, die dies bestätigen, stammen erneut von den unterschiedlichsten Augenzeugen und sind im wesentlichen eindeutig.

»Selbstverständlich« begannen die Prügeleien bereits am Tag des Abmarschs. Wie so häufig in der höllengleichen Welt, die die Deutschen für die Juden geschaffen hatten, nutzten sie Neuanfänge und Momente des Übergangs zu symbolischer und physischer Grausamkeit, als wollten sie den Opfern deutlich machen, wie elend ihr Status und ihre Verfassung noch werden würden: »Ich habe gesehen, daß Willi Rust auf dem 13. April 1945, während die Vorbereitungen der Evakuierung. (sic!) Viele (sic!) Kranke mit Holzbrett geschlagen hat.«[75] Die Bewacher der sozial Toten fühlten sich immer wieder veranlaßt, den Status quo zu bekräftigen, damit jene nicht glaubten, daß eine bedeutsame Veränderung ihrer sozialen Stellung und ihrer Lebensumstände bevorstehe.[76]

Die Deutschen schlugen aus jedem erdenklichen Anlaß, und sie prügelten grundlos. Sie schlugen die jüdischen Frauen, weil sie krank waren. Sie verprügelten sie, weil sie sich zu schleppend fortbewegten – eine Reaktion auf ihre Langsamkeit, die kaum geeignet war, ihre bereits stark eingeschränkte Fähigkeit, Schritt zu halten, zu verbessern.[77] Wenn die Bewohner mancher Orte versuchten, den Jüdinnen Lebensmittel zuzustecken, schlugen die Aufseher auf die Jüdinnen ein, nicht auf die Menschen, die ihnen das Essen gegeben hatten. Bemühten sich die jüdischen Frauen, ihre Lage auf noch so harmlose und verständliche Weise zu verbessern, wurden sie dafür fürchterlich zugerichtet: »Ich hielt einmal an, um eine verfaulte Kartoffelschale aufzuheben. Sofort kam ein Aufseher herbei und schlug mich auf den

Kopf. Er benutzte dafür den Kolben seines Gewehrs, und ich bekam eine Platzwunde am Kopf, die anfing zu bluten. Ich erhielt daraufhin keinerlei medizinische Behandlung. Der schmutzige Lappen, den ich mir daraufhin um meinen Kopf wickelte, verursachte bald eine Entzündung der Wunde.«[78] Alle Aufseher, Männer und Frauen, schlugen ausnahmslos auf die unglücklichen Jüdinnen ein. Eine Überlebende erinnert sich: »Alle Aufseherinnen hatten Stöcke und Keulen, von denen sie nach Gutdünken bei der geringsten Angelegenheit Gebrauch machten.«[79] Die Aufseherin Hegel bestätigte dies kurz nach ihrer Festnahme durch die Amerikaner: »Alle weiblichen ›SS‹-Aufseherinnen trugen Stöcke bei sich, und alle prügelten die Mädchen.«[80] Und eine andere Aufseherin bekennt: »Ich schlug die Frauen oft und hart. Ich gebrauchte dazu meine Hände und manchmal auch irgend ein Werkzeug. Zwischen Zwotau und Wallern schlug ich ein Mädchen ganz brutal, so daß sie am nächsten Tag starb.«[81] Die weitschweifige Antwort dieser Aufseherin auf die Bitte ihres Vernehmungsoffiziers hin, ihm doch »Einzelheiten von Vorfällen während des Marsches« zu schildern, gibt einen Eindruck von diesem Marsch und dem Verhalten der Deutschen:

»Jensen, Koslowski, Wagner und Riedl erschlugen drei oder vier Mädchen, weil sie sich auf einen Haufen verdorbener Runkelrüben gestürzt hatten ... [82] Ich hörte Koslowski jeden Abend über die Anzahl der Mädchen sprechen, die er am Tag erschossen hatte. Ich weiß nicht, wie viele es insgesamt waren, aber gewöhnlich handelte es sich um zwei bis vier an jedem Tage. Koslowski erzählte mir einmal, daß Wagner bei der Erschießung einiger Frauen geholfen hatte. Ich sah Dörr wiederholt äußerst brutal schlagen. Einmal, so erinnere ich mich, ist ein Mädchen unter seinen Schlägen sofort zusammengebrochen. Schmidt, Schäfer und Reitsch waren sehr brutal in ihrer Behandlung der Mädchen. Ich sah das zwar nicht selbst, aber es war das allgemein unter den Aufsehern die Rede. Einmal sah ich auch Hegel ein Mädchen brutal mit einem Stock schlagen. Ich weiß jedoch nicht, was aus diesem Mädchen wurde, weil ich damals gerade wegmußte.«[83]

Sich selbst eingeschlossen, nennt diese Aufseherin zehn der 41 Bewacher mit Namen.

Wie ihre Darstellung belegt, starben die jüdischen Frauen nicht nur an den Entbehrungen oder gar den gnadenlosen und brutalen Schlägen: Die Deutschen erschossen Jüdinnen, wann immer es ihnen gefiel. Einige der Hinrichtungen wurden von Dörr oder der Oberaufseherin Hegel angeordnet. Doch jeder oder jede Deutsche durfte die Frauen nach Belieben ermorden (auch wenn nur die Männer Gewehre zur Hand hatten). Frau Hegel gibt einen Überblick über die Tötungen:

»Jeder Aufseher entschied eigentlich auf eigene Faust, wer zu erschießen war, doch hatte der Leiter einer jeden Kolonne die Autorität,
den ihm unterstehenden Aufsehern zu befehlen, keine Gefangenen zu
erschießen – dies kam jedoch nicht vor. Duerr [sic] erteilte jedoch
niemals den Befehl, daß keine zu erschießen sei, obwohl dies in seiner Macht gelegen hätte. Ich weiß nicht, wie viele jeden Tag erschossen wurden, aber meiner Kenntnis nach waren es im Durchschnitt
zwischen sechs und acht. Diese Frauen wurden einzig und allein deshalb erschossen, weil sie zu schwach waren, sich fortzubewegen –
sonst hatten sie sich überhaupt nichts zuschulden kommen lassen.«[84]

Obwohl die Deutschen wußten, daß sie den Marsch nicht ewig fortsetzen konnten, entschieden sie sich nie dafür, die Morde einzustellen; statt dessen töteten sie voller Eifer bis zum letzten Augenblick
jüdische Frauen. Tatsächlich zeichneten sich die letzten Szenen dieses Todesmarsches nicht durch Reue, sondern durch bestimmte symbolische Handlungen der Deutschen aus, die zu der konsequenten
Nahrungsverweigerung noch hinzukamen.
    Am 4. Mai schnappte die Falle zu; die Deutschen konnten nicht
mehr ausweichen, ohne auf feindliche Kräfte zu treffen. Als sie erkannten, daß ihre Gefangennahme unmittelbar bevorstand, beschlossen sie, die jüdischen Frauen einfach zurückzulassen, allerdings erst,
wenn sie sie über die Grenze in das damalige »Protektorat Böhmen
und Mähren« gebracht hätten. Die, die noch laufen konnten, ließen
sie nach Prachatice (Prachatitz), der damaligen deutschen Grenzstadt,
etwa fünfzehn Kilometer nordöstlich von Volary marschieren. Einige
der Schwerkranken luden sie auf Wagen, die von einem Traktor ebenfalls dorthin gezogen wurden. Unterwegs griff ein amerikanisches
Flugzeug diese Wagen an; eine schwangere Aufseherin wurde dabei
getötet – der Vater des Kindes war einer der Aufseher –, zwei weitere
wurden verwundet.
    Die folgenden Ereignisse sind aufgrund der widersprüchlichen und
verschwommenen Aussagen unklar. Unumstritten ist jedoch, daß die
Deutschen viele Jüdinnen töteten, wenn auch nicht sicher ist, wie und
wann. Nachdem das Flugzeug abgedreht hatte und der Schaden an
Leib und Leben der Deutschen sichtbar wurde, gerieten einige der
Aufseher so in Raserei, daß sie plötzlich mitten in die Masse der erschöpften Jüdinnen schossen. Die hilflosen Frauen hatten nichts getan.
    Das Chaos während des Luftangriffs hatten einige Jüdinnen zur
Flucht genutzt. Die Überlebenden auf den Anhängern aber waren fast
alle zu schwach, um ähnlich zu reagieren und sich so ihren Henkern
zu entziehen. Da sie nun nicht mehr weitermarschieren konnten,

sperrten die Deutschen diese jüdischen Frauen in einen nahe gelegenen Stall, wo sie das Pech hatten, von den drei Aufsehern bewacht zu werden, die als die wütendsten Mörder im Wachpersonal bekannt waren. In zwei Schüben metzelten sie die Frauen nieder. Zunächst ermordeten sie zwölf von ihnen. Das zweite Massaker, das am Tag nach dem Luftangriff stattfand – am selben Tag also, an dem die anderen Überlebenden von Helmbrechts freigelassen wurden –, wird im Gerichtsurteil so geschildert: Die drei »Volksdeutschen« zerrten die jüdischen Frauen aus dem Stall, marschierten mit ihnen bergauf durch einen Wald, als wollten sie ihnen auch noch ihre letzte Kraft rauben. Nach einer halben Stunde unaufhörlicher Kletterei begannen die Frauen zu ermüden. Wer den Aufstieg nicht fortsetzen konnte, wurde nach und nach von den Männern erschossen, bis schließlich vierzehn der siebzehn Frauen tot waren. Jene drei, die noch stehen konnten, ließen die Aufseher schließlich frei. Das geschah am 5. Mai. Einen Tag später wurde die gesamte Gegend von der US-Armee besetzt.[85]

Die Jüdinnen, die noch laufen konnten und die den Luftangriff nicht zur Flucht genutzt hatten, setzten währenddessen den Marsch nach Prachatice fort. Unterwegs ermordete ein Aufseher eine jüdische Frau durch einen Kopfschuß. Am folgenden Tag ließen die Deutschen die Häftlinge von Prachatice aus ohne Begleitung die anderthalb Kilometer zur vorläufigen tschechischen Grenze marschieren. Die Jüdinnen überschritten die politische und moralische Demarkationslinie und wurden von tschechischen Dorfbewohnern aufgenommen. Ihre qualvolle Reise war zu Ende.

Nur ein Teil der schwerkranken Jüdinnen war auf den verhängnisvollen Anhängern nach Prachatice gelangt. Die meisten wurden in Volary von den amerikanischen Streitkräften befreit. Sie waren dort geblieben, weil die zu ihrer Bewachung zurückgelassenen Deutschen, als sie von dem Luftangriff gehört hatten, sich keinem ähnlichen Risiko aussetzen wollten. Zwanzig Jüdinnen kamen zwischen dem 3. und dem 5. Mai in Volary um, zwei weitere starben noch am 6. Mai, dem Tag der Befreiung durch die Amerikaner. Vier überlebten trotz aller medizinischen Hilfe die nächsten Tage nicht.[86] Ihr Zustand war so elend, so unglaublich, daß der untersuchende Arzt schrieb: »Auf den ersten Blick schockierte mich der Anblick dieser Menschen zutiefst. Ich hatte mir nie auch nur vorstellen können, daß Menschen derart erniedrigt werden können, daß jemand so verhungert und abgemagert sein kann und selbst unter diesen Umständen noch lebt.« Die entsetzliche und detaillierte Beschreibung der jüdischen Überlebenden am Anfang dieses Kapitels bezieht sich auf diese Frauen.

Der Todesmarsch von Helmbrechts endete also für die Jüdinnen auf unterschiedlichste Weise: Bei mindestens zwei verschiedenen

Massakern kamen 26 von ihnen um, eine wurde erschossen, einige konnten im Schutze des amerikanischen Luftangriffs in die Freiheit fliehen. Die Mehrheit wurde schließlich freigelassen und in die Tschechoslowakei geschickt, die schwächsten unter ihnen wurden von den Deutschen einfach in Volary liegengelassen und dem Tod überantwortet.[87] Selbst als der Nationalsozialismus in seinen letzten Zügen lag, wurde die bezeichnende Unterscheidung zwischen Juden und Nichtjuden aufrechterhalten: Alois Dörr, der die Juden haßte und ein stolzer Vollstrecker des Völkermords war, entließ die deutschen Häftlinge von Helmbrechts voller Fürsorge – er besorgte ihnen aus der deutschen Kreisbehörde in Prachatitz neue Personalpapiere.[88]

Der Todesmarsch von Helmbrechts begann und endete mit einem Blutbad. Am ersten Tag des Marsches erschossen oder erschlugen die Deutschen zehn Jüdinnen. An den letzten beiden Tagen töteten sie 27. Wie viele Jüdinnen insgesamt in den 22 Tagen, die der Marsch dauerte, und in den darauffolgenden Tagen umkamen, läßt sich nicht genau feststellen. Ein bundesrepublikanisches Gericht spricht in einem Urteil von 178 Toten – 129 Todesfälle durch Verhungern, Krankheit und Erschöpfung und 49 durch Schläge und Erschießungen.[89] Höchstwahrscheinlich liegt die Zahl der Toten sogar höher und beträgt etwa 275.[90] Selbst der äußerst vorsichtigen Schätzung des Gerichts zufolge starben in wenig mehr als drei Wochen dreißig Prozent der Jüdinnen. Der amerikanische Arzt, der einige der Überlebenden untersuchte, stellte fest, daß die Hälfte spätestens 24 Stunden nach seiner Ankunft gestorben wäre, hätte man sie nicht gerettet und intensiv mit lebenserhaltenden Maßnahmen medizinisch versorgt.[91] Mit ziemlicher Sicherheit wären fast alle innerhalb weniger Tage gestorben. Bei Märschen dieser Art ist es daher sinnlos, von einer »Sterberate« zu sprechen, deren Berechnung sich üblicherweise auf ein Jahr bezieht. Dieser Marsch war nichts anderes als ein »Todesmarsch«, ein deutscher Vernichtungsmarsch. Hätte er zwei Monate gedauert, wären ihm – selbst wenn man die vom Gericht akzeptierten niedrigen Zahlen zugrunde legt – alle Jüdinnen zum Opfer gefallen. Das Tempo der Vernichtung übertraf daher alle anderen deutschen Institutionen, selbst die Lager, wenn man von den reinen Vernichtungslagern einmal absieht.

416

KAPITEL 14

Marschieren – wohin und wozu?

Wie kann man die Geschehnisse des Marsches von Helmbrechts und aller anderen Todesmärsche verstehen? Warum führten die Deutschen die jüdischen Frauen bei diesem bizarren Marsch von Helmbrechts ins Nirgendwo? Warum blieben sie bei den Juden, töteten und quälten sie bis zum letzten Augenblick, obwohl der Krieg eindeutig verloren war und das Hin und Her dieses Marsches Deutschlands Schicksal in keiner Weise mehr beeinflussen konnte? Warum gaben sie dieses offensichtlich sinnlose Unternehmen nicht auf und riskierten statt dessen ihre eigene Gefangennahme? Welchen Sinn konnten sie in all dem noch entdecken?

Die Begleitumstände des Marsches, die Behandlung der Häftlinge durch die Deutschen und die Zeugnisse der Täter selbst lassen darauf schließen, daß der Todesmarsch, auf dem sich die Juden im Wortsinn zu Tode marschierten, reiner Selbstzweck war. Doch bleibt die Frage: Wie faßten die Deutschen selbst ihr Tun auf?

Wie die Befehle der Deutschen genau aussahen, ist unklar; einige Aussagen kann man dennoch treffen. Dörr evakuierte das Lager aufgrund eines Dauerbefehls zur Räumung, sobald die Amerikaner sich nähern sollten. Dachau, das ursprünglich vorgesehene Ziel, war unerreichbar geworden, weil die US-Armee es schon besetzt hatte. Deshalb wurde der Marsch unterwegs durch einen neuen Befehl nach Österreich umgeleitet. Dörr dürfte außerdem eine grundsätzliche Anordnung erhalten haben, eine Gefangennahme zu vermeiden, was nicht weiter bemerkenswert ist. Er selbst befahl höchstwahrscheinlich, Nachzüglerinnen zu erschießen,[1] obwohl widersprüchliche Aussagen darüber vorliegen, welche Instruktionen er seinen Aufsehern *zunächst* für die Behandlung der nicht mehr gehfähigen Frauen gab. Außerdem verbot er ausdrücklich jeden Kontakt zwischen den jüdischen Frauen und der örtlichen Bevölkerung. Nachdem der Marsch einmal begonnen hatte, hatten Dörr und sein Wachpersonal keine Verbindung mehr zu den vorgesetzten Stellen. Da sie keiner festgelegten Route folgten, mußten sie sich ihren Weg zu ihrem unbestimmten Ziel gleichsam ertasten. Sie verfügten nicht einmal über eine Land-

417

karte.[2] Wie immer die allgemeinen Anordnungen auch gelautet haben mögen – diese Deutschen waren praktisch auf sich selbst gestellt. Ein Aufseher stellt dazu fest: »Auf dem ganzen Marsch war dem Wachpersonal nicht bekannt, wohin wir marschieren sollten.«[3] Deshalb mußten sich die Aufseher ständig den Gegebenheiten anpassen und immer wieder improvisieren. Es war an ihnen zu entscheiden, was mit ihren Gefangenen geschehen sollte, wie sie zu behandeln und zu ernähren waren, ob die Jüdinnen am Leben blieben oder starben.

Die Befehle, die die deutschen Aufseher erhielten, waren in vielerlei Hinsicht unklar. Eine wichtige Ausnahme gab es allerdings: Am zweiten Marschtag erfuhren sie, daß die höchste vorgesetzte Stelle *ausdrücklich befohlen hatte, die Juden nicht zu töten.* Sie hatten also den verbindlichen Befehl, die jüdischen Frauen menschlich zu behandeln.

An diesem Tag erreichte sie ein SS-Untersturmführer, der als Himmlers Kurier Dörr eine direkte Anweisung zur Behandlung der Gefangenen überbrachte. Zunächst fragte der SS-Offizier, wie viele Gefangene Dörr und die Begleitmannschaft bereits getötet hätten, wobei nicht bekannt ist, welche Zahl Dörr ihm nannte. Daraufhin teilte er Dörr mit, Himmler habe *ausdrücklich verboten,* weitere Juden umzubringen. Himmler verhandelte bereits mit den Amerikanern und wollte nicht, daß weitere Morde seine Bemühungen vereitelten. Des weiteren ordnete der Kurier an, die SS-Frauen sollten ihre Stöcke ablegen. Bei drohender Gefangennahme seien außerdem die Lagerakten zu vernichten.[4] Schließlich sollten sie *keine* weiteren Jüdinnen töten, sondern sie statt dessen in den Wäldern freilassen.

Himmlers Befehle wurden auch den Aufsehern des Todesmarsches mitgeteilt. Einer von ihnen berichtet, der Beauftragte habe selbst mit ihnen gesprochen: »Wir Wachmannschaften mußten uns versammeln und dieser Untersturmführer erklärte uns, daß er Adjutant bei Himmler sei. Er sagte weiterhin, daß Verhandlungen mit den amerikanischen Truppen gepflogen werden und die Häftlinge human behandelt werden müssen. Dieser Untersturmführer fuhr dann fort und erklärte, daß Himmler Befehl gegeben habe, keine Häftlinge mehr zu erschießen. Er verbot den Wachmannschaften auch, daß sie Holzstöcke tragen, wie es bei uns der Fall ist.«[5] Ob nun der Untersturmführer oder Dörr persönlich mit der Wachmannschaft sprach, ist umstritten.[6] Die wichtigsten inhaltlichen Punkte sind allerdings eindeutig: Es wurde den Deutschen *untersagt,* weitere Juden zu töten.

Selbst wenn sie Himmlers ausdrücklichen und bindenden Befehl, mit den Juden anständig umzugehen, nicht erhalten hätten, entbehrt

418

die Handlungsweise der Deutschen jeder vordergründigen Rationalität. Sie ließen Frauen in den Tod marschieren, die kaum noch gehen konnten; sie enthielten Frauen Nahrung vor, die so ausgemergelt waren, daß Augenzeugen kaum glauben konnten, daß diese Menschen überhaupt noch lebten; sie zwangen die nur in Lumpen gekleideten Jüdinnen, denen jedes schützende Körperfett fehlte, bei winterlichen Temperaturen im Freien zu schlafen. Sie prügelten Menschen, die kaum eine Hand zur Selbstverteidigung heben konnten. Die Vorstellung, sie brächten diese Menschen zu irgendeinem Ziel, wo man sie zur Arbeit einsetzen würde, war lächerlich. Denn schon bevor sie Helmbrechts verließen, waren die jüdischen Frauen so geschwächt, daß sie nicht mehr hätten arbeiten können. Nach den Entbehrungen und Brutalitäten des Marsches waren selbst die, die ihn überlebten, halb tot. Auch wenn die Deutschen nicht gegen einen bindenden Befehl verstoßen hätten, die Juden nicht zu töten, sondern sie human zu behandeln, kann man ihre vielfältigen grausamen und todbringenden Handlungen nur als Ausdruck ihrer innersten Wünsche ansehen. Vor dem Hintergrund des Himmler-Befehls verletzten sie außerdem ihre Pflicht, als sie dennoch mordeten und Grausamkeiten verübten. Diese Deutschen entschlossen sich also, gegen ihre Befehle, gegen die Autorität und gegen jede Vernunft so zu handeln, wie sie es taten – bewußt und freiwillig.

Ihr Voluntarismus bedeutete jedoch nicht, daß sie gleichmäßig tödlich und grausam vorgegangen wären. Die wenigen deutschen Gefangenen behandelten sie gut und setzten sie sogar als Bewacher der jüdischen Frauen ein. In Svatava (Zwotau) ließen sie nach sieben Marschtagen alle nichtjüdischen Gefangenen mit Ausnahme der wenigen Deutschen zurück. »Gerade diese Häftlinge waren in einem verhältnismäßig guten Zustand. Sie waren gehfähig«,[7] beschreibt ein Aufseher die bevorzugten Nichtjuden. Die Deutschen gaben also eben jene Gefangenen auf, die gesund waren und hätten arbeiten können, wenn die Deutschen wirklich die Absicht – und eine realistische Chance – gehabt hätten, diese Arbeiter für das wankende Reich zu erhalten. Die Deutschen folterten und mordeten nicht blindlings; ihr Handeln war nicht Ausdruck sadistischer oder grundsätzlich brutaler Persönlichkeiten, die bei jedem potentiellen Opfer Befriedigung suchten. Ihre Grausamkeit und ihr Tötungsdrang richteten sich auf bestimmte Ziele, sie konzentrierten sich auf Juden und waren ausschließlich diesen vorbehalten. Bewußt töteten und quälten sie nur dann, wenn ihnen *jüdische Opfer* in die Hände fielen. Welche Vorstellung müssen sie von Juden gehabt haben, um sich so zu verhalten? Die jüdischen Frauen stellten augenscheinlich keine Bedrohung dar, wie die folgenden, nach der Befreiung

419

aufgenommenen Photos zeigen: Sie konnten sich kaum noch bewegen.

Wie konnte ein Mensch diese erbarmungswürdigen, kranken jüdischen Frauen ohne Mitleid anschauen und angesichts ihres körperlichen Verfalls nicht erschrecken? Das Durchschnittsgewicht von 93 dieser Überlebenden, die der amerikanische Arzt untersucht hat, betrug etwas mehr als vierzig Kilogramm. 29 Frauen wogen 36 Kilogramm oder weniger, fünf von ihnen 29 Kilogramm oder weniger.[8] Sie waren mehr tot als lebendig.

Eine siebzehnjährige Überlebende des Todesmarsches von Helmbrechts am 8. Mai 1945.

Dennoch deutet nichts darauf hin, daß die Deutschen Mitleid mit den Juden empfunden hätten. Vielmehr spricht vieles – ja nahezu jeder Aspekt ihres Verhaltens – dafür, daß ihnen Mitgefühl für diese jüdischen Frauen völlig fremd war. Weshalb blieben diese Deutschen gegenüber dem menschlichen Leid dieser Häftlinge so empfindungslos? Was trieb sie dazu, die Jüdinnen so gnadenlos zu behandeln; so grausam, daß viele Historiker es kaum glauben können und daher *a priori* die Möglichkeit ausgeschlossen haben, daß gewöhnliche

Menschen derart »unmenschliche« Greuel freiwillig begangen haben könnten? Um so zu handeln, bedurften sie eines sehr starken Motivs. Dieser Antrieb – die deutsche Auffassung von den Juden und vom Sinn und Zweck dieses Marsches – fand mitunter auch seinen Ausdruck. Einige wenige vielsagende Bemerkungen sind überliefert.

Wie im vorangegangenen Kapitel erwähnt, brüstete sich einer der deutschen Aufseher, Koslowski, gegenüber den anderen Deutschen, wie viele Juden er während des Marsches getötet habe.[9] Daß diese Prahlerei die ganze Zeit über anhielt, zeigt nur, wie sehr die morali-

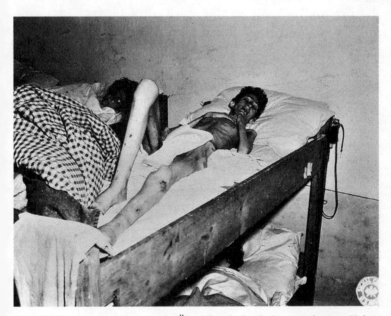

Eine 32jährige ungarisch-jüdische Überlebende des Todesmarsches von Helmbrechts am 8. Mai 1945. Der amerikanische Militärarzt schrieb, sie habe »das Aussehen einer 75jährigen Frau und bietet einen Anblick extremer Auszehrung verbunden mit Dehydrierung und Schwäche. Die Füße sind von Ödemen befallen, die Zehen vereitert, die Mundschleimhäute entzündet.« Vor dem Krieg hatte sie in französischer Philologie promoviert.

sche Zustimmung zu den Morden die soziale Gemeinschaft der Aufseher durchdrang. Auch das, was sie nicht nur im Kreis der Kameraden, sondern auch gegenüber den Opfern äußerten, bevor oder während sie die Jüdinnen ermordeten, gibt Aufschluß über die Motive der

Täter. Solche Momente der Selbstentäußerung zeichnen sich häufig durch ungewöhnliche Offenheit aus. So erinnert sich eine Überlebende an eine der kalten, harten Nächte des Marsches, als einer der Täter sein Opfer mit selbstzufriedener Ironie quälte, um ihm einen Vorgeschmack auf den brennenden Schmerz seiner Schläge zu geben: »Als wir unterwegs in einer Scheune übernachteten, lag in dieser Scheune eine Menge toter Frauen. Eine Frau schrie, daß sie friere. Dieser SS-Mann befahl der Frau, sie solle sich auf die Leichen legen, und sprach: ›Jetzt wird dir warm sein.‹ Er schlug das Opfer so lange, bis es seinen Geist aufgab.«[10] Von diesem Mann konnte die Jüdin nur eine Art von Wärme erwarten – das kalte Grab. Ein Ofen war gerade nicht verfügbar.

Eine andere Bemerkung stammt von Dörr selbst. Während des Marsches wurden die Leichen der Jüdinnen mal begraben, mal ließ man sie einfach unter freiem Himmel liegen und verwesen. Eine ehemalige deutsche Gefangene erinnert sich an ein »Begräbnis«: »Unterwegs – wo das näher gewesen ist, weiß ich nicht – wurde einmal ein Loch ausgegraben, damit die Häftlinge dort beerdigt werden konnten. Ich war auch hier dabeigestanden und habe bemerkt, daß die jüd[ischen] Frauen, die da beerdigt wurden, nicht alle tot waren; es waren einige dabei, die noch Lebenszeichen von sich gaben. Es waren mehrere, ich schätze so 1–2 Häftlinge, die also noch lebten. Ich war darüber ganz bestürzt und habe dem Unterscharführer, der etwa 6 m von dem Grab entfernt stand, sofort Vorhaltungen gemacht, er könne doch nicht Leute begraben lassen, die noch lebten. Daraufhin entgegnete mir Dörr wörtlich: Die verrecken sowieso; je mehr Juden verrecken, je besser ist es! Die hier seien sowieso schon am Sterben.«[11] Die Unmenschlichkeit, die darin lag, die Opfer bei lebendigem Leibe zu verscharren, erschütterte diese deutsche Gefangene, nicht aber Dörr. Es scheint, als hätten sich auch viele andere deutsche Vollstrecker bei ihren Mordeinsätzen oft nicht dafür interessiert, ob die Juden, die sie begruben, wirklich tot waren.[12] In seiner Äußerung brachte Dörr nicht nur seine Haltung zu den Juden entschieden zum Ausdruck; er machte auch seine Vorstellungen von diesem Marsch und der ganzen Unternehmung deutlich: Je mehr tote Juden, desto besser.

Im Geiste dieses Prinzips handelten die deutschen Aufseher, als während des ersten der beiden Luftangriffe, denen dieser Marsch ausgesetzt war, Wehrmachtssoldaten in der allgemeinen Verwirrung mindestens zwei der verwundeten Häftlinge in ein Heereslazarett gebracht hatten, um sie dort behandeln zu lassen. Das Wachpersonal des Todesmarsches machte sich die Mühe, die Frauen zu suchen und ihre weitere medizinische Versorgung zu verhindern. Sie zwangen sie schließlich, trotz aller Verletzungen den Marsch fortzusetzen. Die deutschen Aufseher erklärten, daß Juden keine Versorgung im Lazarett oder Hilfe zustünde.[13] Medizinische Hilfe verstieß gegen Sinn und Zweck des Todesmarsches. Sie war die Antithese eines jeden Todesmarsches.

Im Handeln der Aufseher gab es gleichwohl Unterschiede; wenige Ausnahmen standen der erschreckenden Norm allgemeiner Brutalität gegenüber. Diese Abweichungen vom Durchschnitt beweisen gleichzeitig, wie weit verbreitet die Gewalt war, und lassen indirekt die Freiwilligkeit, mit der die Vollstrecker handelten, noch schärfer hervortreten. Die Jüdinnen dieses Marsches waren, wie die leidenden Juden im allgemeinen, scharfsinnige Beobachter. Sie erkannten, daß Deutsche, die sich zu ihnen nicht grausam verhielten, der Sonderfall waren. Eine der Gefangenen berichtet:»Gelegentlich saß ich auf einem Fuhrwerk. Die jüdischen Häftlinge waren sehr eng aneinander, um nicht zu sagen, aufeinander gelegt. Begleiter dieses Fuhrwerks war ein älterer SS-Mann, den wir ›Opa‹ nannten. An ihn wandten sich die Judenfrauen und sagten zu ihm: ›Laß uns doch leben, du gehörst ja auch nicht zu dieser Gesellschaft.‹ Der mit ›Opa‹ bezeichnete Wachposten hat dem zugestimmt und dabei erklärt, er sei ja in diesen Haufen nur hereingezwungen worden.«[14] Dieser Aufseher galt also nicht als Mitglied dieser »Gesellschaft« von »Judenmördern«. Er zählte zu den älteren Wachmännern und damit zu jenen Deutschen, die nicht nur die Kultur des nationalsozialistischen Deutschland kennengelernt hatten: »Von den Bewachungsmannschaften waren die älteren Männer meistens gutmütig und haben uns Häftlingsfrauen nicht geschlagen oder sonst gequält. Die jüngeren SS-Leute waren schon brutaler.«[15] Die jüngeren Aufseher waren unerbittlich.

Die anständigeren Bewacher waren deutlich in der Minderheit und fast ausschließlich Männer.[16] Die Aufseherinnen hingegen begegneten den Jüdinnen ausnahmslos mit Feindseligkeit, Brutalität und Grausamkeit.[17] Da sie praktisch unbeaufsichtigt waren – Dörr und die Oberaufseherin fuhren in der Regel mit dem Fahrrad voraus, um die nicht enden wollenden logistischen Probleme zu lösen –, waren die Aufseher weitgehend ihre eigenen Herren. Einige wenige nutzten die laxe Handhabung der Befehlsgewalt und der Kontrolle, um ihre Posten und den Todesmarsch zu verlassen; sechs Aufseherinnen suchten am zweiten Tag des Marsches das Weite. Warum folgten die anderen nicht ihrem Beispiel? Das Reich brach doch zusammen, das Ende war absehbar. Unterzutauchen war leicht, insbesondere für jene, die aus der Gegend stammten. Und weshalb ließen sie auch Juden, die zu fliehen versuchten, nicht einfach laufen? Warum gingen sie mit diesen Juden in die Wälder und töteten sie, statt sie freizulassen, zumal sie doch nicht kontrolliert wurden? Nur ein einziger weigerte sich ausdrücklich zu töten. Die anderen sprachen offen darüber; ihm scheint nichts passiert zu sein.[18] Warum also weigerten sich die anderen nicht auch?

Es sollte nochmals betont werden, daß insbesondere die Aufseherinnen sich ohne Ausnahme brutal zu den Juden verhielten. Die ehemaligen Häftlinge erinnern sich vor allem an ihre Grausamkeit, und zwar sowohl in Helmbrechts, wo die männlichen Aufseher kaum Kontakt zu den Frauen hatten, als auch auf dem Marsch selbst. Jedenfalls können sie nichts Positives über sie berichten. Angesichts der Aussagen der Überlebenden und fehlender Belege für eine Anordnung, daß die Häftlinge während des Marsches grausam zu behandeln seien – viele Aufseher haben selbst darüber ausgesagt –, hat hier die Oberaufseherin das letzte und entscheidende Wort über ihre Taten und die Freiwilligkeit ihres Tuns: »Alle weiblichen ›SS‹-Aufseherinnen trugen Stöcke bei sich und alle prügelten die Mädchen.«

Die sechs qualvollen Monate, die für die Jüdinnen im Lager Schlesiersee begannen und mit den Untersuchungen des amerikanischen Militärarztes und der Einleitung lebensrettender medizinischer Maßnahmen endeten, entziehen sich in vielerlei Hinsicht, so scheint es, jedem Verständnis. Lassen wir einmal außer acht, daß die Frauen bereits vor diesem letzten Akt des von Deutschen inszenierten Vernichtungsdramas schwer gelitten hatten; oder nehmen wir einmal an, die Jüdinnen hätten die Reise als gesunde Menschen und nicht schon geschwächt und unterernährt angetreten: In jedem Fall wäre es immer noch kaum zu begreifen, wie sie physisch, psychisch und emotional dieses halbe Jahr endloser Wanderungen, endloser Entbehrungen, Grausamkeiten und Prügeleien, endloser Ängste und vor allem endlosen Hungers überleben konnten. Aus unserer heutigen bequemen Situation heraus sind der Schmerz und das Leid, die sie ertragen mußten, im Grunde nicht nachzuvollziehen. Der Schrecken, den jede Stunde ihres Leidensweges mit sich brachte, übersteigt unsere Vorstellungskraft. Ebensowenig ist zu verstehen, welchen Zweck die Deutschen mit diesen Märschen verfolgten. Ohne erkennbares Ziel mit den Juden herumzumarschieren und sie so in wachsender Zahl umzubringen, verstieß gegen jeden politischen Grundsatz, der einigermaßen rational zu nennen wäre. Und angesichts des jüdischen Elends kann man kaum verstehen, wie Menschen andere bewußt einer derartigen Behandlung unterwerfen, ja so etwas sogar genießen konnten. Doch der Zustand dieser Jüdinnen, der allem, was der gesunde Menschenverstand erwarten ließe, widerspricht, war typisch für die Lage der Juden bei Kriegsende. Die Sinnlosigkeit dieser Märsche, die Entbehrungen, das Leid und die Todesfälle waren für sie normal und begründeten eine Alltagswelt, die ihre deutschen Aufseher für sie geschaffen hatten. Der Todesmarsch von Helmbrechts ist trotz seiner scheinbaren Extreme, trotz seiner Unbegreiflichkeit eines der sinnfälligsten Geschehnisse in der Geschichte des Holocaust. Gleichsam wie unter einer Lupe treten hier die Grundzüge der Todesmärsche in einmaliger Schärfe zutage.

Der Todesmarsch von Helmbrechts war durch verschiedene Umstände geprägt, die eine anständige Behandlung der Juden sehr leicht ermöglicht hätten. Wann hätten die Voraussetzungen dazu in einer Gesellschaft, die sich dem Nationalsozialismus verschrieben hatte, denn besser sein können?

Das Kriegsende stand unmittelbar bevor. Auf welchen persönlichen oder institutionellen Anreizen die sklavische Befehlshörigkeit der Deutschen auch immer beruht haben mochte – mit der allmählichen Auflösung des Regimes schwand auch deren Wirkungsmacht. Die alten Regeln galten nicht mehr. Und die Deutschen hatten keinen Grund anzunehmen, daß die Juden in dem künftigen, zwar noch undefinierten, aber sicherlich völlig neuen politischen System, in einer Welt ohne Nationalsozialisten weiterhin als »Untermenschen« oder Schlimmeres gelten würden. Im Gegenteil: Aufgrund ihrer vorherrschenden Auffassung, daß die Juden hinter Kapitalismus und Bolschewismus stünden und überdies die Drahtzieher der Alliierten seien, mußten sie doch davon ausgehen, daß jene nun erst recht in mächtige und privilegierte Stellungen aufsteigen würden. Solche Gedanken müssen in den letzten Kriegsmonaten allen Wachmannschaften in den Lagern und auf den Todesmärschen gekommen sein, nicht nur denen, die den Marsch aus Helmbrechts begleiteten. Und sie hätten eigentlich ihr Handeln beeinflussen müssen, sofern ihr Verhalten überhaupt auf rationale Überlegungen zurückging.

Die deutschen Aufseher wurden auf diesem Marsch im Grunde nicht einmal durch ihre Befehlshaber kontrolliert, ein Umstand, der auch für andere Todesmärsche galt. Mögliche Bestrafungen durch übergeordnete Instanzen hatten sie also nicht zu fürchten. Sie verfügten über einen beachtlichen Spielraum, so zu handeln, wie es ihnen beliebte. Ohne Schwierigkeiten hätten sie sich von dem Marsch absetzen und fliehen können, nicht zuletzt deshalb, weil sie sich ja hauptsächlich auf deutschem Gebiet und in Regionen bewegten, in denen viele von ihnen zu Hause waren. Auch die einheimische Bevölkerung bedeutete für sie keine Gefahr. Hätten sie die Mißhandlung und Tötung von Juden abgelehnt, dann hätte es spätestens jetzt erhebliche »strukturelle« Anreize und Möglichkeiten gegeben, die

Juden anständig zu behandeln oder sich dem Dienst einfach durch Flucht zu entziehen. Die überraschendste und wohl auch wichtigste Tatsache jedoch ist, daß die Deutschen, die diesen Marsch durchführten, einen ausdrücklichen Befehl Himmlers erhalten hatten, die Juden menschlich zu behandeln und sie nicht mehr zu töten. Darüber hinaus hatten sie sogar besondere Anweisungen bekommen, sich ihrer Folterwerkzeuge zu entledigen. Allein diese Befehle hätten eigentlich ihr Verhalten entscheidend verändern und zu humaneren Bedingungen für die Jüdinnen auf diesem Marsch führen müssen.

Sieht man sich die Opfer an, dann gibt es wohl kaum eine Gruppe von Menschen, die harmloser sein konnte: Es waren Frauen, und Frauen genossen in der europäischen Kultur gewöhnlich eine gewisse Immunität im militärischen Kontext – und sei es nur, weil man sie für weniger kriegerisch und bedrohlich hielt. Außerdem waren sie körperlich so geschwächt, daß kein vernunftbegabter Mensch, der ideologisch nicht völlig verblendet war, sie für eine Gefahr halten konnte. Es gab also keinen vernünftigen Grund, der es um der Sicherheit oder der Selbstverteidigung willen hätte rechtfertigen können, diese Frauen als Bedrohung zu behandeln.

Sowenig die Opfer eine Gefahr darstellten, sowenig ließ sich auch von den Aufsehern dieses Marsches vermuten, daß sie drakonischer als große Teile der deutschen Bevölkerung sein würden. Kaum einer gehörte der SS an (und wenn, hatte er oder sie keine besondere weltanschauliche Schulung durchlaufen). Insgesamt waren sie von einer willkürlich ausgewählten Gruppe von Deutschen nicht zu unterscheiden. Die Jüdinnen wurden also von Menschen bewacht, die nicht ideologisierter und nicht stärker vom eliminatorischen Antisemitismus infiziert waren, als es im damaligen Deutschland ohnehin die Norm war. Und durch ihr Handeln bewiesen die Aufseher, daß sie sich nicht grundsätzlich brutal verhielten und daß es nicht zu ihren unveränderlichen Charakterzügen zählte, anderen Schmerzen zuzufügen. Schließlich gingen sie mit den nichtjüdischen Häftlingen weit besser um, ja behandelten manche sogar gut. Es spricht daher nichts für die Annahme, daß diese Jüdinnen von Menschen bewacht wurden, die ein innerer psychischer Zwang dazu drängte, alle Menschen, die sich in ihrer Gewalt befanden, zu quälen und zu töten. Zahlreiche Beweise belegen genau das Gegenteil.

Dennoch hatten all diese ungewöhnlich günstigen Umstände, die einzeln wie auch in ihrer Gesamtheit eine nach deutschen Maßstäben anständige Behandlung der Juden hätten erwarten lassen, exakt das Gegenteil zur Folge: Die spezifischen Merkmale des Todesmarsches von Helmbrechts machen deutlich, warum auch die anderen deutschen Institutionen, in denen Juden untergebracht waren, so todbringend und brutal waren, geprägt von absichtlicher Grausamkeit. Für die übrigen Todesmärsche gilt dasselbe. Obwohl in den Mordinstitutionen normalerweise Bedingungen herrschten, die dem Wohl der Juden weit weniger dienlich waren, waren es nicht diese äußeren Zwänge, die Deutsche dazu bewogen, so zu handeln, wie sie es taten. Gerade der Todesmarsch von Helmbrechts zeigt, daß die *Umstände* oder die strukturellen »Imperative« der Institution, ja selbst der Inhalt der Befehle sich ändern konnten, ohne daß sich dies wesentlich auf die Behandlung der Juden ausgewirkt hätte. Es waren also offensichtlich nicht diese Faktoren, die die Brutalität der Deutschen hervorbrachten. Die Situation selbst spielte keine große Rolle. Der Todesmarsch von Helmbrechts ist *entscheidend* für unser Verständnis, weil er offenlegt, daß die Deutschen – solange die NS-Gesellschaft intakt war – nach Jahren der Verfolgung und Vernichtung von Juden und angesichts ihres exterminatorischen Antisemitismus nicht einfach auf Befehl ihr Verhalten ändern konnten.

Während der dritten Phase der Todesmärsche, zwischen Ende 1944 und Mai 1945, irrten Hunderte weiterer Todesmärsche, die denen von Schlesiersee und Helmbrechts ähnelten, oft sinnlos durch das schrumpfende deutsche Herrschaftsgebiet. Anhand eines ausführlichen, wenn auch nicht erschöpfenden Überblicks lassen sich bestimmte Muster und Grundzüge erkennen, die sich auch in den Beispielen, die hier vorgestellt wurden, wiederfinden.[19]

In dieser letzten Phase waren die Märsche bei all ihren Gemeinsamkeiten vor allem ein chaotisches Phänomen. Die einzelnen Märsche unterschieden sich mitunter nicht unwesentlich voneinander.[20] Die deutschen Instanzen zerfielen immer schneller, und auch die Todesmärsche unterlagen keiner zentralen Kontrolle mehr. So überrascht es nicht, daß das deutsche Wachpersonal sie auf unterschiedliche Weise durchführte. Es ist daher um so bemerkenswerter, daß sie alle – auch ohne zentrale Kommandogewalt und trotz der chaotischen Zustände bei Kriegsende, als die institutionalisierten Handlungsmuster in vielen Bereichen zusammenbrachen – prinzipiell im Einklang mit den grundlegenden Zielen des nationalsozialistischen deutschen Ethos handelten. Und die waren auf Völkermord gerichtet.

Die Todesmärsche verliefen so unterschiedlich, daß sich kaum ein überzeugendes und allgemeingültiges Modell entwickeln läßt, das auf sie alle zutrifft. Die Befehle beispielsweise, die die deutschen Befehlshaber und das Wachpersonal hinsichtlich der Marschzwecke und -ziele sowie für die Durchführung selbst erhielten, waren völlig uneinheitlich. Auf einigen Märschen behandelten sie Nichtjuden und Juden mit annähernd gleicher Brutalität; allerdings ist mir kein Fall bekannt, in dem Juden bevorzugt behandelt worden wären. Doch im allgemeinen waren die Märsche vor allem für Juden Todesmärsche im wahrsten Sinne des Wortes, und die Deutschen verhielten sich zu ihnen meist grausam und mörderisch. In einigen Lagern, darunter in Auschwitz und vielen seiner Nebenlager, ließen die Deutschen Juden, die keinen marschtauglichen Eindruck machten, einfach zurück und setzten sie ihrem Schicksal aus – mochte es nun der Tod oder die Befreiung sein.[21] Juden, die zu nichts mehr fähig waren (und manchmal auch Nichtjuden), wurden jedoch immer ermordet, entweder vor der »Evakuierung« der Häftlinge, die noch laufen konnten, oder während des Marsches, wenn sie nicht mehr imstande waren, mit den anderen Häftlingen Schritt zu halten, auch wenn diese sich nur mühsam voranschleppten. Meist brachten die Häftlinge diese Märsche zu Fuß hinter sich, manchmal auch auf Anhängern oder Zügen.

Wir wissen wenig über die Einzelheiten der Märsche. Noch weniger ist über die Identität der Aufseher bekannt. Da sie meist dem Personal der geräumten Lager angehört hatten, waren viele von ihnen Angehörige der SS-Totenkopfverbände, Aufseher aus Berufung. Allerdings gab es unter ihnen auch Männer ohne SS-Abzeichen, die sich aus Zivilverteidigungskräften und verschiedenen Militär- und Polizeieinheiten rekrutierten. Die weitverstreuten Quellen, in die ich Einblick nehmen konnte, deuten darauf hin, daß Erwachsene jeden Alters und mit jedem biographischen Hintergrund dabei waren, sofern sie der Aufgabe körperlich gewachsen waren. In manchen Fällen, so beim Marsch von Helmbrechts, beteiligten sich gewöhnliche deutsche Frauen an der Seite ganz normaler deutscher Männer an der Quälerei, die diese Märsche bedeuteten; auch »Volksdeutsche«, die ihr Schicksal mit dem des Reiches verbunden hatten, standen Seite an Seite mit ihren in Deutschland geborenen Landsleuten, als die Opfer vor ihren Füßen zusammenbrachen.

Wie beim Marsch von Helmbrechts zogen die Opfer und ihre Begleiter manchmal durch Regionen, in denen man den Deutschen feindlich gesinnt war – etwa in Polen und der Tschechoslowakei –, und mal durch Gegenden, in denen man ihnen freundlich gegenüberstand. Die meisten Märsche bei Kriegsende fanden auf deutschem Boden statt, wo Zehntausende aus der deutschen Bevölkerung die verzweifelten Marschkolonnen gebrochener, oft sichtlich verletzter Gestalten durch ihre Städte und Dörfer wanken sahen. Mitunter zeigten sie Mitleid. Häufiger jedoch betrachteten sie diese »Untermenschen« mit Feindseligkeit und moralischem Abscheu. Sie verhöhnten sie. Sie bewarfen sie mit Steinen. Die Ausrottung dieser »Untermenschen« war ihnen allem Anschein nach selbst in den letzten Stunden des Nationalsozialismus nicht verhaßt. Deutsche Zivilisten haben nachweislich Aufsehern dabei geholfen, geflohene Häftlinge wieder einzufangen.[22] Und wenn ihnen danach zumute war, beteiligten sich deutsche Zivilisten auch daran, Gefangene niederzumetzeln. Manchmal waren sogar sie es, die die Initiative ergriffen.[23]

Doch selbst wenn man all diese Unterschiede berücksichtigt, bleibt die entscheidende Tatsache bestehen, daß diese Märsche für Juden reine Todesmärsche waren. Die endlose Marter, die am Beispiel Helmbrechts geschildert worden ist, war für zahlreiche andere Todesmärsche ebenfalls charakteristisch. Juden wurden noch in der Endphase des Krieges auf jede erdenkliche Art schikaniert.[24] Die Deutschen töteten jüdische öfter als nichtjüdische Häftlinge;[25] die Bandbreite deutscher Grausamkeiten lernten Juden häufiger kennen; von allem, was zum Überleben notwendig war, erhielten Juden weniger und das wenige überdies in schlechterer Qualität. In einigen Fällen mußten nur sie die Märsche antreten, während nichtjüdische Häftlinge im Lager zurückbleiben durften.[26] Daß man den Gefangenen Nahrung und Wasser verweigerte, war natürlich ein vielsagender und unzweideutiger, wenngleich stummer Hinweis auf den Zweck dieses Marsches. Hier wird nicht nur deutlich, wie die deutschen Aufseher die Märsche verstanden, sondern auch, welche Folgen sie sich von ihrer »Fürsorge« erhofften: »Wir marschierten durch eine deutsche Stadt. Wir baten um Nahrung. Zunächst hielt man uns für deutsche Flüchtlinge. Der SS-Mann, der uns begleitete, schrie: ›Gebt ihnen nichts zu essen, es sind Juden.‹ Und so bekam ich nichts zu essen. Deutsche Kinder begannen mit Steinen nach uns zu werfen.«[27] Das ereignete sich auf der Straße zwischen Neusalz und Bergen-Belsen. Die deutschen Kinder, deren Kenntnisse über Juden ausschließlich auf dem beruhten, was die Gesellschaft ihnen beigebracht hatte, wußten, wie sie sich zu verhalten hatten.

Aber nicht nur die Art, in der Deutsche mit Juden umgingen, wenn sie ihnen Auge in Auge gegenüberstanden, läßt annehmen, daß sie damit Tod und Leiden bezweckten. Die absolute Sinn- und Ziellosigkeit dieser Märsche lassen ebenfalls vermuten, daß diese Märsche keinen anderen Zweck verfolgten als den, täglich, ja stündlich Entkräftung und Tod hervorzubringen. Zwar nahmen zahlreiche Märsche einen relativ direkten Weg zu ihren Zielen, viele andere jedoch nicht. Ein Marsch von Flossenbürg nach Regensburg, eine Entfernung von etwa achtzig Kilometern, begann am 27. März und nahm folgenden Verlauf.[28]

Von Flossenbürg nach Regensburg

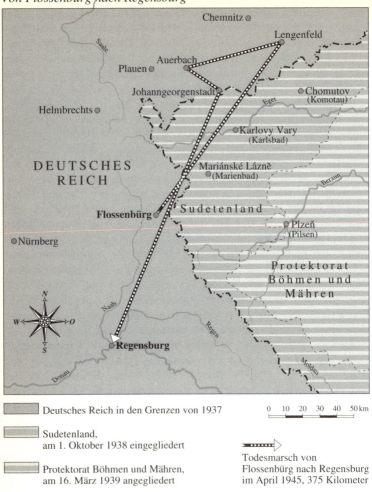

Die Häftlinge waren drei Wochen unterwegs und legten circa vierhundert Kilometer, also das Fünffache der eigentlichen Entfernung, zurück. Wie nicht anders zu erwarten, überlebten nur wenige diese Strapaze.[29]

Betrachtet man die Routen einiger anderer Todesmärsche auf einer Landkarte, dürfte jedem schnell klar werden, daß diese Umwege kein anderes Ziel verfolgten, als die Häftlinge so lange wie möglich mar-

Von Berga nach Plauen

Deutsches Reich in den Grenzen von 1937

Sudetenland, am 1. Oktober 1938 eingegliedert

Protektorat Böhmen und Mähren, am 16. März 1939 angegliedert

Todesmarsch von Berga nach Plauen im April 1945, 255 Kilometer

schieren zu lassen. Die Konsequenzen waren berechenbar – und sie waren berechnet.

Die Deutschen, die diese Märsche beaufsichtigten, handelten unterwegs immer auf eigene Verantwortung, da sie von ihren vorgesetzten Dienststellen abgeschnitten waren. Nichts und niemand zwang sie dazu, ziellos umherzustreifen; sie hätten sich ebensogut dafür entscheiden können, an einem Ort zu bleiben, ihre Gefangenen zu ver-

Von Neuengamme nach Sandbostel

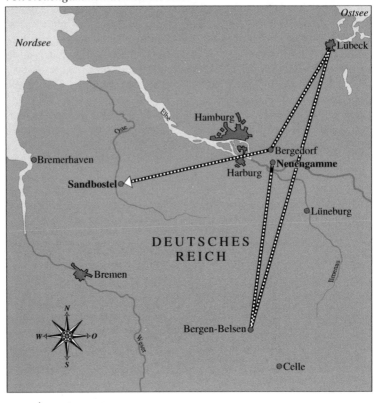

▶ Todesmarsch von
Neuengamme nach Sandbostel
im April 1945, 322 Kilometer

pflegen und sie schließlich den Alliierten zu übergeben, die ohnehin in ein paar Tagen oder Wochen eintreffen würden. Soviel wir wissen, ist so etwas nie vorgekommen.[30] Die Todesmärsche waren keine Transporte, sondern Instrumente des Todes.

Letztlich war die Verbundenheit der Deutschen mit dem Genozid so stark, daß sie sich jedem Verständnis zu entziehen scheint. Während ihre Welt in Scherben fiel, hielten sie bis zum Ende am Völkermord fest. Ein Überlebender des Marsches vom Lager Dora (Mittelbau) klagt nicht nur die Aufseher, sondern auch die deutschen Zuschauer an, die keinen Grund gehabt hätten, bei dieser Angelegenheit mitzumachen:

»Eines Abends stoppten wir in der Nähe der Stadt Gardelegen. Wir lagen auf einem Acker, und einige Deutsche gingen fort, um zu beraten, was sie nun tun sollten. Sie kamen mit einer Menge junger Leute von der Hitlerjugend und mit Polizisten aus der Stadt zurück. Sie jagten uns alle in einen großen Stall. Da wir fünf- bis sechstausend Menschen waren, gab die Mauer des Stalls unter dem Druck der Menschenmenge nach und viele von uns flohen. Die Deutschen verschütteten Benzin und setzten den Stall in Brand. Mehrere tausend Menschen verbrannten bei lebendigem Leibe. Diejenigen von uns, denen die Flucht gelungen war, lagen im nahe gelegenen Wald und hörten die Schreie der Opfer. Dies geschah am 13. April. Einen Tag später wurde der Ort von Eisenhowers Truppen erobert. Als die Amerikaner ankamen, brannten die Leichen noch.«[31]

Noch in den letzten Kriegstagen schickten die Lager Flossenbürg, Sachsenhausen, Neuengamme, Magdeburg, Mauthausen, Ravens-

Eines der in Gardelegen verbrannten Opfer.

brück und die Außenlager von Dachau ihre Häftlinge auf eine Reise mit unbestimmtem Ziel.[32] Was glaubten die deutschen Aufseher hier wohl zu vollenden? Der letzte Todesmarsch Deutschlands, vielleicht der letzte und angemessene Atemzug des Nationalsozialismus, begann am Abend des 7. Mai 1945, als ganz Deutschland bereits besetzt war, weniger als 24 Stunden vor der offiziellen bedingungslosen Kapitulation.[33]

Jüdische Überlebende berichten fast einstimmig von Grausamkeiten und Morden, die die Deutschen noch bis zum letzten Augenblick begingen.[34] Sie lassen keinen Zweifel daran, daß die Deutschen ihre Opfer mit rasendem Haß verfolgten. Diese Deutschen waren keine gefühlskalten, nüchternen Vollstrecker höherer Befehle oder kognitiv und emotional neutrale Bürokraten, die ihren eigenen Taten teilnahmslos gegenüberstanden. Sie handelten aus eigenem Antrieb ohne wirkliche Kontrolle von oben; sie orientierten sich an ihrer eigenen Weltsicht, ihrem eigenen Rechtsempfinden – und sie handelten gegen ihr eigenes Interesse, das eigentlich darin hätte bestehen sollen, nicht mit Blut an den Händen in Gefangenschaft zu geraten. Wenn sie Leid und Tod zumaßen, dann war das echt, kein aufgezwungenes Verhalten; es kam vielmehr aus ihnen selbst, war Ausdruck ihrer selbst.[35]

Es überrascht kaum, daß sich im politischen, institutionellen und emotionalen Chaos der letzten Kriegswochen und -monate ein derart widersprüchliches Phänomen wie die Todesmärsche zu einer wichtigen Institution im nationalsozialistischen Deutschland entwickeln konnte. Die Märsche dienten angeblich dazu, Häftlinge als *Arbeitskräfte* an neue Arbeitsplätze zu bringen, damit sie für das Reich weiterproduzieren konnten. Für die Deutschen bedeutete der Begriff »Arbeit«, wie die Diskussion über die jüdische »Arbeit« gezeigt hat, nicht unbedingt oder vorrangig produktive Beschäftigung. Der Begriff stand – auf die Juden angewandt – in weiten Teilen des deutschen Sprachraums vielmehr für etwas ganz anderes: Gemeint war lediglich eine weitere Methode, Juden umzubringen, langsam und manchmal für die Deutschen mit Befriedigung verbunden. Auf ähnliche Weise hatten auch die Märsche nicht wirklich einen produktiven Zweck, wie sehr die Deutschen die Arbeitsfähigkeit ihrer Opfer auch immer betonen mochten. Wie viele der Aufseher hätte man im Kampf einsetzen können, wie viele der Züge hätten Truppen und Nachschubgüter transportieren können? Das Lagerpersonal wußte, daß es die Juden nicht um wirtschaftlicher Erträge willen zu sinnloser Arbeit zwang, wie etwa in Buchenwald, wo »eine andere unregelmäßige Arbeit darin [bestand], Säcke mit feuchtem Salz hin und her zu tragen«.[36] Es war ihnen klar, daß die Juden in erster Linie nicht in dieses oder jenes Lager eingesperrt waren, um zu arbeiten. Auch den Aufsehern des

434

Leichen von Opfern in Gardelegen, die versucht hatten, unter den Stalltüren hindurchzukriechen.

Marsches von Helmbrechts und anderer Todesmärsche war bewußt, daß sie die Juden nicht hin und her marschieren ließen, um potentielle Arbeitskräfte für Deutschland zu retten. Welche Wahnvorstellungen über eine mögliche Nutzung der Häftlinge als Arbeiter diejenigen, die die Todesmärsche anordneten, auch immer gehegt haben mögen: Die gewöhnlichen Deutschen, die diese Märsche beaufsichtigten, können angesichts dieser marschierenden Leichen nicht geglaubt haben, es sei ihre Aufgabe, die Häftlinge wie wertvolles, leistungsfähiges Personal pfleglich zu behandeln. Jeder, ob nun ideologisch verblendet oder nicht, dürfte erkannt haben, daß derart geschwächte Menschen zu körperlicher Arbeit nicht imstande waren. Niemand, der im Vollbesitz seiner Sinne war, kann angenommen haben, daß diese Märsche einen anderen Zweck erfüllen sollten als den, die Opfer weiter zu bestrafen, sie leiden und sterben zu lassen. Sobald es Juden betraf, wußten die Deutschen – von den untersten Rängen bis hinauf zu Hitler –, was sie mit ihrem Handeln erreichen wollten.

Tatsächlich entzog alles, was die Deutschen taten, jeder möglichen künftigen Leistungsfähigkeit der Marschierenden den Boden. Es waren gewöhnliche Deutsche, die Juden und andere Häftlinge bewachten; die im wesentlichen über die Behandlung und das Schicksal der Juden entschieden. Und sie handelten in einer Art und Weise, die nur eine Schlußfolgerung über den Zweck der Todesmärsche zuließ. Ein Aufseher, der am Todesmarsch von Helmbrechts teilnahm, formulierte sie so: »Wenn ich darauf angesprochen werde, ob der Zweck des Marsches etwa der war, daß die jüdischen Häftlinge allmählich zu Tode getrieben werden sollten, so erkläre ich, daß man dieses Gefühl wirklich haben konnte. Dafür habe ich zwar keine Beweise, aber die Art und Weise, wie dieser Transport durchgeführt wurde, spricht dafür.«[37] Die Todesmärsche waren nichts anderes als eine Fortsetzung der Konzentrations- und Vernichtungslager, ein Werk Hitlers und all der Deutschen, die zur Ausrottung eines unschuldigen Volkes beitrugen.[38]

Die Aufseher der Todesmärsche von Schlesiersee, Helmbrechts und anderswo wußten, daß sie fortsetzten, was im Lagersystem und durch die anderen Mordinstitutionen begonnen und fast vollendet worden war: die Vernichtung des jüdischen Volkes.

Wenn die Opfer diese Märsche als »Todesmärsche« bezeichneten, dann nicht aus bloßer Rhetorik oder nur, um den hohen Sterberaten Rechnung zu tragen. Die ganze Art und Weise, wie die Deutschen diese Märsche durchführten, mußte bei den Juden den Eindruck erwecken, daß ihr Tod beabsichtigt war. Bis zum letzten Moment brachten die gewöhnlichen Deutschen, die den Holocaust freiwillig, pflichttreu und entschlossen vollstreckt hatten, Juden um. Sie fuhren selbst dann noch damit fort, als sie ihre Gefangennahme riskierten; selbst dann noch, als niemand Geringerer als Heinrich Himmler persönlich ihnen befohlen hatte, die Morde einzustellen.

TEIL VI

Eliminatorischer Antisemitismus, gewöhnliche Deutsche, willige Vollstrecker

We had fed the heart on fantasies,
The heart's grown brutal from the fare.

William Butler Yeats,
»Meditations in Time of Civil War«

Wenn man jahrelang predigt, jahrzehntelang predigt,
daß die slawische Rasse eine Unterrasse ist, daß die
Juden überhaupt keine Menschen sind, dann muß es zu
einer solchen Explosion kommen.

SS-General Erich von dem Bach-Zelewski
vor dem Internationalen Militärgerichtshof
in Nürnberg zur Beziehung zwischen der
nationalsozialistischen Ideologie und den
Völkermordtaten der Deutschen

Der Tod ist ein Meister aus Deutschland.

Paul Celan, »Todesfuge«

KAPITEL 15

Das Handeln der Täter:
Die konkurrierenden Erklärungsansätze

Mit diesem Buch sollen die Täter in den Mittelpunkt der Erforschung des Holocaust gerückt und ihr Handeln erklärt werden. Vor allem die folgenden Fragen möchte ich beantworten: Haben die Täter des Holocaust bereitwillig getötet? Und wenn ja: Was hat sie dazu getrieben, Juden zu quälen und zu töten? Woher rührte diese Motivation?

Um die Antworten zu finden, habe ich zunächst dargestellt, wie sich der eliminatorische Antisemitismus im modernen Deutschland entwickelt hat. Es zeigte sich, daß es eine beharrliche, weitverbreitete und kulturell tief verankerte Feindseligkeit der Deutschen gegen die Juden gab, die im neunzehnten Jahrhundert auf Ausgrenzung gerichtet war. Im zwanzigsten Jahrhundert wurde Ausgrenzung zur Ausschaltung, und sie steigerte sich zu mörderischen Ausmaßen. Die anschließende Untersuchung der antijüdischen Politik in Deutschland – die immer Ausdruck des eliminatorischen Antisemitismus war – machte deutlich, daß diese sich zur »Lösung« der »Judenfrage« weiterentwickelte, als sich tatsächlich die Gelegenheit dazu bot. Erst als die Deutschen die Mehrheit der europäischen Juden unter ihre Kontrolle gebracht hatten und als im Zuge der Kriegshandlungen äußere Zwänge weggefallen waren, hinderte sie nichts mehr daran, den Vernichtungsabsichten entsprechend zu handeln, die Hitler bereits seit langem hegte. Und sie taten es. Der folgende allgemeine Überblick über das Lager als paradigmatische Mordinstitution führte zum empirischen Zentralstück dieser Untersuchung: der detaillierteren Untersuchung und Beurteilung dreier verschiedener Mordinstitutionen. Dabei habe ich den Schwerpunkt auf die Handlungen der Täter gelegt und von ihren Taten berichtet, um zu zeigen, daß die Täter die befohlenen und selbstgewählten Aufträge grundsätzlich freiwillig, mit Begeisterung und Grausamkeit erledigten.

Auf der Basis dieser Ergebnisse ist es nun möglich, in einer methodisch geschlosseneren Analyse die Lehren aus den Fallbeispielen zu ziehen und von einer systematischen Darstellung der Tathandlungen ausgehend die Erklärungen des Holocaust, die in der Literatur zu finden sind, mit meinen Erklärungen zu vergleichen. Was immer eine solche Bewertung ergeben wird: Für das Verständnis dieser Periode wird sie weitreichende Folgen haben, ein Punkt, auf den ich im Epilog noch einmal zurückkommen werde.

Die drei Mordinstitutionen – die Polizeibataillone, die »Arbeits«lager und die Todesmärsche – wurden für eine eingehendere Untersuchung ausgewählt, weil sie jede für sich einen vielschichtigen Testfall für meine Erklärung darstellen und über bestimmte wichtige Aspekte des Holocaust Aufschluß geben, die bislang noch nicht ausreichend erörtert wurden. Die Fallstudien zeigen, daß die Handlungen derer, die den Holocaust vollstreckten, nach vier allgemeinen Kategorien typologisch zu unterscheiden sind.

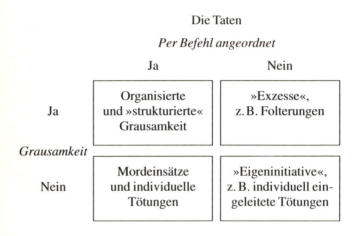

Jeder dieser vier Handlungstypen spiegelt das gewöhnliche, regelmäßig und beharrlich wiederkehrende Verhalten der Täter gegenüber Juden wider. Erstens: Die Deutschen haben beim Töten von Juden immer wieder die Initiative ergriffen, indem sie einerseits wie gewohnt Befehle, die sie erhalten hatten, mit Hingabe und Erfindungsreichtum ausführten, andererseits Juden häufig auch dann umbrachten, wenn ihnen das nicht befohlen worden war oder wenn sie das Töten anderen hätten überlassen können. Diese Eigeninitiative, das Töten über das Maß des Befohlenen hinaus, bedarf einer Erklärung. Zweitens: Auch die Handlungen der Täter, die auf Befehl erfolgten – und das waren die meisten der Taten, die zum Holocaust beitrugen –, müssen erläutert werden. Denn diese Untersuchung beweist, insbesondere für die Polizeibataillone, daß das »Befolgen von Befehlen«

ein komplexeres psychologisches und motivationales Problem darstellt, als bisher erkannt worden ist, da die Deutschen durchaus Möglichkeiten hatten, sich von Mordeinsätzen fernzuhalten.

Der dritte und der vierte Handlungstypus fallen unter die Kategorie besonderer Grausamkeit. Sie sind aber keine Sonderfälle, sondern gehören wesentlich und nahezu ständig zum Verhalten der Täter gegen die Juden. Der dritte Typus, die befohlene Grausamkeit, konnte zwei Formen annehmen. Die Deutschen, die Entscheidungen sowohl fällten als auch umsetzten, richteten die Institutionen, in denen sich Juden aufhalten mußten, so ein, daß den Juden dort möglichst viel Leid zugefügt wurde; ein Leid, das objektiv überflüssig war, auch wenn Versorgungsgüter in dieser Zeit knapp waren. In den Institutionen, die vorgeblich die »Arbeit« zum Ziel hatten, stand die brutale Behandlung der Juden in scharfem Gegensatz zu diesem offiziellen Zweck. Es gibt noch eine zweite, für den Holocaust charakteristische Art befohlener Grausamkeit, nämlich dann, wenn Offiziere und sogar Unteroffiziere ihnen untergebene Gruppen eigens dafür zusammenstellten, Juden zu quälen.

Viertens: Die individuell, auf eigene Initiative verübten Grausamkeiten waren, insbesondere in den Institutionen, in denen Deutsche und Juden über längere Zeit in engem Kontakt zueinander standen, so verbreitet, so sehr Teil des Alltagslebens, daß sie, was ihre Häufigkeit und Bedeutung angeht, ebenso erklärungsbedürftig sind wie die Morde selbst. Diese aus freien Stücken verübte Grausamkeit war gleichsam die Grammatik, die den Verhaltensweisen von Deutschen in allen Lagern zugrunde lag, auch in den »Arbeits«lagern. Ihren alltäglichsten Ausdruck fand sie in den reflexartigen Schlägen, die Deutsche mit ihren stets bereitgehaltenen Peitschen und Knüppeln austeilten. Über die Erfahrungen, die alle Juden mit der Gewalttätigkeit von Deutschen machen mußten, hat eine Zeugin des Massakers von Józefów, die die Jahre der deutschen Herrschaft im Versteck überlebte, berichtet: Sie »kamen … immer mit Peitschen und Hunden zu uns«.[1] Noch einmal sei gesagt, daß diese Grausamkeit keinen anderen Zweck hatte als den, Juden Leid zuzufügen und Deutschen Befriedigung zu verschaffen. Die Deutschen artikulierten diese Grausamkeit oft symbolisch. Das reichte von Hohn und dem Abschneiden von Bärten, also körperlich schmerzlosen Quälereien, bis zu unerträglich schmerzhaften und tödlichen Torturen, wenn sie beispielsweise jüdische Männer, die sie zuvor ihres Bartes wegen selektiert hatten, verprügelten oder Menschen, die sie in Synagogen gejagt hatten, zusammen mit ihren Gotteshäusern verbrannten. Diese Grausamkeit, die offensichtlich für alle etwas Symbolisches zum Ausdruck brachte, bedarf ebenfalls der Erklärung.

Aufgrund der Quellenlage können wir natürlich nicht die Taten jedes einzelnen Mörders rekonstruieren. Dennoch läßt sich feststellen: Jeder Täter leistete seinen persönlichen Beitrag zum Programm der Vernichtung – das ist ganz eindeutig –, und nur sehr wenige ließen sich in den Institutionen, in denen ihnen diese Möglichkeit offenstand, von derartigen Aufträgen freistellen. In den Institutionen, in denen Deutsche und Juden eng miteinander in Berührung kamen, wo die Deutschen also Gelegenheit zu gewalttätigem Verhalten hatten, war die Brutalität beinahe allgegenwärtig. Dies gilt für alle Lager, ganz gleich, ob es sich dabei um Konzentrationslager, um »Arbeits«-lager oder um Ghettos handelte.

Die zahlreichen Aussagen von Überlebenden stimmen in diesem Punkt überein und werden sogar von den Tätern in ihren Erklärungen bestätigt. Die grausame Behandlung von Juden geschah fast immer freiwillig, das heißt, wer sich schuldig machte, indem er Juden quälte, handelte aus eigener Initiative. Schließlich wurden die Mordeinsätze der Deutschen mit einem Eifer und einer Entschlossenheit ausgeführt, ohne die der Genozid nie so reibungslos hätte durchgeführt werden können. Mit Ausnahme derjenigen, die kaum oder keinen engen Kontakt zu Juden hatten und darum auch keine Gelegenheit, diese zu quälen, beteiligten sich alle oder zumindest die überwiegende Mehrheit der Täter an den hier erörterten Handlungen.

Will man die vier typischen Handlungsweisen erklären, muß man eine Reihe weiterer Faktoren berücksichtigen. Die Mordeinsätze hätten in ihrem ganzen Grauen den Angehörigen von Polizeibataillonen, insbesondere wenn sie selbst Massentötungen mit Schußwaffen durchführten, eigentlich Grund genug bieten müssen, sich von weiteren Mordkommandos freistellen zu lassen. Selbst wer nicht vom Blut der Opfer und von umherfliegenden Körpersubstanzen getroffen wurde, wird doch die in äußerstem Schmerz und in Todesangst hervorgestoßenen Schreie der Juden gehört haben. Warum hat ihn das nicht dazu gebracht, sich in Zukunft zu weigern, den Opfern derartige Schmerzen zuzufügen? Doch der außerordentliche Schrecken des Vernichtungsfeldzugs, der die Wahrnehmungswelt der Täter prägte, scheint nur wenige davon abgehalten zu haben, die Juden so zu behandeln, wie es bei den Deutschen zu dieser Zeit üblich war.

Die Rollenmuster – die auch den Spielraum des einzelnen festlegten, wie er handeln wollte – waren, je nach Institution, mehr oder weniger starr beziehungsweise durchlässig. Anders gesagt: Die Deutschen hatten oft durchaus Möglichkeiten, sich von den Mordinstitutionen oder von gewissen »Aktionen« fernzuhalten. Davon machten sie jedoch nur äußerst selten Gebrauch. Ferner stand es ihnen offen, Unzufriedenheit ihren Vorgesetzten, vor allem aber ihren Kameraden gegenüber zu äußern. Eindeutige Belege für Widerspruch oder Beschwerde sind jedoch höchst selten, nahezu nicht existent. Jede Erklärung ihrer Taten muß in Betracht ziehen, daß sich die Täter in aller Regel weder »verdrückten« noch ihre abweichende Meinung zum Ausdruck brachten.

Man darf auch nicht vernachlässigen, wie sich die Täter verhielten, wenn sie gerade nicht an Mordeinsätzen beteiligt waren. In der Zeit, in der sie Juden zu Tausenden ermordeten, haben sie Feste gefeiert, haben mit ihren Frauen zusammengelebt, die sie zu den Einsatzorten nachkommen ließen; sie haben Erinnerungen an ihre Mordtaten immer wieder auf Photos festgehalten, haben mit offensichtlichem Stolz für diese Photographien posiert und die Bilder unter Kameraden herumgezeigt, haben mit ihren Untaten geprahlt. All diese Handlungen gehören zu den bemerkenswerten Zügen des Völkermords und gewähren Einblick in die Motive der Mörder. Auch diese Taten bedürfen der Erläuterung.

Die herkömmlichen Erklärungen reichen nicht aus, wenn man verstehen möchte, was diese Untersuchung an Einzelheiten zutage gebracht hat. Sie werden vielmehr durch die Handlungen der Täter offenkundig und unbestreitbar widerlegt. Es heißt, die Täter hätten beim Genozid mitgewirkt, weil sie dazu gezwungen worden seien; weil sie staatlichen Befehlen gedankenlos und gehorsam gefolgt seien; weil sie nur an ihrem persönlichen Fortkommen interessiert gewesen seien; weil sie gar nicht verstanden hätten, was sie taten; weil sie sich nicht dafür verantwortlich fühlten; weil die mit dem Holocaust verbundenen Aufgaben arbeitsteilig organisiert und erledigt worden seien – doch all diese oft wiederholten »Erklärungen« erweisen sich bei näherem Hinsehen als unhaltbar. Sie können die Mordtaten nicht verständlich machen, die, wie nochmals betont werden muß, im allgemeinen *die einzigen Taten sind, die in solchen Erklärungen direkt angesprochen werden.* Die übrigen hier aufgezählten und beschriebenen Handlungen und Handlungsweisen, insbesondere die endemische Grausamkeit, werden von den herkömmlichen Ansätzen so gut wie vollständig übergangen. So zeigt schon ein oberflächlicher Blick, daß sie für das Verständnis des Holocaust und seiner Täter unzureichend sind. Doch leiden die herkömmlichen Erklärungen nicht nur an mangelhafter Empirie, sondern auch an begrifflichen und theoretischen Unzulänglichkeiten.

Die als Erklärung angebotene These, daß die Täter unter äußerem Druck gehandelt oder auch nur fälschlicherweise geglaubt hätten, daß ihnen nichts anderes übrigbleibe, als zu töten, läßt sich am ehesten von der Hand weisen. Nicht nur in den Polizeibataillonen hatten die

Deutschen Möglichkeiten, das Morden zu verweigern. Mit Gewißheit läßt sich sagen, daß im gesamten Verlauf des Holocaust kein Deutscher, ob SS-Angehöriger oder nicht, hingerichtet wurde, in ein Konzentrationslager oder Gefängnis kam oder sonst streng bestraft wurde, weil er sich geweigert hätte, Juden umzubringen. Wie aber läßt sich das mit Sicherheit sagen?[2]

Eine Befehlsverweigerung hätte schreckliche Konsequenzen gehabt: Das haben deutsche Angeklagte in Nachkriegsprozessen mechanisch wiederholt und versichert. Dem steht jedoch entgegen, daß in den gerichtlichen Untersuchungen, denen sich Zehntausende von Deutschen stellen mußten, tatsächlich nur in vierzehn Fällen geltend gemacht wurde, die Weigerung, einen Hinrichtungsbefehl – nicht nur gegen Juden – auszuführen, sei entweder mit dem Tod (in neun Fällen), mit Haft in einem Konzentrationslager (in vier Fällen) oder mit der Versetzung in eine militärische Strafeinheit (in einem Fall) bestraft worden. Und nicht in einem dieser Fälle hielt diese Behauptung einer genaueren Prüfung stand. Zwei gründliche Untersuchungen über die Möglichkeiten, die Deutsche hatten, einen Hinrichtungsbefehl zu verweigern, sind beide zu dem Ergebnis gekommen, daß derartige Behauptungen falsch sind.[3] Unzweideutig heißt es in der einen: »In keinem Fall also konnte eine Schädigung an Leib oder Leben wegen Verweigerung eines Vernichtungsbefehls nachgewiesen werden.«[4]

Die Akten der SS- und der Polizeigerichte zeigen, daß niemand hingerichtet oder in ein Konzentrationslager eingeliefert wurde, weil er sich geweigert hatte, Juden zu töten. Himmler hat es sich zudem persönlich vorbehalten, Todesurteile gegen SS-Männer zu bestätigen, womit die Möglichkeit summarischer Exekutionen ausgeschlossen ist. Und schließlich hat bislang noch niemand einen bestätigten Fall vorgelegt, daß ein Mann getötet oder in ein Konzentrationslager gebracht worden wäre, weil er einen Hinrichtungsbefehl nicht ausgeführt hatte. Die Wahrscheinlichkeit, daß wirklich ein SS-Mann jemals mit derartigen Strafen belegt wurde, weil er sich geweigert hatte, Juden zu töten, ist also äußerst gering.[5] Dabei wurden durchaus alle Anstrengungen unternommen, entsprechende Fälle zu entdecken. So war es beispielsweise den Verteidigern in den Nürnberger Prozessen gestattet, in den Internierungslagern für SS-Männer nach Beispielen zu suchen. Und die Täter werden alles darangesetzt haben, derart entlastendes Material zu präsentieren. Wenn man die Vielzahl und Zuverlässigkeit der Beweismittel berücksichtigt, muß man wohl davon ausgehen, daß es nie geschehen ist.

Da sie den Gerichten auch nicht einen Fall präsentieren konnten, der ihre Behauptungen bestätigt hätte, zogen sich viele der deutschen Mörder auf das Argument zurück, sie seien subjektiv der Überzeu-

444

gung gewesen, die Weigerung, an einer Hinrichtung mitzuwirken, wäre einem Selbstmord gleichgekommen; in diesem Glauben hätten sie eben gehandelt. Und dafür, daß ihre subjektive Annahme falsch gewesen sei, könne man sie nicht verantwortlich machen.[6] Diese in der Nachkriegszeit so oft gehörte Behauptung ist auch deshalb irrig, weil es gewiß vielen unter den deutschen Tätern bekannt war, daß sie nicht hätten töten müssen, ja daß sie sich sogar aus Mordeinheiten hätten versetzen lassen können. Dies ist für das Polizeibataillon 101 und andere Polizeibataillone bereits ausführlich dargestellt worden. Für neun dieser Einheiten kann nachgewiesen werden, daß deren Angehörige nicht töten mußten. Von den meisten anderen Einheiten wissen wir es einfach nicht. Ähnlich ist die Beweislage für die anderen mobilen Mordeinheiten – die Einsatzgruppen – und auch für Konzentrationslager und andere Mordinstitutionen.[7] Es gab eine schriftliche Anordnung von Himmler, der zufolge sich jeder Angehörige der Einsatzgruppen auf eigenen Wunsch hin versetzen lassen konnte. Der Bericht eines Angehörigen der Einsatzgruppe A bestätigt dies: »Daraufhin gab Himmler einen Befehl heraus, wonach derjenige, der sich den seelischen Strapazen nicht mehr gewachsen fühlte, dies melden sollte. Diese Männer seien abzulösen und in die Heimat zurückzuversetzen.«[8]

Himmler gab diesen Befehl, nachdem einige seiner Leute anfangs mit den Massenmorden Schwierigkeiten gehabt hatten. Die Quellen legen nahe, daß es offizielle Befehle, die Freistellung von den Tötungen zu erlauben, auch für die Polizeieinheiten gegeben haben muß. Das bedeutet, daß die Möglichkeit, sich von Mordeinsätzen befreien zu lassen, nicht nur in den neun Bataillonen bekannt war, von denen wir dies genau wissen. Ein Angehöriger des Polizeibataillons 67 bezeugt, »daß wir wiederholt, meiner Meinung nach monatlich, entsprechend einem Himmler-Befehl belehrt wurden, daß uns niemand befehlen könne, jemanden zu erschießen«.[9] Himmler, die Offiziere der Einsatzgruppen und viele Polizeikommandeure waren wohl der Ansicht, daß man nur die, die zur Erfüllung dieser Aufgabe bereit und geeignet waren, auch wirklich auffordern solle, Juden zu töten.[10]

Es gibt außerdem Beispiele dafür, daß Deutsche mit Erfolg darum gebeten haben, aus Mordinstitutionen versetzt zu werden. Für die Polizeibataillone ist dies bereits dokumentiert worden, es kam aber auch in den Einsatzgruppen vor. Der Befehlshaber der Einsatzgruppe D, der spätere Standartenführer Otto Ohlendorf erklärte während seines Prozesses in Nürnberg, daß er genügend Gelegenheiten gehabt habe zu beobachten, wie viele Männer seiner Gruppe mit diesem Befehl nicht einverstanden gewesen seien. Deshalb habe er manche von ihnen davor bewahrt, an den Exekutionen teilzunehmen, und sie nach Deutschland zurückgeschickt.[11]

Ein Leutnant, Adjutant der Einsatzgruppe D, bestätigte, daß derartige Versetzungen häufig vorkamen. Die Henker wußten also, daß sie sich versetzen lassen konnten, denn, so der Leutnant, der Kommandoführer selbst habe der Gruppe mitgeteilt, daß »einzelne Leute für die Durchführung solcher Aufgaben unbrauchbar und daher abzulösen seien«.[12] Ähnlich war die Situation in der Einsatzgruppe C, deren Befehlshaber, SS-Gruppenführer Max Thomas, seinen Untergebenen ausdrücklich erklärt hatte, daß jeder, der sich aus Gewissensgründen oder aus Schwäche nicht dazu überwinden könne, Juden zu töten, nach Deutschland zurückgeschickt oder für eine andere Tätigkeit eingeteilt werden würde. Und tatsächlich hat Thomas mehrere Männer in die Heimat zurückbeordert.[13]

Es ist also eindeutig bewiesen, daß kein Deutscher jemals wegen seiner Weigerung, einen Juden umzubringen, getötet oder inhaftiert wurde. Zweifellos war unter den Mördern das Wissen *weit verbreitet,* daß niemand töten mußte, der es nicht wollte. Das bestätigen die Untersuchungen zu den Polizeibataillonen und auch das, was wir über die Einsatzgruppen und andere Mordinstitutionen wissen. Die Gerichte der Bundesrepublik Deutschland haben standhaft und zu Recht Behauptungen der Täter zurückgewiesen, sie seien wirklich der Überzeugung gewesen, keine andere Wahl zu haben, als den Mordbefehlen zu folgen. Die Gerichte handelten nicht nur deshalb so, weil unter den Mördern bekannt war, daß sie nicht töten mußten, sondern auch weil jeder von ihnen wußte, was er zu tun hatte, wenn er sich an den Mordaktionen nicht beteiligen wollte: etwa um ein Gespräch mit einem Vorgesetzten bitten oder einen Antrag auf Versetzung stellen. Dies war mit keinerlei Gefahr verbunden. Die Quellen machen allerdings deutlich, daß kaum einer der Täter solche Schritte unternahm.

Weil die Mörder oder zumindest eine sehr große Anzahl von ihnen nicht hätten töten müssen, ist jede Erklärung hinfällig, die diese Wahlmöglichkeit nicht berücksichtigt. Die Deutschen konnten zum Massenmord nein sagen. Sie haben sich dazu entschlossen, ja zu sagen.

Eine zweite konventionelle Erklärung stützt sich auf die Auffassung, daß Menschen im allgemeinen und Deutsche im besonderen stark dazu neigen, Befehlen zu gehorchen, und sich diesen auch nicht entziehen können, ganz gleich, was ihr Inhalt ist. Dementsprechend gelten die Täter als blind gehorchende Befehlsempfänger, als unerschütterliche Diener einer Autorität, die aus einem moralisch und psychisch zwanghaftem Gehorsam handelten. Ein großer Teil der Debatte über den Holocaust und seine Vollstrecker wird von solchen mehr oder weniger klar ausgesprochenen, eher unbewußten Vorstellungen über den Gehorsam bestimmt.

Wenn es um Deutschland und seine Verbrechen während der NS-Ära geht, dann stellt sich geradezu reflexhaft das Vorurteil ein, die Deutschen seien der Staatsautorität stets besonders willig gefolgt. Doch dieses Argument läßt sich nicht aufrechterhalten. Die gleichen Deutschen, die sich angeblich sklavisch dem Staatskult und dem Gehorsam als Selbstzweck hingegeben haben, die hatten zuvor auf den Straßen der Weimarer Republik die bestehende staatliche Ordnung bekämpft, häufig mit dem Ziel des Umsturzes.[14] Man kann also kaum behaupten, daß die Nationalsozialisten oder die Deutschen alle staatlichen Befehle für heilige Gebote gehalten und geglaubt hätten, diese seien unabhängig von ihrem Inhalt bedingungslos zu erfüllen.

Die offene Rebellion von Millionen Deutscher gegen die Autorität der Weimarer Republik zeigt eher das Gegenteil unbedingter Staatstreue. Deren Rechtsordnung wurde von zahllosen Deutschen aus allen politischen Lagern, von gewöhnlichen Bürgern wie von Beamten, verachtet, offen geschmäht und ständig verletzt. Wahr ist, daß die Deutschen ihre Achtung vor den staatlichen Autoritäten *von den jeweiligen Bedingungen abhängig gemacht haben.* Man sollte die Deutschen nicht zur Karikatur verzerren; wie andere Völker auch achten sie Autorität und Befehle, wenn sie diese für legitim halten. Wie andere Menschen auch beurteilen sie Ursprung und Bedeutung eines Befehls, wenn sie darüber entscheiden, ob und wie sie ihn befolgen. Befehle, die offensichtlich moralische Normen – vor allem fundamentale moralische Normen – verletzen, können sogar dazu beitragen, die Legitimität des Regimes zu untergraben, von dem sie stammen. Der Befehl, die Juden Gemeinde um Gemeinde, Zehntausende von hilflosen Männern, Frauen und Kindern, umzubringen, hätte dies ebenfalls zur Folge gehabt, wenn der Tod dieser Opfer denn als Unrecht betrachtet worden wäre.

Tatsächlich verweigerten Deutsche egal welcher Position oder Schicht, selbst fanatische Anhänger der Nationalsozialisten, Befehlen, die sie für illegitim hielten, den Gehorsam. Generäle, die auf der einen Seite bereitwillig an der Vernichtung der sowjetischen Juden mitwirkten, konspirierten auf der anderen gegen Hitler.[15] Wehrmachtssoldaten beteiligten sich ohne Befehl, auf eigene Faust an der Tötung von Juden und mißachteten dabei in vielen Fällen Befehle, sich von den Massakern fernzuhalten.[16] Manchmal *verletzten* Deutsche also sogar Befehle, um ihrer Leidenschaft, Juden umzubringen, Genüge zu tun. So verstießen etwa die Angehörigen des Polizeibataillons 101 gegen die Anordnung ihres hochgeschätzten Bataillonschefs, Grausamkeiten zu unterlassen. Von dem fanatischen Judenmörder Hauptmann Wolfgang Hoffmann ist auf den ersten Seiten dieses Buches bereits die Rede gewesen.[17] Sein Brief, mit dem er sich weigert, einer Anordnung seiner Vorgesetzten Folge zu leisten, liefert tiefere Einblicke in die zum Völkermord bereite Mentalität der Deutschen und in ihre Fähigkeit, moralische Entscheidungen zu fällen, als die zahlreichen Aussagen, mit denen die Täter nach dem Krieg versuchten, sich selbst zu schützen. Die Deutschen, die die geschwächten und kranken jüdischen Frauen von Helmbrechts zum Marsch zwangen, sind ebenfalls beispielhaft für die Fähigkeit der Deutschen, Befehle, die ihnen nicht paßten, einfach zu ignorieren. Diese Deutschen töteten weiterhin jüdische Frauen, obwohl sie ein persönlicher Kurier Himmlers mit dessen ausdrücklichem Befehl, die Tötungen einzustellen, erreicht hatte. Es gibt noch viele Beispiele dafür, daß Deutsche in der NS-Zeit vorgesetzten Stellen den Gehorsam verweigerten; das gilt für Militär- und Polizeieinheiten ebenso wie für die Gesellschaft insgesamt. Arbeitsniederlegungen, heftige Proteste gegen verschiedene kirchenpolitische Maßnahmen des Regimes und der weitverbreitete Widerspruch gegen das sogenannte Euthanasieprogramm zeugen davon. Je näher man sich anschaut, wie Deutsche und insbesondere die Täter gehandelt haben, desto deutlicher wird, daß die Behauptung, es gebe so etwas wie einen »typisch deutschen« blinden Gehorsam, nicht viel mehr als eine Alibibehauptung ist, die man schnellstens aufdecken und aufgeben sollte.[18]

Die Argumentation, Deutsche gehorchten stur jedweder Autorität und befolgten jeden Befehl unabhängig von seinem Inhalt, ist nicht zu verteidigen. Stanley Milgram und zahlreiche andere haben sogar die Ansicht vertreten, daß die Menschen an sich blind autoritätshörig seien.[19] Jeglicher »Gehorsam« und alle »Verbrechen aus Gehorsam« hängen, sofern kein Zwang angedroht oder ausgeübt wird, davon ab, ob die jeweiligen sozialen und politischen Zusammenhänge so beschaffen sind, daß die Handelnden die Autorität, die Befehle erläßt, als legitim begreifen und die Befehle nicht als schwere Verletzung geheiligter Werte und einer höheren moralischen Ordnung ansehen.[20] Andernfalls suchen sie mit unterschiedlichem Erfolg nach Wegen, nicht gegen ihre wesentlichen moralischen Überzeugungen verstoßen und derart belastende Taten vollziehen zu müssen.

Der dritte der herkömmlichen Erklärungsansätze geht davon aus, die Täter hätten unter sozialem und psychischem Druck, erzeugt durch ihr Umfeld und die Kameraden, am Massenmord mitgewirkt.[21] Tatsächlich gab es so etwas wie Konformitätsdruck, so bei jenen Deutschen, die zur Mannschaft der »Arbeits«- und Konzentrationslager zählten und Juden nur schlugen oder so taten, als schlügen sie diese, wenn andere Deutsche dabei waren. Auch Leutnant Buchmann vom Polizeibataillon 101 scheint, trotz seiner offenkundigen Ablehnung der Tötungen, bei einer Gelegenheit so unter Druck gestanden zu haben, daß er an einem Mordeinsatz teilgenommen hat. Dennoch deuten die Quellen in ihrer Mehrheit darauf hin, daß der Druck von seiten der Kameraden und Institutionen nicht von fundamentaler Bedeutung war, wenn es darum ging, die Täter zu Massenmorden zu veranlassen; als Motivation zu solchen Taten hätte er nicht ausgereicht.

Natürlich können Gruppendruck und der daraus resultierende Wunsch, Kameraden nicht zu enttäuschen, oder die Furcht, von ihnen kritisiert zu werden, Gründe sein, etwas zu tun, was man eigentlich ablehnt oder gar verabscheut. Doch läßt sich damit eher die Teilnahme *einzelner* an Aktionen des Holocaust erklären, vielleicht auch die einiger weniger in einer Gruppe. Wenn aber große Teile einer Gruppe, von der Mehrheit ihrer Mitglieder ganz zu schweigen, eine Handlung ablehnten oder verabscheuten, dann müßte der psychische Druck eher dazu führen, daß die Gruppe einzelne daran *hindert,* derartige Taten zu verüben; zumindest würde dann niemand dazu ermutigt. Wären die Deutschen also mit den Massenmorden nicht einverstanden gewesen, dann hätte kein Gruppendruck sie veranlassen können, gegen ihren Willen zu töten. Er hätte vielmehr ihre individuelle und kollektive Entschlossenheit gestärkt, diese Morde zu unterlassen.[22] Bestenfalls die Taten einer kleinen Minderheit lassen sich mit dem sozialpsychologischen Argument des Konformitätsdrucks verstehen. Auf Handlungen von *ganzen Gruppen* angewendet, führt es zu Widersprüchen.[23] Die These vom Konformitätsdruck hat daher nur einen begrenzten Erklärungswert. Die in etwa gleichlautenden, psychologischen Argumentationsweisen der beiden zuletzt vorgestellten Erklärungen, daß nämlich Deutsche im besonderen und Menschen im allgemeinen dazu neigen, Befehlen blind zu folgen, und daß sozialpsychologischer Druck ausreiche, sie zum Töten zu veranlassen, sind unhaltbar. Wie sich in einigen Fällen gezeigt hat, waren einige Deutsche tatsächlich *imstande,* nein zu sagen.

Die vierte der Erklärungen läuft darauf hinaus, daß die Täter wie kleine Bürokraten ihre Eigeninteressen verfolgten – wozu Karriere-Erfolge oder persönliche Bereicherung gezählt werden – und dafür andere Gesichtspunkte vollständig hintanstellten. So werden vor allem die Handlungen der Deutschen erklärt, die verantwortlich in Institutionen tätig waren, die mit Planung und Durchführung der Judenpolitik zu tun hatten. Diese schon für die Handlungen dieser Tätergruppe nicht sehr überzeugende Erklärung eignet sich nicht im geringsten, wenn man das Handeln der Masse einfacher Täter in diesem Krieg gegen die Juden erläutern möchte. Die meisten Mitglieder der

Polizeibataillone hatten wie viele andere Täter auch keine bürokratischen oder andere Karriere-Interessen; es waren ältere Dienstpflichtige, die bald wieder in ihre private Mittelschicht- oder Arbeiterexistenz zurückkehren würden und denen Beförderungen aus diesem Grund gleichgültig sein mußten. Nur wenige waren darauf aus, sich zu bereichern, und nichts in den Quellen deutet darauf hin, daß dies etwa einer größeren Anzahl von ihnen gelungen wäre.[24] Das angebliche Motiv »Eigeninteresse« läßt sich nicht einmal mit den grundlegendsten Tatsachen in Übereinstimmung bringen.[25] Von einigen Ausnahmen abgesehen, verfolgten die Täter weder Karriere- noch Bereicherungsabsichten, wenn sie mit dem Morden fortfuhren und nicht nein sagten, als es um Massenmord ging.

Dem fünften Erklärungsmuster zufolge waren die Aufgaben der Täter derart fragmentiert, daß sie entweder die wirkliche Bedeutung ihres persönlichen Tuns nicht verstanden oder aber – wenn sie doch erkannten, wozu ihr Handeln beitrug – die Verantwortung anderen zuschieben konnten. Diese Argumentationslinie erscheint wirklichkeitsfremd, wenn man etwa an Deutsche denkt, die Juden, denen sie von Angesicht zu Angesicht gegenüberstanden, erschossen, nachdem sie vom Befehl zur totalen Vernichtung der Juden gehört hatten. Sie ist es auch dann, wenn es um die Morde der sogenannten Schreibtischtäter geht, für deren Taten diese Erklärung auf besondere Weise zutreffen soll. Doch wird diese Behauptung niemals näher belegt. Eindeutig waren Zehntausende von Deutschen, die nur allzugut wußten, was sie taten, bereit, Juden zu töten. Darum besteht überhaupt keine Notwendigkeit, sich einen empirisch nicht belegbaren Grund – das angebliche Unverständnis der Täter – zusammenzubasteln, nur weil man erklären möchte, daß es auch einige gab, die nicht verstanden, was sie da taten, oder nicht erkannten, daß sie die Pflicht gehabt hätten, nein zu sagen. Die meisten Deutschen wußten, was sie taten; und es besteht kein Grund zur Annahme, daß irgendeiner, der tatsächlich nicht wußte, wozu er beitrug, anders gehandelt hätte, wenn er es gewußt hätte.

Keine der fünf herkömmlichen Erklärungen kann die Morde, die Deutsche auf Befehl an Juden verübten, angemessen verständlich machen. Immerhin haben sie eine gewisse oberflächliche Plausibilität, wenn es um diese Kategorie des Täterhandelns geht. Was aber die übrigen Handlungstypen angeht, so versagen die herkömmlichen Erklärungen völlig. Tatsächlich befassen sich die Vertreter dieser Auffassungen ausdrücklich oder systematisch nur mit dem Mord auf Befehl.

Die Initiative, die die Täter mit ihren grausamen und mörderischen Taten immer wieder zeigten, die Entschlossenheit, mit der die Deutschen ihre auf Vergeltung und Vernichtung gerichtete Politik gegen die europäischen Juden in die Tat umsetzten, entziehen sich den eingefahrenen Erklärungen. Jeder dieser Argumentationsstränge setzt voraus, daß die Deutschen »eigentlich« gegen den Massenmord an den Juden und gegen ein Programm des Völkermords waren – oder dies zumindest gewesen wären, wären sie durch die institutionellen Begleitumstände nicht »gleichgültig« gemacht worden. Raul Hilberg, der stellvertretend für die Verfechter der genannten Argumente angeführt sei, fragt: »Wie wurde der deutsche Bürokrat mit seinen moralischen Widerständen fertig?«[26]

Also setzt Hilberg voraus, daß »deutsche Bürokraten« hinsichtlich der Behandlung von Juden tatsächlich »moralische Widerstände« kannten, die sie, weil sie dann doch an der Vernichtung von Juden mitwirkten, irgendwie überwunden haben müssen. Hilberg und andere behaupten, Gründe dafür vorzubringen, warum die vermeintliche Ablehnung und der angebliche Widerstand überwunden werden konnten; warum eine derartige »Gleichgültigkeit« entstehen konnte; warum die Deutschen also gegen ihren eigentlichen Wunsch handelten und Juden umbrachten. Aber auf diese Weise läßt sich nicht erklären, warum Deutsche die Initiative ergriffen, warum sie über das notwendige Maß hinausgingen oder sich auch dann freiwillig für Mordeinsätze meldeten, wenn Freiwilligkeit gar nicht verlangt war. All dies aber geschah doch immer wieder. Und wie ließe sich verstehen, daß Deutsche Juden töteten, obwohl ausdrücklich befohlen worden war, dies nicht zu tun? Woher rührte denn die allgegenwärtige, schier unglaubliche Reibungslosigkeit, mit der ein Programm durchgesetzt wurde, das von der Mitwirkung so vieler Menschen abhängig war? Warum haben sie nicht durch Sabotage und Verzögerungstaktik dafür gesorgt, daß es zu zahllosen Pannen kam oder daß die Aufträge nicht im befohlenen Sinn ausgeführt werden konnten?[27]

Die Initiative beim Töten, der Eifer, mit dem die Täter ihre nationalsozialistische Überzeugung unter Beweis stellten, stehen in Einklang mit der Grausamkeit der Täter gegen ihre Opfer und wurden von dieser möglicherweise noch übertroffen. Die Grausamkeit, mit der die Juden in den Ghettos und Lagern von den Deutschen behandelt wurden, war immer und überall präsent. Sie zeigte sich nicht nur darin, daß die Deutschen Juden den erbärmlichsten Lebensumständen aussetzten, die darauf angelegt waren, den Juden, bevor sie schließlich auf grauenhafte Weise umgebracht wurden, Entbehrung und Schmerzen zuzufügen. Diese Grausamkeit der Deutschen äußerte sich zudem persönlich, direkt und unmittelbar. Mit den stets griffbereiten Peitschen und Gerten, mit bloßen Händen und mit ihren Stiefeln traktierten Deutsche die Juden, brachten ihnen schwere Wunden bei, trampelten auf ihnen herum und zwangen sie, bizarre und erniedrigende Dinge zu tun. Die Szene in Białystok, bei der ein Angehöriger des Polizeibataillons 309 öffentlich und im Beisein eines deutschen Generals auf einen Juden urinierte, ist dafür ein beredtes Beispiel. Für den ganz normalen Deutschen waren Juden ein Auswurf, entsprechend war mit ihnen umzugehen. Heinz Thilo, einer der Lagerärzte von Auschwitz, bezeichnete das Lager als »anus mundi«, die Öffnung [28] also, durch welche die Deutschen das gesellschaftlich-biologische Exkrement der Menschheit ausschieden: die Juden.

»Grausamkeit hat ein menschliches Herz«, beginnt ein großes Gedicht von William Blake.[29] In der menschlichen Geschichte stößt man immer wieder auf umfassende, organisierte und sanktionierte Grausamkeiten. Sklavenjäger und Sklavenhalter, tyrannische Regime, raubende und plündernde Kolonialherren, kirchliche Inquisitoren und polizeiliche Verhörspezialisten haben immer wieder gequält und gefoltert, um ihre Macht zu erhalten und zu steigern, um Reichtümer anzuhäufen und um Geständnisse zu erpressen. Doch in den umfangreichen Annalen menschlicher Barbarei nehmen die Grausamkeiten, die während der NS-Zeit an Juden verübt wurden, aufgrund ihres Umfangs, ihrer Vielfalt und des makabren Einfallsreichtums der Täter und nicht zuletzt durch die gezeigte Mutwilligkeit einen besonderen Rang ein. Orlando Patterson hat in seinem maßgeblichen Werk *Slavery and Social Death* achtundfünfzig Sklavenhaltergesellschaften eingehend untersucht und kommt zu dem Ergebnis, daß in fast achtzig Prozent dieser Gesellschaften die Herren ihre Sklaven gut behandelten und nur etwa zwanzig Prozent »schlecht oder brutal« mit ihnen verfuhren. Weiterhin berichtet er, daß die Sklavenhalter in neunundzwanzig Prozent dieser Gesellschaften keinen gesetzlichen Schranken unterworfen waren, daß die Herren aber dennoch ihre Sklaven im allgemeinen gut behandelten.[30] Und offenbar war auch in den wenigen Gesellschaften, in denen die Herren mit ihren Sklaven brutal umgingen, diese schlechte Behandlung selten so konstant, so grenzenlos, so variantenreich und zielgerichtet wie in den Lagern und Ghettos, die Deutsche eingerichtet und mit großer Brutalität verwaltet haben. Das Universum des Todes und der Qualen, in das die Deutschen die Juden stießen, findet etwas Vergleichbares am ehesten noch in den Höllendarstellungen der religiösen Überlieferung, in der Kunst eines Dante oder eines Hieronymus Bosch. So schrieb Johann Paul Kremer, ein anderer Lagerarzt aus Auschwitz, über das, was er dort sah: »Im Vergleich hierzu erscheint mir das Dantesche Inferno fast wie eine Komödie.«[31]

Für die deutschen Herrenmenschen war der Jude kein Sklave, den man gelegentlich peitschte, damit er bis zur Grenze der körperlichen

Erschöpfung arbeitete, dessen Körper man jedoch als wertvolles Gut betrachtete und darum pfleglich behandelte. Der Jude war auch kein politischer Umstürzler, den man folterte, um ihm die Geheimnisse des politischen Untergrunds, für den er arbeitete, zu entreißen. Die Deutschen betrachteten ihn auch nicht als Ketzer, den sie auf die Folterbank spannten, damit er seine häretischen Überzeugungen bekenne. Nein, es war die bloße Existenz, nicht das Verhalten, allein der Anblick der Juden, welche die deutschen Herrenmenschen zur Gewalttätigkeit reizten.

Die willkürliche Grausamkeit, die Schläge, die für die Juden in den Lagern »das tägliche Brot« waren, der »Sport«, den die Deutschen mit den Juden trieben, alle symbolischen Grausamkeiten waren typisch für das Handeln der Deutschen und gehörten wie selbstverständlich dazu. Die Deutschen benutzen die Juden häufig als Spielzeuge, zwangen sie wie Zirkustiere Possen zu treiben, die die Juden entwürdigten und ihre Folterer amüsierten.

Deutsche zwingen Juden in Mińsk Mazowiecki zum Bockspringen.

Von ihrer Behandlung durch die Deutschen hätten die Juden in Anlehnung an Shakespeares König Lear sagen können: »Was Fliegen für böswillige Knaben sind, das sind wir für die Deutschen, sie töten und quälen uns, um ihren Spaß zu haben.« In Polen begannen die Deutschen gleich nach ihrem Einfall im Jahre 1939, sich mit den Juden einen Spaß zu erlauben. Wie ein jüdischer Überlebender berichtet, »wurde das Leben schnell unerträglich. Schläge waren an der Tagesordnung. Sie [die Deutschen] stahlen und plünderten. Sie überfielen benachbarte Dörfer, und danach tauchten jedesmal die berüchtigten grauen Exekutionslisten an den Mauern auf. Sie hetzten obdachlose Polen dazu auf, jüdische Wohnungen auszuplündern. Sie trieben uns zu allen möglichen sadistischen Veranstaltungen zusammen und erklärten, sie würden ein ganzes Jahr hierbleiben, und in dieser Zeit würden sie uns nicht fünf Minuten in Ruhe lassen – und das war sicher die gröbste Untertreibung während des ganzen Krieges.«[32]

Die Brutalitäten beruhten in der Regel auf reiner Willkür, sie gingen nicht auf Anordnungen zurück, sondern wurzelten allein in den Gefühlen der Täter. Für die Deutschen, die direkt über die zum Untergang verurteilten jüdischen Bewohner des Reiches von Qual und Tod regierten, wurde Grausamkeit zur nahezu universalen Norm. Die Minderheit der Deutschen, die Grausamkeiten lieber vermieden hätte, fühlte sich veranlaßt, es den anderen gleichzutun, um ihre Zustimmung zum herrschenden Ethos zu demonstrieren. Jüdische Überlebende berichten von einigen Deutschen, die nur dann schlugen, wenn andere Deutsche zuschauten, und ihre Schläge so dosierten, daß sie möglichst wenig Verletzungen und Schmerz verursachten. Dies ist ein beredtes Zeugnis dafür, daß sich alle Deutschen so hätten verhalten können, sich aber dafür *entschieden* haben, Juden zu quälen, ob man ihnen dabei zuschaute oder nicht.

Chaim Kaplan, der im Warschauer Ghetto ein eindrucksvolles Tagebuch geführt hat, hat sich wirklich bemüht, die wenigen Fälle festzuhalten, in denen sich irgendein Deutscher, den er beobachtete oder von dem er gehört hatte, an den üblichen Gewalttaten nicht beteiligte. Ein Aufseher, der von mörderischen Neigungen frei war, wußte, daß es an ihm lag, seine humane Einstellung deutlich zu machen, weil die Juden aufgrund ihrer zahllosen schmerzvollen Erfahrungen annehmen mußten, daß er sich von all den anderen brutalen Kerlen nicht unterscheide. Einem Freund Kaplans sagte er daher: »Haben Sie keine Angst vor mir. Ich bin nicht vom Judenhaß infiziert.« Kaplan erinnert sich auch an einen anderen Vorfall. Da baten deutsche Soldaten höflich darum, bei einem Spiel, das einige Juden spielten, mitmachen zu dürfen. Die freundschaftliche Beteiligung der Deutschen war etwas völlig Ungewohntes, mit Kaplans Worten: »Ein Wunder.«[33]

Wo immer man das Leben in den Lagern und Ghettos betrachtet, zeigt sich, wie selten die Deutschen menschlich handelten. Wie Erich Goldhagen schreibt, »erschienen diese ›guten Deutschen‹, wie man sie zu nennen pflegte, wie einsame, nüchterne Gestalten inmitten einer makabren, orgiastischen Lustbarkeit. Ihr ganz gewöhnlicher

Anstand schien so außergewöhnlich und wunderbar wie die Lebensführung von Heiligen in normalen Zeiten. Die Juden berichteten von den Taten solcher Personen, wie man das Leben von Heiligen darstellt, voller Ehrfurcht und Staunen, und es entspannen sich Legenden um ihre Namen.«[34] Die Deutschen, genauer: die große Mehrheit der Täter, deren Handlungen die seltenen Beispiele anständigen Verhaltens wie ein Wunder erscheinen ließen, können das Ziel der »Endlösung«, zu der sie mit ihrer Grausamkeit einen enormen Beitrag leisteten, nicht verurteilt haben. Die Grausamkeit gegen die Juden – die in der Regel überflüssig war und keinem Zweck diente, es sei denn der Befriedigung und dem Vergnügen der Täter[35] – läßt sich nicht erklären, wenn man zugleich davon ausgeht, daß die Täter ihr eigenes Handeln im Grunde mißbilligten.

Ob sie systematischer Natur und im System verankert, ob sie allgegenwärtig ins Lagerleben integriert war, ob improvisiert, plötzlich und unberechenbar – die befehlsabhängige Grausamkeit der Deutschen liefert Einsichten in die mentale Verfassung der Täter. Gerade diese Grausamkeiten demonstrierten den Tätern und den unzähligen anderen Deutschen, die davon wußten, daß das Unternehmen, an dem sie mitwirkten, unmöglich »rechtmäßig« sein konnte – etwa im Sinn einer »rechtmäßigen« Hinrichtung, einer Massenexekution von Todfeinden. Die Grausamkeit zeigt, daß von »Rechtmäßigkeit« hier nur in einem pervertierten Sinn die Rede sein konnte. Sie ist der Beweis dafür, daß die Behandlung der Juden durch Deutsche in keiner traditionellen Weise, und ganz sicher nicht im »christlichen« Sinn des Begriffs, moralisch war. Nur im Kontext der neuen, nationalsozialistischen Moral konnten die Täter zu der Ansicht gelangen, daß sie an einer gerechten Sache mitwirkten. Die systemimmanente Grausamkeit straft die schwächlichen, offensichtlich unangemessenen Begründungen für die Ermordung der Juden Lügen, wie sie schon damals hin und wieder vorgebracht wurden und seitdem unkritisch von den Tätern und einigen Wissenschaftlern wiederholt werden. Sie widerlegt die Versicherungen der Täter aus der Nachkriegszeit, sie hätten Befehle befolgen müssen, weil man Befehle eben befolgen muß oder weil sie nicht in der Lage gewesen seien, die Legitimität und Legalität der Befehle zu beurteilen. Die systematische Grausamkeit zeigte allen beteiligten Deutschen, daß sie die Juden nicht aus militärischer Notwendigkeit und auch nicht, weil deutsche Zivilisten bei Bombenangriffen umkamen, töteten – die systematische Grausamkeit und der Massenmord waren bereits vor den verheerenden Flächenbombardements im Gang. Sie handelten also nicht aufgrund einer traditionellen Rechtfertigung für das Töten von Feinden, sondern aufgrund eines Systems von Überzeugungen, durch das die Juden so definiert waren, daß sie zur Vergeltung leiden mußten. Dieses System führte zu einem tiefsitzenden Haß, wie ihn kaum jemals ein Volk einem anderen gegenüber empfunden haben dürfte.

Eine Erklärung für das Handeln der Täter muß wenigstens ansatzweise den Tatsachen Rechnung tragen, vor allem den vier Handlungstypen, die hier herausgearbeitet worden sind. Die bekannten Deutungen werden diesem Anspruch nicht gerecht. Keine kann überzeugend darlegen, warum die Deutschen nicht versucht haben, sich entweder von den Mordeinsätzen freistellen zu lassen oder zumindest die Leiden der Juden zu mildern. Keine von ihnen vermag verständlich zu machen, warum die Deutschen im großen und ganzen das Gegenteil taten, nämlich die Juden unnötig leiden ließen und ihre todbringenden Aufträge mit so viel Eifer und Hingabe durchführten.

Die herkömmlichen Ansätze zeigen zudem begriffliche und theoretische Mängel, und sie versäumen es auch, ihre Erklärungen in vergleichenden Untersuchungen zu überprüfen. So beziehen sie sich alle explizit oder implizit auf allgemeinmenschliche Eigenschaften, die in jedem Volk zu finden und wirksam sein sollen. Also müßten sich die Angehörigen jedes Volkes unter ähnlichen Umständen wie die Täter verhalten haben. Doch dies ist nicht der Fall. Wie die Opfer behandelt wurden, hing in großem Maß von Identität und Einstellung der jeweiligen Aufseher ab. Dies wurde etwa deutlich, als bei den vom slowakischen Innenministerium eingerichteten Lagern das Wachpersonal ausgewechselt wurde: »Die Lager wurden von Hlinka-Garden bewacht, aber weil diese sich den Lagerinsassen gegenüber sehr feindselig verhielten, baten die Juden die slowakischen Behörden um ihren Austausch. So wurden die Hlinka-Garden schließlich durch slowakische Gendarmerie ersetzt, und daraufhin verbesserte sich die Lage in den Lagern.«[36] Die Wachen mußten ausgewechselt werden, weil sie die Juden derart haßten, daß es geraten schien, sie durch weniger feindselige Aufseher zu ersetzen, wenn die Zustände im Lager verbessert werden sollten. Es war einfach effektiver, weniger gehässiges Personal einzusetzen, als diese haßerfüllten Antisemiten zu veranlassen, sich menschlicher zu verhalten.

Da die herkömmlichen Erklärungsansätze die Idenität der Täter nicht berücksichtigen, gehen sie unausgesprochen wohl davon aus, daß gewöhnliche Italiener jüdische Männer, Frauen und Kinder nicht anders gequält und getötet hätten als die Deutschen, wenn die italienische Regierung zum Völkermord aufgerufen hätte. Das folgt aus der Annahme, daß die Neigung zu unbedingtem Gehorsam, das Sichbeugen unter die Macht der Umstände, die Verfolgung eigennütziger Interessen und das Streben nach Eigennutz überall verbreitet, also allgemeinmenschlich seien. Diese merkwürdige Vorstellung wird durch die realen historischen Ereignisse widerlegt. Die Italiener, und sogar das italienische Militär, weigerten sich im großen und ganzen, Mussolinis Befehl, die Juden dorthin zu deportieren, wo ihnen der sichere Tod durch die Deutschen drohte, Folge zu leisten.[37] Es ist nicht zu bestreiten, daß nicht alle Menschen in ähnlichen Situationen – als Aufseher in Lagern oder als Vollstrecker von Befehlen, die dem Völkermord dienten – so handelten oder gehandelt hätten, wie die Deutschen es taten. Daher können es unmöglich »universell« wirksame, psychologische und sozialpsychologische Faktoren gewesen sein, die die Täter zu Tätern machten. Daraus folgt die entscheidende Frage: Was war das Besondere an den Deutschen, an ihrer Politik, Gesellschaft und Kultur in der ersten Hälfte des zwanzigsten Jahrhunderts,[38] das sie Dinge tun ließ, die Italiener nicht taten?

Ein weiteres konzeptionelles Problem der herkömmlichen Erklärungsansätze ist die Vernachlässigung der Identität der *Opfer*. Dies wiegt noch schwerer als die Leugnung der Bedeutung, die der Identität der Täter zukommt. Einige hypothetische Überlegungen können dies verdeutlichen. Hätten die Täter etwa auch den Befehl ausgeführt, das gesamte dänische Volk, ihre Vettern im Norden, umzubringen wie die Juden? Hätten sie die gesamte Bevölkerung von München mit Stumpf und Stiel ausgerottet? Hätten sie ihre eigenen Familien ermordet, wenn Hitler dies befohlen hätte? Wenn man zugesteht, daß die vielen Deutschen, die sich an der Verfolgung und Ermordung der Juden beteiligten, solche Befehle verweigert hätten – und ich kann mir keinen deutschen Historiker und auch keinen ehrlichen Zeitgenossen denken, der das Gegenteil behauptet –, dann muß man einräumen, *daß die Vorstellungen, die die Täter von den Opfern hatten,* eine entscheidende Ursache ihrer Mordbereitschaft waren. Man muß nach den besonderen Eigenschaften fragen, die die Deutschen den Juden unterstellten und die sie zu der Ansicht gelangen ließen, die totale Vernichtung der Juden sei angemessen oder gar notwendig.[39]

Die Reibungslosigkeit, mit der das Vernichtungsprogramm durchgeführt wurde, ist ebenfalls ein einzigartiges Phänomen. Bürokratien und Verwaltungen, die mit der Durchführung politischer Schritte betraut sind, und untergeordnete Beamte und Angestellte, die Befehle weit entfernter Vorgesetzter zu vollstrecken haben, können eine Politik, die ihnen nicht gefällt oder die sie ablehnen, durchaus sabotieren oder verschleppen. Bei großangelegten Unternehmungen müssen sich die Ausführenden bereitwillig in dieses Projekt einfügen, wenn die Dinge vorankommen und sich nicht nur im Zeitlupentempo fortbewegen sollen. Dies gilt erst recht für ein Unternehmen wie den Völkermord auf einem ganzen Kontinent, das an vielen Verbindungsstellen Initiative und Einfallsreichtum von Institutionen und Einzelpersonen verlangte, die sich verwirrenden Forderungen und konkurrierenden Zielen gegenübersahen und denen oft genug ein halsbrecherisches Tempo abverlangt wurde. Ein solches Unternehmen ist auf Menschen angewiesen, die große Energie mitbringen, eine Energie, die normalerweise aus der Begeisterung für das Projekt entspringt. Woher haben so viele ganz gewöhnliche Deutsche diese Tatkraft und die Energie zum Völkermord genommen?

Eine Erklärung des Holocaust muß also nicht nur verständlich machen, was an Handlungsweisen in vielen Einzelfällen dargestellt wurde, sie muß auch die besonderen Identitäten der Täter und der Opfer berücksichtigen. Sie muß den jeweils beteiligten Personen, Institutionen und den Schauplätzen Rechnung tragen. Sie muß die Züge herausarbeiten, die den Tätern gemeinsam sind und die erklären, warum sich auf verschiedenen Schauplätzen mit vielen unterschiedlichen Beteiligten sowohl ein relativ gleichförmiges Handeln als auch *ganz besondere Einzeltaten* entwickelten. Man muß zeigen können, warum der Gesamtvorgang derart reibungslos ablaufen konnte, und dabei zugleich die verschiedenen Ebenen der Untersuchung integrieren, vor allem die bemerkenswerte Konvergenz des gesamten politischen Programms, das sich, wenn auch häufig unkoordiniert, sowohl an den verschiedensten Orten als auch in den Strukturen und Funktionsweisen der Mordinstitutionen sowie in den individuellen Handlungen durchsetzte. Das gilt besonders für den Bereich der jüdischen »Arbeit«. Bezeichnenderweise stehen bislang allgemeine Studien zu Nationalsozialismus und Holocaust unverbunden neben Teil- und Einzeluntersuchungen.[40] Ein angemessener Erklärungsansatz muß darüber hinaus den Völkermord in eine vergleichende Perspektive einbeziehen – und es ist ebenso bezeichnend, daß sich die herkömmlichen Erklärungen weder darum bemühen noch dazu imstande sind. Von entscheidender Bedeutung ist schließlich die Frage, woher die Motivation rührte, allen Anforderungen gerecht zu werden.

Die konventionellen Deutungen sind nicht einmal ansatzweise in der Lage, diesem Erklärungsbedarf gerecht zu werden. Wie umsichtig und originell man seine Beweisführung auch anlegen mag, man kann kein auch nur annähernd plausibles Erklärungsmuster für die elementaren Tatsachen des Holocaust konstruieren, indem man mit einem konventionellen Erklärungsansatz den einen Grundzug des Holocaust betrachtet und dann für einen zweiten und dritten Grundzug einen zweiten und dritten der vorliegenden Ansätze heranzieht und so weiter. Das kann vor allem darum nicht funktionieren, weil sich bestimmte Handlungen der Deutschen herkömmlichen Erklärungen entziehen. Solche empirischen Unzulänglichkeiten allein schon disqualifizieren die geläufigen Erklärungen, von folgenschweren begrifflichen Mängeln ganz abgesehen.

Die konventionellen Ansätze führen zu abstrakten, ahistorischen Erklärungen;[41] eine von ihnen stammt sogar aus einem sozialpsychologischen Labor. Die Abstraktheit zeigt sich am Muster der Argumentation: Es sieht so aus, als müsse man, um (1) die Bereitschaft der Deutschen (2) zur Ermordung (3) des jüdischen Volkes zu erklären, nur darstellen, wie man (1) jede beliebige Person veranlassen kann, (2) alles, was sie eigentlich nicht tun will, (3) irgendeinem Objekt anzutun, gleichgültig ob es sich bei diesem Objekt um eine Person oder um eine Sache handelt. Die herkömmlichen Erklärungen vernachlässigen nicht nur die historische Identität der Täter und der Gesellschaft, die sie hervorgebracht hat, sondern auch die Bedeutung, die diese für das Einmalige und Außergewöhnliche ihrer Taten oder für die Identität ihrer Opfer hat. Sie sind so angelegt, als seien diese Merkmale des Holocaust und auch die Tatsache, daß es sich um einen Völkermord handelte, nebensächlich und daher zum Verständnis des Holocaust irrelevant. Die Autoren hätten sich bei der Formulierung ihrer Erklärungen auch dafür entscheiden können, erst gar nicht zu erwähnen, daß es sich bei den Tätern um Deutsche handelte, daß zu den Taten Massenmorde und systematische Brutalität gehörten und daß die Opfer Juden waren. Dies wegzulassen würde den Charakter und die Überzeugungskraft der Thesen nicht verändern. Die konventionellen Ansätze stellen die Dinge so dar, als seien die Bereitschaft eines Normalbürgers, bei einem Völkermord mitzuwirken, und seine Bereitwilligkeit, die Steuerpolitik einer Regierung auch mit harten Mitteln durchzusetzen, im Prinzip das gleiche. Zwang, Gehorsam gegenüber der Obrigkeit, sozialpsychologisch wirksamer Druck, Eigeninteresse und das Abschieben von Verantwortung auf andere sind Erklärungsmuster, die ihrer Logik nach ebenso auf die Täter des Holocaust anzuwenden sind wie auf Bürokraten, die Konzepte zur Luftreinhaltung umsetzen, die sie eigentlich für fehlgeleitet halten.

Die ganze Herangehensweise stimmt nicht, weil im Grunde unberücksichtigt bleibt, daß man es ja mit Menschen zu tun hat; im Grunde wird den Tätern die Fähigkeit abgesprochen, moralische Entscheidungen zu treffen. Die Verfechter der bekannten Erklärungen sehen die Täter weder als bewußt Handelnde noch als sittliche Wesen. Sie tun so, als sei die Unmenschlichkeit der Taten nur ein Nebenaspekt und nicht das eigentliche Problem. Und sie lassen ebenso außer acht, daß die Objekte der Täter Menschen waren, nicht Tiere oder Sachen, sondern Menschen mit einer bestimmten Identität.

Statt dessen brauchen wir eine Erklärung, die die gerade genannten argumentativen Anforderungen erfüllt und den Handlungsweisen und

Identitäten der Täter wie der Opfer Rechnung trägt. Zweitens müssen die Triebkräfte herausgearbeitet werden, die das Handeln der Täter bestimmten, auch das Außerordentliche ihres Handelns und die menschliche Natur der Opfer.[42] Zu einer solchen Interpretation gelangt man nur, wenn man von einem dämonisierenden Antisemitismus ausgeht, der in Deutschland eine bösartig rassistische Form angenommen und die kognitiven Modelle der Täter sowie der deutschen Gesellschaft insgesamt bestimmt hat. Die deutschen Täter waren demnach mit ihrem Tun einverstanden. Es handelte sich um Männer und Frauen, die ihren kulturell verwurzelten, eliminatorisch-antisemitischen Überzeugungen getreu handelten und den Massenmord für gerecht hielten.

Daß es die eigenen Überzeugungen waren, die die Täter zum Massenmord motivierten, haben die Befehlshaber der Einsatzgruppen bestätigt und dies geht auch aus einer bemerkenswerten und äußerst aufschlußreichen Aussage der Nachkriegszeit hervor, die allerdings noch kaum richtig zur Kenntnis genommen wurde. Reinhard Maurachs Gerichtsgutachten, im Nürnberger Prozeß gegen die Einsatzgruppen von der Verteidigung vorgelegt, konfrontierte das Gericht mit einer einfachen Wahrheit: Die Männer der Einsatzkommandos haben wirklich geglaubt, daß der Bolschewismus, der Deutschland in einen apokalyptischen Krieg verwickelt habe, »eine jüdische Erfindung darstellte und nur den Interessen des Judentums diente«. Maurach vertrat die Auffassung, damit sei die Ausrottung der Juden durch die Deutschen subjektiv gerechtfertigt. Denn die Deutschen, ob Täter oder nicht, hätten, ob zu Recht oder zu Unrecht, geglaubt, von der Vernichtung der Juden hänge die Rettung Deutschlands ab. Das Gutachten nannte auch den Grund dieser Überzeugung: »Es kann überhaupt kein Zweifel daran bestehen, daß es dem Nationalsozialismus vollständig gelungen ist, die öffentliche Meinung in Deutschland und darüber hinaus *die überwältigende Mehrheit des deutschen Volkes* [Hervorhebung des Autors] von der Identität zwischen Bolschewismus und Judentum zu überzeugen.« Wie die Täter unmittelbar nach dem Krieg befand sich auch Maurach noch fest im Griff dieser Ideologie, und so verteidigte er diese Auffassungen als richtig. Daß nach Ansicht der Deutschen die Juden in der Sowjetunion Partei, Staat und Sicherheitsorgane beherrschten, »bestätigt[e] die Richtigkeit der nationalsozialistischen Weltanschauung«. Die Macht und Niedertracht der Juden sei so groß gewesen, daß sie es sogar fertiggebracht hätten, die kleine Gruppe von Nichtantisemiten in der Wehrmacht zum Antisemitismus zu bekehren. Am Ende seines Gutachtens faßt Maurach die beiden Gründe zusammen, die die Täter von der Notwendigkeit überzeugt hätten, die Juden umzubringen: »Die Angeklagten waren sowohl aufgrund der nationalsozialistischen Lehre als auch aus eigener Überzeugung und Erfahrung besessen von einer Wahnvorstellung, die sich auf die irrige Idee gründete, daß die Ziele des Bolschewismus und die politische Rolle der Juden in Osteuropa identisch seien. Diese Vorstellung ließ … die Angeklagten zu der Überzeugung gelangen, daß vor allem von der jüdischen Bevölkerung der besetzten russischen Gebiete der Angriff auf die zukünftige Existenz des Deutschen Reiches und des deutschen Volkes zu erwarten war.«[43]

Otto Ohlendorf, der ehemalige Befehlshaber der Einsatzgruppe D, hat zugegeben, daß Maurach die in seinen Kreisen herrschenden Überzeugungen richtig charakterisiert habe. In einem 1947 aus dem Gefängnis geschmuggelten Brief an seine Frau bekannte er freimütig, was ihn und Tausende andere veranlaßt habe, Juden umzubringen. Selbst nach dem Krieg habe das Judentum, so schrieb er, »weiter Haß gesät, und es erntet wieder Haß. Wer will die Mächte solcher Verblendung beschreiben? Wie könnte man es anders als in einem Werk von Dämonen, die mit uns ihren Kampf führen?«[44]

Ohlendorf war alles andere als ein Sadist und galt als ungewöhnlich anständiger Mensch, ja als »Idealist« innerhalb der NS-Bewegung, der an ihre Vision einer harmonischen Zukunft glaubte. Und doch teilte dieser hochgebildete Mann die damals in der deutschen Gesellschaft verbreitete dämonisierende Auffassung von den Juden und stellte daher allen Ernstes die Frage: »Wie könnte man es anders als in einem Werk von Dämonen … ?«[45]

Täter wie Ohlendorf waren davon überzeugt, daß die Juden ihnen keine andere Wahl ließen. Zweifellos war ihre Auffassung von den Juden von einer solchen Bösartigkeit und Intensität, daß sie im Völkermord die angemessene »Lösung«, wenn nicht die einzige, die »Endlösung der Judenfrage« sahen.[46] Wie konnten derartige Überzeugungen zum Holocaust in seinen besonderen Ausprägungen führen?

Was die Deutschen von den Juden dachten, unterschied sich grundsätzlich von ihren Auffassungen über die Dänen oder die Bayern oder irgendein anderes Volk. Das Bild, das sich die Deutschen von den Juden machten, *prädestinierte* die Juden – anders als die Dänen oder die Einwohner von München – zur Vernichtung und machte diese Vernichtung *notwendig*. Darin müssen wir das Motiv zur totalen Vernichtung des jüdischen Volkes sehen. Diese Logik konnte man sich in der deutschen Presse in Wort und Bild zu Gemüte führen. Alle Deutschen konnten Sätze wie diese lesen: »Betonen: Es gibt im Judentum nicht nur Verbrecher (wie in jedem anderen Volk auch), sondern das Judentum stammt aus verbrecherischer Wurzel und ist seiner Anlage nach verbrecherisch. Die Juden sind kein Volk wie andere, sondern eine zu einem Scheinvolk zusammengeschlossene Erbkriminalität … Die Vernichtung des Judentums ist kein Verlust für die Menschheit, sondern genau so nützlich wie Todesstrafe oder Sicherungsverwahrung gegen andere Verbrecher.«[47] Reichen diese Vorstellungen wirklich aus, das Handeln der Deutschen in seinem ganzen Ausmaß zu erklären? Bestätigt sich, wenn man die Entscheidungen, die sie getroffen haben, untersucht, daß sie von solchen Auffassungen geleitet wurden und an ihnen festhielten?

Ja, es waren diese Vorstellungen, die die Täter veranlaßt haben, als Kollektiv und auch als einzelne die Befehle zum Völkermord auszuführen. Sie haben nicht den Weg gefunden, sich von Mordeinsätzen freistellen zu lassen oder sich vollständig aus den Mordinstitutionen zurückzuziehen. Für alle, die die Überzeugung teilten, das Judentum sei in einen apokalyptischen Kampf mit allem Deutschen verwickelt, erschien die Vernichtung der Juden gerechtfertigt und notwendig. Wer aber an diese tödliche Bedrohung glaubte und sie nicht abwendete, wer also zuließ, daß die Juden weiter wühlten und sich ausbreiteten, der würde die eigenen Landsleute im Stich lassen und die Menschen verraten, die ihm am nächsten standen. Ein sehr beliebtes Kinderbuch mit dem Titel *Der Giftpilz* – eine perfide und entsprechend illustrierte Darstellung der Juden, die giftigen Pilzen gleich zwar gut aussehen, aber höchst gefährlich sind – legte deutschen Kindern mit der Überschrift des letzten Kapitels genau diese Lehre und deren Konsequenz nahe, nämlich daß es notwendig sei, die Welt vom Judentum zu säubern: »Ohne Lösung der Judenfrage keine Erlösung der Menschheit.«[48]

Weil die Deutschen an die Legitimität dieser Aufgabe glaubten, konnten sie immer wieder die Initiative ergreifen, haben sie die ihnen erteilten Aufträge mit »heiligem« Eifer erfüllt oder Juden auch ohne ausdrücklichen Befehl umgebracht. Dieser Glaube erklärt nicht nur, warum sich die Deutschen nicht geweigert haben zu töten, sondern auch warum so viele sich wie die Angehörigen der Polizeibataillone freiwillig zu Mordeinsätzen meldeten. Die Bereitschaft, Juden zu töten, die bei so vielen ganz gewöhnlichen Deutschen festzustellen war, zeigte sich an einem Mordeinsatz des Polizeibataillons 101 besonders deutlich. An einem Abend mit Truppenunterhaltung Mitte November 1942 wurde bekannt, daß die Einheit am nächsten Tag in Łuków Juden umbringen sollte.

»An diesem Abend war als sogenannte Frontbetreuung eine Unterhaltungtruppe Berliner Polizisten bei uns zu Gast. Diese Unterhaltungtruppe bestand aus Musikern und Vortragskünstlern. Die Angehörigen dieser Truppe hatten von der bevorstehenden Erschießung der Juden ebenfalls erfahren und sich nun erboten bzw. sogar ausdrücklich darum gebeten, sich an den Exekutionen dieser Juden beteiligen zu dürfen. Diesem Ansinnen wurde von seiten des Bataillons stattgegeben.«[49]

Diese Truppenunterhalter, deren offizielle Aufgaben mit dem Mord an Juden nichts zu tun hatten, mußten weder dazu gedrängt noch abkommandiert, noch gezwungen werden, Juden zu töten. So wie das ganze Unternehmen auf Freiwilligkeit der Täter basierte, haben auch diese Leute von sich aus um Gelegenheit gebeten, Juden zu ermorden. Ihre Mordgelüste wurden keineswegs als krankhaft oder pervers betrachtet; am nächsten Tag stellten diese Truppenunterhalter die Mehrheit der Vollstrecker. Wie so viele deutsche Täter, ob Freiwillige oder nicht, wurden sie, ohne zu zögern und mit Eifer, zu Henkern von Juden.

Ihre Überzeugung, daß die Vernichtung der Juden eine gerechte Sache sei, erklärt auch die *Art* der Freiwilligkeit, in der sich die Deutschen an der Vernichtung der europäischen Juden beteiligten. Dies hat ein Überlebender begriffen, wenn er den Deutschen nicht zum Vorwurf macht, daß sie Befehle ausführten: »Wir haben niemals erwartet, daß einzelne Deutsche sich Befehlen widersetzten.« Es war die Willfährigkeit der Deutschen, die sie zu einer tödlichen Gefahr machte, und sie bestimmt das Urteil des Mannes: »Ihr Ruf ist deshalb so übel, weil sie über die Befehle hinaus und zusätzlich zu ihnen, individuell und freiwillig, aktiv und stillschweigend, das offizielle [Vernichtungs-]Programm guthießen, genossen und erweiterten.«[50]

Der Mordeifer der Deutschen trat mit jedem Mordeinsatz deutlicher hervor, so auch in Ustschilug auf der ukrainischen Seite der polnischen Grenze. Nachdem die Deutschen alle Juden ohne Mühe zusammengetrieben, deportiert oder erschossen hatten, begannen sie, wie ein Überlebender berichtet, »mit der Jagd auf jene, die sich versteckt hatten. Eine solche Jagd hat die Menschheit noch nicht gesehen. Ganze Familien verbargen sich in Verstecken, wie wir sie in Włodzimierz hatten, und man jagte sie unerbittlich und unaufhörlich Straße um Straße, Haus um Haus, Zentimeter um Zentimeter vom Dach bis in den Keller. Die Deutschen wurden zu Fachleuten im Aufspüren dieser Verstecke. Wenn sie ein Haus durchsuchten, klopften sie die Wände ab, horchten nach dem dumpfen Geräusch, das eine doppelte Wand anzeigte. Sie schlugen Löcher in Decken und Böden ... Das waren keine begrenzten ›Aktionen‹ mehr, das war die völlige Vernichtung. Gruppen von SS-Leuten durchstreiften die Straßen, durchsuchten Gräben, Schuppen, Büsche, Scheunen, Ställe, Schweineställe. Und sie töteten die Juden zu Tausenden, dann zu Hunderten, zu Dutzenden und schließlich einen Juden nach dem anderen.«[51]

Ungeheuerliche Menschenjagden, das waren die Ghettosäuberungen der Deutschen. Der Einsatz in Ustschilug unterscheidet sich nicht von den »Judenjagden«, die ganz gewöhnliche Deutsche im Verband der Polizeibataillone in den Ghettos und auf dem flachen Land durchgeführt haben, auch Angehörige des Polizeibataillons 101. Was alle, die je miterlebt haben, wie die Deutschen ein Ghetto säuberten, überwältigt hat, war der Eindruck, daß sie es hier nicht mit Männern zu tun hatten, die zögernd ihre Pflicht taten, sondern mit Männern, die unermüdlich, mit Leidenschaft, Entschlossenheit und dem Enthusiasmus religiöser Fanatiker auf einer geheiligten Erlösungsmission bei der Sache waren.

Wie junge Männer zu allen Zeiten freiwillig in den Krieg gezogen sind, um für ihr Land zu kämpfen, so meldeten sich Deutsche freiwillig, um diesen durch Vorstellungsbilder und kognitive Modelle bestimmten Todfeind zu vernichten. Daß diese Männer zu Henkersdiensten bereit waren, erklärt auch, warum es überhaupt möglich war, in den Polizeibataillonen Mordkommandos aus Freiwilligen zusammenzustellen. Die Offiziere wußten, daß ihre Männer ihnen bei diesem deutschen Unternehmen Schulter an Schulter zur Seite standen, daher gingen sie überhaupt kein Risiko ein, wenn sie sich zur Durchführung dieser gräßlichen Pflicht auf Freiwillige verließen. Die Offiziere hatten gute Gründe für ihr Vertrauen, daß sich genügend bereitwillige Männer melden würden.

Die Überzeugung, daß die Juden den Deutschen bereits schweren Schaden zugefügt hätten und dies in Zukunft nur noch steigern würden, kann die ungeheure Grausamkeit, mit der die Deutschen die Juden behandelten, zumindest teilweise erklären. Den Worten eines früheren deutschen Polizeibeamten zufolge, der in der Umgebung von Krakau Dienst tat, waren seine Kameraden »bis auf wenige Ausnahmen gerne bereit, bei Erschießungen von Juden mitzumachen. Das war für sie ein Fest! ... Der Haß gegen die Juden war groß, es war Rache.«[52] Die große Mehrheit der Deutschen, die in den Mordinstitutionen Dienst taten, hat die Grausamkeiten, die sie auf Befehl, planmäßig oder spontan verübten, weder als unrechtmäßig noch als moralisch verwerflich betrachtet. So führten diese Grausamkeiten, die keinen anderen Zweck verfolgten, als die Juden leiden zu lassen, keineswegs zu einem Legitimitätsverlust des Regimes; das Ansehen der Behörden, Dienststellen und Vorgesetzten, von denen die Befehle und Anweisungen ausgingen, wurde dadurch nicht untergraben. Das wäre anders gewesen, wenn die Deutschen nicht geglaubt hätten, daß der Behandlung der Juden eine »rationale« Rechtfertigung, eine »gesetzliche« Vorschrift oder Gründe traditioneller Staatsräson zugrunde lägen oder liegen müßten.

Auch die antisemitischen Verteufelungen trugen dazu bei, daß sich die Grausamkeiten gegen Juden zu einem solchen Ausmaß steigerten.

Sich grausam zu verhalten wurde oft und vor allem dort, wo die Deutschen einen regelmäßigen engen Kontakt zu den Opfern hatten, zu einer Norm, von der es keine Ausnahmen gab. Diese Überzeugungen waren Ursache und Auslöser der weitverbreiteten und häufig verübten, unentrinnbar gnadenlosen Brutalitäten gegen Juden, denn sie entfernten die Juden *vollständig* aus dem Geltungsbereich moralischer Grundsätze, die die nichtjüdischen Angehörigen der Gesellschaft schützten. Die Regeln, die sich daraus ergaben, waren aufgehoben, und das schließlich *gestattete* es den Deutschen, die Juden mit einer Grausamkeit zu behandeln, die sie gegen ihre Landsleute nie angewandt hätten. Der deutsche Antisemitismus schrie nach Vergeltung, deren extremste Form die Vernichtung darstellte; und Vergeltung bedeutete für viele Deutsche, die Juden leiden zu lassen. Die Opfer konnten das nur als pathologische Verirrung begreifen, die alle Deutschen befallen hatte: »Das Tier im Nazi gehorcht seiner ihm eigenen, gänzlich gesunden Natur – es lauert auf Beute, die es dann zerfleischt; aber der Mensch in ihm ist krankhaft entartet. Die Natur hat ihn mit einem krankhaften Sadismus geschlagen, und diese Krankheit hat jede Faser seines Wesens durchdrungen. Es gibt keinen Nazi, dessen Seelenleben nicht krankhaft ist, der nicht tyrannisch, sadistisch ist.«[53] Das Bild, das die Deutschen von den Juden hatten, setzte destruktive und grausame Affekte frei, die gewöhnlich durch die Zivilisation gezähmt und gezügelt werden. Es lieferte den Deutschen auch eine moralische Begründung und den psychischen Impuls, ihren Leidenschaften gegen die Juden freien Lauf zu lassen.

Die Täter waren als Antisemiten von der Vorstellung getrieben, daß die Juden den Tod verdienten, und waren darum auch keine fühllosen Henker, die ihre Befehle blind ausführten; sie handelten gerade nicht »kalt und gleichgültig gegen ihre Opfer«.[54] Ohne jenes Bild vom Juden hätten sie gesagt, daß sie nicht wüßten, warum die Juden sterben müssen, doch müßten wohl gute Gründe dahinterstecken, Gründe einer tieferen Staatsräson, denn schließlich habe der unfehlbare »Führer« in seiner grenzenlosen Weisheit den Massenmord befohlen. Diese Haltung hätte jener der Kavalleristen aus Tennysons »Leichter Brigade« entsprochen; diese läßt der Dichter sagen: »Wir müssen nicht nachdenken über das Warum/Wir müssen nur handeln und sterben.«[55]

Auch wenn die Deutschen die Juden für Schwerverbrecher gehalten hätten, einer besonders abscheulichen Tat schuldig, wären sie ihnen »kalt und unbeteiligt« begegnet, wie ein moderner Berufshenker dem Delinquenten. Die deutschen Täter hätten sich als Henker eines ganzen Volks begreifen können, das der deutsche Staat zum Tod verurteilt hatte. Der moderne Henker ist als Staatsdiener verpflichtet, den

465

Tod in einer vorgeschriebenen, gleichsam klinischen Weise herbeizuführen – schnell, ohne Quälerei, mit einem Minimum an Schmerz, als
handele er nach der Devise von Shakespeares Brutus: »Laßt ihn uns
töten – kühn, aber nicht voll Zorn.«[56]

Deutsche, die die Todesstrafe befürworteten, wären entsetzt gewesen, wäre die Hinrichtung eines ganz gewöhnlichen deutschen Mörders von Folterungen oder Erniedrigungen des Delinquenten begleitet
gewesen. Nach dem gescheiterten Attentat vom 20. Juli 1944 befahl
Hitler, die Verschwörer an Fleischerhaken mit Klaviersaiten zu stran-
gulieren. Als ein Film, der diese Szene enthielt, vor Wehrmachtsangehörigen gezeigt wurde, erregten sich die Zuschauer so sehr, daß sie
den Saal verließen.[57] Darunter waren sicher einige, die Sympathien
für die Verschwörer hegten, doch alle – auch jene, die der Meinung
waren, daß die Verschwörer sich des schlimmsten Verbrechens schuldig gemacht und den Tod verdient hätten – stimmten darin überein,
daß eine derart barbarische Hinrichtungsmethode einer »zivilisierten« Nation nicht würdig sei.

Kalt und unbeteiligt handelten Deutsche, die im Rahmen des sogenannten Euthanasieprogramms Geisteskranke und Schwerbehinderte
töteten. Die meisten von ihnen waren Ärzte und Krankenschwestern,
die sich der Opfer in der leidenschaftslosen Weise von Chirurgen ent-
ledigten, die Wucherungen aus einem Körper herausschneiden.[58] Die
Tötung von Juden dagegen war ein haßerfüllter, rabiater Vorgang, der
von Grausamkeit, Erniedrigung, Hohn und Spott vorbereitet und begleitet wurde. Warum konnten diese Henker des jüdischen Volks nicht
wie normale Scharfrichter handeln? Wie kam es, daß diese ganz gewöhnlichen Deutschen, die zu Vollstreckern wurden, von heute auf
morgen eine so mutwillige, spontane und unverlangte Grausamkeit
an den Tag legten? Die Antwort führt wiederum zu den Bildern und
Vorstellungen, die die Deutschen sich von den Juden gemacht hatten.
In ihren Augen war *der Jude* nicht nur ein abscheulicher Schwerverbrecher. Er war die Verkörperung des Teufels, er war, wie Richard
Wagner es angsteinflößend und bedrohlich formuliert hatte, »der pla-
stische Dämon des Verfalls der Menschheit«.[59] An unzähligen Übeln
sei *der Jude* schuld. Äußerst verschlagen und grausam, wurde er als
wesentlicher Urheber von Unordnung, Tumulten und blutigen Aufständen gesehen, die die Welt erschütterten. Wenn Schriftsteller und
Prediger von den Juden sprachen, dann oft in den schrillsten Tönen
und mit einer Flut von Übertreibungen, so wie Menschen in höchster
Erregung und Raserei ein Crescendo wahlloser Beschimpfungen von
sich geben: »Sie [die Juden, hier insbesondere jüdische Sportfunk-
tionäre] sind schlimmer als die Cholera, die Lungenpest, die Syphi-
lis, … schlimmer als Feuersbrunst, Hungersnot, Deichbruch, große

Dürre, schlimmste Heuschreckenplage, Giftgas – schlimmer als all dieses, weil diese Elemente nur deutsche Menschen vernichten, jene [die Juden] aber Deutschland selbst.«[60]

Es galt unter den Tätern als selbstverständlich, daß für diese weltgeschichtlichen Übeltäter der Tod nicht Strafe genug sei. Für die Untaten, die sie begangen hätten, müsse man Rache nehmen, eine »harte Sühne« verlangen. Weil sie jahrtausendelang geplündert, geraubt, ausgebeutet hätten, müsse man diese Parasiten zu harter, tödlicher Arbeit zwingen. Weil sie ihre ungeheure geheime Macht in maßloser Weise mißbraucht hätten, um Nationen und soziale Klassen zu ruinieren, seien sie nun zu erniedrigen und sollten im Staub kriechen. Für all den physischen Schmerz, den sie mit ihren Machenschaften bewirkt hätten, sollten sie nun bezahlen und selbst unendlich leiden. In den Ghettos und den Lagern, auf dem Weg zu den Hinrichtungsstätten, noch am Rand der Massengräber haben Deutsche Juden gequält und ihren kollektiven Zorn an ihnen ausgelassen, der sich wegen der real oder eingebildet mißlichen Lage Deutschlands aufgestaut hatte. »Es war Rache.« Der gewalttätige Zorn der Deutschen auf die Juden entsprach der Leidenschaft, die Ahab antrieb, den Weißen Wal zu jagen. Melvilles denkwürdige Beschreibung von Ahabs Motiven paßt als Motto für die unerbittlichen, unsäglichen, nicht zu übertreffenden Grausamkeiten, die Deutsche Juden antaten:

»All das, was wahnsinnig macht und quält, alles, was die Hefe der Dinge aufrührt, alle Wirklichkeit und ihre Niedertracht, alles, was an den Nerven zehrt und das Hirn verbrennt, all das geheime Teuflische des Lebens und Trachtens, alles Übel war für den wahnsinnigen Ahab sichtbar personifiziert und praktisch angreifbar geworden in Moby Dick. Auf des Wales weißen Höcker lud er die ganze Wut und den Haß, der von seinesgleichen seit Adams Zeiten bis heute empfunden worden war, und er ließ, als wäre seine Brust ein Mörser, die Schale seines heißen Herzens daran zerschellen.«[61]

Obwohl die Brutalität der Deutschen letzten Endes unverständlich bleibt, läßt sich mit dem Antisemitismus der Deutschen die ungeheure Grausamkeit gegen die Juden, die fast immer aus freien Stücken verübt wurde und der individuellen Initiative entsprang, doch verständlicher machen.[62]

Der Antisemitismus der Täter muß also herangezogen werden, wenn man die vier Handlungstypen erklären will, die sich aus dem Schema »Befehl« und »Grausamkeit« ergeben. Geht man vom Antisemitismus der Deutschen aus, versteht man, warum die Deutschen bereitwillig Befehle ausgeführt haben und warum sie sogar selbst die Initiative ergriffen, wenn es um das Töten und Quälen von Juden ging; man versteht auch die Brutalität, die von Institutionen und von

Einzelpersonen generell praktiziert wurde. Ihr Antisemitismus macht die Entschlossenheit der Täter verständlich und auch die Reibungslosigkeit, mit der diese ungeheuerliche Operation durchgeführt wurde. Es war der Glaube an die Notwendigkeit und Gerechtigkeit des Völkermords, der eine Energie und einen Pflichteifer mobilisierte, ohne die ein solches Unternehmen niemals hätte durchgeführt werden können. Wegen ihres Antisemitismus haben die Deutschen in den verschiedenen Mordinstitutionen auf keiner Ebene daran gedacht, das Leiden der Juden zu lindern. Das wäre möglich gewesen, vor allem denen, die zwar sahen, daß das Morden nicht aufzuhalten war, aber den Opfern Angst und unnötige Schmerzen ersparen wollten. Aufgrund ihres Antisemitismus haben so wenige Täter die Möglichkeit genutzt, sich von den Erschießungen freistellen zu lassen, und er macht auch verständlich, warum so viele Deutsche, die keine entschiedenen Anhänger, vielleicht sogar Gegner des NS-Regimes waren, an der Vernichtung der Juden mitwirkten.[63] Denn wie in der Darstellung des deutschen Antisemitismus und seiner Entwicklung gezeigt, waren die Vorstellungen und Bilder, die die Deutschen von den Juden hatten, nicht von ihrem Verhältnis zum Nationalsozialismus abhängig. Weil der eliminatorische Antisemitismus in Deutschland ein kulturell-kognitives Modell war, das bei Machtantritt der Nationalsozialisten längst geprägt war, konnte auch ein überzeugter Gegner der Nationalsozialisten ein leidenschaftlicher Rassenantisemit sein. Juden umzubringen war für viele eine Tat, die sie nicht für den Nationalsozialismus, sondern für Deutschland verübten.[64]

Es herrschte Übereinstimmung auf allen Ebenen, ein und dieselben Überzeugungen bewegten die politische Führung, prägten die Mordinstitutionen und motivierten die Männer, die den Völkermord vollstreckten. Wenn sie ihrem gemeinsamen Feind gegenübertraten, spiegelte sich im Verhalten der Deutschen gegenüber den Juden das Denken derer wider, die an höchster Stelle die politische Gesamtlinie festlegten. So überrascht es auch nicht, daß es an den verschiedenen Orten immer wieder zu eigenständigen Initiativen kam, die dem Programm der Zentrale vorauseilten, denn wenn sich auf lokaler Ebene ein »Problem« ergab, das oft einfach nur darin bestand, daß dort noch Juden lebten, handelte die örtliche Verwaltung im Geist ihrer Zeit und ihrer Kultur.

Daher ist es kein Wunder, daß so viele Deutsche aus unterschiedlichen Lebensbereichen und mit unterschiedlichem sozialem Hintergrund in den verschiedensten institutionellen Zusammenhängen und an den verschiedensten Orten die immer gleichen Taten verübten. Ob in den völlig durchorganisierten Lagern, ob in den teils routinemäßigen, teils wilden Razzien und Erschießungsaktionen, ob bei den relativ unkontrollierten »Judenjagden«, bei denen Eigeninitiative gefragt war, ob bei den Todesmärschen, die unabhängig voneinander jeder für sich organisiert wurden – es kam immer zu den gleichen Taten. Diese Koordination durch die unsichtbare Kraft der gemeinsamen Überzeugungen und Werte sorgte dafür, daß die Juden nicht an jedem Ort anders behandelt wurden, obwohl es keine straffe zentrale Lenkung gab und die Täter einfach auf jeweils gegebene Umstände und Schauplätze reagieren mußten. Der eliminatorische Antisemitismus, das den Tätern gemeinsame kognitive Modell, das nun für das vom Staat eingeleitete und koordinierte Vernichtungsprogramm nutzbar gemacht wurde, war in so hohem Maß motivbildend, daß der Einfluß anderer »Strukturen« und Faktoren auf ihr Handeln sich nicht durchsetzen konnte. Zudem waren die strukturellen Einflüsse ständigen Wandlungen unterworfen, so daß nur das gemeinsame kognitive Modell für das immer gleiche Handlungsmuster gesorgt haben kann.

Viele Handlungen der Deutschen, die unter anderen Umständen wohl als ungewöhnlich, irrational, ja sogar absonderlich gegolten hätten, erschienen unter diesen Umständen als vollkommen vernünftig; es waren »rationale« Produkte des Antisemitismus. So konnten es die Deutschen auch dort nicht lassen, die Juden brutal zu behandeln, wo sie diese besser für wirtschaftlich produktive Zwecke eingesetzt hätten. »Überflüssige« Brutalität großen Ausmaßes war einer der Grundzüge im Verhalten der Deutschen gegen die Juden; sie bestimmte während der NS-Zeit alle Verhältnisse zwischen Deutschen und Juden. Die makabre Feierlichkeit, die manchmal in den Mordinstitutionen herrschte, die Prahlerei und die Akzeptanz der Grausamkeit als Norm – im doppelten Sinn des Üblichen und des Wünschenswerten – entsprachen dem Handeln aus Haß.[65]

Schließlich trieb der Antisemitismus viele gewöhnliche Deutsche dazu, dem Völkermord mit Pflichteifer zu dienen, auch solche, von denen man dies wegen ihrer Herkunft und Ausbildung eigentlich nicht erwartet hätte. Doch auch sie wurden zu Mördern und hörten trotz des offensichtlichen Entsetzens und des körperlichen Abscheus, die viele bei ihrer Einführung in diese Tätigkeit verspürten, nicht auf, ihre vermeintliche, ihre mörderische Pflicht zu tun. Die zügellose Brutalität der Ghettosäuberungen; der Anblick ausgehungerter, ausgemergelter, kranker und mit Wunden bedeckter Juden, die sich nur noch voranschleppten und dennoch von den Aufsehern mißhandelt wurden, bis sie einfach tot umfielen; die Grausamkeit der Massaker – nichts ließ die Deutschen in ihrer Entschlossenheit wanken.

Und in jenen seltenen Fällen, in denen einer der Täter Schwäche zeigte oder sich gegen die mörderische Bösartigkeit eines Kameraden wandte oder sich durch diese zermürbt fühlte, kann man ohne ausdrückliche Hinweise nicht davon ausgehen, daß dies aus einer grundsätzlichen ethischen Mißbilligung des Mordens geschah; vielmehr wird es in den meisten Fällen eher der Ausdruck von Widerwillen und Abscheu angesichts des sinnlichen Eindrucks solcher grausigen Szenen gewesen sein. Ein Täter, der bei einem Mordeinsatz das Kommando führte, protestierte gegen die Methoden eines seiner Männer, die er folgendermaßen beschreibt: »Zwischendurch hat der Rottenführer Abraham die etwa fünf Kinder mit der Pistole erschossen. Es handelte sich um Kinder, die nach meiner Schätzung zwischen zwei bis sechs Jahre alt waren. Es war brutal, wie Abraham die Kinder tötete. Einige Kinder faßte er an den Haaren an, hob sie vom Erdboden ab, schoß ihnen in den Hinterkopf und warf sie dann in die Grube. Ich konnte dies schließlich nicht mehr mit ansehen und sagte ihm, er solle das sein lassen. Damit meinte ich, er solle die Kinder nicht an den Haaren hochheben, er solle sie anständiger töten.«[66]

Nicht die Ermordung von Kindern erschien diesem Deutschen »brutal«, nur an der Art des Tötens nahm er Anstoß. Er konnte den Anblick nicht ertragen. Das war einfach ungehörig. Wenn Abraham die Kinder gezwungen hätte, sich auf den Boden zu legen und ihnen dann in ihre kleinen Köpfe geschossen hätte, dann wäre das wahrscheinlich eine anständige Form der Exekution gewesen, die jener Deutsche mit Gleichmut ertragen hätte.

Schrecken und Grauen dieser Wahrnehmungswelt genügten nur in den seltensten Fällen, um dem mörderischen Tun Einhalt zu gebieten. Es waren eben Teufel, die die Deutschen glaubten vernichten zu müssen. Oder – wie Ohlendorf es für alle Täter ausdrückte: »Was hätten wir denn sonst tun können?«

Vor diesem Hintergrund lassen sich die gemeinsamen und die besonderen Aspekte der vorgestellten Mordinstitutionen genauer herausarbeiten. Polizeibataillone, »Arbeits«lager und Todesmärsche beleuchten wichtige Aspekte des Holocaust und auf jeweils verschiedene Art die Willkür der Täter und den eliminatorischen, auf die Rasse bezogenen Antisemitismus als zentrales Motiv ihrer Taten.[67]

Was die Deutschen in den Polizeibataillonen taten, führt zu der Frage, wie Menschen zu solchen Tätern werden konnten, und zwar Menschen, die weder durch frühere dienstliche Tätigkeit noch durch ihre Herkunft darauf vorbereitet waren und die in einer Institution wirkten, die sie weder in besonders wirkungsvoller Weise indoktrinierte noch direkt Druck auf sie ausübte und ihnen sogar die Möglichkeit ließ, sich an den Mordeinsätzen und der brutalen Behandlung von Juden nicht zu beteiligen. Betrachtet man sie im Zusammenhang ihrer Landsleute, dann war von diesen ihrer Herkunft nach »normalen« Er-

470

wachsenen am wenigsten zu erwarten, daß sie zu Mördern wurden. Sie waren in einer Institution tätig, in der es ein großes Maß an Freiwilligkeit gab, und dennoch handelten sie wie die fanatischsten deutschen Antisemiten. Wie unsere Untersuchung der Rekrutierungsmethoden und ihrer demographischen Struktur ergeben hat, können, ja müssen die Schlußfolgerungen aus dem Handeln der Polizeibataillone und ihrer Angehörigen auf *das deutsche Volk insgesamt* übertragen werden. Was diese *ganz gewöhnlichen* Deutschen taten, war auch von anderen *ganz gewöhnlichen* Deutschen zu erwarten.

Am Fall der jüdischen »Arbeit«, insbesondere in jenen Lagern, die angeblich nur der Ausnutzung jüdischer Arbeitskraft dienten, war zu prüfen, ob der eliminatorische Antisemitismus selbst dann das Handeln der Akteure bestimmte, wenn ihm die normalerweise machtvolle Logik ökonomischer Rationalität gegenüberstand, die doch das deutsche Wirtschaftsleben im großen und ganzen bestimmte. Hier erweist sich mehr als an jedem anderen Ort die ungeheure Kraft des deutschen Antisemitismus: Er war imstande, »Institutionen und Verfahren zu pervertieren, die eigentlich, gerade unter den Bedingungen des Krieges, entsprechend den personenunabhängigen, nicht korrumpierbaren Imperativen ökonomischer Produktivität hätten funktionieren sollen. Die Deutschen behandelten die Juden vollkommen anders als andere besiegte Völker, und zwar auf allen organisatorischen Ebenen: vom allgemeinen Rahmen des Arbeitseinsatzes über die Art der Institutionen, in denen Juden arbeiteten, bis zu der Art und Weise, in der die Deutschen mit einzelnen jüdischen Arbeitern umgingen. Sie verstießen gegen ihr eigenes Interesse, nämlich für die Kriegführung dringend benötigte Versorgungsgüter und Kriegsmaterial zu produzieren. Auch daraus läßt sich ersehen, daß die Juden im Denken und der Vorstellungswelt der Deutschen eine Sonderstellung einnahmen. Insbesondere sei noch einmal auf die historisch verwurzelte Vorstellung vom arbeitsscheuen Parasitentum der Juden hingewiesen, die die Art, in der Juden »eingesetzt« wurden, entscheidend beeinflußte. Daß die antisemitische Ideologie das Handeln der Deutschen hervorbrachte und sie dazu veranlaßte, sich gegen alle sonst geltenden Regeln zu verhalten, zeigt sich wohl nirgends deutlicher als im Bereich der »Arbeit«.

Auch die Todesmärsche sind in ihrer Irrationalität ein Prüfstein für jeden Erklärungsansatz. Unter Bedingungen, die sich von denen der Jahre 1939 bis 1942 erheblich unterschieden, als es noch möglich schien, daß ganz Europa auf alle Ewigkeit nach der Peitsche des NS-Regimes würde tanzen müssen; im Chaos und in der Gefahr der letzten Monate, Wochen und Tage des Krieges hätten die Deutschen eigentlich andere Sorgen haben müssen, als weiterhin Juden zu quälen und zu ermorden. Viele der Todesmärsche wurden ohne effektive Kontrolle des Wachpersonals, ja ohne zentrale Führung begonnen. Die Deutschen, die die Juden begleiteten, waren auf sich selbst gestellt. Gerade wer in seiner Erklärung Existenz und Bedeutung des dämonisierenden Antisemitismus leugnet, müßte eigentlich erwarten, daß unter derart veränderten sozialen und psychischen Bedingungen und einer veränderten Anreizstruktur die mörderischen Taten nachlassen oder ganz aufhören würden. Doch Hingabe und Eifer dieser Deutschen – im Fall des Todesmarschs von Helmbrechts ihre unentwegte Mordlust und Brutalität gegen Juden *und nur gegen Juden* – zeigen, daß sie Mörder aus tiefster Überzeugung waren und von einem grenzenlosen Haß auf die Juden geleitet wurden. Selbst nachdem Himmler befohlen hatte, das Morden einzustellen, ließen sie nicht davon ab, Juden zu quälen und zu töten. Die Deutschen behandelten die Juden auf eine gleichsam autistische Weise. Nachdem das Programm des Völkermords einmal in Gang gekommen war, ließen sie sich fast ausschließlich von inneren Impulsen, von ihrem Bild der Opfer leiten.

Alle drei Mordinstitutionen repräsentieren einen entscheidenden Aspekt des Holocaust in nahezu reiner Form. Die Polizeibataillone zeigen, wie durchgängig der Antisemitismus die deutsche Gesellschaft infiziert hatte: Nur darum konnten ganz gewöhnliche Männer zu solchen Vollstreckern werden. Die Todesmärsche verdeutlichen, wie tief die Täter internalisiert hatten, daß es notwendig sei, die Juden umzubringen, und mit welcher Hingabe sie sich bis zum letzten Augenblick dieser Aufgabe widmeten. Am Thema »Arbeit« wird die ungeheure Macht des Antisemitismus sichtbar: Nur darum konnte er die Deutschen veranlassen, gegen ihre ökonomischen Interessen zu handeln.

Ein Charakteristikum des Völkermords – und dies gilt für Polizeibataillone, »Arbeits«lager, Todesmärsche, Einsatzkommandos und alle übrigen Mordinstitutionen – ist die Bereitwilligkeit, mit der die Deutschen, ob Täter oder nicht, *verstanden,* warum man von ihnen die Tötung von Juden erwartete. Es erschien ihnen einfach selbstverständlich. Man stelle sich vor, eine westliche Regierung von heute würde einer großen, heterogenen Gruppe gewöhnlicher Staatsbürger die Absicht bekanntgeben, ein anderes Volk mit Stumpf und Stiel auszurotten. Abgesehen von ihrer moralischen Reaktion würden die Menschen eine derartige Ankündigung schlicht unverständlich finden. Sie würden diese Ankündigung als Worte eines Verrückten auffassen. In Deutschland aber reichte der Antisemitismus so tief, daß die Deutschen, ob Täter oder Zuschauer, nicht überrascht oder ungläubig, sondern mit Einsicht reagierten, als sie erfuhren, daß die

Juden vernichtet werden sollten. Ob es ihnen moralisch vertretbar oder nützlich schien, die Juden umzubringen, oder nicht: in jedem Fall haben sie im Vernichtungsvorsatz offenbar einen *Sinn* entdeckt.

Viele Täter haben über den Augenblick berichtet, in dem sie von der bevorstehenden oder bereits im Gang befindlichen Vernichtung der Juden erfuhren und ihnen auch eröffnet wurde, daß sie daran mitwirken sollten. Eines fällt an diesen Aussagen besonders auf: Keiner von ihnen hat von Verständnislosigkeit und Überraschung gesprochen, keiner von ihnen hat den Vorgesetzten oder den Kameraden die Frage gestellt, warum dies geschehen müsse, keiner war empört, die Befehle eines Verrückten ausführen zu müssen. Ein jüdischer Überlebender erinnert sich, welche Gedanken ihm im Oktober 1942 in einem Versteck in Hrubieszów, einem Städtchen südöstlich von Lublin, durch den Kopf gingen, als rings um ihn her Juden verfolgt und getötet wurden: »Immer wieder war ich erschüttert, wie unglaublich all das war – vollkommen Fremde jagten Menschen, die ihnen niemals etwas zuleide getan hatten. Die Welt war verrückt.«[68] Juden hatten solche Gedanken, nicht Deutsche. Der mörderische Antisemitismus hatte die deutsche Gesellschaft so tief durchdrungen, daß die Deutschen, als sie von Hitlers Wünschen erfuhren, diese tatsächlich verstanden. Mit äußerster Klarheit und Eindeutigkeit formulierte ein Angehöriger des Sonderkommandos 4a in einem Brief vom September 1942 an seine Frau – [»Meine liebe Soska«] – nicht nur für sich selbst, sondern auch für seine Kameraden und für die deutschen Soldaten im allgemeinen die Überzeugungen, die Ursache dafür waren, daß das Vernichtungsprogramm Unterstützung fand:

»Meine Stimmung ist wie gesagt, sehr düster. Ich muß mich erst selbst überwinden. Der Anblick der Toten (darunter Frauen und Kinder) ist auch nicht aufmunternd. Wir kämpfen aber diesen Krieg heute um Sein oder Nichtsein unseres Volkes. Ihr in der Heimat spürt es Gott sei Dank nicht zu sehr. Die Bombenangriffe haben aber gezeigt, was der Feind mit uns vorhat, wenn er die Macht dazu hat. Die Front erfährt es auf Schritt und Tritt. Meine Kameraden kämpfen buchstäblich um das Sein unseres Volkes. Sie machen dasselbe, was der Feind machen würde. Ich glaube, Du verstehst mich. Da dieser Krieg nach unserer Ansicht ein jüdischer Krieg ist, spüren die Juden ihn in erster Linie. Es gibt in Rußland, soweit der deutsche Soldat ist, keine Juden mehr. Du kannst Dir vorstellen, daß ich erst einige Zeit benötige, um dies zu überwinden.«[69]

Die Deutschen dachten keineswegs, daß sie die Wahnsinnspläne eines Kriminellen oder Verrückten ausführten; ihnen war einsichtig, trotz ihrer Furcht vor einem Mißerfolg und vor der Rache der Juden, warum ein derart radikales Vorgehen notwendig war und warum die

Vernichtung der Juden ein nationales Projekt werden mußte, damit das *Volk* gerettet würde.

Weil die Täter an einen unwandelbaren dämonisierenden Charakter der Juden glaubten, konnten ihre Führer mit Recht erwarten, daß die vollkommen absurden, von ihnen gleichwohl für wahr gehaltenen Behauptungen, die Juden seien für Bombenangriffe und Partisanenüberfälle verantwortlich, auch ihren Männern verständlich und vernünftig erscheinen und ihre Entschlossenheit stärken würden. Der Vorsatz, als Rache für die britischen und amerikanischen Bomben auf deutsche Städte alle jüdischen Kinder in Polen umzubringen, wäre wohl jedem vernünftigem Menschen, jedem nicht vom Antisemitismus verblendeten Verstand als krankhaft erschienen. Nicht so den ganz gewöhnlichen Deutschen des Polizeibataillons 101 und anderer Einheiten. Ihnen erschienen die »Argumente« logisch, sie sahen einen Zusammenhang zwischen den Juden in den armen Provinzstädten im Herzen Polens und den Bombenangriffen auf Berlin und Hamburg. Da sie von einem dämonisierenden Antisemitismus durchdrungen waren, glaubten die gewöhnlichen Deutschen, daß hinter den Bomben auf deutsche Städte jenes weltumfassende Monstrum stehe, das mal »Weltjudentum« und mal »der Jude« genannt wurde; daß die Juden Polens und speziell die von Józefów die Tentakel des Ungeheuers verkörperten. Und indem sie diese abhackten, meinten diese Deutschen zur Vernichtung dieses gräßlichen Untiers, dieser Ursache so vieler Übel beizutragen. Wenn Major Trapp seine Leute aufforderte, sich das Bild ihrer Frauen und Kinder in der Heimat vor Augen zu führen, die bei Bombenangriffen möglicherweise den Tod fanden, damit sie eventuelle Hemmungen gegen das Töten von jüdischen Frauen und Kindern überwanden, konnte er davon ausgehen, daß seine Männer den Rat verstehen und annehmen würden. Der Rat des Majors stützte sich auf das Bild vom Juden, das ihnen allen gemein war. Darum benötigten diese ganz gewöhnlichen Deutschen keine weitere Erklärung und fragten auch nicht nach dem Zusammenhang zwischen den jüdischen Kindern von Józefów und den englischen und amerikanischen Bomben auf deutsche Städte. Nach Selbstverständlichkeiten fragt man nicht.[70]

Da die deutschen Befehlshaber den tiefsitzenden Antisemitismus ihrer Männer kannten, stellten sie ohne weiteres jeden frei, der sich zu Mordkommandos nicht überwinden konnte, im berechtigten Vertrauen darauf, daß nur wenige von dieser Option Gebrauch machen würden. Deshalb wurde diese Laxheit auch von Himmler akzeptiert.[71] Aus ähnlichen Gründen konnten sie es ihren Männern überlassen, wie sie ihre Aufgaben bei »Judenjagden«, »Ghettosäuberungen« und in den »Arbeits«lagern ausführten; eine Kontrolle war nicht nötig. Da die Täter ihre Sache für gerecht hielten, war dafür gesorgt, daß selbst gegen Ende des Kriegs nur wenige ihren Dienst nicht mehr versahen oder ihre Posten verließen. Eduard Strauch, der ehemalige Chef des Einsatzkommandos 2, sprach nicht nur für seine Leute, sondern für die Täter im allgemeinen, als er im April 1943 bei einem Vortrag in Minsk die Pflichttreue seiner Männer beschrieb, auch wenn das Töten »hart und unangenehm« sei: »Meine Herren, wir können diesen Beruf nur ausüben, weil wir davon überzeugt sind, daß einer diese Aufgaben erfüllen muß. Ich kann mit Stolz sagen, daß meine Männer, so übel die Aufgaben sind, in Haltung korrekt und gerade sind und jedem offen in die Augen schauen können. Sie sind stolz darauf, aus Überzeugung und Treue für ihren Führer tätig zu sein.«[72] Auf allen institutionellen Ebenen waren die Täter auf den Völkermord »eingestellt«, und dies wußten Himmler, Strauch und die anderen Befehlshaber ebenso wie fast alle beteiligten Deutschen.

Die Vollstrecker des Holocaust waren stolz auf ihre Leistungen, auf ihre Berufung zum Völkermord, dem sie hingebungsvoll dienten. Und sie brachten dies immer und immer wieder zum Ausdruck: durch ihr Handeln und durch die unzähligen Entscheidungen, die sie zu fällen hatten, als sie durch ihre Einsatzgebiete zogen. Aber auch wenn sie sich nicht auf ihren Mordzügen befanden, äußerte sich ihr Stolz in Worten und Taten. Wären sie mit dem Völkermord nicht grundsätzlich einverstanden gewesen, dann hätten sie wohl keinen Anlaß gehabt, ihre Mordeinsätze und ihr Henkerleben in offensichtlich beweiskräftigen Photos zu dokumentieren, diese herumzuzeigen und zu gestatten, daß Abzüge für andere hergestellt wurden.[73] Das folgende Bild eines deutschen Photographen, das die Tötung einer jüdischen Mutter mit ihrem Kind zeigt, wurde mit der Post in die Heimat geschickt. Auf seiner Rückseite stand geschrieben: »Ukraine 1942, Judenaktion, Iwangorod«.

Warum machten die Täter ihre Frauen und Freundinnen, ja selbst ihre Kinder zu Zeugen ihrer Mordtaten und Grausamkeiten? Warum feierten sie den Abschluß von Mordeinsätzen und Massakern? Wenn sie mit dem Geschehen nicht einverstanden waren, warum sprachen sie dann nicht untereinander darüber? Warum äußerten sie niemals Unzufriedenheit über ihre Aufgabe? Warum klagten sie nicht, weder über ihr eigenes Schicksal noch über das ihrer Opfer, sondern rühmten sich ihrer Heldentaten?

Wenn man sich nicht nur mit den Morden, sondern mit den anderen, mit den sozialen Aspekten ihres Lebens befaßt, dann läßt sich das falsche, nämlich eindimensionale Bild der Deutschen nicht länger aufrechterhalten, das sie aus allen gesellschaftlichen Bindungen und Beziehungen herauslöst. So schwer das soziale und kulturelle Leben

Während des Massakers an den Juden von Iwangorod in der Ukraine im Jahr 1942 zielt ein deutscher Soldat vor der Kamera auf eine jüdische Mutter und ihr Kind.

der Täter in seiner Gesamtheit zu rekonstruieren ist, fest steht, daß das Bild, das sie als isolierte, verängstigte und gedankenlose Männer zeigt, die ihre Aufgaben nur zögernd erledigen, ihrer Wirklichkeit nicht entspricht.[74] Wie andere Menschen mußten auch sie ständig entscheiden, wie sie sich verhalten, wie sie handeln sollten, und diese Entscheidungen brachten den Juden immer wieder neue Leiden und den Tod. Diese Entscheidungen aber trafen sie als Individuen, als mit ihrer Aufgabe einverstandene Mitglieder einer Gemeinschaft von Völkermördern, in der das Töten von Juden die Norm und oft genug Anlaß zum Feiern war.

Der Völkermord an den Juden in vergleichender Perspektive

Eine Erklärung muß auch verschiedenen Vergleichen standhalten. Der erste ergibt sich aus dem Völkermord selbst: Die beteiligten Personen und Institutionen, die Schauplätze des Holocaust und die im Grunde immer gleichen Taten, zu denen es auch dann kam, wenn jene Faktoren variierten, müssen zueinander in Beziehung gesetzt werden. Das stand im Zentrum dieses Buches und ist bereits ausführlich erörtert worden. In diesem Abschnitt nun soll der Vergleich um drei weitere Ebenen erweitert werden. Aus Gründen, die in der Einleitung dargelegt worden sind, können die Taten, die Angehörige anderer Nationen an den Juden verübt haben – die zweite Ebene –, in dieser Studie nicht eingehend behandelt werden. An dieser Stelle sollen sie jedoch mit einbezogen werden. Eine dritte Ebene beleuchtet den aufschlußreichen Unterschied, der zwischen dem Verhalten von Deutschen zu Juden und dem zu Angehörigen anderer unterworfener und als minderwertig betrachteter Völker besteht, auf den bereits verwiesen wurde. Die vierte gilt den Charakteristika des Holocaust, die ihn von anderen Völkermorden und Massenmorden unterscheiden.

Um zu vergleichen, wie sich Deutsche und Nichtdeutsche zu Juden verhielten, muß man zwei Fragen beantworten. Zunächst die, ob es nationale Gruppen gab, die unter ähnlichen Umständen die Juden anders behandelten oder behandelt hätten, als die Deutschen dies taten. Ist vorstellbar, daß ein Bataillon ganz gewöhnlicher Dänen oder Italiener, das sich aus Männern zusammensetzte, die etwa die gleiche Herkunft und Ausbildung hatten wie die ganz gewöhnlichen Deutschen des Polizeibataillons 101 oder anderer Polizeibataillone, und das sich aus irgendeinem Grund in der Region Lublin befand und von seiner Regierung ähnliche Aufträge erhalten *und dieselben Möglichkeiten zur Eigeninitiative gehabt* hätte, mit der gleichen Effektivität und Brutalität jüdische Männer, Frauen und Kinder gejagt, deportiert und umgebracht hätte wie die Deutschen? Hätte dänisches oder italienisches Wachpersonal jüdische Arbeiter in Arbeitslagern und anderen Einrichtungen ebenso grausam und menschenverachtend behandelt wie die Deutschen, entgegen aller ökonomischen Rationalität? Hätten dänische oder italienische Männer und Frauen mit dem Auftrag, Marschkolonnen von ausgemergelten, kranken und fast verhungerten jüdischen Frauen zu bewachen, diese gnadenlos geprügelt und ihnen vorhandene Nahrung, Kleidung und Unterkunft vorenthalten und verweigert? Man kann sich das kaum vorstellen, und es läßt sich auch durch historische Tatsachen widerlegen. Die Dänen retteten die Juden ihres Landes und widersetzten sich auch den antisemitischen Maßnahmen, die von Deutschen verfügt worden waren. Überhaupt behandelten die Dänen die Juden ihres Landes als Menschen und Landsleute. Die Italiener und, wie bereits erwähnt, auch italienische Soldaten in Kroatien verweigerten den Befehl Mussolinis, Juden an Orte zu deportieren, an denen Deutsche sie umbringen würden.[75] Die Weigerung oder die Abneigung von Angehörigen anderer Nationen, das zu tun, was die Deutschen taten, zeigt, daß man die Deutschen nicht einfach als gewöhnliche Menschen wie alle anderen auch, sondern als durch eine bestimmte Geschichte und Kultur geprägt betrachten muß: Sie verfügten über ein ganz eigenes politisch-kulturelles Erbe, das ihr Bild der Opfer prägte, sie bereitwillig, sogar übereifrig Juden quälen und töten ließ und das sie außerdem von der Richtigkeit ihres Handelns und des Gesamtunternehmens überzeugte.

Wenn wir uns nun den Nichtdeutschen zuwenden, die den Deutschen bei der Verfolgung und Ermordung der Juden als Hilfswillige dienten, gibt es zwei Möglichkeiten. Wenn einige Nichtdeutsche ähnlich wie die Deutschen handelten, dann heißt das entweder, daß sie mit den deutschen Tätern etwas gemein hatten oder daß es mehr als einen Weg gibt, zum Vollstrecker eines Völkermords zu werden. Schließlich unterschieden sich beispielsweise die Lebensumstände und Handlungsweisen von Deutschen und Ukrainern, die in deutschen Institutionen dienten, erheblich. Die Deutschen hatten die Ukrainer besiegt, unterdrückt und entmenschlicht; und die Ukrainer standen unter einem Druck, den die Deutschen nicht kannten. Die Nachsicht und Besorgnis, die der Chef des Polizeibataillons 101 und andere deutsche Befehlshaber für diejenigen unter ihren Männern an den Tag legten, die sich nicht überwinden konnten, zu töten oder mit dem Töten fortzufahren, bestimmten ganz sicher nicht ihr Verhalten, wenn es um die Hilfswilligen aus Osteuropa ging, die sie grundsätzlich mit äußerster Strenge behandelten.

Gleichwohl sollten Lebensumstände und Identität der Nichtdeutschen, die bei der Judenvernichtung mithalfen, gründlich untersucht werden. Über sie wissen wir bislang noch weniger als über die deutschen Täter. Es geht hier vor allem um Ukrainer, Letten und Litauer. Sie stammten aus zutiefst antisemitischen Kulturen,[76] und das wenige, was wir über die Männer wissen, die den Deutschen halfen, legt nahe, daß sie die Juden abgrundtief haßten.[77] Bevor sich etwas über die Ursachen ihrer Mitwirkung am Holocaust sagen läßt und auch darüber, was ihre Taten uns über die der deutschen Täter verraten, müßten die höchst unterschiedlichen Kontexte ihres Handelns näher untersucht werden, ebenso wie ihre Vorstellungswelt und ihre übereinstimmenden und unterschiedlichen Auffassungen über die Opfer.[78]

In einer vergleichenden Untersuchung, die die Handlungen von Deutschen und von Nichtdeutschen gegen Juden verständlich machen soll, muß man die Frage klären, ob die Taten nur strukturelle Ursachen hatten oder ob etwa auch die *Identität* der Täter und der Opfer irgendeine Rolle spielte. Weil andere Völker die Juden nicht so behandelten wie die Deutschen und weil, wie ich gezeigt habe, die Handlungen der deutschen Täter nur durch kulturell-kognitive, aber nicht durch strukturelle Faktoren erklärt werden können, darf man auch bei den einzelnen nationalen Tätergruppen nicht zu vereinfachenden Erklärungen greifen und die komplexen und höchst variablen Handlungen auf strukturelle Faktoren oder auf angeblich allgemeinmenschliche sozialpsychologische Ursachen zurückführen. Man muß vielmehr herausfinden, in welcher Verbindung kognitive und situationsbedingte Faktoren die Täter, welcher Identität auch immer, dazu veranlaßten, am Holocaust auf ihre jeweils eigene Weise mitzuwirken. In der Analyse der Deutschen und ihrer Taten bin ich so verfahren. Führt man nun analoge Untersuchungen zu nichtdeutschen Tätern durch, dann muß man in Betracht ziehen, daß verschiedene Tätergruppen möglicherweise auch von verschiedenen Einflüssen bestimmt wurden. Was immer solche Untersuchungen erbringen werden, der Hauptzweck solcher vergleichenden Studien zu deutschen und nichtdeutschen Tätern ist es, die Ursachen des Handelns der Deutschen zu erhellen, weil die Initiative, wie bereits in der Einleitung dargelegt, in erster Linie von den Deutschen ausging. Ohne sie als Täter hätte es keinen Holocaust gegeben.

So wie die kognitiven Strukturen und Wertesysteme der Deutschen und insbesondere ihr Bild von den Opfern ihr Verhalten gegen die Juden erklären, so werfen sie auch ein Licht auf die Behandlung nichtjüdischer Völker; auch das sollten vergleichende Untersuchungen zeigen.[79] Die folgenden Ausführungen können nicht den Anspruch erheben, diesen Aspekt umfassend zu analysieren. Sie sollten vielmehr die kognitive Logik der ideologischen Haltung skizzieren, die die Deutschen zwei anderen Gruppen entgegenbrachten, und ein mögliches Gerüst für eine eingehende Beschäftigung mit dem Thema liefern. Eine schematische Darstellung der Auffassungen, die in Deutschland herrschten, bevor die Grausamkeiten und Mordtaten begannen, findet sich in Anhang 2 dieses Buches. Betrachtet werden drei Gruppen, denen die Deutschen unermeßliches Leid zufügten, nämlich die Juden, die Geisteskranken und die Slawen. Zweierlei wird dabei deutlich: der enge Zusammenhang zwischen den vorhandenen Überzeugungen und den späteren Handlungen der Deutschen – also bestimmten die Überzeugungen das Handeln – und daß die These, der spezifisch deutsche Antisemitismus erkläre die Behandlung der Juden durch die Deutschen, sich auch in den vergleichenden Untersuchungen bewährt.

Im Zentrum des Antisemitismus stand die Auffassung, daß die Juden als biologisch bestimmte Rasse mit großer Macht ausgestattet seien und es sich zum Ziel gesetzt hätten, Deutschland zu vernichten. Durch ihre Veranlagung wie durch ihre Taten hätten sie den Schutz der traditionellen Moral verwirkt. So erschien es als Gebot der Verantwortung und der Moral, die Juden zu vernichten. Die Geisteskranken und die Schwerbehinderten galten als biologische Krüppel, die die Gesundheit des deutschen Volkes gefährdeten. Wer die biologistische Weltsicht der Nationalsozialisten akzeptierte, sah diese Menschen bestenfalls als nutzlose Esser, im schlimmsten Fall als Verursacher von Erbkrankheiten. Aber diese Sichtweise war in Deutschland ebenso umstritten wie die Frage, ob die traditionelle Moral auch auf diese Menschen angewendet werden müsse. Dennoch waren selbst die entschiedensten Anhänger der NS-Ideologie der Meinung, daß diese Kranken auf schmerzlose Art getötet werden müßten. Viele Deutsche fühlten sich indes durch das Euthanasieprogramm in ihren tiefsten Überzeugungen verletzt, daher der weitverbreitete Protest.[80]

Die Slawen galten ebenfalls als rassisch minderwertig, geeignet jedoch, ähnliche Aufgaben wie Lasttiere zu erfüllen. Die Bedrohung, die von ihnen angeblich für Deutschland ausging, wurde als sozialdarwinistischer Wettbewerb um Land und Ressourcen verstanden. Die Art, in der die Deutschen Slawen behandelten, war eng mit Nützlichkeitserwägungen verbunden. Strittig war allenfalls, *wie* nützlich diese Völker für die Deutschen sein könnten. Die Deutschen waren berechtigt, sie physisch soweit auszubeuten und zu unterdrücken, wie die Wirtschaft Vorteile daraus ziehen konnte. Daraus folgte, daß die Deutschen die Elite dieser Völker töteten, jegliche Opposition unnachsichtig unterdrückten und die übrigen in eine Art Helotenstellung herabdrückten. Diejenigen unter ihnen, die physiognomische Merkmale aufwiesen, die sie als Träger wertvollen Erbguts erscheinen ließen, sollten »eingedeutscht« werden. Dies hätte keinem Juden und keiner Jüdin, ganz gleich, wie er oder sie aussah, passieren können.

Da die Wahrnehmungen der NS-Führung, bezogen auf diese Gruppen, im großen und ganzen den hier erläuterten entsprachen (lediglich hinsichtlich der Geisteskranken war die Übereinstimmung nicht ganz

480

so überwältigend), verweist dieser Überblick auf die Determinanten, die die Absichten und politischen Verfahrensweisen der Führung ebenso bestimmten wie deren erfolgreiche Umsetzung. Die deutsche Ideologie, das allseits akzeptierte nationalsozialistische Menschenbild war nicht nur für die Behandlung der Juden maßgeblich, sondern auch für den Umgang mit anderen besiegten und unterworfenen Völkern.

In dieser Sichtweise zerfiel die Menschheit in eine Hierarchie von Rassen, die im rein biologischen Sinn verstanden wurden. Die nordischen Völker – groß, blond und blauäugig – standen an der Spitze. Darunter rangierten die verschiedenen westeuropäischen Rassen, gefolgt von den Südeuropäern. Schon sehr viel niedriger standen die Osteuropäer, weit darunter die asiatischen Völker und auf der untersten Stufe, an der Grenze zwischen Menschen und Primaten, sah man die Schwarzen.[81] Obwohl alle möglichen vagen Ideen dabei eine Rolle spielten, handelte es sich im wesentlichen um ein Kontinuum mit nach unten hin abnehmenden Fähigkeiten und wertvollen Eigenschaften wie etwa Intelligenz. Entsprechend dieser Skala verfuhren die Deutschen mit den Völkern, die sie unterworfen hatten. Die nordischen Skandinavier erfreuten sich der besten und nachsichtigsten Behandlung. Die Westeuropäer hatten es nicht ganz so gut, jedoch weit besser als die Südeuropäer. Diese wahnhaften Vorstellungen entfalteten eine derartige Macht, daß sich die Deutschen in ihren Kriegsanstrengungen durchaus schadeten und sich durch ihren brutalen und mörderischen Umgang mit den slawischen Völkern diese zum Feind machten, obwohl es anfänglich durchaus Bereitschaft zur Zusammenarbeit gegeben hatte. Wie bereits hinsichtlich er jüdischen »Arbeit« gezeigt, behandelten die Deutschen nicht nur die Bevölkerung eroberter Länder unterschiedlich, sondern auch die Fremdarbeiter in Deutschland. Auch das ist ein Beispiel für die praktischen Auswirkungen der Rassenhierarchie.

Aus dieser läßt sich ebenfalls die einzigartige Behandlung der Juden verständlich machen: Sie hatten in der Rangordnung der Rassen überhaupt keinen Platz. Ein Kinderbuch von 1936 formulierte das so:

»*Der Vater des Juden ist der Teufel*
Als Gott der Herr die Welt gemacht,
Hat er die Rassen sich erdacht:
Indianer, Neger und Chinesen
Und Juden auch, die bösen Wesen.«[82]

Walter Buch, der Vorsitzende des Obersten Parteigerichts der NSDAP, machte 1938 in einem Beitrag in der renommierten Zeitschrift *Deutsche Justiz* klar, daß diese verruchte Rasse nicht einmal mit den minderwertigen Rassen verwandt sei: » Der Jude ist kein Mensch. Er ist eine Fäulniserscheinung.«[83] Die Juden gehörten demnach nicht zu den menschlichen Rassen; sie bildeten vielmehr eine Rasse *sui generis,* eine »*Gegenrasse*«. Den Begriff »*Untermensch*«, mit dem die Deutschen sehr großzügig umgingen, wendeten sie auf Rassen wie die Slawen an, um deren angeblich minderen Fähigkeiten hervorzuheben. Die Juden hingegen nannte man nicht etwa darum »Untermenschen«, weil ihnen geringere Fähigkeiten unterstellt wurden. Man hielt sie im Gegenteil für begabt: Sie galten als höchst intelligente Feinde, denen die Deutschen alles zutrauten. So schrieb Hitler: »Die intellektuellen Eigenschaften des Juden haben sich im Verlaufe der Jahrtausende geschult. Er gilt heute als ›gescheit‹ und war es in einem gewissen Sinne zu allen Zeiten.«[84]

Der gerissene Jude, der dämonische Ränkeschmied, der den Deutschen schadete und sie betrog, wo er konnte, sei es als machiavellistischer Drahtzieher in der internationalen Finanzwelt, sei es als kleiner Kaufmann, war eine herausragende Figur in der mentalen Landschaft der Deutschen. Seine angebliche Fähigkeit, als Parasit von ehrlicher deutscher Arbeit zu leben, wies ihn als gefährlichen Widersacher aus. Die Juden waren »Untermenschen« ganz anderer Art, sie galten als moralisch verkommen, und ihre Verkommenheit war so gewaltig, daß Himmler 1938 vor SS-Generälen erklären konnte, die Juden seien der »Urstoff alles Negativen«.[85] Die Deutschen betrachteten die Juden als Inbegriff der Verbindung von höchster Intelligenz und Gerissenheit gepaart mit abgrundtiefer Niedertracht. Das machte sie zum gefährlichsten aller Feinde, die darum anders als jedes andere Volk zu behandeln waren – nämlich als das Volk, das die Deutschen letztlich nur vernichten konnten.

Das Wertesystem und die besonderen Wahrnehmungsstrukturen, die den Antisemitismus in Deutschland prägten, führten dazu, daß die Deutschen mit den Juden nicht nur anders umgingen als mit allen anderen Völkern, sondern daß sich der Holocaust auch von jedem anderen Völkermord unterschied, wie im Vergleich deutlich werden wird.

Auch wenn es Ausnahmen gibt, etwa den Genozid der Roten Khmer in Kambodscha, so fanden doch nahezu alle organisierten Massenmorde im Zusammenhang mit Konflikten um Territorien oder Auseinandersetzungen zwischen Klassen, Ethnien und Religionen statt.[86] Die Juden in Deutschland dagegen wollten nichts anderes als gute Deutsche sein. Und auch die Juden Osteuropas standen anfangs den Deutschen nicht feindlich gegenüber, im Gegenteil: viele osteuropäische Juden waren ausgesprochen germanophil.[87] Was die Deutschen über die Juden dachten, gehörte ins Reich der Phantasie, es war blanker Wahn. Wenn es um die Juden ging, bemächtigte sich der NS-

Führung und ihrer Henker ein wildes, magisches Denken, und sie waren vollkommen unfähig zur »Realitätsprüfung« – auch das unterscheidet sie grundsätzlich von den Vollstreckern anderer Massenmorde.

Die geographische Reichweite des Vernichtungsfeldzugs, den die Deutschen gegen die Juden führten, ist zumindest im zwanzigsten Jahrhundert ohne Parallele.

Ermordete Juden in Europa

------ Staatsgrenzen 1949

Wo sie nur konnten, wollten die Deutschen Juden aufspüren und umbringen, auch außerhalb ihres Landes und der von ihnen besetzten Gebiete; die ganze Welt sollte von Juden »befreit« werden. Auch der allerletzte Jude, jedes jüdische Kind sollte sterben, und genau das macht das deutsche Vernichtungsprogramm so unvergleichlich. Bereits Anfang der zwanziger Jahre hatte Hitler diese Konsequenz formuliert: »Das ist es ja: auch wenn nie eine Synagoge, nie eine jüdische Schule, nie das Alte Testament und nie der Talmud existiert hätte, der jüdische Geist wäre doch da und täte seine Wirkung. Seit Anbeginn ist er da; und kein Jude, nicht einer, der ihn nicht verkörperte.«[88]

Auch Menschen jüdischer Abstammung, die sich vom Judentum losgesagt hatten und zum Christentum konvertiert waren oder die als getaufte Kinder jüdischer Vorfahren keine jüdische Identität hatten, Menschen also, die sich selbst nie als Juden betrachtet hatten, wurden von den Nationalsozialisten als Juden behandelt: Weil sie »jüdisches Blut« hatten, konnten sie auch nur jüdischen Geistes sein. Obwohl die Deutschen die Polen als »Untermenschen« betrachteten, nahmen sie polnischen Eltern die Kinder weg, falls deren Physiognomie ihren Vorstellungen von germanischer Rasse entsprach, und erzogen sie als Deutsche, als Angehörige der Herrenrasse.[89] Die Türken, um nur auf ein weiteres Beispiel von Völkermord einzugehen, ließen viele armenische Kinder am Leben, wenn sie jung genug waren, ihre Herkunft zu vergessen, und man sie ohne Risiko als Türken und Muslime aufziehen konnte. Die Türken verschonten gelegentlich auch armenische Frauen, die bereit waren, sich zum Islam zu bekennen.[90]

Beispiellos sind auch Umfang und Ausmaß der von Deutschen individuell verübten Gewalttaten und Grausamkeiten, wie der Vergleich mit den anderen unterworfenen Völkern deutlich gemacht hat und wie es sich auch anhand anderer Völkermorde und Konzentrationslagersysteme zeigen ließe.[91]

All jene Besonderheiten des Holocaust ergaben sich organisch aus dem dämonisierenden Rassenantisemitismus der Deutschen. Er brachte den Willen zu einer *umfassenden* Vernichtung der Juden *aller Länder* hervor, obwohl es gar keinen *objektiven Konflikt* mit den Juden gab, und verlangte wegen seiner *wahnhaften* Konstruktion »des Juden« anders als bei anderen Genoziden die *totale* Ausrottung, so daß keine »Keimzelle« übrigblieb, aus der sich der ewige Erzfeind neu würde entwickeln können. Es war dieser Rassenantisemitismus, der der Vernichtungskampagne der Deutschen einen enormen Antrieb verlieh, so daß sie dieses ungeheuerliche und *den ganzen Kontinent umfassende* Projekt koordinieren und durchführen konnten, und der schließlich in den Vollstreckern eine grenzenlose Rachsucht weckte, die eine *beispiellose Grausamkeit* freisetzte.

Damit Menschen eine große Gruppe anderer Menschen töten, müssen zunächst die ethischen und gefühlsmäßigen Schranken fallen, die sie normalerweise davon abhalten. Es muß mit Menschen etwas sehr Grundlegendes geschehen, ehe sie bereitwillig zu Vollstreckern eines Massenmordes werden. Je mehr über Reichweite und Charakter des Handelns deutscher Täter bekannt wird, desto unhaltbarer wird die Behauptung, sie hätten mit Hitlers Weltbild nicht übereingestimmt.

Bereits diese Skizze zeigt, daß die von kognitiven Modellen ausgehende Erklärung des Holocaust vergleichenden Betrachtungen standhalten kann und damit Überzeugungskraft gewinnt. Dieser Ansatz macht nicht nur die ansonsten völlig unverständlichen Handlungen der Täter begreiflich und erlaubt nicht nur die vergleichende Analyse sowohl der internen Vorgänge während des Holocaust als auch des unterschiedlichen Verhaltens, das andere Völker, wie zum Beispiel die Dänen und die Italiener, gegen die Juden zeigten. Weil er außerdem sowohl den Umgang der Deutschen mit nichtjüdischen unterworfenen Völkern als auch die Merkmale, die den Holocaust von allen anderen Völkermorden unterscheiden, erklären kann, ist der kognitive Ansatz vereinbar mit ähnlichen Erklärungsmodellen, die sich auf vergleichbare Phänomene beziehen.

KAPITEL 16

Der eliminatorische Antisemitismus:
Das Motiv für den Völkermord

Daß die Täter den Massenmord billigten und bereitwillig daran teilnahmen, steht fest. Daß ihre Zustimmung im wesentlichen von dem Bild bestimmt war, das sie von den Juden hatten, kann man ebenfalls mit Gewißheit sagen, denn es läßt sich kein anderer plausibler Grund für ihr Handeln nennen. Wären sie nicht Antisemiten, und zwar Antisemiten einer ganz bestimmten Ausprägung gewesen, dann hätten sie sich nicht an der Vernichtung beteiligt, und Hitlers Feldzug gegen die Juden hätte sich völlig anders entwickelt. Der Antisemitismus der Täter und damit das Motiv, das sie zum Morden trieb, entsprang einzig und allein ihrer Weltanschauung. Diese ist keine zusätzliche, sondern eine unabhängige Variable, die sich ihrerseits auf keinen anderen Faktor zurückführen läßt.

Das jedoch, um es noch einmal ausdrücklich zu sagen, bedeutet nicht, daß sich der Holocaust monokausal erklären ließe. Dafür, daß Hitler und andere ihr Programm des Völkermords entwickeln, daß sie in die Lage kommen konnten, dieses Programm auch in die Tat umzusetzen, daß die notwendigen Voraussetzungen für seine Durchführung gegeben waren und daß es dann tatsächlich durchgeführt wurde, dafür mußten viele, im großen und ganzen bekannte Faktoren zusammenwirken. Dieses Buch hat sich auf einen davon konzentriert, und zwar auf denjenigen, der bislang am wenigsten verstanden worden ist: Untersucht wurde das Motiv, das die deutschen Männer und Frauen, ohne die der Holocaust nicht hätte verübt werden können, dazu trieb, ihren Körper, ihre Seele und ihren Erfindungsgeist diesem Unternehmen zur Verfügung zu stellen. Allein im Hinblick auf das *Motiv* ist bei den meisten Tätern eine monokausale Erklärung ausreichend.

Die These ist also: Die bösartige Form des deutschen Rassenantisemitismus ist *in diesem historischen Fall* nicht nur ein zureichender Grund für die Entscheidungen der NS-Führung, sondern er lieferte den Tätern auch die erforderliche Motivation, sich an der Vernichtung der Juden bereitwillig zu beteiligen. Natürlich könnte auch eine Reihe anderer Faktoren – unabhängig von ihrem Antisemitismus oder in

487

Verbindung mit diesem – die Deutschen veranlaßt haben, die Juden zu ermorden. Doch dem war nicht so.

Sicherlich waren auch einige der Mechanismen wirksam, die von herkömmlichen Erklärungsansätzen benannt werden; solche Mechanismen haben das Handeln *einzelner* bestimmt. Gewiß hat es einige Deutsche gegeben, die zu Tätern wurden, obwohl sie grundsätzlich gegen die Vernichtung waren. Auch hatten nicht alle Täter die Gelegenheit, sich von den Mordeinsätzen freistellen zu lassen, und nicht alle unterstanden einem Kommandeur, der so verständnisvoll war wie »Papa« Trapp vom Polizeibataillon 101. Wahrscheinlich haben auch einzelne, die die Morde nicht billigten, in der *Atmosphäre allgemeiner Zustimmung* unter dem Druck ihrer Gruppen Taten begangen, die sie für verbrecherisch hielten; gleichwohl werden auch sie Gründe gefunden haben, ihr Gewissen zu beruhigen. Es ist ebenfalls nicht auszuschließen, daß einige zwar keine bösartigen Antisemiten, dennoch aber zynisch genug waren, mitzumachen und sich damit materielle und andere Vorteile zu verschaffen, die ihnen mehr wert waren als das Leben unschuldiger Menschen. Sicher konnte sich auch mancher dem Druck seiner Kameraden nicht entziehen oder suchte nach Gelegenheiten, etwas für sein persönliches Fortkommen zu tun. Doch diese Faktoren reichen aus den genannten Gründen nicht aus, das Handeln einer *Gruppe* oder *Klasse* von Tätern in *all* seinen Varianten zu erklären; sie können nur Verhaltensweisen einzelner verständlich machen: von Menschen, die getötet haben, obwohl sie die Morde mißbilligten, oder von Menschen, bei denen es nur eines kleinen Anstoßes bedurfte, ihre Hemmungen zu überwinden. Keiner dieser Faktoren hatte jedoch für die Durchführung des Holocaust grundsätzliche Bedeutung. Sie mögen wirksam gewesen sein oder nicht, der Holocaust wurde unabhängig von ihnen verübt. Alle die ganz gewöhnlichen Deutschen, die nicht unter Zwang standen, die von ihrer Beteiligung an den Morden weder Karriere- noch andere materielle Vorteile zu erwarten hatten und die dennoch die zustimmende Mehrheit bildeten, von der ein Druck auf Andersfühlende oder Andersdenkende ausgegangen sein mag, alle diese Deutschen waren als Täter am Massenmord beteiligt. Daraus geht hervor, daß die nicht-ideologischen Faktoren eine geringe Rolle spielten.[1] Der eliminatorische, der Rassenlehre gründende Antisemitismus war ein hinreichender Grund, ein ausreichend starkes Motiv, Deutsche zum Mord an den Juden zu bewegen. Auch ohne die genannten Faktoren hätten die Täter nicht viel anders gehandelt – nachdem sie einmal von Hitler für dieses nationale Unternehmen mobilisiert worden waren.

Ein zweiter Punkt ist ebenso bedeutsam: Der Antisemitismus der Deutschen war in diesem historischen Fall nicht nur ein zureichender, sondern auch ein *notwendiger* Grund dafür, daß sich so viele Deutsche an Verfolgung und Vernichtung der Juden beteiligt haben, und die Voraussetzung dafür, daß die Deutschen die Juden derart herzlos, hart und grausam behandelt haben. Hätten die ganz gewöhnlichen Deutschen die eliminatorischen Ideale ihrer Führung nicht geteilt, dann hätten sie dem sich stetig verschärfenden Angriff auf ihre jüdischen Landsleute und Brüder mindestens ebensoviel Widerstand und Verweigerung entgegengesetzt wie den Angriffen ihrer Regierung gegen die Kirchen oder dem sogenannten Euthanasieprogramm. Wie bereits erörtert, zuckten die Nationalsozialisten, insbesondere auf dem Gebiet der Kirchenpolitik, zurück, wenn sie auf breiteren und ernsthaften Widerstand stießen. Hätten sie es mit einer deutschen Bevölkerung zu tun gehabt, die Juden als Menschen wie alle anderen auch betrachtet und in ihnen Brüder und Schwestern gesehen hätte, dann wäre den Nationalsozialisten ihre Vernichtungspolitik kaum gelungen. Weder hätte sich das Vernichtungsprogramm so entfaltet, noch hätten die Deutschen so viele Juden getötet. Die Grausamkeit und die Entschlossenheit, mit denen die Deutschen an das Werk der Vernichtung gingen, wären ausgeschlossen gewesen. Eine Bevölkerung, die gegen die Ausschaltung und Vernichtung der Juden gewesen wäre, hätte dem Regime höchstwahrscheinlich Einhalt geboten.

Im allgemeinen sind dehumanisierende Einstellungen[2] notwendig und reichen *möglicherweise* auch aus, Menschen zu veranlassen, sich am Mord von Menschen zu beteiligen, die zuvor ihrer Menschlichkeit beraubt wurden; vor allem, wenn ihnen, in der Regel durch einen Staat, Gelegenheit zum Mord und das notwendige Maß an Koordination geboten wird.[3] Doch reichen derartige Einstellungen nicht immer aus, damit es zum Völkermord kommt. Es kann andere Faktoren geben, die dem entgegenwirken, ethische Regeln etwa oder moralische Überzeugungen. Ein Staat jedoch, der große Gruppen mobilisieren will, sich am Völkermord zu beteiligen, muß auf jene Einstellungen zurückgreifen können. Andernfalls bliebe diesem Staat und seinen Institutionen nur die Möglichkeit, massiven Zwang anzuwenden. Auf diese Weise können zwar einzelne Menschen zu Tätern gemacht werden, aber es ließen sich nicht Zehntausende über einen längeren Zeitraum hinweg dazu zwingen, Hunderttausende oder gar Millionen von Menschen umzubringen. Und, soweit mir bekannt, ist dies auch noch nie geschehen – weder in Kambodscha noch in der Türkei, weder in Burundi, in Ruanda noch in der Sowjetunion, um nur einige Schauplätze von Völkermorden in diesem Jahrhundert zu nennen.[4] Wie andere zum Völkermord entschlossene Eliten übte auch die NS-Führung nie einen solchen Zwang aus, und sie wäre wohl dazu auch nicht bereit gewesen. Da die Nationalsozialisten wußten, daß die ganz gewöhnlichen Deutschen in dieser Hinsicht ihre Überzeugungen teilten, sahen sie auch keine Veranlassung dazu.

Der Holocaust war ein Ereignis *sui generis,* das eine spezifische historische Erklärung verlangt. Sie muß die Voraussetzungen benennen, wie sie durch den eliminatorischen, rassistischen Antisemitismus gegeben waren, der sich in der deutschen Kultur über einen langen Zeitraum hinweg entwickelt und die Gesellschaft durchdrungen hatte. Ein verbrecherisches Regime, das sich einer eliminatorischen und auf Vernichtung gerichteten, durch einen Führer geprägten Ideologie verschrieben hatte, hat diesen Antisemitismus mobilisiert. Der von der großen Mehrheit des deutschen Volkes bewunderte »Führer« war dafür bekannt, daß er das Programm zur Beseitigung der Juden mit aller Leidenschaft vertrat. Der eliminatorische Antisemitismus war für die deutsche Führung und für weite Teile der Gesellschaft das Motiv, die Juden umzubringen. Er war auch das Motiv für alle anderen Taten und Handlungen, die zur Durchführung des Holocaust notwendig waren.

Gerade weil der Antisemitismus der zwar grundlegende, aber nicht allein wirksame Faktor des Holocaust war, erübrigt es sich, auf die Unterschiede zwischen dem Antisemitismus in Deutschland und anderswo näher einzugehen.[5] Welche antisemitischen Traditionen in anderen europäischen Ländern auch bestanden haben mögen: Nur in Deutschland ist eine offen und fanatisch antisemitische Bewegung an die Macht gekommen (gewählt worden!), die auch willens war, ihre antisemitischen Phantasmagorien in staatlich organisierten Völkermord umzusetzen. Allein darum hatte der Antisemitismus in Deutschland völlig andere Konsequenzen als der Antisemitismus in anderen Ländern. Zu Recht spricht man also von einem deutschen »Sonderweg«: Deutschland ist einen einzigartigen Weg gegangen, einen Weg, der es von den anderen abendländischen Nationen wegführte. Wie immer es auch um Ausmaß und Intensität des Antisemitismus beispielsweise in Polen oder Frankreich bestellt gewesen sein mochte, der Antisemitismus in diesen Ländern ist nicht von Belang, wenn man den Völkermord der Deutschen an den Juden erklären will; er ist nur wichtig, wenn man die Reaktionen erklären möchte, die der deutsche Völkermord bei Polen oder Franzosen hervorgerufen hat. Das aber ist nicht unser Thema.[6] Für eine Erklärung des Holocaust ist es daher nicht entscheidend, den deutschen Antisemitismus in vergleichender Perspektive zu diskutieren. Gleichwohl ist festzuhalten, daß der Antisemitismus in keinem anderen europäischen Land auch nur annähernd *alle* Merkmale des deutschen Antisemitismus aufwies; im Grunde gab es derart ausgeprägte Merkmale in *keinem* der europäischen Länder. Nirgendwo war der Antisemitismus so verbreitet, daß er im Kontext dieser Kultur ein Axiom darstellte; nirgendwo war er so unlösbar mit der Rassenlehre verknüpft; nirgendwo gründete er sich auf ein so böswilliges Bild der Juden, das diese als gleichsam tödliche Bedrohung für des eigene Volk erscheinen ließ; nirgendwo hatte er so mörderische Züge angenommen und bereits im neunzehnten Jahrhundert immer wieder zur Vernichtung der Juden aufgerufen und die eliminatorische Konsequenz offenbart, die in Deutschland vorherrschend war. Der beispiellose Umfang, der niederträchtige Ton, das Geifernd-Mordwütige der deutschen antisemitischen Literatur des neunzehnten und zwanzigsten Jahrhunderts zeigen allein schon, daß der deutsche Antisemitismus ein Phänomen für sich darstellte.

Das ist eine Erklärung, die auf besondere historische Bedingungen hinweist; aber sie trägt implizit auch zum Verständnis anderer Völkermorde bei und kann deutlich machen, warum es in der Geschichte nicht häufiger zu ähnlich schrecklichen Ereignissen kam. Zwar hat es bis zum heutigen Tag immer wieder schwere Konflikte und Kriege zwischen verschiedenen Gruppen gegeben, doch müssen eine auf Mord gerichtete Ideologie und die Gelegenheit zum Mord zusammenkommen, damit Menschen bereit und fähig sind, gleich ganze Gruppen anderer Menschen auszurotten. Eine Ideologie, die zum Völkermord motiviert, hat es anderswo im allgemeinen nicht gegeben; und selbst dort, wo sich eine solche Ideologie entwickelt und die Menschen dazu getrieben hat, Gruppen anderer Menschen umzubringen, hat die Ideologie, die ja immer auch die angebliche Natur der Opfer beschreibt, die Täter anderer Länder und Kulturen nicht dazu veranlaßt, sich so brutal und mordbereit zu verhalten, wie die Deutschen es in ihrem Angriff auf die Juden waren.

Weil es neben dem exterminatorischen Antisemitismus noch andere Faktoren gab, die die Handlungen der Deutschen prägten, muß man das Zusammenspiel der verschiedenen Einflüsse, darunter auch strategische und materielle Zwänge, verstehen. Wie bereits dargestellt, läßt sich dies politisch am Übergang von eliminatorischen zu exterminatorischen Konzepten ablesen, als die Gelegenheiten und äußeren Rahmenbedingungen ein Programm der »Endlösung« begünstigten.

Die eliminatorischen *Ideale,* die Hitler und andere führende Nationalsozialisten vertraten, mögen konstant gewesen sein, dennoch lassen sich drei verschiedene Phasen unterscheiden, in denen sich die judenfeindlichen *Intentionen* und *politischen Konzepte* entwickelt haben.[7] Die Phasen unterschieden sich durch die praktischen Möglichkeiten zur »Lösung« der »Judenfrage«, die sich jeweils aus Deutschlands geostrategischer Lage, das heißt seiner Stellung in Europa und aus seinen jeweiligen Beziehungen zu anderen europäischen Ländern ergaben.

In der ersten Phase von 1933 bis zum Kriegsbeginn wandten die Deutschen radikale Maßnahmen an, um die Juden zu sozial toten Wesen zu machen und möglichst viele zur Flucht aus ihrer Heimat zu bewegen. Die Juden wurden zu Opfern verbaler und immer wieder auch heftiger physischer Gewalt, sie wurden ihrer bürgerlichen Rechte und jeglichen Schutzes beraubt und schrittweise aus nahezu allen Bereichen des gesellschaftlichen, wirtschaftlichen und kulturellen Lebens ausgeschaltet. Zu einer Zeit, in der die meisten Juden Europas noch außerhalb des Machtbereichs der Deutschen lebten – was eine »Lösung« der »Judenfrage« durch Mord unmöglich machte – und in der Deutschland trotz seiner Schwäche riskante außenpolitische Ziele verfolgte und für den kommenden Krieg rüstete, waren Ausgrenzung, Entrechtung und Ausschaltung die »Lösungen«, auf die man sich beschränken mußte.

Die zweite Phase währte von Kriegsbeginn bis Anfang 1941. Die Eroberung Polens und Frankreichs sowie der erwartete Sieg über Großbritannien, vielleicht sogar ein Friedensvertrag mit London eröffneten den Deutschen neue Möglichkeiten, doch bestanden weiterhin Zwänge, denen man sich beugen mußte. Nun lebten nicht mehr nur einige hunderttausend, sondern mehr als zwei Millionen europäische Juden im Herrschaftsgebiet der Deutschen, so daß »Lösungen« der »Judenfrage« in Erwägung gezogen werden konnten, die weitaus radikaler waren als alles, was innerhalb der deutschen Grenzen von 1939 möglich gewesen wäre. Doch war es immer noch nicht opportun, ein Vernichtungsprogramm in die Tat umzusetzen, denn ein großer Teil der angeblichen »Brutstätte des Weltjudentums« befand sich weiterhin außer deutscher Reichweite in der Sowjetunion. Die Deutschen fürchteten, daß der ohnehin unsichere Nichtangriffspakt mit der »jüdisch-bolschewistischen« Sowjetunion zu ihrem Schaden vorzeitig scheitern würde, wenn sie mit den Morden beginnen würden, solange noch sowjetische Truppen in Polen standen. Dennoch wurden auch in dieser Phase bereits viel verheerendere Pläne entwickelt und in die Tat umgesetzt als in der Zeit zuvor. Seit Kriegsbeginn galt das Leben der Juden tatsächlich als wertlos und verwirkt; nun machten die Deutschen klar, daß sie mit den Juden machen konnten und würden, was sie wollten. Die Deutschen sonderten die Juden aus dem Wirtschaftsleben im besetzten Polen aus, pferchten sie in unmenschliche, mörderische Ghettos, in denen Hunger und eine hohe Sterberate herrschten. Alle Juden waren nun »vogelfrei«. Die Basis für die völlige Ausschaltung der Juden, für etwas, was dem Völkermord sehr nahe kam, war geschaffen.

Die Nationalsozialisten nutzen die günstigen Umstände und zogen radikalere »Lösungen« in Betracht – noch unblutige Äquivalente für einen Völkermord. Sie entwickelten Pläne, den Großteil aller europäischen Juden, der unter ihrer Herrschaft lebte, in irgendeine gottverlassene Gegend auszusiedeln, einzusperren und ihrem Schicksal zu überlassen; sollten sie dort zugrunde gehen. Im November 1939, anläßlich eines Treffens, bei dem es um Vertreibung der Juden ging, brachte Hans Frank, der Generalgouverneur in Polen, das Motiv, das den Umsiedlungsplänen zugrunde lag, unmißverständlich zum Ausdruck: »Bei den Juden nicht viel Federlesens. Eine Freude, endlich einmal die jüdische Rasse körperlich angehen zu können. Je mehr sterben, um so besser.«[8]

In dieser zweiten Phase suchten die Deutschen nach radikalen, aber gerade noch praktikablen »Lösungen«. Die Massendeportation war die Vorstufe zum Völkermord; allerdings erwiesen sich die Umsiedlungspläne als Chimäre, übrigens die einzigen Planungen, mit denen die Deutschen in eine Sackgasse gerieten. Der NS-Führung wird das jedoch keine große Enttäuschung bereitet haben, denn der bevorstehende Eroberungsfeldzug gegen die Sowjetunion würde derartige Deportationen bald überflüssig und die finale, tatsächlich unumkehrbare »Lösung« möglich machen.

Die dritte Phase beginnt mit dem Überfall auf die Sowjetunion beziehungsweise mit dessen Planung. Erst in dieser Zeit erwies sich, daß die systematische Ermordung aller Juden, deren die Deutschen habhaft werden konnten (die »effektivste« Lösung in ihrer wahnhaften Sichtweise), keine unerwünschten Folgen mehr haben würde. Erst jetzt war die »Endlösung« zu verwirklichen. Keinerlei Zwänge, weder militärische noch politische, standen einer solchen Politik noch im Weg. Daher überrascht es nicht, daß die Deutschen unmittelbar nach dem Angriff auf die Sowjetunion damit begannen, die Entscheidung, die Hitler längst getroffen hatte, umzusetzen. Mit Ausnahme einiger taktischer Versuche, Juden als Pfand einzusetzen, um den Alliierten Konzessionen abzuzwingen, führte nun jede deutsche Maßnahme, die die Juden betraf, entweder direkt zu deren Tod, oder sie war ein Mittel, den Tod herbeizuführen oder zu beschleunigen; nur in einigen Fällen wurde die beschlossene Vernichtung für einen bestimmten Zeitraum ausgesetzt.[9] Da es nur noch wenige, vergleichsweise geringe logistische Schwierigkeiten gab, setzte sich das exterminatorische Programm gegen alle anderen Ziele durch. Und diesem Programm folgten die Deutschen wie unter Zwang mit Massenerschießungen und Todesmärschen bis zum buchstäblich letzten Tag des Krieges.

Besonders auffällig ist, daß die antijüdische Politik in allen drei Phasen die von den Umständen her und im Rahmen des Möglichen jeweils *weitestgehende eliminatorische Option* verfolgte. Die Radikalisierung vollzog sich nicht *unbeabsichtigt,* nicht im Gefolge bürokratischer Alleingänge oder aus ähnlichen Gründen.[10] Was in Deutschland geschah und wie es geschah, ist in der modernen Geschichte ohne Parallele. Das gilt für das Ausmaß und die Virulenz der verbalen Gewalttätigkeiten, denen die Juden durch ihre Landsleute ausgesetzt waren. Das gilt auch für die in rascher Folge verabschiedeten diskriminierenden und unmenschlichen Gesetze. Und es gilt für das enorme Tempo, mit dem einer Gruppe von wohlhabenden, wirtschaftlich und kulturell relativ gut integrierten Bürgern unter Zustimmung der großen Mehrheit der übrigen Bevölkerung jegliche Rechte genommen wurden und mit dem sie wie Aussätzige aus der Gesellschaft herausgedrängt wurden. Weil wir wissen, auf welche Maßnahmen das zulief, übersehen wir leicht, wie rabiat die Deutschen bereits in den dreißiger Jahren mit den Juden umsprangen. Die Verwandlung der Juden in sozial Tote, die Politik, die darauf zielte, eine halbe Million Menschen aus Deutschland zu vertreiben, waren Elemente einer Kampagne, die an Radikalität alles übertraf, was Westeuropa in den Jahrzehnten zuvor gekannt hatte. Wer behauptet, die Radikalisierung der antijüdischen Politik der Deutschen habe erst in den vierziger Jahren eingesetzt, spielt die antijüdische Politik der dreißiger Jahre herunter – die von den Zeitgenossen durchaus als radikal erkannt wurde – und übersieht die Kontinuität, in der alle drei Phasen der antijüdischen Politik stehen.

Diese Politik entwickelte sich in konsequenten Schritten, die sich stets aus der eliminatorischen Ideologie ergaben, und im Gefolge der politisch-militärisch wachsenden eliminatorischen Möglichkeiten, die Hitler stets sofort und entschlossen bis an ihre Grenzen ausnutzte. In den ersten beiden Phasen hielten ihn nur die praktischen Zwänge, die eine gewaltsame »Lösung der Judenfrage« verboten, und strategische Erwägungen zurück, die wegen der militärischen und geopolitischen Lage Deutschlands Besonnenheit ratsam erscheinen ließen.[11] Am 25. Oktober 1941, wenige Monate nachdem der Völkermord in Gang gesetzt worden war, erinnerte Hitler – in einem langen Monolog, den er damit eröffnete, er habe bereits im Januar 1939 vorausgesagt, der Krieg werde mit der Vernichtung der Juden enden – Himmler und Heydrich an etwas, was diesen nichts Neues war: daß er oft unter schwierigen Bedingungen habe handeln müssen, aber immer bereit gewesen sei, den rechten Moment abzupassen, um seine apokalyptischen Ideale in die Tat umzusetzen. »Ich bin gezwungen, ungeheuer viel bei mir aufzuhäufen; das bedeutet aber nicht, daß in mir erlischt, was ich, ohne gleich zu reagieren, zur Kenntnis nehme. Es kommt auf ein Konto; eines Tages wird das Buch herausgezogen.

Auch den Juden gegenüber mußte ich lange tatenlos bleiben. Es hat keinen Sinn, künstlich sich zusätzliche Schwierigkeiten zu machen; je klüger man verfährt, desto besser.«[12]

Hitler gab sich hier als besonnener Politiker, der er oft tatsächlich sein konnte; ein Politiker, der auf Zeit spielt und den richtigen Augenblick abwarten kann. »Tatenlos« sei er den Juden gegenüber geblieben, ein bezeichnendes Wort. Denn es kann nur heißen, daß er von der physischen Vernichtung absah, weil er die Zeit noch nicht für reif hielt. Untätig war er deshalb aber nicht. Er ließ die Juden verfolgen und erniedrigen, ließ ihre Synagogen niederbrennen und sie aus Deutschland vertreiben, ließ sie in Ghettos einsperren und viele von ihnen auch ermorden. Aber all das betrachtete Hitler nicht als die eigentliche »Tat«, die allein der eigentlichen Aufgabe gerecht würde und der Bedrohung angemessen schien. Der letzte Akt, die Tat, die alles wenden würde, das war die physische Vernichtung der Juden.[13]

Hitlers ungeheuerliche, welthistorische Entscheidung, die europäischen Juden auszurotten, entsprang seinem leidenschaftlichen Judenhaß und nicht, wie einige behauptet haben, einer historisch zufälligen Konstellation, in der Hitler keine andere Wahl gehabt habe oder sich von seinen Stimmungen und Launen habe leiten lassen. Hitler war weder zögerlich noch unsicher. Mord, die biologische Säuberung, war für Hitler die natürliche und bevorzugte Methode zur Lösung von Problemen, wahrscheinlich so eine Art Reflexhandlung. So ließ er alle Anhänger der eigenen Bewegung umbringen, die er als Herausforderer betrachtete, ließ seine politischen Gegner umbringen, ließ Deutschlands Geisteskranke umbringen. Und bereits 1929 beschäftigte er sich öffentlich mit dem Gedanken, auch alle deutschen Kinder ermorden zu lassen, die mit körperlichen Behinderungen zur Welt kamen und deren Zahl er mordwütig und größenwahnsinnig auf 700 000 bis 800 000 im Jahr veranschlagte.[14] Sicher galt ihm der Tod als angemessenste Strafe für die Juden. Ein verteufeltes Volk verdient nur den Tod.

Es ist kaum vorstellbar, daß Hitler und die deutsche Führung sich noch für eine andere »Lösung« entschieden hätten, nachdem sie den Überfall auf die Sowjetunion befohlen hatten. Wer behauptet, *allein äußere* Umstände hätten das *Motiv* für Hitler und die Deutschen geliefert, sich für den Völkermord zu entscheiden, übergeht, aus völlig unverständlichen Gründen, Hitlers oft geäußerte Absicht, die Juden auszurotten. Wer die Entscheidung für den Holocaust auf äußere Gründe oder Hitlers Psychologie zurückführt, behauptet unausgesprochen, Hitler und seine Gefolgsleute hätten eine andere »Lösung« gewählt und Millionen von Juden hätten den Krieg überlebt, *wenn* andere Umstände eingetreten wären oder *wenn* seine unbeständige

Stimmung nicht umgeschlagen wäre oder *wenn* die Deutschen Wege gefunden hätten, Millionen von Juden »umzusiedeln«. Das widerspricht nicht nur allen Quellen und Tatsachen, sondern entbehrt auch jeder Plausibilität.[15] Man ginge davon aus, daß es in diesem *Vernichtungskrieg* tatsächlich Umstände gegeben haben könnte, die die Deutschen dazu veranlaßt hätten, ihren »Antichrist« zu verschonen – während Hitler und Himmler auf der anderen Seite planten, Millionen in ihrer Sicht weit weniger gefährliche Slawen zu verschleppen und zu töten, nur um das geplante »germanische Paradies« in Osteuropa zu schaffen. Immerhin hat Himmler vor dem Überfall auf die Sowjetunion die Zahl der zu tötenden Menschen auf dreißig Millionen geschätzt.[16]

Nachdem Hitler am 25. Januar 1942 die Vernichtung der Juden als einzig angemessene Politik bestätigt hatte, erklärte er Himmler, dem Chef der Reichskanzlei Hans Lammers und General Kurt Zeitzler, wie unsinnig es wäre, die Juden nicht umzubringen: »Warum soll ich einen Juden mit anderen Augen ansehen als einen russischen Gefangenen? Im Gefangenenlager sterben viele, weil wir durch die Juden in diese Lage hineingetrieben sind. Aber was kann denn ich dafür? Warum haben die Juden denn den Krieg angezettelt?«[17]

Nach allem, was wir wissen, ist die Annahme völlig unplausibel und widerspricht den Tatsachen, Hitler und Himmler hätten sich, nachdem der Überfall auf die Sowjetunion einmal ins Rollen gekommen war, für eine Politik entscheiden können, die nicht auf Völkermord hinausgelaufen wäre. Nachdem sie einmal mit der Durchführung des Vernichtungsprogramms begonnen hatten, sahen die mit seiner Planung und Ausführung betrauten Deutschen keine andere »Lösung« mehr.[18] Niemand bedauerte, daß sich die »Judenfrage« nicht durch Emigration oder »Umsiedlung« lösen ließ. Alles deutet darauf hin, daß sie den Völkermord, als dieser praktisch möglich wurde, für das einzig geeignete Mittel hielten, sich der Juden zu entledigen.

Am 13. August 1920 hat der damals politisch noch völlig unbekannte Hitler darüber gesprochen, »warum wir Antisemiten sind«; damals bereits, in einer Abschweifung zum Thema Todesstrafe und deren Anwendung auf die Juden, erklärte er, warum der Tod die angemessene Strafe für die Juden sei. Die gesunden Elemente einer Nation wüßten, daß Verbrecher am Volk, »Schädlinge an der Volksgemeinschaft« nicht toleriert werden könnten und daß gegen sie unter bestimmten Umständen die Todesstrafe angewandt werden müsse, da eine Gefängnisstrafe eben niemals unwiderruflich sei. »Die schwersten Riegel des sichersten Zuchthauses sind nicht so schwer und das Zuchthaus nicht so sicher, daß nicht einige Millionen sie letzten Endes öffnen könnten. Nur ein Riegel ist unlösbar, und *das ist der Tod* [Hervorhebung durch den Autor].«[19]

Das ist keine zufällige Entgleisung; bereits damals steckte dahinter ein Programm und die Entschlossenheit, es umzusetzen.

In der öffentlichen Diskussion, die sich an diese Rede anschloß, erklärte Hitler auch, wie denn die »Judenfrage« zu lösen sei. Noch einmal zeigte er sich kompromißlos. »Wir haben uns aber entschlossen, daß wir nicht mit Wenn und Aber kommen, sondern daß, wenn einmal die Sache zur Lösung kommt, das auch gründlich gemacht wird.«[20] Mit einer Freimütigkeit, die er sich öffentlich nicht mehr leisten konnte, als er zu einer prominenten politischen Figur geworden war, hatte Hitler in der Rede bereits erläutert, was die Worte »daß das auch gründlich gemacht wird« bedeuten sollten: Es hieß schon damals nichts anderes als die vollständige Vernichtung des jüdischen Volkes. Einige Monate zuvor hatte er in einer anderen Rede davon gesprochen, daß man das Übel »mit der Wurzel« ausrotten müsse. Das sei die gerechteste und wirksamste Strafe, die einzig dauerhafte »Lösung«. Hitlers Wahnbild von »dem Juden«, sein brennender Haß und seine mörderischen Neigungen sorgten dafür, daß er sich niemals mit einer »Lösung der Judenfrage« hätte abfinden können, die nicht auf Massenvernichtung hinausgelaufen wäre.

Es führte ein gerader Weg nach Auschwitz. Das Projekt war da, es mußte sich nur die Gelegenheit bieten, es zu verwirklichen. Und als diese sich bot, beauftragte Hitler seine »Architekten« Himmler und Heydrich, die vorhandene Skizze zu einem kompletten Entwurf auszugestalten und den Weg für ihre Verwirklichung zu ebnen. Den beiden Gefolgsleuten fiel es nicht schwer, Zehntausende ganz gewöhnlicher Deutscher zu finden, die mit ungeheurer, aus ihrem abgrundtiefen Judenhaß erwachsener Hingabe den Weg anlegten, auf den sie die Juden treiben konnten. Und als sie soweit waren, da betrachteten Hitler, die »Architekten« und ihre willigen Helfer diesen Weg nicht als unerwünschtes Werk, sondern mit Befriedigung. Sie sahen den Weg nach Auschwitz niemals als einen, den sie nur gingen, weil sich andere Routen, die sie eigentlich vorgezogen hätten, als Sackgassen erwiesen hatten. Der Weg nach Auschwitz galt ihnen als der beste, sicherste und schnellste aller denkbaren Wege, weil er zu dem einen und einzigen Ziel führte, von dem die verteufelten Juden mit Sicherheit nicht zurückkehren würden.

Daß die Art, wie die Deutschen auf allen institutionellen Ebenen mit Juden umgingen, vom Zusammenspiel verschiedener Faktoren beeinflußt wurde, wird auch im Bereich der »Arbeit« deutlich. Hier gestaltete sich diese Interaktion sogar noch komplexer als im allgemeinen

Zusammenhang des eliminatorischen Angriffs auf die Juden. Was für die antijüdische Politik insgesamt gilt, trifft auch für die jüdische »Arbeit« zu: Entgegen allen Hindernissen und Zwängen (in diesem Fall den dringenden ökonomischen Bedürfnissen) veranlaßte der eliminatorische Antisemitismus die Deutschen zu einer Politik, die auf den ersten Blick kaum zu begreifen ist.

Es besteht kein Zweifel, daß vor allem objektive wirtschaftliche Notwendigkeiten die Deutschen auf die Idee brachten, Juden arbeiten zu lassen. Aber diese *Notwendigkeiten* führten keineswegs zu einer rationalen *Reaktion* der Deutschen. Beides muß man strikt auseinanderhalten. Die Umsetzung der wirtschaftlichen Erfordernisse in Arbeit fand in einer sehr verzerrten Form statt, weil sie mit mächtigeren Geboten der Ideologie in Konflikt gerieten. Die Einführung eines besonderen, vom allgemeinen Wirtschaftsleben mehr oder weniger getrennten Wirtschaftsbereiches für Juden führte zu einem enormen Absinken der Gesamtproduktivität jüdischer Arbeit, und das wiederum schadete der Kriegsökonomie. Die Lager von Lublin sind in diesem Zusammenhang besonders aufschlußreich, denn sie entstanden, als überall in Europa Arbeitskräfte mobilisiert wurden und nachdem Himmler befohlen hatte, nichtdeutsche Arbeiter besser zu behandeln. Die Lager von Lublin zeigen, daß es den Deutschen aus ideologischen Gründen unmöglich war, jüdische Arbeiter anständig zu behandeln und ihre Arbeitskraft rational zu nutzen. Wegen der wahnhaften Vorstellungen, die die Deutschen von den Juden hatten, *mußten* diese ausgegrenzt und damit auch aus der normalen Wirtschaft ausgeschlossen werden. Nur dort aber hätten die Deutschen Fähigkeiten, Geschick und Arbeitskraft der Juden in ökonomisch sinnvoller Weise nutzen können. Millionen anderer Arbeiter, Westeuropäer und »Untermenschen« aus dem Osten, wurden nach Deutschland gebracht, allerdings entzogen sich im Jahr 1943 jeden Monat mehr als 30 000 ihren deutschen Herren durch Flucht.[21] Also waren entsprechende Maßnahmen auf Juden nicht zu übertragen; jede Art von Politik, in deren Folge sich möglicherweise Juden in großer Zahl frei im Land bewegt hätten, war im damaligen Deutschland unvorstellbar. Juden waren dort einzusperren, wohin sie zu gehören schienen, nämlich in gesonderte Einrichtungen, in denen wie in Aussätzigenkolonien Krankheit und Tod herrschten. Mit dieser Voraussetzung aber ließ sich die jüdische Wirtschaft nur disfunktional und unrationell organisieren, und sie mußte unproduktiv bleiben. Im kriegszerstörten Europa hatten die Deutschen Schwierigkeiten, in den bizarren und unheimlichen Kolonien, die auch symbolisch das Ende der menschlichen Welt bezeichneten, Gebäude zu errichten und Ausrüstungen sowie Arbeitsbedingungen zu schaffen, die für eine einigermaßen ertragsfähige Produktion notwendig gewesen wären. Und natürlich geriet der Arbeitsprozeß jedesmal ins Stocken, wenn die Deutschen aus wirtschaftsfremden Gründen beschlossen, eine Gruppe von Juden oder gar eine ganze Gemeinde umzubringen. In dieser Hinsicht ergänzten Politik und soziale Beziehungen einander. Das politisch-ideologische Gebot, die Juden von den Deutschen zu trennen, sie zu bestrafen und zu töten, und die vielgestaltigen Mißhandlungen, denen die jüdischen »Arbeiter« durch ihre deutschen »Vorarbeiter« ausgesetzt waren, hatten beide zur Folge, daß die Deutschen ihre wirtschaftlichen Ziele nicht erreichten. Wirtschaftlicher Bedarf bestand durchaus, aber die Deutschen waren aus ideologischen wie aus psychologischen Gründen nicht imstande, entsprechend zu handeln. Hätten sie die Juden wie Sklaven ausgebeutet, was ihnen leicht möglich gewesen wäre, hätten sie daraus großen wirtschaftlichen Nutzen ziehen können. Sie hingegen glichen Sklavenhaltern, die in rasendem Wahn die meisten ihrer Sklaven ermordeten und den kleinen Teil, den sie arbeiten ließen, so rücksichtslos und grausam behandelten, daß sie deren Arbeitsfähigkeit zerstörten.

Ökonomische Irrationalität, Grausamkeit und Kräfteverschleiß resultierten direkt aus der organisatorischen, materiellen und psychologischen Verfassung der Institutionen und Aufseher, die für die jüdische »Arbeit« zuständig waren. Das bedeutet nicht nur, wie bereits angemerkt, daß die Vernichtung politische Priorität vor Wirtschaft und Arbeit hatte, so als habe die Führung in dieser Hinsicht eine bewußte Entscheidung gefällt.[22] Nein, während der NS-Zeit entwickelte sich Deutschland nach einer Logik, die es möglicherweise bereits 1941, ganz sicher aber 1943 prinzipiell *unfähig* machte, die Juden wirtschaftlich rational einzusetzen, von zwischenzeitlichen örtlichen Ausnahmen einmal abgesehen. Die Deutschen waren von ihrer barbarischen Ideologie so besessen, daß sie schon daran scheiterten, normale Anweisungen und Arbeitsformen auf Juden anzuwenden; wenn sie es versuchten, gelang es ihnen nur in verkrüppelter Weise und auf eine Art, die ihre Opfer selbst zu Krüppeln machte. Die Macht des deutschen Antisemitismus setzte die ökonomische und für eine moderne industrielle Produktionsweise erforderliche Rationalität außer Kraft, über die die Deutschen, wenn es sich um nichtjüdische Arbeitskräfte handelte, durchaus verfügten. Daran kann man sehen, daß die Ideologie der Deutschen eine ganz einmalige kognitive Orientierung geschaffen hatte, die sie zu Wegen verleitete, die sie selbst überall dort, wo es um andere Völker ging, als falsch und gefährlich, als unrealistisch und irrational erkannt hätten.[23]

Der Antisemitismus wirkte nicht nur im politischen und institutionellen Bereich mit anderen Faktoren zusammen, sondern gelegentlich auch auf der Ebene des individuellen Handelns. Auch wenn er ausreichte, um die Täter zu motivieren, führte er doch nicht immer zu den gleichen Verhaltensweisen. Das Maß an Fanatismus und Grausamkeit, das Deutsche in ihrem Umgang mit Juden zeigten, schwankte. Individuell verschiedene Hemmungen, charakterliche Unterschiede und, insbesondere was die Grausamkeiten anbelangte, der Geschmack, den die jeweiligen Täter am Leiden der Juden fanden, die Neigung zu Barbarei und Sadismus spielten dabei eine Rolle. Im Polizeibataillon 101 war es die Regel, daß dessen Angehörige ihre Einsätze bereitwillig und sachkundig durchführten. Doch berichtet ein Leutnant des Bataillons, der die im Prinzip vorbildlichen Leistungen seiner Landsleute durchaus anerkennt, von Männern, »die sich bei Einsätzen besonders hervortaten, das gilt insoweit auch für Judenaktionen«.[24] Obwohl sich das Polizeibataillon 101 insgesamt als Kohorte des Völkermords hervortat, waren in seinen Reihen immer noch einige, ja in der Tat zahlreiche Männer, die diesen Standard überboten. Ebenso quälten fast alle der in den Konzentrationslagern tätigen Deutschen Juden in ähnlicher Weise. Das galt als normal. Aber einige mißhandelten die Juden besonders häufig, heftig und einfallsreich. Diese Unterschiede, angesichts der durchgängigen Grausamkeit des Holocaust im Grunde nur Nuancen, bedürfen der Erklärung. Es gab auch Täter, die sich an den Morden und Brutalitäten nicht beteiligten; und in Deutschland waren sicherlich einige Menschen, die das vorherrschende, vom Nationalsozialismus beeinflußte Bild von den Juden nicht teilten, oder andere, die dieser Sichtweise zwar zustimmten, sich aber dennoch an ethische Maßstäbe gebunden fühlten, die zu denen des neuen Systems, die alles gestatteten, im Widerspruch standen. Die wenigen, die solche Auffassungen vertraten, haben aufgrund dieser Ansichten Juden in Deutschland versteckt[25] oder auf den Schlachtfeldern des Völkermords von den Möglichkeiten Gebrauch gemacht, sich von Mordaktionen freistellen zu lassen. Es gab sie durchaus, diese kleine Gruppe von Verweigerern.

Man darf nicht vergessen, daß der bösartig rassistische Antisemitismus, der Deutsche auf allen Ebenen zum eliminatorischen Programm motivierte, Menschen antrieb, die unter Zwängen handelten, die sowohl aus den äußeren Umständen als auch aus widerstreitenden Zielen herrührten. Dies galt für Hitler ebenso wie für den letzten Aufseher in einem »Arbeits«lager. Trotz solcher Konflikte, die allerdings abnahmen, je günstiger die Bedingungen wurden, war der eliminatorische Antisemitismus in Deutschland stark genug, um Hitler und die deutsche Nation auf Vernichtungskurs zu bringen; stark genug, daß sie sich vollständig über die Erfordernisse wirtschaftlicher Rationalität hinwegsetzten, und stark genug, um bei so vielen Menschen persönliche Bereitschaft, Entschlossenheit und Grausamkeit auszulösen. Der eliminatorische Antisemitismus brach sich wie ein Wirbelsturm Bahn ins Zentrum der politischen Kultur und der Gesellschaft Deutschlands.

Weil der »Judenfrage« eine derart hohe politische Priorität eingeräumt und darüber in der Öffentlichkeit ständig gesprochen wurde, kann es gar keinen Zweifel daran geben, daß das deutsche Volk den Zweck und die Radikalität der antijüdischen Maßnahmen verstand, die in den dreißiger Jahren in wachsendem Maß und für alle sichtbar ergriffen wurden. Warum hätten sie zweifeln sollen? »Die Juden sind unser Unglück!«,[26] tönte es an allen Ecken. »Juda verrecke!« war eine Parole, die überall zu hören, zu lesen war. Und sie hatte nichts Metaphorisches mehr.

Ein Fluch an der Mauer einer Synagoge in Düsseldorf.

Von Hitler bis zum kleinsten Funktionsträger hinunter waren die Täter unverhohlen stolz auf ihre Taten und Leistungen; in den dreißiger Jahren geschah alles, was sie taten, in aller Öffentlichkeit und mit allgemeiner Zustimmung des Volkes.

Wenn ganz gewöhnliche Deutsche nicht mit Melita Maschmanns damaliger, vom Nationalsozialismus geprägter Auffassung übereinstimmten, daß die Juden »eine böse Macht« seien, deren »Niedertracht sich gegen den Wohlstand, die Einigkeit und das Ansehen des deutschen Volkes« richte; wenn Deutsche den Abscheu vor den Juden nicht teilten, was haben sie dann geglaubt? Haben sie die Juden denn für Menschen wie alle anderen auch gehalten, die nur einer anderen Religion angehörten? Meinten sie, daß Juden zwar diese oder jene unangenehme Eigenschaft besäßen, aber nicht im entferntesten dem Bild glichen, das die Nationalsozialisten und allen voran der allseits geliebte »Führer« ihnen ständig und nachdrücklich wie einen Glaubensartikel vorführten? Kann man sich vorstellen, daß sie sich mit den Juden als unschuldigen Opfern eines betrügerischen Regimes identifizierten? Daß sie all die Gruppen und zahlreichen Einzelpersonen in der deutschen Gesellschaft, die bei der Verfolgung der Juden mitwirkten, als Verführte betrachteten? Hätten die Deutschen wirklich eine andere Auffassung über die Juden gehabt als Hitler; wären sie nicht auch davon überzeugt gewesen, daß die Juden ein mächtiges Übel darstellten, das aus Gründen der Rasse und der Biologie gar nicht anders könne, als dem deutschen Volk zu schaden und es schließlich zu zerstören; hätte das deutsche Volk insgeheim also tatsächlich wohlwollender über die Juden gedacht: Wo findet man die Beweise dafür?

Die Gestapo und ihre Informanten verfolgten Menschen, die ihre Ablehnung des nationalsozialistischen Antisemitismus zum Ausdruck brachten, so inbrünstig, daß einer der führenden Fachleute auf diesem Gebiet behauptete, es seien tatsächlich alle derartigen Fälle erfaßt und untersucht worden. In ganz Unterfranken erhielt die Gestapo während der *zwölf* Jahre nationalsozialistischer Herrschaft von nur *zweiundfünfzig* solcher Fälle Kenntnis. Das entspricht durchschnittlich vier Fällen im Jahr, und zwar in einer Gegend mit – im Jahr 1939 – 840 633 Einwohnern, die wie Deutsche in anderen Regionen auch ein breites Spektrum von Einwänden gegen die NS-Politik artikulierten, auch gegen die Behandlung von Ausländern. Und selbst in der viel größeren Region um München wurden zwischen 1933 und 1944 nur *siebzig* Menschen wegen kritischer Bemerkungen über die Judenverfolgung vor Gericht gestellt – so wenige, daß diese Zahl als »fast bedeutungslos« bezeichnet wurde.[27]

Zu keinem Zeitpunkt der NS-Herrschaft haben größere Teile des deutschen Volkes oder auch nur erkennbare Minderheiten ihre Ablehnung des vorherrschenden Bildes von den Juden zum Ausdruck gebracht oder die eliminatorischen Ziele der Regierung und vieler Deutscher kritisiert. Nach dem Krieg wurde das anders dargestellt, von ganz gewöhnlichen Deutschen, aber auch von Wissenschaftlern. Die Belege dafür sind sie jedoch schuldig geblieben.

Wie viele deutsche Kirchenmänner waren in den dreißiger Jahren *nicht* der Meinung, daß die Juden eine Gefahr seien? Wo sind die *Beweise* für die Behauptung, daß eine beträchtliche Anzahl von ihnen den eliminatorischen Antisemitismus und das entsprechende Bild von den Juden zurückgewiesen hätten?

Wie viele deutsche Generäle, die vorgeblichen Hüter von Tradition, Ehre und Rechtschaffenheit Deutschlands, wollten Deutschland *nicht* von Juden säubern? Tatsächlich hat Himmler einmal in einer Rede vor einem großen Kreis führender Wehrmachtsoffiziere zur Judenvernichtung Stellung genommen: am 25. Januar 1944 in Posen vor dreihundert Generälen und Stabsoffizieren. Der Völkermord wird für die militärische Führung kaum eine Neuigkeit gewesen sein, denn die Deutschen hatten damals bereits Millionen von Juden umgebracht, und die Wehrmacht hatte an der Vernichtung der sowjetischen Juden mitgewirkt. Himmler, der die Wehrmachtsführung gut kannte, sprach zu ihren Angehörigen so offen wie einer, der weiß, daß er es mit einer wohlwollenden Zuhörerschaft zu tun hat. Die Wehrmachtsführung war, und dafür gibt es stichhaltige Belege, grundsätzlich mit der Vernichtung der Juden einverstanden, wie auch Manfred Messerschmidt betont.[28] Himmler erklärte, Deutschland sei dabei, die Juden vom Antlitz der Erde zu tilgen – und er erntete dafür den Beifall der Offiziere und Generäle. Nicht einzelne applaudierten, der Beifall war nahezu einmütig. Einer der Generäle, der nicht einverstanden war, blickte sich um und zählte die Kameraden, die nicht klatschten. Er zählte fünf.[29]

Wo sind die Beweise dafür, daß diese Männer und ihre Kameraden die Juden als gleichberechtigte deutsche Bürger betrachteten? Selbst viele derer, die die Nationalsozialisten haßten und sich an Verschwörungen gegen Hitler beteiligten, waren Antisemiten, die die Ausschaltung der Juden befürworteten.

Wie viele Juristen, wie viele Mediziner, wie viele Angehörige anderer akademischer Berufe hielten den allgegenwärtigen, öffentlichen Antisemitismus mit seinen wahnhaften Zügen für schieren Unsinn? Wo sind die Belege dafür?

Wie viele der mehr als acht Millionen Parteigenossen und wie viele der ganz gewöhnlichen Deutschen hielten Hitlers obsessiven Antisemitismus für den Fieberwahn eines Irren – und damit Hitler für verrückt? Wie viele von ihnen waren in den dreißiger Jahren der Meinung, daß die Ausschaltung der Juden und die gesellschaftlichen Angriffe auf diese kriminelle Handlungen waren? Daß all diese Maßnahmen rückgängig gemacht werden müßten und die Juden wieder in die Stellung zurückkehren sollten, die sie zuvor in der deutschen Gesellschaft innehatten? Wo sind Beweise für solche Überzeugungen?

Sicherlich haben nicht alle Kirchenmänner, Generäle, Juristen und andere Führungskräfte die Vernichtung der Juden befürwortet. Einige wollten sie nur deportiert sehen, andere wünschten deren Sterilisierung, wieder andere wollten den Juden »nur« ihre Grundrechte nehmen. Aber auch solchen Ansichten liegt eine eliminatorische Idealvorstellung zugrunde. Wo sind die *Belege* für einen anderen Schluß?

Die folgenden Worte von Pastor Walter Höchstädter, der im Sommer 1944 als Lazarettgeistlicher in Frankreich tätig war, beleuchten schlaglichtartig, welche Macht das kognitive Modell des Antisemitismus in Deutschland selbst über jene hatte, die mit bestimmten Aspekten des eliminatorischen Programms nicht einverstanden waren. Höchstädter druckte Anklage und Einspruch heimlich und ließ tausend Exemplare durch die Feldpost an Frontsoldaten verschicken:

»Wir leben in einem Zeitalter, das nicht minder von Wahnideen und Dämonen durchtobt ist als das Mittelalter. Statt des Hexenwahns feiert in unserem angeblich so ›aufgeklärten‹ Zeitalter der *Judenwahn* seine Orgien. Der Judenwahn, der schon im Mittelalter furchtbar getobt hatte, ist heute in sein akutes Stadium getreten. Da hat die Kirche, die Gemeinde Jesu Christi, zu bekennen. Wenn sie es nicht tut, dann *hat* sie versagt, genauso wie damals zur Zeit der Hexenverfolgungen. Das Blut von Millionen hingemordeter Juden, von Männern, Frauen und Kindern schreit heute gen Himmel. Da darf die Kirche nicht schweigen. Sie darf da nicht sagen, die Regelung der Judenfrage sei eine Angelegenheit des Staates, wozu er auf Grund von Röm. 13 ein Recht habe. Die Kirche darf auch nicht sagen, in der heutigen Zeit vollziehe sich eben die gerechte Strafe für die Sünden der Juden … Es gibt keinen gemäßigten – christlichen – Antisemitismus. Auch dann nicht, wenn er einleuchtend mit vernünftigen (etwa nationalen) Gründen dargelegt wird, oder gar mit wissenschaftlichen (sage scheinwissenschaftlichen) Gründen. Auch der Hexenwahn wurde einst von Kapazitäten der theologischen, juristischen und medizinischen Fakultäten wissenschaftlich begründet. Der Kampf gegen das Judentum kommt aus derselben trüben Quelle wie einst der Hexenwahn. Das Suchen nach dem ›Sündenbock‹ hat auch die heutige Menschheit nicht verlernt. Darum fahndet sie nach allerlei Schuldigen, den Juden, den Freimaurern und überstaatlichen Mächten. Das ist der Hintergrund aller Haßgesänge unserer Zeit …

Wer gibt uns das Recht, die Schuld einseitig den Juden zuzuschieben? Einem Christen ist das verboten. Ein Christ kann kein Antisemit sein, auch kein ›gemäßigter‹ Antisemit. Der Einwand, daß ohne einen ›gesunden‹ Antisemitismus als Reaktion die Verjudung des Volkslebens eine schreckliche Gefahr würde, stammt aus einer glaubenslosen und rein säkularen Schau der Dinge, die für den Christen überwunden sein sollte ...

Die Kirche hat aus der *Liebe* zu leben ... Wehe ihr, wenn sie das nicht tut! Wehe ihr, wenn sie durch *Schweigen* oder durch allerlei zweifelhafte Ausflüchte an den Haßausbrüchen der Welt mitschuldig wird! Wehe ihr, wenn sie sich aus der Sphäre des Hasses stammende Worte und Parolen ... zu eigen macht!«[30]

In den Annalen der deutschen Geschichte während der NS-Zeit ist Höchstädters Brief mit seiner ausdrücklichen und uneingeschränkten Ablehnung des eliminatorischen Antisemitismus ein außerordentlich seltenes und leuchtendes Beispiel. Denn nahezu alle der wenigen Proteste und Bittschriften, in denen sich Deutsche gegen die Behandlung der Juden wandten, waren selbst von einem Antisemitismus durchtränkt, der irrational in seinen Überzeugungen und grausam in seinen praktischen Vorschlägen war und der nur dann als »gemäßigt« erscheint, wenn man ihn mit der mörderischen Variante vergleicht, der die Nationalsozialisten und die ganz gewöhnlichen Deutschen, die ihnen halfen, anhingen. Nahezu alle, die sich gegen die körperlichen Mißhandlungen und Grausamkeiten wandten, die Deutsche an Juden verübten, waren selbstverständlich davon überzeugt, daß es eine »Judenfrage« gab, daß die Juden ein Stamm von Übeltätern waren, die Deutschland Schaden zufügten, und daß man eine »Lösung« finden mußte, um ihre schädliche Anwesenheit erheblich zu reduzieren und ihren Einfluß auszuschalten. Auch diese »Kritiker« boten »Lösungen« an, allerdings »zivilisierte«, unblutige und ordentliche, die statt der gewaltsamen und grausamen Methoden der Nationalsozialisten praktiziert werden sollten. Auch diese »Kritiker« wollten die vermeintliche Macht der Juden beschneiden, wollten sie aus vielen Lebensbereichen vertreiben, ihnen den Zugang zu öffentlichen Ämtern verwehren und ihnen weitere Einschränkungen auferlegen, damit sie die Macht einbüßten, Deutschen Schaden zuzufügen. Der Antisemitismus sollte »anständig«, »gemäßigt«, »geistig«, »ethisch« und »heilsam« sein, wie es sich für eine zivilisierte Nation gehöre. So mahnte der Bischof von Linz, Johannes Maria Gfoellner, die Nationalsozialisten in einem Hirtenbrief von 1933: »Will darum der Nationalsozialismus nur diesen geistigen und ethischen Antisemitismus in sein Programm aufnehmen, so ist er durch nichts daran gehindert.«[31]

Seid anständige, gemäßigte, geistige und ethische Antisemiten, beseitigt die Juden, aber tötet sie nicht: So lautete ausgesprochen oder stillschweigend die Maxime fast aller dieser nicht sehr zahlreichen Einsprüche, die Deutsche gegen den systematischen Mord ihrer Landsleute an den Juden erhoben.

Darüber war der unbekannte Pastor Höchstädter bestürzt. Für ihn entsprang die Verfolgung der Juden derselben trüben Quelle, aus der der mittelalterliche Hexenwahn hervorgegangen war. Den Anschuldigungen, die von Deutschen innerhalb und außerhalb der Kirche gegen die Juden erhoben wurden, lagen Phantasmagorien zugrunde. Mit Nachdruck hat dieser Pfarrer die in Kirchen und Widerstandskreisen vertretene Ansicht zurückgewiesen, man benötige einen »gemäßigten« und »heilsamen« Antisemitismus. Antisemitismus sei, so stellt er knapp und unmißverständlich fest, in jeder Form ein radikales Übel, ein bösartiges Lügengespinst. Dies macht Höchstädters Appell zu einem so einzigartigen Dokument. Ich kenne nur sehr wenige Stellungnahmen von NS-Gegnern, die die in Deutschland allgegenwärtigen antisemitischen Auffassungen als gefährlich und falsch, als durch und durch unwahr, als wahnsinnig, als ungeheuerliche Zwangsvorstellungen verdammten, wie es Höchstädter in seinem schmerzerfüllten Brief tat. Er forderte die Geistlichkeit auf, sich zu besinnen, aus ihrem Wahn zu erwachen, angesichts des millionenfachen Mordes an den Juden ihr Schweigen zu beenden. »Darum seid nüchtern!« lautet die Überschrift, die Höchstädter seinem Appell gegeben hat.

Wie einzigartig Höchstädters *cri de coeur* in seiner Nüchternheit, seiner »Unnormalität« und auch seiner Hilflosigkeit ist, wird deutlich, wenn man ihn neben die antisemitischen Äußerungen der Bischöfe, Kirchenführer und anderer bekannter Kirchenmitglieder stellt – etwa neben die Bemerkung von Pastor Martin Niemöller, des berühmten NS-Gegners, die Juden vergifteten alles, was sie berührten; oder neben die von Bischof Dibelius überlieferte Hoffnung, die jüdische Gemeinde würde aufgrund ihrer niedrigen Geburtenrate aussterben und Deutschland so von ihrer schädlichen Gegenwart befreien; oder neben die Versicherung von Bischof Wurm, er »bestreite mit keinem Wort« das Recht des Staates, die Juden als ein gefährliches Element zu bekämpfen, das auf »religiösem, sittlichem, literarischem, wirtschaftlichem und politischem Gebiet«[32] zersetzend wirke; oder neben die Äußerung von Bischof August Marahrens, mit der er nach dem Krieg, im August 1945, sein Bekenntnis der Schuld, nicht für die Juden eingetreten zu sein, ergänzte: »Wir mögen im Glauben noch so sehr von den Juden geschieden sein, es mag auch eine Reihe von ihnen schweres Unheil über unser Volk gebracht haben, sie durften aber nicht in unmenschlicher Weise angegriffen werden.«[33] Wie betört Marahrens und alle anderen, die diesen »ethischen Antisemitismus« teilten, selbst nach dem Krieg noch waren, zeigt jene bischöfliche Bemerkung, eine humanere Züchtigung hätte wohl ausgereicht. Besonders auffallend ist der Kontrast zwischen Höchstädters Appell und der gemeinsamen Erklärung der Landeskirchen von

506

Mecklenburg, Thüringen, Sachsen, Hessen-Nassau, Schleswig-Holstein, Anhalt und Lübeck vom 17. Dezember 1941, die den Ausschluß aller jüdischen Konvertiten aus der Kirche, strengste Maßnahmen gegen die Juden und ihre Verbannung aus Deutschland forderte.[34] Zum Zeitpunkt dieser Erklärung war der Massenmord an den sowjetischen Juden bereits im Gang, die Erklärung ist also ein in der Geschichte des Christentums vielleicht einzigartiges Dokument, nämlich die kirchliche Billigung des Völkermords. Selbst wenn diese führenden Kirchenmänner nicht gewußt hätten, daß die Juden in den sicheren Tod deportiert wurden (was höchst unwahrscheinlich ist, da die Informationen über die Massenmorde auch unter den Kirchenoberen bereits weit verbreitet waren), wäre diese Erklärung ein für die moderne Geschichte der christlichen Kirchen seltenes und vielleicht einzigartiges Dokument – ein kirchlicher Aufruf an einen tyrannischen und ungeheuer brutalen Staat, ein ganzes Volk noch härter zu behandeln und ohne jede Mäßigung gegen es vorzugehen. Diese Kirchenmänner nahmen die Verfolgung der Juden nicht nur stillschweigend hin, sondern forderten sogar aus eigener Initiative nicht nur strenge, sondern strengste Maßnahmen. Damit können nur solche gemeint sein, die über das, was die Juden bis dahin schon hatten erleiden müssen, noch hinausgingen; Maßnahmen also, die die Juden noch tiefer herabwürdigen und ihr Leiden noch vergrößern mußten. Ein bedeutender Teil der evangelischen Kirchenführung Deutschlands erhob gemeinsam die Stimme und äußerte sich kaum anders als die Nationalsozialisten selbst. Zweifellos meinte Höchstädter diese kirchliche Geisteshaltung, als er in seinem Appell warnte: »Wehe ihr, wenn sie sich aus der Sphäre des Hasses stammende Worte und Parolen ... zu eigen macht.«[35]

Wenn Nachgeborene über das Dunkel nachdenken, das in Deutschland während der NS-Zeit herrschte, wird ihnen Höchstädters Brief wie ein strahlendes Licht erscheinen; er erinnert an den Vers aus dem *Kaufmann von Venedig:* »Wie weit die kleine Kerze dort ihre Strahlen wirft! So scheint eine gute Tat in einer bösen Welt.«[36] Aber in der ungeheuren antisemitischen Finsternis, die sich über Deutschland gelegt hatte und die auch die Kirche umfing, war Höchstädters Aufruf nur eine schüchterne Flamme der Vernunft und der Menschlichkeit, die im geheimen in einer entlegenen Ecke des besetzten Frankreich entzündet wurde, ein stilles, kaum sichtbares Licht.

Daß Höchstädter in seinem prinzipiellen Dissens so einsam war, zeigt, daß wir uns unbedingt näher mit den christlichen Kirchen befassen müssen, wenn wir das Wesen des Antisemitismus in NS-Deutschland verstehen wollen. Die Untersuchung von Kirchen und Geistlichkeit ist insofern aufschlußreich, als sie ja ein weites Geflecht

nichtnationalsozialistischer Institutionen bildeten und als sich dort
reichhaltiges Quellenmaterial erhalten hat, aus dem sich die Haltung
der Kirchen zu den Juden, zu ihrer Verfolgung und Vernichtung erkennen läßt. Hinzu kommt, daß dieses Material vor dem Hintergrund
der christlichen Morallehren und der komplexen Geschichte der Beziehungen zwischen Christen und Juden von besonderem Gewicht ist.

Die christlichen Kirchen hegten eine uralte Feindseligkeit gegen
die Juden; in den Augen der Christen hatten sich diese mit Schuld
beladen, als sie nicht nur die Göttlichkeit Christi leugneten, sondern
Jesus sogar kreuzigten. Andererseits waren die Kirchen als Institutionen durch göttliches Gebot verpflichtet, Nächstenliebe zu predigen
und zu praktizieren, Leiden zu lindern sowie Verbrechen, vorsätzliche
Grausamkeit und Massenmord zu verdammen. Wegen dieser Ambi-
valenz läßt sich gerade an der Haltung der Kirchen sehr deutlich ablesen, wie weit verbreitet, wie tief verankert der eliminatorische Antisemitismus in Deutschland war. Wenn die Männer der Kirche, die dazu
berufen waren, Liebe zu predigen, die Hüter von Nächstenliebe, Mitleid und Moral zu sein, schwiegen und zustimmend zusahen, wie die
Juden aus der deutschen Gesellschaft ausgegrenzt und ausgeschaltet
wurden, ja wenn sie diese Ausgrenzung sogar befürworteten, dann
muß man dies als einen weiteren und besonders schwerwiegenden
Beleg für die Allgegenwart des eliminatorischen Antisemitismus in
der deutschen Gesellschaft betrachten. Dieser Antisemitismus war so
stark, daß er nicht nur die natürlichen Regungen des Mitleids unterdrückte, sondern auch das göttliche Gebot außer Kraft setzte, für alle
einzutreten, die unter die Mörder gefallen sind. Wie Untersuchungen
über die Kirchen gezeigt haben, kann es keinen Zweifel geben, daß
der Antisemitismus die Macht hatte, die Christen – und zwar Kirchenleitung, Pastoren und Kirchenvolk gleichmaßen – dazu zu bewegen,
sich gegen ihre wichtigsten Traditionen zu wenden. Wolfgang Gerlach, der bedeutendste Historiker der deutschen evangelischen Kirche
in dieser Zeit, nannte sein Werk *Als die Zeugen schwiegen.* Guenther
Lewy schließt sein Buch über die »Judenfrage« und die katholische
Kirche in Deutschland, deren Führung sich nur wenig kritischer verhielt als die protestantische Kirchenleitung, mit der Frage eines jungen Mädchens an ihren Priester aus Max Frischs *Andorra:* »Wo, Pa-
ter Benedikt, bist du gewesen, als sie unsern Bruder geholt haben wie
Schlachtvieh, wie Schlachtvieh, wo?«[37]

Die Kirchen als zutiefst konservative Institutionen begrüßten die
Machtübernahme durch die Nationalsozialisten; wie die meisten konservativen Organisationen und Verbände erwarteten sie von den Nationalsozialisten, daß sie Deutschland von dem erlösten, was ihnen
als der geistige und politische Sumpf der Weimarer Republik galt: die

508

freiheitliche Kultur, die demokratische »Unordnung«, die starken sozialistischen und kommunistischen Parteien, die den Atheismus predigten und die die Kirchen ihrer Macht und ihres Einflusses zu berauben drohten. Die Kirchen erwarteten von den Nationalsozialisten die Errichtung eines autoritären Regimes, das den in Verruf geratenen Tugenden des Gehorsams und der Unterordnung wieder zu Ansehen verhelfen, das die althergebrachten Sitten und Werte zurückbringen und die Bindung an diese wieder festigen würde. Gewiß war die NSDAP in den Augen der Christen nicht ohne Fehl und Tadel; in der Partei gab es Tendenzen, die kirchliche Besorgnis erregten. So waren einige der NS-Ideologen entschieden antichristlich eingestellt. Andere vertraten ein verschwommenes teutonisches Neuheidentum. Was die Partei in ihrem Programm über ihr Verhältnis zum Christentum geschrieben hatte, war unklar und mit rätselhaften Einschränkungen formuliert. Die Kirchen neigten dazu, die unzuträglichen Züge des Nationalsozialismus mit einer Art optimistischen Wunschdenkens zu interpretieren, das übrigens viele Menschen teilten, die den Nationalsozialismus zwar begrüßten, bestimmte Aspekte jedoch ablehnten. Doch galten diese negativen Aspekte immer nur als Auswüchse, Wucherungen am Körper der Partei, die Hitler in seiner Weisheit und seinem Wohlwollen gegenüber der Religion beseitigen würde.

Gegen den hemmungslosen Antisemitismus der Nationalsozialisten hatten die Kirchen nichts einzuwenden. Im Gegenteil: Sie wußten ihn zu würdigen, da auch sie antisemitisch dachten und fühlten. Sie glaubten ebenfalls, daß die vermeintliche Macht der Juden in Deutschland beschnitten und ausgeschaltet werden müsse. Seit Jahrzehnten sprach aus fast allen Erklärungen und Äußerungen, sei es der kirchlichen Organe, sei es einzelner Priester oder Pastoren, eine tiefe Feindseligkeit gegen die Juden, die sich größtenteils aus nichtreligiösen, weltlichen Gründen speiste – gleichsam ein Echo des weltlichen Hasses, der in der deutschen Gesellschaft damals virulent war. Insofern hatte der Antisemitismus in den Kirchen nicht nur theologische Ursachen; es handelte sich nicht nur um eine späte Wiederkehr der uralten, tiefverwurzelten Verdammung der Juden als dem unseligen Volk der Jesusmörder, das sich zudem hartnäckig der christlichen Offenbarung verschloß. Mit dieser uralten Tradition verband sich, diese überlagernd, eine neue Anschuldigung: Die Juden seien die treibende Kraft hinter der unaufhaltsamen Flut der Moderne, die geheiligte, althergebrachte Werte und Traditionen hinwegschwemme. Die Juden galten als die Anstifter der Vergötzung des Mammons, des »seelenlosen Kapitalismus«, des »Materialismus«, des Liberalismus und vor allem jener skeptischen und bilderstürmerischen Stimmung, die als Fluch dieses Zeitalters galt. Die moderne christliche Verunglimpfung der Juden orientierte sich an den Tendenzen des weltlichen Antisemitismus, denn auch in Kirchenkreisen hieß es, die Verruchtheit der Juden ergebe sich nicht aus ihrer Religion, sondern aus ihren Rasseinstinkten, aus unüberwindlichen angeborenen Trieben, mit denen die Juden sich gar nicht anders verhalten könnten denn als schädliches Unkraut in blühenden Gärten. So überlagerte der rassistische Antisemitismus selbst innerhalb der Kirchen die traditionelle religiöse Feindseligkeit gegenüber den Juden. Christliche Geistliche denunzierten Juden in einer Art und Weise, die sich kaum von den Haßtiraden weltlicher Rassenantisemiten unterschied; insbesondere in Kreisen der evangelischen Kirche griffen solche Auffassungen um sich. In einem ihrer Kirchenblätter, das ausgerechnet unter dem Titel »Licht und Leben« erschien, wurde das Judentum, wie ein Zeitgenosse berichtet, »mit großem Eifer … als der Fremdkörper, den das deutsche Volk von sich abschütteln muß, als der gefährlichste Gegner, gegen den es Kampf bis zum Äußersten gilt, dargestellt«.[38] Selbst ein Pastor, der, wenn es um die Juden ging, für Mäßigung in Wort und Tat eintrat, teilte die allgemeine Ansicht, daß die Juden eine tödliche Heimsuchung seien: »Es ist unbestreitbar: die Juden sind für uns zu einer Volksplage geworden, der wir uns erwehren müssen.«[39]

Diese »unbestreitbare« Überzeugung wurde in der Tat selten in Frage gestellt. Derlei antisemitische Einstellungen beschränkten sich nicht auf eine Minderheit innerhalb der evangelischen Kirchen; sie waren weit verbreitet, abweichende Meinungen gab es kaum. Sie zu äußern setzte Mut voraus. Wer hätte denn die stirnrunzelnde Mißbilligung riskieren wollen, wenn er als Verteidiger einer verachteten Rasse auftrat, von deren Bösartigkeit doch alle überzeugt waren? In seinen Erinnerungen berichtet ein Kirchenmann, wie allgemein der Antisemitismus unter seinesgleichen war: »Ausdrückliche Ablehnung [des Antisemitismus] konnte man nicht wagen.«[40]

Während der gesamten NS-Zeit, als die deutsche Regierung und das deutsche Volk die Juden in Deutschland und in den eroberten Ländern immer heftiger verfolgten und schließlich physisch vernichteten, beobachteten die evangelische und die katholische Kirche, die Kirchenleitungen und Bischöfe sowie die meisten der Theologen schweigend das Leid, das Deutsche den Juden antaten. Kein offenes, deutliches Wort der Sympathie für die Juden, keine ausdrückliche, öffentliche Verdammung, kein Widerspruch gegen die Judenverfolgung. Nur von einigen einfachen Pastoren und Priestern waren verlorene Stimmen des Mitleids, der Trauer, der Hilflosigkeit zu hören und auch bittere Vorwürfe über das Schweigen der Kirchenoberen und Behörden. Nur ein einziger unter den evangelischen Bischöfen Deutschlands, nämlich Bischof Wurm, protestierte in einem vertraulichen Schreiben an Hitler gegen die Vernichtung der Juden. Alle anderen waren privat beinahe ebenso untätig wie öffentlich; und wenigstens einer von ihnen, Martin Sasse, der Bischof von Thüringen, veröffentlichte ein Pamphlet des bösartigsten Antisemitismus und rechtfertigte ausdrücklich das Niederbrennen von Synagogen und die verbreiteten antijüdischen Ausschreitungen.

Alles in allem zeigten beide Kirchen angesichts der Verfolgung und Vernichtung der Juden eine schier unglaubliche Teilnahmslosigkeit. Geistliche aller Ebenen verunglimpften die Juden mit ähnlichen Tiraden wie die Nationalsozialisten und zollten ihrer Verfolgung durch die Regierung Beifall. Als der bekannte Nazigegner Karl Barth Deutschland 1935 verließ, schrieb er in seinem Abschiedsbrief, daß selbst die Bekennende Kirche »für Millionen von Unrechtleidenden noch kein Herz hat«.[41] Dem wird kein ernsthafter Historiker widersprechen können, allenfalls könnte man hinzufügen: und sie sollte auch während der gesamten NS-Zeit für diese Menschen kein Herz haben.

Die Untätigkeit beider Kirchen und ihr öffentliches Schweigen wird besonders deutlich im Kontrast zu den vereinzelten, leidenschaftlichen, doch kaum hörbaren und völlig wirkungslosen Stimmen des Protests, die sich in ihrem Umkreis erhoben; die Menschen, die sich hier äußerten, hatten in der Regel wenig Einfluß, und sie blieben isoliert. Am leidenschaftlichsten und offensten widersprach Marga Meusel, eine Frau, die in Berlin-Zehlendorf bei einer evangelischen Wohlfahrtsorganisation in untergeordneter Stellung tätig war. Ihre ausführliche Denkschrift, gerichtet an die Synode der Bekennenden Kirche, die vom 26. bis 29. September 1935 in Berlin-Steglitz zusammentrat, verband sich mit einer detaillierten Beschreibung und einem scharfen Urteil. Frau Meusel ergänzte ihr Memorandum durch Zusätze, die sie am 8. Mai 1936 vollendete. Anlaß für diese Zusätze war die immer prekärere Situation, in die die Juden nach Verabschiedung der Nürnberger Gesetze geraten waren. In lebhafter Form schildert sie, mit welchen Methoden die Juden verfolgt wurden, beschreibt Demütigungen, Qualen und Schmerzen, die ihnen von Deutschen zugefügt wurden, zeigt, daß selbst Kinder, die in der herrschenden antisemitischen Kultur aufwuchsen, dazu übergingen, Juden zu verleumden und zu beleidigen – »es sind christliche Kinder, die das tun, und christliche Eltern, Lehrer und Pfarrer, die es geschehen lassen!« Es sei keine Übertreibung, wenn man von einem Versuch, die Juden zu vernichten, spreche. Angesichts dieses wütenden Hasses und des enormen Leids bleibe die Kirche jedoch untätig und stumm. »Was soll man antworten auf all die verzweifelten, bitteren Fragen und Anklagen: Warum tut die Kirche nichts? Warum läßt sie das namenlose

Unrecht geschehen?« Meusel prangerte die Kirche an, das nationalsozialistische Regime regelrecht begrüßt, ja sich loyal zu ihm bekannt
zu haben. Zustimmend zitierte sie einen schwedischen Bericht: »»Die
Deutschen haben einen neuen Gott, das ist die Rasse, und diesem
Gott bringen sie Menschenopfer.‹« Und sie fragte: »Wie kann sie [die
Kirche] immer wieder freudige Bekenntnisse zum nationalsozialistischen Staat ablegen ... ?« In Anspielung auf die nationalsozialistische
Doktrin, die Menschlichkeit als falsche Gefühlsduselei verächtlich
machte, fuhr sie fort: »Sollte denn das alles, was mit der heute so verachteten Humanität unvereinbar ist, mit dem Christentum vereinbar
sein?« Unübertroffen in der Eindeutigkeit ihrer Anklage warnte
Meusel unheilverkündend: »Was sollen wir antworten einst auf die
Frage: Wo ist dein Bruder Abel? Es wird auch uns, auch der Bekennenden Kirche keine andere Antwort übrigbleiben als die Kainsant-
wort.«[42]

Die deutschen Kirchen bieten also wesentliches Material, wenn
man Reichweite, Charakter und Einfluß des modernen eliminatorischen Antisemitismus der Deutschen untersuchen will. Von ihrer Leitung und ihren Mitgliedern hätte man aus einer Reihe von Gründen
erwartet, daß sie sich noch am ehesten gegen dieses Übel resistent
zeigen würden. Die Kirchen behielten weitgehend institutionelle
Unabhängigkeit, ihnen gehörten viele Menschen an, die bei anderen
Fragen durchaus parteiunabhängige, wenn nicht gar gegen die NS-
Ideologie gerichtete Meinungen vertraten. Außerdem standen die
kirchlichen Lehren und ihre humanistischen Traditionen in krassem
Widerspruch zu den zentralen Geboten des eliminatorischen Projekts.
Die reichlich vorhandenen Quellen über die Einstellungen von Kirchenleitung und Kirchenvolk und deren Haltung zur eliminatorischen
Verfolgung bestätigen die Auffassung, daß vom Nationalsozialismus
beeinflußte Vorstellungen von den Juden außerordentlich weit verbreitet waren und daß das eliminatorische Programm große Unterstützung fand, ja geradezu selbstverständlich erschien.

Nicht nur die Kirchen und ihre Führung, sondern, wie ich in Kapitel 3 gezeigt habe, die gesamte deutsche Elite – Intellektuelle, Freibe-
rufler, Kirchenmänner, Politiker und Militärs – hat sich den eliminatorischen Antisemitismus bereitwillig zu eigen gemacht. Die deutsche Elite versäumte es ebenso wie die deutschen Normalbürger,
1933, 1938, 1941 oder 1944 Dissens von der nationalsozialistischen
Auffassung von den Juden deutlich zu machen, und das, obwohl die
vermeintliche Natur und der Status der Juden zu den meistdiskutier-
ten Themen der deutschen Öffentlichkeit gehörten. Nichts deutet darauf hin, daß es mehr als eine unbedeutende Anzahl von Deutschen
gab, die gegen das eliminatorische Projekt waren, von den brutalsten

Aspekten vielleicht abgesehen. Selbst die heftigsten Angriffe gegen die Nationalsozialisten berührten in der Regel nicht den eliminatorischen Antisemitismus; zumindest war dieser nicht der entscheidende Auslöser dafür, die Nationalsozialisten abzulehnen oder ihnen Widerstand zu leisten.[43] Die Deutschen haben es nicht nur versäumt, deutlich zu zeigen, daß sie die kriminelle Behandlung der Juden für ungerecht hielten; und sie haben es auch nicht nur unterlassen, ihren bedrängten Mitbürgern zu helfen, von den ausländischen Juden ganz zu schweigen. Viel schlimmer für die Juden war es, daß so viele Deutsche bereitwillig an Ausgrenzung und Ausschaltung mitwirkten. Häufig genug haben ganz gewöhnliche Deutsche die Initiative ergriffen, Juden verbal und körperlich bedroht oder den Vorgang ihrer Ausgrenzung und gesellschaftlichen Isolierung beschleunigt und damit den Prozeß befördert, der die Juden zu sozial Toten, zu einer Gemeinschaft von Aussätzigen machte.

Es ist oft behauptet worden, die Deutschen hätten sich dem Schicksal der Juden gegenüber »teilnahmslos« verhalten.[44] Wer das behauptet, der übersieht die große Menge ganz gewöhnlicher Deutscher, die am Programm der Ausschaltung und auch der Vernichtung mitwirkten. Alles andere als »teilnahmslos« waren auch die Deutschen – und dies waren noch viel mehr –, die ihr Einverständnis mit dem vorherrschenden kulturell-kognitiven Modell von den Juden immer wieder zum Ausdruck brachten oder ihre Begeisterung für die antijüdischen Maßnahmen ihres Landes offen zeigten. So nahmen etwa allein in Nürnberg ungefähr 100 000 Menschen an einer Demonstration teil, die einen Tag nach der Reichspogromnacht stattfand, um dieses Ereignis zu feiern. Sie müssen mit dem Geschehen wohl einverstanden gewesen sein. Wer also von »Teilnahmslosigkeit« spricht, der tut so, als hätten nur wenige Deutsche ihre Zustimmung offen geäußert oder mitgemacht und als müßten wir aus den Taten der Mitläufer und Täter nicht auf die Einstellung und das Verhalten des ganzen Volkes schließen. Die Behauptung, die Deutschen hätten mehrheitlich das nationale Projekt der Verfolgung und Ausrottung der Juden »teilnahmslos« verfolgt, verwickelt sich in eine ganze Reihe grundsätzlicher empirischer und analytischer Widersprüche. Doch davon ganz abgesehen, resultiert diese Auffassung aus einer fatalen Begriffsverwirrung.

Bevor man den Deutschen »Teilnahmslosigkeit« attestieren kann, müssen zumindest zwei Dinge geklärt werden. Das eine ist ein inhaltliches Problem: Wie konnten Deutsche »teilnahmslos«, das heißt also ohne eigene Gefühle, ohne eigene Meinung und unvoreingenommen die eliminatorischen Maßnahmen verfolgen? Wie konnte man da moralisch, wie überhaupt neutral bleiben? Es ging um den Mord an Tausenden von Menschen; es ging auch um den Mord an Kindern. Es ging um Morde, zu denen diese ganz gewöhnlichen Menschen oder zumindest ihre Landsleute als Täter beitrugen. Es ging um Morde, die im Namen des deutschen Volkes verübt wurden. Wie konnten die Deutschen in den ersten Phasen des eliminatorischen Projekts »teilnahmslos« sein, als Menschen, nämlich alle Juden, gewaltsam aus ihrer Nachbarschaft gerissen wurden, in der sie seit Generationen gelebt hatten? Kann man sich wirklich vorstellen, daß irgendein Deutscher angesichts der allgegenwärtigen Hetze gegen die Juden »teilnahmslos« geblieben ist? Daß sie ohne eigene Meinung verfolgt haben, wie die Juden aus der Gesellschaft verdrängt wurden? Man denke etwa an die Bürgerrechtskampagne in den USA: Ist es vorstellbar, daß irgendein Weißer in den Südstaaten die Kampagne der Aufhebung der Rassenschranken auf ihrem Höhepunkt teilnahmslos verfolgt hätte? Ohne eigene Ansichten über die Schwarzen? Nach allem, was wir über die Psychologie der Menschen wissen, ist das unvorstellbar.[45]

Wenn es aber tatsächlich so etwas wie »Teilnahmslosigkeit« gegeben haben sollte, wenn es wirklich Deutsche gab, denen die Juden völlig gleichgültig waren und die ohne eigene Regung beobachteten, was ihre Landsleute diesen antaten, dann muß man doch die Frage stellen, wie es um die Wahrnehmungsfähigkeit dieser Menschen bestellt war. Damit schafft man die Probleme, die mit der These von der »Teilnahmslosigkeit« verbunden sind, nicht aus der Welt, stößt aber auf einen zweiten, weiterführenden Punkt. Wie andere Menschen auch verhielten sich die Deutschen nicht allen Angelegenheiten gegenüber gleichermaßen »teilnahmslos«. Warum also waren sie es gegenüber dem Mord an den Juden? Warum ließen sie sich dort, wo man viel eher »Teilnahmslosigkeit« erwartet hätte, aus der Reserve locken, nicht aber angesichts der vielfältigen eliminatorischen Maßnahmen, die schließlich im Massenmord gipfelten? Wenn es »Teilnahmslosigkeit« angesichts der radikalen und zermürbenden Maßnahmen des antijüdischen Programms in all seinen Facetten denn überhaupt geben kann, dann bedürfen das kognitive Modell, das Wertesystem und die sozialen Beziehungen einer Klärung: Wie konnten sie Menschen dazu bringen, angesichts des grausamen Geschehens »teilnahmslos« zu bleiben? Ohne eine solche Klärung wäre das Konzept der Teilnahmslosigkeit kaum mehr als ein Etikett, das man dem deutschen Volk anheftet, um eine weitere und vielleicht schmerzliche Untersuchung dieser heiklen Fragen zu verhindern.

Die »Teilnahmslosigkeit« ist als Haltung psychologisch unglaubwürdig und kann auf die Deutschen nicht projiziert werden. Als »teilnahmslos« lassen sich Menschen nicht bezeichnen, die miterlebten, wie die Juden zu sozial Toten gemacht wurden; ganz zu schweigen von denen, die mit dazu beitrugen. »Teilnahmslos« waren die Menschen nicht, die überall in Deutschland dabeistanden und voller Neugier zuschauten, als in der Reichspogromnacht die Synagogen angezündet wurden und niederbrannten; ganz zu schweigen von denen, die den Ereignissen dieser Nacht Beifall zollten. »Teilnahmslos« waren die Menschen nicht, die zugeschaut haben, als die eigenen Landsleute ihre jüdischen Nachbarn verschleppten; ganz zu schweigen von denen, die die Verhafteten noch verhöhnten. Und »teilnahmslos« waren auch die Menschen nicht, die Zeugen der Massenerschießungen waren, die die Vernichtungslager kannten oder auch nur davon gehört hatten. Bevor man hier von »Teilnahmslosigkeit« spricht, sollte man sich die Verse eines Gedichts von W. H. Auden ins Gedächtnis rufen, die für die Millionen von Deutschen geschrieben sein könnten, die »teilnahmslos« zuschauten, wie sich die Dinge entwickelten:

Intellectual disgrace
stares from every human face,
and the seas of pity lie
locked and frozen in each eye.[46]

Nach allem, was wir wissen, waren die Deutschen nicht »teilnahmslos«. Ihnen fehlte jedes Mitleid.[47] Die Vorstellung wäre geradezu widersinnig (und soll uns doch nahegelegt werden), daß Menschen wie jene »Tausende, vermutlich Zehntausende von Frankfurtern«,[48] die in der Reichspogromnacht als Schaulustige verfolgten, wie die Synagogen niederbrannten, dies »teilnahmslos« getan hätten. Für gewöhnlich ergreifen Menschen die Flucht, wenn sie zu Augenzeugen von Szenen und Ereignissen werden, die sie für schrecklich, verbrecherisch oder gefährlich halten. Die Deutschen jedoch strömten zusammen, um sich die Anschläge gegen die Juden und ihre Einrichtungen und Geschäfte anzusehen, ganz so wie die Menschen im Mittelalter, wenn öffentliche Hinrichtungen stattfanden. Soweit ich sehe, wird als Beleg für die behauptete »Teilnahmslosigkeit« der Deutschen stets angeführt, daß es keine – überlieferten – Äußerungen zu den antijüdischen Maßnahmen gebe. Aber deutet dies Schweigen nicht viel eher auf stillschweigende Zustimmung hin? Auf Zustimmung zu Maßnahmen, die uns verbrecherisch erscheinen, den »teilnahmslosen« Deutschen damals aber offensichtlich nicht? Zumindest solange es keine Belege für eine andere Deutung gibt, muß man davon ausgehen.

Normalerweise löst schweres Unrecht, das Menschen geschieht, eine Welle von Mitgefühl aus. Mitleid, hat Thomas Hobbes geschrieben, »ist die Einbildung oder Erdichtung künftigen Unglücks für uns, die dem Anblick des augenblicklichen Unglücks eines Menschen entspringt; wenn es diejenigen trifft, von denen wir glauben, daß sie es nicht verdient haben, ist das Mitleid größer, weil es dann wahrscheinlicher ist, daß es auch uns zustößt. Denn das Unglück, das einem unschuldigen Menschen zustößt, kann jedem Menschen zustoßen.«[49] Demzufolge hätten die Deutschen eigentlich großes Mitgefühl empfinden müssen.

Was aber blockierte die natürliche Aufwallung des Mitleidens? Wären die Deutschen ebenfalls ohne Mitgefühl, wären sie »teilnahmslos« geblieben, wenn sie die Zwangsdeportation von Tausenden nichtjüdischer Deutscher hätten mitansehen müssen? Offenbar hat der Anblick zur Deportation zusammengetriebener Juden bei den Deutschen nicht jene »Einbildung künftigen Leidens« heraufbeschworen. Offenbar sind sie nicht davon ausgegangen, daß dort Hobbes' »unschuldige« Menschen marschierten.

Während die Deutschen in aller Ruhe oder mit unverhohlener Zustimmung zuschauten, wie ihre Landsleute die Juden verfolgten, ins Elend trieben, umbrachten, äußerten dieselben Deutschen in anderen Fragen ihre Unzufriedenheit mit dem Vorgehen der Regierung. Das sogenannte Euthanasieprogramm etwa und oft auch die Behandlung von »minderwertigen« Ausländern ließen viele Deutsche keineswegs »teilnahmslos«. Hier war eben ein anderes kognitives Modell wirksam; darum waren sie bereit und willens, jenen anderen Maßnahmen aktiven Widerstand entgegenzusetzen. Um diese politischen Konzepte zu blockieren oder umzustoßen, riskierten sie harte Strafen, die darauf ebenso wie auf die Unterstützung von Juden standen. Über Unzufriedenheit und Widerstand in Deutschland während der NS-Zeit ist in vielen Untersuchungen reichlich empirisches Material vorgelegt worden, aber in keinem dieser Bücher findet man etwas darüber, was die Auffassung nahelegen oder gar erhärten könnte, die Deutschen hätten die nationalsozialistische Vorstellung von den Juden nicht in ihren Grundzügen geteilt, die Verfolgung der Juden für unmoralisch gehalten und das Regime deshalb als kriminell angesehen.[50]

Das ist nicht erstaunlich, denn es gab in der Öffentlichkeit kein anderes, in irgendeiner Weise verbindlich präsentiertes Bild von den Juden, auf das die Deutschen sich hätten beziehen können. Tatsächlich vertrat jede bedeutende Institution in Deutschland einen böswilligen Entwurf von den Juden, alle trugen sie aktiv zur Ausgrenzung und Ausschaltung bei und viele unterstützen sogar das Programm zur Vernichtung der Juden. Noch einmal müssen sich alle, die behaupten, die Deutschen seien keine eliminatorischen Antisemiten gewesen, fragen lassen, wie sie *erklären* und *zeigen* wollen, woher und wie – durch welche Institutionen, durch welche Predigten, durch welche Lektüre, durch welches Schulbuch – diese Deutschen denn wohl in einer positiven Vorstellung von den Juden bestärkt worden sein sollen. Dieser Ansicht steht das gesamte öffentliche »Gespräch« sowohl während als weitgehend auch vor der NS-Zeit entgegen. Ein Mitglied der Einsatzkommandos hat nach dem Krieg bekannt, daß seine Landsleute und er sämtlich Antisemiten gewesen seien. Er erklärt warum: »Einerseits war uns in jahrelanger Propaganda immer wieder eingehämmert worden, daß die Juden der Verderb jedes Volkes seien, in dem sie auftreten, und daß in Europa erst dann Ruhe herrsche, wenn die jüdische Rasse ausgerottet sei. Dieser Propaganda konnte sich wohl niemand völlig entziehen.«[51] Die Propaganda war nur der lauteste Teil des allgemeinen gesellschaftlichen »Gesprächs« über die Juden. Bereits vor diesem ideologischen Trommelfeuer des Regimes war der Antisemitismus derart giftig und bösartig, daß ein jüdischer Flüchtling, der Deutschland schon lange vor den schlimmsten isolierenden und eliminatorischen Maßnahmen verlassen hatte, seinen Bericht über die ersten Monate unter dem NS-Regime mit der scharfsichtigen Bemerkung abschloß: »Ich verließ Hitlerdeutschland, damit ich wieder ein menschliches Wesen werden konnte.«[52] Ein anderer Jude, der im Land blieb, faßte die Haltung der Deutschen zu den sozial toten Juden präzise so zusammen: »Man mied uns wie Lepra-Kranke.«[53]

Angesichts des allgemeinen dämonisierenden, auf Rassismus gründenden Antisemitismus, vor dem Hintergrund der langen Geschichte eines kulturell tief verankerten Hasses auf die Juden und schließlich aufgrund der Unterstützung, die der eliminatorische Antisemitismus bei den bedeutenden politischen, sozialen und kulturellen Institutionen in Deutschland *schon vor dem Nationalsozialismus* erfuhr, läßt sich aus theoretischen wie empirischen Erwägungen nur eine These halten: Das deutsche Volk hat das nationalsozialistische Bild von den Juden in seinen wesentlichen Aspekten nahezu einmütig akzeptiert. Der eliminatorische Antisemitismus war so weit verbreitet und so tief verwurzelt, daß selbst in den ersten Jahren nach dem Zweiten Weltkrieg, wie Erhebungen und Aussagen von Juden zeigen, eine große Zahl von Deutschen weiterhin antisemitisch blieb – auch wenn alle die Greuel sehen konnten, die ihr Antisemitismus und Rassismus hervorgebracht hatte, und obwohl sie die Folgen für Deutschland zu spüren bekamen, nämlich den Verlust der Unabhängigkeit und die Verurteilung durch die ganze Welt.[54]

Es ist klar, daß der in der NS-Zeit allgegenwärtige eliminatorische Antisemitismus nicht wie aus dem Nichts entsprungen am 30. Januar 1933 plötzlich und voll ausgeprägt zum Vorschein kam. Daß sich das eliminatorische Programm der dreißiger und vierziger Jahre verwirklichen ließ, verweist auf bereits existente antisemitische Muster, die

Hitler nur freisetzen und dann immer weiter anheizen mußte. Bereits in seiner Rede vom 13. August 1920 hatte Hitler seiner begeisterten Zuhörerschaft erklärt, das Potential des Antisemitismus in Deutschland liege darin, daß die »breite Masse« bereits »instinktmäßig« antisemitisch sei: »Unsere Sorge muß es sein, das Instinktmäßige gegen das Judentum in unserem Volke zu wecken und aufzupeitschen und aufzuwiegeln, so lange bis es zum Entschluß kommt, der Bewegung sich anzuschließen, die bereit ist, die Konsequenzen daraus zu ziehen.«[55]

Mit diesen prophetischen Worten zeigte Hitler, wie gut er die Deutschen kannte und daß er deren »instinktiven« Antisemitismus bis zu den notwendigen Konsequenzen, bis zum Todesurteil würde mobilisieren können.

Hitler und die Nationalsozialisten taten also nichts anderes, als den bestehenden und angestauten Antisemitismus freizusetzen und zu aktivieren. Das läßt sich an vielen Beispielen nachweisen, so auch an jenem Brief an den Deutschen Evangelischen Kirchenausschuß, mit dem das Landeskirchenamt Kassel die Kirche und auch ganz gewöhnliche Deutsche dafür anklagte, daß sie Christen, die als Juden geboren worden waren, neuerdings so rabiat bedrängten und ausgrenzten: »Der evangelischen Kirche muß der schwere Vorwurf gemacht werden, daß sie der Verfolgung ihrer eigenen Glaubenskinder keinen Einhalt gebot – ja daß sie von den Kanzeln herunter den Segen für die Arbeit der gegen ihre eigenen Glaubenskinder arbeitenden Männer erflehte –, und der Mehrzahl evangelischer Glaubensgenossen muß der Vorwurf gemacht werden, daß sie bewußt diesen Kampf gegen ihre eigenen Brüder im Glauben führten – und daß sie beide, Kirche und Kirchenangehörige, Menschen des gleichen Glaubens, mit denen sie im Gottesdienst vereint sind, vor den Türen der Kirche räudigen Hunden gleich aus ihrer Gesellschaft ausstoßen.«[56]

Daß Juden, die den christlichen Glauben angenommen hatten, sowohl von einfachen Gemeindemitgliedern wie von den Kirchenoberen auf breiter Front angegriffen wurden, zeigt besonders deutlich, wie wirksam die rassistische Basis des Antisemitismus war. Selbst die fundamentale christliche Lehre von der Erlösung durch Taufe galt nicht, wenn es um Juden ging, und zwar bereits in den ersten Monaten der NS-Herrschaft – der zitierte Brief stammt vom Mai 1933 –, als die Nationalsozialisten noch kaum Gelegenheit gehabt hatten, irgend jemand zu »indoktrinieren«. Diese Deutschen handelten aus eigener Überzeugung im Sinn einer kulturellen Tradition, die schon lange bestand und sich nun, als das Regime den Raum dafür bot, entfalten konnte.

Das in der NS-Zeit herrschende kognitive Modell von den Juden hatte seine Wurzeln in der Weimarer Republik und in der Zeit davor und war nur eine intensivere Variante des Modells, das im neunzehnten Jahrhundert seine moderne Form gefunden hatte. Obwohl sich sein manifester Inhalt im gesamten Zeitraum ständig veränderte, blieb das Modell selbst unverändert: Es basiert auf dem grundsätzlichen Unterschied zwischen Deutschen und Juden; die Juden galten ihrem Wesen, ihrer Natur nach als böse; man sah sie übermächtig und als unablässige Bedrohung für das Wohlergehen der Deutschen. Diese Vorstellung war untrennbar in das Gewebe der Gesellschaft und ihrer Moral verwoben, das verschaffte ihr zentrale Bedeutung, darum hielt sie sich so hartnäckig. Tatsächlich gehörte jenes kognitive Modell beinahe ebensolange zur deutschen Kultur wie der allgegenwärtige und tatsächlich nie in Frage gestellte Glaube an die hehren Qualitäten des *deutschen Volkes.* Gewiß hat sich dieser Antisemitismus während der NS-Zeit kräftig gesteigert, vor allem weil der höchst populäre »Führer« den Wahnvorstellungen unablässig und mit viel rhetorischem Geschick Auftrieb gab.[57]

Ich möchte noch einmal betonen, daß das kognitive Modell verschiedene Handlungsmöglichkeiten zuließ. Für welche der, funktional gesehen, mehr oder weniger gleichwertigen »Lösungen der Judenfrage« sich die NS-Führung entscheiden und welche davon für welchen Teil des deutschen Volkes akzeptabel sein würde, war mit diesem Modell nicht vorentschieden. Daß es unterschiedliche mit dem herrschenden kognitiv-kulturellen Modell vereinbare »Lösungen« gab, geht schon daraus hervor, daß Hitler und seine Gefolgsleute in verschiedenen Phasen ihrer Herrschaft verschiedene politische Konzepte bevorzugten, obwohl sie ihre Vorstellungen von den Juden nicht änderten. Die Vereinbarkeit des Modells mit verschiedenen »Lösungen der Judenfrage« läßt sich auch an dem bereits erörterten Vortrag des Theologen Gerhard Kittel aus dem Jahre 1933 illustrieren, in dem vier verschiedene »Lösungen« erörtert werden: Vernichtung, Gründung eines jüdischen Staats zur Separierung der Juden von anderen Völkern, das »Verschwinden« der Juden durch völlige Assimilation oder Ghettoisierung großen Ausmaßes.[58] Kittel zeigte die logischen Beziehungen, die er zwischen den verschiedenen, jedoch grundsätzlich gleichwertigen »Lösungen« sah, und legte die Gedankengänge der eliminatorischen Antisemiten offen, die zur Formulierung ihrer »Lösungs«vorschläge führten – auch wenn nicht alle Antisemiten zu ein und derselben Option fanden, weil sie nach unterschiedlichen Gesichtspunkten, auch ethischer Art, urteilten. Aber all die »Lösungen« waren nur Varianten, unterschiedlich akzeptabel, unterschiedlich radikal und mehr oder weniger endgültig. Und alle ergaben sich aus den Grundsätzen und Zielen des eliminatorischen Antisemitismus.

Diese Ausprägung des Judenhasses ließ also viele Handlungsmöglichkeiten offen. Aber sie tendierte, gerade vor dem Hintergrund der für das zwanzigste Jahrhundert typischen Vorstellungen von den Juden, zur extremsten Variante, zur definitiven »Lösung«. Daß zwischen rassistischen Antisemiten, die für eine gewaltsame Aussonderung der Juden plädierten, und solchen, die die »Lösung« in der Vernichtung sahen, eine Wahlverwandtschaft bestand, wurde bereits Ende des neunzehnten Jahrhunderts deutlich. Es gibt eine Untersuchung über prominente antisemitische Autoren, die »Lösungen« für die »Judenfrage« vorschlugen; zwei Drittel von ihnen plädierten bereits im letzten Jahrhundert für die völlige Vernichtung der Juden.[59] Die Überzeugungen, die die Nationalsozialisten dazu brachten, den jüdischen Bürgern zunächst den gesellschaftlichen Einfluß zu nehmen und sie dann ganz aus der Gesellschaft auszuschließen, wurden von der deutschen Bevölkerung geteilt und führten zu entsprechendem Anklang der eliminatorischen Maßnahmen. Jeder Schritt des Programms, von der verbalen Gewalttätigkeit bis zur Ghettoisierung und Vernichtung fand Zustimmung bei einer großen Zahl von ganz gewöhnlichen Deutschen, lösten jedenfalls weder Unruhe noch Dissens in der Bevölkerung aus. Die erschreckenden Diagnosen und Prognosen – für den Fall, daß es den Deutschen nicht gelingen sollte, die vermeintliche jüdische Krankheit aus dem deutschen Gesellschaftskörper zu entfernen – förderten die Unterstützung, die die eliminatorischen Maßnahmen fanden, und man sah diese schließlich als vorläufig und unzureichend an, was wiederum den Drang zur Vernichtung bestärkte. Was nicht erstaunen kann, wenn man die Juden tatsächlich als Krankheit am Volkskörper betrachtete. Ein Arzt, der eine Zeitlang in Auschwitz Dienst tat, hat den außerordentlich engen Zusammenhang zwischen Überzeugung und Handeln – zwischen dem Antisemitismus der Deutschen und ihrer Bereitschaft, die als »Erzfeinde Deutschlands« betrachteten Juden zu ermorden – genau erfaßt: Der Schritt von den ungeheuerlichen Anschuldigungen gegen die Juden bis zum Wunsch, sie zu vernichten, sei nicht länger »als ein Millimeter«.

Kehren wir zurück zur dimensionalen Analyse des Antisemitismus. Es kann kein Zweifel daran bestehen, daß die Deutschen die Ursachen für den verdorbenen Charakter der Juden in deren Rasse sahen; ihre Bösartigkeit und Schädlichkeit hielten sie für extrem. Das galt den Tätern als selbstverständlich, und zum Zeitpunkt des praktizierten Völkermords nahm der Antisemitismus in ihrer Vorstellungs- und Gefühlswelt die zentrale Stellung ein. Bei den ganz gewöhnlichen Deutschen war derselbe Antisemitismus weit weniger manifest, zumindest in den dreißiger Jahren. Diese Menschen stürzten sich nicht aus eigenem Antrieb in die Teilnahme an der Massenvernichtung; ja sie drängten nicht einmal darauf, obwohl sie doch äußerst giftige antisemitische Vorstellungen vertraten, die viele von ihnen zu anderen, nicht tödlichen Taten veranlaßten. Trotz des Vernichtungspotentials, das in ihnen steckte, kann das nicht überraschen. Eine Reihe von Faktoren hinderte sie daran, ihrem Potential entsprechend zu handeln. Einer davon bestand in der Überzeugung, daß man die »Lösung der Judenfrage« Hitler und der NS-Regierung überlassen konnte; schließlich hatte das Regime kein Geheimnis daraus gemacht, daß es sich der Angelegenheit annehmen wollte. Und es zeigte ja auch, daß es etwas unternahm. Schließlich saßen nie in der Menschheitsgeschichte überzeugtere und aggressivere Antisemiten an den Schalthebeln der Macht. Daß sich der Antisemitismus zunächst nicht in größerem Umfang regte, hängt damit zusammen, daß viele Deutsche keinen regelmäßigen Umgang mit Juden hatten und die nationale Aufmerksamkeit auf die Stärkung Deutschlands, im Inneren wie nach außen, gerichtet war. Außerdem fehlten noch die richtigen Rahmenbedingungen. Darum vollzogen die meisten Menschen noch nicht den moralisch und gedanklich entscheidenden Sprung, sich eine massenhafte Vernichtung vorzustellen; zumindest taten sie dies nicht auf eigene Initiative. Etwas völlig anderes ist es allerdings, daß sie höchst bereitwillig folgten, als ihnen andere schließlich den Weg zeigten. Das Äußerste, was die Deutschen unter den Umständen der dreißiger Jahre glaubten erreichen zu können, war die Verdrängung der Juden aus dem öffentlichen Leben und ihre Entfernung durch Emigration oder Ausweisung. Daran arbeitete Hitler bereits mit aller Kraft, so daß viele Deutsche zufrieden beobachten konnten, wie ihre Regierung die vorhandenen Möglichkeiten konsequent ausschöpfte. Andere zollten dieser Politik Beifall und drängten weiter voran.

Zunächst also wurden in Deutschland keine Forderungen laut, die Juden zu vernichten. Doch war es der gleiche bösartig-eliminatorische Antisemitismus, der die Deutschen dann, als die Bedingungen *günstig* waren, dazu bewog, Juden zu töten, zum Mord bereit und oft auch begierig darauf. Das verwundert nur auf den ersten Blick. Die Erklärung für das paradox wirkende Verhalten der Deutschen während der NS-Zeit liegt darin, daß latenter Antisemitismus *aktiviert* werden kann. Ein ganz anderes Beispiel: Die Bereitschaft der Amerikaner, im Fall eines Krieges gegen Japan zu kämpfen – was ja, anders als der Völkermord, eine durchaus realistische Möglichkeit war –, ist in den dreißiger Jahren in Amerika kein besonders brennendes Thema gewesen. Wollte man heute aus den Quellen beweisen, daß die normalen Amerikaner damals zu einer bewaffneten Auseinandersetzung mit Japan bereit waren, dann würde man kaum genügend Material finden, um Skeptiker zu überzeugen. Doch als die entsprechenden Umstände eintraten, haben die Amerikaner bereitwillig gekämpft und waren von der Gerechtigkeit ihrer Sache völlig überzeugt. Auch wenn sich die moralische und inhaltliche Seite der Angelegenheit völlig anders darstellt; auch wenn man den wesentlichen Unterschied berücksichtigt, daß die Bedrohung, die die Amerikaner in einer realistischen Einschätzung der Japaner erkannten, bei den Deutschen einer wahnhaften Vorstellung über den vermeintlichen Feind entsprang: Die Täter des Holocaust machten psychologisch einen vergleichbaren Prozeß wie die Amerikaner durch. Der für unseren Gedankengang entscheidende Punkt ist, daß die amerikanischen Soldaten *ihr* Unternehmen gegen Japan moralisch nicht anders bewerteten als die Zivilisten und auch nicht anders, als sie es selbst betrachtet haben, ehe sich die Möglichkeit eines Krieges mit Japan abgezeichnet hatte – wenn sie denn vor dem Krieg überhaupt darüber nachgedacht hatten, wie auf einen Angriff des imperialistischen Japan angemessen zu reagieren wäre. Ähnlich war es in Deutschland: Auch die Vorstellungen der Täter unterschieden sich nicht von denen der großen Mehrheit des deutschen Volkes, beide beurteilten Charakter und Ernsthaftigkeit der jüdischen Bedrohung völlig gleich. Ganz gewöhnliche Deutsche wurden zu willigen Tätern, da ihr seit langem existierender Antisemitismus die Normalwährung der deutschen Gesellschaft war – was ein aufrechter liberaler Katholik im Jahr 1927 mit dem Satz festhielt: »Der durchschnittliche Bürger in Deutschland aber ist ein latenter Antisemit.«[60] Dieser Antisemitismus wurde in zweierlei Hinsicht *aktiviert:* Er wurde manifester, rückte für seine Träger stärker in den Mittelpunkt, und damit gewann das mörderische Potential dieses Antisemitismus Realität und wurde in Handeln umgesetzt. Voraussetzungen dafür waren die veränderten Umstände und das Mitwirken des Staates.

Hitler übersprang den moralischen Abgrund, den die gewöhnlichen Deutschen aus eigener Kraft nicht überwinden konnten, und schuf die Bedingungen, unter denen aus den eliminatorischen Maßnahmen, aus der Ausgrenzung und Ausschaltung, schließlich Ausrottung werden konnte. Vernichtung wurde zur praktischen Handlungsanweisung. Der Staat versetzte Menschen mit eliminatorischer Mentalität und exterminatorischem Potential in die Mordinstitutionen, sanktionierte ihre Handlungen durch die Befehle des charismatischen, geliebten Führers und konnte so ohne größere Schwierigkeiten ganz gewöhnliche Deutsche für die Durchführung des Vernichtungsprogramms gewinnen, selbst wenn sich die meisten von ihnen vor dessen Beginn wohl nie vorgestellt hätten, daß sie einmal zu Massenmördern werden würden. Nach den Jahren des Aufruhrs, der Unordnung und der Entbehrungen, an denen angeblich die Juden schuld sein sollten, bot Hitler den Deutschen nun eine wirkliche »Endlösung« an. Sie ließen sich von ihm mitreißen, arbeiteten gemeinsam daran, seine Vision und sein Versprechen zu realisieren, das mit ihrer Weltsicht, mit ihren tiefsten Grundsätzen vereinbar war.[61]

Die Symbiose zwischen dem von Hitler mit Leidenschaft vertretenen und verfolgten Ziel, die Macht der Juden mit allen Mitteln zu vernichten, und dem auf rassistischen Anschauungen basierenden Antisemitismus der Deutschen schuf die Bedingungen für die eliminatorische Politik der dreißiger und vierziger Jahre und trieb sie voran.[62] Hitler und die NS-Führung wußten, daß das deutsche Volk mit ihnen einig war. Am 12. November 1938, nach der Reichspogromnacht, hatte Göring ein Treffen auf hoher Ebene angesetzt, das der »Judenfrage« gewidmet war. Es fand ein bezeichnender Wortwechsel zwischen Göring und Heydrich statt, in dem letzterer erklärte, warum es leichter sei, die deutschen Juden unter Kontrolle zu halten, wenn man keine Ghettos einrichtete, denn dort wären die Juden ja vereint, und die Ghettos blieben immer – so die Wahnvorstellung der Nationalsozialisten – Brutstätten von Kriminalität, Krankheiten und Seuchen. Heydrich hatte die bessere Lösung, eine, die auf den Antisemitismus des deutschen Volkes vertraute: »Heute ist es so, daß die deutsche Bevölkerung ... in den Straßenzügen oder in den Häusern den Juden zwingt, sich zusammenzunehmen. Die Kontrolle des Juden durch das wachsame Auge der gesamten Bevölkerung ist besser, als wenn Sie (Göring!) die Juden zu Tausenden und aber Tausenden in einem Stadtteil haben, wo ich durch uniformierte Beamte eine Überwachung des täglichen Lebenslaufes nicht herbeiführen kann.«[63]

Heydrich wußte, wenn es um die Juden ging, dann war das ganze Volk seine Polizei und dabei letztlich effektiver als die Gestapo.

Heydrich und die NS-Führung machten sich keine Illusionen über das deutsche Volk. Sie wußten, daß sie in vielen Fragen keine Unterstützung fanden, beispielsweise in ihrer zutiefst antichristlichen Haltung. Die NS-Führer wollten das Christentum nach dem Krieg zerstören, bis dahin aber, auch das wußten sie, waren sie durch das deutsche Volk noch in ihrer Handlungsfreiheit behindert. Goebbels, der davon ausging, daß man nach dem militärischen Sieg die Kirchen niederreißen werde, erkannte, daß die relativ milden Maßnahmen, die Martin Bormann, der Leiter der Parteikanzlei, gegen das Christentum richtete, unpopulär waren und mehr Schaden als Nutzen anrichteten. In seinen Tagebuchnotizen ging Goebbels darauf ein, daß die Bevölkerung auf diese Maßnahmen so ganz anders reagierte als auf die Angriffe gegen die Juden. Mit der Verfolgung und Vernichtung der Juden riskiere das Regime nicht die Errichtung einer zweiten Front in der

Heimat, aber mit einem gewaltsamen Vorgehen gegen die Kirchen, so fürchtete er, werde genau dies eintreten. An Goebbels' Tagebuchnotiz lassen sich auch zwei bereits angesprochene Überlegungen erhärten: Sie zeigt nämlich, daß das deutsche Volk und die Kirchen die Ausschaltung und Vernichtung der Juden hätten aufhalten können, wenn sie dem Regime Widerstand geleistet hätten, denn, und dies ist das zweite, Hitler und die Nationalsozialisten haben, wenn sie auf Gegendruck stießen, die Durchführung ihrer programmatischen Ziele immer wieder verschoben, bis die Bedingungen günstig waren. Goebbels – der in seinem Tagebuch seine wirklichen Überzeugungen gewiß authentisch zum Ausdruck bringt – läßt ebenfalls eine Antwort auf die Frage erkennen, warum das deutsche Volk, soweit es die Juden betraf, dem Regime freie Hand ließ, dies aber nicht tat, wenn es um die Kirchen ging. Im Hinblick auf die Juden waren sich NS-Führung und Volk einig: »Gegen die Juden sind augenblicklich alle Deutschen.«[64]

Die Symbiose zwischen Hitler und dem eliminatorischen Antisemitismus der Deutschen war auch der Grund für das Zusammenwirken der verschiedenen Handlungsebenen – nämlich der Gesamtpolitik und politischen Führung, der weitverzweigten Institutionen und des persönlichen Handelns. Die Initiative ging zwar meist von Hitler, von Staat und Partei aus, sie kam aber auch von Einzelpersonen und Gruppen aus allen gesellschaftlichen Bereichen, so daß die Entwicklung in Deutschland, wenn auch sprunghaft, auf eine stetig wachsende und zunehmend gewaltbereite und gewalttätige Ausgrenzung der Juden aus der Gesellschaft zulief. Und alle wußten das.[65] Hitler und die Nationalsozialisten waren offensichtlich die treibende Kraft hinter der Verfolgung und schließlichen Vernichtung der Juden. Die Voraussetzung dafür aber lieferte der bei den Deutschen bereits vorhandene Antisemitismus; er war *unabdingbar notwendig* für die Verwirklichung des eliminatorischen Programms, dem die Deutschen mit leider nur wenigen Ausnahmen grundsätzlich, wenn nicht gar uneingeschränkt zustimmten.[66]

Das kulturell-kognitive Modell, das dem Einverständnis mit den eliminatorischen Maßnahmen der ersten Phase zugrunde lag, war das gleiche, das auch das Vernichtungsprogramm stützte. Noch bevor das Programm des Völkermords anlief, gehörten das kognitive Modell und die Selbstverständlichkeit, mit der die Ausschaltung betrachtet und durchgeführt wurde, zur Normalausstattung der Deutschen, ob Täter oder nicht. Auch die Täter waren ganz gewöhnliche Deutsche, die für die ihnen übertragenen Aufgaben die allen Deutschen gemeinsame weltanschauliche Prägung mitbrachten.[67] Daß diese wirklich so etwas wie »Gemeineigentum« aller Deutschen war, bezeugt ein deutscher

Jude, der im Mai 1942 in seinem Tagebuch den Grund notierte, warum er buchstäblich von fast allen Deutschen gemieden wurde: »Es wäre ja auch kein Wunder. Denn seit bald 10 Jahren wird in jeder Zeitung, morgens und abends, und in jedem Rundfunk und in vielen Plakaten usw. die Minderwertigkeit und Schädlichkeit der Juden betont, ohne daß eine Stimme zugunsten der Juden erhoben werden darf.«[68]

Der Völkermord gehörte zum gesellschaftlichen »Gespräch« der Deutschen. Er war in ihre Sprache und Gefühle eingelassen und gehörte zum kognitiven Modell,[69] war Bestandteil der Praktiken und Handlungen, mit denen in den dreißiger Jahren das spätere Programm vorbereitet wurde. Nachdem die Bedingungen reif, die autonome Kraft des eliminatorischen Antisemitismus einmal freigesetzt war, erwies sich dieser als so stark, daß selbst diejenigen Deutschen, die offiziell nichts mit der Verfolgung und Vernichtung der Juden zu tun hatten, Juden wie selbstverständlich körperlich angriffen, von verbalen Attacken ganz zu schweigen. In einem Erinnerungsbuch findet sich ein dafür paradigmatisches Ereignis. Junge Soldaten, die bereits an der Westfront gekämpft hatten, trafen in Łosice ein, einer Stadt von achttausend Einwohnern in der Gegend von Lublin in Polen. Zunächst verhielten sie sich höflich. Dann erfuhren sie, daß die Einwohner der Stadt in ihrer überwiegenden Mehrheit Juden waren, »und da verwandelten sie sich augenblicklich. Vom ›Sie‹ gingen sie zum ›Du‹ über; sie ließen uns ihre Stiefel polieren und prügelten uns, wenn wir nicht sofort unsere Hüte zogen.«[70] Nichts hatte sich verändert. Die Deutschen blickten auf Menschen, an deren Aussehen sich nichts verändert hatte und die sich nicht anders verhielten als zuvor. Und doch war alles anders geworden, denn die Deutschen wußten nun, wer diese Menschen waren, und so wie ihre Landsleute überall in Osteuropa haben sie augenblicklich eine »Wandlung« vollzogen: Sie fielen von einem respektvollen »Sie« in ein herabsetzendes »Du«, forderten Gesten der Ehrerbietung und schlugen unschuldige Menschen.

Der Antisemitismus war während der NS-Zeit so allgemein verbreitet, daß die jüdischen Opfer den Eindruck hatten, sie könnten die Macht, die er über die Deutschen gewonnen hatte, nur in einem gleichsam medizinischen Bild erfassen: »Das Blut der Nationalsozialisten ist von einem krankhaften Haß vergiftet.«[71] Als der tiefe, in den dreißiger Jahren aufgrund der äußeren Umstände noch mehr oder weniger schlummernde Haß einmal aktiviert war, hat er die Deutschen so gepackt, daß sie ihn aus jeder Pore auszuschwitzen schienen. Kaplan, der leidenschaftliche Chronist, konnte von September 1939 bis März 1940 viele Deutsche bei ihrem Tun und Reden beobachten:

»Die gigantische Katastrophe, die über die polnische Judenheit gekommen war, hat keine Parallele, nicht einmal in den dunkelsten Perioden der jüdischen Geschichte. Das betrifft zunächst die Tiefe des Hasses. Das ist nicht nur ein Haß, dessen Quelle ein Parteiprogramm ist und der zu politischen Zwecken erfunden wurde. Es ist ein Haß des Gefühls, dessen Quelle eine seelische Erkrankung ist. Nach seinen äußerlichen Anzeichen verläuft er als physiologischer Haß, der sich das Haßobjekt als körperlich unrein vorstellt, als einen Aussätzigen, der außerhalb des Lagers wohnen muß. Die Massen haben diese Art qualitativen Hasses in sich absorbiert ... Sie haben die Lehren ihrer Meister in einer konkreten, körperlichen Form absorbiert. Der Jude ist schmutzig; der Jude ist ein Schwindler und ein Verbrecher; der Jude ist der Feind Deutschlands, der seine Existenz untergräbt; der Jude war der Urheber des Vertrags von Versailles, der Deutschland zu einem Nichts machte; der Jude ist der Teufel, der zwischen einem Volk und dem anderen Zwietracht sät, sie zum blutigen Streit reizt, damit er von ihrer Vernichtung profitieren kann. Das sind leicht verständliche Begriffe, deren Wirkung sich im tagtäglichen Leben sofort vernehmbar macht.«[72]

Wohlgemerkt, diese Charakterisierung stützt sich ebenso wie die vorangegangene Beschreibung der jungen deutschen Soldaten in Łosice auf Taten und Worte von SS-Männern, Polizisten, Soldaten, Verwaltungsbediensteten und Wirtschaftsleuten, bevor das offizielle, systematische Morden begann. Kaplan beobachtet ganz gewöhnliche Deutsche und keine NS-Ideologen. Der kausale Zusammenhang zwischen den Auffassungen und den Handlungen der Deutschen ist augenfällig, und die Konsequenzen dieser Überzeugungen bekamen die Juden tagtäglich zu spüren. Auch in den folgenden zweieinhalb Jahren konzentrierten Studiums der Deutschen in Warschau fand Kaplan keinen Grund, seine Einschätzung zu revidieren.

Es waren immer die gleichen Vorstellungen und Bilder von den Juden. Sie haben die Deutschen dazu gebracht, der eliminatorischen Politik der dreißiger Jahre nicht nur zuzustimmen, sondern sich auch daran zu beteiligen. Sie trieben die ganz gewöhnlichen Deutschen in Łosice und in Warschau dazu, sich bereits vor dem offiziellen Beginn der letzten Phase des eliminatorischen Programms so barbarisch zu verhalten. Und sie motivierten die Angehörigen des Polizeibataillons 3 oder andere ganz gewöhnliche Deutsche, die es völlig in Ordnung fanden, wenn ein Offizier in seinem Tagesbefehl an das Bataillon vor dessen erstem größerem Mordeinsatz sagte: »Das edle deutsche Blut darf durch die Vernichtung dieses Untermenschentums nicht leiden.« Das war das Weltbild der deutschen Normalbürger: Der Mord an Tausenden von Juden stellte sich ihnen als objektive Notwendigkeit dar; worum sie sich sorgten, war allein das »edle deutsche

Blut«. Was sie über die Juden dachten, hatte sie auf ihre Aufgabe eingestimmt; darum machten sie vom Angebot des Offiziers keinen Gebrauch, sich, wenn sie sich dem nicht gewachsen fühlten, von den Mordeinsätzen freistellen zu lassen. Sie entschieden sich für den Mord an jüdischen Männern, Frauen und Kindern.[73]

Es waren immer die gleichen Vorstellungen und Bilder von den Juden. Sie weckten in ganz gewöhnlichen Deutschen die rassistischen und mörderischen Phantasien und machten es ihnen möglich, den Lieben und Freunden in der Heimat ohne Bedenken von ihren mörderischen, im Namen des Volkes verübten Heldentaten zu berichten. So etwa jener Polizist aus dem Bataillon 105, der am 7. August 1941 aus der Sowjetunion an seine Frau schrieb und seinem unverkennbar zustimmenden Bericht über die totale Vernichtung der Juden die Bemerkung hinzufügte: »Liebe H., mache Dir keine Gedanken darüber, es muß sein.«

Auch in der folgenden Zeit war er immer wieder an Mordeinsätzen beteiligt, und in der Erwartung, daß seine Frau, trotz aller Einwände, die sie vielleicht haben mochte, ihn schon verstehen werde, schrieb er ihr einen Monat später, er sei »stolz«, deutscher Soldat zu sein, weil »ich hier oben mitmachen kann und viel erlebe«. Er war überzeugt, also machte er mit, voller Stolz über Deutschlands »Erfolge« auf dem mörderischen Vormarsch in die Sowjetunion. Wie viele andere Deutsche photographierte auch er, schreibt allerdings nicht, welche Szenen; offenbar wollte auch er Erinnerungen an diese Zeit festhalten, die »für unsere Kinder hochinteressant«[74] sein würden.

Es waren immer die gleichen Vorstellungen und Bilder von den Juden. Weil er sie ebenfalls teilte, konnte Luftwaffenfeldwebel Herbert Habermalz im Juni 1943 offen und stolz beschreiben, was er für die größte nationale Leistung Deutschlands hielt – die völlige und endgültige Zerstörung des größten jüdischen Wohngebiets, des Warschauer Ghettos, in dem einst 450 000 Juden gelebt hatten: »Bei einigen Stadtrunden [mit dem Flugzeug] konnte man mit großer Genugtuung die völlige Vernichtung des riesigen Judenstadtteiles feststellen. Da ist aber wirklich ganze Arbeit geleistet worden. Kein Haus, das nicht bis auf die Grundmauern zerstört gewesen wäre.«[75]

Wie viele andere Soldaten schickte auch Habermalz diesen und weitere Briefe an seine frühere Arbeitsstelle, an einen Betrieb, der landwirtschaftliche Geräte herstellte. Die Briefschreiber wußten, daß die Betriebsleiter solche Briefe gern unter ihren Mitarbeitern zirkulieren ließen, um die verbliebene Belegschaft und die Kollegen an der Front im gemeinsamen Verständnis für den Sinn des Krieges zu verbinden. Habermalz war überzeugt davon, daß die Juden vernichtet werden müßten, und gewiß zu Recht nahm er an, daß seine Kollegen der gleichen Meinung waren; also wollte er die Daheimgebliebenen an der Erregung teilhaben lassen, die ihn packte, als er die einzigartige Möglichkeit hatte, von oben zu sehen, wie gründlich sie ihre unvorstellbare Aufgabe des Völkermords erledigt hatten.

Es waren immer die gleichen Vorstellungen und Bilder von den Juden. Sie brachten die Offiziere des Polizeiregiments 25 dazu, sich wie so viele Beteiligte zu rühmen, »durch Erschießungen … Heldentaten vollbracht zu haben«. Sie ließen viele ganz gewöhnliche Deutsche an ihren Mordeinsätzen Gefallen finden. Sie wollten ihre Taten nicht verbergen, sondern andere noch darauf hinweisen: auch Frauen, Freundinnen und Ehefrauen, die sich darüber amüsieren konnten; sie freuten sich an ihren Männern, etwa über jene, die die Juden in Stanislawow vom Balkon aus aufs Korn nahmen wie Ziele in einer Schießbude.[76] Die gleichen Vorstellungen und Beweggründe ließen die Männer des Polizeibataillons 61, die das Warschauer Ghetto bewachten, pflichtbesessen auf Juden schießen, die sich in den Jahren 1941/42 als Kuriere aus dem Ghetto hinaus- und wieder zurückschlichen. Diese Polizeireservisten richteten sich eine Art Heldengedenkstätte ein, in der sie sich von ihrer mörderischen Arbeit erholen konnten: Sie verwandelten einen Raum ihres Quartiers in eine Bar, deren Wände sie mit antisemitischen Karikaturen und Sprüchen schmückten. Über der Theke brachten sie einen großen, von innen beleuchteten Davidsstern an. Damit nicht eine ihrer Heldentaten unbemerkt blieb, hing in der Nähe der Bartür eine laufend aktualisierte Anzeigentafel mit den Zahlen der von der Kompanie erschossenen Juden. Nach erfolgreichen Mordeinsätzen belohnten sie sich gern selbst mit besonderen »Siegesfeiern«.[77]

Es waren immer die gleichen Vorstellungen und Bilder von den Juden, die Deutsche dazu bewogen, dem eliminatorischen Programm der dreißiger Jahre zuzustimmen, sich daran zu beteiligen und später auch wie die Männer des Polizeibataillons 101 am Vernichtungsprogramm teilzuhaben; jene wurden wie viele andere zu eifrigen Mördern, die sich immer wieder freiwillig zu »Judenjagden« meldeten. Diese Männer kamen auf die Idee, die Stadt Międzyrzecz, in der sie wiederholt Razzien, Morde und Deportationen durchgeführt hatten, »Menschenschreck« zu nennen; das war ihre Art, des Leidens so vieler tausend Juden dort zu gedenken.[78] Die gleichen Vorstellungen und Bilder leiteten auch die Deutschen, die, wie Herbert Hummel, der Amtschef des Distrikts Warschau, berichtete, »dankbar … einen Schießbefehl des BdO, aufgrund dessen auf Juden auf den Landstraßen geschossen werden dürfe, begrüßt [haben]«.[79] Die immer gleichen Vorstellungen und Bilder brachten die Männer einer anderen Polizeieinheit, auch sie ganz gewöhnliche Deutsche, dazu, alle Juden,

528

auf die sie stießen, ohne ausdrücklichen Befehl zu erschießen: »immer auf freiwilliger Basis«. »Ich muß einräumen«, so erzählt einer von ihnen, »daß bei uns schon eine bestimmte Freude vorhanden war, wenn ein Jude aufgegriffen wurde, den man umlegen konnte. Ich habe nicht einen Fall in Erinnerung, wo ein Beamter zu einer Exekution befohlen werden mußte. Die Erschießungen sind meines Wissens immer auf freiwilliger Basis durchgeführt worden, denn man konnte den Eindruck gewinnen, daß verschiedene Beamte daran einen gewissen Spaß hatten.« Und was war der Grund dieser »Freude«, dieser Pflichtversessenheit? Offensichtlich auch hier die Vorstellungen und Bilder, die diese ganz gewöhnlichen Deutschen von den Juden hatten und die dieser Mann auf den Begriff brachte: »Die Juden wurden von uns nicht als Mensch anerkannt.«[80] Mit dieser einfachen Beobachtung, diesem schlichten Eingeständnis beseitigt dieser ehemalige Vollstrecker alle Unklarheit und enthüllt den verborgenen Ursprung des Holocaust.

Es waren immer die gleichen Vorstellungen und Bilder von den Juden, aus denen heraus sich viele gewöhnliche Deutsche dazu *entschieden,* in Lagern und anderswo Juden zu erniedrigen, brutal zu behandeln und zu quälen. Sie entschieden sich nicht – wie eine kleine Minderheit, die Zurückhaltung übte –, nur dann zu schlagen, wenn sie unter Aufsicht standen, nur so zu schlagen, daß sie möglichst wenig Schaden anrichteten, sondern sie entschlossen sich, ihre Opfer regelmäßig zu terrorisieren, ihnen Schmerz zuzufügen und sie zu Krüppeln zu machen. Die immer gleichen Vorstellungen und Bilder bewogen auch die ganz gewöhnlichen Männer des Polizeibataillons 307, den Hauptmann nicht etwa zu hassen, der sie in diese Orgie aus Mord und Brandschatzung in Białystok geführt hatte, nein, sie schätzten ihn ähnlich wie die Männer des Polizeibataillons 101 ihren »Papa« Trapp. Über den Hauptmann sagten seine Männer: »Er war vollkommen menschlich [*sic!*] und als Vorgesetzter tadellos.«[81] So hielten die Deutschen in einer Zeit der Umwertung aller Werte die Ermordung von Juden für einen wohltätigen humanitären Akt. Das waren die Vorstellungen, die Deutsche immer wieder dazu brachten, jüdische Feiertage wie Jom Kippur für ihre Mordeinsätze auszuwählen.[82] Sie inspirierten einen Angehörigen des Polizeibataillons 9, der dem Einsatzkommando 11 a zugeteilt war, zu zwei Gedichten. Das eine verfaßte er für das Weihnachtsfest 1941, das andere für einen zehn Tage später veranstalteten geselligen Abend, mit dem die in der Sowjetunion verübten Taten gefeiert werden sollten. Und er kam, zur Freude aller, tatsächlich auf die Idee, in seine Gedichte eine Anspielung aufs »Nüsseknacken« einzubauen, das sie zweifellos mit Wonne an ihren jüdischen Opfern vollzogen hatten.[83]

Es waren immer die gleichen Vorstellungen und Bilder von den Juden. Sie sorgten dafür, daß die Deutschen an ihren Morden Genugtuung fanden, daß die Täter ihre Taten fröhlich feierten; so etwa mit jener »Abschlußfeier« anläßlich der Schließung des Vernichtungslagers Chelmno im April 1943, mit der die deutsche Mannschaft dafür belohnt wurde, daß sie ihre Arbeit so tadellos verrichtet hatte. Bis April 1943 hatten die Deutschen in Chelmno mehr als 145 000 Juden umgebracht.[84] Auch nach der Mordorgie, bei der am 12. Oktober 1941, dem »Blutsonntag« von Stanislawow, 12 000 Juden starben, veranstalteten die Täter voller Stolz eine Siegesfeier.[85] Ein weiteres Fest dieser Art wurde im August 1941, als der Vernichtungsfeldzug gegen die lettischen Juden in vollem Gang war, organisiert. Nach der Ermordung der Juden von Cesis versammelten sich Angehörige der Sicherheitspolizei und der Wehrmacht zu einem, wie sie es nannten, »Totenmahl für die Juden«. Die Feiernden erhoben mehrfach ihre Gläser, um auf die Vernichtung der Juden zu trinken.[86]

Wenn die Täter tagtäglich ihre jüdischen Opfer erniedrigten, die Morde feierten, ihre mörderischen Heldentaten photographisch dokumentierten, dann ist das Beweis genug für die allgemein vollzogene Umwertung der Werte. Aber nirgends zeigt sie sich treffender als in dem Abschiedsgruß eines Mannes, der eigentlich das moralische Gewissen Deutschlands hätte verkörpern sollen. Wir haben gesehen, wie die Oberen eines bedeutenden Teils der evangelischen Kirche Deutschlands, die Juden in einer Erklärung als »die geborenen Feinde der Welt und des Reichs« bezeichneten, die nicht einmal durch die Taufe zu erlösen seien und die auch für den Krieg Verantwortung trügen. Und wie diese Kirchenmänner, während der Völkermord bereits im Gange war, ganz im Sinn des von ihnen übernommenen rassistischen, die Juden dämonisierenden Antisemitismus ihre ausdrückliche, kirchenamtliche Billigung der »strengsten Maßnahmen« gegen die Juden verkündeten, so brachte auch der Breslauer Kardinal Adolf Bertram unmißverständlich zum Ausdruck, daß er mit der Vernichtung der Juden einverstanden war; nur der Mord an jenen Juden, die zum Christentum konvertiert waren, schien ihm verwerflich. Hätte nicht auch er die gleichen Vorstellungen und Bilder von den Juden geteilt, wäre er niemals auf die Idee gekommen, einem Mann die letzte Ehre zu erweisen, der als Mörder an den Juden zwölf Jahre lang der Leitstern der deutschen Nation gewesen war. Als Bertram Anfang Mai 1945 von Hitlers Tod erfuhr, ordnete er an, in allen Kirchen seines Erzbistums »ein feierliches Requiem zu halten im Gedenken an den Führer«,[87] so daß seine und Hitlers Gemeinde zum Allmächtigen und, der Liturgie entsprechend, auch zu dessen Sohn beten konnte, daß Hitler ins Paradies eingelassen werde.[88]

Es waren also die immer gleichen Vorstellungen und Bilder von den Juden, die bereits zum Zeitpunkt der Machtübernahme Hitlers den Deutschen eigen waren und diese dazu brachten, den antisemitischen Maßnahmen der dreißiger Jahre zuzustimmen und sie zu unterstützen. Mehr noch: Sie bereiteten nicht nur all jene, die durch die Umstände, durch Zufall oder in freier Entscheidung zu Tätern wurden, auf ihre Aufgabe vor, sondern sie veranlaßten auch die große Mehrheit der Deutschen, die totale Vernichtung des jüdischen Volkes zu verstehen, ihr beizupflichten und sie nach Möglichkeit zu fördern. Man muß den Tatsachen ins Auge sehen: Die deutsche Politik und Kultur hatte sich bis zu einem Punkt entwickelt, an dem die meisten Deutschen hätten werden können, was eine ungeheure Zahl ganz gewöhnlicher Deutscher tatsächlich wurde: Hitlers willige Vollstrecker.

EPILOG

Die nationalsozialistische Revolution
in Deutschland

Diese Untersuchung über den Holocaust mißt den Vorstellungen und Bildern der Täter entscheidende Bedeutung zu. Im Gegensatz zu Marx' bekanntem Diktum geht sie davon aus, daß das Bewußtsein das Sein bestimmt, und kommt zu dem Ergebnis, daß die vom eliminatorischen Antisemitismus bestimmte politische Kultur Deutschlands, deren Entwicklung der Erklärung bedarf und sich auch erklären läßt, die NS-Führung ebenso wie die gewöhnlichen Deutschen zur Verfolgung und Vernichtung der Juden bewog. Darum muß diese Kultur als Hauptursache und Haupttriebkraft des Holocaust angesehen werden. Diese These mag den einen wenig plausibel, den anderen fast als selbstverständlich erscheinen. Es ist aber nicht von der Hand zu weisen, daß im Mittelpunkt des Weltbildes außerordentlich vieler ganz gewöhnlicher Deutscher Auffassungen standen, wie sie von Hitler in *Mein Kampf* artikuliert worden waren. Das entsprechende Material ist seit Jahren für jeden zugänglich, der sich mit dem Deutschland der dreißiger Jahre beschäftigt. Aber weil diese Vorstellungswelt uns so lächerlich erscheint, ja an Phantasmagorien von Verrückten erinnert, war die banale Wahrheit, daß diese Vorstellungen Gemeingut des deutschen Volkes waren, für viele nur schwer zu akzeptieren, vor allem, wenn man die Welt aus der Perspektive des gesunden Menschenverstandes betrachtet oder die Konsequenzen dieser Wahrheit zu beunruhigend findet.

Während der NS-Zeit lebten in Deutschland Menschen, die von Vorstellungen beherrscht waren, die sehr viele von ihnen bereitwillig und bedenkenlos zu Massenmördern und Folterknechten werden ließen. Die nähere Beschäftigung mit den Tätern, insbesondere mit denen in den Polizeibataillonen, die einen repräsentativen Querschnitt durch die deutsche männliche Bevölkerung darstellten, zwingt uns zu dieser Schlußfolgerung. Ein ganz gewöhnlicher Bürger jenes Deutschland zu sein, das sich dem Nationalsozialismus überantwortet hatte, bedeutete auch, einer politischen Kultur des Todes anzugehören. Daß diese politische Kultur ihre Angehörigen zu so bereitwilligen Mördern machte, legt wiederum nahe, daß es sich hier um eine

533

Gesellschaft handelte, die grundlegende und folgenreiche Wandlungen durchgemacht hatte, vor allem, was ihre kognitiven Modelle und die Moralvorstellungen betraf. Die Untersuchung über die Täter gewährt uns einen vollkommen neuen Blick auf die deutsche Gesellschaft, so daß wir wesentliche Merkmale dieser Gesellschaft völlig neu begreifen müssen. Außerdem ergibt sich aus dieser Studie, daß die Nationalsozialisten die gründlichsten Revolutionäre der Moderne waren und daß sie Deutschland während ihrer kurzen Herrschaft radikal und gründlich umwälzten – eine »Revolution«, wie sie in der Geschichte der westlichen Zivilisation noch nicht vorgekommen ist. Es war vor allem eine kognitiv-moralische Revolution, die Prozesse umkehrte, die Europa jahrhundertelang geformt hatten. Weil die Vollstrecker des Holocaust ganz gewöhnliche Deutsche und repräsentativ für die Bevölkerung waren, handelt dieses Buch ganz generell von Deutschland in der Zeit des Nationalsozialismus und davor, von seinen Menschen und seiner Kultur.[1]

Die nationalsozialistische Revolution in Deutschland hatte wie jede Umwälzung zwei grundlegende, miteinander verkoppelte Stoßrichtungen: Sie war destruktiv und in dieser Hinsicht gegen die Zivilisation gerichtet; sie war gleichzeitig konstruktiv und in dieser Hinsicht ein einzigartiger Versuch, einen neuen Menschen, eine neue Gesellschaft und eine neue, vom Nationalsozialismus bestimmte Ordnung in Europa hervorzubringen. Außergewöhnlich war diese Revolution auch darin, daß sie im Innern – trotz aller Unterdrückung der politischen Linken in den ersten Jahren – ohne massiven Zwang und Gewalt durchgesetzt wurde. Sie war in erster Linie eine Transformation des Bewußtseins: Den Deutschen wurde ein neues Ethos eingepflanzt. Und im großen und ganzen war es auch eine friedliche Revolution, die das deutsche Volk vor allem innenpolitisch zustimmend verfolgte und mittrug.

Im Innern war diese Revolution von Konsens bestimmt; nach außen und in bezug auf alle, die aus dem neuen Deutschland und dem neuen Europa ausgeschlossen werden sollten, war sie die brutalste und barbarischste der modernen abendländischen Geschichte. Viele Millionen von Menschen bestimmte sie zu Unterwerfung, Versklavung und Ausrottung. Das Wesen dieser Revolution offenbart sich an der Institution, die Deutschland während der NS-Periode versinnbildlichte: am Lager. Hier zeigt sich, wie sie einerseits den geistigen und moralischen Kern des deutschen Volkes umformte und wie sie andererseits, in den Worten Himmlers, die »menschliche Substanz« der Nichtdeutschen zerstörte.

Das Lager ist nicht nur die paradigmatische Institution für die Unterdrückung, Ausbeutung und Ermordung aller designierten »Feinde«, für das hemmungslos inszenierte Herrenmenschentum und für die Zurichtung der Feinde zu »Untermenschen«. Diese Züge des Lagers sind in Kapitel 5 bereits erörtert worden. Darüber hinaus aber war es eine revolutionäre Institution, mit der die Deutschen die Ziele verwirklichten, die sie als radikale Umwälzung verstanden.

Revolutioniert wurden *Empfindungsvermögen und Verhaltensweisen*. Im Lagersystem, diesem Universum ungehemmter Triebregungen und Grausamkeiten, konnte die neue Moral des Nationalsozialismus zum Ausdruck kommen, und sie war in ihren wesentlichen Zügen die Antithese zur christlichen Moral und zum Humanismus der Aufklärung – »diese falschen und ungesunden Menschheitsideale«, wie Göring sie nannte.[2]

Durch seine Praxis negierte das Lagersystem Christentum und Aufklärung, die von der moralischen Gleichheit aller Menschen ausgingen. In der deutschen nationalsozialistischen Weltordnung hatten bestimmte Menschen aus biologischen Gründen den Tod verdient; andere waren prädestiniert für die Rolle der Sklaven, und auch sie konnten getötet werden, wenn die Deutschen sie für überflüssig erachteten. Das Lager war definiert durch ein System der Über- und Unterordnung, durch Herren und Sklaven. In Theorie und Praxis verhöhnte es die christlichen Werte der Nächstenliebe, des Mitleidens und des Mitgefühls mit den Unterdrückten und ersetzte sie durch den Haß auf andere.

Leiden und Folter waren daher in der deutschen Lagerwelt weder zufällige Ereignisse noch Regelverletzungen, sondern im Gegenteil von zentraler normativer Bedeutung. Der Anblick eines leidenden oder erschlagenen Juden oder auch mißhandelter Russen oder Polen erregte kein Mitgefühl und sollte es nach den moralischen Regeln des Lagers auch nicht. Ein solcher Anblick war willkommen, die nationalsozialistische deutsche Moral verlangte Härte; und man war zufrieden, etwas für die Vision eines neuen Deutschland und eines von Deutschland beherrschten Europa getan zu haben, zu dessen Neugestaltung auch Zerstörung gehörte.

Das Ideal, an dem sich das Verhalten gegen die verhaßtesten Insassen der Lagerwelt, die Juden, orientierte, war das einer Welt unbegrenzten Leidens, das zu deren Tod führen sollte. Das Leben eines Juden durfte nur die Hölle auf Erden sein, ununterbrochene Qual, unendliche Schmerzen, ohne Trost und Beistand. Noch einmal: Das war eine tiefgreifende, radikale Umwälzung des Empfindungsvermögens in der Mitte des zwanzigsten Jahrhunderts in Europa. So brutal war diese Revolutionierung der Gefühlswelt, daß Chaim Kaplan schon

Ende 1939 davon tief beeindruckt war – also bevor das eigentliche Vernichtungsprogramm angelaufen war:

»Die schrecklichen Verfolgungen des Mittelalters sind nichts angesichts der furchtbaren Leiden, die die Nazis über uns bringen. In primitiven Zeiten waren auch die Methoden der Peiniger primitiv. Die Unterdrücker kannten im Mittelalter nur zwei Möglichkeiten: das Leben oder den Tod. Solange ein Mensch am Leben war, selbst wenn es sich um einen Juden handelte, ließen sie ihn leben. Er hatte auch die Möglichkeit, sich das Leben durch Taufe oder Auswanderung zu retten. Die NS-Inquisitionen sind anders. Sie nehmen einem Juden das Leben, indem sie ihm mit Hilfe ›gesetzlicher‹ Beschränkungen und grausamer Verordnungen, mit Hilfe so sadistischer Folterungen, die publik zu machen selbst ein mittelalterlicher Tyrann sich geschämt haben würde, den Lebensunterhalt entziehen. Es gehörte zum Konzept jener Generation, einen Sünder zu verbrennen, doch man pflegte einen Menschen nicht deshalb zu quälen, weil er nach den Ansichten des Henkers ›in Sünde‹ geboren war.«[3]

Der Rückfall in die Barbarei, die Logik des modernen deutschen Antisemitismus und der Gebrauch, den die NS-Führung davon machte, gestaltete sich so, daß Kaplan und vermutlich auch viele andere Juden wahrscheinlich lieber unter einem umnachteten mittelalterlichen Tyrannen gelebt hätten als in diesem »deutschen«, von der Institution des Lagers geprägten zwanzigsten Jahrhundert.

Das zweite Ziel, für das die Deutschen das Lager einsetzten, war *die Umwälzung der Gesellschaft,* und zwar auf eine Art und Weise, die die Grundlagen der europäischen Zivilisation verleugnete. Die Nationalsozialisten wollten mit ihrer in Deutschland begonnenen Revolution das soziale Gefüge Europas nach ihren rassenbiologischen Grundsätzen erneuern. Zu diesem Zweck sollten Millionen von Menschen, die ihren rassistischen Wahnvorstellungen zufolge als gefährlich oder entbehrlich galten, umgebracht werden, damit so der Anteil der »höheren Rassen« an der Bevölkerung Europas vergrößert, die menschliche Rasse biologisch »verbessert« und schließlich die vermeintliche Gefahr verringert würde, die den »höheren Rassen« von den zahlenmäßig überlegenen »niederen« Rassen drohte. Das Ethos dieses ungeheuren, gleichzeitig aufbauenden und zerstörerischen Unternehmens hat Himmler, einer der engagiertesten Führer dieser Revolution, immer wieder benannt: »Ob die anderen Völker in Wohlfahrt leben, ob sie verrecken vor Hunger, das interessiert mich nur soweit, als wir sie als Sklaven für unsere Kultur brauchen.«[4] Osteuropa sollte zu einer deutschen Kolonie werden, bevölkert von deutschen Siedlern und slawischen Arbeitssklaven.[5]

Die Lagerwelt war revolutionär, weil die Deutschen sie als Hauptinstrument zur Umgestaltung der europäischen Gesellschaften und Bevölkerungen einsetzten. Die Lagerwelt und das System der deutschen Gesellschaft, durch das sie geschaffen wurde, sollten von Prinzipien geleitet werden, die die Grundsätze, die bis dahin die öffentliche Moral und – trotz zahlreicher Ausnahmen – das Verhalten der deutschen und der anderen europäischen Gesellschaften bestimmt hatten, auf den Kopf stellten. Diese neue Welt hätte das Ende der abendländischen Zivilisation bedeutet, symbolisiert auch durch die Zerstörung des Christentums.[6] Das Lagersystem war überdies revolutionär, weil es als Mikrokosmos jene neue Welt vorwegnahm, gleichsam als Modell der gesellschaftlichen Ordnung, die einem großen Teil Europas aufgezwungen werden sollte; als Modell jener Moral, die zur Grundlage einer europäischen Gesellschaft werden sollte. Tatsächlich war das ständig wachsende Lagersystem die Keimzelle des neuen germanischen Europa, das im wesentlichen ein riesiges Konzentrationslager geworden wäre, mit dem deutschen Volk als Aufseher und den übrigen europäischen Völkern – mit Ausnahme der »rassisch« privilegierten – als Leichen, Arbeitssklaven und Häftlingen.

Als sich Hans Frank, der deutsche Generalgouverneur in Polen, im Herbst 1940 über sein Herrschaftsgebiet in Polen äußerte, entwarf er zugleich seine Konzeption eines zukünftigen Europa: »Wir denken hier imperial im größten Stil aller Zeiten. Dem Imperialismus, wie wir ihn entwickeln, ist kein Vergleich gegönnt mit jenen kläglichen Versuchen, die frühere schwache Regierungen von Deutschland in Afrika unternommen haben.« Der Führer habe, so belehrt Frank seine Zuhörer, ausdrücklich erklärt, Polen sei dazu »berufen, das Arbeitsreservoir im großen Sinne zu sein. Wir haben hier lediglich ein gigantisches Arbeitslager, wo alles, was Macht und Selbständigkeit bedeutet, in den Händen der Deutschen ist.« Kein Pole solle höhere Bildung erhalten dürfen. »Kein Pole soll über den Rang eines Werkmeisters hinauskommen.« Aus Hitlers und Franks Sicht sollte der polnische Staat nie wieder auferstehen. Statt dessen sollten die Polen der Herrenrasse auf Dauer »unterworfen« werden. Wie das Lagermodell auf Polen zu übertragen, nach welchem Ethos also zu regieren sei, das entwickelte Frank nicht etwa im geheimen, sondern anläßlich zweier Reden ganz offen vor Abteilungsleitern seiner Verwaltung.[7]

Das Lagersystem war ein charakteristischer Grundzug der deutschen Gesellschaft während der NS-Zeit, und diese fand im Lager ihr Sinnbild. Das ist die herausragende Einrichtung, durch die sich Deutschland wesentlich von den anderen europäischen Staaten unterschied; vor allem durch das Lagersystem erhielt die deutsche Gesellschaft ihren mörderischen Charakter. Es war als völlig neues gesellschaftliches Subsystem zugleich die größte und wichtigste institutionelle Neuerung des Nationalsozialismus. Die wenigen Lager, die 1933, kurz nach der Machtergreifung, entstanden, schufen die Grundlage für dieses neue System, dessen Umfang sich stetig erweiterte: geographisch, numerisch – es waren schließlich mehr als zehntausend –, und durch die Zahl seiner Insassen. Das Lagersystem war die bedeutendste Wachstumsinstitution in dieser Phase der deutschen Geschichte und hätte an Größe und Bedeutung noch zugenommen, wenn Deutschland nicht den Krieg verloren hätte. Schließlich war es auch deshalb eine bestimmende und sinnbildliche Institution, weil sich in vielen Strukturen der Lager zentrale Aspekte NS-Deutschlands spiegelten. Das Lager war der Ort, an dem die nationalsozialistische deutsche Welt ohne jede Hemmung und Scham gestaltet wurde. Die NS-Ideologie, ohne Zweifel Quelle und Triebkraft der mörderischen und auf Umformung gerichteten deutschen Politik unter Hitler, kam in der Lagerwelt gleichsam zu sich selbst. Der Gesellschaftstypus und die Werte, für die die NS-Ideologie eintrat, die der deutschen Jugend das Erziehungssystem einimpfte und von denen Hitler und Himmler deutlich machten, daß sie sie mit aller Macht durchsetzen wollten, wurden in der Lagerwelt zuerst verwirklicht und fanden dort ihren weitestgehenden empirischen Niederschlag. Hier waren die Grundzüge der nationalsozialistischen Revolution, der Charakter der neuen Gesellschaft und der Ordnung, die für ganz Europa angestrebt wurde, am deutlichsten zu erkennen.

In der Lagerwelt mußten die Opfer das System aus erster Hand kennenlernen. Ihr Leiden lehrt uns, gleichsam aus zweiter Hand, das Wesen NS-Deutschlands: Das Lagersystem offenbart nicht nur den Charakter des Nationalsozialismus, sondern das wahre Gesicht des damaligen Deutschland. Die Vorstellung, Deutschland sei während der nationalsozialistischen Ära eine »gewöhnliche«, »normale« Gesellschaft gewesen, der das Unglück widerfuhr, ruchlosen und üblen Herrschern in die Hände zu fallen, die die Institutionen des modernen gesellschaftlichen Lebens mißbrauchten und Menschen zu Taten trieben, die sie verabscheuten, ist grundfalsch. Denn die damalige deutsche Gesellschaft unterschied sich in den wesentlichen Aspekten fundamental von unseren heutigen Gesellschaften. Sie orientierte sich an einer anderen Ontologie und einem völlig anderen Weltbild, hier lebten Menschen, deren Grundauffassung vom sozialen Leben nach unseren Maßstäben nicht »normal« war. Daß beispielsweise die bestimmenden Züge eines Menschen sich aus dessen Rasse ergäben und daß die Welt in unterschiedliche Rassen eingeteilt sei, galt in der deutschen Gesellschaft der NS-Zeit als selbstverständlich; zumindest war diese Auffassung außerordentlich weit verbreitet. Es war außerdem eine allgemein akzeptierte Norm, daß die Welt entsprechend dieser unwandelbaren Hierarchie von Rassen neu organisiert werden müsse. Die Möglichkeit einer friedlichen Koexistenz zwischen den Rassen hatte im kognitiven Modell dieser Gesellschaft keinen Platz. Statt dessen war man der Ansicht, daß die Rassen in einem unerbittlichen Kampf ums Dasein sich gegenseitig bekämpften; ein Kampf, der nur durch den Sieg der einen und den Untergang der anderen entschieden werden könne. Das Leben im Lager war der Beweis, mit welcher Radikalität und Bereitwilligkeit gewöhnliche Deutsche ihre rassistischen destruktiven Vorstellungen und Werte, die offizielle und inoffizielle Ideologie des Landes, durchsetzten. Das Lager – auch insofern kennzeichnende und tatsächlich zentrale Institution – war Ausbildungsstätte für den gewöhnlichen deutschen »Herrenmenschen« und enthüllte dessen Wesen. Mit dem Lager ist Himmlers Vorstellung von »Kultur« weitgehend zur »Kultur« Deutschlands geworden.

Die sich ständig erweiternde Lagerwelt war der Ort, an dem wesentliche Aspekte der nationalsozialistischen Revolution unverstellt deutlich wurden. Die Massenmorde der Deutschen, ihre Wiedereinführung der Sklaverei auf dem europäischen Kontinent, die Erteilung des »Freibriefs«, »Untermenschen« nach Belieben zu behandeln – all dies findet sich in den Lagern, und deshalb ist das Lager nicht nur Sinnbild des nationalsozialistischen Deutschland, sondern auch Paradigma des Tausendjährigen Reiches. Das Lager offenbart das Wesen Deutschlands, das sich dem Nationalsozialismus ausgeliefert hatte – so wie die Morde und die Barbarei der Täter die Bereitschaft ganz gewöhnlicher Deutscher offenbaren, Deutschland und das deutsche Volk vor seinem vermeintlich gefährlichsten Feind zu retten: DEM JUDEN.

ANHANG I

Bemerkung zur Methode

So wie es notwendig war, den allgemeinen theoretischen Rahmen dieser Untersuchungen darzulegen, so müssen auch einige methodische Überlegungen erläutert werden, die mich bei dieser Studie geleitet haben.

Weil das, was wir über die Täter wissen, so begrenzt ist, weil wir andererseits bei dem umfangreichen Untersuchungsgegenstand des Holocaust nur selektiv vorgehen können, behandelt dieses Buch nur einige der Mordinstitutionen. Es bietet keine umfassende Darstellung des Holocaust. Die näher betrachteten Fälle wurden nicht aus darstellungstechnischen Erwägungen oder wegen ihrer Beispielhaftigkeit ausgewählt, sondern weil sie geeignet schienen, bestimmte Antworten zu liefern und Hypothesen zu überprüfen. Die Absicht dieses Buches ist es, in erster Linie eine Erklärung und Theorie des Holocaust zu liefern. Beschreibung und Erzählung wurden diesem Zweck untergeordnet. Beide dienen nur dazu, die Taten und ihre Schauplätze zu charakterisieren.

Die Hypothese, von der ich bei Beginn der empirischen Forschungen annahm, daß sie sich am ehesten bestätigen ließe, lautete: Es waren die Vorstellungen und Bilder von den Juden, die die Täter zu ihren Taten, zur Mitwirkung an der mörderischen Verfolgung der Juden motiviert haben; weil es diese Bilder und Vorstellungen gab, mußten die verschiedenen deutschen Institutionen sich den bereits vorhandenen Antisemitismus nur nutzbar machen, sobald Hitler den Befehl zur Vernichtung erteilte. Darum entschloß ich mich, Institutionen und spezifische Fälle zu untersuchen, bei denen sich Einfluß und Triebkraft des Antisemitismus besonders gut herausarbeiten lassen. Wäre die Ausgangshypothese falsch gewesen, hätten die ausgewählten Fallbeispiele sie klar widerlegen müssen. Außerdem sind die drei Mordinstitutionen, für die ich mich entschieden habe – die Polizeibataillone, die »Arbeits«lager und die Todesmärsche –, von der Forschung bislang vernachlässigt worden.

Und noch ein Gesichtspunkt bestimmte die Auswahl der Fälle und Stichproben. Das vorliegende Buch ist beides: eine Studie über die

Täter des Holocaust – als Personen und als Gruppe – und über das nationalsozialistische Deutschland, über die ganz gewöhnlichen Deutschen damals und ihre herrschende politische Kultur. Die Untersuchung der genannten Institutionen soll einen doppelten analytischen Zweck erfüllen: Einerseits geht es darum, die Motivationen der Täter in diesen Institutionen herauszuarbeiten, andererseits wollte ich, von diesen Tätern ausgehend, Aufschluß sowohl über die Gruppe der Täter als auch über die Deutschen insgesamt gewinnen. Die methodischen Überlegungen gelten also für die Täter und die Deutschen gleichermaßen.

Meine Untersuchung unterwirft die konkurrierenden Hypothesen der vorliegenden Literatur einer empirischen Überprüfung, gestützt auf eine Vielzahl von Fällen und unter gelegentlicher Berücksichtigung vergleichenden Materials über nichtdeutsche Akteure und andere Völkermorde. Der Ausgangspunkt sind meine eigenen Forschungen über zahlreiche verschiedene Einheiten und Institutionen, die am Holocaust beteiligt waren: mehr als 35 Polizeibataillone, die an Mordeinsätzen mitgewirkt haben; alle achtzehn Einsatzgruppen, die die Erschießungskommandos für die Ausrottung der sowjetischen Juden stellten; verschiedene Ghettos und Konzentrationslager; Auschwitz und andere Vernichtungslager; schließlich ein Dutzend Todesmärsche, die in den letzten Kriegstagen stattfanden.[1] Selbst wenn die empirischen Kapitel sich nur mit einigen der Polizeibataillone, »Arbeits«-lager und Todesmärsche beschäftigen, greife ich in meinen Schlußfolgerungen auf einen breiteren Kenntnisstand zurück. Die Kapitel des Teils IV, die Schlußfolgerungen aus den Fallstudien, beziehen sich auf weitere Quellen. Allerdings habe ich darauf geachtet, mich nicht zu sehr in andere Fälle zu vertiefen, um der Versuchung zu widerstehen, aus einer schließlich beliebigen Vielzahl von Fällen besonders geeignetes Material herauszusuchen. Um die Täter in vergleichender Perspektive betrachten zu können, habe ich Männer (und Frauen) untersucht, die in verschiedenen Institutionen unterschiedliche Aufgaben erfüllten. Hätte ich mich auf *eine* Institution beschränkt, wäre dies nicht möglich gewesen.[2]

Die Einheiten, mit denen ich mich am intensivsten beschäftigt habe, weisen einige gemeinsame Charakteristika auf. Ich konnte zeigen, und das erscheint mir das Wesentlichste, daß ihre Angehörigen von der Möglichkeit wußten, sich von den Morden freistellen zu lassen. Solange man den Zwang zu töten nicht ausschließen konnte, konnte man auch die Wirksamkeit anderer Motive schwer beurteilen. Bewußt habe ich mich auf Einheiten konzentriert, die wiederholt an Mordeinsätzen teilnahmen, deren Angehörige direkt mit den Opfern konfrontiert waren und die über eine längere Zeit hinweg an jenen unvorstellbar grausigen Szenen teilhatten, bei denen Blut spritzte und Knochen und Hirnmasse umherflogen. Die Taten dieser *professionellen* Mörder stellen größere Anforderungen an Erklärungsversuche als die Handlungen jener, die nur gelegentlich bei solchen Aktionen mitmachten. Unter den Einheiten, die diese Kriterien erfüllten, suchte ich mir vor allem jene heraus, die sich aus Männern zusammensetzten, von denen man aufgrund ihrer Herkunft *am wenigsten* erwartet hätte, daß sie zu bereitwilligen Vollstreckern würden. Darum die Konzentration auf die Polizeibataillone, deren Angehörige meist »gewöhnliche Deutsche« waren. Denn die Handlungen dieser Menschen sind sehr viel schwerer zu erklären als die von entschlossenen Gefolgsleuten Hitlers. Die Tatbereitschaft der gewöhnlichen Deutschen stellt den Erklärungsansatz auf die härteste Probe: Wenn er deren Taten begreiflich machen kann, dann gilt er wohl auch für die Handlungen der begeisterten Hitler-Anhänger.

Einige Polizeibataillone erfüllen die genannten Kriterien. Abgesehen von zwei in jüngster Zeit veröffentlichten Büchern[3] sind überraschenderweise ausgerechnet diese Einheiten in Untersuchungen zum Völkermord der Nationalsozialisten kaum beachtet worden. Als ich mit meinen Forschungen begann – und das war vor dem Erscheinen jener neueren Veröffentlichungen –, war auch mir die Reichweite ihrer Handlungen und daher ihre Bedeutung für das Verständnis der deutschen Gesellschaft und Politik in der NS-Zeit nicht bewußt. Viele Polizeibataillone setzten sich aus Männern zusammen, die eher zufällig in diese Einheiten eingezogen worden waren; die weder eine besondere weltanschauliche Schulung durchlaufen hatten noch besonders militärisch geprägt waren; die oft schon älter waren – Mitte Dreißig – und Familie hatten und sich insofern von den leicht zu beeinflussenden Achtzehnjährigen, die vom Militär eigentlich bevorzugt wurden, unterschieden. Hinzu kommt, daß diese Einheiten nicht aufgrund eines Plans, sondern eher zufällig zu den Mordeinsätzen stießen. Wenn das Regime so verfuhr, ist man wohl davon ausgegangen, daß sich jeder Deutsche zum Massenmörder eigne. (Darüber wird in Teil II genauer berichtet.)

Auch die Untersuchung der »Arbeits«lager sollte die Arbeitshypothese auf die härteste Probe stellen. Hier ging es um Institutionen, deren Verfahrensweisen und Organisationsformen eigentlich von Gesichtspunkten ökonomischer Rationalität hätten bestimmt sein müssen und nicht von ideologischen Einflüssen – in diesem Fall dem Antisemitismus. Wenn sich aber herausstellt, daß sich die Funktionsweise der »Arbeits«lager nur unter der Voraussetzung erklären läßt, daß die verantwortlichen Deutschen Antisemiten waren, dann ist dies ein beweiskräftiger Beleg dafür, daß der Antisemitismus den entscheidenden Schlüssel zum Verständnis der Täter und ihrer Taten bietet. Hätte sich die Arbeitshypothese bei der Institution des »Arbeits«-lagers nicht bestätigt, hätte ich sie aufgeben, modifizieren oder durch andere ergänzen müssen. Die Lager, die ich am genauesten untersucht habe, befanden sich in der Gegend um Lublin und wurden in einer relativ späten Periode des Holocaust eingerichtet, als die Deutschen Juden in Polen *nur deshalb* nicht umbrachten, weil man ihre Arbeitskraft ausbeuten konnte. Betrachtet man den Zeitpunkt und die Umstände, müßte man annehmen, daß die »Arbeits«lager tatsächlich die Arbeit zum Ziel hatten. Das war nicht der Fall, so daß gerade hier sichtbar wird, in welchem Maße der Antisemitismus fähig war, das Interesse an einer rationalen Organisation der Arbeit zu untergraben.

Die Todesmärsche von 1945 dagegen erlauben unter anderem, die Handlungen der Täter zu einem Zeitpunkt zu untersuchen, da sie ganz nach ihrem eigenen Gutdünken handeln konnten, weil sie bei Kriegsende, als das Reich sich auflöste, im Grunde keiner Kontrolle mehr unterlagen; außerdem hätte den Tätern in den Sinn kommen müssen, daß sie sich in Gefahr brachten, indem sie weiterhin Juden quälten und töteten. Schließlich stand Deutschland unmittelbar vor Niederlage, Besetzung und Bestrafung durch die Siegermächte. Bei den Todesmärschen konnten die Täter eigentlich autonom, also ihren eigenen Motiven folgend handeln, so daß sich an diesem Beispiel der Grad ihrer Begeisterung für den Massenmord am deutlichsten ablesen läßt. Daß sie nicht aufhörten, Juden zu töten und ihnen Leid zuzufügen, zeigt, mit welchem Eifer sie die Massenmorde durchführten. Auch hier hätte man zunächst das entgegengesetzte Verhalten erwartet. Das war die Herausforderung an meine These. Die Tatsache, daß die Täter weitermachten wie zuvor, bestätigt jedoch meine Arbeitshypothese, sie seien durch ihren Antisemitismus, durch ihre Überzeugung, der Mord an den Juden sei eine gerechte Sache, motiviert worden.

Ausgewählt habe ich also jedesmal andere »kritische Fälle«, Fallbeispiele und Institutionen, von denen am ehesten zu erwarten war, daß sie meine Hypothese scheitern ließen. Wenn sie aber gerade hier Bestätigung findet, verleiht dies meinem Ansatz größere Plausibilität.[4] Ein weiterer Vorteil dieser Methode besteht darin, daß sich in den ausgewählten Institutionen jeweils bestimmte Faktoren isolieren lassen, die das Handeln der Täter ebenfalls hätten erklären können.

Ich habe die Untersuchung bestimmter Institutionen und ihres Personals einer wissenschaftliche Erhebung über Täter aus vielen Institutionen vorgezogen; nur um die Herkunft der Täter zu klären, habe ich solche breitangelegten Erhebungen zu Rate gezogen. Ich bin davon ausgegangen, daß die Täter und ihre Taten unverständlich bleiben, wenn man sie aus ihren institutionellen Zusammenhängen herauslöst.

544

Es hat wenig Sinn, sie als Individuen und unabhängig von ihren unmittelbaren sozialen Bindungen zu betrachten. Man muß die Einheiten untersuchen, in denen sie operierten, wenn man etwas über die Eigenart ihres Lebens erfahren und ihre Gefühle besser verstehen will. Zum einen unterschieden sich die Mordinstitutionen als Typus – als Polizeibataillone, Einsatzkommandos, Lager verschiedener Art und Todesmärsche – voneinander, aber auch die Institutionen selbst waren nicht immer und überall gleich. Löst man Einzelpersonen aus diesen Institutionen heraus, betrachtet also abstrakte »Tätergruppen«, dann blendet man mit der jeweiligen institutionellen Umgebung auch die institutionellen, materiellen und sozialpsychologischen Begleitumstände des Holocaust aus.

Ein zweiter Grund, sich mit Einheiten als Ganzes zu befassen, ist der, daß man über die Taten der einzelnen meist zuwenig weiß, als daß man von ihnen ausgehend verallgemeinern darf. Über den Gesamtcharakter und die *Handlungsmuster* einer Mordinstitution kann man eine ganze Menge herausfinden, ähnlich zuverlässige Kenntnisse über die Täter als Individuen wird man in der Mehrheit der Fälle nicht gewinnen können. Die Täter, über die wir viel wissen, bilden eine nichtrepräsentative Gruppe; es sind diejenigen, gegen die die Justizbehörden der Bundesrepublik Ermittlungen durchführten. Meist hatten sie Befehlsgewalt oder waren durch besondere Brutalität aufgefallen. Natürlich sind die Handlungsweisen dieser Menschen und ihre Hintergründe aufschlußreich, und was wir über sie wissen, ist in meine Studie eingeflossen; da diese Täter aber keine repräsentative Gruppe sind, lassen sich von diesen Fällen ausgehend die *allgemeinen* empirischen und theoretischen Fragen dieses Buches nicht beantworten.

Welche Tatbeispiele für die einzelnen Mordinstitutionen ausgewählt wurden, hängt ebenfalls von den erwähnten Kriterien und vom zugänglichen Quellenmaterial ab. Die ungleichmäßige Quellenlage ist ein Problem, auf das man bei der Untersuchung der Täter und ihrer Motive immer wieder stößt. Es existieren kaum zeitgenössische Dokumente, aus denen die Handlungen der Täter hinreichend detailliert hervorgehen, und auch sonst gibt es kaum Anhaltspunkte und Hinweise auf ihre Motivationen. Und zu einigen Mordinstitutionen, auch zu einigen der hier erörterten Fälle, liegen überhaupt keine zeitgenössischen Dokumente vor. Der Großteil des von mir herangezogenen Materials stammt darum aus Gerichtsakten und Ermittlungen zu NS-Verbrechen durch die Justiz der Bundesrepublik und ist in den entsprechenden Gerichtsarchiven zu finden. Die Ermittlungen sind eine wesentliche, unverzichtbare und oft auch die einzige Quelle für Recherchen über die Täter. Dennoch wurden sie bislang kaum in dem Maße berücksichtigt, das man eigentlich erwarten dürfte. Sie enthalten die relevanten Dokumente, die gefunden und gesichert werden konnten, und, was wichtiger ist, intensive Verhöre der Täter und auch der Opfer und Zeugen, die überlebt haben.[5] Aus vielen dieser Protokolle und Zeugenaussagen läßt sich das Leben in einer Mordinstitution und die Geschichte ihrer Angehörigen bis in die Einzelheiten rekonstruieren. Weil es häufig mehrere Zeugen zu einzelnen Ereignissen gibt, manchmal auch welche, die beispielsweise eine Exekution aus unterschiedlicher Entfernung zum Hinrichtungsgraben verfolgt haben, besteht die Möglichkeit, die Aussagen zu vergleichen und quellenkritisch zu beleuchten. Dies führt oft zu Verifikation und Klarheit, manchmal aber auch zu Widersprüchen, die nur durch Interpretation gelöst werden können.[6] Wenn unlösbare Widersprüche auftauchen, insbesondere hinsichtlich der Zahl von Juden, die die Deutschen bei einem bestimmten Einsatz deportiert oder getötet haben, dann sind diese im allgemeinen für analytische Zwecke nicht von erheblicher Bedeutung.[7]

Die umfangreichen Zeugenaussagen der Nachkriegszeit sind aufschlußreich, zugleich aber auch problematische Quellen. Einerseits fällt es jedem schwer, sich korrekt an Ereignisse zu erinnern, die mehr als zwanzig Jahre zurückliegen,[8] andererseits haben die Täter Gründe, etwas zu verschweigen oder zu verheimlichen, sich um Antworten zu drücken und zu lügen. In jeder dieser Aussagen gibt es Auslassungen, Halbwahrheiten und Lügen. Man darf nicht vergessen, daß es um Aussagen geht, die vor Strafverfolgungsbehörden, im Zusammenhang mit polizeilichen oder gerichtlichen Ermittlungen, gemacht wurden, und daß sie Verbrechen galten, die in der Gesellschaft der Bundesrepublik Deutschland und in der ganzen Welt zu den größten Untaten der menschlichen Geschichte gezählt werden. Viele Täter hatten vor ihrer Vernehmung zwei oder drei Jahrzehnte lang versucht, durch Verschweigen oder Ausflüchte den Grad ihrer Verwicklung in den Völkermord zu verleugnen. Selbst wenn sie nicht vollständig verbergen konnten, daß sie bei Mordeinsätzen physisch zugegen waren, werden sie aller Wahrscheinlichkeit nach in Abrede gestellt haben, daß sie auch mit ganzer Seele, daß sie mit Willen, innerer Beteiligung und moralischer Zustimmung dabei waren. Andernfalls hätten sie ihrer Familie, ihren heranwachsenden Kindern und der nun gar nicht mehr einverstandenen Gesellschaft erklären müssen: »Ich war ein Mörder und bin – oder war – stolz darauf.« Nach Jahren gewohnheitsmäßiger Verdrängung und Leugnung standen diese Täter nun vor den Untersuchungsbehörden und wurden mit Taten konfrontiert, die aus ihren Alltagsgesprächen schon lange verbannt waren. Kann es da verwundern, daß sie den Ermittlern nicht bereitwillig erklärten, sie seien Mörder gewesen und hätten ihre Taten mit innerer Zustimmung verübt, vielleicht sogar Genugtuung dabei empfunden? Woher wollten sie wissen, daß man sie für ihre Verbrechen nicht verantwortlich machen würde? Kurzum: Gründe, zu lügen und abzustreiten, daß sie zu den größten Verbrechern der Geschichte zählten, gab es genug. Und es ist leicht zu zeigen, daß die Täter, ob wortreich oder durch Auslassungen, schamlos logen, um ihre körperliche und mentale Beteiligung an den Morden zu vertuschen. Darum ist es aus methodischen Erwägungen notwendig, *alle* apologetischen Aussagen zu ignorieren, wenn sie nicht durch andere Quellen bestätigt werden.[9]

Würde man sich, um die Taten der Deutschen zu erklären oder auch nur Ereignisse dieser Zeit zu beschreiben, auf solche Aussagen stützen, dann wäre das etwa so, als wollte man eine Geschichte der Kriminalität in Amerika allein aus den Aussagen von Verbrechern vor Polizei, Staatsanwaltschaft und Gericht rekonstruieren. Die meisten Verdächtigen werden den Tatvorwurf bestreiten und behaupten, sie seien zu Unrecht angeklagt worden. Auf keinen Fall werden sie freiwillig Informationen über andere kriminelle Handlungen liefern, an denen sie beteiligt waren und die den Behörden noch nicht bekannt sind. Und wo es ihnen nicht gelingt, ihre Tatbeteiligung plausibel zu widerlegen, werden sie doch Mittel und Wege finden, die Verantwortung für ihre Verbrechen auf andere abzuwälzen. In den Verhören oder vor der Presse werden sie leidenschaftlich versichern, die Verbrechen zu verabscheuen, die sie trotz solcher nachträglichen Beteuerungen begangen haben. Vor den Behörden wie vor der ganzen Gesellschaft lügen Kriminelle, was ihre Handlungen und Motivationen betrifft. Selbst nach der Beweisführung und Verurteilung, wenn die Geschworenen keinen Zweifel mehr an der Schuld einer Person haben können, beteuern Verbrecher noch immer ihre Unschuld. Warum sollten wir da annehmen, daß jene, die an einem der größten Verbrechen in der Geschichte der Menschheit beteiligt waren, ehrlicher sein und sich selbst beschuldigen würden?

Wer die Selbstrechtfertigungen der Täter akzeptiert, ohne sie an anderen Belegen zu überprüfen, wird leicht auf Irrwege geraten und nur schwer zurück zur Wahrheit finden. Sollten solche Aussagen aber doch einmal der Wahrheit entsprechen, fänden sich sicherlich auch andere, bestätigende Beweise. Allerdings geschieht das fast nie. Hätten die Täter die Tötungen tatsächlich abgelehnt, hätten sie tatsächlich an solchen Mordeinsätzen nicht teilnehmen wollen, hätten ihnen, wie in den Kapiteln über die Täter dargelegt, viele Möglichkeiten offengestanden, dies auch zum Ausdruck zu bringen – durch die Weigerung zu töten, durch Artikulation von Ablehnung und Widerstand, symbolisch oder in Gesprächen mit Kameraden[10] – ohne daß sie sich damit wirklich in Gefahr gebracht hätten.[11]

ANHANG 2

Schema der in Deutschland vorherrschenden Auffassungen von Juden, Geisteskranken und Slawen

Ursache der Eigenschaften
1. Juden: Rasse/Biologie
2. Geisteskranke: Biologie
3. Slawen: Rasse/Biologie

Wesentliche Eigenschaften
1. Juden: Übel/Bedrohung
2. Geisteskranke: Krankheit
3. Slawen: Minderwertigkeit

Grad an Bösartigkeit und Gefährlichkeit
1. Juden: unberechenbar und außerordentlich
2. Geisteskranke: chronisch, wirken wie ein Geschwür und etwas schwächend
3. Slawen: potentiell groß, aber beherrschbar

Unterstellte Motivation und Verantwortlichkeit
1. Juden: wollen Deutschland zerstören und sind verantwortlich für ihre eigene Böswilligkeit
2. Geisteskranke: unglückliche Opfer, keine böswilligen Motive, keine Verantwortlichkeit für ihren Zustand oder für die Bedrohung, die sie für die biologische Gesundheit Deutschlands darstellen
3. Slawen: keine bösen Absichten, für ihre Minderwertigkeit nicht verantwortlich

Metaphorische und logische Konsequenzen
1. Juden: »ausschalten«, auf Dauer nur durch Mord möglich
2. Geisteskranke: ausrotten oder unter Quarantäne stellen
3. Slawen: »helotisieren«, also »unterjochen« und, soweit dies nützlich ist, dezimieren

548

Institutionelle Unterstützung für das jeweilige Bild
1. Juden: *Staat* – intensives und ständiges Sperrfeuer; Kirche – Unterstützung der Überzeugungen, bietet kein Gegenbild; *Schulen* – ähnlich wie Staat; *Wehrmacht* – ebenso
2. Geisteskranke: *Staat* – nicht ganz so direkte, dennoch ständige und intensive Verbreitung biologistischer Auffassungen, kein Verbot von Gegenbildern; *Kirche* – direkte Opposition zu den nationalsozialistischen Vorstellungen; *Schule* – neigt zur Unterstützung der nationalsozialistischen Auffassungen; *Wehrmacht* – keine Stellungnahme
3. Slawen: *Staat* – ständige Verbreitung von Auffassungen über deren »Untermenschentum«, jedoch seltener und weniger intensiv, herabsetzend und bösartig als gegenüber den Juden; *Kirchen* – relativ schweigsam zu dieser Thematik, gepredigt wird eine universell gültige Moral (von der die Juden allerdings ausgeschlossen sind), Slawen werden als Christen betrachtet; *Schulen* – ähnlich wie der Staat; *Wehrmacht* – tendenzielle Übereinstimmung mit dem Staat, jedoch abweichende Ansichten bei allen Dienstgraden

Grad an Verbreitung dieser Vorstellungen
(Zwei Dimensionen: Breite/Tiefe)
1. Juden: nahezu allgemein/tief
2. Geisteskranke: auf bestimmte Gruppen beschränkt/dort allerdings tief
3. Slawen: weit verbreitet/unterschiedlich tief, im allgemeinen weniger verwurzelt als das Bild »des Juden«

Sinnlich vermittelte Abwehr
1. Juden: verletzen den Sinn für Ordnung und Rechtschaffenheit
2. Geisteskranke: verletzen den Sinn für Ordnung, aber nicht den für Rechtschaffenheit
3. Slawen: Verletzen weder den einen noch den anderen, wenn man sie dort läßt, wo sie hingehören, gelten als Arbeitstiere; sind kein moralischer Fluch

Ethische Haltung
1. Juden: keine menschlichen Wesen, stehen jenseits von Moral und Sitte
2. Geisteskranke: zwiespältig – der moralisch verankerte Schutz des Lebens ist außer Kraft gesetzt, aber sie werden ohne Grausamkeit behandelt und ohne ihnen unnötiges Leid zuzufügen
3. Slawen: uneinheitlich; Anwendung einer nicht ganz strengen Form der traditionellen Moral, die oft auch völlig mißachtet wird

Das Zusammenwirken von Vorstellungen, traditionellen Moralauffassungen und dem Grad an Verbreitung in der Gesellschaft
1. Juden: traditionelle Moral gilt für sie nicht; die Natur der Juden verbietet deren Anwendung; die Vorstellungen von den Juden sind weit verbreitet, fast universell akzeptiert
2. Geisteskranke: biologistisch-genetische Vorstellungen sind nicht sehr weit verbreitet, darum gilt die traditionelle Moral hier noch weitgehend; werden auch, im Unterschied zu den Juden, nicht als moralisch schuldig betrachtet
3. Slawen: Vorstellung von ihrer rassischen Minderwertigkeit weit verbreitet; dennoch kann die traditionelle Moral noch gelten, wenn auch oft abgeschwächt; die Vorstellungen von den Slawen haben keine zentrale Bedeutung, daher gibt es keine dringliche »Slawenfrage«

Ergebnis
1. Juden: Genozid; gegen die Opposition einer kleinen Minderheit, die meist ethische oder ästhetische Gründe anführte (weil sie sich auf eine »überlebte« und »nicht anwendbare« traditionelle Moral berief); kein Problem, bereitwillige und pflichtbesessene Mörder zu finden
2. Geisteskranke: »Euthanasie«programm; offiziell eingestellt wegen heftiger Opposition; eine engagierte Gruppe ideologisch gleichgeschalteter Mediziner ist zur Durchführung des Mordprogramms bereit
3. Slawen: uneinheitliche Politik, kein Völkermord, aber brutale Niederschlagung jeglichen Widerstands; geringere Begeisterung der Mörder für ihre Tätigkeit; das Bild von Angehörigen der verschiedenen slawischen Völker hängt von den jeweiligen politischen Rücksichten ab, keine tiefverwurzelten Vorstellungen, vor allem keine Verteufelung der Slawen, denen auch keine bösen Absichten unterstellt werden; galten als riesiges Reservoir von Arbeitskräften; Millionen werden als Zwangsarbeiter eingesetzt

Dank

Den Großteil meines Quellenstudiums habe ich bei der Zentralen Stelle der Landesjustizverwaltungen in Ludwigsburg betrieben. Über ein Jahr war ich dort, und die Staatsanwälte wie die anderen ständigen Mitarbeiter haben während dieser Zeit alles in ihren Kräften Stehende getan, um mir die Arbeit zu erleichtern und mir das Gefühl zu geben, ein willkommener Gast zu sein. Dafür, daß ich meine Arbeit in einem fremden Land zu einem so heiklen Thema in einer Atmosphäre der Gastfreundschaft erledigen durfte, möchte ich ihnen danken. Insbesondere gilt mein Dank Alfred Streim, der als Leiter der Zentralen Stelle den Geist prägt, aus dem eine so kooperative Atmosphäre hervorgeht, sowie Willi Dreßen, der mir mit seinem Wissen großzügig half. Viele Mitarbeiter, vor allem Herta Doms, Herr Fritschle und Ute Böhler halfen mir geduldig und engagiert beim Aufspüren der Quellen und gewährten mir eben jene Unterstützung, die man für derartige Forschungen braucht. Bettina Birn und Volker Rieß, die an eigenen Projekten arbeiteten, halfen mir während meiner Anwesenheit mit ihren freundschaftlichen und wertvollen Ratschlägen.

Auch Eberhard Jäckel möchte ich für seine Unterstützung während der Zeit danken, die ich in Stuttgart verbrachte. Helge Grabitz von der Staatsanwaltschaft Hamburg, Oberstaatsanwalt Hofmann von der Staatsanwaltschaft Hof, Hermann Weiß vom Institut für Zeitgeschichte in München, Genya Markon und Sharon Muller vom Photoarchiv des United States Holocaust Memorial Museum haben mir mit großer Freundlichkeit geholfen, wofür ich ihnen danken möchte.

Meine Forschungsarbeit wurde durch Stipendien des Fulbright-Programms, der Krupp-Stiftung und des Minda de Gunzburg Center for European Studies an der Harvard University und deren Program for the Study of Germany and Europe unterstützt. Die Whiting Foundation, die Littauer Foundation und das Simon Wiesenthal Center in Los Angeles leisteten ebenfalls finanzielle Hilfe. All diesen Institutionen schulde ich Dank.

Ich danke besonders den Menschen, die gemeinsam das Center for European Studies bilden; eine angenehmere geistige Heimat wird man kaum finden. Viele seiner Mitglieder verdienen meinen Dank für die Freundschaft und Hilfe, die sie mir gewährt haben. Mein ganz besonderer Dank gilt Stanley Hoffmann, Guido Goldman und Abby Collins, die mir das Gefühl gegeben haben, am Center willkommen zu sein.

Stanley Hoffmann, Peter Hall und Sidney Verba haben die Dissertation betreut, aus der *Hitlers willige Vollstrecker* hervorgegangen ist, und mit ihrer Ermutigung zu dieser Arbeit beigetragen. Sie gewährten mir Führung und Spielraum in der für mich genau richtigen Mischung. Ihre menschliche Wärme und Freundlichkeit sowie ihre geistige Kraft ließen sie für mich, den Jüngeren, zum Vorbild werden. Besonderen Dank verdienen Richard Breitman, Saul Friedländer, Mustafa Emirbayer und Paul Pierson für ihre hilfreichen Kommentare zum Manuskript; dieser Dank gilt auch Norma Goldhagen, meiner Mutter. Doch welche Hilfe, Unterstützung und Kritik ich auch immer bekommen habe, die Verantwortung für den Inhalt des Buches liegt allein bei mir.

Ich danke ebenfalls allen Mitarbeitern des Verlags Alfred A. Knopf, meinem amerikanischen Verlag, insbesondere Stephanie Koven, Barbara de Wilde, Max Franke, Amy Robbins, Mark Stein und Brooke Zimmer, die bei der Fertigstellung des Buchs halfen; ich habe gern mit ihnen zusammengearbeitet. Besonders dankbar bin ich Carol Janeway, die mit Einfallsreichtum, Engagement und guter Laune alles getan hat, was ein Autor sich von seiner Lektorin erhoffen kann, und ich danke Simon Schama, der die Verbindung hergestellt hat. Seit dem Erscheinen der englischen Ausgabe sind meine Bewunderung für Carol und meine Achtung vor ihr noch gewachsen. Sie ist eine brillante Verlegerin, deren außergewöhnliche Fähigkeiten und eiserner Wille sich mit einer seltenen Menschlichkeit und Warmherzigkeit verbinden. Ich werde ihr ein Leben lang dankbar sein.

Carol sei auch dafür gedankt, daß sie weltweit erstklassige Verlage für die Veröffentlichung des Buches gewinnen konnte, vor allem den Siedler-Verlag in Deutschland. Ich habe gern mit den Mitarbeitern dort zusammengearbeitet. Besonders möchte ich Klaus Kochmann für die Übersetzung danken, ebenso Klaus Binder, Jens Hacke, Brigitte Kochmann, Bernd Leineweber, Jürgen Scheunemann und Lisa Straßberger für ihre Beiträge zur Fertigstellung der deutschen Ausgabe. Andrea Böltken hat die Übersetzung durchgesehen und das Projekt betreut. Sie hat mit ihrer beispielhaften, unermüdlichen Arbeit, ihrem sicheren Urteil und ihrem feinen Sprachgefühl dafür gesorgt, daß die deutsche Ausgabe den englischen Text wortgetreu wiedergibt. Vor allem aber möchte ich meiner Dankbarkeit und Wertschätzung für Frank Trümper Ausdruck verleihen, dem Cheflektor des Siedler-

Verlages. Seiner Integrität und seinem intellektuellen und moralischen Engagement für das Buch während all der Monate ist es zu verdanken, daß die Vorbereitung der deutschen Ausgabe so reibungslos vonstatten ging. Für seine Klarsicht, seine Aufrichtigkeit und das Vertrauen, das er weckt, werde ich ihm immer dankbar sein.

Den größten Dank aber verdient mein Vater Erich Goldhagen, ein Mann von bemerkenswerter Intelligenz und Menschlichkeit. Die ständigen bereichernden Gespräche mit ihm, seine scharfsinnigen Einsichten, die er oft in Form lockerer Bemerkungen äußerte, der Maßstab, den er setzte, und sein Vorbild an intellektueller Nüchternheit und Redlichkeit haben mir geholfen, meine Möglichkeiten so gut ich konnte auszuschöpfen. Mein Verständnis vom Nationalsozialismus und vom Holocaust ist von ihm beeinflußt, und sein einzigartiges Wissen und seine Kenntnisse über die Menschen und die Ereignisse dieser schwer begreiflichen Epoche haben mir den Zugang zu dieser Epoche erleichtert. Während meiner Forschungen und während des Schreibens war er mir stets ein Gesprächspartner. Aus diesen und aus anderen Gründen möchte ich ihm dieses Buch widmen.

Pseudonyme

Bekemeier, Heinrich
Bentheim, Anton
Brand, Lucia
Brand, Paul
Buchmann, Heinz
Dietrich, Max
Dressler, Alfred
Eisenstein, Oscar
Fischer, Albert
Grafmann, Erwin
Hahn, Irena
Hauer, Gerhard
Hergert, Ernst
Jensen, Walter
Kammer, Arthur
Kemnitz, Simon
Koch, Johann
Koslowski, Wilhelm
Mehler, Conrad
Metzger, Paul

Moering, Hermann
Nehring, Erwin
Papen, Georg
Peters, Oscar
Raeder, Karl
Reich, Hartmuth
Reitsch, Viktoria
Riedl, Siegfried
Ritter, Michael
Rust, Willi
Schäfer, Rita
Schmidt, Irena
Schneider, Emma
Schoenfelder, Dr.
Steinmetz, Heinrich
Vogel, Eberhard
Wagner, Karl
Weber, Alois
Wirth, Martin

Abkürzungen

BAK	Bundesarchiv Koblenz
Buchs	ZStL 205 AR-Z 20/60
Dörr	Verfahren gegen Alois Dörr, StA Hof 2 Js 1325/62
Grünberg	ZStL 410 AR 1750/61
HG	Verfahren gegen H. G. u. a., StA Hamburg 141 Js 128/65
HGS	*Holocaust and Genocide Studies*
Hoffmann	Verfahren gegen Wolfgang Hoffmann u. a., StA Hamburg 141 Js 1957/62
HSSPF	Höherer SS- und Polizeiführer
IMG	*Der Prozeß gegen die Hauptkriegsverbrecher vor dem Internationalen Militärgerichtshof, Nürnberg, 14. November–1. Oktober 1946, 42 Bde.*
JK	ZStL 206 AR-Z 6/62
KdO	Kommandeur der Ordnungspolizei
KR	ZStL 208 AR 967/69
SSPF	SS- und Polizeiführer
SSPF Lublin	Untersuchung gegen den SSPF Lublin, ZStL 208 AR-Z 74/60
StA	Staatsanwaltschaft
StAH	Staatsarchiv Hamburg
Streckenbach	Anklage gegen Streckenbach, ZStL 201 AR-Z 76/59
TWC	*Trials of War Criminals before the Nuernberg Military Tribunals under Control Law No. 10, Nuernberg, October 1946–April 1949, 15 Bde.*
VfZ	*Vierteljahrshefte für Zeitgeschichte*
YVS	*Yad Vashem Studies*
ZStL	Zentrale Stelle der Landesjustizverwaltungen zur Aufklärung nationalsozialistischer Verbrechen in Ludwigsburg

Anmerkungen

Einleitung

1 Siehe Brief vom 30. Januar 1943, StA Hamburg Js 1957/62, S. 523f.

2 Sie entfernten sich damit von einem zugegebenermaßen vagen Standard sowohl im Sinne dessen, was die Alltagssprache unter Zivilisiertheit versteht, als auch im sozialtheoretischen Sinne von Norbert Elias, *Über den Prozeß der Zivilisation. Soziogenetische und psychogenetische Untersuchungen,* Frankfurt/M. 1976.

3 Definitorische und inhaltliche Probleme zur Kategorie der »Täter« werden in Kapitel 5 diskutiert.

4 Die Vernachlässigung der Täter in der Literatur spielt sich in sehr subtilen Formen ab. Aufgrund bewußter, halbbewußter und unbewußter sprachlicher Gewohnheiten verschwinden die Täter oft – und bei manchen Autoren in typischer Weise – nicht nur aus den Texten, sondern auch vom Ort des Verbrechens. Sie werden von ihren Taten getrennt. Der Gebrauch des Passivs offenbart einerseits das Verständnis der Autoren und führt andererseits dazu, daß in der öffentlichen Vorstellung die menschlichen Triebkräfte bei der Durchführung des Holocaust außer acht gelassen werden. Siehe Martin Broszat und Saul Friedländer, »A Controversy about the Historicization of National Socialism«, in: Peter Baldwin (Hrsg.), *Reworking the Past: Hitler, the Holocaust and the Historians' Debate,* Boston 1990, S. 102–134. Dort wird über diese Tendenz im Werk von Martin Broszat diskutiert, einem der einflußreichsten Forscher über den Holocaust und das nationalsozialistische Deutschland.

5 Das heißt nicht, daß alle Deutschen eingeschlossen sind, wenn der Begriff »Deutsche« angewandt wird, denn einige leisteten Widerstand gegen die Nationalsozialisten und gegen die Verfolgung der Juden. Diese Tatsache ändert jedoch nichts an der Identität der Täter oder an dem für ihre Benennung angemessenen Begriff. Ein wirkliches terminologisches Problem ergibt sich allerdings, wenn man von »Deutschen« im Gegensatz zu »Juden« spricht, scheint man damit doch auszudrücken, daß die deutschen Juden keine Deutschen waren. Trotz einiger Bedenken habe ich mich dennoch entschlossen, an diesen Bezeichnungen festzuhalten und nicht zu umständlichen Ausdrücken wie »nichtjüdische Deutsche« zu greifen. Wann immer hier also deutsche Juden als »Juden« bezeichnet werden, ist impliziert, daß es sich bei ihnen um Deutsche handelte.

6 Viele Nichtdeutsche trugen zu dem Völkermord an den Juden bei, darunter insbesondere verschiedene Formationen osteuropäischer Hilfskräfte, die mit den Deutschen zusammenarbeiteten und unter deutscher Aufsicht handelten. Am auffälligsten waren hier wohl die sogenannten »Trawniki«, hauptsächlich ukrainische Freiwillige, die einen großen

Beitrag zur Ausrottung der im Generalgouvernement lebenden Juden leisteten, indem sie an Deportationen und Massenerschießungen teilnahmen und in den Vernichtungslagern Treblinka, Belzec und Sobibor arbeiteten. In Litauen, Lettland und in verschiedenen eroberten Regionen der Sowjetunion, in den Ländern Ost- und Mitteleuropas und auch in Westeuropa fanden die Deutschen ebenfalls willige Helfer. Diese Täter sind in der Literatur über diese Zeit im allgemeinen vernachlässigt worden. Eine vergleichende Studie wäre ein lohnendes Projekt (darauf gehe ich in Kapitel 15 kurz ein); aus zwei Gründen werden sie im vorliegenden Buch jedoch nicht behandelt: Erstens ging der entscheidende Impetus zum Holocaust von den Deutschen aus, und aus ihren Reihen kamen auch die wichtigsten Vollstrecker. Ein zweiter Gesichtspunkt ist eher praktischer Natur. Dieses Buch behandelt bereits ein sehr umfangreiches Thema. Es mußte begrenzt werden, damit die Aufgabe zu bewältigen blieb. Die Untersuchung der nichtdeutschen Täter, bei der man Menschen verschiedener Nationalitäten berücksichtigen müßte, ist ein eigenständiges Projekt. Eine Darstellung der Stimmung unter den Volksdeutschen während des Krieges bietet Valdis O. Lumans, *Himmler's Auxiliaries: The Volksdeutsche Mittelstelle and the German National Minorities in Europe, 1933–1945,* Chapel Hill 1993. Zu den Beiträgen der »Trawnikis« siehe das Urteil gegen Karl Richard Streibel u. a., Hamburg 147 Ks 1/72. Zur Sowjetunion siehe Richard Breitmann, »Himmler's Police Auxiliaries in the Occupied Soviet Territories«, *Simon Wiesenthal Center Annual,* Bd. 7, 1994, S. 23–39.

7   Clifford Geertz, *Dichte Beschreibung. Beiträge zum Verstehen kultureller Systeme,* Frankfurt/M. 1983, S. 7–44.

8   Siehe Kapitel 3.

9   Siehe Hans-Heinrich Wilhelm, »Wie geheim war die ›Endlösung‹?«, in: *Miscellenea. Festschrift für Helmut Krausnick zum 75. Geburtstag,* hrsg. v. Wolfgang Benz, Stuttgart 1980, S. 131–149; Wolfgang Benz, »The Persecution and Extermination of the Jews in the German Consciousness«, in: John Milfull (Hrsg.), *Why Germany? National Socialist Anti-Semitism and the European Context,* Providence 1993, S. 91–104, insbes. S. 97f.

10 Siehe beispielsweise Max Domarus, *Hitler. Reden und Proklamationen,* 2 Bde., Neustadt a. d. Aisch, 1962/63, Bd. 1, S. 28; sowie C. C. Aronsfeld, *The Text of the Holocaust: A Study of the Nazis' Extermination Propaganda, from 1919–1945,* Marblehead, Mass. 1985, S. 34ff.

11 Dies ist das Thema der unten erörterten Debatte zwischen »Intentionalisten« und »Funktionalisten«. Zur Motivation der Entscheidung für die Ausrottung der europäischen Judenheit siehe Erich Goldhagen, »Obsession and *Realpolitik* in the ›Final Solution‹«, *Patterns of Prejudice,* Jg. 12, H. 1, 1978, S. 1–16; sowie Eberhard Jäckel, *Hitlers Weltanschauung. Entwurf einer Herrschaft,* Stuttgart 1991.

12 Dies wurde infolge der militärischen Expansion Deutschlands erreicht.

13 Auf diesen Punkt richtet sein Hauptaugenmerk Raul Hilberg, *Die Vernichtung der europäischen Juden,* Frankfurt/M. 1993.

14 Selbstverständlich haben sich die Biographen Hitlers am intensivsten mit dieser Frage auseinandergesetzt. Siehe beispielsweise Alan Bullock, *Hitler. Eine Studie über Tyrannei,* Düsseldorf 1971; Robert G. L. Waite, *The Psychopathic God: Adolf Hitler,* New York 1977; Joachim C. Fest, *Hitler. Eine Biographie,* Frankfurt/M. – Berlin – Wien

1973; siehe auch Hitlers eigene Darstellung in: Adolf Hitler, *Mein Kampf*, München 1934. Den Weg der Nationalsozialisten zur Macht beschreiben Karl Dietrich Bracher, *Die Auflösung der Weimarer Republik. Eine Studie zum Problem des Machtverfalls in der Demokratie*, Villingen 1964, und William Sheridan Allen, *»Das haben wir nicht gewollt!« Die nationalsozialistische Machtergreifung in einer Kleinstadt 1930–1935*, Gütersloh 1966.

15 Diese Arbeiten werden in Kapitel 5 erörtert.

16 Die Konzentration auf die Vergasungen unter Nichtbeachtung anderer Formen des Holocaust mit Ausnahme einer gewissen Aufmerksamkeit für die Tätigkeit der Einsatzgruppen rechtfertigt den Titel des Aufsatzes von Wolfgang Scheffler, »The Forgotten Part of the ›Final Solution‹: The Liquidation of the Ghettos«, *Simon Wiesenthal Center Annual*, Bd. 2, 1985, S. 31–51.

17 Der prominenteste Vertreter dieser weitverbreiteten Auffassung ist Hilberg, *Die Vernichtung der europäischen Juden*.

18 Uwe Dietrich Adam, »The Gas Chambers«, in: François Furet (Hrsg.), *Unanswered Questions: Nazi Germany and the Genocide of the Jews*, New York 1989, S. 134–154. Zutreffend sagt der Autor gleich im ersten Satz: »Selbst heute noch finden sich sogar in seriösen historischen Werken bestimmte Mißverständnisse und Verallgemeinerungen über die Existenz, die Lage, die Funktionsweise und die ›Effizienz‹ der Gaskammern, und dies führt zu Verwirrung und Irrtümern« (S. 34).

19 In fast allen Veröffentlichungen fehlt ein klarer Hinweis darauf, daß viele Täter nicht der SS angehörten; hätte man die Bedeutung dieser Tatsache verstanden, dann wäre sie als wichtiger Aspekt des Genozids herausgearbeitet worden.

20 Es ist erstaunlich, in welchem Ausmaß verfügbares Material zu dieser Frage ignoriert worden ist; in buchstäblich allen Standardwerken über den Holocaust wird sie nicht einmal aufgeworfen, dies gilt auch für die jüngsten Veröffentlichungen. Das Thema wird in diesem Buch in der Erörterung über die Polizeibataillone in Teil III und in Kapitel 15 wieder aufgegriffen.

21 Zu den Positionen der wichtigsten Protagonisten in dieser Auseinandersetzung siehe Tim Mason, »Intention and Explanation: A Current Controversy about the Interpretation of National Socialism«, in: Gerhard Hirschfeld und Lothar Kettenacker (Hrsg.), *Der »Führerstaat«: Mythos und Realität*, Stuttgart 1981, S. 23–40; Ian Kershaw, *Der NS-Staat. Geschichtsinterpretationen und Kontroversen im Überblick*, Reinbek 1994, S. 18–41, und Michael R. Marrus, *The Holocaust in History*, Hanover 1987, S. 31–51.

22 Hans Mommsen, »Die Realisierung des Utopischen. Die ›Endlösung‹ der Judenfrage im ›Dritten Reich‹«, *Geschichte und Gesellschaft*, Jg. 9, H. 30, 1983, S. 381f.

23 *Enzyklopädie des Holocaust. Die Verfolgung und Ermordung der europäischen Juden*, hrsg. von Israel Gutman u. a., 3 Bde., Berlin 1993. Dies Werk beispielsweise versucht, den Wissensstand über den Holocaust zusammenzufassen und festzuhalten; es finden sich Statistiken zu einer Vielzahl von Themen, aber diese Frage wird meines Wissens weder gestellt, noch wird eine Schätzung versucht.

24 Weit verbreitet ist die Annahme, daß die Täter vor der Wahl standen, zu töten oder selbst getötet zu werden. Unter den jüngeren Wissenschaft-

lern gibt es nur wenige, die diese Ansicht derart unverblümt vertreten haben. Siehe Sarah Gordon, *Hitler, Germans and the »Jewish Question«*, Princeton 1984, die auf diese Art den Beitrag der Wehrmacht zum Genozid deutet, S. 283.

25 Siehe Saul Friedländer, *History and Psychoanalysis: An Inquiry into the Possibilities and Limits of Psychohistory*, New York 1978.

26 Siehe Stanley Milgram, *Das Milgram-Experiment. Zur Gehorsamsbereitschaft gegenüber Autorität*, Reinbek 1983; siehe auch Herbert C. Kelman und V. Lee Hamilton, *Crimes of Obedience: Toward A Social Psychology of Authority and Responsibility*, New Haven 1989.

27 Diese Neigung wird häufig als historisch geformt dargestellt, siehe Erich Fromm, *Die Furcht vor der Freiheit*, Stuttgart 1983; sowie G. P. Gooch u. a., *The German Mind and Outlook*, London 1945.

28 Siehe Hannah Arendt, *Elemente und Ursprünge totaler Herrschaft*, München 1991. Hans Mommsen verfolgt in »Die Realisierung des Utopischen«, S. 381f. und S. 419f., eine ähnliche Argumentation, ebenso Rainer Baum, *The Holocaust and the German Elite: Genocide and National Suicide in Germany, 1871–1945*, Totawa 1981.

29 Die neueste und wohl überlegteste Darstellung dieser Art ist Christopher Browning, *Ganz normale Männer. Das Reserve-Polizeibataillon 101 und die »Endlösung« in Polen*, Reinbek 1993. Im wesentlichen vertritt auch Hilberg in *Die Vernichtung der europäischen Juden* diese Position. Robert Jay Lifton, der die deutschen Mediziner in Auschwitz untersucht hat, gibt in *Ärzte im Dritten Reich*, Stuttgart 1988, eine psychoanalytische Erklärung, warum professionelle Heiler zu Mördern werden konnten und weshalb ansonsten anständige Menschen imstande waren, derartige Verbrechen zu begehen. Auch sie hängt, ungeachtet ihrer psychoanalytischen Richtung, von den Umständen und psychischen Mechanismen ab und fällt daher in dieselbe Kategorie.

30 Hans Mommsen, »Die Realisierung des Utopischen«; Götz Aly und Susanne Heim, *Vordenker der Vernichtung: Auschwitz und die deutschen Pläne für eine neue europäische Ordnung*, Hamburg 1991; auch Gordon, *Hitler, Germans and the »Jewish Question«*, S. 312.

31 Diese Erklärung ist angesichts dessen, was die wirklichen Mörder taten, die etwa schutzlose Menschen auf Kernschußdistanz erschossen, so wenig nachvollziehbar, daß sie hier nur erwähnt werden muß, weil sie von einigen immer noch vertreten wird. Marrus, ein Exponent dieser Ansicht, schreibt mit durch nichts gerechtfertigter Gewißheit: »Wie Forscher über den Holocaust längst festgestellt haben, half die extreme Arbeitsteilung beim Tötungsprozeß den Tätern dabei, ihre eigene Verantwortung zu vernebeln.« Siehe *Holocaust in History*, S. 47. Sofern dies zutrifft, ist es nur ein kleiner Teil der Geschichte und nicht, wie Marrus zu behaupten scheint, die ganze Wahrheit.

32 Eine Ausnahme stellt in dieser Hinsicht Herbert Jäger, *Verbrechen unter totalitärer Herrschaft*, Olten 1967, dar, der einräumt, daß ein gewisser Teil der Täter aus ideologischer Überzeugung handelte (S. 62ff.). Jäger glaubt jedoch nicht, daß dies für die meisten Täter zutrifft (S. 76ff.). Insgesamt akzeptiert Jäger, wie schon der Titel seines Werkes zeigt, die Totalitarismusvorstellung der fünfziger Jahre über das nationalsozialistische Deutschland (vgl. S. 186–208) und gelangt so zu Begriffen wie »totalitäre Geisteshaltung« (S. 186). Da dieses Modell grundfalsch ist und die beträchtlichen Freiheiten und den Pluralismus in der deutschen

Gesellschaft jener Zeit ignoriert, führt Jägers Analyse, die ansonsten reich an Einsichten ist, immer wieder in falsche Richtungen. Dies wird in Anhang 1 weiter diskutiert. Zur Kritik am Totalitarismusmodell im Hinblick auf NS-Deutschland und zu allgemeineren Fragen der Klassifizierung des Nationalsozialismus siehe Kershaw, *Der NS-Staat. Geschichtsinterpretationen und Kontroversen im Überblick,* S. 18–41. Hans Safrian hat in seiner jüngst erschienenen Studie über die Mitarbeiter Adolf Eichmanns bei der Deportation der europäischen Juden zu den Vernichtungsstätten ebenfalls den historischen Konsens in Frage gestellt, daß die Täter nicht durch den Antisemitismus motiviert waren, doch entwickelt er die These nicht ausführlicher. Siehe *Die Eichmann-Männer,* Wien 1993, S. 17–22.

33 Auch andere haben natürlich die Bedeutung der politischen Ideologie und des Antisemitismus für die Entscheidung der Naziführung zur totalen Ausrottung der Juden erkannt. Für eine umfassende Diskussion dieser Problematik siehe Eberhard Jäckel und Jürgen Rohwer (Hrsg.), *Der Mord an den Juden im Zweiten Weltkrieg. Entschlußbildung und Verwirklichung,* Stuttgart 1985; Lucy Dawidowicz, *Der Krieg gegen die Juden 1933–1945,* München 1979; Gerald Fleming, *Hitler und die Endlösung. »Es ist des Führers Wunsch ...«,* Frankfurt/M. 1987, und Saul Friedländers »Einführung« dazu; Klaus Hildebrand, *Das Dritte Reich,* München 1979. Diejenigen, die diese Position einnehmen, haben sich die Täter nicht genauer angesehen oder geleugnet, daß die Täter als Gruppe von ähnlichen Wahrnehmungen bewegt wurden. Marrus, der zustimmend Hans Mommsen zitiert, bringt in *The Holocaust in History* den Konsens unter den Historikern zum Ausdruck, wenn er ausführt: »Antisemitische Indoktrination stellt schlicht eine unzulängliche Antwort dar, denn wir wissen (*sic*), daß viele der Beamten, die an der administrativen Durchführung des Massenmords beteiligt waren, nicht zu ihren Posten gelangten, weil sie einen intensiven Antisemitismus gezeigt hätten. In einigen Fällen scheinen sie sogar überhaupt keine Judenhasser gewesen zu sein und standen ihren Opfern mit kalter Gleichgültigkeit gegenüber.« (S. 47). Erich Goldhagen hat diesen allgemeinen Konsens nicht geteilt; zwar hat er zu diesem Thema nichts veröffentlicht, hat aber in seinen Vorlesungen und in vielen Gesprächen die hier dargelegte kritische Auffassung vertreten. Wenn also meine Behauptungen auch vielen nicht so neu erscheinen mögen, so stehen sie doch im Gegensatz zur vorliegenden Literatur.

34 Einen Überblick über zahlreiche Fälle vom Altertum bis zur Gegenwart geben Frank Chalk und Kurt Jonassohn, *The History and Sociology of Genocide: Analyses and Case Studies,* New Haven 1990.

35 Siehe Cecil Roth, *The Spanish Inquisition,* New York 1964; Malise Ruthven, *Torture: The Grand Conspiracy,* London 1978. Die Spanier verübten in der Neuen Welt einen Völkermord an den Einheimischen, gewöhnlich im Namen Jesu; siehe Bartolomé de las Casa, *The Devastation of the Indies: A Brief Account,* New York 1974.

36 Siehe Clifford Geertz, »Common Sense as a Cultural System«, in: *Local Knowledge: Further Essays in Interpretative Anthropology,* New York 1983.

37 Das wichtige Thema, wieweit unterschiedliche Anfangsannahmen Schlußfolgerungen beeinflussen, weil sie unterschiedliche falsifizierende Belege erfordern, wird im ersten Kapitel erörtert. Generell gilt:

Je weniger Daten es zu einem bestimmten Gegenstand gibt, desto mehr werden die Annahmen auf Vorurteilen beruhen. Und da die Interpretationen des gegebenen Themas oft von der Deutung der Wahrnehmung des Handelnden abhängen, über die man viel zu wenig Gesichertes weiß, bedarf es besonderer Aufmerksamkeit, wenn es darum geht, die zugrunde gelegten Annahmen zu rechtfertigen: So kann beispielsweise *jede* inkompatible Annahme etwa über das Verhalten von Deutschen »*nicht* falsifizierbar« sein; Daten, die zuverlässige Verallgemeinerungen über große Gruppen von Deutschen erlauben, sind oft schwer zu beschaffen, daher können die meisten Daten von jemandem, der an gegebenen Annahmen festhält, als anekdotenhaft und daher unzureichend betrachtet werden, um eine ursprüngliche Annahme zu *falsifizieren.*

38 Das ist offensichtlich eine hypothetische Frage, doch das Nachdenken darüber – insbesondere, wenn es zu der Schlußfolgerung führt, daß es tatsächlich Grenzen gab, die die Täter nicht überschritten hätten – kann einem deutlich machen, welche Grenzen ihre Handlungsbereitschaft tatsächlich hatte.

39 Primo Levi, *Die Untergegangenen und die Geretteten,* München 1990, S. 106–128, versucht, wenn auch nicht ganz mit Erfolg, die Grausamkeit der Deutschen zu verstehen.

40 Die Bestimmung der »Grausamkeit« von Phänomenen, die in ihrer Gesamtheit den Holocaust oder – weiter gefaßt – die Verfolgung der europäischen Juden durch die Deutschen ausmachen, ist stets ein Problem. Die Taten der Deutschen lagen so weit »außerhalb dieser Welt«, daß sie unsere Vergleichsmaßstäbe sprengen. Das Töten unschuldiger Menschen mag man zu Recht als einen Akt der Grausamkeit beurteilen, gleiches gilt, wenn man Menschen, die ausgemergelt und erschöpft sind, zu schwerer körperlicher Arbeit zwingt. Im deutschen Kontext jener Zeit waren dies jedoch »normale«, nützliche Aufgaben der Täter; daher ist es sinnvoll, sie von Handlungen zu unterscheiden, die – in diesem Zusammenhang – »überflüssige« Grausamkeiten darstellten wie etwa das Schlagen, Verspotten und Quälen von Juden oder die Tatsache, daß man sie zwang, sinnlose, entkräftende Arbeiten durchzuführen, die lediglich den Zweck erfüllten, ihr Leiden weiter zu steigern.

41 Jäger, *Verbrechen unter totalitärer Herrschaft,* ist sich dieser Dinge bewußt und hat sie erstmals in einer Publikation erörtert; siehe S. 76–160. Siehe dazu auch Hans Buchheim, »Befehl und Gehorsam«, in: Hans Buchheim, Martin Broszat, Hans-Adolf Jacobsen, Helmut Krausnick, *Anatomie des SS-Staates,* 2 Bde., München 1984, Bd. 1, S. 215–318.

42 Deutsche Grausamkeiten gegen Juden gab es nicht nur bei Tötungsaktionen. Dies ist ein weiterer Grund dafür, Grausamkeiten – und andere Handlungen – als Variablen zu verstehen, die unabhängig von den Tötungen selbst sind.

43 Der Schrecken ist aus einem weiteren Grund von Bedeutung. Seit Hannah Arendt hat eine dominierende Forschungsrichtung implizit oder explizit die Annahme vertreten, daß sich die Täter »affektiv neutral« verhielten, den Juden gegenüber also keinerlei Gefühle zeigten. Alle Erklärungen, die die Bedeutung der Täterpersönlichkeit leugnen, bringen damit zumindest potentiell zum Ausdruck, daß die wie immer gearteten Ansichten der Täter über die Opfer nicht von kausaler Bedeutung waren. Wenn schon das Töten von Menschen im großen Maßstab die Täter

nicht dazu brachte, sich mit ihren Taten auseinanderzusetzen, dann müßte die Konfrontation mit der Grausamkeit ihres Tuns es ihnen geradezu unmöglich gemacht haben, über die Angemessenheit dieser Greuel nicht nachzudenken. Die Vorstellung, daß die Täter den Juden ganz und gar gleichgültig gegenüberstanden, stellt, so behaupte ich mit allem Nachdruck, eine psychologische Unmöglichkeit dar. Und wenn sie nicht neutral waren, mit welchen Gefühlen begingen sie dann den Massenmord? Wie immer diese Gedanken und Emotionen auch ausgesehen haben mögen, es erhebt sich die Frage, wie sie die Handlungen der Täter beeinflußten. Diese Überlegungen sollen die Notwendigkeit unterstreichen, die Anschauungen der Täter so gründlich wie möglich zu untersuchen, insbesondere die Vorstellungen, die ihnen allen gemeinsam waren. Denn wenn man einmal eingesehen hat, daß sie ihren Handlungen und ihren Opfern gegenüber nicht gleichgültig gewesen sein konnten, dann muß man ihre Gedanken und Gefühle als Quelle ihres Tuns ernst nehmen.

44 Siehe Max Weber, *Wirtschaft und Gesellschaft. Grundriß der verstehenden Soziologie,* Tübingen 1990, S. 3.

45 Eine Kategorisierung der Tötungen und der Mörder ist ein schwieriges Unterfangen. Eine Frage, die sich stellt, wenn man über sie nachdenkt, lautet: »Wie hätte sich ein Ermächtigungsbefehl, der etwa lautete: ›Tun Sie, was Sie können, um Juden zu töten‹ und der mit keinerlei Sanktionen oder Belohnungen verbunden gewesen wäre, auf die einzelnen Deutschen ausgewirkt?« Und warum hätten sie sich dann in einer bestimmten Weise verhalten? Hätten sie vielleicht sogar nichts unternommen? Hätten sie interesselos und oberflächlich auf den Tod der Juden hingewirkt? Hätten sie mit Effizienz getötet? Hätten sie mit Eifer so viele Juden wie möglich ausgerottet?

46 Wenn man die Fragen beantworten will, die dieser Untersuchung zugrunde liegen, dann genügt es offensichtlich nicht, die Motive jener zu klären, die die politischen Richtlinien bestimmten oder die Institutionen des Völkermords steuerten. Dennoch sind die Motivationen und Handlungen der Elite wichtig, und es ist gut, daß wir darüber bereits eine ganze Menge wissen. Siehe beispielsweise Waite, *The Psychopathic God;* Richard Breitman, *The Architect of Genocide: Himmler and the Final Solution,* New York 1991; Matthias Schmidt, *Albert Speer: Das Ende eines Mythos. Speers wahre Rolle im Dritten Reich,* Bern 1982; sowie Ruth Bettina Birn, *Die Höheren SS- und Polizeiführer: Himmlers Vertreter im Reich und in den besetzten Gebieten,* Düsseldorf 1986.

47 Anthony Giddens, *Die Konstitution der Gesellschaft. Grundzüge einer Theorie der Strukturierung,* Frankfurt/M. 1988, schreibt: »Strukturzwänge finden ihren Ausdruck nicht in jenen unbeugsamen kausalen Formen, an die strukturtheoretisch orientierte Soziologen denken, wenn sie die Verbindung von ›Struktur‹ und ›Zwang‹ so entschieden betonen. Strukturzwänge entfalten ihre Wirkung nicht unabhängig von den Motiven und Gründen, die Handelnde für das, was sie tun, haben. Man kann sie nicht mit den Wirkungen beispielsweise eines Erdbebens vergleichen, das eine Stadt und seine Einwohner vernichtet, ohne daß diese imstande wären, daran etwas zu ändern. Die einzigen treibenden Kräfte in menschlichen Sozialbeziehungen sind individuelle Akteure, die sich in intentionaler oder sonstiger Weise bestimmter Ressourcen bedienen, um etwas zuwege zu bringen. Die Strukturmomente sozialer Systeme wir-

ken nicht wie Naturgewalten auf die Akteure ein, um ein bestimmtes Verhalten zu erzwingen« (S. 235).

48 Diese Argumentation vertritt beispielsweise Theda Skocpol, *States and Social Revolutions: A Comparative Analysis of France, Russia, and China,* Cambridge 1979.

49 Diese Empfehlung orientiert sich an Max Webers Forderung nach »Verstehen«. Siehe Weber, *Wirtschaft und Gesellschaft,* S. 1–13.

50 Siehe Marrus, *The Holocaust in History,* S. 51.

51 Es ist zum Teil wohl auch deshalb vielen nicht gelungen, die Mörder und die Bewegkräfte des Holocaust zu verstehen, weil sie es systematisch, wenn auch nicht bewußt, versäumt haben, sich das Grauen der Tötungen beim Genozid phänomenologisch deutlich zu machen. Liest man die meisten Deutungen, so stößt man auf nur wenige »grausame« Szenen; werden sie aber dennoch gebracht, so folgt ihnen kaum je eine Analyse, das Grauen bleibt unerklärt, sprachlos, und die Diskussion wendet sich dann sehr bald wieder anderen – häufig logistischen – Angelegenheiten zu. Wenn Ghetturäumungen und Deportationen, Massenerschießungen und Vergasungen erwähnt werden, wird oft nur gesagt, daß diese Dinge eben passiert sind. Die Grausamkeit bestimmter Mordeinsätze wird nicht angemessen herausgearbeitet, und das macht es so schwierig, den Schrecken, den dies für die Täter bedeutete, die Häufigkeit, mit der sie in ein derartiges Geschehen eintauchten, den Preis, den sie dafür in wachsendem Maße zu zahlen hatten, zu verstehen. Allerdings gehen die überlebenden Opfer und diejenigen Wissenschaftler, die sich mit ihnen befassen, auf diese Schrecken ein. Dabei interessieren sie sich in der Regel natürlich nicht dafür, die Handlungen der Täter zu erklären, auf die sie nur ganz oberflächlich und nebenbei eingehen. Interessanterweise ist in der Literatur über den Holocaust festzustellen, daß es kaum Überschneidungen gibt zwischen jenen, die über die Täter, und jenen, die über die Opfer schreiben. Und das vorliegende Buch macht in dieser Hinsicht keine Ausnahme.

52 Jäger, *Verbrechen unter totalitärer Herrschaft,* stellt in dieser Hinsicht offensichtlich einen Sonderfall dar. Dies gilt ebenfalls, wenn auch in geringerem Ausmaß, für Browning, *Ganz normale Männer;* auch Hermann Langbein, *Menschen in Auschwitz,* Frankfurt/M. 1980, geht auf die unterschiedlichen Handlungsweisen der Täter ein.

53 Jene, die so gearbeitet haben, wie beispielsweise Browning, *Ganz normale Männer,* haben es häufig versäumt, ihre Untersuchungen angemessen mit den beiden höheren Ebenen der Analyse zu verbinden.

Kapitel 1

1 Gregor Athalwin Ziemer, *Education for Death: The Making of the Nazi,* London 1941, S. 193f.

2 Siehe Emile Durkheim, *Die elementaren Formen des religiösen Lebens,* Frankfurt/M. 1988; Jacques Soustelle, *Daily Life of the Aztecs,* London 1961, insbes. S. 96f.; sowie Joshua Trachtenberg, *The Devil and the Jews: The Medieval Conception of the Jew and Its Relation to Modern Anti-Semitism,* Philadelphia 1983.

3 Siehe Orlando Patterson, *Freedom in the Making of Western Culture,* Bd. 1, New York 1991.

4 Obwohl die verschiedenen deutschen Staaten damals politisch noch nicht vereinigt waren, ist es hier ebenso sinnvoll, von »Deutschland« zu sprechen, wenn es um soziale, kulturelle und politische Angelegenheiten geht, wie es vernünftig ist, trotz aller lokalen und regionalen Unterschiede von »Frankreich« zu sprechen.

5 Naomi Quinn und Dorothy Holland schreiben dazu in »Culture and Cognition« in dem von ihnen herausgegebenen Sammelband *Cultural Models in Language and Thought,* Cambridge 1987, S. 3–40: »Unser kulturelles Weltverständnis gründet sich auf viele stillschweigende Annahmen. Dieses zugrundeliegende kulturelle Wissen ist, um Hutchins Formulierung zu benutzen, ›oftmals denjenigen klar, die es benutzen. Ist es einmal erlernt, so wird es zu etwas, mit dem man sieht, ist aber selten etwas, das man sieht.‹ Diese ›referentielle Transparenz‹ führt dazu, daß kulturelles Wissen von seinen Trägern übernommen wird, ohne es zu hinterfragen. Gleichzeitig bedeutet diese Transparenz ein fesselndes methodologisches Problem: Wie und mit welcher Beweismethode kann man kulturelle Modelle rekonstruieren, die die Menschen zwar benutzen, aber nicht reflektieren oder ausdrücklich artikulieren? Dies ist ein zentrales Problem der kognitiven Anthropologie geblieben, nur die Ansätze haben sich verändert.« (S. 14) Diese Darlegung gilt sowohl für kulturelle Annahmen, die viel seltener artikuliert werden, als es ihrer Bedeutung entspricht, weil die Menschen keine Notwendigkeit sehen, kulturelle Wahrheiten auszusprechen, als auch für die fundamentalen Wahrnehmungsmuster des Denkens, deren sich die Menschen im allgemeinen gar nicht bewußt sind.

6 Ian Kershaw, *Popular Opinion and Political Dissent in the Third Reich: Bavaria, 1933–1945,* Oxford 1983, S. 370.

7 Michael Kater, *The Nazi Party: A Social Profile of Members and Leaders, 1919–1945,* Cambridge 1983, S. 263.

8 Als weiteres Beispiel kann die Meinung des gewöhnlichen, im eigenen Land lebenden Engländers im neunzehnten Jahrhundert über die Unterlegenheit der Schwarzen und der Asiaten herangezogen werden. Das Maß, in dem solche Ansichten – insbesondere von einfachen Leuten – zum Ausdruck gebracht werden, entspricht sicher nicht dem Grad ihrer Verbreitung. Und ein wie kleiner Teil dessen, was damals zum Ausdruck gebracht worden ist, mag uns wohl überliefert worden sein?

9 Rom Harré, *Personal Being: A Theory for Individual Psychology*, Cambridge 1984, S. 20. »Gespräch« meint alle sprachlichen Hervorbringungen mündlicher oder schriftlicher Art sowie Symbole, die gleichfalls immer sprachlich gefaßt und interpretiert werden und daher vom Gespräch abhängen, obwohl sie gleichzeitig einen Teil desselben darstellen.

10 Roy D'Andrade, »A Folk Model of the Mind«, in: Holland und Quinn (Hrsg.), *Cultural Models in Language and Thought,* S. 112.

11 Siehe George Lakoff und Zoltán Kövecses, »The Cognitive Model of Anger Inherent in American English«, in: Holland und Quinn (Hrsg.), *Cultural Models in Language and Thought,* S. 195–221.

12 D'Andrade schreibt dazu: Das »kulturelle Modell des *Kaufs* eines Gegenstandes umfaßt den *Verkäufer,* den *Käufer,* die *Ware,* den *Preis,* den *Verkauf* und das *Geld.* Zwischen diesen Teilen bestehen verschiedene Beziehungen; da ist einmal die Interaktion zwischen dem *Abnehmer* und dem *Verkäufer,* die die *Mitteilung* des *Preises* an den *Käufer* umfaßt, möglicherweise kommt es dabei zu *Preisverhandlungen,* zu dem *Ange-*

bot, zu einem bestimmten *Preis* zu kaufen, zur *Einigung* über das Geschäft, zum *Transfer* des Eigentums an der *Ware* und dem Geld et cetera. Dieses Modell muß man verstehen [und praktizieren], nicht nur um *kaufen,* sondern auch um sich an solchen kulturellen Aktivitäten und Institutionen wie *Leihen, Mieten, Leasen, Beschwindeln, Verkaufen, Profitmachen, Läden, Werbung* et cetera beteiligen zu können.« Siehe »A Folk Model of Mind«, in: Holland und Quinn (Hrsg.), *Cultural Models in Language and Thought,* S. 112.

13 Erving Goffmans Werk ist zu großen Teilen der Offenlegung kultureller Modelle gewidmet, die – ohne uns bekannt zu sein – unsere direkten Interaktionen strukturieren und in Gang setzen. Siehe Erving Goffman, *The Presentation of Self in Everyday Life,* Garden City 1959, und *Das Individuum im öffentlichen Austausch. Mikrostudien zur öffentlichen Ordnung,* Frankfurt/M. 1982.

14 Siehe Naomi Quinn,»Convergent Evidence for a Model of American Marriage«, in: Holland und Quinn (Hrsg.), *Cultural Models in Language and Thought,* S. 173–192.

15 Mit dem Begriff des »operational code« ist es Alexander Georges zum Teil gelungen, die Bausteine der Wahrnehmung, der Bewertung, der Überzeugungen und des Handelns in der Politik konzeptionell zu erfassen. Siehe »The ›Operational Code‹: A Neglected Approach to the Study of Political Leaders and Decision Making«, in: *International Studies Quarterly,* Jg. 13, 1969, S. 190-222. Benedict Andersons beispielhaftes Werk über den Nationalismus, *Imagined Communities: Reflections on the Origin and Spread of Nationalism,* London 1983, verdeutlicht, wie »die Nation« als neues Wahrnehmungsmuster geschaffen wurde und wie sie, nachdem sie sich kulturell allgemein durchgesetzt hatte, das Verständnis, das die Menschen von der gesellschaftlichen und politischen Welt entwickelt haben, bestimmte.

16 John Boswell, *The Kindness of Strangers: The Abandonment of Children in Western Europe from Late Antiquity to the Renaissance,* New York 1988, zeigt dies am Beispiel des Umgangs mit Kindern, der ebenso wie der Begriff des Kindes dem geschichtlichen Wandel unterliegt. Siehe insbesondere S. 26f.

17 So argumentiert Harré in *Personal Being.* Siehe dazu auch Takeo Doi, *The Anatomy of Dependence,* Tokyo 1973, über den völlig anderen Charakter der japanischen Psychologie und Individualität.

18 Dies hat viele veranlaßt, hier nicht näher hinzuschauen und über Menschen zu berichten, als sei dieser Bereich bedeutungslos. Eine solche Haltung mag zwar bequem sein und jene trösten, die aus Sparsamkeit und angeblichen methodischen Erwägungen die problematischsten Variablen aus der Betrachtung ausblenden, sie führt jedoch zu einem künstlichen und auf jeden Fall irreführenden Weltbild. Trotz aller Schwierigkeiten und enttäuschenden Erklärungsversuche bleibt die Erforschung dessen, was in den Köpfen der Menschen vorgeht, notwendig, ganz gleich, welche Methode man wählt.

19 Kershaw beispielsweise macht in *Popular Opinion and Political Dissent in the Third Reich* diesen Unterschied, wenn er über das deutsche Volk nach der sogenannten »Kristallnacht« schreibt: »In wachsendem Maße wurden die Menschen geistig zumindest in abstrakter Weise von der Judenfeindschaft vergiftet, die Überzeugung breitete sich aus, daß es eine Judenfrage gab« (S. 272).

565

20 Oder, wenn das, was gemeint ist, nicht aus wirklichen Lebenserfahrungen im Umgang mit Juden abgeleitet wird, sondern aus kulturell geläufigen Vorurteilen; denn dann ändert sich nichts, weil diese Überzeugungen weiterhin als Handlungsanleitung in den Beziehungen zu Juden angewandt werden.

21 Zu Wesen und Folgen von Stereotypen siehe Gordon W. Allport, *The Nature of Prejudice,* New York 1958. Der Begriff des »abstrakten« Antisemitismus und die Unterscheidung zwischen diesem und einer »realen« Ausprägung sagen tatsächlich nichts über die bestehenden Varianten des Antisemitismus aus. Sie reflektieren lediglich schwach die Tatsache, daß Antisemiten auch jüdische Bekannte und Freunde haben können, so wie viele Menschen mit tiefsitzenden Vorurteilen gegen Schwarze dennoch behaupten können, ein bestimmter Schwarzer sei gar kein so übler Kerl. Wissenschaftler, die sich dieser Kategorien bedienen, bringen analytische Dimensionen durcheinander oder erkennen nicht, daß Menschen durchaus Ausnahmen von allgemeinen Regeln zulassen, wobei diese Ausnahmen jedoch nur von drittrangiger Bedeutung sind, weil die gleichen Menschen, die diese Ausnahmen machen, Millionen real lebender Juden nur in den Begriffen ihres »abstrakten« Antisemitismus erfassen können.

22 Kershaw, *Popular Opinion and Political Dissent in the Third Reich,* S. 274. In gewisser Weise folgt er Michael Müller-Claudius, *Der Antisemitismus und das deutsche Verhängnis,* Frankfurt/M. 1948, S. 76ff. Jedes analytische Schema muß jedoch die Dimensionen der Wahrnehmung und des Handelns voneinander trennen; das aber versäumt Müller-Claudius.

23 Für eine fruchtbare Diskussion und alternative dimensionale Analyse des Antisemitismus siehe Helen Fein, »Dimensions of Antisemitism: Attitudes, Collective Accusations and Actions«, in: Helen Fein (Hrsg.), *The Persisting Question: Sociological Perspectives and Social Contexts of Modern Antisemitism,* Berlin 1987, S. 68–85.

24 Zur Geschichte des Bildes vom »jüdischen Parasiten« siehe Alexander Bein, »Der jüdische Parasit«, *VfZ,* Jg. 13, H. 2, 1965, S. 121–149. Zur Diskussion über den Sinn von Metaphern siehe George Lakoff und Mark Johnson, *Metaphors We Live By,* Chicago 1980.

25 Das ist auch versucht worden. Siehe insbesondere Theodor W. Adorno, *Studien zum autoritären Charakter,* Frankfurt/M. 1973.

26 Siehe Trachtenberg, *The Devil and the Jews;* Malcolm Hay, *Europe and the Jews: The Pressure of Christendom over 1900 Years,* Chicago 1992.

27 Dies ist die wesentliche Unterscheidung. Langmuir dagegen behauptet, der entscheidende Punkt sei da erreicht, wo sich der Antisemitismus nur noch auf Phantasien stütze. Siehe Gavan I. Langmuir, »Toward a Definition of Antisemitism«, in: Fein (Hrsg.), *The Persisting Question,* S. 86 bis 127. Viele Formen des Antisemitismus gründen sich auf Phantasien, doch zieht dies unterschiedliche Handlungen und Konsequenzen nach sich.

28 Zu den Theorien über das Wesen und die Ursachen des Antisemitismus siehe Allports klassische Studie *The Nature of Prejudice.* Siehe auch Fein (Hrsg.), *The Persisting Question,* sowie Werner Bergmann (Hrsg.), *Error Without Trial: Psychological Research on Antisemitism,* Berlin 1988.

29 Eine andere Erklärung lautet, daß Menschen zunächst aus ökonomischem Neid zu Antisemiten werden und dann all die phantastischen

Beschuldigungen gegen die Juden erfinden. Siehe beispielsweise Hillel Levines Untersuchung über den polnischen Antisemitismus, *Economic Origins of Antisemitism: Poland and Its Jews in the Early Modern Period,* New Haven 1991. Warum aber sollte dies geschehen und aufgrund welcher Mechanismen verwandelt sich »objektiver« wirtschaftlicher Neid in zusammenhanglose und gefährliche Ansichten über Juden? Jede Erklärung müßte die Zwischenschritte berücksichtigen. Warum ziehen Antipathien gegen andere Gruppen, selbst wenn es um erhebliche wirtschaftliche Konkurrenz geht, nicht ein ähnliches Konglomerat an Anschuldigungen nach sich? Ich kenne keine Erklärung, die diese Fragen beantworten kann.

30 Einen Überblick zu diesem Thema gibt Walter P. Zenner, »Middleman Minority Theories: a Critical Review«, in: Fein (Hrsg.), *The Persisting Question,* S. 255–276.

31 Bernard Glassman, *Anti-Semitic Stereotypes Without Jews: Images of the Jews in England, 1290–1700,* Detroit 1975, S. 14

32 Glassman betont in *Anti-Semitic Stereotypes Without Jews* ausdrücklich die Bedeutung christlicher Predigten für die Verbreitung und Aufrechterhaltung des Antisemitismus in England.

33 Für die Vielzahl der Vertreibungen von Juden siehe Paul E. Grosser und Edwin G. Halperin, *Anti-Semitism: The Causes and Effects of a Prejudice,* Secaucus 1979, S. 33–38.

34 Ein soziales Profil des deutschen Judentums im Jahre 1933 zeichnet Avraham Barkai, *Vom Boykott zur »Entjudung«. Der wirtschaftliche Existenzkampf der Juden im Dritten Reich, 1933–1943,* Frankfurt/M. 1988, S. 11ff.

35 Glassman schreibt über England während der Austreibungsperiode: »Da es zu dieser Zeit in England nur so wenige Juden gab, war der durchschnittliche Engländer, um sich eine Meinung zu bilden, auf das angewiesen, was er von der Kanzel zu hören bekam, auf der Bühne sah oder von umherziehenden Spielleuten und Geschichtenerzählern erfuhr. Diese Tradition der mündlichen Überlieferung, die durch verschiedene Flugschriften und Traktate ergänzt wurde, stellte eine wichtige Informationsquelle über die Juden dar. Und es gab in der Gesellschaft buchstäblich nichts, was diesen Kräften entgegentreten konnte, die das Gewicht jahrhundertelanger christlicher Belehrung hinter sich hatten« (S. 11). Das nächste Kapitel wird zeigen, daß diese Darstellung über England auf Deutschland weit stärker anwendbar ist, als die meisten glauben.

36 Trachtenberg legt dies in *The Devil and the Jews* überzeugend dar.

37 Siehe Allports Diskussion der Sündenböcke in *The Natur of Prejudice,* S. 235–249.

38 Daß der Antisemitismus auf diese oder jene Weise zum »Ausdruck« kommt, soll heißen, daß er sich entweder verbal oder durch physische Handlungen äußert. »Antisemitismus« beschreibt das bloße Vorhandensein anitsemitischer Überzeugungen. Viele Menschen tragen den Antisemitismus in sich, ohne ihn über lange Perioden hinweg zum Ausdruck zu bringen. Die beiden Ebenen werden auch von Wissenschaftlern, die sich mit dem Antisemitismus beschäftigen, häufig durcheinandergebracht; das führt dann zu dem Irrtum, ein Aufwallen *antisemitischer Äußerungen* für ein Aufwallen des *Antisemitismus* zu halten.

39 Damit soll allerdings nicht ausgeschlossen werden, daß bei einer Übernahme des Antisemitismus durch Institutionen, insbesondere im politi-

schen Bereich, die Überzeugungen und Gefühle, die die Antisemiten bewegen, intensiviert und in neue Formen gegossen werden können. Dies ist tatsächlich häufig der Fall. Voraussetzung für solche Transformationen ist jedoch, daß der Kernbestand des antisemitischen Glaubensbekenntnisses bereits etabliert ist. Andernfalls stießen Appelle in dieser Richtung auf taube Ohren.

40 In Osteuropa und vor allem in der früheren Sowjetunion, wo herkömmliche antisemitische Äußerungen unter dem Kommunismus im allgemeinen aus öffentlichen Institutionen und Foren verbannt worden waren, brach die Flutwelle antisemitischer Äußerungen in dem Moment los, als der Druck gelockert wurde, und sie stieg vom Urgrund der Gesellschaft auf. An dieser Entwicklung gibt es eindrucksvolle Aspekte:
1. Es besteht keine Beziehung zwischen der Zahl der im Lande lebenden Juden und der Art der antisemitischen Äußerungen.
2. Das Phantasiebild der Juden und die gegen sie gerichteten wahnhaften Anschuldigungen weisen deutliche Ähnlichkeiten zu denen auf, die in Umlauf waren, ehe der Kommunismus sie für tabu erklärte.
3. Der Antisemitismus wurde, was seinen Inhalt und die ihm zugrundeliegenden kognitiven Modelle angeht, durch die Familie und andere Mikroinstitutionen der Gesellschaft erhalten, gepflegt und an neue Generationen weitergegeben.
4. Die unter dem Kommunismus zu beobachtenden antisemitischen Äußerungen erlaubten keinen Hinweis auf die offensichtlich bestehende Durchsetzungskraft und Tiefe des Antisemitismus in diesen Ländern.
Siehe dazu beispielsweise *Newsbreak,* Nachrichtenblatt der nationalen Konferenz sowjetischer Juden.

41 Viele haben sich bemüht zu verdeutlichen, wie unsere Annahmen die Realität interpretieren und für uns erst schaffen. Soweit mir bekannt, hat aber noch niemand schlüssig gezeigt, wie der Bezugsrahmen dieser Annahmen sich so unerwartet und schnell wandeln kann, daß es zu einer radikalen Veränderung der Wahrnehmung und des daraus folgenden Handelns kommen kann. Dies geschah bei vielen gewalttätigen Verfolgungen, bei Ausbrüchen von Mordlust und bei Genoziden. Und es passierte auch den Deutschen. Edward O. Wilson, *Biologie als Schicksal. Die soziobiologischen Grundlagen menschlichen Verhaltens,* Frankfurt/M. – Berlin – Wien 1980, S. 96–115, gibt eine evolutionäre Erklärung für plötzliche Ausbrüche von Aggressivität. Selbst wenn sie für Aggressionen zutrifft, so wirft sie doch kein Licht auf die schnelle Umformung von Überzeugungssystemen.

42 Das bemerkenswerteste Beispiel stellt wohl der Ausbruch des Ersten Weltkriegs dar, als viele Marxisten entdeckten, daß sie trotz all ihrer internationalistischen Überzeugungen tiefe nationale Gefühle empfanden.

43 Die Beziehung zwischen Nationalismus und Antisemitismus behandelt Shmuel Almog, *Nationalism and Antisemitism in Modern Europe, 1815–1945,* London 1990.

44 D'Andrades Untersuchung »A Folk Model of the Mind«, in: Holland und Quinn (Hrsg.), *Cultural Models in Language and Thought,* gelangt zu der Erkenntnis, daß sich ein kulturell verbindliches kognitives Modell über Jahrhunderte hinweg reproduzieren kann (S. 138).

Kapitel 2

1 Siehe Robert Chazan, »Medieval Anti-Semitism«, in: David Berger (Hrsg.), *History and Hate: The Dimensions of Anti-Semitism,* Philadelphia 1986, S. 53f.

2 Bernard Glassman, *Anti-Semitic Stereotypes Without Jews: Images of the Jews in England, 1290–1700,* Detroit 1975, S. 152. Hier geht es um England, wo der Antisemitismus weit weniger virulent war als in den deutschsprachigen Gebieten Zentraleuropas.

3 Eine Darstellung der ausgefeilten christlichen Dämonologie zum Thema Juden und eine Beschreibung der unzähligen Übel, die auf das Wirken der Juden zurückgeführt wurden, bietet Joshua Trachtenberg, *The Devil and the Jews: The Medieval Conception of the Jew and Its Relation to Modern Anti-Semitism,* Philadelphia 1986; zu England siehe Glassman, *Anti-Semitic Stereotypes Without Jews,* insbes. S. 153f.

4 Siehe Chazan, »Medieval Anti-Semitism«, S. 61f.

5 Zitiert nach Jeremy Cohen, »Robert Chazan's ›Medieval Anti-Semitism‹: A Note on the Impact of Theology«, in: Berger (Hrsg.), *History and Hate,* S. 69.

6 Cohen schreibt in »Robert Chazan's ›Medieval Antisemitism‹«: »Seit Anbeginn der katholischen Kirche betrachteten es christliche Kleriker als religiöse Pflicht, gegen die Juden zu polemisieren. Selbst dort, wo letztere kaum eine oder zumindest keine unmittelbare Bedrohung für die Kirche darstellten, ja selbst bei vollständiger Abwesenheit von Juden blühte die *Adversus-Judaeos*-Tradition weiter, denn die Logik der frühchristlichen Geschichte forderte die Bestätigung des Christentums durch Ablehnung des Judentums« (S. 68f.).

7 Trachtenberg, *The Devil and the Jews,* S. 79, sowie Chazan, »Medieval Antisemitism«, S. 50.

8 James Parkes, *Antisemitism,* Chicago 1969, S. 60, sowie Jeremy Cohen, *The Friars and the Jews: The Evolution of Medieval Anti-Judaism,* Ithaca 1982, S. 155, und Glassman, *Anti-Semitic Stereotypes Without Jews,* S. 153.

9 Trachtenberg hat die Spuren der wesentlichen christlichen Vorstellungen von Juden über Jahrhunderte hinweg verfolgt, die sich alle auf dieses kognitive Modell stützen; siehe *The Devil and the Jews,* insbes. S. 32–43, S. 124–139, S. 191f.

10 Trachtenberg, *The Devil and the Jews.*

11 Zitiert bei Trachtenberg, *The Devil and the Jews,* S. 18.

12 Trachtenberg, *The Devil and the Jews,* S. 186. Zu Luthers Antisemitismus siehe Martin Luther, *Von den Juden und Iren Luegen,* in: *Luthers Kampfschriften gegen das Judentum,* hrsg. von Walter Linden, Berlin 1936.

13 Cohen, *The Friars and the Jews,* S. 245. Trachtenberg schreibt: »Es ist auch kaum verwunderlich, daß die Juden der übelsten Verbrechen beschuldigt wurden, wenn der Satan als ihr Anstifter galt. Chaucer schrieb in seinem ›Prioresses Tale‹ letztlich die Schuld an einem angeblichen Ritualmord eines Juden an einem christlichen Kind ›unserem ersten Feind, der Schlange Satan, der die jüdischen Wespen herangezüchtet hat‹, zu … Ein jeder wußte, daß der Teufel und die Juden zusammenarbeiteten. Dies erklärt, warum es so einfach war, den Juden jede erdenkliche Missetat in die Schuhe zu schieben, selbst wenn es jeden Sinnes entbehrte.« (*The Devil and The Jews,* S. 42f.)

14 Cohen, *The Friars and the Jews,* S. 245. Für eine Zusammenfassung der europäischen antisemitischen Gewaltakte und Austreibungen siehe Paul E. Grosser und Edwin G. Halperin, *Anti-Semitism: The Causes and Effects of a Prejudice,* Secaucus 1979.
15 Trachtenberg, *The Devil and the Jews,* S. 12.
16 Malcolm Hay, *Europe and the Jews: The Pressure of Christendom over 1900 Years,* Chicago 1992, S. 68–87.
17 Ich konzentriere mich hier auf die *Grundzüge* des Antisemitismus, gehe also nicht auf all die Eigenschaften, Nuancen und Ausnahmen ein, die bei einer ausführlicheren Erörterung zu berücksichtigen wären. Aus Platzgründen werden auch die Debatten über das Wesen des deutschen Antisemitismus im neunzehnten Jahrhundert nicht aufgegriffen. Mit den Werken, aus denen hier als Beleg zitiert wird, stimme ich in vielen Aspekten nicht überein. Mein Verständnis von Antisemitismus des neunzehnten Jahrhunderts hebt wegen meiner theoretischen und methodischen Positionen die Kontinuität des deutschen Antisemitismus hervor und betont seine Allgegenwart mehr als andere Darstellungen, die mir bekannt sind. Eine Ausnahme bildet Klemens Felden, »Die Übernahme des antisemitischen Stereotyps als soziale Norm durch die bürgerliche Gesellschaft Deutschlands, 1875–1900«, Phil. Diss., Heidelberg 1963, ein Werk, auf das ich mich in vielfacher Hinsicht stütze, sowie Rainer Erb und Werner Bergmann, *Die Nachtseite der Judenemanzipation. Der Widerstand gegen die Integration der Juden in Deutschland, 1780–1860,* Berlin 1989, insbesondere S. 11, und Paul Lawrence Rose, *Revolutionary Antisemitism in Germany from Kant to Wagner,* Princeton 1990. Rose hat jedoch, vielleicht weil seine Analyse sich auf einen kleinen Kreis von Intellektuellen und Schriftstellern beschränkt, ein anderes Verständnis vom Wesen der Kontinuität, das sich wie der Rest seiner Darstellung des deutschen Antisemitismus nicht auf eine Analyse der Überzeugungen anderer Schichten und Gruppen der deutschen Gesellschaft stützt.
18 Felden, »Die Übernahme des antisemitischen Stereotyps«, S. 18f.
19 Siehe Eleonore Sterling, *Judenhaß. Die Anfänge des politischen Antisemitismus in Deutschland (1815–1850),* Frankfurt/M. 1969, S. 117 und 126, zum Gebrauch dieses Begriffs durch Liberale S. 86f., sowie Erb und Bergmann, *Die Nachtseite der Judenemanzipation,* S. 48–52. Zur Geschichte des Rassebegriffs siehe Werner Conze, »Rasse«, in: *Geschichtliche Grundbegriffe. Historisches Lexikon zur politisch-sozialen Sprache in Deutschland,* hrsg. von Otto Brunner, Werner Conze und Reinhart Kosseleck, Stuttgart 1984, Bd. 5, S. 135–178.
20 Siehe Jacob Katz, *Vom Vorurteil bis zur Vernichtung. Der Antisemitismus 1700–1933,* München 1989, S. 147f.; David Sorkin, *The Transformation of German Jewry, 1780–1840,* New York 1987, S. 22f.
21 Katz, *Vom Vorurteil bis zur Vernichtung,* S. 148ff.
22 Zitiert bei Katz, *Vom Vorurteil bis zur Vernichtung,* S. 149.
23 Katz gelangt zu der Schlußfolgerung: »Die Fremdheit der Juden taucht in den antijüdischen Schriften immer wieder auf.« Siehe *Vom Vorurteil bis zur Vernichtung,* S. 90.
24 Felden, »Die Übernahme des antisemitischen Stereotyps«, S. 19f. Rose gelangt zu einer ähnlichen Aussage, obwohl er der Ansicht ist, die Deutschen hätten in den Juden sowohl »das Symbol für alles, was die Erlösung verhindert«, als auch das »wirkliche praktische Hindernis für die

Erlösung« gesehen. Siehe *Revolutionary Antisemitism in Germany from Kant to Wagner,* S. 57.

25 Felden, »Die Übernahme des antisemitischen Stereotyps«; Sterling, *Judenhaß;* sowie Nicoline Hortzitz, »*Früh-Antisemitismus« in Deutschland (1789–1871/72). Strukturelle Untersuchungen zu Wortschatz, Text und Argumentation,* Tübingen 1988. Sie alle betonen diesen Punkt wiederholt.

26 Das erste Emanzipationsedikt wurde 1807 in Württemberg erlassen, Baden folgte 1809, Frankfurt 1811, Preußen 1812, Mecklenburg – mit Einschränkungen – 1813. Siehe Sorkin, *The Transformation of German Jewry, 1780–1840,* S. 29. Für eine allgemeine Darstellung des Verlaufs der Emanzipation und der Rücknahme vieler anfänglicher emanzipatorischer Versprechungen siehe Werner E. Mosse, »From ›Schutzjuden‹ to ›Deutsche Staatsbürger Jüdischen Glaubens‹: The Long and Bumpy Road to Jewish Emancipation in Germany«, in: Pierre Birnbaum und Ira Katznelson, *Paths of Emancipation: Jews, States, and Citizenship,* Princeton 1995, S. 59–93, und Reinhard Rürup, »The Tortuous and Thorny Path to Legal Equality: ›Jew Laws‹ an Emancipatory Legislation in Germany from the late 18th Century«, *Leo Baeck Institute Yearbook* 31 (1986), S. 3–33.

27 Zu Bayern siehe James F. Harris, *The People Speak! Anti-Semitism and Emancipation in Nineteenth-Century Bavaria,* Ann Arbor 1994; zu Baden siehe Dagmar Herzog, *Intimacy and Exclusion: Religious Politics in Pre-Revolutionary Baden,* Princeton 1996. Eine Darstellung der sogenannten Hep-Hep-Aufstände gegen Juden gibt Katz, *Vom Vorurteil bis zur Vernichtung,* S. 95–106.

28 Siehe Shumel Almog, *Nationalism and Antisemitism in Modern Europe, 1815–1945,* London 1990, S. 13–16, und Peter G. J. Pulzer, *Die Entstehung des politischen Antisemitismus in Deutschland und Österreich,* Gütersloh 1966, S. 237–244.

29 Siehe Sterling, *Judenhaß,* S. 105–129; Katz, *Vom Vorurteil bis zur Vernichtung,* S. 55–106, und Hortzitz, »*Früh-Antisemitismus« in Deutschland.*

30 Christian Wilhelm Dohm, *Über die bürgerliche Verbesserung der Juden,* 2 Bde., Berlin – Stettin 1781–83.

31 Dohm, *Über die bürgerliche Verbesserung der Juden,* Bd. 1, S. 87.

32 Zitiert in Sorkin, *The Transformation of German Jewry, 1780–1840,* S. 25. In ähnlicher Tonart ist ein Lobgesang auf das Toleranzedikt des Habsburgers Joseph II. gehalten, das zwar begrifflich und rechtlich streng zwischen Juden und Nichtjuden unterschied, jedoch Einschränkungen für die Juden aufhob:
»Den Priester rufst du wieder zur Jüngerschaft
Des großen Stifters; machst zum Unterthan
Den Jochbeladenen Landsmann; machst den Juden zum Menschen ...«
Zitiert aus F. G. Klopstock, *Sämtliche Werke,* Leipzig 1823, Bd. 2, S. 45.

33 *Solamith. Eine Zeitschrift zur Beförderung der Kultur und Humanität unter der Jüdischen Nation,* Jg. 2, H. 9, 1809, S. 152.

34 In der Praxis verlief die Emanzipation in allen deutschen Staaten schrittweise, dabei gaben einige den Juden mehr Rechte als andere, und manche der Rechte, die bei der ersten Emanzipationswelle durch die Franzosen gewährt worden waren, wurden später in einigen Staaten wieder

zurückgenommen. So kam es, daß die Juden, nachdem sie rechtlich, politisch und gesellschaftlich »emanzipiert« worden waren, weiterhin als andersartig und unterlegen betrachtet wurden. Die kulturellen Vorurteile drückten sich auch weiterhin rechtlich wie praktisch aus. Siehe Sorkin, *The Transformation of German Jewry, 1780–1848*, S. 36.

35 Sorkin, *The Transformation of German Jewry, 1780–1848*, S. 23; siehe auch Erb und Bergmann, *Die Nachtseite der Judenemanzipation*, zu einer Erörterung der »dunklen Seite« der Emanzipation und der zugrundeliegenden Argumente (S. 27f. und die folgenden drei Kapitel). Die Staatsräson (erwachsen aus der aufklärerischen Vorstellung von Staat, Modernität und Staatsbürgerschaft), die die einzelnen deutschen Staaten veranlaßte, die Juden zu emanzipieren – obwohl die Minister dieser Staaten das kulturell-kognitive Modell teilten, das in ihnen grundsätzlich unangenehme Fremde sah –, diskutiert Mosse, »From ›Schutzjuden‹ to ›Deutsche Staatsbürger Jüdischen Glaubens‹«, S. 68–71 und S. 84 bis 87.

36 Siehe Uriel Tal, *Christians and Jews in Germany: Religion, Politics, and Ideology in the Second Reich, 1870–1914*, Ithaka 1975, S. 295–298.

37 Rose schreibt: »Das Gefährliche an vielen ›projüdischen‹ deutschen Schriften ist, daß ihre Vorzüge oft nur der manifeste Aspekt eines allgemeinen Argumentationszusammenhangs sind, dem unsichtbare Mängel ebenso integral zu eigen sind. Wenn Dohm sich in so lobenswerter Weise für die Rechte der Juden ausspricht, verwendet er dabei Begriffe, hinter denen sich unausgesprochen tiefsitzende deutsche Vorstellungen von jüdischer ›Fremdartigkeit‹ verbergen.« Siehe *Revolutionary Antisemitism in Germany from Kant to Wagner*, S. 77.

38 In enger Anlehnung an einen Abschnitt in Sterling, *Judenhaß*, S. 85. In den frühen vierziger Jahren des neunzehnten Jahrhunderts faßte eine Zeitung das liberale Emanzipationsversprechen gegenüber dem modernen Judentum so zusammen: Durch die Emanzipation werde »das Judentum zugrunde gehen« und das »Wesen des Judentums selbst erschüttert, und der Boden, in dem ihre Religion wurzelt, hinweggenommen; so wird dies von selbst verdorren, und ihre Synagogen werden sich in christliche Bethäuser verwandeln«.

39 Sterling, *Judenhaß*, S. 85f., siehe auch Alfred D. Low, *Jews in the Eyes of Germans: From Enlightenment to Imperial Germany*, Philadelphia 1979, S. 246f.

40 Felden, »Die Übernahme des antisemitischen Stereotyps«, S. 109–112, und Katz, *Vom Vorurteil bis zur Vernichtung*, S. 55–106.

41 Tal, *Christians and Jews in Germany*, S. 296.

42 Felden, »Die Übernahme des antisemitischen Stereotyps«, S. 39, und Sterling, *Judenhaß*, S. 68–87, S. 117, S. 126.

43 Das Material der letzten beiden Abschnitte stammt weitgehend aus Sterling, *Judenhaß*, S. 143f., S. 148–156 und S. 161.

44 Siehe Mosse, »From ›Schutzjuden‹ to ›Deutsche Staatsbürger Jüdischen Glaubens‹«, S. 68–71.

45 Zu den Ansichten der Christen über die Juden siehe Sterling, *Judenhaß*, S. 48–66.

46 Zu den Handwerkern siehe Shulamit Volkov, *The Rise of Popular Antimodernism in Germany: The Urban Master Artisans, 1873–1896*, Princeton 1978, insbes. S. 215–229.

47 Sterling, *Judenhaß*, S. 146.

48 Low beschließt seine Untersuchung über den deutschen Antisemitismus, die sich hauptsächlich auf die Ansichten der politischen Elite, der Intellektuellen und Schriftsteller konzentriert, mit einer niederschmetternden Einschätzung der Allgegenwärtigkeit dieses Phänomens in der deutschen Gesellschaft; seiner Auffassung nach gab es nur wenige Deutsche, die nicht »einige ausgedehnte antisemitische Phasen [durchliefen], und manche ... entwanden sich nie seinem Griff ... Zahlreiche Deutsche blieben ihr Leben lang Gefangene ihrer Vorurteile; andere überwanden sie in einem gewissen Maße; wenige nur befreiten sich vollständig davon.« Siehe *Jews in the Eyes of Germans*, S. 413f.

49 Katz, *Vom Vorurteil bis zur Vernichtung*, S. 175.

50 Felden, »Die Übernahme des antisemitischen Stereotyps«, S. 34–45; sowie Katz, *Vom Vorurteil bis zur Vernichtung*, S. 12f.

51 Die gesamte Kampagne diskutiert Harris, *The People Speak!*, S. 123 bis 149, insbes. S. 123–126. Sterling legt dar, daß die Bedeutung der Petitionen als Indikator für die Stimmung der bayerischen Bevölkerung damals von Anhängern der Emanzipation in Frage gestellt wurde, die behaupteten, befürwortende Eingaben seien von den örtlichen Behörden konfisziert worden. Eine Untersuchung durch die bayerische Regierung kam zu dem Schluß, daß nicht alle Regionen und Bürger dagegen waren, den Juden Rechte einzuräumen; vielen war die Angelegenheit vielmehr gleichgültig, bis sie von Priestern und anderen judenfeindlichen Agitatoren aufgehetzt wurden. (*Judenhaß*, S. 160ff.) Auch dieser Bericht deutet, obwohl er die Bevölkerung nicht durchgängig für antisemitisch vergiftet hielt, auf die antisemitische Grundprägung der Bayern hin, eben weil die Agitatoren sie so leicht dazu veranlassen konnten, ihren Antisemitismus zum Ausdruck zu bringen.

52 *Harris, The People Speak!*, S. 166.

53 *Harris, The People Speak!*, S. 169.

54 *Harris, The People Speak!*, S. 128, S. 132–137, S. 142.

55 *Harris, The People Speak!*, S. 142.

56 *Harris, The People Speak!*, S. 137.

57 Katz, *Vom Vorurteil bis zur Vernichtung*, S. 276. Neben den allgemeinen antijüdischen Kampagnen führten die Deutschen zahlreiche Vorstöße durch, um Verbote bestimmter jüdischer Praktiken durchzusetzen. Das betraf insbesondere das Schächten, das rituelle Schlachten von Tieren, um koscheres Fleisch zu erhalten. Kampagnen, die sich gegen Bräuche richteten, ohne die eine – orthodoxe – jüdische Existenz nicht möglich war, stellten einen symbolischen Angriff auf die Juden selbst dar. Siehe Isaac Lewin, Michael Munk und Jeremiah Berman, *Religious Freedom: The Right to Practice Shchitah*, New York 1946.

58 1871 lebten 512 000 Juden im Deutschen Reich, das entsprach 1,25 Prozent der Bevölkerung. 1910 war die Zahl zwar auf 615 000 gestiegen, doch der jüdische Bevölkerungsanteil gleichzeitig auf unter ein Prozent gesunken. Siehe Pulzer, *Die Entstehung des politischen Antisemitismus in Deutschland und Österreich*, S. 18.

59 Zitiert bei Hortzitz, *»Früh-Antisemitismus« in Deutschland*, S. 61.

60 Sterling, *Judenhaß*, S. 51. Das Problem wurde deshalb in kosmologische Größenordnungen übertragen, wodurch die Juden in den Augen der Deutschen die moralische Ordnung ernsthaft bedrohten. Diese war nach christlicher Auffassung mit der natürlichen Ordnung verknüpft, und gerade dies verlieh der Bedrohung globale Ausmaße.

61 Felden, »Die Übernahme des antisemitischen Stereotyps«, S. 20.
62 Pulzer, *Die Entstehung des politischen Antisemitismus in Deutschland und Österreich*, S. 66. Die kulturell geprägte Auffassung, daß die Juden Christenblut zu rituellen Zwecken verwenden, reicht bis ins Mittelalter zurück. Siehe R. Pochia Hsia, *The Myth of Ritual Murder: Jews and Magic in Reformation Germany*, New Haven 1988.
63 Beispiele finden sich in Sterling, *Judenhaß*, S. 144f., und Felden, »Die Übernahme des antisemitischen Stereotyps«, S. 44.
64 Sterling, *Judenhaß*, S. 146.
65 Felden, »Die Übernahme des antisemitischen Stereotyps«, S. 38.
66 Siehe Felden, »Die Übernahme des antisemitischen Stereotyps«, S. 35f., S. 47–71.
67 Zitiert bei Katz, *Vom Vorurteil bis zur Vernichtung*, S. 149.
68 Zur Analyse dieser Veränderungen siehe Felden, »Die Übernahme des antisemitischen Stereotyps«; Hortzitz, »*Früh-Antisemitismus« in Deutschland;* Katz, *Vom Vorurteil bis zur Vernichtung.*
69 Dies stützt sich unter anderem auf das von Hortzitz, »*Früh-Antisemitismus« in Deutschland,* präsentierte Material. Die emanzipationsfeindliche Stimmung brachte ein Priester im Baden der dreißiger Jahre besonders eindringlich zum Ausdruck, als er meinte, eine Choleraepidemie in seiner Gemeinde sei ihm lieber als die Emanzipation der Juden in seiner Heimat, siehe Erb und Bergmann, *Die Nachtseite der Judenemanzipation,* S. 193.
70 Daß die Deutschen die Juden als »Nation« mit einem spezifischen Nationalcharakter auffaßten, ist die Kernaussage von Rose, in: *Revolutionary Antisemitism in Germany from Kant to Wagner* über die Kontinuität und den Charakter des modernen deutschen Antisemitismus (siehe insbes. S. 3–22). Rose vertritt allerdings die Ansicht, diese Auffassung habe bereits vor der Emanzipation das Wesen des deutschen Antisemitismus bestimmt, ohne daß sich daran im neunzehnten Jahrhundert Wesentliches geändert hätte, wenn man von der Verquickung mit dem pseudowissenschaftlichen Rassenbegriff einmal absieht.
71 Felden, »Die Übernahme des antisemitischen Stereotyps«, S. 41.
72 Felden, »Die Übernahme des antisemitischen Stereotyps«, S. 71.
73 Katz, *Vom Vorurteil bis zur Vernichtung*, S. 18.
74 Sorkin, *The Transformation of German Jewry, 1780–1840,* S. 28; Rose, *Revolutionary Antisemitism in Germany from Kant to Wagner,* S. 12ff.
75 Sterling, *Judenhaß*, S. 126. Siehe auch Erb und Bergmann, *Die Nachtseite der Judenemanzipation,* S. 48–52. Zu jener Zeit, schreiben sie, war »in populären Blättern ... ein ›Rassismus vor dem Rassismus‹ präsent.« S. 50.
76 Zitiert bei Sterling, *Judenhaß*, S. 120.
77 Siehe zu diesem Punkt Felden, »Die Übernahme des antisemitischen Stereotyps«, S. 34.
78 Steven Aschheim schreibt in *Brothers and Strangers: The East European Jew in German und German Jewish Consciousness, 1800–1923,* Madison 1982, S. 78: »Das historisch überlieferte Bild des Juden ist in Deutschland niemals ausgestorben und stand bei den entsprechenden Strukturkrisen stets zur Ausbeutung bereit. Dem Talmud- und Ghettojuden, dem man traditionell Furcht und Mißtrauen entgegenbrachte, pfropfte man nun den Begriff des modernen Juden auf, der charakterlos und voller böser Absichten sei.«

79 Siehe Pulzer, *Die Entstehung des politischen Antisemitismus in Deutschland und Österreich,* S. 50f.
80 Prägnant, aber ungenau faßt Pulzer den Unterschied zwischen dem, was er den »vorliberalen, rückwärtsgewandten« und den »nachliberalen, die Massen ergreifenden« Antisemitismus nennt, zusammen: »Das verschwommene und irrationale Bild, das das Publikum vom Juden als dem Feind hatte, änderte sich vermutlich nicht sehr, als die Redner aufhörten, von ›Christusschlächtern‹ zu sprechen und über die Gesetze des Blutes redeten. Der Unterschied lag in der erreichten Wirkung. Sie ermöglichte dem Antisemitismus, elementarer und kompromißloser zu werden. Die logische Konsequenz war, die Gaskammer an die Stelle des Pogroms zu setzen.« Siehe *Die Entstehung des politischen Antisemitismus in Deutschland und Österreich,* S. 66.
81 Zu einer Darstellung dieser Anschuldigungen siehe Felden, »Die Übernahme des antisemitischen Stereotyps,«, S. 47–70.
82 Felden, »Die Übernahme des antisemitischen Stereotyps«, S. 51. Gegen Ende des neunzehnten Jahrhunderts wurde die physiologische, rassische Grundlage der besonderen Merkmale der Juden immer stärker betont. Auf bildlichen Darstellungen werden sie zunehmend als finstere und dämonische Gestalten gezeichnet. Siehe Eduard Fuchs, *Die Juden in der Karikatur,* München 1921.
83 Felden, »Die Übernahme des antisemitischen Stereotyps«, S. 66.
84 Zit. nach Felden, »Die Übernahme des antisemitischen Stereotyps«, S. 51.
85 Siehe Sterling, *Judenhaß,* S. 113f., S. 128f.
86 Tal schreibt: »Der rassisch begründete Antisemitismus und das traditionelle Christentum gingen zwar von entgegengesetzten und allem Anschein nach unvereinbaren Positionen aus, sie wurden jedoch von einer gemeinsamen Triebkraft bewegt, nämlich entweder die Konversion oder die Ausrottung der Juden zu verlangen.« Siehe *Christians and Jews in Germany,* S. 304. Zum Zusammenhang zwischen den verschiedenen Vorschlägen, sich der Juden zu entledigen, siehe Rose, *Revolutionary Antisemitism in Germany from Kant to Wagner,* S. 35–39.
87 Zitiert bei Sterling, *Judenhaß,* S. 121.
88 Felden, »Die Übernahme des antisemitischen Stereotyps«, S. 68.
89 Zitiert bei Pulzer, *Die Entstehung des politischen Antisemitismus in Deutschland und Österreich,* S. 49.
90 Felden, »Die Übernahme des antisemitischen Stereotyps«, S. 69. Hier gibt Felden Formulierungen verschiedener Autoren wieder.
91 Siehe auch die letzte, nicht paginierte Seite bei Felden, »Die Übernahme des antisemitischen Stereotyps«. Die folgende Analyse seiner Daten stammt von mir.
92 Natürlich konnte die Ausschaltungsmentalität unterschiedliche Handlungsweisen in Erwägung ziehen und schließlich auslösen. Eliminatorische Auffassungen sind wie die meisten anderen *multipotentiell;* für welchen Kurs man sich am Ende entscheidet, hängt von einer Vielzahl kognitiver wie nichtkognitiver Faktoren ab. An dieser Stelle möchte ich nur feststellen, daß diesen Auffassungen – bereits vor dem und unabhängig vom NS-Staat – eine ausgeprägte Tendenz zu Vernichtungs»lösungen« innewohnte. Zu weiteren Beispielen siehe Felden, »Die Übernahme des antisemitischen Stereotyps«, S. 150f.; Hortzitz, *»Früh-Antisemitismus« in Deutschland,* S. 283; und Sterling, *Judenhaß,* S. 113f.
93 Erb und Bergmann, *Die Nachtseite der Judenemanzipation,* S. 27.

94 *Deutsche Parteiprogramme,* hrsg. von Wilhelm Mommsen, München 1960, Bd. 1, S. 83f.

95 Laut Mosse, »From ›Schutzjuden‹ to ›Deutsche Staatsbürger Jüdischen Glaubens‹«, gilt für die achtziger und neunziger Jahre des neunzehnten Jahrhunderts, daß »es wenig Zweifel daran geben [kann], daß ohne die Neutralität [des Staates] und [die] Durchsetzung von Gesetz und Ordnung [durch ihn] über Deutschland eine weitere Welle von Pogromen mit unkalkulierbaren Auswirkungen hinweggefegt wäre« (S. 90). Eine anschauliche Darstellung eines Mannes, der Juden physisch angreifen wollte, aber an die Grenzen stieß, die der Staat gesetzt hatte, liefert Erich Goldhagen, »The Mad Count: A Forgotten Portent of the Holocaust«, in: *Midstream,* Jg. 22, H. 2, Februar 1976. Goldhagen schreibt unter anderem: »Bloße Worte konnten den Grafen jedoch nicht zufriedenstellen – ihn drängte es zum Handeln. Doch das Vergnügen, die Juden körperlich zu mißhandeln, gestattete ihm die Reichsregierung nicht; während sie die Hetze gegen die Juden hinnahm, erlaubte sie es nicht, daß man sie prügelte. Um seinen Leidenschaften zum Ausdruck zu verhelfen, entschloß Graf Pückler sich zu symbolischen Handlungen. An der Spitze eines Trupps berittener Bauern, den er extra für solche Gelegenheiten zusammengestellt hatte, und unter Trompetenschall tat er so, als führe er Kavallerieattacken gegen imaginäre Juden durch, schlug sie zu Boden und trampelte sie nieder. Bei diesem Spektakel handelte es sich um das psychische Äquivalent einer Mordaktion. Das Ganze war eine bemerkenswerte Vorwegnahme der ›Endlösung‹« (S. 61f.).

96 Werner Jochmann, »Struktur und Funktion des deutschen Antisemitismus 1878–1914«, in: Herbert A. Strauss und Norbert Kampe (Hrsg.), *Antisemitismus. Von der Judenfeindschaft zum Holocaust,* Bonn 1984, S. 121ff.

97 Siehe Hans Rosenberg, *Große Depression und Bismarckzeit. Wirtschaftsablauf, Gesellschaft und Politik in Mitteleuropa,* Berlin 1967, S. 102f.

98 Jochmann, »Struktur und Funktion des deutschen Antisemitismus 1878–1914«, S. 119f. und S. 123.

99 Hans-Ulrich Wehler, *Das deutsche Kaiserreich 1871–1918,* Göttingen 1973, S. 111.

100 Siehe Peter Pulzer, *Jews and the German State: The Political History of a Minority, 1848–1933,* Oxford 1992, S. 44–66.

101 Rudolf von Gneist nach Jochmann, »Struktur und Funktion des deutschen Antisemitismus 1878–1914«, S. 117.

102 Siehe George L. Mosse, *The Crisis of German Ideology: Intellectual Origins of the Third Reich,* New York 1964, S. 88–107.

103 Jochmann, »Struktur und Funktion des deutschen Antisemitismus 1878–1914«, S. 122f.

104 Wehler, *Das deutsche Kaiserreich,* S. 112.

105 Felden, »Die Übernahme des antisemitischen Stereotyps«, S. 85. Zum Antisemitismus – und einigen seiner Varianten – unter deutschen Katholiken und zur politischen Ausbeutung des Antisemitismus durch die Zentrumspartei siehe David Blackbourn, »Catholics, the Centre Party and Antisemitism«, in: *Populists and Patricians: Essays in Modern German History,* London 1987, S. 168–187.

106 Siehe Pulzer, *Jews and the German State,* S. 148–167.

107 Seit 1890 waren antisemitische Appelle in den politischen Kampagnen der Nationalliberalen und des Zentrums fest etabliert. Felden, »Die Übernahme des antisemitischen Stereotyps«, S. 46.

108 Das Erfurter Programm der Antisemitenpartei Böckels begann mit einer unzweideutigen Erklärung ihrer Identität und ihrer zentralen Absicht: »Die antisemitische Partei ... erstrebt zunächst die Aufhebung der Judenemanzipation auf gesetzlichem Wege, Stellung der Juden unter Fremdengesetze und Schaffung einer gesunden sozialen Gesetzgebung.« Siehe Pulzer, *Die Entstehung des politischen Antisemitismus in Deutschland und Österreich.* S. 272.

109 Pulzer, *Die Entstehung des politischen Antisemitismus in Deutschland und Österreich,* S. 101.

110 Pulzer, *Die Entstehung des politischen Antisemitismus in Deutschland und Österreich,* S. 102.

111 Pulzer, *Die Entstehung des politischen Antisemitismus in Deutschland und Österreich,* S. 103ff. Natürlich traten die Konservativen auch für eine Reihe anderer Ziele ein, doch war der Antisemitismus in Deutschland symbolisch wie begrifflich mit vielen Aspekten der Politik, unter anderem mit dem Nationalismus, verknüpft.

112 Für eine Erörterung dieser Fragen siehe Pulzer, *Die Entstehung des politischen Antisemitismus in Deutschland und Österreich,* S. 159–162. Der Autor zeigt, daß sogar die liberalen Parteien, obwohl nicht offiziell rassistisch, stillschweigend den Antisemitismus akzeptiert hatten, und zwar nicht zuletzt deshalb, weil sie feststellen mußten, daß viele ihrer Anhänger Antisemiten waren (S. 159f.).

113 Pulzer schreibt: »Insofern als die antisemitischen Parteien weite Teile der Bevölkerung durchdrungen hatten, war es ihnen nicht nur gelungen, ihr Ziel zu erreichen, sondern sie hatten sich auch selbst arbeitslos gemacht.« Siehe *Die Entstehung des politischen Antisemitismus in Deutschland und Österreich,* S. 231.

114 Auf diese Thematik wird unten in Kapitel 16 näher eingegangen. Zu einer vergleichenden Behandlung des Antisemitismus in verschiedenen Regionen Europas siehe Katz, *Vom Vorurteil bis zur Vernichtung.*

115 Rainer Erb und Werner Bergmann, *Die Nachtseite der Judenemanzipation,* sprechen für die Phase von 1780 bis 1860, der ihre Untersuchung galt, von einer »geteilten Überzeugung von der Schädlichkeit der Juden«, der mehr oder weniger alle anhingen; die exterminatorischen Forderungen ergaben sich aus diesem allgemein verbreiteten kulturellen Modell (S. 196).

116 Rosenberg, *Große Depression und Bismarckzeit,* S. 94ff.

117 Siehe Low, *Jews in the Eyes of the Germans,* hier findet sich reichhaltiges Material über alle Ausdrucksformen des Antisemitismus; zur bildlichen Darstellungen von Juden siehe Fuchs, *Die Juden in der Karikatur.*

118 Werner Mosse, »From ›Schutzjuden‹ to ›Deutsche Staatsbürger Jüdischen Glaubens‹« schreibt: »Tatsächlich wurde es in den Jahrzehnten, die [auf die Emanzipation] folgten, zu einer Selbstverständlichkeit – und zwar nicht ohne Berechtigung –, daß die Masse der Bevölkerung, insbesondere in ländlichen Gebieten, wo die meisten Juden lebten, diese nicht mochte und gegen ihre weitere Emanzipation war« (S. 72).

Kapitel 3

1 Klemens Felden, »Die Übernahme des antisemitischen Stereotyps als soziale Norm durch die bürgerliche Gesellschaft Deutschlands (1875–1900)«, Phil. Diss., Heidelberg 1963, S. 47.

2 Siehe Werner Jochmann, »Die Ausbreitung des Antisemitismus in Deutschland 1914–1923«, in: *Gesellschaftskrise und Judenfeindschaft in Deutschland 1870–1945,* Hamburg 1988, S. 99. Alex Bein, *Die Judenfrage. Biographie eines Weltproblems,* Bd. 1, Stuttgart 1980, S. 3, datiert das Aufkommen dieses Begriffs auf die Zeit um 1880: »In der Unzahl von Schriften, die damals erschienen, wurde wiederum der Begriff ›Judenfrage‹ in erster Linie von Judengegnern verwendet, denen die Existenz der Juden und ihr Verhalten mindestens problematisch, wenn nicht gefahrdrohend erschien« (S. 3).

3 Die sprachlichen Gewohnheiten der Juden unterlagen ebenfalls den Grenzen der kognitiven und linguistischen Modelle ihrer Zeit, so daß auch sie den Begriff »Judenfrage« in ihrer Alltagssprache und in ihren Lexika verwendeten. *Das Jüdische Lexikon. Ein enzyklopädisches Handbuch des jüdischen Wissens in vier Bänden,* Berlin 1929, definierte: »JUDENFRAGE bezeichnet die Gesamtheit der durch das Zusammenleben der J. mit anderen Völkern entstandenen Probleme« (Bd. 3, S. 421). Diese eigentümlich neutrale Definition leugnet die Verantwortung der Juden für die »Probleme«, die das dem Begriff zugrundeliegende kognitive Modell ihnen eigentlich zuweist. Selbst wenn die Redakteure dieses Lexikons die wahre Bedeutung dieses Begriffs nicht anerkennen und kodifizieren wollten, so verstanden doch Juden, die ihn hörten oder lasen, als Mitglieder dieser Gesellschaft seine umfassenden Implikationen. Siehe Leonore Siegele-Wenschkewitz, »Die Auseinandersetzung mit einem Stereotyp: Die Judenfrage im Leben Martin Niemöllers«, in: Ursula Büttner (Hrsg.), *Die Deutschen und die Judenverfolgung im Dritten Reich,* Hamburg 1992, S. 293. Zum Gebrauch des Begriffs durch Deutsche und Juden siehe Bein, *Die Judenfrage, Biographie eines Weltproblems,* Bd. 1, S. 3.

4 Seit dem Ende des 19. Jahrhunderts gingen Deutsche dazu über, die osteuropäischen Juden, die in Deutschland lebten, als Ausdruck des unverfälscht Jüdischen zu begreifen. Aschheim schreibt in *Brothers and Strangers: The East European Jew in German and German Jewish Consciousness,* Madison 1982: »Während der Kaftanjude eine geheimnisvolle Vergangenheit verkörperte, symbolisierte der Krawattenjude eine beängstigende Gegenwart« (S. 76). Im Verständnis dieser Deutschen stellte die »Rasse« die Verbindung zwischen den Ostjuden und den deutschen Juden her. Daher dienten jene »als ständige Erinnerung an das rätselhafte und bedrückende Ghettoleben« und wurden von den Antisemiten als »lebende Verkörperung einer grundsätzlich fremden, ja sogar feindlichen Kultur betrachtet« (S. 58f.), was wiederum das kognitive Modell der Deutschen bestätigte.

5 Peter G. J. Pulzer, *Die Entstehung des politischen Antisemitismus in Deutschland und Österreich,* Gütersloh 1966, S. 231.

6 Siehe Jochmanns Darstellung der Angriffe von Deutschen auf deutsche Juden während des Krieges in »Die Ausbreitung des Antisemitismus in Deutschland 1914–1923«, S. 101–117; sowie Saul Friedländer, »Political Transformations During the War and their Effect on the Jewish Ques-

tion«, in: Herbert A. Strauss (Hrsg.), *Hostages of Modernization: Studies on Modern Antisemitism 1879–1933/39,* Berlin/New York 1993, S. 150–164. Die Attacken waren so giftig und wurden während der Weimarer Republik dennoch so axiomatisch, daß die jüdische Gemeinschaft sich veranlaßt sah, die antisemitischen Vorwürfe zu widerlegen. Siehe Jacob Segall, *Die deutschen Juden als Soldaten im Kriege. Eine statistische Studie,* Berlin 1921.

7 Zitiert bei Jochmann,»Die Ausbreitung des Antisemitismus in Deutschland 1914–1923«, S. 101.

8 Zitiert bei Uwe Lohalm, *Völkischer Radikalismus. Die Geschichte des Deutschvölkischen Schutz- und Trutz-Bundes,* Hamburg 1970, S. 435. Hervorhebung im Original.

9 Lohalm, *Völkischer Radikalismus,* S. 170

10 Das Material dieses Abschnitts stammt aus Lohalm, *Völkischer Radikalismus,* S. 164ff.

11 Heinrich August Winkler,»Die deutsche Gesellschaft der Weimarer Republik und der Antisemitismus«, in: Bernd Martin/Ernst Schulin (Hrsg.), *Die Juden als Minderheit in der Geschichte,* München 1981, S. 271–289

12 Siehe dazu Robert Craft,»Jews and Geniuses«, *New York Review of Books,* Jg. 36, H. 2, 16. Februar 1989. 1929 hatte Einstein festgestellt: »Als ich vor fünfzehn Jahren [aus Zürich] nach Deutschland kam, wurde mir zum ersten Mal bewußt, daß ich ein Jude war. Diese Entdeckung verdanke ich mehr den Nichtjuden als den Juden.«

13 Zitiert bei Lohalm, *Völkischer Radikalismus,* S. 435.

14 Jochmann,»Die Ausbreitung des Antisemitismus in Deutschland 1914–1923«, S. 167. Dieser Aufsatz bestätigt die Präsenz des Antisemitismus in der deutschen Gesellschaft zur Zeit der Weimarer Republik.

15 Michael Kater,»Everyday Anti-Semitism in Prewar Nazi Germany: The Popular Bases«, *YVS,* Jg. 16, 1984, S. 129–159, S. 133f.

16 Siehe Winkler,»Die deutsche Gesellschaft der Weimarer Republik und der Antisemitismus«, S. 271ff. Eine Ausnahme bildet hier nur die politisch unbedeutende Deutsche Demokratische Partei. Selbst die SPD unternahm wenig gegen den Antisemitismus der Nazis, siehe Donna Harsch, *German Social Democracy and the Rise of Nazism,* Chapel Hill 1993, S. 70.

17 Franz Böhm,»Antisemitismus«, Vortrag vom 12. März 1958, zitiert bei Werner Jochmann,»Antisemitismus und Untergang der Weimarer Republik», in: *Gesellschaftskrise und Judenfeindschaft in Deutschland 1870–1945,* S. 193.

18 Max Warburg, Brief an Heinrich von Gleichen vom 28. Mai 1931, zitiert bei Werner Jochmann,»Antisemitismus und Untergang der Weimarer Republik«, S. 192.

19 Hier zitiert nach *Der Aufstieg der NSDAP in Augenzeugenberichten,* hrsg. von Ernst Deuerlein, München 1974, S. 108–111.

20 Hitler, *Mein Kampf,* München 1934, S. 738.

21 Hitler, *Mein Kampf,* S. 772.

22 Angesichts der Vielzahl der Faktoren, die Deutsche so zahlreich zu den Nazis hinzogen, ist es kaum festzustellen, welche Rolle der Antisemitismus für die Wahlerfolge der NSDAP spielte. Eine Analyse der NSDAP-Wähler bieten Jürgen W. Falter, *Hitlers Wähler,* München 1991; Thomas Childers, *The Nazi Voter. The Social Foundations of Fascism in Ger-*

many, 1919–1933, Chapel Hill 1982; Richard F. Hamilton, *Who Voted for Hitler?,* Princeton 1982. Während die Hinwendung zu den Nazis zweifellos vorrangig mit den drängenden Problemen des Tages zusammenhing – der Wirtschaftskrise, dem politischen Chaos, dem Zusammenbruch der Weimarer Institutionen –, kann doch kein Zweifel daran bestehen, daß Hitlers spezifischer Antisemitismus Millionen Deutsche zumindest nicht davon abhielt, ihn politisch zu unterstützen.

23 Zu den Wahlergebnissen siehe Falter, *Hitlers Wähler,* S. 31, S. 36.

24 Es gibt zahlreiche allgemeine Analysen, die den deutschen Antisemitismus und die Einstellungen zur Verfolgung der Juden zum Gegenstand haben. Natürlich stimmen sie weder untereinander noch mit den hier vertretenen Schlußfolgerungen überein. Die wichtigste Sekundäranalyse ist David Bankier, *Die öffentliche Meinung im Hitler-Staat. Die »Endlösung« und die Deutschen. Eine Berichtigung,* Berlin 1995. Das Werk enthält weit mehr empirische Belege für meine Position, als ich aus Platzgründen darlegen kann; Bankier teilt einige meiner Argumente, doch unterscheiden wir uns wesentlich in unserer Grundauffassung. Da Bankier den Antisemitismus weder theoretisch oder analytisch darstellt noch Wahrnehmungsweisen, Überzeugungen und deren Beziehung zum Handeln erörtert, kann seine Interpretation der Quellen durchaus angezweifelt werden. Zu einer Literaturübersicht siehe die zahlreichen Publikationen von Ian Kershaw, insbesondere »Antisemitismus und Volksmeinung: Reaktionen auf die Judenverfolgung«, in: Martin Broszat und Elke Fröhlich (Hrsg.), *Bayern in der NS-Zeit,* Bd. 2, München 1989, S. 281–348; *Popular Opinion and Political Dissent in the Third Reich: Bavaria, 1933–1945,* Oxford 1983, Kapitel 6 und 9; »German popular opinion and the ›Jewish Question‹, 1939–1943: Some Further Reflections«, in: Arnold Paucker (Hrsg.), *Die Juden im nationalsozialistischen Deutschland: The Jews in Nazi Germany 1933–1943,* New York 1986, S. 365–386. Siehe auch Otto Dov Kulka und Arin Rodrigue, »The German Population and the Jews in the Third Reich: Recent Publications and Trends in Research on German Society and the ›Jewish Question‹«, *YVS,* Jg. 16, (1984), S. 421–435; Kater, *»Everyday Anti-Semitism in Prewar Nazi Germany«;* Robert Gellately, *Die Gestapo und die deutsche Gesellschaft. Die Durchsetzung der Rassenpolitik 1933–1945,* Paderborn 1993. Zwei vielzitierte Quellendokumentationen sind die *Deutschland-Berichte der Sozialdemokratischen Partei Deutschlands (Sopade) 1934–1940,* Bd. 1–7, Frankfurt/M. 1980 (im folgenden *Sopade*), und die *Meldungen aus dem Reich 1938–1945. Die geheimen Lageberichte des Sicherheitsdienstes der SS,* Bd. 1–17, hrsg. von Heinz Boberach, Herrsching 1984.

25 Melita Maschmann, *Fazit. Kein Rechtfertigungsversuch,* Stuttgart 1963, S.45f.

26 Wenn man sich mit den nahezu unbegrenzten Beispielen für den nationalsozialistischen Rassenantisemitismus beschäftigen will, kann man mit Hitlers *Mein Kampf* beginnen. Siehe auch Alfred Rosenberg, *Der Mythus des zwanzigsten Jahrhunderts,* München 1944. Eine volkstümlichere Darstellung bietet Hans Günther, *Die Rassenkunde des deutschen Volkes,* München 1935. Siehe auch den bösartigen, grellen rassistischen Antisemitismus, den Streichers Blatt *Der Stürmer* repräsentiert, das auf dem Höhepunkt seiner Verbreitung eine Auflage von 800 000 Exemplaren und das Dreifache an Lesern erreichte. Das offizielle Parteiorgan der

NSDAP, der *Völkische Beobachter,* war ebenfalls mit dieser Ideologie durchtränkt. Sekundäranalysen dazu bringen Eberhard Jäckel, *Hitlers Weltanschauung. Entwurf einer Herrschaft,* und Erich Goldhagen, »Obsession and Realpolitik in the ›Final Solution‹«, *Patterns of Prejudice,* Jg. 12, H. 1, 1978, S. 1–16. William L. Combs, *The Voice of the SS: A History of the SS Journal »Das Schwarze Korps«,* New York 1986, dokumentiert den virulenten, unerbittlichen Antisemitismus, den das offizielle Organ der Prätorianergarde der Bewegung vertrat.

27 Den »sozialen Tod« erörtert Orlando Patterson, *Slavery and Social Death: A Comparative Story,* Cambridge 1982, insbes. S. 1–14. Der »soziale Tod« der Juden in NS-Deutschland wird in Kapitel 5 diskutiert.

28 Zu einer Darstellung der Übergriffe in diesen ersten Monaten siehe Rudolf Diels, *Lucifer Ante Portas: Zwischen Severing und Heydrich,* Zürich o. J.

29 Diesem landesweiten Boykott waren Anfang März lokale Maßnahmen in wenigstens zwölf deutschen Städten vorausgegangen. Siehe Robert Gellately, *Die Gestapo und die deutsche Gesellschaft,* S. 121.

30 *Why I Left Germany, by a German Jewish Scientist,* London 1934, S. 132f. Der Autor, der die drohende Gefahr frühzeitig erkannte, verließ Deutschland bereits 1933. Die antisemitisch durchtränkte Atmosphäre nahm ihm jede Hoffnung, daß sich die Lebensbedingungen für Juden verbessern oder auch nur stabilisieren würden. Die Frage nach der moralischen und tatsächlichen Verantwortung für die judenfeindliche Atmosphäre und Politik beantwortete er folgendermaßen: »›Ist das Volk als Ganzes für jedes Verbrechen verantwortlich, das in seinem Namen begangen wird?‹ fragte ich mich. Eine innere Stimme antwortete: ›In diesem Falle trägt die ganze Nation die Verantwortung für eine Regierung, die sie an die Macht gebracht hat und der im vollen Bewußtsein dessen, was geschieht, das Volk immer dann zujubelt, wenn ein Akt der Gewalt oder der Ungerechtigkeit begangen worden ist‹« (S. 182).

31 Avraham Barkai, *Vom Boykott zur »Entjudung«. Der wirtschaftliche Existenzkampf der Juden im Dritten Reich, 1933–1943,* Frankfurt/M. 1988, S. 27.

32 Einen allgemeinen Überblick geben Raul Hilberg, *Die Vernichtung der europäischen Juden,* und Reinhard Rürup, »Das Ende der Emanzipation: die antijüdische Politik in Deutschland von der ›Machtergreifung‹ bis zum Zweiten Weltkrieg«, in: Arnold Paucker (Hrsg.), *Die Juden im nationalsozialistischen Deutschland,* S. 97–114; zur Vernichtung ihrer ökonomischen Existenz siehe Barkai, *Vom Boykott zur »Entjudung«;* zur Ärzteschaft siehe Michael Kater, *Doctors Under Hitler,* Chapel Hill 1989, S.177–221.

33 Bankier, *Die öffentliche Meinung im Hitler-Staat,* S. 94; Hilberg, *Die Vernichtung der europäischen Juden,* S. 69–163.

34 Bankier schreibt: »Auch wenn die Bevölkerung anerkannte, daß das Judenproblem in irgendeiner Art gelöst werden müsse, ist die Art der Verfolgung von breiten Kreisen als abstoßend empfunden worden.« Siehe *Die öffentliche Meinung im Hitler-Staat,* S. 95.

35 Bankier, *Die öffentliche Meinung im Hitler-Staat,* S. 96f.

36 Kershaw, *Popular Opinion and Political Dissent in the Third Reich,* S.142f.

37 Fritz Stern, *Der Traum vom Frieden und die Versuchung der Macht. Deutsche Geschichte im 20. Jahrhundert,* Berlin 1988, S. 200.

38 Eine Auflistung der vielen Verbote und Einschränkungen, die die Deutschen den Juden in Deutschland auferlegten, enthält Joseph Walk (Hrsg.), *Das Sonderrecht für die Juden im NS-Staat: Eine Sammlung der gesetzlichen Maßnahmen und Richtlinien – Inhalt und Bedeutung,* Heidelberg 1981.

39 Robert Gellately, *Die Gestapo und die deutsche Gesellschaft,* S. 124.

40 Kater, »Everyday Anti-Semitism in Prewar Nazi Germany«, S. 145.

41 Marvin Lowenthal, *The Jews of Germany: A Story of Sixteen Centuries,* Philadelphia 1938, S. 411.

42 Diese Charakterisierung stammt aus dem Beschwerdebrief eines Würzburger Juden von 1934, zitiert bei Gellately, *Die Gestapo und die deutsche Gesellschaft,* S. 124.

43 *Why I Left Germany,* by a German Jewish Scientist, S. 82.

44 Die meisten der in diesem Abschnitt erwähnten Ereignisse schildert Kater, »Everyday Antisemitism in Prewar Nazi Germany«, S. 142–150.

45 Zitiert bei Kater, »Everyday Anti-Semitism in Prewar Nazi Germany«, S. 144f.

46 Konrad Kwiet und Helmut Eschwege, *Selbstbehauptung und Widerstand. Deutsche Juden im Kampf um Existenz und Menschenwürde 1933–1945,* Hamburg 1984, S. 44.

47 Gellately beschreibt ähnliches aus Franken und kommt zu dem Schluß »daß die Juden Deutschland – besonders die ländlichen Gebiete – hauptsächlich deshalb verließen, weil sie Gewalt gegen ihre Person oder ihr Eigentum befürchteten. In einem ländlichen oder kleinstädtischen Milieu sprechen sich Mißhandlungen, Verhaftungen oder Eigentumsbeschädigungen rasch herum.« Gellately, *Die Gestapo und die deutsche Gesellschaft,* S. 123.

48 Diese Darstellung hält sich eng an Herbert Schultheis, *Die Reichskristallnacht in Deutschland: Nach Augenzeugenberichten,* Bad Neustadt a. d. Saale 1986, S. 158f. Zu ähnlichen Ereignissen in einer anderen Stadt, Ober-Seemen, siehe S. 159f.

49 Wolf-Arno Kropat, *Kristallnacht in Hessen: Der Judenpogrom vom November 1938,* Wiesbaden 1988, S. 245.

50 Siehe dazu Kater, »Everyday Anti-Semitism in Prewar Nazi Germany«, S. 148.

51 Die Gewalttätigkeit richtete sich gegen ganz bestimmte, nicht zufällig ausgewählte Ziele. Ein häufig gesungenes SA-Lied brachte die Mordlust der SA-Leute drastisch zum Ausdruck:
»Ihr Sturmkolonnen jung und alt,
nehmt die Waffen in die Hand;
denn die Juden hausen fürchterlich
im deutschen Vaterland.
Wenn der Sturmsoldat ins Feuer geht,
ja, dann ist er frohen Mut,
denn wenn das Judenblut vom Messer spritzt,
dann geht's noch mal so gut.«
Zitiert in *Die Stellung der Nationalsozialistischen Deutschen Arbeiterpartei (NSDAP) zur Judenfrage. Eine Materialsammlung,* vorgelegt vom Centralverein deutscher Staatsbürger jüdischen Glaubens e. V., Berlin 1932. Konnte irgend jemand, der dieser Institution angehörte oder der

dieses oder ein ähnliches blutrünstiges Nazilied hörte, daran zweifeln, daß sich hier Menschen äußerten, die es todernst meinten? Wie konnte jemand eine derartige Bewegung unterstützen, wenn er oder sie nicht die nationalsozialistische Auffassung vom Wesen der Juden teilte?

52 Kater, »Everyday Anti-Semitism in Prewar Nazi Germany«, S. 142.

53 Gellately, *Die Gestapo und die deutsche Gesellschaft*, S.128f.

54 Zum Ausschluß der Juden von öffentlichen Bädern siehe Kater, »Everyday Anti-Semitism in Prewar Nazi Germany«, S. 156ff.; Martin Broszat und Elke Fröhlich (Hrsg.), *Bayern in der NS-Zeit*, München – Wien 1978, S. 450.

55 So lautet die Schlußfolgerung bei Kater, »Everyday Anti-Semitism in Prewar Nazi Germany«, S. 154.

56 Kater,»Everyday Anti-Semitism in Prewar Nazi Germany«, S. 150–154, und *Doctors Under Hitler*, S. 177–221.

57 Siehe beispielsweise Arye Carmon, »The Impact of Nazi Racial Decrees on the University of Heidelberg«, *YVS*, Jg. 11, 1976, S. 131–163.

58 Aus einem Urteil vom 27.7.1933, *Juristische Wochenschrift*, Jg. 62, H.49, 9.12.1933.

59 Siehe Ingo Müller, *Furchtbare Juristen. Die unbewältigte Vergangenheit unserer Justiz,* München 1987, S. 99.

60 Müllers Buch *Furchtbare Juristen* liefert zahlreiche Belege, die diese Ansicht stützen. Viele Richter teilten den allgemeinen Rassenbiologismus und unterstützten daher die mörderische eugenische Politik der Nationalsozialisten. (S. 127–133).

61 Otto Dov Kulka, »Die Nürnberger Rassengesetze und die deutsche Bevölkerung im Lichte geheimer NS-Lage- und Stimmungsberichte«, *VfZ*, Jg. 32, 1984, S. 623.

62 Reichsgesetzblatt 1935, S. 1146ff. Zur Interpretation der Nürnberger Gesetze und der deutschen Versuche einer Definition »des Juden« siehe Hilberg, *Die Vernichtung der europäischen Juden,* S. 69–84, und Lothar Gruchmann, »›Blutschutzgesetz‹ und Justiz: Zur Entstehung und Auswirkung des Nürnberger Gesetzes vom 15. September 1935«, *VfZ*, Jg. 31, 1983, S. 418–442.

63 Zitiert bei Gellately, *Die Gestapo und die deutsche Gesellschaft,* S. 129. Gellately bemerkt dazu, einige Angehörige der Mittelschicht hätten diese Gesetze zwar für ein wenig extrem gehalten, im allgemeinen aber positiv aufgenommen. Zu einer ausführlicheren Erörterung der Motive für die Zustimmung siehe Kulka, »Die Nürnberger Rassegesetze und die deutsche Bevölkerung im Lichte geheimer NS-Lage-und Stimmungsberichte«, S. 582–624.

64 Klaus Mlynek (Hrsg.), *Gestapo Hannover meldet ...: Polizei- und Regierungsberichte für das mittlere und südliche Niedersachsen zwischen 1933 und 1937,* Hildesheim 1986, S. 524. Der zitierte Bericht schildert die Empörung der Bevölkerung über die Ermordung eines Schweizer NS-Führers durch einen Juden.

65 *Sopade,* Juli 1938, A 76.

66 *Sopade,* Juli 1938, A 78.

67 Bankier, *Die öffentliche Meinung im Hitler-Staat,* S. 113–118.

68 Siehe Walter H. Pehle, (Hrsg.), *Der Judenpogrom 1938. Von der Reichskristallnacht zum Völkermord,* Frankfurt/M. 1988, vor allem die Beiträge von Wolfgang Benz, Uwe Dietrich Adam und Trude Maurer. Zu einer Regionaluntersuchung siehe Kropat, *Kristallnacht in Hessen.*

69 Avraham Barkai, »Schicksalsjahr 1938. Kontinuität und Verschärfung der wirtschaftlichen Ausplünderung der Juden«, in: Walter H. Pehle (Hrsg.), *Der Judenpogrom 1938. Von der Reichskristallnacht zum Völkermord,* Frankfurt/M. 1988, S. 113.

70 Kropat, *Kristallnacht in Hessen,* S. 187.

71 Kropat, *Kristallnacht in Hessen,* S. 66–74, S. 243f.

72 Bankier, *Die öffentliche Meinung im Hitler-Staat,* S. 120. Ein kommunistisches Untergrundflugblatt erklärte, viele Katholiken seien entsetzt gewesen, weil die brennenden Synagogen sie an die Angriffe der Hitlerbanden auf die Bischofsresidenzen in Rottenburg, Wien und München erinnert hätten.

73 Kropat, *Kristallnacht in Hessen,* S. 243.

74 Bernt Engelmann, *Im Gleichschritt marsch. Wie wir die Nazizeit erlebten,* Köln 1982, S. 300f.

75 Kershaw, *Popular Opinion and Political Dissent in the Third Reich,* S. 267–271; Bankier, *Die öffentliche Meinung im Hitler-Staat,* S. 118 bis 122; Gellately, *Die Gestapo und die deutsche Gesellschaft,* S. 144.

76 Kershaw schreibt: »Eine weitverbreitete Feindseligkeit gegenüber den Juden, unkritische Zustimmung zu den antisemitischen Verfügungen der Regierung, aber auch scharfe Verurteilung des Pogroms wegen der damit verbundenen Zerstörung materieller Werte und des geschmacklosen, rowdyhaften Charakters der ›Aktion‹ der ›Gossenelemente‹ kennzeichnen die Reaktionen beträchtlicher Kreise der Bevölkerung. Selbst viele Antisemiten, sogar Parteimitglieder fanden das Pogrom widerlich, stimmten aber seinem tiefsten Grund und seinen Konsequenzen zu.« Siehe *Popular Opinion and Political Dissent in the Third Reich,* S. 269.

77 Siehe Barkai, *Vom Boykott zur »Entjudung«,* S. 151.

78 Bankier, *Die öffentliche Meinung im Hitler-Staat,* S. 121.

79 Hermann Glaser, »Die Mehrheit hätte ohne Gefahr von Repressionen fernbleiben können«, in: Jörg Wollenberg, *»Niemand war dabei und keiner hat's gewußt«: Die deutsche Öffentlichkeit und die Judenverfolgung 1933–1945,* München 1989, S. 26f.

80 Alfons Heck, *The Burden of Hitler's Legacy,* Frederick 1988, S. 62.

81 Kershaw, *Popular Opinion and Political Dissent in the Third Reich: Bavaria, 1933-1945,* S. 147.

82 Maschmann, *Fazit. Kein Rechtfertigungsversuch,* S. 61.

83 Der Begriff stammt von Erich Goldhagen.

84 Siehe Bankier, *Die öffentliche Meinung im Hitler-Staat,* S. 107f. Zur juristischen Behandlung der »Rassenschande« am Beispiel einer Region siehe Hans Robinsohn, *Justiz als politische Verfolgung: Die Rechtsprechung in »Rassenschandefällen« beim Landgericht Hamburg 1936–1943,* Stuttgart 1977.

85 In diesem Abschnitt folge ich Bankier, *Die öffentliche Meinung im Hitler-Staat,* S. 168ff.

86 Auch wenn einige den »Rassismus« formal ablehnten, weil er gegen die universalistischen Lehren der Kirche verstieß, so akzeptierten sie doch den zentralen Grundsatz der »rassistischen« Sichtweise – mit seinen eliminatorischen Implikationen –, daß Juden nicht erlöst werden konnten.

87 Bankier, *Die öffentliche Meinung im Hitler-Staat,* S. 167f. Siehe auch Guenther Lewy, *Die katholische Kirche und das Dritte Reich,* München 1965, S. 312f., und Richard Gutteridge, *The German Evangelical Church and the Jews 1879–1950,* New York 1976, S. 233.

88 Bankier, *Die öffentliche Meinung im Hitler-Staat,* S. 122.

89 Verschont blieben nur Juden in »Mischehen« oder von »gemischter Abstammung«, ebenso wie diejenigen, die innerhalb Deutschlands bereits in Konzentrationslagern gefangengehalten wurden.

90 Anna Haag, *Das Glück zu leben,* Stuttgart 1967, Eintragung für den 5. Oktober 1942, zitiert nach Bankier, *Die öffentliche Meinung im Hitler-Staat,* S. 179. Es ist kaum zu verstehen, warum Bankier, der diese Episode erwähnt, dazu schreibt, daß »Vorfälle dieser Art untermauern, daß der tägliche Kontakt mit einer virulenten antisemitischen Atmosphäre bei der Bevölkerung zunehmend das Empfinden für den schlimmen Zustand ihrer jüdischen Nachbarn abgetötet hat.« Dieser Zwischenfall beweist wie so viele andere gerade kein Nachlassen der Empfindsamkeit, sondern ist Ausdruck tiefverwurzelter Überzeugungen. Daß mehr als nur sehr wenige Deutsche während der Nazizeit »Mitleid mit ihren jüdischen Nachbarn« verspürt haben sollen, ist eine Annahme, die nicht belegt werden kann; alle empirischen Belege, die Bankier in seinem Buch präsentiert, widersprechen ihr meiner Ansicht nach.

91 Gerhard Schoenberner (Hrsg.), *Wir haben es gesehen. Augenzeugenberichte über Terror und Judenverfolgung im Dritten Reich,* Hamburg 1962, S. 300.

92 Bankier, *Die öffentliche Meinung im Hitler-Staat,* S. 186.

93 Karl Ley, *Wir glauben Ihnen. Tagebuchaufzeichnungen und Erinnerungen eines Lehrers aus dunkler Zeit,* Siegen-Volnsberg 1973, S. 115.

94 Ruth Andreas-Friedrich, *Der Schattenmann. Tagebuchaufzeichnungen 1938–1945,* Frankfurt/M. 1986, S. 96. Kershaw schreibt: »Es gibt zahllose Beweise, daß das Schicksal der Juden bekannt war, Kenntnisse darüber also zugänglich waren.« Siehe »German Popular Opinion and the ›Jewish Question‹, 1939–1943«, S. 380. Ein interner Bericht der Parteikanzlei über die Nachrichtenlage in Deutschland hinsichtlich der Vernichtung der Juden findet sich in Peter Longerich (Hrsg.), *Die Ermordung der europäischen Juden: Eine umfassende Dokumentation des Holocaust, 1941–1945,* München 1989, S. 433f. Gegen die Auffassung, daß in Deutschland nur sehr wenige von der systematischen Ermordung der Juden wußten, sprechen viele Belege. Dennoch wird dieser Mythos weiterhin geglaubt und verbreitet. Siehe dazu Hans-Heinrich Wilhelm, »Wie geheim war die ›Endlösung‹?«, in: *Miscellenea. Festschrift für Helmut Krausnick zum 75. Geburtstag,* hrsg. v. Wolfgang Benz, Stuttgart 1980, S. 131–149; Wolfgang Benz, »The Persecution and Extermination of the Jews in the German Consciousness«, S. 91–104, insbesondere S. 97f.; eine gegenteilige Auffassung vertritt Hans Mommsen, »Was haben die Deutschen vom Völkermord an den Juden gewußt?«, in: Walter H. Pehle (Hrsg.), *Der Judenpogrom 1938. Von der Reichskristallnacht zum Völkermord,* S. 176–200.

95 Marlis Steinert, *Hitlers Krieg und die Deutschen. Stimmung und Haltung der deutschen Bevölkerung im Zweiten Weltkrieg,* Düsseldorf 1970, S. 238f.; sowie Bankier, *Die öffentliche Meinung im Hitler-Staat,* S. 183 bis 189, der auch einige Fälle erörtert, in denen Deutsche Sympathien für die Juden zum Ausdruck brachten. Bankier unterstellt vielen Deutschen, bei einer verbrecherischen Handlung »gleichgültig«, ja »bewußt gleichgültig« gewesen zu sein. Wie ich in Kapitel 16 erörtern werde, ist der Begriff »Gleichgültigkeit« theoretisch unzulänglich und auf die Deutschen der NS-Periode nicht anzuwenden, denn diese können viele

585

Aspekte der Judenverfolgung, einschließlich der Deportationen nicht ansichts- und emotionslos betrachtet haben.

96 Während die meisten Katholiken die jüdischen Konvertiten fallenließen, hielt die Kirchenführung an der Macht der Taufe fest. Siehe Lewy, *Die katholische Kirche und das Dritte Reich,* S. 311–315.

97 Zitiert nach Lewy, *Die katholische Kirche und das Dritte Reich,* S. 183; siehe auch S. 182–189 zu weiteren Belegen einer Übernahme und Verbreitung der Rassenlehre durch die Kirche – selbst wenn diese das Primat des von Gott gegebenen göttlichen Rechts vor den von Menschen geschaffenen Rassegesetzen aufrechterhielt.

98 *Sopade,* Januar 1936, A 18.

99 *Sopade,* Januar 1936, A 17.

100 Kershaw schreibt:»Das Gefühl, daß es eine ›Judenfrage‹ gab, daß die Juden eine andere Rasse waren und daß sie all die Maßnahmen verdienten, die ergriffen worden waren, um ihren unangemessenen Einfluß einzuschränken, und daß sie aus Deutschland ganz gedrängt werden sollten, hatte sich [bis 1938/39] verhängnisvoll verbreitet.« Siehe»German Popular Opinion and the ›Jewish Question‹, 1939–1943«, S. 370. Siehe auch die Überlegungen Bankiers zum Antisemtismus der deutschen Arbeiter in *Die öffentliche Meinung im Hitler-Staat,* S. 123–131. Seine Darlegungen über die Arbeiter sind differenzierter, als es im folgenden Zitat deutlich wird, doch seine Schlußfolgerung stützt die meine:»Es wundert kaum, daß die Arbeiter auf die antisemitischen Maßnahmen ebenso wie die anderen deutschen Gesellschaftsschichten reagierten. Was mehr überrascht, ist – wie aus Übersichten der Sopade hervorgeht –, daß das NS-Regime bei der Arbeiterklasse eine Identifizierung mit dem Judenhaß und sogar eine Bestätigung der antisemitischen Politik erreichen konnte« (S. 129).

101 Gutteridge, *The German Evangelical Church and the Jews 1879–1950,* S. 35, S. 39. Selbst in der Nachkriegsapologetik konnte eine tiefsitzender Antisemitismus nicht immer unterdrückt werden: So äußerte Bischof August Marahrens in einem Rückblick vom 8. August 1945:»Wir mögen im Glauben noch so sehr von den Juden geschieden sein, es mag auch eine Reihe von ihnen schweres Unheil über unser Volk gebracht haben, sie durften aber nicht in unmenschlicher Weise angegriffen werden.« Die hier verwendetete Satzkonstruktion verdient einen Kommentar: Die Juden fügten den Deutschen Leid zu, doch die Täter, nämlich»wir« oder »die Deutschen« tauchen in dem Satzteil, in dem von der Unmenschlichkeit die Rede ist, die die Juden zu erleiden hatten, nicht auf. Das kulturell-kognitive Modell von den Juden war auch nach Kriegsende nicht verschwunden. Für Auszüge aus dem antisemitischen »Wort zur Judenfrage« des Bruderrats der Evangelischen Kirche von 1948 (»Indem Israel den Messias kreuzigte, hat es seine Erwählung und Bestimmung verworfen …«), siehe Julius H. Schoeps, *Leiden an Deutschland. Vom antisemitischen Wahn und der Last der Erinnerung,* München 1990, S. 62.

102 Wolfgang Gerlach, *Als die Zeugen schwiegen. Bekennende Kirche und die Juden,* Berlin 1993, 2. Aufl., S. 30ff.

103 Klaus Gotto und Konrad Repgen (Hrsg.), *Die Katholiken und das Dritte Reich,* Mainz 1990.

104 Ino Arndt,»Die Judenfrage im Licht der evangelischen Sonntagsblätter von 1918–1933«, (Phil. Diss.), Tübingen 1960, zitiert nach Gerlach, *Als die Zeugen schwiegen,* S. 32.

105 Werner Jochmann, »Antijüdische Traditionen im deutschen Protestantismus und nationalsozialistische Judenverfolgung«, in: *Gesellschaftskrise und Judenfeindschaft in Deutschland 1870–1945,* S. 272. Jochmann schreibt, daß in den Jahren vor Hitlers Machtübernahme der protestantische Antisemitismus so stark gewesen sei, daß »alle Appelle der
Juden an das christliche Gewissen wirkungslos« blieben. Als beispielsweise im Mai 1932 ein Rabbiner aus Kiel beim örtlichen Kirchenbun-
desamt anregte, dem wachsenden Antisemtismus gemeinsam entgegen-
zutreten, erhielt er nicht einmal eine Antwort auf seinen Brief.
106 Gerlach, *Als die Zeugen schwiegen,* S. 42.
107 Gerlach, *Als die Zeugen schwiegen,* Anmerkung 14, S. 41.
108 Gerlach, *Als die Zeugen schwiegen,* S. 43.
109 Schoeps, *Leiden an Deutschland,* S. 58.
110 Friedrich Heer, *Gottes erste Liebe. Die Juden im Spannungsfeld der Geschichte,* Berlin 1981, S. 424.
111 Bernd Nellessen, »Die schweigende Kirche. Katholiken und Judenverfolgung«, in: Büttner (Hrsg.), *Die Deutschen und die Judenverfolgung
im Dritten Reich,* S. 265.
112 Zitiert bei Lewy, *Die katholische Kirche und das Dritte Reich,* S. 322.
113 Nellessen, »Die schweigende Kirche«, S. 261.
114 Lewy, *Die katholische Kirche und das Dritte Reich,* S. 318f.; Gutteridge,
The German Evangelical Church and the Jews, insbes. S. 153, S. 267 bis
313; J. S. Conway, *The Nazi Persecution of the Churches 1933-1945,*
New York 1968, S. 261–267.
115 Saul Friedländer, *Pius XII. und das Dritte Reich. Eine Dokumentation,*
Reinbek 1965, S. 85f.
116 Lewy, *Die katholische Kirche und das Dritte Reich,* S. 309. Die Kirche
beklagte sich lediglich, daß die Befolgung des Gesetzes eine Überla-
stung der Priester zur Folge gehabt habe, die nicht vergütet worden sei.
117 Heer, *Gottes erste Liebe,* S. 426.
118 Zu den Protestanten siehe Johan M. Snoek, *The Grey Book: A Collection of Protests Against Anti-Semitism and the Persecution of Jews
Issued by Non-Roman Catholic Churches and Church leaders During
Hitlers[’]s Rule,* Assen 1969. Zu den Katholiken siehe Lewy, *Die katholische Kirche und das Dritte Reich,* S. 321. Für Frankreich siehe Michael
R. Marrus und Robert O. Paxton, *Vichy France and the Jews,* New York
1983, S. 262, S. 270–275.
119 Nicht ein deutscher Katholik wurde exkommuniziert, während oder
weil er an dem in der Menschheitsgeschichte einzigartigen Verbrechen
teilnahm, siehe Heer, *Gottes erste Liebe,* S. 426.
120 Schoeps, *Leiden an Deutschland,* S. 60.
121 Stewart W. Herman, *It's Your Souls We Want,* New York 1943, S. 234.
Herman erwähnt auch ausdrücklich das Blutbad an den litauischen und
lettischen Juden.
122 Gerhard Schäfer (Hrsg.), *Landesbischof D. Wurm und der nationalsozialistische Staat 1940–1945. Eine Dokumentation,* Stuttgart 1968,
S. 158.
123 *Kirchliches Jahrbuch für die Evangelische Kirche in Deutschland
1933–1945,* Gütersloh 1948, S. 481. Sie brachten ihren Rassismus ganz
offen zum Ausdruck: »Von der Kreuzigung Christi bis zum heutigen
Tage haben die Juden das Christentum bekämpft oder zur Erreichung
ihrer eigennützigen Ziele mißbraucht oder verfälscht. Durch die christ-

liche Taufe wird an der rassischen Eigenart eines Juden, seiner Volkszu-
gehörigkeit und seinem biologischen Sein nichts geändert.«
Dies besagt allerdings nicht, daß alle Mitglieder der kirchlichen Hierarchie die Juden in rassischen Begriffen verstanden; an diesem Punkt gab
es Unterschiede, und als der bis dahin herrschende Antisemitismus von
dem neuen kulturellen Modell abgelöst wurde, herrschten hier viel Kon-
fusion und Verwirrung. Siehe Gutteridge, *The German Evangelical
Church and the Jews,* S. 35–90. Während es zwischen beiden Weltsich-
ten punktuell wichtige Überschneidungen gab, die den Nationalsozialismus für die christlichen Laien und die kirchliche Hierarchie attraktiv
machten, gab es doch auch fundamentale Unterschiede, die auf verschiedene Weise unterdrückt, geleugnet, umgangen und in Einklang gebracht wurden.

124 Sicher werden einige Kritiker dem entgegenhalten, daß diese Menschen
von der Ausrottung nichts wußten, und darauf hinweisen, daß ihre Forderung, die Juden aus dem deutschen Herrschaftsbereich zu verbannen,
nicht darauf hindeutet, daß sie den Völkermord billigten. Die Auffassung, sie hätten von dem Genozid nichts gewußt, ist schwer zu akzeptieren, da Kenntnisse über den Massenmord bereits weit verbreitet waren.
Auch verfügten die Kirchenführer über Informationskanäle, die sie in
vielfacher Hinsicht zu den bestinformierten Leuten im Reich machten.
Als sie ihre Erklärung abgaben, hatte sich der systematische Mord an
den Juden in Deutschland bereits herumgesprochen. Die Deutschen hatten zu diesem Zeitpunkt in der Sowjetunion schon Hunderttausende von
Juden umgebracht – also genau dort, wohin die Kirchenführer, die sich
hier eines nationalsozialistischen Euphemismus bedienten, die Juden
»verbannen« wollten. Millionen deutscher Soldaten in der Sowjetunion
wußten von dem Genozid, da sich allzu viele Mordeinsätze in Anwesenheit von Wehrmachtsangehörigen abgespielt hatten und die Wehrmacht
überdies an den Morden in hohem Maße beteiligt war. Auch die zahlreichen Militärgeistlichen wußten Bescheid und hatten zweifellos ihren
Vorgesetzten davon berichtet. Bischof Wurm, der in ständigem Kontakt
zu seinen Amtskollegen stand, macht deutlich, daß Informationen über
die Tötungen die Kirchenoberen erreicht hatten. Angesichts der wiederholten Erklärungen Hitlers über seine eliminatorischen Absichten erscheint es außerdem höchst unwahrscheinlich, daß Kirchenführer in
solch herausragender Stellung in einer sorgfältig formulierten Erklärung
die Worte »schärfste Maßnahmen« verwendeten, ohne damit die Ausrottung zu meinen. Die Formulierung »aus Deutschland auszuweisen«
kann in diesem Zusammenhang nur als gängige Umschreibung des Be-
griffes »Tötungen« aufgefaßt werden. Alle Deutschen, die am Genozid
beteiligt waren, wußten sie zu deuten. Die verschleiernden Sprachrege-
lungen des Regimes schrieben vor, den Genozid in der Öffentlichkeit
und auch im amtlichen Schriftwechsel nicht beim Namen zu nennen;
Formulierungen wie »Umsiedlung« und »Verbringung in den Osten«
wurden zu Deckworten für die Ausrottung. Da Deutschland sich im
Krieg befand und daher die Juden nicht einfach irgendwohin verbannen
konnte, gab es, wie diese Kirchenleute wußten, nur eine Methode der
Verbannung, und die hieß Massenmord.

125 Martin Niemöller, *Alles und in allem Christus. 15 Dahlemer Predigten,*
Berlin 1935, S. 87. In dieser Predigt greift Niemöller auch – ohne sie direkt zu nennen – die Nationalsozialisten an, indem er sie mit den Juden

vergleicht! Wie übel sind diese Juden? Nach Niemöllers Ansicht sind sie nicht nur für »das Blut Jesu und aller seiner Boten« verantwortlich, sondern auch für »das Blut aller Gerechten, die jemals umgebracht wurden, weil sie den heiligen Willen Gottes gegen allen selbstherrlichen Menschenwillen bezeugten« (S. 89). Niemöller entpuppt sich hier gleichzeitig als überzeugter Nazigegner und als überzeugter Antisemit.

126 Im Unterschied zu den meisten deutschen Antisemiten hatte Niemöller Vorbehalte dagegen, an den Juden Vergeltung zu üben, da dies in seinen Augen nur Gott zustand. Nachdem er dies dargelegt hatte, schmähte und verdammte er die Juden dennoch, die unter anderem deshalb auf ewig verflucht seien, weil sie Jesus gekreuzigt hätten. Zu Niemöllers Antisemitismus siehe Gutteridge, *The German Evangelical Church and the Jews,* S. 100–104.

127 Zitiert bei Hartmut Ludwig, »Die Opfer unter dem Rad verbinden. Vor- und Entstehungsgeschichte, Arbeit und Mitarbeiter des Büro Pfarrer Grüber«, Habilitation; Berlin 1988, S. 73f.

128 Schoeps, *Leiden an Deutschland,* S. 58. In einem Brief von 1967 bekannte Karl Barth, daß er »in der persönlichen Begegnung mit dem lebendigen Juden (auch Judenchristen!) immer so etwas wie eine völlig irrationale Aversion herunterschlucken« müsse. Karl Barth, *Briefe 1961–1968.* Gesamtausgabe, Bd. V: *Briefe,* hrsg. von Jürgen Fangmeier und Heinrich Stoevesandt, Zürich 1975, S. 420f.

129 *Dona Nobis Pacem! Gesammelte Predigten und Aufsätze aus zwanzig Jahren von D. Dr. Heinrich Grüber,* hrsg. von seinen Freunden, Berlin 1956, S. 104.

130 Jochmann, »Antijüdische Traditionen im deutschen Protestantismus und nationalsozialistische Judenverfolgung«, S. 273f.

131 Schoeps, *Leiden an Deutschland,* S. 61.

132 Martin Niemöller, »Not und Aufgabe der Kirche in Deutschland«, Vortrag in Zürich vom 7. 3. 1946, Zentralarchiv der Ev. Kirche in Hessen und Nassau, Bestand 62, 5309, Akzidenz-Nr. 1308 k. In einer Predigt von 1945 verdammte Niemöller in ähnlicher Weise den in der Kirche verbreiteten Antisemitismus. Wenn die 14 000 evangelischen Pastoren in Deutschland erkannt hätten, »daß beim Beginn der Judenverfolgung der Herr Christus es war, der … verfolgt und geschlagen und umgebracht wurde, … ob es dann nicht bei einigen zehntausend Opfern geblieben wäre?« (Zitiert nach *Kirchliches Jahrbuch für die Evangelische Kirche in Deutschland 1945–1948,* Gütersloh 1950, S. 34.) Niemöller glaubte, daß nicht in erster Linie Furcht vor dem Regime die Kirchenführung daran gehindert habe, zugunsten der Juden Stellung zu nehmen; er sieht vielmehr einen tieferen Grund: der Klerus habe die eliminatorischen Maßnahmen nicht verdammt, weil sie in seinem Namen durchgeführt wurden.

133 Bericht vom 7. August 1944, zitiert nach Christof Dipper, »Der deutsche Widerstand und die Juden«, *Geschichte und Gesellschaft,* H. 9, 1983., S. 370.

134 Dipper, »Der deutsche Widerstand und die Juden«, S. 369.

135 Dipper, »Der deutsche Widerstand und die Juden«, S. 370.

136 *In der Stunde Null. Die Denkschrift des Freiburger »Bonhoeffer-Kreises«,* hrsg. von Helmuth Thielicke, Tübingen 1979, S. 147–151. Eine Erörterung dieses Vorschlags liefert Dipper, »Der deutsche Widerstand und die Juden«, *Geschichte und Gesellschaft,* H. 9, 1983, S. 367.

137 Diese Charakterisierung des Widerstandes wird mit viel zusätzlichem Material von Dipper, »Der deutsche Widerstand und die Juden«, unterstützt. Siehe insbes. S. 349, S. 361ff., S. 364ff., S. 371f., S. 374, S. 379f.

138 Kwiet und Eschwege, *Selbstbehauptung und Widerstand*, S. 48. Zum Unfang des Antisemitismus in der Arbeiterschaft und zu deren Unterstützung des eliminatorischen Programms siehe Bankier, *Die öffentliche Meinung im Hitler-Staat*, S. 123–131.

139 Bankier, *Die öffentliche Meinung im Hitler-Staat*, bemerkt dieses Phänomen in der Arbeiterklasse. Viele, die sich selbst nicht als Nationalsozialisten verstanden, hätten »dennoch der drastischen Beschneidung der jüdischen Rechte und auch deren Ausgrenzung aus der deutschen Öffentlichkeit zugestimmt. Bei einer ganzen Anzahl Sozialisten, die die brutalen Methoden des Dritten Reiches ablehnten, bestand die Meinung, ›es sei nicht so schlimm, wenn die Juden auf diese Art behandelt werden‹« (S. 130f.).

140 Siehe unten, Kapitel 11.

141 Gellately, *Die Gestapo und die deutsche Gesellschaft*, S. 282.

142 Gellately, *Die Gestapo und die deutsche Gesellschaft*, S. 243–283.

143 Gellately, *Die Gestapo und die deutsche Gesellschaft*, S. 256.

144 Gellately, *Die Gestapo und die deutsche Gesellschaft*, S. 282.

145 Zitiert in Gellately, *Die Gestapo und die deutsche Gesellschaft*, S. 279.

146 Gellately, *Die Gestapo und die deutsche Gesellschaft*, S. 270f., führt aus, daß solche Kritik in erster Linie von religiös eingestellten Deutschen kam.

147 Gellately, *Die Gestapo und die deutsche Gesellschaft*, S. 255.

148 Kershaw, *Popular Opinion and Political Dissent in the Third Reich*, S. 205–208. Siehe auch Jeremy Noakes, »The Oldenburg Crucifix Struggle of November 1936. A Case Study of Opposition in the Third Reich«, in: Peter D. Stachura (Hrsg.), *The Shaping of the Nazi State*, London 1978, S. 210–233. Zu einer noch schärferen Auseinandersetzung über Kruzifixe kam es zwischen April und September 1941 in Bayern, also zeitgleich mit dem Beginn des Genozids, den die Deutschen an den Juden verübten. Der Konflikt endete mit einer Niederlage für das Regime. Siehe Kershaw, *Popular Opinion and Political Dissent in the Third Reich*, S. 340–357. Die Träger des Protestes äußerten sich zwar entschieden gegen die nationalsozialistische Religionspolitik, machten jedoch gleichzeitig deutlich, daß sie die allgemeinen Ziele des Regimes ideologisch unterstützten, indem sie immer wieder ihren leidenschaftlichen Antikommunismus und – weniger häufig – ihren Rassismus zum Ausdruck brachten. Eine anonyme Postkarte an den bayerischen Ministerpräsidenten gibt wieder, wie man die Schuld für den Bolschwismus bei den Juden sah: »Der Feldzug gegen den jüdischen Bolschewismus ist in unseren Augen ein Kreuzzug ...« Siehe Kershaw, *Popular Opinion and Political Dissent in the Third Reich*, S. 356.

149 Bankier, *Die öffentliche Meinung im Hitler-Staat*, S. 29f.

150 Kershaw, *Popular Opinion and Political Dissent in the Third Reich*, S. 66–110.

151 Kershaw, *Popular Opinion and Political Dissent in the Third Reich*, S. 90.

152 Siehe Bankier, *Die öffentliche Meinung im Hitler-Staat*, S. 33–40.

153 Kershaw, *Popular Opinion and Political Dissent in the Third Reich*, stützt sich stark auf diese Berichte, die in den 17 Bänden der *Meldungen aus dem Reich, 1938–1945*, publiziert worden sind und Unzufriedenheit

und Kritik an der Regierungspolitik hinsichtlich einer Vielzahl von Themen wiedergeben.

154 Kershaw, *Popular Opinion and Political Dissent in the Third Reich,* S. 8. Es gibt zahlreiche Beweise dafür, daß das Ausmaß der Einschüchterung im allgemeinen übertrieben worden ist.

155 Siehe Henry Friedlander, *The Origins of the Nazi Genocide: From Euthanasia to The Final Solution,* Chapel Hill 1995, S. 111–163; Michael Burleigh, *Death and Deliverance: Euthanasia in Germany c. 1900–1945,* Cambridge 1994, S. 162–180; Kershaw, *Popular Opinion and Political Dissent in the Third Reich,* S. 334–340; Lewy, *Die katholische Kirche und das Dritte Reich,* S. 289–293; Ernst Klee, *»Euthanasie« im NS-Staat. Die »Vernichtung lebensunwerten Lebens«,* Frankfurt/M. 1983, S. 294–345.

156 Der Widerstand der Deutschen gegen die Ermordung von Geisteskranken war eine Folge ihrer Ablehnung wichtiger Aspekte des biologischen Rassismus der Nationalsozialisten. Die meisten Deutschen sahen die Opfer als Deutsche, die ein Recht auf Leben und angemessene Fürsorge hatten. An diesem Beispiel zeigt sich deutlich, daß das NS-Regime außerstande war, tiefverwurzelte Überzeugungen und Werte der Deutschen *umzuformen* und sie zur stillschweigenden Akzeptanz einer Politik zu veranlassen, nur weil der Staat diese für angemessen und notwendig erachtete. Das Beispiel widerlegt auch die These, daß der Antisemitismus Folge einer »Gehirnwäsche« gewesen sei, wie so viele meinen, die sich mit dem NS-Deutschland befaßt haben.

157 Siehe Nathan Stoltzfus, »Dissent in Nazi Germany«, *The Atlantic Monthly 270,* H. 3, September 1992, S. 86–94.

158 Eine Erörterung des erheblichen Einflusses der öffentlichen Meinung auf die Politik des Regimes liefert Bankier, *Die öffentliche Meinung im Hitler-Staat,* S. 19–23.

159 Bankier, *Die öffentliche Meinung im Hitler-Staat,* S. 42, hebt diesen Punkt ebenfalls hervor.

160 Siehe Ian Kershaw, *Der Hitler-Mythos. Volksmeinung und Propaganda,* Stuttgart 1980, S. 112.

161 Kershaw, *Popular Opinion and Political Dissent in the Third Reich,* S. 176f. Kershaw kommt auch zu dem Schluß, daß eine unter Protestanten weit verbreitete Abscheu vor dem kirchenfeindlichen Charakter und der Politik der Nationalsozialisten Hand in Hand ging mit einer enthusiastischen Unterstützung vieler staatspolitischer Ziele, die sie dann doch teilten (S. 184). Die lautstark artikulierte Unzufriedenheit der Mittelschichten mit Aspekten der NS-Politik sei ebenfalls durchaus vereinbar gewesen mit begeisterter Zustimmung zum Nationalsozialismus (S. 131, S. 139).

162 Eine wichtige, wenn nicht die wichtigste Quelle für solche Unmutsäußerungen, die *Deutschland-Berichte der Sopade,* sollten aus zwei Gründen mit Vorsicht gelesen werden: Die Berichterstatter der Partei waren offensichtlich ideologisch daran interessiert, im deutschen Volk – vor allem in der Arbeiterklasse – Dissens zum NS-Regime und seiner Politik zu entdecken. Sie neigten dazu, Kritik an einem bestimmten Teilaspekt der Politik als Ablehnung des Antisemitismus und der eliminatorischen Ziele im allgemeinen mißzuverstehen. Wenn selbst Historikern mit geschulten analytischen und interpretatorischen Fähigkeiten derartige Fehler unterlaufen, dann ist es nicht erstaunlich, daß diese hoff-

nungsvollen sozialdemokratischen Berichterstatter ähnliche Irrtümer begingen. Daher ist auf die Darstellung der Ereignisse in den Berichten weit mehr Verlaß als auf die allgemeinen Urteile, da diese in der Regel positiven Einschätzungen bereits durch die Optik der Berichtenden entstellt waren: Demnach unterdrückte die nationalsozialistische Diktatur die Mehrheit des deutschen Volkes mit drakonischem Terror. Die geschilderten Episoden hingegen – die also noch nicht durch Interpretation gefärbten »rohen« Daten – entsprechen im großen und ganzen den bereits erörterten Mustern. Allerdings gibt es selbst in diesen Berichten auch durchaus viele explizite Hinweise darauf, daß der Antisemitismus im deutschen Volk weit verbreitet war; auch allgemeine Stellungnahmen der Berichterstatter laufen mitunter auf diese Aussage hinaus. Manches davon ist in diesem Kapitel bereits zitiert worden.

163 Siehe beispielsweise Hans Mommsen und Dieter Obst, »Die Reaktionen der deutschen Bevölkerung auf die Verfolgung der Juden 1933–1945«, in: Hans Mommsen und Susanne Willems (Hrsg.), *Herrschaftsalltag im Dritten Reich. Studien und Texte*, Düsseldorf 1988, S. 378–381.

164 Mlynek (Hrsg.), *Gestapo Hannover meldet…*, S. 411.

165 Ähnliche Kritik wurde gegen den aggressiven Antisemitismus des *Stürmers* laut. Regelmäßig riefen seine quasi-pornographischen, schmutzigen antisemitischen Darstellungen und Karikaturen Proteste selbst bei den überzeugtesten Antisemiten und ranghohen Nationalsozialisten hervor, denn auch sie waren über die Obszönitäten empört und sahen darin eine Gefahr für die moralische Gesundheit der Deutschen, vor allem der Jugend. *Das Schwarze Korps,* das offizielle Organ der SS, das ideologisch radikalste aller Naziblätter und ebenfalls von bösartigem Antisemitismus geprägt, titelte am 6. Juni 1935: »Antisemitismus, der uns schadet«. Sogar Rudolf Höss, der Kommandant von Auschwitz, der den Massenmord an Hunderttausenden von Juden leitete, fühlte sich von dieser Form des Antisemitismus abgestoßen, auch wenn diese Abneigung gegen bestimmte »Spielarten« des nationalsozialistischen Antisemitismus nicht mit einer grundsätzlichen Ablehnung zu verwechseln war. Siehe *Kommandant in Auschwitz. Autobiographische Aufzeichnungen des Rudolf Höss,* hrsg. von Martin Broszat, München 1963.

166 Heinz Boberach, »Quellen für die Einstellung der deutschen Bevölkerung und die Judenverfolgung 1933–1945«, in: Büttner (Hrsg.), *Die Deutschen und die Judenverfolgung im Dritten Reich,* S. 38.

167 Nach Bombenangriffen kam es immer wieder vor, daß Deutsche Juden tätlich angriffen, wenn sie ihnen auf der Straße begegneten. Siehe Ursula Büttner, »Die deutsche Bevölkerung und die Judenverfolgung 1933–1945«, in: Büttner (Hrsg.), *Die Deutschen und die Judenverfolgung im Dritten Reich,* S. 78.

168 *Sopade,* Februar 1938, A 67.

169 Zur katholischen Kirche siehe Burkhard van Schewick, »Katholische Kirche und nationalsozialistische Rassenpolitik«, in: Gotto und Repgen (Hrsg.), *Die Katholiken und das Dritte Reich,* S. 168, und Lewy, *Die katholische Kirche und das Dritte Reich,* S. 318f.

170 Schäfer (Hrsg.), *Landesbischof D. Wurm und der nationalsozialistische Staat, 1940–1945,* S. 162.

171 Schäfer (Hrsg.), *Landesbischof D. Wurm und der nationalsozialistische Staat, 1940–1945,* S. 312. Wurms Bekenntnisse waren nicht bloß kunst-

volle Formulierungen, die den Empfindlichkeiten seiner Zuhörer entgegenkommen sollten, sondern seine wirklichen Überzeugungen.

172 *Der Prozeß gegen die Hauptkriegsverbrecher vor dem Internationalen Militärgerichtshof, Nürnberg, 14. November 1945–1. Oktober 1946 (IMG),* Nürnberg 1947–1949, 42 Bde., Nbg. Dok. 1816-PS, Bd. 28, S. 518, siehe auch S. 499f.

173 Zu einem Überblick, einer Zusammenfassung und Beispielen für die Quellen siehe Boberach,»Quellen für die Einstellung der deutschen Bevölkerung und die Judenverfolgung 1933–1945«, S. 31–49.

174 Siehe Wolfgang Benz, »Überleben im Untergrund 1943–1945«, in: Wolfgang Benz (Hrsg.), *Die Juden in Deutschland 1933–1945: Leben unter nationalsozialistischer Herrschaft,* München 1988, S. 660–700. Der Lehrer Karl Ley, der in seinem Tagebuch seine Ablehnung des eliminatorischen Programms festhielt, wußte, daß er mit seiner Ansicht allein dastand; erst am 15. Dezember 1941 konnte er berichten, daß er endlich eine Person kennengelernt hatte, die ebenfalls ihre Ablehnung offenbart hatte. Siehe *Wir glauben Ihnen,* S. 116.

175 Boberachs Interpretation, der zufolge die Quellen eine weit geringere Verbreitung des Antisemitismus in der deutschen Öffentlichkeit nahelegen, als es meinem Verständnis nach der Fall ist, steht im Widerspruch zu dieser auffälligen Diskrepanz, die sich in den Aussagen von Deutschen über nichtjüdische Ausländer und Juden findet; er selbst geht im letzten Absatz seines Aufsatzes darauf ein, siehe »Quellen für die Einstellung der deutschen Bevölkerung und die Judenverfolgung 1933–1945«, S. 44. Von einigen Fällen, in denen Deutsche ihre Sympathie zum Ausdruck brachten, berichtet Konrad Kwiet,»Nach dem Pogrom. Stufen der Ausgrenzung«, in: Benz (Hrsg.), *Die Juden in Deutschland 1933–1945,* S. 619–625.

176 Ein illustratives Kompendium bietet C. C. Aronsfeld, *The Text of the Holocaust: A Study of the Nazi Extermination Propaganda, from 1919–1945,* Marblehead 1985.

177 Zur Verletzung der menschlichen Würde siehe die Erörterung in Scott, Domination and the Arts of Resistance, S. 112–115.

178 Seit J. L. Austins Diskussion von »Sprechakten«, in: *Zur Theorie der Sprechakte,* Stuttgart 1985, ist die scharfe Unterscheidung zwischen »Sprechen« und »Handeln« nicht länger haltbar. Sprache, wenn sie darauf zielt, zu überzeugen oder Leid zuzufügen, ist ebenso als Handeln zu verstehen wie eine körperliche Drohgebärde. Verbale und physische Gewaltakte bilden ein Kontinuum. Mitunter kann die Androhung von Gewalt – etwa von einem bekannten Mörder ausgesprochen – schlimmer sein als bestimmte Akte körperlicher Gewalt.

179 »Die Unlösbarkeit der Judenfrage«, zitiert in Ludger Heid, »Die Juden sind unser Unglück! Der moderne Antisemitismus in Kaiserreich und Weimarer Republik«, in: Christian von Braun und Ludger Heid (Hrsg.), *Der ewige Judenhaß. Christlicher Antijudaismus, Deutschnationale Judenfeindlichkeit, Rassistischer Antisemitismus,* Stuttgart 1990, S. 128.

180 Ludwig Lewisohn, »The Assault on Civilization«, in: Pierre van Paassen und James Waterman Wise (Hrsg.), *Nazism: An Assault on Civilization,* New York 1934, S. 156f.

181 Dorothy Thompson, »The Record of Persecution«, in: van Paasen und Wise (Hrsg.), *Nazism,* S. 12. Die Londoner *Times* machte im November 1935 ähnliche Beobachtungen:»Wenn nicht von höchster Stelle aus

versuch wird, die Grausamkeit der antisemitischen Fanatiker zu unterbinden, werden [die Juden] verurteilt sein, sozusagen blind im Kreise herumzulaufen, bis sie tot zusammenbrechen. Diesen Vorgang kann man als ›kalten Pogrom‹ bezeichnen«. Zitiert in Gellately, *Die Gestapo und die deutsche Gesellschaft,* S. 127. Siehe auch Heer, *Gottes erste Liebe,* S. 422, zu anderen Ankündigungen einer Ausrottung der Juden.

182 Zitiert in Gerd Korman, *Hunter and Hunted: Human History of the Holocaust,* New York 1973, S. 89.

183 Den Vortrag Kittels erörtern Robert F. Ericksen, *Theologians Under Hitler: Gerhard Kittel, Paul Althaus und Emanuel Hirsch,* New Haven 1985, S. 55–58, und Ino Arndt, »Machtübernahme und Judenboykott in der Sicht evangelischer Sonntagsblätter«, in: *Miscellanea: Festschrift für Helmut Krausnick zum 75. Geburtstag,* Stuttgart 1980, S. 27ff.

184 Gerlach, *Als die Zeugen schwiegen,* S. 112.

185 Selbst Bankier, *Die öffentliche Meinung im Hitler-Staat,* der die weite Verbreitung des Antisemitismus in Deutschland und seine eliminatorischen Konsequenzen erkennt, schreibt:»Damit schlugen die Hoffnungen der Nationalsozialisten, für ihre Lösung der Judenfrage Unterstützung zu finden, fehl« (S. 214).

186 Siehe Kershaw, *Popular Opinion and Political Dissent in the Third Reich,* S. 370.

187 Heck, *The Burden of Hitler's Legacy,* S. 87.

Kapitel 4

1 Da dieses Kapitel einen neuen Blick auf bekannte Entwicklungen und Daten wirft, werde ich Primärquellen, Gegenpositionen anderer oder selbst Einwände – und Daten –, die gegen meine Betrachtungsweise vorgebracht werden könnten, nicht bis ins Detail darlegen. All das ist wohlbekannt. Die Anmerkungen zu diesem Kapitel geben nur Hinweise auf weiterführende Literatur, auch wenn diese mit meinen Deutungen nicht übereinstimmt.

2 Zu Hitlers enormer Popularität und zur Legitimierung des Regimes siehe Ian Kershaw, *Der Hitler-Mythos. Volksmeinung und Propaganda,* Stuttgart 1980, S. 132.

3 Eine Zusammenfassung der einzelnen Positionen und eine kluge Bewertung bietet Ian Kershaw, *Der NS-Staat. Geschichtsinterpretationen und Kontroversen im Überblick,* Reinbek 1994, S. 66–89.

4 Siehe Edward N. Peterson, *The Limits of Hitler's Power,* Princeton 1969; Dieter Rebentisch, *Führerstaat und Verwaltung im Zweiten Weltkrieg,* Wiesbaden 1989.

5 Überzeugende Darstellungen, die diese Schlußfolgerung stützen, bieten David Bankier, »Hitler and the Policy-Making Process in the Jewish Question«, *HGS,* Jg. 3, 1988, S. 1–20, und Avraham Barkai, *Vom Boykott zur »Entjudung«. Der wirtschaftliche Existenzkampf der Juden im Dritten Reich 1933–1943,* Frankfurt/M. 1988, zur Entwicklung der Judenpolitik in den dreißiger Jahren, sowie Christopher R. Browning, »Beyond ›Intentionalism‹ and ›Functionalism‹: The Decision for the Final Solution Reconsidered«, in: *The Path to Genocide: Essays on Launching the Final Solution,* Cambridge 1992, insbes. S. 120f. für die Zeit von 1939 bis 1942.

6 Reginald H. Phelps, »Hitlers ›grundlegende‹ Rede über den Antisemitismus«, *VfZ*, Jg. 16, H. 4, 1968, S. 417.
7 Siehe Eberhard Jäckel (Hrsg.), *Hitler. Sämtliche Aufzeichnungen 1905
bis 1924*, Stuttgart 1980, S. 119f. Hitlers Worte sind durch die Notizen
eines polizeilichen Geheimagenten über diese Versammlung überliefert.
8 Der Begriff des »sozialen Todes« ist übernommen von Orlando Patterson, *Slavery and Social Death: A Comparative Study*, Cambridge 1982,
insbes. S. 1–14. Das Wesen des sozialen Todes der Juden wird im nächsten Kapitel erörtert.
9 Avraham Barkai, *Vom Boykott zur »Entjudung«*, S. 35.
10 Wie Barkai überzeugend zeigt, kann man nicht länger davon ausgehen,
die antijüdischen Maßnahmen hätten sich ruckweise und oft auf lokalen
Druck hin entwickelt. Vielmehr wurde über die wichtigsten gesetzlichen, sozialen, kulturellen und wirtschaftlichen Maßnahmen gegen die
Juden, die sich stetig verschärften, zentral in Berlin entschieden. Siehe
Barkai, *Vom Boykott zur »Entjudung«*, S. 57ff., S. 128–137. Zu Hitlers
Rolle in diesem Prozeß siehe Bankier, »Hitler and the Policy-Making
Process on the Jewish Question«.
11 Barkai, *Vom Boykott zur »Entjudung«*, S. 35f.
12 Siehe Barkai, *Vom Boykott zur »Entjudung«*, S. 65–121, S. 128–153.
13 Eine Zusammenstellung liefert Joseph Walk (Hrsg.), *Das Sonderrecht
für die Juden im NS-Staat. Eine Sammlung der gesetzlichen Maßnahmen und Richtlinien – Inhalt und Bedeutung*, Heidelberg 1981.
14 Diese Zusammenhänge erörtern Raul Hilberg, *Die Vernichtung der europäischen Juden*, Frankfurt/M. 1993, S. 69–84, sowie Lothar Gruchmann, »›Blutschutzgesetz‹ und Justiz: Zur Entstehung und Auswirkung
des Nürnberger Gesetzes vom 15. September 1935«, *VfZ*, Jg. 31, 1983,
S. 418–442.
15 Maria Zelzer, *Weg und Schicksal der Stuttgarter Juden. Ein Gedenkbuch*, Stuttgart 1964, S. 231.
16 Siehe Philip Friedman, »The Jewish Badge and the Yellow Star in the
Nazi Era«, in: *Roads to Extinction: Essays on the Holocaust*, Philadelphia 1980, S. 11–33.
17 Barkai, *Vom Boykott zur »Entjudung«*, S. 156.
18 Nach Richard Breitman, *The Architect of Genocide: Himmler and the
Final Solution*, New York 1991, S. 154.
19 Siehe Adolf Hitler, *Mein Kampf*, München 1934, S. 700–705, zu Hitlers
Verschwörungstheorie.
20 Gegensätzliche Interpretationen geben Karl A. Schleunes, *The Twisted
Road to Auschwitz: Nazi Policy Toward German Jews, 1933–1939*, Urbana 1990; Uwe Dietrich Adam, *Judenpolitik im Dritten Reich*, Düsseldorf 1972; Hans Mommsen, »Die Realisierung des Utopischen. Die
Endlösung der Judenfrage im ›Dritten Reich‹«, *Geschichte und Gesellschaft*, Jg. 9, H. 30, 1983, S. 381–420.
21 Darstellungen der Reichspogromnacht geben Walter H. Pehle (Hrsg.),
*Der Judenpogrom 1938. Von der Reichskristallnacht zum Völker-
mord*, Frankfurt/M. 1988; Herbert Schultheis, *Die Reichskristallnacht in
Deutschland. Nach Augenzeugenberichten*, Bad Neustadt a. d. Saale 1986.
22 Angesichts der direkten Ankündigung solcher Absichten in Hitlers – unten erörterter – Rede vom 30. Januar 1939 kann es durchaus sein, daß
man die Reichspogromnacht als Einleitung dieser neuen, tödlichen eliminatorischen Phase verstand.

23 *Das Schwarze Korps,* 24. November 1938.
24 *Der Prozeß gegen die Hauptkriegsverbrecher vor dem Internationalen Militärgerichtshof Nürnberg, 14. November 1945–1. Oktober 1946 (IMG),* 42 Bde., Nürnberg 1947–1949, Nbg. Dok. 1816-PS, Bd. 28, S. 538f.
25 Der Gedanke an einen Völkermord war, vor allem bei der SS, sicherlich vorhanden. Breitman hat gezeigt, daß in der SS bereits vor dem Krieg die Wende zu einer explizit exterminatorischen »Lösung« der »Judenfrage« weit fortgeschritten war. Siehe *The Architect of Genocide,* S. 55–65.
26 Mr. Ogilvie-Forbes an Außenminister Lord Halifax, 17. November 1938, zitiert in: C. C. Aronsfeld, *The Text of the Holocaust: A Study in the Nazis' Extermination Propaganda, from 1919–1945,* Marblehead 1985, S. 78, Anmerkung 280.
27 Am 21. Januar 1939 erklärte Hitler dem tschechischen Außenminister dasselbe. Siehe Werner Jochmann, »Zum Gedenken an die Deportation der deutschen Juden«, in: ders., *Gesellschaftskrise und Judenfeindschaft in Deutschland 1870–1945,* Hamburg 1988, S. 256.
28 Max Domarus, *Hitler. Reden und Proklamationen,* München 1962/63, Bd. 2, S. 1058.
29 Jochmann, »Zum Gedenken an die Deportation der deutschen Juden«, S. 256.
30 Zu einer Darstellung des »Euthanasie«programms siehe Ernst Klee, *Euthanasie im NS-Staat. Die »Vernichtung lebensunwerten Lebens«,* Frankfurt/M. 1983.
31 Robert N. Proctor, *Racial Hygiene: Medicine Under the Nazis,* Cambridge 1988, S. 177–185; siehe insbes. S. 95–117 über die Zwangssterilisation von 400 000 Menschen, die als zur Fortpflanzung ungeeignet galten.
32 Werner Jochmann (Hrsg.), *Monologe im Führerhauptquartier 1941 bis 1944,* Hamburg 1980, S. 293.
33 Sowenig plausibel das auch ist, so entspricht es doch der Auffassung all jener, die meinen, Hitler habe irgendwann im Jahre 1941 erstmals daran gedacht, die Juden Europas physisch auszurotten.
34 Darstellungen dieser Jahre liefern Browning, »Nazi Resettlement Policy and the Search for a Solution to the Jewish Question, 1939–1941«, in: *The Path to Genocide,* S. 327; Breitman, *The Architect of Genocide,* S. 116–144; Philippe Burrin, *Hitler and the Jews: The Genesis of the Holocaust,* London 1994, S. 65–92.
35 Siehe Ian Kershaw, »Improvised Genocide? The Emergence of the ›Final Solution‹ in the ›Warthegau‹«, in: *Transactions of the Royal Historical Society,* 6. Serie, Bd. 2, 1992; Browning, »Nazi Resettlement Policy«.
36 Helmut Heiber (Hrsg.), »Der Generalplan Ost«, *VfZ,* Jg. 6, 1958, S. 281 bis 325; Browning, »Nazi Resettlement Policy«.
37 *Nazism, 1919–1945: A Documentary Reader,* hrsg. von J. Noakes und G. Pridham, Exeter 1983–1988, Bd. 3, S. 1050; siehe auch Christopher R. Browning, *The Final Solution and the German Foreign Office: A Study of Referat D III of Abteilung Deutschland 1940–1943,* New York 1978, S. 38.
38 Jochmann (Hrsg.), *Adolf Hitler,* S. 41.
39 Zu Hitlers geostrategischen Überlegungen in jenem Zeitraum siehe Klaus Hildebrand, *Deutsche Außenpolitik 1933–1945. Kalkül oder*

Dogma?, Stuttgart 1980, 4. Aufl., S. 94–106; Norman Rich, *Hitler's War Aims: Ideology, the Nazi State, and the Course of Expansion,* Bd. 1, New York 1973, S. 157–164. Eine gegenteilige Ansicht vertritt Gerhard L. Weinberg, »Hitler and England, 1933–1945: Pretense and Reality«, *German Studies Review,* Jg. 8, 1985, S. 299–309.

40 *Faschismus-Ghetto-Massenmord. Dokumentation über Ausrottung und Widerstand der Juden in Polen während des Zweiten Weltkrieges,* hrsg. von Tatiana Berenstein u. a., Berlin 1961, S. 37.

41 Siehe Hilberg, *Die Vernichtung der europäischen Juden,* S. 225–245; Helge Grabitz und Wolfgang Scheffler, *Letzte Spuren. Ghetto Warschau, SS-Arbeitslager Trawniki, Aktion Erntefest,* Berlin 1988, S. 283f.; »Ghetto«, in: *Enzyklopädie des Holocaust. Die Verfolgung und Ermordung der europäischen Juden.* Erarb. durch Yad Vashem, hrsg. von Israel Gutman u. a., 3 Bde., Berlin 1993, S. 535–539. Eine andere Ansicht vertritt Browning, »Nazi Ghettoization Policy in Poland, 1939–1941«, in: *The Path to Genocide,* S. 28–56.

42 Siehe Hilberg, *Die Vernichtung der europäischen Juden,* S. 197–283; Czesław Madajczyk, *Die Okkupationspolitik Nazideutschlands in Polen 1939–1945,* Berlin 1987, S. 365–371; Browning, »Nazi Resettlement Policy«, S. 8ff.; und »Denkschrift Himmlers über die Behandlung der Fremdvölkischen im Osten (Mai 1940)«, *VFZ,* Jg. 5, 1957, S. 197.

43 Hilberg, *Die Vernichtung der europäischen Juden,* S. 233.

44 Seyss-Inquart-Bericht, 20. November 1939, Nbg. Dok. 2278-PS, in: *IMG,* Bd. 30, S. 95. Das Zitat paraphrasiert die Worte des Distriktgouverneurs. Diese Probleme erörtern Philip Friedman, »The Lublin Reservation and the Madagascar Plan: Two Aspects of Nazi Jewish Policy during Second World War«, in: *Roads to Extinction,* S. 34–58; Jonny Moser, »Nisko: The First Experiment in Deportation«, *Simon Wiesenthal Center Annual 2,* 1985, S. 1–30; Leni Yahil, »Madagascar – Phantom of a Solution for the Jewish Question«, in: Bela Vago und George L. Mosse (Hrsg.), *Jews and Non-Jews in Eastern Europe 1918–1945,* New York 1974, S. 315–334.

45 Browning, »Nazi Resettlement Policy«, stellt zwar zu Recht fest, daß diese Periode nicht als Zwischenspiel betrachtet werden sollte (S. 26f.), weckt jedoch mit seiner eigenen Deutung Zweifel.

46 Isaiah Trunk, *Judenrat: The Jewish Councils in Eastern Europe under Nazi Occupation,* New York 1977, schreibt: »In keinem der Ghettos war es möglich, mit Hilfe der zugewiesenen Rationen zu überleben. Nicht nur, daß die normalen Rationen winzig waren – viele Ghettos erhielten auch, wie erwähnt, über lange Zeiträume hinweg überhaupt keine Nahrungsmittel. Außerdem wurde vieles geliefert, was für den menschlichen Verzehr ungeeignet war« (S. 104). Einen Überblick über die Lebensbedingungen in den Ghettos, die vielen den Tod brachten, gibt Trunk auf S. 149–155.

47 Es ist wahrscheinlich auch kein zufälliges Zusammentreffen, daß im März und April 1941 auch die Juden des Generalgouvernements ghettoisiert wurden, als vorbereitende Maßnahme für das »Unternehmen Barbarossa« und die systematische Ermordung von Juden. Zum Muster der Ghettoisierung siehe Grabitz und Scheffler, *Letzte Spuren,* S. 283f.

48 Es gibt erhebliche Kontroversen darüber, wann Hitler die Entscheidung fällte, die sowjetischen Juden und schließlich die europäischen Juden insgesamt umzubringen. Auch Richard Breitman datiert Hitlers Ent-

scheidung auf diese Zeit. Siehe *The Architect of Genocide,* S. 153–166 und S. 247f.; siehe auch seinen späteren Aufsatz, »Plans for the Final Solution in Early 1941«, *German Studies Review,* Jg. 17, H. 3, Oktober 1994, S. 483–493; dort finden sich zusätzliche Belege dafür, daß die Entscheidung zur Vernichtung der europäischen Juden Anfang 1941 gefallen ist. Zur umfangreichen Diskussion dieser Frage siehe Browning, *The Path to Genocide,* insbes. »Beyond ›Intentionalism‹ and ›Functionalism‹« und auch »The Decision Concerning the Final Solution«, in: *Fateful Months: Essays on the Emergence of the Final Solution,* New York 1985, S. 8–38; Christopher R. Browning, »The Euphoria of Victory and the Final Solution: Summer-Fall 1941, *German Studies Review,* Jg. 17. H. 3, Oktober 1994, S. 473–481; Burrin, *Hitler and the Jews,* insbes. S. 115–131.

49 Breitman, »Plans for the Final Solution in Early 1941«, S. 11f. Breitman argumentiert überzeugend, daß mit diesem »Endlösungsprojekt« nichts anderes gemeint gewesen sein könne als die systematische Vernichtung, die im Sommer und Herbst begann (S. 11–17).

50 Max Domarus, *Hitler,* Bd. 2, S. 1663.

51 Am Gedenktag für den Putschversuch von 1923 erinnerte Hitler seine Zuhörer: »Ich habe … immer wieder die Auffassung vertreten, daß die Stunde kommen wird, da wir dieses Volk [das jüdische] aus den Reihen unserer Nation entfernen werden.« Zitiert nach Eberhard Jäckel, *Hitlers Weltanschauung. Entwurf einer Herrschaft,* Stuttgart 1991, S. 74.

52 Soweit mir bekannt, hat niemand Hitlers Wiederholung der »Prophezeiung« vom 30. Januar 1939 erwähnt oder auf diese neuen Töne und ihre Bedeutung hingewiesen. Er wiederholte diese Sätze häufig, wenn er sich auf diese erste Rede bezog. Zu seiner Rede vom 8. November 1942 siehe Aronsfeld, *The Text of the Holocaust,* S. 36.

53 Zu dieser Vereinbarung siehe Brauchitsch-Direktive vom 28.4.41, Nbg. Dok. NOKW-2080; Walter Schellenbergs eidliche Erklärung vom 26.11.45, in: *IMG,* 3710-PS, Bd. 32, S. 471–475; und Otto Ohlendorf am 24.4.47, Nbg. Dok. NO-2890. Zum Komplizentum der Wehrmacht bei der Ermordung der sowjetischen Juden siehe Helmut Krausnick und Hans-Heinrich Wilhelm, *Die Truppe des Weltanschauungskrieges. Die Einsatzgruppen der Sicherheitspolizei und des SD, 1938–1942,* Stuttgart 1981, S. 208–278; sowie zahlreiche Veröffentlichungen von Jürgen Förster, darunter »The Wehrmacht and the War of Extermination against the Soviet Union«, *YVS,* Jg. 14, 1981, S. 7–34.

54 Es gibt viele widersprüchliche Angaben über den Kreis der Teilnehmer und darüber, was bei den verschiedenen Gelegenheiten bekannt wurde. Das Material wird zum Teil in der Anklageschrift gegen Streckenbach zusammengefaßt, ZStL AR-Z 76/59 (im folgenden: »Streckenbach«), S. 178–191. Die Positionen der beiden wichtigsten Protagonisten dieser Debatte finden sich in Krausnick und Wilhelm, *Die Truppe des Weltanschauungskrieges,* S. 150–172, und »Hitler und die Befehle an die Einsatzgruppen im Sommer 1941«, in: Eberhard Jäckel und Jürgen Rohwer (Hrsg.), *Der Mord an den Juden im Zweiten Weltkrieg. Entschlußbildung und Verwirklichung,* Stuttgart 1985, S. 88–106; Alfred Streim, *Die Behandlung sowjetischer Kriegsgefangener im Fall Barbarossa,* Heidelberg 1981, S. 74–93; »Zur Eröffnung des allgemeinen Judenvernichtungsbefehls gegenüber den Einsatzgruppen«, in: Jäckel und Rohwer

(Hrsg.), *Der Mord an den Juden im Zweiten Weltkrieg,* S. 107–119, und »The Tasks of the SS Einsatzgruppen«, *Simon Wiesenthal Center Annual 4,* 1987, S. 309–328; zur Auseinandersetzung zwischen Krausnick und Streim siehe *Simon Wiesenthal Center Annual 6,* 1989, S. 311–347; eine andere Interpretation unternimmt Browning, »Beyond ›Intentionalism‹ and ›Functionalism‹«, S. 99–111; zu Burrins Deutung siehe *Hitler and the Jews,* S. 90–113.

55 Dies wurde in Heydrichs schriftlichem Befehl vom 2. Juli 1941 an die HSSPF festgelegt, siehe Helmut Krausnick, »Judenverfolgung«, in: *Anatomie des SS-Staates,* S. 612f. Entsprechend der allgemeinen Praxis, die Vernichtung der Juden im Schriftverkehr nicht zu benennen, sondern die Befehle lieber mündlich weiterzugeben, bezieht sich dieser Befehl nur auf jene Tötungen, die dem Anschein nach in engerem Zusammenhang mit militärischen Notwendigkeiten standen.

56 Die Frage, wer welche Befehle an die Einsatzgruppen gab, ist unter Fachleuten umstritten. Auf die vielen Argumente und Tatsachen kann hier nicht eingegangen werden. Siehe oben Fußnote 49 zu dieser Debatte und unten Fußnote 68 zu den neuen Belegen.

57 Anklage gegen Streckenbach, S. 261.

58 Siehe Walter Blume, ZStL 207 AR-Z 15/58, Bd. 4, S. 981. Er behauptet, man habe ihnen damals keine operativen Einzelheiten mitgeteilt, so daß sie nicht gewußt hätten, wie sie ihre Aufträge ausführen sollten. Sie hätten damit gerechnet, die Instruktionen später zu erhalten.

59 »Official Transcript of the American Military Tribunal No. 2-A in the Matter of the United States of America Against Otto Ohlendorf et al., defendants sitting at Nuernberg Germany on 15 September 1947«, S. 633, S. 526.

60 Einsatzbefehl Nr. 1 vom 29. Juni 1941 und Einsatzbefehl Nr. 2 vom 1. Juli 1941; Heydrich schlug dies auch in seinem Befehl vom 2. Juli 1941 an die HSSPF in der Sowjetunion vor.

61 Ein Mitglied der Einsatzgruppe A, zitiert bei Ernst Klee, Willi Dreßen und Volker Rieß (Hrsg.), »*Schöne Zeiten*«. *Judenmord aus der Sicht der Täter und Gaffer,* Frankfurt/M. 1988, S. 82.

62 Alfred Filbert, Streckenbach, Bd. 11, S. 7571f.; siehe auch seine Stellungnahme in Streckenbach, Bd. 6, S. 1580–1585.

63 Wie die Einsatzgruppen in den ersten Wochen bei ihren Mordeinsätzen vorgingen, ist zufällig. Manche Einsatzkommandos verübten größere Massaker als andere, und ein und dasselbe Einsatzkommando verhielt sich nicht in jeder Stadt gleich. Auch die Methoden waren unterschiedlich, unabhängig davon, ob man sich örtlicher Hilfskräfte bediente oder selbst mordete. Die Logistik variierte ebenfalls von Einsatzkommando zu Einsatzkommando, und auch die Eskalation der Mordeinsätze bis hin zu Massenhinrichtungen von jüdischen Frauen und Kindern setzte nicht gleichzeitig ein. Für all das finde ich keine andere Erklärung, als daß die Einsatzgruppenleiter oder die ihnen vorgesetzten HSSPF über einen großen Spielraum verfügten, wie sie den allgemein gehaltenen Befehl zur Vernichtung ausführten. Dann aber wird die Vorstellung noch plausibler, daß sie zuerst ihre Leute an die Morde gewöhnen mußten und erst anschließend die Mordeinsätze schrittweise erweiterten. Auch anderswo wurde so etwas versucht, etwa im November 1941 in Galizien, wo zu jener Zeit zweifellos bereits ein Befehl zur totalen Vernichtung vorlag. Die Tatsache, daß die Einsatzkommandos nicht in der Lage waren, alle

Juden sofort zu ermorden, beweist also, daß Hitler noch keinen umfassenden Vernichtungsbefehl gegeben hatte. In ähnlicher Weise gilt: Es ist unrealistisch anzunehmen, die Deutschen hätten, selbst als das europaweite Vernichtungsprogramm im Gange war, die Juden jedes Landes, jeder Region und jeder Gemeinde sofort umbringen können. Zu den ersten Morden in Galizien, die der Gewöhnung dienten, siehe Urteil gegen Hans Krüger u. a., Schwurgericht Münster 5 Ks 4/65, S. 137–194, insbes. S. 143. Einen Überblick über die Operationen der Einsatzgruppen geben Krausnick und Wilhelm, *Die Truppe des Weltanschauungskrieges,* S. 173–205, S. 533–539; sowie *The Einsatzgruppen Reports: Selections from the Dispatches of the Nazi Death Squads' Campaign Against the Jews in Occupied Territories of the Soviet Union July 1941–January 1943,* hrsg. von Yitzhad Arad, Shmuel Krakowski und Shmuel Spector, New York 1989.

64 Zur Frage der Personalstärke siehe Browning, »Beyond ›Intentionalism‹ and ›Functionalism‹«, S. 101–106; Yehoshua Büchler, »Kommandostab Reichsführer-SS: Himmler's Personal Murder Brigades in 1941«, *HGS,* Jg. 1, H. 1, 1986, S. 11–25.

65 Anklageschrift gegen A. H., StA Frankfurt/M 4 Js 1928/60, S. 15.

66 Sie fanden unter anderem heraus, daß Erschießungen letztlich als Mordmethode ungeeignet waren, da die damit verbundenen Greuel die Täter zu stark belasteten. Aus diesem Grund ging man zu Vergasungen über. Siehe Urteil gegen Friedrich Pradel und Harry Wentritt, Hannover, 2 Ks 2/65, S. 33; sowie Mathias Beer, »Die Entwicklung der Gaswagen beim Mord an den Juden«, *VfZ,* Jg. 35, H. 3, S. 403–417.

67 Ein solch inszeniertes »Pogrom« in Grzymalow, Ukraine, wo die SS Ukrainer bewaffnete und ihnen dann in der Stadt freie Hand ließ, wird im Urteil gegen Daniel Nerling, Lübeck 2 Ks 1/67, D. 17 erwähnt; zu den ausgedehnten, von Deutschen angeleiteten »Pogromen« in Lettland siehe Urteil gegen Viktor Arajs, Hamburg (37) 5/76, S. 16–26, S. 72 bis 107, S. 145; sowie Anklageschrift gegen Viktor Arajs, Hamburg 141 Js 534/60, S. 22–25, S. 7389.

68 Einen Überblick über die Mordeinsätze der Einsatzgruppen geben Krausnick und Wilhelm, *Die Truppe des Weltanschauungskrieges,* S. 173–205, S. 533–539. Zu Kowno siehe S. 205–209, zu Lemberg S. 186f.

69 Auf die Morde von Białystok wird im 6. Kapitel ausführlich eingegangen. Zu Luzk siehe Alfred Streim, »Das Sonderkommando 4a der Einsatzgruppe C und die mit diesem Kommando eingesetzten Einheiten während des Rußland-Feldzuges in der Zeit vom 22. 6. 1941 bis zum Sommer 1943«, ZStL 11 (4) AR-Z 269/60, »Abschlußbericht«, S. 153 bis 158. Die »Ereignismeldungen UDSSR«, Nr. 24, Nbg. Dok. NO-2938, vom 16. Juli 1941 stellen *fälschlicherweise* fest, daß die Ukrainer die Erschießungen durchführten (*Einsatzgruppen Reports,* S. 32). Die Berichte enthalten häufig irreführende oder unvollständige Informationen. Dennoch kann man auf sie als Quelle nicht verzichten. Burrin, *Hitler and the Jews,* behauptet daher zu Unrecht, »daß diese Berichte im allgemeinen vollständig und genau sind« (S. 105). Bei ihrer Abfassung der Berichte ging es den Deutschen nicht immer um die Wahrheit. Paul Zapp, der Leiter des Einsatzkommandos 11 a, hat in seinem Prozeß bezeugt, daß an die Befehlshaber der Einsatzkommandos der Befehl ergangen sei, ihre Taten in den Berichten zu verschleiern, da sie dem

Feind in die Hände fallen könnten – dies ergibt sich aus Erich Goldhagens Notizen über die Aussagen Zapps am 17. Februar 1970 beim Prozeß gegen Zapp und andere Mitglieder des Einsatzkommandos 11 A. Beim Massaker von Luzk wollten die Deutschen die Dinge so darstellen, als hätten die Ukrainer Rache genommen für angebliche Verbrechen der Juden. Wer sich auf diese Ereignismeldungen verläßt, wie Burrin und Browning (»Beyond ›Intentionalism‹ und ›Functionalism‹«) es tun, ohne die vollständigeren Materialien der Nachkriegsprozesse zu berücksichtigen, interpretiert die Ereignisse auf der Grundlage von bewußt verfälschten Berichten der Deutschen.

70 Breitman, *The Architect of Genocide*, S. 190–196.

71 Zu den logistischen Aspekten dieses Übergangs siehe Browning, »Beyond ›Intentionalism‹ and ›Functionalism‹«, S. 106–111.

72 Meine Schlußfolgerungen gründen sich auf eine umfassende – wenn auch nicht erschöpfende – Lektüre des Untersuchungs- und Prozeßmaterials bei der ZStL über *alle Einsatzgruppen*, darunter auch die umfangreichen Untersuchungs- und Prozeßakten gegen Kuno Callsen und andere Mitglieder des Sonderkommandos 4a, ZStL 204 AR-Z 269/60, fünfzig Aktenbände und 10 000 Seiten Material. Aus Umfangsgründen habe ich kein besonderes Kapitel über die Einsatzgruppen eingefügt. Ausnahmen von meiner Darstellung zeigten sich im Einsatzkommando 8. Nach dem Krieg sprachen einige seiner Mitglieder von dem Zorn, der sie erfaßt habe, als sie erfuhren, daß sie auch jüdische Frauen und Kinder zu töten hätten. Diese neue Aufgabe gefiel ihnen nicht. Aber selbst in diesem Fall war ihnen klar, daß sie von Anfang an einen Befehl zum Völkermord befolgt hatten, indem sie jüdische Männer töteten. Siehe Urteil gegen Karl Strohhammer, Landgericht Frankfurt 4 Ks 1/65, S. 10.

73 W. G., Streckenbach, Bd. 11, S. 7578. Seine Darstellung und die oben erörterte von Filbert bestätigen sich gegenseitig.

74 Es überrascht, daß bisher niemand diesen entscheidenden Beweis beigebracht hat, der in vielfacher Hinsicht signifikanter als die Aussagen der Einsatzgruppenführer ist, auf die sich andere ausschließlich gestützt haben. Hier nur eine kleine Auswahl zusätzlicher wichtiger Belege zu diesem Punkt: für die Einsatzgruppe A W. M., Streckenbach, Bd. 7, S. 7088; für das Einsatzkommando 8 C. R., Streckenbach, Bd. 7, S. 7064, und das Urteil gegen Strohhammer, Landgericht Frankfurt 4 Ks 1/65; für die Einsatzgruppe C K. H., Streckenbach, Bd. 8, S. 7135; für das Sonderkommando 4b H. S., Streckenbach, Bd. 12, S. 7775. Es ist von besonderer Bedeutung, daß der Kommandeur des Polizeibataillons 309 – auf das ich im 6. Kapitel näher eingehe – seinen Kompaniechefs *vor dem Angriff auf die Sowjetunion* mitteilte, es gebe einen Führerbefehl, daß alle Juden in der Sowjetunion – Männer, Frauen und Kinder – vernichtet werden sollten. Zumindest einer der Kompaniechefs gab den Befehl seinen Leuten bekannt. Siehe Urteil gegen Buchs u. a., Wuppertal, 12 Ks 1/67, S. 29f.; H. G., ZStL 205 AR-Z 20/60 (im folgenden als »Buchs« zitiert), S. 363f.; A. A., S. 1339R; sowie E. M., Buchs, S. 1813R. Demnach war also bereits vor dem Angriff die Entscheidung für den Genozid über den engen Kreis der Einsatzgruppen hinaus bekannt. Welche plausiblen oder – in meiner Sicht – nicht plausiblen Motive den Befehlshabern der Einsatzgruppen auch immer dafür unterstellt wurden, daß sie nach dem Krieg behaupteten, es habe einen generellen Vernichtungsbefehl »gegeben«, auf ihre Untergebenen lassen sich derartige Motive je-

denfalls nicht übertragen: Ihnen mußte es vor allem darum gehen, ihr Wissen, daß sie mit ihren Handlungen zu einem Völkermord beitrugen, abzustreiten. Selbst Befehlshaber haben dies geleugnet – unglaubhaft und entgegen allen Quellen – und sogar behauptet, sie hätten nicht einmal gewußt, daß ihre Opfer Juden waren.

75 »Abschlußbericht«, ZStL 202 AR-Z 82/61, Bd. 5, S. 795-843. Das gemeinsame – wenn auch unterschiedlich begründete – Argument von Browning, »Beyond ›Intentionalism‹ and ›Functionalism‹« (S. 102), und Burrin, *Hitler and the Jews,* (S. 105f., S. 113), in den ersten Wochen seien, so Brownings Formulierung, »die überwältigende Mehrheit« der Opfer der Einsatzgruppen »männliche Angehörige der jüdischen Führung und der Intelligenz« gewesen, was Heydrichs Befehl vom 2. Juli entsprochen habe, ist unhaltbar. Die Taten der Einsatzkommandos – und der Polizeibataillone – widersprechen dem, stellten doch ihre Angehörigen bis ins Detail dar, wie und wen sie getötet und wie sie ihre Aufgabe verstanden haben. Immer wieder machten die Deutschen Jagd auf *alle* jüdischen Männer, und nicht nur auf die Führung oder die Intelligenz, eine höchst dehnbare und bedeutungslose Kategorie, so irreführend wie viele andere Redewendungen der Deutschen. Wichtig ist nicht, daß die Deutschen zunächst manchmal nur die »Elite« ermordeten. Entscheidend ist vielmehr, daß sie gleichsam routinemäßig auch jüdische Männer umbrachten, die *nicht* zur Elite gehörten, denn daran zeigt sich, daß ihre Befehle auf den totalen Völkermord hinausliefen. Browning und Burrin kommen zu verzerrten Ergebnissen, weil sie die absichtlich täuschenden Redewendungen der Einsatzgruppenberichte wörtlich nehmen. Siehe z.B. zu der Einsatzgruppe 8 die Aussage von K.K., ZStL 202 AR-Z 81/59, wo er das Zusammentreiben der Juden von Białystok durch das Kommando Anfang Juli detailliert beschreibt (Bd. 6, S. 1228f.). Zum Sonderkommando 4a siehe Urteil gegen Kuno Callsen u. a., ZStL 204 AR-Z 269/60, S. 161f. Selbst beim ersten Mordeinsatz eines Einsatzkommandos am 24. Juni in Garsden wurden *alle* jüdischen Männer, deren man habhaft werden konnte, ermordet. Siehe F. M., ZStL 207 AR-Z 15/58, Bd. 2, S. 457. Solche *unterschiedslosen* Gemetzel an Juden, die den Völkermord zum Ziel hatten, wurden nicht nur von Einsatzkommandos, sondern auch von Polizeibataillonen begangen. In Białystok vollzogen am 13. Juli, wenige Tage nach dem Massaker des Einsatzkommandos 8, die Polizeibataillone 316 und 322 den Befehl, den ihr Regimentschef zwei Tage zuvor erlassen hatte, und trieben die jüdischen Männer der Gegend im Alter von siebzehn bis fünfundvierzig Jahren zusammen, um sie dann zu erschießen, dreitausend Männer oder mehr. Trotz dieser belegten Tatsachen akzeptiert Burrin, *Hitler and the Jews,* die irreführende Sprachregelung der Deutschen, es seien jüdische *Plünderer* zu töten gewesen (S. 111). Das deutsche Gericht, das mit dem Fall befaßt war, wies die Behauptung, der Befehl habe sich nur auf Plünderer bezogen, als »… eine offensichtliche Scheinbegründung, eine durchsichtige Tarnung des wahren Zwecks der Tötungsanordnung« zurück. Siehe Urteil gegen Hermann Kraiker u. a., Schwurgericht Bochum 15 Ks 1/66, S. 144–178, insbes. S. 153ff.; sowie Anklageschrift gegen Kraiker u. a., Dortmund 45 Js 2/61, S. 106ff. Dieser Befehl beweist vielmehr das Gegenteil, nämlich daß es einen Vernichtungsplan gab. Die Ermordung von sechs- bis zehntausend Juden durch das Polizeibataillon 307 in der ersten Julihälfte in Brest-Litowsk ist ein weiteres Beispiel dafür.

602

Brownings und Burrins Argumentation ignoriert ebenfalls die Blutbäder, die Deutsche im Baltikum und in der Ukraine – teilweise unterstützt
von örtlichen Hilfskräften – an Tausenden von Juden, darunter Frauen
und Kinder, anrichteten. Viele dieser Mordeinsätze, selbst so umfangreiche wie der in Krottingen, fanden keinen Eingang in die Berichte der
Einsatzgruppen. Browning und Burrin bezeichnen diese Ereignisse als
»Pogrome« und gehen in ihren Untersuchungen mehr oder weniger darüber hinweg, obwohl die Deutschen diese Massaker organisierten, überwachten und sich sogar daran beteiligten. So spricht etwa der Litauer P.
L. von der Ankündigung der Deutschen, die Juden, einschließlich der
Frauen und Kinder, zu ermorden; anschließend beschreibt er die Durchführung der Bluttat in Krottingen unter deutscher Aufsicht (ZStL 207
AR-Z 15/58, S. 2.744f.). Der Umfang und der Charakter der von den
Deutschen organisierten Massenmorde im Baltikum zeigen schon *in den
ersten Wochen* des Angriffs auf die Sowjetunion, daß hier eine Politik
des Genozids durchgeführt wurde, eingeleitet durch Hitlers vorangegangene Entscheidung. Zur Vertiefung siehe ZStL 207 AR-Z 15/58.

76 Die Vorstellung, daß Hitler mit dem systematischen Massenmord an den
Juden begonnen haben und ihn dann gestoppt haben soll, widerspricht
allem, was wir psychologisch über Hitler, seine Art der Kriegführung
und seine Auffassung darüber, wie man mit der angeblichen jüdischen
Gefahr fertig werden könne, wissen. Daher war Hitlers Beschluß, die
sowjetischen Juden ermorden zu lassen, der historisch entscheidende
Augenblick.

77 Breitman, »Plans for the Final Solution in Early 1941«, zeigt, daß Anfang 1941 bereits ein Vernichtungsprogramm, das alle europäischen Juden – und nicht nur für die sowjetischen – betraf, angekündigt und vorbereitet wurde. Auch Browning, »Beyond ›Intentionalism‹«, stellt die
Zeitgleichheit dieser Entscheidungen fest. Er datiert sie allerdings auf
Mitte Juli (S. 113).

78 Eine Rekonstruktion dieser Ereignisse liefert Browning, »Beyond ›Intentionalism‹«, S. 111–120. Er meint, daß es sich nicht um einen operativen, sondern um einen strategischen Wechsel gehandelt habe.

79 Ohlendorfs Befürchtungen gingen eher in die Richtung, daß seine Leute
durch ihre brutalen Handlungen zu gesellschaftlichen Außenseitern
werden würden. Zwar traf dies für die Mehrheit von ihnen nicht zu,
einige jedoch waren wirklich erschüttert. Ein Beispiel schildert Daniel J.
Goldhagen, »The ›Cowardly‹ Executioner: On Disobedience in the SS«,
Patterns of Prejudice, Jg. 12, H. 1, 1978, S. 116.

80 Zum Einsatz von Gaswagen siehe Eugen Kogon, Hermann Langbein
und Adalbert Rückerl (Hrsg.), *Nationalsozialistische Massentötungen
durch Giftgas. Eine Dokumentation*, Frankfurt 1983, S. 81–109.

81 Deutsche erschossen während des ganzen Krieges Zehntausende Juden,
so daß gar nicht sicher ist, ob Vergasungen wirklich »effizienter« waren.
In vielen Fällen war sogar das Gegenteil der Fall. Die Deutschen zogen
die Vergasungsmethode aus Gründen vor, die nichts mit »Wirtschaft-
lichkeitsberechnungen« zu tun hatten. Der Einsatz von Gas bei der Vernichtung der Juden durch die Deutschen war daher – anders als weithin
angenommen – ein nebensächliches Phänomen. Es war leicht anzuwenden, aber nicht unentbehrlich. Auch ohne die Erfindung der Gaskammer
hätten die Deutschen ebenso viele Juden ermorden können. Nicht die
Mittel, der Wille war entscheidend.

82 Siehe Browning, »Beyond ›Intentionalism‹ and ›Functionalism‹«, S. 111–120.

83 Dieses Thema erörtert Czesław Madajczyk, »Concentration Camps as a Tool of Oppression in Nazi-Occupied Europe«, in: *The Nazi Concentration Camps: Structure and Aims, The Image of the Prisoner, The Jews in the Camps,* Jerusalem 1984, S. 55ff.

84 Zum Protokoll dieser Sitzung siehe Léon Poliakov und Josef Wulf (Hrsg.), *Das Dritte Reich und die Juden,* Frankfurt/M. 1983, S. 119–126. Wer kann daran zweifeln, daß Hitler im Falle eines Sieges Himmler beauftragt hätte, die Vernichtung aller Juden, vor allem der nordamerikanischen, in die Wege zu leiten? Nach der Logik derjenigen, die so tun, als gäbe es Intentionen erst dann, wenn Beweise für konkrete Pläne und Vorbereitungen vorliegen, müßte man *annehmen,* daß Hitler zum Zeitpunkt der Wannseekonferenz lediglich die europäischen Juden vernichten wollte.

85 Die Themen dieses Abschnitts werden später in den Kapiteln über die jüdische »Arbeit« ausführlicher behandelt.

86 Randolf L. Braham, *The Politics of Genocide: The Holocaust in Hungary,* New York 1981, Bd. 2, S. 792f.

87 Siehe Teil V.

88 Zitiert bei Jäckel, *Hitlers Weltanschauung,* S. 78.

89 Andere Interpretationen betonen Hitlers wechselnde Stimmungen, siehe Browning, »Beyond ›Intentionalism‹ and ›Functionalism‹«, S. 120f.; sowie Burrin, *Hitler and the Jews,* S. 133–147.

90 Brief an Adolf Gremlich vom 16. September 1919, zitiert in Ernst Deuerlein, »Hitlers Eintritt in die NSDAP und die Reichswehr«, *VfZ,* Jg. 7, 1959, S. 203ff.

91 Es ist bemerkenswert, daß Hitler das Wort Prophezeiung benutzte. Eine Prophezeiung ist mehr als ein bloßer Wunsch; sie ist eine Weissagung. Auch Goebbels und andere sahen hierin eine prophetische Vorhersage und nicht ein leeres, herausforderndes Gerede. Nach einer Begegnung mit Hitler am 19. August 1941 bezog sich Goebbels ausdrücklich auf diese »Prophezeiung«, als er in sein Tagebuch schrieb: »Sie bewahrheitet sich in diesen Wochen und Monaten mit einer fast unheimlich anmutenden Sicherheit. Im Osten müssen die Juden die Zeche bezahlen, in Deutschland haben sie sie zum Teil schon bezahlt und werden sie in Zukunft noch mehr bezahlen müssen.« Zitiert nach Martin Broszat, »Hitler und die Genesis der ›Endlösung‹. Aus Anlaß der Thesen von David Irving«, *VfZ,* Jg. 25, H. 4, 1977, S. 749f.

92 Ich kenne kein anderes Beispiel in der Geschichte dafür, daß ein Staatschef in einer so wichtigen Angelegenheit mit so offenkundiger Überzeugung eine Intention verkündete und sie schließlich auch so ausführte, und dann Historiker später behaupten, man solle seine Worte nicht so genau nehmen. Er habe nicht eigentlich beabsichtigt, das durchzuführen, was er der ganzen Welt angekündigt hatte – und worauf er sich dann später wiederholt und emphatisch bezog. Dieser interpretatorische Winkelzug ist um so merkwürdiger, als Hitler im Denken, Reden und Handeln ein mörderisch veranlagter Mensch war, diese Prophezeiung seinem Charakter also durchaus entsprach. Stets träumte er davon, seine Gegner umzubringen, stets versuchte er, diese Träume in die Realität umzusetzen.

93 Lothar Gruchmann, »Euthanasie und Justiz im Dritten Reich«, *VfZ,* Jg. 20, H. 3, 1972, S. 238. Schließlich hatte Hitler bereits im Jahr 1931

klar zum Ausdruck gebracht, daß er den Krieg als Gelegenheit für eine letzte Abrechnung betrachtete. Sollten die Juden einen weiteren Krieg auslösen, hatte er damals gesagt, so werde dieser für die Juden ein unerwartetes Ende nehmen, da er dann das »Weltjudentum« zerschlagen werde. Siehe Edouard Calic, *Ohne Maske. Hitler-Breiting Geheimgespräche 1931,* Frankfurt/M. 1968, S. 94f.

Kapitel 5

1 Diese Definition des »Täters« entspricht ungefähr der, die die Gerichte der Bundesrepublik Deutschland anwandten, um festzustellen, ob sich jemand der »Mittäterschaft« beim Massenmord an den Juden schuldig gemacht hatte. Eine prägnante Erörterung findet sich im Urteil gegen Wolfgang Hoffmann u. a., Landgericht Hamburg (50) 20/66, S. 243. Im Mittelpunkt stehen hier Verfolgung, Folterung und Ermordung von Juden und nicht von anderen Verfolgten. Für diese Entscheidung gibt es mehrere Gründe. Welche Verbrechen die Deutschen auch an anderen begangen haben, die Juden standen im Mittelpunkt der vorherrschenden deutschen Weltsicht und der deutschen Politik; der Bau der Todesfabriken in Auschwitz, Treblinka, Belzec, Sobibor und Chelmno galt vorrangig ihnen. Kein anderes Volk beschäftigte so stark das öffentliche und private Leben von Deutschen oder ihre Vernichtungspläne, die den ganzen Kontinent umfaßten. Und die Deutschen haben sie auch schlechter behandelt als alle anderen Völker. Das ist der zweite Grund, das Schicksal der Juden separat zu untersuchen. Die Juden waren in den Augen der Deutschen *etwas ganz Besonderes,* und das muß unsere Untersuchung berücksichtigen, auch wenn gegebenenfalls Vergleiche mit anderen Opfergruppen vorgenommen werden.

2 Ausnahmen sind die, die sich an den üblichen Brutalitäten nicht beteiligten: Lageraufseher, die freundlich zu Juden waren, oder diejenigen, die nichts mit Juden zu tun hatten, Köche etwa. Einen anderen Begriff des »Täters« vertreten Ernst Klee, Willi Dreßen und Volker Rieß (Hrsg.) *»Schöne Zeiten«. Judenmord aus der Sicht der Täter und Gaffer,* Frankfurt/M. 1988, S. 8f.

3 Der Hauptgrund für diese weite Definition ist schon genannt worden. Ein zusätzlicher Vorzug dieser Definition besteht darin, daß sie ein für Deutschland und den Holocaust wesentliches Element erfaßt: Sie berücksichtigt nämlich, daß viele Menschen am Massenmord beteiligt waren, damit zu tun hatten oder davon wußten. Eine engere Definition des »Täters« würde einen zu großen Unterschied machen zwischen jenen, die etwa dem Erschießungskommando eines Einsatzkommandos angehörten, und jenen, die die Ghettos oder die Deportationszüge bewachten. Schließlich wechselten viele Deutsche ohne Schwierigkeiten von der einen Rolle zur anderen. Für die große Mehrheit entschied der Zufall und nicht irgendein Willensakt darüber, wer aus einer Gruppe sozial homogener Deutscher in eine Mordinstitution gelangte oder nicht. Definitionen wollen immer »Überzeugungen« schaffen, daher kommt es sehr darauf an, ob die Art, wie eine Definition überzeugt, wünschenswert und vertretbar ist.

4 Ich kenne keine seriöse Darstellung des Holocaust, die sich nicht auf die Gaskammern konzentriert, und viele behandeln die Massenerschießun-

605

gen von Juden und andere wichtige Aspekte der Durchführung des Holocaust entweder oberflächlich (mit Ausnahme der Tötungen durch die Einsatzgruppen in der Sowjetunion) oder überhaupt nicht. Selbst Raul Hilberg, *Die Vernichtung der europäischen Juden,* Frankfurt/M. 1993, geht auf solche Morde nicht weiter ein (siehe beispielsweise seinen Abschnitt über die Deportationen aus Polen S. 505–570). Die Deutschen töteten 40 bis 50 Prozent ihrer jüdischen Opfer anders als durch Gas, und an diesen Morden waren insgesamt mehr Deutsche beteiligt als an den Vergasungen. Schätzungen dazu enthalten *Enzyklopädie des Holocaust. Die Verfolgung und Ermordung der europäischen Juden,* hrsg. von Israel Gutman, 3 Bde., Berlin 1993; Wolfganz Benz, *Dimensionen des Völkermords: Die Zahl der jüdischen Opfer des Nationalsozialismus,* München 1991, S. 17. Diese unausgewogene Aufmerksamkeit für die Gaskammern gilt es zu korrigieren.

5 Repräsentativ für die umfangreiche Literatur über die Lager ist der mehr als siebenhundert Seiten starke Konferenzband *The Nazi Concentration Camps: Structure and Aims, The Image of the Prisoner, The Jews in the Camps,* Jerusalem 1984, aus dem wir sehr wenig über die Täter erfahren, mit Ausnahme von Robert Jay Liftons Beitrag über die Ärzte in Auschwitz. Der kürzlich erschienene Band von Yisrael Gutman und Michael Berenbaum (Hrsg.), *Anatomy of the Auschwitz Death Camp,* Bloomington 1994, enthält zwar einen Abschnitt über die Täter, doch bietet dieser nur ein soziologisches Profil des Lagerpersonals. Außerdem finden sich dort ein Aufsatz über die Ärzte, sowie Einzelbeiträge über den Kommandanten Rudolf Höss und über Josef Mengele. Von demographischen und persönlichen Daten abgesehen, gibt es kaum Informationen über die Täter, geschweige denn eine gründliche Untersuchung ihrer Handlungen und Motive. Nur wenige beschäftigen sich mit den Tätern in den Lagern, darunter Adalbert Rückerl, *Nationalsozialistische Vernichtungslager im Spiegel deutscher Strafprozesse: Belzec, Sobibor, Chelmno,* München 1977; sowie Hermann Langbein, *Menschen in Auschwitz,* Frankfurt/M. 1980, S. 311–522.

6 Darstellungen dieser Mordinstitutionen geben Heinz Artzt, *Mörder in Uniform. Nazi-Verbrecher-Organisationen,* Rastatt 1987; Richard Henkys, *Die nationalsozialistischen Gewaltverbrechen. Geschichte und Gericht,* Stuttgart 1964; über die engsten Mitarbeiter Eichmanns berichtet Hans Safrian, *Die Eichmann-Männer,* Wien 1993; zum Auswärtigen Amt siehe Christopher R. Browning, *The Final Solution and the German Foreign Office: A Study of Referat D III of Abteilung Deutschland, 1940–43,* New York 1978.

7 Helmut Krausnick und Hans-Heinrich Wilhelm, *Die Truppe des Weltanschauungskrieges. Die Einsatzgruppen der Sicherheitspolizei und des SD, 1938–1942,* Stuttgart 1981. Eine frühere und kürzere Behandlung des Themas lieferte Alfred Streim, »Zum Beispiel: Die Verbrechen der Einsatzgruppen in der Sowjetunion«, in: Adalbert Rückerl (Hrsg.), *NS-Prozesse: Nach 25 Jahren Strafverfolgung,* Karlsruhe 1971, S. 65–106.

8 Siehe beispielsweise Yisrael Gutman, *The Jews of Warsaw, 1939–1943: Ghetto, Underground, Revolt,* Bloomington 1989, eine hervorragende Untersuchung über das Warschauer Ghetto, aber man erfährt nur wenig über die deutschen Aufseher.

9 In der kürzlich publizierten *Enzyklopädie des Holocaust* taucht das Stichwort Polizeibataillone überhaupt nicht auf, und zur Ordnungspoli-

zei gibt es nur einen kurzen, wenig aufschlußreichen Eintrag. Die Polizeibataillone und die Ordnungspolizei werden auch in Standardwerken über den Holocaust wie Hilberg, *Die Vernichtung der europäischen Juden;* Lucy S. Dawidowicz, *Der Krieg gegen die Juden 1933–1945,* München 1979; oder Leni Yahils kürzlich erschienenem Mammutwerk *The Holocaust: The Fate of European Jewry, 1932–1945,* New York 1990, kaum erwähnt. Yitzhak Arad, *Belzec, Sobibor, Treblinka: The Operation Reinhard Death Camps,* Bloomington 1987, erörtert die Polizeibataillone nur ganz nebenbei, obwohl der Erfolg der »Aktion Reinhard« weitgehend von ihrer Teilnahme abhing. Christopher R. Browning, *Ganz normale Männer. Das Reserve-Polizeibatallion 101 und die »Endlösung« in Polen,* Reinbek 1993, ist ein bedeutender Beitrag über die Polizeibataillone. Doch da er sich in erster Linie auf ein Bataillon konzentriert, gibt er keine systematische oder umfassende Darstellung. Auch einiges andere, weniger Wichtiges ist in letzter Zeit veröffentlicht worden.

10 In den letzten Jahren sind dazu einige gute Publikationen erschienen, darunter Ulrich Herbert, *Fremdarbeiter. Politik und Praxis des «Ausländer-Einsatzes» in der Kriegswirtschaft des Dritten Reiches,* Berlin 1985; Ulrich Herbert (Hrsg.), *Europa und der »Reichseinsatz«. Ausländische Zivilarbeiter, Kriegsgefangene und KZ-Häftlinge in Deutschland 1938–1945,* Essen 1991; *Das Daimler-Benz Buch. Ein Rüstungskonzern im »Tausendjährigen Reich« und danach,* hrsg. von der Hamburger Stiftung für Sozialgeschichte des 20. Jahrhunderts, Nördlingen 1988; Klaus-Jörg Siegfried, *Das Leben der Zwangsarbeiter im Volkswagenwerk 1939–1945,* Frankfurt/M. 1988.

11 Siehe Krausnick und Wilhelm, *Die Truppe des Weltanschauungskrieges;* Omer Bartov, *The Eastern Front, German Troops and the Barbarization of Warfare,* London 1985; Ernst Klee und Willi Dreßen (Hrsg.), *»Gott mit uns«. Der deutsche Vernichtungskrieg im Osten, 1939–1945,* Frankfurt/M. 1989; Theo J. Schulte, *The German Army and Nazi Policies in Occupied Russia,* Oxford 1989; Jürgen Förster, »Das Unternehmen ›Barbarossa‹ als Eroberungs- und Vernichtungskrieg«, in: Militärgeschichtliches Forschungsamt (Hrsg.), *Das Deutsche Reich und der Zweite Weltkrieg,* Bd. 4, Stuttgart 1983, S. 413–447; Alfred Streim, *Sowjetische Gefangene in Hitlers Vernichtungskrieg. Berichte und Dokumente 1941–1945,* Heidelberg 1982; Christian Streit, *Keine Kameraden. Die Wehrmacht und die sowjetischen Kriegsgefangenen 1941–1945,* Stuttgart 1978.

12 Wir müssen mehr über die Menschen erfahren, die in die SS eintraten, darüber, wie ihr Leben in den verschiedenen Zweigen dieser Organisation aussah, welcher Weltsicht sie anhingen et cetera. Zwei wichtige Studien dazu sind Bernd Wegner, *Hitlers politische Soldaten. Die Waffen-SS 1933–1945. Leitbild, Struktur und Funktion einer nationalsozialistischen Elite;* Herbert F. Ziegler, *Nazi Germany's New Aristocracy: The SS Leadership, 1925–1939,* Princeton 1989.

13 Bereits in einem frühen Stadium meiner Forschungsarbeit habe ich erkannt, daß eine zuverlässige Schätzung, wie groß der Kreis der Täter war, mehr Zeit erfordern würde, als ich in Anbetracht meiner übrigen Forschungsziele aufbringen konnte. Dennoch bin ich gewiß, daß die Zahl außerordentlich hoch ist. Bei weitem die besten Hilfsmittel für eine solche Schätzung finden sich in der Zentralen Stelle der Landesjustiz-

verwaltungen zur Aufklärung nationalsozialistischer Verbrechen in Ludwigsburg (ZStL), die seit ihrer Gründung Ende 1958 der Koordination und dem Informationsaustausch bei der Untersuchung und Verfolgung nationalsozialistischer Verbrechen diente. Die zentrale Namenkartei umfaßt 640 903 Karten (Stand: 20. Dezember 1994) über Personen, die bei Untersuchungen erwähnt worden sind oder Zeugenaussagen gemacht haben. Die Einheitskartei enthält 333 082 Karten. Erfaßt sind hier jene, die tatsächlich oder vermutlich einer der 4 105 Einheiten und Dienststellen angehörten, die gerichtlich untersucht worden sind. Doch wäre die Berechnung der Zahl von Personen, die tatsächlich in den verschiedenen Institutionen tätig waren, äußerst aufwendig, weil die Anzahl der Karten in der Einheitskartei keinen zuverlässigen Hinweis auf die Zahl der Menschen gibt, die in der jeweiligen Institution tätig waren oder die insgesamt in den Mordinstitutionen arbeiteten. Viele dieser Listen sind unvollständig. Außerdem enthalten sie Doppelnennungen, nichtdeutsche Täter und Namen von Leuten, die diesen Institutionen nicht angehörten, aber beispielsweise in Zeugenaussagen erwähnt wurden. Hinzu kommt, daß manche der aufgeführten Institutionen und Personen mit anderen Verbrechen als mit der Tötung von Juden zu tun hatten – etwa mit dem sogenannten Euthanasieprogramm. Selbst wenn die Klassifizierung der einzelnen Gruppen oder Personen unproblematischer wäre, wäre es zeitraubend, festzustellen, wie viele Menschen jeder der am Genozid beteiligten Institutionen angehörten. Und gewiß gibt es eine Reihe von Institutionen, die niemals untersucht worden sind.

14 Herbert, *Fremdarbeiter,* S. 271.

15 Gudrun Schwarz, *Die nationalsozialistischen Lager,* Frankfurt/M. 1990, S. 221. Beispielsweise weiß man nicht, wie viele Ghettos es in Weißrußland oder der Ukraine gab (S. 132). Allerdings waren die Lager von sehr unterschiedlicher Größe, vom Riesenkomplex Auschwitz bis hin zu jenen Lagern, in denen die Deutschen nur ein paar Dutzend Leute gefangenhielten.

16 Zu einem Überblick über die Zahl der verschiedenen Lager siehe Schwarz, *Die nationalsozialistischen Lager,* S. 221f.

17 Aleksander Lasik, »Historical-Sociological Profile of the Auschwitz SS«, in: Gutman und Berenbaum (Hrsg.), *Anatomy of the Auschwitz Death Camp,* S. 274. Lasik zeigt, daß eine bedeutende Minderheit von ihnen Volksdeutsche waren (S. 279ff.), die sich dem Nationalsozialismus auf Gedeih und Verderb verschrieben hatten.

18 Wolfgang Sofsky, *Die Ordnung des Terrors. Das Konzentrationslager,* Frankfurt/M. 1993, S. 341f. Anmerkungen 20, 18.

19 Sofsky, *Die Ordnung des Terrors,* S. 121.

20 Zu einer Erörterung ihrer Ausgangsstärke siehe Krausnick und Wilhelm, *Die Truppe des Weltanschauungskrieges,* S. 147.

21 Dies ist eine niedrige Schätzung, denn es ist sehr wahrscheinlich, daß sich noch mehr Polizeibataillone an den Massenmorden beteiligten. Außerdem ist die Annahme einer durchschnittlichen Stärke von fünfhundert Mann, die dieser Berechnung zugrunde liegt, eher zu gering angesetzt – viele Bataillone verfügten über mehr Leute und es gab Personalwechsel. Dieses Thema und die Quellen, auf die sich diese Schätzung stützt, werden in Kapitel 9 erörtert.

22 Yehoshua Büchler, »Kommandostab Reichsführer SS: Himmler's Personal Murder Brigades in 1941«, *HGS,* Jg. 1, Heft 1, 1986, S. 20. Büchler

608

schätzt, daß sie mindestens hunderttausend Juden umbrachten, wobei dies eine höchst vorsichtige Schätzung ist.

23 Siehe Orlando Patterson, *Slavery and Social Death: A Comparative Study,* Cambridge 1982, insbes. S. 1–14. Der »soziale Tod« ist qualitativ vom »bürgerlichen Tod« zu unterscheiden, von dem Menschen betroffen sind, denen gewisse staatsbürgerliche Rechte vorenthalten werden oder die sie verlieren, so etwa das Wahlrecht.

24 Zwei unterschiedliche Typologien der Lager bringen Schwarz, *Die nationalsozialistischen Lager,* S.70–73, und Aharon Weiss, »Categories of Camps – Their Character and Role in the Execution of the ›Final Solution of the Jewish Question‹«, in: *The Nazi Concentration Camps,* S. 121–127.

25 Zur Frühgeschichte der Konzentrationslager siehe Falk Pingel, *Häftlinge unter SS-Herrschaft. Widerstand, Selbstbehauptung und Vernichtung im Konzentrationslager,* Hamburg 1978, S. 30–35.

26 Schwarz, *Die nationalsozialistischen Lager,* S. 72.

27 Schwarz, *Die nationalsozialistischen Lager,* S. 222. Einige dieser Lager waren sicherlich relativ klein und unscheinbar.

28 Siehe dazu Daniel Bell, *Die Zukunft der westlichen Welt. Kultur und Technologie im Widerstreit,* Frankfurt 1976.

29 Zu repräsentativen Beispielen siehe Konnilyn G. Fein, *Hitler's Death Camps: The Sanity of Madness,* New York 1981, und die Aufsätze in *The Nazi Concentration Camps.* Sofsky, *Die Ordnung des Terrors,* ist insofern eine Ausnahme, als er die Lager nicht mit solch instrumentellen Begriffen beschreibt. Aber der Ansatz des Buches ist falsch gewählt, weil er die Lager aus dem Kontext der deutschen Gesellschaft herauslöst und sie behandelt, als ob sie isolierte Inseln wären.

30 Eine allgemeine Darstellung geben Eugen Kogon, Hermann Langbein und Adalbert Rückerl (Hrsg.), *Nationalsozialistische Massentötungen durch Giftgas. Eine Dokumentation,* Frankfurt/M. 1983, S. 81–239. Zu den Erinnerungen eines jüdischen Überlebenden, der in den Vernichtungsanlagen von Auschwitz tätig war, siehe Filip Müller, *Sonderbehandlung. 3 Jahre in den Krematorien und Gaskammern von Auschwitz,* München 1979.

31 Pingel, *Häftlinge unter NS-Herrschaft,* S. 186.

32 Der Begriff »Konzentrationslager« als allgemeiner Begriff für die Lager ist irreführend, solange nicht ausdrücklich darauf hingewiesen wird, daß dieser Begriff auch die anderen Arten von Lagern umfaßt. In den Kapiteln 10 und 11 werde ich darauf näher eingehen.

33 Zu einer Tabelle, die dies darstellt, siehe Sofsky, *Die Ordnung des Terrors,* S. 140. Diese Tabelle ist jedoch sowohl problematisch, was die Plazierung der Juden betrifft (wie ich in Kapitel 15 erörtern werde, galten sie nicht bloß als »Untermenschen«), als auch hinsichtlich der Behauptung eines Kontinuums zwischen »Leben« und »Tod«. Zwischen Leben und Tod gab es kein Kontinuum, sondern weitgehend voneinander getrennte und wechselnde Werte.

34 Siehe Pingel, *Häftlinge unter NS-Herrschaft,* S. 91–96, S. 133f.

35 Allgemeine Untersuchungen finden sich in Joel E. Dimsdale (Hrsg.), *Survivors, Victims, and Perpetrators: Essays on the Nazi Holocaust,* Washington 1980, Kapitel 4–10. Die Existenzbedingungen und das soziale Leben der Häftlinge in Auschwitz untersucht Langbein, *Menschen in Auschwitz,* S. 83–128.

Kapitel 6

1 Es gibt bislang keine Überblicksdarstellung der Ordnungspolizei während der NS-Zeit, nicht einmal eine Geschichte dieser Einheiten über ihre Beteiligung am Massenmord hinaus. Karl Heller,»The Reshaping and Political Conditioning of the German Order Police, 1935–1945: A Study of Techniques Used in the Nazi State to Conform«, Ph. D.-Diss., Cincinnati 1970, konzentriert sich auf die Indoktrinierung der Ordnungspolizei. Der Band *Zur Geschichte der Ordnungspolizei, 1936 bis 1945*, der »Die Stäbe und Truppeneinheiten der Ordnungspolizei« von Georg Tessin und »Entstehung und Organisation des Hauptamtes Ordnungspolizei« von Hans-Joachim Neufeldt enthält, genügt geschichtswissenschaftlichen Ansprüchen nicht.

2 BAK R19/395 (8/20/40), S. 171.

3 ZStL 206 AR-Z 6/62 (im folgenden zitiert als JK), S. 1949.

4 Die Polizeibataillone hatten verschiedene Bezeichnungen, die von ihrer personellen Zusammensetzung abhingen. Soweit sie hauptsächlich aus Berufspolizisten bestanden, hießen sie»Polizeibataillone«; die mit Reservisten neu gebildeten Einheiten nannte man »Reservepolizeibataillone«. Neu aufgestellte Einheiten wurden während ihrer Ausbildungsphase als »Polizeiausbildungsbataillone« bezeichnet. Unterschiede bestanden nicht zuletzt im Hinblick auf das jeweilige Durchschnittsalter ihrer Angehörigen. Die Bataillone, die zunächst ältere Männer aufnahmen, trugen die Nummern 301 bis 325 und waren unter dem Namen »Wachtmeisterbataillone«bekannt. Bei Polizeibataillonen mit Nummern unter 200 handelte es sich im allgemeinen um Reservepolizeibataillone, es gibt jedoch auch einige mit Nummern unter 300. Die personelle Zusammensetzung der Bataillone entsprach oft nicht ihren offiziellen Bezeichnungen. Im Laufe des Krieges wurden solche Unterscheidungen zudem immer bedeutungsloser, da das Personal stark fluktuierte. Ich habe mich entschlossen, für alle diese Einheiten die Sammelbezeichnung »Polizeibataillone« zu verwenden.

5 BAK R 19/395 (8/20/40), S. 175.

6 Ein Bericht über die Inspektion der drei Polizeibataillone vom Mai 1940 (BAK R19/265, S. 168f.) gibt die angebliche Vernachlässigung wieder, unter der die Ordnungspolizei vermeintlich litt. Siehe auch BAK R19/265 (5/9/40), S. 153.

7 BAK R19/395 (11/20/41), S. 180–183.

8 Siehe beispielsweise Tessin,»Die Stäbe und Truppeneinheiten der Ordnungspolizei«, S. 14f.

9 BAK R19/311 (6/26/40), S. 165.

10 BAK R19/265 (5/23/40), S. 168. Im Mai 1940 verfügten fünf Polizeibataillone – darunter die Bataillone 65 aus Recklinghausen und 67 aus Essen – gleichfalls nur über zwei Drittel bis vier Fünftel der benötigten Reserven. Der Inspektionsbericht erklärte:»Allgemein ist die Ersatzlage für Polizei-Reservisten sehr angespannt.« Siehe BAK R19/265, S. 157.

11 Siehe BAK R19/265 (12/22/37), S. 91ff.

12 BAK R19/265 (5/9/40), S. 150f.

13 Siehe dazu beispielsweise einen repräsentativen weltanschaulichen Schulungsplan für die Angehörigen des *Einzeldienstes,* BAK R19/308 (3/6/40), S. 36–43. Wie dieser Befehl zeigt, wich der Ausbildungsplan für die Polizeibataillone, die aus Nichtreservisten bestanden, ein wenig

ab. Eine spätere Verfügung vom 14. Januar 1941 erhielt detaillierte Anweisungen für die weltanschauliche Schulung, darunter Hinweise auf Seitenzahlen in Broschüren, die bei bestimmten Themen als Unterrichtsgrundlage dienen sollten. Der Befehl zeigt auch, wie dürftig diese Schulung blieb und wie unwahrscheinlich eine langfristige Wirkung daher war. Insgesamt wurden nur 56 Seiten Unterrichtsmaterial genannt – hinzu kam eine nicht genau bezifferte Zahl von Seiten, die aus zwei Broschüren über das Bauerntum entnommen waren. Zu einer Reihe von Themen waren die Unterlagen mehr als dürftig: weniger als zwei Seiten. Selbst zu »Die Judenfrage in Deutschland« wurde lediglich auf zwei Seiten aus zwei Broschüren verwiesen. All dies konnte kaum ausreichen, wenn man wirklich geplant hätte, irgend jemandes Ansichten über die Juden verändern zu müssen. Siehe BAK R19/308 (12/20/40), S. 100.

14 Siehe die Diskussion über die weltanschauliche Schulung in Christopher R. Browning, *Ganz normale Männer. Das Reserve-Polizeibataillon 101 und die »Endlösung« in Polen,* Reinbek 1993, S. 231–241. Browning erörtert das Material über die Juden, das den Männern vorgelegt wurde, detaillierter. Obwohl er die Indoktrination für bedeutender und tiefgehender hält als ich, kommt auch er zu dem Schluß, daß diese Unterlagen nicht genügen, um jemanden zur Beteiligung am Völkermord zu motivieren (S. 240f.).

15 Siehe BAK R 19/308 (2/8/41), S. 267f. Man kann durchaus vermuten, daß diese Ausbildungsstunden weit weniger gut verliefen, als diese Befehle nahelegen, da die Angehörigen des Bataillons über ein gewisses Gebiet verteilt und mit ihren eigentlichen Aufgaben vollkommen beschäftigt waren. Siehe dazu auch BAK R19/308 (6/2/40), S. 250–254. Die Anweisungen für die weltanschauliche Schulung der Männer im Einzeldienst finden sich dort auf S. 252f.

16 Zur Bedeutung der Parteimitgliedschaft bei Beförderungen siehe BAK R19/311 (6/18/40), S. 145ff., S. 149.

17 Das erhaltene Material über die Polizeibataillone ist bei verschiedenen Institutionen der deutschen Justiz zu finden. Über die Mordeinsätze findet sich im Bundesarchiv in Koblenz so gut wie nichts. Ich habe versucht, sämtliches Material über die Polizeibataillone in der ZStL auszuwerten, das zwar umfangreich, aber keineswegs vollständig ist. Selbst die Aufstellung einer Liste der staatsanwaltlichen Untersuchungen, die sich mit Polizeibataillonen befaßt haben, war schwierig. Ich kann nicht beanspruchen, die gesamten, sehr umfangreichen Akten über Polizeibataillone vollständig ausgewertet zu haben, da ich von Grund auf neu beginnen mußte. Ich wäre überrascht, hätte ich nichts von dem übersehen, was die ZStL besitzt, auch wenn ich die Untersuchungsberichte über mehr als 35 Polizeibataillone gelesen habe. Das waren zu einigen wie beispielsweise dem Bataillon 101 Tausende von Seiten, bei anderen handelte es sich nur um einige hundert Seiten. Übrigens schwankt nicht nur die Quantität, sondern auch die Qualität dieser Akten. Über einige Bataillone gibt es – selbst was die Umrisse ihrer Aktionen angeht – nur spärliche Informationen; über andere liegt viel vor, obwohl selbst für die am besten dokumentierten Bataillone im allgemeinen keine ausführlichen Details hinsichtlich der Taten, die ihre Angehörigen verübten, vorhanden sind. Daher ist die hier vorgenommene Analyse nicht vollständig, stützt sich jedoch auf eine umfangreiche empirische Basis. Die

Rolle der Polizeibataillone beim Holocaust verdient es durchaus, Gegenstand einer Monographie zu werden.

18 Siehe Ruth Bettina Birn, *Die Höheren SS- und Polizeiführer: Himmlers Vertreter im Reich und in den besetzten Gebieten,* Düsseldorf 1986, und ZStL 204 AR-Z 13/60, Bd. 4, S. 397ff.

19 Siehe Helmut Krausnick und Hans-Heinrich Wilhelm, *Die Truppe des Weltanschauungskrieges. Die Einsatzgruppen der Sicherheitspolizei und des SD 1938–1942,* Stuttgart 1981, S. 46; Alfred Streim,»Das Sonderkommando 4a der Einsatzgruppe C und die mit diesem Kommando eingesetzten Einheiten während des Rußland-Feldzuges in der Zeit vom 22. 6. 1941 bis zum Sommer 1943«, ZStL 11 (4) AR-Z 269/60, »Abschlußbericht«, S. 36, sowie Tessin,»Die Stäbe und Truppeneinheiten der Ordnungspolizei«, S. 96.

20 ZStL 204 AR-Z 13/60, Bd. 4, S. 402f.

21 ZStL 202 AR 2484/67, S. 2397–2506. In der Sowjetunion operierten mehr als diese sieben Polizeibataillone; hinzu kamen beispielsweise auch die Bataillone 11, 65 und 91.

22 Der Bataillonskommandeur, Major Weis, versammelte seine Offiziere vor dem Angriff und informierte sie über Hitlers Befehl, alle Sowjetkommissare zu töten und die gesamte jüdische Bevölkerung der Sowjetunion umzubringen. Der Befehlshaber der ersten Kompanie, Hauptmann H. B., teilte dies seinen Leuten vor dem Angriff mit. Andere Kompaniechefs mögen dies auch getan haben, doch liegen dazu keine Zeugenaussagen vor. Siehe ZStL 205 AR-Z 20/60 (im folgenden als Buchs zitiert), A. A., Buchs, S. 1339r; J. B., Buchs, S. 1416, und J. B., ZStL 202 AR 2701/65, Bd. 1, S. 101; K. H., Buchs, S. 1565r; H. G., Buchs, S. 363f., und H. G., ZStL 202 AR 2701/65, Bd. 1, S. 96; R. H., Buchs, S. 681, und die widersprüchliche Zeugenaussage von E. M., Buchs, S. 1813r, S. 2794f., S. 764; sowie das Urteil gegen Buchs u. a., Wuppertal, 12 Ks 1/67 (im folgenden zitiert als Urteil, Buchs), S. 29f. Es ist bemerkenswert, daß Browning, *Ganz normale Männer,* bei seiner Darstellung des Bataillons diese fundamentale Tatsache nicht erwähnt (S. 31f.). Dies steht in direktem Widerspruch zu seiner Versicherung, ein allgemeiner Befehl zum Genozid habe noch nicht vorgelegen (Siehe oben, Kapitel 4, Anmerkung 70).

23 E. Z., Buchs, S. 1748.

24 Siehe die Stellungnahmen zweier Überlebender, S. J., Buchs, S. 1823, und J. S., Buchs, S. 1830.

25 Urteil, Buchs, S. 43.

26 Urteil, Buchs, S. 42; sowie J. J., Buchs, S. 1828r.

27 Urteil, Buchs, S. 44.

28 Siehe A. B., Buchs, S. 2875, und T. C., Buchs, S. 2877f.

29 Urteil, Buchs, S. 51f. Brownings Auffassung, »dieses erste Massaker [könnte] … vielleicht noch als das Werk eines einzelnen Kommandanten angesehen werden, der die Wünsche seines ›Führers‹ instinktiv richtig erahnte«, ist kaum zu akzeptieren. (Siehe *Ganz normale Männer,* S. 32.) Das würde ja heißen, Major Weis habe die Ermordung von mehreren hundert Juden aus eigenen Stücken angeordnet; zu behaupten, er habe Hitlers Wunsch »instinktiv richtig erahnt«, impliziert, daß Major Weis nicht den Befehl empfing, die sowjetischen Juden umzubringen, obgleich er diesen offensichtlich erhalten hatte. Dieser Tatsache waren sich die Angehörigen seines Bataillons im übrigen bewußt, und sie haben

dies auch bezeugt (Siehe oben, Anmerkung 22). Sie mußten die Mord-einsätze sogar gegen energische Einwände der Wehrmacht durchsetzen, der diese Region rechtlich unterstand. Die Deutschen verübten ähnliche Massaker in vielen Städten auf erobertem Sowjetterritorium. Die »In-tuition« spielte dabei keine kausale Rolle. Außerdem legt Brownings Erörterung dieser Tötungsaktion, einschließlich der Behauptung, sie hätte als »Pogrom« begonnen, um dann »bald zu einem systematischen Massenmord« zu »eskalieren«, (S. 32) die falsche Auffassung nahe, die Ermordung dieser Juden sei nicht von Beginn an beabsichtigt gewesen.

30 Urteil, Buchs, S. 52ff.

31 Zur Spontaneität, mit der die Deutschen die Synagoge niederbrannten, siehe E. M., Buchs, S. 1814r–1815.

32 H. S., Buchs, S. 1764.

33 Das Gericht schätzt die Zahl der Opfer auf mindestens siebenhundert (Urteil, Buchs, S. 57). Die Anklage geht von wenigstens achthundert aus (Buchs, S. 113); jüdische Quellen sprechen von etwa zweitausend Op-fern. Ein Überlebender schätzt, daß neunzig Prozent Männer und zehn Prozent Frauen und Kinder waren. Siehe J. S., Buchs, S. 1830; siehe auch I. A., Buchs, S. 1835.

34 Urteil, Buchs, S. 56ff. Die Deutschen zwangen mindestens zwei Juden, einen Mann und eine Frau, in ein bereits brennendes Gebäude zu gehen (siehe L. L., Buchs, S. 1775).

35 Urteil, Buchs, S. 59. Der Wunsch des Letztgenannten ging zum größten Teil in Erfüllung, das Feuer griff von der Synagoge auf benachbarte Ge-bäude über. Da die Deutschen die Feuerwehr von Löschmaßnahmen ab-hielten, breiteten sich die Flammen im Judenviertel weiter aus, so daß noch mehr Männer, Frauen und Kinder den Tod fanden (Urteil, Buchs, S. 59; sowie E. Z., Buchs, S. 1748r–1749).

36 Siehe beispielsweise J. B., Buchs, S. 1415. Brownings Feststellung, diese und andere Angehörige von Bataillonen der 300er Reihe seien »Freiwil-lige« gewesen (*Ganz normale Männer*, S. 30), kann leicht mißverstanden werden. Normalerweise wurden diese Männer einberufen oder erwarte-ten ihre Einberufung und entschieden sich dann für die Polizei. So han-delt es sich hier also nicht um Freiwillige im eigentlichen Sinne. Zu die-sem Polizeibataillon siehe beispielsweise, H. H., JK, S. 1091, und A. A., JK, S. 1339r. Bei Brownings Darstellung des Polizeibataillons 101, auf das in den nächsten beiden Kapiteln eingegangen wird, fällt auf, daß ihre Kommentare zu diesen Massakern – beispielsweise ihre Freude an-gesichts des großen Brandes – in seiner Darstellung der Ereignisse feh-len. Siehe *Ganz normale Männer*, S. 31f.

37 Urteil, Buchs, S. 60.

38 Meines Wissens kommt das Polizeibataillon 65 in der Literatur über den Holocaust nicht vor. Die Quelle hierfür ist JK.

39 Viele Zeugnisse und erhaltene Photographien dokumentieren die Grau-samkeit ebenso wie den öffentlichen Charakter dieser Morde. Einige Beispiele dazu bringen Ernst Klee, Willi Dreßen und Volker Rieß (Hrsg.), *»Schöne Zeiten«. Judenmord aus der Sicht der Täter und Gaf-fer*, Frankfurt/M. 1988, S. 31–44.

40 P. K., JK, S. 945f.

41 Verfügung, JK, S. 2120-2124.

42 Für eine Zusammenfassung der Zeugenaussagen und viele der bekann-ten Tatsachen über die Massaker in Šiauliai siehe »Sachverhaltsdar-

stellung«, JK, S. 1212ff. G. T. beschreibt einen Mordeinsatz, bei dem er daran beteiligt war, die Juden zu den Erschießungsgruben zu schaffen (JK, S. 1487f.)

43 Wahrscheinlich identifizierten die Litauer die Juden – so jedenfalls oftmals geschehen –, denn die Deutschen wußten nicht, wer Jude war. Ein Obergefreiter erzählte einem Reservisten, sie hätten die Exekutionen selber durchführen müssen, weil die Litauer bei den Tötungen zu »grausam« vorgegangen seien. (H. H., JK, S. 1152).

44 J. F., JK, S. 849.

45 H. K., JK, S. 733. K. behauptet, die Hinrichtungen in Šiauliai seien ebenso wie die meisten Tötungen in jenem Herbst von den Berufspolizisten unter ihnen durchgeführt worden (S. 732f.). Er sagte auch, dieser Mann, W., sei kurz danach während der Kämpfe um Cholm gefallen. Ob er wirklich getötet hat, ist nicht bekannt.

46 J. F., JK, S. 849. Diese Plakate verkündeten jedoch nicht die Wahrheit, denn einige Zeit lang gab es noch Juden in Šiauliai. Sie drückten vielmehr eine Wunschvorstellung aus.

47 Natürlich haben viele Angehörige dieses Bataillons behauptet, sie seien zum Mord gezwungen worden oder hätten sich geweigert, dabei mitzumachen. So erzählt es ein Beteiligter in einer der erwähnenswerten Aussagen: Nach seiner Weigerung habe ihm der Wachtmeister gesagt, er solle sich die Sache bis zum Abend überlegen. Doch bevor es Abend war, habe ihn der Wachtmeister wieder zu sich grufen. Er habe sich noch immer geweigert, worauf der Wachtmeister gesagt habe, er könne die Juden wenigstens zum Hinrichtungsort bringen. Er habe, so der Mann, geglaubt, diesen Befehl nicht verweigern zu können. Diese Darstellung erscheint im Gegensatz zu den meisten anderen glaubwürdig, zumal der Befragte im Verhör angab, man könne ja den Wachtmeister selber fragen, der werde die Geschichte bestätigen. Er sagte weiter aus, nach den Ereignissen in Šiauliai sei er an keinem weiteren Mordeinsatz mehr beteiligt gewesen. Wenn diese Darstellung stimmt, dann ist vor allem bemerkenswert, daß der Betroffene keinen Hinweis darauf gibt, daß andere im Bataillon seine Haltung geteilt oder versucht hätten, sich zu weigern, an den Tötungen teilzunehmen. Zu weiterem Material zur Frage des Zwanges siehe G. T., JK, S. 1487f.; H. M., JK, S. 773; sowie Verfügung; JK, S. 2196, S. 2209f., S. 2212ff., S. 2138f.

48 Zu einer Zusammenfassung dessen, was über diese Tötungen bekannt ist, siehe Verfügung, JK, S. 2120–2171.

49 H. K., JK, S. 733.

50 Verfügung, JK, S. 2168ff. H. H. berichtet, er habe ein Schild mit der Aufschrift »Luga judenfrei« gesehen (JK, S. 1152).

51 Verfügung, JK, S. 2157.

52 Verfügung, JK, S. 2159-2162.

53 Verfügung, JK, S. 2166ff.

54 Angesichts der dämonischen Auffassungen über die Juden, die ihrem Handeln zugrunde lagen, hielten sie an ihrer Vorstellung fest, von Juden umgeben zu sein, und ließen sich auch nicht davon abbringen. Daher benötigten sie auch nur spärliche Beweise, um jemanden als Juden zu betrachten. Manchmal genügte ein bloßer Verdacht, wie eine Episode aus dem Erinnerungsmaterial dieses Bataillons zeigt. So berichtet ein Reservist: »Als Augenzeuge kann ich von der Ortschaft Iwanowskaja berichten, daß der damalige Reservist S. einen Kriegsgefangenen be-

ziehungsweise einen Überläufer, nur weil in seinen Papieren als Vorname der Name Abraham erschien, zu Tode prügelte. Zuletzt kam noch ein Wehrmachtsoffizier hinzu, der allerdings zu spät kam.« (E. L., JK, S. 783). Natürlich blieb dieser brutale Mörder, der wegen wiederholter Ausschreitungen dieser Art als Sadist bekannt war, straffrei. Der Mann war Vater von neun Kindern, die zwischen 1924 und 1940 geboren wurden.

55 Angesichts der verdrehten Wertmaßstäbe im nationalsozialistischen Deutschland galt es als Ehrung, wenn ein Mordeinsatz nach einer Person – in diesem Falle dem ermordeten Reinhard Heydrich – benannt wurde.

56 Eine Darstellung der »Aktion Reinhard« gibt Yitzhak Arad, *Belzec, Sobibor, Treblinka: The Operation Reinhard Death Camps,* Bloomington 1987; zum Distrikt Lublin siehe Dieter Pohl, *Von der »Judenpolitik« zum Judenmord. Der Distrikt Lublin des Generalgouvernements 1939–1944,* Frankfurt/M. 1993.

57 Anklageschrift gegen K. R., ZStL 208 AR 967/69 (im folgenden als KR zitiert), S. 53ff.

58 Zu zwei unterschiedlichen Befehlsketten siehe Anklageschrift KR, S. 19 bis 22.

59 R. E., KR, S. 36f.

60 R. E., KR, S. 37.

61 Anklageschrift KR, S. 85f.

62 Anklageschrift KR, S. 89.

63 Anklageschrift KR, S. 103; R. E., KR, S. 39.

64 Siehe Anklageschrift KR, S. 104; und Browning, *Ganz normale Männer,* S. 177f.

65 Die Geschichte, die personelle Zusammensetzung und die Grundzüge des dritten Bataillons des Polizeiregiments 67 unterscheiden sich nicht wesentlich von denen der beiden anderen Bataillone. Siehe ZStL 202 AR-Z 5/63.

66 JK, S. 2075f.

67 H. K., JK, S. 732.

68 Verfügung, JK, S. 2202.

69 Siehe beispielsweise Verfügung, JK, S. 2240.

70 A. W., JK, S. 1089.

71 Die Täter versicherten immer wieder, sie hätten nicht geahnt, daß die »Umsiedlung« gleichbedeutend mit Mord war. Auch bei der Deportation von Juden, und selbst wenn sie diese bis zu den Toren der Todeslager brachten, seien sie sich nicht bewußt gewesen, daß diese Juden Todeskandidaten waren. Diese Versicherungen sind falsch. Für das Gegenteil, das für sich schon wahrscheinlicher klingt, gibt es umfangreiche Beweise. Siehe dazu beispielsweise Anklageschrift KR, S. 90. Eine frühere Schreibkraft des Stabes des KdO Lublin bezeugte:»Der Ausdruck ›Judenaktion‹ war mir damals und ist mir auch heute noch geläufig. Dieser Ausdruck wurde damals allgemein verwandt. Das gleiche gilt für die Ausdrücke ›Aussiedlung‹ und ›Umsiedlung‹. Unter Umsiedlung verstand man die Zusammenführung der Juden in größeren Orten. Unter ›Aussiedlung‹ verstand man die Aussiedlung der Juden in Lager oder Gettos. Ich wußte damals aufgrund von Gerüchten und vom Hörensagen, daß die Juden, die in ein Lager kamen, dort irgendwie getötet wurden. Einzelheiten hierüber waren mir allerdings nicht bekannt. Insbe-

sondere habe ich über Vergasung erst später etwas gehört.« (R. E., KR, S. 35).

72 J. F., JK, S. 1086.
73 Verfügung, JK, S. 2199–2202. Ein Teilnehmer berichtet, daß die Mörder vor ihren Taten Schnaps erhielten. Daß während der Exekutionen Alkohol konsumiert wurde, ist nicht nachweisbar. Die Angehörigen der Mordinstitutionen äußern sich dazu widersprüchlich. Zweifellos wurde manchmal vor oder während der Mordeinsätze Alkohol getrunken, nach vollbrachter Tat mit Sicherheit. Unter den Angehörigen der mitwirkenden Einheiten wurde häufig über die Tötungen diskutiert, allerdings wissen wir wenig über solche Gespräche. Einer der Täter, eine 33jähriger Reservist aus Dortmund, der im August 1939 eingezogen worden ist, berichtet folgendes über die Massenerschießungen in der Nähe von Krakau:»In Kameradenkreisen wurde immer erzählt, daß sich die 3. Kp. folgendermaßen zu den Aktionen gegen die jüdischen Menschen aufteilt:
1. Zug: Löcher schaufeln.
2. Zug: ›Legt um‹.
3. Zug: schaufelt zu und pflanzt Bäume.«
Hier handelt es sich natürlich um eine seltsame Darstellung dessen, was geschah. Die beteiligten Züge haben sich in ihren Pflichten abgewechselt, doch haben Deutsche die Gräber fast nie selbst ausgehoben, sondern dies in der Regel örtlichen Hilfskräften oder den Juden überlassen. Ganz gewiß pflanzten sie auch keine Bäume über den Gräbern. Dennoch erlaubt diese Darstellung drei Schlußfolgerungen: Die Männer sprachen ausgiebig über die Erschießungen, so daß sich Legenden bildeten. Sie versuchten, ihren mörderischen Handlungen eine bestimmte Form zu geben, um sie leichter mit der Routine an solchen Tagen, an denen sie nicht töteten, vereinbaren zu können. Wenn sie über die Morde sprachen, dann versuchten sie, die Realität auszuschmücken, beispielsweise mit der angeblichen Bepflanzung von Gräbern, was unbewußt darauf hindeutet, wie wenig sie die Morde im Dienst des Völkermords ablehnten, und andererseits verdeutlicht, wie sehr es sich in ihren Augen um eine regenerative, erlösende und verschönernde Aufgabe handelt. Siehe H. K., JK, S. 734.
74 Verfügung, JK, S. 2207ff. Allerdings muß festgehalten werden, daß dieser Mörder behauptet, er und seine Kameraden seien mit den Erschießungen nicht einverstanden gewesen, ihr Bataillonskommandeur habe sie jedoch unter Druck gesetzt. Im Anhang 1 dieses Buches wird dargelegt, warum derartige Behauptungen nicht glaubwürdig sind.
75 Siehe Verfügung, JK, S. 2207. Werden diese Ankündigungen am Anschlagbrett zufällig einmal erwähnt, dann wird dies in den Zeugenaussagen so abgetan, als handele es sich um nichts anderes als um einen gewöhnlichen Dienstplan.
76 Verfügung, JK, S. 2260, S. 2269–2275.
77 Siehe Shmuel Krakowski, *The War of the Doomed: Jewish Armed Resistance in Poland. 1943–1944,* New York 1984. Die Deutschen bedienten sich häufig der Hilfe ortsansässiger Polen, die sie zu den Verstecken der Juden führten.
78 Verfügung, JK, S. 2277–2287.
79 Verfügung, S. 2078f., S. 2288–2299.
80 Die Angehörigen der Polizeibataillone leisteten einen großen Beitrag zur Tötung derjenigen Juden, die die Einsatzgruppen umbrachten und

deren Gesamtzahl mehr als eine Million betrug. Sie wirkten weiterhin bei der Ermordung eines großen Teils der Juden aus dem Generalgouvernement, deren Zahl etwa bei zwei Millionen lag, und auch von Juden aus anderen Teilen Europas mit. Siehe dazu die Tabelle in Kapitel 9, in der einige wichtige Mordeinsätze der Polizeibataillone aufgelistet sind.

Kapitel 7

1 Die Hauptquellen für das Polizeibataillon 101 sind zwei staatsanwaltschaftliche Untersuchungsberichte: Untersuchung gegen Wolfgang Hoffmann u. a. StA Hamburg 141 Js 1957/62 (im folgenden zitiert als Hoffmann) und Untersuchung gegen H.G. u. a., StA Hamburg 141 Js 128/65 (im folgenden zitiert als HG). Etwas Material ist auch im Staatsarchiv Hamburg (im folgenden zitiert als StAH) zu finden. Christopher R. Browning *Ganz normale Männer. Das Reserve-Polizeibataillon 101 und die »Endlösung« in Polen,* Reinbek 1993, präsentiert eine umfassendere und in vielfacher Hinsicht bewundernswert aufgebaute Schilderung der Taten des Bataillons. Daher erübrigt es sich hier, Tatsachen und Ereignisse darzustellen, die nicht direkt mit der Thematik dieser Arbeit zu tun haben. Dasselbe gilt für das Material, das – wenn möglicherweise auch zu Unrecht – Zweifel an meiner Sichtweise des Bataillons wecken könnte: Bei Browning ist das alles zu finden. Mit wesentlichen Grundzügen von Brownings Portrait des Bataillons, mit vielen seiner Erklärungen und Interpretationen bestimmter Ereignisse, selbst mit einigen seiner Tatsachenbehauptungen stimme ich nicht überein. Hauptsächlich richtet sich meine Kritik jedoch gegen seine Interpretation und Erklärung der Handlungen der Bataillonsangehörigen. Zu meinen wichtigsten Einwänden siehe meine Rezension in *New Republic,* Jg. 207, H. 3 und 4, 1992, S. 49–52. Es sind vor allem die unbewiesenen, apologetischen Behauptungen der Bataillonsangehörigen hinsichtlich ihres Widerstandes, ihres Zögerns und ihrer Verweigerung, die ich aus methodischen Gründen nicht akzeptiere (siehe Anhang 1), die Browning jedoch im allgemeinen unkritisch übernommen hat. Auf ihnen beruht sein Verständnis des Bataillons. Daneben gibt es wesentliche systematische Kritikpunkte: Browning setzt immer wieder die Zeugenaussagen, also die Erinnerungen der Täter mit dem, was wirklich geschah, gleich. So wird etwa die Glaubwürdigkeit ihrer Aussagen, sie hätten den Tötungen ablehnend gegenübergestanden, nicht angezweifelt; die Belege, daß die Bataillonsangehörigen an den Handlungen im Dienste des Völkermords teilnehmen wollten und ihnen zustimmten, fehlen dagegen oder werden fehlinterpretiert; das Kritikvermögen der Männer wird ständig heruntergespielt; der Vergleich mit anderen Polizeibataillonen oder Mordinstitutionen im allgemeinen kommt zu kurz.

2 Zu einer Zusammenfassung seiner Geschichte siehe Urteil gegen Hoffmann u. a., Hoffmann, S. 8ff.

3 Siehe B.P., Hoffmann S. 1912ff. Über diese Periode sind nur wenige Einzelheiten bekannt. Siehe Brownings Behandlung der Frühgeschichte des Bataillons in *Ganz normale Männer,* S. 59–65.

4 Urteil, Hoffmann, S. 24ff.; B. P., Hoffmann, S. 1930f.; H.K., Hoffmann, S. 2246; siehe auch Browning, *Ganz normale Männer,* S. 63f. Es gibt eine diffuse Geschichte, der zufolge Leutnant Gnade sich geweigert ha-

617

ben soll, seine Leute an der Ermordung der Juden aus einem der Transporte teilnehmen zu lassen. Der Transport sei daraufhin nach Hamburg zurückgeschickt worden. Diese offene Befehlsverweigerung ist, falls sie überhaupt stattgefunden hat, interessant, weil die Insubordination in diesem Fall vor den Augen großer Teile des Polizeibataillons 101 stattgefunden hätte. Gnade wurde allerdings später zu einem fanatischen Vollstrecker, der sich während der zahlreichen und langwierigen Mordorgien seines Bataillons in Polen durch äußerste Schärfe und Brutalität gegenüber den Opfern auszeichnete.

5 Zu den Garnisonsstandorten jeder Kompanie und ihrer Züge in Polen siehe Anklage gegen Hoffmann u. a., Hoffmann, S. 209–213; eine detailliertere Aufstellung enthält Vermerk, Hoffmann, S. 2817–2843.

6 Urteil, Hoffmann, S. 24f.

7 Die Daten für diesen Abschnitt fußen auf folgenden Quellen: Die wichtigste ist die Namensliste des Bataillons vom 20. Juni 1942, die die Namen der Männer enthält, die zur Zeit der Abreise nach Polen dem Bataillon angehörten, ergänzt durch Namen und Daten aus den Unterlagen der beiden Untersuchungen über die Verbrechen des Bataillons (Hoffmann und HG) und Informationen aus den Karteien der ZStL. Diese Namensliste mit Angaben über den jeweiligen Geburtstag und Geburtsort wurde dem Berlin Document Center übergeben, damit festgestellt werden konnte, inwieweit die aufgeführten Personen NS-Organisationen angehörten. Zusätzliche Informationen, die sich aus ihren Mitgliedskarten der NSDAP oder SS-Akten ergaben, wurden ebenfalls aufgenommen.

8 Berücksichtigt man die erhebliche Personalfluktuation, dann dienten zum Zeitpunkt der Mordeinsätze insgesant mehr als 500 Männer im Bataillon. Diese nicht unwesentliche Tatsache erwähnt Browning nicht.

9 Über den Bildungstand dieser Leute ist kaum etwas bekannt. Damals korrelierten Beschäftigung und Ausbildung stark, da bestimmte Berufe meist präzise Qualifikationen verlangten. Wie bei den meisten Deutschen jener Zeit ist auch von den Angehörigen dieses Bataillons anzunehmen, daß nur ein sehr geringer Teil von ihnen ein Universitätsstudium absolviert hatte. Einige wenige besaßen vermutlich das Abitur. Der überwiegende Teil aber hatte wohl nur acht Jahre lang die Schule besucht und danach eine Lehre angetreten oder als Hilfsarbeiter gearbeitet.

10 Die hier vorgenommene Klassifizierung orientiert sich an Michael Kater, *The Nazi Party: A Social Profile of Members and Leaders, 1919–1945*, Cambridge 1983. Aus Kater sind auch die Beschäftigungsgruppen und die Zahlen für Deutschland – Stand Sommer 1933 – übernommen, S. 241. Im Unterschied zu Kater habe ich hier die beiden Kategorien »qualifizierte Handwerker« und »andere qualifizierte Arbeiter« zu einer Kategorie zusammengefaßt, »Facharbeiter«. Da die Daten über die Angehörigen des Bataillons häufig recht unvollständig sind, habe ich bei der Zuordnung der einzelnen zu den Kategorien zweifellos einige anfechtbare Entscheidungen gefällt. Doch selbst wenn hier Korrekturen vorgenommen würden, ergäbe sich daraus keine wesentliche Verschiebung, insbesondere da es in diesem Zusammenhang lediglich um ein soziales Gesamtprofil des Bataillons geht.

11 Brownings Stichprobe bezieht sich auf jene 210 Männer, die von den zuständigen Justizorganen verhört wurden, was seine Zahlen beträchtlich verzerrt. Außerdem hat er die Beschäftigungsstruktur des Bataillons

nicht mit der der deutschen Gesellschaft insgesamt verglichen, so daß er die soziale Zusammensetzung des Bataillons falsch darstellt. Es stimmt nicht, daß die Angehörigen des Polizeibataillons 101 aus »unteren Gesellschaftsschichten« kamen. Obwohl sie natürlich die Beschäftigungsstruktur Deutschlands nicht exakt widerspiegelten, stellten sie doch einen recht repräsentativen Querschnitt der Gesellschaft dar. Browning versäumt es auch, von den Offizieren und Unteroffizieren abgesehen, die SS-Mitgliedschaften zu erörtern. Siehe *Ganz normale Männer,* S. 66 bis 70 und S. 257, Anm. 26.

12 Dabei handelte es sich um junge, aktive Polizisten – Durchschnittsalter 22 Jahre –, die im Bataillonsleben wohl nur eine Nebenrolle gespielt haben; über sie ist nur wenig bekannt.

13 O. I. beispielsweise war zuvor aus der Wehrmacht entlassen worden, weil er (Jahrgang 1896) als zu alt galt. Nach vierzehn Tagen übernahm ihn die Ordnungspolizei dann in die Polizeireserve (Hoffmann, S. 2055 bis 2060, 3053f.). Siehe auch die Zeugenaussage von H. Ri., der vorher im Afrikakorps gedient hatte und dort für dienstuntauglich erklärt worden war (HG, S. 476ff.); außerdem H. Re., HG, S. 620–629.

14 Siehe Untersuchung, Hoffmann, S. 246ff. und H. F., HG, S. 441–450. G. H. wurde im Mai 1942 eingezogen. Nach zweiwöchiger Ausbildung trat er in das Polizeibataillon 101 ein (HG, S. 536–542).

15 Einer der Männer, B. D., war 1933 vorübergehend verfolgt worden, vermutlich aufgrund seiner Tätigkeit in einer Gewerkschaft und in der SPD. Er war seit 1923 Gewerkschaftsmitglied und trat nach dem Krieg wieder dort ein (Urteil, Hoffmann, S. 19f.). E. S. war früher von der Gestapo als nicht vertrauenswürdig eingestuft worden (Berlin Document Center).

16 Urteil, Hoffmann, S. 27f.

17 Julius Wohlauf, Hoffmann, S. 2880, H. B., Hoffmann, S. 3355 und A. K., Hoffmann, S. 3356.

18 F. B., Hoffmann, S. 2091.

19 Er fügt hinzu: »Es wurde an diesem Abend auch Schnaps ausgegeben, und zwar etwa auf jede Stube eine Flasche. Wir lagen mit 8 Mann auf einer Stube, so daß auf jeden etwa 2–3 Schnaps entfielen. Betrunken konnte man also davon nicht werden.« (F. B., Hoffmann, S. 3692). Browning erwähnt diese Behauptung über die Peitschen, weckt dann aber sogleich Zweifel an deren Glaubwürdigkeit, wenn er schreibt: »Außer ihm konnte sich aber niemand an die Ausgabe von Peitschen erinnern.«. Browning, *Ganz normale Männer,* S. 88. Er führt auch nicht an, daß der Mann, der über den Einsatz von Peitschen in Józefów berichtet, seine Behauptung mit Entschiedenheit einleitet: »Ich kann mich noch gut dran erinnern ...« Diese Diskussion zum Thema Peitschen verweist auf wichtige Aspekte der Interpretation, die meine Auffassung vom Bataillon systematisch von der Brownings unterscheidet. Das Tragen und Verwenden von Peitschen zählt zu genau den Einzelheiten, die die Mitglieder des Bataillons in ihren Erzählungen verschwiegen haben würden. Die Vorstellung von Männern, die mit Peitschen aus Rindsleder Frauen und Kinder zusammentrieben, läßt sich kaum mit der Behauptung vereinbaren, sie hätten sich zögerlich oder widerwillig verhalten, wie diese Männer es gern selber darstellen und wie es von Browning akzeptiert wird. Wenn man das *Schweigen* der Männer zu einem Thema wie dem ihrer eigenen Brutalität als Zeichen ihrer angestrengtesten

Bemühungen, sich zu »erinnern«, darstellt, dann erweckt man damit den Eindruck, daß ihre Erzählungen das wirkliche Geschehen wiedergeben, und nicht das, was sie einer kritischen Zuhörerschaft gern präsentieren wollten. Diese problematische Interpretationsweise findet sich in Brownings Buch immer wieder, sofern er Themen erörtert, die die Freiwilligkeit und Brutalität der Männer nahelegen. Da wir sicher wissen, daß die Deutschen des Polizeibataillons 101 bei einer der Deportationen aus Międzyrzecz Peitschen getragen und sie großzügig eingesetzt haben, was Browning selbst erwähnt (S. 149), scheint es auch glaubwürdig, daß sie dies auch in Józefów und anderswo taten, also von Beginn ihrer Mordeinsätze an.

20 F. K., Hoffmann, S. 2482.

21 Siehe beispielsweise O. S., Hoffmann, S. 4577. A. Z. berichtet, Gnade habe bei der Besprechung der zweiten Kompanie, die dem Bataillonsappell folgte, dieselbe Rechtfertigung vorgetragen (HG, S. 275). Aber dies ist eine offensichtliche Lüge, denn zu jener Zeit gab es gar keine nennenswerte Partisanentätigkeit. Siehe B. P., Hoffmann, S. 1919; A. S., Hoffmann, S. 745–750, und A. K., Hoffmann, S. 2430. A. K. erwähnt, die Partisanenbekämpfung hätte erst eingesetzt, nachdem die meisten Mordeinsätze gegen Juden bereits stattgefunden hatten.

22 F. E., HG, S. 874; siehe auch seine Zeugenaussage, Hoffmann, S. 1356. Viele haben sich zu Trapps offensichtlichem Unbehagen angesichts des Befehls zum Völkermord geäußert. Ein Mann erinnert sich, er habe es selbst gesehen: Trapp habe in seiner Kommandostellung während der Tötungen »geweint wie ein Kind« (E. G., HG, S. 383). Ein anderer erinnert sich daran, wie er aus emotionalen Gründen ein blutendes, zehnjähriges jüdisches Mädchen verschonte (O. S., Hoffmann, S. 1954f.).

23 Diese Rechtfertigung wurde von den Tätern immer wieder vorgetragen. Nach dem Krieg sollten die Täter – die Angehörigen der Einsatzkommandos, der Polizeibataillone und andere – ohne Unterlaß solchen Unsinn von sich geben, obwohl ihre Mordeinsätze zu einem Zeitpunkt begonnen hatten, da sich Deutschland auf dem Höhepunkt seiner Macht befand und noch kaum eine Bombe auf seine Städte niedergegangen war.

24 A. W. versichert, Trapp habe auch den Boykott deutscher Waren erwähnt, den die Juden in den Vereinigten Staaten in den dreißiger Jahren mit wenig Erfolg zu organisieren versuchten. »Der bevorstehende Einsatz sei eine Vergeltungsmaßnahme gegen diese Machenschaften.« (Hoffmann, S. 2039f.). Diese Stellungsnahme war absurd, denn zu diesem Zeitpunkt befanden sich die Vereinigten Staaten wie ein großer Teil der übrigen Welt mit Deutschland im Krieg – wobei allerdings die Schuld daran weitgehend den Juden zugeschoben wurde.

25 Siehe beispielsweise O. S., Hoffmann, S. 4577.

26 O. S., Hoffmann, S. 1953; siehe auch seine Zeugenaussage, Hoffmann, S. 4577. Einige behaupten, Trapp habe zuerst verlangt, daß sich Freiwillige für das Erschießungskommando melden sollten. A. B. berichtet, es hätten sich mehr Männer als benötigt gemeldet (Hoffmann, S. 440).

27 Zu der Zuneigung und Achtung, die die Männer Trapp entgegenbrachten, siehe Urteil, Hoffmann, S. 28; W. N., Hoffmann, S. 3927, und H. H., Hoffmann, S. 318. Der Letztgenannte war ein Mitarbeiter des KdS Radzyń, der zwar nicht dem Polizeibataillon 101 angehörte, aber wußte, wie angesehen Trapp bei seinen Männern war.

28 O. S., Hoffmann, S. 1953; siehe auch seine Stellungnahme, Hoffmann, S. 4577.
29 A. W., Hoffmann, S. 4592; siehe auch seine Erklärungen, Hoffmann, S. 2041f., 3298, in denen er betont, daß Trapps Angebot nicht nur die Mitwirkung der Männer bei Erschießungskommandos, sondern auch andere Handlungen betraf, etwa die Razzien, bei denen Juden aus ihren Wohnungen zum Marktplatz getrieben wurden.
30 Siehe Brownings Erörterung dieser Zeugenaussage, in *Ganz normale Männer*, S. 259, Anm. 9. Ich verstehe nicht, warum er behauptet, daß Weber das Angebot auch so »verstand«, als habe es nur für die älteren Reservisten gegolten, da Weber doch ausdrücklich genau das Gegenteil feststellt (A. W., Hoffmann, S. 4592).
31 Zu einer Auswahl der umfassenden Zeugenaussagen zu diesem Punkt siehe W. G., Hoffmann, S. 4362; E. G., Hoffmann, S. 2502; sowie W. G., Hoffmann, S. 2019.
32 Urteil, Hoffmann, S. 35; sowie W. G., Hoffmann, S. 2147.
33 E. H., Hoffmann, S. 2716. Siehe auch W. G., Hoffmann, S. 2147; sowie E. G., Hoffmann, S. 1639.
34 E. G., Hoffmann, S. 1639. Siehe auch seine Zeugenaussage auf S. 2502.
35 E. H., Hoffmann, S. 2716.
36 B. G., Hoffmann, S. 2019; siehe auch F. B., Hoffmann, S. 2091; A. W., Hoffmann, S. 2041, S. 2044f.; F. V., Hoffmann, S. 1539; sowie H. J., HG, S. 415.
37 Siehe Brownings Erörterung der widersprüchlichen Zeugenaussagen über die Erschießung von Kleinkindern in *Ganz normale Männer*, S. 90f. Ich sehe keinen Grund, die Aussagen jener in Zweifel zu ziehen, die behaupten, daß Bataillonsangehörige Kleinkinder getötet hätten. Der Mann, der nach Browning »erklärte«, es seien auch Kinder erschossen worden, argumentiert hier nachdrücklich: »Ich erinnere mich, daß ich mehrere Male bereits durchsuchte Häuser betrat und hier dann erschossene Kranke oder Kleinkinder vorfand« (F. B., Hoffmann, S. 1579). Selbst einer der Männer, den Browning zitiert, um die Auffassung zu untermauern, daß während der Razzia keine Kleinkinder erschossen worden seien, sagt nur, »daß stillschweigend von fast allen eingesetzten Männern« zu jenem Zeitpunkt davon Abstand genommen wurde, Kleinkinder umzubringen. Zweifellos scheuten einige von ihnen während der Razzia in Józefów davor zurück, kleine Kinder zu töten. Andere hatten da keine Hemmungen.
38 E. H., Hoffmann, S. 2717.
39 In ähnlicher Weise behauptet H. K., er habe seine Leute vor der ersten Razzia mit Nachdruck aufgefordert, Juden möglichst nicht an Ort und Stelle zu erschießen, sondern sie alle, die Kranken mit Unterstützung der Gesunden, auf den Marktplatz zu schaffen. Er sagt, er sei mit dem Erschießen der genannten Gruppen nicht einverstanden gewesen, und fügt hinzu, daß »fast stillschweigend von allen Leuten von selbst auf die Erschießung der Säuglinge und Kleinstkinder verzichtet wurde«; in ihrem Teil des Ghettos hätten sich unter den Toten auf den Straßen keine Kleinkinder und Kinder gefunden (Hoffmann, S. 2716f.). Es ist kaum feststellbar, ob diese Behauptungen der Wahrheit entsprechen. Sollte das der Fall sein, so ging der Mann das Risiko einer Rüge wegen Befehlsverweigerung ein. Darauf gibt er jedoch keinen Hinweis. Und selbst wenn es wahr war, dann deutet es lediglich auf eine innere Bar-

riere, Kinder und Babys zu töten, nicht aber auf eine generelle Hemmung, Juden umzubringen, denn das taten sie ja. Zumal die Deutschen später eben diese Kinder dennoch erschossen haben. Ein anderer Mann berichtet, er habe eine alte Frau und ein Kind in einer Wohnung in Józefów verschont, die aber später von einem Wachtmeister, der sie fand, umgebracht worden seien. Er sei von dem Wachtmeister hinterher heftig gescholten worden (H. K., Hoffmann, S. 2270). Es gibt keine Möglichkeit, diese apologetischen Behauptungen zu überprüfen.

40 E. H., Hoffmann, S. 2717.

41 Stellungnahme von Leutnant H. B., Hoffmann, S. 821f.; Untersuchung, Hoffmann, S. 216, 225; siehe auch Brownings Erörterung der Zeugenaussagen in *Ganz normale Männer,* S. 260, Anm. 31. Die sie begleitende Abteilung stand unter dem Befehl von Leutnant Buchmann, der sich geweigert hatte, bei den Ermordungen mitzuwirken. Siehe unten die Darstellung dieses Vorgangs. A. W. erinnert an einen Zwischenfall, der Trapps Entscheidungsbefugnis verdeutlicht. Bevor die systematischen Erschießungen begannen, legte der Leiter einer Sägemühle ihm eine Liste mit Namen von 25 Juden vor, die bei ihm arbeiteten. Trapp akzeptierte die Bitte dieses Mannes, so daß diese Juden zunächst weiter bei ihm arbeiten konnten (Hoffmann, S. 2042).

42 E. H., HG, S. 956. Siehe auch seine Stellungnahme, HG, S. 507.

43 Wie Trapp schien auch Dr. Schoenfelder über ihren Mordeinsatz beunruhigt gewesen zu sein. Siehe F. E., HG, S. 874. Daß Ärzte, sosehr ihnen das Unternehmen auch mißfiel, sich an den Massenmorden im Auftrag des Genozids beteiligten, kann in einer Gesellschaft wie der nationalsozialistischen kaum überraschen, in der sich buchstäblich jeder Berufsstand korrumpieren ließ. Zur Mittäterschaft von Ärzten bei den Massenmorden siehe Robert Jay Lifton, *Ärzte im Dritten Reich,* Stuttgart 1988; und Ernst Klee, *»Euthanasie« im NS-Staat: Die »Vernichtung lebensunwerten Lebens«,* Frankfurt/M. 1983.

44 Leutnant K. D., Hoffmann, S. 4337.

45 E. G., Hoffmann, S. 2504.

46 Untersuchung, Hoffmann, S. 281f.

47 Zu einer Beschreibung der Vorgehensweise dieses Zugs siehe Leutnant K. D., Hoffmann, S. 4337, der zur ersten Kompanie gehörte, außerdem W. G., Hoffmann, S. 2148f. Meine Darstellung der Logistik des gesamten Tötungsprozesses ist außerordentlich knapp gehalten. Siehe auch Brownings Rekonstruktion in *Ganz normale Männer,* S. 92 – 102.

48 Zu einer Darstellung dieses Vorgangs siehe A. Z., HG, S. 276f.

49 Leutnant K. D., Hoffmann, S. 4337.

50 E. H., Hoffmann, S. 2719. Zumindest einige der Männer wurden instruiert, wie zu vermeiden war, daß Körperteile umherspritzten. »Wenn man zu hoch hielt, sprang die ganze Schädeldecke ab. Das hatte zur Folge, daß Gehirnteile und auch Knochen in der Gegend herumflogen. Es erging dann die Anweisung, die Bajonettspitze auf den Nacken aufzusetzen. Es passierte dann in der Regel nichts mehr ...« (M. D., Hoffmann, S. 2538). Doch selbst danach kam dergleichen hin und wieder vor. Die Grausamkeit war unvermeidbar.

51 A. B., Hoffmann, S. 4348.

52 »Wir haben die Juden nicht immer am selben Ort erschossen, sondern haben von einer Erschießung zur anderen die Plätze gewechselt.« (W. G., Hoffmann S. 2149). Siehe auch E. H., Hoffmann, S. 2718.

53 Urteil, Hoffmann, S. 54f.; sowie E. H., Hoffmann, S. 2720.
54 E.G., Hoffmann, S. 4344.
55 Leutnant K. D., Hoffmann, S. 4338. Bei späteren Mordeinsätzen überließen es die Deutschen in der Regel den polnischen Bürgermeistern, die Leichen der Juden zu beseitigen (siehe A. B., Hoffmann, S. 442). Es verdient auch festgehalten zu werden, daß das Ghetto in Józefów nach der Räumung für die Polen zur Plünderung freigegeben wurde (siehe E. H., Hoffmann, S. 2717). Bei der Zerstörung dieser jüdischen Gemeinde interessierten sich die Deutschen nicht für Beutegut zugunsten ihres Volkes, obwohl offensichtlich einige der Mörder aus persönlichem Antrieb Wertgegenstände einsteckten, die ihre Opfer zurückgelassen hatten (A. B., Hoffmann, S. 441). Gewinnsucht war hier jedoch nicht das eigentliche Motiv; persönlicher Gewinn war oft nur ein höchst willkommener Nebenaspekt der wirklichen Motive zum Mord an den Juden. Es konnte sogar vorkommen, daß die Deutschen vergaßen, die Beute einzusammeln, oder einfach nicht die Zeit dafür hatten, weil sie sich bereits anderen Aufgaben zuwandten. Aus ähnlichen Gründen zwangen die Deutschen die Juden nicht, sich zu entkleiden, bevor sie sie erschossen, sondern begruben die Juden samt Kleidung (W. G., Hoffmann, S. 2148).
56 R.B., Hoffmann, S. 2534; sowie F.B., Hoffmann, S. 2951, S. 4357; siehe auch F. V., Hoffmann, S. 1540.
57 A. B., Hoffmann, S. 2518ff.; siehe auch seine Zeugenaussage auf S. 4354.
58 E. H., Hoffmann, S. 2720; Hergert nahm es auch auf sich, jenen Männern Erleichterung zu verschaffen, die unter den Tötungen litten. Einer seiner Leute erinnert sich: »Ich selbst habe etwa an 10 Erschießungen teilgenommen, bei denen ich Männer und Frauen erschießen mußte. Ich konnte einfach nicht mehr auf Menschen schießen, was meinem Gruppenführer Hergert dadurch aufgefallen war, daß ich zuletzt wiederholt vorbeischoß. Aus diesem Grunde wechselte er mich aus. Auch andere Kameraden wurden früher oder später ausgewechselt, weil sie einfach nicht mehr durchhalten konnten.« (W. G., Hoffmann, S. 2149). In einer anderen Zeugenaussage sagt er, die Zahl der von ihm erschossenen Juden habe zwischen sechs und acht gelegen (Hoffmann, S. 4362).
59 F. B., Hoffmann, S. 2092f.; W. I., Hoffmann, S. 2237; A. B., Hoffmann, S. 2691f., S. 4348; sowie B. D., Hoffmann, S. 1876. Die beteiligten Männer waren bereits älter. F. B. berichtet, daß zwei seiner Kameraden um Freistellung ersuchten. Die Bitte wurde zunächst an Kompaniechef Wohlauf gerichtet, der angeblich damit drohte, die beiden zu erschießen. Die beiden Männer gehörten später zu jenen, die von Wachtmeister Kammer freigestellt wurden. F. B.s Geständnis, daß er getötet habe, und seine Versicherung, Wohlaufs Drohung habe nicht ihm, sondern zwei Kameraden gegolten, verleiht seiner Darstellung Glaubwürdigkeit. Dennoch bleibt die Angelegenheit merkwürdig. Der Kompanieführer soll Männer bedroht haben, weil sie sich freistellen lassen wollten – was im Widerspruch zur Politik des Bataillonskommandeurs stand –, und schließlich soll ein Wachtmeister, der ihm unterstand, diese und andere Männer dennoch freigestellt haben.
60 E. G., Hoffmann, S. 1640; siehe auch seine Zeugenaussage auf S. 2505.
61 M. D., Hoffmann, S. 2539; sowie E. G., Hoffmann, S. 2505. August Zorn berichtet von dem Ereignis, das ihn veranlaßte, sich freistellen zu lassen. Der Jude, den er ausgesucht hatte, war bereits sehr alt, so daß die beiden hinter die anderen zurückfielen. Als sie den Hinrichtungsplatz erreich-

ten, hatten seine Kameraden »ihre« Juden bereits umgebracht. Als der Jude die Toten sah, warf er sich auf den Boden – daraufhin schoß Zorn auf ihn. Da Zorn jedoch höchst nervös war, zielte er falsch und traf die Schädeldecke seines Opfers. »Durch den Schuß wurde meinem Juden das gesamte hintere Schädeldach abgerissen und das Gehirn bloßgelegt. Teile des Schädeldaches sind dabei meinem Zugführer, dem Hauptwachtmeister Steinmetz, ins Gesicht geflogen.« Zorn sagt, er habe erbrochen und seinen Wachtmeister um Freistellung gebeten. Während des weiteren Einsatzes mußte er nur noch Juden bewachen (HG, S. 277; siehe auch seine Zeugenaussage, Hoffmann, S. 3367).

62 Siehe Leutnant H. B., Hoffmann, S. 2437–2440. Die Einzelheiten seiner Weigerung und ihre Konsequenzen werde ich noch erörtern.

63 Zu einer ausführlicheren Diskussion behaupteter Weigerungen siehe Browning, *Ganz normale Männer*, S. 97–102.

64 Daß Hauptmann Hoffmann weniger entgegenkommend war, ist relativ unwesentlich, da er sich selten persönlich an Mordeinsätzen beteiligte. Er ließ seinen Untergebenen völlig freie Hand, nach eigenem Gutdünken zu verfahren. Auch in den anderen Kompanien herrschte eine eher lockere Haltung zur Teilnahme an den Exekutionen, ohne daß die Männer sich dies häufiger zunutze gemacht hätten.

65 H. E., Hoffmann, S. 2167.

66 W. G., Hoffmann, S. 4362; siehe auch J. R., Hoffmann, S. 1809.

67 A. S. Hoffmann, S. 747.

68 Browning diskutiert diese Themen ausführlich. Siehe *Ganz normale Männer*, S. 103, S. 105–113, wo er auch ihre Reaktionen in einer Weise untersucht, von der ich oft abweiche, wie unten noch im Detail erörtert werden wird. Wenn Browning beispielsweise von »Scham« (S. 103) spricht – einem Gefühl also, das in Fällen wie diesem davon abhängt, daß man einen Sinn dafür besitzt, sich einer moralischen Verfehlung schuldig gemacht zu haben –, dann gibt es dafür im Quellenmaterial keinen Nachweis. Von »Ekel« kann hier aber von der Rede sein, nicht aber von »Scham«. Seine Erklärung für die fehlende moralische oder grundsätzliche Ablehnung dieser Morde als Motiv für Weigerung und Abscheu ist schier unglaublich: »Angesichts des Bildungsniveaus dieser Reservepolizisten konnte man von ihnen auch nicht erwarten, daß sie in komplexer Weise auf abstrakte Prinzipien Bezug nehmen würden« (S. 109). Man muß kein Kenner der Kantschen Philosophie sein, um die Massaker an unbewaffneten, ungefährlichen Zivilisten, Männern, Frauen und Kindern, als Greueltat zu erkennen. Browning räumt ein, daß es kaum festzustellen ist, wie viele der zu Erschießungskommandos eingeteilten Männer um Freistellung baten; doch seine Schätzung, daß es zwischen zehn und zwanzig Prozent gewesen sein, legt die vorhandenen Quellen sehr großzügig aus. So behauptet Browning, Wachtmeister »Hergert erklärt beispielsweise, er habe fünf Männer seines 40 bis 50 Mann starken Trupps von ihrer Aufgabe entbunden« (S. 108). Dieser Wachtmeister spricht tatsächlich von einer Zahl von »etwa 2–5 Mann« (E. H., Hoffmann, S. 2720). Zwei von vierzig oder fünfzig sind jedoch nicht die zehn oder gar zwanzig Prozent, die Browning zufolge von dieser Möglichkeit Gebrauch machten. Und dies ist nicht der einzige Grund, seine Darstellung und Interpretation in Zweifel zu ziehen.

69 Ein Mörder, der sich freistellen lassen wollte, nachdem er einige Zeit an der Erschießung von Juden teilgenommen hatte, erklärt: »Da sich unter

den Opfern auch Frauen und Kinder befanden, habe ich nach einiger Zeit nicht mehr können.« (W. I., Hoffmann, S. 2237). Wachtmeister Hergert bestätigt, daß die Bitten um Freistellung mit Schwierigkeiten, Frauen und Kinder zu erschießen, begründet worden seien (E. H., Hoffmann, S. 2720). Im allgemeinen war es für diese Männer also kein Problem, Juden zu erschießen, selbst alte jüdische Männer. Bei diesem ersten Mordeinsatz lag das Problem darin, ein anerzogenes Tabu zu überwinden: Die Männer hatten gelernt, daß Frauen und Kindern ein besonderer Schutz zustand. Doch nur ein kleiner Prozentsatz von ihnen hatte wirklich ernsthafte Schwierigkeiten, diese Schranke zu überwinden.

70 Siehe E. G., Hoffmann, S. 2505; F. K., Hoffmann, S. 2483; G. K., Hoffmann, S. 2634; A. Z., HG, S. 277; M. D., Hoffmann, S. 2539; sowie G. M., HG, S. 168f.

71 H. K., HG, S. 363. Er berichtet, er habe während der ganzen Exekution nichts zu tun gehabt. Seine Behauptung sollte jedoch im Lichte eines Zwischenfalls betrachtet werden, von dem er möglicherweise nichts wußte. Mitten in der Nacht schoß einer der Männer, offensichtlich verstört durch seine Teilnahme an den Hinrichtungen, durch das Dach ihrer Unterkunft (K. M., Hoffmann, S. 2546).

72 W. G., Hoffmann, S. 2149.

73 Das Quellenmaterial enthält keine Hinweise darauf, daß sie sich an den folgenden Mordeinsätzen nicht beteiligten. Daß so viele zunächst einige Juden töteten, ehe sie darum baten, freigestellt zu werden, legt die Annahme nahe, daß der Wunsch, von dieser grausamen Pflicht entbunden zu werden, nicht aus ethischem Widerstand resultierte, sondern aus der körperlichen Unfähigkeit weiterzumachen. Denn hätten sie die Massaker für ein Verbrechen gehalten, bleibt es unverständlich, warum sie von der mehrmals angebotenen und offensichtlich unproblematischen Freistellung nicht schon eher Gebrauch machten.

74 F. B., Hoffmann, S. 1581; sowie H. B., Hoffmann, S. 889f. Ein undurchsichtiger Zwischenfall, der sich in Aleksandrow, einem kleinen Dorf in der Nähe von Józefów, ereignet haben soll, wird von zweien der Männer berichtet. Nachdem man die Juden versammelt hatte, ließ Trapp sie wieder frei und kehrte mit seinen Leuten nach Biłgoraj zurück. Siehe F. B., Hoffmann, S. 2093f., sowie K. G., Hoffmann, S. 2194. Browning erörtert dies in *Ganz normale Männer,* S. 102ff.

75 Zur Anwesenheit von Hamburger Juden siehe F. V., Hoffmann, S. 973; sowie E. H., Hoffmann, S. 2722.

76 Urteil, Hoffmann, S. 72; siehe auch A. B., Hoffmann, S. 2698f.; E. H., Hoffmann, S. 2722.

77 Zu einer umfassenden Darstellung dieses Mordeinsatzes siehe Urteil, Hoffmann, S. 72ff.; Anklage, Hoffmann, S. 338–379; sowie Hoffmann, S. 2722–2728.

78 »Hiwi« ist eine Kurzform für »Hilfswilliger«, untergeordnete Personen, die unangenehme Arbeiten erledigen. Während des Krieges wurde »Hiwi« zum Sammelbegriff für osteuropäische Lakaien der Deutschen. Siehe »Trawniki«, in: *Die Verfolgung und Ermordung der europäischen Juden,* hrsg. von Israel Gutman u. a., Berlin 1993, S. 1425ff.

79 Browning zitiert die Zeugenaussage eines Mannes, der behauptet, die meisten Babys und Kleinkinder seien nicht während der Razzia umgebracht worden, *Ganz normale Männer,* S. 116. Dies überzeugt nicht. Es

ist bemerkenswert, daß andere sich nicht dazu äußern, weshalb sie dem klaren Befehl nicht folgten, jene zu töten, die nur unter Schwierigkeiten zum Sammelplatz zu schaffen waren. Hätten sie in der Tat davon Abstand genommen, die weniger beweglichen oder widerspenstige Juden zu töten – und dies waren allem Anschein nach viele –, dann gäbe es sicher mehr Aussagen darüber. So berichtet uns beispielsweise E. H. ausführlich (er behauptet unter anderem, im jüdischen Bezirk mit deutschsprechenden Juden zu tun gehabt zu haben) von Gnades »Anweisung, Alte, Gebrechliche und Säuglinge wieder an Ort und Stelle zu erschießen«. Nichts weiter. Daraus ist wohl zu schließen, daß der Befehl auch ausgeführt wurde (Hoffmann, S. 2722). Die Zeugenaussage von W. H., den das Gericht im Urteil zitiert, ist zu diesem Punkt sehr bestimmt: »Alle Kranken, Gebrechlichen und Kleinstkinder waren bereits von den ersten Räumungskommandos erschossen worden ... In diesen 20 Häusern habe ich etwa 25–30 Tote gesehen. Sie lagen in und vor den Häusern.« (Hoffmann, S. 2211, zitiert in Untersuchung, Hoffmann, S. 359).

80 Es ist zumindest unwahrscheinlich, daß der Photograph seinen Bildbericht anlegte, um sich und seine Kameraden anzuklagen; eine derartige Absicht hat er auch nie behauptet. Daher ist die Schlußfolgerung angemessen, daß er mit Freuden die tödlichen Taten dokumentierte, die er und seine Freunde vollbrachten.

81 E. H., Hoffmann, S. 2723; sowie J. P., Hoffmann, S. 2750.

82 F. P., HG, S. 241.

83 J. P., Hoffmann, S. 2749f.; sowie E. H., Hoffmann, S. 2723.

84 Die Behauptung, dies sei eine rein praktische Reaktion auf die Schwierigkeiten gewesen, die die Deutschen mit der ersten Gruppe von Juden auf ihrem Marsch zur Hinrichtungsstätte hatten (siehe Browning, *Ganz normale Männer,* S. 117f.), ist kaum glaubwürdig. Ich weiß von keinem anderen Fall, da sich die Deutschen einer derartigen – lächerlichen – Marschhilfe bedient hätten, die natürlich ihren Zweck nicht erfüllte.

85 A. B., Hoffmann, S. 2700. Seine lange Darstellung ist wiedergegeben in Browning, *Ganz normale Männer,* S. 117. Zu anderen Schilderungen dieses Marsches siehe E. H., Hoffmann, S. 2723, und W. Z., Hoffmann, S. 2624.

86 Siehe Anklage, Hoffmann, S. 346f.; J. P., Hoffmann, S. 2750; H. B., HG, S. 98, und A. Z., HG, S. 282.

87 A. Z., HG, S. 282.

88 Diese Darstellung ist der Anklage, Hoffmann, S. 347, entnommen. Die Zeugenaussage, die ich im Untersuchuchungsbericht gefunden habe, deutet darauf hin, daß einige der Männer die Juden flankierten und sie dann zwangen, das letzte Stück des Weges zur Hinrichtungsstätte im Laufschritt zurückzulegen. Obwohl offensichtlich ist, daß sehr heftige verbale und physische Drohungen der Deutschen notwendig waren, damit die Juden zu ihrer eigenen Hinrichtung rannten, wird das in keiner Zeugenaussage erwähnt. Siehe W.Z., Hoffmann, S. 2625; sowie G. K., Hoffmann, S. 2638. Ich habe die Darstellung der Anklageschrift hier eingefügt, weil sie sich auch in jeder anderen Hinsicht als zuverlässig erwiesen hat.

89 F. P., HG, S. 241f. Siehe auch seine Zeugenaussage, Hoffmann, S. 4571.

90 F. P., HG, S. 240, und J. P., Hoffmann, S. 2749f.

91 Anklage, Hoffmann, S. 347f., und E. H., Hoffmann, S. 2724ff.

92 F. P., Hoffmann, S. 4571; E. H., Hoffmann, S. 2725.
93 Der für die Hilfswilligen zuständige SS-Offizier soll Gnade ange-schrieen haben: »Ihre Scheißpolizisten schießen überhaupt nicht«, was Gnade veranlaßte, seinen Männern zu befehlen, mit dem Töten anzufan-gen (E. H., Hoffmann, S. 2725f.).
94 E. H., Hoffmann, S. 2726f.
95 F. P., HG, S. 242.
96 E. H., Hoffmann, S. 2722; siehe auch Anklage, Hoffmann, S. 341.
97 Browning wertet den Massenmord von Łomazy ganz anders, siehe *Ganz normale Männer,* S. 121–125.
98 Mit Ausnahme einiger weniger, die sich vom Schauplatz der Hinrich-tungen davongeschlichen haben sollen, nahmen alle Angehörigen dieser Kompanie an dem Massenmord teil. Siehe E. H., Hoffmann, S. 2727. Die »Drückeberger« hatten eine Beteiligung offensichtlich mit still-schweigender Duldung ihrer Vorgesetzten vermeiden können. Brown-ing nennt zwei Männer namentlich, die es vermieden haben, Juden zu erschießen, doch stützt er sich dabei nur auf deren eigene Behauptun-gen. Einer von ihnen sagt aus, er habe auf einen fliehenden Juden be-wußt nicht geschossen; Gnades Zorn sei er nur entgangen, weil die anderen ihn nicht gemeldet hätten. Gnade sei zu betrunken gewesen, um der Sache angemessen nachzugehen. Siehe *Ganz normale Männer,* S. 123f. Aber die Aussage dieses Mannes ist nachweislich unzuverlässig und dient der Selbstrechtfertigung, wie auch der Vernehmer während der Aussage zweimal bemerkte (P. M., HG, S. 209). Browning hält die-sem Mann außerdem zugute, sich bei den Exekutionen von Józefów ent-fernt zu haben (S. 100). Brownings Umgang mit dieser Zeugenaussage wird im Kapitel 8, Anmerkung 65 noch eingehender analysiert.
Browning geht so weit, die folgende Behauptung aufzustellen: Weil die Befehlshaber es bei diesem Mordeinsatz versäumt hätten, ihre Männer offen vor die Alternative zu stellen, sich von dem Massaker freistellen zu lassen, sei das Töten in diesem Falle für die Täter *leichter* gewesen, was erkläre, warum jeder sich daran beteiligt habe. Da die Männer nach Brownings Interpretation, *Ganz normale Männer,* S. 123, nicht die »Qual der Wahl« hatten, konnten sie diesmal – anders als in Józefów – ihre Be-fehle mit einer gewissen Selbstverständlichkeit befolgen. Siehe *Ganz normale Männer,* S. 123. Diese Interpretation, die ohne jede beweiskräf-tige Grundlage bleibt, umgeht eine viel offensichtlichere, einfachere und wahrscheinlichere Erklärung für die eifrige Pflichterfüllung dieser Männer, für die übrigens auch die Art ihrer späteren Mordeinsätze sowie die Geschichte der anderen Polizeibataillone und der Einsatzkommandos spricht. Zum Zeitpunkt des Massakers von Łomazy war der Schock der ersten Einsätze und damit auch die Ursache ihrer Unruhe verflogen. Nachdem sie einmal an die Unannehmlichkeit ihrer Einsätze gewöhnt waren, erledigten sie ihre Aufgaben nun effektiv, nicht weil ihnen – we-nigstens formal – keine andere Wahl blieb, sondern weil sie keinen Grund sahen, anders zu handeln. Und was Józefów betrifft, so besteht kein Grund zu der Annahme, daß jene, die die Hinrichtungen ablehnten, und insbesondere jene, die sie moralisch abstoßend fanden, töten muß-ten. Das ausdrückliche Angebot einer freien Entscheidung in Józefów und das Fehlen einer solch ausdrücklichen Offerte in Łomazy – wobei allerdings keineswegs klar ist, ob das Angebot von Józefów nicht stän-dig galt – können nicht erklären, warum einige der Männer so heftig rea-

gierten, als sie zum ersten Mal am personalisierten, direkten Mord an unbewaffneten Männern, Frauen und Kindern teilnahmen, sich dann aber zum Zeitpunkt der Ereignisse von Łomazy an diese Aufgabe gewöhnt hatten. (Zumal sie ihre Aufgabe nicht prinzipiell ablehnten, wie das Fehlen ethischer Stellungnahmen in ihren Zeugenaussagen deutlich macht.) Sollen wir wirklich glauben, daß, falls Gnade den Männern die Möglichkeit eröffnet hätte, sich fernzuhalten, sich diese – erstens – von der Aktion in Łomazy hätten freistellen lassen und daß – zweitens – jene, die das nicht taten, auf dieses Massaker in ähnlicher Weise reagiert haben wie auf das von Józefów, nämlich mit Ekel? Trotz der von Browning genannten Zahlen sollte man nicht vergessen, daß auch in Józefów nur wenige von Trapps Angebot Gebrauch machten.

99 A. B., Hoffmann, S. 4448.

100 All die Photos des Polizeibataillons 101, die hier beschrieben, aber nicht gezeigt werden, können deshalb nicht veröffentlicht werden, weil ein bundesrepublikanischer Beamter die Persönlichkeitsrechte restriktiv ausgelegt hat. Diese und weitere, außerordentlich aufschlußreiche Photos sind in den Bänden des Untersuchungsberichts gegen Hoffmann zu finden.

101 Bei vielen Mordeinsätzen ist unklar, wie viele Juden die Deutschen töteten oder deportierten. Bei der Aufstellung dieser Tabellen habe ich mich für Mindestschätzungen entschieden, die mit Brownings Tabellen 1 und 2 im Anhang seines Werkes übereinstimmen. Lediglich die Zahl der bei »Judenjagden« getöteten Juden weicht ab. Browning schätzt, daß dabei tausend Juden umkamen. Nach meinem Eindruck waren es viel mehr, doch Genaueres ist schwer festzustellen.

102 Bei dieser Razzia wurden fast tausend Juden getötet.

103 A. B., Hoffmann, S. 442f.

104 A. B., Hoffmann, S. 443.

105 Die Angehörigen des Polizeibataillons 101 wurden von ihren Kompaniechefs über den Schießbefehl informiert. Siehe Anklage, Hoffmann, S. 272f.; F. B., Hoffmann, S. 2103 und A. Z., HG, S. 274f.

106 A. K., Hoffmann, S. 1183.

107 E. N., Hoffmann, S. 1693; sowie B. P., Hoffmann, S. 1917. Dies wird bereits deutlich, wenn man die Aussagen der Täter liest. Eine Liste derjenigen, die zu den Aufspür- und Vernichtungsmissionen ausgesagt haben, liefert Browning, *Ganz normale Männer*, S. 270, Anm. 20.

108 A. B., Hoffmann, S. 2708.

109 M. D., Hoffmann, S. 3321.

110 B. P., Hoffmann, S. 1917.

111 F. B., Hoffmann, S. 404; sowie B. D., Hoffmann, S. 2535.

112 H. B., Hoffmann, S. 3066.

113 H. B., Hoffmann, S. 3215. Nach der Aussage dieses Mannes war B. gegen Juden und Polen sehr grausam; auch prunkte er gern mit den SS-Insignien an seiner Uniform. »Er schikanierte sie, wo er konnte« (Hoffmann, S. 3066).

114 E. N., Hoffmann, S. 1695. Er fügt hinzu, er erinnere sich daran, daß man Polen damit beauftragt habe, die Bunker einzuebnen und die Opfer zu begraben. Er schätzt, daß sie damals zehn bis zwölf Bunker zerstört und zwischen fünfzig und hundert Juden getötet hätten.

115 E. N., Hoffmann, S. 1693.

116 Zu einigen Aussagen der Männer zu diesem Punkt siehe Hoffmann, S. 2532–2547. Auf dieses Thema gehe ich in Kapitel 8 detaillierter ein.

117 Urteil, Hoffmann, S. 143f.
118 P. H., ein Angehöriger der ersten Kompanie: »Ich selbst erinnere mich
an einige Walddurchkämmungen im Rahmen der Kompanie, bei denen
auf Juden Jagd gemacht wurde. Wir gebrauchten auch den Ausdruck
›Judenjagd‹« (Hoffmann, S. 1653). Siehe auch die Aussage von C. A.
aus der zweiten Kompanie, der von »sogenannten Judenjagdeinsätzen«
spricht (Hoffmann, S. 3544). F. S. (HG, S. 306) und G. M. (HG, S. 169)
von der zweiten Kompanie verwenden ebenfalls diesen Begriff. Natürlich verbindet man mit der Vorstellung einer Jagd nicht das Bild von
Soldaten, die in den Kampf ziehen. »Jagen« kann man Tiere oder Ver-
femte; nicht umsonst bezeichneten die Deutschen die Juden immer wieder als »vogelfrei«.
119 A. B., Hoffmann, S. 442. Er sagt dies im Zusammenhang mit den wiederholten Mordeinsätzen, die sein Zug in kleinen Städten, Dörfern und
Siedlungen in der Gegend um Parczew durchführte; dabei töteten seine
Kameraden jeweils zwischen zehn und vierzig Juden entweder in ihren
Wohnungen oder am Rande der Ortschaften.
120 W. H., Hoffmann, S. 3566.

Kapitel 8

1 Zu einer Darstellung des Selektionsprinzips siehe H. B., Hoffmann;
S. 825f. Christopher R. Browning, *Ganz normale Männer. Das Reserve-
Polizeibataillon 101 und die »Endlösung« in Polen,* Reinbek 1993, mag
mit der Auffassung recht haben, daß Trapp die gesellschaftlich ausge-
grenzten Einwohner des Dorfes auswählte, um den Beziehungen zu den
Polen so wenig wie möglich zu schaden (S. 140f.). Doch beruht diese
Art des Denkens auf einer Wahrnehmung, die nicht mit derjenigen übereinstimmt, die die Handlungen dieser Männer gegenüber den Juden bestimmte. Brownings Charakterisierung von Trapps Entscheidung, unschuldige Juden zu ermorden, lautet: »So hatte Trapp sich etwas scheinbar Geniales einfallen lassen, um seinem Auftrag zu genügen, ohne das
Verhältnis zur örtlichen Bevölkerung weiter zu belasten.« Diese Interpretation verdient es, überdacht zu werden. So wie die Täter nicht »gewöhnliche Menschen«, sondern »gewöhnliche Deutsche« jener Zeit waren, so handelt es sich hier nicht um eine gewöhnliche Findigkeit, sondern um eine spezifisch »nationalsozialistische« oder »deutsche«
Findigkeit.
2 A. H., Hoffmann, S. 285.
3 Bericht Trapps an das Polizeiregiment 25 vom 26. September 1942,
Hoffmann, S. 2550.
4 Für Darstellungen dieser Ereignisse siehe Bericht Trapps an das Polizeiregiment 25 vom 26. September 1942, Hoffmann, S. 2548ff.; A. H.,
Hoffmann, S. 284f.; F. B., Hoffmann, S. 1589f.; H. B., Hoffmann,
S. 825f.; G. W., Hoffmann, S. 1733; F. B., Hoffmann, S. 2097f.; H. K.,
Hoffmann, S. 2255f.; H. S., HG, S. 648f.; sowie H. B., HG, S. 464f.;
siehe auch Brownings detailliertere Rekonstruktion der Ereignisse in
Ganz normale Männer, S. 140–142.
5 H. E., Hoffmann, S. 2174.
6 G. W., Hoffmann, S. 1733.
7 H. E., Hoffmann, S. 2179.

8 F. B., Hoffmann, S. 2105. Ein Angehöriger der dritten Kompanie berichtet, daß sie bei den Patrouillen, die verschiedenen Zwecken dienten, auch Polen erschossen. Die Umstände und Gründe dieser Morde erwähnt er nicht (F. P., Hoffmann, S. 4572). B. P. berichtet, daß die Männer des Polizeibataillons 101 häufig Polen töteten, die Juden versteckten oder dessen verdächtigt wurden (Hoffmann, S. 1919, S. 1925). Dies überrascht nicht, da ein solches Vorgehen zur unbarmherzigen deutschen Besatzungspolitik zählte. Es ist bemerkenswert, daß nur zwei Bataillonsangehörige dies offen zugeben. Dies erwähnt auch Browning, *Ganz normale Männer,* S. 195f., doch er zieht nicht den naheliegenden Schluß, daß diese Männer vieles über die Ermordungen und Folterungen von Juden verschweigen.

9 Julius Wohlauf, Hoffmann, S. 750f; sowie E. R., HG, S. 609f. Zur Frau von Hauptmann Brand siehe Leutnant H. B., Hoffmann, S. 2440.

10 F. B., Hoffmann, S. 1583.

11 J. F., Hoffmann, S. 2232; zur Beteiligung der Gendarmerie siehe G. G., Hoffmann, S. 2183.

12 Zu den Krankenschwestern siehe F. M., Hoffmann, S. 2560f.; zu den Ehefrauen siehe die Stellungnahme einer dieser Frauen, I. L., Hoffmann, S. 1293. Daß auch deutsche Rotkreuzschwestern diese Szene auf dem Markt beobachteten, ist bekannt, weil eine von ihnen sich über die Morde an Kindern beschwerte, die nichts weiter getan hatten, als auf dem Marktplatz aufzustehen. Die Täter hatten allem Anschein nach keinerlei Hemmungen, die Schwestern, deren berufliche Aufgabe auf Heilung und Beistand zielte, den Massenmord mit ansehen zu lassen.

13 H.E., Hoffmann, S. 2172.

14 E. R., HG, S. 610. H. G., der sich während dieses Mordeinsatzes im Urlaub befand, erfuhr durch Mitglieder seiner Kompanie sowohl von der Brutalität dieser Operation als auch von Frau Wohlaufs Anwesenheit. »In diesem Zusammenhange empörten sich die Kameraden besonders darüber, daß die Ehefrau des Hauptmann Wohlauf mit in Międzyrzecz gewesen sei und sich die Aktion aus nächster Nähe angesehen habe« (Hoffmann, S. 2171).

15 F. B., Hoffmann, S. 2099; für eine andere Darstellung siehe F. B., Hoffmann, S. 1582; sowie H. B., Hoffmann, S. 2440, S. 3357; sowie A. K., Hoffmann, S. 3357.

16 Browning schreibt ihnen das Gefühl der »Scham« zu – ein starkes, schmerzhaftes Gefühl, das in diesem Kontext aus dem Bewußtsein ihrer Schuld und schwerer sittlicher Verfehlungen hervorgegangen sein müßte –, wofür aber keinerlei Nachweise vorliegen. Siehe Daniel Jonah Goldhagen, Besprechung *Ordinary Men* von Christopher R. Browning, *New Republic,* Jg. 207, Heft 3 und 4, 1992, für eine Kritik (S. 51). Browning berücksichtigt bei seiner Interpretation von Frau Wohlaufs Aufenthalt beim Polizeibataillon 101 und der zur Debatte stehenden Episode in *Ganz normale Männer,* S. 136–139, die hier zitierte Zeugenaussage der Ehefrau von Leutnant Brand nicht, die deutlich macht, daß die Männer nicht aus Scham Einwände erhoben. Ein anderer Täter erwähnt zwar ein Gefühl der Scham, aber in einem anderen Zusammenhang. Er bezieht sich auf eine besonders zügellose Mordorgie in der Ghetto-»krankenstube« von Końskowola, bei der seine Kameraden »wahllos« schossen, als sie in einen Raum eindrangen, in dem sich vierzig bis fünfzig kranke und ausgemergelte Juden befanden. Einige der Juden fielen

dabei aus den oberen Betten, was die Szene besonders schauderhaft machte. »Diese Handlungsweise hat mich derartig angeekelt, und ich habe mich derartig geschämt, daß ich mich sofort umdrehte und den Raum wieder verließ.« (F. V., Hoffmann, S. 1542). Es ist jedoch bemerkenswert, daß dieser Mann sich einer Handlungsweise wegen schämte, der Mutwilligkeit seiner Kameraden nämlich, und nicht wegen der Morde selbst, zu denen er durch seine Anwesenheit ja auch beitrug. Er wollte jedoch auf eine Art töten, die zu einem guten, aufrechten Deutschen paßte.

17 L. B., HG, S. 596.

18 B. P., Hoffmann, S. 1917; sowie E. N., Hoffmann, S. 1693.

19 Ein Teil des überwältigenden Beweismaterials, das belegt, daß die Vernichtung der Juden im gesamten Generalgouvernement bekannt war, wird zusammengefaßt im Urteil gegen Johannes von Dollen u. a., Hannover 11 Ks 1/75, S. 42-45, hier S. 42f.; zu offenen, ja sogar prahlerischen Äußerungen der Deutschen, die die Juden von Hrubieszów ermordeten, siehe Untersuchung gegen Max Stöber u. a., StA Hildesheim 9 Js 204/67, S. 121–132.

20 Zitiert in Untersuchung, KR, S. 90.

21 L. B., HG, S. 598. Es ist interessant, daß sie diesen Mann damals als »zynisch« und nicht als »unmoralisch« oder »kriminell« bezeichnete. Ihr Ehemann, das verdient festgehalten zu werden, war kein Gegner der Vernichtungspolitik (siehe H. E., Hoffmann, S. 2172). Browning versäumt es, diese erstaunliche Darstellung einzubeziehen, wenn er sich mit den Reaktionen im Bataillon auf die Teilnahme Frau Wohlaufs an dem Mordeinsatz in Międzyrzecz befaßt. Diese Schilderung aber legt nahe, daß in dem Bataillon allgemeine Zustimmung zum Völkermord an den Juden herrschte. Anderenfalls wäre ein gewöhnlicher Polizist an seinen vorgesetzten Offizier nicht in dieser Weise herangetreten.

22 Siehe Orlando Patterson, *Slavery and Social Death: A Comparative Study,* Cambridge 1982, für eine Erörterung der allgemeinen Entwürdigung von Sklaven (S. 10ff.).

23 Dieser Mann behauptet einfach, er habe den Bart dieses Juden nicht wirklich abgeschnitten, vielmehr sei die Szene nur gestellt. Hier geht es weniger um den Wahrheitsgehalt seiner Behauptung als um sein bewußtes, stolzes und symbolisches Posieren und die Tatsache, daß er sein Tun photographisch festhielt. Was immer er wirklich tat, für sich – und möglicherweise für seine Familie – dokumentierte er, daß er einem Juden den Bart, dieses Symbol seines Judentums, abschnitt. Bemerkenswert ist auch seine überflüssige Bemerkung, daß der Jude arbeiten solle. Die in der deutschen Kultur tief verwurzelte Auffassung, daß Juden nicht arbeiten, die in den folgenden Kapiteln erörtert werden wird, war für die Sichtweise dieses Deutschen über die Juden wichtig genug, um eine entsprechende Anspielung auf das Bild zu kritzeln.

24 Zur Bedeutung der Markierung von Sklaven siehe den Abschnitt »The Rituals and Marks of Enslavement«, in: Patterson, *Slavery and Social Death,* S. 51–62.

25 H. F., Hoffmann, S. 2161. Der Aussagende gehörte der zweiten Kompanie an. Aus unerklärlichen Gründen präsentiert Browning dieses entscheidende Beweismaterial nicht, das eindringlich den Schluß nahelegt, daß die Männer des Polizeibataillons 101 mit ihren Mordeinsätzen keine Probleme hatten.

26 Die Einsätze und Tätigkeiten dieses Zugs sind zusammengestellt in Vermerk, Hoffmann, S. 2839f.
27 G. M., Hoffmann, S. 3275.
28 G. M., Hoffmann, S. 3279.
29 Siehe H. E., Hoffmann, S. 2165–2179.
30 Siehe beispielsweise H. E., Hoffmann, S. 2170f.
31 Wie im Anhang 1 dargelegt, müssen die routinemäßigen Behauptungen der Männer des Polizeibataillons 101, sie seien gegen die Tötungen gewesen, aus methodischen Gründen für unglaubwürdig gehalten werden. Es ist bemerkenswert, daß diese Beteuerungen nicht in der deutlichen Sprache prinzipieller Ablehnung erfolgen. Umsonst sucht man in diesen Aussagen nach Hinweisen darauf, daß sie Juden damals als menschliche Wesen erkannt und den offiziellen Rassismus und Antisemitismus abgelehnt hätten. Ebenso vergebens erwartet man Anzeichen des Mitgefühls für die Leiden ihrer Opfer. Als Rechtfertigung mag ein Täter in ritualisierter, gefühlloser Manier gesagt haben, er sei wegen der Ermordungen »empört« gewesen. Aus den Aussagen geht jedoch eindeutig hervor, daß die Teilnahme von Frau Wohlauf am Mordeinsatz von Międzyrzecz die Männer stärker erboste als der Massenmord an sich. Von *ihrem* Vergehen sprechen sie mit wahrer Leidenschaft.
Nur wenige Aussagen erlauben zumindest die Vermutung, einige könnten grundsätzlich gegen den Völkermord gewesen sein. Ein einziger äußert eine klare moralische Verurteilung: »Ich habe mir die Gedanken gemacht, daß das eine große Schweinerei war. Ich war verbittert, daß wir zu Schweinen, zu Mördern wurden, zumal wir in den Kasernen zu ordentlichen Menschen erzogen wurden.« (A. B., Hoffmann, S. 4355).
Selbst wenn wir nicht wissen können, ob diese Erklärung ausdrückt, was dieser Mann damals dachte – denn es war leicht, nach dem Krieg eine Verurteilung auszusprechen –, so ist es doch auffallend und bezeichnend, daß es andere Zeugnisse dieser Art nicht gibt. Die Aussage eines weiteren Mannes, der behauptet, ein Gegner der Morde gewesen zu sein, ist noch aufschlußreicher: »Da ich ein großer Judenfreund bin, war mir der Einsatz zuwider« (H. W., Hoffmann, S. 1947).
Ungeachtet des Wahrheitsgehalts dieser Erklärung entlarvt die Formulierung doch all seine anderen Kameraden. Dieser Mann hält es für notwendig, etwas zu erläutern, was eigentlich offensichtlich ist, nämlich daß Massenmord falsch ist. Er führt dagegen aus, er habe diese Morde abgelehnt, weil er ein »großer« Freund der Juden gewesen sei. Damit räumt er ein, daß seine Wertschätzung der Juden nicht der Norm entsprach, seine Haltung und sein Standpunkt also die Ausnahme darstellten. Obwohl dies nicht zwingend logisch gefolgert werden muß, so deutet seine Stellungnahme in ihrem Kontext doch stark darauf hin, daß er wußte: Jene, die keine großen Freunde der Juden waren, billigten die Vernichtung. Und weder er noch irgendein anderer aus diesem Bataillon hat jemals in einer Zeugenaussage behauptet, seine Kameraden hätten Juden gegenüber positive oder auch nur neutrale Einstellungen vertreten. Zu den wenigen Erklärungen, die nahelegen, daß der Zeuge eine Ausnahmestellung einnahm, siehe Browning, *Ganz normale Männer,* S. 110.
32 E. H., HG, S. 511. Browning interpretiert diese Fröhlichkeit als Zeichen für die »Gefühllosigkeit« und »abgestumpften Empfindungen« der Männer, die gegen die Massenmorde waren; als sei ein Abstumpfungsprozeß ausreichend, um eine derartige Fröhlichkeit bei Männern hervor-

zurufen, die unglücklich etwas durchführten, was sie für ein Verbrechen hielten (*Ganz normale Männer*, S. 172f.). Es gibt jedoch eine andere, weit plausiblere Deutung. Diese Männer waren nicht bloß gefühllos und unsensibel. Sie scherzten vielmehr über verbrecherische Taten, denen sie offensichtlich zustimmten und an denen teilzunehmen ihnen erkennbar Spaß bereitete.

33 A. B., Hoffmann, S. 799.

34 Siehe die Diskussion im Anhang 1, die das Fehlen bestimmter Beweise thematisiert.

35 H. B., Hoffmann, S. 2439f.

36 Er sagt: »Ich möchte aber nicht, daß durch meine Aussage irgendein Untergebener oder Vorgesetzter auch nur im mindesten belastet wird oder sonst Nachteil erleidet« (H. B., Hoffmann, S. 2439).

37 H. E., Hoffmann, S. 2172. Über Leutnant Brand sagt er beispielsweise: »Auch Leutnant Brand hat meiner Erinnerung nach keinerlei Einwände gegen die Judeneinsätze vorgebracht.«

38 Siehe Brownings Darstellung dieser Episode in *Ganz normale Männer*, S. 142ff.

39 M. D., Hoffmann, S. 2536.

40 H. B., Hoffmann, S. 3356f. Ich habe die Formulierung »halte ich es für möglich« weggelassen, weil sie – wortwörtlich verstanden – weder grammatisch noch historisch einen Sinn ergibt. Buchmanns Stellungnahme enthält eine Aussage: Diese Leute erhielten andere Aufgaben. Darüber hinaus wußte er, daß einige, auch er persönlich, nicht an Mordeinsätzen teilnehmen mußten.

41 E. G., Hoffmann, S. 2534; siehe auch Hoffmann, S. 2532–2547, wo mehrere Bataillonsangehörige zu dieser Frage Stellung nehmen. Die Männer erinnern sich oft nicht mehr zweifelsfrei, ob nur zu gewissen Zeiten nach Freiwilligen gefragt wurde oder ob vielmehr klar war, daß jeder sich freistellen lassen konnte. Dies spiegelt sich in E.G.s etwas zweideutiger Zeugenaussage wider. Die Verwirrung, die sich nicht allein auf ihn beschränkt, ergibt sich vermutlich daraus, daß sich die beiden Möglichkeiten nicht wirklich unterschieden. In ihren Aussagen zwanzig Jahre nach den Ereignissen erinnern sich die Männer daran, daß sie nicht töten mußten. Ob ihnen das vor einem Mordeinsatz in Form einer Bitte um Freiwillige deutlich gemacht wurde oder ob man ihnen zu verstehen gab, daß sie aufhören könnten, wenn sie sich zum Töten nicht in der Lage fühlten, spielt keine Rolle; in jedem Fall wußten sie, daß man sie nicht zwingen würde. Die Einzelheiten der Regelungen, durch die sie die Teilnahme an den Morden vermeiden konnten, machten aus zwei Gründen wenig Eindruck auf sie. Erstens zählte Solidarität mit den Juden nicht zu ihren Motiven, und wenn ihnen die Möglichkeit eröffnet wurde, sich freistellen zu lassen, kam diesem Angebot aus ihrer Sicht keine besondere Bedeutung zu – vor allem keine moralische. Zweitens war es angesichts der allgemeinen ideologischen Billigung der Morde unwahrscheinlich, daß andere Bataillonsangehörige jede Verweigerung als prinzipielle Ablehnung verdächtigen würden; daher erinnert sich auch niemand, über die sozialen Konsequenzen einer Bitte um Freistellung nachgedacht zu haben.

42 B. D., Hoffmann, S. 2535; siehe auch Wachtmeister A. B., Hoffmann, S. 2693.

43 A. Z., HG, S. 246.

44 Siehe Browning, *Ganz normale Männer*, S. 241f., für eine andere Interpretation der Bedeutung von »Feigheit«. Der heikelste Punkt daran ist die unbewiesene Behauptung, daß »Schwäche« vorgeschoben wurde, um »Güte«, also moralische Opposition, zu verbergen. Da die oben zitierte Bemerkung aus der *Nachkriegs*zeit stammt und nicht dem entspricht, was er im Krieg zu seinen Kameraden gesagt haben mochte, hatte dieser Mann außerdem guten Grund, seine angebliche »Güte« *nicht* zu verstecken. Offensichtlich meint er hier »Feigling« und nicht »Gegner«. Dies wird vollends deutlich, wenn man seine Äußerungen, die dem Thema »Feigheit« unmittelbar vorausgehen, mit in den Blick nimmt. Er habe sich während des Massakers von Józefów schließlich freistellen lassen, weil er sich dem nicht länger gewachsen fühlte. Das aber hing mit umherfliegenden »Knochensplittern und auch Gehirnteilen« zusammen. Es sagt also selbst nach dem Krieg nicht, daß er um Freistellung gebeten habe, weil er die Tötungen für ein Verbrechen hielt (B. D., Hoffmann, S. 2534). Zumal ohnehin fraglich ist, ob die Furcht, ein »Feigling« genannt zu werden, eine ausreichende Motivation sein konnte, sich an grausamen Morden zu beteiligen, insbesondere wenn der Betreffende sie für ein monströses Verbrechen hielt. Das gilt in noch höherem Maße, wenn tatsächlich viele im Bataillon diese Ansichten geteilt hätten. Die psychologische Verwüstung, die die Teilnahme an solchen Verbrechen bei Gegnern der Vernichtung hätte anrichten können, wäre erheblich gewesen. Es liegen jedoch keinerlei Hinweise auf derartige Folgen vor.

45 E. G., Hoffmann, S. 2533; siehe auch seine Zeugenaussage auf S. 4400.

46 A. B., Hoffmann, S. 2532. Wachtmeister Bentheim stimmt mit A. B. nicht überein, daß sich immer genug, ja mehr als genug Freiwillige gefunden hätten. Er bestätigt A. B. jedoch insoweit, als daß stets Freiwillige gesucht worden wären und »daß als Schützen nur Freiwillige eingesetzt wurden und hierfür niemand kommandiert wurde« (Hoffmann, S. 2537f.). Dies legt natürlich die Annahme nahe, daß es genügend Freiwillige gab.

47 Zu Grafmanns Abscheu siehe E. G., Hoffmann, S. 2505; zu anderen, ähnlich gelagerten Fällen siehe F. K., Hoffmann, S. 2483; G. K., Hoffmann, S. 2634; A. Z., HG, S. 277; sowie M. D., Hoffmann, S. 2539.

48 Siehe J. S., ZStL AR-Z 24/63, S. 1370f., zur Frage der Freiwilligkeit in der Polizeireiterabteilung III; Abschlußbericht, ZStL 202 AR-Z 82/61, S. 55, zum Polizeibataillon 307; Verfügung, ZStL 208 AR-Z 23/63, Bd. 3, zum Polizeibataillon 41. Ähnlich ist die Beweislage hinsichtlich anderer Polizeibataillone. Auf dieses Thema gehe ich in Kapitel 9 ein.

49 A. W., Hoffmann, S. 4592.

50 H. B., Hoffmann, S. 822.

51 Anklageschrift, Hoffmann, S. 246b.

52 StAH, Polizeibehörde 1, Akte 1185.

53 Kommando der Schutzpolizei, »Abschrift«, 12/31/42, StAH, Polizeibehörde 1, Akte 1185.

54 H. R., HG, S. 624. Das wird im folgenden diskutiert.

55 Für Beispiele siehe F. S., HG, S. 300–309; F.B., HG, S. 961; sowie P. F., Hoffmann, S. 2242.

56 Leutnant K. D., Hoffmann, S. 4339.

57 H. R., HG, S. 624. Der Mann hatte gute Chancen für eine Versetzung, da kinderreiche Väter, Besitzer von »Erbhöfen« und »letzte Namensträger«

einer Familie nur im Kampf eingesetzt werden sollten, wenn sie sich freiwillig dazu entschlossen. Siehe A. W., Hoffmann, S. 3303. Das ist ein weiteres Indiz dafür, wie sehr das Regime sich um seine Männer sorgte.

58 A. H., Hoffmann, S. 281.

59 *Mezrich Zamlbuch,* hrsg. von Yosef Horn, Buenos Aires 1952, S. 476, S. 561. Brownings Darstellung zieht die Aussagen der Überlebenden nicht heran und entwertet sie damit. Browning behauptet, die Brutalität des Polizeibataillons 101 sei instrumentell gewesen, verursacht durch die Schwierigkeiten eines unterbesetzten Kontingents, das Tausende von Juden gegen ihren Willen deportieren sollte (S. 133f.). Die Aussagen der Überlebenden stehen dieser Interpretation ebenso entgegen wie der sorgfältig konstruierten, geschönten Darstellung der Täter. Auf die Grausamkeit der Täter gehe ich in Kapitel 15 systematischer ein.

60 E. K., Hoffmann, S. 157. Man sollte sich bewußt sein, daß auch der Aussagende ein Folterer war (siehe H. B., Hoffmann, S. 1048ff.) und daß seine scheinbare Sympathie für die Juden unecht ist. Seine Beschreibung dessen, was die Bataillonsangehörigen taten, entwertet das allerdings nicht.

61 A.B., Hoffmann, S. 441. Wie ich schon in meiner Rezension zu *Ganz normale Männer* angemerkt habe, präsentiert Browning diese Ermahnung durch Trapp unkorrekt (S. 124). Es handelte sich nicht, wie er nahelegen will (auch dadurch, daß er den ersten Satz fortläßt), um ein prophylaktisches Verbot Trapps vor dem Massaker von Józefów. Das habe angeblich den »Ton« der Mordeinsätze angegeben – einen »Ton«, der vermeintlich zurückhaltender war als der, den der grausame Gnade in Łomazy anschlug. Tatsächlich aber ging es nicht darum, etwas vorzugeben; Trapp *reagierte* vielmehr auf die Grausamkeiten, die er in Józefów beobachtet hatte. Browning will hier herausarbeiten, daß der jeweilige befehlshabende Offizier die Handlungen seiner Männer entscheidend beeinflussen konnte. Ich sehe keine Beweise für diese Schlußfolgerung. Trapps Stellungnahme spricht gegen Brownings Auffassung. Außerdem kam es später auch unter Trapps Kommando zu unkontrollierten Grausamkeiten, etwa in Międzyrzecz.

62 William Shakespeare, *Julius Caesar,* Englisch und Deutsch, übersetzt, kommentiert und mit einem Nachwort herausgegeben von Dietrich Klose, Akt II, Szene 1, Stuttgart o. J., S. 53.

63 A.B., Hoffmann, S. 799.

64 Siehe Brownings Kapitel über Hoffmann, *Ganz normale Männer,* S. 157 bis 164.

65 Brownings Behauptung, daß es »nur bei einer Minderheit von vielleicht zehn oder allerhöchstens zwanzig Prozent nicht der Fall war«, daß sie zu Mördern wurden (*Ganz normale Männer,* S. 208), läßt sich in keiner Weise belegen. Seine anfängliche Berechnung, daß sich bei dem Massaker von Józefów zehn bis zwanzig Prozent der mit den Hinrichtungen Beauftragten freistellen ließen, ist, wie bereits erörtert, höchst fragwürdig. Selbst wenn diese Schätzung richtig wäre und angenommen, diese Leute hätten sich aus prinzipiellen Gründen und nicht ihres Ekels wegen freistellen lassen, so heißt das noch nicht, daß diese – oder andere – Männer sich auch weigerten, an anderen Erschießungen von Juden teilzunehmen. (Welche Beiträge sie über die eigentlichen Erschießungen hinaus zur Durchführung des Völkermords leisteten, müßte ebenfalls untersucht werden.) Die oben erörterte Zeugenaussage von Erwin Graf-

mann ist in diesem Zusammenhang von Bedeutung, obwohl sie in Brownings Buch nicht vorkommt. Grafmann ekelte sich vor den herumfliegenden Körpersubstanzen und ließ sich von den Hinrichtungen in Józefów erst freistellen, nachdem er bereits zehn Juden umgebracht hatte; er gibt zu, sich später *freiwillig* an Aufspür- und Vernichtungsmissionen beteiligt zu haben (Hoffmann, S. 2505, S. 2533, S. 4400). Es spricht nichts gegen die Annahme, daß die Kameraden Grafmanns, die sich ebenfalls im Lauf des Massakers von Józefów freistellen ließen, sich nicht ebenso verhielten. Hätten sich tatsächlich zehn bis zwanzig Prozent der Männer ständig geweigert, ihren angemessenen Beitrag zum Völkermord zu leisten, dann gäbe es zweifellos genügend Aussagen dazu, da dies eine spürbare Spaltung innerhalb des Bataillons bedeutet hätte.

Ähnlich problematisch ist Brownings Erörterung, wie die Bataillonsangehörigen es vermutlich erreichten, »nicht auf ›Judenjagd‹ gehen und sich nicht an Erschießungskommandos beteiligen« zu müssen (*Ganz normale Männer,* S. 174). In diesem Abschnitt bemüht er sich nicht nur um eine Analyse. Er deutet auch an, daß derartige Strategien von den angenommenen zehn bis zwanzig Prozent der Männer, die gegen die Tötungen waren, tatsächlich verfolgt wurden. Browning stellt immer wieder ein Zögern und einen Widerstand der Männer in den Vordergrund. Beides aber interpretiert er in das Material hinein. Daher orientiert sich diese Untersuchung ebenso wie andere, die er dem Thema widmet, zu unkritisch an den behaupteten Versuchen der Bataillonsangehörigen, sich teilweise mit Erfolg den Mordaufträgen zu entziehen. Browning sieht hier Behauptungen als Fakten an. Und als sei dies noch nicht fragwürdig genug, stellt er die Aussage eines Mannes verfälscht dar, dieser sei »von weiteren Einsätzen dieser Art verschont geblieben«, weil »er frühzeitig und offen seine ablehnende Haltung gegenüber den ›Judenaktionen‹ zum Ausdruck gebracht hatte« (S. 174). Browning erzählt die Geschichte dieses Mannes – die teilweise stimmen mag – und schließt damit, daß dieser, nachdem er seine Opposition gegen die Tötungen deutlich gemacht habe, »jedoch nie einem Erschießungskommando zugeteilt« wurde (S. 175). Die Aussage des Mannes selbst enthält allerdings Elemente, die Browning zu erwähnen versäumt. Bei Browning gewinnt man den Eindruck, der Mann habe sich von weiterer Beteiligung ferngehalten, insbesondere da Browning drei Varianten erörtert, deren sich die Männer angeblich bedienten, um nicht auf »Judenjagd« gehen oder an Erschießungskommandos teilnehmen zu müssen. Obgleich der Mann leugnet, tatsächlich Juden erschossen zu haben, so berichtet er doch von zehn derartigen »Judenjagden«, an denen er offensichtlich teilnahm. Ihm blieben also »weitere Einsätze dieser Art« kaum erspart. Bestenfalls hat er es vermeiden können, bei den »Judenjagden«, an denen er teilnahm, persönlich einen Juden zu erschießen; dies verdankte er allerdings nicht seinem Ruf als Gegner solcher Aktionen, sondern einfach seiner Zurückhaltung. Er schildert bis in die bedrückendsten Details eine »Judenjagd«, auf die oben bereits eingegangen worden ist. Während er mit dreißig Kameraden über Land radelte, stießen sie auf einen Bunker, in dem sich, wie sie von einem polnischen Informanten wußten, Juden versteckt hielten: »Ich erinnere heute noch ganz genau, daß wir schon unmittelbar vor den Bunkern waren, als aus einem der Bunker ein circa fünf Jahre alter Junge gekrochen kam. Dieser wurde von einem Polizisten gleich gegriffen und etwas abseits entführt. Dieser Polizist hat ihm dann die Pistole ins Genick gesetzt und geschossen. Es war ein Beamter, der bei uns als Sanitäter eingesetzt war. Es war der einzige Sanitäter des Zuges.«

Mit Granaten und Kopfschüssen brachte die Patrouille etwa hundert Juden um, die sie dann einfach der Verwesung überließ (siehe A. B., Hoffmann, S. 442f.). Die eigene Aussage dieses Mannes widerspricht direkt Brownings Behauptung, daß seine angeblich »frühzeitig und offen ablehnende Haltung« ihm »weitere Einsätze dieser Art« erspart habe.

Trotz Brownings gegenteiliger Darstellung finden sich im Beweismaterial kaum überzeugende Fälle von Verweigerungen oder ausweichendem Verhalten. Einer seiner wichtigsten »Ausweicher«, den er für Józefów und Łomazy heranzieht (*Ganz normale Männer,* S. 100 – der Mann, der »sich verdrückte« – und S. 122f.), schildert die Ereignisse von Łomazy so abweichend vom tatsächlichen Geschehen, daß ihn sein Vernehmer zweimal auf die Unglaubwürdigkeit seiner Darstellung hinwies: »Herr M., Ihre Angaben klingen wenig glaubhaft. Sie stehen auch im Widerspruch zu den Angaben ihrer ehemaligen Kameraden. Es ist vor allem nicht denkbar, daß sie bis zum Nachmittag am Schulhof Posten gestanden haben, zumal die Juden bereits gegen Mittag von dort abtransportiert wurden. Auch Ihre Schilderung über die Beobachtungen an der Grube, insbesondere über den Zeitpunkt ihrer ersten Beobachtungen, können nicht stimmen. Nach den bisherigen Ermittlungen und Zeugenaussagen steht fest, daß alle Angehörigen der 2. Kompanie bereits bei Beginn der Erschießungen in unmittelbarer Nähe der Grube eingesetzt waren« (P. M., HG, S. 208f.). Dieser Einwurf des Vernehmers folgt direkt auf die apologetische Schilderung, die Browning zitiert (S. 122f.).

66 E. B., HG, S. 960, siehe auch Anmerkung 65 für den von A. B. beschriebenen Vorfall, bei dem ein Sanitäter ein fünfjähriges jüdisches Kind bei einer »Judenjagd« erschoß (Hoffmann, S. 443).

67 A. B., Hoffmann, S. 4355.

68 Eine Kopie des Anerkennungsschreibens vom 14. Januar 1943 befindet sich in Hoffmann, S. 2671.

69 KdO Lublin, SS- und Polizeiregiment 25, »Tagesbefehl!«, 24. September 1943, ZStL Ord. 365A4, S. 243.

70 Nur im Falle der Belobigung von C. M. werden die Juden ausdrücklich erwähnt (Anklageschrift, Hoffmann, S. 330).

Kapitel 9

1 KdO Lublin, Polizei-Regiment 25, »Regiments-Befehl Nr. 40« vom 24. September 1942, ZStL Ord. 365w, S. 155.

2 ZStL Ord. 365w, S. 171f. Polizeireiterabteilung III.

3 So wurde beispielsweise angekündigt, am Sonntag, dem 7. Juni 1942, 10.00 Uhr, »findet auf dem Sportplatz hinter dem Soldatenheim ein Fußball-Meisterschaftsspiel der SS- und Polizei-Sportgemeinschaft gegen Wehrmacht ›Blau-Weiß‹ statt.« Siehe Kommandantur Lublin, »Kommandanturbefehl Nr. 60« vom 5. Juni 1942, ZStL Ord. 365w, S. 19. Für einen anderen Bericht über sportliche Erfolge »Bei den diesjährigen Distriktsmeisterschaften der Leichtathletik« siehe Polizeiregiment Lub-

lin [25], »Regiments-Befehl Nr. 26« vom 18. Juni 1942, ZStL Ord. 365w, S. 30. Ein Angehöriger des Regiments erzielte mit 12,5 Sekunden den zweiten Platz im Hundertmeterlauf.

4 Zumindest im Jahre 1944 müssen die Männer der Ordnungspolizei eifrige Kinobesucher gewesen sein, da die Wehrmachtskinos am Samstag- und Sonntagabend überfüllt waren; deshalb wurden sie aufgefordert, wann immer möglich, am Montag oder am Mittwoch ins Kino zu gehen. KdO Lublin, »Regiments-Tagesbefehl Nr. 5« vom 4. Februar 1944, ZStL Ord. 365A4, S. 248.

5 Polizei-Regiment-Lublin [25], »Regiments-Befehl Nr. 27« vom 25. Juni 1942, ZStL Ord. 365w, S. 38f.

6 »Regiments-Befehl Nr. 43« vom 15. Oktober 1942, ZStL Ord. 365w, S. 166.

7 »Regiments-Befehl Nr. 37« vom 4. September 1943, ZStL Ord. 365w, S. 162.

8 KdO Lublin, Abt. Ia, »Regiments-Tagesbefehl Nr. 2« vom 14. Januar 1944, ZStL Ord. 365A4, S. 214.

9 KdO Lublin, Abt. Ia, »Regiments-Tagesbefehl Nr. 2« vom 14. Januar 1944, ZStL Ord. 365A4, S. 214. Siehe auch »Regiments-Tagesbefehl Nr. 39« vom 17. September 1942, ZStL Ord. 365w, in dem die Männer aufgefordert wurden, ihre Unterkünfte sauberzuhalten und die »grob fahrlässige Beschädigung oder Zerstörung von Staatseigentum (Toilettenanlagen, Fensterscheiben u. a.)« einzustellen (S. 145).

10 Raul Hilberg, *Die Vernichtung der europäischen Juden,* Frankfurt/M. 1993; Helmut Krausnick und Hans-Heinrich Wilhelm, *Die Truppe des Weltanschauungskrieges. Die Einsatzgruppen der Sicherheitspolizei und des SD 1938–1942,* Stuttgart 1981; sowie Lucy S. Dawidowicz, *Der Krieg gegen die Juden 1933–1945,* München 1979. Auf viele Aspekte des Alltagslebens der Täter wird in diesen Werken kaum eingegangen. Dies gilt auch für Christopher Browning, *Ganz normale Männer. Das Reserve-Polizeibataillon 101 und die »Endlösung« in Polen,* Reinbek 1993, der wirklich »ganz normale« Aspekte im Leben der Vollstrecker ignoriert. Eine Ausnahme ist in dieser Hinsicht Robert Jay Lifton, *Ärzte im Dritten Reich,* Stuttgart 1988; hier handelt es sich um eine Untersuchung über eine kleine, atypische Tätergruppe, nämlich die Lagerärzte von Auschwitz; siehe auch Tom Segev, *Die Soldaten des Bösen. Zur Geschichte der KZ-Kommandanten,* Reinbek 1992, und Ernst Klee, *»Euthanasie« im NS-Staat. Die »Vernichtung lebensunwerten Lebens«,* Frankfurt/M. 1983.

11 R. E., KR, S. 34.

12 E. H., HG, S. 507.

13 H. F., Hoffmann, S. 1389. Der für den Bau der Kegelbahn in zuständige Schreiner baute auch Stühle, Tische, Betten und Fahrradständer. Bis April 1943 war es ihm gestattet, jüdische Handwerker zu beschäftigen.

14 Die Zeiten der Gottesdienste wurden den Männern regelmäßig mitgeteilt. So findet sich in Kommandantur Lublin, »Kommandanturbefehl Nr. 60« vom 5. Juni 1942, beispielsweise die Mitteilung, daß am Sonntag, dem 7. Juni, von der Wehrmacht zwei katholische Gottesdienste durchgeführt würden, der erste um 7.15, der zweite um 9.00 Uhr in einer anderen Kirche: »Gelegenheit zum Sakramentenempfang bei beiden Gottesdiensten« (ZStL Ord. 365w, S. 19).

15 Beispielsweise Urteil gegen Hermann Kraiker u. a., Schwurgericht Bochum 15 Ks 1/66, S. 154; sowie BAK R19/324 (8/11/41).

16 KdO Lublin, Polizei-Regiment 25, »Regiments-Befehl Nr. 34« vom 14. August 1942, ZStL Ord. 365w, S. 122.

17 Zitiert bei Lifton, *Ärzte im Dritten Reich,* S. 21.

18 »Regiments-Befehl Nr. 43« vom 15. Oktober 1942, ZStL Ord. 365w, S. 166.

19 KdO Lublin, SS- und Polizeiregiment 25, »Regiments-Tagesbefehl Nr. 24« vom 11. Juni 1943, ZStL, Ord. 365A4, S. 174. Siehe auch KdO Lublin, Polizei-Regiment-25, »Regiments-Befehl Nr. 34« vom 14. August 1942, ZStL, Ord. 365w, S. 122; sowie Befehlshaber der Ordnungspolizei Lublin, »Regiments-Tagesbefehl Nr. 1« vom 7. Januar 1944, ZStL, Ord. 365A4, S. 242.

20 F. P., HG, S. 244

21 Ein Angehöriger des Polizeibataillons 101 bekam einen Hund, der Ajax hieß (H. K., Hoffmann, S. 2259).

22 Über die bizarre Einstellung der Nationalsozialisten zu Tieren ist bislang kaum etwas geschrieben worden. Mein Wissen zu diesem Thema verdanke ich weitgehend Erich Goldhagen, der diesem Thema in einem demnächst erscheinenden Buch ein Kapitel widmet. Photos der Tiere aus dem Lagerzoo von Treblinka enthält Ernst Klee, Willi Dreßen und Volker Rieß (Hrsg.), *»Schöne Zeiten«. Judenmord aus der Sicht der Täter und Gaffer,* Frankfurt/M. 1988, S. 207.

23 Kommandantur Lublin, »Kommandanturbefehl Nr. 69« vom 26. Juni 1942, ZStL, Ord. 365w, S. 40.

24 Zumindest habe ich so etwas bei meinen umfassenden Recherchen nicht gesehen. Der weit gestreute Einsatz anderer Einheiten der Ordnungspolizei, etwa der Gendarmerie, die sich oft der Vernichtung der Juden in den Großstädten widmete, in denen sie stationiert war, deutet ebenfalls stark darauf hin, daß das Regime nahezu jeden Deutschen, der in seinen Diensten stand, als befähigt ansah, einen Beitrag zum Völkermord zu leisten.

25 Soweit mir bekannt, existiert keine Aufstellung über die Tötungen durch Polizeibataillone. Die Angaben der hier vorgelegten Tabelle stützen sich auf Materialien der ZStL, ergänzt durch einige Angaben in der *Enzyklopädie des Holocaust. Die Verfolgung und Ermordung der europäischen Juden,* hrsg. von Israel Gutman, 3 Bde., Berlin 1993. Auch ohne Anspruch auf Vollständigkeit ist diese Tabelle aufschlußreich. Es muß darauf hingewiesen werden, daß in vielen Fällen mehrere Bataillone an einer Massenerschießung oder -deportation beteiligt waren. Die Tabelle hat nicht zum Ziel, die Gesamtzahl der Juden festzustellen, die von Polizeibataillonen ermordet wurden, sondern sie soll die großangelegten Mordeinsätze und die Zahl der Opfer aufführen, an denen sich das jeweilige Polizeibataillon im Rahmen dieser Operationen schuldig gemacht hat. Es soll deutlich werden, was die Männer jedes einzelnen Polizeibataillons zu »leisten« hatten. Einbezogen sind auch zwei Formationen der Ordnungspolizei, bei denen es sich streng genommen nicht um Polizeibataillone handelt: das Motorisierte Gendarmeriebataillon und die Polizeireiterabteilung III. Beide sind in ihrer Zusammensetzung und hinsichtlich ihrer Mordeinsätze nicht von den Polizeibataillonen zu unterscheiden; sie operierten in der Region Lublin und anderen Gegenden des Generalgouvernements. Wie die Polizeibataillone 65 und 101 auch, gehörten sie zum Polizeiregiment 25. Die Polizeireservekompanie Köln ist ebenfalls berücksichtigt.

26 Siehe zum Beispiel für das Polizeibataillon 307 Abschlußbericht, ZStL 202 AR-Z 82/61, S. 13–16.

27 Omer Bartov, *The Eastern Front, 1941–1945: German Troops and the Barbarization of Warfare,* London 1985, vertritt dieses Argument bezüglich der Wehrmacht in der Sowjetunion.

28 Eine Ausnahme sind selbstverständlich die wilden Mordorgien, die die Deutschen entfesselten, als sie in den ersten Tagen des Angriffs auf die Sowjetunion Ukrainer, Litauer und Letten auf die Juden losließen. Obwohl die Deutschen zu diesen Morden anstifteten, sie organisierten und manchmal auch selbst an den Exekutionen teilnahmen, hielten sie sich dabei zunächst im allgemeinen zurück und beobachteten interessiert die Ausschweifungen, die andere nach ihren Plänen verübten.

29 Die hier angegebenen Zahlen sind Mindestschätzungen. Die wirkliche Zahl der Reservisten liegt wahrscheinlich höher, da mir die Zusammensetzung des Personals bei einigen der Polizeibataillone nicht bekannt ist.

30 Es ist auch unstrittig, daß einige Angehörige des Polizeibataillons 9, die über die Einsatzkommandos verteilt wurden, ebenfalls wußten, daß sie nicht töten mußten, da mit Sicherheit einigen, wenn nicht allen Einsatzgruppen die Möglichkeit der Freistellung eröffnet worden war. Darauf gehe ich in Kapitel 15 näher ein. Um Irrtümer auszuschließen, ist dieses Bataillon bei den Berechnungen nicht berücksichtigt worden.

31 Siehe beispielsweise P. K., ZStL 208 AR-Z5/63, S. 503; zu den Einsatzgruppen siehe Klee, Dreßen und Rieß, »*Schöne Zeiten*«, S. 83.

32 O. P., Hoffmann, S. 3191f.

33 Zahlreiche Angehörige des Polizeibataillons 309, das für das Massaker, die Erschießungen und die Brandstiftungen von Białystok verantwortlich war, loben ihren Kommandeur, Hauptmann B., in den höchsten Tönen. »Er war väterlich«, meint einer von ihnen (E. B., Buchs, S. 1148). »Er war uns gegenüber väterlich«, bestätigt ein anderer (A. E., Buchs, S. 1158). Siehe auch W. G., Buchs, S. 1384.

34 Obwohl nicht bekannt ist, wie viele Männer sich weigerten zu töten, sind alle, die diese Frage untersucht haben, zu dem Ergebnis gelangt, daß die Zahl der Neinsager klein war. Allerdings ist das Beweismaterial hierzu derart weit verstreut, daß es monatelanger Recherchen bedürfte, nur um die Behauptungen zu sichten. Die vorliegenden Aussagen erweisen sich bei näherem Hinsehen schnell als erfundene Geschichten. Zur Diskussion dieses Themas siehe Herbert Jäger, *Verbrechen unter totalitärer Herrschaft. Studien zur nationalsozialistischen Gewaltkriminalität,* Olten 1967, S. 79–160; Kurt Hinrichsen, »Befehlsnotstand«, in: Adalbert Rückerl (Hrsg.), *NS-Prozesse: Nach 25 Jahren Strafverfolgung,* Karlsruhe 1971, S. 131–161; Daniel Goldhagen, »The ›Cowardly‹ Executioner: On Disobedience in the SS«, *Patterns of Prejudice,* Jg. 19, H. 2, 1985, S. 19–32; sowie David H. Kitterman, »Those Who Said ›No!‹: Germans Who Refused to Execute Civilians During World War II«, *German Studies Review,* Jg. 11, H. 2, Mai 1988, S. 241–254. Auf die Problematik der Täter, die sich weigerten zu töten, werde ich in Kapitel 15 ausführlicher eingehen.

35 Eine ähnliche Einschätzung seiner Person findet sich in der Anklageschrift, Hoffmann, S. 327.

36 E. G., Hoffmann, S. 2505.

37 E. G., Hoffmann, S. 4344.

38 E. G., Hoffmann, S. 2505.

39 E. G., Hoffmann, S. 4344.
40 A. B., Hoffmann, S. 6222r.
41 J. S., ZStL 208, ZStL 208 AR-Z 24/63, S. 1371. Er war ein Mitglied der
    Polizeireiterabteilung III. Browning, *Ganz normale Männer,* behauptet
    (nachdem er erörtert hat, daß einige der Angehörigen des Polizeibatail-
    lons sich in ihren Aussagen einer Sprache bedient hätten, die »national-
    sozialistische Klischeevorstellungen widerspiegelte«), »manche der Po-
    lizisten ließen in ihren Aussagen allerdings eine andere, sensiblere
    Wahrnehmung erkennen: Sie sahen in den Juden verfolgte, in Lumpen
    gehüllte, halb verhungerte Menschen« (S. 200).
    Eine solche Aussage beweist keineswegs, daß die Deutschen die Juden
    als Menschen betrachteten oder in ihnen sogar »verfolgte Menschen«
    sahen. Selbst die bösartigsten Antisemiten waren durchaus zu faktischen
    Beobachtungen über die Juden imstande, wie sich an einer der brutal-
    sten weiblichen Aufseherinnen beim Todesmarsch von Helmbrechts
    zeigt, auf die in Kapitel 13 eingegangen wird. Hinzu kommt, daß Brown-
    ing sich lediglich auf die Stellungnahme eines einzigen Mannes beruft.
    In den Stellungnahmen der Angehörigen des Polizeibataillons 101, die
    Tausende von Seiten umfassen, fehlt allerdings jeder Hinweis, daß die
    Deutschen die Juden als Menschen akzeptiert hätten. Wenn man an das
    Material mit der vernünftigen Annahme herangeht, daß diese Männer
    die während der NS-Zeit öffentlich und unaufhörlich proklamierte Auf-
    fassung über die Juden teilten, dann sind ihre Aussagen nicht im gering-
    sten überzeugend. Browning, der allen Ernstes behauptet, daß viele in
    den Juden »verfolgte Menschen« sahen, kann nur wenig präsentieren,
    um eine derartige Behauptung zu stützen. Welchen besseren Beweis
    könnte es für die Unhaltbarkeit dieser These geben?

                              Kapitel 10

1 Götz Aly und Susanne Heim, »Die Ökonomie der ›Endlösung‹. Men-
   schenvernichtung und wirtschaftliche Neuordnung«, in: Götz Aly u. a.,
   *Sozialpolitik und Judenvernichtung. Gibt es eine Ökonomie der Endlö-
   sung?,* Berlin 1987, S. 11.
2 Götz Aly und Susanne Heim, »Die Ökonomie der ›Endlösung‹«, S. 11
   bis 90; zu denen, die diese Position teilen, zählen Hans Mommsen, »Die
   Realisierung des Utopischen. Die ›Endlösung‹ der Judenfrage im Dritten Reich«, *Geschichte und Gesellschaft,* Jg. 9, 1983, S. 412–420, sowie
   viele marxistische Autoren. Andere haben sich von diesen falschen Ansichten mit Nachdruck distanziert (siehe dazu unten Anmerkung 19),
   doch selbst ihnen ist es nicht gelungen, die verwirrende Politik bezüglich der jüdischen »Arbeit« während der NS-Zeit zu durchdringen.
3 Wie zahlreiche andere Motive wurden auch diese Absichten von den
   vielen unterschiedlichen Akteuren nur teilweise begriffen. Siehe Anthony Giddens, *Die Konstitution der Gesellschaft. Grundzüge einer
   Theorie der Strukturierung,* Frankfurt/M. 1988, S. 57. Dort wird erörtert, warum die Beteiligten über ihre Motive oft nicht Rechenschaft ablegen können.
4 Siehe beispielsweise Max Weber, *Die protestantische Ethik und der
   »Geist« des Kapitalismus,* Bodenheim 1993, und Karl Marx, *Die Deutsche Ideologie,* Marx-Engels-Werke, Bd. 3, Berlin 1983.

5 Für Frankreich siehe Stephen Wilson, *Ideology and Experience: Antisemitism in France at the Time of the Dreyfus Affair,* Rutherford 1982, S. 265ff., S. 626.

6 Martin Luther, »Von den Juden und Iren Luegen«, in: *Luthers Kampfschriften gegen das Judentum,* Walter Linden (Hrsg.), Berlin 1936, zitiert in Raul Hilberg, *Die Vernichtung der europäischen Juden,* Frankfurt/M. 1993, S. 23.

7 Siehe James F. Harris, *The People Speak! Anti-Semitism and Emancipation in Nineteenth-Century Bavaria,* Ann Arbor 1994, S. 134.

8 Klemens Felden, »Die Übernahme des antisemitischen Stereotyps als soziale Norm durch die bürgerliche Gesellschaft Deutschlands (1875–1900)«, Phil. Diss., Heidelberg 1963, S. 20, siehe auch S. 34ff.

9 Zitiert in: Nicoline Hortzitz, *»Früh-Antisemitismus« in Deutschland (1789–1871/72): Strukturelle Untersuchungen zu Wortschatz, Text und Argumentation,* Tübingen 1988, S. 248; siehe auch S. 182ff., S. 245 bis 255 und S. 312 zu weiteren Beispielen.

10 Siehe beispielsweise Maria Zelzer, *Weg und Schicksal der Stuttgarter Juden. Ein Gedenkbuch,* Stuttgart 1964, S. 178.

11 Adolf Hitler, *Mein Kampf,* München 1934, S. 333f., S. 344. In der Erkenntnistheorie versteht man unter »Arbeit« eine Tätigkeit, die gesellschaftlich sanktioniert und im großen und ganzen von allgemeinem Nutzen sein muß. Da die Gesellschaft durch Arbeit entsteht und sich weitgehend durch Arbeit erhält, fällt es eingefleischten Antisemiten schwer, die Juden – die für sie ja asoziale Wesen sind – als Menschen wahrzunehmen, die ehrbare Arbeit leisten. Ähnlich schwierig ist es für solche Antisemiten, in den Juden etwas anderes als geborene Lügner zu sehen, wie es Antisemiten von Luther (»Von den Juden und Iren Luegen«) bis zu Hitler getan haben, der, Schopenhauer zustimmend, zitierend schreibt: »Das Dasein treibt den Juden zur Lüge, und zwar zur immerwährenden Lüge« (*Mein Kampf,* S. 335).

12 Hitler, *Mein Kampf,* S. 557. In *Mein Kampf* äußert sich Hitler nur vergleichsweise knapp zum angeblich arbeitsscheuen Parasitentum des Juden. Ausführlicher verbreitete er sich darüber in einer Rede vom 13. August 1920, in der es ausschließlich um das Wesen und die Gefährlichkeit der Juden ging. Siehe Reginald H. Phelps, »Hitlers ›grundlegende‹ Rede über den Antisemitismus«, *VfZ,* Jg. 16, H. 4, 1968, S. 390-420.

13 Diensttagebuch Hans Frank, BAK R 52II/186, S. 1049.

14 Dieses Thema untersucht Alexander Bein, »Der jüdische Parasit«, *VfZ,* Jg. 13, H. 2, 1965, S. 121–149.

15 Max Weber, *Wirtschaft und Gesellschaft: Grundriß der verstehenden Soziologie,* Tübingen 1990, S. 12.

16 Zitiert nach: *Der Prozeß gegen die Hauptkriegsverbrecher vor dem Internationalen Militärgerichtshof, Nürnberg, 14. November 1945–1. Oktober 1946 (IMG),* Nürnberg 1947–1949, Bd. 38, S. 130.

17 Eugen Kogon, *Der SS-Staat. Das System der deutschen Konzentrationslager,* München 1974, S. 90f. »Im ganzen gesehen war ein erheblicher Teil der in den KL verlangten Arbeiten zwecklos, vielfach überflüssig oder miserabel geplant, so daß sie zwei- und dreimal wiederholt werden mußten. Auch Bauwerke wurden oft mehrmals ausgeführt, da sie manchmal infolge mangelhafter Vorbereitung in den Fundamenten zusammenbrachen.« Man beachte auch, wie Kogon hervorhebt, daß die Aufseher Juden und Nichtjuden unterschiedlich behandelten.

18 George E. Berkley, *Vienna and Its Jews: The Tragedy of Success,
    1880–1980s*, Cambridge 1988, S. 259. Siehe auch Herbert Rosenkranz,
    Verfolgung und Selbstbehauptung. Die Juden in Österreich 1938–1945,
    Wien 1978, S. 22f.
19 In meiner Darstellung der Grundzüge der deutschen Arbeitspolitik
    stütze ich mich weitgehend auf die Arbeiten von Ulrich Herbert, insbe-
    sondere auf *Fremdarbeiter. Politik und Praxis des »Ausländereinsatzes«
    in der Kriegswirtschaft des Dritten Reiches*, Berlin 1985; »Arbeit und
    Vernichtung. Ökonomisches Interesse und Primat der ›Weltanschauung‹
    im Nationalsozialismus«, in: Dan Diner (Hrsg.), *Ist der Nationalso-
    zialismus Geschichte? Zu Historisierung und Historikerstreit*, Frank-
    furt/M. 1987, S. 198–236; »Der ›Ausländereinsatz‹. Fremdarbeiter und
    Kriegsgefangene in Deutschland 1939–1945. Ein Überblick«, in: *Her-
    renmensch und Arbeitsvölker. Ausländische Arbeiter und Deutsche
    1939–1945*, Berlin 1986, S. 13–54; sowie Falk Pingel, *Häftlinge unter
    NS-Herrschaft. Widerstand, Selbstbehauptung und Vernichtung im Kon-
    zentrationslager*, Hamburg 1978.
20 Für eine Darstellung dieses Prozesses siehe Avraham Barkai, *Vom Boy-
    kott zur »Entjudung«. Der wirtschaftliche Existenzkampf der Juden im
    Dritten Reich 1933–1943*, Frankfurt 1988, S. 128–146.
21 Siehe Albert Speer, *Der Sklavenstaat. Meine Auseinandersetzung mit
    der SS*, Berlin 1981, S. 20.
22 Ulrich Herbert, *Geschichte der Ausländerbeschäftigung in Deutschland
    1880–1980. Saisonarbeiter, Zwangsarbeiter, Gastarbeiter*, Berlin 1986,
    S. 126–134; *Fremdarbeiter*, S. 96; sowie »Der ›Ausländereinsatz‹«, S. 23.
23 *Faschismus – Ghetto – Massenmord. Dokumentation über Ausrottung
    und Widerstand der Juden in Polen während des Zweiten Weltkrieges*,
    hrsg. von Tatiana Berenstein u. a., Berlin 1961, S. 203.
24 Yisrael Gutman, *The Jews of Warsaw, 1939–1943: Ghetto, Under-
    ground, Revolt*, Bloomington 1989, S. 73. Im Dezember 1940 lag das jü-
    dische Beschäftigungsniveau weit unter dem der Vorkriegszeit – zwölf
    Prozent in der Industrie und sechzehn Prozent im Handel. Im Ghetto gab
    es so gut wie kein Kapital. Die Deutschen weigerten sich, ihre Handwer-
    ker zu bezahlen, die ohnehin schon um Arbeit zu Löhnen bettelten, die
    kaum reichten, auch nur die Ausgaben für Lebensmittel zu decken.
    »Die ›Werkstätten‹ im Ghetto breiteten sich erst Ende 1941 und im Früh-
    jahr 1942 in begrenztem Maße aus, vor allem als Reaktion auf Berichte
    und Gerüchte über bevorstehende Deportationen und über Ereignisse in
    anderen Städten und Ghettos. Aber selbst zu diesem Zeitpunkt arbeite-
    ten nur viertausend in diesen ›Werkstätten‹« (S. 74f.). Im Dezember 1941
    standen nur 65 000 der etwa 400 000 Ghettobewohner in einem Beschäf-
    tigungsverhältnis (S. 77). Es gab Ausnahmen in manchen größeren
    Ghettos wie in Lodz, auf die unten noch eingegangen werden wird. Die
    Einige deutsche Befehlshaber entwickelten ein Interesse daran, ihre
    Ghettos wirtschaftlich zu führen, um so deren Existenz und gleichzeitig
    ihre eigene vorteilhafte Position zu sichern.
25 *Faschismus – Ghetto – Massenmord*, S. 112; Gutman, *The Jews of War-
    saw*, S. 60; sowie Lucy S. Dawidowicz, *Der Krieg gegen die Juden
    1933–1945*, München 1979, S. 197–206.
26 *Nazism: A Documentary Reader*, hrsg. von J. Noakes und G. Pridham,
    Exeter 1983–1988, S. 1076. Die Polen hatten außerdem bessere Mög-
    lichkeiten, sich zusätzliche Nahrungsmittel zu verschaffen. Die Juden

waren ins Ghetto eingesperrt; sich auf der Suche nach Nahrungsmitteln hinauszubegeben war für sie lebensgefährlich.

27 Siehe die Tagesration auf der Lebensmittelkarte eines Juden für Januar bis August 1941 in *Faschismus – Ghetto – Massenmord*, S. 136. Diese Person erhielt im Durchschnitt Nahrungsmittel im Wert von nur 200 Kalorien täglich.

28 Gutman, *The Jews of Warsaw*, S. 62–65; *Faschismus – Ghetto – Massenmord*, S. 138. Die Vergleichszahlen für den August 1939 lauten: 360 Tote bei einer Bevölkerung von 360 000, das entspricht 0,1 Prozent. Siehe *Faschismus – Ghetto – Massenmord*, S. 140.

29 Siehe Gutman, *The Jews of Warsaw*, S. 62–65; sowie Herbert, *Geschichte der Ausländerbeschäftigung in Deutschland 1880–1980*, S. 165f.

30 In den Jahren 1940 und 1941 unternahmen die Deutschen zwar einige Anstrengungen, um die polnischen Juden wirtschaftlich auszubeuten, doch setzten sie weiterhin systematisch Hunger und Seuchen gegen diese Menschen ein. Hier erkennt man die Widersprüchlichkeit der Auffassungen und politischen Strategien gegenüber der jüdischen »Arbeit« besonders deutlich. Siehe Gutman, *The Jews of Warsaw*, S. 73f.

31 Herbert, »Arbeit und Vernichtung«, S. 213.

32 Siehe Speer, *Der Sklavenstaat*, S. 389f.

33 Nbg. Dok. 1201-PS, *IMG*, Bd. 11, S. 208f. Eine allgemeine Darstellung der Behandlung der sowjetischen Kriegsgefangenen liefert Alfred Streim, *Die Behandlung sowjetischer Kriegsgefangener im »Fall Barbarossa«. Eine Dokumentation*, Heidelberg 1981.

34 Herbert, »Der‹Ausländereinsatz‹«, S. 17.

35 Zu den sowjetischen Kriegsgefangenen siehe Christian Streit, *Keine Kameraden. Die Wehrmacht und die sowjetischen Kriegsgefangenen, 1941–1945*, Stuttgart 1978, S. 191–216, S. 238–288; zur Beschäftigung von Sowjetbürgern im allgemeinen siehe Herbert, *Geschichte der Ausländerbeschäftigung in Deutschland 1880–1980*, S. 134–137; zu den wirtschaftlichen Folgen der Ermordung der Juden siehe Hilberg, *Die Vernichtung der europäischen Juden*, S. 550–570.

36 Zu einer Darstellung dieser Lager siehe Konnilyn G. Feig, *Hitler's Death Camps*, New York 1981.

37 Siehe Czesław Madajczyk, »Concentration Camps as a Tool of Oppression in Nazi-Occupied Europe«, in: *The Nazi Concentration Camps: Structure and Aims. The Image of the Prisoner. The Jews in the Camps*, Jerusalem 1984, S. 54f. Im folgenden Kapitel wird die Sterblichkeit in den Lagern eingehender erörtert.

38 *Enzyklopädie des Holocaust. Die Verfolgung und Ermordung der europäischen Juden*, hrsg. von Israel Gutman u. a., 3 Bde., Berlin 1993, Stichwort »Lodz« siehe S. 892–899; sowie Lucy S. Dawidowicz, *Der Krieg gegen die Juden 1933–1945*, München 1979, S. 130f., S. 136f., S. 278–282.

39 Hilberg, *Die Vernichtung der europäischen Juden*, S. 557.

40 Zur »Aktion Erntefest« siehe Yitzhak Arad, *Belzec, Sobibor, Treblinka: The Operation Reinhard Death Camps*, Bloomington 1987, S. 365–369.

41 Herbert, »Arbeit und Vernichtung«, S. 222f. Speers eigene Darstellung dieser Angelegenheit findet sich in Speer, *Der Sklavenstaat*, S. 42–45.

42 Die Zusammenstellung der Getöteten und der zur »Arbeit« Eingesetzten stützt sich auf Herbert, »Arbeit und Vernichtung«, S. 232. Randolf L.

Braham, *The Politics of Genocide: The Holocaust in Hungary,* New York 1994, Bd. 2, S. 792, teilt die Einschätzung von Rudolf Höss, *Kommandant in Auschwitz. Autobiographische Aufzeichnungen,* hrsg. von Martin Broszat, München 1987, der zufolge die Deutschen beinahe 400 000 der 435 000 Häftlinge in Auschwitz vergasten (S. 167).

43 Yisrael Gutman schildert die Geschichte mehrerer Transporte aus Ungarn, aus denen die Deutschen jeweils nur eine Handvoll Menschen – sieben aus dem einen, aus einem anderen neunzehn, aus einem dritten fünf – auswählten, um sie am Leben zu lassen. Die übrigen vergasten sie sofort. Siehe »Social Stratification in the Concentration Camps«, in: *The Nazi Concentration Camps,* S. 143–176, hier S. 148.

44 Herbert, *Geschichte der Ausländerbeschäftigung in Deutschland 1880–1980,* S. 143ff.

45 Nbg. Dok. 3663-PS und 3666-PS, *IMG,* Bd. 32, S. 436f. Siehe zu diesem Briefwechsel auch Hilberg, *Die Ermordung der europäischen Juden,* S. 395.

46 Siehe Nbg. Dok. 061-L, *IMG,* Bd. 37, S. 489–498. Die Politik der Deutschen gegenüber »minderwertigen Völkern« wurde ebenfalls von ihrer rassistischen Ideologie beeinflußt und verstieß deswegen in unterschiedlichem, meist aber geringerem Ausmaß gegen wirtschaftliche Prinzipien. Siehe Herbert, *Geschichte der Ausländerbeschäftigung in Deutschland 1880–1980,* S. 177.

Kapitel 11

1 Der komplexen und verwirrenden nationalsozialistischen Klassifikation und Terminologie für Lager, die bereits in Kapitel 5 erörtert wurde, folge ich nicht, da sie für Juden bedeutungslos war. Der Begriff »Arbeitslager« findet hier Verwendung, wenn ein Lager offiziell der jüdischen »Arbeit« diente. Dabei spielt es keine Rolle, wie die Deutschen es bezeichneten. Zu einer Beschreibung der »Arbeits«lager im Distrikt Lublin siehe Anklage gegen Georg Lothar Hoffman u. a., ZStL 208 AR-Z 268/59, S. 316–329.

2 »Majdanek«, in: *Enzyklopädie des Holocaust. Die Verfolgung und Ermordung der europäischen Juden,* hrsg. von Israel Gutman u. a., 3 Bde., Berlin 1993, S. 918.

3 Konnilyn G. Feig, *Hitler's Death Camps,* New York 1981, S. 322.

4 Dieser Memoirenschreiber verwendet das Wort »Arbeit« ironisch, er hält sich dabei an den Sprachgebrauch der Deutschen.

5 Joseph Schupack, *Tote Jahre. Eine jüdische Leidensgeschichte,* Tübingen 1984, S. 138.

6 Zitiert bei Edward Gryn und Zofia Murawska, *Majdanek Concentration Camp,* Lublin 1966, S. 34f.

7 Ein anderer Überlebender berichtet: Nach einigen Tagen im Lager »wurden wir angestellt, Steine zu schleppen. Die Arbeit war oft völlig unnötig und bestand meines Erachtens in der Hauptsache darin, die Häftlinge zu beschäftigen und zu demütigen. Die ganze Behandlung war überhaupt höchst menschenunwürdig.« H. A., in ZStL 407 AR-Z 297/60, S. 1418.

8 Zu Majdanek siehe Urteil gegen Hermann Hackmann u. a., Landgericht Düsseldorf 8 Ks 1/75, 2 Bde.; Anklage gegen Hermann Hackmann u. a.,

ZSt Köln 130 (24) Js 200/62(Z); »Majdanek«, in: *Enzyklopädie des Holocaust,* S. 918ff.; Eugen Kogon, Hermann Langbein und Adalbert Rückerl (Hrsg.), *Nationalsozialistische Massentötungen durch Giftgas. Eine Dokumentation,* Frankfurt/M. 1983, S. 241–245; sowie Heiner Lichtenstein, *Majdanek. Reportage eines Prozesses,* Frankfurt/M. 1979.

9 Diese beiden Lager sind bislang in der Literatur über den Nationalsozialismus und den Holocaust – abgesehen von beiläufigen Hinweisen und einer gelegentlichen kurzen Erwähnung in einem Erinnerungsband – noch nicht näher erörtert worden. Die einzige mir bekannte Ausnahme ist Shmuel Krakowski, der in *The War of the Doomed: Jewish Armed Resistance in Poland, 1942–1994,* New York 1984, S. 260–271, das Leben der polnisch-jüdischen Kriegsgefangenen darstellt: Da er sich jedoch auf die Kriegsgefangenen beschränkt – wobei er überraschenderweise nicht auf die unten erörterte zeremonielle »Umbenennung« der Häftlinge eingeht –, vermittelt er nur wenig über das Lager selbst und den Lageralltag. Ich stütze mich hier auf die gerichtlichen Untersuchungsakten gegen den SSPF Lublin, ZStL 208 AR-Z 74/60 (im folgenden zitiert als SSPF Lublin).

10 Zu Schilderungen des Lagers siehe Aktenvermerk, SSPF Lublin, S. 8364–8377, und Anklage gegen M., SSPF Lublin, S. 11266–11279; zur Frühgeschichte des Lagers siehe S. 8372.

11 Anklage gegen M., SSPF Lublin S. 11267f., und Aktenvermerk, SSPF Lublin, S. 8372. Krakowski, *War of the Doomed,* S. 261, nennt leicht abweichende Zahlen.

12 Anklage gegen M., SSPF Lublin, S. 11279.

13 Wie viele Juden sich insgesamt in dem Lager aufhielten, ist kaum sicher festzustellen. Siehe Aktenvermerk, SSPF Lublin, S. 8375ff., zu einer Schätzung der Lagerinsassen; sowie Anklage gegen M., SSPF Lublin, S. 11277f., zur Gesamtzahl der Insassen von Lipowa und zwei anderen Lagern (Flughafenlager und Sägemühle Puławy), die wirtschaftlich seiner Leitung unterstanden.

14 Aktenvermerk, SSPF Lublin, S. 8380f.

15 Aktenvermerk, SSPF Lublin, S. 8382.

16 Anklage gegen M., SSPF Lublin, S. 11275.

17 Nur. Doc. NO-555 und Doc. NO-063, »US vs. Pohl et.al.«, *TWC,* Bd. 5, S. 536–545.

18 Enno Georg, *Die wirtschaftlichen Unternehmungen der SS,* Stuttgart 1963, S. 61, S. 96.

19 Anklage gegen M., SSPF Lublin, S. 11280f.

20 Aktenvermerk, SSPF Lublin, S. 8442f.

21 Zu einer allgemeinen Erörterung der tödlichen Handlungen von Deutschen siehe Aktenvermerk, SSPF Lublin, S. 8425–8428, S. 8442–8471.

22 Siehe Aktenvermerk, SSPF Lublin, S. 8425–8429, und J. E., SSPF Lublin, S. 4030. Ein ehemaliger Häftling berichtet, das ukrainische Wachpersonal hätte ein »Prügel-Spalier« gebildet, durch das die arbeitenden Juden laufen mußten (Aktenvermerk, SSPF Lublin, S. 8418).

23 An dieser Stelle sollte nochmals daran erinnert werden, daß höchstwahrscheinlich viele andere »bezeichnende« Vorfälle stattgefunden haben, ohne daß Zeugen überlebten, die diese hätten beschreiben können.

24 Siehe Shmuel Krakowski, »The Fate of Jewish Prisoners of War in the September 1939 Campaign«, *YWS,* Jg. 12, 1977, S. 297–333.

25 M. K., SSPF Lublin, S. 7194. Zu einer allgemeinen Darstellung, wie neue Häftlinge in den Lagern behandelt wurden, siehe Wolfgang Sofsky, *Die Ordnung des Terrors. Das Konzentrationslager,* Frankfurt/M. 1993, S. 98–103.

26 Zu zwei Beispielen siehe J. Z., SSPF Lublin, S. 7188; sowie P. O., SSPF Lublin, S. 7191.

27 Siehe Orlando Patterson, *Slavery and Social Death. A Comparative Study,* Cambridge 1982, S. 51–62, wo »Rituale und Kennzeichnungen der Versklavung« erörtert werden.

28 Trotzdem wurden die Kriegsgefangenen besser behandelt als die Lubliner Juden. Nach Meinung eines Überlebenden war dies der Fall, »weil wir militärisch organisiert waren und Uniform trugen« (J. E., SSPF Lublin, S. 4029). Zu einer allgemeinen Erörterung des Schicksals der jüdischen Kriegsgefangenen in Lipowa siehe Krakowski, *The War of the Doomed,* S. 260–271.

29 J. E., SSPF Lublin, S. 4031. E. beschreibt Dressler auch in einer Situation, die charakteristisch für das Verhalten der Deutschen in Polen war: Eines Tages erspähte Dressler, der wie ein Herr und Meister durch das Ghetto ritt, eine Frau auf der Warszawska Straße und erschoß sie auf der Stelle vom Rücken seines Pferdes aus.

30 Aktenvermerk, SSPF Lublin, S. 8412–8418.

31 Die gerichtlichen Untersuchungen über jeden einzelnen Aufseher in Lipowa sind zusammengefaßt in: Aktenvermerk, SSPF Lublin, S. 8400 bis 8412.

32 Aktenvermerk, SSPF Lublin, S. 8404f.

33 Siehe Aktenvermerk, SSPF Lublin, S. 8404ff. Einer der Männer weigerte sich, auf Befehl des Kommandanten einen Juden zu erhängen, ohne daß ihm daraus negative Konsequenzen erwachsen wären.

34 Siehe Vorbemerkung, SSPF Lublin, S. 10394, zu einer Erörterung der verschiedenen Namen. Obwohl es »Flughafenlager« genannt wurde, hatte es an dieser Stelle nie einen Flughafen gegeben.

35 Zur allgemeinen Geschichte siehe Vorbemerkung, SSPF Lublin, S. 10397–10402.

36 Vorbemerkung, SSPF Lublin, S. 10403.

37 Vorbemerkung, SSPF Lublin, S. 10413.

38 Vorbemerkung, SSPF Lublin, S. 10396. Die Überlebenden waren alle Häftlinge des Bekleidungswerkes.

39 A. F., SSPF Lublin, S. 6681; sowie Vorbemerkung, SSPF, Lublin, S. 10410f.

40 Soweit nicht anders angegeben, stützen sich die folgenden Informationen auf A. F., SSPF Lublin, S. 6680–6688.

41 Das Material, auf das ich zu diesem Thema stieß, ist dürftig. Von den Juden, die sich im Lager befanden, ist nur einer namentlich bekannt – und das auch nur phonetisch. Siehe Vorbemerkung, SSPF Lublin, S. 10400, S. 10410f., S. 10418–10428. Daher können wir hier jedes erwähnte Opfer nur anonym als »einen Juden« bezeichnen. Man sollte sich allerdings bewußt sein, daß die Opfer so ihrer Individualität entkleidet werden, während man die an ihnen begangenen Verbrechen untersucht.

42 Zu biographischen Informationen und einer Charakterisierung seiner Person siehe SSPF Lublin, S. 10502–10508.

43 Er glaubt, daß der Mann starb, ist sich jedoch nicht sicher, da Fischer von Dietrich fortgeschickt wurde, bevor er es eindeutig sehen konnte.

44 SSPF Lublin, S. 10517.
45 Zu weiteren Aussagen zu diesem Punkt siehe SSPF Lublin, S. 10507.
46 Wir wissen nur wenig über das Leben im Männerlager, da dort anscheinend niemand überlebt hat. Man kann aber mit Sicherheit davon ausgehen, daß die Bedingungen denen im Frauenlager ähnelten.
47 Vorbemerkung, SSPF Lublin, S. 10412f. Die hier angegebenen Zahlen basieren in erster Linie auf Schätzungen ehemaliger Aufseher und Häftlinge.
48 Vorbemerkung, SSPF Lublin, S. 10430.
49 Vorbemerkung, SSPF Lublin, S. 10402f.
50 Zu den wirtschaftlichen Aspekten der »Aktion Reinhard« siehe »US vs. Pohl et. al.«, *TWC*, Bd. 5, S. 692–763; sowie Vorbemerkung, SSPF Lublin, S. 10402f.
51 Vorbemerkung, SSPF Lublin, S. 10439f.
52 Vorbemerkung, SSPF Lublin, S. 10439f.
53 S. R., zitiert in Vorbemerkung, SSPF Lublin, S. 10446.
54 Vorbemerkung, SSPF Lublin, S. 10447f.
55 Vorbemerkung, SSPF Lublin, S. 10447.
56 A. F., SSPF Lublin, S. 6683.
57 Vorbemerkung, SSPF Lublin, S. 10431ff.
58 Nur. Doc. NO-1271, »US vs. Pohl et. al.«, *TWC*, Bd. 5, S. 725–731.
59 Vorbemerkung, SSPF Lublin, S. 10447.
60 Vorbemerkung, SSPF Lublin, S. 10440.
61 Die Unternehmen der Osti scheiterten im Herbst 1943 wirtschaftlich, gerade weil die Juden so geschwächt waren und man sie von den Werken und Maschinen weggeschafft hatte, die die Osti-Unternehmen aufgrund fehlenden Kapitals nicht ersetzen konnten. Siehe Raul Hilberg, *Die Vernichtung der europäischen Juden,* Frankfurt/M. 1993, S. 561f. Dies war trotz äußerst geringer Lohnkosten der Fall. Siehe Nur. Doc. NO-1271, »US vs. Pohl et. al.«, *TWC,* Bd. 5, S. 512–528, in dem der Revisionsbericht der Osti vom 21. Juni 1944 wiedergegeben wird; siehe insbesondere S. 519f. zu einer Darstellung der Osti über die Entwicklung der Eisengießerei im Flughafenlager – eine Geschichte von unvorstellbarer wirtschaftlicher Irrationalität. Die Bürstenfabrik indes scheint zu den Unternehmen gehört zu haben, die im engsten Sinne des Wortes wirtschaftlich lebensfähig waren.
62 Die Krankenstube war in beiden Phasen des Lagers ein Ort des Todes. G., der wohl meistgefürchtete Deutsche im Lager, pflegte die Krankenstation regelmäßig zu »säubern«. Die Kranken wurden dann erschossen oder zur Vergasung nach Majdanek geschickt. S. R., die in der ersten Periode als Krankenschwester tätig und mit dem jüdischen leitenden Arzt der Krankenstation verheiratet war, berichtet, daß man aufgrund dieser »Selektionen« dazu übergegangen sei, alle Juden, auch die schwerkranken, nur noch ambulant zu behandeln und sie trotz ihrer Krankheit zur »Arbeit« zu schicken. SSPF Lublin, S. 10525f.
63 Vorbemerkung, SSPF Lublin, S. 10441.
64 Der Zweck und die Funktion öffentlicher Spektakel dieser Art erörtert aufschlußreich Michel Foucault, *Überwachen und Strafen. Die Geburt des Gefängnisses,* Frankfurt/M. 1976, insbesondere S. 57–72.
65 E. T., SSPF Lublin, S. 10973.
66 Vorbemerkung, SSPF Lublin, S. 10444f.

67 Ein junger orthodoxer Jude in Majdanek, der erklärt hatte, er würde gern doppelte Arbeitsschichten leisten, wenn er dafür die Sabbatruhe einhalten dürfe, versteckte sich eines Sonnabends unter den Fußbodenbrettern der Latrine: »Er wurde aber entdeckt und dann früh morgens auf dem Appellplatz vor unser aller Augen aufgehängt. Wenn ich mich recht erinnere, übernahm das Aufhängen der ›Oberkapo‹. Das war ein Volksdeutscher, der besonders schikanös war. Als der junge Jude bereits am Galgen hing, stieg der Oberkapo mit einer Leiter hinauf und schlug auf den Hängenden sein Wasser ab« (H. A., ZStL 407 AR-Z 297/60, S. 1418).

68 Vorbemerkung, SSPF Lublin, S. 10445f.

69 E. T., SSPF Lublin, S. 10970.

70 E. T., SSPF Lublin, S. 3414f.

71 Ein Überlebender erinnert sich an ein solches Beispiel. Wagner zwang eine achtzehn- bis zwanzigjährige Jüdin grundlos, sich auszuziehen, und prügelte sie dann mit seiner Peitsche zu Tode, während andere jüdische Frauen dies von der Schuhmacherwerkstatt aus mit ansahen (SSPF Lublin, S. 10545).

72 Vorbemerkung, SSPF Lublin, S. 10443. Untypischerweise haben einige Deutsche in diesem Lager anscheinend jüdische Frauen vergewaltigt.

73 Zu Wirths Biographie siehe Robert Wistrich, *Wer war wer im Dritten Reich? Ein biographisches Lexikon,* Frankfurt/M. 1987, S. 379f. Wirths Zeit im Bekeidungswerk wird hier nicht erwähnt.

74 Vorbemerkung, SSPF Lublin, S. 10443.

75 Die Symbolik von Türen erörtert Peter Armour, *The Door of Purgatory: A Study of Multiple Symbolism in Dante's Purgatorio,* Oxford 1983, insbesondere S. 100–118.

76 J. E., SSPF Lublin, S. 5237f.

77 Ein Überlebender berichtet, der Junge habe seine beiden Eltern erschossen (C. P., SSPF Lublin, S. 9410).

78 Einmal hat es noch ein anderes Kind im Lager gegeben. Wirth soll ein Neugeborenes eine Zeit lang am Leben gelassen haben, statt es – wie üblich – dem Krematorium Majdanek zu überantworten (Vorbemerkung, SSPF Lublin, S. 10441).

79 Vorbemerkung, SSPF Lublin, S. 10440ff. In Treblinka wurde eine jüdische Hochzeit von den Gefangenen organisiert, an der einige SS-Leute teilnahmen, doch war dies – verglichen mit dem Fest im Bekleidungswerk – ein recht bescheidenes Ereignis. Siehe Yitzhak Arad, *Belzec, Sobibor, Treblinka: The Operation Reinhard Death Camps,* Bloomington 1987, S. 236.

80 Vorbemerkung, SSPF Lublin, S. 10441f. Siehe auch *IMG,* Bd. 20, S. 492–495. Der Tag der Hochzeit ging nicht ohne ein verhängnisvolles Ereignis vorüber, gerade so als fühlten sich die Deutschen, ob sie wollten oder nicht, gezwungen, jede Freude der Juden zu zerstören: Das Schauspiel der öffentlichen Strangulation der beiden Juden war das zweite Fest des Tages. Wie die Entwicklung der Lager zeigt, und Wirth kannte sich in den Lagern gut aus, war eine derartige Irreführung nicht notwendig, um die Häftlinge zu Willfährigkeit zu veranlassen. Sie waren bereit zu arbeiten, auch wenn sie nicht mehr erwarten konnten, als für die Dauer der jeweiligen Arbeit am Leben zu bleiben. Dennoch versuchten die Deutschen in mehreren Lagern, die verängstigten Juden zu beruhigen. Siehe Arad, Belzec, *Sobibor, Trebinka,* S. 226–236.

81 E. T., SSPF Lublin, S. 3414.
82 Eine allgemeine Darstellung über das Leben und die Arbeit in den Lagern gibt Feig, *Hitler's Death Camps;* zu Auschwitz siehe Hermann
Langbein, *Menschen in Auschwitz,* Frankfurt/M. 1980; zu Buchenwald
siehe Eugen Kogon, *Der SS-Staat. Das System der deutschen Konzentrationslager,* München 1974; zu Mauthausen siehe Benjamin Eckstein,
»Jews in the Mauthausen Concentration Camp«, in: *The Nazi Concentration Camps: Structure and Aims. The Image of the Prisoner. The Jews
in the Camps,* Jerusalem 1984, S. 257–271; zu Plaszow siehe Urteil gegen Franz Josef Müller, Mosbach Ks 2/61, Urteil gegen Kurt Heinrich,
Hannover, 11 Ks 2/76, und Malvina Graf, *The Krakow Ghetto and the
Plazow Camp Remembered,* Tallahassee 1989, S. 86–140; zu Budzyń
und Krasnik siehe SSPF Lublin, insbesondere Bd. 46; zu Poniatowa und
Trawniki siehe ZStL 208 AR-Z 268/59.
83 In einigen Ländern haben die Deutschen die Sinti und Roma ähnlich wie
die Juden behandelt und mehr als zweihunderttausend von ihnen systematisch vernichtet. Obwohl die deutsche Politik gegenüber beiden Völkern generell Ähnlichkeiten aufwies, gab es doch wichtige Unterschiede. Siehe »Zigeuner«, in: *Enzyklopädie des Holocaust,* S. 1630 bis
1634; sowie Donald Kenrick und Grattan Puxon, *Die Vernichtung eines
Volkes im NS-Staat,* Göttingen 1981.
84 Danuta Czech (Hrsg.), *Kalendarium der Ereignisse im Konzentrationslager Auschwitz-Birkenau, 1939–1945,* Reinbek 1989, Eintragung für
den 5. Oktober 1942; sowie Falk Pingel, *Häftlinge unter SS-Herrschaft.
Widerstand, Selbstbehauptung und Vernichtung im Konzentrationslager,* Hamburg 1978, S. 140.
85 »Zwangsarbeit«, in: *Enzyklopädie des Holocaust,* S. 1643f.; sowie Albert Speer, *Der Sklavenstaat,* S. 389f.
86 Die radikal andere Stellung der Juden in der Arbeitswelt zeigt sich,
wenn man versucht, die Geschichte der deutschen Lager sinnvoll zu pe-
riodisieren: Pingels praktisches Modell macht dies deutlich. Er unterteilt die Geschichte des Konzentrationslagersystems in drei Abschnitte.
Für die Jahre 1933 bis 1936 spricht er von »Sonderlagern für politische
Gegner«. In den Jahren 1936 bis 1941 beobachtet er vor allem »die ersten Opfer für Rüstung und Krieg«; die letzte Periode von 1942 bis 1944
steht bei ihm unter der Überschrift »Rüstungsproduktion und Massenvernichtung«. Für Juden bedeutete die letzte Periode Auschwitz,
Chelmno, Treblinka, Belzec und Sobibor, die Zeit der maximalen Vernichtung. Für die nichtjüdischen Häftlinge war es die Zeit der Arbeits-
mobilisierung. Innerhalb des Lagersystems gab es in jenen Jahren zwei
funktional unterschiedliche Systeme – eines bezweckte die Vernichtung
der Juden, das andere die ökonomische Ausbeutung fast ausschließlich
nichtjüdischer Häftlinge. Pingels dritte Periode, »Rüstungsproduktion
und Massenvernichtung«, stellt eigentlich die Verknüpfung zweier verschiedener, funktionell eigenständiger Systeme dar, die sich gleichwohl
räumlich überschneiden. Siehe Pingel, *Häftlinge unter NS-Herrschaft,*
Inhalt.
87 Pingel, *Häftlinge unter NS-Herrschaft,* S. 186. Sofsky vertritt pauschal
die Auffassung, daß die Lagerarbeit nicht eine Form von Sklaverei darstellte, sondern der Tötung von Häftlingen gedient habe. Für die Mehrheit der nichtjüdischen Häftlinge ist dies einfach nicht wahr, wie die Statistik und die Mobilisierung Zehntausender von Nichtjuden für wirk-

liche Arbeit innerhalb und außerhalb des Lagersystems zeigen. Sofsky stützt seine Verallgemeinerungen auf die Behandlung von Gefangenen in den relativ wenigen Lagern, die zum eigentlichen »Konzentrationslager«system zählten. Er vernächlässigt jedoch die allgemeinere Ausnutzung ausländischer Arbeitskräfte in anderen Lagern und in der Wirtschaft insgesamt. Selbst in bezug auf »Konzentrationslager« ist seine Terminologie nicht korrekt, um so weniger ist sie es hinsichtlich der allgemeinen Behandlung ausländischer Arbeiter. Sofsky hat im Grunde das wahre Ziel jüdischer »Arbeit«, nämlich den Tod, auch als charakteristisch für die Arbeit anderer Häftlinge angenommen. Er läßt sich dabei von einem fehlerhaften Interpretationsansatz leiten, der ihn zwingt, die völlig unterschiedlichen Schicksale der verschiedenen Häftlingsgruppen systematisch und erheblich herunterzuspielen. Siehe *Die Ordnung des Terrors,* S. 193–225, insbesondere S. 215–219. Das gilt auch für seine Darstellung der sinnlosen Arbeit (S. 199, S. 219). Hermann Langbein stützt sich auf seine intime Kenntnis von Auschwitz und anderen Lagern, wenn er zu dem Schluß kommt: »Die Juden standen immer auf der untersten Stufe dieser Hierarchie. Sie sollten zu den schwersten Arbeiten eingeteilt werden, ja es war oft grundsätzlich verboten, daß jemand, der gezwungen war, den Judenstern auf seiner Zebra-Uniform zu tragen, einem guten Arbeitskommando zugeteilt wurde « (*Dachauer Hefte 2,* 1986, S. 4).

88 Zu den Lebensumständen in Mauthausen siehe Feig, *Hitler's Death Camps,* S. 116–128. Es ist immer wieder behauptet worden – angefangen von den Nationalsozialisten über ihre Apologeten der Nachkriegszeit bis hin zu bestimmten Wissenschaftlern von heute –, daß Juden aufgrund kriegsbedingter Entbehrungen, insbesondere der Nahrungsmittelknappheit, gestorben seien. Das Beispiel aus Mauthausen ist nur eines unter vielen, die zeigen, wie falsch diese Position ist. Die Deutschen waren durchaus in der Lage, die Lebensbedingungen ihrer Häftlinge so zu gestalten, daß die Sterberaten wesentlich und schnell reduziert wurden. Wie das Beispiel Mauthausen zeigt, konnten sie dabei bewußt und sehr genau zwischen den verschiedenen Gruppen einer Einrichtung unterscheiden. Parallel zu den Veränderungen in Mauthausen sank die durchschnittliche Sterberate im gesamten System der Konzentrationlager von zehn Prozent im Dezember 1942 auf 2,8 Prozent im Mai 1943 (Nur. Doc. 1469-PS, »US vs. Pohl et. al.«, *TWC,* Bd. 5, S. 381), nachdem man sich für eine produktive Ausnutzung des Arbeitspotentials in den Konzentrationslagern entschieden hatte. Dies gelang, obwohl die Zahl der Häftlinge gleichzeitig erheblich anstieg. Der Rückgang der Sterberate fiel in eine Zeit, da die Nahrungsmittel knapper waren als in jener Phase, als die Juden in Warschau und überall in Europa verhungerten, weil für sie angeblich keine Nahrungsmittel vorhanden waren. Pingel untersucht verschiedene Maßnahmen, die Hitler, Oswald Pohl und die Konzentrationslagerverwaltung 1943 und 1944 durchführten, um die Lebenserwartung der nichtjüdischen Häftlinge in Konzentrationslagern zu erhöhen. Siehe *Häftlinge unter NS-Herrschaft,* S. 133f., S. 181–187.

89 Pingel, *Häftlinge unter NS-Herrschaft,* S. 140.

90 Siehe Yisrael Gutman, »Social Stratification in the Concentration Camps«, in: *The Nazi Concentration Camps,* S. 169–173.

91 Die allgemeinen Unterschiede in der Behandlung faßt Pingel, *Häftlinge unter NS-Herrschaft,* S. 92f., zusammen. Das heißt allerdings nicht, daß

nicht einige Nichtjuden, insbesondere Russen, in derartigen Bauprojekten Seite an Seite mit Juden gearbeitet hätten. Für nichtjüdische Fremdarbeiter war das jedoch die Ausnahme und nicht die Regel.

92 Herbert, *Geschichte der Ausländerbeschäftigung in Deutschland 1938 bis 1945*, S. 162; sowie »Der ›Ausländereinsatz‹«, S. 37f. Da in Deutschland mehr als sieben Millionen Ausländer arbeiteten, gab es natürlich von Ort zu Ort große Unterschiede. Die Menschen auf der untersten Stufe der Hierarchie hatten einen Spielraum, um die Bedingungen und die Lebensqualität der Arbeiter aus den besiegten Ländern zu beeinflussen. Das ließ sich auch in den Lagern beobachten: So passierte es beispielsweise manchmal, wenn auch selten, daß in Lagern für Juden brutale Aufseher durch etwas menschlichere abgelöst wurden, was die Lebensumstände der Juden erheblich verbesserte. Siehe beispielsweise Aharon Weiss, »Categories of Camps – Their Character and Role in the Execution of the ›Final Solution of the Jewish Question‹«, in: *The Nazi Concentration Camps*, S. 129. Was für den nicht kontrollierten Bauern in Deutschland galt, einen Herrscher im eigenen Reich, traf auch für die totalitäre Institution des Lagers zu: Die kleinen Leute spielten eine große Rolle, und zwar unabhängig vom System der Unterdrückung.

93 *IMG*, Bd. 25, S. 298–301; sowie Herbert, »Der ›Ausländereinsatz‹«, S. 34f. Die Propaganda suggerierte vor allem, daß alle Völker Europas, einschließlich der Russen, gemeinsam gegen den Bolschwismus kämpften: »Die im Reich tätigen ausländischen Arbeitskräfte sind daher so zu behandeln, daß ihre Zuverlässigkeit erhalten und gefördert wird … Jeder, auch der primitive Mensch hat ein feines Empfinden für Gerechtigkeit. Daher muß sich jede ungerechte Behandlung verheerend auswirken. Ungerechtigkeiten, Kränkungen, Schikanen, Mißhandlungen usw. müssen also unterbleiben.« Siehe Nbg. Dok. 205-PS, *IMG*, Bd. 25, S. 299.
Es ist unvorstellbar, daß die Nationalsozialisten eine ähnlich öffentliche Kampagne gestartet hätten, um eine humanere Behandlung von Juden zu propagieren, etwa nach dem Motto »Juden sind auch Europäer« oder »Wir kämpfen nicht gegen die Juden, sondern gegen den Judaismus«.

94 Siehe die gesammelten Dokumente in »Dokumentation: Ausgrenzung – Deutsche, Behörden und Ausländer«, in: *Herrenmensch und Arbeitsvölker. Ausländische Arbeiter und Deutsche 1939–1945*, Berlin 1986, S. 131–141, insbesondere S. 136ff.; siehe auch Herbert, »Der ›Ausländereinsatz‹«, S. 36f., sowie *Fremdarbeiter*, S. 201–205. Herbert kommt zu dem Schluß, daß die unterschiedliche Behandlung von Angehörigen verschiedener Völker durch die Deutschen »der Vorurteilsstruktur weiter Teile der Bevölkerung entsprach«, siehe »Der ›Ausländereinsatz‹«, S. 35f.

95 Die Russen wurden anfangs sehr schlecht behandelt. Siehe Herbert, »Der ›Ausländereinsatz‹«, S. 31–34; zu den tödlichen Bedingungen, denen die Deutschen 600 000 italienische Kriegsgefangene unterwarfen, die sich nach dem Sturz Mussolinis weigerten, für die deutsche Seite zu kämpfen, siehe S. 35f.

96 *Meldungen aus dem Reich, 1938–1945. Die geheimen Lageberichte des Sicherheitsdienstes der SS,* hrsg. von Heinz Boberach, Herrsching 1984, Bd. 13, S. 5131.

97 *Meldungen aus dem Reich,* Bd. 13, S. 5134.

98 *Meldungen aus dem Reich,* Bd. 11, S. 4235ff.

99 Robert Gellately, *Die Gestapo und die deutsche Gesellschaft. Die Durchsetzung der Rassenpolitik 1933–1945,* Paderborn 1993, S. 254f.
100 Siehe *Meldungen aus dem Reich,* Bd. 10, S. 3978f.; sowie Herbert, »Der ›Ausländereinsatz‹«, S. 31, S. 37ff.
101 Gellately, *Die Gestapo und die deutsche Gesellschaft,* S. 264.
102 Siehe beispielsweise Joachim Lehmann, »Zwangsarbeiter in der deutschen Landwirtschaft, 1939–1945«, in: Ulrich Herbert (Hrsg.), *Europa und der »Reichseinsatz«. Ausländische Zivilarbeiter, Kriegsgefangene und KZ-Häftlinge in Deutschland 1938–1945,* Essen 1991, S. 127–139. Diese individuelle Flexibilität fand sich auch auf politischer Ebene, so daß die Deutschen nach einem anfänglichen Verbot sowjetische Kriegsgefangene und Zivilisten auch nach Deutschland bringen konnten.
103 Siehe Herbert, *Geschichte der Ausländerbeschäftigung in Deutschland 1880–1980,* S. 177.
104 Eine Bestätigung der Darstellung über Polen in diesem Absatz findet sich in Jochen August, »Erinnern an Deutschland: Berichte polnischer Zwangsarbeiter«, in: *Herrenmensch und Arbeitsvölker,* S. 109–129. Das in diesem Aufsatz verwendete Material beweist – obwohl es weder der Absicht noch der Schlußfolgerung des Autors entspricht –, daß die Deutschen trotz ihres Rassismus Polen qualitativ anders und weitaus besser behandelten, als es die Juden für sich je erhoffen konnten. Für die Polen war das Leben meist hart, dennoch lebten sie unverkennbar als menschliche Wesen und nicht als angebliche Bazillenträger, sozial tote Wesen, die zum Tode verdammt waren. Zu den Russen siehe *Meldungen aus dem Reich,* Bd. 11, S. 4235ff., und Bd. 13, S. 5128–5136.
105 Herbert, »Arbeit und Vernichtung«, S. 225.
106 Herbert, »Der ›Ausländereinsatz‹«, S. 35.
107 Die Rationalität der Deutschen, mit der sie Polen und Angehörige anderer osteuropäischer Völker behandelten, war in einem gewissen Maße durch ihren Rassismus und ihren Hang zu Gewalttätigkeit eingeschränkt. Dennoch ließen sie sich bei der Beschäftigung dieser Leute weit stärker als bei den Juden von Nützlichkeitserwägungen leiten.

Kapitel 12

1 Karl Jäger, der Kommandeur des Einsatzkommandos 3, schlug dies in seinem berüchtigten Bericht vor, der bei Ernst Klee, Willi Dreßen und Volker Rieß (Hrsg.), *»Schöne Zeiten«. Judenmord aus der Sicht der Täter und Gaffer,* Frankfurt/M. 1988, S. 59, wiedergegeben ist.
2 Zu den Bemühungen einiger deutscher Verantwortlicher, zumindest zeitweilig diese Art von Rationalität in den Ghettos von Warschau und Lodz durchzusetzen, siehe Christopher R. Browning, »Nazi Ghettoization in Poland, 1939–1941«, in: *The Path to Genocide: Essays on the Final Solution,* Cambridge 1992, S. 28–56.
3 Zitiert bei Albert Speer, *Der Sklavenstaat. Meine Auseinandersetzungen mit der SS,* Berlin 1981, S. 39.
4 Die deutsche Wehrmacht, bei der militärische Ausrüstung und Versorgungsgüter extrem knapp waren, stellte eine Ausnahme dar, desgleichen einige Wirtschaftsunternehmen. Siehe Raul Hilberg, *Die Vernichtung der europäischen Juden,* Frankfurt/M. 1993, S. 550–570.
5 Nbg. Dok. 3257-PS, *IMG,* Bd. 2, S. 74f.

6 Gerhard Schoenberner, *Der gelbe Stern. Die Judenverfolgung in Europa 1933 bis 1945,* München 1978, S. 103.

7 Nbg. Dok. NO-1611.

Kapitel 13

1 Siehe »Todesmärsche«, in: *Enzyklopädie des Holocaust. Die Verfolgung und Ermordung der europäischen Juden,* hrsg. von Israel Gutman u. a., 3 Bde., Berlin 1993, S. 1412. Eine allgemeine Darstellung der Todesmärsche liefern Shmuel Krakowski, »The Death Marches in the Period of the Evacuation of the Camps«, in: *The Nazi Concentration Camps: Structure and Aims. The Image of the Prisoner. The Jews in the Camps,* Jerusalem 1984, S. 475–489; Yehuda Bauer, »The Death Marches, January–May, 1945«, in: Michael R. Marrus (Hrsg.), *The Nazi Holocaust: Historical Articles on the Destruction of European Jews,* Westport 1989, Bd. 9, S. 491–511; Livia Rothkirchen, »The Final Solution in Its Last Stages«, *YVS,* Jg. 8, 1970, S. 7-29; Irena Malá und Ludmila Kubátová, *Pochody Smrti,* Prag 1965; sowie Zygmunt Zonik, *Anus Belli: Ewakuacja I Wyzwolenie Hitlerowskich Obozow Koncenttracyjnych,* Warschau 1988. Das Buch von Malá und Kubátová bietet wenig mehr als eine Reihe kurzer Zusammenfassungen der verschiedenen Todesmärsche. Von größerem Nutzen ist Zoniks Werk, allerdings wird sein Wert für den Zweck unserer Untersuchung gemindert, da er die Identitäten der Opfer nicht immer darlegt und die einzelnen Märsche nicht detailliert genug untersucht. Jeder Erörterung der Todesmärsche sollten einige Warnungen vorausgehen: Bisher sind über dieses Thema kaum Ergebnisse systematischer Forschung veröffentlicht worden, so daß wir über den Umfang, den Verlauf und den Charakter der Märsche bestenfalls ungefähr Bescheid wissen. Die Schwierigkeiten hängen teilweise damit zusammen, daß es zu vielen Aspekten keine Quellen gibt. Über ihre Befehls- und Organisationsstruktur ist nur wenig bekannt. Oft ist kaum zu klären, wie viele Menschen an einem Marsch teilnahmen – von ihrer Zusammensetzung nach Nationalitäten ganz zu schweigen. Häufig weiß man auch nicht, wie viele überlebten oder wie viele unterwegs auf welche Weise umkamen. Die institutionellen Bindungen und Hintergründe der Aufseher, die im allgemeinen Deutsche waren, können normalerweise nur vermutet werden. Und was das Entscheidende ist: Wie sie ihre Opfer im einzelnen behandelten, liegt meist im dunkeln.

2 Diese Periodisierung verwenden weder Krakowski, »The Death Marches in the Period of the Evacuation of the Camps«, noch Bauer, »The Death Marches, January–May, 1945«.

3 Eine kurze Darstellung der Todesmärsche vor dieser Phase gibt Krakowski, »The Death Marches in the Period of the Evacuation of the Camps«, S. 476–477. Zu einem Todesmarsch am 1. Dezember 1939, bei dem die Deutschen einige tausend polnische Juden von Chełm bis zur sowjetischen Grenze am Bug marschieren ließen und allein in einer Marschkolonne zwischen fünfhundert und sechshundert Juden umbrachten, siehe Ermittlungsbericht, ZStL 208 AR-Z 91/61, S. 2076 bis 2082.

4 Martin Brozsat »Nationalsozialistische Konzentrationslager, 1933 bis 1945«, in: Helmut Krausnick u. a., *Anatomie des SS-Staates,* München 1984, S. 132f., und *Enzyklopädie des Holocaust,* S. 1415, geben an, daß

250000 umkamen; Bauer, »The Death Marches, January–May, 1945«, der über die Opfer der Todesmärsche und in den Lagern der letzten Phase schreibt, nimmt an, daß die Zahl weit höher lag, »mindestens fünfzig Prozent, wenn nicht erheblich mehr« (S. 492). Siehe Bauers Erörterung der Schwierigkeiten, die Zahl der Häftlinge zu bestimmen, die sich damals im Lagersystem oder auf den Todesmärschen befanden (S. 492ff.).

5 Die Mehrheit waren jedoch Juden. Siehe Malá und Kubátová, *Pochody Smrti,* S. 311.

6 A. C., StA Hof 2 Js 1325/62, Beiakte J. Als die Amerikaner diese Frauen gefunden hatten, leiteten sie eine Untersuchung ein, um festzustellen, was mit ihnen geschehen war. Sie befragten und verhörten die Überlebenden und einige der gefangengenommenen Täter. Die Aussagen dieser Aufseher, die unmittelbar nach der für sie schockierenden Niederlage erfolgten, zeichnen sich – anders als in den Vernehmungen 25 Jahre später – durch eine ungewöhnliche Aufrichtigkeit aus. Überdies stimmen sie in bemerkenswerter Weise mit den Angaben der Überlebenden überein.

7 Der Todesmarsch von Helmbrechts wurde ausgewählt, weil sich an seinem Beispiel zahlreiche wichtige analytische Fragestellungen klären lassen. Außerdem liegt für diesen Fall ungewöhnlich reichhaltiges Datenmaterial vor. Obwohl dieser Marsch auch seine Besonderheiten hatte, dürfte die folgende Erörterung zeigen, daß die Art, wie die Deutschen hier mit ihren Häftlingen umgingen, typisch war. Im allgemeinen ist die Qualität der in der ZStL vorhandenen Quellen über die Todesmärsche schlechter als die der Materialien, die sich mit den anderen Mordinstitutionen befassen. Die Todesmärsche waren gleichsam bewegliche Ziele, und die Identität des daran beteiligten Personals ist oftmals unbekannt. Möglicherweise haben die Todesmärsche auch deshalb nicht die volle Aufmerksamkeit der Justizbehörden auf sich gezogen, weil sie räumlich nicht festgelegt und oft auch nicht Teil einer nachvollziehbaren Kommandostruktur waren. Im Chaos des Kriegsendes ist vieles über diese Märsche verlorengegangen. Das Grundlagenmaterial über den wichtigsten hier erörterten Fall stammt hauptsächlich aus dem Untersuchungsverfahren und dem Prozeß gegen den Kommandanten von Helmbrechts, Alois Dörr; die Dokumente befinden sich im StA Hof 2 Js 1325/62 (im folgenden zitiert als Dörr); ein Teil des Materials wird in der Sammlung der ZStL über die Untersuchungen zu Helmbrechts zitiert, ZStL 410 AR 1750/61.

8 Schlußvermerk, ZStL 410 AR 1750/61 (im folgenden als Grünberg zitiert), S. 630–633. Über dieses Lager weiß man nur wenig. Erst 1969 stellte die Zentrale des Internationalen Suchdienstes in Arolsen fest, daß ein solches Lager überhaupt existiert hatte. Es lag nicht in Schlesiersce, sondern im Nachbarort Przybyszow (S. 630f.). Ebensowenig ist über das zwanzig Mann starke Wachpersonal dieses Lagers bekannt, das wohl hauptsächlich aus nicht mehr fronttauglichen Wehrmachtssoldaten bestand. Ergänzt wurden sie durch einige Aufseherinnen und die Lagerverwaltung (von der acht Personen namentlich bekannt sind), die von der Polizei gestellt wurden (S. 634f.).

9 B. B., ZStL 410 AR 1750/61, S. 63. Sie fügt hinzu, die Zahl der Kranken sei sehr groß gewesen, weiß jedoch nichts von Vorfällen, bei denen in diesem Lager Juden erschossen worden seien. Zu diesem Punkt siehe

Schlußvermerk, Grünberg, S. 637. Allerdings starben einige Frauen an der von den Deutschen verursachten Unterernährung, Erschöpfung, Krankheiten und der Brutalität der Aufseher.

10 Z. H., ZStL 410 AR 1750/61, S. 90.

11 Schlußvermerk, Grünberg, S. 637f.

12 B. B., ZStL 410 AR 1750/61, S. 63.

13 F. D., Grünberg, S. 544f. Die Deutschen hatten getrunken, und als er sie nach dem Massaker zum nächsten Ziel fuhr, boten sie ihm Schnaps an. Diese älteren Deutschen, die die hilflosen jüdischen Frauen grausam behandelt hatten, verhielten sich dem Polen gegenüber kameradschaftlich.

14 Schlußvermerk, Grünberg, S. 648f.

15 Zur Zahl der Teilnehmer an den verschiedenen Märschen siehe Grünberg, S. 647f. Über die deutschen Aufseher dieser Märsche ist kaum etwas bekannt (S. 649).

16 H. W., Grünberg, S. 467.

17 Es ist unklar, ob die Schätzung dieser Frau sich auf die Gesamtzahl der Marschierenden bezieht oder nur auf die kleinere Gruppe, der sie angehörte. In jedem Fall war die Sterberate enorm. Siehe H. W., Grünberg, S. 467. Zu den wenigen bekannten Einzelheiten über diesen Marsch siehe Schlußvermerk, Grünberg, S. 661–665.

18 S. K., Dörr, Bd. 4, S. 605.

19 Grünberg, S. 650.

20 Zum Schicksal der Häftlinge dieses Marsches siehe Schlußvermerk, Grünberg, S. 654, S. 660f. Von 160 Kranken starben im Laufe des folgenden Monats 34 Menschen.

21 C. L., Grünberg, S. 401.

22 S. K., Dörr, S. 605; C. L., Grünberg, S. 401; B. B., ZStL 410 AR 1750/61, S. 63f.; sowie M. S., ZStL 410 AR 1750/61, S. 84; siehe auch Schlußvermerk, Grünberg, S. 657. B. B. erinnert sich, daß die Aufseher siebzig Häftlinge zur Erschießung aussonderten, von denen zwanzig die Flucht gelungen sei.

23 Urteil, Dörr, S. 23.

24 Urteil, Dörr, S. 6ff.

25 Ein anderer hatte wiederholt versucht, in die Partei einzutreten, wurde aber als ungeeignet zurückgewiesen. Möglicherweise gehörten noch zwei weitere der NSDAP an; die Quellen sind hier unklar.

26 H. R., Dörr, Zeugen, S. 1109–1119. Es ist bemerkenswert, daß E. V. in der – unvollständigen – Liste von Aufsehern nicht auftaucht.

27 M. W., Dörr, Zeugen, S. 1142–1149.

28 G. H., Dörr, Bd. 4, S. 628. P. L. war hier wie schon in Lublin mit ihm zusammen. Er wurde erstmals im April 1944 zu einer Landesschützeneinheit eingezogen (Dörr, Bd. 3, S. 610–631).

29 Natürlich sind die Aussagen der einzelnen über die Motive, sich freiwillig zum Wachdienst zu melden, schwer zu beurteilen. Siehe dazu beispielsweise O. K., Dörr, Zeugen; sowie R. S., Dörr, Bd. 3, S. 556.

30 Von den zwölf Frauen, über die Daten vorliegen, hatten acht überhaupt keine formale Ausbildung, drei eine Kurzschulung von etwa zwei Wochen hinter sich und die letzte schweigt zu diesem Punkt. Diejenigen, die bereits dienstliche Erfahrungen besaßen und in Ravensbrück gearbeitet hatten (meist wenige Wochen, in einem Fall allerdings ein halbes Jahr lang), bevor sie nach Helmbrechts kamen, wurden zweifellos von den erfahrenen Kameradinnen im Lager formlos in die Gemeinschaft

der Grausamkeit eingeführt. Siehe H. P., Dörr, Zeugen; sowie O. K., Dörr, Zeugen.

31 W. J., Dörr, Zeugen, S. 1068; sowie Urteil, Dörr, S. 12f.
32 Siehe beispielsweise, W. J., Dörr, Zeugen, S. 1068; sowie P. K., ZStL 410 AR 1750/61, S. 690.
33 P. K., ZStL 410 AR 1750/61, S. 690; sowie E. v. W., Zeugen, S. 1320ff.
34 Siehe Hermann Langbein, *Menschen in Auschwitz,* Frankfurt/M. 1980, zur Verbesserung der Lebensbedingungen in Auschwitz, nachdem Arthur Liebehenschel Nachfolger des Kommandanten Rudolf Höß geworden war (S. 59–64).
35 E. V., Dörr, Zeugen, S. 1137. Zu einer gegenteiligen Ansicht siehe W. J., Dörr, Zeugen, S. 1068.
36 Stellungnahme von E. M., 10/20/64, Dörr, S. 506–512.
37 Urteil, Dörr, S. 6ff.
38 Urteil, Dörr, S. 10f.
39 M. R., Dörr, Zeugen, S. 1237; siehe auch M. S., Dörr, Zeugen, S. 1251.
40 Zu einer Erörterung der brutalen Folterung und Ermordung der russischen Ärztin und zweier ihrer Landsleute nach ihrer kurzzeitigen Flucht aus dem Lager siehe Urteil, Dörr, S. 14–22.
41 Urteil, Dörr, S. 10ff.; sowie A. G., Dörr, Zeugen, S. 1194.
42 Urteil, Dörr, S. 24f.
43 S. K., Dörr, Bd. 4, S. 606; siehe auch E. M., Dörr, Bd. 3, S. 515.
44 M. F., Dörr, Bd. 4, S. 623; sowie S. K., Dörr, Bd. 4, S. 605f. Eine nichtjüdische Gefangene, die selbst in dem Lager schwer gelitten hat, berichtet nur leicht übertreibend: »Die Jüdinnen hatten keine Betten und keine Decke.« Siehe L. D., Dörr, Bd. 1, S. 195.
45 Zu Schilderungen der Lagerbaracken siehe Urteil, Dörr, S. 25; sowie A. G., Dörr, Zeugen, S. 1195.
46 S. K., Dörr, Bd. 4, S. 607. Die Strafappelle, bei denen die Deutschen die Jüdinnen zwangen, stundenlang zu stehen, oft nackt und ohne Schuhe, häufig auch im Schnee, werden von jüdischen und nichtjüdischen Überlebenden erwähnt. Die folgende Aussage stammt von einer Russin: »Ich habe gesehen, daß die Jüdinnen den ganzen Tag ohne Essen und ohne irgendwelche Kleider oder Schuhe im Schnee stehen mußten. Ich habe gesehen, daß sie dann von der weiblichen SS-Wache mit Hand oder Gummiknüppel geschlagen wurden, als sie nicht still standen.« Siehe L. D., Dörr, Bd. 1, S. 195; sowie M. H., Dörr, Bd. 1, S. 194.
47 Urteil, Dörr, S. 26; sowie A. G., Dörr, Zeugen, S. 1194. Die ehemalige Oberaufseherin von Helmbrechts bestätigt, daß die Juden schlechter verpflegt wurden als die Nichtjuden (H. H., Dörr, Bd. 3, S. 600).
48 H. H., Dörr, Beiakte J.
49 R. K., Dörr, Zeugen, S. 1224. Sie legt dar, daß die ehemaligen Häftlinge aus Auschwitz besonders ausgehungert gewesen seien. Siehe auch A. K., Dörr, Bd. 1, S. 103.
50 Urteil, Dörr, S. 25f.
51 Siehe beispielsweise die Aussage der Russin S. K., Dörr, Bd. 1, S. 205; sowie N. K., Dörr, Bd. 1, S. 203. Zu einer allgemeinen Beschreibung der Grausamkeiten siehe Urteil, Dörr, S. 11f.
52 M. H., Dörr, Bd. 1, S. 194.
53 V. D., Dörr, Bd. 4, S. 701.
54 Einige ehemalige Häftlinge erinnern sich daran, welches Leid eine bestimmte jüdische Frau ertragen mußte. Ihr »Verbrechen« bestand darin,

daß sie ein Photo besaß. Daraufhin mußte sie mit geschorenem Kopf im Schnee stehen. Siehe S. K., Dörr, Bd. 4, S. 607; sowie R.K., Dörr, Zeugen, S. 1224.

55 L. D., Dörr, Bd. 1, S. 195; sowie S. K., Dörr, Bd. 4, S. 606.
56 M. H., Dörr, Bd. 1, S. 194.
57 Urteil, Dörr, S. 26.
58 Urteil, Dörr, S. 27ff.
59 Urteil, Dörr, S. 29.
60 Urteil, Dörr, S. 28, S. 30.
61 Eine Zusammenfassung über jeden Marschtag ist enthalten in Urteil, Dörr, S. 30–89.
62 M. R., Dörr, Zeugen, S. 1240.
63 A. K., Dörr, Bd. 1, S. 101; sowie Urteil, Dörr, S. 210; auf diese »Krankenanhänger« werde ich noch eingehen.
64 Diese Zahlen stützen sich auf Urteil, Dörr, S. 30–89.
65 E. M., Dörr, Bd. 3, S. 516; B.B., ZStL 410 AR 1750/61, S. 64; sowie Urteil, Dörr, S. 50, S. 60f., S. 208f.
66 M. S., ZStL 410 AR 1750/61, S. 82. Zu weiteren Aussagen über Menge und Qualität der jüdischen Marschverpflegung siehe H. H., Dörr, Beiakte J; sowie Urteil, Dörr, S. 208f.
67 H. H., Dörr, Beiakte J.
68 Urteil, Dörr, S. 57.
69 Urteil, Dörr, S. 70f., S. 194f.
70 M. S., ZStL 410 AR 1750/61, Bd. 1, S. 82. Siehe auch B. B. ZStL 410 AR 1750/61, Bd. 1, S. 64.
71 H. H., Dörr, Beiakte J; sowie C. S., ZStL 410 AR 1750/61, S. 72.
72 Zu einer Beschreibung der allgemeinen Zustände auf diesem Marsch siehe Urteil Dörr, S. 30–89.
73 Urteil, Dörr, S. 55f., S. 149f.
74 Urteil, Dörr, S. 148–152.
75 N. K., Dörr, Bd. 1, S. 203.
76 Von einem ähnlichen Ereignis wurde bereits oben, bei der Erörterung der Geschehnisse im Lager Lipowa, berichtet. Zu einer allgemeinen Diskussion dieser Problematik siehe Orlando Patterson, *Slavery and Social Death: A Comparative Study,* Cambridge 1982, S. 51–62.
77 Ein Aufseher prügelte Frauen, die »so schwach [waren], daß sie nicht mehr aufrecht gehen konnten, sondern auf allen Vieren krochen« (Urteil, Dörr, S. 38f.).
78 M. R., Dörr, Beiakte J.
79 M. S., ZStL 410 AR 1750/61, S. 82.
80 H. H., Dörr, Beiakte J. Man beachte den ironischen Gebrauch des Begriffs »SS«.
81 C. S., ZStL 410 AR 1750/61, S. 72; zu einem weiteren Beispiel siehe M. S., ZStL 410 AR 1750/61, S. 82.
82 Die Oberaufseherin erinnert sich, daß eine Fünfergruppe diese Frauen prügelte. Sie bestätigt, daß W., R. und K. dabei waren, und behauptet, auch S. und Z. hätten sich daran beteiligt. J. erwähnt sie allerdings im Zusammenhang mit diesem Vorfall nicht. Sie fügt hinzu: »Duerr [*sic!*] und ich haben das beide mit angesehen, aber keiner von uns hat versucht, die Prügel zu unterbinden« (H. H., Dörr, Beiakte J.).
83 C.S., ZStL 410 AR 1750/61, S. 72.

84 H. H., Dörr, Beiakte J.
85 Urteil, Dörr, S. 73ff.
86 Urteil, Dörr, S. 73f., S. 77.
87 Urteil, Dörr, S. 73f.
88 Urteil, Dörr, S. 73, S. 197.
89 Urteil, Dörr, S. 77ff.
90 Die Häftlinge, die an dem Marsch teilnahmen, schätzen, daß es weniger Überlebende gab. Einige geben an, nur wenig mehr als 300 hätten überlebt, so daß auf dem Marsch 275 umgekommen sein müssen. Diese Schätzung deckt sich mit den täglichen Zahlen, die Aufseher und Häftlinge gleichermaßen nannten. Sie müßten es wissen, da die Zahl der Toten der vorangegangenen Nacht jeden Morgen beim Zählappell festgestellt werden konnte. Zu diesem Punkt siehe M. R., Dörr, Bd. 2, S. 404.
91 A.C., Dörr, Beiakte J.

Kapitel 14

1 Allerdings ist die Quellenlage zu diesem Punkt widersprüchlich. Siehe G. H., Dörr, Bd. 4, S. 637; H. H., Dörr, Beiakte J; sowie Urteil, Dörr, S. 29.
2 Urteil, Dörr, S. 54.
3 G. H., Dörr, Bd. 4, S. 639. Siehe auch C. S., Grünberg, die berichtet, auch gegen Ende des Marsches habe sie keine Ahnung gehabt, wohin man die jüdischen Frauen bringen solle (S. 71).
4 Dörr verbrannte die Unterlagen tatsächlich. Siehe Urteil, Dörr, S. 49; sowie V. D., Dörr, Bd. 4, S. 702.
5 M. R., Dörr, Bd. 2, S. 403f. Daß es notwendig war, mit einem Befehl die »humane« Behandlung von Menschen anzuordnen, deutet bereits auf die existierenden deutschen Normen im Umgang mit Juden hin.
6 Möglicherweise sind diese Widersprüche darauf zurückzuführen, daß beide gesprochen haben. Siehe M. R., Dörr, Bd. 2, S. 403f.; sowie Urteil, Dörr, S. 48f. Anscheinend hat Dörr nicht alle Einzelheiten des Himmler-Befehls an seine Untergebenen weitergegeben; das betrifft auch die Anweisung, die Juden freizulassen, falls die Amerikaner sie einholten.
7 M. R., Dörr, Bd. 2, S. 403.
8 Diese Gewichtsangaben hielt der Hauptmann W. W. vom Sanitätskorps der US-Armee am 11. Mai 1945 fest. Eine Kopie findet sich bei Dörr.
9 C. S., Grünberg, S. 72.
10 S. S., Dörr, Bd. 1, S. 117.
11 G. v. E., Dörr, Zeugen, S. 1183.
12 Das geschah beim Massaker des Polizeibataillons 101 in Łomazy. Siehe Anklageschrift, Hoffmann, S. 347f.; sowie E. H., Hoffmann, S. 2724ff.
13 Urteil, Dörr, Zeugen, S. 212f.
14 M. S., Dörr, Zeugen, S. 1256. Sie deutet nicht einmal an, daß die jüdischen Frauen die Gruppe der Aufseher falsch beurteilt hätten.
15 S.K., Dörr, Bd. 4, S. 610.
16 Doch daß sie diese Grausamkeit nicht genossen, heißt nicht etwa, daß sie die allgemeine Behandlung von Juden ablehnten. Zwar deutet offen gezeigte Grausamkeit darauf hin, daß der Handelnde mit seinem Tun

einverstanden ist; daraus folgt jedoch nicht der logische Umkehr-schluß, daß fehlende Gewalttätigkeit mit Ablehnung gleichzusetzen ist. Tatsächlich haben viele entschlossene Henker der Juden die Ansicht vertreten, daß unkontrollierte Brutalitäten vermieden werden sollten.

17 Urteil, Dörr, S. 82.

18 G. v. E., Dörr, Bd. 2, S. 350.

19 Neben der in Kapitel 13, Anmerkung 1, genannten Literatur und den Darstellungen der Todesmärsche in Dutzenden von Memoiren habe ich das detaillierte Material über zwölf gerichtliche Untersuchungen der Bundesrepublik gelesen.

20 Dies trifft auch für die Behandlung von Gefangenen in den Lagern während der letzten Kriegstage zu. Yehuda Bauer, »Death Marches, January–May, 1945«, in: Michael R. Marrus (Hrsg.), *The Nazi Holocaust: Historical Articles on the Destruction of European Jews,* Westport 1989, Bd. 9, behauptet, daß sie als getrennte Phänomene betrachtet werden sollten (S. 495). Die Begründung für eine solche Unterscheidung kann ich nicht nachvollziehen.

21 Viele von ihnen starben später aufgrund ihres schlechten Gesundheitszustandes, der fehlenden medizinischen Versorgung und weil kein Essen verfügbar war. Zu Auschwitz siehe Hermann Langbein, *Menschen in Auschwitz,* Frankfurt/M. 1980, S. 525–529.

22 Dies passierte beispielsweise im April oder Mai 1945 auf dem Todesmarsch des Lagers Sonnenberg. Siehe Urteil gegen Ottomar Böhme und Josef Brüsseler, Marburg 6 Ks 1/68, S. 11.

23 Es liegt auf der Hand, daß sich die Gedanken und Gefühle der zahlreichen Zuschauer kaum erschließen lassen, die diese wandelnden Gerippe, die man im Namen Deutschlands zu dem gemacht hatte, was sie waren, in diesen Tagen der Ungewißheit und des Grauens an sich vorbeiziehen sahen. Wie viele Deutsche hatten wohl welche Einstellungen zu den Häftlingen? Wie viele haben versucht, das Leid zu mildern und ihnen Nahrung und Wasser anzubieten? Und wie viele vergrößerten ihr Elend noch, indem sie sie mit Gehässigkeiten überschütteten; sie mit Gegenständen bewarfen; nach ihnen suchten, wenn sie entflohen waren, oder sie sogar mit eigenen Händen umbrachten? Shmuel Krakowski, der die Aussagen von Überlebenden in Jad Vashem, wo sich Material über siebzig verschiedene Todesmärsche im März und April 1945 befindet, ausgewertet hat, vertritt in »The Death Marches in the Period of the Evacuation of the Camps«, in: *The Nazi Concentration Camps: Structure and Aims, The Image of the Prisoner, The Jews in the Camps,* Jerusalem 1984, die Ansicht, daß die Bevölkerung in ihrer überwältigenden Mehrheit ohne Anstiftung oder Kontrolle von oben so gehandelt habe, wie es der Indoktrinierung durch die nationalsozialistischen Pädagogen entsprochen habe (S. 484). Zygmunt Zonik, *Anus Belli: Ewakuacja I Wyzwolenie Hitlerowskich Obozow Koncentracyjnych,* Warschau 1988, zieht den Schluß, daß die große Mehrheit der Deutschen – trotz einiger Ausnahmen – nicht versucht habe, den Häftlingen zu helfen, sondern sie vielmehr beschimpft und die Wachmannschaften aufgefordert habe, sie zu töten (S. 198f.). Das mir bekannte Material legt diese Schlußfolgerungen ebenfalls nahe.

24 Henry Orenstein und ein Freund rissen ihre gelben Armbinden ab, gingen so als Polen durch, und schlossen sich einem polnischen Todesmarsch an,

der sich als furchtbar genug erwies und eine schwindelerregende Sterberate zur Folge hatte. Orenstein berichtet in seinen Erinnerungen *I Shall Live: Surviving Against All Odds,* New York 1989, wie sehr er sich durch seine neue polnische Identität trotz aller schrecklichen Begleitumstände geschützt fühlte: »Obwohl es klar war, daß dieser Marsch eine mörderische Angelegenheit werden würde, fühlte ich mich jetzt doch sicherer, als ich mich im Lager je gefühlt hatte. Hier wußte man nicht, daß ich ein Jude bin, und wenn man mich töten würde, dann nur, weil ich nicht mehr gehen konnte, und nicht einfach weil ich ein Jude bin ... Da ich jahrelang unter der Bedrohung gelebt hatte, erschossen zu werden, weil jeder der Aufseher eindeutig und unbestritten das Recht hatte, mich jederzeit zu ermorden – aus einer Laune heraus oder weil es ihm Spaß machte –, und dies nur aus dem einen Grund, weil ich als Jude geboren war, sehnte ich mich danach, daß nach irgendeinem anderen Kriterium über mein Leben entschieden werden solle – und wenn es nur das war, daß ich nicht mehr gehen konnte ... Es schienen gute Chancen zu bestehen, daß die SS hier nicht so viele Menschen töten würde, insbesondere da ihre Leute davon ausgingen, daß es unter uns keine Juden gab« (S. 243). Orenstein unterschätzte zwar die mörderischen Neigungen der Deutschen, doch sein Eindruck neuer existentieller Sicherheit bleibt vielsagend.

25 Die Fähigkeit und Bereitschaft der Wachen, zwischen verschiedenen Häftlingsgruppen zu unterscheiden, kann gar nicht stark genug hervorgehoben werden. Eine noch extremere Art der Bevorzugung, wie sie Aufseher von Helmbrechts deutschen Gefangenen gewährten, als sie sie als Bewacher der jüdischen Häftlinge einsetzten, zeigte sich während des Marsches von Janinagrube: Dort versuchte das Wachpersonal sogar deutsche Gefangene als Henker zu rekrutieren; sie wurden bewaffnet und ermutigt, sich an der Massenerschießung von Hunderten von Juden zu beteiligen. Siehe Urteil gegen Heinrich Niemeier, Hannover 11 Ks 1/77, S. 20ff., S. 92–97. Vergleiche auch den Todesmarsch von Lieberose, bei dem die Aufseher viele Juden, aber nicht einen einzigen deutschen Gefangenen erschossen. Dabei waren die Wachmannschaften im übrigen unbeaufsichtigt, weil sich ihr Befehlshaber geweigert hatte, am Marsch teilzunehmen. Siehe Anklageschrift gegen E. R. und W. K., StA Fulda 3 Js 800/63, S. 48–56.

26 Buchenwald war ein solcher Fall. Siehe Krakowski, »The Death Marches in the Period of the Evacuation of the Camps«, S. 484f. Allerdings sollte betont werden, daß die Deutschen weit davon entfernt waren, die im Lager Zurückgebliebenen mit Fürsorge zu behandeln.

27 Krakowski, »The Death Marches in the Period of the Evacuation of the Camps«, S. 489. Auch auf dem Marsch von Janinagrube kam es zu einem Zwischenfall, bei dem die Deutschen einschritten, um Zivilisten daran zu hindern, den Juden etwas Essen zu geben. Der Marsch bestand fast ausschließlich aus Juden, und wurde mit einem Todesmarsch vieler Tausender, die aus Auschwitz und dessen Nebenlagern kamen, zusammengelegt. Beim Abmarsch aus Auschwitz erhielten die Juden aus Janinagrube jeweils zu zweit ein Stück Brot und Büchsenfleisch, das sie miteinander teilen mußten. Unter den winterlichen Verhältnissen des Januar wurden – wie üblich – besonders viele Nachzügler erschossen. Nach ein paar Tagen verschwand der Befehlshaber mit dem Proviantwagen, so daß einige SS-Männer gemeinsam mit »Funktionshäftlingen« Nahrungsmittel von örtlichen Bauern besorgten. Andere SS-Wachen verhinderten

jedoch, daß Juden Lebensmittel bekamen. Ein ehemaliger Häftling erinnert sich an ihren Hunger:»Wir bekamen während des Evakuierungsmarsches keine Verpflegung. Die [polnische] Bevölkerung in Schlesien übergab uns aus eigenem Antrieb in einigen Orten Milch und Brot. Dabei kam es vor, daß die SS-Posten mutwillig die Milchkannen umstießen.« Einige Juden hatten allerdings Glück, weil es den Polen manchmal gelang, ihnen Essen zuzustecken – trotz aller Versuche der Deutschen, es zu verhindern. Siehe Anklageschrift gegen Heinrich Niemeier, StA Hannover 11 Js 5/73, S. 23; sowie Urteil, Hannover 11 Ks 1/77, S. 16–20. Zu weiteren Fällen, in denen die Deutschen Häftlingen zur Verfügung stehende Nahrungsmittel und Wasser verweigerten, siehe Bauer,»The Death Marches, January–May, 1945«, S. 500, S. 503; sowie Krakowski,»The Death Marches in the Period of the Evacuation of the Camps«, S. 478f., S. 484.

28 Zu Karten mit zahlreichen anderen anscheinend ziellosen Todesmärschen siehe Irena Malá und Ludmila Kubátová, *Pochody Smrti,* Prag 1965,

29 Bauer,»The Death Marches, January–May, 1945«, S. 499.

30 Dies betont Bauer in»The Death Marches, January–May, 1945«, S. 497.

31 Zitiert in Krakowski,»The Death Marches in the Period of the Evacuation of the Camps«, S. 485.

32 Krakowski,»The Death Marches in the Period of the Evacuation of the Camps«, S. 485.

33 Krakowski,»The Death Marches in the Period of the Evacuation of the Camps«, S. 486.

34 Krakowski,»The Death Marches in the Period of the Evacuation of the Camps«, S. 489.

35 Wenn Bauer schreibt, die Deutschen töteten»eiskalt«, so vermittelt er ein falsches Bild der Vollstrecker. Er hat allerdings recht mit der Aussage, daß die Deutschen auf den Todesmärschen keineswegs kühle, distanzierte Mörder waren – obwohl es sich hier nicht, wie er meint, um einen Rückfall in die Handlungsweise der SA in den dreißiger Jahren handelt. Siehe»The Death Marches, January–May, 1945«, S. 502. Um nur ein weiteres Beispiel anzuführen: Während des Marsches von Janinagrube führte ein Deutscher vor Freude jedesmal einen»Indianertanz« auf, wenn er einen Juden getötet hatte. Ein Überlebender hatte den deutlichen Eindruck, daß dieser Mann und ein anderer Aufseher einen regelrechten Mordwettkampf durchführten. Siehe Urteil, Hannover 11 Ks 1/77, S. 26f., 63.

36 Zitiert bei Dieter Vaupel, *Spuren, die nicht vergehen. Eine Studie über Zwangsarbeit und Entschädigung,* Kassel 1990, S. 113. Derartige Szenen spielten sich im letzten Kriegsjahr ab, als die Mobilisierung von Arbeitskräften in Deutschland auf dem Höhepunkt war.

37 S. R., Dörr, Bd. 3, S. 570. Es ist bemerkenswert, daß er in diesem Zusammenhang von den jüdischen Opfern spricht und die nichtjüdischen Gefangenen, die mit ihnen in Helmbrechts aufbrachen, nicht erwähnt.

38 Auch Bauer vertritt dieses Argument in»The Death Marches, January–May, 1945«, S. 499. Doch nicht nur die Aufseher der Todesmärsche ermordeten Juden bis zum Schluß. Auch viele, die mit der Tötung von Juden gar nicht beauftragt waren, brachten jeden Juden, der ihnen begegnete, wie selbstverständlich um. Auf dem Rückzug aus Ungarn stieß eine»Werkstattkompanie« der SS-Division»Das Reich« zweimal

662

auf kleine Gruppen unbewaffneter und offensichtlich ungefährlicher Juden: Nachdem sie zunächst einige von ihnen gefoltert hatten, ermordeten sie alle – darunter einen Veteranen des Ersten Weltkriegs, dem das Eiserne Kreuz verliehen worden war, und eine wunderschöne einundzwanzigjährige Frau, Die Deutschen ließen sie auf ihre Bitte hin in die Sonne blicken, als sie sie erschossen. Siehe Urteil gegen Reiter u.a., München I, 116 Ks 1/67, S. 10–14, S. 28f.

Kapitel 15

1 Gespräch des Autors mit Rachel Luchfeld, 8. September 1995. Allerdings war sich Frau Luchfeld nicht ganz sicher, ob die Angehörigen des Polizeibataillons 101 während des Mordeinsatzes von Józefów Peitschen trugen, denn sie konnte von ihrem Versteck aus die Deutschen nicht sehen. Ihre Eltern, die sich im gleichen Raum an einer anderen Stelle versteckt hielten, wurden entdeckt und von den Deutschen auf der Stelle getötet. Sie hörte das Schreien und die Schüsse.

2 Der folgende Abschnitt gibt einen Teil einer früheren Arbeit des Autors wieder: Daniel J. Goldhagen,»The ›Cowardly‹ Executioner: On Disobedience in the SS«, *Patterns of Prejudice*, Jg. 19, H. 2, 1985, S. 20f.

3 Herbert Jäger, *Verbrechen unter totalitärer Herrschaft. Studien zur nationalsozialistischen Gewaltkriminalität*, Olten 1967, S. 79–160; sowie Kurt Hinrichsen,»Befehlsnotstand«, in: Adalbert Rückerl (Hrsg.), *NS-Prozesse. Nach 25 Jahren Strafverfolgung*, Karlsruhe 1971, S. 131–161. Hinrichsens Aufsatz stützt sich auf eine unpublizierte umfassendere Studie,»Zum Problem des sog. Befehlsnotstandes in NSG-Verfahren« (1964), die er im Auftrag der ZStL als Gerichtsgutachten für NS-Verfahren anfertigte. Siehe auch David H. Kitterman,»Those Who Said ›No!‹: Germans Who Refused to Execute Civilians During World War II«, *German Studies Review,* Jg. 11, H. 2, Mai 1988, S. 241–254. Kittermans Aufbereitung des statistischen Materials leidet offensichtlich unter seiner Neigung, auch solche Aussagen der Täter unkritisch gelten zu lassen, die der Selbstrechtfertigung dienten.

4 Jäger, *Verbrechen unter totalitärer Herrschaft*, S. 120.

5 Zu einer detaillierteren Diskussion siehe Hinrichsen,»Befehlsnotstand«, S. 143–146, S. 149–153, S. 156f. In keinem der 77 Urteile von SS- und Polizeigerichten wegen Befehlsverweigerung spielte die Weigerung, Juden zu töten, eine Rolle. Auch gibt es bislang nicht einen Hinweis auf einen Fall, in dem ein SS-Richter über einen Angeklagten zu entscheiden hatte, der sich geweigert hatte, Juden zu töten.

6 Dieses Argument der Verteidigung wurde unter der Bezeichnung»putativer Befehlsnotstand« bekannt.

7 Zu den Einsatzkommandos siehe beispielsweise Anklageschrift gegen Alfred Filbert u. a., ZStL 202 AR 72/60, S. 83f., 162f; zur Einsatzgruppe C siehe Albert Hartl, ZStl 207 AR-Z 15/58, S. 1840–1845; zur Einsatzgruppe D siehe H. S., ZStL 213 AR 1902/66, S. 95f. Zu Sachsenhausen siehe ZStL Sammelband 363, S. 15ff.; zur Sicherheitspolizei in Tarnopol siehe Anklageschrift gegen Paul Raebel u. a., StA Stuttgart 12 Js 1403/61, S. 117f.

8 Siehe Ernst Klee, Willi Dreßen und Volker Rieß (Hrsg.),»*Schöne Zeiten«. Judenmord aus der Sicht der Täter und Gaffer,* Frankfurt/M. 1988, S. 82.

663

9 P. K., ZStL 208 AR-Z 5/63, S. 503; siehe auch Vermerk, ZStL 208/2 AR-Z 1176/62, S. 732.

10 Siehe Goldhagen,»The ›Cowardly‹ Executioner«, S. 32, Anmerkung 11.

11 »Official Transcript of the American Military Tribunal No. 2-A in the Matter of the United States of America Against Otto Ohlendorf u. a.; defendants sitting at Nuernberg Germany on 15 September 1947«, S. 593.

12 Jäger, *Verbrechen unter totalitärer Herrschaft,* S. 147.

13 So die Aussage von Albert Hartl, dem Personalchef der Einsatzgruppe C, ZStL 207 AR-Z 15/58, S. 1840; siehe auch Robert M. W. Kempner, *SS im Kreuzverhör,* München 1964, S. 82. Warum waren die SS und die Sicherheitsdienste so nachsichtig, wenn ihre Führung die Juden als die größten Feinde Deutschlands und der Menschheit betrachteten, als eine bösartige Rasse, die entschlossen war, alle anderen Rassen zu vernichten? Himmler selbst lieferte eine mögliche Erklärung, als er sagte, die Vernichtung der Juden könne »nur getragen und durchgeführt werden ... von fanatischen und zutiefst überzeugten Nationalsozialisten«. Bei einer anderen Gelegenheit erklärte Himmler,»... wenn also einer glaubt, er könne die Befolgung eines Befehls nicht verantworten ... Oder man denkt: der ist mit den Nerven fertig, der ist schwach. Dann kann man sagen: Gut, gehen Sie in Pension.« Wie die bereits diskutierten Fälle zeigen und Himmlers Worte bestätigen, war es zulässig, daß ein Deutscher, wenn er sich schwach fühlte, seinen Dienst nicht versah. Er galt dann wohl nicht mehr als NS-Herrenmensch, aber man stempelte ihn auch nicht zum Kriminellen ab. Zitiert nach Hans Buchheim,»Befehl und Gehorsam«, in: Martin Broszat, Hans-Adolf Jacobsen, Helmut Krausnick, *Anatomie des SS-Staates,* 2 Bde., München 1984, S. 283f., S. 295; Nbg. Dok. 1919-PS, sowie Hinrichsen,»Befehlsnotstand«, S. 161.

14 Siehe Robert G.L. Waite, *Vanguard of Nazism: The Free Corps Movement in Postwar Germany, 1918–1923,* New York 1969. Zur offenen und gewalttätigen Mißachtung der Weimarer Republik siehe William Sheridan Allen,»*Das haben wir nicht gewollt«. Die nationalsozialistische Machtergreifung in einer Kleinstadt 1930–1935,* Gütersloh 1966, S. 15–147.

15 Diese paradoxe Aktion ging von höchster Ebene aus, von Generalstabschef Franz Halder, unter dessen Leitung die Wehrmacht zu einem Partner bei der Vernichtung der sowjetischen Juden wurde. Halder war ein entschiedener Gegner Hitlers und zog dessen Ermordung in Betracht. Siehe Helmut Groscurth, *Tagebücher eines Abwehroffiziers 1938 bis 1940,* Stuttgart 1970, Eintragung vom 1. November 1939.

16 Zu Beispielen siehe Nbg. Dok. NOKW-2909, NOKW-2963 und 3257-PS; sowie Helmut Krausnick und Hans-Heinrich Wilhelm, *Die Truppe des Weltanschauungskrieges. Die Einsatzgruppen der Sicherheitspolizei und des SD 1938–1942,* Stuttgart 1981, S. 229. Die Wehrmacht war strikt gegen den Befehl zur Tötung der Sowjetkommissare, die immerhin die wirklichen Vertreter des Bolschewismus waren, aber nicht gegen den Befehl zur Tötung der sowjetischen Juden, der fiktiven Ursache des Bolschewismus. Die Befehlshaber der kämpfenden Truppe mißbilligten den Befehl, weil sie befürchteten, so werde der Widerstandsgeist der Sowjettruppen gesteigert. Siehe Jürgen Förster,»Hitler's War Aims Against the Soviet Union and the German Military Leaders«, *Militärhistorisk Tidskrift,* Jg. 173, 1979, S. 88f.; Hans-Adolf Jacobsen,»Kommis-

sarbefehl und Massenexekutionen sowjetischer Kriegsgefangener«, in: Krausnick u. a., *Anatomie des SS-Staates,* S. 449–477, S. 465ff.

17 Brief vom 30. Januar 1943, Hoffmann, S. 523f. Zu diesem Brief siehe S. 15 dieses Buches. Auch Browning widmet Hoffmann ein kleines Kapitel und erwähnt den Brief, aber aus unerfindlichen Gründen unterläßt er es, näher auf den entscheidenden Inhalt dieses Dokuments einzugehen, das die Denkweise eines Mörders offenbart, der zudem noch eine Schlüsselstellung in seinem Polizeibataillon innehatte. Der Brief ist ein Dokument für Hoffmanns damaliges Urteil über Denkweise und Motive seiner Männer. Ganz sicher verdient es die gleiche analytische Sorgfalt wie die Selbstentlastungen der Täter nach dem Krieg. Siehe die Darstellung dieses Briefes und der nachfolgenden Ereignisse in Christopher R. Browning, *Ganz normale Männer. Das Reserve-Polizeibataillon 101 und die »Endlösung« in Polen,* Reinbek 1993, S. 162ff.

18 Siehe beispielsweise Richard Evans, »In Pursuit of the *Untertanengeist:* Crime, Law and Social Order in German History«, in: *Rethinking German History: Nineteenth-Century Germany and the Origins of the Third Reich,* London 1987, S. 156–187. Es ist erstaunlich, daß immer noch vom blinden Gehorsam der Deutschen gesprochen wird, obwohl es Unmengen von Belegen für die Mißachtung und Verunglimpfung der Weimarer Republik und ihrer Repräsentanten gibt, ganz zu schweigen von den Revolutionen und Aufständen in der jüngeren deutschen Geschichte.

19 Stanley Milgram, *Das Milgram-Experiment. Zur Gehorsamsbereitschaft gegenüber Autorität,* Reinbek 1983. Milgrams Experiment zeigt, daß die Ergebnisse für eine Erklärung des Täterhandelns ohne Bedeutung sind, auch wenn der Autor selbst diese Schlußfolgerung nicht zieht. Er variierte die Versuchsbedingungen und kam zu folgendem Ergebnis: Je mehr die Personen, die die Stromstöße auslösten, mit dem scheinbaren Schmerz ihrer vermeintlichen Opfer konfrontiert waren, desto häufiger waren sie bereit, sich der Autorität des Versuchsleiters zu widersetzen; als sie selber die Hand des Opfers auf die Stromkontaktplatte legen sollten, weigerten sich siebzig Prozent der Probanden, Stromstöße auszulösen (S. 49–53). Don Mixon hat das Milgram-Experiment mit Rollenspielen wiederholt und kommt zu einer überzeugenden Neuinterpretation: Danach geht es dabei überhaupt nicht um Gehorsam, sondern um Vertrauen. Siehe »Instead of Deception«, *Journal for the Theory of Social Behaviour,* Jg. 2, H. 2, 1972, S. 145–177.

20 Siehe Herbert C. Kelman und V. Lee Hamilton, *Crimes of Obedience: Toward a Social Psychology of Authority and Responsibility,* New Haven 1989. Die Autoren behandeln für unser Thema wesentliche Fragestellungen. Ihre Analyse verfehlt jedoch die Täter des Holocaust, denn sie setzt voraus, daß die Täter den verbrecherischen Charakter ihrer Taten erkennen.

21 Diese Auffassung ist zuletzt mit Nachdruck von Browning vertreten worden, *Ganz normale Männer,* besonders S. 208–247.

22 Browning, *Ganz normale Männer,* behauptet, die meisten Angehörigen des Polizeibataillons hätten nicht wirklich die Absicht gehabt, Juden zu töten, aber da diese Arbeit eben erledigt werden mußte, hätten die Männer sich unter Druck gefühlt, diese unangenehme Aufgabe nicht anderen zu überlassen (S. 240ff.). Diese Interpretation entbehrt der psychologischen Plausibilität: Sie sollten schließlich Männer, Frauen und Kinder umbringen, die sie, folgt man Browning, für vollkommen unschuldig

hielten. Es gibt jedoch Grenzen dessen, was Menschen für ihre Landsleute auf sich nehmen. Noch problematischer an dieser Argumentation ist, daß das vorliegende Material über das Polizeibataillon 101 nichts enthält, was diese Interpretation stützt: weder Hinweise auf Worte noch auf Taten. Wenn man sich die Aussagen von Deutschen aus anderen Polizeibataillonen und und Mordinstitutionen ansieht, wird die Unhaltbarkeit dieser Auffassung noch klarer. Bei meiner ausgedehnten Lektüre der Aussagen von Tätern bin ich nicht ein einziges Mal auf die Behauptung eines Deutschen gestoßen, daß die Angehörigen seiner Einheit die Morde mißbilligt hätten, aber dennoch diese unangenehme Pflicht nicht anderen hätten überlassen wollen. Wäre dies im Polizeibataillon 101 oder in anderen Mordinstitutionen vorgekommen, dann wären die Zeugen bestimmt darauf zu sprechen gekommen.

23 Diese Erklärung kann nur dann auf eine ganze Gruppe von Menschen zutreffen, wenn jeder von ihnen dem Mißverständnis aufsäße, die anderen verträten Ansichten, die im Widerspruch zu den seinen stünden. Dies würde den Grad von Atomisierung herbeiführen, den Hannah Arendt in *Elemente und Ursprünge totaler Herrschaft,* München 1991, für NS-Deutschland angenommen hat. Nach ihrer Überzeugung zerstört die totalitäre Herrschaft nicht nur die Sphäre der Öffentlichkeit: »Die Zerstörung der Pluralität, die der Terror bewirkt, hinterläßt in jedem einzelnen das Gefühl, von allen ganz und gar verlassen zu sein ... Die Grunderfahrung menschlichen Zusammenseins, die in totalitärer Herrschaft politisch realisiert wird, ist die Erfahrung der *Verlassenheit*« (S. 727). Im Gegensatz dazu waren die Täter aber aber keineswegs einsame Wesen. Sie standen mit ihrer Welt im Einklang und hatten ausreichend Gelegenheit und nutzten diese auch, über ihre Taten zu reden und sich Gedanken dazu zu machen.

24 Zu einigen Fällen, darunter auch zu dem von Karl Koch, der von den Nationalsozialisten als Dieb hingerichtet wurde, siehe Tom Segev, *Die Soldaten des Bösen. Zur Geschichte der KZ-Kommandanten,* Reinbek 1992, S. 177–182, S. 233ff.

25 Je zynischer man die Menschen findet, desto plausibler wird man diese Erklärung finden. Forscher, die glauben, Deutsche seien für eine Beförderung oder für ein paar Mark bereit gewesen, Juden zu Tausenden umzubringen, müßten eigentlich auch annehmen, daß sie selbst und alle ihre Kollegen bereit wären, für eine Festanstellung an einer Universität oder für eine kleine Gehaltserhöhung Tausende von Menschen umzubringen. Auch Ärzte müßten dann von ihren Kollegen denken, daß sie ohne weiteres Tausenden die Todesspritze versetzten, wenn sie sich davon Karrierevorteile versprechen könnten.

26 Raul Hilberg, *Die Vernichtung der europäischen Juden,* Frankfurt/M. 1993, S. 1080.

27 Hilberg, *Die Vernichtung der europäischen Juden,* S. 1071–1079, erörtert die Reibungslosigkeit, mit der die Mordaktionen trotz Personalmangels abliefen. Ich kann mit Hilbergs Interpretation in vielen Aspekten nicht übereinstimmen, doch seiner Schlußfolgerung über die Entwicklung des Holocaust ist nicht zu widersprechen: »Kein moralisches Problem erwies sich als unüberwindlich. Auf den Prüfstand gestellt, gab es unter den Beteiligten nur wenige Zögernde und so gut wie gar keinen Deserteur. Das sittliche Erbe gelangte nirgendwo zum Durchbruch. Dies ist ein Phänomen von allergrößter Bedeutung« (S. 1080).

666

28 Zitiert in Robert Jay Lifton, *Ärzte im Dritten Reich,* Stuttgart 1988, S. 174.

29 William Blake,»A Divine Image«, in: *The Complete Poetry and Prose of William Blake,* überarbeitete Ausgabe, hrsg. von David V. Erdman, Berkeley 1982, S. 32.

30 Orlando Patterson, *Slavery and Social Death: A Comparative Study,* Cambridge 1982, S. 198.

31 Zitiert bei Hermann Langbein, *Menschen in Auschwitz,* Frankfurt/M. 1980, S. 389.

32 Oscar Pinkus, *The House of Ashes,* Cleveland 1964, S. 24f.

33 Chaim A. Kaplan, *Buch der Agonie. Das Warschauer Tagebuch des Chaim A. Kaplan,* hrsg. von Abraham I. Katsh, 1967, S. 184. Wie viele andere Überlebende erwähnt Henry Orenstein in *I Shall Live: Surviving Against All Odds, 1939–1945,* New York 1989, einen ausnahmsweise anständigen Deutschen:»Ein neuer junger Gestapomann tauchte in Hrubieszow auf. Er war ein Einfaltspinsel und lachte wie ein Pferd, aber tat wenigstens niemandem etwas zu Leide. Er war der einzige Gestapomann, vor dem sich niemand fürchtete« (S. 131). Vielleicht war es die Gutherzigkeit dieses»Einfaltspinsels«, die ihn zu einer Ausnahme machte.

34 Erich Goldhagen,»The Mind and Spirit of East European Jewry During the Holocaust«, in: *The Beiner-Citrin Memorial Lecture,* Cambridge 1979, S. 8f.

35 Brownings Ansicht, die Brutalität der Deutschen sei eine Reaktion auf objektive Schwierigkeiten wie Personalmangel gewesen, ist nicht haltbar; vgl. *Ganz normale Männer,* S. 134, und auch Raul Hilberg, *Täter, Opfer, Zuschauer. Die Vernichtung der Juden 1933–1945,* Frankfurt/M. 1992, S. 67:»Meist war die Brutalisierung nur Ausdruck der Ungeduld.« Zweifellos kam beides vor. Doch wer die praktisch unbegrenzte Grausamkeit der Deutschen, die sich großenteils nicht während der Mordoperationen entfaltete, sondern beim alltäglichen Kontakt der Deutschen mit Juden innerhalb und außerhalb der Lager, als Ausdruck von Pragmatismus oder Ungeduld erklärt, der ignoriert oder mißversteht einen wesentlichen Grundzug des Holocaust: eben dessen nicht-pragmatische Natur, die in den vielen, während des Holocaust geschriebenen Tagebüchern von Opfern und in der umfangreichen Memoirenliteratur der Überlebenden bezeugt wird.

36 Aharon Weiss,»Categories of Camps – Their Character and Rolle in the Execution of the ›Final Solution of the Jewish Question‹«, in: *The Nazi Concentration Camps: Structure and Aims, The Image of the Prisoner. The Jews in the Camps,* Jerusalem 1984, S. 129.

37 Siehe Susan Zuccotti, *The Italians and the Holocaust: Persecution, Rescue, Survival,* New York 1987, sowie Daniel Carpi,»The Rescue of Jews in the Italian Zone of Occupied Croatia«, in: *Rescue Attempts During the Holocaust. Proceedings of the Second Yad Vashem International Conference,* hrsg. von Yisrael Gutman und Efraim Zuroff, Jerusalem 1977, S. 465–506.

38 Dies soll keineswegs heißen, daß es einen *überzeitlichen* deutschen Charakter gibt. Charakterstruktur und kollektive Wahrnehmungsmodelle der Deutschen haben sich historisch entwickelt und insbesondere nach der Niederlage im Zweiten Weltkrieg dramatisch verändert.

39 In ähnlicher Weise müssen die Attribute, die die Deutschen anderen Völkern zuschrieben und die es ihnen gestatteten, mit diesen Völkern so

umzugehen, wie sie es taten, spezifiziert werden. Dies geschieht im nächsten Kapitel.

40 Zu einer Diskussion dieser allgemeinen Thematik in den Sozialwissenschaften siehe Jeffrey C. Alexander u. a. (Hrsg.), *The Micro-Macro Link*, Berkeley 1987.

41 Eine Ausnahme ist möglicherweise die These, die Deutschen seien generell autoritätshörig.

42 Wenn es *eine einzige* Tatsache gäbe, und zwar eine, die das gemeinsame Motiv erkennen und sich auf die meisten der zu untersuchenden Phänomene anwenden ließe, dann wäre dies jedem mühsam zusammengebauten Erklärungsmosaik vorzuziehen.

43 Dr. Reinhard Maurach,»Expert Legal Opinion Presented on Behalf of the Defense«,»U. S. v. Ohlendorf et al.«, *TWC*, Bd. 4, S. 339-355, hier S. 351, S. 350, S. 353f. Maurachs Gutachten schwankt ständig zwischen der Meinung, die Täter hätten irrige Ansichten über die Juden gehabt, und der Behauptung, diese Ansichten seien realitätsgerecht gewesen. Doch läßt er keinen Zweifel, daß die Überzeugungen der Täter authentisch waren.

44 Otto Ohlendorf, Brief vom 7. August 1947, Kopie im Besitz des Autors. Daß Maurach die Ansichten der Einsatzkommandos über feindseiligen Aktionen der Juden gegen Deutschland korrekt wiedergibt, wird von den Aussagen der Täter nicht nur im Nürnberger Prozeß gegen die Einsatzgruppen, sondern auch in späteren gerichtlichen Untersuchungen betätigt. Siehe beispielsweise W.K., ZStL 207 AR-Z 15/58, S. 2453f.

45 Zu dieser vielschichtigen Gestalt siehe Daniel Jonah Goldhagen,»The ›Humanist‹ as a Mass Murderer: The Mind and Deeds of SS General Otto Ohlendorf«, B. A. thesis, Harvard College, 1982.

46 Diese Erklärung sollte nicht nur deshalb akzeptiert werden, weil sie das Handeln der Täter *besser* erklärt als alle anderen und uns keine andere Wahl läßt, als sie zu übernehmen, sondern weil sie auch den weiterreichenden Ansprüchen gerecht wird, die verschiedenen Phänomene – von Ausnahmen, die es immer gibt, abgesehen – außerordentlich gut zu erklären. Sie ist außerdem theoretisch und historisch begründet, was sie noch verläßlicher macht.

47 *Deutscher Wochendienst*, 2. April 1943, Nbg. Dok. NG-4713, zitiert in Hilberg, *Die Vernichtung der europäischen Juden*. S. 1091.

48 Ernst Hiemer, *Der Giftpilz*, Nürnberg 1938, S. 62.

49 H. G., H G, S. 456.

50 Pinkus, *The House of Ashes*, S. 119. Der Autor lebte in der Stadt Losice, unmittelbar nördlich vom Einsatzgebiet des Polizeibataillons 101.

51 Orenstein, *I Shall Live*, S. 86f.

52 Zitiert bei Klee, Dreßen und Rieß (Hrsg.),»*Schöne Zeiten*«, S. 78. Dieser Mann erwähnt auch die Gelegenheiten zum Plündern, aber dies war lediglich eine willkommene Prämie für die Täter, nicht Auslöser von Haß und Grausamkeit gegen Juden oder gar von Mordlust.

53 Kaplan, *Buch der Agonie*, S. 103. Mit »Nazis« meint Kaplan in seinem gesamten Tagebuch immer»Deutsche«, denn als »Nazis« bezeichnet er auch Deutsche ohne formelle Parteimitgliedschaft.

54 So deren Charakterisierung durch Michael R. Marrus in *The Holocaust in History*, Hanover 1987, S. 47.

55 Diese Zeilen wurden auch im Urteil des Nürnberger Prozesses gegen die Einsatzgruppen zitiert, das alle der Selbstentlastung dienenden Argu-

mente der Angeklagten zurückwies. Siehe »U.S. v. Ohlendorf u.a.«, S. 483–488.

56 William Shakespeare, *Julius Caesar*, hrsg. von Dietrich Klose, Stuttgart 1984, S. 53.

57 Siehe John Wheeler-Bennett, *Die Nemesis der Macht. Die deutsche Armee in der Politik 1918–1945*, Düsseldorf 1954, S. 705; sowie Allen Dulles, *Verschwörung in Deutschland*, Kassel 1948, S. 109f.

58 Zur Suche nach einer »humanen« Methode zur Tötung der Geisteskranken und der Schwerstbehinderten, siehe Henry Friedlander, *The Origins of Nazi Genocide: From Euthanasia to the Final Solution*, Chapel Hill 1995, S. 86.

59 Alfred Rosenberg, *Die Protokolle der Weisen von Zion und die jüdische Weltpolitk*, München 1933, S. 132.

60 Bruno Malitz, *Die Leibesübungen in der nationalsozialistischen Idee*, München 1933, S. 45.

61 Hermann Melville, *Moby Dick oder der Wal*, Vollständige Ausgabe, aus dem Amerikanischen übertragen und mit einem Nachwort und Erläuterungen von Richard Mummendey, München 1978, S. 237.

62 So sicher der Antisemitismus der Deutschen die Grundlage ihres Judenhasses und des Drangs, Juden leiden zu lassen, war, so kann er doch das Maß der Grausamkeit nicht erklären, zu dem die Täter fähig waren, und auch nicht die Befriedigung, die viele daraus zogen. Die Grausamkeit der Deutschen gegen Juden war so ungeheuerlich, daß sie immer etwas Unverständliches behält.

63 Das zähe Festhalten am kulturell-kognitiven Modell des Juden zeigt sich an einem Brief eines »gewöhnlichen« Wehrmachtssoldaten vom Juni 1943, als sich der Kriegserfolg längst gegen die Deutschen gekehrt hatte. Niemand, so schreibt er, setze noch auf das NS-Regime: »Unter uns Kameraden darf man auch alles reden. Die Zeit des Fanatismus und der Nichtduldung anderer Ansichten ist vorbei.« Und dieser Wandel führe zu einer allgemeinen Ernüchterung: » Allmählich beginnt man klarer und nüchterner zu denken. Wollen wir den Krieg gewinnen, dann müssen wir auch vernünftiger werden und dürfen nicht mehr so großsprecherisch und prahlerisch alle Welt abstoßen. Das hast Du ja selber auf dem Appell gemerkt, daß man heute schon anders spricht als vor drei Jahren.« Dieser Soldat beschreibt eine neue, kritische Haltung zum Regime. Nur was die Juden betrifft, bleibt er Nationalsozialist: »Es ist richtig, wir müssen den Krieg gewinnen, um nicht der Rache der Juden ausgeliefert zu werden, aber die Träume von einer Weltherrschaft sind dahin.« Zitiert in *Das andere Gesicht des Krieges. Deutsche Feldpostbriefe 1939–1945*, hrsg. von Ortwin Buchbender und Reinhold Sterz, München 1982, S. 117f. Der bösartige, wahnhafte Antisemitismus der in diesem Band gesammelten Briefe einfacher Soldaten verdeutlicht die vollkommen phantasmagorischen Vorstellungen, die sie von den Juden hatten.

64 Es ist daher nicht überraschend, daß das Festhalten an kulturell überlieferte Überzeugungen und die Unterstützung des Nationalsozialmus zwei unterschiedliche Dinge waren. Wer aus anderen Gründen gegen den Nationalsozialismus war, konnte doch gemeinsam mit den Nazis gegen Juden vorgehen. Diese Unabhängigkeit verschiedener Dimensionen galt für Deutschland während der NS-Zeit ebenso wie für Deutschland oder die Vereinigten Staaten heute, wo hartnäckige Gegner der Re-

gierungspartei dennoch die Politik dieser Partei in gewissen Teilbereichen unterstützen – und dies möglicherweise mit Begeisterung.

65 Wen diese Feiern und Prahlereien der Täter überraschen, der sollte daran denken, daß Soldaten große Siege immer gefeiert und sich ihrer Heldentaten gerühmt haben. Als Sieg und Triumph mußten einem Antisemiten »erfolgreiche« Aktionen gegen Juden gelten. Nicht das Maß an Grausamkeit, aber das Vorgehen der Deutschen gegen die Juden war angesichts der Intensität des deutschen Antisemitismus zu erwarten; vor allem dann, wenn dieser für ein staatlich organisiertes Vernichtungsprogramm nutzbar gemacht wurde.

66 Zitiert bei Klee, Dreßen und Rieß (Hrsg.), »Schöne Zeiten«, S. 185.

67 Für jede Mordinstitution haben wir ein oder zwei zentrale Fallbeispiele eingehend erörtert, um Institution und das Handeln ihrer Mitglieder detailliert zu beschreiben. Dies wurde durch eine umfassendere Diskussion der Mordinstitutionen ergänzt, um zu zeigen, daß die wesentlichen Aspekte der ausführlich behandelten Fälle sich mit den Grundstrukturen der betreffenden Institution decken. Diese Mordinstitutionen wurden deshalb ausgewählt, weil mit ihnen die Vorstellung überprüft werden sollte, daß rassistischer eliminatorischer Antisemitismus die Täter dazu motivierte, Juden umzubringen, und daß dieser Antisemitismus stark genug war, andere Gesichtspunkte zu verdecken, die die Mordbereitschaft vielleicht eingeschränkt hätten.

68 Orenstein, I Shall Live, S. 112.

69 Brief von Karl Kretschmer, 27. September 1942, ZStL 204 AR-Z 269/60, Sonderband KA, S. 13.

70 Wenn die Befehlshaber auch die Verantwortung der Juden für die Bombardierung deutscher Städte, den Partisanenkrieg, die Schädigung der deutschen Kriegswirtschaft et cetera ins Spiel brachten, dann nicht als Begründung für den Völkermord, sondern um ihre Männer daran zu erinnern, daß die Juden ein Grundübel und eine tödliche Bedrohung für Deutschland seien.

71 Siehe oben, Anmerkung 13.

72 Zitiert bei Krausnick und Wilhelm, Die Truppe des Weltanschauungskrieges, S. 557.

73 Zum Fall eines SS-Mannes, eines ungewöhnlich brutalen Judenmörders, der von einem SS- und Polizeigericht unter anderem deshalb verurteilt wurde, weil er Mordaktionen photographiert und die Aufnahmen seiner Frau und Freunden gezeigt hatte, siehe Klee, Dreßen und Rieß (Hrsg.), »Schöne Zeiten«, S. 183–192, insbesondere S. 188. Der Gerichtshof hebt jedoch lobend hervor: »Wirklicher Judenhaß ist der treibende Beweggrund für den Angeklagten gewesen.« S. 188.

74 Für dieses Bild und seine Verbreitung ist vor allem Hannah Arendt verantwortlich, siehe Eichmann in Jerusalem. Ein Bericht von der Banalität des Bösen, München 1986. Selbst Brownings nuancierterer Darstellung verfällt manchmal in derartige Argumentationsweisen, siehe Ganz normale Männer, z. B. S. 109, 241.

75 Bei der Bewertung der verschiedenen Faktoren, die zu höheren Überlebenschancen der Juden in Italien – mit Ausnahme Dänemarks höher als in jedem anderen europäischen Land – beigetragen haben, schreibt Zuccotti, The Italians and the Holocaust: »Sicher sind die Faktoren, die zur Rettung der Juden während des Holocaust beitrugen im Kontext der Sitten und Traditionen in den jeweiligen Ländern zu sehen. Entscheidend

ist das Vorhandensein oder das Fehlen von Antisemitismus. Aus vielerlei Gründen gab es im modernen Italien keine antisemitische Tradition« (S. 278). Siehe auch Carpi, »The Rescue of Jews in the Italian Zone of Occupied Croatia«, S. 465–506. Zu einer Darstellung der Rettung der dänischen Juden durch die Dänen siehe Leni Yahil, *The Rescue of Danish Jewry: Test of a Democracy,* Philadelphia 1969. Zum Einfluß des Antisemitismus auf das Überleben seiner Juden in einem Land unter deutscher Besatzung siehe Helen Fein, *Accounting for Genocide: National Responses and Jewish Victimization During the Holocaust,* New York 1979, insbesondere S. 82.

76 Eine Litauerin schreibt in ihrem Tagebuch: »Alle Litauer und speziell die Intelligenz waren sich mit wenigen Ausnahmen in ihrem Haß auf die Juden einig ... Ich traue meinen Augen und Ohren nicht; ich schaudere angesichts der Kraft des blinden Hasses ...«Zitiert in Mendl Sudarski, Uriyah Katzenelbogen und Y. Gishin (Hrsg.), *Lite,* New York 1951, S. 1666. Siehe auch L. Garfunkel, *Kovna Hay'hudit B'khurbanah,* Jerusalem 1959; Peter J. Potichny und Howard Aster (Hrsg.), *Ukrainian-Jewish Relations in Historical Perspective,* 2. Aufl., Edmonton 1990; B. F. Sabrin (Hrsg.), *Alliance for Murder: The Nazi-Ukrainian Nationalist Partnership in Genocide,* New York 1991; sowie Shmuel Spector, *The Holocaust and Volhynian Jews, 1941–1944,* Jerusalem 1990.

77 Siehe beispielsweise das Urteil gegen Viktor Arajs, Hamburg (37) 5/76; die Anklageschrift gegen Viktor Arajs, Hamburg 141 Js 534/60; sowie das Urteil gegen Karl Richard Streibel u. a., Hamburg 147 Ks 1/72.

78 Es ist bemerkenswert wenig über die Täter anderer Völkermorde bekannt. Siehe Frank Chalk und Kurt Jonassohn, *The History and Sociology of Genocide: Analyses and Case Studies,* New Haven 1990.

79 Dies ist ein aufschlußreicher Vergleich, denn er bietet die Möglichkeit, die Unterschiede in der Behandlung verschiedener »Rassen« und Nationalitäten in strukturell ähnlichen Situationen, insbesondere in den Lagern, zu untersuchen. Es zeigt sich, daß das unterschiedliche Handeln der Deutschen nicht durch strukturelle und situationsbedingte Variable erklärt werden kann, denn wenn sich – bei gleicher Struktur – die unabhängige Variable nicht ändert, dann kann diese Variable nicht Ursache für eine Veränderung abhängiger Variablen – die unterschiedliche Behandlung der verschiedenen Opfergruppen – sein. Also stützt dieser Vergleich unsere These, daß strukturelle und situationsbezogene Ursachen nicht ausschlaggebend für die Bereitschaft der Deutschen waren, Juden zu töten und zu quälen. Selbst Wolfgang Sofsky, der sich nachdrücklich für eine strukturelle Interpretation des Handelns der Lageraufseher einsetzt, muß einräumen, daß verschiedene Kategorien von Lagerinsassen höchst unterschiedlich behandelt wurden; siehe *Die Ordnung des Terrors. Das Konzentrationslager,* Frankfurt/M. 1993, S. 137–151. Damit steht allerdings die strukturelle Perspektive in Frage. Zur Behandlung der Nichtjuden durch Nationalsozialisten, siehe Michael Berenbaum (Hrsg.), *A Mosaic of Victims: Non-Jews Persecuted and Murdered by the Nazis,* New York 1990.

80 Bezeichnenderweise war die medizinische und naturwissenschaftliche Elite eher für diese Auffassungen über Behinderte anfällig als ein einfacher Bauer. Siehe Robert Proctor, *Racial Hygiene: Medicine under the Nazis,* Cambridge 1988. Wer behauptet, die Mörder seien von primitiver Geistesart gewesen und solche Menschen könne man in jeder Gesell-

schaft leicht zu brutalem Verhalten bringen, muß die intellektuelle Elite – etwa die promovierten Mitarbeiter des SD – als »Übernazis« hinstellen, anders läßt sich nicht erklären, wie intelligente Menschen derartige Verbrechen begehen konnten. Sie bildeten die intellektuelle Elite, die mit pseudo-wissenschaftlichen Argumenten in Deutschland verbreitete weltanschauliche Strömungen ausarbeiteten und bis zur letzten Konsequenz trieben. Sie taten nichts anderes, als Ansichten, die aus der Gosse kamen, aber auch in gutbürgerlichen Kreisen und an den Universitäten ihren Widerhall fanden, eine wissenschaftliche Form zu geben und sie in die Praxis umzusetzen. Wer bestreitet, daß alle Täter eine gemeinsame, vom Nationalsozialismus geprägte Weltanschauung verband, muß eine Erklärung für die angeblich einfachen Gemüter haben und eine andere für die »Übernazis«. Für alle, die zwischen diesen beiden Gruppen standen, bliebe dann nur die willkürliche Annahme übrig, daß jeder eine andere Einstellung zur Frage des systematischen Mords bestimmter Gruppen hatte. Sinnvoller ist es jedoch, nach gemeinsamen vereinheitlichenden Linien zu suchen, durch die Deutsche aus allen gesellschaftlichen Bereichen zu bereitwilligen Agenten des Todes wurden.

81 Zu zentralen Aspekten der nationalsozialistischen Rassentheorie siehe Hans Günther, *Rassenkunde des deutschen Volkes*, München 1935; siehe auch Hans Jürgen Lutzhöft, *Der nordische Gedanke in Deutschland, 1920–1940*, Stuttgart 1971.

82 Christa Kamenetsky, *Children's Literature in Hitler's Germany: The Cultural Policy of National Socialism*, Athens 1984, S. 166.

83 Max Weinreich, *Hitler's Professors: The Part of Scholarship in Germany's Crimes Against the Jewish People*, New York 1946, S. 89 Anmerkung 204.

84 Adolf Hitler, *Mein Kampf*, S. 329.

85 Josef Ackermann, *Heinrich Himmler als Ideologe*, Göttingen 1970, S. 160.

86 Dies gilt für den Massenmord an den Armeniern, an den indonesischen Kommunisten, für die Greuel der Tutsi an den Hutu in Burundi, für Stalins Liquidierung der Kulaken und die Massenmorde in der Ukraine, die Massenmorde der Pakistaner an den Bengalen in Bangladesch, um nur einige zu nennen. Siehe dazu Frank Chalk und Kurt Jonassohn, *The History and Sociology of Genocide: Analyses and Case Studies*, New Haven 1990; Leo Kuper, *Genocide: Its Political Use in the Twentieth Century*, New Haven 1981; sowie Robert Conquest, *Die Ernte des Todes. Stalins Holocaust in der Ukraine 1929–1933*, Berlin 1991. Auch wenn objektive Konflikte existierten, ist damit kein Völkermord zu rechtfertigen, noch weniger sind damit die Opfer für die Taten der Mörder verantwortlich zu machen.

87 Bis die sowjetischen Juden gewahr wurden, daß diese Deutschen nichts mit jenen zu tun hatten, die sie einstmals gekannt hatten, empfingen sie die vorrückende Wehrmacht zuvorkommend und ohne Feindseligkeit. Ein deutscher Rüstungsinspektor schrieb dazu in seinem Bericht an General Georg Thomas, »daß sie die deutsche Verwaltung und Armee im Inneren hassen, ist selbstverständlich und kann nicht wundernehmen«. *Der Prozeß gegen die Hauptkriegsverbrecher vor dem Internationalen Militärgerichtshof, Nürnberg, 14. November 1945–1. Oktober 1946 (IMG)*, 42 Bde., Nürnberg 1947–1949, Bd. 32, S. 73. So verzerrt stellten sich also die Dinge dar, wenn man sie durch die Brille des Antisemitismus betrachtete.

88 Dietrich Eckart, *Der Bolschewismus von Moses bis Lenin. Zwiegespräch zwischen Adolf Hitler und mir,* München 1924, S. 46.
89 Georg Lilienthal, *Der »Lebensborn e.V.«. Ein Instrument nationalsozialistischer Rassenpolitik,* Stuttgart 1985, S. 218–234.
90 Siehe Kuper, *Genocide,* S. 110.
91 Sicher herrschten auch im Gulag mörderische Verhältnisse, und die Aufseher behandelten die Häftlinge oft äußerst brutal, aber die Grausamkeiten der Wachmannschaften entsprachen nicht im entferntesten denen, die Deutsche an Juden begingen. Siehe Robert Conquest, *Der Große Terror. Sowjetunion 1934–1938,* München 1992; Alexander Solschenizyn, *Der Archipel Gulag,* 3 Bde., Bern – München 1974–1976.

Kapitel 16

1 Analytisch ist die Sache einfach: Wenn jemand von vornherein zu einer Handlung bereit ist, dann kann die bloße Vermutung, daß Nicht-Handeln bestraft würde, sein Handeln nicht erklären. Denn dieser Täter handelt freiwillig; und diese *Freiwilligkeit* kann durch Furcht vor Strafe – wenn diese ihm überhaupt bewußt wird – nicht erklärt werden. Das gleiche gilt für materielle Vorteile. Wenn jemand bereit ist, etwas umsonst zu tun, dann mag eine Belohnung willkommen sein, aber auch diese erklärt nicht die Bereitschaft zum Handeln.
2 Um Menschen als Opfer zu designieren, reicht es nicht aus, sie zu dehumanisieren. In vielen Kulturen wurden Sklaven unmenschlich behandelt und nicht als Menschen betrachtet, aber sie wurden nicht getötet. Damit es dazu kommt, daß Menschen umgebracht werden, braucht es weitere Vorstellungselemente, in der Regel auch die Überzeugung, daß von der entmenschlichten Gruppe eine schwere Gefahr ausgeht.
3 Ohne institutionelle Unterstützung und Anleitung führen derartige Überzeugungen nicht zu Gewalttätigkeiten, die über Straßenkrawalle und Pogrome hinausgehen. Auch setzen Staaten, ähnlich wie der deutsche Staat im neunzehnten Jahrhundert, den gewalttätigen Impulsen, die von solchen Vorstellungen ausgelöst werden, oft Grenzen. Der Historiker Otto Stobbe, der sich mit den deutschen Juden im Mittelalter beschäftigte, machte sich 1866 Gedanken darüber, wie wenig sich der Judenhaß der Deutschen seit dem Mittelalter verändert hat: »Wenn auch die neueste Gesetzgebung an vielen Orten die Emanzipation der Juden in unbegrenzter Weise ausgesprochen hat, so fehlt doch noch viel an ihrer Verwirklichung. Und würde der Staat nicht den Juden gegen grobe Unbill schützen, so würde das Judentum auch heute noch der Verfolgung und Mißhandlung durch den Pöbel ausgesetzt sein.« Zitiert nach Guido Kisch, *Forschung zur Rechts- und Sozialgeschichte der Juden in Deutschland während des Mittelalters,* Stuttgart 1955, S. 6.
4 Bekannte Fälle von Völkermord behandeln Frank Chalk und Kurt Jonassohn, *The History and Sociology of Genocide: Analyses and Case Studies,* New Haven 1990.
5 Zu einem Vergleich der Entwicklung des Antisemitismus in verschiedenen europäischen Regionen siehe Jacob Katz, *Vom Vorurteil bis zur Vernichtung. Der Antisemitismus 1700–1933,* München 1989.
6 Helen Fein hat gezeigt, daß es in allen Ländern, die die Deutschen besetzt hatten, von der Stärke und Verbreitung des vor dem Krieg dort

herrschenden Antisemitismus abhing, ob es den Deutschen gelang, Juden zu ermorden, siehe *Accounting for Genocide: National Responses and Jewish Victimization During the Holocaust,* New York 1979, S. 64 bis 92. Man sollte hinzufügen, daß die Deutschen weit mehr Möglichkeiten hatten, das eigene Regime zu beeinflussen oder zu blockieren, als die Völker des besetzten Europa.

7 Die Periodisierung ändert sich ein wenig, je nachdem, ob man sich an den *Intentionen* oder an den *politischen Konzepten* orientiert. Hier orientiert sie sich an der Politik. Ginge man von Hitlers Intentionen aus, so könnte die Reichspogromnacht den Beginn der zweiten Phase markieren; Hitlers *Entscheidung* zur Vernichtung der Juden wäre dann der Beginn der dritten Phase. Eberhard Jäckel, *Hitlers Weltanschauung. Entwurf einer Herrschaft,* Stuttgart 1991, S. 72f., unterscheidet ähnliche Phasen, doch vertritt er eine grundsätzlich andere Auffassung von ihrer Genese und ihrem Charakter.

8 *Faschismus – Ghetto – Massenmord. Dokumentation über Ausrottung und Widerstand der Juden in Polen während des Zweiten Weltkrieges,* hrsg. von Tatiana Berenstein u.a., Berlin 1961, S. 46.

9 Wie die Nationalsozialisten Juden dazu benutzten, bei Verhandlungen materielle oder politische Vorteile zu erzielen, zeigt Yehuda Bauer, *Freikauf von Juden? Verhandlungen zwischen dem nationalsozialistischen Deutschland und jüdischen Repräsentanten von 1933 bis 1945,* Frankfurt/M. 1996. Bauer stellt fest, daß diese Initiativen zeitlich begrenzte und taktische Ausnahmen waren und nicht im Widerspruch zur Absicht der Nationalsozialisten standen, alle Juden zu vernichten.

10 Siehe David Bankier,»Hitler and the Policy-Making Process on the Jewish Question«, *HGS,* Jg. 3, H.1, 1988; S. 1–20, insbes. S. 16f.

11 Die zentrale Rolle, die geostrategische Überlegungen bei der Gestaltung der eliminatorischen Politik spielten, stand auch im Mittelpunkt der Denkschrift von Franz Rademacher, dem Leiter des Judenreferats der Abteilung Deutschland (D III) im Auswärtigen Amt, an seinen Vorgesetzten, Staatssekretär Martin Luther, vom 3. Juni 1940. Diese Denkschrift über die Judenpolitik geht davon aus, daß die Juden über die Macht verfügen, auswärtige Mächte – in diesem Fall die Vereinigten Staaten – zu manipulieren, und daß es deshalb von strategischem Nutzen sei, möglichst viele Juden als Faustpfand zu halten; beide Überlegungen beeinflußten auch Hitlers strategisches Denken. Rademacher erwähnte ausdrücklich die gängige Auffassung von den zwei miteinander verbundenen Kriegszielen: der imperialistischen Expansion Deutschlands und der»Befreiung der Welt aus den Fesseln des Judentums und der Freimaurerei (*sic!*)«. Einen langen Auszug aus dieser Denkschrift zitiert Christopher R. Browning,»Referat D III of Abteilung Deutschland and the Jewish Policy of the German Foreign Office, 1940–1943«, Diss., Wisconsin 1975, S. 123ff.

12 Werner Jochmann (Hrsg.), *Adolf Hitler. Monologe im Führer-Hauptquartier 1941–1944,* Hamburg 1980, S. 108.

13 Goebbels hielt im April 1944 in Nürnberg eine Rede, in der er es als Ruhmestat hinstellte, daß die Nationalsozialisten ihre letzten Absichten nicht öffentlich bekanntgegeben hätten. Damit bestätigte er indirekt, daß sie auf einen geeigneten Moment warten mußten, um ihre Absichten zu verwirklichen:»Es wäre ja sehr unklug gewesen, wenn wir vor der Machtübernahme schon den Juden ganz genau auseinandersetzt hätten,

was wir mit ihnen zu tun beabsichtigten ... Es war ganz gut, daß [sie] die nationalsozialistische Bewegung nicht so ernst genommen haben, wie sie es eigentlich verdiente.« Zitiert nach Hans-Heinrich Wilhelm, »Wie geheim war die ›Endlösung‹?«, in: *Miscellenea. Festschrift für Helmut Krausnick zum 75. Geburtstag,* hrsg. von Wolfgang Benz, Stuttgart 1980, S. 147f.

14 *Völkischer Beobachter,* 7. August 1929, zitiert in Erich Goldhagen, »Obsession and Realpolitik in the ›Final Solution‹«, in: *Patterns of Prejudice,* Jg. 12, H. 1, Jan.–Feb. 1978, S. 10. Kurz nach der Machtübernahme im Jahr 1933 erklärte Hitler bei einer internen Besprechung, daß man die Geisteskranken umbringen sollte. Siehe Michael Burleigh, *Death and Deliverance: Euthanasia in Germany c. 1900–1945,* Cambridge 1994, S. 97.

15 Auch wenn die Deutschen die in ihrem Herrschaftsbereich lebenden Juden 1940 nach Lublin, Madagaskar oder sonstwohin deportiert hätten, deutet nichts darauf hin, daß sie diese Juden dort hätten leben lassen. Die Entscheidung, die sowjetischen Juden auszurotten, wäre sicher auch auf die Juden übertragen worden, die von den Deutschen zuvor in irgendwelche »Reservate« deportiert worden wären. So sind die Deutschen mit den Juden aus den polnischen Ghettos und mit den französischen Juden verfahren; mit den englischen und den türkischen Juden hatten sie nichts anderes im Sinn. Hätte Hitler tatsächlich anderes beabsichtigt, hätte er im Sommer und Herbst 1941 als voraussichtlicher neuer Herr Europas und der riesigen, bis zum Pazifik reichenden russischen Landmassen leicht seine alten Pläne, die Juden Polens und Europas in eine isolierte, abgekapselte Kolonie zu deportieren, wiederaufleben lassen und sich ihrer Durchführung zum rechten Zeitpunkt in aller Ruhe widmen können. Aber das tat er nicht.

16 Zum mörderischen Zahlenspiel, das Himmler in seiner Rede vorführte, siehe die Zeugenaussage des SS-Generals Erich von dem Bach-Zelewski in *IMG,* Bd. 4, S. 539. Eine allgemeine Darstellung der deutschen Mordpläne für Osteuropa geben Igor Kamenetsky, *Secret Nazi Plans for Eastern Europe: A Study of Lebensraum Policies,* New York 1961; sowie Robert Gibbons, »Allgemeine Richtlinien für die politische und wirtschaftliche Verwaltung der besetzten Ostgebiete«, *VfZ,* Jg. 24, 1977, S. 252–261.

17 Jochmann (Hrsg.), *Adolf Hitler,* S. 229.

18 Es gab seltene Ausnahmen wie General Franz von Rocques. Während der ersten Tage der Massenmorde an den sowjetischen Juden erklärte er General Wilhelm Leeb – der davon, ohne eine andere Meinung zu äußern, in seinem Tagebuch berichtet –, die Massenerschießung der sowjetischen Juden werde kein Erfolg werden. »Am sichersten wäre [die Judenfrage] durch Sterilisierung aller männlichen Juden zu lösen.« Hier liegt ein Beispiel dafür vor, daß jemand, der offensichtlich mit Hitlers Auffassung von der »Judenfrage« übereinstimmte, nach einem funktionalen Äquivalent, einer pragmatisch und ästhetisch – in seinen Augen – besseren »Lösung« suchte. Siehe Helmut Krausnick und Heinrich Wilhelm, *Die Truppe des Weltanschauungskrieges. Die Einsatzgruppen der Sicherheitspolizei und des SD 1938–1942,* Stuttgart 1981, S. 207f.

19 Reginald H. Phelps, »Hitlers ›grundlegende‹ Rede über den Antisemitismus«, *VfZ,* Jg. 16, H. 4, 1968, S. 412. Hitler fügte hinzu, die Juden seien

gegen die Todesstrafe, weil sie wüßten, daß sie gegen sie angewendet werden würde.

20 Phelps,»Hitlers ›grundlegende‹ Rede über den Antisemitismus«, S. 418.

21 Die durchschnittliche Zahl der Fluchten ausländischer Arbeiter betrug von Februar bis Dezember 1943 monatlich etwa 33 000, sie stieg dabei von etwas mehr als 20 000 im Februar auf 46 000 im Dezember an. Die meisten Flüchtigen wurden sehr schnell wieder gefaßt. Siehe Ulrich Herbert,»Der ›Ausländereinsatz‹. Fremdarbeiter und Kriegsgefangene in Deutschland 1939–1945 – ein Überblick«, in: *Herrenmensch und Arbeitsvölker. Ausländische Arbeiter und Deutsche 1939–1945,* Berlin 1986, S. 41.

22 Siehe Falk Pingel, *Häftlinge unter SS-Herrschaft. Widerstand, Selbstbehauptung und Vernichtung im Konzentrationslager,* Hamburg 1978, S. 118–179; sowie Ulrich Herbert,»Arbeit und Vernichtung. Ökonomisches Interesse und Primat der ›Weltanschauung‹ im Nationalsozialismus«, in Dan Diner (Hrsg.), *Ist der Nationalsozialismus Geschichte? Zu Historisierung und Historikerstreit,* Frankfurt/M. 1987, S. 198–236.

23 Wie soll man, wenigstens an diesem Beispiel, die Macht des eliminatorischen Antisemitismus bewerten, wenn er sich im Zusammenhang mit anderen Bestrebungen und Zwängen betätigte? Wenn man sich alle widerstreitenden Ziele der Deutschen, unter denen die wirtschaftliche Produktion nur einen sekundären Rang einnahm, vor Augen hält, dann muß man sagen, daß die Deutschen insgesamt im Sinn einer instrumentellen, an der Zweck-Mittel-Relation orientierten Vernunft handelten. Sie brachten es fertig, Millionen von Juden umzubringen; sie zogen einen gewissen wirtschaftlichen Nutzen aus ihnen, ohne ihr primäres Ziel, die Vernichtung, aus dem Augen zu verlieren; und sie ließen die Juden die ganze Zeit in einem bis dahin unvorstellbaren Maß leiden. Ihre Politik war unzusammenhängend und hätte selbst aus ihrer Sicht weit intelligenter konzipiert und durchgesetzt werden können. Doch insgesamt, angesichts ihrer Werte und ihrer unvereinbaren Bedürfnisse, erledigten die Deutschen ihre Arbeit nicht schlecht. Sie selbst betrachteten ihr Tun als Erfolg. Es gelang ihnen, die»Arbeit« vor den Todeskarren zu spannen, eine bezeichnende Leistung ihres Antisemitismus, die dessen Verführungskraft erkennen läßt.

24 K. D., Hoffmann, S. 2677.

25 Zu einer Erörterung solcher Fälle siehe Wolfgang Benz,»Überleben im Untergrund 1943–1945«, in: Wolfgang Benz (Hrsg.), *Die Juden in Deutschland 1933–1945. Leben unter nationalsozialistischer Herrschaft,* München 1988, S. 660–700.

26 Dies war die berühmte antisemitische Parole von Heinrich von Treitschke, dem prominentesten unter den enttäuschten Intellektuellen, die zu Antisemiten wurden! 1879 fand er die seinen Appell mit dem Antisemitismus, der mindestens noch ein Dreivierteljahrhundert lang erklingen sollte:»Unter Männern, die jeden Gedanken kirchlicher Unduldsamkeit oder nationalen Hochmuths mit Abscheu von sich werfen würden, ertönt es heute wie aus einem Munde: die Juden sind unser Unglück!«. Zitiert nach *Der Berliner Antisemitismusstreit,* hrsg. von Walter Boehlich, Frankfurt/M. 1965, S. 11.

27 Robert Gellately, *Die Gestapo und die deutsche Gesellschaft. Die Durchsetzung der Rassenpolitik 1933–1945,* Paderborn 1993, S. 234. Und auch diese wenigen kritischen Stimmen bezogen sich nicht alle auf

die Vorstellungen von den Juden oder auf die Rechtmäßigkeit des eliminatorischen Programms, sondern auf die Frage, ob die Maßnahmen klug
gewählt waren, wenn zu befürchten stand, daß sich die Juden an
Deutschland rächen würden (siehe S. 237). Fast die Hälfte der Münch-
ner Fälle wurde niedergeschlagen, weil die Anschuldigungen nicht ausreichten (S. 234). Gellately nimmt die geringe Zahl kritischer Stimmen
als »ein Indiz dafür, wie stark die Bürger sich der offiziellen Linie an-
paßten«. Ich sehe keinen Grund anzunehmen, daß sie sich nur »anpaß-
ten« oder den als unbeeinflußbar betrachteten Umständen fügten – vor
allem deswegen, weil die Deutschen zu keinem Zeitpunkt der eliminatorischen Verfolgung ernsthafte Einwände erhoben, ganz gleich welche
Politik gerade betrieben wurde oder wie es um Deutschland gerade
stand. Wie ich anhand der Quellen immer wieder zeigen konnte, war es
nicht Anpassung, sondern ideologische Übereinstimmung, aus der Akzeptanz und Unterstützung für das eliminatorische Unternehmen erwuchsen. Wäre dies wirklich nur »Anpassung« gewesen, warum – um
diese Frage noch einmal zu stellen – »paßten« sich die Deutschen dann
in diesem Bereich »an«, während sie es in anderen, vergleichbaren nicht
taten?

28 Manfred Messerschmidt, »Harte Sühne am Judentum. Befehlslage und
Wissen in der deutschen Wehrmacht«, in: Jörg Wollenberg (Hrsg.), *Niemand war dabei und keiner hat's gewußt. Die deutsche Öffentlichkeit
und die Judenverfolgung 1933–1945,* München 1989, S. 123.
29 Kunrat von Hammerstein, *Spähtrupp,* Stuttgart 1963, S. 123.
30 Zitiert in Wolfgang Gerlach, *Als die Zeugen schwiegen. Bekennende
Kirche und die Juden,* 2. Aufl., Berlin 1993, S. 372f.
31 Zitiert bei Friedrich Heer, *Gottes erste Liebe. Die Juden im Spannungsfeld der Geschichte,* Berlin 1981, S. 364.
32 Zitiert in Gerlach, *Als die Zeugen schwiegen,* S. 244.
33 Zitiert in Gerlach, *Als die Zeugen schwiegen,* S. 376.
34 *Kirchliches Jahrbuch für die Evangelische Kirche in Deutschland,
1933–1944,* Gütersloh 1948, S. 481.
35 Zitiert in Gerlach, *Als die Zeugen schwiegen,* S. 372.
36 William Shakespeare, *Der Kaufmann von Venedig,* übersetzt, kommentiert und hrsg. von Barbara Puschmann-Nalenz, Stuttgart 1982, S. 159.
37 Guenther Lewy, *Die katholische Kirche und das Dritte Reich,* München
1965, S. 337.
38 Zitiert in Gerlach, *Als die Zeugen schwiegen,* S. 31.
39 Zitiert in Gerlach, *Als die Zeugen schwiegen,* S. 29.
40 Ebenda.
41 Zitiert in Gerlach, *Als die Zeugen schwiegen,* S. 153.
42 Zitiert in Gerlach, *Als die Zeugen schwiegen,* S. 143ff.
43 Siehe beispielsweise Johannes Steiner (Hrsg.), *Prophetien wider das
Dritte Reich,* München 1946.
44 Siehe Otto Dov Kulka und Aron Rodrigue, »The German Population
and the Jews in the Third Reich: Recent Publications and Trends in Research on German Society and the ›Jewish Question‹«, *YVS,* Jg. 16, 1984,
S. 421–435; sowie Ian Kershaw, »German Popular Opinion and the
›Jewish Question‹, 1939-1945: Some Further Reflections«, in: Arnold
Paucker (Hrsg.), *Die Juden im nationalsozialistischen Deutschland. The
Jews in Nazi Germany, 1933–1945,* New York 1986, S. 265–386;
David Bankier, *Die öffentliche Meinung im Hitler-Staat. Die »Endlö-*

sung« und die Deutschen. Eine Berichtigung, Berlin 1995, S. 188f.; sowie Hans Mommsen und Dieter Obst,»Die Reaktion der deutschen Bevölkerung auf die Verfolgung der Juden, 1933–1945«, in: Hans Mommsen und Susanne Willems (Hrsg.), *Herrschaftsalltag im Dritten Reich. Studien und Texte,* Düsseldorf 1988, S. 374–421, insbes. S. 406, wo von einer»verbreiteten moralischen Indifferenz« die Rede ist.

45 Zu einem anderen Begriff von»Indifferenz« siehe Michael Herzfeld, *The Social Production of Indifference: Exploring the Symbolic Roots of Western Bureaucracy,* New York 1992.

46 W. H. Auden,»In Memory of W. B. Yeats«, *Another Time: Poems,* 1940.

47 Das deutsche Wort, das die Zeitgenossen benutzten, um die Haltung der Bevölkerung gegenüber den Juden zu beschreiben, lautet»teilnahmslos«, das meist mit»indifferent« oder»apathetic« übersetzt wird. Ian Kershaw,»The Persecution of the Jews and German Popular Opinion in the Third Reich«, *Leo Baeck Yearbook 26,* 1981, übersetzt»absolut teilnahmslos« aus einem *Sopade*-Bericht über Baden mit»completely apathetic«. Das gibt den Sinn des deutschen Wortes nicht genau wieder. Das treffendere englische Wort wäre»unsympathetic«, weil damit eine bestimmte *Gefühls*lage zum Ausdruck kommt. Sie hatten *keinerlei Mitgefühl* mit den Juden, und dies war der Ursprung und Grund ihrer offenkundigen»Indifferenz« und»Apathie«. Teilnahmslos ist auch im Sinn von»gleichgültig«, denn das hieße, daß man sich um etwas nicht kümmert oder sich abwendet. Der»Teilnahmslose« dagegen hat keinerlei Mitgefühl, er ist abgestumpft, gefühllos, abgebrüht. Diese Gefühlslage aber muß einen Grund haben, denn es ist nicht die normale Reaktion auf derart schreckliche Erfahrungen.

48 Wolfgang Wippermann, *Das Leben in Frankfurt zur NS-Zeit. Die nationalsozialistische Judenverfolgung,* Frankfurt/M. 1986, Bd. 1, S. 104.

49 Thomas Hobbes, *Naturrecht und allgemeines Staatsrecht in den Anfangsgründen,* mit einer Einführung von Ferdinand Tönnies, Berlin 1926, S. 70.

50 Die Beweislast liegt bei jenen, die behaupten, daß ein großer Teil der Deutschen diesen vom Nationalsozialismus geprägten Antisemitismus beziehungsweise das von uns beschriebene kulturell-kognitive Modell von den Juden hatte. Es ist immer wieder erstaunlich, wie wenig Beweise es auch in der Literatur für die Behauptung gibt, daß die Vorstellungen der Deutschen insgesamt sich von denen erklärter Nationalsozialisten unterschieden hätten.

51 E. C., ZStL 204 AR-Z 269/60, Bd. 2, S. 471. Dieser Mann stand so stark im Banne der NS-Weltanschauung, daß er noch bei seiner Vernehmung im Jahre 1962 erklärte, vieles von dem, was die Nationalsozialisten über die Juden gesagt hätten, habe sich durch die Entwicklungen in Rußland sowie durch den Morgenthauplan bestätigt.

52 *Why I Left Germany,* by a German Jewish Scientist, London 1934, S. 214.

53 Zitiert in Hartmut Ludwig,»Die Opfer unter dem Rad verbinden. Vor- und Entstehungsgeschichte, Arbeit und Mitarbeiter des Büro Pfarrer Grüber«, Habilitationsschrift, Berlin 1988, S. 76.

54 Bei einer Erhebung der amerikanischen Besatzungsbehörden Ende 1946 ergab sich, daß 61 Prozent der Deutschen Ansichten zum Ausdruck brachten, die sie als Rassisten oder Antisemiten qualifizierten; weitere 19 Prozent wurden als Nationalisten eingestuft.»Um es zusammenzufassen: Vier von zehn Deutschen sind derart vom Antisemitismus durch-

drungen, daß es zweifelhaft ist, ob sie gegen Juden gerichtete Handlungen ablehnen würden, auch wenn sich nicht alle von ihnen an solchen Handlungen beteiligen würden … Weniger als zwei von zehn würden diesen unter Umständen Widerstand entgegensetzen.« Das war anderthalb Jahre nach der Niederlage des Nationalsozialismus! Wahrscheinlich spielen diese Zahlen das Ausmaß des in Deutschland damals noch existierenden Antisemitismus herunter. Bekanntlich sind Erhebungen zu Vorurteilsstrukturen meistens unzuverlässig. Die Befragten werden Schwierigkeiten befürchtet haben, wenn sie sich allzu offen äußerten; das Land wurde von den Alliierten regiert, und es mußte riskant erscheinen, sich antisemitisch zu äußern, zumal die Erhebung von amerikanischen Mitarbeitern der Militärregierung durchgeführt wurden. Und tatsächlich stieg bei von Deutschen durchgeführten Umfragen der Anteil derjenigen, die sich positiv zum Nationalsozialismus äußerten, um zehn Prozent. Siehe Frank Stern, *The Whitewashing of the Yellow Badge: Antisemitism and Philosemitism in Postwar Germany,* Oxford 1992, S. 106–157, hier S. 124; Anna J. Merritt und Richard L. Merritt, *Public Opinion in Occupied Germany: The OMGUS Surveys, 1945–1949,* Urbana 1970, S. 5–8, 146ff. Das soll nicht heißen, daß der Antisemitismus in der Bundesrepublik nicht weitgehend verschwunden ist oder sich nicht verändert hätte – auch wenn Deutschland noch immer vom Antisemitismus infiziert ist. Dafür gibt es mehrere Gründe. Nach dem Krieg durchliefen die Deutschen eine Phase der »Reeducation«. Das öffentliche »Gespräch« war in Deutschland nicht länger antisemitisch; antisemitische Äußerungen wurden verboten. Die Deutschen lernten, zunächst unter der alliierten Besatzung, dann nach der Wiedererlangung ihrer Souveränität Gegenbilder von den Juden kennen. Junge Deutsche wuchsen jetzt in einer Kultur und mit einem Erziehungssystem auf, die nicht länger offiziell antisemitisch waren. Die nazifizierten Vorstellungen von den Juden wurden brüchig, weil sie nichts mehr mit der Realität zu tun hatten; ihre wahnhaften Komponenten waren ohne institutionelle Verstärkung kaum aufrechtzuerhalten. In dem Maß, wie die Deutschen Demokraten wurden und sich in die westliche Welt integrierten, begannen sie, die Judenverfolgung so zu sehen, wie sie überall in der Welt betrachtet wurde. Auch sie begriffen den Holocaust schließlich als das schrecklichste Verbrechen in der Geschichte Europas. Und selbst wenn noch immer viele Deutsche die Juden nicht mochten, das sie verteufelnde Bild war nur noch unter Schwierigkeiten haltbar. Bekanntlich können sich absurde Vorstellungen schnell auflösen. Die Ansichten der Weißen über die Natur der Schwarzen und über die ihnen in der Gesellschaft gebührende Stellung machten im amerikanischen Süden etwa zwischen 1960 und 1980 einen tiefgreifenden Wandel durch. Sowenig jedoch, wie man heute aus dem Umstand, daß sich die weißen Südstaatler nicht mehr rassistisch äußern, darauf schließen würde, daß sie in den fünfziger Jahren keine Rassisten waren, sowenig kann man vom Ausmaß und Charakter des Antisemitismus im Deutschland der sechziger oder siebziger Jahre darauf schließen, daß die Deutschen 1940 keine eliminatorischen Antisemiten waren.

55 Zitiert nach Phelps, »Hitlers ›grundlegende‹ Rede über den Antisemitismus«, S. 417.

56 Zitiert in Gerlach, *Als die Zeugen schwiegen,* S. 46.

57 Es muß jedoch betont werden, daß die Nationalsozialisten das deutsche

Volk keiner »Gehirnwäsche« unterzogen; trotz all ihrer Bemühungen gelang es den Nationalsozialisten nicht, die Deutschen hinsichtlich einer Reihe anderer Themen zu »indoktrinieren«. Daher ist die Behauptung absurd, sie hätten den Deutschen ein wahnhaftes, dämonisierendes Bild von den Juden aufgezwungen, das im Gegensatz zu dem stand, was die Deutschen zuvor von den Juden dachten. Von den überlieferten Ansichten hing es ab, welchen Elementen der NS-Heilslehre sie Glauben schenkten.

58 Siehe Robert P. Ericksen, *Theologians under Hitler: Gerhard Kittel, Paul Althaus and Emanuel Hirsch,* New Haven 1985, S. 55f.

59 Siehe die Tabelle auf der letzten, unpaginierten Seite von Klemens Felden, »Die Übernahme des antisemitischen Stereotyps als soziale Norm durch die bürgerliche Gesellschaft Deutschlands (1875–1900)«, Phil. Diss., Heidelberg 1963.

60 Theodor Haecker, »Zur Europäischen Judenfrage«, *Hochland,* Jg. 24, H. 2, 1927, S. 618. Er fügte hinzu: »Wir wollen uns diese Tatsache nicht verhehlen.«

61 Daß Hitler dies mit der Vernichtung der Juden, nicht aber mit dem sogenannten Euthanasieprogramm gelang, zeigt, daß die Deutschen Hitler dort nicht folgten, wo ihre tiefsten moralischen Überzeugungen und das, was sie für akzeptabel und wünschenswert hielten, verletzt wurden. Die unterschiedlichen Einstellungen des deutschen Volkes zu Hitlers verschiedenen Zielen erörtert Ian Kershaw, *Der Hitler-Mythos. Volksmeinung und Propaganda,* Stuttgart 1980.

62 Werner Jochmann teilt diese Position in »Die deutsche Bevölkerung und die nationalsozialistische Judenpolitik bis zur Verkündung der Nürnberger Gesetze«, in: *Gesellschaftskrise und Judenfeindschaft in Deutschland 1870–1945,* Hamburg 1988: »Es gab also einen Grundkonsens zwischen Bevölkerung und Führung«, und der war die notwendige Vorbedingung dafür, daß Hitler bei der Judenverfolgung so rasch vorgehen konnte, ohne auf Widerstand zu stoßen (S. 237).

63 *IMG,* Bd. 28, S. 534. Ursula Büttner, »Die deutsche Bevölkerung und die Judenverfolgung 1933–1945«, in: Ursula Büttner (Hrsg.), *Die Deutschen und die Judenverfolgung im Dritten Reich,* Hamburg 1992, arbeitet diesen Punkt ebenfalls heraus (S. 77).

64 Zitiert in Georg Denzler und Volker Fabricius, *Die Kirchen im Dritten Reich. Christen und Nationalsozialisten Hand in Hand?,* Frankfurt/M. 1985, Bd. 1, S. 95.

65 Bankier, *Die öffentliche Meinung im Hitler-Staat,* schreibt: »Ein Großteil der Deutschen unterstützte die antisemitische Politik, obwohl man sich bewußt war, daß eine rein rassische Gemeinschaft nicht zu erreichen wäre, solange man den Anstand allzu hoch hielt« (S. 213). Das ist milde ausgedrückt, denn es war jedermann klar, daß die moralischen Grundsätze, die für Beziehungen zwischen Deutschen galten, auf Juden keine Anwendung fanden.

66 Konrad Kwiet und Helmut Eschwege, *Selbstbehauptung und Widerstand. Deutsche Juden im Kampf um Existenz und Menschenwürde 1933–1945,* Hamburg 1984, betonen dies ebenfalls (S. 34).

67 Eine Ausnahme waren die SS-Männer, die einer in ihrem Antisemitismus fanatischen Organisation angehörten. Zu einer Darstellung der zentralen Bedeutung des Antisemitismus in der SS siehe Bernd Wegner, *Hitlers politische Soldaten. Die Waffen-SS 1933–1945. Leitbild, Struktur und Funktion einer nationalsozialistischen Elite,* Paderborn 1990, S. 68–74.

68 Zitiert in Konrad Kwiet,»Nach dem Pogrom. Stufen der Ausgrenzung«, in: Benz (Hrsg.), *Die Juden in Deutschland 1933–1945*, S. 627.

69 Der exterminatorische Impuls, der diesem Antisemitismus innewohnte, wurde von Lothorp Stoddard, einem amerikanischen Journalisten, bei einem Deutschlandbesuch 1939 registriert:»In NS-Deutschland wird die Entschlossenheit, die Juden auszurotten, durch Rassentheorien zusätzlich gefördert. Daher ist man in Nazikreisen zu keinem Kompromiß bereit. Wenn dies nicht häufiger zum Ausdruck gebracht wird, heißt das nur, daß die Angelegenheit im Prinzip bereits entschieden ist und die Beseitigung der Juden in relativ kurzer Zeit vollendet sein wird. Daher kommt das Thema in der Regel gar nicht zur Sprache. Nur in unerwarteten Augenblicken taucht es plötzlich auf. So habe ich zu meinem Erstaunen bei einem Essen mit Nationalsozialisten, bei dem die Judenfrage überhaupt nicht erwähnt wurde, erlebt, daß jemand sein Glas erhob und unerwartet den Trinkspruch ›Tod den Juden!‹ aussprach.« Siehe Lothrop Stoddard, *Into the Darkness: Nazi Germany Today*, New York 1940, S. 287f.

70 Oscar Pinkus, *The House of Ashes*, Cleveland 1964, S. 36.

71 Chaim A. Kaplan, *Buch der Agonie. Das Warschauer Tagebuch des Chaim A. Kaplan*, hrsg. von Abraham I. Katsh, Frankfurt 1967, S. 143.

72 Kaplan, *Buch der Agonie*, S. 155. Kaplan hielt eigene Gedanken fest; diese persönliche Sichtweise tut dem Tagebuch keinen Abbruch. Es galt als Dokument von solchem historischen Wert, daß Emanuel Ringelblum, der Chronist des Warschauer Ghettos, Kaplan»anflehte«, ihm das Tagebuch zur sicheren Aufbewahrung anzuvertrauen. Siehe die Einführung von Abraham Katsh, S. 14f.

73 Verfügung, ZStL 202 AR 165/61, S. 401f.

74 Ludwig Eiber,»›… ein bisschen die Wahrheit‹. Briefe eines Bremer Kaufmanns von seinem Einsatz beim Reserve-Polizeibataillon 105 in der Sowjetunion«, *1999*, Jg. 1, 1991, S. 73, S. 75.

75 Zitiert in Alf Lüdtke, *Eigen-Sinn. Fabrikalltag, Arbeitererfahrungen und Politik vom Kaiserreich bis in den Faschismus*, Hamburg 1993, S. 408. Dieser Brief spricht eindeutig von»vollständiger Ausrottung« der Juden und deutet so darauf hin, daß die Kenntnis über die Vernichtungspolitik in Deutschland weit verbreitet und ein offenes Geheimnis war. Habermalz ging davon aus, daß die Menschen in der Heimat über den Völkermord bereits Bescheid wußten, denn er hält es nicht für nötig, den Kontext darzustellen, in dem das Ghetto dem Erdboden gleichgemacht wurde. Doch muß der, der den Brief liest, diesen Hintergrund kennen, wenn er das Geschilderte und die Gefühle des Briefschreibers verstehen will.

76 Anklageschrift gegen Hans Krüger, ZStL, 208 AR-Z 498/59, S. 255f.

77 Urteil gegen Br. u. a., Dortmund 10 Ks 1/53, in: *Justiz und NS-Verbrechen. Sammlung deutscher Strafurteile wegen nationalsozialistischer Tötungsverbrechen 1945–1966*, Amsterdam 1974, Bd. 12, S. 332; siehe auch Christopher R. Browning, *Ganz normale Männer. Das Reserve-Polizeibatallion 101 und die »Endlösung« in Polen*, Reinbek 1993, S. 62.

78 J. U., Hoffmann, S. 2665; W. H., Hoffmann, S. 2213; sowie K. S., HG, S. 659.

79 *IMG*, Bd. 29, S. 500. Die Veranstaltung vom 16. Dezember 1941, bei der führende deutsche Beamte dem»Schießbefehl« applaudierten, wird dargestellt in Hans Frank, *Das Diensttagebuch des deutschen Generalgou-*

verneurs in Polen 1939–1945, hrsg. von Werner Prag und Wolfgang Jacobmeyer, Stuttgart 1975, S. 452–458.

80 J. S., ZStL, 208 AR-Z 24/63, S. 1371.

81 W. G., Buchs, S. 1384.

82 Siehe beispielsweise die Anklageschrift gegen Paul Raebel u. a., StA Stuttgart 12 Js 1403/61, wegen zweier Mordaktionen am Jom-Kippur-Fest in Tarnopol (S. 129f.); sowie das Urteil gegen Hans Krüger u. a., Münster 5 Ks 4/65, wegen eines Mordeinsatzes am ersten Tag des Laubhüttenfestes in Nadwornaja (S. 137–194).

83 ZStL 213 AR 1900/66, Dok. Bd. 4, S. 668–677. Der »Poet« erwähnte auch die Krimtschaken, eine seit zweitausend Jahren auf der Krim lebende Gruppe von Juden, die von den Deutschen umgebracht wurde. Die Angehörigen des Einsatzkommandos 11a – zu dem auch das Polizeibataillon 9 zählte – waren derart antisemitisch, daß sie einen der Männer des Polizeibataillons mit dunklen Haaren und einem jüdisch klingenden Namen verhöhnten, indem sie ihn »Jud Eisenstein« nannten. Sie bedrohten ihn sogar mit dem Tod (O. E.; ZStL 213 AR 1900/66, S. 1822). Und sie sollten den Mord ihres Landes an den Juden nicht gebilligt haben?

84 Adalbert Rückerl, *Nationalsozialistische Vernichtungslager im Spiegel deutscher Strafprozesse. Belzec, Sobibor, Treblinka, Chelmno,* München 1977, S. 281, S. 292. 1944 wurde das Vernichtungslager Chelmo noch einmal in Betrieb genommen.

85 Anklageschrift gegen Hans Krüger u. a., ZSt Dortmund 45 Js 53/61, S. 189.

86 Anklageschrift gegen A. B., StA Lübeck 2 Js 394/70, S. 148.

87 Siehe Klaus Scholder, »Ein Requiem für Hitler. Kardinal Bertram und das deutsche Episkopat im Dritten Reich«, *Frankfurter Allgemeine Zeitung,* 25. Oktober 1980. Scholder weist darauf hin, daß eine Totenmesse für Nichtgläubige nur unter besonderen Umständen und aus besonderen Interessen der Kirche statthaft ist. In einem Brief vom Januar 1944 brachte Bertram zum Ausdruck, daß er und das Volk (für das zu sprechen er in Anspruch nahm) der Vernichtung so lange zustimmten, wie getaufte Christen nicht davon betroffen seien. »Die deutschen Katholiken, ja zahlreiche Christen in Deutschland würden aufs schwerste getroffen werden, *wenn diese ihre Mitchristen ein ähnliches Schicksal tragen müßten wie die Juden.«* Gegen das den Juden zugedachte Schicksal hatte Bertram weder zu diesem Zeitpunkt oder früher etwas einzuwenden. Siehe Guenther Lewy, *Die katholische Kirche und das Dritte Reich,* München 1965, S. 318f. Wie wir gesehen haben, war die gesamte Kirchenführung durch und durch antisemitisch; Bertrams Einstellung war also die Norm.

88 Tausende von katholischen und protestantischen Geistlichen sorgten für die religiöse Betreuung von Millionen Deutschen, die in der Wehrmacht, den Polizeieinheiten und anderen Mordinstitutionen Dienst taten. Haben die Katholiken unter den Vollstreckern die Morde an den Juden als Sünde gebeichtet? Haben die unzähligen Zeugen der Massenmorde – insbesondere in der Sowjetunion fanden die Mordeinsätze in aller Öffentlichkeit statt – geistlichen Beistand gesucht? Und was werden die Militärgeistlichen ihnen gesagt haben? Warum nahm, soviel wir wissen, nicht einer von ihnen gegen die Morde an Juden Stellung?

682

Epilog

1 Es überrascht nicht, wenn die in der NS-Zeit sozialisierte Generation zu noch heftigeren Antisemiten wurde als ihre Eltern und frühere Generationen. Diese Jugend lebte in einer Welt, deren wesentliche kulturell-kognitive Modelle sich von unseren so grundsätzlich unterscheiden wie die Mentalitäten längst vergangener oder geographisch weit entfernter Kulturen. Ein Mitglied der Hitlerjugend, Alfons Heck, beschreibt in *The Burden of Hitler's Legacy,* Frederick 1988, den »von Millionen Deutschen geteilten« Antisemitismus, der ihnen in der Schule in wöchentlichen Unterrichtsstunden im Fach »Rassenkunde« vermittelt wurde. Er und seine Schulkameraden »nahmen die verrückten Ansichten [ihres Lehrers] genauso sachlich und nüchtern in sich auf wie die Regeln der Mathematik« (S. 49f.). Heck, der aus eigener Erfahrung berichtet, klagt seine Landsleute zu Recht an: »Alle Kinder sind hilflose Gefäße, die darauf warten, von ihren Eltern und Erziehern mit Weisheit oder Gehässigkeit gefüllt zu werden. Wir, die wir in den Nationalsozialismus hineingeboren wurden, hatten keine Chance, wenn unsere Eltern nicht mutig genug waren, der Flut zu widerstehen und ihre Opposition an ihre Kinder weiterzugeben. Und davon gab es nur wenige. Die Mehrheit der Deutschen stellte sich geschlossen hinter Hitler, nachdem er einmal bewiesen hatte, daß er tatsächlich einen fundamentalen Wandel bewerkstelligen konnte« (S. 44). Heck zufolge waren die gewöhnlichen Deutschen zumindest ebenso verantwortlich für die Ansichten ihrer Kinder wie ihre »Erzieher«. Zwei aufschlußreiche Berichte über die deutsche Jugend in der NS-Zeit – der eine von 1941, der andere aus der Nachkriegszeit – kommen zu gleichen Ergebnissen: Gregor Athalwin Ziemer, *Education for Death, the Making of the Nazi,* London 1941; Geert Platner und Schüler der Gerhart-Hauptmann-Schule in Kassel (Hrsg.), *Schule im Dritten Reich. Erziehung zum Tod,* Köln 1988. Zu Rassismus und Antisemitismus, mit denen deutsche Schüler überschwemmt wurden, siehe J. Remold, *Handbuch für die Hitler-Jugend,* München 1933, ein Lehrbuch, das die sieben Millionen der Vierzehn- bis Achtzehnjährigen in der Hitlerjugend benutzten; es stellt die Juden in ausgesprochen eliminatorischer Manier dar. Siehe auch Gilmer W. Blackburn, *Education in the Third Reich: Race and History in Nazi Textbooks,* Albany 1985; sowie Kurt-Ingo Flessau, *Schule der Diktatur. Lehrpläne und Schulbücher des Nationalsozialismus,* München 1977.

2 Hermann Göring, *Reden und Aufsätze,* München 1938, 2. Aufl., S. 154.

3 Chaim A. Kaplan, *Buch der Agonie. Das Warschauer Tagebuch des Chaim A. Kaplan,* hrsg. von Abraham I. Katsh, Frankfurt 1967, S. 75.

4 Rede vom 24. Oktober 1943 vor SS-Führern in Posen, Nbg. Dok. NO-5001.

5 Waren normale Deutsche etwa der Auffassung, sie würden Osteuropa zurückgeben und friedlich mit einem von Deutschland wiederbelebten unabhängigen Polen und einem unabhängigen Rußland zusammenleben? Es sieht so aus, als ob sie nichts anderes als »Herren« sein wollten. Als Jacob Perel, der »Hitlerjunge Salomon« (Sally Perel, *Ich war Hitlerjunge Salomon. Er überlebte in der Uniform seines Feindes ein erschütterndes Schicksal,* München 1994), einmal gefragt wurde, was aus ihm nach dem deutschen Sieg, an den er natürlich glaubte, werden würde, antwortete er, er könne sich vorstellen, einmal das Landgut eines SS-

683

Mannes der ihn adoptiert hatte, zu erben; dann wäre er ein kleiner Führer der Sklaven, die für ihn arbeiten müßten.

6 Erich Goldhagen »Obsession and Realpolitik in the ›Final Solution‹«, *Patterns of Prejudice*, Jg. 12, H. 1, 1978, S. 9.

7 Léon Poliakov und Joseph Wulf (Hrsg.), *Das Dritte Reich und seine Denker*, Frankfurt/M. 1983, S. 503f. Der SS-Obergruppenführer Friedrich Jeckeln, der HSSPF Rußland-Süd, erwähnte im Sommer 1941 in einem Gespräch mit einem seiner Untergebenen über die Vernichtung der Juden, Himmler habe einmal gesagt, die Ukrainer seien zu einem »Helotenvolk« zu machen, das für die Deutschen arbeiten müsse. Anklageschrift gegen R. R., M. B. und E. K., StA Regensburg I 4 Js 1495/65, S. 36. Dies war kein leeres Gerede, sondern reale Praxis der Deutschen.

Anhang 1

1 Meine Analyse dieser Institutionen stützt sich, von der Sekundärliteratur abgesehen, auf die deutschen Ermittlungs- und Prozeßakten, die in der ZStL gesammelt sind und in denen sich Vernehmungsprotokolle, Zeugenaussagen und alle relevanten Dokumente befinden, deren man habhaft werden konnte. Selbst bei gleichartigen Fällen weisen diese Materialien hinsichtlich ihrer Quantität und Qualität große Unterschiede auf. Zu einigen Fällen gibt es Dutzende von Aktenordnern, die auf einigen tausend Seiten maschinengeschriebene Mitschriften von einigen hundert Gesprächen und Verhören enthalten. Zum Polizeibataillon 101 etwa fanden zwei getrennte Untersuchungen statt, nämlich zum Fall Hoffmann und zum Fall HG. Die Mitschriften zum ersten Fall umfassen 27 Ordner mit 4517 Seiten – davon allein zwei mit Prozeßaussagen. Zwölf weitere Bände enthalten Material aus Berufungsverfahren, das jedoch wenig aussagekräftig ist. Daneben gibt es noch die Anklageschrift und das umfangreiche Urteil aus dem ersten Prozeß, für beide Fälle äußerst aufschlußreiche Dokumente, die wichtige Ereignisse und Elemente zusammenfassen. Ein Dokumentenband ist ebenfalls Bestandteil der Untersuchungsakten. Die Untersuchung zum Fall HG füllt 13 Ordner mit 2284 Seiten. Da gegen HG jedoch nie Anklage erhoben wurde, wurde die Anklageschrift nicht fertiggestellt. Die Akten zum Fall Hoffmann umfassen auch einen Ordner mit Photos. Einige darin nicht enthaltene Aufnahmen liegen in der ZStL. Zur Untersuchung über den Todesmarsch von Helmbrechts gehören 25 Ordner, zehn Beiakten (A–J), eine Reihe von Ordnern mit Zeugenaussagen, die sich großenteils mit dem Material aus den anderen Ordnern überschneiden, und schließlich das Urteil gegen den Kommandeur Dörr, das sich in Ordner 25 befindet. Und dies ist noch nicht einmal die umfangreichste Dokumentation eines Falls. Andere wiederum füllen nicht mehr als einen einzigen schmalen Ordner. Allerdings habe ich nicht jedes Aktenkonvolut mit der gleichen Gründlichkeit durchgesehen, zu einigen Fällen gerade nur so viel gesichtet, daß es mir möglich war, den Fall in seinen Grundzügen herauszuarbeiten. Viele eindrucksvolle Episoden, Fakten und Einschätzungen werden mir deshalb wahrscheinlich entgangen sein.

2 Zur Leistungsfähigkeit der analytischen Methode siehe Ivan Vallier (Hrsg.), *Comparative Methods in Sociology: Essays on Trends and*

Applications, Berkeley 1973; siehe auch Arend Lijphart, »Comparative Politics and the Comparative Method«, *American Political Science Review,* Jg. 65, 1971, S. 682f.; sowie Gary King, Robert O. Keohane and Sidney Verba, *Designing Social Inquiry: Scientific Inference in Qualitative Research,* Princeton 1994.

3 Christopher R. Browning, *Ganz normale Männer. Das Reserve-Polizeibataillon 101 und die »Endlösung« in Polen,* Reinbek 1993; sowie Heiner Lichtenstein, *Himmlers grüne Helfer. Die Schutz- und Ordnungspolizei im »Dritten Reich«,* Köln 1990.

4 Zur Auswahl signifikanter Fälle siehe Harry Eckstein, »Case Study and Theory in Political Science«, in: *Strategies of Inquiry,* hrsg. von Fred I. Greenstein and Nelson W. Polsby, Bd. 7 des *Handbook of Political Science,* Reading 1975, S. 79–138. Zu einer kritischen Würdigung des Begriffs »kritischer Fall« siehe King, Keohane und Verba, *Designing Social Inquiry,* S. 209–212. Weil meine Untersuchung sich auf *mehrere* Fälle stützt, die man aus jeweils unterschiedlichen Gründen als den »unwahrscheinlichsten Fall« betrachten könnte, um eine Bestätigung für die vorgeschlagene Erklärung zu finden, trifft die Kritik, die King, Keohane und Verba am Konzept des »kritischen Falls« üben, mein Vorgehen nicht. Insofern ich zur Auswahl meiner Fälle unabhängige Variable herangezogen habe, folge ich mit meiner Methode den Vorschlägen der Autoren.

5 Bei der Untersuchung eines Mordeinsatzes, einer Vernichtungsstätte oder einer Mordinstitution erstellen die Ermittler in der Regel anhand von Dokumenten und Befragungen eine Liste derjenigen, die verdächtigt werden, an den Verbrechen beteiligt gewesen zu sein. Sie versuchen dann, diese Menschen ausfindig zu machen und zu befragen. Außerdem nehmen sie Kontakt zu Überlebenden und auch zu Zufallszeugen auf, deren Aussagen gesammelt werden. Die Befragungsprotokolle können eine, aber auch mehr als zwanzig Schreibmaschinenseiten umfassen. Viele Täter werden, wenn sich die Untersuchungen ausweiten und neue Informationen auftauchen, mehrfach verhört. Die Ermittler konzentrieren sich auf die Entwicklung der jeweiligen Institutionen (häufig weiß man bei Beginn der Ermittlungen noch sehr wenig über das, was Angehörige der Institution getan haben), auf die Logistik der Mordeinsätze (Zeugen, Beteiligte und ihre Taten sowie Befehlshaber) und schließlich auf die Taten derer, die wahrscheinlich angeklagt werden beziehungsweise schon unter Anklage stehen. Diese Verhöre klären, welche Verbrechen verübt wurden und wer sie verübt hat. Untersucht wird in der Regel nur Mord; lediglich bei den ersten Ermittlungen ging man auch auf andere Verbrechen ein, allerdings nicht sehr häufig und meist ohne großen Erfolg. Die Konzentration auf Mord hängt mit den kürzeren Verjährungsfristen für die anderen Vergehen und Verbrechen zusammen. Die Ermittler konzentrierten sich also auf grausame Taten nur dann, wenn sie von den wenigen Tätern begangen wurden, die sie unter Anklage stellten oder zu stellen beabsichtigten, weil man sich aus solchen Taten Aufschluß über die Motive der Täter erhoffte. Die Ermittler fragen aber nicht nach und vertiefen sich auch nicht in Einzelheiten, wenn es um die Grausamkeiten geht, die die große Mehrheit der Täter verübte. Die Ermittler waren auch nicht daran interessiert, sich näher mit dem Leben zu befassen, das die Täter führten, während sie in den Mordinstitutionen tätig waren, aber gerade nicht an einem Einsatz teilnahmen. Vernachläs-

sigt wurden ebenfalls die sozialen Beziehungen der Täter. So sind die Materialien aus diesen Ermittlungen (vor allem Protokolle von Verhören und Befragungen) für Studien über die Täter zwar die material- und aufschlußreichsten Quellen, doch enthalten sie auch Verzerrungen, da sie viele Hinweise systematisch ausblenden, die für Historiker und den Sozialwissenschaftler von Interesse wären und die auch diese Arbeit bereichert hätten.

6 Solche Diskrepanzen betreffen in der Tat vor allem die Zahl der Opfer. Diese Zahlen sind zwar für die Geschichtsforschung wichtig; für diese Analyse spielen sie jedoch keine so große Rolle. Ob die Deutschen in einer bestimmten Stadt 1200, 1500 oder 2000 Juden ermordeten, sagt nichts Wesentliches über die Art des Einsatzes, den Tötungsakt selbst oder über die Psychologie der Täter aus. Und die zahlenmäßigen Unterschiede bewegen sich gewöhnlich in dieser Größenordnung. Darum gehe ich auf solche Diskrepanzen nur ein, wenn dies von analytischer oder erheblicher historischer Bedeutung ist. Wenn ich Zahlen nenne, dann beziehe ich mich auf die wahrscheinlichste Zahl an Opfern oder auf die Größenordnung, in der sich diese wohl bewegt. Alle diese Zahlen sollten als Schätzungen angesehen werden; für die beabsichtigte Analyse der Fälle hat das keine signifikante Bedeutung. Ich habe mich dafür entschieden, nicht jede aktualisierte Zahl im Text und in den Anmerkungen zu erwähnen, denn solche Akribie mag wissenschaftlich Anerkennung finden, trägt aber zum Ziel dieser Analyse nichts bei.

7 Der in der Bundesrepublik Deutschland gesetzlich garantierte Schutz der Privatsphäre zwingt die Forscher dazu, die Namen der in den gerichtlichen Untersuchungen genannten Personen nicht zu nennen. (Es sei denn, diese sind bereits tot oder in der Öffentlichkeit namentlich bekannt.) Daher werden im Text gelegentlich Pseudonyme und für die nur in den Anmerkungen vorkommenden Personen Initialen verwendet.

8 Zu den Mängeln der Nachkriegsrekonstruktionen siehe Saul Friedländer (Hrsg.), *Probing the Limits of Representation: Nazism and the »Final Solution«,* Cambridge 1992.

9 Jede Stellungnahme, die auf die Aussage »Wir waren alle dagegen« hinausläuft, dient der Selbstrechtfertigung. Würde jemand sagen:»Ich war für die Morde, aber die anderen waren dagegen«, so käme dem ein weit größeres Gewicht zu.

10 James C. Scott, *Domination and the Arts of Resistance: Hidden Transcripts,* New Haven 1985, hat mich stark beeinflußt. Er untersucht die ungeheure Vielfältigkeit, mit der die gewaltsam unterdrückte Völker ihren Widerstand gegen ihre Lebensumstände geäußert haben.

11 Es wäre außerordentlich irreführend, den Rechtfertigungen der Täter Glauben zu schenken. Wenn die apologetischen Behauptungen wahr wären, müßten sich auch Belege dafür finden lassen. Zweifellos werden aufgrund dieser methodischen Position einige auf Wahrheit beruhende Selbstrechtfertigungen ausgeschlossen werden; dies mag die hier vertretene Ansicht über die Täter ein wenig verzerren. Dennoch glaube ich aus den im Text dargelegten Gründen, daß derlei Behauptungen nur selten wahr sind und es darum nur unerhebliche Folgen hat, wenn man sie übergeht. Wer damit nicht einverstanden ist, müßte nachweisen, daß es einen methodisch plausibleren Zugang zu diesen Quellen gibt.

Bibliographie

Aufgeführt ist nur die zitierte Literatur.

Archive

Staatsanwaltschaften

Anklageschrift gegen Kraiker u. a., ZSt Dortmund 45 Js 2/61.
Anklageschrift gegen Hans Krüger u. a., ZSt Dortmund 45 Js 53/61.
Anklageschrift gegen A. H., StA Frankfurt/M. 4 Js 1928/60.
Anklageschrift gegen Viktor Arajs, StA Hamburg 141 Js 534/60.
Anklageschrift gegen Heinrich Niemeier, StA Hannover 11 Js 5/73.
Anklageschrift gegen Hermann Hackmann u. a., ZSt Köln 130 (24) Js 200/62(Z).
Anklageschrift gegen A. B., StA Lübeck 2 Js 394/70.
Anklageschrift gegen R. R., M. B. und E. K., StA Regensburg I 4 Js 1495/65.
Anklageschrift gegen Paul Raebel u. a., StA Stuttgart 12 Js 1403/61.
Verfahren gegen H. G. u. a., StA Hamburg 141 Js 128/65.
Verfahren gegen Wolfgang Hoffmann u. a., StA Hamburg 141 Js 1957/62.
Verfahren gegen Alois Dörr, StA Hof 2 Js 1325/62.

Gerichte

Urteil gegen Hermann Kraiker u. a., Landgericht Bochum 15 Ks 1/66.
Urteil gegen Br. u. a., Landgericht Dortmund 10 Ks 1/53.
Urteil gegen Hermann Hackmann u. a., Landgericht Düsseldorf 8 Ks 1/75.
Urteil gegen Karl Strohhammer, Landgericht Frankfurt/M. 4 Ks 1/65.
Urteil gegen Viktor Arajs, Landgericht Hamburg (37) 5/76.
Urteil gegen Wolfgang Hoffmann u. a., Landgericht Hamburg (50) 20/66.
Urteil gegen Karl Richard Streibel u. a., Landgericht Hamburg 147 Ks 1/72.
Urteil gegen Johannes von Dollen u. a., Landgericht Hannover 11 Ks 1/75.
Urteil gegen Kurt Heinrich, Landgericht Hannover, 11 Ks 2/76.
Urteil gegen Heinrich Niemeier, Landgericht Hannover 11 Ks 1/77.
Urteil gegen Ottomar Böhme und Josef Brüsseler, Landgericht Marburg 6 Ks 1/68.
Urteil gegen Franz Josef Müller, Landgericht Mosbach Ks 2/61.
Urteil gegen Reiter u. a., Landgericht München I, 116 Ks 1/67.
Urteil gegen Hans Krüger u. a., Landgericht Münster 5 Ks 4/65.
Urteil gegen Daniel Nerling, Landgericht Lübeck 2 Ks 1/67.
Urteil gegen Rolf Joachim Buchs u. a., Landgericht Wuppertal, 12 Ks 1/67.

Berlin Document Center (BDC)

Mitgliedskarten der NSDAP und SS-Personalakten der Angehörigen der Polizeibataillone 65, 67 und 101. Personalakten der Wachmannschaft von Helmbrechts.

Staatsarchiv Hamburg (StAH)

StAH, Polizeibehörde 1, Akte 1185.

Zentralarchiv der Ev. Kirche in Hessen und Nassau

Bst. 62, 5309, Akz. Nr. 1308 k, Martin Niemöller, »Not und Aufgabe der Kirche in Deutschland«, Vortrag in Zürich vom 7. März 1946.

Bundesarchiv Koblenz (BAK)

R19/265, 308, 311, 324, 395.
R52 II/186.

Zentrale Stelle der Landesjustizverwaltungen Ludwigsburg (ZStL)

11(4) AR-Z 269/60, 201 AR-Z 76/59, 202 AR 72/60, 202 AR 165/61, 202 AR 2484/67, 202 AR 2701/65, 202 AR-Z 5/63, 202 AR-Z 81/59, 202 AR-Z 82/61, 204 AR-Z 13/60, 204 AR-Z 269/60, 204 AR-Z 269/60, 205 AR-Z 20/60, 206 AR-Z 6/62, 207 AR-Z 15/58, 208 AR 967/69, 208 AR-Z 5/63, 208 AR-Z 23/63, 208 AR-Z 24/63, 208 AR-Z 91/61, 208 AR-Z 268/59, 208 AR-Z 498/59, 213 AR 1900/66, 213 AR 1902/66, 407 AR-Z 297/60, 410 AR 1750/61, Sammelband 363, Ordner 364 A4, Ordner 365 w.

Privatbesitz des Autors

Gefängnisbriefe von Otto Ohlendorf (in Kopie).

Unveröffentlichte Manuskripte, Habilitationsschriften, Dissertationen

Arndt, Ino, »Die Judenfrage im Licht der evangelischen Sonntagsblätter von 1918–1933«, Phil. Diss., Tübingen 1960.
Browning, Christopher R., »Referat D III of Abteilung Deutschland and the Jewish Policy of the German Foreign Office 1940–1943«, Ph. D.-Diss., Wisconsin 1975.
Felden, Klemens, »Die Übernahme des antisemitischen Stereotyps als soziale Norm durch die bürgerliche Gesellschaft Deutschlands (1875 bis 1900)«, Phil. Diss., Heidelberg 1963.
Goldhagen, Daniel Jonah, »The ›Humanist‹ as a Mass Murderer: The Mind and Deeds of SS General Otto Ohlendorf«, B. A. Thesis, Harvard College 1982.

ders.,»The Nazi Executioners: A Study of their Behaviour and the Cousation of Genocide«, Ph.-D. Diss. Harvard University 1992.

Goldhagen, Erich,»The Mind and Spirit of East European Jewry During the Holocaust«, *The Beiner-Citrin Memorial Lecture,* Cambridge 1979.

Heller, Karl,»The Reshaping and Political Conditioning of the German Order Police: A Study of Techniques Used in the Nazi State to Conform«, Ph. D.-Diss., Cincinnati 1970.

Hinrichsen, Kurt,»Zum Problem des sog. Befehlsnotstandes in NSG-Verfahren«, ZStL 1964.

Ludwig, Hartmut,»Die Opfer unter dem Rad verbinden: Vor- und Entstehungsgeschichte, Arbeit und Mitarbeiter des ›Büro Pfarrer Grüber‹«, Habilitation, Berlin 1988.

Nachschlagewerke

Das Jüdische Lexikon. Ein enzyklopädisches Handbuch des jüdischen Wissens in vier Bänden, Berlin 1929.

Enzyklopädie des Holocaust. Die Verfolgung und Ermordung der europäischen Juden, hrsg. von Israel Gutman, 3 Bde., Berlin 1993.

Geschichtliche Grundbegriffe: Historisches Lexikon zur politisch-sozialen Sprache in Deutschland, hrsg. von Otto Brunner, Werner Conze und Reinhart Kosseleck, Stuttgart 1984.

Handbook of Political Science, hrsg. von Fred I. Greenstein und Nelson W. Polsby, Reading 1975.

Wistrich, Robert, *Wer war wer im Dritten Reich? Ein biographisches Lexikon,* Frankfurt/M.1987.

Gedruckte Quellen

Dokumente, Dokumentensammlungen

Der Berliner Antisemitismusstreit, hrsg. von Walter Boehlich, Frankfurt/M. 1965.

Buchbender, Ortwin und Reinhold Sterz (Hrsg.), *Das andere Gesicht des Krieges. Deutsche Feldpostbriefe 1939–1945,* München 1982.

Calic, Edouard, *Ohne Maske. Hitler-Breiting Geheimgespräche 1931,* Frankfurt/M. 1968.

Czech, Danuta (Hrsg.), *Kalendarium der Ereignisse im Konzentrationslager Auschwitz-Birkenau 1939–1945,* Reinbek 1989.

»Denkschrift Himmlers über die Behandlung der Fremdvölkischen im Osten (Mai 1940)«, *VfZ,* Jg. 5, 1957.

Deutsche Parteiprogramme, hrsg. von Wilhelm Mommsen, München 1960, Bd. 1.

Deutschland-Berichte der Sozialdemokratischen Partei Deutschlands (Sopade) 1934–1940, 7 Bde., Frankfurt/M. 1980.

Domarus, Max, *Hitler. Reden und Proklamationen,* 2 Bde., Neustadt a. d. Aisch 1962/63.

Dona Nobis Pacem! Gesammelte Predigten und Aufsäze aus zwanzig Jahren von Dr. Heinrich Grüber, hrsg. von seinen Freunden, Berlin 1956.

The Einsatzgruppen Reports: Selections from the Dispatches of the Nazi Death Squads' Campaign Against the Jews in Occupied Territories of the Soviet Union July 1941 – January 1943, hrsg. von Yitzhak Arad, Shmuel Krakowski und Shmuel Spector, New York 1989.

Faschismus – Ghetto – Massenmord. Dokumentation über Ausrottung und Widerstand der Juden in Polen während des Zweiten Weltkrieges, hrsg. von Tatiana Berenstein u. a., Berlin 1961.

Frank, Hans, *Das Diensttagebuch des deutschen Generalgouverneurs in Polen 1939–1945,* hrsg. von Werner Präg und Wolfgang Jacobmeyer, Stuttgart 1975.

Friedländer, Saul, *Pius XII. und das Dritte Reich. Eine Dokumentation,* Reinbek 1965.

Göring, Hermann, *Reden und Aufsätze,* 2. Aufl., München 1938.

Heiber, Helmut, (Hrsg.), »Der Generalplan Ost«, *VfZ,* Jg. 6, 1958.

In der Stunde Null. Die Denkschrift des Freiburger »Bonhoeffer-Kreises«, hrsg. von Helmuth Thielicke, Tübingen 1979.

Jäckel, Eberhard (Hrsg.), *Hitler: Sämtliche Aufzeichnungen 1905–1924,* Stuttgart 1980.

Jochmann, Werner (Hrsg.), *Adolf Hitler. Monologe im Führer-Hauptquartier 1941–1944,* Hamburg 1980.

Kirchliches Jahrbuch für die Evangelische Kirche in Deutschland 1933 bis 1945, Gütersloh 1948.

Klee, Ernst, und Willi Dreßen (Hrsg.), »Gott mit uns«. *Der deutsche Vernichtungskrieg im Osten 1939–1945,* Frankfurt/M. 1989.

dies. und Volker Rieß (Hrsg.), »Schöne Zeiten«. *Judenmord aus der Sicht der Täter und Gaffer,* Frankfurt/M. 1988.

Longerich, Peter (Hrsg.), *Die Ermordung der europäischen Juden. Eine umfassende Dokumentation des Holocaust 1941–1945,* München 1989.

Maurach, Dr. Reinhard, »Expert Legal Opinion Presented on Behalf of the Defense«, »U.S. v. Ohlendorf et al.«, *TWC,* Bd. 4.

Meldungen aus dem Reich 1938–1945. Die geheimen Lageberichte des Sicherheitsdienstes der SS, Bd. 1–17, hrsg. von Heinz Boberach, Herrsching 1984.

Mlynek, Klaus (Hrsg.), *Gestapo Hannover meldet … Polizei- und Regierungsberichte für das mittlere und südliche Niedersachsen zwischen 1933 und 1937,* Hildesheim 1986.

Nazism. 1919–1945. A Documentary Reader, hrsg. von J. Noakes und G. Pridham, 3 Bde., Exeter 1983–1988.

Niemöller, Martin, *Alles und in allem Christus. 15 Dahlemer Predigten,* Berlin 1935.

Phelps, Reginald H., »Hitlers ›grundlegende‹ Rede über den Antisemitismus«, *VfZ,* Jg. 16, 1968.

Poliakov, Léon und Joseph Wulf (Hrsg.), *Das Dritte Reich und seine Denker,* Frankfurt 1983.

dies. (Hrsg.), *Das Dritte Reich und die Juden,* Frankfurt/M. 1983.

Der Prozeß gegen die Hauptkriegsverbrecher vor dem Internationalen Militärgerichtshof, Nürnberg, 14. November 1945–1. Oktober 1946, 42 Bde., Nürnberg 1947f. [*IMG*].

Remold, J., *Handbuch für die Hitler-Jugend,* München 1933.

Schäfer, Gerhard (Hrsg.), *Landesbischof D. Wurm und der nationalsozialistische Staat 1940–1945. Eine Dokumentation,* Stuttgart 1968.

Segall, Jacob, *Die deutschen Juden als Soldaten im Kriege. Eine statistische Studie,* Berlin 1921.

Snoek, Johan M., *The Grey Book: A Collection of Protests Against Anti-Semitism and the Persecution of Jews Issued by Non-Roman Catholic Churches and Church Leaders During Hitler's Rule,* Assen 1969.

Die Stellung der Nationalsozialistischen Deutschen Arbeiterpartei (NSDAP) zur Judenfrage. Eine Materialsammlung, vorgelegt vom Centralverein deutscher Staatsbürger jüdischen Glaubens e. V., Berlin 1932.

Streim, Alfred, *Sowjetische Gefangene in Hitlers Vernichtungskrieg. Berichte und Dokumente 1941–1945,* Heidelberg 1982.

Trials of War Criminals before the Nuernberg Military Tribunals under Control Law No. 10. Nuernberg, October 1946–April 1949, 15 Bde., Washington 1947ff. [*TWC*].

»Verbesserte Einrichtungen für die Israeliten im Großherzogtum Baden«, *Solamith. Eine Zeitschrift zur Beförderung der Kultur und Humanität unter der Jüdischen Nation,* Jg. 2, 1809.

Walk, Joseph (Hrsg.), *Das Sonderrecht für die Juden im NS-Staat. Eine Sammlung der gesetzlichen Maßnahmen und Richtlinien – Inhalt und Bedeutung,* Heidelberg 1981.

Korrespondenzen, Erinnerungen, Tagebücher

Der Aufstieg der NSDAP in Augenzeugenberichten, hrsg. von Ernst Deuerlein, München 1974.

Andreas-Friedrich, Ruth, *Der Schattenmann. Tagebuchaufzeichnungen 1938 bis 1945,* Frankfurt/M. 1986.

Barth, Karl, *Briefe 1961–1968,* hrsg. von Jürgen Fangmeier und Heinrich Stoevesandt, Zürich 1975.

Diels, Rudolf, *Lucifer Ante Portas: Zwischen Severing und Heydrich,* Zürich o. J.

Eckart, Dietrich, *Der Bolschewismus von Moses bis Lenin. Zwiegespräch zwischen Adolf Hitler und mir,* München 1924.

Eiber, Ludwig, »›… ein bisschen die Wahrheit‹. Briefe eines Bremer Kaufmanns von seinem Einsatz beim Reserve-Polizeibataillon 105 in der Sowjetunion«, *1999,* Jg. 1,1991.

Engelmann, Bernt, *Im Gleichschritt marsch. Wie wir die Nazizeit erlebten,* Köln 1982.

Graf, Malvina, *The Krakow Ghetto and the Plazow Camp Remembered,* Tallahassee 1989.

Groscurth, Helmut, *Tagebücher eines Abwehroffiziers 1938–1940,* Stuttgart 1970.

Haag, Anna, *Das Glück zu leben,* Stuttgart 1967.

Hammerstein, Kunrat von, *Spähtrupp,* Stuttgart 1963.

Heck, Alfons, *The Burden of Hitler's Legacy,* Frederick 1988.

Herman, Stewart W., *It's Your Souls We Want,* New York 1943.

Höss, Rudolf, *Kommandant in Auschwitz. Autobiographische Aufzeichnungen*, hrsg. von Martin Broszat, München 1987.
Kaplan, Chaim Aron, *Buch der Agonie. Das Warschauer Tagebuch des Chaim A. Kaplan*, hrsg. von Abraham I. Katsh, Frankfurt/M. 1967.
Levi, Primo, *Die Untergegangenen und die Geretteten*, München 1990.
Ley, Karl, *Wir glauben Ihnen. Tagebuchaufzeichnungen und Erinnerungen eines Lehrers aus dunkler Zeit*, Siegen-Volnsberg 1973.
Maschmann, Melita, *Fazit. Kein Rechtfertigungsversuch*, Stuttgart 1963.
Mezrich Zamlbuch, hrsg. von Yosef Horn, Buenos Aires 1952.
Müller, Filip, *Sonderbehandlung. 3 Jahre in den Krematorien und Gaskammern von Auschwitz*, München 1979.
Orenstein, Henry, *I Shall Live: Surviving Against All Odds 1939–1945*, New York 1989.
Perel, Sally, *Ich war Hitlerjunge Salomon*, München 1994.
Pinkus, Oscar, *The House of Ashes*, Cleveland 1964.
Schoenberner, Gerhard (Hrsg.), *Wir haben es gesehen. Augenzeugenberichte über Terror und Judenverfolgung im Dritten Reich*, Hamburg 1962.
Schultheis, Herbert, *Die Reichskristallnacht in Deutschland. Nach Augenzeugenberichten*, Bad Neustadt a. d. Saale 1986.
Schupack, Joseph, *Tote Jahre. Eine jüdische Leidensgeschichte*, Tübingen 1984.
Speer, Albert, *Der Sklavenstaat. Meine Auseinandersetzungen mit der SS*, Berlin 1981.
Why I Left Germany, by a German Jewish Scientist, London 1934.

Monographien und Sammelbände

Ackermann, Josef, *Heinrich Himmler als Ideologe*, Göttingen 1970.
Adam, Uwe Dietrich, *Judenpolitik im Dritten Reich*, Düsseldorf 1972.
Adorno, Theodor W., *Studien zum autoritären Charakter*, Frankfurt/M. 1973.
Alexander, Jeffrey C. (Hrsg.), *The Micro-Macro Link*, Berkeley 1987.
Allen, William Sheridan, *»Das haben wir nicht gewollt!«. Die nationalsozialistische Machtergreifung in einer Kleinstadt 1930–1935*, Gütersloh 1966.
Allport, Gordon W., *The Nature of Prejudice*, New York 1958.
Almog, Shmuel, *Nationalism and Antisemitism in Modern Europe, 1815 until 1945*, London 1990.
Aly, Götz u. a., *Sozialpolitik und Judenvernichtung. Gibt es eine Ökonomie der Endlösung?*, Berlin 1987.
ders. und Susanne Heim, *Vordenker der Vernichtung. Auschwitz und die deutschen Pläne für eine neue europäische Ordnung*, Hamburg 1991.
Anderson, Benedict, *Imagined Communities: Reflections on the Origin and Spread of Nationalism*, London 1983.
Arad, Yitzhak, *Belzec, Sobibor, Treblinka: The Operation Reinhard Death Camps*, Bloomington 1987.
Arendt, Hannah, *Eichmann in Jerusalem. Ein Bericht von der Banalität des Bösen*, München 1986.
dics., *Elemente und Ursprünge totaler Herrschaft*, München 1991.

Armour, Peter, *The Door of Purgatory: A Study of Multiple Symbolism in Dante's Purgatorio*, Oxford 1983.

Aronsfeld, C. C, *The Text of the Holocaust: A Study of the Nazis' Extermination Propaganda, 1919–1945*, Marblehead 1985.

Artzt, Heinz, *Mörder in Uniform. Nazi-Verbrecher-Organisationen*, Rastatt 1987.

Aschheim, Steven, *Brothers and Strangers: The East European Jew in German und German Jewish Consciousness, 1800–1923*, Madison 1982.

Auden, W.H., »In Memory of W. B. Yeats«, in: ders., *Another Time: Poems*, New York 1940.

Austin, J. L., *Zur Theorie der Sprechakte*, Stuttgart 1985.

Baldwin, Peter (Hrsg.), *Reworking the Past: Hitler, the Holocaust and the Historians' Debate*, Boston 1990.

Bankier, David, *Die öffentliche Meinung im Hitler-Staat. Die »Endlösung« und die Deutschen. Eine Berichtigung*, Berlin 1995.

Barkai, Avraham, *Vom Boykott zur »Entjudung«. Der wirtschaftliche Existenzkampf der Juden im Dritten Reich 1933–1943*, Frankfurt/M. 1988.

Bartov, Omer, *The Eastern Front, 1941–1945: German Troops and the Barbarization of Warfare*, London 1985.

Bauer, Yehuda, *Freikauf von Juden? Verhandlungen zwischen dem nationalsozialistischen Deutschland und jüdischen Repräsentanten von 1933 bis 1945*, Frankfurt/M. 1996.

Baum, Rainer, *The Holocaust and the German Elite: Genocide and National Suicide in Germany, 1871–1945*, Totawa 1981.

Bein, Alexander, *Die Judenfrage, Biographie eines Weltproblems*, 2 Bde., Stuttgart 1980.

Bell, Daniel, *Die Zukunft der westlichen Welt. Kultur und Technologie im Widerstreit*, Frankfurt/M. 1976.

Benz, Wolfgang (Hrsg.), *Die Juden in Deutschland 1933–1945. Leben unter nationalsozialistischer Herrschaft*, München 1988.

ders., *Dimensionen des Völkermords. Die Zahl der jüdischen Opfer des Nationalsozialismus*, München 1991.

Berenbaum, Michael (Hrsg.), *A Mosaic of Victims: Non-Jews Persecuted and Murdered by the Nazis*, New York 1990.

Berger, David (Hrsg.), *History and Hate: The Dimensions of Anti-Semitism*, Philadelphia 1986.

Bergmann, Werner (Hrsg.), *Error Without Trial: Psychological Research on Antisemitism*, Berlin 1988.

Berkley, George E., *Vienna and Its Jews: The Tragedy of Success, 1880–1980s*, Cambridge 1988.

Birn, Ruth Bettina, *Die Höheren SS- und Polizeiführer. Himmlers Vertreter im Reich und in den besetzten Gebieten*, Düsseldorf 1986.

Birnbaum, Pierre und Ira Katznelson (Hrsg.), *Paths of Emancipation: Jews, States, and Citizenship*, Princeton 1995.

Blackbourn, David, *Populists and Patricians: Essays on Modern German History*, London 1987.

Blackburn, Gilmer W., *Education in the Third Reich: Race and History in Nazi Textbooks*, Albany 1985.

Blake, William, »A Divine Image«, *The Complete Poetry and Prose of William Blake,* revidiert hrsg. von David V. Erdman, Berkeley 1982.

Boswell, John, *The Kindness of Strangers: The Abandonment of Children in Western Europe from Late Antiquity to the Renaissance,* New York 1988.

Bracher, Karl Dietrich, *Die Auflösung der Weimarer Republik. Eine Studie zum Problem des Machtverfalls in der Demokratie,* Villingen 1964.

Braham, Randolf L., *The Politics of Genocide: The Holocaust in Hungary,* 2 Bde., New York 1981.

Braun, Christina von und Ludger Heid (Hrsg.), *Der ewige Judenhaß. Christlicher Antijudaismus, deutschnationale Judenfeindlichkeit, rassistischer Antisemitismus,* Stuttgart 1990.

Breitman, Richard, *The Architect of Genocide: Himmler and the Final Solution,* New York 1991.

Broszat, Martin und Elke Fröhlich (Hrsg.), *Bayern in der NS-Zeit,* Bd. 2, München – Wien 1989.

ders., Hans-Adolf Jacobsen, Helmut Krausnick, *Anatomie des SS-Staates,* 2 Bde., Olten und Freiburg 1965.

Browning, Christopher R., *The Final Solution and the German Foreign Office: A Study of Referat D III of Abteilung Deutschland, 1940–1943,* New York 1978.

ders., *Fateful Months: Essays on the Emergence of the Final Solution,* New York 1985.

ders., *The Path to Genocide: Essays on Launching the Final Solution,* Cambridge 1992.

ders., *Ganz normale Männer. Das Reserve-Polizeibatallion 101 und die »Endlösung« in Polen,* Reinbek 1993.

Büttner, Ursula (Hrsg.), *Die Deutschen und die Judenverfolgung im Dritten Reich,* Hamburg 1992.

Bullock, Alan, *Hitler. Eine Studie über Tyrannei,* Düsseldorf 1971.

Burleigh, Michael, *Death and Deliverance: Euthanasia in Germany c. 1900–1945,* Cambridge 1994.

Burrin, Philippe, *Hitler and the Jews: The Genesis of the Holocaust,* London 1994.

Casa, Bartolomé de las, *The Devastation of the Indians: A Brief Account,* New York 1974.

Chalk, Frank und Kurt Jonassohn, *The History and Sociology of Genocide: Analyses and Case Studies,* New Haven 1990.

Childers, Thomas, *The Nazi Voter: The Social Foundations of Fascism in Germany, 1919–1933,* Chapel Hill 1982.

Cohen, Jeremy, *The Friars and the Jews: The Evolution of Medieval Anti-Judaism,* Ithaca 1982.

Combs, William L., *The Voice of the SS: A History of the SS Journal »Das Schwarze Korps«,* New York 1986.

Conquest, Robert, *Die Ernte des Todes. Stalins Holocaust in der Ukraine 1929–1933,* Berlin 1991.

ders., *Der große Terror. Sowjetunion 1934–1938,* München 1992.

Conway, J. S., *The Nazi Persecution of the Churches, 1933–1945,* New York 1968.

Das Daimler-Benz Buch. Ein Rüstungskonzern im »Tausendjährigen Reich« und danach, hrsg. von der Hamburger Stiftung für Sozialgeschichte des 20. Jahrhunderts, Nördlingen 1988.

Dawidowicz, Lucy S., *Der Krieg gegen die Juden 1933–1945,* München 1979.

Denzler, Georg und Volker Fabricius, *Die Kirchen im Dritten Reich. Christen und Nazis Hand in Hand?,* Frankfurt/M. 1985.

Dimsdale, Joel E. (Hrsg.), *Survivors, Victims, and Perpetrators: Essays on the Nazi Holocaust,* Washington 1980.

Diner, Dan (Hrsg.), *Ist der Nationalsozialismus Geschichte? Zu Historisierung und Historikerstreit,* Frankfurt/M. 1987.

Dohm, Christian Wilhelm, *Über die bürgerliche Verbesserung der Juden,* Berlin 1781.

Doi, Takeo, *The Anatomy of Dependence,* Tokio 1973.

Dulles, Allen, *Verschwörung in Deutschland,* Kassel 1948.

Durkheim, Emile, *Die elementaren Formen des religiösen Lebens,* Frankfurt/M. 1988.

Elias, Norbert, *Über den Prozeß der Zivilisation. Soziogenetische und psychogenetische Untersuchungen,* Frankfurt/M. 1976.

Erb, Rainer und Werner Bergmann, *Die Nachtseite der Judenemanzipation. Der Widerstand gegen die Integration der Juden in Deutschland 1780 bis 1860,* Berlin 1989.

Ericksen, Robert F., *Theologians Under Hitler: Gerhard Kittel, Paul Althaus and Emanuel Hirsch,* New Haven 1985.

Evans, Richard, *Rethinking German History: Nineteenth-Century Germany and the Origins of the Third Reich,* London 1987.

Falter, Jürgen W., *Hitlers Wähler,* München 1991.

Feig, Konnilyn G., *Hitler's Death Camps: The Sanity of Madness,* New York 1981.

Fein, Helen, *Accounting for Genocide: National Responses and Jewish Victimization During the Holocaust,* New York 1979.

dies. (Hrsg.), *The Persisting Question: Sociological Perspectives and Social Contexts of Modern Antisemitism,* Berlin 1987.

Fest, Joachim C., *Hitler. Eine Biographie,* Frankfurt/M. – Berlin – Wien 1973.

Fleming, Gerald, *Hitler und die Endlösung. »Es ist des Führers Wunsch ...«,* Frankfurt/M. 1987.

Flessau, Kurt-Ingo, *Schule der Diktatur. Lehrpläne und Schulbücher des Nationalsozialismus,* München 1977.

Friedlander, Henry, *The Origins of Nazi Genocide: From Euthanasia to the Final Solution,* Chapel Hill 1995.

Friedländer, Saul, *History and Psychoanalysis: An Inquiry into the Possibilities and Limits of Psychohistory,* New York 1978.

ders. (Hrsg.), *Probing the Limits of Representation: Nazism and the »Final Solution«,* Cambridge 1992.

Friedman, Philip, *Roads to Extinction: Essays on the Holocaust,* Philadelphia 1980.

Fromm, Erich, *Die Furcht vor der Freiheit,* Stuttgart 1983.

Foucault, Michel, *Überwachen und Strafen. Die Geburt des Gefängnisses,* Frankfurt/M. 1976.

Fuchs, Eduard, *Die Juden in der Karikatur,* München 1921.

Furet, François (Hrsg.), *Unanswered Questions: Nazi Germany and the Genocide of the Jews,* New York 1989.

Geertz, Clifford, *Dichte Beschreibung. Beiträge zum Verstehen kultureller Systeme,* Frankfurt/M. 1983.

ders., *Local Knowledge: Further Essays on Interpretative Anthropology,* New York 1983.

Gellately, Robert, *Die Gestapo und die deutsche Gesellschaft. Die Durchsetzung der Rassenpolitik 1933–1945,* Paderborn 1993.

Georg, Enno, *Die wirtschaftlichen Unternehmungen der SS,* Stuttgart 1963.

Gerlach, Wolfgang, *Als die Zeugen schwiegen. Bekennende Kirche und die Juden,* Berlin 1993.

Giddens, Anthony, *Die Konstitution der Gesellschaft. Grundzüge einer Theorie der Strukturierung,* Frankfurt/M. 1988.

Glassman, Bernard, *Anti-Semitic Stereotypes Without Jews: Images of the Jews in England, 1290–1700,* Detroit 1975.

Goffman, Erving, *The Presentation of Self in Everyday Life,* Garden City 1959.

ders., *Relations in Public,* New York 1971.

ders., *Das Individuum im öffentlichen Austausch. Mikrostudien zur öffentlichen Ordnung,* Frankfurt/M. 1982.

Gooch G. P. et al., *The German Mind and Outlook,* London 1945.

Gordon, Sarah, *Hitler, Germans and the »Jewish Question«,* Princeton 1984.

Gotto, Klaus und Konrad Repgen (Hrsg.), *Die Katholiken und das Dritte Reich,* Mainz 1990.

Grabitz, Helge und Wolfgang Scheffler, *Letzte Spuren. Ghetto Warschau, SS-Arbeitslager Trawniki, Aktion Erntefest,* Berlin 1988.

Grosser, Paul E. und Edwin G. Halperin, *Anti-Semitism: The Causes and Effects of a Prejudice,* Secaucus 1979.

Gryn, Edward und Zofia Murawska, *Majdanek Concentration Camp,* Lublin 1966.

Günther, Hans, *Rassenkunde des deutschen Volkes,* München 1935.

Gutman, Yisrael, *The Jews of Warsaw, 1939–1943: Getto, Underground, Revolt,* Bloomington 1989.

ders. und Michael Berenbaum (Hrsg.), *Anatomy of the Auschwitz Death Camp,* Bloomington 1994.

Gutteridge, Richard, *The German Evangelical Church and the Jews, 1879 until 1950,* New York 1976.

Hamilton, Richard F., *Who Voted for Hitler?,* Princeton 1982.

Harré, Rom, *Personal Being: A Theory for Individual Psychology,* Cambridge 1984.

Harris, James F., *The People Speak! Anti-Semitism and Emancipation in Nineteenth-Century Bavaria,* Ann Arbor 1994.

Harsch, Donna, *German Social Democracy and the Rise of Nazism,* Chapel Hill 1993.

Hay, Malcolm, *Europe and the Jews: The Pressure of Christendom over 1900 Years,* Chicago 1992.

Heer, Friedrich, *Gottes erste Liebe. Die Juden im Spannungsfeld der Geschichte,* Berlin 1981.

Henkys, Richard, *Die nationalsozialistischen Gewaltverbrechen. Geschichte und Gericht*, Stuttgart 1964.

Herbert, Ulrich, *Fremdarbeiter. Politik und Praxis des »Ausländer-Einsatzes« in der Kriegswirtschaft des Dritten Reiches*, Berlin 1985.

ders., *Geschichte der Ausländerbeschäftigung in Deutschland 1880–1980. Saisonarbeiter, Zwangsarbeiter, Gastarbeiter*, Berlin 1986.

ders. (Hrsg.), *Europa und der »Reichseinsatz«: Ausländische Zivilarbeiter, Kriegsgefangene und KZ-Häftlinge in Deutschland 1938–1945*, Essen 1991.

Herzfeld, Michael, *The Social Production of Indifference: Exploring the Symbolic Roots of Western Bureaucracy*, New York 1992.

Herzog, Dagmar, *Intimacy and Exclusion: Religious Politics in Pre-Revolutionary Baden*, Princeton 1996.

Hiemer, Ernst, *Der Giftpilz*, Nürnberg 1938.

Hilberg, Raul, *Die Vernichtung der europäischen Juden*, Frankfurt/M. 1990.

ders., *Täter, Opfer, Zuschauer. Die Vernichtung der Juden 1933–1945*, Frankfurt/M. 1992.

Hildebrand, Klaus, *Das Dritte Reich*, London 1979.

ders., *Deutsche Außenpolitik 1933–1945. Kalkül oder Dogma*, Stuttgart 1990.

Hirschfeld, Gerhard und Lothar Kettenacker (Hrsg.), *Der »Führerstaat«. Mythos und Realität*, Stuttgart 1981.

Hitler, Adolf, *Mein Kampf*, München 1934.

Hobbes, Thomas, *Naturrecht und allgemeines Staatsrecht in den Anfangsgründen*, Berlin 1926.

Hortzitz, Nicoline, *»Früh-Antisemitismus« in Deutschland (1789–1871/72). Strukturelle Untersuchungen zum Wortschatz*, Tübingen 1988.

Jäckel, Eberhard, *Hitlers Weltanschauung. Entwurf einer Herrschaft*, Stuttgart 1991.

ders. und Jürgen Rohwer (Hrsg.), *Der Mord an den Juden im Zweiten Weltkrieg. Entschlußbildung und Verwirklichung*, Stuttgart 1985.

Jäger, Herbert, *Verbrechen unter totalitärer Herrschaft. Studien zur nationalsozialistischen Gewaltkriminalität*, Olten 1967.

Jochmann, Werner, *Gesellschaftskrise und Judenfeindschaft in Deutschland 1870–1945*, Hamburg 1988.

Kamenetsky, Christa, *Children's Literature in Hitler's Germany: The Cultural Policy of National Socialism*, Athens 1984.

Kamenetsky, Igor, *Secret Nazi Plans for Eastern Europe: A Study of Lebensraum Policies*, New York 1961.

Kater, Michael, *The Nazi Party: A Social Profile of Members and Leaders, 1919–1945*, Cambridge 1983.

ders., *Doctors Under Hitler*, Chapel Hill 1989.

Katz, Jacob, *Vom Vorurteil bis zur Vernichtung. Der Antisemitismus 1700 bis 1933*, München 1989.

Kelman, Herbert C. und V. Lee Hamilton, *Crimes of Obedience: Toward A Social Psychology of Authority and Responsibility*, New Haven 1989.

Kempner, Robert M. W., *SS im Kreuzverhör*, München 1964.

Kenrick, Donald und Grattan Puxon, *Die Vernichtung eines Volkes im NS-Staat*, Göttingen 1981.

Kershaw, Ian, *Der Hitler-Mythos. Volksmeinung und Propaganda,* Stuttgart 1980.

ders., *Popular Opinion and Political Dissent in the Third Reich: Bavaria, 1933–1945,* Oxford 1983.

ders., *Der NS-Staat. Geschichtsinterpretationen und Kontroversen im Überblick,* Reinbek 1994.

King, Gary, Robert O. Keohane und Sidney Verba, *Designing Social Inquiry: Scientific Inference in Qualitative Research,* Princeton 1994.

Kisch, Guido, *Forschungen zur Rechts- und Sozialgeschichte der Juden in Deutschland während des Mittelalters,* Stuttgart 1955.

Klee, Ernst, *»Euthanasie« im NS-Staat. Die »Vernichtung lebensunwerten Lebens«,* Frankfurt/M. 1983.

Klopstock, F. G., *Sämtliche Werke,* Leipzig 1823.

Kogon, Eugen, *Der SS-Staat. Das System der deutschen Konzentrationslager,* München 1974.

ders., Hermann Langbein und Adalbert Rückerl (Hrsg.), *Nationalsozialistische Massentötungen durch Giftgas. Eine Dokumentation,* Frankfurt/M. 1983.

Korman, Gerd, *Hunter and Hunted: Human History of the Holocaust,* New York 1973.

Krakowski, Shmuel, *The War of the Doomed: Jewish Armed Resistance in Poland, 1943–1944,* New York 1984.

Krausnick, Helmut und Hans-Heinrich Wilhelm, *Die Truppe des Weltanschauungskrieges. Die Einsatzgruppen der Sicherheitspolizei und des SD 1938–1942,* Stuttgart 1981.

Kropat, Wolf-Arno, *Kristallnacht in Hessen. Der Judenpogrom vom November 1938,* Wiesbaden 1988.

Kuper, Leo, *Genocide: Its Political Use in the Twentieth Century,* New Haven 1981.

Kwiet, Konrad und Helmut Eschwege, *Selbstbehauptung und Widerstand. Deutsche Juden im Kampf um Existenz und Menschenwürde 1933–1945,* Hamburg 1984.

Lakoff, George und Mark Johnson, *Metaphors We Live By,* Chicago 1980.

Langbein, Hermann, *Menschen in Auschwitz,* Frankfurt/M. 1980.

Leuschner, Joachim, *Deutsche Geschichte,* Göttingen 1973.

Levine, Hillel, *Economic Origins of Antisemitism: Poland and Its Jews in the Early Modern Period,* New Haven 1991.

Lewy, Guenther, *Die katholische Kirche und das Dritte Reich,* München 1965.

Lewin, Isaac, Michael Munk und Jeremiah Berman, *Religious Freedom: The Right to Practice Shchitah,* New York 1946.

Lichtenstein, Heiner, *Majdanek. Reportage eines Prozesses,* Frankfurt/M. 1979.

ders., *Himmlers grüne Helfer. Die Schutz- und Ordnungspolizei im »Dritten Reich«,* Köln 1990.

Lifton, Robert Jay, *Ärzte im Dritten Reich,* Stuttgart 1988.

Lilienthal, Georg, *Der »Lebensborn e.V.«. Ein Instrument nationalsozialistischer Rassenpolitik,* Stuttgart 1985.

Lohalm, Uwe, *Völkischer Radikalismus. Die Geschichte des Deutschvölkischen Schutz- und Trutz-Bundes,* Hamburg 1970.

Low, Alfred D., *Jews in the Eyes of Germans: From Enlightenment to Imperial Germany,* Philadelphia 1979.

Lowenthal, Marvin, *The Jews of Germany: A Story of Sixteen Centuries,* Philadelphia 1938.

Lüdtke, Alf, *Eigen-Sinn. Fabrikalltag, Arbeitererfahrungen und Politik vom Kaiserreich bis in den Faschismus,* Hamburg 1993.

Lumans, Valdis O., *Himmler's Auxiliaries: The Volksdeutsche Mittelstelle and the German National Minorities in Europe, 1933–1945,* Chapel Hill 1993.

Lutzhöft, Hans Jürgen, *Der nordische Gedanke in Deutschland 1920–1940,* Stuttgart 1971.

Madajczyk, Czesław, *Die Okkupationspolitik Nazideutschlands in Polen 1939–1945,* Berlin 1987.

Malá, Irena und Ludmila Kubátová, *Pochody Smrti,* Prag 1965.

Malitz, Bruno, *Die Leibesübungen in der nationalsozialistischen Idee,* München 1934.

Marrus, Michael R., *The Holocaust in History,* Hanover 1987.

ders. (Hrsg.), *The Nazi Holocaust: Historical Articles on the Destruction of European Jews,* 15 Bde., Westport 1989.

ders. und Robert O. Paxton, *Vichy France and the Jews,* New York 1983.

Martin, Bernd und Ernst Schulin (Hrsg.), *Die Juden als Minderheit in der Geschichte,* München 1981.

Marx, Karl, *Die Deutsche Ideologie,* Marx-Engels-Werke, Bd. 3, Berlin 1983.

Melville, Hermann, *Moby Dick oder der Wal,* vollständige Ausgabe aus dem Amerikanischen übertragen mit einem Nachwort und Erläuterungen von Richard Mummendey, München 1978.

Merritt, Anna J. und Richard L. Merritt, *Public Opinion in Occupied Germany: The OMGUS Surveys, 1945–1949,* Urbana 1970.

Milfull, John (Hrsg.), *Why Germany? National Socialist Anti-Semitism in the European Context,* Providence 1993.

Milgram, Stanley, *Das Milgram-Experiment. Zur Gehorsamsbereitschaft gegenüber Autorität,* Reinbek 1983.

Militärgeschichtliches Forschungsamt (Hrsg.), *Das Deutsche Reich und der Zweite Weltkrieg,* Bd. 4, Stuttgart 1983.

Miscellanea: Festschrift für Helmut Krausnick zum 75. Geburtstag, Stuttgart 1980.

Mommsen, Hans und Susanne Willems (Hrsg.), *Herrschaftsalltag im Dritten Reich. Studien und Texte,* Düsseldorf 1988.

Mosse, George L., *The Crisis of German Ideology: Intellectual Origins of the Third Reich,* New York 1964.

Müller, Ingo, *Furchtbare Juristen. Die unbewältigte Vergangenheit unserer Justiz,* München 1987.

Müller-Claudius, Michael, *Der Antisemitismus und das deutsche Verhängnis,* Frankfurt/M. 1948.

Paassen, Pierre van und James Waterman Wise (Hrsg.), *Nazism,* New York 1934.

Parkes, James, *Antisemitism,* Chicago 1969.

Patterson, Orlando, *Slavery and Social Death: A Comparative Study,* Cambridge 1982.

ders., *Freedom in the Making of Western Culture*, Bd. 1, New York 1991.

Paucker, Arnold (Hrsg.), *Die Juden im nationalsozialistischen Deutschland: The Jews in Nazi Germany 1933–1943*, New York 1986.

Pehle, Walter H. (Hrsg.), *Der Judenpogrom 1938. Von der Reichskristallnacht zum Völkermord*, Frankfurt/M. 1988.

Peterson, Edward N., *The Limits of Hitler's Power*, Princeton 1969.

Pingel, Falk, *Häftlinge unter SS-Herrschaft. Widerstand, Selbstbehauptung und Vernichtung im Konzentrationslager*, Hamburg 1978.

Platner, Geert und Schüler der Gerhart-Hauptmann-Schule in Kassel (Hrsg.), *Schule im Dritten Reich. Erziehung zum Tod*, Köln 1988.

Po-chia Hsia, R., *The Myth of Ritual Murder: Jews and Magic in Reformation Germany*, New Haven 1988.

Pohl, Dieter, *Von der »Judenpolitik« zum Judenmord. Der Distrikt Lublin des Generalgouvernements 1939–1944*, Frankfurt/M. 1993.

Potichny, Peter J. und Howard Aster (Hrsg.), *Ukrainian-Jewish Relations in Historical Perspective*, Edmonton 1990.

Proctor, Robert N., *Racial Hygiene: Medicine Under the Nazis*, Cambridge 1988.

Pulzer, Peter G. J., *Die Entstehung des politischen Antisemitismus in Deutschland und Österreich*, Gütersloh 1966.

ders., *Jews and the German State: The Political History of a Minority, 1848 until 1933*, Oxford 1992.

Quinn, Naomi und Dorothy Holland, (Hrsg.), *Cultural Models in Language and Thought*, Cambridge 1987.

Rebentisch, Dieter, *Führerstaat und Verwaltung im Zweiten Weltkrieg*, Wiesbaden 1989.

Reinharz, Jehuda und Walter Schatzberg (Hrsg.), *The Jewish Response to German Culture: From the Enlightenment to the Second World War*, Hanover 1985.

Rescue Attempts During the Holocaust. Proceedings of the Second Yad Vashem International Conference, hrsg. von Yisrael Gutman und Efraim Zuroff, Jerusalem 1977.

Rich, Norman, *Hitler's War Aims: Ideology, the Nazi State, and the Course of Expansion*, Bd. 1, New York 1973.

Robinsohn, Hans, *Justiz als politische Verfolgung. Die Rechtsprechung in »Rassenschandefällen« beim Landgericht Hamburg 1936–1943*, Stuttgart 1977.

Rose, Paul Lawrence, *Revolutionary Antisemitism in Germany from Kant to Wagner*, Princeton 1990.

Rosenberg, Alfred, *Die Protokolle der Weisen von Zion und die jüdische Weltpolitk*, München 1933.

ders., *Der Mythus des zwanzigsten Jahrhunderts*, München 1944.

Rosenberg, Hans, *Große Depression und Bismarckzeit. Wirtschaftsablauf, Gesellschaft und Politik in Mitteleuropa*, Berlin 1967.

Rosenkranz, Herbert, *Verfolgung und Selbstbehauptung. Die Juden in Österreich 1938–1945*, Wien 1978.

Roth, Cecil, *The Spanish Inquisition*, New York 1964.

Rückerl, Adalbert (Hrsg.), *NS-Prozesse. Nach 25 Jahren Strafverfolgung*, Karlsruhe 1971.

ders., *Nationalsozialistische Vernichtungslager im Spiegel deutscher Straf-prozesse. Belzec, Sobibor, Chelmno,* München 1977.

Ruthven, Malise, *Torture: The Grand Conspiracy,* London 1978.

Sabrin, B. F. (Hrsg.), *Alliance for Murder: The Nazi-Ukrainian Nationalist Partnership in Genocide,* New York 1991.

Safrian, Hans, *Die Eichmann-Männer,* Wien 1993.

Schleunes, Karl A., *The Twisted Road to Auschwitz: Nazi Policy Toward German Jews, 1933–1939,* Urbana 1990.

Schmidt, Matthias, *Albert Speer. Das Ende eines Mythos. Speers wahre Rolle im Dritten Reich,* Bern 1982.

Schoenberner, Gerhard, *Der gelbe Stern. Die Judenverfolgung in Europa 1933–1945,* München 1978.

Schoeps, Julius H., *Leiden an Deutschland. Vom antisemitischen Wahn und der Last der Erinnerung,* München 1990.

Schulte, Theo J., *The German Army and Nazi Policies in Occupied Russia,* Oxford 1989.

Schwarz, Gudrun, *Die nationalsozialistischen Lager,* Frankfurt/M. 1990.

Scott, James C., *Domination and the Arts of Resistance: Hidden Transcripts,* New Haven 1985.

Segev, Tom, *Die Soldaten des Bösen. Zur Geschichte der KZ-Kommandanten,* Reinbek 1992.

Shakespeare, William, *Julius Caesar,* hrsg. von Dietrich Klose, Stuttgart 1984.

ders., *Der Kaufmann von Venedig,* hrsg. von Barbara Puschmann-Nalenz, Stuttgart 1982.

Siegfried, Klaus-Jörg, *Das Leben der Zwangsarbeiter im Volkswagenwerk 1939–1945,* Frankfurt/M. 1988.

Skocpol, Theda, *States and Social Revolutions: A Comparative Analysis of France, Russia, and China,* Cambridge 1979.

Sofsky, Wolfgang, *Die Ordnung des Terrors. Das Konzentrationslager,* Frankfurt/M. 1993.

Sorkin, David, *The Transformation of German Jewry, 1780–1840,* New York 1987.

Soustelle, Jacques, *Daily Life of the Aztecs,* London 1961.

Spector, Shmuel, *The Holocaust and Volhynian Jews, 1941–1944,* Jerusalem 1990.

Stachura, Peter D. (Hrsg.), *The Shaping of the Nazi State,* London 1978.

Steiner, Johannes (Hrsg.), *Prophetien wider das Dritte Reich,* München 1946.

Steinert, Marlis, *Hitlers Krieg und die Deutschen. Stimmung und Haltung der deutschen Bevölkerung im Zweiten Weltkrieg,* Düsseldorf 1970.

Sterling, Eleonore, *Judenhaß. Die Anfänge des politischen Antisemitismus in Deutschland (1815–1850),* Frankfurt/M. 1969.

Stern, Frank, *The Whitewashing of the Yellow Badge: Antisemitism and Philosemitism in Postwar Germany,* Oxford 1992.

Stern, Fritz, *Der Traum vom Frieden und die Versuchung der Macht. Deutsche Geschichte im 20. Jahrhundert,* Berlin 1988.

Stoddard, Lothrop, *Into the Darkness: Nazi Germany Today,* New York 1940.

Strauss, Herbert A. und Norbert Kampe, (Hrsg.), *Antisemitismus. Von der Judenfeindschaft zum Holocaust,* Bonn 1984.

ders. (Hrsg.), *Hostages of Modernization: Studies on Modern Antisemitism 1879–1933/39*, Berlin – New York 1993.

Streim, Alfred, *Die Behandlung sowjetischer Kriegsgefangener im Fall Barbarossa*, Heidelberg 1981.

Streit, Christian, *Keine Kameraden. Die Wehrmacht und die sowjetischen Kriegsgefangenen 1941–1945*, Stuttgart 1978.

Sudarski, Mendl, Uriyah Katzenelbogen und Y. Gishin (Hrsg.), *Lite,* New York 1951.

Tal, Uriel, *Christians and Jews in Germany: Religion, Politics, and Ideology in the Second Reich, 1870–1914*, Ithaka 1975.

The Nazi Concentration Camps: Structure and Aims, The Image of the Prisoner, The Jews in the Camps, Jerusalem 1984.

Trachtenberg, Joshua, *The Devil and the Jews: The Medieval Conception of the Jew and Its Relation to Modern Anti-Semitism,* Philadelphia 1983.

Trunk, Isaiah, *Judenrat: The Jewish Councils in Eastern Europe under Nazi Occupation,* New York 1977.

Vago, Bela und George L. Mosse (Hrsg.), *Jews and Non-Jews in Eastern Europe, 1918–1945,* New York 1974.

Vallier, Ivan (Hrsg.), *Comparative Methods in Sociology: Essays on Trends and Application,* Berkeley 1973.

Vaupel, Dieter, *Spuren, die nicht vergehen. Eine Studie über Zwangsarbeit und Entschädigung,* Kassel 1990.

Volkov, Shulamit, *The Rise of Popular Antimodernism in Germany: The Urban Master Artisans, 1873-1896,* Princeton 1978.

Waite, Robert G. L., *Vanguard of Nazism: The Free Corps Movement in Postwar Germany, 1918–1923,* New York 1969.

ders., *The Psychopathic God: Adolf Hitler,* New York 1977.

Weber, Max, *Wirtschaft und Gesellschaft. Grundriß der verstehenden Soziologie,* Tübingen 1990.

ders., *Die protestantische Ethik und der Geist des Kapitalismus,* Bodenheim 1993.

Wegner, Bernd, *Hitlers politische Soldaten. Die Waffen-SS 1933–1945. Leitbild, Struktur und Funktion einer nationalsozialistischen Elite,* Paderborn 1990.

Wehler, Hans-Ulrich, *Das deutsche Kaiserreich 1871–1918,* Göttingen 1973.

Weinrich, Max, *Hitler's Professors: The Part of Scholarship in Germany's Crimes Against the Jewish People,* New York 1946.

Wheeler-Bennett, John, *Die Nemesis der Macht. Die deutsche Armee in der Politik 1918–1945,* Düsseldorf 1954.

Wilson, Edward O., *Biologie als Schicksal. Die soziobiologischen Grundlagen menschlichen Verhaltens,* Frankfurt/M. – Berlin – Wien 1980.

Wilson, Stephen, *Ideology and Experience: Antisemitism in France at the Time of the Dreyfus Affair,* Rutherford 1982.

Wippermann, Wolfgang, *Das Leben in Frankfurt zur NS-Zeit. Die nationalsozialistische Judenverfolgung,* 4 Bde., Frankfurt/M. 1986.

Wollenberg, Jörg (Hrsg.), *»Niemand war dabei und keiner hat's gewußt.« Die deutsche Öffentlichkeit und die Judenverfolgung 1933–1945,* München 1989.

Yahil, Leni, *The Rescue of Danish Jewry: Test of a Democracy,* Philadelphia 1969.
dies., *The Holocaust: The Fate of European Jewry, 1932–1945,* New York 1990.
Zelzer, Maria, *Weg und Schicksal der Stuttgarter Juden. Ein Gedenkbuch,* Stuttgart 1964.
Ziegler, Herbert F., *Nazi Germany's New Aristocracy: The SS Leadership, 1925–1939,* Princeton 1989.
Ziemer, Gregor Athalwin, *Education for Death: the Making of the Nazi,* London 1941.
Zonik, Zygmunt, *Anus Belli: Ewakuacja I Wyzwolenie Hitlerowskich Obozow Koncentracyjnych,* Warschau 1988.
Zuccotti, Susan, *The Italians and the Holocaust: Persecution, Rescue, Survival,* New York 1987.
Zur Geschichte der Ordnungspolizei 1936–1945, Teil I: Hans Joachim Neufeldt,»Entstehung und Organisation des Hauptamts Ordnungspolizei«; Teil 2: Georg Tessin,»Die Stäbe und Truppeneinheiten der Ordnungspolizei«, Koblenz o. J. [1957].

Artikel

Adam, Uwe Dietrich,»The Gas Chambers«, in: François Furet (Hrsg.), *Unanswered Questions.*
Arndt, Ino,»Machtübernahme und Judenboykott in der Sicht evangelischer Sonntagsblätter«, in: *Miscellanea: Festschrift für Helmut Krausnick.*
Aschheim, Steven,»›The Jew Within‹: The Myth of ›Judaization‹ in Germany«, in: Jehuda Reinharz und Walter Schatzberg (Hrsg.), *The Jewish Response to German Culture.*
August, Jochen,»Erinnern an Deutschland: Berichte polnischer Zwangsarbeiter«, in: Ulrich Herbert (Hrsg.), *Herrenmensch und Arbeitsvölker.*
Bankier, David,»Hitler and the Policy-Making Process in the Jewish Question«, *HGS,* Jg. 3, 1988.
Barkai, Avraham,»Schicksalsjahr 1938. Kontinuität und Verschärfung der wirtschaftlichen Ausplünderung der Juden«, in: Walter H. Pehle (Hrsg.), *Der Judenpogrom 1938.*
Bauer, Yehuda,»The Death Marches, January–May, 1945«, in: Michael R. Marrus (Hrsg.), *The Nazi Holocaust.*
Beer, Mathias,»Die Entwicklung der Gaswagen beim Mord an den Juden«, *VfZ,* Jg. 35, 1987.
Bein, Alexander,»Der jüdische Parasit«, *VfZ,* Jg. 13, 1965.
Benz, Wolfgang,»The Persecution and Extermination of the Jews in the German Consciousness«, in: John Milfull (Hrsg.), *Why Germany?*
Blackbourn, David,»Catholics, the Centre Party and Antisemitism«, in: ders. *Populists and Patricians.*
Boberach, Heinz,»Quellen für die Einstellung der deutschen Bevölkerung und die Judenverfolgung 1933-1945«, in: Büttner (Hrsg.), *Die Deutschen und die Judenverfolgung im Dritten Reich.*

Breitman, Richard,»Plans for the Final Solution in Early 1941«, *German Studies Review,* Jg. 17., 1994.

ders.,»Himmler's Police Auxiliaries in the Occupied Soviet Territories«, in: *Simon Wiesenthal Annual,* Bd. 7, 1994.

Broszat, Martin,»Hitler und die Genesis der Endlösung. Aus Anlaß der Thesen von David Irving«, *VfZ,* Jg. 25, 1977.

ders. und Saul Friedländer,»A Controversy about the Historicization of National Sozialism«, in: Peter Baldwin (Hrsg.), *Reworking the Past.*

Browning, Christopher R.,»The Euphoria of Victory and the Final Solution: Summer-Fall 1941«, *German Studies Review,* Jg. 17., 1994.

Buchheim, Hans,»Befehl und Gehorsam«, in: Martin Broszat u. a., *Anatomie des SS-Staates.*

Büchler, Yehoshua,»Kommandostab Reichsführer-SS: Himmler's Personal Murder Brigades in 1941«, *HGS,* Jg. 1, 1986.

Carmon, Arye,»The Impact of Nazi Racial Decrees on the University of Heidelberg«, *YVS,* Jg. 11, 1976.

Carpi, Daniel,»The Rescue of Jews in the Italian Zone of Occupied Croatia«, in: *Rescue Attempts During the Holocaust. Proceedings of the Second Yad Vashem International Conference.*

Chazan, Robert»Medieval Anti-Semitism«, in: David Berger (Hrsg.), *History and Hate.*

Cohen, Jeremy,»Robert Chazan's ›Medieval Anti-Semitism‹: A Note on the Impact of Theology«, in: David Berger (Hrsg.), *History and Hate.*

Conze, Werner,»Rasse«, in: *Geschichtliche Grundbegriffe,* hrsg. von Otto Brunner u. a., Bd. 5.

Craft, Robert,»Jews and Geniuses«, *New York Review of Books,* Jg. 36, 16. Februar 1989.

D'Andrade, Roy,»A Folk Model of the Mind«, in: Holland und Quinn (Hrsg.), *Cultural Models in Language and Thought.*

Dipper, Christof,»Der deutsche Widerstand und die Juden«, *Geschichte und Gesellschaft,* Jg. 9, 1983.

Eckstein, Benjamin,»Jews in the Mauthausen Concentration Camp«, in: *The Nazi Concentration Camps.*

Eckstein, Harry,»Case Study and Theory in Political Science«, in: *Handbook of Political Science,* Bd. 7.

Evans, Richard,»In Pursuit of the Untertanengeist: Crime, Law and Social Order in German History«, in: ders., *Rethinking German History.*

Förster, Jürgen,»Hitler's War Aims Against the Soviet Union and the German Military Leaders«, *Militärhistorisk Tidskrift,* Jg. 173, 1979.

ders.,»The Wehrmacht and the War of Extermination against the Soviet Union«, *YVS,* Jg. 14, 1981.

ders.,»Das Unternehmen ›Barbarossa‹ als Eroberungs- und Vernichtungskrieg«, in: Militärgeschichtliches Forschungsamt (Hrsg.), *Das Deutsche Reich und der Zweite Weltkrieg,* Bd. 4.

Friedländer, Saul,»Political Transformations During the War and their Effect on the Jewish Question«, in: Herbert A. Strauss (Hrsg.), *Hostages of Modernization.*

Geertz, Clifford,»Common Sense as a Cultural System«, in: ders., *Local Knowledge.*

George, Alexander,»The ›Operational Code‹: A Neglected Approach to the Study of Political Leaders and Decision Making«, *International Studies Quarterly,* Jg. 13, 1969.

Gibbons, Robert,»Allgemeine Richtlinien für die politische und wirtschaftliche Verwaltung der besetzten Ostgebiete«, *VfZ,* 24, 1977.

Glaser, Hermann,»Die Mehrheit hätte ohne Gefahr von Repressionen fernbleiben können«, in: Jörg Wollenberg,*»Niemand war dabei und keiner hat's gewußt«.*

Goldhagen, Daniel Jonah,»The Cowardly Executioner: On Disobedience in the SS«, *Patterns of Prejudice,* Jg. 19, 1985.

ders., Rezension über Christopher Browning, Ganz normale Männer, *New Republic,* Jg. 207, 1992.

Goldhagen, Erich,»Obsession and Realpolitik in the ›Final Solution‹«, *Patterns of Prejudice,* Jg. 12, H. 1, 1978.

ders.,»The Mad Count: A Forgotten Portent of the Holocaust«, *Midstream,* Jg. 22, 1976.

Gruchmann, Lothar,»Euthanasie und Justiz im Dritten Reich«, *VfZ,* Jg. 20, H. 3, 1972.

ders.,»›Blutschutzgesetz‹ und Justiz: Zur Entstehung und Auswirkung des Nürnberger Gesetzes vom 15. September 1935«, *VfZ,* Jg. 31, 1983.

Gutman, Yisrael,»Social Stratification in the Concentration Camps«, in: *The Nazi Concentration Camps.*

Haecker, Theodor,»Zur Europäischen Judenfrage«, *Hochland,* Jg. 24, 1927.

Herbert, Ulrich,»Arbeit und Vernichtung: Ökonomisches Interesse und Primat der ›Weltanschauung‹ im Nationalsozialismus«, in: Dan Diner (Hrsg.), *Ist der Nationalsozialismus Geschichte?*

Hinrichsen, Kurt,»Befehlsnotstand«, in: Adalbert Rückerl (Hrsg.), *NS-Prozesse.*

Jochmann, Werner,»Struktur und Funktion des deutschen Antisemitismus 1878–1914«, in: Herbert A. Strauss und Norbert Kampe (Hrsg.), *Antisemitismus.*

Kershaw, Ian,»The Persecution of the Jews and German Popular Opinion in the Third Reich», *Leo Baeck Yearbook 26,* 1981.

ders.,»Antisemitismus und Volksmeinung: Reaktionen auf die Judenverfolgung«, in: Martin Broszat und Elke Fröhlich (Hrsg.), *Bayern in der NS-Zeit,* Bd. 2.

ders.,»German Popular Opinion and the ›Jewish Question‹, 1939–1943: Some Further Reflections«, in: Arnold Paucker (Hrsg.), *Die Juden im nationalsozialistischen Deutschland: The Jews in Nazi Germany.*

ders.,»Improvised Genocide? The Emergence of the ›Final Solution‹ in the ›Warthegau‹«, *Transactions of the Royal Historical Society,* 6. Serie, Bd. 2, 1992.

Kitterman, David H.,»Those Who Said ›No!‹: Germans Who Refused to Execute Civilians During World War II«, *German Studies Review,* Jg. 11, 1988.

Krakowski, Shmuel,»The Death Marches in the Period of the Evacuation of the Camps«, in: *The Nazi Concentration Camps.*

ders.,»The Fate of Jewish Prisoners of War in the September 1939 Campaign«, *YVS,* Jg. 12, 1977.

Krausnick, Helmut, »Hitler und die Befehle an die Einsatzgruppen im Sommer 1941«, in: Jäckel und Rohwer (Hrsg.), *Der Mord an den Juden im Zweiten Weltkrieg.*

Kulka, Otto Dov, »Die Nürnberger Rassengesetze und die deutsche Bevölkerung im Lichte geheimer NS-Lage- und Stimmungsberichte«, *VfZ,* Jg. 32, 1984.

ders. und Aron Rodrigue, »The German Population and the Jews in the Third Reich: Recent Publications and Trends in Research on German Society and the ›Jewish Question‹«, *YVS,* Jg. 16, 1984.

Kwiet, Konrad, »Nach dem Pogrom. Stufen der Ausgrenzung«, in: Benz (Hrsg.), *Die Juden in Deutschland, 1933–1945.*

Lakoff, George und Kövecses, Zolt·n, »The Cognitive Model of Anger Inherent in American English«, in: Holland und Quinn (Hrsg.), *Cultural Models in Language and Thought.*

Langmuir, Gavan I., »Toward a Definition of Antisemitism«, in: Fein (Hrsg.), *The Persisting Question.*

Lasik, Aleksander, »Historical-Sociological Profile of the Auschwitz SS«, in: Gutman und Berenbaum (Hrsg.), *Anatomy of the Auschwitz Death Camp.*

Lehmann, Joachim, »Zwangsarbeiter in der deutschen Landwirtschaft, 1939 bis 1945«, in: Ulrich Herbert (Hrsg.), *Europa und der »Reichseinsatz«.*

Lewisohn, Ludwig, »The Assault on Civilization«, in: Pierre van Paassen und James Waterman Wise (Hrsg.), *Nazism.*

Lijphart, Arend, »Comparative Politics and the Comparative Method«, *American Political Science Review,* Jg. 65, 1971.

Luther, Martin, »Von den Juden und Iren Luegen«, in: *Luthers Kampfschriften gegen das Judentum,* hrsg. von Walter Linden, Berlin 1936.

Madajczyk, Czesław, »Concentration Camps as a Tool of Oppression in Nazi-Occupied Europe«, in: *The Nazi Concentration Camps.*

Mason, Tim, »Intention and Explanation: A Current Controversy about the Interpretation of National Socialism«, in: Gerhard Hirschfeld und Lothar Kettenacker (Hrsg.), *Der »Führerstaat«.*

Messerschmidt, Manfred, »Harte Sühne am Judentum. Befehlslage und Wissen in der deutschen Wehrmacht«, in: Jörg Wollenberg (Hrsg.), *»Niemand war dabei und keiner hat's gewußt«.*

Mommsen, Hans, »Die Realisierung des Utopischen. Die ›Endlösung‹ der Judenfrage im Dritten Reich«, *Geschichte und Gesellschaft,* Jg.9, 1983.

ders., »Was haben die Deutschen vom Völkermord an den Juden gewußt?«, in: Walter H. Pehle (Hrsg.), *Der Judenpogrom 1938.*

ders. und Dieter Obst, »Die Reaktionen der deutschen Bevölkerung auf die Verfolgung der Juden 1933–1945«, in: Hans Mommsen und Susanne Willems (Hrsg.), *Herrschaftsalltag im Dritten Reich.*

Moser, Jonny, »Nisko: The First Experiment in Deportation«, *Simon Wiesenthal Center Annual 2,* 1985.

Mosse,Werner E., »From ›Schutzjuden‹ to ›Deutsche Staatsbürger Jüdischen Glaubens‹: The Long and Bumpy Road to Jewish Emancipation in Germany«, in: Pierre Birnbaum und Ira Katznelson (Hrsg.), *Paths of Emancipation.*

Nellessen, Bernd ,»Die schweigende Kirche: Katholiken und Judenverfolgung«, in: Büttner (Hrsg.), *Die Deutschen und die Judenverfolgung im Dritten Reich.*

Noakes, Jeremy,»The Oldenburg Crucifix Struggle of November 1936: A Case Study of Opposition in the Third Reich«, in: Peter D. Stachura (Hrsg.), *The Shaping of the Nazi State.*

Quinn, Naomi,»Convergent Evidence for a Model of American Marriage«, in: Dorothy Holland und Naomi Quinn (Hrsg.), *Cultural Models in Language and Thought.*

Rothkirchen, Livia,»The Final Solution in Its Last Stages«, *YVS,* Jg. 8, 1970.

Rürup, Reinhard »The Tortuous and Thorny Path to Legal Equality: ›Jew Laws‹ and Emancipatory Legislation in Germany from the late 18th Century«, *Leo Baeck Institute Yearbook 31,* 1986.

ders.,»Das Ende der Emanzipation: die antijüdische Politik in Deutschland von der ›Machtergreifung‹ bis zum Zweiten Weltkrieg«, in: Arnold Paucker (Hrsg.), *Die Juden im nationalsozialistischen Deutschland.*

Scheffler, Wolfgang,»The Forgotten Part of the ›Final Solution‹: The Liquidation of the Ghettos«, *Simon Wiesenthal Center Annual,* Bd. 2, 1985.

Schewick, Burkhard van,»Katholische Kirche und nationalsozialistische Rassenpolitik«, in: Gotto und Repgen (Hrsg.), *Die Katholiken und das Dritte Reich.*

Scholder, Klaus,»Ein Requiem für Hitler: Kardinal Bertram und der deutsche Episkopat im Dritten Reich,« *Frankfurter Allgmeine Zeitung,* 25. Oktober 1980.

Siegele-Wenschkewitz, Leonore,»Die Auseinandersetzung mit einem Stereotyp. Die Judenfrage im Leben Martin Niemöllers«, in: Ursula Büttner (Hrsg.), *Die Deutschen und die Judenverfolgung im Dritten Reich.*

Stoltzfus, Nathan,»Dissent in Nazi Germany,« *The Atlantic Monthly 270,* September 1992.

Streim, Alfred,»The Tasks of the SS Einsatzgruppen«, *Simon Wiesenthal Center Annual 4,* 1987.

ders.,»Zum Beispiel: Die Verbrechen der Einsatzgruppen in der Sowjetunion«, in: Adalbert Rückerl (Hrsg.), *NS-Prozesse: Nach 25 Jahren Strafverfolgung.*

ders.,»Zur Eröffnung des allgemeinen Judenvernichtungsbefehls gegenüber den Einsatzgruppen«, in: Jäckel und Rohwer (Hrsg.), *Der Mord an den Juden im Zweiten Weltkrieg.*

Thompson, Dorothy,»The Record of Persecution«, in: van Paasen und Wise (Hrsg.), *Nazism.*

Wehler, Hans-Ulrich,»Antisemitismus und Minderheitenpolitik«, in: ders., *Das deutsche Kaiserreich 1871–1918,* Göttingen 1973.

Weinberg, Gerhard L.,»Hitler and England, 1933–1945: Pretense and Reality«, *German Studies Review,* Jg. 8, 1985.

Weiss, Aharon,»Categories of Camps – Their Character and Role in the Execution of the ›Final Solution of the Jewish Question‹«, in: *The Nazi Concentration Camps.*

Wilhelm, Hans-Heinrich,»The Holocaust in National-Socialist Rhetoric and Writings: Some Evidence against the Thesis that before 1945 Nothing was known about the ›Final Solution‹«, *YVS,* Jg. 16, 1984.

ders., »Wie geheim war die ›Endlösung‹?«, in: *Miscellanea.*

Winkler, Heinrich August, »Die deutsche Gesellschaft der Weimarer Republik und der Antisemitismus«, in: Bernd Martin und Ernst Schulin (Hrsg.), *Die Juden als Minderheit in der Geschichte.*

Yahil, Leni, »Madagascar - Phantom of a Solution for the Jewish Question«, in: Bela Vago und George L. Mosse, (Hrsg.), *Jews and Non-Jews in Eastern Europe, 1918–1945.*

Zenner, Walter P., »Middleman Minority Theories: a Critical Review«, in: Fein (Hrsg.), *The Persisting Question.*

Register

Die kursiven Ziffern verweisen auf Bildlegenden.

Abraham, Rottenführer 470
Ahornberg 409
»Aktion Reinhard« 194, 233, 237,
244, 327, 344, 347, 349, 353,
355, 359f., 364, 367, 607, 615
Alldeutscher Verband 108
Allgemeine Studentenausschüsse
110
alliierte Bombardierungen auf
»jüdische Verantwortung«
153, 197, 254, 299, 473f.
siehe auch Zweiter Weltkrieg
Als die Zeugen schwiegen (Gerlach)
508
Althütten 410
Aly, Götz 335
amerikanische Kirchenvertreter 159
Andorra (Max Frisch) 508
Antisemitismus 20, 39, 53f.
– »abstrakter« und »realer« 53ff.,
566f.
– Antisemitenpartei 577
– Ausdrucksformen 57–60, 567
– »Bösartigkeit« der Juden 55
– Christentum und 58, 61–64,
71–76, 569
– »Christusmörder«-Unterstellung
72
– dimensionale Analyse 54–57,
67ff.
– in England, 61f., 567
– frühe Ausdrucksformen 72–76
– kognitive Modelle und 66f., 74
– latente und manifeste Dimensionen und Phasen 55ff., 62–66,
568

– im Mittelalter 74ff.
– und Nationalismus 66
– nichtdeutscher Täter 479
– »ohne Juden« 61f., 567
– ökonomische Begründungen
61f., 65, 566f.
– Säkularisierung 63
– sittliche Weltordnung durch
Juden verletzt 57f., 62ff.,
72ff.
– Sowjetunion 568
– »Sündenbock«funktion der
Juden 65
– Teufel, mit Juden gleichgesetzt
75f., 92. 569
– Ursprung der negativen Eigen-
schaften der Juden 54–58
– Verwirrung hinsichtlich seiner
Symptome und Ursachen 60f.
– Vielgestaltigkeit 63f.
. siehe auch eliminatorischer
Antisemitismus, eliminatorische
Erklärung des Täterhandelns,
eliminatorisches Programm der
Nationalsozialisten, deutscher
Antisemitismus
Arbeit 336f.
»Arbeits«lager 39, 196, 203, 342,
344f., 347, 352, 542ff., 645
– »Arbeit macht frei« 364
– deutsches Personal 353, 394 bis
399
– Entlausung 401
– Ernährung 360, 400, 402
– exterminatorische Funktion
347f., 350f., 355–365

709

- Grausamkeit der Deutschen
351–359, 361–365, 377f., 391f.,
399, 401–406
- Helmbrechts, Lager 394–404,
405
- Hierarchie unter Juden 365f.
- Hinrichtungen durch den Strang
362, 364f., 649
- hygienische Verhältnisse 360f.
- jüdische Kriegsgefangene 352
- Kinder als Henker 365f., 649
- Kleidung der Insassen 402
- Lebensumstände 401f.
- Lipowa, Lager 349–355, 367,
646
- Majdanek, Lager 347f.
- medizinische Versorgung 400
- produktive Arbeit 350, 360
- sinnlose Arbeit 349f., 360,
378f., 434
- Strafappelle 341
- unterschiedliche Behandlung
jüdischer und nichtjüdischer
Insassen 348f., 368–373, 400,
402f., 650, 653
- weibliche Insassen 399–405
. *siehe auch* Lager/Lagersystem,
Flughafenlager,»jüdische«Arbeit
Arendt, Hannah 40, 561
Armenien, Völkermord 484, 489
Arndt, Ino 138
Ärzte, Mediziner 310, 466, 622
Auden, W. H. 515
Aufspür- und Vernichtungsaktionen
235, 241, 279–284, *282*
Auschwitz, Vernichtungslager 141,
194, 196, 204, 210, 213, 237ff.,
315, 319, 343ff., 347, 367f., 388,
391f., 428, 497, 542, 608, 657
- »anus mundi« 452
- »Arbeit macht frei«, Aufschrift
am Lagertor 364
- Ärzte 452, 520, 606, 638
- Auschwitz-Birkenau 194
- Deportation ungarischer Juden
nach 345
- Höss, Rudolf, Kommandant 592
ausländische Arbeiter, *siehe* nicht-
jüdische Ausländer

Auslöschungsmentalität 97
. *siehe auch* exterminatorischer
Antisemitismus
Ausschaltungsantisemitismus/Aus-
schaltungsmentalität 97, 117
. *siehe auch* eliminatorischer Anti-
semitismus
Babi Yar, Massaker 142, 190, *192*,
322f.
Babys, Ermordung von 258, 621
Bach-Zelewski, Erich von dem 437
Baden-Baden 121
badisches Emanzipationsedikt 80
Bad Kissingen 121
Bad Nauheim 121
Bamberger, Ludwig 99
Bankier, David 133, 580, 585
Barkai, Avraham 595
Bärte von Juden, Abschneiden und
Anzünden 121, *122*, 227, *292*,
292f., 441, 631
Barth, Karl 43, 144f., 511, 589
Bayreuth, Arbeiter aus 371
Becker, Emma 133f.
Begraben noch lebender Juden 274,
422
Behinderte, körperlich und geistig
480
- Auffassungen der Deutschen
über 548ff.
- »Euthanasie«programm 141,
151, 178f., 199, 448, 466, 591
Bekemeier, Heinrich 266, 275f.,
281, 309
Bekleidungswerk, Lager bei Lublin
355, 358–367
Belzec, Vernichtungslager 194, 210,
233, 237f., 347, 557
Bełżyce, Juden aus 355
Bentheim, Anton 261, 263, 271,
634
Berditschew, Massaker 322
Bergen-Belsen 392f., 429
Berlin, antisemitische Aktionen in
111, 125f., 135, 595
- Berlin-Steglitz 511
- Berlin-Zehlendorf 511
- endgültig »judenrein« 344

- Lager in 184, 208
- Protestbewegung in 151
- Reichstagsbrand 208
- Universität 37
- Wannseekonferenz 1942 194
Bertram, Kardinal Adolf 530
Biała Podlaska
- Deportation 266, 277
- Ermordung eines NSDAP-Funktionärs 287
Białystok
- Juden aus 355
- Massaker 186, 188, 226, 228f., 323, 600, 602
- Polizeibataillon 307 in 529
- Polizeibataillon 309 in 293, 452, 640
Biłgoraj 244, 252, 264, 625
- Massaker in 266, 315, 323
Bindsachsen, antisemitische Aktionen in 123f.
Bismarck, Otto Fürst von 101
Blake, William 452
Blume, Walter 185
Bobruisk, Massaker 315, 323
Bolschewismus, Gleichsetzung mit dem Judentum 180, 460f.
Bonhoeffer, Dietrich 139, 146
Bormann, Martin 523
Börne, Ludwig 87
Bosch, Hieronymus 452
Boykott gegen jüdische Unternehmen 171f.
Bradfisch, Otto 186
Brand, Lucia 289ff., 294, 317, 630
Brand, Paul 287, 290, 317, 633
Braunschweig *120,* 153
Breitman, Richard 596ff., 603
Bremen
- Juden aus 262
- Männer des Polizeibataillons 101 aus 302
Breslau 392
- Bekennende Kirche in 134, 144
Brest-Litowsk, Massaker 189, 323, 602
Browning, Christopher R. 602f., 612f., 617ff., 621f., 624f., 627 bis 632, 635ff., 641

Buch, Walter 481
Buchenwald, Lager 338, 343, 367, 434, 661
Buchmann, Heinz 263, 296ff., 303, 448, 622, 633
Budzyń, Lager 355, 367
Bund der Landwirte 99
Burrin, Philippe 602f.
Burundi, Völkermord 489

Celan, Paul 437
Cesis, Massaker 530
Charkow, Massaker 191, 323
Chełm (Cholm) 614
Chelmno, Vernichtungslager 194, 210, *217,* 344, 347, 530
Christentum/christliche Gemeinschaft 143ff., 587ff.
- Angriffe des Nationalsozialismus auf 150
- und Antisemitismus 58, 61–63, 71–76, 89f., 93, 98–101, 505, 509
- und das eliminatorische Programm 136, 138–145, 155, 158ff., 504–512, 518, 530
- und »Euthanasie«programm 141
- und konvertierte Juden 133f.
- Proteste gegen Schweigen der Kirchen 511f.
- Unterstützung für das NS-Regime 152, 509ff.
- und völkisches Bewußtsein 83
- *siehe auch* katholische Kirche, evangelische Kirche
Čistá (Lauterbach) 411
Cohen, Jeremy 75
Cohn, Rosel 117
Czermierniki 294

Dachau
- Deportation nach 130
- Lager 204, 208, 343, 356, 417, 434
Dänen 457
- dänische Juden 241
Dante, Alighieri 412, 452
Dawid-Gorodok, Massaker 323
Deljatin, Massaker 323

711

Demokratie 51
Deportation/»Aussiedlung«/»Umsiedlung« 615f.
– deutscher Juden 134ff., 244
– aus Łuków 297, 307, *308,* 309f.,
  462
– aus Międzyrzecz 288ff., 304 bis
  309, *305f.,* 320, 528
– polnischer Juden 180ff., 237ff.
»Deutsche Christen« 145
deutscher Antisemitismus 19ff., 39
– Allgegenwärtigkeit 78ff., 99f.
– Besessenheit als Grundzug 87f.,
  137
– Beweise für Existenz und Natur
  antisemitischer Überzeugungen
  49ff.
– Christentum und 90, 93, 137 bis
  141, 505–510
– Dämonisierung der Juden 92f.
– Emanzipationsfrage und 78–82,
  84ff., 105, 571ff.
– »Erlösung« der Juden 79–82,
  84f., 90f., 93
– »ethischer« Antisemitismus
  505f.
– »Freunde« der Juden 79–83,
  100, 572
– Grundzüge 103f.
– Hetze gegen Juden 83f.
– Kampagnen gegen jüdische
  Bräuche 573
– kollektive Ansichten über Juden
  89
– Kontinuität und Wandel 76f.,
  570
– kulturell-kognitives Modell 51f.,
  77f., 83ff.
– Literatur 46, 77, 88, 96f.
– »Lösungs«vorschläge 94–98,
  576
– mehr oder weniger manifest
  85f., 102, 104
– Nationalismus und 79
– Normen nicht in Frage gestellt
  47, 50
– osteuropäische Juden und 578
– »Parasitentum« 86f.
– Politik 101f.

– rassistischer Antisemitismus
  89–94, 97, 100
– Ritualmordanschuldigungen 88
– Säkularisierung 76
– Schlußfolgerungen 103ff.
– Sexualität im Brennpunkt 88
– soziale Störungen durch Juden
  78f., 92
– unterschwellige Feindseligkeit
  gegen Juden 98f.
– Zusammenfassung der Ansichten
  der Deutschen über Juden 548ff.
– nach dem Zweiten Weltkrieg
  517f., 678f.
. *siehe auch* eliminatorischer
  Antisemitismus, eliminatorische
  Erklärung des Täterhandelns,
  eliminatorisches Programm der
  Nationalsozialisten
deutsche Gesellschaft 21f.
. *siehe auch* deutscher Antisemi-
  tismus
Deutschnationaler Handlungs-
  gehilfenverband 98
Deutschnationale Volkspartei 137
deutsch-sowjetischer Krieg 183ff.,
  236, 496
– »Kommissarbefehl« 664f.
deutsch-sowjetischer Nichtan-
  griffspakt 180
Dibelius, Bischof Otto 138f., 142,
  506
Dietrich, Max 356ff., 360
Dipper, Christof 145
Dnepropetrowsk, Massaker 323
Dohm, Wilhelm von 79f., 97, 572
»Dolchstoßlegende« 157
Dora (Mittelbau), Lager 432
Dörr, Alois 394, 398f., 405f., 411,
  413, 416ff., 422f.
Dressler, Alfred 353
Drexler, Anton 113
Drogobytsch, Massaker 324
Drucker, Kurt 261, 302
Durkheim, Emile 117
Düsseldorf, antisemitische Aktionen
  501

Ehefrauen der Täter, bei Mordeinsätzen 287–291, 294, 442,
475, 527, 630f.
Eichmann, Adolf 202
– seine Mitarbeiter 560, 606
Einsatzgruppen 192, 203, 225,
460f.
– Berichte 600f.
– Möglichkeit der Freistellung von
Tötungen 445f.
– sowjetische Juden, Vernichtung
183–190
– Zahl ihrer Angehörigen 204
Einsatzkommandos und Sonderkommandos 175, 193, 224f.,
326f., 473, 529, 640
– sowjetische Juden, Vernichtung
180–192, *190f.*
Einstein, Albert 111, 579
Eisenmenger, Johann Andreas 77
eliminatorische Erklärung des Täterhandelns 22f., 39, 458f., 533f.
– Antisemitismus als notwendige
Voraussetzung 31, 489ff.
– Erklärungsbedarf für bestimmte
Handlungen und Probleme 22f.,
28–33, 440–443, 457, 467f.,
668
– Freiwilligkeit 217, 461ff., 476f.
– Grausamkeiten der Deutschen
464–469, 670
– »jüdische Arbeit« 377–382,
471f.
– monokausale Erklärungen
487ff.
– phänomenologische Realität der
Täter 34, 37f., 561ff.
– Polizeibataillone und 470ff.
– und das Problem der Motivation
35f., 487ff.
– Todesmärsche 471
– Übereinstimmung aller Hier-
archieebenen 468f.
– Überzeugung als Grundlage des
Handelns 28f., 217, 437, 460 bis
470, 526–531
– Vergleich der Behandlung von
Juden durch Deutsche und Nichtdeutsche 477–480

– Vergleich der Behandlung von
Juden und Nichtjuden durch
Deutsche 212, 671
– Vergleich zwischen Holocaust
und anderen Völkermorden
482f.
eliminatorischer Antisemitismus
39, 69
– Annahmen und Überzeugungen
107f., 116f.
– im Ersten Weltkrieg 108f.
– evangelische Kirche und 137ff.
– exterminatorische Orientierung
96f., 496f., 526–531
– im 19. Jahrhundert 94–97, 576
– Pogrome und Pöbelangriffe 111
– als Selbstverständlichkeit 108
– und Sozialisierungsprozesse
109f., 692
– in der Weimarer Republik 109ff.
. *siehe auch* eliminatorische
Erklärung des Täterhandelns,
eliminatorisches Programm der
Nationalsozialisten
eliminatorisches Programm der
Nationalsozialisten 22, 39
– Angst vor »jüdischer Rache«
130, 153
– Ärzte, Beteiligung 622
– Bekanntschaft mit Juden und
154
– Boykott jüdischer Geschäfte
118f.
– Christentum und 136–145,
154f., 158ff., 504–512, 517f.,
530, 682
– Definition: Wer ist Jude? 173
– Deportation von Juden aus
Deutschland 134ff., 244
– Emigration als Resultat 128,
174
– Entwicklung des Programms
165f.
– Erklärung 198ff.
– europaweite Durchsetzung 181
bis 184, 193–200, *195, 483*
– »Euthanasie«programm und
178f.
– »Gehirnwäsche« 147, 679f.

713

- geostrategische Erwägungen 174f., 179f., 674
- gesetzliche Schritte gegen Juden 118f., 126f., 133, 170–173, 595
- Gleichsetzung von Bolschewismus und Judentum 180f., 460
- Hitlers zentrale Rolle 165–168
- individuelles Handeln, Varianten 499f.
- »Judenstern« 173f.
- Justiz, Mitwirkung 126
- konzeptionelle und analytische Probleme 166–170
- körperliche Angriffe auf Juden 121ff., *122,* 127ff., *128, 172*
- und Krieg 178
- Kritik an Exzessen 130ff., 152 bis 156, 502f., 591ff., 676
- kulturell-kognitives Modell als Grundmuster 170, 468
- latenter Antisemitismus im deutschen Volk, Aktivierung 518 bis 525
- Leitlinie staatlicher Politik 118
- Maßnahmen zur Durchsetzung 170f.
- Maximalziele 493ff.
- militärische Unterstützung 503
- Mythen über 23f.
- öffentliche Unterstützung 115f., 124ff., *125,* 131f., 135f., 500ff., 512f.
- Phasen 491–494, 674
- Politik gegen Kinder 365f.
- und politisches System 166f.
- Priorität vor anderen Programmpunkten 196f.
- psychische Belastung der Mörder 193
- Radikalität 493
- rassistische Orientierung 136
- Reichspogromnacht/»Reichskristallnacht« 128–133, *128,* 155, 176f., 513, 584
- »sozialer Tod« der Juden 170–174, 205ff., 340f., 492f.
- Stolz der Täter 526–531
- »Teilnahmslosigkeit« der Deutschen 513ff., 585, 678

- »Umsiedlungs«pläne 181f., 493
- ungarische Juden, Vernichtung 196, 344f.
- verbale Gewalt 156f., 170ff., 174, 593
- Verdrängung der Juden aus dem deutschen Alltag 170–177
- Vergasung von Juden 23, 193f., 202, 603
- Vertagung des »Endziels« in den dreißiger Jahren 174
- Völkermord als Absicht und angemessene Konsequenz 114, 157ff., 176f., 199, 496, 593
- andere Völkermorde, Vergleich 482f.
- Widerspruch gegen 150f., 155f., 504–507, 512, 593
- und Widerstand gegen den Nationalsozialismus 145f., 590
- Wurzeln 97–102
- Zahl der ermordeten Juden 483
- Ziele 170f.
- Zustimmung in der Arbeiterschaft 136f., 586
- . *siehe auch* »Arbeits«lager, jüdische »Arbeit«, Polizeibataillon 101, polnische Juden, sowjetische Juden, Vollstrecker des Holocaust

Emanzipation, 1880er Jahre 78–86, 105, 571ff.

England 180
- Antisemitismus in 61f.

Entdecktes Judentum (Eisenmenger) 77

Entfremdung von Geburt an 206

Entlausung 401

Erklärung des Täterhandelns, *siehe* herkömmliche Erklärung des Täterhandelns, eliminatorische Erklärung des Täterhandelns

»Erntefest« 278, 305, 344, 348

Erster Weltkrieg 108, 113, 158, 217

Erziehungssystem 45, 109ff., 692

»ethischer« Antisemitismus 505f.

»Euthanasie«programm 141, 151, 178f., 199, 448, 466, 495, 591

evangelische Kirche
- Antisemitismus 137ff.,
142–145, 509f., 586–589
- eliminatorisches Programm der
Nationalsozialisten und 138,
140–143, 510ff., 682
. *siehe auch* Christentum
exterminatorischer Antisemitismus,
siehe Auslöschungsantisemitismus/Auslöschungsmentalität

Faulhaber, Kardinal Michael 139
Felden, Klemens 96
»Feste« der Mörder 443, 475, 529f.
Filbert, Alfred 185, 189
Fischer, Albert 356f.
Flossenbürg, Lager 392, 394ff., 433
- Flossenbürg–Regensburg,
Todesmarsch 429f.
Flughafenlager bei Lublin 349,
355, 648
- Bekleidungswerk 355, 358 bis
367
- Ernährung der Insassen 359, 361
- Grausamkeiten der Deutschen
356ff., 362ff.
- Hauptnachschublager 355–360
- Hierarchie unter den Juden 366f.
- hygienische Zustände 359f.
- jüdische Hochzeit 366f., 649
- jüdische Insassen 355f., 358
- Kinder als Henker 365f.
- Krankenstube 648
- produktive Arbeit 360f.
- sinnlose Arbeit 359
- Vernichtungsfunktion 360–365
- wirtschaftliche Tätigkeit 355
Frank, Hans 337, 341, 493, 537
Frankfurt, antisemitische Aktionen
128
Freiburger Kreis 146
Freiwilligkeit der Täter 217, 300f.,
528
- »Arbeits«lager 354f., 378
- eliminatorische Erklärung des
Täterhandelns und 439f., 476f.
- eliminatorisches Programm der
Nationalsozialisten und 147 bis
150

- Grausamkeit und 295f.
- herkömmliche Erklärungen
453f.
- in den Polizeibataillonen 229ff.,
329ff.
- bei den Todesmärschen 417ff.,
434, 436
- Verweigerung und Konsequenzen 329, 443f., 664
Frick, Wilhelm 126, 154
Fries, Jakob Friedrich 77
Frisch, Max 508

Gardelegen, Massaker 433, *435*
Garsden, Massaker 187, 602
Gedern, antisemitische Aktionen
123
»Gehirnwäsche« 591
Gehorsam als Erklärung des Täterhandelns 25, 33f., 450ff., 665
Gellately, Robert 124, 582f., 676f.
Gendarmerie 203, 219, 224, 234,
288, 324, 639
Gerlach, Wolfgang 139, 508
»Gesetz zum Schutz des deutschen
Blutes und der deutschen Ehre«
127, 133
»Gesetz zur Wiederherstellung des
Berufsbeamtentums« 119, 172
»Gespräch«, gesellschaftliches
51ff.
Gestapo 124, 127, 148, 153, 502
Gfoellner, Bischof Johannes Maria
505
Ghettoisierung der Juden 180ff.,
202, 341–344, 597, 643
Ghettos im Mittelalter 61f.
Giftpilz, Der (Kinderbuch) 462
Glassman, Bernard 72, 567
Gleiwitz 221
Globocnik, Odilo 353, 358, 360
Gnade, Hartwig 265ff., 270–273,
275, 281, *282*, 293, 298, 309, 617,
620, 626ff., 635
Goebbels, Joseph 129, 523f., 604,
674
Goerdeler, Carl 146
Goldhagen, Erich 454, 560, 576,
584, 601, 639

715

Göring, Hermann 155, 177, 523, 535
Grafmann, Erwin 298, 300, 309, 330f., 635f.
Grausamkeiten der Deutschen 561
– antisemitisches Überzeugungssystem 455f.
– in »Arbeits«lagern 351–359, 361–365, 377ff., 391f., 399, 402–405
– Einzigartigkeit 484f.
– eliminatorische Erklärung des Täterhandelns 464–469, 670
– herkömmliche Erklärungen des Täterhandelns 450–455
– in historischer Perspektive 448f.
– Klassifikation des Täterhandelns 32, 440f.
– Lagersystem und 211ff.
– Polizeibataillon 101 259f., 271f., 275, 281–284, *282,* 303–310, 635
– als Reaktion auf objektive Schwierigkeiten 667
– sadistisch-sexuelle Komponente 363
– bei den Todesmärschen 412ff., 419–424
– Willkür 454
Gröber, Bischof Konrad 140
Groß-Rosen, Lager 343, 388, 390ff.
Grüber, Heinrich 143f.
Grünberg
– Lager 391ff., 402
– Todesmarsch 391f.

Habermalz, Herbert 527
Hakenkreuz 337
Halder, Franz 664
Hamburg
– Deportation von Juden aus 244, 252, 266, 618
– Juden aus 274, 625
– Polizeibataillon 101 243, 250, 302
– Polizeibataillon 102 244
– Polizeibataillon 103 244
– Polizeibataillon 104 244
– Rückversetzung nach 301, 303

– »Schuld« der Juden an Bombenangriffen 474
Hannover
– Gestapobericht 153
– Lager in der Nähe 392
– Technische Universität 110
Harris, James 85f.
Hauer, Gerhard 396
Heck, Alfons 132, 161
Hegel, Helga 410, 413
Heilsberg 230
Heim, Susanne 335
Helmbrechts
– deutsche Häftlinge von 416
– Lager 390–397, 399–409, 424
– Todesmarsch 404, *405,* 408, 415, 417, 419, *420f.,* 425–429, 435f., 448, 472, 641, 655
– Überlebende von 415
Hergert, Ernst 263, 623f.
herkömmliche Erklärungen des Täterhandelns 23–27, 40f., 443f.
– allgemeinmenschliche Eigenschaften 456
– begrenzte Richtigkeit 488
– »Eigeninteresse« 26f., 449f., 666
– erklärungsbedürftige Handlungen und Fragen 22f., 28–35, 440ff., 457f.
– »Gehorsam« 25, 33f., 665
– Grausamkeit der Deutschen und 450–456
– Initiative der Täter 451
– Konformitätsdruck 26, 448f., 665f.
– Mängel 27f., 456f.
– Vermutungen 27
– Vernachlässigung der Täter 556
– »Zwang« 25f., 443ff., 489
Herman, Stewart 142
Heydrich, Reinhard 177, 494, 497, 615
– eliminatorisches Programm der Nationalsozialisten 183–186, 194
– »jüdische Arbeit« 381, 523

716

- polnische Juden, Vernichtung 180f.
Hilberg, Raul 451, 666f.
Hildesheim, Gestapobericht 127
Himmler, Heinrich 135, 202, 204, 208, 222, 326, 329, 344, 448, 474f., 494, 496ff., 534, 536, 538f., 684
- Anordnung zur Freistellung von Tötungen 329, 445, 664
- Befehl zur Einstellung der Morde 418f., 426, 436, 472
- eliminatorisches Programm der Nationalsozialisten 163, 192f.
- »jüdische Arbeit« 347, 380ff., 503
- Lagersystem 209f.
- sowjetische Juden, Vernichtung 184, 186, 188, 190, 327
- Sowjetunion, Krieg gegen 496
- Todesmärsche 418
- »Untermenschentum« der Juden 482
Hindenburg, Paul von 114
Hinrichtungen durch den Strang 362, 364
Hitler, Adolf 19, 21, 25, 47, 50, 95, 97, 112–115, 132, 137ff., 145ff., 152, 154f., 158, 160, 171, 174 bis 182, 184, 189f., 193f., 202, 208, 222, 235, 326, 344, 367f., 400, 436, 439, 447, 457, 473, 482, 485, 487f., 496f., 500ff., 509, 511, 518f., 521–524, 530f., 537f., 541, 543, 596
- Ankündigung seiner Absicht zum Völkermord 21ff., 199, 496f.
- Attentatsversuch gegen 466, 503
- Aufstieg zur Macht 23, 114f.
- Eintritt in die NSDAP 112
- eliminatorisches Programm der Nationalsozialisten 113, 165 bis 169, 182f., 196f., 491–497, 518, 552, 604
- Entscheidung, alle europäischen Juden zu ermorden 183, 198, 278, 340, 484, 493ff., 597

- »Euthanasie«programm 199, 466, 495
- über »jüdische Arbeit« 333, 336f.
- Mein Kampf 47, 113, 199, 337, 533,
- Putschversuch, November 1923 113, 598
- sowjetische Juden, Vernichtung 185, 229, 597
- Testament an das deutsche Volk 197
- Töten als Reflexhandlung 254f., 495f., 604
- »Warum sind wir Antisemiten?« 168, 496f.
»Hiwis« 267, 270, 272–275, 277, 287f., 304f., 625
»Hlinka-Garden« 456
Hobbes, Thomas 515f.
Höchstädter, Walter 43, 504–507
Hof 394
Hoffmann, Wolfgang 15f., 255f., 271, 282, 297, 309, 448
Höhere SS- und Polizeiführer (HSSPF) 190, 224, 226
Holland, Dorothy 564
Holocaust 16, 483
- Debatte zwischen Intentionalisten und Funktionalisten 24
- Erklärungsprobleme 16f., 22f.
- in vergleichender Perspektive 477–485
. siehe auch eliminatorisches Programm der Nationalsozialisten, Vollstrecker des Holocaust
Höss, Rudolf 592, 606
Hrubieszów 473, 631
Hummel, Herbert 528

Ideale 169
intellektuelle Elite 671f.
Intentionalisten versus Funktionalisten 23f.
Intentionen 169f.
italienische Politik gegen Juden 456f., 478, 670f.
Iwangorod, Massaker 475, 476

Jäger, Herbert 559f.
Janinagrube, Todesmarsch 661f.
Janów Podlaski, Massaker 323
Jeckeln, Friedrich 684
Jochmann, Werner 98, 111
Johannes Chrysostomos 72ff.
Joseph II. 571
Józefów, Massaker 252f., 257ff.,
    263, 265f., 274–277, 288, 298ff.,
    307, 309f., 330, 441, 474, 619 bis
    623, 627, 634–637, 663
»Judenfrage« 87f., 92, 107f., 110,
    144, 158f., 578
»Judenjagden« 284, 463, 474
»Judenstern« 173
»jüdische Arbeit« 196, 202, 434
– Arbeitsbedingungen 368ff.
– Befriedigung der Deutschen,
    Juden arbeiten zu sehen 338
– Bestrafung als Motiv 336f.
– eliminatorische Erklärung des
    Täterhandelns 377–381
– falsche Erklärungen 335
– Grundzüge 375ff.
– historische Wurzeln 336f.
– Hitlers Ansichten dazu 333,
    336f.
– jüdische und nichtjüdische
    Arbeiter im Vergleich 348f.,
    368–373, 400, 402ff., 650f.,
    653
– kognitiver Rahmen 377–381
– produktive Arbeit 340–344, 379
– Rationalität 335f., 341, 368f.,
    379f., 676
– sinnlose Arbeit 338ff., 339, 348,
    360, 378, 435f.
– Todesmärsche 434ff., 471f.
– Vergleich zur Sklaverei 376
– Verhöhnung und Leid als Ziel
    377f.
– Vernichtung von Arbeitern 345,
    368f., 651
– zeitweilige Ausbeutung der
    Juden vor ihrem Tod 342ff., 380
– Zusammenspiel verschiedener
    Faktoren 497–500
. siehe auch »Arbeits«lager
Jugoslawien 241

juristische Maßnahmen gegen Juden
    118f., 125ff., 133, 170ff., 595
Juristische Wochenschrift, Die 126
Justiz, deutsche 126

Kambodscha, Völkermord 482,
    489
Kamenez-Podolsk, Massaker 191,
    323
Kammer, Arthur 263
Kaplan, Chaim 454, 525f., 535f.
Kapos 366
Kassel, Landeskirchenamt 518
katholische Kirche/Katholizismus
– und Antisemitismus 74f., 139ff.
– und das eliminatorische Pro-
    gramm 136f., 140f., 510ff., 530
– Unterstützung für das
    NS-Regime 152
. siehe auch Christentum
Kerrl, Hanns 142
Kershaw, Ian 50, 150, 152, 584ff.,
    591
Kielce, Massaker 324
Kinder, als Henker mißbraucht
    358f.
Kittel, Gerhard 158f., 519
Klagenfurt 241
Klerusblatt 141
Koblenz 150
– Bundesarchiv 611
– weibliche Arbeitskräfte aus 358
Koch, Karl 666
Koch, Wachtmeister 262
Kock, Massaker 286
kognitive Erklärung des Täter-
    handelns, *siehe* eliminatorische
    Erklärung des Täterhandelns
kognitive Modelle 51ff.
– und Antisemitismus 67f., 74
– deutscher Antisemitismus und
    51ff., 77ff., 82–85
– eliminatorisches Programm der
    Nationalsozialisten und 169f.,
    467f.
– Programm der »jüdischen
    Arbeit« und 377–382
Kogon, Eugen 338
Kolomyia, Massaker 235

Komarówka Podlaska, Deportation 278
Kommunistische Partei Deutschlands (KPD) 115, 131
Konservative, deutsche 100ff.
Końskowola, Massaker 277, 282, 630
Konvertiten jüdischer Herkunft, Behandlung von 133f., 517f.
Konzentrationslager, *siehe* Lager/Lagersystem
Kopenhagen 241
Koslowski, Aufseher 421
Kostopol, Massaker 323
Kowno (Kaunas), Massaker 187f., *187*, 230f.
Krakau 237, 240f., 314, 616
– Deportation 238, 315
– Massaker 322, 616
Krankheiten bei Juden, Umgang mit 319
Krasnik, Lager 367
Kremer, Johann Paul 452
»kritischer Fall«, Untersuchungsmethode 544f., 685
Krynica 314
kulturelles Wissen 564

Lager/Lagersystem 21f., 209f.
– Anfänge 208
– Ausbau 196
– bestimmende Züge 207
– Entmenschlichung der Opfer 210, 213f.
– Funktionen:Abschreckung, Terror, Unterdrückung 211f.
– Grausamkeiten der Deutschen 212ff., 535f.
– instrumentelle Zwecke 210ff.
– NS-Revolution und 535 bis 539
– Personal 215
– slowakische Lager 456
– System der deutschen Gesellschaft 209
– symbolische Bedeutung 208, 211, 215, 537ff.
– Umfang und Ausdehnung 204f., 208f.

– wirtschaftliche Ausbeutung von Slawen 211
– Wissen der Deutschen von 208
– zügellose Aggressivität und Sadismus 210, 212f.
. *siehe auch* »Arbeits«lager, Vernichtungslager
Lahora 389
Lammers, Hans 155, 496
Lange, Friedrich 108
Leningrad 232
Lessing, Theodor 157f.
Letten 478
Lewisohn, Ludwig 157f.
Lewy, Guenther 117, 141, 508
Ley, Karl 593
Licht und Leben 510
Liegnitz 371
Lipowa 646, 658
– »Arbeits«lager 367, 375
– Einsatz von Peitschen 357, 360f.
– Kriegsgefangene 356
Litauer 187f., *187*
Lodz, Ghetto 181f., 194, 243, 344, 643
Łomazy *268ff.*
– Deportation 266
– Einsatz von Knüppeln 304, 307
– Juden aus 268ff.
– Massaker 266ff., 274–277, 281, 293, 304, 627f., 635, 637
– Photos, unveröffentlichte 294
– Polizeibataillon 101 in 276
London 492
Łosice 525f., 668
Lublin
– »Arbeits«lager in der Nähe von 259, 263, 355, 396, 498
– Distrikt 181f., 233f., 237, 241, 245, 252, 276, 290f., 347f., 364, 473, 477, 525, 544
– Flughafenlager 355, 367, 375, 379
– Freizeitangebote in 315ff.
– Ghetto 349
– »Judenjagden« 277f.
– KdO 233ff., 295, 317, 331
– NSDAP in 314
– Polizeibataillon 101 in 311, 317

- Polizeiregiment 25 in 295, 311, 314, 316f., 319
. *siehe auch* Flughafenlager, Lipowa
Luchfeld, Rachel 663
Ludwigshafen 121
Luga, Massaker 232
- Bataillonshauptquartier 236f.
Łuków
- Bataillonshauptquartier 244
- Deportation 277f., 307f.
- Einsatz von Knüppeln 307
- Massaker 462
- Sicherheitspolizei 297, 307
Luninez, Massaker 323
Luther, Martin 75, 142, 336, 569
Luzk, Massaker 188, 600f.
Lwow (Lemberg), Massaker 188, 322, 573

Madagaskar 181
Magdeburg, Gestapobericht aus 127
- Lager 433
Majdanek 646f.
- Lager 305, 343, 348f., 355, 361, 363f., 375
- Massaker in 278, 323
Mann, Thomas 119
Mannheimer Abendzeitung 83
Marahrens, Bischof August 506, 586
Marr, Wilhelm 95
Marx, Karl 533
Maschmann, Melita 116f., 132, 502
Maurach, Reinhard 460f., 668
Mauthausen, Lager 204, 211, 343, 367, 369, 433, 651
Mehler, Conrad 311
Meinecke, Friedrich 111
Mein Kampf (Hitler) 47, 113, 199, 337, 558, 580, 672
Melville, Herman 467
Mengele, Josef 606
Messerschmidt, Manfred 503
Meusel, Marga 511f.
Międzyrzecz
- Bataillonshauptquartier 244

- Deportationen 277f., 305f., 320
- Einsatz von Peitschen 304–307, 620
- »gesellige Abende« in 317
- Massaker 288, 290, 295, 322ff., 395, 630ff., 635
- »Menschenschreck« 528
Milgram, Stanley 40, 448, 665
Minsk, Massaker 188, 191, 323
Mińsk Mazowiecki 453
Mizoč, Massaker 190, 190
Mława, Massaker 322
Möbius, Kurt 217
Moby Dick (Melville) 467
Moering, Hermann 349f.
Mogiljow, Massaker 323
Mordeinsätze
- Alkohol 616
- »Erntefest« 278, 305, 344, 348
- Gespräche der Täter über 295f., 616
- polnische Juden, Vernichtung 233–236, 240f.
- sowjetische Juden, Vernichtung 186–190, *191f.*, 204, 225–233
. *siehe auch* Polizeibataillon 101, *Einträge zu den verschiedenen Mordinstitutionen*
Mordinstitutionen 39, 201–205
. *siehe auch* »Arbeits«lager, »jüdische Arbeit«, Lager/Lagersystem, Mordeinsätze, Ordnungspolizei, Polizeibataillon 101, Polizeibataillone, Todesmärsche, Vernichtungslager
München
- antisemitische Aktionen 111, 120f.
- Bischofsresidenz in 584
- Gründung der NSDAP 112f.
- Hypothese über Ausrottung der Bevölkerung von 457
- Verfahren wegen Kritik an NS-Politik 502
Münzer, Kreisleiter 124
Mussolini, Benito 478

Nachkriegsprozesse wegen
NS-Verbrechen 545ff., 684ff.
Nadwornaja, Massaker 323
Nationalismus 66, 93
Nationalsozialistische Deutsche
Arbeiterpartei 51
– Anfänge 111–115, 165
– Aufstieg zur Macht 114, 579f.
– Massenveranstaltung *125*
– Putschversuch, November 1923
113
Nationalsozialistischer Deutscher
Studentenbund 110
nationalsozialistisches Regime
– und Christentum 150, 152, 508
bis 513, 537, 591
– Erziehungssystem 45, 683
– »Euthanasie«programm 141,
151, 178f., 199, 448, 466, 495
– Rassenideologie 136, 480ff.,
538
– Spitzelwesen 150
– Unterstützung durch die Bevöl-
kerung 147ff.
– Unzufriedenheit, Ausdrucksfor-
men der politischen 147–151
– und Widerstand 143–147, 590
. *siehe auch* eliminatorisches Programm der Nationalsozialisten
Neuengamme
– Lager 433
– Neuengamme–Sandbostel,
Todesmarsch 432
Neumeyer, Rüstungsfirma 399
Neusalz 429
nichtdeutsche Täter 18, 185ff., 187,
479, 556f.
– »Hiwis« 267, 270, 272–275,
277, 287f., 304f., 625
nichtjüdische Ausländer 659f.
– Arbeit von 196, 211, 341–345,
368–373
– deutsche Haltung zu 148f., 156,
370ff., 652f.
Niemöller, Martin 143, 145, 506,
588f.
nordische Völker 481
Nordmann, Johannes 93
Nowy Sącz, Massaker 323

Nürnberg 674
– antisemitische Aktionen in 131
– Nürnberger Gesetze 126f., 140,
148, 173, 511
– Nürnberger Prozesse 444f.,
460

Ohlendorf, Otto 185, 193, 445, 461,
470, 603, 668
Oppenheimer, Franz 109
Ordnungspolizei 203
– Gliederungen 219
– »koloniale Herrscher«rolle 220
– Personalstärke 204f.
– Völkermord, Verwicklung in den
234
. *siehe auch* Gendarmerie,
Polizeibataillon 101, Polizei-
bataillone
Orenstein, Henry 660, 667
Osnabrück, antisemitische Aktionen
124
Österreich 339f., *339,* 417
Ostindustrie GmbH (Osti) 350,
379, 648

Papen, Franz von 256
Parcew
– Deportation 277f.
– Massaker 277, 323
– Mordeinsätze in der Gegend um
629
Paris 395
Parkes, James 74
Patterson, Orlando 205, 452, 595
Peitschen, Verwendung gegen Juden
123, 267, 360, 362f., 441
Perel, Jacob 683f.
Peters, Oskar 294
Petrus Venerabilis von Cluny 75
photographische Dokumentation,
Täter 292ff., 475ff.
Pinsk, Massaker 323
Plaszow, Lager 367
Plöhnen, Massaker 322
Pohl, Oswald 380, 651
Polen
– Einstellung der Deutschen zu
148f., 286f.

721

- Massaker an Zivilisten 285ff.,
  629f.
- nationalsozialistische deutsche
  Revolution und 537
- Todesmärsche 660f.
- *siehe auch* polnische Juden,
  Vernichtung
Polizeibataillon 3 225, 322, 526
Polizeibataillon 9 225, 322, 529,
  640
Polizeibataillon 11 322, 612
Polizeibataillon 13 322
Polizeibataillon 22 322
Polizeibataillon 25 243, 528
Polizeibataillon 32 322
Polizeibataillon 41 322
Polizeibataillon 45 226, 322
Polizeibataillon 53 301, 322
Polizeibataillon 61 528
Polizeibataillon 64 323
Polizeibataillon 65 221, 230ff.,
  236ff., 240f., 243, 315, 323, 325,
  328, 612, 639
Polizeibataillon 67 221, 315, 323,
  328, 445
Polizeibataillon 83 221
Polizeibataillon 91 612
Polizeibataillon 96 323
Polizeibataillon 101 15, 236, 243,
  245–252, 261f., 264, 266ff., 278,
  307ff., 323, 327ff., 528, 612,
  617f., 639
- Altersstruktur 250
- angebliche Opposition der Täter
  631
- Angehörige des 245–252, 264,
  291ff., 296, 305, 310, 320, 447,
  449, 500, 628
- Antisemitismus im 296ff.
- Aufspür- und Vernichtungsmis-
  sionen 279–284, *282*, 629
- Auswirkungen der Morde auf die
  Täter 261–266, 623ff.
- Babys, Töten von 258, 310, 621f.
- Begraben noch lebender Juden
  274
- Belobigung 311
- Bildungsstand 618
- Browning über das 617

- direkte, persönliche Konfrontation Mörder–Opfer 261
- Ehefrauen der Täter bei Mordeinsätzen 287–291, 294, 630
- Einsatzgebiet in Polen 244f.
- Entscheidungsgewalt über Juden
  280
- Entschlossenheit bei Mordeinsätzen 310f.
- Familienstand der Täter 250
- Freistellungsoption bei Mordeinsätzen 255f., 263f., 267,
  298–302, 623, 627, 634f.
- Freiwillige bei Hinrichtungs-
  kommandos 283, 299f.
- Gespräche über die Morde
  294ff.
- Grausamkeiten gegen Juden
  259–263f., 271f., 275, 280–283,
  291ff., *292*, 303–309, 622, 635
- Häufigkeit von Mordeinsätzen
  279ff.
- Hauptquartiere in Polen 244
- »Hiwis« als Henker 267–273,
  304f.
- Józefów, Massaker von 252,
  257, 259, 263, 265f., 274–277,
  288, 298ff., 663
- »Judenjagden« 464
- kleinere Mordeinsätze 266,
  279
- Kock, Massaker 286
- Końskowola, Massaker 630f.
- Lässigkeit 265
- Łomazy, Massaker von 266ff.,
  268*ff.*, 274–277, 281, 293, 304,
  659
- Łuków, Deportationen und Mas-
  saker 277f., 307, *308*, 462
- Massenmorde 260–264, 270 bis
  274, *270*
- Międzyrzec, Deportationen
  277f., 305f., *305*, 320, 528
- Mord im Fließbandverfahren
  23, 275
- Mordbefehle 252–255
- Nazifizierungsgrad 248ff.
- Offenheit im Hinblick auf den
  Völkermord 291f.

- Organisationsstruktur 244
- Peitschen, Gebrauch von 253, 267, *268,* 304, *305f.,* 619f.
- Phase vor dem Völkermord 243f.
- Plünderungen 623
- politische Einstellungen 248ff.
- Polizeiaufgaben 243
- polnische Zivilisten, Massaker an 285f., 630
- Razzien 257ff., 266f., *268f.,* 304f., 621f., 625f.
- Rechtfertigung der Morde 253f., 275, 282f., 298f., 620
- religiöse Einstellungen und Zugehörigkeiten 250
- »Säuberungen« 280
- Scham 630f.
- Schulung 251
- soziale Zusammensetzung 246, 618f.
- Stolz der Täter 267f., 275f., 281f., 191f.
- Tatphotos 292ff.
- Umgang mit deutschen Juden 244, 262
- Umstrukturierung 1941 243
- unterschiedliche Einstellung zu Polen und Juden 286f.
- unterschiedliche Einstellungen zum Völkermord 307–310
- Urlaub, Bereitschaft zur Rückkehr 302f.
- Verluste 285
- Verstecke von Juden, Aufspüren 258, 279
- »Völkermordkohorte« 284
- zahlenmäßige Stärke 244
- Zusammenfassung der größeren Mordeinsätze 277f.
- *siehe auch* Polizeibataillon 101 *und verschiedene Bataillone*

Polizeibataillon 102 301
Polizeibataillon 133 235, 241, 321, 323
Polizeibataillon 251 323
Polizeibataillon 255 323
Polizeibataillon 256 323
Polizeibataillon 303 226, 323
Polizeibataillon 304 226
Polizeibataillon 306 323
Polizeibataillon 307 226, 323, 529, 602
Polizeibataillon 309 226–229, 321, 323
Polizeibataillon 314 226, 323
Polizeibataillon 315 226
Polizeibataillon 316 226, 316, 323, 602
Polizeibataillon 320 227, 323
Polizeibataillon 322 226, 323, 602
Polizeibataillone 39, 203, 219, 465, 606f.

- Alkohol bei Mordeinsätzen 264, 270, 272, 616
- Aspekte des Alltags 313–321
- Aufspür- und Vernichtungsmissionen 235, 241
- Ausbildung 219–223
- »Begründungen« für Morde 235f.
- Berichte 234ff.
- Bezeichnungen 610
- Demütigung von Juden 226
- Effektivität beim Völkermord 325f.
- Einsätze bei Deportationen 237f., 625
- Einsatzkommandos, Vergleich 326f.
- Einstellungen zum Völkermord 217, 239
- eliminatorische Erklärung des Täterhandelns 467–472
- Freistellungsoption bei Mordeinsätzen 330f., 445, 614, 640
- »Freiwillige« 613
- Gespräche über die Morde 294f., 625
- gewöhnliche Deutsche als Mörder 328
- Grad an nationalsozialistischer Durchdringung 220, 223, 328
- Informationsquellen über 611f.
- Insubordination 315–318
- internalisierte Notwendigkeit, Juden zu ermorden 217, 232f.

- Kampfeinsätze 197
- kranke Juden 319
- Mittäterschaft beim Holocaust 321f.
- moralisches Empfinden 318
- Mordbefehle 234, 240
- Morde aus eigener Initiative 230ff., 330f.
- Mordeinsätze in Polen 233 bis 236, 240f.
- Mordeinsätze in der Sowjetunion 225–233
- Organisationsstruktur 219
- Polizeiaufgaben 220f., 224
- Rekrutierung 219, 221, 223
- Stereotypen über die Täter 316f.
- Tiere, Umgang mit 318–321
- Überblick über Handlungen der 224
- »Untermenschen«, Juden als 331, 641
- Versetzungsprozeduren 300ff.
- weltanschauliche Schulung 333f., 610f.
- Zahl der Opfer 241
- Zahl der Täter 204f., 324f.
- Zusammenfassung der wichtigsten Mordeinsätze 322ff., 639
. *siehe auch* Polizeibataillon 101, *verschiedene Bataillone*
Polizeiregiment 10 226
Polizeiregiment 11 226
Polizeiregiment 25 236, 301, 319f., 329, 528
Polizeireiterabteilung III 324
Polizeireservekompanie Köln 324
Polizeiwachbataillon I (Posen) 324
polnische Juden, Vernichtung 15f., 129, 179f., 194
- »Arbeit« 340–343
- Deportationen in Lager 129, 181f., 202, 341ff.
- Ghettoisierung 180ff., 597, 643
- Hungertod bewußt herbeigeführt 342
- Kenntnisse der Deutschen über 290f.
- Mordeinsätze 233ff., 239ff.
- sprachliche Fremdheit 262

- Umfang der Vernichtung 194f.
. *siehe auch* »Arbeits«lager, »jüdische Arbeit«, Polizeibataillon 101
Poniatowa, Massaker 278, 322f., 355, 367
Prachatice (Prachatitz) 414ff.
Pretzsch 184
Preußische Jahrbücher 101
Pskow, Massaker 231
Pueckler, Graf 576
Pulzer, Peter G. J. 575, 577
Putschversuch der Nationalsozialisten, November 1923 113

Quinn, Naomi 564

Rademacher, Franz 674
Radom 314
Radzyń
- Bataillonshauptquartier 244
- Deportation ins Vernichtungslager 277f., 294
Raseiniai, Massaker 231
Rassenideologie der Nationalsozialisten 136, , 480ff., 538f.
rassistischer Antisemitismus 89–95, 97, 100f., 575
Rath, Ernst vom 129, 132
Ravensbrück, Lager 433
Razzien 227f., 257–260, 266f., 267f., 304ff., 463f., 621, 625f.
Recklinghausen 230
Regensburg, antisemitische Aktionen *130*
Reich, Hartmut 395
Reichsbürgergesetz 127
Reichspogromnacht/»Reichskristallnacht« 123, *128,* 129–135, 140, 155, 228, 515, 523, 565, 584, 595
Revolt Against Civilisation (Lewisohn) 157
Revolution, nationalsozialistische 534
- Lagersystem und 534–539
Reynolds, Quentin 158
Riga, Massaker 190, 322
Ritter, Michael 397

Ritualmordanschuldigungen gegen
Juden 88
Rocques, Franz von 675f.
Rogatin, Massaker 324
Rose, Paul Lawrence 570, 572,
574
Rotkreuzschwestern 288, 630
Rottenburg, Bischofsresidenz 584
Rowno, Massaker 191, 323
Ruanda, Völkermord 489
Rühs, Friedrich 336
Rust, Willi 412

SA 120, 123f., 129f., 582
– Mitgliedschaft 124
Saarbrücken *156*
Sachsenhausen, Lager 433
Safrian, Hans 560
Sajmište, Massaker 322
Saliège, Bischof Jules-Gérard 140
Sangerberg 410
– Peitschen 391
Sasse, Bischof Martin 142, 511
Schilder und Schmierereien,
antisemitische 120f., *120, 156,*
157, *429*
Schlesiersee
– Einsatz von Peitschen 391
– Lager 390–393, 424
– Todesmarsch 391f., 427, 436
Schoenfelder, Dr. 259, 317, 622
Schoeps, Julius H. 145
Schutzpolizei 219, 234
. *siehe auch* Ordnungspolizei,
Polizeibataillone
Schwarze 47, 481
Schwarze Korps, Das 135, 176 bis
179, 592
Serokomla, Massaker 277
Shakespeare, William 309, 383,
453, 466
Shitomir, Massaker 323
Šiauliai, Massaker 230f., 323, 613f.
Sinti und Roma 370, 650
Sklaverei und Zwangsarbeit 203f.,
206, 211, 452, 535, 539
. *siehe auch* »Arbeits«lager,
»jüdische Arbeit«, nichtjüdische
Ausländer,

Slavery and Social Death (Patter-
son) 452
Slawen 140, 148, 211, 345, 437,
480f., 536f., 548f.
slowakische Lager 456
Sluzk, Massaker 322
Sobibor, Vernichtungslager 194,
210, 233, 347, 557
Sonderkommandos, *siehe* Einsatz-
kommandos
»Sonderwegs«these 490f.
»Sonntagsblätter« 137f.
Sorkin, David 81
sowjetische Juden, Vernichtung
142f., 184, 601
– Ausrottung als Ziel 184f., 190f.
– Einsatz ortsansässiger Hilfskräfte 185–188, *187*
– Einstellungen der Vollstrecker
188f., 601
– Entscheidung über 189, 601ff.
– Gewöhnung der Täter durch
schrittweise Eskalation der
Morde 185f., 599f.
– Machtbefugnis örtlicher Befehls-
haber 599f.
– Mordeinsätze 186f., *187, 190ff.,*
225–233, 322, 489
– Übergang zum Völkermord
188f., 601ff.
sowjetische Kriegsgefangene 194,
343
sowjetischer Antisemitismus 568
Sozialdemokratische Partei
Deutschlands (SPD) 98, 137,
591f.
sozialistische Bewegung 100
»sozialer Tod« der Juden 170–174,
205ff., 341, 377f., 382, 492, 495,
513, 516
Speer, Albert 344
SS 23, 135, 176, 203, 444
– »Arbeits«lager 349–355
– Personalstärke 204
– Polizeibataillone und 224, 240f.
– sowjetische Juden 183f., 189
– weibliche Angehörige 397f.
SS- und Polizeiführer (SSPF)
– SSPF Lublin 349f., 354ff., 358

Stanislawow, Massaker 323, 528
Stauffenberg, Berthold von 146
Stauffenberg, Claus von 146
Steinmetz, Heinrich 263, 279, 624
Sterling, Eleonore 88, 573
Stobbe, Otto 673
Stoddard, Lothrop 681
Stolin, Massaker 323
Strauch, Eduard 475
Streicher, Julius 131, 137
strukturelle Zwänge 36f., 562f.
Stry, Massaker 324
Studentenverbände 110
Stuttgart 134, 173f.
Svatava, Lager Zwotau 406f.,
   419
Synagogen, Niederbrennen von
   128, 228f.
Szcebrzeszyn, Massaker 323

Tal, Uriel 82, 575
Tarnów, Massaker 323
Technische Universität Hannover
   110
»Teilnahmslosigkeit« der Deutschen
   513ff., 585f., 678
Tennyson, Alfred 465
Ternopol, Massaker 324
Teufel 75, 91f., 338, 569
Thilo, Heinz 452
Thomas, Max 446
Thompson, Dorothy 158
Tiere, Umgang mit 318–321
Tilsit 230
Times, The 593f.
Tocqueville, Alexis de 98
Todesmärsche 39, 196f., 385, 54ff.,
   653
– antisemitische Auffassungen
   424ff.
– Ausrüstung der Marschierenden
   393
– Begraben von Juden bei lebendi-
   gem Leibe 422
– Befehlslage 417f., 426
– eigenverantwortliches Handeln
   der Täter 431f.
– eliminatorische Erklärung des
   Täterhandelns 471f.

– Freiwilligkeit der Deutschen
   418f., 423, 434, 436
– Grausamkeiten der Deutschen
   412ff., 420–424
– Grundzüge 427–435
– Informationsquellen 654f.
– »jüdische Arbeit« und 434ff.
– körperlicher Zustand der Opfer
   388ff., 392, 414f., 419–422, 420,
   421
– Leid als Selbstzweck 429, 435f.
– letzter Todesmarsch 433f.
– Massenhinrichtungen 392, 415
– Phasen 385–388
   – dritte Phase, Überblick
      386ff.
– polnische Todesmärsche
   660f.
– Reaktionen der deutschen Zivilbevölkerung 429, 660
– spezielle Märsche:
   – Auschwitz 387f.
   – von Berga nach Plauen 431
   – Cholm 654
   – von Flossenbürg nach
      Regensburg 430
   – Gardelegen, Massaker 433,
      435
   – Grünberg 391ff.
   – Helmbrechts 388ff., 404 bis
      419, 405, 420f., 425–429, 662,
      655
   – Janinagrube 661f.
   – von Neuengamme nach Sand-
      bostel 432
   – Schlesiersee 393ff.
– Statistik, Opferzahlen 388, 392,
   416, 654f., 659
– Stimmung der Deutschen
   405f.
– Struktur der 386
– Tagesablauf 411f.
– unterschiedliche Behandlung
   von Juden und Nichtjuden 406f.,
   416, 419, 426f., 661
– Verbot weiterer Tötungen von
   Juden 418
– Verbrennen von Juden bei leben-
   digem Leibe 433f., 433, 435

- Verhungern 408ff., 661f.
- Viehwagentransporte, Vergleich 386
- Wachmannschaft 420–425
- Zurücklassen von Marschunfähigen 414ff.
- Zustände bei Nacht 410f.
. *siehe auch* polnische Todesmärsche
Totalitarismusbegriff, Anwendung auf NS-Deutschland 559f.
Trachtenberg, Joshua 76, 569
Trapp, Wilhelm »Papa« 244, 252 bis 256, 264, 285ff., 290, 297, 301, 309, 474, 488, 529, 620, 622, 628f., 635
Trawniki, Vernichtungslager 324, 355, 367
Treblinka, Vernichtungslager 194, 202, 210, 233, 306ff., 347, 355, 557, 649
- Lagerzoo in 639
Treitschke, Heinrich von 676
Trunk, Isaiah 597
Tübingen 158

Uebelhoer, Friedrich 181
Über die bürgerliche Verbesserung der Juden (Dohm) 79f.
Über die Gefährdung des Wohlstandes und des Charakters der Deutschen durch die Juden (Fries) 77
Ukrainer 478
- »Hiwis« 267–274, 287f., 304, 556, 625
- ukrainische Juden 226
ungarische Juden, Vernichtung 196, 204, 344f.
»Universal Christian Council for Life and Work« 159
Universitäten 110
»Untermenschen«, Begriff 345, 535
Unternehmen »Barbarossa« 226, 597
Ustschilug, Massaker 463
Üxküll, Jakob Johann Graf von 146

verbale Gewalt, *siehe* eliminatorisches Programm der Nationalsozialisten
Verbrennen noch lebender Juden 228f., 433, *433, 435*
Vergasung von Juden 23, 193f., 202, 603
Verhungernlassen von Juden 342, 409
Vernichtungslager 194, 210f., 233
- Gestank des Todes 238f.
- Mord im Fließbandverfahren 23, 202
- Polizeibataillone und 239ff.
. *siehe auch* Lager/Lagerssystem, *verschiedene Vernichtungslager*
Versailles, Friedensvertrag von 174, 222, 526
Verstecke von Juden, Suche nach 259, 463f.
. *siehe auch* »Judenjagden«
Viehwagen als Transportmittel für Menschen 386
. *siehe auch* Deportationen
Vogel, Eberhard 395
Volary (Wallern) 389, 410, 414ff.
Volk 91, 93, 99, 104
Völkischer Beobachter 178, 581
Vollstrecker des Holocaust 17f.
- analytischer Rahmen 22–28
- »anständiges Verhalten« 454, 667
- Anzahl 24f., 204f., 607f.
- Apologetik 546, 686
- bestimmende Eigenschaften 201f., 605f.
- deutsche Identität 19f., 556
- Eigeninteresse, Frage des 26, 449, 666
- »Feste« 443, 475, 528ff.
- Forschungsarbeiten über Täter, Fehlen von 18, 24ff., 203, 606
- Gehorsam als Erklärung des Handelns der 25f., 33f., 447f., 665f.
- Informationsquellen 546f.
- Konformitätsdruck 448f.

- Mythen und Mißverständnisse 18, 23f.
- Rollenmuster 442
- sowjetische Juden, Vernichtung 187ff.
- soziale Einflüsse 20
- Untersuchungsmethoden 28 bis 31, 541–547
- Weigerung zu töten, Folgen der 444, 664
- »Zwang« 25f., 443ff., 489f.
- *siehe auch* eliminatorische Erklärung des Täterhandelns, herkömmliche Erklärungen des Täterhandelns, Grausamkeiten der Deutschen, nichtdeutsche Täter, *verschiedene Mordinstitutionen*
Vorurteile 59

Wagner, Karl 363
Wagner, Richard 466
Wannseekonferenz 194ff., 381
Warburg, Max 112
Warschau 526, 528, 651, 653
- Juden aus 342, 355
- Ghetto 182, 194, 322, 324, 341f., 454, 527f., 606
»Warum sind wir Antisemiten?« (Hitler) 168, 496f.
Weber, Alois 256
Weber, Max 110, 338
Weimarer Republik 62, 109–114, 126, 137, 155, 508, 518
- Antisemitismus zur Zeit der 579
- Kampf gegen die 112, 447
Weis, Ernst 226, 229, 612
Why I Left Germany (by a German Jewish Scientist) 581

Widerstand gegen den Nationalsozialismus 143–147, 590
Wien *339*
- Bischofsresidenz in 584
- Stadtteil Währing 340
Wirth, Christian 361, 363-367, 649
Wirth, Martin 395
Włodzimierz, »Judenjagd« und völlige Vernichtung in 463
Wohlauf, Julius 252, 287f., *289*, 297, 317, 623
Wohlauf, Vera 288, *289*, 290, 294f., 317, 630ff.
Wurm, Bischof Theophil 142, 154f., 506, 510, 588, 592
Würzburg 149, 395
Wyssozk, Massaker 323

Yahil, Leni 181
Yeats, William Butler 437

Zahl der ermordeten Juden *483*
Zamość 266, 355
Zapp, Paul 175, 600f.
Zeitzler, Kurt 496
Zentrale Stelle der Landesjustizverwaltungen (ZStL) 226f., 607f.
Zorn, August 623
Zürich
- Einstein in 579
- Vortrag Martin Niemöllers in 589
Zweiter Weltkrieg 230
- *siehe auch* alliierte Bombardierungen, deutsch-sowjetischer Krieg
Zyklon B 194

Abbildungsverzeichnis

Babi Yar Gesellschaft, Kiew: 192
Berlin Document Center: 289 (l), 289 (r)
Bildarchiv Preußischer Kulturbesitz, Berlin: 120, 122, 130
Hauptkommission zur Untersuchung der Verbrechen am polnischen Volk,
Warschau: 190, 191, 306
Leo Baeck Institute, New York: 128
National Archives, Washington: 156, 339, 405, 420, 421, 433, 435
Niederländisches Staatsinstitut für Kriegsdokumentation, Amsterdam: 125
Staatsanwaltschaft Hamburg: 282
Yad Vashem, Jerusalem: 187 (o), 187 (u), 305, 308 (o), 308 (u), 453, 476,
501 (Photo: Alfred Merges, Zittau)
ZStL, Ludwigsburg: 268 (o), 268 (u), 269 (o), 269 (u), 270, 292

Die Karten befinden sich auf den Seiten 195, 245, 387, 408, 430, 431, 432
und 483

Die Deutsche Bibliothek – CIP-Einheitsaufnahme
Goldhagen, Daniel Jonah:
Hitlers willige Vollstrecker: ganz gewöhnliche Deutsche
und der Holocaust/Daniel Jonah Goldhagen.
[Aus dem Amerik. von Klaus Kochmann].
3. Aufl. – Berlin: Siedler, 1996
ISBN 3-88680-593-X

Titel der amerikanischen Originalausgabe:
»Hitler's Willing Executioners: Ordinary Germans and the Holocaust«,
erschienen bei Alfred A. Knopf Inc., New York, 1996

© 1996 by Daniel Jonah Goldhagen

© der deutschen Ausgabe
1996 by Wolf Jobst Siedler Verlag GmbH, Berlin.
Abdruck des Gedichtes von W. H. Auden auf Seite 515
mit freundlicher Genehmigung des Verlages Random House Inc.
Die Tabellen auf den Seiten 247 und 249 basieren auf Daten von
Michael H. Kater, *The Nazi Party,* Cambridge 1983.

Bibliographie und Register wurden von
Brigitte und Klaus Kochmann erstellt.

Der Siedler Verlag
ist ein Unternehmen der Verlagsgruppe Bertelsmann.

Alle Rechte vorbehalten,
auch das der fotomechanischen Wiedergabe.
Karten: Ditta Ahmadi und Peter Trampusch, Berlin,
nach Vorlagen von Mark Stein Studios
Schutzumschlag: Venus & Klein, Berlin,
unter Verwendung eines Photos von
Rijks Instituut Voor Oorlogsdocumentatie, Amsterdam
Satz: Ditta Ahmadi, Berlin
Reproduktionen: Michael Dittberner, Berlin
Druck und Buchbinder: GGP, Pößneck
Printed in Germany 1996
ISBN 3-88680-593-X
Sechste Auflage